国家社会科学基金项目

山东大学研究生教材建设资助项目

中国古代文学史料学

张可礼 著

凤凰出版社

图书在版编目（CIP）数据

中国古代文学史料学 / 张可礼著. -- 南京 : 凤凰出版社，2011.9（2013.4重印）
ISBN 978-7-5506-0784-2

Ⅰ. ①中… Ⅱ. ①张… Ⅲ. ①中国文学：古典文学－史料学－研究 Ⅳ. ①I209.2

中国版本图书馆CIP数据核字(2011)第166381号

书　　名	中国古代文学史料学
著　　者	张可礼
责任编辑	李相东
出版发行	凤凰出版传媒股份有限公司 凤凰出版社(原江苏古籍出版社) 发行部电话025-83223462
出版社地址	南京市中央路165号,邮编:210009
出版社网址	http://www.fhcbs.com
经　　销	凤凰出版传媒股份有限公司
照　　排	江苏凤凰制版有限公司
印　　刷	江苏凤凰新华印务有限公司 中国江苏南京经济技术开发区尧新大道399号,邮编:210038
开　　本	718×1005毫米　1/16
印　　张	68
字　　数	1079千字
版　　次	2011年9月第1版　2013年4月第2次印刷
标准书号	ISBN 978-7-5506-0784-2
定　　价	168.00元 (本书凡印装错误可向承印厂调换,电话:025-68037411)

目　录

历　史　编

内　容　编

方 法 编

说　明

一、本书预设的读者对象是具有大专以上水平的中国古代文学的爱好者和研究者，同时可作为中国古代文学专业硕士研究生的教材。

二、古代文学史料学是一门解释性与实践性相结合的学科。本书的撰写既考虑了文学史料学的解释性，又照顾到文学史料学的实用性。在解释性方面，基于自古迄今的史料学实践和在理论上的重要建树，尝试做了一些理论上的总结和探讨。在实用性方面，重点考虑了三点。一是鉴于古代文学史料汗牛充栋，恐怕没有人能够遍读各种各样的文学史料。不管是专门的学者还是广大的读者，都希望对古代文学史料作出综合性的叙述，以便能在较短的时间内获得有关方面的重要的史料或线索。因此本书尽量扩大信息量，为读者提供重要的、较多的信息。二是围绕史料的搜集、检索、鉴别、整理、著录和使用等，总结了一些方法。三是设立了“要目”。古代文学史料本来极其浩繁，再加上现在又是“信息爆炸”的时代，人类有文字以来积累的文献，还不及当下一年之多。古代文学史料大体上也是这样。所以对古代文学研究者而言，特别是对古代文学的爱好者，现在尽管有电脑网络，但就算穷其一生的精力，想在浩如烟海的史料中，一窥古今中外史料之全貌，恐怕是很难做到的，只能有选择地阅读。基于上述思考，所以本书有许多章节，就繁复的史料，选择其中重要的、影响大的、比较完整的和容易找到的，以“要目”的形式，予以标举。有些要目多一些，目的是给读者提供选择的余地。所举要目，以近代以后新刊新整理的、容易找到的通行本为主。中国古代文学的许多经典著作，并不是善本、古本等稀见的版本，而是通行本。要目的编次，凡是可分综合通代的和断代的，先综合通代，后断代。每类大体上或以发表、出版的时间为序，或以著者的生年为序。所举要目，难以全面反映有关史料整理的大量成果。为了弥补这一欠缺，有的在要目下用注释的方式简介相关的研究成果。要目中，有少数重出，目的是为了便于检索。

三、由于文学观念的变化和发展，古代和现代对文学史料有不同的界定和分类。本书对文学史料的界定和分类，力图古今结合，既尊重历史，又尽量照顾现代。在文学史料的取舍上，基本上采用现在通行的认识和做法，先秦两汉时期从宽，把今天看来属于哲学和史学等方面的一些著述，也作为文学史料。两汉之后，渐趋严格，重点是诗文、小说、戏曲和文论。

四、国外有大量的多种多样的中国古代文学史料，是我们研究中国古代文学的重要资源和参照。在今天全球化时代，探讨中国文学史料学，不可能、也不应当在封闭中进行，而必须顾及海外的史料。鉴于过去有关中国古代史料学的著述涉及得不多，所以本书就个人所见所知的，从宽述列，借以期望研究者进一步拓展视野，在史料上兼顾中外，跨出"本土"，超越"本位"，把自己的研究融入世界对中国古代文学的整体研究中。

五、从历时的角度来看，中国古代的文学史料可以分为通代的和断代的两类。关于断代的分期，本书根据现在通常的做法，分为先秦、两汉、魏晋南北朝、隋唐五代、宋、辽金元、明代、清代（前期和中期）和近代（清代后期）九个时段。有些史料往往包括两三个时段。对于这类史料的著录，一般放在最早的时段的后面，如《先秦两汉文学史料学》放在先秦部分的最后和两汉之前，《元明清词书目》放在辽金元部分的最后和明代之前，以便前后关联。有些虽不属于通代，但包括的时段较多，对于这类史料，参照现在的通例，一般放在通代里面，如《全上古三代秦汉三国六朝文》。

六、史料的搜集、整理、著录、刊行是一个不断完善的过程。同一史料在长期的流传过程中，其内容和编排方式常有变化。在内容上，由于新的发现，后人常有补正；在编排上，有些是代代相沿，没有变化，有些则由于编者的着眼点不同，改变了以前的方式。一般地说，后出转精。对同一史料的版本，其中有一些，前贤和时彦有所考述；有些史料出版以后，不断地有所补正。对版本和补正，凡个人所见所知，均予著录。目的是提供线索，以备查考。为了减少正文篇幅，这方面的内容放在注释中。

七、本书所征引的史料的时间，上自先秦，下至2008年年底。

八、本书所征引的史料，限于正式出版的。个别未正式出版的，凡具有重要补阙意义的，酌情引用。

九、本书所涉及先秦至近代专著，列书名、朝代、著者、版本；民国以来的列书名、著者、版本。所涉及的论文，注明作者、篇名、刊载的报刊或专著出版的时间。一书有多种版本者，一般只举珍本、善本和通行本；凡有修订本的，举修订本。

十、为避免读者的翻检之劳和查对原文，本书著录或引用的同一著述，全注书(篇)名、作者、版本、卷数或页数。

十一、本书所涉及的时间，一般只标明年份。古代的年份，先注朝代年号，再在括号内注明公元纪年。

十二、本书尽力广泛采摭各家之说，凡已引用，都一一注明姓名、书名、篇名，不敢窃人之美。为了减少字数，称引前贤师长者，无论存殁，一律直称其名，不加“先生”、“老师”之类的尊称。一种著述有多位作者，一般只标明第一、第二位，在第二位著者姓名后，加“等”字。

十三、本书后附人名索引、主要征引参考书目，采用汉语拼音方案，依据音节表顺序排列，以备检索。

绪论编

从古到今，有关中国古代文学史料学的著述很多。这些著述虽然各自在不同的方面作出了贡献，但就总体而言，比较集中地、系统地论述中国古代文学史料学理论问题的还相当单薄，有许多问题还没有来得及探讨。这大致有两种情况：一是不少史料学的著述，尽管论述了一些理论问题，但由于其论著主旨的限制，完全是着眼于史料的整体和共性，不可能顾及作为史料学的一个分支的中国古代文学史料学的特殊性。二是20世纪80年代以来，相继出版了一些中国古代文学史料学方面的著述。综观这些著述，重点是在搜集、鉴别、整理相关史料的基础上对相关史料的著录和叙述，而很少探讨有关中国古代文学史料学的理论问题。中国古代文学史料学作为一个学科，有自己的理论和理论体系，有许多问题值得探讨。鉴于上述情况，本书首列“绪论编”，试图探讨中国古代文学史料学的对象与任务、中国古代文学史料学同其他相关学科的关系、古代文学史料在古代文学研究中的地位、古代文学史料的载体与传播、古代文学史料的重要特点、古代文学史料的分类等问题。中国古代文学史料学的理论具有开放性，需要探讨的远不止上面列举的。本书对上面所列举问题的探讨，也是初步的。本书之所以把它们作为一编，是想有助于尚未谙熟中国古代文学史料学的读者能多少窥其门道，同时也想投石问路、抛砖引玉，引起研究者对研究中国古代文学史料学理论的重视和兴趣，使对于中国古代文学史料学的理论的研究，能够不断地拓展和深化，逐渐建构中国古代文学史料学的理论体系。

第一章　文学史料学的对象与任务

第一节　史料与文学史料

随着科学的发展，中国古代文学研究这一学科出现了一些分支学科，如文学史、文学史哲学、文学史方法论、作家作品研究史、文学理论批评史等。文学史料学是其中之一。文学史料学与整个史料以及文学史料密切联系，所以这里先对史料和文学史料的含义试做简略的探讨。

史料又称“史实”（“历史事实”）、历史“资料”或历史“材料”。称“历史事实”的，如台湾学者杜维运说：

> 历史系史学家根据历史事实以写成，所谓历史事实一般称之谓史料。①

称资料的，如台湾学者王尔敏说：

> 至于何谓史料？即所有研究史学撰著史籍所必须依据之种种资料。②

称材料者，如蒋祖怡云：

> 史料实是研究史学者所必须取资的材料。③

关于史料的定义，据我所见，迄今至少主要有下面四种不同的观点：

一是“遗迹”（陈迹）说。白寿彝在其主编的《史学概论》中说：

---

① 杜维运《史学方法论》，北京大学出版社 2006 年版，第 100 页。

② 王尔敏《史学方法》，广西师范大学出版社 2005 年版，第 122 页。

③ 蒋祖怡《史学纂要》，转引自王尔敏《史学方法》，广西师范大学出版社 2005 年版，第 119 页。

史料是历史过程留下的一些残骸或遗迹。①

持类似观点的还有何炳松和法国史学家朗鲁瓦等学者。何炳松说：

如史料而能供给过去之信息，则史料本身必系过去事实所留之一种遗迹。②

朗鲁瓦的见解见于他和瑟诺博司合著的《史学原论》：

史料乃往时人类思想与行为所遗留之陈迹。③

二是“片段的记录”说。持此说的是周谷城：

史料是历史的片段的记录。凡考古发掘出来的实物，过去保存下来的文书，都属史料的范围，都可看成历史的片段的记录。④

此说用“片段的记录”来概括史料，尚欠严密。“记录”通常指的是事件、言论的记载，用来指文献史料可以，而难以涵盖实物、口传等其他史料。周谷城可能觉察到这一点，所以又特别对“记录”加以补充说明。

三是从史料的作用来定义史料。如《苏联百科词典》第三版(1980 年)认为：

(史料是)直接反映历史进程并提供研究人类社会历史的各种文字和实物(古文物、语言文字、风俗礼仪等)。

此说从两个角度界定史料的定义。后一角度，应当说基本上符合实际。而前者认为史料可以“直接反映历史进程”，夸大了史料的作用。史料与历史，难以分开，但二者又有区别。人们研究历史，可以也必须依据遗迹(史料)去探讨历史的过程。但不能把遗迹本身和历史过程等同起来。对于各个时期的遗迹，必须在正确的理论和方法的指导下，作多方面的综合研究，才能认识历史的过程。有些史料，特别是一些文献史料，常常对某些历史过程有比较系统的叙述和分析，但这类史料，往往都是经过了人的加工，对历

① 宁夏人民出版社 1983 年版，第 7 页。

② 何炳松《通史新义》，广西师范大学出版社 2005 年版，第 11 页。

③ 李思纯译。转引自王尔敏《史学方法》，广西师范大学出版社 2005 年版，第 123 页。朗鲁瓦，有的译作朗格诺瓦。

④ 周谷城《中国通史》，上海人民出版社 1957 年版，上册，第 1 页。

史过程的反映，难免失真，甚至有所扭曲。因此，决不能把遗迹（史料）看成是历史的过程。

四是附加条件的"遗迹"说。这里举梁启超和台湾学者杨鸿烈的观点为例。梁启超在《中国历史研究法·说史料》中用自问自答的形式说：

> 史料者何？过去人类思想行事所留之痕迹，有证据传流至今日者也。①

杨鸿烈的有关言论见于他的著作《历史研究法》：

> 凡宇宙间可以考察出其"时间性"的事物或现象都是历史的资料，简言之，即为"史料"。②

细读梁启超和杨鸿烈的论说，两位学者的观点并不完全一致，但有一点是共同的，就是都认为所谓史料必须是要有证据的。这样来界定史料，实际上是把人们对史料的考察也纳入了史料的定义中。其实，史料是一种客观存在，即使短时间找不到证据，或者考察不出其"时间性"，仍不失之为史料。

综合分析上面四种说法，看来"遗迹"说比较恰当。此说把历史作为过程，以简明的语言，概括地指出了史料在内容和形式上的主要特点。本书采用了此说，并贯穿在具体的论述中。

史料作为遗迹，有它自己的特点，具体分析，主要体现在客观性、片段性、丰富性和不平衡性四方面。

史料既然是人类在历史过程中的行事和思想的遗迹，它的存在就是客观的，不管它以何种形态存在，或是否真伪，总是能在一定程度上表明某种历史事实，尽管这种表明有时是扭曲的、虚幻的，或不真实的。史料的客观性，是史料的根本特点。史料的客观性，决定了它对任何时代、任何人，都是公开的、无私的、不偏不倚的，也不存有任何的功利目的。有的学者把史料和人们对史料的认识、评价合二为一。这样做，实际上很容易否定史料的客观性。如果把人的主观意识加入史料，并作为史料的特点，其结果很容易导致舍弃某些史料。应当承认，由于时代和研究者的不同，对同一史料会有不同的认识和评价。从这一角度来看，不同的史料其意义和价值是有差别的。

---

① 梁启超《中国历史研究法》，东方出版社 1996 年版，第 44 页。

② 转引自王尔敏《史学方法》，广西师范大学出版社 2005 年版，第 123 页。

从古至今，人们往往用有无价值和价值的大小来区分史料。其实，史料的有无价值和价值的大小是相对的，只是比较而言。因此，我们不能因为史料价值的区别而否定史料的客观性。如果我们能从长时间的视角来思考，不难发现，实际上并不存在毫无价值的史料。这一点，朗格诺瓦和瑟诺博司在其合著的《史学原论》中的一段论述，对我们是有启示的：

> 在历史中，决未有毫无价值之史料。……在历史之一切事物中，人固可认为其重要之程度本有差等，但先天的无论何人，不能有此权利，敢宣言史料为“无用”。试问在此等材料中，以何者为有用无用之标准乎？有许多之史文，早经多时被人轻忽，及目光转变，或新有发现，则又急需取为自助之具。故凡轻弃一切材料，乃急躁之举也。……凡本身无价值之史料，当彼足应需要时，则价值自生。①

因此，我们肯定史料的客观性，不仅符合史料的实际，同时在客观上促使我们应十分重视保存各种史料。

史料虽然是人类行事和思想的遗迹，但古代人类在行事和思想的时候，除了极少数有条件者，或基于立言之不朽的想法，或出自对后代的训诫等原因，有意识地保存了一些史料外，其他绝大多数人并无传存意识和保存史料的条件，所以史料在当时就多有遗失或损毁，保存下来的是很少的。而保存下来的很少的史料，由于后来长期的自然的侵蚀和灾害以及人祸等原因，也多遭损毁。所以后人在研究历史时，能看到的史料同实际史实相比，实在是微乎其微的，的确是“残骸”，是“片段”。有时个别史料可能是完整的，但所谓的完整也是相对的。就史料的整体而言，完整的实属凤毛麟角，残缺的则是屡见不鲜。如果认可史料的这一特点，对于研究者来说，在理论上就会承认史料是有限的，就不会把史料同历史等同起来，在实践上，就会把搜集史料看成是研究历史的应有之义。

本来人类的行事和思想是丰富的，随着历史的演进，愈来愈丰富。尽管人类相关的遗迹只是实际思想和行事的很少的一部分，但由于人类历史的悠久，由于世世代代的积累，单就遗存的这一部分而言，也是极其丰富的。特别是像我们中国这样的在世界上屈指可数的古老的文明国家，其史料的

---

① 转引自杜维运《史学方法论》，北京大学出版社 2006 年版，第 116 页。

丰富在世界上也是罕见的。这种丰富性，体现在数量方面，也体现在丰富多样的种类、载体和传播媒介等方面。

史料作为人类的行事和思想的遗迹，其数量的多少与时间的长短密不可分。时间能淘汰和筛选史料。自有人类活动开始，随着时间的推移，时间越早，留下来的史料越少，越往后来留存的史料越多。这就造成了史料的不均衡性。这种不均衡性，对我们来说，有两重意义。史料少，比较容易搜集，容易处理。但由于史料少，使我们对许多问题的认识增加了困难。有许多问题，因为缺乏史料，只好暂时搁置起来。后来的史料越来越多，搜集起来要费很大的力量，又因为还没有来得及整理，所以困扰研究者的往往不是史料的短缺，而是史料太多。不过，史料的繁复，毕竟为我们的研究提供了丰富的矿藏。从大量的史料中，容易找到许多真实而有价值的史料。

文学史料是整个史料的一部分。它是人类在历史过程中有关文学行事和思想的遗迹。由于它是史料的一部分，自然也具有上面所论及的史料的共同特点。此外，由于文学史料具有相对的独立性，所以它还具有自己的特点。文学主要是一种语言艺术，这就决定了文学史料的载体和媒介虽然也是多种多样的，但最基本的、最主要的是语言和文字。在文学史料中，文学作品居于核心地位。而大量的文学作品，特别是许多辞赋、诗词、小说和戏曲，既源于生活，又是生活的艺术化，很少拘泥于史实，常有虚构、假托古人往事，以成其言、表其意、抒其情。汉代枚乘创作的《七发》中的“吴客”、“楚太子”，司马相如创作的《子虚赋》、《上林赋》中的“子虚”、“乌有先生”、“亡是公”，“楚使子虚发于齐”等，均属虚构。清人崔述《考信续说》下《观书余论》说：

> 周庾信为《枯树赋》，称殷仲文为东阳太守，其篇末云：“桓大司马闻而叹曰：……”云云。仲文为东阳时，桓温之死久矣。然则是赋作者托古人以畅其言，固不计其年世之符否也。谢惠连之赋雪也，托之相如；谢庄之赋月也，托之曹植。

上举作品中的虚构、假托，全凭想象，随意写出，没有根据，不计史实。类似的例证说明，许多文学作品所写的人事不是真实的史实，不同于历史学家通常所说的真实的史料。

第二节　古代文学史料学的对象和任务

古代文学史料学作为古代文学研究的一个分支学科，同文学史料既有联系，又有区别。所谓联系，指的是文学史料是文学史料学的基础；反过来，文学史料学研究的成果对文学史料的实践又有指导的作用。所谓区别，指的是文学史料学作为一个相对独立的学科有自己的学科体系，有自己的一些概念和范畴。它不是研究具体的、个别的文学史料的存佚、搜集、鉴别和整理等。具体的、个别的文学史料研究，有时也有分析，但限于史实范围，呈分散状态，具有形而下的性质；而文学史料学则是系统地从整体上、理论上综合地研究文学史料，具有形而上的性质。

任何一种学科，都有自己的研究对象和任务。古代文学史料学也是这样。就研究的对象来看，为了便于叙述，可以考虑分为下面三个层次：

一是研究史料的本体。这一层次至少应当包括史料的源流、演变，史料的构成与类别，史料的各种载体和媒介，文学史料的属性，文学史料在整个文学研究中的地位和作用，文学史料与其他相关学科的关系等。

二是研究古今文学史料的实践，或者称之为史料工作。这一层次具体研究的是人类在长期的历史过程中，在文学史料方面的实践活动，包括历代人们对史料的搜集、整理、鉴别和使用以及取得的重要的标志性成果等。

三是研究有关文学史料和文学史料学的方法和理论。人类在长期的文学史料的实践过程中，积累了丰富的经验和教训，历代有不少文人学者注意对这些经验和教训加以总结和提升，逐渐总结出诸多方法和理论。如：文学史料学的学科特点、对象和任务，搜集、鉴别、整理和使用文学史料的理论和方法，文学史料和史料学演进的规律等。

中国古代文学史料学作为一种独立的学科，它有自己的研究任务。总括地说，就是通过考察从古到今历代人们对史料的源流和演进过程，考察人们对史料的搜集、鉴别、整理和使用等方面的重要成果，以及在方法和理论等方面的主要建树，把中国古代文学史料的演变史叙写出来，有选择地探析各种史料的产生、价值和影响，历史地揭示中国古代文学史料的特点，探讨史料和史料学演进的带有规律性的东西，从而为研究者提供掌握和使用史料的一些基本理论、原则和方法，以便使研究者的研究能够建立在可靠的史料的基础上。文学史料学既是一门带有自己理论特点的学科，又是一门实践性很强的学科，最终的目的和任务，是为古代文学的爱好者和研究者服务。

中国古代文学史料学的对象和任务，为这一学科的研究划定了界域。文学史料学的对象和任务既有相对的稳定性，又有历史性。由于时代的不同和人们认识上的差异，对史料学的对象和任务的认识，自然会有所不同。随着历史的发展，人们的认识会有发展和深化。因此上面我们对文学史料学的对象和任务，只能是大致的确定。我们确定对象和任务的主要目的，是想对文学史料学和通常所谓的文学史料加以区别。至于在文学史料学的具体研究中，我们不必、也不应当要求每一种著述都取同样的对象，都去完成同样的任务。我们只能期待关于文学史料学的研究，能够有基本的对象，能够有所侧重地去完成这些任务。

第三节 继续研究古代文学史料学的必要性

我国有重视历史的优良传统，这一点也突出地表现在对文学史料的重视上。远在先秦时期，随着人类文学活动的产生，人们就开始关注和体悟文学史料，孕育了文学史料学。此后历朝历代在文学史料方面都作出了不同的贡献，这反映在实践上，也体现在认识上。但古代文学史料学作为一门独立的学科却相当滞后，不像历史史料学和哲学史料学那样起步得比较早。历史史料学，至晚在上一世纪的 20 年代，就开始出现了通论性质和断代性质的多种著作。通论性质的如：1921 年，梁启超在南开大学讲授《中国历史研究法》，其中第四章为“说史料”，第五章为“史料之搜集与鉴别”[①]；1927 年，傅斯年在北京大学讲授《史学论略》[②]；1946 年上海国际文化服务出版社出版了翦伯赞的《史料与史学》[③]。新时期以来，历史史料学发展得更快。通论性质的，如：1983 年北京出版社出版的陈高华、陈智超等撰写的《中国

① 嗣后，梁启超又著有《中国历史研究法补编》。两种著作见梁启超《中国历史研究法》，东方出版社 1996 年版。

② 傅斯年的讲稿共 7 讲，今存 4 讲，收入傅斯年《史料论略及其他》，辽宁教育出版社 1997 年版。

③ 《史料与史学》(增订本)，北京大学出版社 1985 年版。

古代史史料学》[1],1985 年福建人民出版社出版的谢国桢的《史料学概要》;1987 年人民出版社出版的荣孟源的《史料与历史科学》;1994 年福建人民出版社出版的安作璋主编的《中国古代史史料学》[2];2004 年上海古籍出版社出版的何忠礼的《中国古代史史料学》。断代性质的,如:1985 年山东人民出版社出版的张宪文的《中国现代史史料学》;1986 年南开大学出版社出版的冯尔康的《清史史料学初稿》;1989 年陕西师范大学出版社出版的黄永年、贾宪保的《唐史史料学》[3];1990 年中国人民大学出版社出版的张革非、杨益茂等的《中国近代史料学稿》;2007 年,中国社会科学出版社出版的王晖、贾俊侠的《先秦秦汉史史料学》;2008 年汕头大学出版社出版的张注洪的《中国近现代史史料学述论》。在哲学史料学方面,如:1962 年上海人民出版社出版的冯友兰的《中国哲学史史料学初稿》,1982 年三联书店出版的张岱年的《中国哲学史料学》,1983 年吉林人民出版社推出的刘建国的《中国哲学史史料学概要》,1998 年武汉大学出版社出版的萧萐父的《中国哲学史史料源流举要》,2002 年高等教育出版社出版的刘文英主编的《中国哲学史史料学》。而在中国古代文学史料学方面,比较专门的系统的著作是在 20 世纪 90 年代以后才陆续出现的。通论性质的,如:1992 年黄山书社出版的潘树广主编的《中国文学史料学》,南京大学出版社出版的徐有富主编的《中国古典文学史料学》[4]。断代的,如:中华书局 2005 年出版的曹道衡、刘跃进的《先秦两汉文学史料学》,1997 年出版的穆克宏的《魏晋南北朝文学史料述略》,2001 年出版的陶敏、李一飞的《隋唐五代文学史料学》,2007 年出版的刘达科的《辽金元诗文史料述要》。专题的,如:中华书局 2001 年出版的马积高的《历代辞赋研究史料概述》,2004 年出版的王兆鹏的《词学史料学》,2005 年山西人民出版社出版程毅中的《古代小说史料简论》[5]。上面列举的几种古代文学史料学著述,不少属于文学史料的整理,而不是文学史料学,但都具有开创的意义,分别在不同的方面作出了自己的贡献,但也留下了一些有待拓展的领域和需要继续探讨的问题。另外,上述列举的有关

① 天津古籍出版社 2006 年又出版了此书的修订本。

② 福建人民出版社于 1998 年又出版了此书的第 2 版。

③ 《唐史史料学》经黄永年修订,上海书店出版社于 2002 年出版。

④ 北京大学出版社 2008 年出版了此书的修订本。

⑤ 此书是程毅中 1992 年辽宁教育出版社出版的《古代小说史料漫话》的修订本。

文学史料和文学史料学著作，除个别的在部分篇章中有些理论探析之外，其他基本上都是史料的概述，还没来得及研究古代文学史料学的历史和方法理论等问题，没来得及探讨建立中国古代文学史料学的体系。这说明，一方面，古代文学史料学还处在初创时期。另一方面，近十多年来，我国的古代文学史料工作，取得了巨大的成绩，发生了很大的变化。据粗略统计，十多年来，出版的古籍的数量接近20世纪前80年的80%，其中有许多是新的丛书、总集、别集、辑佚、补遗，发现了大量的考古文物和典籍，台湾、香港、澳门地区和国外许多史料相继传入，不少史料得到了重新鉴别和整理，现代信息技术迅速地进入了文学史料领域，电子版图书批量的出版，网络和数据库的快速发展，技术手段的革新带来史料的开放性与史料积累的提速，精品与大量的粗制滥作的并存，如何正确地处理好整理出版史料著述与市场经济的关系等。这些都使史料学面临着新的机遇，为史料学提供了十分丰富的新史料，也提出了许多新课题。我们过去存有的史料和新发现的史料，浩繁凌乱，如果我们不进一步从理论上加以研究，探讨如何去粗取精，弃伪存真，使之信息化、条理化、系统化，就难以有效地发挥作用，会在很大程度上消磨研究者的时间和精力。新的史料的不断发现和积累，往往能导致新的学科的产生。史料研究的深入，是新学科形成的基石。对已有的学科来说，如果不强化史料意识，会限制学科的发展。看来，为了推进我国古代文学的研究，加速继续研究古代文学史料学，在当前仍是十分必要的。

第二章　古代文学史料学与其他相关学科的关系

第一节　文学史料学是一门综合性的学科

上面曾经说过，文学史料学作为一门独立的学科，在学科分类的体系中，有它的独立性。但从整个历史发展的历程来看，它又不是孤立的，而是与许多相关学科相互联系，具体表现为互相兼容，彼此补充。这种相互联系，使它明显地具有综合性，使它拒绝“唯学科化倾向”。

人类的文化的产生和存在的形态，原本就具有整体性特点，常常是你中有我，我中有你。这一特点体现在任何历史时期。只是由于时代和人们个人条件的限制，再加上社会的分工，结果逐渐出现了分立学科的情况。实际上，不同的学科之间有许多交叉，难以割裂。文学史料学也是这样。

文学史料学的综合性，究其根源，主要在于文学史料的综合性。人类的文学活动和文学思想的发生，本来就不是孤立的、封闭的，而是同人类的多种物质生活和精神生活等紧密相连，都是根于同一土壤。具体到许多古代文学家身上，由于他们与其生活环境密切相连，受古代重综合、重联系的思维方式的影响，他们的生活和思想感情，他们的人生观和审美情趣等，都不同程度地与当时的背景、历史、哲学、科学、宗教等相联系。他们总是自觉或不自觉地从多方面汲取自己思考和创作的养分。他们的创作源泉也是来自多方面的。我国古代，特别是先秦时期，文史哲不分。哲学家、史学家往往是文学家、诗人。哲学家、史学家的著述，往往就是文学著作。不少文学家兼具多方面的学识。他们的思想和著述常常涉足文史哲等多种领域。先秦之后，上述情况仍在继续，仍有不少文学家兼通历史、哲学、语言、艺术，乃至科学技术。司马迁通晓历史，亦能文，懂哲理，明天文，知地理。张衡擅长诗赋，又是地动仪的发明者。干宝是志怪小说《搜神记》的编纂者，同时又是著名的史学家。王羲之是“书圣”，而又能诗、能文、能画。山水诗人谢灵运，通佛学，并有历史著作。王维是大诗人，又是大画家。苏轼以诗、词、文称雄文坛，同时他的书法、绘画也受到时人和后人的推崇。朱熹是理学家，同时又能诗、能文，还是有影响的教育家，在古籍的整理上，也多有建树。

我国古代优秀的文学作品，内容丰富，形式多样，涉及的范围十分广泛。以《诗经》为例，其内容上及天文，下及地理万物。以前的历史，当时的社会现实、哲学思想、审美情趣等，在《诗经》中都有不同程度的反映。在表现形式上，多姿多彩，涉及了音乐、语言文字等多方面的问题。《诗经》是这样，其他文学作品何尝不是如此？只是具体的内容和艺术表现不同而已。

从我国古代文学史料的存传情况来看，除了现代所说的诗歌、散文、小说和戏剧这四类纯文学作品以及文学理论批评著述等，除了有一些文学作品和文学批评著述本身比较完整、系统的外，还有大量的文学史料保存在许多历史、哲学、语言、文字、各种艺术以及自然科学等著述当中。

文学史料学的综合性，有时还体现在它的开放性上。综观我国古代文学研究史，我们会发现，有些史料本来不属于文学史料，没有进入文学史料的范围，但后来随着文学研究的进展，而成了文学史料。如甲骨文，本来属于文字考古方面的史料，但后来有的学者发现其中有韵文，所以它也进入了文学史料的视阈。这说明，文学史料不是封闭的、固定的，它的范围常常在不断地变化，这种变化往往牵涉到许多相关的学科。

研究文学史料和文学史料学，首先应当立足于它们自身，但由于它们自身不是孤立的，而是同社会、历史、哲学、语言、文字等许多方面有联系，所以研究文学史料和文学史料学，又不能局限于自身，而必须联系其他学科。

文学史料的产生、内涵、存传、文学研究的变化，以及研究文学史料和文学史料学的需要等多种因素，决定了文学史料学与其他学科难以分割，决定了文学史料存在于多种关系当中，在多种关系构成的“合力”的作用下演变、深化、完善。上述几点当是文学史料学作为一个综合性学科的学理所在。

正是由于文学史料学具有综合性的特点，所以纵观历代文学史料学的实践和认识，可以发现，各个时期在文学史料学方面之所以能有所创获，有些文人学者之所以能作出贡献，一个重要原因是他们重视文学史料，但又都没有囿于文学史料本身，而是视阈开阔，注重多学科的学养，从多角度去作文学史料工作，吸取多学科所取得的成果。在近代之前，大多治文学史料者，在认识上，在实践上，基本上是综合的，很难找到专科的学者。从19世纪末、20世纪初开始了学术研究的专科化，逐渐使各科之间畛域明确，甚至不越雷池一步。对此，虽有其合理因素，不能完全否定，但局限性是很大的。分科是为了研究的方便，有助于在某一方面的深入，但忽视了文学史料学具有综合性的特点。这一点，至今仍在制约着我们。

文学史料的综合性特点启示我们，文学史料学研究的对象应当是宽泛的，虽然应当以直接的文学史料，即所谓的纯文学史料研究为主，但又不能禁锢在直接的文学史料的圈子里，而要拓展视野，要顾及其他学科的史料和研究成果，使文学史料学具有开放性。文学史料学的发展，越来越需要借助于其他社会学科乃至某些自然科学的史料和研究成果。当然，文学史料学的研究成果也会有助于其他学科的发展。在科学研究愈来愈走向综合的今天，重视文学史料学的综合性，打破藩篱，其重要意义越来越明显。它不仅能帮助我们深切地理解各种文学现象，同时还能拓展我们的视野。它会在文学史料学同其他相关学科的交叉和边缘上发现有价值的课题，可能会使以前视而不见的某些现象凸现出来，可能会导致古代文学研究内容和形式的重组与分化，也可能在文学史料学与其他学科的交叉点上，形成新的学科。因此，理解文学史料学的综合性以及与其他相关学科的交叉关系，在某种意义上，比理解文学史料学作为一门独立的学科更为重要。因为文学史料学的确立，容易设置界域，并不能一定对各种史料的综合提供最佳的方法，而注意文学史料学的综合性，对理解和全面掌握文学史料学更为重要。

古代文学史料学同其他多种学科的关系，有或近或远和或密或疏的差别。下面将古代文学史料学同古代文学研究领域里的分支学科，以及古代文学史料学同其他相近的比较密切的学科，如古代文献学、考古学的关系略作探讨。

第二节　文学史料学与文学研究的其他分支学科

文学史料学与古代文学研究的其他分支学科，如文学家作品研究、文学史、文学史哲学、文学史方法论、文学理论批评史和文学研究史等，既相互联系，又相互区别。文学家作品研究的对象是某一文学家或某些作品，或对他们作全面、系统的探讨，或就他们某一方面作深入的研究。文学史是研究文学的历史，是从史的角度，述评各种文学现象，特别是文学作品演进的历程。

文学史哲学是从哲学的高度考察文学发展的规律，研究人们如何认识、把握文学的演进。文学史方法论研究的对象是研究者主体，旨在叙述和分析认识文学史和撰写文学史所使用的各种方法，对各种研究方法的特点和局限作出科学的评价，进而使研究者能够更科学、更全面地使用各种方法。文学理论批评史（包括文学思想史）考察的对象是历代人们对文学的认识，而历代人们对文学的认识虽然蕴涵在文学作品中，但更多的是已经积淀为不同的理论形态。文学研究史属于学术史的范围，探讨的是历代对文学或文学理论研究的历史，如“中国楚辞学史”、“文心雕龙研究史”等。如果把上面提到的文学史和文学史哲学等分支学科归为宏观研究的范围，那么文学家作品研究则属于微观研究。上面列举的文学研究的各个分支学科都有自己相对固定的研究对象。研究的主体和研究的对象是互相依存的。从这一点来考虑，文学史料学同上面所列举的学科是不同的，它们各自都是独立的学科。但这些学科有一点是共同的，就是都离不开文学史料。文学史料是它们研究的依据。与此相联系的是，如何搜集、检索、鉴别、整理、使用史料，也是这些学科所面临的共同问题。当人们研究文学领域里的各种现象时，总是自觉或不自觉地、全面或者是部分地受史料学的影响。马克思认为：

> 以文化本身为对象的批判，比任何事情更不能以意识的某种形式或某种结果为依据。这就是说，作为这种批判的出发点的不能是观念，而只能是外部的现象。批判将不是把事实和观念比较对照，而是把一种事实与另一种事实比较对照。对这种批判唯一重要的是，把两种事实尽量研究清楚。①

马克思论述的是对文化本身的研究，自然包括对文学史的研究。马克思的论述启示我们，文学史料和文学史料学对文学研究的各个分支学科来说，具有基础学科、前学科的性质，其他分支学科都要不同程度地依靠它，而不能取代它。不过，这只是问题的一方面。另一方面，文学史料学又离不开文学研究的其他分支科学。其他分支学科发现的新史料及其研究成果，会拓展史料学研究的内容。其他分支学科研究的成果一旦形成，也就成了史料，也就成了史料学研究的对象。分支学科在理论上和方法上的重要建树，

① 《马克思恩格斯选集》，人民出版社 1972 年版，第 2 卷，第 216 页。

有时也会为文学史料学提供某些借鉴。

以上的探讨说明，在文学研究范围内，文学史料学是独立的，同时它又与其他分支学科相互通融、相互补充。

第三节　文学史料学与古代文献学

古代文献学是研究古代文献的源流、分类、目录、版本、校勘、注释、辑佚和使用等内容的一门学科。随着社会的发展和学术的进步，古代文献学所研究的许多方面的重要内容，大多已各自成为一种独立的分支学科，如目录学、版本学、校勘学、辨伪学、辑佚学等。古代文学史料学同上述文献学所涉及的诸多学科，有十分密切的关系。

目录学是研究目录的一门学科。我国传统的目录主要是图书目录，所以目录亦称书目。具体来说，目录学是研究目录的形成和发展的历史，探讨目录的结构、功能、意义，研究编纂和利用目录的基本原理与方法的一门学科。

目录学是一门历史悠久的学科。从历史记载看，最早使用目录一词的是西汉的刘向。《文选》卷 22 载晋王康琚《反招隐诗》李善注说：

刘向《列子目录》曰："至于《力命篇》，一推分命。"

刘向之后，东汉班固《汉书》卷 100 下《叙传下》说：

刘向司籍，九流以别。爰著目录，略序洪烈。

郑玄注《礼》，作《三礼目录》[①]。刘向的《列子目录》和郑玄的《三礼目录》都是专书目录。郑玄又作《论语孔子弟子目录》，开始以人名名目录。

目录之书，《隋书》卷 33《经籍志二》称为"簿录"，《旧唐书》卷 46《经籍志上》乃称目录[②]，以后大多沿用此名。使用目录学一词始于北宋。北宋仁宗时苏象先《苏魏公谭训》卷四说：

祖父谒王原叔，因论政事，仲至侍侧。原叔令检书史，指之曰："此

① ［唐］魏徵等撰《隋书》，中华书局标点本，卷 32《经籍志一》著录《三礼目录》1 卷。

② 有时也称"书目"，如《经籍志上》在著录《七略别录》等 18 种书目后，总括说："右杂四部书目十八部。"

儿有目录之学。”

我国古代有许多目录与目录学相兼的著述，这在大量的史志中尤为明显，如《汉书》卷30《艺文志》和《隋书》卷32至35《经籍志》中，就有目录和目录学两方面的内容。《汉书·艺文志》和《隋书·经籍志》中著录的书目，明显地属于目录。而《汉书·艺文志》中的《七略》和《隋书·经籍志》中经、史、子、集四部分的总叙以及每部分中所包含的若干叙文，则属于目录学。可能受这种情况的影响，所以有些论著，不太关注目录和目录学的区别，常常是目录和目录学混用。

中国目录的编撰，起源很早。“古者文官既司典籍，盖有目录，以为纲纪，体例湮灭，不可复知”①。余嘉锡《目录学发微》说：“目录之学，由来尚矣！《诗》、《书》之序，即其萌芽。”孔子及其弟子整理《诗》、《书》、《礼》、《乐》、《春秋》等典籍时，“为之作序”，“言其作意”，编写提要，揭示了图书的内容。《国语·楚语上》载有一份楚大子葳的必读书目。上述这些实际上是目录的滥觞。西汉后期，古代目录和目录学正式形成。标志是刘向和刘歆编撰的综合性书目《别录》和《七略》及其论述。汉代以后，随着大量文献的产生和积累，各个朝代都重视目录和目录学，相继出现了许多目录著作。据汪辟疆《目录学研究》所附《汉唐以来目录统表》统计，魏晋南北朝时期编的目录有21种，隋唐有20种，宋代有46种，元代有三种，明代有51种。清代编的目录，齐鲁书社1997出版来新夏主编的《清代目录提要》收有380余部，这还不是清代目录的全部②。20世纪初，西方目录学传入中国，中国传统的目录和目录学吸收了西方目录和目录学的一些优长，内容拓展了，方法也有改进，中国的目录和目录学开始具有了现代形态，突出地表现在分类的现代性和科学性上。20世纪50年代以来，特别是80年代以来，随着科技的发展和对外开放，中国的目录和目录学有了迅速的发展。这表现在：第一，目录的数字化、机读自动化、网络化；第二，各种目录的大量问世；第三，出版了许多新的目录学论著；第四，诞生了专科目录编撰史，如石昌渝的《二十世纪古代

① 郑鹤声《司马迁年谱》，上海商务印书馆1957年版。

② 关于清人编的目录的数量，叶树声、许有才说：“当不少于二千五百种。”参阅其著《清代文献学简论》，安徽大学出版社2004年版，第149页。

小说书目编撰史述略——兼论有关书目体例的几个问题》①。

文学史料学与目录和目录学关系密切。从文学史料学方面看，文学史料学离不开目录和目录学。

由于目录和目录学的一个重要内容是研究和著录历代各种图书的存佚和流传，因此其中保存了大量的文学史料。检阅历代的目录和目录学，可以看到其中有许多重要的文学家传记史料、作品史料和研究史料等。从刘向的《别录》开始，目录的一个重要组成部分，就是介绍作者的生平事迹。有的目录提要竟被专门用来撰写作者的传记。如《隋书》卷32《经籍志一·序》说：南朝王俭《七志》“不述作者之意，但于书名之下，每立一传”。有的目录在附注中也载有某些传记史料，如《汉书》卷30《艺文志》“诸子略”中著录“《黄公》四篇”。注：“名疵，为秦博士，作歌诗，在秦时歌诗中。”历代的目录，重点是著录以前或当时的重要图书。在著录时，一般都记有书名、作者、时代、提要、卷次、版本、存佚、真伪、收藏等多方面的内容。根据这些记载，我们可以大体知道许多文学作品的情况。另外，从今存许多目录来看，编纂者一般不是简单地编排书目，而是对类目的设置有自己的思考和表述，有些还写有序、跋和提要等。在序、跋和提要中，常有对于一些文学现象和文学家及其作品的评论。这些评论中往往含有重要的文学理论批评史料。因此可以说，目录和目录学是文学史料的一个重要渊薮。我们搜集史料时，各种目录和目录学著述，是重要的、容易查找的史源。这一点，古今许多学者都有所揭橥。清人章学诚说：目录学在于“辨章学术，考镜源流”，“部次流别，申明大道，叙列九流百家之学，使之绳贯珠联，无少缺逸，欲人即类求书，因书究学”②。

郑振铎在1936年为孔另境《中国小说史料》所写的序中结合自己治学的经历，论述目录的重要，说：

> “版本”、“目录”的研究，虽不就是“学问”的本身，却是弄“学问”的门径。未有升堂入室而不由门循径者，也未有研究某种学问而不明了关于某种学问的书籍之“目录”、“版本”的。而于初学者，这种“版本”、

① 载《南京师范大学文学院学报》2003年第4期。

② 以上引文分别见[清]章学诚著、王重民通解《校雠通义通解》，上海古籍出版社1987年版，《自序》、《互著第三》。

> “目录”，尤为导路之南针，照迷的明灯。有了一部良好的关于某种学问的书籍目录，可以省掉许多人的暗中摸索之苦。我们都是经过了“摸索”的境界，吃尽了苦的，故对于“版本”、“目录”的编著者，往往是抱着很大的敬意的。①

上述精辟的见解和治学实践告诉我们，面对泛滥无归的史料，为了更快、更方便而全面地加以搜集，避免走弯路，必须使用目录和目录学。

此外，纵观我国古代丰富的目录和目录学著述，可以发现许多文学史料的搜集和传播等演变的情况。宋代郑樵曾经指出：

> 古之书籍，有不足于前朝，而足于后世者。观《唐志》所得旧书，尽梁书卷帙而多于隋。盖梁书至隋所失已多，而卷帙不全者又多。唐人按王俭《七志》、阮孝绪《七录》搜访图书，所以卷帙多于隋，而复有多于梁者。如《陶潜集》，梁有五卷，隋有九卷，唐乃有二十卷。诸书如此者甚多。
>
> 古之书籍，有不出于当时，而出于后代者。
>
> 古之书籍，有上代所无，而出于今民间者。②

从郑樵上述的言论，可以看到，有许多史料在不同时期，由于时代的变化，在搜集、存佚、卷帙、收藏和传播等方面，造成了颇为复杂的情况。而要了解这些复杂的情况，离不开历代的目录和目录学③。

随着文学史料学的发展，为了适应新的时代的需求，在目录方面，除了运用以前的目录外，还应当不断地编纂新的文学史料目录。编纂新的文学史料目录，一方面要吸取新的成果，同时还要借鉴传统的目录和目录学的具体成果和理论方法。如传统目录学强调必求全面，必讲类别和体式，重视“辨章学术，考镜源流”等，对这些，我们应当结合具体情况予以继承。

从上面的论述可以看到，文学史料学离不开目录和目录学。不过，我们在看到这一点的同时，还应当顾及另一点，就是文学史料学有时对目录和目录学也会产生影响。一个明显的事实是，人们在搜集和整理文学史料时，常

---

① 见孔另境编辑《中国小说史料》，上海古籍出版社 1982 年版，“郑序”第 1 页。

② 以上三段，分别见[宋]郑樵撰、王树民点校《通志二十略·校雠略》（中华书局 1995 年版）“阙书备于后世论”条、“亡书出于后世论”条、“亡书出于民间论”条。

③ 关于搜集史料与目录和目录学的关系，请参阅本书第二十章第四节。

常会有新的发现。而这些新的发现,自然会给目录和目录学增加新的内容,输入新的血液。从这一角度看,目录和目录学的发展,也离不开文学史料学。

版本学本来是目录学的一部分,但由于版本学有自己明确的研究对象,研究的中心是图书版本。具体来讲,是研究各种图书版本的源流、形态,研究版本的历史和研究成果,总结版本鉴定的经验和方法以及正确地评价和使用版本等①。在我国古代,研究版本有长期的历史。在长期的研究中,逐渐形成了一些自己的概念、理论和方法,研究版本需要有专门的知识,所以随着学术的发展,关于版本的研究逐渐脱离了目录学而成为一种独立的学科。

版本学的产生是由于古代图书在传抄和传刻过程中,难以避免出现一些讹误,人们在整理各种图书时,为了纠正出现的讹误,自然要广泛采用各种版本,加以比较。在我国古代,重视版本和研究版本至晚可以追溯到西汉末年。西汉末年,刘向受诏整理国家所藏图书时,已经开始关注图书的版本。不过,比较自觉地思考和兼顾各种版本是从宋代开始的。南宋诗人、目录学家尤袤编有《遂初堂书目》,著录典籍 3000 多种,其中有些一书著录数种版本,开著录一书兼采数种版本之先河。后来陈振孙著《直斋书录解题》,著录图书 3096 种,有些著录多种版本以及刊刻的具体情况,较《遂初堂书目》更进一步。明代胡应麟撰《少室山房笔丛》中有《经籍会通》四卷,其卷四中关于版本的内容,相当具体地论述了前人未及的版本的评价问题,丰富了研究版本的内容。清代许多学者十分重视图书版本的研究。叶德辉《书林清话・古今藏书家记版本》说:"盖自乾、嘉至光、宣,百年以来,谈此学者,咸视为身心性命之事。"在清代,版本学出现了繁盛局面。清初钱曾的《读书敏求记》,创提要式版本目录,也是最早的一部善本目录。乾、嘉时期,在版本学上,贡献最大的是《天禄琳琅书目》的编写和著名版本学家黄丕烈。《天禄琳琅书目》分前编和后编,收录宋、辽、金、元、明版本及影宋抄本明抄本共 1092 部。同一部书,详列不同版本和刊刻时代。黄丕烈在版本学上的贡献重点体现在他为古书版本所撰写的大量题跋和编撰的几部版本目录著作

① 关于版本学的定义,参阅姚伯岳《中国图书版本学》,北京大学出版社 2004 年版,第一章第三节《版本学析义》。

上。他通过版本学的实践，进而在理论上提出了一些版本学上的重要原则和方法，如"书必求其初刻"，"书籍贵有源流"，"夫书之贵贱，以有用无用为断，并以名实相副为重"①。乾、嘉时期其他重要的版本家还有钱大昕和章学诚等。由于清代版本学的兴盛，版本学研究的内容有了进一步拓展和深入，历代的稿本、写本、刊印本、传录本、批校本等版本种类，书籍的雕版、传抄源流以及印纸、墨色、字体、刀法、版式行款、缮写者、刻字工人、装潢式样和藏书印记等，都进入了研究的视野。

中国古代文学史料学与版本学有密切的关系。历代目录著作中所著录的各种版本以及研究的成果，其中有许多本身就属于文学史料。在这些成果中，有些为后学直接采用，有些为后来的研究打下了基础。以《陶渊明集》为例。今存宋元《陶渊明集》的重要版本有：毛氏汲古阁藏宋刻《陶渊明集》10卷；宋庆元间黄州刊《东坡先生和陶渊明诗》4卷；宋绍兴刻《陶渊明文集》10卷；宋绍熙壬子（三年）曾集重编刊本2册；宋汤汉《陶靖节先生诗注》4卷、《补注》1卷；元李公焕《笺注陶渊明集》10卷。这些版本各有特点，各有所长，成为后来整理、校勘和注释《陶渊明集》的重要依据和重要参考。中华书局2003年出版的袁行霈的《陶渊明集笺注》，就是以毛氏汲古阁藏宋刻《陶渊明集》10卷本为底本，用其他宋元刻本作为校本的②。另外，中国古代文学史料大多是以版本的形式存在和流传的图书。这些图书在流传的过程中，同其他图书一样，也不可避免地会出现一些讹误。为了纠讹取正，一个重要方法就是利用各种版本，加以比较和鉴别。而在比较和鉴别时，版本学的一些基本原则、理论和方法，仍是适用的。当然，在运用版本学的基本原则、理论和方法研究古代文学史料的版本时，由于有些文学史料具有一定的特殊性，其成果也会丰富版本学。

校勘学与版本学息息相关。校勘学是集图书的各种版本，比较其异同，确定其正误，探究其原貌，使用其成果的一门学问。

中国的古代的各种图书，在长期的流传过程中，由于手抄和刊印，有时也由于"后人习读，以意刊改"，"意有所疑，辄就增损"③等原因，难免出现一

---

① 以上引文分别见《尧圃藏书题识》、《图绘宝鉴跋》、《旧残钞本阳春白雪跋》。

② 参阅袁行霈《陶渊明集笺注》，中华书局2003年版"凡例"。

③ [唐]颜师古《汉书叙例》，载《汉书》，中华书局点校本，第1页。

些错误，如字误、脱文、衍文、倒文、重文、错乱等现象。这些错误造成了史料的混乱，影响了史料的真实性。如果对史料不加以校勘，会以讹传讹。使用有错误的史料，会导致错误的结论。因此，自古以来，许多学者都十分重视史料的校勘。通过校勘，判定正误，去疑释惑，恢复史料的原貌。

校勘学同版本学一样，有悠久的历史。校勘学萌芽于先秦。西汉末年，刘向奉命校书，开始了自觉地校勘图书。刘向之后，朝廷和私人收藏整理图书，编制目录，研究著述，都关注校勘，相继取得了许多成绩。这些成绩往往体现在历代著名学者对古籍的校注考证和其他著述当中。东汉经学大家郑玄整理经学著作，从目录、版本和校勘入手，在校勘上作出了杰出的贡献。魏晋南北朝时期，王弼注《老子》，郭璞注《庄子》，何晏著《论语集解》，杜预注《左传》，颜之推著《颜氏家训》等，都重视校勘，在不同方面有所成就。唐代对校勘不如前代和后代那样重视。到了宋代，不仅在校勘的实践上成果丰厚，同时在理论上多有建树。前者如洪兴祖的《楚辞补注》和方崧卿的《韩集举正》；后者主要体现在岳珂的《刊正九经三传沿革例》和彭叔夏的《文苑英华辨证》两部书中。元明时期，由于学术风气比较空疏，校勘成就较少。清代考据蔚然成风，校勘了大量的古籍，取得了丰富的经验，在理论和方法上有很大的发展，出现了一大批著名的校勘专家，如顾炎武、惠栋、黄丕烈、戴震、卢文弨、顾广圻、王念孙、王引之、段玉裁、孙星衍、俞樾、孙诒让等。段玉裁的《说文解字注》、王念孙的《读书杂志》、王引之的《经义述闻》、阮元的《十三经校勘记》都是校勘的传世名著。近现代的王国维、陈垣、胡朴安等一批学者在校勘的实践和理论等方面，也取得了许多重要的成果。1931年，陈垣《校勘学释例》(原名《元典章校补释例》)的出版，初步建立了校勘学的理论体系，是校勘学独立和发展的一个重要标志。

古代文学史料学与校勘学紧密相连。在历代校勘所取得的丰硕成果中，有大量的本身就是直接的文学史料。各种典籍中的文学家的传记，古代重要的总集和别集，有不少经过了历代的校勘。这些校勘的成果，为我们继续整理、研究和使用奠定了相当坚实的基础，提供了很大的方便。这里举《韩愈集》为例。今存《韩愈集》是由宋人整理的，主要有宋刊廖莹中世彩堂本、宋刊魏怀忠辑《五百家注》本、宋刊文谠《注》王俦《补注》本、宋刊祝充《音注》本、残宋甲本、残宋乙本、残宋丙本、残宋丁本、残宋戊本、方崧卿的《韩集举正》等。宋代的各种版本，程度不同地都有校勘。这些校勘为后人进一步整理《韩愈集》打下了很好的基础。今人屈守元和常思春主编的240多万字《韩愈全集校注》就是以廖莹中世彩堂本为底本，参校其他宋本而编撰的①。可以设想，如果没有宋人所作的校勘工作，今人很难在较短的时期完成这样大部头的校注本。

古代和近代以来的许多文人学者不仅重视对具体典籍的校勘，同时在长期的校勘实践的基础上，积累了许多经验，有些已经理论化、系统化了，并且总结出一些原则和方法。这些理论、原则和方法，基本上适用于古代文学史料的校勘。当然有些文学史料由于有自己的特殊性，传统的校勘理论、原则和方法不一定完全适用。在这方面，还有待进一步探讨。如果在这方面能有所建树，连同古代文学史料校勘的新成果，会从一个方面丰富校勘学。

辨伪学的对象有广义和狭义的区别。广义的指的是对所有的不真实的史料进行鉴别。狭义的主要指的是对古籍中的伪书作鉴别。我国的古籍在产生和流传过程中，由于无意的客观原因和少数人有意的造伪，结果出现了一些伪书②。中国自古以来就有重真求实的优良传统，认识到伪书的存在及其危害，重视辨伪。自先秦开始，历朝历代许多文人学者相继作了大量的辨伪工作。西汉成帝时，刘向在整理图书的过程中，通过比较不同的版本来辨别真伪。东汉班固《汉书》卷30《艺文志》明确著录了某些图书的真伪。隋代僧法经编撰的《众经书目》中，特设"疑伪"一门。后经唐、宋、元三代，辨伪成果丰厚。到明代胡应麟撰写了辨伪专著《四部正讹》，使辨伪成为一种专门学问。清代的辨伪较明代有进一步的发展，万斯同、姚际恒和阎若璩等人的著述，不仅涉及了某些图书的真伪，同时还动摇了一些儒家和道学家所推尊的"经典不容怀疑"的神圣性。

我国在长期的辨伪过程中，积累了丰富的辨伪成果，涉及了经、史、子、集四部，其中有大量直接或间接地与文学史料相联系。阎若璩著《古文尚书疏证》，详列128条证据，从多方面证明了晋代梅赜所献的《古文尚书》是一部伪书。宋代曾出现过一部《老杜事实》(或称《东坡杜诗故事》、《东坡杜诗事实》、《东坡事实》、《东坡老杜诗事实略举》等)，说著者是苏东坡。在宋代

① 参阅屈守元、常思春主编《韩愈全集校注》，四川大学出版社1996年版前言、《附录》三。

② 关于辨伪较全面的论述，参阅本书第二十一章第一节。

就有人指出它是一部托名苏东坡的伪作①。诸如上面所列举的有关辨伪的成果,是文学史料的重要组成部分。我们研究古代文学时,应当注意利用这些成果。

在长期的辨伪实践中,不少学者逐渐总结形成了一些辨伪的原则、理论和方法。这些原则、理论和方法具有普遍意义,基本适用于文学史料的辨伪。另外,在长期的辨伪实践中,由于有的时候,有些人没有真正地树立实事求是的态度,缺少科学的考辨方法,也出现了不少错误,有一些教训。这些教训也是我们在考辨文学史料时,应当吸取的。

我国古代丰富的文学史料,在长期的流传过程中有许多已经散佚了,但有些片段却散见于许多类书、不少图书的引文、注释以及其他典籍中。很早以来,一些文人学者或出自求知的愿望,或为了研究的需求,或基于探求史料的原貌,或出自保存史料的责任,注意全面地搜辑存遗的片段,并且加以系统的整理。这就是辑佚。

我国古代的辑佚,究竟起源于何时,学术界有不同的观点。在诸多不同的观点中,多数学者认可的是从南宋王应麟开始的。王应麟十分重视辑佚。他的《三家诗考》,就是把见于群书中的三家诗说的片段加以搜辑而成的一种重要辑佚书。"嗣后好古之士,踵其成法,往往缀辑逸文,搜罗略遍"②。宋代不仅在辑佚实践上有所贡献,同时在理论上也有所探索。郑樵《通志·校雠略》有《书有名亡实不亡论》一篇。篇中论"书有亡者,有虽亡而不亡者"等内容,对辑佚具有重要的启示,受到了后人的重视。明代的辑佚,有进一步的发展。在实践上,有许多成果流传至今,如陆楫的《古今说海》,胡应麟的《搜神记》,梅鼎祚的《乐苑》、《历代文纪》(《八代文纪》),张溥的《汉魏百三名家集》等。在认识上,也有所提升。祁承㸁说:

> 书有著于三代而亡于汉者,然汉人之引经多据之;书有著于汉而亡于唐者,然唐人之著述尚存之;书有著于唐而亡于宋者,然宋人之纂集多存之。每至检阅,凡正文之所引用,注解之所证据,有涉前代之书而

① 参阅徐有富主编《中国古典文学史料学》(修订本),北京大学出版社 2008 年版,第 186 页。

② [清]章学诚著、王重民通解《校雠通义通解》,上海古籍出版社 1987 年版,第 34 页。

今失传者，即另从其书各录出。……如晋《简文谈疏》……之类，则于《太平广记》间得之。诸如此类皆当搜罗，此不但吉光片羽自足珍重，所谓举马之一体，而马亦未尝不立于前也。①

概按籍而求……有得一书而即可概见其余者，有得其散见即可凑合其全文者。②

祁氏是一位著名的藏书家，上面所引的两段文字虽就找书而言，但却适用于辑佚。他有关对辑佚的资源、辑佚的意义等问题的认识，较前人都有所进展。到了清代，受朴学的影响，辑佚极盛，硕果累累。其中有官方组织的，如四库馆臣从《永乐大典》中辑出、收入《四库全书》的各种图书达 385 种，4926 卷。至于私人辑佚的成果更是远远地超越了以前。马国翰所辑《玉函山房辑佚书》多至 580 余种，王谟辑的《汉魏遗书钞》多达 400 余种，严可均辑的《全上古三代秦汉三国六朝文》，收作者 3497 人，分代编次为 15 集，合 746 卷。这些洋洋辑佚书籍，虽不同程度地存有某些缺欠，但辑佚者的责任心和辛勤的劳动，为后人提供了丰富的史料，至今仍为许多学者所取资和参考。至清末，辑佚的成果继续出现，特别是对辑佚的认识，有明显的提高。皮锡瑞指出：

国朝经师有功于后学者有三事。一曰辑佚书……至国朝而此学极盛。③

王应麟辑《三家诗考》与郑《易注》，开国朝辑古佚书派。④

皮氏在充分肯定了清朝辑佚的成就的同时，还提出了辑佚学和“辑古佚书派”两个概念。他对这两个概念虽然没有具体阐述，但可以说明，他认为辑佚在清代已经开始独立成为一个学科、一个学派了。这是后来辑佚学正式形成的嚆矢。皮氏之后，梁启超在《中国近三百年学术史》十四中，特设“辑佚书”。“辑佚书”在从经、史、子、集四个方面具体地论列了清代在辑佚方面取得的重要成绩之后，用简括的语言特别提出了鉴定辑佚书优劣的四条标准：一，看佚文对出处的注明；二，看是否全、备；三，看是否求真；四，看整理情况。“此外更当视原书价值何如”。梁氏的论述，丰富了辑佚的理论

① 祁承㸁《澹生堂藏书约》，上海古籍出版社 2005 年版，《藏书训略·购书》。

② 祁承㸁《澹生堂藏书约》，上海古籍出版社 2005 年版，《鉴书》。

③ [清]皮锡瑞著，周予同注释《经学历史》，中华书局 1959 年版，第 330 页。

④ [清]皮锡瑞著，周予同注释《经学历史》，中华书局 1959 年版，第 300 页。

和方法，直到今天，仍为许多学者所称引。

从上面简略的论述中，可以看到，由于古代许多文人学者的不辞劳苦，在辑佚的实践和理论、方法等方面，都积累了丰富的成果。在辑佚成果方面，从内容来考虑，大致可分为综合性的和专科性的两种。综合性的包括传统的经、史、子、集四部，如王仁俊在马国翰之后辑《玉函山房辑佚书续编》、《玉函山房辑佚书补编》。专科性的只是限于某一方面的内容。如陆心源辑《唐文拾遗》、《唐文续拾》。综合性的和专科性的辑佚书中，有不少本身就是文学史料，其他部分也都不同程度地与文学史料有关系。辑佚图书中存有大量的文学史料，是文学史料的一个重要渊薮。

从正史的《经籍志》和《艺文志》以及其他的重要书目看，经、史、子、集四部，著录作品史料的集部数量最多，而散佚的也最多。前人虽然对集部散佚作品的搜集，做了许多工作，取得了丰厚的成果。但仍有大量散佚的作品有待辑佚。另外，在经、史、子三部中，也有不少与文学史料关系密切的已经散佚的书籍还没有加以辑佚。因此，文学史料的辑佚，仍是今后的一项重要工作。继承是基础，创新是关键。为了开拓辑佚工作的新局面，我们应当熟知以前辑佚的成果，守住过去正确的理论，继承过去积累的一些辑佚的原则和方法。这样，可以少走一些弯路。当然，文学史料的辑佚，在某些方面有自己的特殊性。这一点，还缺乏总结。文学史料离不开辑佚，而文学史料的辑佚成果和辑佚的特殊性，反过来也会丰富辑佚和辑佚学①。

综合上面的论述不难发现，文学史料学与文献学中的一些主要的分支学科，各自既有其独立性，彼此之间又有兼容性。文学史料学和文献学中的主要分支学科，既然分别是一个独立的学科，自然有自己的特殊性，各自都有其他学科没有涵盖的内容。由于古代文献学研究的内容限于古代的文字典籍，而文学史料学研究的内容虽然以文字典籍为主，但又不限于此，还包括实物史料和口传史料等。因此文献学研究的内容尽管很广泛，但还不能涵盖文学史料学研究的内容。文学史料学有其特殊性。就其兼容性来说，由于文献学中的目录学、版本学、校勘学、辨伪学和辑佚学等，在许多方面，都涉及了文学史料学，与文学史料学有重合，许多原则和方法都适用于文学

---

① 关于辑佚和辑佚学，参阅：孙启治、陈建华编《古佚书辑本目录附考证》，中华书局 1997 年版；曹书杰《中国古籍辑佚学论稿》，东北师范大学出版社 1998 年版。

史料学。因此,从古至今,许多文人学者对文学史料的研究与古代文献的研究往往是胶合在一起。从孔子整理"六经"开始,历代文人学者所做的文学史料工作以及理论的指导、使用的原则和方法,都与文献学密切相关。因此我们应当注意充分借鉴文献学的相关成果。

第四节　文学史料学与考古学

考古学是一门根据发掘的史料或古代遗迹、遗物来研究历史的学科。它是一门古老的学科,有其发生和发展的过程。据《国语·鲁语》记载,作《春秋》的孔子就博识古物,曾用实物结合文字记载来说明历史。《世本·作篇》记载了几十项上古的发明创造,其中当有不少是有实物做依据的。不过在宋代之前,用实物作史料来研究历史,并不自觉。自觉地用实物史料来研究历史肇于宋代。宋代的考古主要在金石学方面。宋代的金石学开始使用"考古"这一概念,可以看成是我国考古学的前身。在宋代,先后出现了一些重要的考古学著作。私人的著作如欧阳修的《集古录》、吕大临的《考古图》、赵明诚的《金石录》。官修的如《宣和博古图》。从宋代开始,下至清代,特别是清代,上承宋代的金石学,相继出现了许多有关金石史料的著录、考释和研究论著,为我们研究历史提供了许多宝贵的史料。近代孙诒让的著作《契文举例》,开我国甲骨文研究的先声。

自20世纪初,我国开始了以发掘为基础的考古学。一个世纪、尤其是近半个世纪以来,考古学有了空前的发展,取得了巨大的成绩。不仅从地下发掘了大量的实物史料,同时还发掘了一些未见著录的原始文字记录和久已亡佚的古代文献。另外,对于地上的许多实物史料也作了不少清理工作。

从古迄今,考古学发掘和积累的史料以及在研究上取得的成就,其中有大量的史料,直接或间接地影响了文学史料学。这主要体现在以下三方面:

第一,提供了许多新的文学史料。如19世纪末20世纪初发掘的大量殷商、西周时期的甲骨卜辞,其中有些相当完整,语言顺畅,叙事清楚,如:

> 癸卯卜,今日雨。其自西来雨?其自东来雨?其自北来雨?其自南来雨?[1]

① 据郭沫若《卜辞通纂》,科学出版社1983年版,第368—369页。

这是关于下雨的卜辞。由此可以看到古代记叙文的胚芽。这样古老的散文,不见于文献记载。又如,山西省发现了大量的有关古代戏曲的实物碑刻史料,涉及了神庙剧场、舞亭、乐亭、乐楼、歌楼、戏亭等。比较典型的是万荣县桥上村后土庙存宋真宗天禧四年(1020)《河中府万泉县新建后土圣母庙记》碑的碑阴,有"修舞亭都维纳头李庭训等"的记载。这是"目前国内所见神庙剧场大体成型的最早记载"。"李庭训等人,是中国神庙戏台的早期建筑者"。这座舞亭"比宋代孟元老《东京梦华录》卷七所载,徽宗时艺人丁都赛等人表演杂剧的露台,要先进许多,是全新的创造。而且就现有资料来看,此碑舞亭之记,掀开了中国神庙剧场史全新的一页,故修舞亭都维纳头李庭训等人,也应该永远载入戏剧史册"①。

第二,有助于解决以前存疑的问题或补正文献史料之讹缺误。一个例证是关于唐勒赋的发现。《史记》卷84《屈原贾生列传》载:"屈原既死之后,楚有宋玉、唐勒、景差之徒者,皆好辞而以赋见称。"《汉书》卷30《艺文志》著录唐勒有赋四篇,但都失传了。值得庆幸的是,1972年发掘山东省临沂市区银雀山一号汉墓(下葬于汉武帝早期)中,发现有唐勒赋残简20多枚。分析这些残简,可以发现,此赋使用的是主客辩难的形式,句式是散韵兼用,多铺张扬厉,属于典型的散文赋。其表现方法,与宋玉的《风赋》、《登徒子好色赋》、《大言赋》、《小言赋》等比较接近。以前,学术界对战国时期有无散体赋,一直有不同看法,并且据此对宋玉赋的真伪提出质疑。唐勒赋残简的发现,不仅弥补了文献上的缺失,同时证明了战国时期确有散体赋作品,还从一个方面为宋玉赋的真实性提供了可靠的证据②。

第三,有助于史料的考辨和整理。仅从出土的简帛古籍看,有许多可以帮助我们对一些流传下来的文献作进一步的考辨和整理。关于《老子》,过

---

① 参阅冯俊杰编著《山西戏曲碑刻辑考》,中华书局2002年版,第8—16页。

② 参阅:饶宗颐《唐勒及其佚文——楚辞新资料》,原载日本《中国文学论集》第9号,1980年版,收入其著《饶宗颐史学论著》,上海古籍出版社1993年版;吴九龙《银雀山汉简释文》,见《秦汉魏晋出土文献丛书》,文物出版社1985年版;谭家健《唐勒赋残篇考释及其他》,《文学遗产》1990年第2期;汤漳平《论唐勒赋残简》,《文物》1990年第4期;汤漳平著《宋玉作品真伪考》,《文学评论》1991年第5期。同上述意见不同的是李学勤,他认为此篇是《宋玉赋》的佚篇。见其著《〈唐勒〉、〈小言赋〉与〈易传〉》,收入其著《周易经传溯源》,长春出版社1992年版,又收入其著《简帛佚籍与学术史》,台北时报文化出版企业有限公司1994年版。

去人们研究它,靠的是宋刻本,甚至是元明刻本。1973年发掘长沙马王堆三号汉墓(下葬于汉文帝十二年,公元前168),其中有帛书《老子》甲本。1993年清理已被盗掘的湖北荆门郭店一号楚墓,其中有竹书《老子》的部分抄本。马王堆帛书《老子》甲本比敦煌卷子里的唐抄本至少要早800多年,而郭店《老子》竹简,又比帛书《老子》要早百年左右。用简帛本对校宋代以来的刻本,能够发现不少篇章的分合和章序不同等问题,还可以发现流传的本子在文字上有很多衍脱和错误,以及出入很大的异文①。另外,在过去有一些被认为是伪书的古籍中,由于简帛古籍的出土,证明了它们并非伪书。如《晏子》一书,曾被一些学者认为不是《汉书》卷30《艺文志》著录的原本,而是汉代以后的伪作。但在银雀山发掘的汉武帝初期的墓葬中,却发现了《晏子》一些篇章的抄本,内容与流传的本子基本相合。这证明,《晏子》一书并不是汉代以后的伪作②。

以上我们从三方面重点论述了考古学对文学史料学的重要意义,说明文学史料学离不开考古学。这是一方面。另一方面,也应当看到,文学史料学并不是完全被动地接受考古学的成果,文学史料学往往也主动地参与考古学。一个明显的事实是,有时考古学为了确认某些发掘的史料的年代和意义,常常需要借助于文献史料,其中也包括一些文学史料。

---

①　参阅刘笑敢《老子古今——五种对勘与析评引论》,中国社会科学出版社2006年版。此书按81章顺序将《老子》的五种版本(竹简本、帛书本、傅奕本、河上本、王弼本)逐句对照排列、对勘举要。

②　参阅裘锡圭《中国出土简帛古籍在文献学上的重要意义》,复旦大学出版社2004年版,《中国出土古文献十讲》。

第三章　古代文学史料在古代文学研究中的地位

第一节　文学史料是文学研究的基础

中国古代文学研究是一个整体，是一个复杂的系统工程。就它的结构来看，大体可分为四个层次：

一是史料确认。史料确认限于史料本身，主要是查询史料的有无，确认史料的真伪和时代、作者等。史料确认属于实证研究。从研究方法上看，古代文学研究在这个层次上，与自然科学研究相同，唯客观，忌主观，使用的基本上是形式逻辑的方法。

二是体悟分析。文学史料，特别是作品史料蕴涵着丰富深厚的思想感情。人是生活在思想感情的世界里，每个人都有自己的思想感情。这就在很大程度上决定了人们对文学的研究，就总体而言，一般不会满足于、也不应当满足于史料确认这一层次，不会单纯地把文学现象看成是一种史实，而往往是要超越这一层次，会自觉或不自觉地进入体悟分析层次，或审美体悟，或思考史料出现的原因，或探讨史料蕴涵的思想感情，或总结某些规律。由于人们观点和方法等方面的不同，对同一文学史料，常常会有不同的体悟分析。体悟分析是文学研究中的重要层次。史料本身是没有生命的遗迹，自己不会言说。史料本身又常常是孤立的、分散的，彼此之间的联系往往是隐藏不露的。史料只有经过人们相继不断的体悟分析，才能使人们理解。在这一层次上，史料同体悟分析者之间是一种平等的关系。

三是价值评判。文学史料价值评判是在体悟分析的基础上，对史料做价值评判。价值评判的生发，是研究者不满足于对史料的体悟分析，而是把自己摆在高于史料的位置上，根据个人、集团、社会的认识和需要，制定价值评判标准，对自己所接触的文学史料的意义、作用、地位等作价值评判。从文学研究的整体而言，人们对于各种文学现象，总是会有这样、那样的评价。

文学现象很难回避在历史中被评价的命运,它们的意义正是在历史的评价过程中得到体现的。体悟分析层次和价值评判层次同史料确认层次不同,在这两个层次上,研究者的历史观、文学观和审美情趣等都介入了,都会起很大的作用。通常所说的文学研究具有主观性,主要体现在体悟分析和价值评判这两个层次上。史料之所以重要,是因为人们要体悟分析它,要评判它。从这一角度来看,没有人们的体悟分析和价值评判,史料也就失去了存在的意义。

四是表述。文学研究经由史料确认、体悟分析和价值评判三个层次之后,最终要靠表述来体现和传播。没有表述,对文学史料的确认、体悟分析和价值评判,都是无形的,不可能传达给读者。表述主要凭借的是语言文字,这是文学研究不可缺少的。语言文字表述,可以因时因人而异,应当允许和倡导各种表述风格。但有一点是共同的,也是最基本的,就是要清楚、顺畅,无文字障,要简练。成功的表述,往往是研究者好的品质和思想成熟的体现,不仅能把研究的成果表述清楚,而且还能引发人们的思考。

需要说明的是,上面所说的四个层次的划分是相对的。实际上在实践过程中,虽然各有侧重,但很难截然分开,也不可能完全是依次进行的。人们在确认史料时,选择哪些史料,确定史料的真伪,往往离不开体悟分析和价值评判。在做价值评判时也不可能离开史料确认和体悟分析。在表述时,也总是伴随着对史料的确认、体悟分析和价值评判。

从学理和方法上来看,上述的四个层次尽管各有侧重和要求,不过有一点是一致的,也是十分重要的,就是各个层次都必须以史料为基础。在史料确认的层次上,要考察某些史料的存佚,辨别史料的真伪,一个关键是要依靠其他史料。在后三个层次上,尽管研究者主观介入了,但对于一个严肃的研究者来说,他的体悟分析、价值评判和表述,都不能是随意的,而是必须植根于史料,生发于史料,必须以真实的史料为基础,总是要受到史料自身的限制。不以真实史料为根基、不受史料限制的体悟分析、价值评判和表述,是无本之木,是无源之水,是虚假的。体悟分析、价值评判和表述要摒弃以各种形式臆造的文学史料。因此,文学史料对体悟分析、价值评判和表述有内在的钳制力。史料不等于历史本体,但史料源于历史本体。史料对体悟分析、价值评判和表述的制约,说到底,是历史本体对它们的制约。但历史本体是已经发生过的,是独立于人的意识之外的客观存在,研究者不可能直接接近它，把握它。研究者能够直面的是史料。所以，从文学研究的整体和系统来看，文学史料是文学研究的基础。

史料是文学研究的基础，还在于史学这一学科有其自己的特殊性。王国维在《国学丛刊序》中论及科学与史学的区别时指出：

> 凡记述事物而求其原因，定其理法者，谓之科学；求事物变迁之迹，而明其因果者谓之史学……而欲求知识之真与道理之是，不可不知事物之所以存在之由，与其变迁之故，此史学之所有事也。①

王国维论史学的特点，特别强调史学重在探求"求事物变迁之迹"和"其变迁之故"，这是由于史学研究的对象是已经发生的事物及其原因。"事物变迁之迹"和"其变迁之故"，都是一定的时间的产物。而时间转瞬即逝，不可逆转，事物的产生和变迁都是一次性的，不可能重复，所以罗志田认为：

> 史学区别于其他学科的主要特色是时间性，而其研究的对象为已逝的往昔这一点决定了史料永远是基础。②

整个史学是这样，作为史学的一个分支的古代文学史研究，也是这样。

科学研究的过程实际上是一个实事求是的过程。对于中国古代文学研究来说，"实事"指的就是史料。"文不虚生，论不虚作"，研究问题不能凭主观、想象，不能靠一时的热情，而要依据客观的事实。这一点，中外古今的许多伟人和著名学者，都有极为精辟的论述和卓有成效的实践。马克思说过：

> 研究必须收集丰富的资料，分析它的不同的发展形式，探寻这些形式的内在联系，只有这项工作完成以后，现实的运动才能适当地叙述出来。③

同马克思一样，恩格斯也特别强调掌握史料的重要性。他指出：

> 即使只是在一个单独的历史实例上发展唯物主义的观点，也是一项要求多年冷静钻研的科学工作，因为很明显，在这里只说空话是无济于事的，只有靠大量的、批判地审查过的、充分地掌握了的历史资料，才

---

① 姚淦铭、王燕编《王国维文集》，中国文史出版社 1997 年版，第 4 卷，第 365—366 页。

② 罗志田《近代中国史学十论》，复旦大学出版社 2003 年版，第 244 页。

③ 马克思《资本论》第 2 版跋，见《资本论》，人民出版社 1976 年版，第 23 页。

能解决这样的任务。①

马克思和恩格斯都十分重视在科学研究中掌握史料的重要性。他们的论述虽然不是针对研究古代文学而讲的，但是完全适用于研究古代文学。

重视史料，把史料作为研究的基础，在我国有优良的传统。这种传统在“五四”以后得到了进一步发扬。正如陆侃如师在1942年所说：

五四运动时代提倡以科学方法整理国故，并且认为清代朴学方法含有科学精神，故二十年来文史研究于史料的考订，渐渐成为风气。②

在这方面，许多前辈学者为我们作出了榜样。他们留下的大量的名著，为我们提供了楷模。梁启超在《中国史叙论》中指出：

研究历史要从事实出发。没有这一步工作，就谈不到科学的历史研究。③

他又说：

史料为史之组织细胞，史料不具或不确，则无复史之可言。④

为了论证史料的重要，梁启超在《中国历史研究法》的六章中，特设第四、五两章论述史料问题。鲁迅从1920年起在北京大学讲授中国小说史，这门课程具有开创性。他说：

中国之小说自来无史；有之，则先见于外国人所作之中国文学史中，而后中国人所作者中亦有之，然其量皆不及全书之什一，故于小说仍不详。⑤

要开这门课，没有现成的史料，于是鲁迅就从搜集第一手史料开始。这一点，鲁迅在《小说旧闻钞·再版序言》一文中有具体的叙述：

---

① 恩格斯《卡尔·马克思〈政治经济学批判〉》，《马克思恩格斯选集》，人民出版社1972年版，第2卷，第118页。

② 陆侃如《傅庚中国文学欣赏举隅序》，见《陆侃如古典文学论文集》，上海古籍出版社1987年版，第112页。

③ 梁启超《饮冰室合集·文集之六》，上海中华书局1942年版，第472页。

④ 梁启超《历史研究法》，东方出版社1996年版，第44页。

⑤ 鲁迅《中国小说史略·序言》，《鲁迅全集》第9卷，人民文学出版社2005年版，第4页。

《小说旧闻钞》者，实十余年前在北京大学讲中国小说史时，所集史料之一部。时方困瘁，无力买书，则假之中央图书馆，通俗图书馆，教育部图书室等，废寝辍食，锐意穷搜，时或得之，瞿然则喜。故凡所采掇，虽无异书，然以得之之难也，颇亦珍惜。[①]

鲁迅从1910年前后开始搜集古小说史料，到1930年《中国小说史略》再次修订出版，前后20年。在这20年当中，他一直关注搜集史料，使这部著作史料丰富、分析精辟，成为我国古代小说史的开山之作。

从上面摘引的有关论述和实践方面的史料，不难发现，文学史料确实是文学研究的基础，同时也可以看到，研究文学，首先掌握史料是最根本的治学原则和方法。一个严谨的学者，都首先把掌握史料贯穿于自己的整个学术生涯当中。

对于研究者来说，文学史料是基础。而对读者来说，文学史料是认识文学史的基础。综观古往今来，可以发现，有许多普通的人，往往通过多种途径和方式，知道一些文学的历史。他们知道的文学历史，不是空洞的教条，而是具有多少不等的史料。文学史研究论著，是供读者阅读的。从读者的阅读和接受的角度看，一般都重视那些史料丰富而确切的论著，特别是文学史方面的著作。郑振铎在1932年写的《插图本中国文学史·例言》中指出，当时"盛极一时"的文学史中，"即有一二独具新意者，亦每苦于材料的不充实"。有鉴于此，他写《插图本中国文学史》，就特别留心收集新史料。《插图本中国文学史》"所包罗的材料，大约总有三分之一以上是他书所未述及的"[②]。1932年底，《插图本中国文学史》出版后，受到了学术界的肯定。浦江清赞许郑振铎先前出版的该书"中世卷"史料丰富，尤其能使用敦煌史料，"不失为赶上时代之学者"，并预言"郑君于近代文学之戏曲小说两部分，得多见天壤间秘籍，材料所归，必成佳著无疑也"[③]。与浦江清看法一致的还有赵景深。赵景深在《我要做一个勤恳的园丁》一文中，肯定《插图本中国文学史》"长处在于材料的新颖与广博"，"尤其是，他有小说和戏曲两方面最丰

① 《鲁迅辑录古籍丛编》，人民文学出版社1999年版，第2卷，第349页。

② 郑振铎《插图本中国文学史》，北京出版社1999年版。

③ 见浦江清为《插图本中国文学史》所写的书讯，原载《大公报·文学副刊》1932年8月1日。

富的藏书。他如难得的插图，史传的卷次，都是别本所无的”①。看来，《插图本中国文学史》问世以后，之所以得到首肯，一个重要原因是使用了许多新的、丰富的史料。

随着社会的发展，人们对文学的历史当会愈来愈感兴趣，希望用个人经历之外的文学历史，来丰富自己的精神生活，提高自己的认识和审美情趣。广大的读者希望阅读古代文学的研究著述是多种多样的，但有一点当是共同的，那就是这些论著应当以丰富的史料为基础。20 世纪 60 年代以来，中华书局和上海古籍出版社等前后出版的“中国古典文学基本知识丛书”之所以受到欢迎和重视，发行量也比较大，一个重要原因是由于这套丛书史料相当充实。这方面的经验值得我们总结和借鉴。

第二节　新发现大都基于新史料

从中国学术史来看，每次重要史料的被发现，往往会引发学术上大的震动，对后来产生深远的影响。王国维在《最近二三十年中中国新发见之学问》一文中指出：

> 古来新学问起，大都由于新发见。有孔子壁中书出，而后有汉以来古文家之学；有赵宋古器出，而后有宋以来古器物、古文字之学。惟晋时汲冢竹简出土后，即继以永嘉之乱，故其结果不甚著。……然则中国纸上之学问赖于地下之学问者，固不自今日始矣。自汉以来，中国学问上之最大发现有三：一为孔子壁中书；二为汲冢书；三则今之殷虚甲骨文字，敦煌塞上及西域各处之汉晋木简，敦煌千佛洞之六朝及唐人写本书卷，内阁大库之元明以来书籍档册。此四者之一已足当孔壁、汲冢所出，而各地零星发见之金石书籍，与学术有大关系者，尚不与焉。故今日之时代可谓之“发见时代”，自来未有能比者也。②

王国维上面所说的“新发见”指的是新发现的史料。孔子壁中书和汲冢书属于古代的发现，近代以来的“新发见”主要有殷虚甲骨文字、汉晋木简、敦煌千佛洞书卷和内阁大库保存的元明以来书籍档案。王国维之所以特别

---

① 载郑振铎等编《我与文学》，上海书店 1934 年版，第 99 页。

② 姚淦铭、王燕编《王国维文集》，中国文史出版社 1997 年版，第 4 卷，第 33 页。

重视上述新发现的史料，是因为不同的史料有不同的蕴涵。研究这些新史料，可以得出许多新的观点。王国维自己正是整理研究了上述的部分史料，在史学领域里作出了卓越的建树。

陈寅恪在《陈垣敦煌劫余录序》中也有和王国维近似的见解：

> 一时代之学术，必有其新材料与新问题。取用此材料，以研求问题，则为此时代学术之新潮流。治学之士，得预于此潮流者，谓之预流(借用佛教初果之名)。其未得预者，谓之未入流。此古今学术史之通义，非彼闭门造车之徒，所能同喻者也。①

陈寅恪从时代学术潮流的视角，揭示了取用新史料、研究新问题是学术新潮流形成的标志。

王国维和陈寅恪上面的论述，虽是就学术发展的整体而言，但完全合于古代文学研究的实际。从古代文学研究的历史来看，史料的新发现，特别是地下文物史料的新发现，对古代文学研究产生了深远的影响，主要表现有以下五方面：

一，丰富拓展了文学史料。

就已经出土的文物史料而言，有不少可以使我们清楚地看到一些古代文学现象及其产生的背景。在出土文献中，有许多属于战国秦汉时期的。在信阳长台关、长沙马王堆、临沂银雀山、定县八角廊、荆门郭店等发现的简帛书里，相当明确地显示了许多经书和子书比较原始的面貌，有不少同以往人们看到的传本不同，从中我们可以得到一些新的认识。以郭店竹简为例，1993年冬在湖北荆门郭店发掘的一号楚墓，存有800多枚竹简②，其中涉及了很多重要的学术问题。如先秦儒、道思想的流行区域、相互关系、前后嬗变；简本《老子》无“绝仁弃义”等语；儒家分派问题，特别是子思一派；儒家的一些思想精华如“恒称其君之恶者可谓忠臣”，“友，君臣之道也”③。这些都是新的重要的史料，有助于我们进一步认识先秦时期的文学及其产生的文化思想土壤。

---

① 陈寅恪著《陈寅恪史学论文选集》，上海古籍出版社1992年版，第503页。

② 参见《荆门郭店一号汉墓》，载《文物》1997年第7期。

③ 参阅：荆州市博物馆编《郭店楚墓竹简》，文物出版社1998年版；郭齐勇著《郭店竹简的研究现状》，载《中国文史哲研究通讯》第9卷第4期。

以前人们研究古代文学家的生平经历，主要是根据流传下来的一些文献中的传记史料。这些史料有相当大的局限性，有不少存有疑窦，有待解决。近现代以来，随着许多新史料的发现，特别是不少碑刻和墓志的发现，为我们提供了一些前所未见的传记史料。西晋女诗人左棻的卒年，《晋书》卷 31 本传没有记载，后来的研究者，作了一些推测，误差很大。1930 年河南郾城发现的《左棻墓志》明确记载，她于“永康元年三月十八日薨”。有了墓志，左棻的卒年完全可以定下来了①。其他如大量唐代墓志的出土，提供了许多未见文集记载的唐代文人的传记史料，极大地推进了唐代文学的研究。周绍良主编的《唐代墓志汇编》，上海古籍出版社 1992 年出版后，很快即成为唐代文学研究者的案头必备书②。

新史料的发现，丰富了文学作品史料。这方面的事实很多。举一个关于《诗经》的例子：2000 年以来，上海博物馆陆续公布了馆藏的 1200 多枚战国竹简，其中有 31 枚是记载孔子向弟子讲《诗经》的。从 31 枚竹简中，可以发现：第一，今本《诗经》分《国风》、《小雅》、《大雅》和《颂》，竹简中记孔子论诗，次序有颠倒，许多诗句用字和今本《诗经》不同，竹简记孔子论诗没有今本《诗经》小序中“刺”、“美”的内容。第二，有六篇佚诗。在七枚记载诗曲的音调中，发现了 40 篇诗曲的篇名，其中有的是今本《诗经》所没有的佚诗。由此推断，《诗经》的篇数一定远远超过三百篇。还可以证明，孔子当年删诗之说，不一定可靠。第三，有七枚竹简记载了古代唱诗时乐器伴奏的四声和九个音调③。

二，修正、补充甚至改变了以前研究的结论，提出了新的重要的观点。这突出地表现在《诗经》、先秦诸子、辞赋、俗文学等方面。

安徽阜阳曾出土了一批有关《诗经》的汉代竹简。胡平生和韩自强在《阜阳汉简诗经研究》中指出：从总体上看，阜阳汉简《诗经》，不属于鲁、齐、韩、毛四家中的任何一家，可能是未被《汉书·艺文志》著录的而实际在民间流传的另一家。这说明《诗经》在汉代的流传的情况，不限于像文献记载的

---

① 参阅徐传武《左棻墓志及其价值》，载其著《左思左棻研究》，中国文联出版社 1999 年版。

② 关于唐代墓志中新的文学史料，参阅戴伟华《唐代文学综论》，商务印书馆 2006 年版，第 1 部分“出土文献与文学”。

③ 参阅《文汇报》2000 年 8 月 16 日第 1 版报道。

那样。

以前关于辞赋的研究，依据的史料主要是文献记载，有些结论缺乏确凿的证据，有些并不正确。而新的出土史料则弥补了文献的不足。汤炳正利用安徽阜阳汉简《离骚》、《涉江》残句，否定了淮南王刘安作《离骚》的说法①。对于俗赋，过去有不少研究者承认我国有俗赋，但追溯源头时多认为始于建安时，代表作是曹植的《鹞雀赋》。同时认为，从屈原和荀卿开始，赋就文人化、雅化了。1993年在江苏连云港市东海县尹湾村发掘的六号汉墓的竹简中，有一篇《神乌赋》。此赋的发现，证明上述观点应当修正。《神乌赋》基本完整，是以四言为主的叙事体，语言通俗，用的是拟人手法，具有寓言的特点。经学者研究，推断这篇赋当作于西汉中后期，作者是一个身份较低的知识分子。《神乌赋》的发现，把我国古代俗赋的历史，上推了二百多年。同时证明，汉代有俗赋，汉代的辞赋应当是雅俗并行，《神乌赋》是文人受俗赋的影响而写成的②。

关于其他俗文学的研究中新见解的提出，也常常是基于新史料的发现。敦煌俗文学史料的发现，就使我们对通俗小说和弹词等俗文学的产生有了新的认识。郑振铎早在《敦煌的俗文学》一文中就指出：敦煌俗文学史料“将中古文学的一个绝大的秘密对我们公开了。他告诉我们，小说、弹词、宝卷以及好些民间小曲的来源。他使我们知道直到中近代的许多未为人所注意的杰作其产生的情形与来历究竟是怎样的”，“这个发现可使中国小说的研究，其观念为之一变”③。

在戏曲研究方面，一些重要戏曲史料的相继发现，也推进了研究者对戏曲史的认识。1958年在河南省偃师县酒流沟水库西岸发掘的一座宋墓中，

---

① 参阅汤炳正《屈赋新探》，齐鲁书社1984年版，第426—428页。

② 参阅：扬之水《〈神乌赋〉谫论》，《中国文化》第14期，中国文化杂志社1996年；虞万里《尹湾汉简〈神乌赋〉笺释》，载王元化主编《学术集林》卷12，上海远东出版社1997年版；裘锡圭《〈神乌赋〉初探》，《文物》1997年第1期，又有修订稿，见连云港市博物馆等编《尹湾汉墓简牍》，中华书局1997年版；刘乐贤、王志平著《尹湾汉简〈神乌赋〉与禽鸟夺巢故事》，同上；蓝虚《尹湾汉简〈神乌赋〉研究综述》，《文史知识》1999年第8期；王志平《〈神乌赋〉零笺》，饶宗颐主编《华学》第四辑，紫禁城出版社2000年版。

③ 《小说月报》第20卷第3号。

有三块画像雕砖上雕有宋杂剧的演出图，刻画了五个人物①。山西省蒲县河西村娲皇庙至今保存有宋杂剧角色的石刻，其中有乐伎、副末色、副净色、化生童子、引戏色、末泥色、装狐色等②。以前，人们对宋杂剧的演出缺乏形象的了解，上面列举的戏曲文物的发现，使我们看到了宋杂剧的演出和角色行当的一些情况。关于南戏形成的时代，王国维说："南戏之渊源于宋，殆无可疑。至何时进步至此，则无可考。"③由于没有证据，所以他在章节的安排上，把南戏一章安排在元杂剧之后。1920 年，《永乐大典戏文三种》的发现，为南戏产生于宋代提供了有力的证据④。

三，影响了学术理念和研究方法。一个突出的表现就是李学勤"走出疑古的时代"这一理念的提出。从我国古代的文献来看，的确存在着伪书。自明代以来，以胡应麟、姚际恒、崔述为代表的一些学者，开始大量怀疑古书，到清末，康有为也多疑古。"五四"之后，形成了以顾颉刚为代表的疑古学派。20 世纪的上半期，不少学者对先秦两汉文学的研究，程度不同地受到了疑古学派的影响。疑古学派有重要的贡献，但有时缺乏客观的依据，缺乏多元的思考，走入极端，有碍于我们对古代文献全面和正确的认识。实际上，古代史料存佚的情况十分复杂，有些后人所谓的亡书、阙书和伪书，并不完全可靠。宋代郑樵《通志·校雠略》就有"亡书出于后世论"、"阙书备于后世论"、"亡书出于民间论"的论断。郑樵的说法是有根据的。随着 20 世纪 70 年代以来大量考古史料的发现，不少以前被认定是亡佚的、伪作的或晚出的，经考古史料的证明，并非是亡佚、伪作或晚出。正是在这种氛围中，李学勤从学术理念上提出了应"走出疑古的时代"。他说：

> 今天的学术界，有些地方还没有从"疑古"的阶段脱离出来，不能摆脱一些旧的观点的束缚。在现在的条件下，我看走出"疑古"的时代，不但是必要的，而且也是可能的了。⑤

---

① 引自董乃斌等主编《中国文学史学史》，河北人民出版社 2003 年版，第 3 卷，第 312 页。

② 参阅延保全《山西蒲县宋杂剧石刻的新发现与河东地区宋杂剧的流行》，载姚小鸥主编《出土文献与中国文学研究》，北京广播学院出版社 2000 年版。

③ 王国维著，杨扬校订《宋元戏曲史》，华东师范大学出版社 1995 年版，第 134 页。

④ 参阅钱南扬《永乐大典戏文三种校注》，中华书局 1979 年版，《前言》。

⑤ 李学勤《走出疑古时代》，辽宁大学出版社 1994 年版，第 19 页。

“走出疑古的时代”这一学术理念提出以后，引起了学术界的重视和争论，有的赞同，有的反驳，至今还在讨论。对同一问题有不同的看法，这是正常的。但有一点当是不争的事实，就是“走出疑古的时代”这一理念，是基于大量的考古史料的新发现而提出的。大量新史料的发现，对研究方法也产生了一定的影响。郑良树和李零提出了用“用古书年代学代替辨伪学”，这一主张的提出，也是鉴于出土了许多“真古书”①。

关于新史料的发现的重大影响，饶宗颐在 1998 年 12 月香港举行的“传统文化与 21 世纪”学术研讨会上，特别予以强调。他指出，近 20 年的考古新发现，特别是大批竹简的出土和研究，有可能给 21 世纪的中国带来一场“自家的文艺复兴运动以代替上一世纪由西方冲击而起的新文化运动”②。考古新发现的作用会不会像饶宗颐所预想的那样，可以讨论，但他十分强调新史料的发现的重大影响，这一点是值得我们重视的。

四，重要新史料的发现，往往导致了新的学科的形成。这里，仅举两方面的实例。一个是我国 19 世纪末和 20 世纪初，随着甲骨文、简牍、敦煌石室史料的发现，逐渐形成了甲骨学、简牍学和敦煌学。另一个是从金石学到古器物学。学术界一般认为，金石学形成于宋代，在明清时期不断发展，但基本上没有超出金石的范围。到了清末民初，随着大量新史料的发现和各种出土文物的增多，对古代遗物的研究，已不是以前的金石学所能包容的了。于是，过去所说的金石学增加了新的内涵，成为“广义的金石学”，即古器物学。

五，有助于文学史料的训诂。以前对文学史料的训诂，由于主要依据流传的典籍，结果有不少文字难以解释，或者解释不确，或者语源不清楚。而新的史料的发现，往往使一些文字得到了正确的解释。汤炳正利用新的出土文献，对《楚辞》的文字训诂，多有创获③。《汉书》卷 30《艺文志》说：“小说家者流，盖出于稗官。”何时设有稗官，除《汉书·艺文志》有记载外，不见于其他文献。饶宗颐在《秦简中“稗官”及如淳称魏时谓“偶语为稗”说——论小说与稗官》一文中，根据新出土云梦秦简中“令与其稗官分如其事”一语，

---

① 参见李零《简帛古书与学术源流》，三联书店 2004 年版，第 198—199 页。

② 转引自萧蓑父《主见重光　历史改写——郭店竹简的价值与意义》，文汇报 2000 年 9 月 9 日第 12 版。

③ 参阅汤炳正《楚辞类稿》，巴蜀书社 1988 年版。

认为"《汉志》远有所本，稗官，秦时已有之"①。这就把稗官一词的语源由东汉上溯到了秦代。

上面列举的五个方面，进一步印证了王国维和陈寅恪的精辟见解，说明文学史料的新发现，对文学研究能够产生巨大的推进作用。

第三节　文学史料与文学史研究

文学史料虽然是文学史研究的基础，但我们又不能把文学史料同文学史研究等同起来。在这方面，过去国内外一些学者受实证科学的影响，曾提出并且强调史学就是史料学的观点。在国外，19世纪德国的史学名家兰克认为"重视史料，把史料分别摆出来就是历史。历史是超然物外的，不偏不倚的"②，"历史要像过去发生的事一样"③。在中国，傅斯年1928年在《历史语言研究所工作之旨趣》中说：

> 近代的历史学只是史料学。……我们反对疏通，我们只是把材料整理好，则事实自然明显了。一份材料出一分货，十分材料出十分货，没有材料便不出货。两件事实之间，隔着一大段，把它们联系起来的一切设想，自然有些也是多多少少可以容许的，但推论是危险的事……材料之内使它们发现无遗，材料之外我们一点也不越过去说。④

此外，蔡元培在《明清史料·序言》中也提出了"史学本是史料学"的观点。兰克、傅斯年和蔡元培等提出的史学就是史料学的观点，呼吁把史学建立在史料的严密的考辨的基础上，有其针对性，强调研究历史要客观，有纠正轻视史料、拘于空疏游谈的作用，但从完整的史学科学体系来看，他们的观点至少不够全面。

在历史研究中，尽管史料是基础，十分重要，但史料不等于史学，史料学不能取代史学。历史本体是人类的活动，人类的活动是丰富多彩的，是活生

---

① 此文原载《王力先生纪念文集》，三联书店（香港）有限公司1987年版。又见《饶宗颐二十世纪学术文集》，台湾新文丰出版公司2004年版，卷3，第59—67页。

② 转引自何兹全《傅斯年的史学思想和史学著作》，《历史研究》2000年第4期。

③ 转引自汪荣祖《学林漫步》，江苏教育出版社2005年版，第11页。

④ 傅斯年《史料论略及其他》，辽宁教育出版社1997年版，第40、47页。

生的，是一去不复返的，“所有稍微复杂一点的人类活动，都不可能加以重现或故意地使其重演”①。这不仅表现在他人的活动上，即使个人的经历也是这样。歌德晚年为自己写传记，题目定为《诗与真》。他之所以用这样的题目，是因为“他知道对自己的过去已不可能再重复其真实，他所能做到的只是诗情的回忆”。另外，“历史学家绝对不可能直接观察到他所研究的事实”②。从存传的史料来考虑，有其有限性和局限性。历史实际是丰富的。流传到今天的各个时代的各种史料，即使是很多的，也只是原生态史料的一部分，有很多原生态史料由于多种原因，没有留下实物或记载。记载的史料远远少于没有记载和留下的大量空白。有些当时可能有记载，后来散失了。现存的史料即使是非常全面的，但和历史实际相比，也是局部的，片面的，零碎的。从传下来的史料来分析，有些具有客观性、可靠性，这主要体现在个别史实上。除此之外，大量的史料不同程度地存在着固有的偏向。因为它们是记叙者把许多个别的史实加以组合，使其成为一种可以叙述、能够使人理解的史实。记叙者即使在现场，由于视角的限制，他所留心的和见到的也只能是事实的某些方面。对同一事件，耳闻目睹者有不同的记叙，就是证明。如果记叙者记叙得比较全面，那他记叙的内容肯定有许多是得之于他人。既然得之于他人，自然就有他人的眼光，不可能全是原貌。记叙者即使“直笔”，也会程度不同地渗透着自己的主观意识。既是记叙，记叙者就会有取舍，许多史料是记叙者用观点串联、整理出来的，其中夹杂有主观理念和某种权力的运作。还有，即使记叙者不存爱憎，全面观照，客观记叙，那他所记叙的只能是古人外在的言行，未必能得古人内在的精神世界③。现存的史料的非原始性、简约性以及主观的参与，决定了它们不可能完全是客观的、真实的。我们很难知道过去发生的真实的一切事实。史料的整体是这样，作为整体史料一部分的文学史料也是这样。因此把史料等同于史学，不仅否定了史学，而且在一定意义上，有碍于人们对历史真实的探讨。

由于史料的有限性、局限性、隐匿性，也由于人有感情、能思维、会想象，

① [法]马克·布洛赫著，张和声等译《历史学家的技艺》，上海社会科学院出版社1992年版，第45页。

② 参阅[英]R. G. 柯林武德著，何兆武、张文杰译《历史的观念》，中国社会科学出版社1986年版，《译序》，第39—40页。

③ 参阅汪荣祖《史学九章》，三联书店2006年版，第177页。

所以人们在研究历史时，不会停止在史料上，主观介入是自然的，是不可避免的。这一点，陈寅恪在《冯友兰中国哲学史上册审查报告》一文中有所揭示：

> 吾人今日可依据之材料，仅为当时所遗存最小之一部，欲藉此残余片段以窥测其全部结构，必须备艺术家欣赏古代绘画雕刻之眼光及精神，然后古人立说之用意与对象，始可以真了解。①

陈寅恪上面这段话指出，鉴于我们研究历史依据的史料"仅为当时所遗存最小之一部"，所以我们"必须备艺术家欣赏古代绘画雕刻之眼光及精神"。这就明确地肯定了研究历史，不可能仅仅依靠实证科学的思维做纯客观的研究，还要依靠体悟和想象。有时还要从没有记载的空白处运思，去探索历史隐藏的深层意义。否定了主观的介入，实际上就否定了史学。另外，从未来之维的角度来思考，主观对史料的介入，不仅是必然的，而且是有益的。我们知道，史料是固定的、有限的，但史料永远摆在人们的面前，人们对史料的认识是变化的、无限的，永远处在过程中，没有终点。这从一个方面体现了人们想借助对史料的不断体认来谋求继续发展的希望。看来正是由于主观的不断介入，才使史学呈现出丰富性和具有永久的生命力。整个历史研究是这样，文学史研究更是如此。

古往今来有不少学者呼吁研究历史应当客观，让史料说话。但只要我们对史学实践加以分析，不难发现，这种呼吁带有浓重的理想色彩，顶多具有某种纠偏的作用。唯史料是从，纯客观地对待史料，实际上是不存在的，也是不可取的。这一点，前面述及的曾经宣称"历史学就是史料学"的傅斯年，到后来在认识上也有很大的转变。"1947 年傅斯年赴美医病，在纽黑文的耶鲁大学逗留近一年时间，他了解到科学实证主义在欧美已不再流行，而客观史学也是不可能达到的。……傅斯年似乎已迷途知返，计划回国后注重学术研究与社会现实的关联，撰写中国通史，编辑《社会学评论》，开办'傅斯年论坛'等"②。还有著名的中国古典文学史研究学者刘大杰，在 20 世纪 30 年代末撰写《中国文学发展史》上卷时，十分崇奉郎宋的意见。郎宋认

---

① 陈寅恪著《陈寅恪史学论文选集》，上海古籍出版社 1992 年版，第 507 页。

② 转引自陈峰《趋新反入旧：傅斯年、史语所与西方史学潮流》，《文史哲》2008 年第 3 期。

为:“写文学史的人,切勿以自我为中心,切勿给予自我的情感以绝对的价值,切勿使我的嗜好超越我的信仰。”应当尽力追求做“客观的真确的分析”。当他上卷完成后,他叙写在写作中,时刻把郎宋的三个“切勿”记在心中,但无奈“人类究竟是容易流于主观与情感的动物”,“所以在这一点上,我恐怕仍是失败了”①。刘大杰切记郎宋提出的写文学史要力戒主观的介入,应做“客观的真确的分析”,但他最终却自认“失败”了。其实,他的“失败”是正常的,是不可避免的。这说明在文学史研究中,纯客观的研究是不存在的。

史料不同于史学。史料是客观的、有限的,而“天下之理无穷”②,人的认识是主观的、无限的,史学理论是无限的,是与时俱进的,对史料的解读、体悟和阐释是长久的。很早以来,许多学者都看到了二者的区别。李大钊在《史观》一文中指出:

> 实在的事实是一成不变的,而历史事实的知识则是随时变动的;记录里的历史是印板的,解喻中的历史是生动的。历史观是史实的知识,是史实的解喻。所以历史观是随时变化的,是生动无已的,是含有进步性的。③

李大钊所言,虽然指的是整个历史研究,但也完全符合文学史研究。文学史料本身是静止的,许多文学史料的意义不是确定无疑的,而是模糊的,意义的模糊是常态。史料自己不能表达自己的任何意义,而只有当人们介入时,其丰富的意义才能不断地被揭示出来。在文学史研究中,我们常常看到的现象是,对待同一史料,往往有各种各样的体悟和阐释。这表现在不同的时代上,也表现在同一时代的不同的读者身上,甚至也表现在同一个人前后的不同的体认上。纵观古代文学研究史,不难发现,每个时代对同一文学现象的研究,尽管有继承的内容,但这只是一方面。另一方面是每个时代的研究者,一般都是依据自己所遭际的时代,所生活的境遇,所接受的学术思想和审美情趣,作出了不同于前一代的体悟分析、评价和表述,都在发现新

---

① 刘大杰《中国文学发展史》,中华书局 1941 年初版,上卷“自序”。转引自陈尚君《刘大杰先生和他的〈中国文学发展史〉》,收入刘大杰《中国文学发展史》,百花文艺出版社 1992 年版。又见陈尚君《汉唐文学与文献论考》,上海古籍出版社 2008 年版。

② [清]顾炎武著,栾保群、吕宗力集释《日知录集释》,花山文艺出版社 1990 年版,《初刻日知录自序》,第 9 页。

③ 李大钊《李大钊选集》,人民出版社 1959 年版,第 289 页。

的历史。陶渊明及其作品，在当时并没有受到重视，到齐梁时期，开始受到钟嵘等人的关注，但评价不高。至隋唐，特别是到了宋代，才得到了充分的肯定和高度评价。至于同一时期，一个文学史家的阐释被另一个文学史家所否定的事例，或者同一个人对某一史实前后不同的阐释，举不胜举。从上面列举的事实，可以看到，在文学史研究中，研究者从来都不是被动的、消极的。研究者主观的作用在研究中占有重要的地位。所谓主观，指的主要是研究者的立场、知识结构、理念、审美情趣和研究方法等。具体主要体现在以下几点。第一，价值观念。每一个研究者都有自己的价值观念，这常常体现在对许多文学现象的选择和评价上。第二，理论范式不同。不管你自觉还是不自觉，研究文学史总是有自己事前设定的理论范式，“你的范式让你看见多少，你就只能看见多少”①。文学研究的史料是客观的、不变的，但人们研究的范式是主观的，是变化的。由于研究范式的不同，对同一对象研究的结果，往往会有很大的差别。第三，情感的差异。许多文学史研究者常常是带着自己复杂的情感去体悟文学史料的。

文学史研究，我们一方面应当看到史料是基础，文学研究要依靠史料，同时也应当注意史观的重要和史观对史料的影响。综观古代文学研究，我们可以发现，有时有一些新发现的提出，并不是由于发现了新的史料，而是由于现实中提出了某些新问题，由于新的理论和方法的出现和运用。这些不止影响了人们对已经搜集到的史料的阐释和评价，有时还直接影响了对某些史料的重视、搜集和整理。关于后者，举两个例子。一个是小说史料。我国古代的小说，源远流长，史料丰富，但由于封建正统思想的统治，在长期的封建社会里不被重视，不能登大雅之堂，所以许多小说作品被埋没，甚至被销毁。到了近代，由于政治改革的需要、西学的激荡，引发了文学史观的变化，不少有识之士看到了小说的重要，甚至把小说视为“文学之最上乘”②。社会的变革，史观的变化，极大地提高了小说的地位，促进了人们对小说史料的搜集、整理和传播③。另一个例子是近代文学。由于认识上的局限，在 20 世纪 60 年代之前，对近代文学不够重视。受这种观点的左右，

① 参见盛宁《二十世纪美国文论》，北京大学出版社 1994 年版，第 168 页。

② 楚卿(狄葆贤)《论文学上小说之位置》，载《新小说》第 1 卷第 7 期。

③ 参阅本书第十四章第三节。

在相当长的时间里，在中国文学史研究中对近代文学的研究相当单薄，与此相联系的是对近代文学史料有所轻忽。后来不少学者看到了近代文学有独特的重要价值，认识到它是由古代文学向现代文学转变的一个关键，具有承上启下、继往开来的重要意义。认识上的变化，使人们重视了近代文学史料，许多近代文学史料相继得到了发掘、整理和出版。上面所举的两个例子说明，文学史观的变化，往往能够对文学史料的认识和实践产生很大的影响。

在文学史研究中，我们应当肯定和容许主观作用的存在。单就文学史料的整理来说，史料的选择和整理，都离不开一定观点的指导，何况文学史料不等于文学研究。文学研究不是文学史料的堆砌，而是表现研究者的观点，浸透着研究者的情趣。试想，如果一种文学史研究论著，只是堆砌罗列史料，没有自己的体悟发现，没有自己的观点，它有多大的意义？文学史研究之所以需要，之所以有生命，之所以能够古今相通，主要是由于时代的需求，由于研究者主观的介入。实际上，文学史研究不存在是否容纳主观的问题，需要思考的是怎样不断地提高研究者的认识，思考主观的理论范式和思想感情等正确还是不正确，健康还是不健康，是陈词滥调还是有所创新。如果一种文学史研究论著，即使没有新的史料，而是用自己的观点对史料做出了新的、有益的阐释，就应当予以肯定。另外，文学史论著不应当是单纯地复述史料和阐释史料，而应当提倡“有我”，提倡带感情的论述，提倡艺术化、文学化的表述。言之少情，行之不远。“言之无文，行之不远”，在这方面，国内外不少学者有鲜明的倡导。英国哲学家罗素说：

> 历史学家对他所叙述的事件和他所描述的人物应该怀有感情……要他不偏袒他著作中所叙述的冲突和斗争的某一方，则并无必要。①

罗素是就整个历史叙述而言的。中国的杨周翰则特别就文学研究强调说：

> 研究文学仅仅采取一种所谓“科学”、“客观”的态度，也许能找出一些“规律”，但那是冷冰冰的。文学批评也应同文学创作一样，应当是有

① 罗素《历史作为一种艺术》，载何兆武主编《历史理论和史学理论》，商务印书馆1999年版，第552页。

感染力的，能打动读者感情的。①

缺乏感情和文采的表述，会弱化研究论著的传播和保存。中国古代有学综文史、史以文传的优良传统，我们应当继承这一优良传统。文学研究论著，应当把学术性和文学性融为一体。

在各种文学史研究论著中，我们一方面应当看到来自主观方面的不同的见解和表现的感情上的差异，同时我们还应当注意它们之间相互补充的作用。我们这样说，并不是丢弃了文学史研究的客观性，更不是不尊重文学史料。在文学史研究中，我们应当承认和重视研究者主观的作用，但这必须限制在一定的范围内，有一个底线。这个范围和底线就是史料。正确的史料体悟、阐释和评价，都是基于史料本身，应是史料本身所含有的意义。体悟、阐释和评价同史料本身有同构性和同一性。不以史料为基础，就会轻易地陷入意图哲学、相对主义，怀疑主义和虚无主义也会乘虚而入。因此，研究必须以史料为基础，历史学家必须诚实。英国历史学家阿克顿在他的《历史研究讲演录》中强调说：

> 一个历史学家必须被当作是一个证人；除非他的诚实能得到验证，否则是不能信任的。②

意大利的哲学家和历史学家克罗齐在他的著作《历史学的理论与实际》中认为：对一切历史的研究，都是我们当代精神的活动。同时，他又强调"谈什么没有凭据的历史就如确认一件事物缺乏得以存在的一个主要条件而又谈论其存在一样，都是瞎说。一切与凭据没有关系的历史是一种不能证实的历史"③。

历史是有客观性的。历史上发生过的事情和进程是实在的，是绝对的，是不变的。史料作为一些遗迹，不可能重新恢复。不过人们通过长期的对各种历史遗迹的发掘、考证、鉴别和分析，能够大体上确定许多遗迹的轮廓。人们无法复原历史，却可以借助于史料去逐渐接近实际的历史。而要达到这一目的，我们在重视主观作用的时候，必须坚持以史料为根基。"历史研究者从来不能无拘无束，历史是史学家的暴君，它自觉或不自觉地严禁史学

---

① 载《回忆吴宓先生》，陕西人民教育出版社 1990 年版。

② 何兆武主编《历史理论与史学理论》，商务印书馆 1999 年版，第 354 页。

③ 何兆武主编《历史理论与史学理论》，商务印书馆 1999 年版，第 523 页。

家了解任何它没有透露的东西"①。我们研究文学史,应当接受史料的制约,只能以历史上已经"透露的东西"为依据。否则,就很容易出现偏失。我国的史学界,在20世纪,由于受西方各种理论和方法的影响,史料工作在相当长的时期内不被重视。特别是从50年代开始,曾经风行过一种"以论带史"的观点。这种观点在当时的提出,旨在倡导用马克思主义原理指导历史研究,但由于理解的偏颇,有些人往往把史料工作简单地看成是"烦琐的考证"而予以否定。受这种风气和观点的影响,有些研究者研究历史,不是从史实出发,不是以史料为依据,而是简单的基于某些政治上的需要,理论、逻辑先入为主,然后再去拼凑史料加以论证。这样得出的结论,往往是靠不住的。因为我们的需要和历史事实往往有很大的距离,我们所依据的理论和逻辑是前人总结出来的,是相对的,不一定具有普遍的意义。而历史是复杂的、生动的、具体的。我们要重视理论和逻辑,应当把它们作为重要的参照,但不能把它们当作教条,简单地拿来套用。

回顾古代文学研究的历史,可以发现,对有些问题的阐释和结论,从古迄今,存在着很大的分歧和争论。这些分歧和争论,有的涉及了理论观点,但更多的是与史料有关,与实证研究不足有关。可以预计,这些分歧和争论的最终解决,要依靠史料的发现和实证研究的深入。在没有发现新史料和实证研究难以深入的情况下,对于一些有争议的问题,与其继续争论,不如暂时搁置起来,有待新史料的发现。踏踏实实地作好史料工作,真正把史料看成是研究的基础,把史料工作看成是一种科学工作。研究者全面地占有史料,考定史料,诚实地运用史料,同时注重提高理论水平,把客观性和主观性统一起来,从史料中引出经得起考验的观点,仍是我们必须坚持的。重视文学史料和提高理论,使二者通融互补、相辅相成,这既是历史经验和教训的启示,也是当前需要引起关注的问题。新时期以来的古代文学研究,不论是在文学史料方面,还是在文学研究方面,成就都很卓著。但仔细考察研究者的心态和学术导向以及评价标准,仍有诸多的不和谐现象。在长于文学研究者当中,有些人过分地强调史料的有限性和不可还原性,强调研究的当代意义,因此鄙薄史料工作。而在从事史料工作者当中,有的把史料抬到至

① [法]马克·布洛赫著,张和声等译《历史学的技艺》,上海社会科学院出版社1992年版,第47页。

高无上的地位，好像只有搜集史料、整理史料，作考证、注释、辑佚等史料工作才是真学问，而把文学研究视为“无根的游谈”。持这种观点的，最好能重温一下梁启超的告诫。20 世纪 20 年代初，梁启超在《中国历史研究法》中强调了史料的重要，后来他在《中国历史研究法补编》中作了修正：

> 一般作小的考证和钩沉、辑佚、考古，就是避难就易，想徼幸成名，我认为病的形态。真的想治中国史，应该大刀阔斧，跟着以前大史家的作法，用心做出大部的整个的历史来，才可使中国史学有光明、发展的希望。我从前著《中国历史研究法》，不免看重了史料的搜集和别择，以致有许多人跟着往捷径去。我很忏悔。

梁启超上面这段话，在当时当有一定的针对性，今天看来有些偏激，有些武断，但从不能过分地看重史料这一角度来思考，不仅对整个史学，同时对文学史研究也有警示的作用。

另外有些人虽然在做史料工作，但由于受商品经济和消费主义的侵蚀，急就篇多，质量低下，为鄙薄史料者提供了口实。就当前的学术导向和评价标准来看，存在的主要问题是轻视史料工作，这表现在多年以来国家、地方基金项目的设定、评奖以及许多单位职称的评定、工作量的计算等多方面。上述现象的产生，有许多复杂的原因，其中有一点比较明显，就是在社会分工和知识爆炸带来的学科的过度细化，往往把人们弄得狭隘而容易偏激，缺少足够宽广的胸怀和视野，囿于专业和个体经验的限制，从事古代文学史料的研究者和从理论上研究古代文学的研究者，彼此缺乏沟通。实际上，重视史料和提高理论水平是古代文学研究的两条腿，离了哪一条腿也难以前进。文学史料工作和文学研究同样重要，同样有价值。在实际工作中，理想的应当是史料和理论相互融合。当然，也应当容许研究者根据自己的情况，有所偏爱，有所侧重，偏居一隅，盯住自己眼前的一片风景。但不应彼此相轻。我们需要的是打通无形中构筑起来的壁垒，互相尊重，互相支持，互相学习。

第四章　文学史料的载体与传播

文学史料的载体与传播是文学史料学研究的一个重要方面。文学史料的产生和传播必须凭借一定的载体和媒介，才能使接受者看得见、听得到，才能使接受者体悟、分析和评价。传播能使文学史料得到扩大和延伸。同时，史料的载体和媒介、史料传播的变化，反过来会影响文学史料的产生和变化。文学史料的载体和媒介及其传播都是历史的产物，都具有历史性。随着历史的演进，载体、媒介和传播在不断地变化和发展，有多种多样，归纳起来，主要有三种：一是语言；二是文字；三是实物。下面分别加以论述。

第一节　语言与口传

文学是一种语言艺术。在人类没有创造文字之前，文学史料的载体主要是语言，也主要是靠语言来传播的。据英国牛津大学一个研究室关于人类语言基因变化的研究，人类开口说话，使用语言约有12万年，而有文字约五千年。中国使用甲骨文才三千多年。这说明，语言作为一种文学的载体和传播的媒介的历史远远超过了文字的历史。有了文字记载之后，语言仍旧是一种重要的载体和传播媒介。语言既是一种最古老的、又是生生不息的载体和传播媒介。

通过语言传承下来的史料，一般被称为口传史料，有时也称为口述史料和口碑史料，具体指的是口耳相传的史料。

我国自古以来就十分重视口传史料。有文字记载之前的口传史料，大多已经失传。有了文字记载以后，人们就开始追忆往昔的史料，特别是那些歌谣和神话传说。《周易》的卦爻辞中就记载了不少远古的歌谣，如《明夷》初九载：

明夷于飞，垂其翼；君子于行，三日不食。

《诗经》中的许多诗歌,原先也是靠口头自然传播的,约在公元前六世纪中叶才经过整理并用文字记载下来。据说《左传》记载的某些史实,最初也是经过了鲁瞽史长期的口诵流传阶段,后来才用文字记载下来。先秦的史料,大多先经由口传,后来才逐渐用文字记载下来。先秦之后,仍有许多史料靠口传。《史记》中使用的一些史料,本来也是靠口头传播的。如卷92《淮阴侯列传》载:

吾如淮阴,淮阴人为余言,韩信虽为布衣时,其志与众异。其母死,贫无以葬,然乃行营高敞地,令其旁可置万家。余视其母冢,良然。

这说明司马迁写《史记》有许多史料是采自口传的。今存的汉乐府民歌开始流传于民间,后经乐府机关和地方官员的采集和整理而得以保存和传播。汉代以后,随着纸张的广泛使用、书写的方便,特别是印刷技术的发明和发展,许多史料靠文字来传播,但口传仍是重要的媒介。特别是民间的歌谣、讲唱文学和许多戏曲,主要还是靠口头来传播的。

历代许多文人学者对口传史料十分重视。他们有时不自觉或自觉地用语言来传播文学史料。建安时期,曹植在《与杨德祖书》中说:“夫街谈巷说,必有可采,击辕之歌,有应风雅,匹夫之思未易轻弃也。”曹植在会见邯郸淳时,曾“诵俳优小说数千言”①。唐代元稹《酬翰林白学士代书一百韵》说:“翰墨题名尽,光阴听话移。”自注:“乐天每与予游从,无不书名屋壁,又尝于新昌宅,说《一枝花》话,自寅至巳,犹未毕词也。”元稹诗和注文中的“话”,指的当是故事。诗中所说的“听话”,就是听白居易说《一枝花》故事。自寅时说到巳时,说明讲的时间很长。明代有各种各样的民歌,冯梦龙对此十分留心。他采集了吴地的民歌,编印成《挂枝儿》和《山歌》。综观各个朝代,文人对故事、民歌的收集和整理,可以说已经形成了一种传统,各朝各代赓续不断。

由于我们长期对文学史料的载体和传播的演进历程缺少系统的、完整的研究,结果造成的基本认识是倚重于文字而轻视语言。从世界范围看,这种偏差在20世纪后期开始有了明显的转变。语言传播、“口头传统”的重要性,越来越受到人们的关注。口头传承史料属于非物质文化遗产,现在世界

① [晋]陈寿撰《三国志》,中华书局点校本,卷21《魏志·王粲传》,裴松之注引《魏略》。

各国对此都极为重视。为了在世界范围内更好地保护人类口头和非物质文化遗产，1997年联合国教科文组织第29届大会通过了人类口头和非物质遗产代表作的决议，并在1998年宣布了《人类口头和非物质遗产代表作条例》，设立了《世界口头与无形文化遗产名录》，并规定不能擅自改变其内涵。2001年5月18日，公布了世界首批"人类口头和非物质遗产代表作"名单19项，其中有中国的昆曲。世界范围对口头和非物质文化遗产的高度重视，提醒我们应当更加重视和注意搜集口头传承文学史料。值得庆幸的是，我国最近几年在这方面已经非常重视，做了大量的工作，在不同层次上取得了许多重要成果。

由于长期的积累，我国以语言为载体的文学史料尽管不如以文字为载体的史料那样丰富，但不论在数量上还是在质量上都是相当可观的。这类史料，大体可以分为两种：一是记述史料，二是传述史料。

记述史料指的是参与文学活动的当时人或目击者，如歌谣、神话、传说以及其他讲唱文学作品的创作者或和其他直接接触文学家和其他文学活动者记述的史料。许多口语创作的作品能够得到保存和传播，靠的是当时人的记述。这种史料不限于作品，有时也涉及有关文学家的传记史料。例如，顾颉刚曾受胡适的委托，寻觅近代作家李伯元的事迹。在寻觅的过程中，顾氏正好碰到了他的朋友、李伯元的内侄婿赵君，因而向他询问。赵君就把他所知道的李伯元的种种事情告诉了顾氏。顾氏把赵君的述说加以整理，刊登在《小说月报》第15卷第6号上，为研究李伯元提供了难得的第一手史料①。记述史料因为是亲历、亲知和亲闻，具有现场性，多为第一手的原生态史料。这种史料开始藉语言而形成、而传播，后来有些才用文字记载下来。

传述史料主要指的是用语言作为载体的文学史料产生以后，经过多人或多代人口耳相传、流传的史料②。在古代，有不少口头文学史料，如神话、传说、民歌、民谣、谚语和戏曲等往往是靠口头才得以传承。神话、传说具有传奇故事的一些特点，民歌、民谣等属于口语化的韵语，便于记忆，都适宜于

① 参阅顾颉刚著，顾潮整理《蕲弛斋小品》，北京出版社1998年版，第87—89页。

② 有些文人用文字创作的文学作品，后来被口头传播，从传播的角度看，也属于传述史料。

长期口头传播。我国三大民族英雄史诗：藏族的《格萨尔王传》、蒙古族的《江格尔》、柯尔克孜族的《玛纳斯》，就在民间流传了数百年乃至上千年。传述史料经过传述者的重复讲述、演唱等方式，在传述中有继承性和变易性。所谓继承性，主要体现在基本内容的保持上。而变易性的发生，主要是由于传述史料一般没有固定的文本，没有固定的传播者，没有固定的受传者和语境。不同时代的传播者，同一时代不同身份的传播者，都是根据自己的审美情趣和价值取向来选择史料，根据受传者的需求和当时的语境，做随机性的、个性化的传播。在传播时，传播者和受传者之间常常处于互动的状态中。每一次传播，都有传播者的改造，如果记录加以整理，就是一个独立的文本。变易的结果体现在内容上，也体现在形式上。在内容上，或增或删，主要是删其不合时代和受传者口味的部分，增其适合时代和受传者审美情趣的内容。在形式上，如体裁、语言等，也常常有很大的变易。《梁山伯与祝英台》是汉族四大传说之一，它在传播的过程中，曾出现了多种新的形式。壮族、白族就分别“把梁祝故事改变成长达数百行的叙事歌《唱英台》和‘打歌’《读书歌》传唱”①。又如，以包公为题材的清官文学，开始主要是以故事的形式在民间口耳相传，后来相继出现了宋元话本、元杂剧、公案词话和各种戏曲等。有些口传史料，形成文本之后，在传述的过程中，往往超越了文本。传述史料，特别是其中的说唱和演唱都伴随着一定的表演。表演是传述史料的基本构成要素。既然是表演，传述就具有综合艺术的一些特点，常常伴随着传述者不同的语言音调、动作表情等，这就在一定程度上弱化了文字本身的力量，甚至导致了传述作品的语言虽然通俗上口，但往往不如靠文字传播的作品的语言那样精细优美。表演要求有适合表演的内容和艺术形式，要求有一个由时空构成的现场和接受对象，具有现场性和即时性。在现场内，传述者与接受者能面对面，情调氛围容易产生共鸣，能够取得阅读难以取得的效果。传述史料的传述者不仅仅限于讲唱的艺人，还有许多平民百姓。平民百姓在村落街巷，常常不厌其烦地讲述神话传说、人物逸事。这种带有大众化的传述，对传述的内容总会有淘汰，有增加。所有这些，都使传述史料常常处于开放的、变化的“活态”。它们既属于产生它们的那个时

---

① 引自杨树喆《各民族民间文学的交流整合与中华民间文学的总体风格》，《中南民族大学学报》2003 年第 2 期。

代，同时也属于传述者所处的各个时代。它们常常经历着内容和形式的变化，这就使传述史料往往处于不稳定、不统一的状态。传述史料的这些特点，使我们在研究和使用传述史料时，不能因为囿于传述史料的原生态，而简单地判断传述史料变易的真伪和优劣，而应当以历史的尺度、变化的观点来分析。传述史料不仅丰富了文学史料，有助于我们全面了解文学，还有可能导致对某些文学现象的重新阐释和新的研究范式的产生。

当然，传述史料在传播时，也受到一定的制约。它离不开传述者，要依赖传述者。有时为了追求现场效果，也受制于接受者的趣味与水平。它受时空的限制，不能穿越时空。它本身很难固定，而要靠文字来固定。而靠文字固定下来的，主要是内容，至于传述者传述的情态以及同受传者之间的交流等构成的传述情境，则很难保留下来，所以靠文章保留下来的，不可能是原汁原味。

从古代文学史料的演进历程来看，口传史料不仅远远早于以文字为载体的史料，而且即使在有文字记载以后，语言仍旧是文学史料一种重要的载体，口传也仍旧是一种重要传播媒介。历代下层民众创作的各种歌谣、传说和故事等，主要是靠语言这一载体而得到传播的。另外，有些文学史料原来有文字记载，但由于各种原因，后来文字记载的散失了，但却通过语言这一载体而得到了保存和传播。《孟子·万章下》说：

> 北宫锜问曰："周室班爵禄也，如之何？"孟子曰："其详不可得闻也，诸侯恶其害己也，而皆去其籍，然而轲也尝闻其略也……"

由此可知，战国之前有些被禁毁的文字史料，当是靠一些人的记忆而口传下来的。秦始皇焚毁了大量的文字史料，但其中有些并没有失传，靠的也是口传。《汉书》卷 30《艺文志》说：《诗三百篇》"遭秦而全者，以其讽诵，不独在竹帛故也"。又，李学勤指出：

> 汉初的学者还能诵经，通过口耳相传，保存了不少先秦的东西。如《公羊传》就是口传，公羊高为孔子七十弟子，对《春秋》的解说世世口耳相传，到汉文帝时"书之竹帛"。汉朝人根据口传，整理了大量的先秦典籍。①

① 李学勤《清代学术的几个问题》，原载《中国学术》2001 年第 2 期，收入著者《中国古代文明十讲》，复旦大学出版社 2003 年版。引文见第 255 页。

一些散失的文字史料，像汉初这样靠口传而得到存传，在后来也屡见不鲜。这说明，口传史料不仅是文字史料的重要补充，而且它本身有自己独立存在的价值。

中国古代的文学史料，以文字记载为大宗，但有许多文字史料是源于口传史料。如上所述，上古时期的神话和诗歌，都是先有口传，而后才用文字记载下来。《诗经》中的许多诗歌，早先就是靠口传，到春秋中叶经过整理，才用文字记录下来。诸如此类，在后来的歌谣、传说、小说以及戏曲等作品中，都有明显的表现。晋朝干宝编撰《搜神记》，除了依据“载籍”外，其他都是“博访知之者”，有些就是“访行事于故老”而得到的①。这说明，口传文学史料是文字文学史料的一个重要渊薮。当然，也有不少文字史料在传播的过程中，被转化为口传史料，借助于口传这一媒介得到了更广泛的传播。《水浒传》成书之前，有关水浒的故事曾经长期在民间流传，而成书之后，又相继出现了许多关于水浒的演唱文学，用综合的艺术形式，活跃在戏曲舞台上，显现在说书的场所中。看来，语言和文字这两种载体的史料，在传播的过程中，虽然各有特点，但二者常常相互转化，相互促进。其结果是增加了传播的途径，扩大了传播的范围。

民间口头创作，是中国古代文学史料的重要组成部分，它生成在民间，主要也在民间传播。由于中国古代广大的下层民众识文认字的很少，不止民间文学史料借助于口传在民间传播，即使文人的作品，也有许多是靠口传而在民间传播的。文人文学，靠口传由中上层到下层，尽管在唐前每个朝代都出现过，但更多的是出现在唐代以后，这主要体现在比较通俗的文人诗词、唐传奇、宋话本、元戏曲和明清通俗小说等通俗文学的口传上。元稹在《白氏长庆集序》中说，白居易的诗，“王公妾妇，牛童马走之口无不道”。宋代叶梦得述及柳永词时说，当时“凡有井水饮处，即能歌柳词”②。明清的通俗小说，尤其是通俗的历史演义小说，如《三国演义》在明代，“虽农工商贾妇人女子无不争相传诵”。又如，明代甄伟的《西汉演义》、谢诏的《东汉通俗演义》，据袁宏道《东西汉通俗演义序》记载，主要依靠口传，使当时“天下自衣

---

①　见干宝《进搜神记表》，载［唐］徐坚等著《初学记》，中华书局1962年版，卷21，题目为后人所拟，《搜神记序》，载［唐］房玄龄等撰《晋书》卷82《干宝传》，中华书局点校本。

②　［宋］葛立方撰《韵语阳秋》卷1。《韵语阳秋》收入［清］何文焕辑《历代诗话》，中华书局1981年版。

冠以至村哥里妇，自七十老翁以至三尺童子，谈及刘季起丰沛、项羽不渡乌江、王莽篡位、光武中兴等事，无不能悉数颠末，详其姓氏里居。自朝至暮，自昏彻旦，几忘食废寝，讼言之不倦。及举《汉书》、《汉史》示人，毋论不能解，即解亦多不能竟，几使听者垂头，见者却步”①。其他还有许多文人的文学作品也是借助口传而在民间传播的。文学史料靠口传，多呈现为自然的、无序的状态，在社会的下层广为传播，官方难以控制。由此可以推知，在古代，文学史料借助语言这一媒介，其传播的范围是相当广泛的，当会远远超过文字史料和实物史料传播的范围。

第二节　文字记载及其传播

文字是人类伟大的发明之一，也是人类进入文明时期的重要标志。恩格斯在《家庭、私有制和国家起源》中指出：人类“由于文字的发明及其应用于文献记录而过渡到文明时代”。没有文字，人类的主要文明成果不能得到保存，也很难得到持久的、广泛的传播。文字作为一种符号，它不仅是语言的记录，更是各种文化信息的载体，携带着丰富的文化。文字与人类文明的进程相伴走过了约五千年，也作为文学史料的一种重要载体和传播媒介走过了约五千年。

文字是我国古代文学史料的主要载体，也是一种重要的传播媒介。在今存的古代各种载体的文学史料中，文字史料最丰富，最常见。在漫长的历史进程中，伴随着社会的发展、科技的进步和文字的演变，文字这一载体，常常借助于多种物质媒介，呈现出多种形式，如甲骨文字、青铜文字、石刻文字、简牍文字、缣帛文字、纸质抄写文字、纸质印刷文字等。

清末光绪二十五年(1899)在河南安阳西北的小屯村出土了一大批甲骨文字，后来从1928年10月到1934年3月，有计划地组织了九次发掘，又取得了重大的成果，以至最近，还不断地有甲骨文字出土②。小屯村是殷都旧

① 参阅钱茂伟《明代史学的历程》，社会科学文献出版社2003年版，第388—403页。

② 刘一曼1999年在《考古学与甲骨文研究》一文中说：迄今“殷墟甲骨已出土了15万片，其中多数是1928年之前农民私掘出土的，属科学发掘所获的有34842片”。《考古》1999年第10期。

址，说明这些文字产生在殷代。甲骨文是把文字用小刀刻在龟板的腹甲或牛骨上，记载的多是占卜之事，所以也称为“甲骨卜辞”，又因为它是在殷代都城旧址出土的，所以又称它“殷墟卜辞”、“殷卜辞”、“殷墟书契”。

甲骨文被发现之后，许多学者相继做了大量的整理和研究工作。1903年，刘鹗把自己收藏的千余片甲骨墨拓石印，名曰《铁云藏龟》。1917年，王国维撰写了著名的《殷卜辞中所见先公先王考》、《续考》①。罗振玉在20世纪20年代，出版了《殷墟书契》(前编)八卷、《殷墟书契菁华》、《殷墟书契考释》三卷、《铁云藏龟之余》、《殷墟书契后编》二卷；在30年代，出版了《殷墟书契续编》六卷等②。中华书局1978至1983年出版了郭沫若主编、胡厚宣总编辑的《甲骨文合集》③。1980年、1985年，中华书局出版了中国社会科学院考古所编成的《小屯南地甲骨》④。1996年中国语文出版社出版了彭邦炯主持的《甲骨文合集补编》⑤。2001年四川大学出版社出版了《甲骨文献集成》。2006年，上海古籍出版社出版了日本学者岛邦男著、濮茅左和顾伟良翻译的《殷墟卜辞研究》。2007年上海辞书出版社出版了由饶宗颐领衔主持的20卷本《甲骨文校释总集》。1999年，是甲骨文发现的一百周年。同年，中国社会科学文献出版社出版了王宇信、杨开南主编的《甲骨学一百年》，从多方面总结了百年的甲骨文的整理和研究。通论性质的著作有上海人民出版社2006年出版的吴浩坤、潘悠的《中国甲骨学史》。

从对已经发现的甲骨文的研究成果来看，甲骨卜辞涉及了殷商中后期的政治、军事、田猎、农业、畜牧、天象、祭祀以及文学艺术等广泛的内容。其中有许多程度不同地与文学史料有关系。如，从中我们知道殷代有舞蹈和音乐⑥。舞、乐与诗是相伴的，可以推知其中当有诗歌与近似于诗歌的韵

---

① 见王国维《观堂集林》上，河北教育出版社2001年版，第259—286页。

② 参阅张舜徽《中国文献学》，中州书画出版社1882年版，第十编第二章。

③ 此书从1973年前出土的10多万甲骨中，经过选择、去伪和缀合，选录41956片(包括拓片、照片和摹本)，基本上收录了甲骨文发现80年来的主要史料。

④ 1973年安阳小屯南地，出土刻字甲骨4万多片，此书是对这批甲骨的整理。

⑤ 《甲骨文合集补编》收录甲骨13450片，主要内容包括：《甲骨文合集》编成后20年来海内外陆续著录的甲骨资料和缀合成果；《合集》编纂时已搜集而未及整理选用的拓片和甲骨拓片。据彭邦炯、马季凡《〈甲骨文合集〉的反顾与〈甲骨文合集补编〉的编纂》，《历史研究》1999年第5期。

⑥ 据陆侃如、冯沅君合著《中国诗史》，大江书铺1931年版，卷上，第30页。

文。郭沫若《卜辞通纂》载：

癸卯卜，今日雨。其自西来雨？其自东来雨？其自北来雨？其自南来雨？

这一卜辞本身是为了卜测和祈祷，但规正的方位结构，四句完整的五言句式自然的韵律，可以看成是文字记载诗歌的雏形，证明甲骨文中有一些近似于诗歌的史料。

青铜文字是铸刻在青铜器上的文字。据考古史料，青铜器开始出现在殷商晚期。青铜器绝大多部分是统治者所享用的礼器，如乐器中的钟，食器中的鼎，饮器中的尊、彝，盥洗器中的盘等。上述礼器中，钟和鼎最大，上面大半刻有文字。这种青铜器上的文字，后人称之为铭。古人习惯把铜称为金，所以后来一般称青铜文为"金文"。铭文是古代重要的文献。铭文长短不一，有些文字较长。2900 年前西周制造的《燹（音遂）公盨（音须）》的铭文，计有 98 字。燹国即"遂国"，是我国古史传说中舜的后人建立的国家。铭文记叙了"大禹治水"和"为政以德"等内容，证明大禹确有真人，夏朝确实存在过①。以前有人怀疑大禹和夏代的存在，燹公盨铭文可以消除其怀疑。《毛公鼎刻辞》是周成王册命毛公之辞，记叙周文王和周武王创业、守成不易及颁赐等，全篇共 497 字，在金文中是最长的一篇。《虢季子白盘刻辞》记叙战功及赏赐，通篇有韵，在写作上很有特点②。上举三例说明，许多金文有重要的史料价值，也是文学史料的一种重要载体。

金文除了主要铸刻在礼器上外，有些日常用器，如铜镜上也常有铭文。李学勤《海外访古记》五《英国》记载布里斯托市收藏一西汉早期蟠螭镜，上有镜铭 48 个字：

其镜内圈曰：内清质以昭明，光辉象夫日月。欣葸（忽）

外圈曰：扬而愿忠，然壅塞而不泄。怀糜（靡）美之穷皑，外承欢之可说。慕窔兆之灵景，愿永思而毋绝。

---

① 参阅《北京日报》2002 年 10 月 22 日、《中国青年报》2002 年 10 月 22 日。《市场报》2002 年 10 月 25 日。

② 参阅张舜徽《中国文献学》，中州书画出版社 1982 年版，第十一编第一章。

李学勤认为:“这首诗在文学史上也应有一定地位。”[①]

青铜铭文的史料价值,自汉代开始就受到了一些学者的重视。汉代考证经史,校订古籍,有时借助于青铜铭文,成为后来宋代金石学兴起的先导。据翟耆年《籀史》记载,从北宋到南宋初期,金石书籍达34种之多。现存重要的有吕大临的《考古图》[②]、薛尚功的《历代钟鼎彝器款式法帖》[③]等。此后的辽金元和明代,虽然有人继续研究,但进展不大。到了清代,因为有一些青铜器出土,青铜铭文的研究有了明显的发展,出现了阮元的《集古斋钟鼎彝器款识》[④]、吴式芬的《捃古录金文》[⑤]。近代影响大的著述有罗振玉的《三代吉金文存》[⑥]、吴大澂的《窸斋集古录》[⑦]等;当代有容庚的《金文编》[⑧],中国社会科学院考古研究所编的《殷周金文集成》[⑨]、《殷周金文集成释文》[⑩],刘雨、卢岩合著的《近出殷周金文集录》[⑪],陈佩芬的《夏商周青铜器研究》[⑫],王献唐的《国史金石志稿》[⑬],沈宝春的《〈商周金文录遗〉考释》[⑭],时建国的《金石文字辨异校释》[⑮],马承源主编的《中国青铜器》(修订本)[⑯]和王辉的《商周金文》[⑰]等。以上列举的都是我们研究金文中所含史料的重要参考文献。

---

① 李学勤著《四海寻珍》,清华大学出版社1998年版。另外,可参阅王春泓著《从铜镜铭文蠡测汉代诗学》,《文学遗产》2004年第4期。

② 目前流传的是清代的翻刻本。

③ 目前所见的多为20世纪30年代的翻刻本。

④ 清嘉庆九年(1804)刻本,光绪年几经翻印。

⑤ 1913年西泠印社翻刻本。

⑥ 有中华书局缩印本,1983年版。

⑦ 有1918年石印本,1921年再版。

⑧ 容庚编著,张振林、马国权摹补《金文编》,中华书局1985影印。

⑨ 中华书局1983年起影印,收录的下限为1988年。

⑩ 香港中文大学中国文化研究所出版,2001年版。

⑪ 中华书局2002年出版。

⑫ 上海古籍出版社2004年出版。

⑬ 华东师范大学中国文字研究与应用中心整理,青岛出版社,2004年版。

⑭ 台湾花木兰文化工作坊,2005年版。

⑮ [清]邢澍著,时建国校释,甘肃人民出版社2000年版。

⑯ 上海古籍出版社2001年版。此书第四章为《青铜器铭文》。附录有《青铜器著录编年简介》。

⑰ 文物出版社2006年版,属于文字导读性质的著作。

金文要用比较贵重的青铜，在青铜器上铸刻或錾字比较艰难，所载文字有限，所以早在秦朝以前就出现了石刻文。秦朝以后，石刻兴起，多用石刻代替金刻。宋人郑樵说：

> 三代而上，惟勒鼎彝。秦人始大其制而用石鼓，始皇欲详其文而用丰碑，自秦迄今，惟用石刻。①

石鼓文是我国现在发现的最早的石刻文字，是在十个鼓形的石头上，分别刻有一首四言诗，总字数 700 多。石鼓文传到今天，文字大多剥损，其中一石刻字全部无存。石鼓文制刻的年代，据近代学者考证，大约是在东周初的秦国，确切年代难以断定②。秦代以后，石刻发展很快，出现了许多石刻文字史料。东汉灵帝熹平三年(174)，灵帝令蔡邕等在石板上刻写《五经》和《公羊》、《论语》，树立在洛阳太学门外，“观视及摹写者，车乘日千余两，填塞街陌”③，影响很大。关于碑刻的重要性，叶昌炽《语石》卷六“碑版有资考订”一则指出：

> 撰书题额结衔，可以考官爵。碑阴姓氏，亦往往书官于上。斗筲之禄，史或不言，则更可以补阙。郡邑省并，陵谷迁改，参互考求，瞭于目验。关中碑志，凡书生卒，必云终于某县、某坊、某里之私第。或云葬于某县、某村、某里之原，以证《雍录》、《长安志》，无不吻合。推之它处，其有资于邑乘者多矣。至于订史，唐碑之族望及子孙名位，可补《宗室宰相世系表》。建碑之年月，可补《朔润表》。生卒之年月，可补《疑年录》。北朝造像寺记，可补《魏书·释老志》。天玺纪功、天发神谶之类，可补《符瑞志》。投龙、斋醮、五岳登峰，可补《郊祀志》。汉之孔庙诸碑，魏之受禅尊号，宋之道君五礼，可补《礼志》。唐之令长新诫，宋之慎刑箴、戒石铭，可补《刑法志》。

柯昌泗评曰：

---

① [宋]郑樵著，王树民点校《通志二十略》，中华书局 1995 年版，《金石略》。

② “徐宝贵先生通过字形的详细分析，认为其系春秋中期左右的作品。”见《石鼓文年代》，未刊稿。转引自廖名春《梁启超古书辨伪方法平议》，载陈明主编《原道》第三辑，中国广播电视出版社 1996 年版。参阅徐宝贵《石鼓文整理研究》，中华书局 2008 年版。

③ [南朝宋]范晔《后汉书》卷 60 下《蔡邕传》，中华书局点校本。

近世史学风行，东西诸邦学人考我国史事者，恒资金石之助。法国伯希和，据和林唐碑以考突厥史，旁及异域旧事，尤为海内外所重视云。①

叶氏和柯氏上面列举的事实，说明碑刻文字具有不容忽视的史料价值。单就文学史料来说，历代存于寺庙祠堂、公共亭台和摩崖等地的石刻文中，常常含有罕见的传记和作品等史料。国学网载，江西省武功山东麓大智村有安福县明代家族摩崖题刻，是500年前刻在石头上的家谱，记载了当地彭氏家族半个世纪的历史。原文总计在万言以上，现在可释文字约5670个②。石刻刊载的诗歌、辞赋和词等作品史料，历史上屡见不鲜。关于诗歌，胡可先指出：在唐代即有杜诗石刻，是杜甫自书还是出自他人之手，有待考索。到了两宋，有杜诗石刻遍天下之称。仇兆鳌《杜诗详注》卷23《过洞庭湖》诗注："潘子真《诗话》：元丰中，有人得此诗刻于洞庭湖中，不载名氏，以示山谷。山谷曰：'此子美作也。'今蜀本收入。……"③宋代王象之《舆地碑记目》卷四《利州碑记》中"寇莱公诗"条下，抄录了北宋名臣寇准当年题写在利州新井慈老院的一首《海棠诗》，诗刻在石柱上，共四句："暄风花朵满栏香，尽日幽吟叹异常。翻笑牡丹虚得地，日阶开落对君王。"检阅《四库全书》所收寇准《忠愍集》未收此诗④。现存山东省蓬莱阁天后宫中的奥屯良弼诗碑，刻女真字七言律诗一首，诗题三行，诗八行为行书体⑤。关于辞赋和词，现在能看到的最早的石刻赋是隋朝大业年间刻的曹植的《鹞雀赋》。此后，石刻赋不断出现。宋代欧阳修《集古录》、赵明诚《金石录》中著录有唐代的石刻赋⑥。另外，叶昌炽说：

---

① 叶昌炽撰，柯昌泗评，陈公柔、张明善点校《语石·语石异同评》卷6"碑版有资考订"一则，中华书局1994年版，第398页。

② 转引自《古籍整理出版情况简报》2004年第5期。又见《江西安福大智石刻可读了》，载《光明日报》2003年7月16日第1版。

③ 见胡可先《杜诗学论纲》，载《杜甫学刊》1995年第4期。

④ 此条资料引自山东大学刘心明博士论文《中国古代刻石文献研究概论》第52页。又笔者查阅《全宋诗》，也没有发现此诗。

⑤ 引自刘浦江《女真语言文字资料总目提要》，《文献》2002年第3期。

⑥ 石刻《鹞雀赋》见张仲炘著《湖北金石志》卷3著录：《鹞雀赋》"在枝江县杨内翰宅，系草书。前有隋大业皇帝序云：陈思王，魏宗室子也。后题云：黄初二年二月记。(《舆地碑记目》)"。引自程章灿著《唐宋元石刻中的赋》，《文献》1999年第4期。

余所见石刻赋，惟楼异《嵩山三十六峰赋》，僧昙潜书（建中靖国元年），笔意逼肖长公。易祓《真仙岩赋》，在融县。梁安石《乳床赋》，在临桂之龙隐岩。并皆佳妙。此三人皆无集行世，赋选亦不收，赖石刻以传耳。诗余滥觞于唐，而盛于南宋，故唐以前无石刻。巴州有《水调歌头》词，刻于厓壁，无撰人年月，行书跌宕，宋人书之至佳者。其次则唐括夫人之《满庭芳》词，米书淮海《踏沙行》，其词其书皆妍妙。①

上面列举的诗歌、辞赋以及词等作品，有些不见于各种文集，而是靠石刻才得以保存和传播的。

石刻文字不仅保存了大量的文学史料，同时还有助于文学史料的校勘。宋代“范成大《吴船录》卷下据叙州宣化县所存旧刻诗碑考杜甫《戎州诗》‘重碧拈春酒，轻红掰荔枝’两句中的‘拈’字应作‘粘’字为是，所论虽不必尽是，但保存并提供了一份可贵的异文”②。宋代沈括《梦溪笔谈》卷 14 载韩愈的《罗池神碑铭》中，有一句在《韩退之集》中作“春与猿吟兮秋与鹤飞”，而石刻文则作“春与猿吟兮秋鹤与飞”。沈括认为应从石刻文，并举《楚辞》有关词句为证，进一步指出：“古人多用此格……相错成文，则语健矣。”今人屈守元等主编的《韩愈全集校注》即采用了上引石刻文的句子③。

石刻文出现以后，许多学者看到了它们的重要价值，历朝历代有不少学者做了大量的搜集整理和研究工作，给我们留下了许多重要的著述。如宋代朱长文的《墨池编》④，赵明诚的《金石录》⑤，元代潘昂霄的《金石例》⑥，清代王昶的《金石萃编》⑦，冯云鹏、冯云鹓的《金石索》⑧，近代叶昌炽的《语石》和柯昌泗的《语石异同评》等。1996 年以前的这方面的著述，可参阅赵超的

① 叶昌炽撰，柯昌泗评，陈公柔、张明善点校《语石·语石异同评》，中华书局 1994 年版，卷 4“诗文”一则。

② 引自刘心明的博士论文《中国古代石刻文献研究概论》第 50 页。

③ 参见屈守元等主编《韩愈全集校注》，四川大学出版社 1996 年版，第 2597、2603 页。

④ 《四库全书》本。

⑤ 有广西师范大学出版社出版的金文明的校证本，2005 年版。

⑥ 《四库全书》本。

⑦ 有中国书店 1985 年影印本。

⑧ 有书目文献出版社影印本，1996 年版。

《中国古代的石刻著录情况》①、陈尚君的《石刻文献述要》②。1996 年以后，又相继出版了一些这方面的著述，如：国家图书馆金石组编选的《历代石刻史料汇编》③，任继愈主编的《中国国家图书馆碑帖精华》④，台湾新文丰出版公司印行的《石刻史料新编》第一、二、三、四辑⑤，毛远明的《汉魏六朝碑刻校注》⑥，富平等撰的《宋代石刻文献全编》⑦，冯俊杰等编著的《山西戏曲碑刻辑考》⑧等。通论性质的著作主要有马衡的《凡将斋金石丛稿》⑨、赵超的《古代石刻》⑩等。

金石文字，一般都是原生态的，记载的史料比较真实、可靠。它们依托的都是坚硬性的物质，不易损坏，文字大多都是铸刻或錾成的，有能传之长久的优长。这也是古人重视金文石刻的原因之一。这一点，陆游在《跋六一居士集古录跋尾》中有所体验。他说：

> 始予得此本，刻画精致，如见真笔。会有使入蜀，以寄张季长，及再得之，才相距数年，讹阙已多。知古人欲传远者，必托之金石，有以也夫！

但由于青铜器所用的青铜比较贵重，制作困难，石刻文依托的石料，一般体量大，又常常固定，不易移动，受空间的限制，制作和仿造都比较困难，这就极大地限制了所载史料的传播范围。为了弥补这一局限，后来采用了模打复制等方法，间接地扩大了这类史料的传播范围。

甲骨文字和金石文字尽管有重要的史料价值，但还不能视为正式的书籍，只能看成是广义的文字史料。正式的书籍是用竹木写的文字。古人用

---

① 载《中国典籍与文化》1995 年第 2 期。

② 载《古典文学知识》1996 年第 2 期。

③ 全书 16 册，约 1500 万字，收石刻文献 17000 余篇，每篇有石刻原文和历代石刻家的考释。全书按时代分为五编：先秦秦汉魏晋南北朝编、隋唐五代编、两宋编、辽金元编、明清编。每编前有目录，编后有索引。北京图书馆出版社 2000 年版。

④ 北京图书馆出版社 2001 年版。

⑤ 四辑分别于 1977 年、1979 年、1986 年、2006 年出版。

⑥ 线装书局 2008 年版。

⑦ 北京图书馆出版社 2004 年版。

⑧ 中华书局 2001 年版。

⑨ 中华书局 1977 年版。

⑩ 文物出版社 2001 年版。

来写书的竹片叫“简”，也称作“策”；用来写书的木板叫“方”，也称为“牍”。木牍主要用来通信和记录短文，同竹简相比，起辅助作用。商朝甲骨文、金文中，经常能看见“册”字，说明当时已经用简。从历代的考古发现来看，我国古代的竹简数量很多。西晋“太康二年，汲郡人不準盗发魏襄王墓，得竹书数十车”①。其中的《竹书纪年》和《穆天子传》，是研究古代文学的重要史料。20 世纪以来，特别是近 30 多年，发现了许多重要的简牍。从发现的这些简牍来看，内容非常丰富，涉及了历史、语言、文字、哲学、书法、民俗以及自然科学等许多方面，其中有许多程度不同地与文学史料相联系，另外有些本身就是文学史料。在诗赋方面，除了前面已经述及的在安徽阜阳发现的和上海博物馆整理出版的有关《诗经》的竹简、在江苏连云港尹湾汉简中发现的《神乌赋》等文学史料外，还有许多②。在小说方面，以志怪小说为例：1986 年在甘肃天水市的放马滩一号秦墓出土的竹简《墓主记》，相当完整地记述了了一个名叫丹的人因伤人而被弃市、后又复活的故事。把这一故事同六朝志怪小说中相近的加以比较，应当说是属于志怪小说。有的学者认为，根据这一史料，我国古代志怪小说的肇始，至晚可追溯到秦代③。

用竹木来书写文字，虽不如金文和石刻文那样能够长期存传，但同缣帛文字和纸质文字相比，保存的时间还是长一些。缺点是一篇著述，需要大量的竹木，体积大，比较笨重，不便携带和收藏。为了弥补竹木写书的这一缺欠，我国在先秦时期就开始用缣帛来写字。从考古发现的帛书来看，其中有许多重要的文学史料。1973 年在长沙马王堆三号汉墓出土的帛书，约 12 万字，其中有《老子》、《战国策》等多种古籍。缣帛性质柔软，质地较薄，便于书写、携带和收藏。用缣帛书写文字，缺点是保留的时间不长。

用简帛书写的史料被发现以后，引起了国内外学术界的高度重视。许多学者运用不同的方法进行研讨，相继出版了大量的论著。从已经问世的

---

① 参阅[唐]房玄龄等撰《晋书》，中华书局点校本，卷 51《束皙传》。

② 参阅骈宇骞、段书安编著《二十世纪出土简帛综述》，文物出版社 2006 年版，第 229—231 页。

③ 参阅：李学勤《简帛佚籍与学术史·放马滩简中的志怪故事》，江西教育出版社 2001 年版；张显成《简帛文献学通论》，中华书局 2004 年版，第 348—352 页；骈宇骞、段书安编著《二十世纪出土简帛综述》，文物出版社 2006 年版，第 228—229 页。

著述来看，属于专题性质的，如：饶宗颐、曾宪通的《楚帛书》[①]，谢桂华、李均明等的《居延汉简释文合校》[②]，胡平生、韩自强的《阜阳汉简诗经研究》[③]，吴九龙的《银雀山汉简释文》[④]，骈宇骞的《银雀山汉墓竹简晏子春秋校释》[⑤]，连云港市博物馆等的《尹湾汉墓简牍》[⑥]、《尹湾汉墓简牍综论》[⑦]，《郭店竹简研究》[⑧]，荆门市博物馆编的《郭店楚墓竹简》[⑨]，刘剑的《郭店楚简校释》[⑩]，徐志钧的《老子帛书校注》[⑪]，马承源主编的《上海博物馆藏战国楚竹书》(1—4)[⑫]等。属于通论性质的，如：马先醒的《简牍学要义》[⑬]、郑有国的《中国简牍学综论》[⑭]、李学勤的《简帛佚籍与学术史》[⑮]、李零的《简帛古书与学术源流》[⑯]、张显成的《简帛文献学通论》[⑰]和骈宇骞、段书安编著的《二十世纪出土简帛综述》[⑱]等。至于系统、全面地编辑和出版"简帛集成"一类的著述，目前正在进行。据说以初师宾为首的简帛研究者正在编纂《中国简牍集成》，拟包括"二十世纪百年间国内发掘出土并已发表的全部简牍"，分 3 辑 23 册由敦煌文艺出版社出版。第一辑已于 2001 年出版[⑲]。

甲骨文字、青铜文字、石刻文字、简牍文字、缣帛文字的产生和流行，主

---

① 中华书局(香港)1984 年版。

② 文物出版社 1987 年版。

③ 上海古籍出版社 1988 年版。

④ 文物出版社 1985 年版。

⑤ 书目文献出版社 1988 年版。台湾万卷楼图书有限公司 2000 年版(改名为《银雀山竹简〈晏子春秋〉校释》)。

⑥ 中华书局 1997 年版。

⑦ 科学出版社 1999 年版。

⑧ 《中国哲学》第 20 辑，辽宁教育出版社 1999 年版。

⑨ 文物出版社 1998 年版。

⑩ 福建人民出版社 2005 年版。

⑪ 学林出版社 2002 年版。

⑫ 上海古籍出版社 2001—2004 年出版。

⑬ 台湾简牍学会 1980 年版。

⑭ 华东师范大学出版社 1989 年版。

⑮ 台北时报文化出版企业有限公司 1994 年版。

⑯ 三联书店 2004 年版。

⑰ 中华书局 2004 年版。

⑱ 文物出版社 2006 年版。

⑲ 引自张显成《简帛文献学通论》，中华书局 2004 年版，第 484—485 页。

要是在纸张发明之前。纸张发明以后，随着纸张生产的发展，价格比缣帛便宜，容易推广，逐渐取代了竹帛。这对于记载、传播和保存文学史料，产生了巨大而深远的积极影响。

关于纸发明的确切时间，现在学术界还没有一致的看法。过去有些记载，说纸是东汉蔡伦发明的。《东观汉记》卷 18《蔡伦传》载：

> 黄门蔡伦，字敬仲，典作上方。造意用树皮及敝布、鱼网作纸，奏上。帝善其能。自是莫不用，天下咸称蔡侯纸也。①

《后汉书》卷 78《宦者列传·蔡伦传》载：蔡伦“用树肤、麻头及敝布、鱼网以为纸。元兴元年奏上之，帝善其能，自是莫不从用焉”。唐代刘知几《史通·古今正史》说，《东观汉纪》中的《蔡伦传》是东汉桓帝元嘉元年崔寔、曹寿和延笃撰写的。元嘉元年上距蔡伦去世 30 年，所记当属当代实录。刘宋范晔《后汉书》所记，与《东观汉纪》没有大的出入。说明元兴元年(105)蔡伦造纸成功的记载是真实可靠的。不过，造纸这一重大的发明，当有一个过程。《东观汉纪》和《后汉书》所记并不一定表示纸是在元兴元年才发明成功。蔡伦的贡献当是在前人已有成果的基础上取得的。根据文献和实物上的证据，在此以前已有以植物纤维制成的纸。近年来在中国西北部陆续发现的古纸碎片，其年代远在公元以前。因此，造纸术的发明至少可以追溯到蔡伦以前 200 年或更早②。汉代发明了纸以后，并“未能立即代替竹帛。大约纸和竹木并存了 300 年，和帛书并用至少 500 年。到了晋代纸卷才完全取代简牍，而帛书直至唐代仍在使用”③。纸的发明和大量应用，再加上草书、行书的产生和流行，导致的书写文字的变革，成为促进文化发展的一种重要力量，也是促进文学史料发展的一种重要力量。纸的发明、改进和书写文字的变革，使过去的各种史料经由传抄，容易流布，为文学家扩大知识量提供了极大的方便，为个体主体性的解放和发展创造了有利的条件。纸本

① [汉]刘珍等撰、吴树平校注《东观汉纪校注》，中州古籍出版社 1987 年版。

② 参阅：刘光裕《论蔡伦发明“蔡侯纸”》，原载《出版发行研究》2000 年第 1、2 期，收入宋原放主编《中国出版史料》(古代部分)，湖北教育出版社 2004 年版，第 1 卷；钱存训著，郑如斯编订《中国纸和印刷文化史》，广西师范大学出版社 2004 年版，第 2 页、第 38—41 页。

③ 引自钱存训著、郑如斯编订《中国纸和印刷文化史》，广西师范大学出版社 2004 年版，第 83 页。

制作成本低廉，文人可以比较自由地书写①。用纸书写，节省时间，轻便且易于传运。纸本写作，改变了写作的习惯，也影响了写作的思维方法和表现形式。文学家可以更迅速、更自由地抒发自己的胸襟。唱和、赠答之作发展很快。许多重要的文体发生了明显的变化。纸张的使用，从一个方面促进了文学的繁荣、文学史料的迅速增多。同以前相比，纸张的使用，在物质媒介上，极大地消除了传播的障碍和限制，传播简便了，传播的速度有了明显的提高，传播范围也迅速地扩大，使更多的人有较多的机会接触文学、了解文学、融入文学，同时也为文学接受者在面对丰富的文学史料时，提供了可供选择的余地。传播的提速，传播范围的扩大，显示了文学前所未有的超越时空的影响力，文学的价值得到了很大的提升。

纸文字开始靠的是抄写，后来又发明了雕版印刷。雕版印刷发明以后，文学史料的存传，除了继续用抄写这种形式外，大量的是依靠雕版印刷。关于雕版创始的时间，常见的主要有隋代和唐代两种说法。明代胡应麟在《经籍会通》卷4中，认为“雕本肇自隋时”②。认为创始于唐代的有向达、叶德辉和钱存训等学者③。唐代的雕版印刷除长安、洛阳外，长江流域比较盛行。刻印的内容涉及字书、医书、佛经、道书、历日、阴阳杂记、占梦相宅、九宫五纬等。规模也相当大，一次可印30多卷的《玉篇》，可印多达数千部的《刘宏传》④。

宋代在唐代印刷技术的基础上，发明了活字版印刷。这是世界历史上最重要的发明之一。宋代的“印刷技术不但向东、西与南方各地流传，而且，第一次传到了北方地区内的一些少数民族，并且由此越过中国疆界向更西传播”。同时，出现了开封、杭州、四川眉山、福建建阳等印刷中心。宋代“印

① ［唐］虞世南编撰《北堂书钞》（中国书店1987年影印本）卷104《艺文部·纸四十》引东汉崔瑗《与葛元甫书》云：“今遣奉书，钱千为贽。并送《许子》10卷，贫不及素，但以纸耳。”

② 后来认同此说的有张舜徽和肖东发等。张舜徽据考古史料指出：“我国远在六世纪末，已有雕版印刷术矣。”（载其著《张舜徽集·清人笔记条辨》，华中师范大学出版社2004年版，第28页。）肖东发说：“雕版印刷术产生于隋至初唐之际。”（载其著《中国图书出版印刷史论》，北京大学出版社2001年版，第44—46页。）

③ 参阅：向达《唐代刊书考》，原载《中央大学国学图书馆第一年刊》，1928年出版，收入向达《唐代长安与西域文明》，三联书店1957年版；叶德辉《书林清话》（见李庆西标校《叶德辉书话》，浙江人民出版社1998年版）卷1“书有刻板之始”条。钱存训著，郑如斯编订《中国纸和印刷文化史》，广西师范大学出版社2004年版，第133—137页。

④ 参阅李致忠《唐代版印实录与文献记录》，《文献》2006年第4期。

刷的内容涉及人类知识的每一领域，由儒释道经藏扩大至历史、地理、哲学、诗文、小说、戏剧、占卜谶纬以及科学与技术，特别是医学”①。随着印刷技术的发展，加上其他因素的作用，宋代及其后来的元、明、清三代，图书商品化的倾向愈来愈发展，刻书谋求利润，书肆不断增多。这不止影响了文学创作，也影响了文学史料的传播，尤其是小说、戏曲等通俗文学作品的传播更容易了，传播的范围也迅速地扩大了。

活字版印刷自宋代以来虽然被普遍采用，但仍有费工多、成本高的缺点。因此，到了近代，随着中国国门的被打开，西方石印和摄影等新技术，尤其是石印技术的引进，因其工艺简单，制版便捷，修改方便，成本较低，更适合印刷中国的书籍。石印等先进技术的引进，使出版数量迅速增加，许多善本、孤本得以出版，整个出版界“遂开一新局面”②，同时促使了报刊的蓬勃兴起。书籍之外，报刊成了文字文学史料的重要载体和传播媒介。近代书籍的大量印行，报刊的迅速发展，从一个方面影响了文学创作，使文学史料的传播更为便捷，传播的范围得到了空前的拓展。

综合地看，文字作为一种重要的文学史料的载体和传播媒介，有一些重要的特点：

第一，美国的路易斯·亨利·摩尔根在他的《古代社会》一书中说：“没有文字记载，就没有历史，也就没有文明。”他所说的“历史”，自然也包括文学的历史。在古代文学史料的多种载体和传播媒介中，文字是最重要的。可以说，古代文学史料的保存和传播，主要依靠的是文字。我国古代文字的形体以及依托的物质媒介虽然有多次大的变革，古代文学虽然在不断地发展，但文字始终是主要的载体和传播媒介。神话、《诗经》、诸子、楚辞、汉赋、唐诗、宋词、元曲、明清小说以及二十四史等等重要的典籍，之所以能够存传到今天，能够得到广泛的传播，基本上依靠的是文字。另外，文字史料不仅数量大，而且有大量的具有经典的意义，有许多经过了长期的、历史的筛汰，经由了历代学者和文人的搜集、整理和阐释，文化底蕴十分丰厚。我们要了解和研究古代文学，首先应当重视文字史料。

① 参阅钱存训著、郑如斯编订《中国纸和印刷文化史》，广西师范大学出版社 2004 年版，第 143 页。

② 参阅：来新夏等著《中国近代图书事业史》，上海人民出版社 2000 年版，第 9 页；苏晓君《石印胜说》，《文献》2003 年第 2 期。

第二，与科学技术的关系十分密切。文字史料必须依托一定的物质载体，才能具有物化的形式，才能得到传播。从上面的论述可以看到，物质载体的进步，特别是纸和印刷技术的发明和提高，降低了文学史料载体和传播的成本，便捷了文学史料的传播途径，不断地扩展了文学史料传播的范围。而物质载体和媒介的进步，是科学技术发展的成果。

第三，文字史料一旦形成，就得到了固定。它不受时间和空间的限制，具有复制性，可以经由抄写、仿作和印刷等方法得到复制，能够世代传承。中国古代的文字，主要是汉字。汉字单音独体，形音义有机结合。汉字起源早，秦代"书同文"以后，各地使用的汉字基本相同，不像各地的方言那样，有些差别很大。有了文字史料，各个时期，凡是具有一定文字水平者，都能通过文字来阅读文学史料，能够从容地阅读含味文学史料。

第四，人们对文字史料的阅读，是以具有一定的文字水平为前提的。但在漫长的古代社会里，只有少数人有文化，绝大多数下层的劳动者没有文化，加上书面语言和口头语言的差异，真正能够阅读文字史料者，占的比例是很小的。另外，文字史料容易受到多方面的控制，有些朝代的禁毁图书就是证明。从这方面来思考，文字这一载体和传播媒介也有其局限性，这种局限性随着社会的进步和人们文化水平的提高，会逐渐消失。

第三节　实　　物

人类的文学活动往往要凭借一些实物，也常常与一些实物密切关联。这些实物的遗存，属于实物史料。实物史料不同于口传史料，也有别于文字记载史料。它既是人类文学活动的物化体现，又是文学史料特殊的载体和传播媒介。

中国自古以来就有重视考察和使用实物史料的优良传统。西汉司马迁为写《史记》，曾到过许多地方观察实物。《史记》卷 47《孔子世家》记载司马迁"适鲁观仲尼庙堂、车服、礼器"，这是亲自去观看实物。又卷 77《魏公子列传》记载司马迁"过大梁之墟，求问其所谓夷门"，这是亲自去问讯实物。北魏的郦道元为注《水经》，除了引用了 480 种文字记载史料外，还十分重视野外实地考察。这在他的《水经注序》中有明确的表述：

> 脉其支流之吐纳，诊其沿途之所躔，访渎搜渠，缉而缀之。

郦道元经过实地考察，引用碑铭357种。他用大量的实物史料注释《水经》，不仅纠正了许多以前文字记载的疏误，还为后人提供了不少珍贵可靠的史料①。

实物史料虽然不如文字记载史料那样多，但仅就已从地下发掘出来的和地上存留的部分来看，仍然是相当丰富的。实物史料分布很广，从中原地区到偏远的边疆，下至乡野村落，上至王府宫廷，多少不等，都存有实物史料。实物的原物，有的已被发现和研究，有的已不复存在，有的有待发现。有一些遗存，现在我们只能通过某些文字记载、绘画（如岩画、壁画、戏画、线画）、雕塑（如戏佣、戏雕）、碑刻等得以了解。从实物史料与文学的关系的角度来分析，粗略地可以把实物史料分为两种：

一是与文学有直接关系的。如古代表演戏曲乐舞所需要的场所、舞亭、戏亭、戏庭、戏台、戏楼、戏院、勾栏剧场、戏船、灯船、楼船、面具、服装、砌末②、戏曲俑等。其他如与古代文学家有直接关系的故里故居，他们生前使用过的各种器具等。

二是与文学有间接关系的。这方面的实物史料，涉及的方面十分广泛，如古旧城塞、宫院、陵墓、古楼、古塔、器物（石器、陶器、铜器、玉器等）、雕塑、与民间故事传说有关的古迹③、山水景物等。

实物史料，具有自己独立的价值。人类的历史是漫长的，而有正式文字记载的历史只有三千多年。人类历史的发展是不平衡的，有些民族很晚才有文字。我们要了解没有文字记载时期和很晚才有文字的民族的文学活动，除了依靠口传史料外，更重要的是要凭借各种实物史料。从时间上说，实物史料可以上溯和延长到整个人类历史。从空间上说，各地多少不等地都存有实物史料。人类有了文字记载以后，由于文字记载史料或欠完备，或有疏误，有明显的局限性。而实物史料可以弥补文字记载史料的局限，可以同其他载体的史料相互补充和相互印证，能够解决文学史上的某些疑难问题，能够拓展和丰富文学史的研究。《汉书》卷64下《贾捐之传》有“长城之

---

① 参阅陈桥驿《郦道元评传》，南京大学出版社1994年版，第七章。

② 砌末：传统戏曲所用的简单的布景和道具的统称。

③ 与民间传说相关的古迹很多。如关于梁山伯与祝英台故事的古迹，“据不完全统计，全国有根有据的梁祝传说古迹就有十多处”。参阅朱庆《“梁祝”踏上“申遗”路》，《光明日报》2003年4月30日B1版。

歌，至今未绝”的记载，其中“生男慎勿举”一首流传至今。受其影响，建安诗人陈琳又写有《饮马长城窟行》。古长城的遗存，有助于我们感悟和理解上面列举的许多民间文学作品和文人的作品。其他如西安大雁塔的存在，山东淄博蒲松龄故居及其遗物的存在等，都有独特的史料价值。再以戏曲史的研究为例。在相当长的时期内，人们研究戏曲关注的主要是戏曲文本，而对戏曲实物史料重视不够。到了20世纪30年代，一些有识之士才开始强调戏曲实物史料的价值。郑振铎1934年在《清代燕都梨园史料·序》中说：

> 如果要充分明了或欣赏某一作家的剧本，非对于那个时代的一般舞台情形先有些了解不可。[①]

1936年，钱南扬在《宋金元戏剧搬演考》一文中也指出：研究中国的戏剧史，应当重视研究戏班的组织、戏场的规模、搬演的情况，“这也是戏剧史的重要组成部分”[②]。从那时以后，特别是新中国建立以来，有不少专家学者和部门开始重视戏曲实物史料，作了很多调查、整理和研究工作，取得了很大的成绩。《中国戏曲志》著录戏曲演出场所1832处，戏曲文物古迹730处[③]。与此相联系的是相继出版了不少这方面的重要论著，如：朱川海的《乾隆时期剧场活动之研究》（台湾华冈出版社1977年版）；刘念兹的《戏曲文物丛考》（中国戏剧出版社1986年版）；山西师范大学戏曲文物研究所编的《宋金元戏曲文物图论》（山西人民出版社1987年版）；廖奔的《宋元戏曲文物与民俗》（文化艺术出版社1989年版）；杨健民的《中州戏曲历史文物考》（文化艺术出版社1989年版）；周到的《汉画与戏曲文物》（文物出版社1992年版）；傅仁杰、行乐贤主编的《河东戏曲文物研究》（中国戏剧出版社1992年版）；周华斌的《京都古戏楼》（海洋出版社1992年版）；柯秀沈的《元杂剧的剧场艺术》（台湾学海出版社1993年版）；廖奔的《中国戏曲图史》（河南教育出版社1996年版）；高琦华的《中国戏台》（浙江人民出版社1996年版）；侯希三的《北京老戏园子》（中国城市出版社1996年版）；廖奔的《中国

① 张次溪编纂《清代燕都梨园史料》（正续编），中国戏剧出版社，1986年版，第6页。

② 《汉上宧文存》，上海文艺出版社1980年版，第1页。

③ 据解玉峰《20世纪中国戏剧学史研究》，中华书局2006年版，第42页。其中有少数属于现代的。

古代剧场史》(中州古籍出版社 1997 年版);薛若邻等的《中国巫傩面具艺术》;李畅的《清代以来的北京剧场》(北京燕山出版社 1998 年版);黄竹三的《戏曲文物研究散论》(文化艺术出版社 1998 年版);谢涌涛、高军的《绍兴的古戏台》(上海社会科学出版社 2000 年版);张连的《中国戏曲舞台美术史论》(文化艺术出版社 2000 年版);陈芳的《乾隆时期北京剧坛研究》(文化艺术出版社 2001 年版);廖奔的《戏曲文物发覆》(厦门大学出版社 2003 年版);宋俊华的《中国古代戏剧服饰研究》(广东高等教育出版社 2003 年版);康保成的《论明清时期的船台演出》①等。上述论著,虽属研究著作,但其中涉及了大量的戏剧实物史料。同时,随着戏曲文物的搜集和整理,有些地区还建立了戏曲文物博物馆和陈列室,如中国艺术研究院的中国戏曲陈列馆、北京市戏曲博物馆(湖广会馆)、天津市戏曲博物馆、苏州市戏曲博物馆和山西师范大学戏曲文物博物馆等②。其中山西师范大学戏曲文物博物馆尤其具有地方特点。山西师范大学的老师利用山西戏曲文物比较丰富的有利条件,从 1984 年成立戏曲研究所开始,就有计划地在全省进行调查。截止到 2000 年底,搜集古代神庙与戏台图片三万余幅,碑刻拓片三千多通,戏曲砖雕 90 余万方,各种戏曲民俗录像 200 多个小时,还有傩戏面具和旧戏班的道具、服饰、乐器及纱阁戏人、民间影戏、木偶戏器具等 120 多件。这些戏曲文物保存在他们历经三次扩建的戏曲文物博物馆中③。上述大量戏曲实物史料的搜集和整理,受到了国内外许多研究者的重视。不少研究者研究古代戏曲时,重视使用这些实物史料,取得了许多新的成果。

自有文字以来,加上教育以书本为中心,人们靠文字书本获得了知识,也培育了许多人。但也影响了人们的思维习惯,认为知识主要在文字书本内,常常不肯离开书本。这一点也影响了文学史料学。一个具体表现是,往往重视文字记载史料,而轻忽实物史料。这方面的影响,至今还不同程度地存在。我国历史悠久,国土广阔,实物史料丰富。有些已被发掘、发现和整理,还有大量的有待发掘、发现和整理。可以预想,实物史料会进一步受到重视,人们会越来越看重它们的价值。

---

① 载袁行霈主编《国学研究》,北京大学出版社 2008 年,第 21 卷。

② 参阅周华斌著《戏曲文物研究纵览》,载姚小鸥主编《出土文献与中国文学研究》,北京广播学院出版社 2000 年版。

③ 参阅《山西师大戏曲文物研究所简介》,载《光明日报》2003 年 2 月 25 日 C2 版。

实物文学史料为原生态，是人们可以直接面对的人类文学活动的直接证据，真实可靠，具有实证性。

实物史料，大到一座城址，小到一件器物，多具三维空间。它借形象来展示，是可以触摸到的，具有直观性和实感性。有些实物文学史料（如古代的一些戏曲实物史料）本身还具有审美的特点。因此，不同时期、不同文化水平的人，都可以直接地观赏它们。许多人到戏曲实物陈列室和博物馆去参观而流连忘返，就是一个证明。从这一角度来看，实物史料不仅是文字史料和口传史料的重要补充，是文字史料和口传史料不可取代的，同时实物史料也是比较容易传播的。

我国的实物史料尽管是相当丰富的，但与文字记载史料相比，数量毕竟要少得多。由于自然的和人为的原因，实物史料多被损毁，有许多很难发掘和发现。对它们的发掘和发现，往往有很大的偶然性。就已经发掘和发现的实物史料来分析，一般只能证实人类文学活动的某些侧面或片断，难以形成比较完整的文学史料系统。因此，在有文字记载的历史时期，从总体上还应当以文字记载史料为主。

通过上面对三种重要的文学史料的载体和传播媒介的论述，我们是否至少可以得到下面三点启示：

一，人类有了文学活动，同时就有了文学史料的载体和传播媒介。文学活动与文学史料的载体及其传播媒介是并存的。因此，研究文学史料的载体及其传播媒介是文学史料学的一个重要内容。

二，文学史料的载体和传播媒介具有历史性，从来都不是固定不变的，而是随着历史的演进在不断地变化。

三，文学史料的载体和传播媒介是丰富多样的，从来都不是单一的。各种载体与传播媒介既是独立的，也是相互通融的。所谓独立，主要体现在载体和传播媒介的存在的形态、方法和手段以及技术层面上。在这一层面上，各有各的优长和局限。所谓通融，突出地表现在载体和传播媒介在形式上和内涵上有时能够互相转化，能够相互补充。因此我们既要注意探求文学史料的各种载体和传播媒介的特点，同时也要注意探讨它们彼此之间的相互补充和相互通融。

第五章 古代文学史料的分类

由于长期的积累和相继的发现，现存的古代文学史料虽然仅仅是原生态史料很少的一部分，但仍是浩如烟海，丰富复杂，涵盖的范围十分宽泛。这些史料各自既是独立的、个体的存在，又是以不同的形式相互联系，彼此交融，具有整体性和综合性。为了便于理解和使用这些史料，随着史料的搜集、积累和对文学的认识，至晚从西汉刘向的《别录》开始，人们就重视并试图对史料加以分析和比较，对它们进行分类。由于历史条件的制约和人们根据的标准不同，从古至今，对古代文学史料常常有不同的分类。古代对文学史料的分类，从《别录》开始一直到清代中期，由于文学研究基本上还没有成为独立的学科，与之相关的文学史料分类的系统理论还没有出现，对文学史料的分类，主要体现在文集的编纂和目录以及目录学上。近代以来，随着西方学科分类方法的引进和西方文学观念的影响，人们开始突破了传统的分类方法，不断地探索新的分类。至今常见的主要有以下三种：

一、以时间为序，按朝代来分类。一般的分为先秦文学史料、两汉文学史料、魏晋南北朝文学史料、隋唐五代文学史料、宋代文学史料、辽金元文学史料、明代文学史料、清代文学史料、近代文学史料等。

二、主要按体裁来分类。通常把文学史料分为诗歌史料、辞赋史料、散文史料、词史料、戏曲史料、小说史料和文学理论批评史料等。

三、有的从传播形式的角度把文学史料分为总集、别集、丛书、报刊、工具书、传记、年谱①。

上述的分类立足点不同，各有优长，但有待全面观照。第一种和第二种的分类，分别便于从朝代和主要从体裁的角度去搜集、整理和使用文学史料，但从现在已经出版的有关著述来看，重点大多在作品方面，而对其

① 参阅徐有富主编《中国古典文学史料学》(修订本)，北京大学出版社 2008 年版，第一编。

他一些重要的文学史料顾及较少。第三种分类基于传播，重点在作品史料、史料的检索和传记史料。这种分类有助于人们方便地整理和使用作品史料、传记史料和史料的检索。但值得斟酌的是，其中有些内容不宜归于传播，有些内容属于史料检索方法，有些重要的文学史料没有纳入其中。

本书在继承以前研究成果的基础上，主要着眼于文学史料的全面和整体，以文学内部的史料为主，同时兼顾与文学密切联系的外部背景史料，尝试把文学史料分为背景史料、传记史料、作品史料和研究史料四类。关于这四类的具体内容，下面相关的章节将分别加以论述。

一个学科的分类，是人们对既有对象的认识手段，是基于内容和形式上的相似性而做出的一种判断。一个学科的分类，既基于一定的理论，也要考虑实践。客观现象繁纭复杂，任何分类都是相对的，没有哪一种分类是完全正确、永恒不变的。一种分类方法的确定，总是意味着在得到许多益处的同时，也失去了一些东西。分类还有一个繁简问题。分类过繁，固然有助于加强我们的识别能力，但却失去了简便、容易操作的长处。分类过简，又容易出现粗疏之弊，达不到分类的目的。就文学史料而言，由于文学在不断地发展变化，因而不存在某种固定不变的文学观念。与此相联系的是人们对文学史料的看法也在不断地变化，同时隐藏的文学史料不断地被发现。这些都会影响到对史料的分类。本书对文学史料的分类，既考虑到传统的与之相关的文学观念和分类，也考虑到现代的与之相关的文学观念和分类。传统的文学观念和分类，反映了历史的形态。传统的文学观念和分类，在近代以后，发生了明显的变革。本书力图在把历史的与现代的加以综合通融的基础上，突出现代的文学观念和分类。史料学研究的对象是古老的，但对其进行分类的方法应当力求是现代的、科学的。本书主要着眼于文学史料的全面和整体，以文学内部的史料为主，同时兼顾与文学密切联系的外部背景史料，尝试把文学史料分为背景史料、传记史料、作品史料和研究史料四类。分类的目的是使丰富复杂的史料分类部居，以类相从，便于整理和查寻，便于从中稽考各类史料的渊源系统、多少、异同和存佚情况。既能反映出各种史料的性质和特点，又能有利于史料的搜集、整理和使用，更好地为研究服务。

本书把古代文学史料分为上述的四类，是基于这四类史料各自都有其主要的存在形态，具有自己的特点和独立的意义。作品史料可以独立于背景史料、传记史料和研究史料。作品不是背景的映照，也并非能完全表现作者的意图。研究者可以从不同的角度、用不同的方法去解读背景史料、传记史料和研究史料。本书把古代文学史料分为四类，又是相对的。从古代文学史料实际存在的状况来看，有些史料本身就具有综合的性质，如张次溪编的《清代燕都梨园史料》①，正编收录了 8 种史料，续编收录了 13 种史料，涉及了清代北京戏曲艺人、作品、演出、团体等，严格地说，很难归于上述四类中的某一类。就所分的四类史料来说，四类之间，常常是你中有我，我中有你，相互涵盖和通融，有很大的互补性。下面分别就四类史料之间的相互涵盖和通融的现象，举例略作论述。

文学家的传记史料主要常见于史书中的列传、墓志和文学家传记专书。

列传重点在传记，但其中往往含有一些背景、作品和研究等方面的史料。《史记》开其端。《史记》在有关文学家的传记中，就含有许多背景和作品等史料。如卷 84《屈原贾生列传》和卷 119《司马相如传》中的一些记载，就有一些有助于我们了解屈原、贾谊和司马相如当时所处的背景，同时分别著录了屈原的“《怀沙》之赋”，贾谊的《吊屈原赋》和《鹏鸟赋》，司马相如的《子虚赋》、《上林赋》②、《喻巴蜀檄》、《难蜀父老》、《上书谏猎》、《哀秦二世赋》、《大人赋》和《封禅文》③。上引各传所著录的作品，是我们今天所能看到的这些文学家的最早的作品。《史记》之后正史中有关文学家的传记，大体上都是仿效《史记》而加以变通的。

就墓志的主要内容来分类，应当属于传记史料，但有许多墓志又不限于传记，其中常常含有其他方面的史料。现在发现的唐代墓志很多。审读唐代贞元、元和期间的墓志，可以看到其中有不少崇佛的记载，还可以看到当时在教育方面，并不太看重从师之道。这为我们理解韩愈作品中的攘斥佛教和“耻学于师”的内容，提供了重要的背景史料④。唐代的不少墓志中，往

① 中国戏剧出版社 1988 年版。

② 《史记》卷 119《司马相如传》著录的这两篇赋没有分篇，到南朝梁代昭明太子编《文选》时，始将此赋分为两篇。一篇题作《子虚赋》，一篇题作《上林赋》。

③ 以上赋、文，除《大人赋》为原题外，其他题目均为后人所拟。

④ 参阅戴伟华《出土墓志与唐代文学研究》，载《传统文化与现代化》1998 年第 4 期；《从贞元、元和墓志谈研究韩愈的三个问题》，《华南师范大学学报》2002 年第 4 期。

往含有一些不见于其他记载的著述和作品史料[①]。

文学家传记专集的主要内容是集中记载文学家的传记,但其中往往载有不少其他方面的文学史料。元代钟嗣成撰写的《录鬼簿》,记述了戏曲家152人,涉及作品名目400余种,在序、戏曲家小传、吊词、按语中有许多评论。像《录鬼簿》这样集中的文学家传记,实际上多是融传记史料、作品史料和研究史料为一体的。

作品史料中,往往含有丰富的背景史料、传记史料和研究史料。顾颉刚在20世纪40年代指出:

> 中国小说史的研究,虽已有相当的成绩,但是还不曾有大规模的探讨。时局承平以后,这方面的研究,必将日趋兴盛。因为旧小说不但是文学史的材料,而且往往保存着最可靠的社会史料,利用小说来考证中国社会史,不久的将来,必有人从事于此。[②]

人们常称杜诗为"诗史",其中一个重要因素就是杜诗中有不少篇章真实地反映了当时的社会现实,为人们提供了重要的背景史料。这一点已为古今许多学者所认可。晚唐孟棨《本事诗·高逸》说:

> 杜(甫)逢禄山之难,流离陇蜀,毕陈于诗,推见至隐,殆无遗事,故当时号为"诗史"。

今人罗时进说:

> 与孟棨生活时代相近的李肇撰《唐国史补》、郑处诲撰《明皇杂录》、郑綮撰《开天传信记》、范摅撰《云溪友议》、康骈撰《剧谈录》以及王定保撰《唐摭言》,在记述开元、天宝时代史实时,往往都引杜甫诗歌为证。[③]

韩愈《华山女》诗载:

> 街东街西讲佛经,撞钟吹螺闹宫廷。

两句诗形象地描绘了唐代讲说佛经的盛况。虽然是诗歌作品,但何尝

---

① 参阅韩震军《唐代墓志中新见隋唐人著述辑考》,《中国典籍与文化》,2008年第3期。

② 顾颉刚《当代中国史学》,上海古籍出版社2002年版,第116页。

③ 引自罗时进《唐诗演进论》,江苏古籍出版社2001年版,第57页。

不是我们了解唐代佛教盛行的重要史料？

作品史料与传记史料常常难以割裂。文学家创作的作品，本身就是其传记的重要组成部分。还有不少散文，如司马迁的《报任安书》、王充的《论衡·自纪》、曹丕的《典论·自序》、葛洪的《抱朴子·自叙》，既是作品史料，又是自传性质的传记史料。还有不少作品中，常常含有其他文学家的传记史料。孟棨《本事诗·高逸》载：

> 杜所赠二十韵，备叙其(引者按：指李白)事，读其文，尽得其故迹。

要全面地了解李白，应当关注杜诗中的相关作品。

作品史料与研究史料的密切关系体现在多方面。古代有许多诗文，像杜甫的《戏为六绝句》、陆游的《论诗诗》、白居易的《与元九书》、李贽的《童心说》等，既是诗文作品，同时又是文学理论批评史料。还有不少诗文，就其整体来说，不属于文学研究史料，但其中往往含有一些研究史料。这种情况，自先秦时期的《诗经》和诸子开始，以后赓续不断。

文学研究史料的主旨是文学理论批评，但其中往往多少不同地涉及了背景、传记和作品史料。一个明显的史实是，像诗话、赋话、诗纪事、文纪事、词纪事等文学研究史料中，常常含有一些文学家所处的背景、生平和作品史料。如钟嵘《诗品·诗品中》"晋弘农太守郭璞诗"一则中所引郭璞诗"奈何虎豹姿"、"戢翼栖榛梗"两句佚诗，未见《古诗纪》和逯钦立《先秦汉魏晋南北朝诗》等，可补诗集所收郭璞诗作之阙。

从上面列举的部分史料来看，任何一种文学史料都是相当丰富、相当复杂的。这就导致了对史料进行分类的困难，同时也决定了我们对史料的分类只能是相对的。至今还没有那一种文学史料分类能够成为一种完美的文学史料分类地图。

对文学史料分类的相对性，还与文学史料内涵的丰富性有密切的关系。我们现在对文学史料的分类，是建构在我们今天对文学史料的认识上的。实际上，史料的内涵难以穷尽，对史料的认知没有止境。此外，在我们今天的认知体系之外，还有大量的一时还不能纳入我们的认知体系、并对它们加以分类的史料。另外，许多隐藏的史料会不断地被发现。可以设想，人们对古代文学史料的分类，将随着人们认识的变化和新史料的发现而不断地变化。

第六章　古代文学史料的三个重要特点

第一节　丰 富 多 样

中国是世界上的文明古国之一，历史悠久而从未中断。人们在从事各种活动的时候，尽管大多并非有意识地保存其事迹，加上有许多事迹及其载录，由于自然的、战乱和政治等原因，遭到了严重的损毁，但就总体而言，因为中国古代具有明显的纵向承袭的惯性思维，尊先人，重遗产，所以很早以来就有浓重的史料意识，不论是国家，还是个人都注意搜集和保存史料，使中国古代的史料极为丰富多样。这在世界上也是非常突出的。这一点，即使某些不太理解中国古代历史的西方史学家也承认：中国"史料特别丰富，几乎保存了完整的历史记录"，中国史书浩繁，"没有其他古国拥有如此众多，如此持续，如此正确的历史记录"①。整个中国古代史料是这样，而在文学方面，由于中国自古以来就是诗的国度，爱好重视文学，因而作为古代史料一部分的古代文学史料，尤其丰富多样。

文学史料的丰富多样，主要体现在质量高的史料，经过历代的积累，数量巨大，种类很多。从历时性的角度来看，从先秦到近代，在漫长的历史长河中，各个时期留下了的史料虽然不太均衡，基本的情况是，"文久而灭"，时间越早，留下的史料越少，但就总体来说，各个时期留下的文学史料仍是十分丰富多样的。

先秦时期，流传下来的远古神话传说，以《诗经》和《楚辞》为代表的诗歌，各种历史著述和散文，地下发掘的各种文物等，其丰富多样的程度，在同时期的世界上的各国，没有哪一个国家能够与之相比。先秦以后的各个时期，在注意搜集、保存以前的史料的同时，都十分重视搜集和保存当时的史

---

① 转引自汪荣祖著《史学九章》，三联书店 2006 年版，第 100 页。

料,使史料的积累愈来愈丰富多样。

两汉时期,以《史记》和《汉书》为代表的历史著作,辞赋方面以司马相如和扬雄为代表创作的大赋和贾谊、张衡、蔡邕等文学家创作的抒情小赋,诗歌方面大量的乐府民歌和文人诗等,进一步丰富了文学史料。

魏晋南北朝时期,随着文学的迅速发展,文学史料在种类上和数量上都有明显的增加。五言腾涌,骈文兴盛,志怪、志人小说范型得以确立,文学理论批评著述丰硕,别集和总集的编纂突飞猛进。《隋书》卷35《经籍志四·集部》著录别集437种,其中属于先秦楚国和两汉的共49种,其他388种,全是魏晋南北朝时期的。而其著录的楚国和两汉的别集,绝大部分也是魏晋南北朝时期编纂的。"集部"著录的总集共107种,全是魏晋南北朝时期编纂的。

隋唐五代时期,随着历史的延续和文学的发展,传统的诗文仍保持了旺盛的生命力。诗歌鼎盛,据清代康熙年间编纂的《全唐诗》和陈尚君辑校的《全唐诗辑校》统计,唐代诗歌作者达3500多人,诗歌55000多首。《全唐诗》和《补编》尽管仍有遗漏①,但足以证明诗歌史料的丰富。关于唐文,仅清代董诰等奉敕编纂的《全唐文》即达1000卷,收唐五代文18488篇,作者3043人。清代陆心源又编《唐文拾遗》72卷,收文3000篇,《唐文续拾》16卷,收文310篇。以传奇为代表的唐五代小说和词以及以变文为代表的说唱文学也都有丰富的史料。

两宋时期,在词、诗、文和话本小说等方面,都有卓越的建树。两宋是词的鼎盛时期。在各种史料中,关于词的史料十分丰富。唐圭璋编《全宋词》,中华书局1965年的版本,收两宋词作约二万首,作者1330人。孔凡礼的《全宋词辑补》,辑补散佚词作430多首。

辽金元时期,诗、文、词、戏曲等继续发展。戏曲,杂剧是主体。杂剧数量之多,也是空前的。傅惜华编的《元代杂剧全目》收录杂剧达737种。在我国古代,戏曲的成熟较晚,是晚出的一种综合艺术。元杂剧奠定了我国古代戏曲的基础,从此以后,戏曲成为一种主要的艺术,不断发展,其丰富多样的程度,也是世界上任何一个国家所没有的。仅就戏曲的种类而言,1983年中国大百科全书出版社出版的《中国大百科全书·戏曲曲艺卷》,收有剧

① 参阅本书第十八章第四、五节。

种 335 个，后来出版的《中国戏曲志》著录剧种 394 个，剧目 5318 个，演出场所 1832 处，戏曲文物古迹 730 处①。由于有些戏曲史料尚待发掘，上述数字虽然并不能囊括所有的戏曲史料，也有少数是属于现代的，但完全可以说明我国戏曲史料的无比丰富。

明代文学成就辉煌，诗、文等创作继续繁盛，而小说和戏曲尤其光辉灿烂。多种通俗小说的成书、问世和传播，在中国文学史上，第一次掀起了章回体通俗小说的巨澜。戏曲创作及其演出继元杂剧之后再次出现高峰。明代离今天时间不算很长，有大量的文学史料一直存留到今天。有些有多种版本，如今存重要的明刊本《三国志演义》就有：嘉靖元年刊本、万历十九年金陵周曰校刊本和建阳吴观明刊本《李卓吾先生批评三国志》等。

清代是我国古代社会发展的最后一个时期，是中国古代文学史料的集成时期，存留到今天的文学史料的丰富多样，是以前任何一个朝代无法相比的。这在小说、戏曲、诗、文和词等多种文体上都有明显的表现。孙楷第《中国通俗小说书目》著录清代“语体旧小说”275 种，宁稼雨《中国文言小说总目提要》著录清代文言小说 573 种。傅惜华《清代杂剧全目》著录杂剧 1300 种。徐世昌辑《晚晴簃诗汇》著录诗歌作者 6100 多人，这一数目超过《全唐诗》所收作者的两倍半，但上述数目远远不是清诗作者的总数。清词的数量，严迪昌《清词史》估计作者达 1 万之多，作品超过 20 万篇。

近代文学是中国文学史上的一个变革时期，也是古代文学向现代文学的过渡时期。近代由于社会的急剧变革、中西文化的碰撞交融、文学载体和传播媒介的巨大变化等综合原因，文学史料急速增加，十分丰富多样，并且出现一些新的特点。在各种史料中，各种通俗小说和戏曲史料尤其突出。另外，还出现了大量的翻译文学史料。

中国古代文学史料形式的丰富多样，还表现在载体和媒介上。史料的载体和媒介是史料的物化、存在和传播形式。如本书第四章所述，文学史料是靠载体和媒介而得以存在和传播的。在三千多年的文学史料演进史上，史料的载体和媒介经历了不断的发展历程，先后形成了很多载体和媒介，大体可以分为语言、文字和实物三类。而在三类的每一类中，都是丰富多样的。以语言为载体和媒介的史料，有谣谚、讲说、演唱等。以文字为载体和

① 据解玉峰著《20 世纪中国戏剧学史研究》，中华书局 2006 年版，第 42 页。

媒介的，今天能够看到的至少有甲骨文、金文、石刻文、竹帛文、用纸抄写和刻印的等。以实物为载体和媒介的史料，有古代各种建筑的遗存、有关戏曲演出的各种场所和器物等。中国古代文学史料的载体和媒介形式的丰富多样，应当说，在世界上也是罕见的。

中国古代文学史料的丰富多样，是我们中华民族传统文化丰富多样的一种体现，是我们中华各民族共同创造的。丰富多样的文学史料蕴藏着丰厚的人文精神，经由各种途径相继滋润着历代人们的内心世界。丰富多样的文学史料，既为我们研究古代文学提供了依据，研究某一问题时，可以从不同的角度搜集、整理、使用它们，同时也为我们的研究带来相当的困难。它提示我们，在研究任何一个问题时，应尽量掌握相关的丰富多样的史料。要掌握这些丰富多样的史料，不可能一蹴而就，而要用相当长的时间和精力。

第二节　分散、交融与整合

中国古代文学史料的原生态，不论是文字的，还是口传的和实物的，都是以个体的形式产生的，往往都是分散的。这种情况，时间越早越明显，特别是用甲骨、金石和简帛作为主要载体和媒介的史料尤其突出。人们的活动不是单一的，常常表现在多方面。文学活动只是其中的一个方面，总是同其他的活动交织在一起。中国古代的思维方式重视综合。有许多文学家具有多种身份，在社会上承担了多种角色，除了文学创作和文学研究，还常常涉足或兼通历史、哲学、艺术和其他学科。先秦时期，文史哲以及其他学科没有明确的界限。后来随着历史的演进，文学逐渐具有了独立的地位。但这种独立在很大程度上是基于研究的分类，具有明显的相对性。在古代，关于文学的界定，占据主导地位的是“大文学”或者说“杂文学”观。文学又具有传播的属性，文学史料产生以后，自觉或不自觉地会进入传播的渠道。在文学史料传播的过程中，由于政治的、战争的、观念的或出自个人的利害等原因，常常导致了大量的史料呈分散的状态。就观念的影响来说，一个突出的表现是关于神话传说的史料。中国在上古时期，出现了很多神话传说，但有了文字记载之后，没有一种著述全面地记载它们。今天我们能够看到的只是一些零星的片段，而这些零星的片段，也分散在多种著述中。究其原因，当与以孔子为代表的儒家思想的制约有关。孔子“不语怪、力、乱、神”①。“孔子出，以修身齐家治国平天下等实用为教，不欲言鬼神，太古荒唐之说，俱为儒者所不道，故其后不特无所光大，而又有散亡”②。由于上面所列举的等多种因素的综合作用，致使中国古代文学史料呈分散和交融的特点。

文学史料的分散状态，就载体和媒介而言，多分散在各种文字、口传和实物等史料中。文字的，如甲骨文、金文、竹帛书、各种纸质文字（史书、文集、类书、宗教典籍、方志、目录、档案、谱牒和报刊）等。口传的，如流传在民间的各种传说故事、谣谚、歌曲、戏曲等。实物的，如建筑、墓葬、雕塑、戏台等。

就地域而言，有许多文学史料分散在国内各地，有一些散存在民间。另外，由于文化交流和西方列强的掠夺，有大量的史料流失到国外。其中有一些通过购买和复制等方法逐渐得以回归，但还有不少至今仍旧分散存留在国外。

从文学史料内部彼此的关系来看，分散交融的现象十分明显，彼此之间，往往是你中有我，我中有你。综观背景史料、传记史料、作品史料和研究史料这四种史料，有许多史料是分散交融的。传记、作品和研究史料中，常有不少不见于史书的背景史料。背景史料、作品史料和研究史料中常常含有传记史料。以作品史料为例，清人章学诚就明确指出：“文集者，一人之史也。”③背景史料、传记史料和研究史料中，往往有一些作品史料。以古代诗话、词话之类的文论来说，它们大多不仅是文学理论批评史料，同时也存人、存诗文，含有传记史料、作品史料等。钟嵘《诗品》所引的一些诗句，有些就不见于相关诗人的文集，如卷中引应璩诗“济济今日所”，郭璞诗“奈何虎豹姿”、“戢翼栖榛梗”等。背景史料、传记史料和作品史料中，也常常含有重要的研究史料。先秦时期和两汉时期很少有专门的文学研究史料，绝大部分研究史料散存于背景史料、传记史料和作品史料中。单就文学中的一种体

① 杨伯峻编著《论语译注》，中华书局 1958 年版，“述而”篇。

② ［日］盐谷温著《中国文学概论讲话》第 6 章，转引自鲁迅《中国小说史略》，《鲁迅全集》，人民文学出版社 2005 年版，第 9 卷，第 23 页。

③ ［清］章学诚著、仓修良编著《文史通义新编新注》，浙江古籍出版社 2008 年版，“外篇”二“韩柳二先生年谱书后”。

裁的史料来分析，也存在着分散和相互交融的现象。以戏曲史料为例。戏曲作为一种综合性艺术，长时期被封建正统者看成是“小道”。戏曲业，常被视为“贱业”。对戏曲史料，“正人君子”多不屑于著录保存，戏曲艺术家多不见正史传记，许多戏曲文本靠私下传抄和口授。所以，这方面的史料尤其分散，有许多分散在其他体裁中，同其他体裁相互杂糅，如各种小说、笔记、诗文、传记、序跋、书信、题记、行记、游记、奏章、竹枝词、歌谣、谚语等体裁中，常常含有戏曲史料。戴不凡撰有《明清小说中的戏曲史料》一文，指出：

> 明清小说中恒多戏曲史料。其一为小说、戏曲互相改编敷演；二为传奇小说或引戏曲唱词；其三则长篇或短篇小说中，有对夹入有关戏曲之叙写，此以《金瓶梅》所叙为最古最夥，《红楼梦》中亦复不少，至一部《品花宝鉴》直是乾隆时北京演员生活之写照……此等小说中所夹入有关戏曲情况之叙写，于治曲者不无一助。①

上面所列举的文学史料的分散与交融，主要是着眼于各种文学史料之间的存在状态。另外，还有大量的文学史料分散在一些历史、哲学、地理、民俗、学术笔记、各种艺术以及许多自然科学等著述当中。宋代沈括撰写的《梦溪笔谈》，被英国李约瑟称之为“中国科技史上的坐标”，其中除了记载了许多自然科学成就之外，还保存了许多有价值的文学史料。

古代文学史料的分散和交融，其中有一些是历史的自然的存在。分散和交融的史料，有许多是作者不太着意存留下来的，较少对史料进行加工，一般具有更多的真实性。

古代文学史料的分散和交融这一特点，对我们至少有两点启示。一，古代文学史料本身常常不是孤立的、封闭的，而是呈开放的状态。因此我们搜集古代文学史料应当注意全面观照，要有跨学科的视野。二，搜集古代文学史料决非易事。自古以来，许多学者看到了这一点。在实践上，他们为了搜集某些史料，孜孜矻矻，有些甚至伴随着自己的一生。在理论上，他们提倡持之以恒，广览洽闻，进而得博约之旨，避免偏执固陋的弊端。

上面所说古代文学史料呈分散、交融现象，只是史料的一部分，此外还有一部分呈整合的状态。文学史料产生以后，至晚从先秦孔子开始，历代不

---

① 此文收入其著《小说见闻录》，浙江人民出版社 1980 年版。引文见第 157—173 页。

少文人学者和官方，鉴于史料的分散，为了使史料得以保存、传播和使用，注意搜集和整合分散的史料，使不少史料呈整合的状态。所谓整合的史料，就最初的整理者而言，主要有两类。

一是整合他人的著述。先秦时期的孔子继承了周代教授礼、乐、射、御、书、数六艺的传统，为了教学育人，对古代的六艺和《诗》、《书》等文献，作了一次系统的整理。西汉刘向、刘歆父子应朝廷之命校理多种典籍，刘向还编辑了《楚辞》。建安时期，曹丕编辑“建安七子”集，南朝萧统编《文选》，徐陵编《玉台新咏》，唐代许敬宗等编《文馆词林》，宋代宋太宗命李昉等编《文苑英华》等，都属于这一类。整合他人的著述，还表现在辑佚上。中国古代有大量的典籍相继散亡，但有些或多或少被其他典籍引用过，分散在一些典籍中。许多“好学之士，每读前代著录，按索不获，深致慨惜，于是乎有辑佚之业”①。所谓辑佚，指的是把散见在一些典籍中的引文搜集起来并加以整合。最早从事辑佚工作并且有很大影响的，一般都认为是南宋的王应麟。后来辑佚不断发展，到清代极盛，形成了一门专门学问。自王应麟开始，至清代，由于许多文人学者的辛勤劳动，在辑佚方面，先后取得了许多重要的成果。明代张溥辑《汉魏六朝百三家集》，清代官辑《全唐诗》、《全唐文》、《全金诗》，张金吾辑《全五代诗》，缪小山辑《辽文存》，严可均辑《全上古三代两汉三国两晋六朝文》等，都是把分散的文学史料搜集起来，予以整合。

二是文人自己，或是基于立言不朽，或是为了传播，或是为了应试，或是为了自我欣赏，或是应他人索求等，自己编辑整合了自己的著述。曹植自己曾编过自己的赋集②。后来自编文集逐渐盛行。在唐代，“如元结天宝十二年‘作《文编》纳于有司’，系为应付进士试前的‘行卷’（元结《文编序》）；许浑大中四年‘编集新旧五百篇，置于几案间’，却是‘聊用自适，非求知之志’（许浑《乌丝阑诗自序》）；刘禹锡任苏州刺史时，删取己集四十通的四分之一编为《刘氏集略》，是应‘京师伟人’的索求（刘禹锡《刘氏集略说》）；薛元超编己贬嶲州时诗文为《醉后集》3 卷（见《日本国见在书目录》）及新出土崔融撰

① 梁启超《中国近三百年学术史》，东方出版社 1996 年版，第 319 页。

② 曹植《前录自序》云：“余少而好赋，其所尚也，雅好慷慨，所著繁多。虽触类而作，然芜秽者众，故删定别撰，为《前录》七十八篇。”

《薛元超墓志》，则是抒发内心的不平。更多的人如白居易等，随时编录一生心血凝聚而成的作品，却是防止散失，使其得以流传后世"①。

经由历代许多人的辛勤劳动和不断积累，中国古代的不少分散的文学史料得到了整合。这些经过整合的史料，是整个史料中非常重要的部分。由于条件的限制，尽管这些史料有这样那样的缺陷，但为我们继续收集整理史料和研究提供了很大的方便。我们在收集整理史料和研究工作中，首先应当重视使用这些经过整合的史料。

古代文学史料的分散交融，整合史料存在的欠缺，都提示我们，许多史料有待我们继续搜集和整理。搜集、整理史料仍是摆在我们面前的一项重要的、长期的任务。

第三节　从总体上看，真实可靠

中国古代浩如烟海的各种史料中，尤其是以文字为载体的各种典籍中，有真有伪，存在着真伪杂糅的现象。这一点，早在先秦时期，即为人们所认知。后来随着历史的发展，人们对各种典籍的真伪问题，愈来愈重视。有些学者对各种典籍的真伪情况，提出了自己的看法。比较有代表性的是明代的胡应麟和清末的张之洞。胡应麟在《四部正讹》中说：

> 余读秦汉古书，核其伪几十七焉。②

张之洞在《輶轩语》中认为：

> 一分真伪，而古书去其半。

何为伪书？有不同的标准。胡氏和张氏可能把确定伪书的标准定得过于宽泛，说法也有极度的夸大，并不符合历史实际。中国古代典籍的数量，截止到目前，还没有比较准确的统计，有人估计约 12 万种。在这约 12 万种典籍中，尽管有伪书，但数量极少。这可以拿《伪书通考》和《中国伪书综考》两部有代表性的考辨伪书作为重要的参照。《伪书通考》是张心澂编著的，

---

① 引自陶敏、李一飞《隋唐五代文学史料学》，中华书局 2001 年版，第 9—10 页。

② ［明］胡应麟撰、顾颉刚点校《四部正讹》，见《古籍考辨丛刊》（第一集），中华书局 1955 年版。

上海书店出版社据商务印书馆1939年版影印。《中国伪书综考》是邓瑞全和王冠英主编的，黄山书社1998年出版。在诸多有关考辨伪书的著作中，《中国伪书综考》出版的较晚。它“在前人研究成果的基础上，对历代伪书作了全面清理，不仅所收伪书数量超过了《伪书通考》，而且较多地吸收了当代学术界的新成果，因而基本上能反映目前的学术研究进展和现状”①。根据《伪书通考》和《中国伪书综考》提供的史料，经过历代许多学者的考辨，伪书的数量远不是胡应麟和张之洞所说的那么多，而是很少的。《伪书通考》所辨及之书共1059部，后又增加45部，总数达1104部。《中国伪书综考·前言》说：

> 中国古代的伪书，包括一切有作伪疑问的，合计起来不过一千几百种。而我国古籍现存约十万种，伪书仅占其中的百分之一、二。在这些伪书中，有一部分已经散佚，还有相当一部分只是部分伪或名伪而实不伪，真正严格意义上的伪书只占几百种。

从上面所列举的史料可以看到，在古代典籍的总体中，伪书是极少的。至于具体到文学史料，特别是作品史料，到底有多少属于伪书，至今还没有看到有关的统计。自《隋书·经籍志》经、史、子、集四部分法正式确立和使用以来，中国古代文学作品史料主要著录在集部，而在集部中，别集又是基础。在经、史、子、集四部中虽然都有伪书，但集部中的最少。胡应麟在《四部证讹》中说：

> 凡四部书之伪者，子为盛，经次之，史又次之，集差寡。……凡集，全伪者寡，而单篇别什借名窜匿甚重。

如果我们参照上面引用的《中国伪书综考》所提供的史料，可以发现，胡氏所说的在四部中，集部伪书最少的说法是可以相信的。在集部，特别是在别集中，伪书所占的比例确实是很小的。这里，以汉魏六朝和宋代为例。汉魏六朝的别集，大多在唐末就散失了，今存主要是明代张溥编辑的《汉魏六朝百三家集》。对今存的《汉魏六朝百三家集》，经明代以来的考证，还没有发现其中有一种完全属于伪书，只发现部分伪者有八种：《扬子云集》、《蔡中郎集》、《诸葛丞相集》、《曹植集》、《陆士衡集》、《陶渊明集》、《昭明太子集》、

① 杨忠《中国伪书综考·序》。

《江文通集》。另有作者疑伪的一种:《吴均集》。上述部分伪和作者疑伪加起来共九种,只占103种的0.8%。关于宋代的别集,祝尚书说:

据统计,现存宋代别集(包括词集、各类小集及后人辑本),凡八百家左右。①

经宋代以来的考证,在现存的宋人的800种左右的别集中,属于部分伪的有8种:《别本公是集》、《王安石集》、《苏东坡全集》、《岳武穆集》、《叠山集》、《六一词》、《东坡词》、《溪堂词》。属于疑伪的10种:《周元公集》、《锦绣集》、《北山集》、《吕东莱集》、《松垣集》、《心史》、《罗沧州集》、《支离子集》、《志道集》、《棠湖诗稿》。作者伪的3种:《杜诗故事》、《斜川集》、《蕊阁集》。伪造嫌疑的1种:《双峰存稿》。全部伪的1种:《陈文恭公集》。注者疑伪的1种:《东坡诗集注》。编者伪的1种:《山谷精华录》。有误入的3种:《书舟词》、《初寮词》、《断肠词》。疑有误入的2种:《晁叔用词》、《石林词》。以上宋代涉及伪书的合计30种。只占现存约800种的0.4%。同今存汉魏六朝时期别集中所涉及的伪书相比,其比例又大为减少。

需要进一步思考的是,上面所列举的所谓“伪书”,是不是真的属于伪书,还有待进一步考辨。这里不仅有判定伪书的标准问题,还有一个对许多古书形成过程的了解和分析的问题。据考古发现,特别是20世纪70年代以来的重大发现,证明许多古书的形成同后来人们所认定的要复杂得多②。李零在1988年发表的《出土发现与古书的年代的再认识》一文中,通过分析新出土文献,参照余嘉锡所著《古书通例》中所归纳的古书体例特征,概括出“古书体例”的八大特征:1. 古书不题撰人;2. 古书多无大题,而以种类名、氏名及篇数、字数称之;3. 古书多以单篇流行,篇题本身就是书题;4. 篇数较多的古书多带有丛编的性质;5. 古书往往分合无定;6. 古书多经后人整理;7. 古书多经后人附益和增饰;8. 古人著述之义强调“意”胜于“言”,“言”胜于“笔”③。李学勤在其《对古书的反思》一文中,对“古书产生和流传过程

① 祝尚书《宋人别集叙录》,中华书局1999年版,《前言》。

② 参阅谢维扬《古书成书和流传情况研究的进展与古史史料学概念——为纪念〈古史辨〉第一册出版八十周年而作》,《文史哲》2007年第2期。

③ 《李零自选集》,广西师范大学出版社1998年版。转引自谢维扬《古书成书和流传情况研究的进展与古史史料学概念——为纪念〈古史辨〉第一册出版八十周年而作》,《文史哲》2007年第2期。

中”“值得注意的情况”作了归纳，归纳了十种情况：1. 佚失无存；2. 名亡实存；3. 为今本一部；4. 后人增广；5. 后人修改；6. 经过重编；7. 合编成卷；8. 篇章单行；9. 异体并存；10. 改换文字①。李零和李学勤两位对古书形成和传播的归纳，启示我们应当历史地、客观地去对待古书的产生和传播。时过境迁，不断变化，古书的成书和传播也在不断地变化。我们不能用后来，更不能用今天的成书和传播的情况去硬套古代的成书和传播的实际情况②。从这一点来思考，过去所谓的许多“伪书”，不应再视为伪书。承认这一点，古代文学史料中真正属于伪书的数量，就会比过去认定的更少。基于上述的事实和分析，应当说，中国古代的文学史料，尽管有伪作，但极少，从总体上看，中国文学史料是真实的。真实是中国古代文学史料的生命所系，是中国古代文学史料的本质和最重要的特点。

从总体上看，中国古代文学史料是真实的这一特点的形成，植根于中国古代的优良传统。中华民族是一个求真务实的民族。中华民族从先秦开始，就特别强调“信”。孔子“主忠信”，告诫他的学生要“谨而信”③，把“信”看成是做人的一种基本品格。“信人”、“信士”为古代人们所推尊和敬佩。“信”既是做人的基本要求，同时也是言论和著述的一条基本规范。“诚于中，形于外”，“修辞立其诚”，已成为中国古代人们所信奉的一条原则。这一点，在史学领域里有明显的表现。中国最晚自夏商周三代开始，从中央到地方就设有史官，并一直延续到清代。史官的职事，主要是记录天下事。这已成为一种制度。中国的史官重诚信，具有独立的、正直不屈的品格，记事遵守“君举必书”、“书法不隐”④的史法。春秋时期，晋国太史董狐不畏权贵，记载了“赵盾弑其君”一事，后被孔子誉为“古之良史”。齐国太史兄弟三人与南史氏不顾自己的生命，依史法行事，最后留下了“崔杼弑其君”的记载⑤。西汉司马迁在撰写《史记》的过程中，由于为李陵辩护，惨遭宫刑，怨愤填膺，但他

① 载李学勤《简帛佚籍与学术史》，江西教育出版社 2001 年版。

② 其实，今天也有一些著述在传播过程中有变化。

③ 分别见杨伯峻《论语译注》，中华书局 1958 年版，“为政”篇、“学而”篇。

④ 分别见杨伯峻《春秋左传注》（修订本），中华书局 1990 年版，“庄公二十三年”、“宣公二年”。

⑤ 分别见杨伯峻《春秋左传注》（修订本），中华书局 1990 年版，“宣公二年”、“襄公二十五年”。

能超越现实政治的压制和个人的怨愤，以“实录”为宗旨，真实地记叙了古代和他所处的时代的历史。过去讲司马迁写《史记》，过分地强调了司马迁“微文刺讥”和发私愤这一方面。其实司马迁写的是真实的历史，不是个人的不幸遭遇。这一点，王若虚有所揭示：《史记》“非一己之书，岂所以发其私愤者哉”[①]。晋代孙盛撰《晋阳秋》，“词直而理正”[②]。隋代的王劭并非杰出的史家，但他所编纂的《齐志》，“叙述当时，亦务在审实”[③]。唐代的著名史家吴兢用直笔撰“实录”，被时人誉为后世的董狐[④]。史官和史家秉笔直书、尊重真实历史的精神，代代相传，已成为一种社会意识，成为一种传统。这种意识和传统，使人们记叙史料时把真实看得比自己的生命还重要。

真与伪往往相伴而生。作伪是某些人人性的一种残缺。在中国古代确有造伪者，确有伪史料的存在。但是造伪者和伪史料，从开始时，就受到来自各方面的禁止和批判。与史官重视真实史料密切相关的是，中国自先秦开始，从朝廷到许多学者就从多方面采取措施禁止、批判作伪，考辨伪史料，不使其鱼目混珠。东汉王充在《论衡》中，专设《语增》、《儒增》、《艺增》和《书虚》等篇，考辨、怀疑史书记载中的作伪失实之处。成帝时，张霸伪造 102 篇《尚书》，受到了惩罚。南朝刘勰在《文心雕龙·史传》中，主张“信史”，批评有些史书“述远则诬矫”，“记近则回邪”。认为要写出“信史”，必须“析理居正”。唐代刘知几在《史通·疑古》和《惑经》等篇中，指出《尚书》、《春秋》、《论语》和《孟子》等书中，对于古史的妄测虚增，贻误后学。宋代朱熹对《古文尚书》、《周礼》和先秦诸子曾提出许多疑问，指出涉及伪书的达 60 种。明代胡应麟撰《四部正讹》，考辨所涉及的伪书有 70 多种。清代辨伪大家更多，成就更为卓著。阎若璩作《古文尚书疏正》128 篇，最后判定《古文尚书》是伪书。其他重要的辨伪著作还有万斯同的《群书疑辨》、姚际恒的《古今伪书考》、崔述的《考信录》等。由于历史的局限，加上人们判定伪书有不同标准等原因，古代的辨伪著述中认定的“伪书”，有的在今天看来并不属于伪

---

① 王若虚《滹南遗老集》，《四库全书》本，卷 19《史记辨惑》。

② [唐]房玄龄等撰《晋书》，中华书局点校本，卷 82《孙盛传》。

③ [唐]刘知几撰，赵吕甫校注《史通新校注》，重庆出版社 1990 年版，《内篇·直书》。

④ [宋]王溥撰《唐会要》，上海古籍出版社 2006 年版，卷 64《史官下·史馆杂录下》。

书。对这一点，我们应当注意分析。但辨伪者崇实嫉伪的精神，是值得肯定的。正是历代对伪书的禁止和考辨，使造伪者一直受到惩罚和谴责。这从一个方面维护了重真唯实的优良传统。有倡有止，倡止相济，这是中国古代文学史料能够形成以真实为特点的一个重要原因。

从总体上看，中国古代文学史料的真实这一特点启示我们：面对浩瀚的史料，注意辨伪是必要的，但大可不必先入为主，怀疑一切，一遇到史料，就敏于怀疑，甚至钻牛角尖，抓住一点，不计其余，一味地去考索申辩，把一些本来属于真史料的也轻易地列入了伪作的范围。20世纪疑古派出现以后，促使人们解放思想，疑古考辨，确有成就，不可磨灭，但由于对中国古代的史料的形成，往往缺乏历史的、客观的探讨，加之在方法上，有时仅仅抓住某些孤立的、表面的现象就下结论，结果有时走上极端，把一些真史料视为伪史料，轻率地作出了一些判断。这样做，不仅没有解决真伪问题，而且增加了不少混乱。这一点，很值得我们反思。

历史编

任何事物都是历史的产物，都有其孕育、发生、发展和终结的历史。中国古代文学史料学也是这样。中国古代文学史料学作为中国古代文化的一部分，从孕育、发生到不断发展和终结，经历了一个漫长的历程。这一历程既与古代的社会、政治、经济、文化和科学技术等各方面的历史息息相关，同时也有自己的历史。它经历了由自在到自觉，由简略、粗疏到日臻繁复、细密，最后走上了集成的终点。

中国古代文学史料学一直处于动态中。这就意味着要探讨中国古代文学史料学的演进，应当走进历史时空里的事件、人物中，用一种动态的叙事体式，把中国古代文学史料学演进的根基、态势、阶段以及标志性的成果等大致地呈现出来，了解其源流、成果、经验和教训，淘汰那些不适合今天需要的东西，守住那些正确的东西，探讨某些规律，进而建构新的、现代的中国古代文学史料学。水有源，木有根。要建构新的、现代的中国古代文学史料学，不是与传统的文学史料学决裂，而是必须认识古代文学史料学，总结古代文学史料学的历史。我没有能力和水平做到上述这些，本书所设的“历史编”，顶多只能作为一种试金石，并且希望能有补于以前在这方面研究的不足于万一。

中国古代文学史料学的历史前后相承相接，紧密相连，具有明显的割不断的继承性和连续性。同时它在长期的历史的不同时期，往往呈现出不同的特点，这些特点又使中国古代文学史料学呈现出阶段性。如何划分中国古代文学史料学历史的阶段,是一个非常复杂而困难的问题。文学史料学既与社会各方面的演进息息相关,但又不完全与其同步。我们可以从多方面来思考,采用不同的分期方法,如按朝代分期,或“打破王朝体系”,按社会性质或按文学演进来分期。后一种分期方法,虽然言之有理,但有许多重要的问题还没有达成共识,在实践上又难以操作。本书采用的是通常按朝代来分期的方法。就总体来说,中国古代文学史料学尽管有自己的历程,但究其主要根柢,它毕竟是中国各个朝代社会现实的直接或间接的折射,反过来又影响各个朝代的社会现实。基于上述思考,本书取按朝代分期的做法,把中国古代文学史料学分为先秦、两汉、魏晋南北朝、隋唐五代、宋代、辽金元、明代、清代和近代九个时期。另外,由于已经整理和刊印的史料著述大多是按朝代来划分的,所以从操作上来看,按朝代来分期,也便于人们去使用和搜集文学史料。

第七章　古代文学史料学的孕育期:先秦

第一节　孕育史料学的根基

本书所说的先秦,指的是一个相当漫长的时期,它不仅包括通常所说的殷商、西周和春秋战国,而且还包括殷商之前的夏代和夏代以前的久远时期。这是因为远在夏代之前,人类就留下了一些自己活动的踪迹。这些踪迹本身,都具有史料的意义。

古代文学史料是人类文化的一部分,它的起源与文化的起源是联系在一起的。文化的实质性内涵是“人化”或“人类化”。有了人,就有了文化,就有了历史,就有了史料。因此,史料的起源,应当追溯到夏代以前。在夏代之前的漫长岁月中,人类在物质文化和观念文化等方面,都有所发明和创造,都留下了一些史料。考古发掘的各种工具、陶器、陶塑、陶绘、图样以及各种雕刻等,是中国古代最早的实物史料,后人可以从中窥测先人的生产水平和艺术创造的雏形。在夏代之前,与文学史料关系特别直接的是一些原始歌谣和神话传说。当时,虽然没有文字,但人们使用语言创造了许多精神产品,这其中就有后来所说的原始歌谣和神话。它们都属于口述文学史料,在相当长的时间里,靠口耳相传,待后来产生了文字,有很少的一部分才被记载下来。

原始歌谣由于年代久远,大多湮没失传,但仍有极少的片段存传下来了,《吴越春秋·勾践阴谋外传第九》所载的相传为黄帝时的《弹歌》,《礼记·郊特牲》所载的相传为伊耆氏时代的《蜡辞》以及《山海经》和《周易》中所保存的一些古老的歌谣等都属于这一类。这些歌谣尽管是当时人们口头创作的沧海一粟,但我们从中可以粗略地知道人类童年时诗歌创作的一斑和古代诗歌创作的源头。它们是孕育文学史料学的土壤的一部分。

今存的神话主要保留在《山海经》、《楚辞》和《淮南子》中。此外在《诗经》、《尚书》、《易经》、《穆天子传》、《国语》、《左传》、《墨子》、《庄子》、《韩非子》和《吕氏春秋》等书中,也有一些片段。这些神话不同于历史著述。真实的、没有经过篡改的历史著述所记载的内容是固定的,而神话是靠口传,在经历无数世代的流传过程中,内容多少不同地都有所改动。神话既是某一时代的,同时又是各个流传时代的。随着新史料的发现和研究的深入,经过不断地剥离,我们有可能会渐渐接近神话的原始形态及其演变的过程。这些神话同原始歌谣一样,早就成为人们研究、探索先民初始时期的历史的重要史料。这一点,诚如茅盾所说:"我们的古代史,至少在禹以前的,实在都是神话。"古代史"即是神话的化身"[①]。很早以来,一些历史家就把神话历史化了,凭借着神话来研究历史。就文学而言,鲁迅说:"神话不特为宗教之萌芽,美术所由起,且实为文章之渊源。"[②]长期以来,人们研究中国古代文学的起源,在追溯到原始歌谣的同时,也把古代的神话作为一个源头,同时用较大的篇幅加以述评,可见其在文学史料学上的重要价值。

约在公元前21世纪,中原大地的各部落逐渐集中在治水功臣大禹的麾下,中国历史上开始出现了第一个具有国家性质的朝代——夏代[③]。夏代改变了传说中自黄帝开始经尧、舜的禅让制,实行"传子不传贤",开"家天下"之先。从此,中国古代历史进入了一个新的阶段。夏代的物质生产有明显的发展,在基本上属于夏文化遗存的河南省二里头文化中,从1959年以来不断发掘出土的文物来看,当时的社会已有比较细致的分工,农业、手工业开始分工。在手工业内部,铸铜、制陶、琢玉、制骨以及木工建筑也开始了专业分工。特别值得重视的是,还发现了青铜容器——铜爵和铃、戈、簇、戚、刀、锥、鱼钩等乐器、兵器、工具等。这表明,经过一个漫长的技术和经验积累的过程,此时已经进入了青铜时代[④]。另外,在山西省襄汾县陶寺村发

① 茅盾《中国神话研究初探》,上海古籍出版社2005年版,第110页。

② 鲁迅《中国小说史略》,人民文学出版社2006年版,《鲁迅全集》第9卷,第19页。

③ 根据国务院在1996年启动的"夏商周断代工程",经集合全国许多专家研究,大致认为夏代约为公元前2070—前1600年左右;商前期为公元前1600—前1300年左右,商后期为公元前1300—前1046年左右;西周为公元前1046—前771年。参阅江林昌《夏商周断代工程的成果及其意义》,《文史知识》2000年第12期。

④ 关于青铜器开始的时代,学术界有不同的看法。郭沫若认为:中国的青铜器时代,"上起殷末,下逮秦、汉,有周一代,正是青铜器时代的极盛期"。载其著《中国古代社会研究》,《郭沫若全集》,人民出版社1982年版,《历史编》第1卷,第253页。

掘的大型墓葬中，还出土了许多木鼍鼓、特磬和土鼓等大型乐舞所习用的乐器。上面列举的这些，都是夏代进入青铜时代留下了的实物史料。这些史料，是我们了解和认识夏代文学背景的直接的、可靠的史料。夏代的社会结构虽然是以氏族共同体为基础，但通过在二里头发掘的数十座不同的墓葬等史料来分析，已经形成了等级制度。在意识形态领域里，以祭祀山川鬼神和祖先为核心、具有浓厚宗教性质的巫史文化开始了。在夏代，同巫史文化密切相连的是乐舞。《吕氏春秋·古乐》有“（禹）命皋陶作为《夏籥》九成”的记载。《夏籥》就是大型的乐舞《大夏》。关于《大夏》，《礼记·明堂位》、《周礼·春官·大司乐》、《穀梁传·隐公五年》、《左传·襄公二十九年》等文献中都有记载，有的记载比较具体，当是可靠的。禹之后，建立夏王朝的夏启和最后的夏桀等，都涉足于乐舞。关于夏启，《山海经·大荒西经》说：

西南海之外，赤水之南，流沙之西，有人珥两青蛇，乘两龙，名曰夏后开。开上三嫔于天，得《九辩》与《九歌》以下。此天穆之野，高二千仞。开焉得始歌《九招》。

上面的记载，虽然高度神化了，但除了《山海经》中的记载外，其他如《离骚》、《天问》中，都提到《九辩》与《九歌》。这说明《九辩》和《九歌》作为古乐曲名，夏启开始使用它们，当是可信的。关于夏桀，他在耽于歌舞方面，也有许多传说。《管子·轻重甲》说，桀有“女乐三万人，端噪晨乐，闻于三衢”。《吕氏春秋·侈乐》也说，桀“作为侈乐，大鼓、钟磬、管箫之音，以巨为美，以众为观”。说“女乐三万”当是夸张，但由此可以推知，这时已经出现了专门从事乐舞的人员。夏代有关乐舞的记载，常常同神话传说交织在一起。虽然并不完全可靠，但其中蕴涵的史料的价值及其影响，一直为研究者所关注。

约在公元前16世纪，商族部落首领商汤灭夏后建立了商朝。中经几次迁都，约在公元前14世纪，第10代君主盘庚迁都并定都于殷（今河南省安阳小屯村）。殷商定都以后，社会比较稳定，物质生产和精神文明都有明显的进展。在物质生产方面，殷商农业成熟，冶铜业、手工业进一步发展，考古发掘的青铜器浇铸和镂刻的图案已经相当精致。在精神文明方面，殷商一个突出的成果是甲骨文字的形成。中国文字的产生，经历了相当漫长的时间。有的专家认为，它的萌芽，一直可以追溯到上古时期的仰韶文化时期陶器上的简单文字。20世纪60年代以来在山东省莒县阳陵河等遗址出土的大口尊上，有类似象形文字的图案。有些专家认为，它们是我国汉字的雏形，距今有五千年①。不过从1899年开始发现的大量的殷商时期的甲骨文字来看，文字的正式形成并且用它来记载历史，是在殷商时期。甲骨文字是中国古文字正式形成的标志。甲骨文字有刻划的，也有朱书的、墨书的。这证明殷商时期已经有了书写工具毛笔。与甲骨文字的形成和使用的同时，殷商注意把各地的占卜文字集中于殷都，开始用太卜一类的官员来掌管和整理。"书契已传，绳木弃而不用。"②殷商的甲骨文字，提供了有关殷商时期直接的、第一手史料，对于我们了解当时的生产、阶级、国家制度、王朝世系、意识形态等，都有其他史料不能取代的重要价值。就文学史料来说，如前面第四章第二节所述，甲骨文中也有一些属于歌谣之类的文学史料，有些甲骨卜辞也有助于我们考究今存《尚书》中的《商书》和《诗经》中的《商颂》等作品。另外，甲骨文记载的对于祖先的祭祀和世系排列，已经孕育了人类的历史记载意识。后来出现的"世"之类的著述，就是这种历史记载意识的发展。甲骨卜辞，由于是用于占卜，再加上刻写较难、龟甲贵重等原因，所以每片甲骨上的文字，一般都很简短。为了弥补这一缺欠，殷商在甲骨文之外，也有刻写在竹简上的较长的文章。《尚书·多士》记载周公对殷商的遗民说："惟尔知，惟殷先人有典有册。"今存《尚书》中的《盘庚》、《商书》中的《高宗肜日》、《西伯戡黎》、《微子》诸篇，虽然可能经过了后人的改写，但其基本内容，应是殷商时期撰写的。这些典册，在文字表述上，较甲骨文有了很大的进步，当是中国最早的一批文献。

殷商时期，随着冶铜业的发展，青铜器渐次增多。有些青铜器上刻有铭文，后来被称为"铜器铭文"或"金文"，是与甲骨文字并行而字体有别的文化现象，也是殷商时期留下来的重要史料。

商汤"不惮以身牺牲，以词说于上帝鬼神"③。"殷人尊神，率民以事神"④。殷商文化在很大程度上是神本文化。这除了反映在用甲骨文卜筮

① 参阅:《莒县文物志》，齐鲁书社1993年版;《莒县文化研究文集》，山东人民出版社2002年版。

② [唐]魏徵等撰《隋书》，中华书局点校本，1973年版，卷32《经籍志一·序》。

③ 《墨子·兼爱下》。上海书店《诸子集成》本，1986年版。

④ 《礼记·表记》，阮元校刻《十三经注疏》本，中华书局1980年版。

上，还有一个具体表现，就是十分崇尚巫鬼，巫风盛行。《墨子·非乐上》说，殷商的贵族、巫觋"恒舞于宫，是谓巫风"。巫鬼、巫风的盛行，促进了乐、歌、舞的繁荣。殷商的神本文化经由不同的途径影响了这一时期的文学史料。同时，这一时期的许多文学史料反过来影响了当时的神本文化。

公元前 11 世纪，周武王姬发率领诸侯灭亡了殷纣，建立了周朝。周朝的建立，是划时代的事件。周朝从建立到公元前 771 年周平王东迁洛邑，史称西周。西周社会逐渐稳定，经济发达，农业发展较快，青铜冶炼、制造等手工业的水平进一步提升。西周在沿袭殷商的种族血缘统治方法的同时，在文化制度和文化思想上实行革新，如《诗经·大雅·文王》所云："周虽旧邦，其命维新。"西周的"维新"，突出地表现在以周公为主的"制礼作乐"上，借用礼乐制度把上下尊卑的等级关系加以固定。西周文化是一种"尊礼文化"①，西周文化的各方面主要集中在礼制上。在西周推行各种礼制中，还蕴涵着明显的伦理道德精神，"其旨则在纳上下于道德，而合天子、诸侯、卿、大夫、士、庶民以成一道德之团体"②。中国古代崇尚德治的传统，即开始于西周。

西周在 200 多年里，各种文化都有很大的发展，传存的文献和文物远多于殷商时期。这在史学和文学两个方面都有突出的表现。在史学方面，殷商的每片甲骨文文字少，记事简略。到了西周，青铜彝器备受重视，不仅数量多，而且一种铜器上的铭文的字数有明显的增加，百字和数百字的占的比重很大。西周青铜彝器重要的有盂鼎、曶鼎、克鼎、毛公鼎、散氏盘、虢季子白盘等。这些青铜彝器及其铭文，本身就是重要的史料。铭文字数的增多，还反映了历史记载由简略到比较详细具体的发展过程。西周重视历史，设有各种专职的史官。《汉书》卷 30《艺文志》记载："以鲁周公之国，礼文备物，史官有法。"《礼记·玉藻》记载：古代天子"动则左史书之，言则右史书之"。《汉书·艺文志》也说："古之王者世有史官，君举必书……左史记言，右史记事。事为《春秋》，言为《尚书》。帝王靡不同之。"上引《礼记》和《汉书·艺文志》所说左史、右史的职责不同，说明古代的史官有明确的分工。

① 范文澜《中国通史》，人民出版社 1987 年版，第 1 册，第 143 页。

② 王国维《观堂集林》，河北教育出版社 2001 年版，卷 10《殷周制度论》第 288—289 页。

这些史官虽然还不可能完全摆脱卜祝之类的神职，但越来越关注社会和世事，注意秉笔记事、“君举必书”，结果促使了史学的发展。现存今文《尚书》28篇，“周书”所占的比重最大，并且多是西周时期撰写的。另外，据《国语·周语》保存的一些史事，可以发现，西周恭王、厉王时，已有编年体记事的端倪。还有，在西周末到春秋时期还出现了中国最早的国史。从《左传》和《国语》相关的记载来看，当时的鲁、齐、卫、晋等诸侯国，都有自己的国史①。此外《逸周书》中的《克殷》和《世浮》等，也是西周时期写就的。

在文学方面，早在西周建立以前，周人就创作了许多诗歌。西周又有采诗的制度，朝廷宗庙举行仪式时，要配合歌舞，这些都促进了诗歌、音乐和舞蹈的发展。《诗经》中的《周颂》、《大雅》和《小雅》中的一部分都是西周时期产生的。

西周文化的发展，特别是史学和文学发展的大量成果，尽管有许多没有流传下来，但从留下的部分来看，它们不仅具有重要的史料价值，而且其中有不少孕育有史料学思想。这些在当时、对后来都产生了巨大的影响。

从周平王东迁洛邑开始，历史进入了春秋战国时期。这是一个社会大动荡、大变革的时期，也是居于中原的华夏的各诸侯国同边远的夷族和戎狄等互相交流、互相融合的时期。这一交流和融合从一个方面展示了中华民族形成的过程。在这一时期，文化得到迅速发展，成就辉煌。在这一时期，随着生产力的发展，也导致了“礼崩乐坏”的局面。号称“天下共主”的周王室从春秋开始，地位逐渐低微，失去了对各诸侯国的控制能力，而各诸侯国势力强大，彼此为了争霸称雄，战争频仍。同时，在大的诸侯国内部，贵族大臣为了争夺权力和财产，也常常相互火并。随着社会的急剧变革，原来在天子和诸侯身边的一些宗族或亲戚，由于王室权威的丧失和在争斗中的失败，降为了平民。与此同时，原来依附于上层统治者的士人，其地位也不得不下移。这些平民很快形成了士人阶层，并且迅速地扩大。各诸侯国的竞争，急需士人智力的支持，而“士无定主”的游士恰好愿意并且能够提供这种支持。许多贵族重视“养士”，甚至互相争夺。因为社会的需要，士人的地位很快地得到了提高，以至有些诸侯不得不倚重他们。《战国策·齐策四》记载齐宣王与其左右同士颜斶的一次辩论：宣王忿然作色曰：“王者贵乎？士贵乎？”

① 参阅瞿林东《中国史学史纲》，北京出版社2005年版，第128—131页。

颜斶回答说："士贵耳，王者不贵。"最后宣王"默然不悦"。《孟子·滕文公下》记载，有人对孟子说："公孙衍、张仪岂不诚大丈夫哉？一怒而诸侯惧，安居而天下息。"所记虽有夸大的成分，但可以看出士人在当时的地位之高之重要。在士人阶层中，还出现了老子、孔子、墨子、庄子、孟子、荀子、韩非子等一批突出的代表。他们都有鲜明的个体意识，积极张扬自己的个体意识。他们的言行，体现了中国古代第一次个体意识的觉醒。他们具有深厚的文化造诣和自己的见解。他们或四处游说，宣扬自己的主张；或投靠诸侯，为其出谋划策；或流入社会的下层，收授弟子，传播文化。以前官府垄断文化的一统局面被冲破了，文化迅速地下移。此外，人类自进入文明社会到春秋战国时期，已经有了长时期的丰厚的文化积累。这些积累，虽然在战乱中有所损毁①，但毕竟有一些流传了下来。《墨子·天志上》说："今天下士君子之书，不可胜载。"《庄子·天下》说，惠施"有书五车"。"不可胜载"云云，虽不排除有当时之作，但其中定有不少是以前的著述。士人阶层在社会急剧变革的文化生态下，既立足于社会现实，又注意运用丰厚的文化积累。他们发挥自己的智慧和才能，不拘传统，勇于怀疑，纷纷横议天下，著书立说，形成了百家争鸣的局面。战国时期的百家争鸣，没有停留在纯粹思辨的层面上，而是在磨砺和撞击中表现出鲜明的现实性和实践性。这些在与文学史料关系特别密切的史学与文学领域里都有明显地反映。

自春秋开始，周王朝衰微，各诸侯国在争霸的过程中，都程度不同地重视历史，史官记注由周王朝转而以各诸侯国为中心。各国有自己的史著。这一点，唐代刘知几有具体的说明：

> 又当春秋之世，诸侯国自有史。故孔子求众家史记，而得百二十国书。如楚之书，郑之志，鲁之春秋，魏之纪年。此其可得言者。左丘明既配经立传，又撰诸异同，号曰《外传国语》，二十一篇。斯盖采书、志等文，非唯鲁之史记而已。②

同时从春秋开始，还陆续出现了一些私人撰写的史书。春秋时期重要的有《春秋》、《左传》、《国语》等。战国时期重要的有关于解释《春秋》的《春

① ［汉］司马迁撰《史记》，中华书局点校本，《太史公自序》载司马谈云："自获麟以来，而诸侯相兼，史记放绝。"

② ［唐］刘知几撰、赵吕甫校注《史通》，重庆出版社 1990 年版，《外篇·古今正史》。

秋公羊传》、《春秋穀梁传》、《春秋邹氏传》、《春秋夹氏传》等口述史，有通史性质的《竹书纪年》和《世本》，记当代史的有《战国策》和《战国纵横书》等。另外，近年出土的汉代帛书中有汉代的写定本或传抄本《春秋事语》，以通俗的语言传述春秋史事，旨在进行历史教育①。战国时期还有许多其他著述，如《山海经》，《尚书》里的《尧典》、《禹贡》，《仪礼》，《周礼》，数量众多的诸子以及屈原、宋玉和荀子等创作的辞赋。上面列举的这些著述，本身都是重要的史料，不仅记叙了当时的事实，而且由于许多著述往往用不同的方式叙写或追寻历史的踪迹，还保留了大量的以前的史料。就中国古代历史撰述的基本形式来说，基本上也是在春秋战国时期孕育的。白寿彝指出，中国古代历史撰述发展到战国时期，史书的基本形式都已出现，"《春秋》经传和《竹书纪年》是编年的形式，而三传中的某些部分又都有纪传体和纪事本末体的形式，不过后两种形式在这里是没有得到展开的。《山海经》、《禹贡》、《周礼》、《仪礼》，都是属于典志体。《尚书》、《国语》、《战国策》都属于记言体，而也都有纪事的部分，《尚书》又有纪事本末体的专篇。《世本》和别的历史撰述已有表谱，但都没有流传下来。这些体裁的出现，标志着中国史学早期的最高阶段，为此后历史撰述的成长准备了先行的条件"②。

战国七雄经过多年的争强战争，秦王嬴政于公元前 221 年，终于完成了"吞二周而亡诸侯，履至尊而制六合"的统一大业，建立了中国历史上第一个专制主义君主集权的秦朝。秦朝主要是依靠法制而强盛的，很少提倡法制之外的文化学术。秦始皇统一之后，采纳了李斯的建议，实行统一思想、禁绝百家学说的政策，"焚书坑儒"，烧毁民间藏书，坑杀大批无辜的士人学者。秦朝实行的政治暴行、极端政策和措施，对文化学术是一种严重的破坏，也销毁了大量的文学史料。文化学术本来是很难完全破坏和销毁的，同时秦朝从实行这种极端的政策和措施到秦朝的灭亡，只有六七年的时间，不可能完全销毁各种图书，也不可能断绝和完全遏制文学创作，一些史料依靠私下藏书和口头传播而得以存传。《史记》卷 15《六国年表序》曰：

> 秦既得意，烧天下《诗》、《书》，诸侯史记尤甚，为其有所刺讥也。《诗》、《书》所以复见者，多藏人家。

① 参阅瞿林东《中国史学史纲》，北京出版社 2005 年版，第 145—146 页。

② 白寿彝《中国史学史》，上海人民出版社 1986 年版，第 1 册，第 267 页。

又《史通·古今正史》记载：

属秦为不道，坑儒禁学，孔子之末孙曰惠，壁藏其书。汉室龙兴，旁求儒雅，闻故秦博士伏胜能传其业，诏太常使掌故晁错受焉。时伏生年且百岁，言不可晓，口授其书，才二十九篇。

短命的秦朝自身也有一些文学史料。秦始皇在巡游各地时，勒石歌颂秦朝的功德。这些石刻文字大多保存在《史记》中。秦始皇还曾命令博士作《仙真人诗》。《汉书》卷30《艺文志》“春秋类”著录《奏事》20篇，原注：“秦时大臣奏事，及刻石名山文也。”“诗赋类”著录“秦时杂赋”九篇。《仙真人诗》和“秦时杂赋”均已散佚，具体情况难以考知。综括而言，秦朝在史料方面，多破坏，少成果。但秦朝的统一和实行“车同轨，书同文”的措施，为后来文化学术的发展和传播创造了有利的条件。

中国的先民在久远漫长的先秦时期，前后承接，继往开来，步步提升，创造了光辉灿烂的物质文化和精神文化，这些光辉灿烂的文化遗迹，一方面是珍贵的史料，另一方面也是孕育中国古代文学史料学的根基。

第二节　史料的搜集、掌管和整理

先秦时期，统治者和士人对史料的重视，促使了人们注意搜集、掌管和整理史料。先秦时期对史料的搜集、掌管和整理，主要是通过官方和士人两方面来实现的。据《周官》记载，周代注意搜集图书，把搜集到的图书集中在官府，指令史官分部掌管和整理。“《周礼》关于太史、小史、内史、外史、御史对图书的掌管和分工，记载得非常详细，归纳起来，凡史官所主持的吉凶大礼及封赏庆典，观测的天象、气候，出纳的王言、章奏的记录，乃至于所占卜的休咎迹兆，都由他们自负登记保管之责。后来更将所有的法规、盟约都交付太史录下副本，妥藏备查。邦国之志、四方之志也一并交由史官收藏。最后，史官掌握的范围扩大，遂将私人的盟约，也由史官登录，三皇五帝图书都由史官收藏”①。关于“六艺”的掌管和整理，清人章学诚说：

---

① 引自逯耀东《抑郁与超越：司马迁与汉武帝时代》，三联书店2008年版，第39—40页。

后世文字，必溯源于六艺。六艺非孔氏之书，乃《周官》之旧典也。《易》掌太卜，《书》藏外史，《礼》在宗伯，《乐》隶司乐，《诗》颂于太师，《春秋》存乎国史。①

此外，周初的巫师和乐师很可能搜集、掌管和整理过以前靠口头流传的歌谣祝辞。这类歌谣祝辞大多是由二四韵语组成的短歌。官方的搜集、掌管和整理靠的是制度。传说在西周时就有“献诗”、“采诗”、“献曲”、“献书”之类的制度。《国语·周语上》引邵公说：

故天子听政，使公卿至于列士献诗，瞽献曲，史献书，师箴，瞍赋，矇诵，百工谏，庶人传语。近臣尽规，亲戚补察，瞽史教诲，耆艾修之，而后王斟酌之。

又《国语·晋语六》引文子说：

吾闻古之王者，政德既成，又听于民。于是乎使工诵谏于朝，在列者献诗，使勿兜，风听胪言于市，辨袄祥于谣，考百事于朝，问谤誉于路。

上面追记的当是西周时期献诗的情况。看来西周时期，献诗当是一种制度。到了汉代，又有关于先秦时期“采诗”制度的描述。《汉书》卷24上《食货志上》载：

孟春之月，群居者将散，行人振木铎徇于路，以采诗，献之大师，比其音律，以闻于天子。

《汉书》卷30《艺文志》云：

古有采诗之官，王者所以观风俗，知得失，自考证也。

又《春秋公羊传·宣公十五年》何休《解诂》说：

男年六十、女年五十无子者，官衣食之，使之民间求诗。乡移于邑，邑移于国，国以闻于天子。

从上引的有关记述来看，在先秦时期，官方有献诗文乐曲等的规定，还

---

① ［清］章学诚著、王重民通解《校雠通义通解》，上海古籍出版社1987年版，卷1《原道第一》。

安排了采诗官和年迈无子的老人到民间采诗。搜集了以后，经过专人整理，然后逐级汇集到国王和天子那里。官方的上述举措，当会搜集到相当多的文学史料，特别是民间流传的口头歌谣。《诗经》的搜集、整理、保存和流传，与周代的献诗和采诗制度应有密切联系。

先秦的士人在史料的搜集和整理上，也做了许多有益的工作。在这方面孔子的贡献最为卓著。早在孔子之前，就有一些士人注意搜集、保存和整理史料。孔子追踪前人并超越了前人，尤其重视搜集整理史料。孔子把上古以来的重要史料，第一次作了相当全面的搜集和整理。孔子搜集史料，大致有两个途径。一是依靠文献。《论语·八佾》载孔子说：

夏礼，吾能言之，杞不足征也；殷礼，吾能言之，宋不足征也。文献不足故也。

这里所说的“文献”的一个重要含义，就是今天我们所说的文献史料。孔子搜集史料，首先当是文献史料。《论语·八佾》又载：

子入太庙，每事问。

写孔子到周公庙，每件事都要发问，注意搜集不见于记载的其他史料。孔子搜集整理文献史料，影响最大的是“六艺”。在孔子生活的时代，流传的重要文献是《易》、《诗》、《书》、《礼》、《乐》、《春秋》，称为“六艺”，后称为“六经”。《论语·子罕》载孔子曰：

吾自卫还鲁，然后乐正，《雅》、《颂》各得其所。

《史记》卷47《孔子世家》引太史公曰：

自天子王侯，中国言六艺者，折中于夫子，可谓至圣也。

《论语·述而》载：

子所雅言，《诗》、《书》、执礼，皆雅言也。

《孔子世家》载：

孔子之时，周室微而礼乐废，《诗》、《书》缺。追迹三代之礼，序《书传》，上纪唐虞之际，下至秦缪，编次其事。……故《书传》、《礼记》自孔氏。……古者《诗》三千余篇，及至孔子，去其重，取可施于礼义，上采契、后稷，中述殷、周之盛，至幽、厉之缺，始于衽席……三百五篇，孔子皆弦歌之，以求合《韶》、《武》、《雅》、《颂》之音。

综合以上的记载，可以证明，孔子曾经以“折中”的原则，用当时通行的语言整理过“六艺”。他整理《诗经》主要取“可施于礼义”者，在音乐方面，“求合《韶》、《武》、《雅》、《颂》之音”。

孔子主张“述而不作”，重在搜集整理以前的文献史料。到战国时期，诸侯争强，重视征招士人，在思想文化领域里出现了百家争鸣的局面。诸子百家各自聚徒讲学，相互争辩，纷纷著书立说，加上文字的日趋简化和书写多用简帛等原因，出现了一大批文献史料。各家重视这些文献史料，或著者自己搜集整理，或门徒为其搜集整理，或二者相结合。这些文献史料尽管著非一人，成非一时，常多错简，但有一点是可以肯定的，就是大多是战国时整理的。战国时期对诸子文献的搜集和整理，是先秦时期继孔子之后的第二次重要的文学史料搜集整理工作。

在史料的整理上，中国古代逐渐形成了许多科学的方法。这些科学的方法，有些就孕育于先秦时期，如校勘和注解。

校勘在先秦时期称为“校”，是与文字记载的产生相伴的。有了文字记载，就难免发生这样或那样的错误。为了纠正错误、避免错误的流传，便产生了校勘。文字记载虽然至晚形成于殷商时期，但现在还没有发现殷商时期有关校勘的史料。现在能见到的关于校勘的最早的记载，见于《国语·鲁语下》：

> 昔正考父校商之名《颂》十二篇于周太师，以《那》为首。

徐元诰注曰：“正考父，宋大夫，孔子之先也。”①
郑玄《诗谱·商颂谱》也说：

> 大夫正考父者，校商之名颂十二篇于周太师，以《那》为首，归以祀其先王。

这说明，孔子的先人正考父搜集编校过《商颂》中的十二篇。正考父可能是我国古代最早的校勘者。正考父具体的校勘情况，有待考知。所以后人又以为校勘一事，应始于孔子。清人段玉裁《经义杂记·序》说：“校书何

① 徐元诰撰，王树民、沈长云点校《国语集解》，中华书局2002年版。

放乎？放于孔子。”俞樾《札迻·序》也说:“校书之法,出于孔子。”孔子的具体校书之法,举《公羊传》一则记载为例:

> 《春秋·昭十二年》:“春,齐高偃帅师纳北燕伯于阳。”《公羊传》:“伯于阳者何？公子阳生也。子曰:‘吾乃知之矣。’”何休解诂:“子,谓孔子;乃,乃是岁也。时孔子年二十三,具知其事。后作《春秋》。案史记,知‘公’误为‘伯’,‘子’误为‘于’,‘阳’在,‘生’刊灭阙。”

《公羊传》下文又说:

> 在侧者曰:“子苟知之,何以不革?”曰:“如尔所不知何?”何休解诂:“此夫子欲为后世法,不欲令人妄亿(臆)错。”

从这里可以看出,孔子注意校勘,同时昭示后人,不能改动古书①。孔子之后,其弟子子夏也十分留心校勘。《吕氏春秋·察传》载:

> 子夏之晋,过卫,有读史记者曰:“晋师三豕涉河。”子夏曰:“非也,是己亥也。夫己与三相近,豕与亥相似。”至于晋而问之,则曰:“晋师己亥涉河也。”

子夏通晓文字,了解史书记日体例,能够校正史记上的错误。为了验证自己的判断,到晋国又进一步考问,把文字和实地询问结合起来,最终成为定论。从上引正考父、孔子和子夏的史实,可以推知,至晚在西周末年人们就开始注意校勘,并付诸实践,后来相继不断②。不过就现在发现的史料来看,在整个先秦时期,人们对古书的校勘还是个别的,带有偶发的性质。但它毕竟孕育了后来的校勘学。

同校勘一样,注解也是孕育于先秦时期。先秦时期的各种文献史料由于受甲骨、青铜和简帛等载体的限制,大多都写得十分简短。先秦又是一个漫长的时期,语言文字在不断地变化,再加上地域的不同以及书面语言和口语的差异,给人们阅读文献和文献的传播带来了很大的困难。文献史料的特殊性和社会多方面的需要,很自然地就出现了对文献史料的注解。从现

---

①　上引段玉裁、俞樾的言论和《公羊传》史料,转引自洪湛侯《中国文献学新编》,杭州大学出版社 1994 年版,第 243 页。

②　关于先秦时期的校勘,参阅倪其心《校勘学大纲》,北京大学出版社 2004 年版,第二章第二节《先秦有关校勘的记载》。

在的发现来看,春秋战国时期有一些关于注解的史料。分析这些史料,可以发现,先秦时期的注解,至少有三种形式:

一是注解词语,如《周易·说卦》载:

> 乾,健也;坤,顺也;震,动也;巽,入也;坎,陷也;离,丽也;艮,止也;兑,说也。

《周易·系辞》载:

> 形而上者谓之道,形而下者谓之器,化而裁之谓之变,推而行之谓之通,举而错之天下之民谓之事业。

《老子·上篇》载:

> 视之不见名曰夷,听之不闻名曰希,搏之不得名曰微。

《庄子·逍遥游》载:

> 南溟者,天池也。齐谐者,志怪者也。

《孟子·滕文公上》载:

> 夏曰校,殷曰序,周曰庠,学则三代共之。

二是注解词句的大意,如《论语·八佾》载:

> 子夏问曰:"'巧笑倩兮,美目盼兮,素以为绚兮。'何谓也?"子曰:"绘事后素。"

孔子对子夏有关《诗经》的疑问,不作词语的注解,而只是指出了三句诗的大意。他之所以使用这种注解方式,当是由于子夏不需要词语的注解。

三是注解全书或全篇,明其旨意。今天可以知道的是有对儒家经书的传注和对一些诸子书的注解。对儒家经书的传注,如关于《易》的,有孔子的《十翼》①、子夏的《易传》②等。关于《春秋》的,有左丘明的《左氏传》30卷、公羊子的《公羊传》11卷、穀梁子的《穀梁传》11卷③。对诸子书的注解,如

① 此说据清人陈澧的解释,载其著《东塾读书记》三联书店1998年版,第4页。

② 此说据东汉徐防的解释,见[南朝宋]范晔撰、[唐]李贤等注《后汉书》,中华书局点校本,卷44《徐防传》。

③ 据[汉]班固撰、[唐]颜师古注《汉书》,中华书局点校本,卷30《艺文志》。

《墨子》中的《经说上》和《经说下》两篇就是分别解说《墨子》中的《经上》和《经下》两篇的,《管子》中的《牧民解》、《形势解》、《立政九败解》、《版法解》、《明法解》,就是注解书中《牧民》、《形势》、《立政》、《版法》、《明法》篇的,《韩非子》中的《解老篇》和《喻老篇》是对《老子》的注解①。

从上面列举的例证,可以看出,中国古代对古书注解的一些做法,注解所用的一些术语,如"传"、"说"、"解"等,已孕育于先秦时期。有了先秦时期的孕育,才有后来注解的萌芽、不断发展和完善。

第三节　总集的起始

总集是依据一定的体例汇编两人以上的作品的文集②。从现存文献有关总集的称名来看,总集开始时,曾经总称为"集"。"集"包括别集,也包括总集。包括总集的例证,如曹丕《与吴质书》云:

> 昔年疾疫,亲故多离其灾,徐、陈、应、刘,一时俱逝,痛可言耶!……顷撰其遗文,都为一集。

这里所谓的"都为一集",明确表明曹丕曾把徐幹、陈琳、应玚、刘桢的作品汇集为一部总集。总集名称的确定,当始于南朝梁阮孝绪的《七录序》。《七录序》"文集录内篇四"在"楚辞部"、"别集部"后设有"总集部"。之后,《隋书》卷35《经籍志四》亦使用总集这一名称。自《七录》和《隋书·经籍志》使用总集这一名称以后,总集作为一正式名称,为历代所运用,一直到现在。现在也有把总集和合集混用的,这种情况不太规范,比较少见。

关于总集的起始,自南朝以来,见解不同。归纳起来,主要有下列五种:

一是起始于先秦的《六经》。如魏源认为:

> 有笔诸书矢为文字之言,即有整齐文字以待来学之言。请言《六经》:《六经》自《易》、《礼》、《春秋》,姬、孔制作外,《诗》则纂当时有韵之

---

① 本节有关注解部分的史料,参考了洪湛侯著《中国文献学新编》,杭州大学出版社1994年版,第244—245页。

② 这是今人的共识。在历史上,有些目录所收的总集,其中有一些并不符合这一规范。如《隋书》卷35《经籍志四》总集类把刘勰的个人著作《文心雕龙》、钟嵘个人的著作《诗品》等,也归于总集。

文也;《书》则纂辑当时制诰、奏章、载记之文也;《礼记》则纂辑学士大夫考证论议之文也;网罗放失,纂述旧闻,以昭代为宪章,而监二代之文献。然则整齐文字之学,自夫子之纂《六经》始。后世尊之为经,在当日夫子自视,则亦一代诗文之汇选,本朝前之文献而已。①

在魏源看来,有了“文字之言”以后,就有了汇集文字的总集。孔子编纂的《六经》,除了《易》、《礼》、《春秋》之外,其他都属于总集。魏源之后,有人赞同魏源的看法。马其昶《桐城古文集略·序》云:

总集盖源于《尚书》、《诗》三百篇。

今人徐有富也赞同此说,认为“总集起源甚早,大约编成于公元前六世纪的《诗》三百篇,就是我国第一部诗歌总集”②。

二是起始于西汉刘向编撰的《楚辞》。《四库全书总目》卷148《楚辞章句》提要云:

刘向裒集屈原《离骚》、《九歌》、《天问》、《九章》、《远游》、《卜居》、《渔父》,宋玉《九辨》、《招魂》,景差《大招》,而以贾谊《惜誓》、淮南小山《招隐士》、东方朔《七谏》、严忌《哀时命》、王褒《九怀》及向所作《九叹》,共为《楚辞》十六篇,是为总集之祖。

三是主张起始于《汉书》卷30《艺文志》所载类辑的赋作。明人胡应麟说:《汉书·艺文志》共著录赋46家410篇外③,又有无名氏杂赋12家233篇,盖当时类辑者,后世总集所自始也④。后来的章学诚和刘师培也持此说。章学诚在《校雠通义·汉志诗赋第十五》说:

杂赋一种,不列专名,而类叙为篇,后世总集之体也。

刘师培的观点比章学诚更明确。他说:

《汉书·艺文志》叙诗赋为五种,而赋则析为四类:屈原以下二十家为一类,陆贾以下二十一家为一类,荀卿以下二十五家为一类,客主赋

① 魏源著《魏源集》,中华书局1976年版,上,第228页。

② 徐有富主编《中国古典文学史料学》(修订本),北京大学出版社2008年版,第3页。

③ 实际应为60家,693篇。

④ 胡应麟著《诗薮》,中华书局1958年版,第245—246页。

以下十二家为一类，而班《志》于区分之意，不注一词。……自吾观之，客主赋以下十二家，皆汉代之总集类也(原注：此为总集之始)。余则皆为分集。①

刘师培认为《汉书·艺文志》著录的“客主赋以下十二家”都属于总集。并明确指出，这是“总集之始”。

四是起始于曹丕编撰《建安七子集》。主张此说的是今人张涤华。他根据上面所引曹丕《与吴质书》中的一段话说：

姚振宗《三国艺文志》集部总集类著录魏文帝《建安七子集》即据《与吴质书》。书中所说的“昔年”，指汉献帝建安二十二年(公元 217 年)，这年发生了一次大瘟疫。据《三国志·王粲传》注引《魏略》，曹丕此书作于建安二十三年，即在大疫的后一年。编录徐幹、陈琳、应玚、刘桢的遗文为一集，也即在这一年。……就现在所知，总集没有比这更古的了。②

所谓“总集没有比这更古的了”，显然是说，总集是起始于曹丕为徐幹、陈琳、应玚、刘桢所编的文集了。

五是起始于西晋说，多以挚虞的《文章流别集》为开始。《隋书》卷 35《经籍志四》著录多种总集后云：

总集者，以建安之后，辞赋转繁，众家之集，日以滋广。晋代挚虞，苦览者之劳倦，于是采摘孔翠，芟剪繁芜，自诗赋下，各为条贯，合而编之，谓为《流别》。是后文集总钞，作者继轨，属辞之士，以为覃奥，而取则焉。

附和此说的有清代的《四库全书总目》和黄逢元、汪师韩等。《四库全书总目》卷 186 总集类序认为，《诗经》和《楚辞》也是总集，但《诗经》“既列为经，王逸所裒又仅《楚辞》一家”，所以总集“体例所成，以挚虞《流别》为始”。又《四库全书总目》卷 148《楚辞类·楚辞章句》17 卷提要云：楚辞所收“十六篇，是为总集之祖”。《四库全书总目》在集类单列《楚辞类》，是沿袭了南朝

① 刘师培《刘师培辛亥前文选》，三联书店 1998 年版，《论文杂记》，第 325—326 页。

② 张涤华《古代诗文总集选介》，上海古籍出版社 1985 年版，第 3—4 页。姚振宗《三国艺文志》著录魏文帝《建安七子集》，即根据《与吴质书》。姚氏所据不确。据曹丕《与吴质书》，魏文帝编的总集，只包括徐幹、陈琳、应玚、刘桢四子的“遗文”，未及孔融、王粲、阮瑀三子。

梁阮孝绪《七录序》和《隋书》卷35《经籍志》的分法。一方面定总集起始于西晋挚虞的《文章流别集》,一方面又说"《楚辞》为总集之祖",这显然是矛盾的。清代的黄逢元在《补晋书艺文志》论"总集"时说:"导其先河,实源于杜预《善文》,挚虞《流别》。"汪师韩在他的著作《文选理学权舆·序》中,也认为"总集自晋有之"①。

对总集的起始,之所以有上述不同的见解,主要原因在于历史的局限和确定总集起始的标准上。《四库全书总目》一方面认为《诗经》是总集,另一方面又认为它被"列为经",既然被"列为经",自然就不能把它作为总集了。这显然是历史的局限,受经学影响所致。其实,把《诗经》"列为经",是从汉代开始的。今天大家的共识是,《诗经》是我国古代最早的一部诗歌总集。在标准上,有的着眼于总集的名称,有的把起源与体例的建构混为一谈。上述张涤华认为曹丕编撰徐、陈、应、刘的遗文"都为一集",是"最古的总集",主要是从"集"这一名称来考虑的。其实,前面已经提到,最早使用总集这一名称的是南朝梁代的阮孝绪。看来把总集的起源定于曹丕为徐、陈、应、刘所编撰的文集,是难以成立的。把总集的起始与总集体例的建构混为一谈,表现在把总集起始定于《文章流别集》这一观点上。这一点,邓国光有所明示:"总集之作,虽古亦有之,然发凡起例,足为轨则者,则断自挚虞。故《隋志》冠《流别》于总集之首……四库馆臣亦曰:'故体例所成,以挚虞《流别》为始。'"②

关于总集的起始问题,为了消除上述分歧、达成共识,应当明确起始的标准和突破历史的局限。在标准上,我们应当紧扣起始这一问题,把总集的起始同总集的名称、体例的建构区别开来。起始是有唯一性的,而名称有一

---

① 主张总集起源于西晋者,除认为起源于挚虞《文章流别集》,另有主张起源于比挚虞早的《善文》。黄逢元《补晋书艺文志》论总集说:"导其先河,实源于杜预《善文》,挚虞《流别》。"张涤华《古代诗文总集选介》第3页说,杜预"早于挚虞。他的《善文》问世也在《文章流别集》之前"。王运熙、杨明著《魏晋南北朝文学批评史》(上海古籍出版社1989年版)第119页注一说:"关于西晋总集,《隋书·经籍志》集部总集类尚有'《善文》五十卷,杜预撰',而《晋书·华廙传》又云廙'集经书要事,名曰《善文》,行于世'云云,二书情况均不详。《史记·李斯列传》集解、《高祖本纪》索隐均言《善文》载秦末隐士遗秦将章邯书,其书曰'李斯为秦氏死,废十七兄而立今王',但未言及《善文》编者。而严可均《全秦文》据《史记集解》录此佚文,迳注曰杜预《善文》,不知何据。"据《隋书·经籍志》和《晋书》卷44《华廙传》,是西晋当有两种《善文》。《南齐书》卷40《晋安王子懋传》载,世祖"赐子懋杜预手所定《左传》及《古今善书》"。据此,知杜预亲手编定《古今善书》,南朝齐代仍在流传。

② 邓国光《挚虞研究》,香港学衡出版社1990年版,第176—177页。

个逐渐规范的过程,体例的建构也具有过程性。我们确定总集的起始,应当从实而不就名。从实来看,先秦时期的《尚书》分虞书、夏书、商书、周书四部分,起自《尧典》,终于《秦誓》。《尚书》选择百篇,编次其事,原作当是出自多人之手,它是中国最早的文献总集。《诗经》当是孔子所编,选录了西周初年到春秋中期中原一带众多作者的诗歌,按风、雅、颂体制编成,是中国古代最早的一部诗歌总集。《尚书》和《诗经》已经具有我们所说的总集的主要特点和规范。考察总集的起始,我们还必须突破历史的局限,不必像从汉代开始的历朝那样,继续把《尚书》和《诗经》视为经。如果不是把《尚书》和《诗经》视为经书,而把它们还原为古代的重要文献和诗歌,自然就会把它们看成是总集,也会化解以前在论述总集起始时产生的种种矛盾。综上所述,我们应当把总集的起始,定在先秦的春秋时期,其代表就是《尚书》和《诗经》。

值得注意的是,就现存的总集而言,可分为全集和选集两种。孔子编纂的《尚书》和《诗经》都属于总集中的选集。《尚书》记载的是夏、商、周三代千余年君王的活动及其诏誓诰令等,数量和内容非常浩繁。《墨子·贵义》载:“昔者周公旦朝读《书》百篇。”周公日选百篇阅读,可见周公时《尚书》篇数之多。孔子编纂《尚书》时,有所选择,从浩繁的《尚书》史料中,“断远取近,定可以为世法者”。孔子编纂《诗经》,如前引《史记·孔子世家》所说,是在古诗三千多首中选择了305首。上举事例说明,总集起始时,是以选集的形式出现的。选集之所以起始于春秋时期,主要是由于当时的各种文献和诗歌等史料,已经有了大量的积累,史料的质量也有高低之别。面对当时浩繁的史料,当时的执政者和教育者,难以普遍阅读和使用。这就需要把传存和搜集的大量史料,经过选择汇为一集。从史料的角度来看,选集有得,也有失,但它一直富有生命力。这在古代文学史料学史上,是一个很值得探讨的问题。

在先秦时期,以《尚书》和《诗经》为代表的总集起始之后,虽然自汉代至清代,正统文化一直把它们视为儒家经书,但编纂总集这种体制,却随着后来文学的发展,一直为历代文人学者所遵循并不断完善和发展,成为中国一种富有生命力的古代文学作品的编纂形式。

第四节　史料的传播:采诗、献诗、引诗、赋诗、歌诗、聚徒讲学与周游列国

先秦时期,在史料搜集、掌管和整理的同时,也伴随着史料的传播。其

传播有多种途径。

统治者在采取采诗、献诗、献曲、献书等举措时，就伴随着文学史料的传播。这是由低层次向高层次的传播，是统治者主要为了维护和巩固自己的统治而俯就接受传播的。这种接受传播有得有失。所谓得，是使许多文学史料，包括低层和边缘地区的文学史料得以集中，经过专人的掌管和整理，保存了许多史料，使不少史料避免流失，以后能够有机会在更大的范围内得到传播。所谓失，是由于统治者依据自己设定的标准，总会淘汰一些史料。被淘汰的史料，以后很难有传播的机遇。

先秦时期引诗、赋诗、歌诗相当盛行。不少诗歌，尤其是《诗经》的许多篇章和词句是通过引诗、赋诗和歌诗等方式而得到传播的。这在先秦的许多典籍中有记载。关于先秦时期一些文献引诗、赋诗和歌诗等的具体情况和条数，有许多学者作过研究和统计。在统计上，由于对言诗、引诗、歌诗的界定不同，统计得出的结果有差别。据董治安的统计，《左传》引诗 181 条，赋诗 68 条，歌诗 25 条，共 274 条。《国语》引诗 26 条，赋诗 6 条，歌诗 6 条，共 38 条①。另外，根据他提供的史料加以统计，《论语》引诗 8 条，《孟子》引诗 35 条，《荀子》引诗 96 条，《周礼》、《仪礼》、《礼记》、《大戴礼记》引诗 116 条、歌诗 43 条、奏诗 58 条，《墨子》引诗 11 条，《庄子》引诗 1 条、歌诗 1 条、奏诗 1 条。《晏子春秋》引诗 20 条，《管子》引诗 8 条、歌诗 1 条，《吕氏春秋》引诗 18 条，《战国策》引诗 8 条②。

所谓引诗，主要是指平时言论和著述时，常常引诗来表述和证明自己的观点。如《墨子・兼爱下》云：

> 即此言汤，贵为天子，富有天下，然且不惮以身为牺牲，以祠说于上

① 参阅董治安《先秦文献与先秦文学》，齐鲁书社 1994 年版，《从〈左传〉、〈国语〉看“诗三百”在春秋时期的流传》。又，据张林川、周春健的统计，《左传》“言《诗》之处，凡 277 条，涉及《诗》152 篇；其中可以划归引《诗》范畴的共 255 条，涉及《诗》132 篇”。载其著《〈左传〉引〈诗〉范围的界定》，《湖北大学学报》2004 年第 3 期。

② 载董治安《先秦文献与先秦文学》，齐鲁书社 1994 年版，《战国文献论〈诗〉引〈诗〉综录》。关于《国语》、《左传》和《论语》等先秦文献引诗情况，还可参阅：赵翼著，栾保群、吕宗力校点《陔余丛考》，河北人民出版社 1990 年版，卷 2《古诗三千之非》条；夏承焘《采诗与赋诗》，《中华文史论丛》第一辑，1962 年版；马银琴《战国时代〈诗〉的传播与特点》，《文学遗产》2006 年第 3 期；张中宇《〈国语〉、〈左传〉的引“诗”和“诗”的编订——兼考孔子“删诗”说》，《文学评论》2008 年第 4 期。

帝鬼神。即此汤兼也。虽子墨子之所谓兼者，于汤取法焉。且不惟《誓命》与汤说为然。《周诗》即亦犹是也。《周诗》曰："王道荡荡，不偏不党。王道平平，不当不偏。""其直若矢，其易若底。"君子之所履，小人之所视。

又如《礼记·礼运篇》云：

故以孝事君则忠，以敬事长则顺，忠顺不失，以事其上。《诗》曰："相鼠有体，人而无礼；人而无礼，胡不遄死！"

所谓赋诗主要见于两种场合，一是诸侯朝聘宴会，《仪礼·乡饮酒礼》载：

设席于堂廉东上……工歌《鹿鸣》、《四牡》、《皇皇者华》。卒歌，主人献工……笙入堂下，磬南北面立，乐《南陔》、《白华》、《华黍》……乃间歌《鱼丽》，笙《由庚》；歌《南有嘉鱼》，笙《崇丘》；歌《南山有台》，笙《由仪》。乃合乐。《周南》：《关雎》、《葛覃》、《卷耳》；《召南》：《鹊巢》、《采蘩》。

郑玄注："乡乐者，风也。小雅为诸侯之乐，大雅、颂为天子之乐……"

可见，朝聘宴享赋诗，是有严格的等级规定的。这种规定，在限制了一些诗乐的传播的同时，又使另外一些诗乐得到了传播。

二是政治外交场合。如郑玄《诗谱·周南召南谱》载：

武王伐纣定天下，巡守述职，陈诵诸国之诗，以观民风俗，六州者得二公之德教尤纯，故独录之属之大师，分而国之。

又如《左传·襄公二十六年》记晋侯执囚卫侯，齐侯、郑伯及其随从到晋国解救卫侯。在晋国举行的宴会上，晋侯赋《大雅·嘉乐》，表示欢迎；齐国的国景子赋《小雅·蓼萧》，颂扬晋侯的恩泽遍及他国；郑国的子展赋《郑风·缁衣》，希望晋国能念齐侯、郑伯之亲求，释放卫侯。后来国景子又赋逸诗《辔之柔矣》，以御刚马要用柔辔为喻，希望晋国以宽政待诸侯。子展又赋《郑风·将仲子兮》，劝晋侯应考虑众人的舆论。最后"晋侯乃许归卫侯"。上面的例证说明，诸侯国之间在外交场合，常常借赋诗这种方式，用比喻和暗示等方法，表明自己的立场和观点。一个有才干的外交人员必须熟知《诗经》，具有能随时赋诗的能力。这就使上层人物自然会注意接受诗歌的传播。而外交场合的赋诗，又进一步扩大了《诗经》的传播。

先秦时期，各种场合以及著述中虽然也有引用诗以外的文体的，但远没有引诗和赋诗那样盛行。这与诗这种文体容易传播有关。诗歌本来是一种韵文，句式比较整齐、简练，适于朗读和背诵。再加上先秦时期诗、乐不分，诗歌一般都经过乐官配乐，容易演唱。诗的这一特点是其他文体无法取代的。另外，诗所含有的内容又有多义性，在表现上多用比喻等艺术手法，这为引诗、赋诗和歌诗时断章取义和比喻连类提供了方便。人们借用韵语表述自己的思想感情，用引诗、赋诗和歌诗表现自己的观点，不自觉地使诗得到了传播。

上述引诗、赋诗和歌诗的盛行，还与当时的教育密不可分。先秦的教育，主要有官府之学和私人之学两种。夏商周三代有官府之学，它将分散孤立的文化集中于王室政治的中心，然后通过教育传授给学子。而“六艺”是王室集中的文化的重要内容，自然也是官府之学教育的主要内容。《周礼·大师》载：

> 教六诗：曰风，曰赋，曰比，曰兴，曰雅，曰颂。

可见在周代，官府已把《诗经》作为教学的内容。通过官府教育来传播文学史料是先秦文学史料传播的一种主要途径。私人之学的兴起缘于周朝政权的衰微，诸侯肆行，政由强国。周朝政权的衰微导致了文化的下移和大批文化人投靠诸侯。春秋战国时期，各诸侯国为了争霸图存，需要人才。正像《管子·霸言》所说：“夫争天下者，必先争人。”官府培养的人才难以适应多方面的需要，因此私学大兴。私学教育的一个重要内容是“文学”，私学的兴盛极大地促进了文学史料的传播。在这方面，以孔子为代表的儒家的贡献尤其突出。《史记》卷47《孔子世家》载：

> 孔子以《诗》、《书》、礼、乐教，弟子盖三千焉，身通六艺者七十有二人。

《论语·述而》载：

> 子以四教：文，行，忠，信。

孔子把私学推向了一个新的境地。学生的人数是否达到三千，难以确考，但数量空前当是不必怀疑的。孔子教授的内容有“文”。“文”指文献，包括《诗》、《书》。《论语》有多处记载孔子论《诗经》，如《季氏》载："不学《诗》，无以言。"《泰伯》载："兴于《诗》。"在孔子教授的诸多文献中，《诗经》当是非常重要的。上面的引文中说孔子教授的弟子中，"身通六艺者七十有二人"。他们当中，有的在孔子在世时，即招收门徒，如颜回。其他绝大部分在孔子卒后，"散游诸侯，大者为师傅卿相，小者友教士大夫"。如"子路居卫，子张居陈，澹台子羽居楚，子夏终于齐"，"至于始皇，天下并争于战国，儒术既绌焉，然齐鲁之间，学者独不废也"①。上引孔子的弟子中，子夏在教授文献方面，影响尤为突出。《史记》卷67《仲尼弟子列传》说，子夏"居西河教授，为魏文侯师"。孔子及其弟子兴办教育，使以《诗经》为代表的文学史料不仅在中原一带得到了广泛的传播，同时也传播到一些边远的地区；不仅在上层得到了传播，而且随着文化的下移，在下层也得到了相当广泛的传播。

先秦的教育，也使许多散文得到了传播。春秋战国时期，以诸子百家为代表的士人阶层，为宣传自己的思想和主张，大多采取聚徒讲学的方式。在这方面，孔子、墨子、孟子和韩非子尤其突出。孔子广收学生，以至达到"弟子三千"的规模。墨子也聚集"三百之众"。同时，他们也采用了周游列国的做法。孔子和墨子为了使列国采用自己的意见，四处奔走，以至于"孔席不暖，墨突不黑"。他们的聚徒讲学和周游列国，使先秦的许多散文得到了相当广泛的传播。

先秦的教育、士人的聚徒讲学和周游列国，在一定程度上使原来由少数朝廷王侯独专的一些文学史料下移，转变为一种相当普泛的文化。

第五节　一些认识和方法的孕育

先秦时期，在史料的搜集、掌管、整理和传播过程中，孕育了一些值得重视的认识和方法，主要有以下三点。

一、重真求实。重真求实是先秦文化的一个重要特点。这也反映在史料方面，其代表是孔子。孔子治学教人崇尚真实，《论语》有许多这方面的记述：

> 知之为知之，不知为不知，是知也。（《为政》）

① ［汉］司马迁撰《史记》，中华书局点校本，卷121《儒林传》。

盖有不知而作之者，我无是也。（《述而》）

子绝四——毋意、毋必、毋固、毋我。（《子罕》）

又《史记》卷130《太史公自序》载孔子说：

我欲载之空言，不如见之于行事之深切著名也。

孔子的这种不尚空言、不随便猜测、不自以为是而崇真求实的观点，在他的史料的实践和见识上都有鲜明的体现。他赞赏真实的史著。《左传·宣公二年》载孔子说：

董狐，古之良史也，书法不隐。

对于史料，孔子坚守无征不信的原则。《论语·八佾》载孔子说：

夏礼，吾能言之，杞不足征也；殷礼，吾能言之，宋不足征也。文献不足故也，足，则吾能征之矣。

从这里可以看到孔子讲历史，是建立在充足的"文献"的基础上的。

基于重真尚实，孔子对于一些残缺和可疑的史料，以阙疑的方法处理之。《论语·为政》记孔子说：

多闻阙疑，慎言其余，则寡尤；多见阙殆，慎行其余，则寡悔。

孔子上面的这段话的本意是告诫他的弟子求官取禄应注意的问题，但后来人们却借来并且加以引申，把"阙疑"作为从事史料工作应当遵循的一个方法。人们的引申，是有根据的，因为孔子确实谈到了史书存疑的问题。《论语·卫灵公》记孔子说：

吾犹及史之阙文也。

孔子坚守阙疑这一方法，在史料实践上也有例证。《春秋》本来是鲁国的史书，其中多有阙失，常有记事不书年月。孔子整理时，保持原样，不作改动。《史记》卷13《三代世表序》说：孔子"序《尚书》则略，无年月，或颇有，然多阙，不可录。故疑则传疑，盖其慎也"。

与重真求实相联系，孔子主张摒弃虚妄的史料。《论语·述而》载：

子不语怪、力、乱、神。

孔子重人事、重实在、讲理性，而认为怪异、鬼神之类，虚妄不实，所以他弃之不谈。孔子整理《春秋》,只记人事活动,对于过去的某些神化的记载,往往能用理性加以阐释和改正。如"《公羊传·庄公七年》:'夏四月,辛卯,夜,恒星不见。夜中,星陨如雨(以上为《春秋》之文)。……不修《春秋》曰:'雨星不及地尺而复。'君子修之曰:'星陨如雨。'所谓'不修《春秋》',即指未经孔子整理的《春秋》,其记陨星的情况,说陨星下落如雨,离地一尺而又返回,颇涉怪诞,故孔子改之(按,王充《论衡·艺增篇》及《说日篇》皆提及此事,云:'君子者,孔子也。')"①。

先秦时期,特别是春秋战国时期的诸子,虽然重视文献,但他们并不迷信文献,而是常常能以求实的精神审读文献,分析史料,注意怀疑和辨伪。孟子对于史事,看到了史实与传说的区别,也注意到有些记载夸大和失实。《孟子·尽心下》记孟子云:

> 尽信《书》,则不如无《书》。吾于《武成》,取二三策而已矣。仁人无敌于天下,以至仁伐至不仁,而何其血之流杵也?

这里所说的《书》,指的是儒家推尊的《尚书》。《尚书》所云"血之流杵"是夸张手法,孟子不理解,这是他的局限。但他认为《尚书》所记,有些并不可信,而且鲜明地指出"尽信《书》,则不如无《书》",说明他对文献有一种怀疑精神。先秦儒家之外的其他家,对于文献史料也大多倡导重真尚实,注意辨析。《庄子·人间世》说道家庄子认为:"两喜必多溢美之言,两怒必多溢恶之言。"《韩非子·显学》载法家韩非子说:

> 孔子、墨子俱道尧、舜,而取舍不同,皆自谓真尧、舜。尧、舜不复生,将谁使定儒、墨之诚乎?殷、周七百余岁,虞、夏二千余岁,而不能定儒、墨之真,今乃欲审尧、舜之道于三千岁之前,意者其不可必乎!无参验而必之者,愚也;弗能必而据之者,诬也。故明据先王必定尧、舜者,非愚则诬也。愚诬之学,杂反之行,明主弗受也。

作为先秦法家的集大成的韩非子,在批判儒、墨两家的学说时,反对他们托古作伪,主张用参验的方法来确定事实的真相。这种重考证和辨伪的做法,同上面儒家所倡导的重真尚实却是一致的。战国末年,在吕不韦组织他的一些门客编纂的《吕氏春秋》一书中,有些篇章也申明了重真求实的观

---

① 引自孙钦善《中国古文献学史》,中华书局1994年版,上,第21页。

点,如《察传》说:

夫得言不可以不察,数传而白为黑,黑为白……闻而审,则为福矣;闻而不审,不若无闻矣……辞多类非而是,多类是而非。是非之经,不可不分。此圣人之所慎也。然则何以慎?缘物之情及人之情以为所闻,则得之也。

上面这段引文指出,传言所表述的内容,在传播的过程中经常失去原真,甚至会颠倒黑白。因此对于传言,必须审察。审察的依据是事物的实情和人之常情。这里讲的不能轻信传言,要依据人之常情来审察传言,未必完全可靠。但就其主旨而言,应当说《察传》主张从事实和人之常情的结合上来辨伪以求真,颇具方法之意义。《荀子·非十二子》中,还记载了荀子揭示了人们不能正确地对待历史、产生偏见和错误的种种原因,他说:

欲为蔽,恶为蔽,始为蔽,终为蔽,远为蔽,近为蔽,博为蔽,浅为蔽,古为蔽,今为蔽。

荀子认为,人情的好恶,事件的始终,空间的远近,数量的多少,时间的古今等原因,都能导致偏见和错误的产生。

上面列举的诸子从不同的角度提出的对历史记载不能盲目信从,而应当注意分析的观点,是春秋战国时期理性精神在史学中的反映,孕育了后来出现和不断发展的疑古辨伪之风。

重真求实是文学史料学的根柢和生命。但从文学史料的实际情况来看,对所谓的真和实要有辨证的具体的分析。像神话传说之类的史料,像文学表现中夸张手法的使用,其真实性有其特殊性,不能用一般意义上的真实性来衡量。还有,把有关"怪"、"神"史料的产生以及流传放在产生的时代和流传的时代来看,它们都是重要的史料。先秦时期以孔孟为代表的儒家对此似乎并不理解。他们基于不语"怪"、"神"的思想,对已有的神话传说史料或否定,或贬抑,这一点,有损于中国古代神话史料的搜集和存传。中国古代神话史料的残缺和分散当与此有关。

二、尚用。先秦时期,不论是官方还是士人之所以重视史料、注意搜集、掌管和整理史料,一个重要的原因,是为了政治教化。这一点在对西周的巩固和发展有重大贡献的周公所发布的诰文中,有明显的表现。据《尚书·周书》记载,周公在根据当时的一些重大事件发布的诰文中,常常引用史料,注意总结历史经验教训,借以鉴戒。如《尚书·无逸》中,为论述"无逸"的重要,先是引用殷商的史料,从正面和反面总结殷商的教训。正面的是中宗、高宗和祖甲三个国王,他们"不敢荒宁",勤于政务,所以享国日久。反面的是殷商的后王,他们贪图安逸,"不知稼穑之艰难,不闻小人之劳,惟耽乐之从",结果享国日浅。接着又述说文王的"无逸"。称颂文王勤于政事,宽以待民。周公述说殷商和文王的史实,目的是要周成王等王室贵族"其监于兹",避免陷入淫逸①。周公注意把社会的现实问题同总结历史经验教训结合起来,明示以史为鉴,在当时,有助于西周的巩固,对后来,也产生了很大的影响,使我国古代的史学没有走纯学术的道路,使"以史为鉴"的理念成为中国古代政治实践和史学思想的重要命题。这一点也在不同程度上影响了古代文学史料学。另外,从前面引用的记载可以看到,天子和王侯之所以重视采诗和让下面献诗、献曲等,主要是为了"听政",为了巩固"政德",为了"观风俗,知得失"。外交场合上的引诗和赋诗,在很大程度上是借以来表述自己的观点和主张的。

就士人来说,他们搜集、整理史料,往往也离不开政治道德教化。在这方面,孔子表现得相当突出。孔子整理《尚书》,从大量的史料中"断远取近,定可以为世法者"。《史记》卷47《孔子世家》载:

> 古者诗三千余篇,及至孔子,去其重,取可施于礼义。

《孔子世家》还明言"孔子以《诗》、《书》、礼、乐"教授弟子。又《论语》载孔子说:

> 不学《诗》,无以言……不学《礼》,无以立。(《季氏》)
>
> 兴于《诗》,立于礼,成于乐。(《泰伯》)
>
> 诵《诗》三百,授之以政,不达。使于四方,不能专对。虽多,亦奚以为?(《子路》)
>
> 《诗》可以兴,可以观,可以群,可以怨,迩之事父,远之事君,多识于鸟兽草木之名。(《阳货》)

从上面列举的几则材料可以看到,孔子十分看重文献史料的实用价值。他从言语、政事、应对、伦理和知识等多方面强调了《诗经》的政治道德教化

---

① 参阅瞿林东《中国史学史纲》,北京出版社2005年版,第132—136页。

作用。

孔子为了提倡"君子多识前言往行以畜其德"，为了维护王道，有时能把重真和尚用结合起来。如欧阳修评孔子撰《春秋》说：

圣人之于《春秋》，用意深，故能劝戒切，为言信，然后善恶明。夫欲著其罪于后世，在乎不没其实。其实尝为君矣，书其为君。其实篡也，书其篡。各传其实，而使后世信之。①

由于尚用，特别是用政治道德教化的实用观点来对待文献史料，致使文献史料在整理和传播的过程中，出现了尖锐的矛盾和斗争。有的统治者为了维护自己的统治，有意禁毁妨害自己统治的史料。《孟子·万章下》载：

北宫锜问曰："周室班爵禄也，如之何?"孟子曰："其详不可得闻也，诸侯恶其害己也，而皆去其籍……"

由此可见，早在春秋战国之际，一些诸侯即开了禁毁不利于自己统治的史料的先例。孔子为了极力推尊和传播《诗》、《书》、礼、乐，而"攻乎异端，斯害也已"②。到战国时期，诸子在史料方面的斗争进一步加剧。孟子整理传播史料是为了捍卫孔子的理论主张，贬抑、排斥杨、墨等"异端"。这在《孟子·滕文公下》记载孟子说的一段话中有明确的表述：

杨、墨之道不息，孔子之道不著，是邪说诬民，充塞仁义也。仁义充塞，则率兽食人，人将相食。吾为此惧。闲先圣之道，距杨、墨，放淫辞，邪说者不得作。

与儒家相左，法家则极力强调法制，认为"儒者以文乱法"，排斥儒家推尊的《诗》、《书》等文献。《商君书·靳令》中把礼乐和《诗》、《书》列为"六虱"之中，说："法已定矣，而好用六虱者亡。"以法家为主的对儒家史料的排斥，到秦始皇统治时走上了极端。秦始皇统一中国以后，建立了中央集权。为了巩固自己的统治，"烧天下《诗》、《书》，诸侯史记尤甚，为其有所刺讥也"。秦始皇的焚书坑儒，严重地毁损了先秦时期留存的以儒学为主的史料。六艺从此残缺，玉版图籍从此散乱③。

---

① [宋]欧阳修撰《新五代史》，中华书局点校本，《梁本纪二》。

② 杨伯峻编著《论语译注》，中华书局 1958 年版，《为政》。

③ [汉]司马迁撰《史记》，中华书局点校本，卷 130《太史公自序》。

先秦时期尚用的史料观，主张用政治教化来规范文学史料，在当时、对后来都有深远的影响。从积极方面来看，我国古代的文献史料，有许多本来就含有政治意图，或者道德教化意图，强调它们的政治道德教化意义，只要是史料内在所含有的，并且起到了进步作用，就有其合理性。这样做，使我国古代的史料学从开始到后来一直具有现实性的品格，与社会现实密切联系，没有走上为史料而史料的纯学术的道路。从消极方面看，使我国许多文献史料遭到禁毁。文献史料作为文化的一部分，情况非常复杂，各种史料存在的形式和包含的内容有很大的区别。作为文学史料的核心的文学作品就有自己的特殊性。对待史料，应当注意区别。不加分析地把史料一律纳入为政治、为道德教化服务，使某些统治者和士人采取了简单的禁毁了大量史料，甚至采取了杀害有关文人学者的残暴政策。这方面的惨痛教训，值得深思。

三、“知人论世”的提出。先秦时期的著述中，有些论题，虽然不是直接谈论文学史料学的，但对后来的史料学却产生了很大的影响。如《孟子·万章下》载孟子关于“知人论世”的言论：

> 一乡之善士斯友一乡之善士，一国之善士斯友一国之善士，天下之善士斯友天下之善士。以友天下之善士为未足，又尚论古之人。颂其诗，读其书，不知其人，可乎？是以论其世也。是尚友也。

上面引的言论，本来是讲善士应当同善士交朋友。交朋友不限于一乡、一国和天下的善士，还要与古代的善士交朋友。同古代的善士交朋友，吟诵他们的诗歌，研究他们的著作，应当了解其生平思想和生活的时代。这段话虽然并不是针对史料学而言的，但却指出了诗歌、著述既系乎作者的生平思想，也系乎当时的世道人心。这一思想受到了后来许多文人学者的推崇，并且注意加以贯彻，对后来的史料学产生了相当大的影响。清人章学诚就强调：

> 是则不知古人之世，不可妄论古人文辞也。知其世矣，不知古人之身处，亦不可以遽论其文也。①

以“知人”而论，自司马迁《史记》开设人物传记以后，为文学家写传记、

① ［清］章学诚著、仓修良编注《文史通义新编新注》，浙江古籍出版社 2008 年版，《内篇二·文德》。

编年谱绵延不断，而且愈来愈盛，成为古代文学史料的重要组成部分。而研究文学家，为了“论世”，了解其所处的时代，因此重视和注意搜集、整理关于文学家所处的背景的史料，成了文学史料不可或缺的内容。

四、传播思想的孕育。先秦时期，史料传播的实践，使人们开始对传播有所感悟，孕育了一些传播思想。主要有两点，一是立言不朽。《左传·襄公二十四年》载：

大上有立德，其次有立功，其次有立言。虽久不废，此之谓不朽。

上述言论，在强调立德和立功之后，重视立言，认为立言同立德和立功同样可以不朽。人的自然生命是有限的，人的肉体是能朽的，但同有限、能朽相对，人又有追求、渴望永恒的理性诉求，人总该有无限的生命。这无限的、不朽的东西，不是以前人们所崇拜的图腾、神灵，也不是人的灵魂，而是立德、立功和立言。这就使人们超越了自然的生命，而有了文化生命，同时把人们追求无限和不朽落实到人生的可行性上来了。立言同立德和立功不朽一样，都体现了人对无限的向往和追求。立言不朽不仅激励了士人的写作，同时也使人们思考如何能使自己的著述得到久远的传播。司马迁忍辱负重写《史记》，一个重要原因是想让自己的著述能够流传于后世。班固“以为唐、虞三代，《诗》、《书》所及，世有典籍，故虽尧、舜之盛，然后扬名于后世，冠德于百王，故曰‘巍巍乎其有成功，焕乎其有文章也’”①。曹丕在《典论·论文》中讲：

年寿有时而尽，荣乐止乎其身，二者必至之常期，未若文章之无穷。是以古之作者，寄身于翰墨，见意于篇籍，不假良史之辞，不托飞驰之势，而声名自传于后。

古代天下君王、富贵者，生时则荣，没则名灭，而有文章者却留下了姓名，由此可见立言的不朽。曹丕之所以重视文章，一个重要原因是文章能够得到长久的传播，作者能借文章而不朽。

二是孔子提出了“言之不文，行之不远”的思想。孔子在重德的基础上，强调“文质彬彬，然后君子”②，主张作人应当文质兼具，又进一步把人格上

① ［汉］班固撰、［唐］颜师古注《汉书》，中华书局点校本，卷 100 下《叙传下》。

② 杨伯峻《论语译注》，中华书局 1958 年版，《雍也》。

的"文",扩大到语言表达上。文,包括文采。只有兼具文质,才能传之久远。

五、史料整理方法的孕育。我国古代在长期的整理史料的实践中,形成了一系列的具体方法。追根溯源,有些方法就是在先秦时期孕育的。如前面曾引子夏在校勘时,就采用了文字与实地询问相结合的方法。先秦时期,像子夏这样的校勘,带有经验的性质,还不可能在方法上作理论总结,但却孕育了后来的校勘学方法。

综观先秦时期的史料学,在实践上,在认识上,在方法上,都有不同程度的贡献。天子、诸侯和士人,重视史料,注意搜集、掌管、保存和传播史料,其中士人的作用尤其突出。杰出的代表是孔子。孔子基于"述而不作"和厚古的观念,在搜集、整理和传播史料方面,贡献尤其卓著。先秦的许多文献中有不少直接涉及史料的论述,提出了一些认识和方法。这些认识和方法,有些具有人文的内容和科学的因素,成为后来史料学发展的基因。除了一些著述有些直接论述史料学的言论之外,还有一些文献中所提出的若干涉及文学研究方法、道德、哲学和阐释学等方面的论述,也为后来的文人学者所重视、所借用,并且加以引申,经常出现在后来的史料学论著中,其重要性可以同那些直接论述史料的相提并论。后来中国古代文学史料学的许多命题、方法,大多能从先秦时期找到原点。受以孔子为代表的先秦士人重视经典著作的影响,我国古代特别注重对经典著作的整理、掌管、保存和传播。古代文学史料学的许多方法、术语、概念等的产生与发展,往往都是与对经典著作的整理和阐释分不开的。

先秦在文学史料学方面虽然有贡献,但由于当时各种文化还处于混融状态,文、史、哲不分,诗、乐、舞相融。就史学来说,人们虽然重视历史,但主要还是基于尚用,重点不是着眼于研究史料。西周时期的周公和春秋时期的孔子是这样,战国时期的诸子百家也是这样。诸子百家尽管关注史料,使用史料,但旨意在于著书立说,在于争鸣,而不是为了搜集史料、整理史料,很少有明确的史料意识。就文学来说,文学的性质和特点,基本上还没有进入人们研究的视阈。人们对文学的认识,多属感悟,表现形态多是片言只语。这与后来所说的"文学"概念的内涵相距很远。作为先秦时期的主要文学作品的诗歌,常常被当作宗教性和政教性文献。人们对文学史料的搜集、掌管、保存和整理,往往与其他史料不加区分。在史料的搜集、掌管、保存、整理和阐释等方面,虽然有一些方法,但多出于自然，还没有自觉意识。人们对文学史料尽管有一些认识，但不系统，多是夹杂在一些著述中的只言片语。还有一些方法蕴藏在各个时期产生的典籍中，这些典籍中有方法的因素，但又没有正式形成方法。上述情况说明，在我国古代文学史料学演进的历史长河中，先秦当属于孕育时期，是我国传统文学史料学的原点。

第八章　文学史料学的萌芽期：两汉

第一节　史料学萌芽的土壤

秦始皇统治时期的焚书坑儒，虽然严重地毁坏了文化典籍，但由于他建立了统一的封建中央集权制，采取了修驰道、统一文字等措施，在客观上为各地区、各民族的文化交流和融合创造了有利的条件。汉承秦制，巩固了秦王朝创立的专制的中央集权，疆域不断扩大，“六合同风，九州同贯”，垂四百年，保持着多民族国家的统一和稳定。国家的统一和稳定，使经济得到了空前的发展，基本上改变了先秦时期地域文化联系较少的状态，文化的地域畛域在很大程度上被打破了，秦、楚、齐、鲁等地域文化得以长期交融，全国各地的低层的文化容易上达集中，各民族的文化逐渐地得到了交流和融合。西汉从汉武帝开始，崇尚儒学经术。汉代崇尚儒学经术，具有明显的务实的特点，“各以经义处是非”①，匡补当世之失，“以经术饰吏事”②，参与制定礼仪，设立五经博士，把儒学纳入了教育体制，“使公卿大夫士吏彬彬多文学之士”③。在汉代，儒学和五经阐释被纳入国家政治和文化体制中，促进了社会、政治、文化思想的统一。多种因素的综合作用，使汉代形成了大一统的文化局面。国家的统一，为许多学科的发展创造了有利的条件。司马迁之所以能完成巨著《史记》的写作，其中一个重要原因是由于国家统一了，他能够比较集中地阅读文献史料，能够到全国许多地方进行实地考察和访问。

汉代虽承秦制，但在许多方面，特别是在文化方面有很大的变革。秦始

① [汉]班固撰、[唐]颜师古注《汉书》，中华书局点校本，卷88《儒林传》。
② [汉]班固撰、[唐]颜师古注《汉书》，中华书局点校本，卷89《循吏传》。
③ [宋]徐天麟撰《东汉会要》，中华书局1955年版，卷11《文学上》。

皇“燔烧诗书，坑杀儒生，上小尧、舜，下邈三王”[①]，破坏了三代礼乐文化，失去了统一的封建中央集权赖以存在和巩固的传统文化基础。汉朝建立以后，汲取了秦朝短命的教训，“逆取顺守，武夺文治”成了汉初统治者治国的主要指导思想。这在史学方面有明显的表现。汉朝的第一个皇帝刘邦，开始时并没有觉察到总结历史经验的重要，但为了巩固刚刚得到的天下的统治，他很快地觉醒了。《史记》卷97《陆贾列传》载，刘邦“乃谓陆生曰：‘试为我著秦所以失天下，吾所以得之者何，及古成败之国。’陆生乃粗述存亡之征，凡著十二篇。每奏一篇，高帝未尝不称善，左右呼‘万岁’，号其书曰《新语》”。陆贾强调，对于天下，“居马上得之，宁可以马上治之乎？且汤、武以逆取而顺守之，文武并用，长久之术也。……秦任刑法不变，卒灭赵氏。向使秦已并天下，行仁义、法先圣，陛下安得而有之？”陆贾在《新语·术事》中还指出：

> 善言古者，合之于今。能述远者，考之于近。故说事者上陈五帝之功，而思之于身；下列桀、纣之败，而戒之于己。

陆贾在汉初及时对历史经验的总结，他的史学思想及其著作《新语》，由于适应了时代的需要，受到了最高统治者的赞许，对汉代和后世都产生了重要的影响。

同先秦的帝王相比，汉代许多皇帝更加重视历史。汉代在史学的各个方面，在继承先秦已有成果的基础上，有了很大的发展。

与汉代许多皇帝重视历史相联系的是，汉代有不少大臣、思想家和历史家，也十分关心历史，注意总结历史经验和撰写历史著作。文、景时期的贾谊和晁错，上承陆贾，分别在其《过秦论》和《举贤良策》等著述中，结合当时的社会现实，从不同的角度总结了古代的历史，尤其是秦朝灭亡的历史教训。汉武帝时的司马谈、司马迁父子，深惧“废天下之文史”，把撰写史书，特别是“汉兴以来”的历史，作为自己的使命[②]，结果司马迁超越了个人的屈辱，写成了中国古代史的奠基之作——《史记》。西汉的重史意识及其成果直接影响了东汉。东汉光武帝建武年间，班彪“继采前史遗事，旁贯逸闻”，

① [汉]刘向《战国策序》。载何建章注释《战国策注释》，中华书局1990年版，《附录》四。

② 参阅[汉]司马迁撰《史记》，中华书局点校本，卷130《太史公自序》。

作《太史公书》“后篇”数十篇[1]。班彪卒后，其子班固乃归乡里，“以彪所续前史未详，乃潜精研思，欲就其业”。班固历经前后20多年，基本上完成了《汉书》全书的写作[2]。未及写就的八表与《天文志》，和帝命班固“博学高才”的妹妹班昭，“就东观藏书阁踵而成之”[3]，又命其同郡人续“昭成之”。两汉时期的史学著述，除了《史记》和《汉书》之外，重要的还有西汉时期陆贾的《楚汉春秋》，东汉时期明帝开始编撰的《东观汉记》、荀悦的《汉纪》以及应劭的《风俗通义》等。值得特别注意的是，在汉代先后出现了上面所述及的司马氏和班氏父子为代表的史学世家。这种子继父业，成就了著名的历史著作，是前所未有的。这从一个方面反映了汉代对历史的重视和史学在汉代的重要地位。

汉代在继承先秦史学成果的基础上，在史著体裁和内容等方面，有了明显的扩展。《史记》不仅是一部通史，而且是纪传体的奠基之作。《汉书》是中国古代第一部皇朝断代史。《汉纪》是一部编年体西汉皇朝史，开我国古代皇朝编年体之先。据清代姚振宗所补《汉书》和《后汉书》艺文志，汉代有《建武注记》、《宣宗起居注》等多种起居注。有关汉代典章制度的有应劭的《汉官仪》、卫宏的《汉旧仪》等。有关地理的有《三辅黄图》、《地形图》等。风俗史方面，有应劭的《风俗通义》。王符的《潜夫论·志氏姓》和应劭的《风俗通义·姓氏》，是我国最早的姓氏学著述。

在史官制度上，汉代史官的职司更加明确、具体。《汉书》卷19上《百官公卿表上》载，御史大夫官属有中丞，在殿中兰台掌管图籍秘书。后汉改为兰台令史。这是专管图籍的。另一类是太史令丞，为奉常官属，职责是搜集当时社会经济文化生活的各种资料。同时，各地的郡太守和县令之下，设有主簿、丞等属官，负责管理文书。

两汉朝廷还多次发布诏令，广开献书之路，搜求天下遗文图籍。为了掌管、保存和使用各种遗文图籍，朝廷还特别设置了专门的图籍保管处所，如石渠阁、兰台和东观藏书阁。

汉代的统治者一直关注文化思想的建构。文帝、景帝时，尊奉黄老思

---

① ［南朝宋］范晔撰、［唐］李贤等注《后汉书》，中华书局点校本，卷40上《班彪传》。

② 参阅［汉］班固撰、［唐］颜师古注《汉书》，中华书局点校本，卷100下《叙传下》。

③ ［南朝宋］范晔撰、［唐］李贤等注《后汉书》，中华书局点校本，卷84《列女传·曹世叔妻传》。

想。汉武帝“罢黜百家，独尊儒术”，用儒家思想统一上下。儒家思想凭借着朝廷的政治力量，超越了其他思想成为统治思想，使汉代自武帝开始有一种相当统一的思想。但就整个汉代来看，儒家思想并没有、也不可能具有绝对的统治地位。先秦时期儒家之外的阴阳五行、黄老道家、法家等多种思想仍在生存(也有变化)，仍在不同程度地保持着原有的潜在的影响。汉代以儒学为宗主，但也没有完全排除其他思想。反映在典籍上，就是长期以来对多种文献的重视，催生了大量的著述，也影响了文学创作的进展。在著述方面，两汉发展得很快，据王余光在《中国文献史》中的统计：“西汉及西汉以前(公元25年前)747年中，总的著作部数1033部，平均每百年著作部数是138部。东汉(25—220)195年中，总的著作部数是1100部，平均每百年著作部数是564部，增长率是309%。以上统计只是根据书目统计的图书数目，绝不是文献的全部。”[①]在文学创作方面，诗歌继续发展，出现了大量的民间乐府诗和文人创作的诗歌。辞赋繁盛，成就空前，以至成为汉代文学的标志性成果。以《史记》和《汉书》为代表的史传文学，成了我国古代史传文学的前驱。著作和创作需要借鉴多种典籍；著作数量的激增，文学创作的迅速发展，需要收集整理。这种互动，从一个重要方面，培植了文学史料学萌芽的土壤。

先秦时期，学术与文学不分。“到了汉代，文化逐渐提高，文学作品也渐多，一般人对于文学的认识也比以前来得清楚一些，于是把‘文章’和‘博学’两种意义分别开来，这也就是说把文学和学术分离开来了。不过当时的术语，还用博学的意义称‘文学’”[②]。汉代人们对于文学的新认识，说明人们已经开始思考文学的特点，开始区分文学与学术，尽管还没有区分清楚，但对文学史料学的萌芽具有催发的意义。

两汉时期，由于国家的统一，社会的稳定，科学技术也有了迅速的发展。科学技术的发展，尤其是纸的发明，从不同的方面促进了文学史料的发展。关于纸的发明及其重要作用，本书第四章第二节有所论述。这里，需要补充的是，东汉和帝时蔡伦用新的办法造纸以后，有不少文人写作或抄书用成本

---

① 王余光《中国文献史》，武汉大学出版社1993年版，第1卷，第49页。转引自周月亮《中国古代文化传播史》，北京广播学院出版社2000年版，第143页。

② 郭绍虞《中国文学批评史》，中华书局1961年版，第23页。

比帛低廉的纸张。《艺文类聚》卷 31 著录东汉崔瑗、马融、延笃和张奂写的四封信，都是用纸书写的。延笃《答张奂书》中有“伯英来，惠书盈四纸”的话，表明张奂写的信用的纸是较多的。《北堂书钞》卷 104 著录崔瑗《与葛元甫书》云：

今遣送《许子》十卷，贫不及素，但以纸耳。

上引史料说明，蔡伦用新的技术造纸以后，人们常用纸张写书信和抄书。由此可以推测，纸的使用，在载体和媒介等方面，使写作和史料的传播便捷得多了。汉代文学史料学的萌芽，同蔡侯纸的发明和使用是分不开的。

第二节　文学家传记史料的开端

从春秋时期开始，许多思想家冲破了神学迷信思想的束缚，由以神为本到以人为本，十分重视人和人事。与此相联系的是，春秋以来，在许多著述当中，特别重视记人之言、叙人之事。战国时期的《世本》，记叙的就是人事，其中有本纪、世家、列传、谱系。到了西汉，司马迁继承了春秋以来重人事的思想和一些著作中设有人物传记的做法，进一步加以扩大和规范，写成了《史记》。在《史记》中，突出了人物传记，全面地开创并奠定了“史运亨通”的纪传体史学。梁启超说，《史记》“其最异于前史者一事，曰以人物为本位”①。钱穆指出：“七十篇列传，为太史公《史记》中最主要部分，是太史公独创的一个体例②。”《史记》人物列传，分别在“世家”和“列传”两大部分里。就所记传主来说，有专记一人的专传、记两人或两人以上的合传以及按传主相近的身份和业绩而组合的类传。《史记》列传涉及了多方面的重要人物，其中也为一些著名的文学家，如屈原、贾谊、司马相如等立传。《史记》卷130《太史公自序》云：

作辞赋以讽谏，连类以争义，《离骚》有之。作《屈原贾生列传》第二十四。……《子虚》之事，《大人》赋说，靡丽多夸，然其指讽谏，归于无为。作《司马相如列传》第五十七。

---

① 梁启超《中国历史研究法》，东方出版社 1996 年版，第 19 页。
② 钱穆《中国史学名著》，三联书店 2000 年版，第 70 页。

司马迁认识到屈原、贾谊和司马相如作品的一些特点，专门为他们撰写传记并辅之以评论。他写这些传记，不仅恪守史家求事之实的写作原则，而且融入了自己的感情和自己感悟的哲理。传记中还用了很大的篇幅相当完整地著录了传主的一些作品。他著录的作品，都是经过认真选择的，如《司马相如传》基于"采其尤著公卿者"、"其语可论者"的考虑，选择著录了司马相如的《子虚赋》、《上林赋》、《喻巴蜀檄》、《难蜀父老》、《谏猎疏》、《哀二世赋》、《大人赋》和《封禅书》等八篇作品，而对其他著述，"若《遗平陵侯书》、《与五公子相难》、《草木书》篇，不采"。从今存司马相如的作品来看，其重要的都为司马迁撰写的《司马相如传》所采录。他所著录的重要作品，不仅表现了他对作品的重视和选录的标准，更重要的是保留了作品史料，使它们免于散失。司马迁还继承和发展了先秦时期《左传》和《战国策》等书的优良传统，在撰写人物和事件时，重视艺术表现。他撰写的文学家传记，"成一家之言"，引领了文学家传记领域里的方向，开后代正史和其他一些史书中设文学家传记之先河，并奠定了文学家传记的大体写法。后来的史书，自班固《汉书》开始，均在不同的方面和在不同程度上受到了《史记》文学家传记的濡染。

东汉班固撰《汉书》100 卷，其中列传有 70 卷，足见人物传记在《汉书》中的重要地位。《汉书》撰写人物传记的方法，在继承《史记》的基础上有所改进。如不再设"世家"，把"世家"归入列传。注意编排的次序，基本做法是先专传、合传，后类传。合传的组合有一定的立义。在合传中，有 18 人合传中有附传，开附传之先河①。

对文学家的传记，班固的《汉书》一方面踵武《史记》，如所他撰写的《司马相如传》，主要内容和写法基本上是沿用《史记》。另一方面，由于《史记》是通史，所写的历史自黄帝开始至汉武帝太初年间，而《汉书》是专写西汉的断代史，再加上时间的间隔和班固自己的写作特点，所以班固撰写的文学家传记，较司马迁有很大的拓展。一是人数的增多，西汉的文学家传记，除《史记》所写的贾谊、晁错、司马相如之外，增加了邹阳、枚乘、枚皋、司马迁、严助、王褒、东方朔、扬雄等，基本上涵盖了西汉时期重要的文学家。二是篇幅的增大，内容的扩充，更重视作品的著录。以贾谊的作品为例，贾谊的作品，

① 参阅王锦贵《中国纪传体文献研究》，北京大学出版社 1996 年版，第 39—43 页。

《汉书》卷30《艺文志》“诸子类”著录58篇，“诗赋类”著录赋7篇。《史记》卷84《贾谊传》只选录了《吊屈原赋》和《鹏鸟赋》2篇，而《汉书》卷48《贾谊传》所选除上述2篇外，还本着“掇其切于世事者”的想法，增选了《陈政事疏》、《请封建子弟疏》和《谏立淮南诸子疏》3篇，共选录了5篇。这5篇都是贾谊重要的代表作品。三是在文字上的规范。仔细比较《史记》和《汉书》中的《贾谊传》和《司马相如传》等，可以发现，对于所记的同样内容，《汉书》的文字规范得多。《史记》中有些多余的字在《汉书》中被去掉了，不通顺的句子被改正了。上述文字的改动，有文字随时代嬗变的因素，也说明班固重视文字的整饬。还有，对《史记》和《汉书》所著录的相同的作品，《汉书》的文字略有歧异，这可能是班固所据的版本不同，或者是校勘的结果。文字的歧异，为后来的校勘提供了参照。

《史记》和《汉书》虽然开创了撰写文学家传记的先河，存传了西汉重要的文学家的最早的史料，并大体上确立了撰写文学家传记的体式。但由于当时重经学儒林、轻文学家以及重道德政事、轻文学的影响，再加上对文学的特点还缺乏认识，因此《史记》，尤其是《汉书》，特别看重的是儒林。《史记》和《汉书》除了为一些儒学经师设立专传外，还特别设立类传《儒林传》。《汉书》还把《儒林传》置于类传之首。足见儒林在他们心目中的重要地位。《史记》和《汉书》中尽管有一些文学家的传记，但其主要的着眼点还不是由于他们在文学上的贡献。有的是着眼于道德、讽谏，如《史记》和《汉书》为司马相如立传，主要是鉴于《春秋》、《易》、《大雅》和《小雅》“所言虽殊，其合德一也”的原则，认为司马相如“虽多虚辞滥说，然其要归引节俭，此与《诗》之风谏”没有什么区别，“犹郑卫之声，曲终而奏雅”①。有的主要是着眼于历史和政事，如《汉书》为贾谊立传，主要是因为贾谊“言三代与秦治乱之意，其论甚美”，一些著述“切于世事”②。由此看来，在汉代，虽然开始为重要的文学家立传，但由于诸多因素的综合作用，他们在文学上的成就基本上没有被突出，更不见文学家类传。历史把主要从文学的角度重视文学家和文学家类传的设立，留给了承接两汉的魏晋南北朝时期。

---

① [汉]班固撰、[唐]颜师古注《汉书》，中华书局点校本，卷57下《司马相如传赞》。

② [汉]班固撰、[唐]颜师古注《汉书》，中华书局点校本，卷48《贾谊传》。

第三节　别集的起源和总集的发展

别集的“别”是个别的意思。别集是按照一定的体例把一个作者的诗文编辑起来的一种书籍。因为别集编辑的主要是个人的诗文，传统的经、史、子三部及其著述不入别集。《四库全书总目》第148卷《集部总叙》说：“四部之书，别集最杂。”别集虽然以诗文为主，但有的别集中并无诗歌。西晋陈寿等编辑的《诸葛亮集》就只有“言、教、书、奏”。

关于别集的起源，前贤和时彦的先行研究有不同的见解，综括起来主要有以下四种。

一是起源于先秦子书说。主此说的是钱穆。他说：

> 小说家在先秦为九流十家之一，此后演变，亦渐成文学之一部分。然后起小说，乃不失古代小说家言之传统。中国之集部，本源先秦之子部，此亦其一例。①

二是起源于西汉说。持此说的是梁代萧绎和清人姚振宗。萧绎在《金楼子·立言》中说：

> 诸子兴于战国，文集盛于两汉，至家家有制，人人有集。

萧绎虽然没有明确说明别集起源于何时，但从他认为“文集盛于两汉”的论断来推测，那至少在西汉就应当有别集了。

姚振宗说：

> 别集始于何人？以余考之，亦始于刘中垒也。《诗赋略》五篇，皆诸家赋集、诗歌集，固别集之权舆。②

徐有富、徐昕赞同此说，云：

> 我国别集起源甚早。如《汉书·艺文志·诗赋略》著录的《屈原赋二十五篇》、《陆贾赋三篇》、《孙卿赋十篇》，何尝不是别集。……应当说这些别集虽经刘向等人加工而成为定本，但是它们早就编辑成书则是

---

① 钱穆《现代中国学术论衡》，三联书店2002年版，第249页。

② 姚振宗《隋书经籍志考证》，《二十五史补编》本，中华书局1955年版，卷39。

不成问题的。①

三是起源于东汉说。持此说的有唐人魏徵和宋人晁公武。魏徵说：

别集之名，盖汉东京之所创也。自灵均已降，属文之士众矣，然其志尚不同，风流殊别。后之君子，欲观其体势，而见其心灵，故别聚焉，名之为集。辞人景慕，并自记载，以成书部。②

晁公武云：

昔屈原作《离骚》，虽诡谲不可为训，而英辨藻思，闳丽演迤，发于忠正，蔚然为百代词章之祖。众士慕响，波属云委。自时厥后，缀文者接踵于斯矣。然轨辙不同，机杼亦异，各名一家之言。学者欲矜式焉，故别而序之，命之为集。盖其原起于东京，而极于有唐。③

《四库全书总目》卷148“别集类一·叙”也认为，别集起于东汉。

四是起源于晋代说，其代表人物是清人章学诚。他说：

两汉文章渐富，为著作之始衰。然贾生奏议，编入《新书》；相如辞赋，但记篇目，皆成一家之言，与诸子未甚相远，初未尝有汇次诸体，裒焉而为文集者也。自东京以降，迄乎建安、黄初之间，文集繁矣。然范、陈二史所次文士诸传，识其文笔，皆云所著诗、赋、碑、箴、颂、诔若干篇，而不云文集若干卷，则文集之实已具，而文集之名犹未立也。（原注：《隋志》：‘别集之名，东京所创。’盖未深考。）自挚虞创为《文章流别》，学者便之，于是别聚古人之作，标为别集；则文集之名实仿于晋代。④

以上四种不同观点之所以产生，主要是由于对别集的内涵的理解和着眼点不同。起源于先秦子书说者主要以“九流十家”之小说家为例。其实，《汉书》卷30《艺文志》著录小说15家，诚如鲁迅《中国小说史略》第一篇所说：“则诸书大抵或托古人，或记古事，托人者似子而浅薄，记事者近史而悠

① 徐有富、徐昕《文献学研究》，江苏古籍出版社2002年版，第36—37页。

② ［唐］魏徵等撰《隋书》，中华书局点校本，卷35《经籍志四》。

③ ［宋］晁公武撰、孙猛校证《郡斋读书志》，上海古籍出版社1990年版，卷17，第801页。

④ ［清］章学诚著、仓修良编注《文史通义新编新注》，浙江古籍出版社2005年版，《内篇》六《文集》。

谬者也。”这15家小说，与我们所说的别集相距甚远。先秦的子书，单就集某一子的著作言论来看，已具备了后来别集的性质，可能因其内容多为政论、哲理，同后来的集部大都以诗文为主有区别，所以一般把子、集分为两部。我们不能从单收一人之作这一角度，认为别集源于先秦的子书。

起源于西汉刘向说，是基于“文集之实”。

起源于东汉说，主要是认为“别集”之名是东汉所创。《隋书》卷35《经籍志四》说：“别集之名，盖汉东京之所创也。”此说未注明根据。从现存文献来看，还不能证实此说。

起源于晋代之说，则是着眼于“文集之名”。

对于别集的起源，我们究竟应当着眼于实呢，还是着眼于名呢？我认为，两相比较，我们应当着眼于实，从实际出发。如果着眼于名，有关别集的名称很多。单就“别集”这一名称来说，就现在发现的史料而言，最早见于南朝梁阮孝绪的《七录》。《七录》文集录内篇有别集部6497卷。假如我们囿于别集这一名称，就应当把别集的起源定在南朝的梁代。如果着眼于实际，我们的认识可能容易统一。别集作为个人以诗文为主的作品结集的一种形式，它的产生需要个人有相当多的有质量的诗文的积累作为基础，也需要人们对以诗赋为代表的文学作品有一定的认识。从中国古代文学演进的历程来看，屈原作为我国古代第一位著名的文学家，创作了许多优秀的文学作品。屈原之后，唐勒和宋玉继承屈原，也创作了一些辞赋。屈原等人创作的有质量的多数量的作品，为后人编文集创造了条件。西汉伊始，朝廷重视收集书籍，对诗赋之类的作品也相当关注。西汉司马迁继承父亲司马谈之后，重视搜集、整理赋、文之类的文学作品。他在《史记》卷84《屈原贾生列传》和卷117《司马相如列传》中，分别选录了屈原、贾谊和司马相如的一些重要的文学作品。他的选录应当是在分别整理屈原、贾谊和司马相如的所有作品的基础上进行的。后来刘向编辑了总集《楚辞》。可以设想，在刘向之前，如果没有个人文集的存在，或者刘向自己不分别搜集、整理所选作品的文学家的别集，是难以编成《楚辞》的。刘向撰有《别录》，他的儿子刘歆继父之业，撰《七略》，其中有诗赋略。东汉班固在《别录》和《七略》的基础上著《汉书·艺文志》。《汉书》卷30《艺文志》中著录诗赋106家，1318篇。其中收有屈原赋25篇，唐勒赋4篇，宋玉赋16篇，贾谊赋7篇，枚乘赋9篇，司马相如赋29篇，《高祖歌诗》2篇……这些有明确作者的赋集或诗集，实际上就是别集。这样看来，在上引别集起源的各种观点中，萧绎和姚振宗的见解是可以接受的。别集的起源至晚应定在刘歆时，也可能在刘向、甚至在西汉初期就出现了，到了东汉又有了进一步发展。东汉时期别集的发展，与儒家经学的逐渐衰退、各种文学体裁的作品的大量出现有直接的关联。明代胡应麟说：

> 西汉前无集名，文人或为史，或为子，或为经，或诗赋，各专所业终身。至东京而铭、颂、疏、记之类，文章流派渐广，四者不足概之，故集之名始著。①

东汉别集具体的编辑情况，常见于历史记载。《后汉书》卷42《光武十王列传·东平宪王苍传》载：

> 苍还国……正月薨，诏告中傅，封上自建武以来章奏及所作书、记、赋、颂、七言、别字、歌诗，并集览焉。

又《后汉书》卷84《列女传·曹世叔妻传》载，班昭“年七十余卒没……所著赋、颂、铭、诔、问、哀辞、书、论、上疏、遗令，凡十六篇。子妇丁氏为撰集之，又作《大家赞》”②。上面的记载，虽然没有使用别集这一名称，但实际上编的是别集。东汉时期，虽然出现了自觉编纂别集的事例，但就总的态势来看，当时编的别集的数量不多，因此，《后汉书》卷80《文苑传》以及卷59《张衡传》、卷60下《蔡邕传》等著名文人的传记中，均言其作有诗、赋、碑、诔等若干篇，而未云有别集，也未见使用“集”和“别集”之类的名称③。上述情况到了魏晋南北朝时期，有了很大的变化。

别集是文学家作品最重要的结集形式。汉代别集的初创，影响深远。汉代之后，历朝历代都把别集作为作品史料的基础，十分重视别集的编辑。

总集在先秦时期起始以后，到了汉代有了明显的发展。西汉末成帝河平三年(前26)，刘向领校中秘书，整理屈原等人的作品，编辑《楚辞》16卷。《楚辞》除了收屈原或托名屈原的作品外，还收入了宋玉、景差以及汉代贾谊、淮南小山、东方朔、严忌、王褒、刘向自己的作品。刘向所编《楚辞》原本

---

① 胡应麟《诗薮》，中华书局1962年校补标点本，《杂编》卷2。

② 参阅徐有富、徐昕《文献学研究》，江苏古籍出版社2002年版，《先唐别集考述》。

③ 上引《宪王苍传》和《曹世叔妻传》中的“集”字，作动词用。

已佚，东汉王逸《楚辞章句》17卷，是现存最早的传本，保存了原本的大概。《楚辞》之外，《汉书》卷30《艺文志》著录的“秦时杂赋九篇”、“杂赋十二家，二百三十三篇”和“歌诗二十八家，三百一十四篇”，也应当属于总集。同先秦时期的总集相比，汉代的总集有两点值得注意。一是突出了辞赋和诗歌，其中辞赋尤其受到重视。这与当时辞赋是文学创作的主潮和辞赋受到特别的关注有关。辞赋总集的编纂，不仅保存了辞赋作品，同时也促进了辞赋创作的发展。二是兼顾前代和当代的作品。这明显地表现在《楚辞》所收的作品上。后来历朝历代编纂总集，从总体上看，都是兼顾前代和当代。这一传统的嚆矢应当说是在先秦，到了汉代有了发展。

第四节　以官方为主的史料收集和典藏

先秦的典籍，秦始皇焚书之后，又经秦汉间的战乱，损失极为严重。但仍有一部分存于民间，《史记》卷15《六国年表序》说：

> 秦既得意，烧天下《诗》、《书》。……《诗》、《书》所以复见者，多藏人家。

又卷130《太史公自序》说：“《诗》、《书》往往间出。”又《隋书》卷32《经籍志一》载，《孝经》“遭秦灭书，为河间人颜芝所藏。……又有《古文孝经》与《古文尚书》同出”。此外，汉代还不断地出现一些新的著述。两汉从西汉初开始，就十分重视史料的收集工作。从现存的记载来看，两汉对史料的收集，官方的作用很大。《汉书》卷30《艺文志序》载：

> 汉兴，改秦之败，大收篇籍，广开献书之路。

西汉立朝，即开始搜集秦火余下的图籍。惠帝曾下除挟书令。到武帝时，更加重视搜集史料。《汉书》卷59《张汤传》记载：

> 上行幸河东，尝亡书三箧，诏问莫能知，唯安世识之，具作其事。后购求得书，以相校，无所遗失。上奇其材，擢为尚书令，迁光禄大夫。

上述记载说明，武帝时曾用购买的方法收集散亡的书籍，对于熟悉图书者予以升迁。

自西汉建立到汉武帝时司马迁撰写《史记》前后，“百年之间，天下遗文古事，靡不毕集于太史公”①。这一说法，有些夸张，但从中可以看到，武帝时搜集“天下遗文古事”，确实取得了很大的成绩。另外，汉武帝还加强、扩大了乐府机构，在黄河和长江两大流域的广大地区，南至今天的江苏、安徽，北至今天的内蒙和甘肃，收集了大量的民间歌谣。《汉书·艺文志·诗赋略序》云：

自孝武帝立乐府而采歌谣，于是有代、赵之讴，秦、楚之风。

西汉到成帝时，“以书颇散亡，使谒者陈农求遗书于天下”②。经过成帝前后的搜集，许多史料得以汇集。以诗赋为例，《文心雕龙·明诗》云：诗歌“至成帝品录，二百余篇。朝章国采，亦云周备”。又《诠赋》云：辞赋“繁积于宣时，校阅于成世，进御之赋千有余首”。

东汉建立以后，皇室继续采取多种举措收集史料。《后汉书》卷 79 上《儒林传上》载：

昔王莽、更始之际，天下散乱，礼乐分崩，典文残落。及光武中兴，爱好经术，未及下车，而先访儒雅，采求阙文，补缀漏逸。先是四方学士多怀挟图书，遁逃林薮。自是莫不抱负坟策，云会京师。

光武帝之后的明帝和章帝“继轨，尤重经术。四方鸿生巨儒，负袠自远而至者，不可胜算”③。

值得注意的是，东汉自光武帝开始，在收集史料时，除了经术之类的以外，还比较关注民歌之类的文学作品。《后汉书》卷 76《循吏列传序》载，“光武长于民间，颇达情伪”，当了皇帝以后，“数引公卿郎将，列于禁坐。广求民瘼，观纳风谣”。又卷 82《方术传上·李郃传》载：

和帝即位，分遣使者，皆微服单行，各至州县，观采风谣。

“降及灵帝，时好辞制，造《羲皇》之书，开鸿都之赋”④。灵帝开鸿都之

---

① ［汉］司马迁撰《史记》，中华书局点校本，1963 年版，卷 130《太史公自序》。

② ［汉］班固撰、［唐］颜师古注《汉书》，中华书局点校本，卷 30《艺文志序》。

③ ［唐］魏徵等撰《隋书》，中华书局点校本，卷 32《经籍志一》。

④ ［南朝梁］刘勰撰、詹锳义证《文心雕龙义证》，上海古籍出版社 1989 年版，《时序》篇。

赋，一方面有“群小”创作了一些“赋说”①，另一方面，所谓的“无行趋势之徒”“喜陈方俗闾里小事”，“连偶俗语，有类俳优”②。这里所说的“方俗闾里小事”和“连偶俗语”，其中当有一些民间文学作品。灵帝开鸿都之赋，当收集了不少文学史料。

受朝廷的影响，一些地方官也注意收集民间歌谣。《后汉书》卷31《羊续传》载，羊续任南阳太守，“当入郡界，乃羸服间行，侍童子一人，观历县邑，采问风谣，然后乃进”。

朝廷和地方官收集民歌，有的是为了供宫廷典礼或娱乐所用，有的是为了了解民情、查考时政，但在客观上却促进了民间文学，特别是民歌的搜采、整理和保存。

两汉时期，除了官方搜集史料以外，有些文人在这方面也十分热心，取得了重要的成就，其中特别值得称颂的是司马迁。司马迁的《史记》，是在占有丰富的史料的基础上写成的。他用的史料，一方面是官藏的各种典籍，另外就是他漫游全国各地，通过考察所得到的史料。唐代司马贞《史记索隐序》云：

> 太史公之书，既上序轩辕，中述战国，或得之于名山坏壁，或取之于旧俗风谣。

司马迁从20岁开始，多次到各地考察。《史记》卷130《太史公自序》云：

> 二十而南游江、淮，上会稽，探禹穴，窥九疑，浮于沅、湘；北涉汶、泗，讲业齐、鲁之都，观孔子之遗风，乡射邹、峄；厄困鄱、薛、彭城，过梁、楚以归。

王国维说：“史公此行，据卫宏说，以为奉使乘传行天下，求古诸侯之史记也。”另外，除此行之外，据《史记》记载，司马迁还到过许多地方③。近代郭嵩焘《史记札记》说：

> 诸侯起微贱，一时遗闻轶迹，传闻必多。史公身历其地而知其遗际

---

① [南朝宋]范晔撰、[唐]李贤等注《后汉书》，中华书局点校本，卷54《杨赐传》。

② [南朝宋]范晔撰、[唐]李贤等注《后汉书》，中华书局点校本，卷60下《蔡邕传》。

③ 参阅王国维《太史行年考》，载其著《观堂集林》，河北教育出版社2001年版，卷11。

风云，未有异于人者也。史公于萧、曹、樊哙、滕公等传，盖得于民间传说为多。此所谓纪实也。[①]

司马迁身临各地考察，得到了许多文献上没有的记载，或者有记载但并不翔实的史料，其中尤其是一些实物史料以及出自遗民、野老百姓、方士祠官口传的有关一些人物的史料和民间传说、歌谣。这些史料不仅使他的《史记》记叙充实可信，同时还使许多史实得到了保存和流传。从收集史料的途径来看，在先秦时期，孔子即开始了实地考察，开拓了史源。司马迁继承了孔子的做法，用了很多的时间和精力，到了全国那么多的地方，得到了那么多的珍贵史料。值得注意的是，司马迁漫游的地方，包括了当时蛮夷所居的沅、湘等地，并且把漫游这些地方所得到的史料，用到了编撰《史记》上。这意味着司马迁已经初具中华民族大一统的史学观念。受司马迁的影响，后来许多文人学者把广泛的实地考察作为搜集史料的重要途径，形成了我国古代史料学的一个优良传统。

两汉对搜集到的各种史料注意复制和保存。《汉书·艺文志序》云：

迄孝武世，书缺简脱，礼坏乐崩，圣上喟然而称曰："朕甚闵焉！"于是建藏书之策，置写书之官，下及诸子传说，皆充秘府。

汉武帝时"置写书之官"。"写书之官"当是负责抄写书籍的官员。在史料的保存方面，西汉武帝时"建藏书之策"。关于"藏书之策"，《隋书》卷32《经籍志一》有具体的叙写："武帝置太史公，命天下计书，先上太史，副上丞相……外有太常、太史、博士之藏，内有延阁、广内、秘室之府。"到哀帝时，"乃徙温室中书于天禄阁上"。从上面所引的史料，可以说明西汉时重视藏书，设有多处藏书处所，并且有所分工。东汉承袭西汉，也十分注意设置藏书的处所。仅据《隋书·经籍志一》提供的史料，东汉藏书的处所就有石室、兰台，还有"集新书"的东观及仁寿阁。

两汉时期对史料的收藏，除了主要由官府负责之外，还有少数私家。《汉书》卷100上《叙传上》说班彪"家有赐书"。《三国志》卷21《魏志·王粲传》载蔡邕说"吾家书籍文章"，尽当给"有异才"的王粲。又《后汉书》卷84《列女传·董祀妻传》载蔡琰被曹操从匈奴赎回国后对曹操说："昔亡父赐书

① 转引自张新科《史记学概论》，商务印书馆2003年版，第265—266页。

四千许卷。”班彪家的书籍有多少,没有具体记载。而蔡邕赐予蔡琰的书即达“四千许卷”,足见蔡邕藏书之多。由上举班彪和蔡邕的事例,可以说明,在汉代私家已十分重视收藏史料了。此外,《后汉书》卷49《王充传》载,王充曾到京师,师事班彪,“家贫无书,常游洛阳市肆,阅所卖书,一见辄能诵忆。”《后汉书》卷47《班超传》说班超“家贫,常为官佣书以供养”。所谓“佣书”,即是抄写公文或者书籍。从书籍能在市场上买卖和有人以佣书为生,可以推测,当时收藏书籍的当不会仅仅限于像班彪和蔡邕这样的官宦士人家庭。

两汉时期,尽管有少数私家收藏史料,但主要的还是以朝廷为主的官方,私人的收藏只是一种补充。两汉历朝始终重视由官方收藏史料。以汉武帝、汉成帝为代表的几次大规模的史料收藏,都是由朝廷指令组织的。朝廷有权威,有力量,容易收藏。朝廷收藏的史料有合法性,也利于长期存传。中国历朝历代,都注重收藏史料。这一传统是两汉的延续和影响。

第五节　目录与史料校勘的萌生

目录当孕育于先秦的春秋时期。春秋之前的三代,在文化学术上,官师合一,“天下以同文为治,故私门无著述文字。”“后世文字必溯源于六艺。六艺非孔氏之书,乃周官之旧典也。”周代《诗》领于太师,以太师为师;《礼》在宗伯,以宗伯为师;《书》藏外史,以外史为师;《乐》隶司乐,以司乐为师;《易》、《春秋》也如上述。既然官师合一,官守学业,官守的分工即群书的分类。到春秋时,官司失守,文化学术从官府中游离出来,不断下移,出现了私人著述和流派①。于是需要对各种典籍的整理,特别是孔子及其弟子在整理《诗》、《书》、礼、乐、《春秋》等典籍时,当伴随着目录的编写,孕育了目录。到了汉代,随着各种史料的不断涌现和史料的收藏,史料的整理也受到了空前的重视,同时出现了相关的目录。

西汉典籍的大量积累,势必促进史料的整理工作,催化了目录、校勘的萌生。今存刘歆《七略》一段佚文说:

> 武帝广开献书之路,百年之间,书籍如丘山。故外有太常、太史、博

---

① 参阅[清]章学诚《章学诚遗书》,文物出版社1985年版,卷10《原道》第一。

士之藏，内有延阁、广内、秘室之府。①

面对书籍的迅速增加、不同版本的相继出现和藏书分散的情况，如果不及时加以校勘、编目，会直接影响书籍的典藏、传播和使用。于是，早在西汉初期和武帝时，即开始了书籍的整理工作。《史记》卷130《太史公自序》说：

维我汉继五帝末流，接三代(统)[绝]业。周道废，秦拨去古文，焚灭《诗》、《书》，故明堂石室金匮玉版图籍散乱。于是汉兴，萧何次律令，韩信申军法，张苍为章程，叔孙通定礼仪，则文学彬彬稍进。

《汉书》卷30《艺文志·兵书略》记载：

汉兴，张良、韩信序次兵法，凡百八十二家，删取要用，定著三十五家。诸吕用事而盗取之。武帝时，军政杨仆捃摭遗逸，纪奏兵录，犹未能备。

上述记载表明，在汉高祖和汉武帝时，已先后对搜集到的兵书、律令等，进行过整理。另外，在汉武帝时，对搜集到的其他的大量图书，也进行过整理。整理时，必然伴随着校勘和编纂目录。主要做这方面的工作的，当是司马谈、司马迁父子。司马氏父子先后任太史公，校书秘阁，对当时的图籍做了一次系统的整理。在整理时，当编有目录。今存司马谈的《论六家要旨》，概述了阴阳、儒、墨、名、法、道德六家的主旨，属于中国传统目录学中的序录。至于他们编纂的其他目录，在刘向、刘歆以至班固时，可能还存在，后来才失传了。刘氏父子和班固在目录和目录学方面所做的工作，是在司马氏父子的基础上进行的。因此，逯耀东认为："司马氏不仅是刘氏父子的先行者，并且为以后中国目录学开辟了新的道路。"②

西汉初年和汉武帝时的史料整理，为后来的史料整理奠定了基础，到了成帝时，随着各种史料的进一步增加，为了避免史料的散亡，又有一次由朝廷统一组织人员，规模宏大的整理天下群书。《汉书·艺文志》记载成帝时：

诏光禄大夫刘向校经传、诸子、诗赋；步兵校尉任宏校兵书；太史令尹咸校数术；侍医李柱国校方技。每一书已，向辄条其篇目，撮其指意，

① [宋]李昉等撰《太平御览》，中华书局1960年版，卷233引。

② 参阅逯耀东《抑郁与超越：司马迁与汉武帝时代》，三联书店2008年版，《〈太史公自序〉的"拾遗补艺"》。

录而奏之。

刘向的儿子刘歆同受诏命，也参加了校书工作。刘氏父子校书，与各科专家分工合作，搜罗版本，细致校勘，去重复，订脱误，定篇章，确定书名，每校完一书，便写一叙录，写在本书上。后来把叙录汇在一起，称为《别录》。刘歆后来又在《别录》的基础上，删繁就简，分类编目，编为《七略》，分辑略、六艺略、诸子略、诗赋略、兵书略、术数略和方技略七部分。各大类又分若干小类，称为"种"，共分 38 种。如诗赋略，细分为屈原赋之属、陆贾赋之属、孙卿赋之属、杂赋、歌诗 5 种。值得注意的是，《七略》把诗赋单作一类，说明刘歆已经看到了作为文学作品的诗赋同其他著述的区别。此外，《汉书·艺文志》著录"《隐书》十八篇"，列于杂赋之后。颜师古注："刘向《别录》云：《隐书》者，疑其言以相问，对者以虑思之，可以无不喻。"《隐书》当是先秦以来隐语的汇编，汉代尚存。刘向编《别录》，刘歆编《七略》，班固编《汉书·艺文志》均著录《隐书》，把它看成是与杂赋相近的文体。看来刘向、刘歆父子和班固对谐隐之类的作品还是比较看重的。刘向、刘歆分别作《别录》和《七略》，撰写叙录，分类编目，标志着我国古代校勘学和目录学已具雏形。刘歆之后，班固在《七略》的基础上，作《汉书·艺文志》，开创"史志书目"一体。受其影响，历代史书多沿用此体。《汉书·艺文志》承袭《七略》，仍把图书分为六艺、诸子、诗赋、兵书、数术(《七略》作"术数")、方技六大类。其中诗赋部分著录诗赋 106 家，作品 1318 篇。六类书，每类后都有"类序"。《诗赋略》的类序论及辞赋的产生、流变和乐府民歌的采集和价值。其中关于辞赋的论述，再参考他所著录的作品，可看成是中国最早的战国和西汉辞赋发展的简史。刘向、刘歆父子和班固对书籍的整理和编制目录，在我国古代史料学史上具有开创的地位，影响深远。清代章学诚《校雠通义》卷 2《补校汉艺文志第十》说，"夫刘《略》、班《志》，乃千古著录之渊源"，"今欲较正诸家著录，当自刘《略》、班《志》为权舆也"。近代龚自珍在《六经正名》中说：

> 微夫刘子政氏之目录，吾其如长夜乎！

《七略》和《汉书·艺文志》关于诗赋略的设立和目录，更直接地影响了后来文学作品的搜集和整理。

东汉承续西汉，在史料整理方面，从皇室到一些著名的文人学者都特别重视校勘，且有不少作为。仅根据《后汉书》提供的史料，我们就能看到，除了上述班固外，在章帝建初时期、邓太后永初时期、顺帝永和元年和灵帝熹平四年(175)，三个皇帝和邓太后，为了正定经传在流传中出现的谬误，曾博选诸儒，集中校书。其中规模特别大的有两次。一次是永初时期。《后汉书》卷 10 上《皇后纪上·和熹邓皇后》载：

太后自入宫掖，从曹大家受经书，兼天文、算数。昼省王政，夜则诵读，而患其谬误，惧乖典章，乃博选诸儒刘珍等及博士、议郎、四府掾史五十余人，诣东观雠校传记。事毕奏御，赐葛布各有差。

邓太后选择 50 多人，集中在东观校书，其规模当属空前。另一次是熹平四年(175)。《后汉书》卷 60 下《蔡邕传》载：

召拜郎中，校书东观。迁议郎。邕以经籍去圣久远，文字多谬，俗儒穿凿，疑误后学。熹平四年，乃与五官中郎将堂谿典、光禄大夫杨赐，谏议大夫马日磾，议郎张驯、韩说，太史令单飏等，奏求正定《六经》文字。灵帝许之。邕乃自书(册)[丹]于碑，使工镌刻立于太学门外。于是后儒晚学，咸取正焉。及碑始立，其观视及摹写者，车乘日千余辆，填塞街陌。

由上述记载，可以看到，蔡邕等人经过灵帝允准而正定、刻于石碑上的《六经》，在当时产生了轰动的效应。这是以前所没有的，对后来也产生了很大的影响。

东汉著名的校书者，除了上面已经提及的以外，见于《后汉书》记载的还有傅毅、贾逵①、刘騊駼、马融②、窦章③、伏无忌、黄景④等。同西汉相比，知名的校书者有明显的增加。

东汉校定的典籍，除了《五经》、《六经》之外，据《后汉书》卷五《安帝纪》及卷 26《伏湛传》的记载，还有诸子百家、传记、艺术等。关于“诸子百家”和“艺术”的具体内容，《伏湛传》李贤等注云：

---

① 参阅[南朝宋]范晔撰、[唐]李贤等注《后汉书》，中华书局点校本，卷 80 上《傅毅传》，卷 36《贾逵传》。

② 参阅[南朝宋]范晔撰、[唐]李贤等注《后汉书》，中华书局点校本，卷 80 上《刘珍传》。

③ 参阅[南朝宋]范晔撰、[唐]李贤等注《后汉书》，中华书局点校本，卷 23《窦章传》。

④ 参阅[南朝宋]范晔撰、[唐]李贤等注《后汉书》，中华书局点校本，卷 26《伏湛传》。

《艺文志》曰："诸子凡一百八十九家。"言"百家"，举其成数也。"艺"谓书、数、射、御，"术"谓医、方、卜、筮。

从上面列举的史料来宾看，两汉校勘的典籍的内容和范围几乎涉及了后来所说的经、史、子、集四部，较先秦时期有了明显的拓展。

第六节　史料考辨的雏形

汉代的史料主要有两个来源：一是以前流传下来的；二是新的著述。这些史料在流传的过程中，有的遭到了毁坏，残缺不全；有的在传播时出现了错误。另外，由于朝廷对史料的重视，常常征求天下典籍，有的人受利禄的驱动，有意地制造伪书。西汉张霸伪造《尚书》"百两篇"就是属于这种情况。《汉书》卷88《儒林传》载：

世所传《百两篇》者，出东莱张霸，分析合二十九篇以为数十，又采《左氏传》、《书叙》为作首尾，凡百二篇。篇或数简，文意浅陋。成帝时，求其古文者，霸以能为《百两》征。以中书校之，非是。

也有人受尊古贱今思想的影响，或者为了欺世盗名、立奇惊人而制造伪书。这方面，西汉的《淮南子》和东汉王充的《论衡》都有所揭露。《淮南子·修务》说：

世俗之人，多尊古而贱今，故为道者必托之于神农、黄帝而后能入说。乱世暗主高远其所从来，因而贵之。为学者蔽于论而尊其所闻，相与危坐而听之，正领而诵之。

《论衡·书虚篇》说：

夫世间传书、诸子之语，多欲立奇造异，作惊目之论，以骇世俗之人，为谲诡之书，以著殊异之名。

史料在流传过程中产生的这样或那样的错误和伪书的出现，贻害于史料的传播和使用。为了解决这方面存在的问题，史料的考辨摆在两汉朝廷和文人学者的面前。这就引发了两汉时期重视对史料的考辨，并且付诸实践。据《论衡·正说篇》记载，张霸伪造《尚书》后，成帝"出秘百篇以校之，皆不相应，于是下霸于吏。吏白霸罪当至死。成帝高其才而不诛"。由此看来，在汉代对制造伪书者的惩罚是相当严厉的。

两汉时期，在史料的具体考辨上，许多人做了不少工作，取得了很大的成绩，在考辨方法上，也有建树。其中特别值得我们重视的是司马迁，刘向、刘歆父子，班固和王充。

司马迁撰写《史记》时，在搜集、使用史料的过程中，极为关注对史料的考辨。司马迁对史料的考辨，有两点比较突出：

一是注意把文献记载同民间传说相互印证。《史记》卷一《五帝本纪》最后一段载司马迁说：

> 学者多称五帝，尚矣。然《尚书》独载尧以来；而百家言黄帝，其文不雅驯，荐绅先生难言之。孔子所传宰予问《五帝德》及《帝系性》，儒者或不传。余尝西至空桐，北过涿鹿，东渐于海，南浮江、淮矣。至，长老皆各往往称黄帝、尧、舜之处。风教固殊焉，总之不离古文者近是。予观《春秋》、《国语》，其发明《五帝德》、《帝系性》章矣，顾弟弗深考，其所表见皆不虚。书缺有间矣，其轶乃时时见于他说。非好学深思，心知其意，固难为浅见寡闻道也。余并论次，择其言尤雅者，故著为本纪书首。

从上面这段自述可以看出，司马迁撰写《史记》，重视文献记载，但他又不迷信文献记载。他能把实地考察所听到的民间传说与文献记载相互比较，加以论次，最后选择“其言尤雅者”，写进《史记》。

二是存异与存疑。许多史料由于原来的记载不同，或者在流传的过程中出现了差异。对这类史料，有时难以确定孰真孰伪。司马迁写《史记》时，对这类史料，持谨慎的态度，具体做法是存异和存疑。如《史记》中对晋国幽公被杀的记载。卷39《晋世家》云：“十八年，幽公淫妇人，夜盗出邑中，盗杀幽公。魏文侯以兵诛晋乱，立幽公子止。”而卷15《六国年表》云：“魏诛晋幽公，立其弟止。”所载与《晋世家》完全不同①。又如卷63《老子韩非列传》中对老子的记载，以李耳的事迹为主，同时罗列了不同的说法：“或曰老莱子，亦楚人”，“或曰儋即老子，或曰非也，世莫知其然否。”表面上看，司马迁有时对同一事件的记叙，显得矛盾。但实际上，这说明司马迁对于存疑的史料，继承了孔子阙疑的主张和做法，不是疑则去，而是疑则传疑，把有疑问的史

① 参阅赵生群《〈史记〉文献学丛稿》，江苏古籍出版社2000年版，第140页。

料列出来。这不仅说明司马迁在使用史料上的严谨,同时也避免了使一些史料由于不被引用而失传,为以后的研究者保存了不同的史料。司马迁的做法,常为后来的史学家所沿用。南朝宋代裴松之在《上〈三国志注〉表》一文中说,他注《三国志》,对于《三国志》中“或说同一事,而辞有乖杂,或出事本异,疑不能判,并皆钞内,以备异闻”。裴松之的做法,显然与司马迁是一脉相承的。

从上面列举的有关司马迁考辨史料的部分事实可以看出,司马迁在史料考辨方面,作出了重要的贡献。这一点,诚如今人曹养吾在其《辨伪学史》中所说:司马迁“不特是史学的创始者,并还是一个辨伪的开山鼻祖。他曾考据许多不易解决的实事,身历之不足,再考信之于《六艺》。譬如他的《五帝本纪》,便为后世学者留下点怀疑态度的种子”①。

刘向、刘歆父子在校理群书时,也十分注意考辨。如《列子叙录》说:

> 至于《力命》篇一推分命,《杨子》之篇唯贵放逸。二义乖背,不似一家之书。

依据书中表现的思想内容有“乖背”的现象,认为《列子》一书不似出自一家。又如《晏子叙录》云:

> 又有颇不合经术,似非晏子言,疑后世辩士所为者,故亦不敢失,复以为一篇。

从思想体系上考辨,怀疑《晏子》一书有些是“后世辩士所为”。既提出了疑问,又没有简单地删去可疑的内容。态度慎重。这种考辨的态度和方法,为后世所效法。

班固删略刘歆《七略》而成《汉书·艺文志》。班固在自注中,也有一些辨伪。如注《文子》九篇:

> 老子弟子,与孔子并时,而称周平王间,以依托者也。

注《力牧》22篇:

> 六国时所作,托之力牧。力牧,黄帝相。

---

① 转引自杨燕起等编《历代名家评〈史记〉》,北京师范大学出版社 1986 年版,第 189 页。

注《大禹》37 篇：

传言禹所作，其文似后世语。

注《伊尹说》27 篇：

其语浅薄，似依托也。

据统计，《汉书·艺文志》中，从事实和语言等方面，已注出四五十种托古伪书或似托古伪书。由此可见，班固对古书的辨伪是相当重视的，而且有成就，态度也是慎重的。

东汉的王充在疾伪、辨伪方面，态度鲜明，锋芒毕露。《后汉书》卷 49《王充传》说：

充好论说，始若诡异，终有理实。以为俗儒守文，多失其真。乃闭门潜思，绝庆吊之礼，户牖墙壁各置著刀笔，著《论衡》八十五篇，二十余万言。

王充著《论衡》的旨意，在《论衡·对作篇》中有明确的表述：

是故《论衡》之造也，起众书并失实，虚妄之言胜真美也。……虚妄显于真，实诚乱于伪，世人不悟，是非不定，朱紫相厕，瓦玉杂糅，以情言之，岂吾心所能忍哉！

《佚文篇》说：

“《诗》三百，一言以蔽之，曰思无邪。”《论衡》篇以十数，亦一言也，曰“疾虚妄”。

很清楚，王充之所以写作《论衡》，是由于众书失实、虚妄胜真的激发，是为了辨伪求真，杜绝失实之书和虚妄之言继续流行。

东汉谶纬迷信盛行。王充的辨伪，虽然主要是针对当时谶纬迷信所宣扬的伪说和伪事，但也涉及了其他一些伪书。如在《正说篇》和《佚文篇》中用了较多的文字揭露了张霸伪造《尚书》百两篇一事，同时在《正说篇》中还对当时流行的关于《尚书》29 篇的附会解释作了辩驳：

或说《尚书》二十九篇者，法斗四七宿也。四七二十八篇，其一曰斗矣，故二十九。夫《尚书》灭绝于秦，其见在者二十九篇，安得法乎？宣帝之时，得佚《尚书》及《易》、《礼》各一篇，《礼》、《易》篇数亦始足，焉得有法？案百篇之序，阙遗者七十一篇，独为二十九篇立法，如何？或说曰："孔子更选二十九篇，二十九篇独有法也。"盖俗儒之说也，未必传记之明也。二十九篇残而不足，有传之者，因不足之数，立取法之说，失圣人之意，违古今之实。

王充的辨伪，充溢着一种难以抑制的文化责任感。在方法上，或据事实，或据可靠文献记载，或据科学道理，贯穿着实事求是的精神。王充的辨伪精神、方法和成就，在我国古代辨伪史上，有深远的影响。清代崔述在《考信录提要·释例》中，主张对古代文献"专以辨其虚实为先务，而论得失次之，亦正本清源之意也"。崔述的基本思想，同王充是一致的。全面地考察，王充在辨伪方面也有一些局限性。他不理解神话传说的特点和文学上的夸张手法，因而在辨伪求真时，把神话传说和文学上的夸张也否定了①。总括而言，王充生活的时代，谶纬神学迷信思想泛滥，伪书常有出现，有不少虚辞滥说。面对这样的社会现实，王充的辨伪求真，其意义已经超出了一般文献学史上的辨伪。

第七节　以《诗经》和《楚辞》为代表的史料注释

注释是史料整理和阐释的重要环节。两汉时期，从官方到文人学者，都十分关注史料的注释。两汉对史料的注释，重在儒家经典，与文学关系密切的主要是《诗经》。此外，就是以《楚辞》为代表的诗歌和辞赋。

西汉时期，传《诗》者至少有鲁、齐、韩、毛四家。这四家分今文和古文两派。鲁、齐、韩三家是用汉代通行的隶书写成定本传授的，属于今文派。毛诗是用先秦的篆书书写传授的，属于古文派。古文和今文两派，不仅依据的本子和字体不同，而且训释的内容、观点和方法也有很大的区别。从两派的注释来看，也有许多差异。西汉沿袭春秋战国时期《诗》学重实用的特点，今文《诗》学比较盛行，受到官方的重视。而毛《诗》主要在民间传播，有《毛诗古训传》，简称《毛传》，西汉（一说秦汉间）毛亨撰。《毛传》以解释字义为主，释词精当，训释皆有义例②，直接影响了东汉的《诗经》注释。

① 参阅孙钦善《中国古文献学史》，中华书局1994年版，第121—127页。
② 参阅洪湛侯《诗经学史》，中华书局2002年版，上册第178—194页。

东汉注释《诗经》的重要学者有卫宏、贾逵、马融和郑玄。他们弘扬的主要是古文《诗》学。其中郑玄的贡献尤其突出。郑玄一生无意仕宦，“但念述先圣之元意，思整百家之不齐”①，注《周易》、《尚书》、《毛诗》、《周礼》、《仪礼》、《礼记》、《论语》等，著有《六艺论》、《毛诗谱》等。他作《毛诗传笺》，简称《郑笺》。《郑笺》以《毛传》为主，而又注意汲取今文的成果，对《毛传》做了订正、补充和完善。订正的，如《邶风·式微》：“式微，式微，胡不归？”《毛传》：“式，用也。”释“式”为“用”，“式微”即“用微”，文理不通。《郑笺》曰：

> “式微式微”者，微乎微者也。君何不归乎？禁君留止于此之辞。“式”，发声也。

郑玄释“式”为无实意的发语词，比较恰当，为后来所采用。补充和完善的，如《周颂·载芟》：“载获济济。”《毛传》：“济济，难也。”《郑笺》进一步注释：“难者，穗众难进也。”意思是禾穗粗壮稠密，收获的人难以进入其中。郑玄注释《诗经》，在继承汉代学者文字训诂成就的基础上，又有发展，一个明显的表现就是丰富了注释训诂的术语。如“某，某也”、“某犹某也”、“某谓某某也”、“某今谓之某；古谓某为某”、“某若今某”、“某所以某也”、“读当为”、“当作”等②。这些术语，有许多沿用至今。郑玄的《毛诗传笺》是汉代注释《诗经》的集大成著作，是《诗经》学史上的一个里程碑。皮锡瑞《经学历史》第五章说：“郑《诗笺》行而齐、鲁、韩之《诗》不行矣。”《郑笺》是代代流行的一个富有生命力的传本，在我国古代《诗经》学史上有深远影响和重要地位。不过，我们在肯定两汉时期以郑玄为代表的在《诗经》注释上取得的成就的同时，还应当看到，两汉时期，由于把《诗经》奉为六经之一，注释虽兴盛，但对《诗经》内涵的注释，多囿于经学的藩篱。郑玄同两汉时期其他的注释者一样，并没有把《诗经》看成是属于文学作品的诗歌，而是把它作为儒家经典来注释的。他的作法因为适应了封建统治者的要求，所以一直到清代末期，对《诗经》的注释，很少有人能冲破经学的藩篱。

在两汉，把诗歌作为文学作品来注释的，其主要代表是关于《楚辞》的注释。

在两汉，最早为《楚辞》作注释的是西汉淮南王刘安。刘安受汉武帝之

---

① [南朝宋]范晔撰、[唐]李贤等注《后汉书》，卷35《郑玄传》载《戒子书》。

② 参阅孙钦善《中国古文献学史》，中华书局1994年版，第154—160页。

诏作《离骚传》[1]或《离骚经章句》[2]。传，是解说的意思。此书早已散佚，但从班固的《离骚序》和王逸的《楚辞章句》中引用的片段，可以看到《离骚传》有评论和考释等内容。到东汉，班固著有《离骚经章句》[3]，此书早已散佚，仅存片段。贾逵也著有《离骚经章句》，也已失传。现存完整的《楚辞》注本是王逸的《楚辞章句》。《楚辞章句》是以刘向编辑的《楚辞》为底本。原书16卷，现在流行的是17卷。王逸的《楚辞章句》批判地继承了以前有关《楚辞》研究的成果，对《楚辞》做了相当全面的注释和评价。从注释方面来看，主要成就有以下五点。一，保存了许多有关《楚辞》的研究史料。如前引刘安和班固关于《楚辞》的评论，许多只见于王逸的引用。二，确定了《楚辞》的篇章及次序。《楚辞章句》虽然是以刘向编辑的《楚辞》为底本，但刘向编辑的已经散失。从现存资料来看，最早排定《楚辞》篇目的是王逸。三，对《楚辞》的作者，提出了自己的见解。认为《离骚》、《九歌》、《九章》、《天问》、《远游》、《卜居》、《渔父》是屈原作的；《九辩》、《招魂》是宋玉作的；《大招》是屈原或者景差作的。这些见解，为后人所重视。四，对《楚辞》中每篇作品写作的缘由和篇章旨意，有简要的说明。如《九歌叙》说：

> 昔楚国南郢之邑，沅、湘之间，其俗信鬼而好祀。其祠必作歌乐鼓舞以乐诸神。屈原放逐，窜伏其域，怀忧苦毒，愁思怫郁。出见俗人祭祀之礼，歌舞之乐，其词鄙陋，因为作《九歌》之曲，上陈事神之敬，下见己之冤结，托之以讽谏。

五、对《楚辞》的词语作了比较全面的注释。王逸注释音义，多有依据。王逸生长在楚地，熟悉楚地的方言名物，注《楚辞》中的方言，多有创获。如注《离骚》"扈江蓠与薜芷兮"一句中的"扈"字："扈，被也。楚人名被为扈。"王逸对前人对同一词语的不同解释，多予保留。如注《离骚》"哀高丘之无女"一句："楚有高丘之山，女以喻臣。"又曰："或云：高丘，阆风山上也；无女，喻无与己同心也。"[4]

---

① [汉]班固撰、[唐]颜师古注《汉书》，中华书局点校本，卷44《淮南王安传》：武帝"使为《离骚传》，旦受诏，日食时上"。

② [汉]王逸《楚辞章句叙》：武帝"使淮南王刘安作《离骚章句》"。

③ 据[汉]王逸《楚辞章句·离骚叙》。

④ 参阅：易重廉《中国楚辞学史》，湖南人民出版社1991年版，第68—74页；李中华、朱炳祥《楚辞学史》，武汉出版社1996年版，第51—56页。

儒家思想是汉代的统治思想，王逸同他之前的刘安、司马迁、扬雄和班固阐释《楚辞》一样，也难免不同程度地受其影响。这在《楚辞章句》中有明显的表现。在《楚辞章句》中，王逸有不少地方用儒家经学来附会《楚辞》。如注《离骚叙》，从总体上说"《离骚》之文，依托《五经》以立义也"。还具体地用《五经》中的一些文句，来注释《离骚》中的一些诗句，如说"帝高阳之苗裔"，则"'厥生初民，时维姜嫄'也"；"夕揽洲之宿莽"，则《易》"'潜龙勿用'也"；"就重华而陈词"，则《尚书》"'咎繇之谋谟'也"。诸如此类纯系比附穿凿的注释，不仅歪曲了《楚辞》的原意，还对以后产生了不良的影响。刘勰在《文心雕龙・辨骚》中依据儒家"经典"来评判《离骚》，就是一个例证。

王逸的《楚辞章句》尽管有明显的弊端，但总而言之，他能在继承前人阐释《楚辞》成果的基础上，进一步研究思考，多有自己的见解，从多方面对《楚辞》进行了注释。《楚辞章句》是我国楚辞学史上的第一部带有集成性质的注释，是汉代注释文学作品的标志性成果，后来有不少注释者都从不同的方面受到了它的沾溉。

两汉时期，国家统一，社会稳定，经济发展，在科技方面发明了造纸，在政治和文化学术方面，儒学和经学阐释学居于统领的地位，史学和文学都有突出的创获。上述诸多因素的综合作用，促成了在先秦时期孕育的文学史料学，终于在两汉时期开始了。

同先秦文学史料学相比较，两汉的文学史料学有一个突出的特点，就是随着"以人随君"的皇权政治和意识形态的形成，从汉武帝实行"独尊儒术"以后，汉代的文学史料学一直受制于儒学和经学阐释学的裹挟。这种裹挟，对文学史料学产生了多方面的影响，有积极的，也有消极的。从积极方面来看，使先秦儒家的主要经典，得到了进一步的收集、整理、保存和传播。顾炎武说：

> 其先儒释经之书，或曰传，或曰笺，或曰解，或曰学，今通谓之注。《书》则孔安国传，《诗》则毛苌传、郑玄笺，《周礼》、《仪礼》、《礼记》则郑玄注，《公羊》则何休学，《孟子》则赵岐注，皆汉人。①

① [清]顾炎武著、[清]黄汝成集释，栾保群、吕宗力校点《日知录集释》卷18"十三经注疏"条。

汉儒对许多儒家经典的整理和传播，不仅为后来留下了一些范本，在文献上为中国传统文化的支柱奠定了基石，而且在校勘、注释等方面初步形成了的一些原则和方法。这些从不同方面、在不同程度上改变了先秦时期儒学曲高和寡的状况，使儒学能够多方面地向社会渗透，同时也从多方面濡染了后来的文学史料学。还有，今天看来，汉代整理的儒家经典本身就是重要的文学史料。从消极方面来看，由于汉代的儒学和经学阐释学，不只是文化学术问题，而且儒学的理念是维护国家的最高指导原则和社会政治秩序的理论基础，从朝政到不少文人学者，为了使儒学统辖各方面，整个社会推尊儒家经学而轻视其他文化学术，战国时期诸子百家争鸣的局面被消解了，其结果是限制了不少文学史料的搜集、整理和传播。《汉书》卷80《宣元六王传·东平思王传》载，东平思王来朝，"上疏求诸子及《太史公书》，上以问大将军王凤，对曰：'……诸子书或反经术，非圣人，或明鬼神，信物怪；《太史公书》有战国从横权谲之谋，汉兴之初谋臣奇策，天官灾异，地形厄塞，皆不宜在诸侯王……不可予。不许之，辞宜曰："《五经》圣人所制，万事靡不毕载。王审乐道，傅相皆儒者，旦夕讲诵，足以正身虞意。夫小辩破义，小道不通，致远恐泥，皆不足以留意，诸益于经术者，不爱于王。"'对奏，天子如凤言，遂不与"。上述记载说明，汉代的统治者把儒家经学视为维系朝廷统治的法宝，而诸子和《史记》之类的书籍，不利于朝政的巩固，因此加以限制。政治上的需要，官位利禄的诱惑，使一些文人学者"顺流容身"，追求现实功利，殚精竭思地去作儒家经学的考据和注释(有不少考据和注释极其烦琐)，而较少去思考如何建构儒学担当道义的人格而流入卑俗，也较少去关注经书之外的文学史料的搜集和整理，导致了许多文学史料的散失。另外，两汉时期，由于"独尊儒术"和经学的统辖，文学往往被视为经学的附庸，有些文学作品像《离骚》，有时还要被贴上"经"的标签。其直接影响是使两汉的文学一直没有获得独立的地位，使文学史料学在两汉400多年的漫长时期，没有形成。但两汉时期，在不少方面取得的重大进展，文学史料学的萌芽，为下一时期——魏晋南北朝时期文学史料学的形成，在许多方面做了历史的积淀和准备。两汉在实践和理论上存在的弊端和有待解决的问题，成为魏晋南北朝时期文学史料学在新的背景下的重要出发点。

第九章　文学史料学的形成期:魏晋南北朝

第一节　文学史料学形成的社会文化思想基础

魏晋南北朝时期,虽然有过短暂的统一和稳定,但同两汉和后来的唐代相比,战乱频仍,社会长期处于动荡、分裂和割据的状态。这种状态使文化典籍遭到了严重的毁坏。特别是西晋后期的永嘉之乱和南朝梁代的侯景之乱,毁坏了大量的典籍。但是,历史文化传统在分裂和割据时期,仍旧是连结各地和各族人们思想的纽带。中国古代的文化传统富有生命力,即使在战乱、分裂和割据的情况下,也会艰难地生存,甚至在某些方面会有巨大的发展。因为各族人民需要它,统治者也需要它。尽管各自出发点不同,所需要的内容有别。

魏晋南北朝时期是一个动乱时期,同时也是一个在社会和思想等多方面有所变革的时期。两汉时期,儒家思想适应汉代国家统一的需要,曾经发挥了重要的建构作用。但到了东汉后期,由于朝政的腐败,谶纬迷信和烦琐章句的盛行,使统治汉代的儒家思想逐渐失去了活力。到了东汉末年,终于随着汉帝国的崩溃和社会的动乱,在意识形态领域里失去了统治的地位。原来在儒家思想裹挟下的其他思想,特别是魏晋时期的玄学和南北朝时期的佛学有了勃兴的条件,得以勃兴。动乱激发了人的才能。人的思想有所解放,在许多方面冲破了两汉儒家思想的束缚,个性得到了发展。史学和文学随着人的觉醒,也在很大程度上得到了发展。中国古代文学史料学就是在这样一个比较特殊的历史时期形成的。它的形成是这一时期社会、思想等多种条件综合作用的结果。同时它的形成,也影响了这一时期的社会和思想。

综观魏晋南北朝时期,许多统治者对文化典籍是相当重视的。

三国时期的魏、蜀、吴三国的统治者,为了巩固自己的统治,都不同程度地重视典籍。曹魏代汉，即开始注意采掇典籍。《三国志》卷11《魏志·袁涣传》载魏国初建，“涣言于太祖曰：‘今天下大难已除，文武并用，长久之道也。以为可大收篇籍，明先圣之教，以易民视听，使海内斐然向风，则远人不服可以文德来之。’太祖善其言”。曹丕即位以后，也比较注重典籍。《魏志》卷23《杨俊传》注引《魏略》说：王象“受诏撰《皇览》，使象领秘书监。象从延康元年始撰集，数岁成，藏于秘府，合四十余部，部有数十篇，通合八百余万字”。魏正始时，朝廷在洛阳立古、篆、隶三字石经，魏明帝又刊《典论》六碑，附于其次。《三国志》卷42《蜀志·许慈传》载：

先主定蜀，承丧乱历纪，学业衰废，乃鸠合典籍，沙汰众学。

《三国志》卷65《吴志·韦曜传》载：孙休践祚，“命曜依刘向故事，校定众书”。

晋朝建立以后，继续重视对文化典籍的整理。《初学记》卷12载《晋令》云：

秘书郎掌中外三阁经书，覆校残阙，正定脱误。

又引《晋太康起居注》云：

秘书丞桓石绥启校定四部之书。诏遣郎中四人，各掌一部。

据《晋书》卷三《武帝纪》记载，咸宁五年(279)，发现汲冢竹书。这是继西汉孔壁古文经书发现以后的又一次关于先秦文献的重大发现。汲冢竹书发现以后，朝廷曾组织许多文人学者进行整理。当时整理的一些成果，如《穆天子传》流传至今。西晋惠帝、怀帝时的战乱，文籍毁坏殆尽。东晋建立以后，注意典籍的搜求和整理。《隋书》卷31《经籍志一·总序》云：

东晋之初，渐更鸠聚。著作郎李充，以勖旧簿校之，其见存者，但有三千一十四卷。

南朝的宋、齐、梁、陈四朝也都十分重视各种文化典籍，留心典籍的搜集和整理。梁元帝萧绎在江陵曾诏校经、史、子、集四部。颜之推《观我生赋》云：

钦汉宫之复睹，赴楚民之有望……或校石渠之文，时参柏梁之唱。

自注：“王司徒表送秘阁旧事八万卷，乃诏比较部分为正御、副御、重杂三本。

左民尚书周弘正、黄门侍郎彭僧朗、直省学士王圭、戴陵校经部；左仆射王褒、吏部尚书宗怀、正员外郎颜之推、直学士刘仁英校史部；廷尉卿殷不害、御史中丞王孝纯、中书郎邓荩、金部郎中徐极校子部；右尉将军庾信、中书郎王固、晋安王文学宗菩业、直省学士周确校集部也。”同时宋、齐、梁、陈四朝，特别是梁、陈两朝，从皇室到家族、到文人学者都十分重视文集的搜集和编辑。梁武帝曾命记室庾肩吾集司马褧文为10卷①。陆琰“所制文笔多不存本，(陈)后主求其遗文，撰成二卷”②。江淹“凡所著述百余篇，自撰为《前后集》，并《齐史・十志》，并行于世”③。

西晋灭亡以后，南北朝形成。北方从十六国开始，长期处于战乱割据状态，极大地毁坏了史料。但由于传统文化的生命力，加上南北文化的交流和融合，特别是从北魏后期开始，南北朝的对立关系发生了重要的转变：民族矛盾逐渐淡化，南北之间的“矛盾性质主要已转变为割据政权之间的斗争”④。民族矛盾的逐渐淡化，进一步促进了各民族之间文化的交流和融合。北朝不少统治者和文人学者也开始关注史料。《魏书》卷52《阚骃传》载，阚骃博通经传，“蒙逊甚重之，常侍左右，访以政治损益。拜秘书考课郎中，给文吏三十人，典校经籍，刊定诸子三千余卷”。北方民歌兴盛。北魏比较注意搜集民歌。《魏书》卷64《张彝传》载，北魏孝文帝在太和年间，“欲广访于得失，乃命四使，观察风谣”，在齐鲁之间、梁宋之域的广大领土内，“询采诗颂”，“实庶片言之不遗，美刺之俱显”。仅张彝一人所采，经整理即有七卷之多。北齐的统治者曾设文林馆，招引文人，整理史料。颜之推《观我生赋》云：

> 纂书盛化之旁，待诏崇文理。

自注：“齐武平中，署文林馆待诏者，仆射阳休之、祖孝征以下三十余人，之推专掌其撰《修文殿御览》、《续文章流别》等，皆诣进贤门奏之。”据《北齐书》卷45《文苑传序》，待诏文林馆的文人，后来逐渐增加到50余人。

传统文化的影响和朝廷对文籍的重视，使魏晋南北朝时期的许多文人

① [唐]姚思廉撰《梁书》，中华书局点校本，卷40《司马褧传》。
② [唐]姚思廉撰《陈书》，中华书局点校本，卷34《陆琰传》。
③ [唐]姚思廉撰《梁书》，中华书局点校本，卷14《江淹传》。
④ 周一良《魏晋南北朝史札记》，中华书局1985年版，第106页。

学者注意史料的收藏、整理和传播。《三国志》卷41《蜀志·向朗传》载，向朗不任长史以后，“乃更潜心典籍，孜孜不倦。年逾八十，犹手自校书，刊定谬误，积聚篇卷，于时最多”。《晋书》卷36《张华传》载，张华“雅爱书籍，身死之日，家无余财，惟有文史溢于几箧。尝徙居，载书三十乘。秘书监挚虞撰定官书，皆资华之本以取正焉。天下奇秘，世所希有者，悉在华所”。《南齐书》卷40《竟陵文宣王子良传》说，萧子良礼才好士，集聚天下才学，“士子文章及朝贵辞翰，皆发教撰录”。卷52《文学传·崔慰祖传》说，崔慰祖“好学，聚书至万卷，邻里年少好事者来从假借，日数十袠，慰祖亲自取与，未尝为辞”。《梁书》卷14《任昉传》说：

昉坟籍无所不见，家虽贫，聚书至万余卷，率多异本。卒后，高祖使学士贺纵共沈约勘其书目，官所无者，就家取之。

《金楼子·聚书》载梁代萧绎说：

吾今年四十六岁，自聚书来四十年，得书八万卷。河间之侔汉室，颇为过之矣。

文人学者搜存和整理书籍，浓厚了社会上重视书籍的文化氛围，同时使许多书籍免于散失，能与官藏典籍互为补充，为典籍的校勘和编定提供了有利的条件。

中国古代有重视历史的优良传统。两汉时期，儒家经学繁盛，史学常常被视为经学的附庸，但仍出现了《史记》和《汉书》等许多重要的史著。这些史著尽管也在不同程度上受到儒家经学的濡染，但毕竟是独立的史著。魏晋南北朝时期，重视继承以前的史学成就，社会各方面有需求，再加上朝廷对私人著史采取了比较宽松的政策等多方面的原因，使这一时期的史学有了多元的、迅速的发展。

这一时期的各个朝代的上层统治者都十分重视和倡导修史，史官制度也有相应的发展。刘知几《史通·史官建制》比较具体地记述了魏晋南北朝时期史官建制的情况。他在记述了魏晋宋齐时期的史官建制后，指出：

其有才堪撰述，学综文史，虽居他官，或兼领著作。亦有虽为秘书监，而仍领著作郎者。

上述记载说明，魏、晋、宋、齐四朝，除有专掌史职的著作郎、大著作和佐著作郎外，还有兼职的。《史官建制》又说："齐、梁二代又置修史学士，陈氏因循，无所变革。""《蜀志》称王崇补东观。""吴归命侯时，有左右二国史之职。"其他如前凉、蜀李、西凉、北魏、北齐和北周等都分别设有史官①。史官的设置，从制度上保证了撰史者的地位，出现了许多著名的历史家。《史官建制》列举的就有曹魏、西晋的华峤、陈寿、陆机、束皙，东晋的王隐、虞豫、干宝、孙盛，宋代的徐爰、苏宝生，梁代的沈约、裴子野，"斯并史官之尤美，著作之妙选也"。陈代有刘陟、谢昊、顾野王、许善心。三国蜀国的王崇，吴国的薛莹、华覈、周处，刘渊所建汉的公师彧，前凉的刘庆，南凉的郭韶，前赵的和苞，后燕的董统，北魏的崔浩、高闾，北齐、北周则有魏收、柳虬之等。上面列举的只是比较著名的，实际上的人数要比上面列举的多得多。各朝和地方政权史官的设置，保证了各种官方史著的撰写。同时也影响了更多的文人学者倍加关注历史，形成了重史的风尚。除官方组织撰写的史书外，还有许多文人"在野"撰史，相继出现了大量的私撰史书。根据金毓黻《中国史学史》所列的私家所修史书表，魏晋南北朝时期私撰的后汉史有 12 种，三国史 15 种，晋史 23 种，十六国史 30 种，南北朝史 20 种②。

这一时期史学多元的、迅速的发展，还突出地表现在史学家在继承以前史学的基础上，在史学的内容和体式上均有重大的开拓和创新。《隋书》卷 33《经籍志二》载，这一时期史著的种类繁多，数量剧增，如"正史"自西晋陈寿撰《三国志》之后，"世有著述，皆拟班、马，以为正史，作者尤广。一代之史，至数十家"。杂史自东汉末年，"灵、献之世，天下大乱，史官失其常守。博达之士，愍其废绝，各记闻见，以备遗忘。是后群才景慕，作者甚众"。而杂传，《隋书·经籍志二》认为杂传始于汉代，如刘向撰写的《列仙》、《列士》和《列女》之传。汉代以后，曹丕"作《列异》，以序鬼物奇怪之事，嵇康作《高士传》，以叙圣贤之风。因其事类，相继而作者甚众，名目转广，而又杂以虚诞怪妄之说"。《隋书·经籍志二》著录杂传存目 217 部，绝大部分都是作于魏晋南北朝时期。所谓杂传，指的是正史之外的人物传记。如家传、郡书、先贤传、高士传、逸士传、高隐传、高僧传、文士传等。此外还有《隋书·经籍

① 关于这一时期的史官制度，参阅金毓黻《中国史学史》，河北教育出版社 2000 年版，第 112—114 页，第 127—129 页。

② 参阅金毓黻《中国史学史》，河北教育出版社 2000 年版，第 74—75 页，82—83 页，87—89 页，98—99 页。

志》没有著录的别传。杂传与文学史料关系密切。杂传中的文士传，本章第二节有专门论述。这里对家传和别传略作说明。家传，又称“家录”、“家书”、“家纪”、“世录”、“世传”、“世家传”、“世纪”、“世本”、“叙”、“新书”等①。魏晋南北朝时期，家传盛行。《隋书·经籍志二》著录这一时期的家传 29 种。南朝梁代刘孝标《世说新语注》引家传 8 种，其中有 5 种《隋志》没有著录。家传写的是家史。从文学史料的角度来看，家传中有不少关于文学家传记的，如《世说新语注》引的《袁氏家传》、《谢车骑家传》和《顾恺之家传》等，能够帮助后人了解相关的文学家的家世。清人汤球《晋诸公别传辑本·序》称别传说：“别乎正史而名之。”别传萌芽于西汉，魏晋发展迅速，数量很多。魏晋时期的别传，已经散失，佚文散见于《三国志》裴松之注、《世说新语》刘孝标注和唐代《北堂书钞》、《艺文类聚》、《初学记》、宋代《太平御览》等类书中。逯耀东据上面所列六书作了统计。统计的结果是，魏晋时期撰写的别传总计有 210 种，而不见南北朝时期撰写的别传。在众多的别传中，有不少属于文学家的传记，如《东方朔别传》、《蔡邕别传》、《孔融别传》、《嵇康别传》、《左思别传》、《谢鲲别传》、《庾翼别传》②。别传中所载的史料，往往同其他传记所载的不同。《世说新语》卷二《文学第四》注引《左思别传》载：

思造张载问岷、蜀事，交接亦疏。皇甫谧西州高士，挚仲治宿儒知名，非思伦匹；刘渊林、卫伯舆并蚤终：皆不为思赋序注也。凡诸注解皆思自为，欲重其文，故假时人名姓也。

上引的这段记载，就与《世说新语》和《晋书》卷 92《左思传》中相关的记载有很大的不同，为我们研究左思的《三都赋》提供了不同的史料。

以上所述，是率略而言。具体到各种史著以及各种史著中的具体门类，几乎都有新的创获。以传记为例，宋代范晔在其编写的为后来视为正史的《后汉书》中，首创类传“文苑传”。这一时期，先后有许多“家史”、“谱牒”和“别传”等问世。再以“志”为例，沈约《宋书》自卷 19 至卷 22 的《乐志》，依据

---

① 引自朱东润著《八代传叙文学述论》，复旦大学出版社 2006 年版，第 31 页。

② 参阅：逯耀东《魏晋史学的思想与社会基础》，中华书局 2006 年版，《魏晋别传的时代性格》；朱东润《八代传叙文学述论》，复旦大学出版社 2006 年版，第 33—38 页。另外，《八代传叙文学述论》有附录 18 种，分别辑佚《东方朔别传》、《曹瞒传》、何劭《王弼传》、郭冲《诸葛亮隐没五事》、皇甫谧《庞蛾亲传》、释法显《法显行传》等。

乐随世改的撰写原则，用4卷的巨大篇幅，记叙了歌舞乐器的缘起和演变，同时还著录了大量的汉魏晋宋的乐章、歌词、歌曲、杂技百戏等。与《史记》的“乐书”和《汉书》的“乐志”相比，《宋书·乐志》多有创新，也为后世编撰“乐志”开创了良好的先例。

作为史学重要组成部分的方志（又称地方志），在魏晋南北朝时期有了很大的发展。这方面，王毓蔺在《魏晋南北朝方志初探》一文中有所论述：“魏晋南北朝方志的数量很多。据初步统计，计有全国总志51种，分省志219种（其中通志123种，府县志96种），共计270种。这一丰富的数量，远超其以前的秦汉时期，即使与方志最终定型的隋唐、北宋诸朝相比，也不为逊色。”“魏晋南北朝方志的体例也很丰富……种类繁多，名类杂芜。”这一时期的“大多数方志，关注的重心不在政区沿革，四至八到，人口贡赋等比较偏重于‘资治’的方面，而是有偏文化的倾向”。出现上述现象的原因是：“王朝政治对方志修撰控制的相对宽松，魏晋文学的兴起，在这种背景之下，文人的创作势必涉足到方志领域，文风也必然浸润到方志编修当中。”[①]魏晋南北朝大量方志的编修，记载保存了不少地方的文学史料。从今存这一时期编修的方志来看，一般都具有史文交融的特点，其中含有丰富的、多方面的文学史料。如今存东晋常璩撰《华阳国志》12卷。此书记叙的内容，始于远古，终于东晋咸康五年（339），分巴志、汉中志、蜀志、南中志、公孙述刘二牧志、刘先主志、刘后主志、大同志、李特雄期寿势志、先贤士女总赞论、广汉士女、汉中士女、后贤志、序志。全书资料丰富，考证翔实。后来范晔撰《后汉书》、裴松之注《三国志》、郦道元注《水经》等，凡涉及西南地区的历史和地理等，都注意使用《华阳国志》的史料[②]。《华阳国志》是研究古代巴蜀文学应当关注的重要方志。

魏晋南北朝时期，史学多元、迅速的发展，不仅保存了大量的文学史料，还从多方面影响了这一时期的文学史料学。这一时期的历史家，大多是文史兼综，在撰写史书的过程中，坚持了以史料为基础，广泛搜集并使用了前人和当代的各种文字史料、口传史料以及实物史料，其中包括许多文学史

① 《中国历史地理论丛》，2007年第10期。

② 参阅［晋］常璩撰、任乃强校注《华阳国志校补图注》，上海古籍出版社1987年版。

料。这些都从不同的方面丰富了文学史料。同时，史学家在思考和撰写各种史著的过程中，也相当重视文学的特点，《后汉书》卷80《文苑传》和《南齐书》卷52《文学传》的设立，就是一个突出的表现。史学家对文学特点的认识的提高并且具体体现在史著中，从一个方面促进了这一时期文学史料学的形成。

魏晋南北朝是我国古代文学史上的一个重要的繁荣时期。许多统治者在重视史学的同时，也十分关爱文学。汉代不少帝王对文人常以“俳优蓄之”。汉魏之际，曹氏父子在理论主张和创作实践上，重视文学，倡导文学。两晋和南北朝，在帝王当中，尽管有人鄙视文人和文学家，但就主流来看，他们重视文人，爱好文学。帝王对文人的重视和对文学的爱好，从一个方面促进了这一时期文学的繁荣。这一时期文学家众多，诗歌、辞赋、散文、小说等作品不断涌现，积累丰厚。以魏晋为例，《隋书》卷35《经籍志四》著录两汉文集共百余家，而三国时期的达60余家，晋代则多至近380家。文学家众多和作品的迅速发展，需要研究，需要整理和保存。统治者和文学家，或者为了炫耀自己的文治，或者为了展示自己的文化，或者为了传之后世，或者为了光耀门第，常常注意搜集和编辑过去的或当时的文学作品。他们这样做，本身就是在做史料工作。这在客观上又从一个方面促进了这一时期的文学史料学的形成。

随着文学的繁荣，这一时期的文学理论批评空前活跃，先后出现了以曹丕《典论·论文》、陆机《文赋》、刘勰《文心雕龙》和钟嵘《诗品》等为代表的一大批文学理论批评论著。在中国古代文学理论批评史上，上面列举的这些论著属于“初祖”，他们本身都是重要的文学研究史料。另外，第一，从这些论著中可以看到，这一时期文学观念有了很大的演进。前面曾经说过，在汉代已经开始注意区分文学与其他学术，不过那时的区分还是初步的。到了魏晋南北朝时期，这种区分比较自觉，也渐趋明确。《宋书》卷93《雷次宗传》记元嘉十五年(438)立儒、玄、文、史四馆。《南史》卷3《宋本纪》记明帝泰始六年(470)立聪明观，“置东观祭酒、访举各一人，举士二十人，分为儒、道、文、史、阴阳五部学”。五部学中的“文”与四馆中的“文”相当，都具有相对独立的文学的意义。这时期的文学，一般不再像汉代那样，只具学术的意义，而开始成为一个相对独立的学科。人们开始注意把文学与其他学术区分开来。这从一个方面促进了文学史料的独立。不过，事物的演进总是相当复杂的。文学观念的演进也是这样。南朝宋代四馆、五部学的设立,对文学史料的独立有促进作用,但同时,我们应当看到,传统的泛文学观,既包括文学,也包括其他学术,不论在认识上,还是在实践上,在魏晋南北朝时期,仍占有一定的地位。《世说新语·文学篇》所记叙的包含后来所谓的纯文学的条目很少,而有关玄学、儒学、佛学的内容却占了大部分。《文选》所选也不全是纯文学。《文心雕龙》所论,也有属于学术方面的。这种泛文学观,对当时和后来的文学史料学有很大的影响。用近代以来的纯文学观来看,有些杂。这种杂,形成了我国古代文学史料学的一个特点。第二,有不少文学理论批评论著,从不同的角度论及了有关文学史料的问题。如刘勰在《文心雕龙》的不少篇中,论述了史料的重要、以"真"为核心的史料价值观、坚持史料的"阙疑"原则以及使用史料应当正确精要等重要问题①。刘勰的论述,虽然并不系统,但却反映了这一时期对史料的见识,对后来的史料学有启示。

魏晋南北朝时期是一个多战乱、多分裂割据的时期,同时也是国内各民族和国内外文化相互交融的重要时期。多方面的文化交融,对文学和文学史料学也起到了明显的作用。其中同外来文化的交融,主要是佛教文化。佛教自汉代传入我国以后,在魏晋南北朝时期传播和发展得很快。在中国古代史上,佛教在魏晋南北朝时期的发展和传播,是外来文化同中国本土文化的第一次广泛而深入的交融,对中国文化产生了深远的影响。它不仅为中国原有的思辨哲学增加了新的内容,同时还从多方面浸润了文学和文学史料学。现存魏晋南北朝文学史料中,有许多有关佛教方面的内容。有一些高僧译介了不少重要的佛教典籍。有许多文人学者受佛教的沾溉,或译佛教典籍,或写诗作文,或参考佛教典籍的注释方法来注释各种文籍。南朝梁释慧皎撰写的《高僧传》②,不仅是许多高僧的重要传记的合集,同时其中还有谢琨、谢安、谢尚、王羲之、王珉、戴逵、谢灵运、刘义庆、沈约等许多文学家的史料。中国历代僧诗全集编委会编的《中国历代僧诗全集·晋唐五代卷》③,著录晋南北朝僧诗 231 首。这些诗歌为中国古代诗歌的百花园里,

---

① 参阅张可礼《刘勰关于文学史料学的见识》,《文史哲》2004 年第 6 期。

② 汤用彤校注,汤一玄整理,中华书局 1992 年版。

③ 当代中国出版社 1997 年版。

增添了奇异的光彩。中国古代文学史料学之所以能在魏晋南北朝时期形成,与当时佛教的迅速传播、发展和同中国本土文化的交融是分不开的。

第二节 文学家类传的创立、文学家传记的结集和谱牒的兴起

撰写文学家的传记,始于司马迁的《史记》,前面已有论述。但《史记》中的文学家传记,是同其他人物的传记编辑在一起的,没有文学家的类传。后来的《汉书》、《汉纪》和《东观汉记》等史书,也是这样。在这方面,到了魏晋南北朝时期,有沿袭,更有创新。所谓沿袭,主要表现在陈寿的《三国志》、沈约的《宋书》等正史中。在这些正史中,虽有不少文学家的传记,但都是分散在其他的传记中,没有设文学家类传。如《宋书》单独为谢灵运设传,而陶渊明的传记则在类传“隐逸”中。所谓创新,主要体现在两方面:一是在正史中开始出现了文学家类传;二是出现了文学家传记的结集。

文学家类传代表性的著述有两种,即范晔《后汉书》卷80(上、下)《文苑传》和萧子显《南齐书》卷52《文学传》。

东汉是中国古代文学发展的一个重要时期,这一时期文学家辈出,文学作品除了辞赋继续兴盛外,乐府诗、五言诗大量涌现,在散文方面,相继出现了一些新的文体。范晔鉴于东汉文学的发展和对文学特点的认识①,受魏晋文学自觉的影响,在《后汉书》中把“专事经学”的学者和从事文章写作的文人的传记,分两类编辑。把“专事经学”的集中编入卷79上、下《儒林传》中。另外,在卷80首创《文苑传》。《文苑传》共收28人,所载全是善于“文”或“文章”的文学家,他们当中的大多数都长于辞赋写作。范晔写他们,在叙述他们主要经历的同时,用更多的篇幅述评了他们在文学创作上的成就,有的还全文征引了重要的作品,如杜笃的《论都赋》、傅毅的《迪志诗》、赵壹的《刺世疾邪赋》等。《文苑传》的创设,不仅使东汉的文学状况得到了比较集中和详细的记述,保存了许多不见于其他典籍的重要文学史料,同时开史

① [清]章学诚著、仓修良编注《文史通义新编新注》,浙江古籍出版社2005年版,《内篇一·书教中》云:“东京以还,文胜篇富,史臣不能概见于纪、传,则汇次为文苑之篇。”范晔撰《后汉书·文苑传赞》曰:“情志既动,篇辞为贵。抽心呈貌,非雕非蔚。殊状共体,同声异气。言观丽则,永监淫费。”

书设文学家类传之先河,为后来史家提供了编纂文学家史料的重要范型和容易操作的方法。后来的许多史书效法、遵循《后汉书》的创新,特设"文苑传"、"文艺传"或"文学传"。这表明《后汉书·文苑传》的创设,在中国古代文学史料学史上具有范型的意义、重要的地位和生命力。

继范晔在《后汉书》中设《文苑传》之后,萧子显在梁朝时撰写的《南齐书》中,对齐朝官位较高、名气较大的文学家,多采用二人合传的形式,如卷36的《谢朝宗传》、《刘祥传》,卷41的《张融传》、《周颙传》,卷47的《王融传》、《谢朓传》。其他的则收入卷52特设的类传《文学传》中。《文学传》主传包括丘灵鞠、檀超等十名能文之士,附传包括熊襄、诸葛勖、袁嘏等七人。《文学传》除了记叙传主的主要经历外,注意突出"文学"方面的事迹,有的传记也著录了一些作品。同《后汉书·文苑传》相比,《文学传》著录的作品,不及诗赋,而重在书信。其中《陆厥传》中著录陆厥的《与沈约书》和沈约的《答陆厥书》,不见于其他典籍,是魏晋南北朝时期重要的文学理论批评论著。《文学传》最后在"赞曰"之前,有"史臣曰"的评论,后人名曰《南齐书·文学传论》。此文着眼于文学,是一篇重要的文学理论批评论文。值得注意的是,《文学传》中所收的《崔慰祖传》、《王逡之传》均未涉及文学。另外的《祖冲之传》所记叙的主要是他在科技上的贡献,《贾渊传》所记叙的全是他在谱学上的成就。上述现象说明萧子显虽在《南齐书》中设有文学传,但他的"文学"观念比"杂文学"还要杂①。这一点,不同于范晔《后汉书》中的《文苑传》。

关于文学家传记的结集,主要有杂传中张骘的《文士传》。②

此传约作于晋末宋初,早于范晔的《后汉书》。《文士传》全书已经散失,今人朱迎平有辑佚。朱迎平说:今存佚文,"留存了近六十位文人的生平及创作事迹,包括东汉十五人、三国十四人、西晋二十人、东晋三人,生平不详者五人,传文涉及的文人则更多。其中有大家、名家,也有名不见经传的普

---

① 参阅詹秀惠《萧子显及其文学批评》,台湾文史哲出版社1994年版,第119—130页。从《文学传》的全文来看,萧子显对文学的界定,杂乱而矛盾。在他所撰写的人物中,有些同"文学传论"所论述的内容,并不吻合。这种杂乱和矛盾,有可能是由于他人在编辑上有错乱所致。

② 关于《文士传》的作者,有张骘、张衡、张隐等异说,应以张骘为是。参阅[清]卢弼《三国志集解》,中华书局1982年影印本,第307页下、281页下。

通文人，他们中的大多数都有文集被《隋志》著录，可见这是一部名副其实的文人传记。”①就今存《文士传》佚文而言，其中有不少史料不见于正史，是我们研究东汉和魏晋文学不可忽视的。

《文苑传》的创立和《文士传》的结集，是文学家传记史料独立的重要标志。它们不只保存了重要的文学家和作品史料，而且还有两点值得注意：一是推进了后来对文学的界定，促进了人们对文学与学术和史学做进一步的区分。二是受《文苑传》、《文学传》的影响，后来的许多史书，或专设“文苑传”，如《晋书》、《魏书》、《北齐书》、《北史》、《旧唐书》、《宋史》、《明史》等，或专设“文学传”，如《梁书》、《陈书》、《南史》、《隋书》、《辽史》等。《新唐书》、《金史》则取名为《文艺传》。所用名目有别，但基本上是以文学家为主，明显地表现了文学的独立、文学家地位的提升。受《文士传》结集的启示，后来历代相继出现了许多与《文士传》类似的文人传记专集，如唐代裴胐撰《续文士传》②、元代辛文房撰《唐才子传》等。

谱牒，也作“谱谍”，内容是记述一个氏族或一个家族世系。由于编撰者对谱牒的理解不同和谱牒内容的复杂，谱牒的名称和种类很多，常见的有谱、家谱、世谱、谱系、谱录、谱叙、氏谱、宗谱、氏族谱、血脉谱、姓纂、玉谍、姓氏、氏族、氏姓、氏录、氏叙、世家、世纪等。谱牒有重要的史料价值。清代章学诚说：“夫家有谱，州县有志，国有史，其义一也。”③章氏是把谱牒看成是同方志和正史同样重要的。

中国古代自有国有姓氏开始，就产生了谱牒。据对现在发掘的甲骨文资料的研究，在商代，已有家谱的雏形。在周代正式形成，有谱牒《世本》。《国语・楚语上》载，申叔时教太子箴必读书云：“教之《世》，而为之昭明德而废幽昏焉。”徐元诰注：“《世》，先王之世系也。”又引陈瑑注：“教之《世》，即《周官・小史》所奠之世系。”《梁书》卷50《文学传下・刘杳传》载：

① 参阅：朱迎平《古典文学与文献论集》，上海财经大学出版社1998年版，《第一部文人传记〈文士传〉辑考附录：〈文士传〉佚文》。朱迎平所辑，有遗漏，如《魏志・荀彧传》注引张衡（编著者按：应作张骘）《文士传》有关祢衡的一条。朱东润《八代传叙文学述论》，复旦大学出版社2006年版，第144—146页。

② [宋]王应麟辑《玉海》，江苏古籍出版社、上海书店出版社1988年版。卷58载：开元中怀州司马裴胐撰《续文士传》十卷。

③ [清]章学诚《章学诚遗书》，文物出版社1985年版，卷14《为张吉甫司马撰大名县志序》。

王僧孺被敕撰谱，访杳血脉所因。杳云："桓谭《新论》云：'太史《三代世表》，旁行邪上，并效周谱。'以此而推，当起周代。"

《隋书》卷33《经籍志二》在著录"姓氏"之书（其中绝大部分属于谱牒）后，总括说：

氏姓之书，其所由来远矣。《书》称："别生分类。"《传》曰："天子建德，因生以赐姓。"周家小史定系世，辨昭穆，则亦史之职也。

谱牒在两汉时期有了发展，《隋书》卷33《经籍志二》说：

秦兼天下，刬除旧迹，公侯子孙，失其本系。汉初，得《世本》，叙黄帝已来祖世所出。而汉又有《帝王年谱》，后汉有《邓氏官谱》。

两汉除了《隋志》所说的《邓氏官谱》外，还有司马迁编写的《三代世表》、佚名编写的《杨雄家牒》[①]、王符编写的《志士姓》、应劭编写的《氏族》、颍川太守聊氏编写的《万姓谱》等。

魏晋南北朝时期，随着门阀制度的形成，谱牒迅速发展，极其盛行。《隋书》卷33《经籍志二》载：

晋世，挚虞作《族姓昭穆记》十卷，齐、梁之间，其书转广。后魏迁洛，有八氏十姓，咸出帝族。又有三十六族，则诸国之从魏者，九十二姓，世为部落大人者，并为河南洛阳人。其中国士人，则第其门阀，有四海大姓、郡姓、州姓、县姓。及周太祖入关，诸姓子孙有功者，并令为其宗长，仍撰谱录，纪其所承。又以关内诸州，为其本望。

魏晋南北朝时期，谱牒的盛行，始于西晋。西晋时，挚虞"以汉末丧乱，谱传多亡失，虽其子孙不能言其先祖，撰《族姓昭穆》十卷，上疏进之，以为足以备物致用，广多闻之益"[②]。同时，据丁国钧《补晋书艺文志》卷二著录，潘岳编有《潘氏家谱》。南北朝期间，谱牒转广。特别是各地较大的氏族，包括一些重要的文艺世家，如琅邪王氏、太原王氏、高平郗氏、颍川庾氏、陈郡谢氏等，几乎都有谱牒。这方面的史料积累得很多。以《世说新语》为例，据我的统计，《世说新语》刘孝标注引各种谱牒且有引文者达47种之多，名称也

① 《太平御览》卷558引有《杨雄家牒》佚文。
② ［唐］房玄龄等撰《晋书》，中华书局点校本，卷51《挚虞传》。

增加了许多,其中用的最多的是氏谱,其他有世家、家谱、氏录、世纪等。由于谱牒的兴盛,东晋以后,遂有“谱学”之称,谱学成为一种专门学问。东晋贾弼之研究谱牒成为著名专家。他的后代赓续研究,成为“谱学”世家。《南齐书》卷52《贾渊传》载:

先是,谱学未有名家,渊祖弼之广集百氏谱记,专心治业……渊父及渊,三世传学。凡十八州氏族谱,合百帙七百余卷,该究精悉,当世莫比。

贾弼之开贾氏谱学之后,自刘宋开始,王弘、王俭、王僧孺等王氏承续贾氏谱学,又改编和新撰了许多家谱①。

朝廷为了管理繁复的谱牒,在隋唐之前,“历代并有图谱局,置郎令史以掌之”②。编撰谱牒主要是为了维护帝王、官宦和氏族的门第,记叙的重点是帝王、官宦和氏族几代的仕历、血脉传承和婚姻关系,所记也并不完全可靠,同时,由于它着眼于世系,并没有突出文人的事迹。但综观现存魏晋南北朝时期谱牒的部分佚文,可以发现,其中保存了一些文学家的生平史料。把这些史料和正史中相关的传记加以比照,对了解其生平和家世有佐证、补缺和纠谬的作用。如《世说新语·雅量》刘孝标注引琅邪《王氏谱》载,王羲之妻“名璿,字子房”,这一记载可补《晋书》卷80《王羲之传》之阙。另外,魏晋南北朝谱牒的兴盛,对后来影响很大。唐代以后谱牒继续受到重视,宋代开始出现了大量的文学家年谱。这与魏晋南北朝时期谱牒的兴盛有血脉之因。

第三节　别集、总集的大量涌现与定型

魏晋南北朝时期在承续汉代由朝廷编纂别集和由他人编纂别集的做法的基础上,又有了很大的发展。《三国志》卷19《陈思王植传》载,曹植死后,魏明帝曾诏告:

撰录植前后所著赋颂诗铭杂论凡百余篇,副藏内外。

---

① 参阅[唐]李延寿撰《南史》,中华书局点校本,卷59《王僧孺传》。

② 参阅[宋]郑樵著、王树民点校《通志二十略》,中华书局1995年版,《氏族略·氏族序》。

这表明,魏国朝廷曾为曹植编过别集。《三国志》卷35《诸葛亮传》说,诸葛亮"言教书奏多可观,别为一集",又载《诸葛氏集目录》。《诸葛氏集目录》后载陈寿等上言:"辄删除复重,随类相从,凡为二十四篇,篇名如右。"上言最后标明时间是"泰始十年二月一日癸巳"。泰始十年为公元274年。"别为一集"的时间待考,但《诸葛氏集》编于西晋初期是可以断定的。同时从上面的记载可以知道,《诸葛氏集》的编纂,删除重复,分类编次,并有目录。魏晋之后,为别人编别集的更多。梁代阮孝绪编有《七录》,其中有"文集录"。"文集录"全文已经亡佚,其中著录了多少别人编撰的别集,难以考知,但从《南史》和《北史》等著述中,可以推知其数量是相当多的,编纂者的身份也有扩大。其中有帝王亲自为他人编辑的,如《南史》卷52《萧机传》载:

所著诗赋数千言,(梁)元帝集而序之。

卷21《王籍传》载:

湘东王集其文为十卷云。

有帝王敕编的,如《南史》卷75《顾欢传》载:

武帝诏欢诸子撰欢文议三十卷。

有作者的亲属编辑的,如《南史》卷48《陆从典传》载:

从父瑜特所赏爱。及瑜将终,命家中坟籍皆付之,从典乃集瑜文为十卷,仍制为序,其文甚工。

有属官和门人编的,如《南史》卷39《刘孝绰传》载:

(昭明)太子文章,群才咸欲撰录,太子独使孝绰集而序之。

卷76《诸葛璩传》载:

璩所著文章二十卷,门人刘日敦集而录之。

《北史》卷83《李广传》载:

广尝荐毕义云于崔暹。广卒后,义云集其文笔七卷,托魏收为之序。

魏晋南北朝时期,除了朝廷和他人为别人编别集之外,在三国时,开始出现了一些自编的别集。魏国的曹丕和曹植就自编过自己的别集。《三国志》卷二《魏文帝纪》说：魏文帝曹丕"好文学，以著述为务，自所勒成垂百篇"。这是曹丕自编别集的自白。关于曹植自编别集的事实，见于他写的《前录自序》：

余少而好赋，其所尚也，雅好慷慨，所著繁多。虽触类而作，然芜秽者众，故删定别撰，为《前录》七十八篇。

曹植的自序说明，他在生前，自己即选编过自己的别集。三国之后，自编别集越来越多。梁阮孝绪的"文集录"中著录了多少自己编撰的别集，很难考定，但从《南齐书》和《北史》等史书中，可以推知其数量极为可观。《南齐书》卷 41《张融传》云：

融自名集为《玉海》。司徒褚渊问《玉海》名，融答："玉以比德，海崇上善。"文集数十卷行于世。

《梁书》卷 14《江淹传》云：

凡所著述百余篇，自撰为《前后集》。

又卷 33《王筠传》云：

筠自撰其文章，以一官为一集，自洗马、中书、中庶子、吏部、左佐、临海、太府各十卷，尚书三十卷。凡一百卷，行于世。

《北史》卷 33《李公绪传》载：弟概"自简诗赋二十四首，谓之《达生文人集》"。

卷 40《程骏传》载：

所作文章，自有集录。

卷 43《邢昕传》载：

所著文章，自有集录。

由于门阀制度的推行，晋南北朝时期出现了一些文艺世家。与此相关联的是，在这一时期自编的别集中，还出现了一种具有明显的家族性质的。如《梁书》卷 33《王筠传》载王筠《与诸儿书论家世集》云：

史传称安平崔氏及汝南应氏，并累世有文才，所以范蔚宗云："崔氏世擅雕龙。"然不过父子两三世耳。非有七叶之中，名德重光，爵位相继,人人有集,如吾门世者也。

在晋南北朝期间,像琅邪王氏这样代代相继自编文集的当不在少数。

魏晋南北朝时期编纂的别集的数量之多,远远超越了前代。由于具体的数量难以确切的统计,这里我们姑且以《晋书》卷92《文苑传》和南朝正史中的《文学传》以及《隋书》卷35《经籍志四》所载的文人的别集的数量,作为推测的参照。《晋书·文苑传》收标目文人16人,注明有别集的5人,占16人的36%。《宋书》无《文苑传》。《南齐书》卷52《文学传》收标目文人10人,有别集的2人,占20%。《梁书》卷49、50《文学传上下》,收标目文人25人,有别集的18人,占72%。《陈书》卷34《文学传》收标目文人14人,有别集的9人,占64%。从上面列举的数字,可以看出,晋南北朝时期别集的发展,虽未呈直线形态,但总的趋势是发展很快,其中梁朝是一个高峰。《隋书·经籍志四》"别集"类共收437部,4381卷,注云:通计亡书,合886部,8126卷。《隋书·经籍志四》著录的别集,自"楚兰陵令《荀况集》一卷"开始至隋"著作郎《王胄集》十卷",其中的别集,大多当是南北朝和隋代编纂的。

魏晋南北朝时期编纂的别集,除了上述之外,还有四种现象值得关注:

一是有不少别集有序。别集有序,最早当是曹植的《前录自序》。后来如上面所引的《萧机集》、《从瑜集》、《昭明太子集》、《李广集》等都有序。别集有序,为后来编纂别集所遵循,成为一种范式。

二是别集有全集和选集两种。明确说明属于选集的,如上引曹植自编的别集和北朝李概自编的《达生丈人集》。后来所编的别集,大体上也是有全集和选集两种。

三是别集编辑的体例有多种。有的是按作品的体裁"随类相从"的,如陈寿等编辑的《诸葛亮集》。有"一官为一集"的,如王筠自编的别集。

四是从南朝齐朝开始注意注明别集的卷数。正史著录魏晋至南朝宋代的别集,一般只著录"文集",而不注明卷数。如《晋书》卷92《顾恺之传》载:"所著文集及《启蒙记》行于世。"《南史》卷29《蔡兴宗传》云:"文集传于世。"卷33《范泰传》云:"撰《古今善言》二十四篇及文集传于世。"自齐朝开始,正史中很少笼统地记载别集,而是明确地注明了别集的卷数,如《南史》卷21《王籍传》载:"湘东王集其文为十卷云。"卷33《何逊传》载:"东海王僧孺集其文为八卷。"著录别集注明卷数,表明编纂别集由粗疏日趋细致,注意整合归纳。这一点,为后来所仿效。《隋书·经籍志》和后来的目录著录各种典籍，一般都注意标示卷数。

魏晋南北朝时期，随着别集的发展，南朝梁代阮孝绪在《七录》的“文集录”中第一次立“别集”一目。从此以后，别集作为文学作品的一个重要的结集形式和范畴，不仅为历代所使沿用，同时成为我国古代目录和目录学中的主要类目之一。

在魏晋南北朝时期之前，文学作品有许多积累。魏晋南北朝时期文学创作十分繁盛，别集日益增加，各种体裁的文学作品多有创获。当时的创作、研究、保存、传播文学作品，都迫切需要用总集这种形式加以整理，因此总集迅速发展，各个朝代都取得了丰硕的成果。关于这一时期总集的数量，有关这一时期的正史，都没有艺文志或经籍志，好在后来有所补编。下面将补编的艺文志（或经籍志）所著录的这一时期的总集的数量列表如下：

朝代与时间	书名	作者	版　本	著录数量	著录卷数	备　注
三国（220—280）	三国艺文志	姚振宗	二十五史补编（三）、中华书局1955年	14家、15部		15部中标明卷数者8部，共72卷
晋（265—420）	补晋书艺文志	丁国钧	同上	86家、95部		86家中，存66家，失名20家，其中82部标明卷数，共1491卷
	补晋书艺文志	文廷式	同上	110部		110部中，有92部标明卷数，共1094卷
	补晋书艺文志	秦荣光	同上	75家、81部		81部中，有70部标明卷数，共912卷
	补晋书经籍志	吴世鉴	同上	71部		71部中，有56部标明卷数，共1248卷
南朝·宋（420—479）	补宋书艺文志	聂崇岐	同上	64部		64部中，有61部标明卷数，共1430卷
南朝·齐（479—502）	补南齐书艺文志	陈述	二十四史订补第7册，书目文献出版社1996年	13部	121	陈述云：齐代总集“今并佚，有辑存五卷”
	补南齐书经籍志	陈鸿儒等	同上	15部		15部中，有12部标明卷数，共263卷

续　表

朝代与时间	书名	作者	版　本	著录数量	著录卷数	备　注
南朝·梁（502—557）	补南北史艺文志	徐崇	二十五史补编（五）中华书局1955年	23部		23部中，有9部标明卷数，共150卷
南朝·陈（557—589）	补南北史艺文志	徐崇	同上	1部		未注明卷数
北朝·魏（386—556）	同上	同上	同上	11部		10部中，有6部标明卷数，共162卷。另10部中，有徐高补1部，见《补南北朝艺文志》
北周（557—581）	同上	同上	同上	1部	40卷	

总计上列各朝总集的数量，除去重复的，大约240部。另外，《隋书》卷35《经籍志四》总集类著录具体的总集后总括说：共“一百七部，二千二百一十三卷”。原注：“通计亡书，合二百四十九部，五千二百二十四卷。”其中绝大部分是魏晋南北朝时期编纂的①。参考上面所列举的数字，可以说明魏晋南北朝时期编纂的总集数量是相当多的，远远超过了前代。

我国古代总集的类型，在这一时期有了明显的拓展，丰富多样。

从体裁来看，有综合性的和专体的。综合性的如：曹丕编的徐幹、陈琳、应玚、刘桢集②；挚虞的《文章流别集》41卷；孔宁的《续文章流别》3卷；刘义庆的《集林》181卷；孔逭的《文苑》100卷；昭明太子《文选》30卷等。其中的《文选》是今存中国古代最早的最完整的综合性文学作品选集。同综合性的相比，专一体裁的更多，发展得更快，除了小说外，当时的各种体裁，几乎都有不同形式的总集。这里，据《隋书·经籍志四》的著录，举例如下：

诗歌：宋明帝《诗集》40卷，谢灵运《诗集》50卷、《诗集钞》10卷、

① 《隋志》著录的总集，有后汉编纂的，如《神雀赋》1卷，傅毅撰。有隋代编纂的，如《大隋封禅书》1卷。另外，由于《隋志》对总集的界定和后来的不同，所以有时把不属于总集的也归于总集，如把刘勰的《文心雕龙》也作为总集。

② 参阅［晋］陈寿撰《三国志》，中华书局点校本，卷21《王粲传》注引《魏略》引魏文帝《又与吴质书》。

《杂诗钞》10卷、《诗英》9卷，昭明太子《古今诗苑英华》19卷，徐陵《玉台新咏》10卷。

辞赋：谢灵运《赋集》92卷，褚诠之《百赋音》10卷，梁武帝《历代赋》10卷，崔浩《赋集》86卷。

七体：谢灵运《七集》10卷，卞景《七林》12卷。

连珠体：《黄芳引连珠》1卷，邵陵王纶注《梁武帝制旨连珠》10卷。

赞：谢庄《赞集》5卷。

诔：谢庄《诔集》15卷。

碑文：谢庄《碑集》10卷，梁元帝《释氏碑文》30卷。

诏：宗幹《诏集区分》41卷，佚名《魏朝杂诏》2卷。

表：邵陵王《梁中表》11卷。

奏：陈长寿《魏名臣奏》30卷。

启：佚名《梁、魏、周、齐、陈皇朝聘使杂启》9卷。

论：东晋人撰《设论集》3卷，佚名《杂论》10卷。

书：王履《书集》88卷。

诽谐文：袁淑《诽谐文》10卷，佚名《续诽谐文集》10卷。

从总集涵盖的时间来看，有多代的，有断代的。多代的，如上面列举的梁武帝的《历代赋》，昭明太子的《文选》、《古今诗苑英华》和徐陵的《玉台新咏》。断代的，如佚名《齐释奠会诗》10卷，佚名《梁代杂文》3卷。

另外，这一时期在总集方面，还出现了两种众多的前所未有的新的总集：

一是出现了许多有关女性的总集，见于记载的综合类的有南朝宋殷淳《妇人集》30卷①，梁徐勉《妇人集》10卷②，张率"撰妇人事二十余条，勒成百卷"③，佚名《妇人集》20卷、《妇人集》11卷、《妇人集钞》2卷、《杂文》16卷(原注："为妇人作。")④。诗歌类总集有：宋颜竣集《妇人诗集》2卷⑤，殷淳

① 据[唐]魏徵等撰《隋书》，中华书局点校本，卷35《经籍志四》。

② 据[唐]姚思廉撰《梁书》，中华书局点校本，卷25《徐勉传》。

③ [唐]姚思廉撰《梁书》，中华书局点校本，卷33《张率传》。

④ 以上四部据[唐]魏徵等撰《隋书》，中华书局点校本，卷35《经籍志四》。

⑤ 据：[后晋]刘昫等撰《旧唐书》，中华书局点校本，卷47《经籍志下》；[宋]欧阳修、宋祁撰《新唐书》，中华书局点校本，卷60《艺文志四》。

集《妇人诗集》30 卷[①]。训诫类总集有：宋徐湛之《妇人训诫集》10 卷，冯少胄《娣姒训》1 卷，佚名《女鉴》1 卷，《女训》16 卷[②]，《女训集》6 卷[③]。在中国古代男性占主导地位的社会和文化中，从总体上看，女性处于"次第"的、"第二性"的状态，而在南北朝时期却第一次出现了众多的有关女性的总集[④]。由于这些总集全已亡佚，现在只能看到很少的佚文，如《世说新语》刘孝标注引《妇人集》佚文 7 则，《初学记》卷 21 引《妇人集》佚文 1 则。从现在见到的佚文和相关的很少的记载来看，上面著录的有关女性的总集，有些明确标明编者是男性。至于佚名所编的是否有女性，难以考究。这些总集的内容尽管不同，但都是有关女性的。这反映了女性在当时的社会地位有了提高，女性受到了前所未有的重视。南北朝之后，有关女性的总集不断出现，说明南北朝时期女性总集的编纂对后来有深远的影响[⑤]。

二是佛教总集的编纂。佛教总集，除《隋书》卷 35《经籍志四》著录梁元帝《释氏碑文》30 卷、梁朝释宝唱《法集》107 卷之外，还有今存的南朝梁朝僧祐编纂的《弘明集》。此书原 10 卷，后增补梁朝有关佛教文献，改编为今本 14 卷。全书汇集了南朝关于佛教论争的重要文章，保存了许多不见于其他典籍的贵重史料。《四库全书总目》卷 145 说：此书"六代遗编，流传最古。梁以前名流著作，今无专集行世者，颇赖以存"。《弘明集》不仅存传了许多重要的史料，同时它同《法集》是编纂佛教总集的先导。后来唐代释道宣编纂的《广弘明集》，就是《弘明集》直接引导的结果。

在总集的编纂上，魏晋南北朝时期已经初步形成了一种规范，即分体、类编和系时三者相结合。这一点萧统在《文选序》中有明确的表述：

> 次文之体，各以汇聚。诗赋体既不一，又以类分。类分之中，各以时代相次。

① 据[宋]欧阳修、宋祁撰《新唐书》，中华书局点校本，卷 60《艺文志四》。

② 以上四部据[唐]魏徵等撰《隋书》，中华书局点校本，卷 35《经籍志四》。

③ 据[后晋]刘昫等撰《旧唐书》，中华书局点校本，卷 47《经籍志下》。

④ [唐]魏徵等撰《隋书》，中华书局点校本，卷 35《经籍志四》"总集"类著录有东汉曹大家（班昭）撰《女诫》一卷。《女诫》是班昭个人所作，并非总集。

⑤ 参阅许云和《南朝妇人集考论》，载其著《汉魏六朝文学考论》，上海古籍出版社 2006 年版。

审阅今存《文选》,可以看到,《文选》完全是按照上述规范来编纂的。即先按体裁分为赋、诗、骚、七、诏、册等39体①。其中赋和诗两种体裁共31卷,内容占全书60卷的一半还多。在各种体裁中,又按题材"以类相从"分成若干类。每一文体或具体的小类中,再以作者的卒年的先后排列②。

《玉台新咏》是选录艳诗的总集。这部总集在分类上,也有明确的规范。卷1至卷8选录的是汉、魏、晋、宋、齐、梁各代的五言诗;卷9选录历代的歌行,多为七言,有少数杂言;卷10选录的是古绝句和短诗。

在中国古代文学史料学史上,南朝梁阮孝绪在《七录序》中,第一次确定了总集这一名称。此后,这一名称一直沿用到现在。魏晋南北朝时期编纂的大量总集,不仅保存了许多重要的史料,有些流传至今,同时基本上确立了总集编纂的类型和规范,为后来历朝历代所参照。

魏晋南北朝时期,特别是南朝时期,别集和总集的编撰,在古代文学史料学史上和古代文学研究史上,都有重要的意义。正如美国学者宇文所安所指出的:

> 基于很多原因,五世纪和六世纪初——即宋、齐和梁三代——是一个重要的时期。它的重要,是因为我们对中国早期文本历史的了解大都是经过这个时期的编撰活动传下来的。他们构造了经典,决定了什么是重要作家和作品;而且看来在很多情况下,他们或者决定什么文本被保存,或者通过注意某些特别文本而给予这些文本一种"生存优势"。这些南朝人有修养也有学识,为北朝后期文化建设设立了标准。③

实际上,南朝宋、齐、梁、陈编纂的别集和总集,不仅"为北朝文化建设设立了标准",同时对北朝之后的各个时期的别集和总集的编纂,都有积极的、范导的作用。

---

① 关于《文选》选文文体的分类和数量,由于研究者所依据的版本和理解的不同,有37、38、39体3说。此据傅刚之说。详见傅刚《〈昭明文选〉研究》,中国社会科学出版社2000年版,第185—192页。

② 据曹道衡《试论〈文选〉对作家顺序的编排》,《文学遗产》2003年第2期。

③ [美]宇文所安《史中有史——从编辑〈剑桥中国文学史〉谈起》,《读书》2008年第5、6期。

第四节　综合目录的长进和文学专科目录的发轫

综合目录在汉代萌生以后，到魏晋南北朝时期得到了迅速的长进。这一时期的综合目录，有创新型的，也有沿袭型的。创新型的始于魏晋，南朝沿用之。沿袭型的主要在南朝的齐梁时期。

所谓创新型的，主要指的是以甲、乙、丙、丁四部分类的目录。《南齐书》卷40《竟陵文宣王子良传》载：

移居鸡笼山邸，集学士抄《五经》、百家，依《皇览》例为《四部要略》千卷。

据上述记载，四部分法，可能滥觞于魏文帝曹丕时编纂的《皇览》。曹魏末年，秘书郎郑默"考核旧文，删省浮秽"，作目录《中经》(亦称《魏中经》)。中书令虞松赞赏说："而今而后，朱紫别矣。"[①]《中经》是否取四部分法，有待考证。西晋初，领秘书监荀勖与中书令张华整理图书，诏荀勖撰次。荀勖"因《魏中经》，更著《新簿》"(亦称《中经新簿》)，总括群书，分甲、乙、丙、丁四部，始创四部[②]。东晋元帝时，李充作《四部书目》。阮孝绪《七录序》云：

惠、怀之乱，其书略尽。江左草创，十不一存。后虽鸠集，淆乱已甚。及著作佐郎李充始加删正。因荀勖旧簿四部之法，而换其乙、丙之书，没略众篇之名，总以甲、乙为次。

李充的《四部书目》确定了四部的次序：甲部为《五经》，乙部为史记，丙部为诸子，丁部为诗赋[③]。李充的作法，得到了秘阁的肯定。臧荣绪云：

于时典籍混乱，删除颇重，以类相从，分为四部，甚有条贯，秘阁以为永制。[④]

---

① [唐]房玄龄等撰《晋书》，中华书局点校本，卷44《郑默传》。

② 参阅[梁]阮孝绪《七录序》。见[唐]道宣编纂《广弘明集》，上海古籍出版社1991年版，卷3。

③ 据[梁]萧统编、[唐]李善注《文选》，中华书局1977年版，卷46任昉《王文宪集序》李善注引臧荣绪《晋书》。

④ 据[梁]萧统编、[唐]李善注《文选》，中华书局1977年版，卷46任昉《王文宪集序》李善注引臧荣绪《晋书》。

李充取分四部编目之后，南朝继续沿用。见于记载的有：《晋义熙四年秘阁四部书目》[①]，宋代谢灵运编的《宋元嘉八年秘阁四部目录》，殷淳“在秘书阁撰《四部书目》凡四十卷，行于世”[②]，王俭编的《宋元徽元年四部书目录》四卷[③]，《齐永明元年秘阁四部目录》[④]，殷钧编的《梁天监六年四部书目录》四卷，刘遵编的《梁东宫四部目录》四卷，刘孝标编的《梁文德殿四部目录》四卷[⑤]，梁代刘杳编的《古今四部书目》五卷，行于世[⑥]，《梁天监四年文德正御四部及术数书目录》[⑦]，佚名编的《陈天嘉六年寿安殿四部目录》四卷，《陈德教殿四部目录》四卷[⑧]。自荀勖创四部书目后，虽有个别目录取五部分类法，如《隋书》卷32《经籍志一・总序》云：“梁有五部目录。”但绝大多数采用四部分法，并且流行较广。梁代湘东王“尝自执四部书目以试之，(臧)严自甲至丁卷中，各对一事，并作者姓名，遂无遗失”[⑨]。李充确定了分四部编目之后，后来的目录从《隋书・经籍志》开始到《四库全书总目》，多分经、史、子、集四部，虽然有所变更，但大体上是接受了李充的做法，足见其影响的深远。

所谓沿袭型的，指的南北朝时期有一类综合性的目录祖于汉代刘歆的《七略》。前面已经述及，刘歆在刘向《别录》的基础上撰《七略》，分图书为七类。分图书为七类，到南朝为齐代王俭和梁代阮孝绪所沿用。王俭撰有《七志》。《南齐书》卷23《王俭传》曰：

> 迁秘书丞。上表求校坟籍，依《七略》撰《七志》四十卷，上表献之。

---

① 见[梁]阮孝绪《古今书最》。载[唐]道宣编纂《广弘明集》，上海古籍出版社1991年版，卷3。

② 参阅[梁]沈约撰《宋书》，中华书局点校本，卷59《殷淳传》。阮孝绪《七录序》称为《大四部目》。

③ 据[唐]魏徵等撰《隋书》，中华书局点校本，卷33《经籍志二》。

④ 据[梁]阮孝绪《古今书最》，见[唐]道宣编纂《广弘明集》，上海古籍出版社1991年版，卷3。

⑤ 以上据[唐]魏徵等撰《隋书》，中华书局点校本，卷33《经籍志二》。

⑥ 据[唐]姚思廉撰《梁书》，中华书局点校本，卷50《文学传下・刘杳传》。

⑦ 据[梁]阮孝绪《古今书最》，载[唐]道宣编纂《广弘明集》，上海古籍出版社1991年版，卷3。

⑧ 以上据[唐]魏徵等撰《隋书》，中华书局点校本，卷33《经籍志二》。

⑨ [唐]姚思廉撰《梁书》，中华书局点校本，卷50《臧严传》。

又阮孝绪《七录序》云:王俭“又以《别录》之体,撰为《七志》,其中朝遗书收集稍广,然所亡者犹太半焉”。又云:

> 王俭《七志》改六艺为经典,次诸子,次诗赋为文翰,次兵书为军书,次数术为阴阳,次方伎为术艺。以向、歆虽云《七略》,实有六条,故别立图谱一志,以全七限。其外又条《七略》及二汉《艺文志》、《中经部》所阙之书,并方外之经,佛经、道经各为一录。

阮孝绪撰有《七录》。《七录》全文已经失传,《广弘明集》卷三载有一部分。《隋书》卷32《经籍志一》“经部序”云:

> 普通中,有处士阮孝绪,沉静寡欲,笃好坟史,博采宋、齐已来王公之家,凡有书记,参校官簿,更为《七录》:一曰《经典录》,记六艺;二曰《记传录》,记史传;三曰《子兵录》,记子书、兵书;四曰《文集录》,记诗赋;五曰《技术录》,记数术;六曰《佛录》;七曰《道录》。其分部题目,颇有次序,割析辞义,浅薄不经。

王俭的《七志》与阮孝绪的《七录》虽然沿袭了《七略》的七分法,但他们并没有墨守成规,而是能够依据时代和文籍的发展,在《七略》的基础上有所变革、有所前进。

魏晋南北朝时期各种文学体裁繁荣,王俭认为“诗赋之名,不兼余制”,所以改《诗赋略》为《文翰》。阮孝绪又认为“倾世文词,总谓之集,变‘翰’为‘集’,于名尤显”,于是改《文翰》为《文集录》。《文集录》下分楚辞部、别集部、总集部和杂文部,扩大了文学的范围,大体上确立了我国古代集部的分法。

魏晋南北朝时期佛教和道教发展迅速、传播广泛,有关的著述积累很多,影响很大,需要编纂目录。基于这一现实,《七志》和《七录》先后用不同的方法设有《佛经》(录)、《道经》(录)。

随着魏晋南北朝时期图谱的发展,《七志》中还新设“图谱一志”,《七录》将图“随其名题各附本录”,而把谱“载于记传之末”①,开目录中设图谱类之先河。

---

① 以上引自[梁]阮孝绪著《七录序》,见[唐]道宣编纂《广弘明集》,上海古籍出版社1991年版,卷3。

还有,《七志》“著录了极其丰富的现实书籍(即所谓‘今书’),并且采用了传录体的叙录,弥补了《晋中经部》以来的简单著录不能满足读者需要的缺点”。“《七录》总结并改进了刘向、刘歆以来的分类表,并在他新规定的图书类目内,著录了当时所有的图书”,《七录》“在解题方面没有采用王俭的传录体,而是尽可能的编写了和《七略》大致相仿佛的简单说明”①。

上述这些新的作法,常为以后编纂目录所效仿。隋代许善心仿效阮孝绪《七录》编纂《七林》②,就是一个例证。

前一章论述汉代的史料学曾指出,以诗赋为代表的文学目录在汉代已经出现了,不过汉代的文学目录是与其他目录合在一起的,属史志目录,还没有从综合性的目录中分离出来。到了魏晋南北朝时期,文学专科目录破土而出,相继增多。

这一时期的文学专科目录,大致可以分为两种:一种是个人作品目录,一种是综合性的作品目录。个人作品目录有自编的,也有他人编的。自编的始于曹植。《晋书》卷50《曹志传》载,曹志“植之孽子也。帝尝阅《六代论》,问志曰:‘是卿先王所作耶?’志对曰:‘先王有手所作目录,请归寻案。’还奏曰:‘案录无此。’帝曰:‘谁作?’志曰:‘以臣所闻,是臣族父冏所作。’”据曹志所言,曹植在生前就编过自己作品的目录。他人编的个人作品目录,如《三国志》卷35《诸葛亮传》载,陈寿曾编有《诸葛氏集目录》;又《三国志》卷21《魏志·王粲传》注引《(嵇)康集目录》。这一时期个人著述繁富,个人的著述一般当都编有目录。一个证据是《隋书》卷35《经籍志四》著录别集下常注有“并目录”,“录一卷”等。

汉代出现了一些别集,魏晋南北朝时期大量别集和目录的编纂以及许多总集的出现,为综合性的文学专科目录的编撰创造了有利的条件,同时读者为查寻个人诗文目录和总集目录,也需要综合性的文学专科目录。因此,从西晋初开始终至南北朝,陆续出现了一些综合性的文学专科目录,见于记载的主要有荀勖《文章叙录》10卷、挚虞《文章志》4卷、顾恺之《晋文章记》、傅亮《续文章志》、宋明帝《晋江左文章志》、丘灵鞠《江左文章录序》、丘渊之

---

① 引自王重民《〈七志〉与〈七录〉》,载《图书馆》1962年第1期。参阅高路明《晋及南朝目录体例考》,《北京大学中国古文献研究中心集刊》第七辑,北京大学出版社2008年版。

② [唐]魏徵等撰《隋书》,中华书局点校本,卷58《许善心传》。

《晋义熙以来新集目录》、沈约《宋世文章志》2卷等。上面列举的目录书名，大多标有“文章”二字。这里所谓的文章，指的是以诗赋为代表的文学作品。上述目录均已散失，鲁迅曾作过辑佚，辑有《众家文章记录》，荀勖《文章叙录》，挚虞《文章志》，傅亮《叙文章志》，顾恺之《文章记》，宋明帝《晋江左文章志》，丘渊之《文章叙》、《文章录》、《新集录》，佚名《文章传》①。今人朱迎平著有《六朝文学专科目录辑考》②，吴光兴著有《荀勖〈文章叙录〉、诸家“文章志”考》③，可参阅。

荀勖的《文章叙录》作于西晋初，是我国古代第一部文学专科目录。《文章叙录》最早见于《三国志》裴松之注所引。《隋书》卷33《经籍志二》著录名为《杂撰文章家集叙》10卷。今存佚文涉及11名文人：荀纬、缪袭、何晏、应璩、韦诞、夏侯惠、孙该、嵇康、杜挚、应贞和裴秀。

挚虞《文章志》，《晋书》卷51《挚虞传》著录四卷，《隋书·经籍志二》同。佚文涉及16名文人：其中有王莽末及东汉的史岑、刘玄、桓麟、崔烈，曹魏时期的阮瑀、潘勖、王粲、陈琳、徐幹、繁钦、周不疑、刘修、缪袭、应璩，西晋的应贞、潘尼。

顾恺之《晋文章记》，不见《晋书》卷92《顾恺之传》和《隋书·经籍志二》著录，今仅存有关阮籍的一条佚文，见《世说新语·文学》刘孝标注引。

傅亮《续文章志》，当是续挚虞的《文章志》，《隋书·经籍志二》著录2卷。《新唐书》卷58《艺文志二》同。佚文涉及的潘岳、左思、石崇、陆云和木华5人，都是西晋的文学家。

关于宋明帝刘彧的《晋江左文章志》，《宋书》卷8《明帝纪》云：刘彧“好读书，爱文义，在藩时，撰《江左以来文章志》……行于世”。《世说新语》刘孝标注引作《文章志》，《隋书·经籍志二》著录谓《江左文章志》，3卷。刘注和《隋志》所称，当是简称。佚文涉及东晋文学家14人：孝武帝司马曜、顾恺之、张凭、王羲之、王献之、谢安、刘惔、刘恢、王胡之、孙绰、庾翼、桓温、谢尚、王忱。

丘灵鞠作《江左文章录序》，见《南齐书》卷52《丘灵鞠传》：“著《江左文

① 收入《鲁迅辑录古籍丛编》，林辰、王永昌编校，人民文学出版社1999年版，第3卷。

② 收入其著《古典文学与文献论集》，上海财经大学出版社1998年版。

③ 载莫砺锋编《周勋初先生八十寿辰纪念文集》，中华书局2008年版。

章录序》,起太兴,讫元熙。"从太兴到元熙,涵盖东晋一代。此书当是东晋一代的文章叙录。

丘渊之《晋义熙以来新集目录》,《隋书·经籍志二》著录三卷,未注作者。《新唐书》卷58《艺文志二》著录书名、卷数同,标明作者是丘深之。"深之"即"渊之",是唐人因避讳而改。《世说新语》刘注先后引丘渊之《文章录》、《文章叙》和《新集录》,当是《晋义熙以来新集目录》一书的别称和简称。《文章录》、《文章叙》和《新集录》的佚文涉及了卞范之、伏系、顾恺之、袁豹、傅亮和谢灵运6人。

沈约《宋世文章志》,《隋书·经籍志二》著录二卷,《新唐书·艺文志二》同,但《梁书》卷13《沈约传》说30卷。此书散失,未见佚文,具体内容难以考知。

除上述目录外,《隋书》卷35《经籍志四》总集类著录《文章始》一书下注:梁有"《四代文章记》一卷,吴郡功曹张防撰。亡"。张防的生平经历以及"四代"所指,均未见记载。从书名推测,可能属于文学作品叙录之类①。

乐府诗自汉代兴盛以后,即引起了历史学家的关注。《汉书》卷30《艺文志·歌诗类》即著录有乐府诗。南朝沈约对司马迁和班固的《乐志》不载讴谣,感到遗憾。为了弥补过去的不足,他撰《宋书》,著有《乐志》4卷(卷19—22)。在卷20《乐志二》中,他引蔡邕论叙汉乐曰:

一曰郊庙神灵,二曰天子享宴,三曰大射辟雍,四曰短箫铙歌。

沈约依据蔡邕的分类,著录了自汉代至南朝宋代的大量的乐府诗,保留了丰富的与乐府诗相关的史料。沈约之后,陈代释(或作僧)智匠撰《古今乐录》,全书已佚②。《隋书》卷32《经籍志一》著录12卷,《旧唐书》卷46《经籍志上》、《新唐书》卷57《艺文志一》、《宋史》卷202《艺文志一》、《玉海》卷105著录13卷。此书"起汉迄陈",著录乐府诗篇名、解释乐府诗题,并涉及了许多乐器。此书开乐府诗目录之先河,唐宋之后,相继出现了许多这方面的目录,为研究乐府诗提供了极大的方便和难得的史料。

---

① 此材料为朱迎平发现,载其著《古典文学与文献论集》,上海财经大学出版社1998年版,《六朝专科文学目录辑考》。

② 刘跃进有《〈古今乐府〉辑存》,载南开大学《文学与文化》编委会编《文学与文化》,南开大学出版社2000年版。

从上面列举的史料来看,魏晋南北朝时期的文学专科目录,虽不完整,但大体上前后相接,形成了系列,表明在魏晋南北朝时期,文学专科目录基本上已经形成。由于以上所列的专科目录全部散失,有些仅存佚文。所存佚文,又多见于注释所引。而注释所引,只取所需,不可能保留完整的段落。因此,这些专科目录的具体面貌,已经难以弄清楚。就现存的书名和佚文而言,除了丘渊之所著明确标明"目录"之外,其他的专科目录,当主要是作品叙录,由作品自然会涉及作者,所以有关作者的记叙较多。这说明这一时期的文学专科目录由于是初创,不可能像后来出现的那样规范。

第五节　多种注释体式的形成和几种重要文史典籍的注释

魏晋南北朝时期,随着各种典籍的不断积累以及语言音义等方面的变化,给阅读和传播典籍带来了困难。为了解决这一困难,这一时期的史料注释,立足于当代,在继承以前成果的基础上,注意吸收新史料和语言文字等方面的新成果,有了明显的进展。这主要表现在两方面:一是形成了多种注释体式;二是出现了不少重要的、有生命力的文史注释著作。

我国古代的注释体式,有些在先秦和两汉时期就产生了。魏晋南北朝时期既有继承,又有创新,形成了多种注释体式。这一时期的注释,有些用的是过去已用过的体式,还有一些是在这一时期形成的。现将几种重要的、影响大的列举如下:

音体和音义体。音体是专门注释字音的注释体式。这种体式产生在汉末,如郑玄著有《尚书音》、《礼记音》。自曹魏开始,这种体式相继出现了很多。如曹魏嵇康著《春秋左氏传音》3 卷,蜀国诸葛亮著《汉书音》,晋代孙炎、郭璞撰《尔雅音》2 卷,徐邈著《周易音》1 卷、《毛诗音》2 卷、《古文尚书音》1 卷、《楚辞音》1 卷,李轨著《老子音》1 卷、《庄子音》1 卷,南朝宋代徐爰著《礼记音》2 卷,梁代邹诞生著《史记音》3 卷,刘显著《汉书音》2 卷,北魏刘芳撰《后汉书音》1 卷,北齐卢宗道著《魏志音》1 卷等。音义体以释音为主,兼及释义,起源于汉魏之际,应劭著有《汉书集解音义》24 卷。此后,发展很快,如吴国韦昭著《汉书音义》7 卷,萧该著《汉书音义》12 卷,宋代徐野民撰《史记音义》12 卷,北魏卢宗道著《魏志音义》1 卷等。

集解(有的也称"集注")体。集解体始于魏晋,在南北朝迅速发展。集解体有少数是集比经传，自己加以解释，如西晋杜预著《春秋左氏经传集解》30卷。更多的是总汇各家注释以作解释，如曹魏何晏集解《集解论语》10卷[①]，晋代程韶集解《老子》2卷，晋灼著《汉书集注》13卷，应劭著《汉书集解音义》，李颙著《集解尚书》11卷，宋代裴骃著《史记集解》80卷[②]，梁代崔灵恩著《集注毛诗》24卷。

考辨体。以考辨以前注释中的疑难或失误为主，书名中凡含有驳、考、难、辨异、疑义、辩证等词的，大多属于这一类。这类体式中有个别的始于东汉，如东汉贾逵撰《毛诗杂议难》3卷，其他大多常见于魏晋南北朝。如曹魏王肃撰《毛诗义驳》8卷，三国吴国谯周撰《古史考》25卷、《五经然否论》5卷，晋代陈统撰《难孙氏毛诗评》4卷，晋代杨乂撰《毛诗辨异》3卷，刘宝撰《汉书驳议》2卷，梁代周舍撰《礼疑义》52卷，佚名撰《春秋辩证》6卷。

疏体。以疏解原文大意、阐述思想内容为主，常见于魏晋南北朝时期的有义疏、讲疏等。如舒援撰《毛诗义疏》20卷，皇侃撰《论语义疏》10卷，顾欢和梁代释慧观分别撰有《老子义疏》1卷，戴诜撰《庄子义疏》8卷，孙孝克撰《论语讲疏文句义》5卷，梁武帝撰《老子讲疏》6卷，梁简文帝撰《庄子讲疏》10卷。

图谱体。是用谱或图注释文本。东汉即有这种体式，如郑玄注《丧服谱》1卷。自魏晋开始，日渐增多。如晋郭璞撰《尔雅图》10卷，齐代王俭撰《丧服图》1卷，梁代有《毛诗图》3卷、《毛诗孔子经图》12卷、《毛诗古圣贤图》2卷，有《论语义注图》12卷。

上面所列举的都是注释者注释他人的著述。此外，在魏晋南北朝时期还出现了不少自己注释自己著述的自注体。自注又称子注。唐人刘知几《史通·补注》说：

> 躬为史臣，手自刊补，虽志有该博，而才缺伦叙，除烦则意有所吝，毕载则言有所妨，遂乃定彼榛楛，列为子注。

自注注释了正文，还可以避免正文的繁多而又保存了有关的重要史料。自注始于西汉司马迁撰《史记》。《史记》中的自注有两种体式。一是注释词语。如卷7《项羽本纪》："项王、项伯东向坐，亚父南向坐（亚父者，范增

① 此书引用他人注解，都标明注者的姓名。

② 据[后晋]刘昫等撰《旧唐书》，中华书局点校本，卷46《经籍志上》。

也）。"二是在各篇之后的"太史公曰"中。这种自注重点是注明各篇述作的旨意和史料的来源①。章学诚《文史通义·外篇一·史篇别录例义》云：

史家自注之例或谓始于班氏诸志，其实史迁诸表已有子注矣。②

东汉班固撰《汉书》和张衡撰《思玄赋》都有自注③。魏晋南北朝时期，自注增多。内容重在考订史实和史料的辑补。如晋代司马彪自注《续汉书》，周处自注《阳羡风土记》，常璩自注《华阳士女》④，左思自注《齐都赋》⑤，宋代谢灵运自注《山居赋》，北魏杨衒之自注《洛阳伽蓝记》⑥，颜之推自注《观我生赋》等。

翻译体。梁启超说：

翻译有二，一：以今翻古，二：以内翻外。以今翻古者，在言文一致时代最感其必要。盖语言易世而必变；既变，则古书非翻不能读也。求诸先籍，则有《史记》之译《尚书》……然自汉以后，言文分离。属文者皆摹仿古言，译古之业遂废。以内译外者，即狭义之翻译也。语最古之译本书，吾欲以《山海经》当之……其对于外来文化，为热情的欢迎，为虚

---

① 参阅逯耀东《抑郁与超越：司马迁与汉武帝时代》，三联书店 2008 年版，《史传论赞与"太史公曰"》。

② [清]章学诚著、仓修良编注《文史通义新编新注》，浙江古籍出版社 2005 年版，《内篇五·史注》又云："太史叙例之作，其自注之权舆乎？明述作之本旨，见去取之从来，已似恐后人不知其所云而特笔以标之。"

③ 关于张衡自注《思玄赋》，有不同说法。[梁]萧统编、[唐]李善注《文选》，中华书局 1977 年版，卷 15 张衡《思玄赋》有旧注，李善注云："未详注者姓名，挚虞《流别》题云衡注。详其义训，甚多疏略；而注又称'愚以为'，疑非衡明矣。"

④ [唐]刘知几撰、赵吕甫校注《史通新校注》，重庆出版社 1999 年版，《内篇·补注》云："周处之《阳羡风土》，常璩之《华阳士女》，文言美辞，列于章句，委曲叙事，存于细书。此之注释异于儒士者也。"细书，即小字自注。

⑤ 据[唐]魏徵等撰《隋书》，中华书局点校本，卷 35《经籍志四》。

⑥ [清]永瑢等撰《四库全书总目》，中华书局 1965 年版。卷 70 云：《洛阳伽蓝记》"实有自注，世所行本皆无之，不知何时佚脱"。杨勇论《洛阳伽蓝记》云："今按此书为衒之晚年捃摭众制而成，衡断隐曲，颇有左氏遗风。殆先定纲领，次胪细目；以地志为经，以史事为纬；正文简要，注笔详密。大体以一寺为一条。凡言寺之由来，坊里所在，及人物名胜建置者为正文；而考订该寺所在，坊里人物之文献则为子注。"载杨勇《洛阳伽蓝记校笺》，中华书局 2006 年版，《自序》。

心的领受，而认翻译为一种崇高事业者，则自佛教输入以后也。①

对佛经的翻译，这是我国古代第一次大规模地对外来文化典籍进行译介。魏晋南北朝时期随着佛教的迅速发展和广泛的传播，支谦、朱士行、竺法护、鸠摩罗什、佛驮跋陀罗、昙无谶、道安和慧远等一大批翻译者翻译了大量的佛教典籍。郑鹤声、郑鹤春依据唐代《开元释教录》，曾对后汉至唐开元期间的佛经译人及译经典之数列有一表②。我根据此表作了统计，统计的结果是：在魏晋南北朝时期，先后有 120 人参与了佛经的翻译，翻译佛经 1621 部，2180 卷。足见其数量之大。这一时期随着佛经的翻译，人们对如何翻译佛经，产生了不同的看法，其焦点是取直译还是取意译。主要有三种见解。一是主张直译。三国时期的支谦看到了翻译不易，主张"因循本旨，不加文饰"。东晋的释道安遵从直译。他所监译的《鞞婆沙》，"案本而传，不令有损言游字。时改倒句，余尽实录"③。二是主张意译。鸠摩罗什则比较重视意译。他译《法华》，则"曲从方言，趣不乖本"④，译《百论》，则"陶练覆疏，务存论旨；使质而不野，简而必诣"⑤。"据此可见凡什公所译，对于原本，或增或削，务在达旨"⑥。三是主张折中。释道安的大弟子释慧远认为直译和意译都有缺欠，应当"简繁理秽，以详其中，令质文有体，义无所越"⑦。值得关注的是，这一时期有不少著名的中国文学家（如谢灵运）参加了译经。他们参加翻译，提高了译经的水平。《高僧传》卷七《释慧严传》载：

> 《大涅槃经》初至宋土，文言致善而品数疏简，初学难以措怀，严乃共慧观、谢灵运等依泥洹本，加之品目。文有过质，颇亦治改，始有数本

① 梁启超《中国佛教研究史》，三联书店 1988 年影印本，《翻译文学与佛典》。

② 参阅郑鹤声、郑鹤春《中国文献学概要》，上海古籍出版社 2001 年版，第五章《翻译》。

③ [晋]释道安《鞞婆沙序》。载[清]严可均校辑《全上古三代秦汉三国六朝文》，中华书局 1958 年版，《全晋文》卷 158。

④ [晋]释慧观《法华宗要序》。载[清]严可均校辑《全上古三代秦汉三国六朝文》，中华书局 1958 年版，《全宋文》卷 63。

⑤ [晋]释僧肇《百论序》。载[清]严可均校辑《全上古三代秦汉三国六朝文》，中华书局 1958 年版，《全晋文》卷 165。

⑥ 梁启超《中国佛教研究史》，三联书店 1988 年影印本，《翻译文学与佛典》。

⑦ [晋]释慧远《大智论抄序》。载[清]严可均校辑《全上古三代秦汉三国六朝文》，中华书局 1958 年版，《全晋文》卷 162。

流行。

文学家参加译经,还促进了中国文学与佛经翻译文学以及中国文学理论与佛经翻译理论的交融。另外,佛经的注释方法也增加了中国传统的注释方法,如“合本子”注就是源于佛经的译注。

合本子注中的“本”,指的是大字正文,“子”指的是在正文的字句中增加的小字注释。合本子注始于汉末三国支谦的佛经翻译,后来常被使用。在佛经的译本中,往往一经有多种不同的译本。不同的译本,在词句、次序、离合、多少等方面,常有差别。若据一本,会失之于兼通;若广泛著录,则文字繁多。为了解决上述各自的缺欠,于是有些译本取一本为正文,为母;用他本为注文,为子,放在正文的字句中间,如子从母。以子注母,两者合而为一,形成了合本子注。合本子注,正文与注释互相配拟,综合对比,便于阅读和研究①。

以上列举的几种注释体式基本是在魏晋南北朝时期形成的。这些体式具有范式的意义,为后来所重视,许多体式沿用至今。

魏晋南北朝时期在史料注释上,成果丰厚,有许多流传至今。下面举其重要者,分类做一简单介绍:

史书类:

《春秋左氏经传集解》,西晋杜预撰,《隋书》卷32《经籍志一》著录30卷。此书是《左传》流传到现在的最早的一种。

《史记集解》,南朝宋代裴骃撰,《隋书》卷33《经籍志二》著录80卷。此书以东晋徐广《史记音义》为本,集众家之说,时下己意。原本单行,宋代刻本开始与唐代司马贞的《史记索隐》和张守节的《史记正义》合刻,成著名的三家注本,流传至今。

《三国志注》,南朝宋代裴松之撰,《隋书·经籍志二》著录陈寿撰、裴松之注《三国志》65卷。裴松之注《三国志》的缘起、态度和方法,他在《上〈三国志注〉表》中有所表述:

① 参阅:[晋]支敏(或作愍,又作慜)《合维摩诘经序》,载[清]严可均校辑《全上古三代秦汉三国六朝文》,中华书局1958年版,《全晋文》卷157。陈寅恪《支愍度学说考》,原刊台湾历史语言研究所《蔡元培先生六十五岁纪念论文集》,后收入《陈寅恪史学论文选集》,上海古籍出版社1992年版。

臣前被诏，使采三国异同，以注陈寿《国志》。寿书诠叙可观，事多审正，诚游览之苑囿，近世之嘉史。然失在于略，时有所脱漏。臣奉诏寻详，务在周悉。上搜旧闻，旁摭遗逸。按三国虽历年不远，而事关汉晋，首尾所涉，出入百载。注记分错，每多舛互。其寿所不载，事宜存录者，则罔不毕取，以补其阙。或同说一事，而辞有乖杂，或出事本异，疑不能判，并皆钞内，以备异闻。若乃纰缪显然，言不附理，则随违矫正，以惩其妄。其时事当否，及寿之小失，颇以愚意，有所论辩。①

从上引裴松之的自叙可以看到，他受诏注《三国志》没有采用注经以训诂明理的做法，而是着眼于以注事为主。他注事，注意“补其阙”、“备异闻”、“惩其妄”、“论辩”是非。在裴松之之前，注史常受注经的濡染，而裴松之注《三国志》突破了注经的做法。这从一个方面表现了南北朝时期的一些史学著作，不再是经学的附庸，而开始独立了。他重在注事的做法，为后来一些注释者所仿效。刘孝标注《世说新语》走的就是裴松之的路子②。

为了弥补陈寿《三国志》内容不够充实的缺欠，裴松之注《三国志》，搜集史料，增广异闻，广泛征引相关的各种史料。全书注释征引书目的数量，前人多有统计，但由于统计的标准和方法不同，几种统计的结果有所出入。清代“沈家本《古书目四种》中的《〈三国志注〉所引注书目》较为完备。这份引书目‘依《隋书·经籍志》之例，分为四部，计经部廿二家，史部一百十二家，子部廿三家，集部廿三家，凡二百十家”③。另外，“更有许多是沈家本等所没有著录的，如《曹腾碑》、《鲁芝碑》、裴松之《西征记》、《刘琨集》、《陈思王集》、《三朝录》、《虞翻别传》、《辅臣像赞》、《主得名臣颂》、《曹氏家传》等”④。裴注征引史料繁富，大多首尾完具，保存了丰富的史料，其中有许多在唐宋后散失了。同时，他注意辨析，表明自己的见解。他吸收了过去的成果，继

① 《上〈三国志注〉表》，载[清]严可均校辑《全上古三代秦汉三国六朝文》，中华书局 1958 年版，《全宋文》卷 17。

② 参阅张瑞龙《从经注与史注的变奏看裴松之〈三国志注〉的学术史地位》，《史学月刊》2004 年第 6 期。

③ 引自逯耀东《魏晋的史学思想与社会基础》，中华书局 2006 年版，第 282 页。伍野春《裴松之评传》，南京大学出版社 1998 年版，研究裴注所引书籍，用表格的形式列出书目，还统计了所引各书的次数。见第 256—259 页。请参阅。

④ 引自逯耀东《魏晋的史学思想与社会基础》，中华书局 2006 年版，第 287 页。

承了以前注释的经验,在注释的内容和体例方法上,都有自己的创新,标志着一种注释范式的确立。

辞赋类:

这一时期辞赋的注释主要集中在《楚辞》和大赋上。贡献突出的当首推郭璞。《隋书》卷35《经籍志四》著录郭璞注《楚辞》3卷。《旧唐书》卷47《经籍志下》和《新唐书》卷60《艺文志四》均作10卷。此书可能在南宋时亡佚了。宋代洪兴祖撰《楚辞补注》有征引。现代学者王重民、闻一多、胡小石等依据近世敦煌所出典籍中的《楚辞音》、郭璞的《江赋》等史料,又发现了一些郭璞的注释。另外,胡小石发现,郭璞在《山海经注》、《山海经图赞》、《方言》、《穆天子传注》、《子虚》、《上林》赋等注中,有关《楚辞》的注释,至今可考者,达350多条(不包括《楚辞音》残卷内四条)。郭璞的注释,在校勘、注音、注楚方言、释义等方面,都取得了重要的成就①。

郭璞之外,据《隋书》卷35《经籍志四》所载,有关注释辞赋的著作还有许多:"梁有《楚辞》十一卷,宋何偃删王逸注。"杨穆撰《楚辞九悼》一卷,皇甫遵训撰《参解楚辞》七卷,徐邈撰《楚辞音》一卷,宋诸葛氏撰《楚辞音》一卷,孟奥撰《楚辞音》一卷,佚名撰《楚辞音》一卷,刘杳撰《楚辞草木疏》二卷。"李轨、綦毋邃撰《二京赋音》二卷,左思撰《齐都赋》二卷并音",梁有"薛综注张衡《二京赋》二卷,晁矫注《二京赋》一卷,傅巽注《二京赋》二卷,张载及侍中刘逵、晋怀令卫权注左思《三都赋》三卷,綦毋邃注《三都赋》三卷,项氏注《幽通赋》,萧广济注木玄虚《海赋》一卷,徐爰注《射雉赋》一卷"。又著录:孙壑注《洛神赋》一卷,李轨撰《二都赋音》一卷,褚诠之撰《百赋音》十卷。注:"梁有《赋音》二卷,郭征之撰"。此外,还有如前所述的谢灵运自注《山居赋》、颜之推自注《观我生赋》等。

散文类:

关于散文的注释,除了上面所说的《洛阳伽蓝记》外,重要的还有北魏郦道元的《水经注》。在郦道元之前,郭璞注有《水经》三卷。郦道元为注《水经》,不仅广泛征引有关的记载,还亲自到许多地方进行实地考察。他为《水经》逐条作注,"注文内明确指名引用的文献共达四百八十种"②,全书约30

① 参阅易重廉《中国楚辞学史》,湖南出版社1991年版,第三章。

② 引自陈桥驿《郦道元评传》,南京大学出版社1994年版,第52页。

万字,注文约为原文的20倍。所引之书,有许多已经亡佚。注文内容除自然地理方面的,另外还有大量的人文地理方面的。注文征引了丰富的神话传说、民间谣谚、古代碑刻,记载了许多名胜古迹、风土民情。此书相当多的注释突破了以前注释的言说方式,使用了散文形式,不少篇章是散文史上的优秀之作,同时又保存了丰富的文学史料,常为文学史和文学史料学家所称引。

小说类:

梁代刘孝标注《世说新语》。此注征引广博详确。清代沈家本《世说注所引书目》统计,引经部35家,史部288家,子部39家,集部42家,另列释氏10家,共414家[①]。《世说新语》本文多采辑汉魏以来旧文、佳话,所引旧文,有许多不见其他典籍,所以《世说新语》本身就具有重要的史料价值。刘孝标注重点不在注释字句,而在事实的考订。刘注补充了大量的史料,所引史料不只丰富,而且所引诸书十之八九早已失传,靠刘注得以保存了一些片段。刘注除了补充史料外,对原文纰缪的纠正,对异说考订,都有独到的贡献。所以刘注一直与原文相随,流传至今。

神话类:

这一时期出现了几种《山海经》的注释。《隋书》卷33《经籍志二》著录郭璞注《山海经》23卷、注《山海经图赞》2卷,佚名撰《山海经音》2卷。

魏晋南北朝时期的注释同两汉时期相比,有明显的特点。两汉时期的注释,重在儒家经典。即使不是注释儒家经典,注释子、史和集部中的书籍,也受其影响。魏晋南北朝时期,儒家经典继续受到关注,但史书的注释,尤其是辞赋、散文和小说等文学作品的注释,受到了空前的重视,多有创新,取得了巨大的成就。裴松之的《三国志注》、刘孝标的《世说新语注》、郦道元的《水经注》和后来唐代李善的《文选注》,流传至今,被古今学者推尊为"四大名注"。"四大名注"中有三部产生在南北朝时期。这是我国古代文学史料学在魏晋南北朝形成的重要标志之一。

魏晋南北朝时期,社会长期分裂割据,动荡不定,汉民族统治者主宰整个国家的格局基本结束。民族的冲突和融合,外来文化和本土文化的相互

① 载《沈寄簃先生遗著》,民国四年刊,《乙编·古书目四种》。

渗透,导致了文化的巨大变化。儒家经学式微,玄学、佛学兴盛。人们随着个性意识的觉醒,不再恪守两汉形成的许多范型和标格,而崇尚自然的人性,追求自由的发展,给人的印象是“帝王不像帝王,文臣不像文臣,乃至儿子不像儿子,女人不像女人”,“每一个不入格的人,都充满了独来独往的精神”①。与此关系密切的是史学多元发展,文学空前繁荣。人们对文学认识有了明显的提高,文学在人们的心目中开始有了比较明确的地位,人们能够相当清楚地认识到文学的特点和历史,能够注意把文学史料同其他史料加以比较,并予以定位、归类。文学作品的分类受到了文人学者的重视,分类明确而细化。文学家传记史料作为另类,开始独立。以别集和总集为代表的文学作品史料的编辑大量涌现和定型,别集和总集两个概念得以确立和使用。人们能够比较自觉地搜集、整理和使用文学史料。在文学史料的注释方面,突破了汉代重在注释儒家经典的樊篱,淘汰了汉代烦琐的章句体式,形成了一些有生命力的注释体式。上述这些,标志着传统的中国古代文学史料学,在这一时期已经基本形成了。

① 引自朱东润《八代传叙文学述论》,复旦大学出版社 2006 年版,第 15 页。

第十章 文学史料学的发展期:隋唐五代

第一节 促进史料学发展的重要因素

隋唐两代结束了汉末以来长期动荡、分裂、割据的局面,建立了统一的、多民族的封建集权国家。其间,虽然有隋末的动荡、安史之乱和唐末的战乱,但从长时段来看,其统一和稳定,同以前的两汉近似。隋朝尽管时间很短,但隋朝所制定的许多有利于巩固封建统治的政治、经济、文化政策和措施,多为唐朝所沿用。唐承隋制,又鉴于隋朝短命的教训,有所改良,在政治、经济和文化等方面,采取了许多开放的、自由的政策和举措,维护了国家长期的统一和稳定,促进了经济的发展,综合国力有了明显的提升,文化繁荣。

国家的统一和社会的稳定,使统治者有条件来关注史料问题。另一方面,他们为了巩固和维护自己的统治,表现自己的文治业绩和雅兴,也十分看重史料,注意搜集和整理史料,取得了丰硕的成果。《旧唐书》卷46《经籍志上》载:

> 及隋氏建邦,寰区一统,炀皇好学,喜聚逸书,而隋世简编,最为博洽。……及隋氏平陈,南北一统,秘书监牛弘奏请搜访遗逸,著定书目,凡三万余卷。炀帝写五十副本,分为三品。国家平王世充,收其图籍,溯河西上,多有沉没,存者重复八万卷。

隋代搜集图籍的数量是相当大的。《新唐书》卷57《艺文志一》载:"隋嘉则殿书三十七万卷。"同隋代相比,唐代对史料的重视更加突出。唐代从高祖李渊和太宗李世民开始,在史料方面,采取了许多切实的举措。后来的皇帝,大体上承袭了他们的做法。这体现在设置机构、购募图籍、整理校勘等多方面。有关这方面的情况,在《旧唐书·经籍志》、《新唐书·艺文志》等

书籍中多有记载。《旧唐书》卷46《经籍志上》载:

> 贞观中,令狐德棻、魏徵相次为秘书监,上言经籍亡逸,请行购募,并奏引学士校定,群书大备。

又载:玄宗开元七年(719),“诏公卿士庶之家,所有异书,官借缮写。及四部书成,上令百官入乾元殿东廊观之,无不骇其广”。“肃宗、代宗崇重儒术,屡诏购募。文宗时,郑覃侍讲禁中,以经籍道丧,屡以为言。诏令秘阁搜访遗文,日令添写。开成初,四部书至五万六千四百七十六卷”。

《新唐书》卷57《艺文志一》载:

> 昭宗播迁,京城制置使孙惟晟敛书本军,寓教坊于秘阁,有诏还其书,命监察御史韦昌范等诸道求购。

风动于上,必波及于下。隋唐官方收藏图籍,促进了私家重视收藏图籍。隋代的藏书家如许善心“家有旧书万余卷,皆遍通涉”①。张琚“有书数千卷,教训子侄,皆以明经自达”②。唐代私人藏书有了更大的发展。范凤书《中国私家藏书史》第四章著录唐代60家。并统计说:其中高宗时一人,太宗时八人,武宗时一人,中宗时一人,玄宗时八人,肃宗时六人,德宗时七人,宪宗时七人,文宗时七人,宣宗时二人,僖宗时八人,昭宗时四人。藏书最多的是肃宗时的李泌,他“承父藏书,构筑书楼,积书至三万余卷”③。

图籍是史料最重要的载体。隋唐注重收藏图籍的风尚和成绩,为这一时期文学史料学的发展创造了非常有利的条件。

隋唐在重视收藏图籍的同时,也相当注意对图籍的整理。《隋书》卷58《许善心传》载:

> 于时秘藏图籍尚多淆乱,善心放阮孝绪《七录》更制《七林》,各为总叙,冠于篇首。又于部录之下,明作者之意,区分其类例焉。又奏追李文博、陆从典等学者十许人,正定经史错谬。

唐继隋代,更加注重整理图籍。这方面的情况,姚名达《中国目录学史·校雠篇》有详细的论述。姚氏综述云:

---

① [唐]魏徵等撰《隋书》,中华书局点校本,卷58《许善心传》。
② [唐]魏徵等撰《隋书》,中华书局点校本,卷77《张文诩传》。
③ 范凤书《中国私家藏书史》,大象出版社,2001年版。

李唐一代，四度校书。第一期自太宗贞观初至高宗永元元年。第二期自玄宗开元五年至天宝十四载。(《玉海》引《唐会要》)第三期为德宗贞元年代。第四期为文宗开成年代。

另外，《旧唐书》卷46《经籍志》载："昭宗即位，志弘文雅"，恢复秘府校雠之地，"校其残缺，渐令补辑"。

隋唐五代继承了以前重史的传统，从朝廷到许多文人学者的历史意识有了进一步的提高。《隋书》卷58《魏澹传》载，隋文帝认为魏收所撰《魏书》"褒贬失实，平绘为《中兴书》，事不伦序，诏澹别成《魏史》"。书成，隋文帝"览而善之"。又开皇十三年(593)，"诏人间有撰集国史、臧否人物者，皆令禁绝"①。上举两件史实，说明隋朝对修史的重视，也说明自隋朝开始禁绝私人修史，把修史的权力集中于朝廷。唐代紧承隋代，更加重视修史。武德五年(622)，唐高宗李渊采纳令狐德棻的建议，诏修梁、陈、魏、齐、周、隋六代史②。唐太宗李世民为了加强朝廷对修史的监控，于贞观三年(629)把史馆移到禁中，仍以宰相监修，命继续编撰梁、陈、周、隋五代史。唐太宗之后的几代皇帝，基本上沿用了唐太宗确定的史馆制度，继续关注史书的编撰③。由于隋唐重视修史，在史书的编纂方面取得了丰硕的成果。这些成果主要有两类。一是关于隋唐之前的史书，如今存的房玄龄等撰写的《晋书》、姚思廉撰写的《梁书》和《陈书》、李延寿撰写的《南史》和《北史》、令狐德棻等撰写的《周书》、李百药撰写的《北齐书》、许嵩撰写的《建康实录》等。二是当代史。这类史书大致有三种。一是起居注。《新唐书》卷58《艺文志二》著录有：《隋开皇元年起居注》6卷，温大雅撰《大唐创业起居注》3卷，《开元起居注》3682卷。二是实录。这一时期编写的实录，其数量远远超过了起居注。《新唐书》卷58《艺文志二》共著录25种，785卷。三是纪传体。除魏徵等撰写的《隋书》85卷外，《新唐书·艺文志二》著录的有：王劭《隋书》80卷④，佚名《隋书》32卷、《隋书》85卷、《隋史》20卷，长孙无忌等《武德贞观两朝史》

① [唐]魏徵等撰《隋书》，中华书局点校本，卷2《高祖纪下》。

② 参阅[后晋]刘昫等撰《旧唐书》，中华书局点校本，卷73《令狐德棻传》。

③ 关于唐代的史馆，参阅金毓黻《中国史学史》，河北教育出版社2000年版，第112页，第129—130页。

④ [唐]魏徵等撰《隋书》，中华书局点校本，卷33《经籍志二》作60卷，并注云："未成。"

80卷，佚名《唐书》100卷，吴兢等《唐书》130卷，佚名《国史》106卷、又113卷，五代晋刘昫、赵莹等《旧唐书》200卷。另外，有“会要”。会要作为一种史书体式，是用分类编次史实的方法，记载一个朝代或一个时期的典章制度。德宗时，苏冕撰《会要》40卷①，开创会要体式。宣宗时，命朝臣撰次德宗以后事，成《续会要》40卷②。到宋初，王溥续撰宣宗以后事到唐末，与前书相合成100卷，称《新编唐会要》。

唐代在很大程度上沿袭了魏晋南北朝时期的门阀制度。这一点反映在史著上，一个突出的表现就是持续、大量的编撰各种谱牒。《新唐书》卷58《艺文志二》著录谱牒类17家，39部，1617卷，其中大部分是唐代编写的。这些谱牒有综括唐代重要氏族的，也有单独的一族、一姓、某一官职和某一时期的。重要的如高士廉等编撰的《大唐氏族志》100卷，许敬宗等编撰的《姓氏谱》200卷，柳冲编撰的《大唐姓族系录》200卷，今存林宝编撰的《元和姓纂》10卷等。

隋唐时期所编撰的史书大多已经散佚，具体数量难以考定和统计，上面所列举的只是很少的一部分。但从这一部分可以推知，这一时期史著是相当丰富的。朝廷对史的重视和大量的史书的编撰，促进了社会上下对历史的关注。许多文学家在从政和文学创作的同时，继承了以前文史兼综的传统，关心历史，参与撰史，写了不少重要的历史著述。如王勃“依《春秋》体例，自获麟后，历秦、汉至于后魏，著纪年之书，谓之《元经》”③。韩愈“有史才”，曾任史馆修撰，时人认为他“有史笔”，撰有《顺宗实录》④。柳宗元撰有《非〈国语〉》、《封建论》、《天对》等文，论述了他有关史学和史论的重要观点。李翱曾任国子博士、史馆撰修，著有论及史学的著名论文《百官行状奏》和《答皇甫湜书》⑤。文学家兼及历史，不仅增加了历史著述，扩大了历史的影响，同时会不同程度地渗透到文学领域，直接影响了文学史料。另外，各种史著为后来留下了大量的珍贵的有关文学背景史料、传记史料、作品史料和文学研究史料。其中有些史著相当集中。以文学家传记为例，唐代著名的

---

① 参阅[后晋]刘昫等撰《旧唐书》，中华书局点校本，卷189下《苏弁传》。
② 参阅[宋]王溥《唐会要》，上海古籍出版社2006年版，卷36《修撰》。
③ 参阅[后晋]刘昫等撰《旧唐书》，中华书局点校本，卷190上《王勃传》。
④ 参阅[后晋]刘昫等撰《旧唐书》，中华书局点校本，卷160《韩愈传》。
⑤ 参阅[后晋]刘昫等撰《旧唐书》，中华书局点校本，卷160《李翱传》。

文学家传记,基本上都见于正史《旧唐书》中。这大体上有两种情况:一是"爵位崇高,别为之传",像韩愈、张籍、孟郊、唐衢、李翱、刘禹锡、柳宗元等人的传记集中在《旧唐书》卷160中;二是其他的著名的文学家,如"初唐四杰"、沈佺期、陈子昂、李白、杜甫等62人的传记则集中在卷190《文苑传》上、中、下中。此外,不少杂史中也有许多传记史料。唐修文馆直学士武平一撰《景龙文馆记》10卷,以编年的形式记录了唐中宗景龙二年(708)四月至四年(710)六月间修文馆的诗歌唱和活动和诗文作品,并有29位学士的传记①。

唐朝的统治者对文学一直是采取提倡和鼓励的做法。唐朝从立国的高祖开始,几个有作为和有影响的皇帝,都爱好文艺,并从多方面予以倡导。太宗先后开设修文馆、文学馆、弘文馆,选延天下贤良文学之士,讲论文艺,编纂图籍,吟咏唱和。高宗时开设崇文馆,且爱好乐章。武后对文艺也很有兴趣,常自制新词。中宗时期,常君臣聚会,赋诗唱和。中宗还重视搜集诗人的作品。到了玄宗,喜好文艺的风气更盛。玄宗开设集贤院,收揽贤才,征集文集,整理图书,修文讲学。玄宗自己是诗人,经常与文人臣妃宴乐唱和,《新唐书》卷60《艺文志四》著录有《玄宗集》。其他皇帝,如宪宗、文宗等大多爱好文艺,奖掖文人。最高统治者对文学的喜爱、倡导和奖掖,再加上唐代以诗赋取士制度的推行,这些尽管有消极的影响,但就主要方面来看,促进了唐代文学的繁盛,特别是诗歌创作出现了前所未有的新气象。仅就《全唐诗》所收录的诗歌来看,有的研究者通过计算机的统计,收有诗歌53035首,作者3276名。唐代文学创作的繁盛,是促进唐代文学史料学发展的重要因素,也使唐代文学史料学出现了一些新的特点。一个明显的事实是,在唐代文学史料学的成就中,有关诗歌方面的所占的比重很大,其基础主要是诗歌创作的繁盛。

唐代的统治者在文化思想上,对内取比较开放的政策。在历代封建王朝中,唐代在言论和学术的自由方面,是其他王朝所没有的。唐朝是中华民族最少禁忌、青春健康向上的时期。唐代以儒家为主,兼容百家。在唐代,儒、释、道三家的地位,虽然时有起伏,但总的态势是并存和融合。隋唐的统治者重视佛教和佛教史料。《隋书》卷35《经籍志四》载:

---

① 参阅陶敏、李一飞《隋唐五代文学史料学》,中华书局2001年版,第244页。

开皇元年,高祖普诏天下,任听出家,仍令计口出钱,营造经像。而京师及并州、相州、洛州等诸大都邑之处,并官写《一切经》,置于寺内,而又别写,藏于秘阁。天下之人,从风而靡,竞相景慕,民间佛经,多于六经数十百倍。

到了唐代,更加重视佛教史料的编撰,一个明显的例证是《三教珠英》的编撰。《唐会要》卷36载,武后"圣历中,以上御览及文思博要等书,聚事多未周备",遂令麟台监张昌宗召李峤、阎朝隐、徐彦伯等26人撰《三教珠英》,到大足元年(701)成1300卷。此书"于旧书外,更加佛、道二教,及亲属姓名方城等部"。唐代容许佛教的存在和发展,拓展了史料。《新唐书》卷59《艺文志三》著录"释氏二十五家,四十部,三百九十五卷。失姓名一家,玄琬以下不著录七十四家,九百四十一卷"。道教在唐代的发展也使史料领域里增加了新的内容,一个重要的表现就是对道家史料的整理有了很大的发展。《新唐书》卷59《艺文志三》著录"道家类一百三十七家,七十四部,一千二百四十卷。失姓名三家,玄宗以下不著录一百五十八家,一千三百三十八卷。总一百三十七家,一百七十四部"。

唐代文学史料学之所以得到发展,是多种因素综合作用的结果。上面所列举的只是多种因素中比较重要的几点。

第二节　"别集之极"和总集的增长

宋代王应麟《玉海》卷54云:别集"极于有唐"。王氏所云符合唐代的实际。

在唐代,编纂别集的自觉意识有了空前的提高。不少文人把编纂自己的文集,看得很重。其后代也把编纂前辈的文集,视为荣耀。"凡应八举,皆登甲科"的张鷟在开元元年(713)下狱当死之前,十分惦念编纂自己的文集,特上《陈情表》,请求"宽臣百日之时,集录缮写,奉进阙廷"①。《旧唐书》卷190《文苑传》上、中、下写有62名文人的传记(不含附传),其中明确标示有文集者30人,几乎占所列文人总数的50%。另外,有少数虽然在《文苑传》中没有指出其有文集,但在《旧唐书》卷47《经籍志下》和《新唐书》卷60《艺

① [清]董诰、阮元等编《全唐文》,中华书局卷1983年版,卷172。

文志四》中却著录有文集。如《经籍志下》著录有《郑玄挺集》、《刘允济集》、《乔知之集》等;《艺文志四》著录《阎朝隐集》,萧颖士《游凉新集》,温庭筠《握兰集》、《金筌集》、《诗集》、《汉南真稿》,李商隐《樊南甲集》、《乙集》、《玉溪生诗》、《赋》、《文》等。综观新旧《唐书》的有关记载可知,唐代的文学家除极少数或因时人不称许,或因被斩,或因流配等原因,没有编纂文集外,其他绝大多数的作品都被编成了文集,有的还有多种文集,如温庭筠和李商隐等。

唐代编纂别集的数量之多,也远远超越了以前的任何一个朝代。唐代所编别集的确切数量,有待进一步搜集和统计。大体的数量,陶敏、李一飞《隋唐五文学代史料学》第九页有比较全面的叙述:

> 《新唐书·艺文志四》"别集"类著录736家,其中隋34家,34部;唐、五代513家573部。但这远非隋唐五代别集的全部。胡震亨《唐音癸签》卷三〇"集录"仅据两《唐书》及《宋史》之经籍艺文志、《通志·艺文略》、《遂初堂书目》、《郡斋读书志》、《直斋书录解体》、《文献通考》数书,集当时"唐人集见载籍可采据者","校除重复,参合有无",整理出一个691家、8292卷的唐五代别集书目,比《新志》所载多出178家。《唐研究》第1卷陈尚君《〈新唐书·艺文志〉补》,补录唐作者406家,别集446部,使今知有别集的唐代作家达到900余人,集983部,加上五代十国别集,约有1100部。出土唐人墓志,尚每有失传文集之记载。据《文献》1996年第1期程章灿《唐代墓志中所见隋唐经籍辑考》,仅《唐代墓志汇编》一书中所见唐人别集就有《孙处约集》30卷、《谢观集》40卷等22种未见于《旧唐书·经籍志》、《新唐书·艺文志》。近年新出土墓志中亦见《郑积集》50卷、《郑深集》20卷等记载,可见唐人别集湮没不传者还有很多。

关于五代别集的数量,张兴武《新编五代艺文志》[①]著录3874卷、630篇、1册,另15种。

同以前的别集比较,隋唐五代时期的别集有一些新的特点:

一、一种体裁的别集较多。从体裁来看,这一时期承续前代,仍有许多综合的诗文别集,不同的是一种体裁的别集所占的比重有所增加。其中在

---

① 载张兴武《五代艺文考》,巴蜀书社2003年版。

传统的体裁中,由于这一时期诗歌的兴盛,单一把诗歌编为别集的十分突出,其次是赋。《新唐书》卷60《艺文志四》著录唐人诗集可以确定的有131种,如温庭筠《诗集》5卷、陆龟蒙《诗编》10卷、《崔颢诗》1卷、《孟浩然诗集》3卷、《孟郊诗集》10卷、李绅《追昔游诗》3卷、赵嘏《编年诗》2卷、《皎然诗集》10卷等。五代的诗集,据《五代文艺考》,可以确定的有75种,如李煜《诗》1卷、冯道《诗》10卷、褚载《咏史诗》3卷、徐知谔《百一诗》1卷等。关于赋集,《新唐书》卷60《艺文志四》著录唐人的赋集,可以确定的有22种,如李德裕《杂赋》2卷、陆龟蒙《赋》6卷、李商隐《赋》1卷、薛逢《赋集》14卷、卢献卿《愍征赋》1卷、卢肇《海潮赋》1卷、皇甫松《大隐赋》1卷等。《五代艺文考》著录的赋集,可以确定的有18种,如《桑维翰赋》2卷、《李山甫赋》2卷、冯涓《怀秦赋》1卷、江文蔚《江翰林赋集》3卷等。新体裁别集的产生的基础是新的文学体裁的出现。唐五代出现了词这一新体裁,与此相应的是,在五代单一体裁的别集中,出现了词集,如李煜《李后主词》、薛廷圭《凤阁书词》10卷、殷文圭《笔耕词》20卷、胡元龟《怨词》30篇等。

二、注意选择。别集的编纂,有的求全,有的注意选择。唐代许多著名文人编纂别集时有自觉的选择意识。马承五指出:

> 《杜工部集》现存诗1400首,然杜甫天宝十三年(754)写的《进〈雕赋〉表》中说:"自七岁所缀诗笔,向四十载矣,约千有余篇。"但此时期杜甫所存诗仅近百首,青年时期的存诗也不过二十多首。按萧涤非先生的推测,"可能也由于他自己晚年的删汰或不甚重视"。……杜牧在嘱托外甥裴延翰为自己编集的第二年,便"尽搜文章,阅千百纸,掷焚之,才属留者十二三",幸因裴延翰久有藏蓄,"比较焚外,十多七八",才得以为其编成《樊川文集》。①

编文集注意选择,在白居易那里有明确的认识。《旧唐书》卷166《白居易传》载白居易《与元九书》告知朋友说:

> 凡人为文,私于自是,不忍于割截,或失于繁多。其间妍媸,益又自惑。必待交友有公鉴无姑息者,讨论而削夺之,然后繁简当否,得其中矣。况仆与足下,为文犹患其多。己尚病,况他人乎?今且各纂诗笔,

① 见其论文《唐代诗文的编集与传播》,《中州学刊》2004年第2期。

粗为卷第，待与足下相见日，各出所有，终前志焉。

白居易看到了一般文人为文，自以为是，舍不得割裁，又想到自己和元稹的写作“患其多”，因此主张编纂文集一定要请出于公心的朋友加以选择。他对自己的文集就是这样处理的。他在《与元九书》中谈到自己的杂律诗时说：

他时有为我编集斯文者，略之可也。

编别集求全或加以选择，各有所长。求全，提供的史料详备，有利于了解作品的全貌，但求全是相对的，真正做到全是很困难的，甚至是不可能的。选择是经过编者的斟酌，对作品有舍弃，存留的是编者认为有价值的，数量少了，有利于传播。从史料的演进历程和传播来看，编别集，选择是自然的，与其求全，倒不如加以选择。唐代文人编别集注意选择，为后来所接受，即使在今天也值得我们借鉴。

隋唐五代在别集繁盛的同时，总集也有了很大的增长。这一时期，从官方到文人都相当重视总集的编纂。唐代有许多总集是由朝廷诏命编纂的，如高宗时许敬宗、顾胤、许圉师等 11 人奉敕编纂《芳林要览》300 卷；玄宗“开元中，诏张说括《文选》外文章，乃命(徐)坚与贺知章、赵冬曦分讨，会诏促之，坚乃先集诗赋二韵为《文府》上之”①；宪宗元和中令狐楚奉敕编《御览诗》1 卷等。唐代的文人对编纂总集有很大的兴致，如顾陶、崔融、元结、殷璠、姚合、元稹、白居易、刘禹锡、吴兢、韦庄、戴叙伦等都编过总集。

从《隋书》、《旧唐书》和《新唐书》等史书的记载来看，隋唐五代时期的总集，包括两部分：一是前代遗存的，一是新编的。这两部分的数量相当多。《隋书》卷 35《经籍志四》著录总集 107 部，2213 卷。通计亡书合 249 部，5224 卷。《旧唐书》卷 47《经籍志下》著录总集 124 家。《新唐书》卷 60《艺文志四》著录总集 75 家，99 部 4223 卷。原注：李淳风以下不著录 78 家，813 卷。五代编纂的总集，《五代艺文考》著录 50 种，3282 卷。

这一时期的总集，一方面承续了以前的成果，另一方面又有发展，呈现出一些新的特点，其突出表现在两方面。

一是同以前的朝代相比，十分重视编辑当代的总集。据《隋书·经籍志

① [宋]欧阳修、宋祁撰《新唐书》，中华书局点校本，卷 60《艺文志四》。

四·总集类》，唐代之前，也有编辑当代总集的，但数量不多。到了唐代，编辑当代的总集，从唐初到五代，蔚成风气，这在诗文两方面都有明显的表现。

唐代是我国古代诗歌的鼎盛时期。唐人对诗歌十分重视，他们不仅热心创作诗歌，而且有比较自觉的当下传播和接受意识。在唐代，从官方到文人，逐渐形成了一种唐诗总体意识，特别留心编纂诗歌总集，使诗歌总集数量空前。据陈尚君《唐人编选诗歌总集叙录》统计，能够考知唐五代人编纂的诗歌总集有 137 种，此外还有 52 种有待考定①。唐代诗坛多唱和，唐人看重唱和诗歌，在诗歌总集中，有许多唱和之集。《新唐书·艺文志四》著录可以考知的诗歌唱和总集即有 16 种，如李逢吉、令狐楚唱和《断金集》1 卷，元稹、白居易、崔玄亮《三州唱和集》1 卷，裴度、刘禹锡唱和《汝洛集》1 卷等。隋唐五代编纂的诗文总集绝大部分都散佚了，但诗歌总集却有 10 多种比较完整地流传至今，如芮挺章编的《国秀集》3 卷、元结编的《箧中集》1 卷、姚合编的《极玄集》2 卷等。这一现象，既反映了接受者对唐诗的喜爱，又说明这一时期编纂的诗歌总集不止数量多，同时在质量上，能够体现这一时期诗歌作品的水准②。高质量的总集，往往具有长久的生命力。

唐人编撰的关于唐文的总集，其数量之多也是空前的。据卢燕新的辑考，唐人编撰的唐文总集共 75 种，其中有 19 种编撰人不可考，可考的确系唐人编撰的有 58 种③。从类型上看，唐人所编撰的文总集，基本上沿袭了魏晋南北朝时期的。就体裁而言，有综合的，有单一的。综合的如《旧唐书》卷 47《经籍志下》著录许敬宗撰《芳林要览》300 卷和《文馆词林》1000 卷。单一的如《宋史》卷 209《艺文志八》著录的五代南唐徐锴撰《赋苑》200 卷。就时间而言，有多代的（包括唐代以前的），如《旧唐书》卷 47《经籍志下》著录温彦撰《古今诏集》30 卷。有单收唐朝或五代某一代的，如晁公武《郡斋读书志》卷 20 著录佚名撰《唐赋》20 卷，《通志》卷 70《艺文略》著录五代前蜀刘赞撰《蜀国碑文集》8 卷。

---

① 陈尚君文载蒋寅、张伯伟主编《中国诗学》第 2 辑，南京大学出版社出版。

② 关于唐人选唐诗，可参阅：傅璇琮编撰《唐人选唐诗新编》，陕西人民教育出版社 1996 年版；吕玉华《唐人选唐诗述论》，台湾文津出版社有限公司 2004 年版；吕光华《今存十种唐人选唐诗考》，载潘美月、杜洁祥主编《古典文献研究辑刊》（初编）第 34 册，台北县花木兰文化工作坊 2005 年版。

③ 见卢燕新《唐人编选唐文总集辑考》，《文史》2008 年第 2 辑，中华书局出版。

唐五代编撰的当代文总集,不仅数量多,而且有许多规模宏大。从今存唐代以前关于文的总集的史料看,规模最大的综合性的文总集也只有200卷,这就是《隋书》卷35《经籍志四》著录的宋临川王刘义庆撰《集林》181卷。原注:梁200卷。而唐代的《文馆词林》却达1000卷之多。至于单一体裁的规模也相当大。如诏书总集,《隋书·经籍志四》著录唐代以前卷数最多的是后周宗幹撰的《诏集区分》41卷,而《旧唐书》卷47《经籍志下》著录唐李义府撰《古今诏集》达到了100卷。又如《旧唐书·经籍志下》著录释道宣撰《广弘明集》30卷,远远超过了南朝梁代释僧祐所撰《弘明集》14卷。唐人编撰文总集规模的宏大,固然与文多有积累有关,同时也反映了唐人在文学史料上的博大胸怀。

唐代以前所编文的总集,即有重实用的特点。这一点,在唐代有所发展。从今存有关唐人所编的文的总集来看,其中应用文体如诏书、制诰、表章、奏议、策文、案判、军书和碑碣等所占的比重很大。同以前相比,有关赋的总集所占的比重有所减少。同时所编赋的总集,多受当时科举制度的影响①。

二是在编纂类型和体例上有拓展。主要表现在:

出现了按地域编纂的总集。见于《新唐书·艺文志四》著录的即有:殷璠编《丹杨集》1卷,只收润州诗人的诗歌;袁州人刘松编《宜阳集》6卷,集其州天宝以后诗476篇;黄滔编《泉山秀句集》30卷,"编闽人诗,自武德尽天祐末"。

出现了附以评论的总集。殷璠编《河岳英灵集》2卷,所选诗人姓名下,各有评论;高仲武编《中兴间气集》2卷,作者姓名下,各有评论,并标举警句。

总集兼具小传。姚合编《极玄集》1卷,选诗人21名,其中17人有小传,载其爵里、登第的时间和仕历等。

上面所举的总集编纂类型和体例,具有开创性,也多为后世所仿效。

第三节　史料考辨的展开和深入

魏晋南北朝时期作为文学史料学的形成时期,朝廷和文人学者关注的

① 参阅卢燕新《唐人编选唐文总集辑考》,《文史》2008年第2辑,中华书局出版。

主要是史料的搜集和整理，而对以前和当时出现的伪书并不十分在意。这种状况一直延续到隋代及初唐，但到了中唐却有了转折，有不少文人学者，如刘知几、陆淳本、啖助、赵匡、柳宗元等，上承汉代以王充为代表的辨伪精神和著作，开创了辨伪的新局面。在上面所列举的几位文人学者当中，刘知几和柳宗元的成就和影响尤其突出。

刘知几著《史通》，力主修史要真实。他在史料上十分重视辨伪。他有关辨伪的论说，除散见于《史通》的许多篇章外，还在《史通·外篇》中特设《疑古》和《惑经》两篇。刘知几是历史学家，他的辨伪主要是针对史书中的不实之辞，有时也涉及伪书。

古代的史书，常有虚妄失实之弊，其原因是多方面的。对此，刘知几有自己的体认，并从多角度作了揭示。《内篇·曲笔》说：

> 盖史之为用也，记功司过，彰善瘅恶，得失一朝，荣辱千载。苟违斯法，岂曰能官？但古来唯闻以直笔见诛，不闻以曲词获罪。

有些史书的作者，由于缺乏史德，慑于统治者的淫威，往往舍真从伪。《内篇·采撰》指出，中世作者“其失之者，则有苟出异端，虚益新事。……晋世杂书，谅非一族，若《语林》、《世说》、《幽明录》、《搜神记》之徒，其所载或诙谐小辩，或神鬼怪物。其事非圣，扬雄所不观；其言乱神，宣尼所不语。皇朝所撰《晋史》，多采以为书”。这里，刘知几指出，世尚怪异，多信小说，把这些视为史实，写入史书，结果造成了史书的失实。人们撰写史书，常常依据传闻。刘知几认为，传闻并不可靠。《外篇·杂说下》说：

> 夫传闻失真，书事失实，盖事有不获已，人所不能免也。

《内篇·采撰》说：

> 夫同说一事，而分为两家，盖言之者彼此有殊，故书之者是非无定。况古今路阻，视听壤隔，而谈者或以前为后，或以有为无，泾渭一乱，莫之能辨。

看来，传闻失实，很难避免，仅凭传闻而不加分析来撰写史书，也往往造成了史书的不实。《外篇·暗惑》说：

> 夫人识有不烛，神有不明，则真伪莫分，邪正靡别。……而行之者伪成其事，受之者信以为然，故使见咎一时，取怨千载。

在此，刘知几从人的认识局限的角度，指出了史书之所以有伪和传伪的一个原因。

由于多方面的原因，造成了史书中经常出现的妄伪不实，因此阅读史书，应当注意考证辨伪。在这方面，刘知几是相当自觉的。他在《史通》的许多篇章中，运用考核事实、辨明事理、征引文献、审视语言风格等多种方法，对司马迁的《史记》、班固的《汉书》、范晔的《后汉书》、沈约的《宋书》、魏收的《魏书》以及唐朝所撰写的《晋书》等史书中出现的伪事、伪辞等，凡是他发现的，或揭示，或考辨。《内篇·采撰》说：

夫郡国之记，谱牒之书，务欲矜其州里，夸其氏族。读之者安可不练其得失，明其真伪者乎？至于江东“五俊”，始自《会稽典录》，颍川“八龙”，出于《荀氏家传》，而修晋、汉史者，皆征彼虚誉，定为实录。苟不加以研核，何以详其是非？又讹言难信，传闻多失。至于曾参杀人，不疑盗嫂，翟义不死，诸葛犹存，此皆得之于行路，传之于众口，倘不明白，其谁曰不然？

这里，通过列举诸多事实，说明史书中，有不少赞誉、传闻，并不可信，应当注意研核、辨明，才能定其是非。

刘知几不仅揭示、考辨了史书中的妄伪，另外还敢于揭示、考辨经书中的伪事和伪辞。这比较集中于《疑古》和《惑经》两篇中。《惑经》专辨孔子修定的《春秋》，认为孔子修《春秋》常有褒讳，又多缺误。刘知几对《春秋》的失真，多有直接的论列，如说：

苟爱而知其丑，憎而知其表，善恶必书，斯为实录。观夫子修《春秋》也，多为贤者讳。……盖君子以博闻多识为工，良史以实录直书为贵。而《春秋》记它国之事，必凭来者之辞，而来者所言，多非其实。或兵败而不以败告，君弒而不以弒称，或宜以名而不以名，或应以氏而不以氏，或春崩而以夏闻，或秋葬而以冬赴。皆承其说而书，遂使真伪莫分，是非相乱。

刘知几对经书的辨伪，上承王充，又有发展。这在《惑经》中有明确的表述：

昔王充设论，有《问孔》之篇，虽《论语》群言，多见指摘，而《春秋》杂义，曾未发明。是用广彼旧疑，增其新觉，将来学者，幸为详之。

刘知几鉴于王充未及考辨《春秋》，所以对《春秋》"广彼旧疑，增其新觉"，希望后来的学者，详加考辨。

刘知几在考辨史书中的伪事和伪辞时，注意了史书和文学作品的区别，《外篇·杂说下》说：

> 自战国以下词人属文，皆伪立客主，假相酬答。至于屈原《离骚》辞，称遇渔父于江渚，宋玉《高唐赋》，云梦神女于阳台。夫言并文章，句结音韵，以兹叙事，足验凭虚。而司马迁、习凿齿之徒，皆采为逸事，编诸史籍，疑误后学，不其甚邪！

刘知几认为《离骚》和《高唐赋》等属于"文章"，多虚构，所写的有许多不能视为史实。如果把它们当作史实，编入史书，就会"疑误后学"。这是富有新意的见地。唐代房玄龄等撰正史《晋书》，不加分析地多用《搜神记》和《世说新语》等"文章"所写的内容，结果出现了不少错误，一个重要原因是没有注意区别文学作品和史书的不同。

刘知几对史书的考辨，也有不少是非科学的，如他相信灵验，肯定某些祥瑞等①。

刘知几之后，柳宗元在辨伪方面也取得了重要的成就。柳宗元的辨伪，重点在诸子方面。现存《柳宗元集》卷 4 有《辩列子》、《辩文子》、《论语辩》两篇、《辩鬼谷子》、《辩晏子春秋》、《辩亢仓子》、《辩鹖冠子》等。柳宗元从上举诸子各自存在的问题出发，从不同的角度、用不同的方法，发现了疑点，进行了考辨。有的考辨作者，如《论语辩》认为《论语》"卒成其书者，曾氏之徒也"。有的着眼于内容，如《辩列子》说：

> 其《杨朱》、《力命》，疑其杨子书。其言魏牟、孔穿，皆出列子后，不可信。

有的依据书中表现的思想，如从《晏子春秋》所体现的好俭、尚同、兼爱、非乐、节用，"又非孔子，好言鬼事"等思想，疑其书是"墨子之徒有齐人者为之"。值得注意的是，柳宗元的考辨，态度是比较谨慎的。对有些子书，在没有充足的证据时，往往只是献疑，而不作定论。如《辩文子》，在指出"其意绪

---

① 参阅[唐]刘知几撰、赵吕甫校注《史通新校注》，重庆出版社 1990 年版，《内篇·书事》。

文辞，叉牙相抵而不合"的同时，又说：

> 不知人之增益之欤？或者众为聚敛以成其书欤？

柳宗元还重视史书的考辨，并且取得了重要的成果，这主要体现在他撰写的《非国语》67篇中①。《非国语》选择了《国语》中所记史实"诬怪"、"阔诞"部分，予以考辨。如《卜》篇说：

> 左氏惑于巫而尤神怪之，乃使迁就附益，以成其说，虽勿信之可也。

认为《国语》基于有神论思想，以致用"神怪"来附益人事，实不可信。《不藉》篇说，《国语》作者把"先王不藉千亩"同后来"战于千亩，王师败绩于姜氏之戎"联系在一起，这是杜撰的附会之说。《葬恭世子》篇说《国语·晋语三》载晋国国人歌谣和郭偃预言，说14年后重耳就能够回国图霸等，"是好事者追而为之，未必郭偃能征之也"。柳宗元在《非国语》中还指出，《国语》在记事上，还有一些自相矛盾、"嗜诬"前人、粉饰前人之处。他对《春秋》记事不实的地方，也有批评②。从以上所举例证，可以说明《非国语》是中国古代早期辨伪史上的重要篇章③。

今天看来，柳宗元对古代一些典籍，特别是对诸子的考辨结论，有的正确，有的由于历史条件的限制，并不能成立。但从古代辨伪的演进历程来看，他的独立思考，他的一些见解，他所运用的方法，受到了后来不少文人学者的肯定。明代胡应麟《四部正讹》在《鹖冠子》一书下说：

> 若抉邪摘伪，判别妄真，子厚之裁鉴，良不可诬。所论《国语》、《列御寇》、《晏婴》、《鬼谷》，皆洞见肝膈，厥有功斯文，亦不细矣。

唐代以刘知几和柳宗元为代表的辨伪，基本上是散点式的，还没有形成系统，在理论和方法上也未及概括，但他们的"疑古"精神，他们所使用的一些方法，他们对一些典籍的疑辨，是宋代辨伪的全面深入发展的先导。

---

① 见[唐]柳宗元撰、吴文治等校点《柳宗元集》，中华书局1979年版，卷44、卷45。

② 参阅《非国语》中的《韩宣子忧贫》、《料民》、《长鱼矫》、《荀息》等篇。

③ 本书关于《非国语》部分的写作，参考了瞿林东《中国史学史纲》，北京出版社2005年版，第427—430页。

第四节　《史记》和《文选》等重要典籍的注释

隋唐五代在经、史、子、集等史料的注释方面,有了很大的发展。唐代的文人学者把许多儒家经典重加注释。陆德明的《经典释文》,自序说是"古今并录,经注毕详,训义兼辩"之作,被《四库全书总目》誉为"研经之士终以是为考证之根底焉"[①]。孔颖达的《周易正义》,首标"正义",自信自己的解释正确,既发挥了前人的见解,又符合时代的需要。《新唐书》卷57《艺文志一》著录有关《诗经》的著述25家,31部,322卷。原注:失姓名3家,许叔牙以下不著录3家,33卷。在上述关于《诗经》的著述中,有不少是唐人撰写的,其中有个人撰写的,也有奉诏撰写的。今存《毛诗正义》40卷,就是孔颖达、王德韶、齐威等奉诏撰写,赵乾叶、贾普曜、赵弘智等覆正的。史书的注释,有多人继续为《史记》、《汉书》作注。《汉书注》最重要的是今存颜师古注120卷。此外,还出现了今存章怀太子李贤命刘讷言等注《后汉书》100卷[②],高希峤注《晋书》130卷等。子书的注释,受重道家思想的影响,老庄方面的较多,陆德明有《老子疏》15卷、《庄子文句义》20卷,玄宗注《道德经》2卷等。儒家类,新出现的有陆善经注《孟子》7卷,今存最早的杨倞注《荀子》20卷等。集部的注释成就,主要表现在对以前的总集的注释上,如《文选》。在这一时期诸多的文史典籍注释中,特别重要的、并且流传至今的是有关《史记》和《文选》的注释。

隋唐时期重视《史记》,相继出现了许多新的注释本。司马贞《史记索隐·后序》说,隋秘书监柳顾言尤善《史记》,刘伯庄的先人"曾从彼公受业,或音解随而记录,凡三十卷。隋季丧乱,遂失此书"。唐代改变了以前"《史记》传之甚微"的状况[③],出现了多种注释,见于记载的有:许子儒《史记注》130卷,刘伯庄《史记音义》20卷,司马贞《史记索隐》30卷,张守节《史记正义》30卷,王元感《史记注》130卷,李镇注《史记》130卷,又《义林》20卷,陈

① ［清］永瑢等撰《四库全书总目》,中华书局1965年版,卷33《经部·五经总义类·经典释文》。

② ［宋］欧阳修、宋祁撰《新唐书》,中华书局点校本,卷58《艺文志二》著录此书后注:"贤命刘讷言、格希玄等注。"

③ ［唐］魏徵等撰《隋书》,中华书局点校本,卷33《经籍志二》。

伯宣《史记注》130卷，徐坚《史记注》130卷，裴安时《史记训纂》20卷，褚无量《史记至言》12篇。上引注释，绝大多数已经散失，现存而且影响大的是司马贞的《史记索隐》和张守节的《史记正义》①。

司马贞家传《史记》，少年时从崇文馆学士张嘉会学《史记》，"晚更研寻"②，著《史记索隐》30卷③。司马贞著《史记索隐》的缘起和主要内容，他在《史记索隐序》和《后序》中有所表述。《序》云：《史记》"比于班书，微为古质，故汉、晋未知见重"，后来晋末徐广作《音义》13卷，宋裴骃作《集解》80卷，"虽粗见微意，而未穷讨论"。南齐邹诞生作《音义》3卷，"音则微殊，义乃更略"。贞观时刘伯庄又作《音义》20卷，"比于徐、邹，音则具矣。残文错节，异音微义，虽知独善，不见旁通，欲使后人从何准的"。在司马贞看来，以前的注释虽各有所成，但或欠细致，或缺旁通，难以使后人有所准的。为弥补过去的欠缺，他"探求异闻，采摭典故，解其所未解，申其所未申，释文演注，又重为述赞"。《史记索隐》的主要内容是注释和"重为述赞"。由于他思想守旧，述赞远不如司马迁原作，是失败之笔，但在注释上却是"更上一层楼"。

《史记索隐》在裴骃《集解》的基础上，多有开创。前人注释疏略的地方，《索隐》详予补注。注音释义相当详备。对于异说，尽量保存，加以考辨。《索隐》在考辨史实和史料时，重视申辨其意旨，原证其事实，征引了大量的书证，保存了许多亡佚的史料。贺次君《史记书录》评价说，《索隐》"其繁征博引，颇有发明，洵读《史记》者不可少之工具书，故历代读者咸加推重"④。据程金造研究，《索隐》引书很多，其中有经117，史269，子86，集诗文之类42，共414种。所引之书，大多亡佚，即使存者，有些与今本不同⑤。

关于《史记正义》，张守节自序云30卷。《正义》原是标字列注单行的，宋代与《集解》和《索隐》合刻时，多有删削，现存三家注中的《正义》，已不是

① 参阅杨海峥《汉唐〈史记〉研究论稿》，齐鲁书社2003年版，第三章。

② 《史记索隐·后序》。

③ [后晋]刘昫撰《旧唐书》，中华书局点校本，卷46《经籍志上》未著录。[宋]欧阳修、宋祁撰《新唐书》，中华书局点校本，卷58《艺文志二》载："司马贞《史记索隐》三十卷。"原注："开元润州别驾。"《史记索隐》今存三家注合刻本、与《集解》合刻本及单刻本三种。

④ 转引自杨海峥《汉唐〈史记〉研究论稿》，齐鲁书社2003年版，第137页。

⑤ 参阅程金造编著《史记索隐引书考实》，中华书局1993年版。上列数目，据该书《自叙》。

原本。

张守节在《史记正义序》中,对自己作《正义》的基础和主要内容有所交代:

> 守节涉学三十余年,六籍、九流、地里、苍雅,锐心观采,评《史》、《汉》诠众训释而作正义,郡国城邑,委曲申明,古典幽微,窃探其美,索理允惬,次旧书之旨,兼音解注,引致旁通,凡成三十卷,名曰《史记正义》。

从张守节的自序可以看出,他撰《正义》,是想在以前注释的基础上作新注,特别注意"旁通"。

《正义》兼顾注释和考证,两者均有成就。在注释上,关于注音、释义和校字等,都有详明的体例。对以前注释的缺疏和错误,多有补充和改正。对《史记》的异文,勇于辨析。《正义》在《史记》的史实、人物、名物、典制、天文、地理、乐律、典籍以及史源等方面,都有认真的考证。《四库全书总目》卷45评价《正义》说:

> 是书引证故实,颇为赅博。于地理尤详。音义亦较他注为密。

这一总体评价是合乎实际的。

唐代的重史意识,加上科举考试和古文运动的影响等因素①,使《史记》受到空前的关注。著名文学家韩愈、柳宗元、柳冕、刘禹锡、白居易等,都从不同的角度赞赏司马迁及其《史记》②。而《索隐》和《正义》等重要的有参考价值的注释本的出现,促进了史记的传播,有利于更多的文人与学子接受它。直到今天,《索隐》和《正义》仍是我们阅读和研究《史记》的案头必备之书。

《文选》自编成以后直到南北朝结束的这一段时期,其遭遇是比较寂寞的,没有受到重视。而到了隋唐,由于科举制度的促动、文学创作的需要和"《汉书》学"的先导等原因③,它的命运有了很大的改变,受到了前所未有的

---

① 参阅杨海峥《汉唐〈史记〉研究论稿》,齐鲁书社2003年版,第130—131页。

② 参阅杨海峥《汉唐〈史记〉研究论稿》,齐鲁书社2003年版,第132—135页。

③ 参阅:饶宗颐《唐代文选学略述》,见《唐研究》第4卷,北京大学出版社1998年版;《敦煌吐鲁番本文选》代前言,中华书局2000年版;许逸民《论隋唐"〈文选〉学"兴起之原因》,《文学遗产》2006年第2期。

青睐。其表现之一，就是相继出现了多种注释本。现在见于著录的主要有：萧该的《文选音义》10卷[①]，曹宪的《文选音义》，许淹的《文选音》10卷，释道淹的《文选音义》10卷[②]，李善的《文选注》60卷、《文选辨惑》10卷，公孙罗的《注文选》60卷、《文选音》10卷[③]，吕延济、吕向、刘良、张铣、李周翰的《注文选》（五臣注）30卷，冯光震校注的《文选》，陆善经的《文选注》，康国安注《驳文选异义》20卷等。此外，还有精通《文选》字音的袁晋卿。在上述诸多《文选》注中，成就卓著、影响深远的是流传至今的李善注。

李善注的卓越成就，突出的有三个方面。

一、征引史料繁博珍贵。李善见书广博，熟悉典籍。他注《文选》，为了阐幽发微、准确精当，多方征引。汪师韩《文选理学权舆》卷2列李善注《注引群书目录》1篇。骆鸿凯《文选学》第62页就汪氏所列，总计得注引群书1689种，涉及经、史、子、集以及佛、道等多方面的典籍。实际上，上面的统计仍有遗漏。值得特别注意的是，李善注所征引的典籍，有许多已经亡佚，但一些片段却借李善注得到了存传。李善的这种以征引史料为主的注释方法，以前多见于史书的注释，而把这种方法用在诗文上，李善有开创之功。

二、立“凡例”。李善注自觉立有凡例，并且注意贯彻。遗憾的是，这些凡例没有集中单行，而是散见于开头几篇中。如卷1注班孟坚《西都赋序》说：

> 诸引文证，皆举先以明后，以示作者必有所祖述也。他皆类此。

这是说征引史料以先后为序。同卷注《西都赋》说：

> 同卷再见者，并云已见上文，务从省也。余皆类此。

同卷注班孟坚《东都赋》说：

> 凡人姓名皆不重见。余接类此。

上引两例，是为减少篇幅而设的凡例。卷2注张衡《西京赋》说：

---

① ［后晋］刘昫撰《旧唐书》，中华书局点校本，卷47《经籍志下》作《文选音》。

② 据［后晋］刘昫撰《旧唐书》，中华书局点校本，卷47《经籍志下》。《新唐书》卷60《艺文志四》著录许淹《文选音》10卷，当是一书。

③ 据［后晋］刘昫撰《旧唐书》，中华书局点校本，卷47《经籍志下》。《文选音》，［宋］欧阳修、宋祁撰《新唐书》，中华书局点校本，卷60《艺文志四》作《文选音义》。

旧注是者，因而留史，并于篇首，题其姓名；其有乖谬，臣乃具释，并称"臣善"以别之。他皆类此。

这是处理旧注的凡例①。古人把立凡例作为"著书之纲纪"，"凡例明则体要得，大义彰，惩劝昭；凡例不明则前与后殊词，首与尾异法，戾书体，从疑起争，著书之旨晦矣②"。李善确立的这些范例，带有范式的性质，使注释避免了随意性，所以多为后来所遵循。

三、有见识的文学理论批评。李善注不仅在释义、文字、声韵等方面卓有成就，同时在艺术鉴赏上也有独到的见识。如卷13注祢正平《鹦鹉赋》说：

时为曹操所迫，故寄意以申情。

此注揭示了《鹦鹉赋》的写作缘起和借鹦鹉以自况的主旨。又如卷23注曹子建《七哀诗》"明月照高楼，流光正徘徊"二句说：

夫皎月流辉，轮无辍照。以其余光未没，似若徘徊。前觉以为文外傍情，斯言当矣。

此注深入其景，体悟独到，细致地分析了原诗月光徘徊所蕴涵的内容。类似上述之类的注释，能够帮助读者理解原文，同时也是不可忽视的文学理论批评史料。

李善《文选注》也有一些弊病。比如有些注释征引烦琐，有的注释随意武断。后者如卷19注曹植《洛神赋》说，此赋是曹植"息洛水上，思甄后"而作，这显然是穿凿附会。

《文选》以其本身具有的价值，适应了唐代的需要。唐代科举制度的促使和文学创作的借鉴等因素，使读《文选》已成为当时的一种风尚。唐代的士人几乎都读《文选》，有成就的文学家，更是精熟《文选》。《酉阳杂俎·前集》卷12《语资》说李白"前后三拟《文选》"③。杜甫《水阁朝霁奉简严云安》

---

① 关于李善注《文选》的凡例，参阅李审言《李审言文集》，江苏古籍出版社1989年版，上册《文选学著述五种·李善文选注例》。

② 韩梦周《理学文集》，道光三年静恒书屋刊本，卷1《纲目凡例辨》。

③ 今本"文"误作"词"，此据[清]王琦辑注《李太白全集》，中华书局1977年版，注引订正。

诗云:"呼婢取酒壶,续儿诵《文选》。"又《宗武生日》诗云:"熟精《文选》理,休觅采衣轻。"《文选》注在唐代的兴起,不仅使《文选》在唐代得到了相当广泛的传播,而且对唐代的文学也产生了很大的影响。唐代文学史料学发展的诸多成就中,《文选》注是占有一席之地的。

唐代对各种典籍的注释,就总的态势来看,盛行的基本上是魏晋南北朝时期的"义疏之学","因而'义疏之学'便被后世称为'唐学'。'唐学'在考据方法上比'汉学'有发展,那就是由以正文字'是非'为主到以正立说之'是非'为主"①。上述唐代注释的总的特点,在许多文学史料的注释上,有明显的表现,也对后来的注释有所启迪。

第五节　史料的广泛交流与传播

隋唐时期全国统一,国势强盛,经济发展,文化繁荣,相对的自由和空前的开放,传拓和刊书等技术的进步等,从多方面为文学史料的交流和传播创造了有利条件。唐代文学史料的广泛交流和传播,是我国古代文学史料学史上的光辉篇章。

唐代的文人有相当自觉的交流和传播意识。为了交流和传播,许多文人留心存传作品,这在唐代的许多诗文集的序文或后记中有明确的表述。李汉为韩愈编辑《昌黎先生集》并作序云:"目为《昌黎先生集》,传于代。"杜牧嘱其外甥裴延翰"异日尔为我序",目的是使自己的作品"庶千百年来未随此磨灭"②。柳宗元《法华寺西亭夜饮赋诗序》云:

> 诚使斯文也而传于世,庶乎其近于古矣。

韦庄《又玄集序》云:

> 昔姚合《极玄集》一卷,传于当代……今更采其玄者,勒成《又玄集》三卷……亦可贻于后昆,采实去华,俟诸来者。

《白氏集后记》载,白居易在会昌五年(845)把自己的文集75卷抄为5部,"一本在庐山东林寺经藏院,一本在苏州南禅寺经藏内,一本在东都圣善

① 来新夏《三学集》,中华书局2002年版,第515页。

② [清]董诰、阮元等编《全唐文》,中华书局1983年版,第7881页。

寺钵塔院律库楼，一本付侄龟郎，一本付外孙谈阁童，各藏于家，传于后”。白居易这样做的目的，是为了避免自己的作品流失，也是想让自己的作品能“如佛书杂传例流行之”①。

隋唐五代时期，社会上下，文学的创作和普及，都十分活跃。文学作品的交流和传播相当迅速。《旧唐书》卷137《李益传》载李益“长为歌诗。贞元末，与宗人李贺齐名。每作一篇，为教坊乐人以赂求取，唱为供奉歌词”。白居易《唐故武昌军节度处置等使……河南元公墓志铭》说，元稹诗“自六宫两都八方至南蛮东夷国，皆写传之。每一章一句出，无胫而走，疾于珠玉”。上述记载，当有夸大的成分，但从中可以看出一些著名诗人作品传播的及时和广泛。

隋唐五代时期，史料的交流和传播的迅速与广泛，是与多种多样的交流和传播途径分不开的。这一时期的许多文学家，喜欢唱和赠答，许多作品就是通过这一途径得到交流和传播的。唱和赠答始于汉代，兴于六朝。到了唐代，更是相当普泛。唱和赠答多创作于游赏饮宴或离别时。也有的是诗人主动的赠送，如李益曾把自己的诗歌辑录赠给卢景良。李益有军旅生活的经历，多军旅之思，擅长边塞诗。他在《从军诗序》中说：“时左补阙卢景良见知于文者，令余辑录，遂成五十首赠之”②。

隋唐之前，史料的交流和传播主要是靠抄写，有少量的是通过模勒和石刻。到了隋唐，抄写仍是主要的传播途径，模勒、石刻、传拓辅之。学术界多认为传拓法是在南朝梁代发明的③。传到唐代，传拓法有所改进，使用也相当广泛，这使许多人能看到石刻文。如《旧唐书》卷64《高祖二十二子传·汉王元嘉传》载：

> 元嘉少好学，聚书至万卷，又采碑文古迹，多得异本。

在唐代，咸通或其后不久开始有了雕版印刷④。雕版印刷比较简便，可以使传播的典籍批量的生产。《僧园逸录》载，唐“玄奘以回锋纸印普贤像，

---

① 参阅[后晋]刘昫等撰《旧唐书》，中华书局点校本，卷166《白居易传》。

② 参阅[宋]计有功撰、王仲镛校笺《唐诗纪事校笺》，巴蜀书社1989年版，卷30《李益》。

③ 参阅卫聚贤《中国考古学史》，上海书店1984年版，第64页。

④ 关于雕版印刷的创始时间及唐代的雕版印刷，参阅本书第四章第二节有关部分。

每岁五驮无余”[①]。雕版印刷为许多人所关注，是传播手段的巨大进步。有了刻印，使许多容量大的文集可以得到迅速、广泛的传播。昙域《禅月集序》载，前蜀乾德五年(923)，贯休弟子昙域编辑贯休“前后所制歌诗文赞”，“约一千首，乃雕刻成部，题曰《禅月集》”[②]。唐代的刊印多用于佛教和杂书，刊印诗文集的，见于记载的不多。但唐代有开创之功，是宋代雕版印刷的前奏。

隋唐五代，随着商业的发展和人们阅读的需求，许多史料是在市场上作为一种商品，通过买卖得到传播的。《太平广记》卷 261 载，李播应举时所作行卷诗歌，举子李某“于京辇书肆中，以百钱赎得”。元稹在长庆四年(824)为白居易《长庆集》作序说《白氏长庆集》，“至于缮写模勒，炫卖于市井，或持之以交酒茗者，处处皆是。扬、越间多作书模勒乐天及余杂诗卖于市肆中也”。元稹上述“处处皆是”当有夸大的成分，但他和白居易的诗文在九世纪初期即成了商品，经由市肆得到流传当是事实。宋代人阮阅《诗话总龟·前集》卷 46 引《郡阁雅谈》说，李梦符(五代词人)梁开平初，在洪州“与布衣饮酒，狂饮放逸。尝以钓竿悬一鱼向市肆蹈《渔父吟》，卖其词。好事者争买。得钱便入酒家。其词有千余首传于江表”[③]。李梦符属于狂士、“异人”，自售其词，只是为了饮酒，并没有经商意识。所谓“有千余首传于江表”也是约数，并不真切。但这一记载说明，五代继唐之后，有些作品是经由买卖而得到传播的。

隋唐五代，文学的各种体裁以及音乐、绘画等艺术，常常互为媒介，得到传播。诗歌和音乐本来关系就极为密切。唐诗，尤其是许多绝句，常常借助于梨园弟子的演唱，传播到宫廷、酒楼和边远地区。唐薛永弱的《集异记》中的《王之涣》一则[④]，完整生动地叙写了开元诗人王昌龄、高适、王之涣偶然在旗亭(酒店)听梨园妙妓奏乐演唱他们三人的著名绝句的过程。从中可以看到绝句通过音乐得到了广泛的传播，也可以看到诗人把传播的情况作为评价诗歌的一种重要参照。其他如王维的《渭城曲》，被乐人反复叠唱。李

---

① 转引自周月亮《中国古代文化传播史》，北京广播学院出版社 2000 年版，第 174 页。

② 转引自陶敏、李一飞著《隋唐五代文学史料学》，中华书局 2001 年版，第 19 页。

③ [宋]阮阅撰、周本淳校点《诗话总龟》，人民文学出版社 1987 年版，第 447 页。

④ 见[近代]王文濡辑《说库》，浙江古籍出版社 1986 年影印本，上册。

贺的“乐府词数十篇，至于云韶乐工，无不讽诵”①。又《旧唐书》卷166《元稹传》载：

穆宗皇帝在东宫，有妃嫔左右常诵稹歌诗以为乐曲者……尝为《长庆宫辞》数十百篇，京师竞相传唱。

唐诗中的不少名句常被作为歌词而得到广泛传播。《旧唐书》卷137《李益传》载，李益的诗歌“回乐峰前沙似雪，受降城外月如霜”两句，就被作为歌词传唱天下。

唐代是中国古代绘画的一个繁荣时期。唐代的不少诗人爱画、能画，很多画家也爱诗、写诗。诗画的交融使诗画互为媒介，各自得到了广泛的传播。唐代有许多诗人写有题画诗。据陈华昌的统计，“《全唐诗》中共保存了九十多名诗人的题画诗二百二十来首。这并不是现存唐代题画诗的总数”。现存唐代题画诗“只有二百数十首”②。唐代的题画诗，如李白的《壁画苍鹰赞》，杜甫的《题壁上韦偃画马歌》，徐安贞的《题襄阳图》，白居易的《题海图屏风》等，都是以绘画为题材。这些诗歌由于与绘画息息相关，所以它们也很容易凭借绘画的传播而得到传播。另外，因为唐代有很多画家，如王维、郑虔、张諲、刘方平、卢鸿、顾况、刘商、张志和、释道芬、荆浩等，都兼善诗歌，都有诗歌传世。他们的诗歌也常常凭借着他们的绘画而得到传播。宋代书法家朱长文云：

郑虔，郑州荥阳人，博学善著书，明皇为置广文馆，以虔为学士，时号郑广文。善图山水，好书，贫无纸，于是，慈恩寺贮柿叶数屋，日往取叶肄书，岁久殆遍。尝自写诗并画以献，帝大书批曰：“郑虔三绝。”③

关于郑虔献诗书画一事，杜甫《八哀诗·荥阳郑公虔》也有所叙写：

昔献书画图，新诗亦俱在。……三绝自御题，四方犹所仰。

由此可知，郑虔所写的诗歌是同他的书、画一起上献朝廷的，结果产生

① [后晋]刘昫等撰《旧唐书》，中华书局点校本，卷137《李贺传》。

② 引自陈华昌《唐代诗与画的相关性研究》，陕西人民美术出版社1993年版，第229页。

③ [宋]朱长文《续书断下》，见上海书画出版社、华东师范大学古籍整理研究室选编、校点，上海书画出版社1979年版。

了“四方犹所仰”的影响。唐代还有些绘画以诗歌为题材画在屏幕上。《旧唐书》卷137《李益传》载，李益的“《征人歌》、《早行篇》，好事者画为屏障”。

在唐代，文学各种体裁互为媒介的传播也屡屡出现。据史书记载，唐代的一些小说有时是借诗歌而得到传播的。元稹作小说《莺莺传》，又作诗歌《莺莺歌》、《梦游春词》；李绅复作《莺莺歌》。皇甫枚《三水小牍》载陈璠临刑赋诗云：

积玉堆金官又崇，祸来倏忽变成空。五年荣贵今何在，不异南柯一梦中。

这是唐末写诗用小说《南柯太守》之事①。唐代有多篇写“镜”故事的小说。著名的有王度的《古镜记》、张说的《镜龙记》。两篇小说出现后，有多位诗人用关于“镜”小说故事为典作诗。如李商隐《李肱所遗画松诗书两纸得四十韵》中的“我闻照妖镜，及与神剑锋”，即源于《古镜记》②。小说转换为诗歌，内容和形式自然会有所不同，但小说经由诗歌而得到了传播，这是显然的。

唐代有在墙壁和岩石等处题刻诗文的风尚。有不少诗文通过这种途径得以传播。元稹作于长庆四年(825)的《白氏长庆集序》谈及白居易的作品时说：

然而二十年间，禁省观寺、邮候墙壁之上无不书。

这一点，白居易在《与元九书》中也有叙说：

自长安抵江西三四千里，凡乡校、佛寺、逆旅、行舟之中，往往有题仆诗者。

韩偓《玉山樵人香奁集序》说自己“绮丽得意”的数百篇诗歌有时被一些人用“斜行小字”写在“粉墙椒壁”上③。

---

① 参阅汪辟疆《唐人小说在文学上之地位》，原载《读书杂志》第1卷第3期，收入《汪辟疆文集》，上海古籍出版社1988年版。

② 参阅邱昌员《诗歌典故与唐代小说的流传传播》，《南昌大学学报》2004年第3期。

③ 《四部丛刊》影印旧抄本《玉山樵人集》卷末。转引自邓小军《韩偓集版本》，载其著《诗史释证》，中华书局2004年版。

唐代有一些文学家进入仕途以后，常遭贬谪。他们被贬谪之后，在赴任途中，或在任职期间，多有诗文，这些诗文往往就地得到了传播。《旧唐书》卷190《宋之问传》载：

之问再被窜谪，经途江、岭，所有篇咏，传布远近。

同以前相比，隋唐五代文学史料交流和传播的范围有了空前的拓展。这表现在国内，也表现在与周边国家方面。在国内，许多作品传播的范围十分广泛。刘全白贞元六年(790)作《唐故翰林学士李君碣记》说，当时李白"文集亦无定卷，家家有之"①。《旧唐书》卷166《元稹传》说，元稹"与太原白居易友善。工为诗，善状咏风态物色，当时言诗者称元、白焉。自衣冠士子至闾阎下俚，悉传讽之，号为'元和体'"。元稹在流放荆蛮时，与贬任江州司马的白居易"来往赠答，凡所为诗，有自三十、五十韵乃至百韵者。江南人士传道讽诵，流闻阙下，里巷相传，为之纸贵"。元、白的诗歌，特别是白居易的诗歌之所以在当时得到了广泛的传播，除了语言通俗之外，还有一个重要的原因，当是由于他的许多诗歌具有积极参与当时社会现实的品格。这种参与具有明显的政治意识形态性质。

在文化上，唐代对国内各民族和外国异族，胸襟宽大，基本的策略是吸收和送出并重。唐代承袭汉代，在很大程度上改变了历史上长时期形成的华夷隔绝和对立的做法，倡导华夷融合。唐太宗说：

自古皆贵中华，贱夷、狄，朕独爱之如一。故其种落皆依朕如父母。②

玄宗时李华在《寿州刺史厅壁记》中说：

国朝一家天下，华、夷如一。

华夷如一的做法，促进了国内各民族文化的交流和融合，也通过丝绸之路等途径，连结了欧亚大陆，促进了唐朝与周边国家文化的交流和融合。国内各民族和与国外的文化交流，扩大了唐朝上下的视野，从多方面吸收了外面的文化，使当时的文学史料增加了许多新的成分。在国内，一些少数民族

---

① 转引自陶敏、李一飞《隋唐五代文学史料学》，中华书局2001年版，第20页。

② [宋]司马光编著《资治通鉴》，中华书局1956年版，卷198贞观二十一年5月条。

的文学得到了广泛的传播,如西域歌调乐曲的传入,使朝廷和许多文人为之倾倒,开元、天宝之际,胡乐在长安和洛阳等城市广为流传,元稹《法曲》写当时的咸阳和洛阳的情况:

女为胡妇学胡妆,伎进胡音务胡乐。

王建《凉州行》写洛阳的情况:

城头山鸡鸣角角,洛阳家家学(一作教)胡乐。

与此同时,汉族的文学史料在少数民族中,也得到了进一步传播。

唐代疆域广大,国家稳定强盛,综合国力有了很大的提升,对外采取开放的政策,与许多国家友好相处,互派使节,交往频繁。《唐会要》卷49“僧尼所隶”一则云,据《大唐六典》,唐代“主客掌朝贡之国七十余番”。《新唐书》卷221上《西域传上》载,贞观中,唐太宗诏大臣曰:

今天下大安,四夷君长咸来献。

又卷221下《西域传下》赞曰:

西方之戎,古未尝通中国,至汉始载乌孙诸国,后以名字见者寖多。唐兴,以次修贡盖百余,皆冒万里而至,亦已勤矣。

在经济上,东西方经济商业来往较多,由长安通向西南方的丝绸之路畅通,海上交通也非常发达。在文化上,由于唐代在许多方面有先进的、有品位的成果,随着对外开放政策的实施,以及一些国家对中国文化了解和学习的需要,有不少佛教僧侣和留学人员不断请入中国。《唐会要》卷35“学校”条载:

贞观五年以后,太宗数幸国学、太学,遂增筑学舍一千二百间……已而高丽、百济、新罗、高昌、吐蕃诸国酋长,亦遣子弟请入国学。

当时中国也有许多人到印度、日本和朝鲜等国。文人学者间的交往也频频不断。有些外国人士到中国来,常把著名的文人视为老师。《旧唐书》卷190下《萧颖士传》载萧颖士有盛名,能文有才,“是时外夷亦知颖士之名,新罗使入朝,言国人愿得萧夫子为师,其名动华夷若此”。在诸多交往中,许多文学史料也得到了交流和传播。以朝鲜和日本为例:

据《汉书》卷28下《地理志下》记载及颜师古注,早在商末周初,我国就开始了与朝鲜半岛的文化交流。中经汉魏六朝的不断推进，到了隋唐五代，有了全面、深入的发展。从隋朝初期开始，高丽、百济就多次"遣使贡方物"①。后来，隋文帝在《下百济王余昌诏》说，百济至中国"往复至难，若逢风浪，便致伤损"，以后"不须年例入贡"。但百济同隋朝仍不断有贡使往来。公元668年，朝鲜半岛的新罗先后消灭了百济和高丽，统一了朝鲜。唐朝重视与新罗的文化交流，注意输出自己的文化。早在新罗统一朝鲜半岛之前的648年，唐太宗就曾把新撰的《晋书》主动地送给了新罗来使②。新罗统一后，更加仰慕唐朝文明，十分重视与唐朝的文化交流。严耕望指出：

> 中国文化的四播，以朝鲜半岛感受者为最深。唐世，四邻诸国与中国邦交最睦者莫过于新罗，而接受华化之彻底，倾慕华风之热忱，尤以新罗为最。③

在唐朝与新罗的文化交流和传播中，留学人员、官方使节、民间商人和移民等，都在不同程度上做出了贡献。其中贡献尤其突出的是留学人员和使节。当时，新罗是派遣到唐朝的留学人员最多的国家。这些留学人员包括留学生和学问僧两种。学问僧主要是求法请益。韩国学者金得榥估计，新罗统一时代入唐的学问僧达到数百人④。中国当时佛教的各宗派及其经典，经过学问僧的传承，在朝鲜半岛得到了传播。学问僧在太学和国学学习的同时，还经常同唐代的文人交往，一起唱和，相互赠送诗歌。遗憾的是，当时新罗人所作传存的很少，而见于《全唐诗》的中国诗人所作的倒是很多，如开元、天宝时期的诗人刘昚虚的《海上送薛文学归海东》，穆宗长庆年间顾非熊的《送朴处士归新罗》、武宗时项斯的《送客归新罗》等。新罗入唐的留学生人数更多。自唐太宗贞观十三年(640)新罗始派留学生至五代中叶这300年间，新罗派往中国的留学生最保守的估计当有2000人⑤。这些留学生在留学期间，从多方面学习和接受唐朝的文化。他们爱好中国的文学，不

① 参阅[唐]魏徵等撰《隋书》，中华书局点校本，卷1《高祖纪上》。
② 引自武斌《中华文化海外传播史》，陕西人民出版社1998年版，第1卷第455页。
③ 严耕望《新罗留学生与僧徒》，收入新亚研究所《唐史研究丛稿》。
④ [韩]金得榥《韩国宗教史》，社会科学文献出版社1992年版，第86页。
⑤ 据严耕望《新罗留学生与僧徒》，收入新亚研究所《唐史研究丛稿》。

少人与当时的文学家多有交往，相互唱和赠答。他们不仅把唐朝的许多文学作品带回了本国，而且不少人有深厚的中国文学修养，创作了许多作品。如在中国学习、担任官职前后达18年的崔致远就创作了大量的诗文。晚唐诗人罗隐相当自负，但对崔致远却十分尊重，曾示以自写诗歌五篇。崔致远与不少晚唐诗人友善。唐僖宗光启元年(885)崔致远回国时，著名诗人顾云有《赠儒仙歌》送别：

> 十二乘船渡海来，文章感动中华国。十八横行战词苑，一箭射破金门策。

由此可以想见崔致远在唐代创作的诗文在当时的影响之大。崔致远多有著述。《新唐书》卷60《艺文志四》著录有：《四六》1卷、《桂苑笔耕》20卷。《三国史记》著录以上作品后接着说："又有文集三十卷，行于世。"《桂苑笔耕》被收入《四库全书》。此外，他的不少诗歌被收录在《全唐诗》、《唐宋百家歌集》中，有160多篇诗文还被收录在徐居正所编的《东文选》中①。

唐朝的统治者重视通过使节交流和传播文化。如李隆基《赠新罗王五言十韵诗》所说："使去传风教，人来习典谟。"新罗的许多使节和留学生一样，也爱好中国的文学。他们当中，有的入唐的目的就是求取所需的典籍。如唐懿宗大中四年(850)，元弘入唐求取当时名士冯涓所撰之《庆州鸣鹤楼记》②。在使节当中，也多有购书带回国的。《旧唐书》卷149《张荐传》载其祖张鷟"下笔敏速，著述尤多"，"新罗、日本东夷诸蕃，尤重其文，每遣使入朝，必重出金贝以购其文"。使节与唐朝诗人交友唱和赠答之事，也多见史载。朝鲜李朝时期韩致渊《海东绎史》卷47载：

> 《尧山堂外记》曰："高丽使过海，有诗。时贾岛诈为梢人，联下句，丽使嘉叹久之，不复言诗。"按：李芝峰曰：高丽使，俗传为李致远者，恐误，但非高丽使，是新罗使。③

---

① 关于崔致远在唐时期的创作以及与中国文人的友善，可参阅：武斌《中华文化海外传播史》，陕西人民出版社1998年版，第1卷第423—424页；李岩《中韩文学关系史论》，社会科学文献出版社2003年版，第179—191页；党银平《从崔致远诗文看唐末与新罗的交往关系》，《南京师范大学学报》2004年第2期。

② 据武斌《中华文化海外传播史》，陕西人民出版社1998年版，第1卷第455页。

③ 引自李岩《中韩文学关系史论》，社会科学文献出版社2003年版，第170页。

唐朝的不少诗人也喜欢交友新罗的使节，常有酬赠诗作。张籍就写有《送金少卿副使归新罗》、《送新罗使》两首诗。在唐朝与新罗的文学交流和传播中，派往新罗富有才学的使节，也发挥了作用，这在今存的不少唐诗中有生动的反映。如皇甫冉的《送归中丞使新罗》诗云：

还将《大戴礼》，方外授诸生。

这些使节带回了唐朝的文化，其中含有一些文学史料。

中国与日本的文化交流，至晚可以追溯到汉代。中经魏晋南北朝，至隋唐五代，由于隋唐，特别是唐代文化的辉煌和日本社会的需求，两国的文化交流有了全面的发展，形成了一个高潮。日本为了主动、快速地吸取中国的文化，采取了派遣使节、留学生、学问僧、购买和传抄图书等多种措施。在隋代，日本倭王多次遣使到隋朝。据统计，日本遣隋使有 4 次①。日本入唐的使节，中日两国史学家公认的至少有 19 次②。唐朝自唐太宗开始，历代皇帝重视日本的使节，优礼接待。“据中日学者研究，有唐一代，日本来华的留学生和学问僧估计在二三百人左右”③。唐代上下尊重留学生和学问僧，为他们的学习提供了相当方便的条件。入唐的使节、留学生和学问僧等，重视中国的文学。他们当中有些人，同唐代的诗人交往密切。学问僧空海（遍照金刚）于贞元二十年（804）随日本第 17 次遣唐使入唐。他在长安时，马总、胡伯崇、牛千乘、朱少端、郑壬、昙靖、鸿渐等人都有诗赠给空海④。来唐的日本人通过学习、与诗人的交往、购买、传抄等多种途径，使唐朝的许多文学史料传播到日本。这一点，日本学者有翔实的论述和认可。

木宫泰彦《日中文化交流史》说，遣唐留学生归国时，“大都带回很多书籍和经卷……这些物品都是他们在唐朝经过细心访求、抄写而得来的，或者节省了为数不多的学费而买到的，而且当时交通不便，搬运这些物品想必付出很多的辛苦和牺牲。因此，他们并不是顺手随便搜集的，而全是精心挑选

① 参阅汪向荣、夏应元编《中日关系史资料汇编》，中华书局 1984 年版，第 43—52 页。

② 据武斌《中华文化海外传播史》，陕西人民出版社 1998 年版，第 1 卷第 488—496 页。

③ 据武斌《中华文化海外传播史》，陕西人民出版社 1998 年版，第 1 卷第 509 页。

④ 据[日]遍照金刚著、卢盛江校考《文镜秘府论汇校汇考》，中华书局 2006 年版，《前言》。

的，所以其中包括许多尚未传到日本的新译的经卷，优秀的著作，珍奇的诗集等”①。空海入唐后，注重搜求各种书物。他启程回国途经越州时，特别写了《与越州接度使求内外经书启》，搜求有关佛教书物以及“诗赋碑铭”。他永贞二年(806)回国，带回日本献给天皇的中国书籍物品中，除佛教经、律、藏等经典和佛像、法具外，还有一些文学作品和诗学著作。据他写的《书刘希夷集献纳表》和《献杂文表》，即有《刘希夷集》4卷、王昌龄《诗格》1卷等8种文学作品和诗学著作②。

另外，唐朝也有少数入日的使节、高僧和移民等，他们在传播中国文学方面也发挥了作用。如精通《文选》、《尔雅》字音的袁晋卿，在日本取得赐姓，任大学音博士。他的教授，自然会促进《文选》等作品的传播。

隋唐五代时期有多少中国典籍传入日本，未见全面的统计，但其数量是相当多的，这一点毋庸置疑。严绍璗据九世纪后期由当时主持教育的长官大学头藤原佐世奉敕编纂的《本朝见在书目录》的记载，这一时期实际存于日本国家公务机构以及天皇私人藏书处的汉籍共有1568部，17209卷③。其中的大多数当是这一时期传入日本的。在上述汉籍中，有不少属于文学史料。这里将别集、总集、小说和文论分别举要如下：

别集：《王昌龄集》1卷，《白氏文集》(多种)、《白氏长庆集》(多种)④、元稹诗、《刘希夷集》4卷、《杂诗集》1卷⑤、《朱昼诗》1卷、《朱千乘诗》1卷、《王知章诗》1卷、《王勃集卷第二十八》1卷、《王勃集卷第二十九、三十》1卷、刘梦得诗、权德舆诗。

---

① 转引自武斌《中华文化海外传播史》，陕西人民出版社1998年版，第1卷第511页。

② 据[日]遍照金刚著、卢盛江校考《文镜秘府论汇校汇考》，中华书局2006年版，《前言》。

③ 严绍璗云，《本朝见在书目录》著录汉籍的卷数有几种不同的统计：“日本《明文钞》记为‘《见在目》一万八千六百十八卷’，而《国名风土记》引《比古婆衣》记载，则曰‘《见在书名录》所在，一万八千八百二十卷’。我在日本阅读现存唯一的传本‘手抄室生寺本’点检其著录汉籍为1568部，17209卷。”引自著者《日本藏汉籍珍本追踪纪实——严绍璗海外访书志》“著者叙说”注1，上海古籍出版社2005年版。

④ 关于《白氏文集》在日本的传播，参阅谢思炜《日本古抄本〈白氏文集〉的源流及校勘价值》。收入其著《白居易综论》，中国社会科学出版社1997年版，第32—56页。

⑤ 空海回国带有《杂诗集》4卷，与1卷本是否为同一诗集，是别集还是总集，待考。姑系于此。

总集:《文选》、《翰林院集》、《新撰类林抄卷第四》1卷、《元白诗笔》、《刘白唱和(集)二》。

小说:《游仙窟》、《长恨歌传》、《李娃传》、《任氏传》。

文论:王昌龄《诗格》1卷、杜正伦《文笔要诀》、《开元诗格》。

隋唐五代的文学史料传入日本以后,在日本产生了深远的影响。田口卯吉《日本开化小史》说:

> 此辈遣唐使及留学生,习染中国之风俗,返国之后……吟唐诗,说唐话。[①]

日本学者中岛健藏指出:

> 唐诗在日本人心目中,是自己国家的经典。[②]

日本的学者常常把搜集到的唐代文学史料加以整理编选,甚至作了中国文人未及作的工作。如平安时代的汉学家大江维时根据他所见到的唐诗,编纂了《千载佳句》,此书"是迄今所见最早的唐诗名句选"[③]。空海由长安回国后,根据他在中国接触的中国文学和文论,如沈约的四声八病说和唐人的诗论,写出了《文镜秘府论》天、地、东、西、南、北六卷。《文镜秘府论》是中日文化交流和融合的产物,是日本汉诗学的第一部著作。这部著作保存了不少久佚的中唐之前论述声韵、诗文作法和理论的史料,直接滋润了日本的汉诗学[④]。

随着唐代的各种典籍在日本的传播,唐代的许多著名诗人和论著得到了日本人的爱戴和重视。"白居易对日本文学的影响持续了近千年,直到江户时代,仍被当作'诗仙',供奉在京都一乘寺的'诗仙堂'里。另外,9世纪初由长安回国的空海,根据沈约的四声八病说和唐人的诗论……写出了《文

① 转引自武斌《中华文化海外传播史》,陕西人民出版社1998年版,第1卷第506页。

② 武安隆《文化的抉择与发展—日本吸收外来文化史说》第60页。转引自武斌《中华文化海外传播史》,陕西人民出版社1998年版,第1卷第601页。

③ 《千载佳句》在日本有多种写本,在中国有宋红的整理本,上海古籍出版社2003年版。参阅宋红《〈千载佳句〉——现存最早的唐诗名句选》,《文史知识》2006年第6期。

④ 参阅[日]遍照金刚著、卢盛江校考《文镜秘府论汇校汇考》,中华书局2006年版,《前言》。

镜秘府论》6卷……这部著作在指导日本诗人把握唐诗的形式和技巧上，起到了相当的促进作用”①。

从上面所列举的史实可以看到，唐朝与朝鲜和日本是关系非常亲密的友好邻邦。在文学史料的交流与传播上，从最高统治者到许多文人、平民，都极为重视，并付诸实践。渠道多种多样。人次十分频多，传播范围广泛。诗文典籍的交流与传播，由表及里，已经渗透到心理上的认同和融会于文学创作等深处。

文学史料的重要和影响，不仅取决于自身的价值，还取决于它是否能被传播以及传播的广度和深度。唐代文学史料空前广泛的传播以及产生的积极作用，是唐代文学史料发展的一个重要标志。

唐代近三百年，总的形势是国家统一稳定，经济繁荣，皇权统治相当明智宽松，综合国力有了很大的提升。唐代主张、践行“华夷如一”，对内对外取开放的策略，倡导吸纳与外送。所有这些都为文化的发展，为文学史料学的发展，创造了有利的、比较自由的环境。

唐代的统治者和许多文人学者重视过去和当代的文学作品，编辑了数量空前的、有质量的别集和总集。在史料的考辨方面，继承两汉，弥补了魏晋南北朝时期的欠缺，有了明显的发展。刘知几在中国古代史料学史上，第一次提出了“疑古”这一重要范畴。刘知几、柳宗元等利用考核事实、辨明事理、征引文献、审视语言风格等多种方法，对一些史书以及经书《春秋》等，做了大量的考辨工作。唐代对文史典籍的注释，开始立凡例。以前没有注释的，得到了注释；以前注释有缺误的，得到了补正。取得了许多具有生命力的重要成果。唐代对内对外文学史料的交流和传播的广泛和深入，也是前所未有的。史料的交流和传播，使史料得以长久的存传。史料的交流和传播是文化、思想交流和传播的组成部分。上述这些，都是中国古代文学史料学在唐代有了进一步发展的重要标志。

唐代的文化，在很大的程度上是实践性的文化，是洋溢着青春风貌的诗性文化。当时的文人学者不太关注理论上的建构。这也反映在文学史料学上。这一历史局限，在客观上，从一个方面给宋代的文学史料学的繁荣，留下了很大的空间。

---

① 引自武斌《中华文化海外传播史》，陕西人民出版社1998年版，第1卷第601页。

第十一章　文学史料学的繁荣期:宋代

第一节　文学史料学繁荣的根柢

公元960年,赵匡胤建立了宋朝。宋朝结束了残唐五代混乱、割据的局面,维持了比较长期的统一,封建制度渐趋稳定和成熟。与此相联系的是,宋代的文化空前繁荣。这一点,陈寅恪和王国维均有明确的论述。陈寅恪说:

> 华夏民族之文化,历数千年之演进,造极于赵宋之一世。①

王国维说:

> 天水一朝,人智之活动与文化之多方面,前之汉唐,后之元明,皆所不逮也。②

宋代文化的繁荣,为宋代文学史料的繁荣栽植了深厚的根柢。

宋朝统治者立国以后,看到了晚唐和五代武将藩镇割据、终致败亡的事实,为了巩固自己的统治,一开始就确立了以文御武的基本国策。太祖赵匡胤把朝廷正殿命名为"文德殿",还以"不得杀士大夫及上书言事人"镌为誓碑,立于太庙秘室,垂示嗣君③。为了推行文治,赵匡胤"用天下之士人,以易武臣之任事者,故本朝以儒立国。而儒道之振,独优于前代"④。赵匡胤的弟弟赵光义登帝位后继续贯彻这一国策,明确提出:"王者虽以武功克敌,

① 陈寅恪《邓广铭〈宋史职官志考证〉序》,《金明馆丛稿》二编,上海古籍出版社1980年版,第245页。

② 王国维《宋代之金石学》,见姚淦铭、王燕编《王国维文集》,中国文史出版社1997年版,第四卷第120页。

③ [清]潘永因辑《宋稗类钞》,《四库全书》本,卷1《戒碑》。

④ [元]脱脱等撰《宋史》,中华书局点校本,卷436《陈亮传》。

终须以文德致治。”①

与宋代重文相联系的是，宋代的文化专制相对松弛，改革了科举取士制度，开始向普通士人开放，扩大了招录名额。科举制的改革，使宋代形成了以文官为主的用人政策。而这些官员，多来自中下层，有强烈的入世精神和进取心，有政治责任感，同时也以文化主体自居。出身于下层官吏家庭的欧阳修一方面热心政事，在《送杨君之任永康》诗中说：

折腰莫以微官耻，为政须通异俗情。

一方面关心文史，肩负革新文风的责任，在文学史料上多有建树。以政治家自诩的王安石，一生在史料方面也付出了大量心血。苏轼在《王安石赠太傅敕》中评价王安石说：

网罗六艺之遗文，断以己意；糠秕百家之陈迹，作新斯人。

像欧阳修和王安石这样，既重政事又以文化为己任者，在宋代是具有代表性的。

宋代重视兴办学校。宋仁宗庆历、神宗熙宁、徽宗崇宁时，有三次大规模的兴学。学校由中央的国子学扩展到郡学、府学、县学，学生人数大增。在教育制度上，等级差别不断缩小，有利于低层官僚子弟乃至寒素子弟入学成材。另外，宋代重视发展地方学校，民间有一些著名学者主办的可以自由讲学的书院以及各种乡校、村学、家塾，至北宋末年，发展形成高峰。《宋史》卷155《选举志一》载：

自仁宗命郡县建学，而熙宁以来，其法寖备，学校之设遍天下，而海内文治彬彬矣。

所谓“遍天下”云云，显属夸大，但可以说明宋代教育确实有了很大的发展。教育的发展，使宋人的文化学术水平在总体上得到了空前的提高，这对史料的重视、搜集、整理、鉴别和传播等，都产生了积极的作用。

宋代的统治者特别重视历史，重视对修史的监控。在机构和史官的设置上，除了沿袭以前的史馆等机构和以宰相等监修国史外，又新设起居院和会要所。起居院负责编撰起居注，会要所负责编撰会要。朝廷对修史的重

---

① ［宋］李攸撰《宋朝事实》，《四库全书》本，卷5。

视，同时又没有采取禁绝私人修史的极端措施，对私人撰写的史著，多取认可和支持的做法①，结果使两宋时期，不论是对以前的历史，还是在当代史的编撰上，都呈现出相当繁荣的局面。关于以前的历史于编年体，重要的有司马光主修的编年体通史《资治通鉴》等；于纪传体，重要的有薛居正的《旧五代史》、欧阳修的《新唐书》、《新五代史》，郑樵的《通志》等；于纪事本末体，袁枢的《通鉴纪事本末》首创新的史书体式；于会要体，重要的有在北宋建立的第二年即建隆二年（961 年），王溥上奏朝廷的《唐会要》和《五代会要》，徐天麟的《西汉会要》和《东汉会要》，李心传汇编的《十三朝会要》等。关于当代史，于编年体，两宋 16 帝，除最后的度宗和恭帝外，其他 14 帝都有实录②，另外有李焘的《续资治通鉴长编》、徐梦莘的《三朝北盟会编》和李心传的《建炎以来系年要录》等。于会要体，“宋代官撰之会要，视唐尤为详备，有《庆历国朝会要》、《元丰增修五朝会要》、《政和重修会要》、《乾道续修四朝会要》、《乾道中兴会要》、《淳熙会要》、《嘉泰孝宗会要》、《庆元光宗会要》、《嘉泰宁宗会要》、《嘉定国朝会要》，其间重修续修，无虑十余次”③。

以上所举，只是宋代史著成就的一部分。此外，宋代由于民族关系的突出、地方经济、文化的发展，文献的积累和新增等因素的作用，与之相关的民族史、方志、文献学史等都呈现出繁盛的局面。

宋代史学的繁荣，从多方面养育了这一时期的文学史料学。第一，提高了文学家的史学意识，吸引了许多文学家进入了史学领域。北宋号称“三苏”的苏洵、苏轼和苏辙，以文学著称，但他们同时关注历史。苏辙《历代论一》云：

> 父兄之学，皆以古今成败得失为议论之要。

苏洵著有《史论》三篇，苏辙撰有《古史》60 卷④。唐宋八大家之一的曾巩曾担任过史馆修撰，他的《说遇下》、《治之难》等文中，含有相当深刻的历

① 如[元]脱脱等撰《宋史》，中华书局点校本，卷 389《袁枢传》载，袁枢撰成《通鉴纪事本末》后，“参知政事龚茂良得其书，奏于上，孝宗读而嘉叹，以赐东宫及分赐江上诸帅，且令熟读，曰：‘治道尽在是矣。’”又《宋史》卷 438《徐梦莘传》载，徐梦莘写成《三朝北盟会编》250 卷后，“帝闻而嘉之，擢直秘阁”。

② 参阅金毓黻《中国史学史》，河北教育出版社 2000 年版，第 139 页。

③ 金毓黻《中国史学史》，河北教育出版社 2000 年版，第 170 页。

④ 据金毓黻《中国史学史》，河北教育出版社 2000 年版，第 189 页。

史思想。南宋大诗人陆游曾撰有《南唐书》18卷[①]。第二，诸多史著所载史实本身就程度不同地具有文学史料的价值，是文学史料重要的组成部分。《资治通鉴》综合损益了以前大量史著的史料，其中保存了322种佚书的佚文。清代人钱大昕《潜研堂文集·跋宋史新编》说：

> 读十七史，不可不兼读《通鉴》。

《续资治通鉴长编》取"宁失之繁，无失之略"的编写原则，旁征博引，集会众说，保存了大量的史料。《三朝北盟会编》搜罗宏富，引书多达200多种。郑樵《通志·总序》说自己"总天下之大学术"，在《通志》中特别编撰《二十略》，"百代之宪章，学者之能事，尽于此矣"。其中有五略"虽本前人之典，亦非诸史之文"。另外十五略，"汉、唐诸儒所不得而闻也"。又说："臣之《二十略》，皆臣自有所得。"《二十略》中的《艺文略》、《校雠略》、《图谱略》和《金石略》等，保存了大量的文献资料，同文学史料的关系尤其直接。

宋代，从最高的统治者到许多文人都看重文学，并付诸实践。许多皇帝倡导文学，爱好文学，并写有诗文。仅《宋史》卷160《艺文志七》著录宋代皇帝的文集就有：《太宗御集》，《真宗御集》、又《御集》，《仁宗御集》，《英宗御制》，《神宗御笔手诏》、又《御集》，《哲宗御制前后集》，《徽宗御制崇观宸奎集》。词在宋代的繁荣，也同宋代皇帝的爱好和直接参与密切相关。《宋史》卷142《乐志十七》载："太宗洞晓音律，前后亲制大小曲及因旧曲创新声者，总三百九十。""太宗所制曲，乾兴以来通用之。""真宗不喜郑声，而或为杂词，未尝宣布于外。""仁宗洞晓音律，每禁中度曲，以赐教坊，或命教坊使撰进，凡四十五曲，朝廷多用之。"最高统治者的好尚，直接影响了许多文人。许多文人在继承前代文学成就的基础上，在诗、文、词、小说的创作和文学研究等方面，都有许多新的创获。特别是把词这种文体推上了峰巅，以至后来人们用"宋词"作为标志来概括两宋的文学。宋代文学上的新态势和新成就，是宋代文学史料学繁荣的重要根柢。

如果说，中国古代的文化，在唐代属于青春时期的话，那么到了宋代，则进入了中年时期。同唐代诗性文化的开放尚情和富于浪漫气息相比，宋代的文化则是一种长于理性的文化，严肃的思考多于浪漫的幻想。宋代文化

---

① 据金毓黻《中国史学史》，河北教育出版社2000年版，第217页。

内敛沉潜，尚理性，崇思辨，重反思，尊见解，讲实用。这有多方面的表现。早在宋初，宋太祖问宰相赵普："天下何物为大？"赵普答曰："道理最大①。"开国君臣的问答，昭示了宋代崇尚理性文化的到来。宋代，崇尚理性几乎纵贯始终。许多统治者和文人学者常以理性的眼光去看待一切，所谓"天下物皆可以理照，有物必有则，一物须有一理"②。许多文人学者强调智性，追求求知之乐，明确宣称："须是知得了，方能乐得。"③宋代崇尚理性还突出表现在理学的建构上。宋代的理学，一方面坚持儒学伦理本位、道德中心的基本原则，把纲常伦理定为万事万物之所当然和所以然，也就是"天理"，特别强调人们对"天理"的自觉认同和践行意识。另一方面，理学又基于儒家的本位，选择吸收佛、道思考的内容和思辨的方法，提倡知性内省，注意抽象，重视思辨，激发了士人的理性精神。士人好议论，如欧阳修《镇阳读书诗》所云，常常是"开口揽时事，论议争煌煌"。对文学，往往从义理的角度进行思考。真德秀云：

夫士之于学，所以穷理而臻用也。文虽学之一事，要亦不外乎此。④

宋人特别强调以学问写作诗词。诗人吕本中《童蒙训》引黄庭坚云：

诗词高深要从学问中来。从来学诗者虽时有妙句，譬如合眼摸象，虽所触体，得一处，非不即似，要切不足。若开眼，全体也之合古人处。

《陈亮集》卷29载陈亮《与郑景元提幹伯英》叙说自己有时作词，一方面"本之以方言俚语，杂之以街谈巷歌"，同时又"抟搦义理，劫剥经传"。

在宋代，不仅强调写作需要高深的学问，要讲义理，用经传，同时还特别强调阅读要有渊博的学识。罗大经指出：

杨东山言：《道藏经》云："蝶交则粉退，蜂交则黄退。"周美成词云"蝶粉蜂黄浑退了"，正用此也。而说者以为宫妆，且以"退"为"褪"。误矣。余因叹曰：区区小词，读书不博者，尚不得其旨，况古人之文章，而

---

① ［宋］沈括撰，胡道静校正《新校正梦溪续笔谈》，中华书局1957年版，卷11。

② ［宋］程颢、程颐撰，［宋］朱熹辑《河南程氏遗书》，《四部备要》本，卷18。

③ ［宋］程颢、程颐撰，［宋］朱熹辑《河南程氏遗书》，《四部备要》本，卷18。

④ ［宋］真德秀《文章正宗》，《四库全书》本，《序》。

可臆见妄解乎！[①]

宋人编文集，强调以“明义理、切实用为主”[②]。以理学家的标准选诗文，以及大量文学理论批评新成果的出现、善疑辨伪风气的形成以及金石学的创立，这些当主要是宋代的理性文化在文学史料学上的曲折反映。

宋代立国后的一百多年，国内比较安定，经济发展较快，有许多城市，经济相当繁荣。北宋都城汴京、南宋都城临安以及其他城市建康、成都等，都是人口超过十万人的大城市。宋代还逐渐取消了城市中坊（居住区）和市（商业区）的界限，不禁夜市，便利了商业和娱乐业的迅速发展。城市经济的繁荣，促使了市民阶层的崛起。另外，宋代官员的俸禄也比较优厚，宫廷和官僚阶层生活浮华。繁华的城市、商业的发展和娱乐的需求，使晚唐五代产生的世俗文化，有了更加适合的土壤，说话、杂剧、影剧、傀儡戏、诸宫调，特别是词，发展迅速。世俗文化的迅速发展，不仅使许多官僚和士人为之青睐，乃至投入，同时许多具有世俗文化特点的文学作品得到相当广泛的传播和普及。应当说，宋代文学史料学的繁荣，与宋代世俗文化的促进息息相关。

英国著名的学者李约瑟指出，宋代的“文化和科学都达到了前所未有的高峰”[③]。中国古代的四大发明，有三项是宋代发明的。在宋代多种科学成就中，印刷技术的成就直接推进了文学史料的繁荣。印刷技术虽然在唐代已经发明并应用，但它的提高和推广、印刷业的繁盛和市场运作却是在宋代。宋代从朝廷到地方，利用雕版刻印书籍十分流行。“从监司到府、州、郡、县，皆刻书，有人考证，南宋刻书见于记载的就有 173 处之多”[④]。有的官员甚至通过刻书销售来筹措款项。范成大有一段记载王琪任姑苏郡守时刻印杜甫全书的过程：

> 王琪以知制诰守郡，始大修设厅，规模宏壮，假省库钱数千缗。厅既成，漕司不肯破除。时方贵杜集，人间苦无全书。琪家藏本雠校素

---

① [宋]罗大经撰、王瑞来点校《鹤林玉露》，中华书局 1983 年版，甲编卷之四“蝶粉蜂黄”条。

② [宋]真德秀《文章正宗》，《四库全书》本，《序》。

③ [英]李约瑟《中国科学技术史》，科学出版社 1975 年版，第 1 卷第 1 册第 284 页。

④ 引自姚伟钧《宋代私家目录管窥》，《文献》1999 年第 3 期。

精，即俾公使库镂版印万本，每部为直千钱。士人争买之，富室或买十许部。既偿省库，羡余以给公厨。[①]

上述一事发生在北宋仁宗嘉祐四年（1059年）。一次刻印杜甫全书达万本，每部值千钱，这是空前的。其印数与售价虽然与宋人推尊杜甫有关，但从上述的记载可以想见北宋印刷技术的提高、印书规模之大和图书商品化的发展。

在宋代，雕版刻书已具有产业的性质。在构成上，除官刻外，还有坊刻、私刻和书院刻。其中影响特别大的是坊刻。坊刻的经营者为了逐利，所刻之书尽管往往石玉混杂，但由于坊间为了竞争，在其生产经营过程中，形成了一套比较完整的机制。在选题上，注意寻求新本和新编的文集，如“福建麻沙镇曾以‘类编’、‘增广’、‘大全文集’为书名，编刻、印行多种名家文集”[②]。有些文集，官方不刻，而坊刻却刻印了。如吕祖谦编成《皇朝文鉴》后，由于意见不一致，官方未刻，但后来临安府及书坊皆有刻本。在生产上，坊刻由于有技术比较熟练的工人群体，刻印迅速，容易形成规模。在发行和销售上，坊刻也有相对固定的渠道。上述这些原因，使坊刻在图书市场上占有很大的份额。

宋代印刷技术的进步和刻书业的繁盛，使图书生产便捷，图书的价格低廉[③]，促进了图书事业的迅速发展，图书总量大增。宋仁宗庆历元年（1041），梅尧臣、欧阳修等奉敕撰《崇文总目》66卷，著录书籍共3400余部，30669卷。靖康之变，内府图书荡然毁绝。宋室南迁以后，又极力搜求图书，至孝宗淳熙年间（1174—1189），编成《中兴馆阁书目》20卷，著录图书44486卷。定宗嘉定年间（1208—1224），复成《中兴馆阁续书目》30卷，著录淳熙以后所得书籍14943卷。

宋代雕版印刷盛行，不止推进了官方藏书和书目的编写，还极大地促成

① 范成大《吴郡志》卷6，《宋元方志丛刊》，中华书局1990年版，第1册第723、724页。

② 参阅王水照《作品、产品与商品——古代文学作品商品化的一点考察》，《文学遗产》2007年第3期。

③ [宋]李焘《续资治通鉴长编》，上海古籍出版社1985年版，卷102，宋仁宗天圣二年（1024）引王子融曰：“日官亦乞模印历日。旧制，岁募书写费三百千，今模印，止三十千。”

了私人藏书、私家书目的发展和文集的编撰。元代人吴澄《赠鬻书人杨良辅序》说：

宋百年间，锓板成市，板本布满乎天下，而中秘所储，莫不家藏而人有。①

南宋周密《齐东野语》载，宋代私人藏书二万卷以上者有数十家，藏书千卷者相当普遍。南宋陈振孙长期在江西、福建、浙江等印刷繁盛的地方做官，勤于聚书、藏书，编有《直斋书录解题》56卷。南宋龚昱据自己所藏古今名人诗歌，编成总集《昆山杂咏》3卷。南宋曾慥《乐府雅词序》说：

余所藏名公长短句，裒为合篇。

这说明曾慥平时注意收藏词作品。他的《乐府雅词》正是在他所收藏的词作品的基础上选编的。

宋代刻印书籍的盛行，促进了造纸、制墨、雕版、销售等行业的繁荣，造就了许多人才，同时也带动了公私藏书的空前发展，为史料的收集、整理和传播，创造了有利的条件，提供了很大的方便。今存许多重要版本，有许多是宋代刻印的。举一个例子，上面述及的王琪所刻印的杜甫全书，是由王洙原藏、王琪等编校的，被称为“二王本”。“二王本”是今存《杜工部集》的最早版本，后来杜集之补遗、校注都以它为祖本。

以前的书籍主要靠抄写传播，数量少，得之不易。宋代印刷技术的进步使文学史料的传播和接受方便得多，促进了文学史料的广泛传播和接受。《续资治通鉴长编》卷60载，北宋景德二年(1005)，真宗赵恒考察国子监书库，问祭酒邢昺书板几何，邢昺说：

国初不及四千，今十万余，经史正义皆具。臣少时业儒，观学徒能具经疏者百无一二，盖传写不给。今版本大备，士庶家皆有之，斯乃儒者逢时之幸也。

苏轼在《李氏山房藏书记》中也追述云：

余犹及见老儒先生，自言其少时，欲求《史记》、《汉书》而不可得；幸

① [元]吴澄《吴文正公集》，《元人文集珍本丛刊》第3册影印明成化二十年刊本，台湾新文丰出版公司1985年版，卷19，第353页。

而得之，皆手自书，日夜诵读，惟恐不及。近岁士人转相摹刻，诸子百家之书日传万纸。学者之于书，多且易致如此，其文词学术当倍蓰于昔人。

上引元代人吴澄在《赠鬻书人杨良辅序》中述及宋代刻书藏书之多后接着说：

凡世所未尝有与所不必有，亦且日新月益，书弥多而弥易。学者生于今之时，何其幸也！无汉以前耳受之艰，无唐以前手抄之勤，读书者事半而功倍宜矣。

宋代之前，各种图书主要依靠抄写而存传。手抄尽管也伴随着阅读，也是重要的传播方式，但毕竟数量有限，成本高，价钱贵，限制了公私的收藏，士人难以博览。宋代雕版刻印的迅速发展，图书的成倍增多和广泛传播，为宋代士人博览群书提供了方便，也为他们接触、搜集、整理和使用各种史料创造了有利的条件。

第二节　《名臣碑传琬琰集》的荟萃之功和年谱的兴盛

宋代以前，文学家的传记或单传、或合传、或类传，多见于各种史书、碑铭、行状等。上述形式为宋人所承袭。宋人为同时代人所作的传记，主要有传记、碑铭、行状和年谱等。单篇传记和行状，常见于别集、史传。有些书目，如《郡斋读书志》在著录别集后，多附有作者的传记。如卷 19 著录王禹偁《小畜集》30 卷后，接着有 199 字的传记。两宋单篇的碑铭（包括神道碑、记功碑、家庙碑等）、墓志，大多被收入别集，如苏颂作的《中书舍人孔公（文仲）墓志铭》就被收入《苏魏公文集》第 59 卷。黄庭坚外甥洪炎所编《豫章黄先生集》，其中就收有墓志、碑碣 41 篇。另外，特别值得提出的是，宋代重视对碑传加以综合结集。在这方面，具有重要传记史料价的是今存南宋杜大圭编的《名臣碑传琬琰集》。此书上集 27 卷、中集 55 卷、下集 25 卷，共 107 卷。《四库全书总目》卷 57 评此书云：

要其梗概，则上集神道碑，中集志铭、行状，下集别传为多。多采诸家别集，而亦间及于实录、国史，一代巨公之始末，亦约略具是矣。

潘景郑在《明复宋本名臣碑传琬琰集・著砚斋书跋》中，对此书有高度评价：

余读杜大圭《名臣碑传琬琰集》，窃有慕乎其荟萃之功。开往古未有之宏业，启后来踵述之规范，虽甄别未必尽是，而椎轮大辂，昭兹来许，抑亦不朽之盛事矣。

年谱是融合了史书中纪传体和编年体两种体式，按年月编次人物事迹的一种传记。年谱兴起于宋代，也繁盛于宋代。宋代以前和宋代个人的专传、行状、墓志铭以及以传、家传、别传、录、别录、行状、行实、事实、遗事、本末和行年记等为名的单行传记很多，各种家谱、世谱、族谱等积累丰厚，继续发展，这些都为编撰年谱提供了有利的条件。另外，宋代推重家学，也促进了年谱的兴起。清人章学诚说：

宋人崇尚家学，程、朱弟子，次序师说，每用生平年月，以为经纬。而前代文人，若韩、柳、李、杜诸家，一时皆为之谱，于是即人为谱，而儒杂二家之言，往往见之谱牒矣。①

宋人十分看重年谱。有的认为年谱和文集同样重要。赵善《白文公年谱跋》云：

有文集而无年谱，不几于缺典乎？

他们认为年谱有多方面的作用。有的看到了年谱有助于了解文学家的出处时间、写作情况以及考其创作前后的变化。吕大防《韩吏部文公集年谱后记》说：

予苦韩文、杜诗之多误，既雠正之，又各为年谱，以次第其出处之岁月。而略见为文之时，则其歌时伤世、幽忧窃叹之意，粲然可观。又得以考其辞力：少而锐，壮而健，老而严。

有的看到了年谱的教化作用，黄去疾《龟山年谱序》说年谱"有助于世教"。有的指出年谱能够对后学有教益。包恢《象山先生年谱后序》云，年谱能"条理师道，指示后学"。有的指出年谱能帮助读者了解文学家和作品。陈天麟在《许昌梅公年谱序》说编梅公年谱是仰慕其"文章事功"，而"推其源

① ［清］章学诚著，仓修良编注《文史通义新编新注》，浙江古籍出版社 2005 年版，《外篇二·刘忠介公年谱叙》。

流，叙其始终”。

宋人看到了年谱具有一般传记起不到的作用，想对文学家生平及其创作做细致、系统的表述，十分重视年谱，有的为编年谱付出了大量心血。如李焘一人，据初步统计，至少编撰了《范仲淹年谱》3卷、《韩琦年谱》3卷、《文彦博年谱》3卷、《富弼年谱》3卷、《王安石年谱》3卷、《欧阳修年谱》3卷、《司马光年谱》3卷、《三苏年谱》3卷、《六君子年谱》3卷，共27卷[①]，堪称年谱编撰专家。宋人编撰的年谱，有为宋代以前人编的，更多的是为宋人编的。总的数量是空前的。据谢巍《中国历代人物年谱考录》[②]，宋代人为前代人编的年谱有61种，其中先秦11种，秦汉1种，魏晋南北朝6种，隋唐五代43种。为宋代人编的有104种。在内容方面，这些年谱，一般涵盖了谱主的字里、家世、世事、仕履、交游、诗文著述系年等。就谱主看，除了先秦时期的孔子有年谱10种外，其他年谱基本上是文学家。其数量次第是：杜甫12种，苏轼9种，韩愈8种，白居易7种，欧阳修7种，陆九渊6种，陶渊明5种，朱熹5种，苏洵4种。

今存宋人所编的宋人年谱，多为他人（如谱主的亲友、门人）所编，有少数为谱主自编，如马扩《茆斋自叙》、文天祥《纪年录》。

宋人之前编的年谱，在体式方面，较为单一。到了宋代，则有了明显的发展。宋人编的年谱，除年谱形式之外，主要还有：一、表谱，如施宿《东坡先生年谱》，此表分纪年、时事、出处、诗四栏；二、诗文目录年谱，如任渊《后山诗注目录年谱》；三、纲目式年谱，如岳珂《岳鄂王行实编年》；四、长编，如王质《西征从记》；五、多人合谱，如李焘《六君子年谱》；六、同一谱主多种年谱辑录，如魏仲举将吕大防、洪兴祖和程俱分别编的韩愈年谱辑入《韩文类谱》；七、修订、重编，如赵子栎在吕大防编《杜工部年谱》后，重编《杜工部年谱》，陈振孙在何友谅所编《白香山年谱》后，重编《白文公年谱》。宋人编的年谱，质量参差，有的过于简略，有的有疏误牴牾，重编的年谱，大多做到了纠谬补缺，较以前编的更趋完善。

中国古代的年谱，孕育于周代，后来虽然断续出现，并且程度不同地具

---

① 参阅王承略、杨锦先著《李焘学行诗文辑考》，上海古籍出版社2004年版，第2篇《李焘著述考辨》。

② 中华书局1992年版。此书收录，以1983年之前全国主要图书馆及文物保管单位所藏中国历代人物年谱为主，兼收海外及私人所藏年谱。

有年谱的内容，但极少用年谱之名。年谱之名的正式确立是在宋代。宋人编的年谱，也有用年表、本末、年谱图、事实、行纪、系谱、世谱、诗谱、行实、自叙、自志、编年、系年录、年谱要略、编年家谱、谱、集谱等异称的，但多取名年谱。可见年谱这一名称在宋代已经为大家所认可，具有规范的性质。宋代之后一直到现在，年谱之类的著述，基本上随从宋代取年谱之名。

在中国古代史上，年谱虽然很早就产生了，但由于人们重视的主要是传统的史著模式，年谱发展比较缓慢。到了宋代，才有了迅速的发展。宋人基于有补于"知人论世"的认识，发现了年谱具有简明、条理等优长，注重编纂文人年谱。经由他们的认识和实践，又开创和发展了一种新的"知人论世"的门径。宋人编纂的各种年谱，保存和提供了多方面的史料，还基本上确立了中国古代编纂年谱的范型。后来年谱的编纂，大体上是在沿用宋代范型的基础上向前进展的。

第三节　搜集、整理诗、文、词、小说等作品史料的硕果和目录学的繁荣

宋代对诗、文、词、小说等作品史料的搜集和整理，主要表现在两个方面：一是对以前作品的搜集和整理，二是对本朝作品的搜集和整理。在这两方面都相当自觉，取得了丰硕的成果。

宋代从官方到民间，都十分珍重以前的诗文集。王禹偁《小畜集》卷12《还扬州许书家记家集》诗云：

> 我来迎侍游江都，玳筵往往陪欢娱。遂求家集恣吟讽，海波千处堆珊瑚。

题注："许浑孙，进家集得官。"许浑孙在宋太宗时，因进许浑集而得官①，可见官方对以前文集的重视。又郑樵《通志·校雠略》载：

> 尝见乡人方氏望壶楼书籍颇多。问其家，乃云：先人守无为军日，就一道士传之，尚不能尽其书也，如唐人文集无不备。

说一名道士竟能全备唐人文集，当有夸大的成分，但从中可以想见宋人

① 引自陶敏、李一飞《隋唐五代文学史料学》，中华书局2001年版，第21页。

对以前，特别是对唐代的文集的珍重。

宋代搜集和整理以前的作品，有总集，有别集，成就都相当突出。

在诗歌总集方面，影响深远的当推今存郭茂倩编撰的《乐府诗集》100卷①。《乐府诗集》编辑了从陶唐时代之作到五代时期的乐府诗，并且第一次尝试按乐曲把所收集的乐府诗分为12类。其分类，大体上为后人所沿用。《乐府诗集》不仅收集保存了宋前的乐府诗，同时郭茂倩对每类乐府诗还有序说，类下按曲调系辞，有不少乐曲有解题。他的序说和解题"征引浩博，援据精审，宋以来考乐府者无能出其范围"。其征引的史料，有今已失传者（如《古今乐录》），有些逸文赖此书得以存传。全书编辑精当，"每题以古词居前，拟作居后，使同一曲调，而诸格毕备，不相沿袭，可以药剽窃形似之失。其古词多前列本词，后列入乐所改，得以考知孰为侧，孰为趋，孰为艳，孰为增字减字。其声词合写、不可训诂者，亦皆题下注明，尤可以药摩拟聱牙之弊。诚乐府中第一善本"②。

宋人对以前的作品的搜集和整理，尤其重视唐代的，编纂唐代的总集和别集的成果十分突出。在总集方面，如太宗兴国七年（982）诏李昉等人编《文苑英华》，历时六年编成，共1000卷，录诗文近二万篇，其中唐代的约占90%。宋代对唐代的别集，或刊印，或新编，或整理，付出了辛勤的劳动。有许多重要的别集为善本，存传至今。

宋代对以前文学史料的重视和在搜集、整理方面取得的成果，主要是宋人在其时代、社会所形成的重传统文化心理的诱导下，继承传统，并对传统重加考量、诠释和筛汰后作出的以理性为主的选择，反映了宋代注意对传统文化和当代文化的整合。

宋代重视当代文化，从朝廷到许多文人学者对当时的文集都是相当看重的。这首先体现在对诗文总集和别集的编纂上。宋人编纂的总集不仅数量多，而且具有自己的特点。宋人编纂的总集的数量远远超过了以前。据祝尚书的"不完全统计，见于宋明目录书的宋人总集，就达三百多种；不见于著录、但有序跋流传至今的则更多；既无序跋、亦未著录的，尚不知其数"。

---

① 关于郭茂倩及《乐府诗集》编撰的年代，参阅秦序《关于〈乐苑〉及〈乐府诗集〉的几个问题——唐宋音乐史要籍笔记之一》，载中国艺术研究院音乐研究所《音乐学文集》，山东友谊出版社1994年版。

② ［清］永瑢等撰《四库全书总目》，中华书局1965年版，卷187。

宋人编纂的总集，虽然大都失传，现存仅80多种（含残帙），但其数量仍是可观的①。同以前的总集相比，宋人编的当代文学总集，有新的特点。

隋唐五代由于诗歌特别繁盛，有关诗歌的总集较多，而且流传下来的占的比重很大。上述情况，到了宋代有了很大的变化。根据祝尚书所撰《宋人总集叙录》提供的资料并参照其他记载加以统计，宋代诗和文的总集数量最多，分别为31种和30种，大体相当。其次是辞赋总集，有19种。再次是词总集11种②，诗文综合总集11种。看来宋代在继续发展编纂诗歌总集的同时，文、辞赋和词这三种总集有了明显的增长。

宋代在文学观念上，从官方到士人到书坊，多主张尚用。这一点也体现在总集的编纂上。宋代官方所编总集，多强调“气全理正”、有助于教化。著名的《皇朝文鉴》就是在这一思想指导下编纂的。这一点，宋周必大在《皇朝文鉴序》中说得很明确：

> 皇帝陛下天纵将圣如夫子，焕乎文章如帝尧，万机余暇，犹玩意于中做众作，谓篇帙繁多，难于遍览，思择有补治道者表而出之。

宋代重科举，社会上需要供举子备考的书籍，于是出现了许多这方面的总集。《论学绳尺》、《精选皇宋策学绳尺》、《选编省监新奇万宝诗山》、《大全赋会》等，就是这方面的代表。

宋代开评点诗文之风，受此影响，相继出现了许多具有评点的总集。如吕祖谦的《古文关键》、《东莱标注三苏文集》，楼昉的《迂斋标注诸家文集》，佚名的《圈点隆川水心二先生文粹》，王霆震的《新刻诸儒批点古文集成》，于济、蔡正孙编的《唐宋千家联珠诗格》等。这些总集，篇中或加圈点抹掷，或

---

① 引自祝尚书《宋人总集叙录》，中华书局2004年版，《前言》。上述总集，有部分包括前代至宋代的。

② 由于标准不同，现在有关论著中对宋代所编纂的词总集的数量的著录和统计，虽然有些出入，但在10种以上是不成问题的。蒋哲伦、杨万里编《唐宋词书录》（岳麓书社2007年版）第一编“总集”著录确为宋人所编词总集共13种。另外，据吴熊和《唐宋词通论》（浙江古籍出版社1989年版）第340页，著录宋人编《聚兰集》；朱崇才《词话史》（中华书局2006年版）第78页、120页，称南宋王柏编有词选《雅歌》，杨（一作“扬”）冠卿编选《群公词选》3卷。以上3种总集，《唐宋词书录》未著录。又，邓子勉《宋金元词籍文献研究》（上海古籍出版社2008年版）第一编第一章《词集丛编》著录4种，第四章第一节《词集选本》著录10多种。

每段间以批语，或录各家评语，或作总评，形式多种多样，能给人以启示。不仅展示了评点者的见解，给初学者以津梁，同时许多资料也赖此存传。

郭绍虞说："宋人诗话多论派。"[①]这种"论派"的风气也反映在总集的编纂上。杨亿编《西昆酬唱集》所收以五七言律诗为主，讲究用典、对仗。江西诗派以黄庭坚的诗歌为宗，《江西宗派诗集》专收黄庭坚、陈师道、薛逸等江西诗派诗人的诗歌。陈起编《江湖集》，收流落江湖的著名诗人刘过、姜夔、刘克庄、敖陶孙等人的诗歌。上述总集的编纂，基于流派，它们的编纂和传播，又扩大了宋代文学流派的影响。

宋人十分重视当代别集的编纂，其数量远远超过了隋唐五代。《宋史》卷161《艺文志七》著录别集1824部，23604卷，其中两宋别集约1000部。清黄虞稷、倪灿撰，卢文弨订正《宋史艺文志补》增补宋人别集215家，3808卷。王岚《宋人文集编刻流传丛考·前言》说：北京大学古文献研究所编纂的《全宋诗》"所收8900家诗人中曾经有过文集行世的作家就达2500多人"。祝尚书《宋人别集叙录·前言》说："据统计，现存宋人别集（包括词集、各类小集及后人辑本），凡八百家左右。"这只是宋人文集的很少的一部分。《四库全书总目》卷187《十先生奥论》提要云：

> 宋人文集，名著史册者，今已十佚其八九。至于名姓无闻，篇章湮灭，如方恬诸人者，更指不胜屈。

从上举数字和散失的情况，完全可以想见宋代别集之繁盛。

宋人面对繁复众多的别集，存有良莠之别、鱼龙混杂和常见舛误的情况，有不少文人学者注意不断编纂、修订别集，以求"善本"。周必大鉴于欧阳修"其集遍行海内，而无善本"，于是"解相印归，用诸本编校"，重编《欧阳文忠公集》。"其子纶又以所得欧阳氏传家本，乃公之子棐叔弼所编次者，属益公（必大）旧客曾三异校正，益完善无遗恨矣"[②]。王安石撰《临川先生文集》有多种版本流传。其曾孙王珏《临川先生文集序》云：

> 曾大夫之文，旧所刊行，率多舛误。政和中门下侍郎薛公，宣和中

① 郭绍虞《宋诗话考》，中华书局1979年版，《题〈宋诗话考〉效遗山体得绝句二十首》。

② ［宋］陈振孙撰，徐小蛮、顾美华点校《直斋书录解题》，上海古籍出版社1987年版，卷17。

先伯夫大资皆尝被旨编定。后罹兵火,是书不传。比年临川、龙舒刊行,尚循旧本。珏家藏不备,复求遗稿与薛公家,是正精确,多以曾大夫亲笔、石刻为据,其间参用众本,取舍尤详。至于断缺,则以旧本补校足之。凡百卷,庶广其传云。

从王珏的序可知,为了纠正"旧所刊行"、"率多舛误"的王安石集,从朝廷到家庭,经过多次编纂。在编纂的过程中,用多种版本取舍补校,最后编出了一个"庶广其传云"的文集。上面列举的事例,说明宋人在编纂别集的实践中,已经形成并开始使用"善本"这一概念,而且重视传播善本。这在北宋和南宋均有体现。北宋欧阳修《唐田弘正家庙碑》云:

自天圣以来,古学渐盛,学者多读韩文而患集本讹舛,惟余家本屡更校正,时人共传,号为善本。①

朱弁撰《曲洧旧闻》说,穆修"始得韩、柳善本,大喜……欲二家文集行于世,乃自镂板鬻于相国寺"②。

南宋魏了翁《鹤山大全集》卷51《临川诗集序》谈及薛肇明等编纂的《临川文集》云:

卒以靖康多难,散落不存。今世俗传抄,已非当时善本。

看来,"善本"这一概念在宋代已经确立了。宋人不论是整理前代的文集,还是编撰当代的文集,都重视版本问题。宋人在认识上和实践上重视善本,为后人建立了一种范式,一直沿用到今天,也必为未来所遵循。

宋代随着俗文化的兴盛,俗文学作品史料受到了前所未有的青睐。这突出地表现在词集和小说集的编纂上。

词兴起于晚唐五代,至宋极盛。北宋巨公胜士,多爱词作词。"中兴以来,作者继出,及乎近世,人各有词,词各有体"③。但词集的编辑并没有与创作的兴盛同步。自晚唐五代至北宋,词基本上被看成是不能登大雅之堂的"小道",直到南宋,随着俗文化地位的提高和词作以吟唱娱乐为主,拓展到表现社会现实生活的多方面,许多有识之士对于词有了新的认识,词受到

---

① 《欧阳文忠公全集·集古录跋尾》卷8。

② [宋]朱弁撰、孔凡礼点校《曲洧旧闻》,中华书局2002年版,卷4,第142页。

③ [宋]黄昇《绝妙词选·自序》。

了空前的重视。不少文人学者鉴于词作多散见各处，不易遍览，许多属知之而未见，或见之而不全。于是词的总集和别集的编辑和传刻有了需求，得到了前所未及的迅速发展。在总集方面，宋人继五代后蜀赵崇祚编纂《花间集》之后，又编纂了许多。其数量，上面已经述及。今存重要的有：黄大舆辑《梅苑》10 卷，曾慥编《乐府雅词》3 卷、《拾遗》2 卷，书坊编辑《草堂诗余》2 卷[①]，黄昇编《绝妙词选》(又名《花庵绝妙词选》、《花庵词选》)20 卷[②]，何士信编选《增修笺注妙选草堂诗余(类选群英诗余)》前集 2 卷、后集 2 卷，赵闻礼编《阳春白雪》8 卷、《外集》1 卷，周密编《绝妙好词》7 卷[③]。《草堂诗余》按内容分类编次，为后来明代陆云龙编《词菁》、潘游龙编《古今诗余醉》、董逢元编《唐词纪》所效仿。

宋代词别集，据王兆鹏的研究，“原有单刻的词集至今尚完整流传的”，“原集已佚而由后人辑佚成书的”，“原词附于诗文别集中而后人别出单行的”，“原无词集而由后人辑录成书的”，“原集久佚而后世又无辑本的”，上述五类宋词别集总计 338 家。王兆鹏还侧重介绍了前三类重要的别集 61 种，著录了这 61 种词别集的版刻流传情况[④]。另外，著录宋词别集较全的还有蒋哲伦、杨万里编撰的《唐宋词书录》和邓子勉著的《宋金元词籍文献研究》。《唐宋词书录》第三编“别集”部分，著录现有的宋人词别集 327 种。对每种，除注明书名、作者(或编辑者)、卷数、版本外，还特设备考一项。《宋金元词籍文献研究》第一编第二章第一、二节分别相当全面地著录和考述了北宋和南宋多种类型的“全集本词集”，著录南宋词人集为北宋的六倍多，可见南宋对词别集的重视远远超过了北宋。综合上述几种著述，可以想见宋人编纂词别集成果的丰硕。

宋代在整理词的过程中，还出现了一种新的现象，就是词的自注的发展。据邓乔彬、夏令伟的研究[⑤]，词的自注在唐五代就出现了，但从总体上看，数量不多。《全唐五代词》收录《易静词》720 首，有注者 84 首。这些有

---

① 刘军政《明代〈草堂诗余〉版本述略》，《南阳师范学院学报》，2004 年第 2 期。

② 《绝妙词选》，其中包括《唐宋诸贤绝妙词选》10 卷、《中兴以来绝妙词选》10 卷。

③ 关于宋人所编词总集，除前面述及的外，还可参阅：吴熊和《唐宋词通论》，浙江古籍出版社 1989 年版，第 333—345 页；王兆鹏《词学史料学》，中华书局 2004 年版，第 308—345 页。

④ 参阅王兆鹏《词学史料学》，中华书局 2004 年版，第 161—235 页。

⑤ 见其著《论宋词自注》，《暨南学报》2008 年第 1 期。本书这一部分的写作，主要参考了此文。

注者是否自注，还有待考究。到了宋代，特别是南宋中后期，自注有了明显的进展。这主要体现在数量上，也体现在内容上。邓乔彬、夏令伟据唐圭璋编的《全宋词》①统计，可以确定“带有自注的宋词有 350 首，其中，作者姓名可考的有 85 人”。上面虽然是不完全的统计，但其数量远远超过了唐五代。在内容上，宋人的自注(主要是南宋中后期)明显地表现了一种自觉意识。有的在同一首词中，自注多达五处之多，不少自注表现了作者自己的个性，有些自注注明了词作的创作背景和创作意图。这些自注，不仅从一个方面昭示了词的地位的提高和词作者的传播意识，还成了词作的重要补充，有助于后人理解有关的词作，为后人提供了一些人物传记、词人交游和词学音乐等方面的史料。

中国古代小说的结集，在唐代已有不少成果。如唐临的《冥报记》、赵自勤的《定命录》等。特别是唐末陈翰编选的《异闻集》，所选小说大多是唐传奇的名篇，对保存古代小说史料作出了重要的贡献。宋承唐风，随着小说创作的发展，宋人更加重视小说的搜集和整理。北宋李昉等奉太宗之命编大型小说总集《太平广记》500 卷。此书按故事内容分为 92 大类，所以有些学者也把它视为类书。此书各类篇幅相差悬殊。神仙类最多，有 55 卷，其次是鬼类 40 卷，报应类 33 卷。全书博采汉至宋初各种小说、笔记、野史、佛藏、道经等数百种，收集较全，并且注明了出处。此书所引之书，许多今已散失，不少佚文因此书而得到保存和流传，有些可供考证和校勘。继《太平广记》之后，有南宋罗烨的《新编醉翁谈录》。此书 10 集，每集 2 卷，分 23 类。收录传奇话本小说，分为灵怪、烟粉、传奇、公案、朴刀、捍棒、神仙、妖术八类。此书国内久已不传，于日本 1941 年发现后，当年影印出版，为话本小说之第一手史料②。其他重要的还有刘斧的《青琐高议》、曾慥的《类说》、朱胜非的《绀珠集》、皇都风月主人的《绿窗新话》、佚名编的《鬼董》等 20 多种小说集。

随着各种小说集的大量编辑，有关其他的小说史料也受到了重视。上举《新编醉翁谈录》中就罗列小说名目 100 多种，并记有宋代的说书情况。

---

① 中华书局 1965 年版。

② 引自苗怀明《二十世纪中国古代小说史料的重大发现与整理》，《文献》2000 年第 4 期。

其他如孟元老的《东京梦华录》、耐得翁的《都城纪胜》、吴自牧的《梦粱录》，周密的《武林旧事》、《癸辛杂识续集》等都辑录了一些小说史料，缕述小说的门类。

宋人所编各种文集，数量之大，超越以前任何一个朝代，体例渐趋完备，内容广泛丰富。质量虽有高低，但从总体上来看，不仅是研究文学的重要史料，而且也是研究政治，经济，历史、哲学等文化的重要史料。

与宋代重视搜集整理各种文集相辅相成的是，宋代在目录和目录学方面，也相当繁荣，主要体现在：一、补以前的艺文志之阙，如《宋史》卷209《艺文志八》著录樊汝霖撰有《唐书艺文补》63卷；二、新修许多书目，官修的如《崇文总目》66卷、《中兴馆阁书目》70卷、《中兴馆阁续书目》30卷，私修书目，见于著录的有十多种，今存的，如晁公武的《郡斋读书志》，是我国古代第一部有提要的私家书目，有“目录之冠”之誉，尤袤的《遂初堂书目》，开兼言版本之先，陈振孙的《直斋书录解题》，第一次采用“解题”名称，目录与版本结合，重拓本、抄本①。

第四节　以诗话、词话为标志的文学研究史料的重要创获

宋代，在文学研究史料领域里有许多重要创获，这突出表现在对诗话、诗文评点、文话、诗纪事以及词话等方面的重视、搜集和整理上。

诗话兴起于宋，也繁盛于宋。诗话之名始于宋代的欧阳修②，今存欧阳修的《诗话》(后人称《六一诗话》)是现在见到的最早以诗话命名的著述。

《六一诗话》今本28则(另有29则之说)，记有欧阳修与诗友讨论诗歌的史料，表现了欧阳修对诗歌的见解。《六一诗话》评述较多的是北宋诗歌，亦兼及唐诗。此后，诗话如雨后春笋，相继倍出。郭绍虞《宋诗话考》上卷著录现尚流传的宋代诗话42种，中卷著录“其部分流传，或本无其书而由他人纂辑成之者”46种，下卷著录“有其名而无其书，或知其目而佚其文，又或有佚文而未及辑者”51种，共139种。吴文治主编的《宋诗话全编》③编纂宋代

---

① 参阅张富祥《宋代文献学研究》，上海古籍出版社2006年版，第二章目录学。

② 郭绍虞云：“诗话之称，固始于欧阳修，即诗话之体亦可谓创自欧阳氏。”见郭绍虞《宋诗话考》，中华书局1979年版，第1页。

③ 江苏古籍出版社1998年版。

诗话 562 家，其中除原已成书的之外，新辑录宋人散见诗话近 400 家。诗话之外，宋人笔记中常有论诗的条目。程毅中主编的《宋人诗话外编》①，就是择编欧阳修的《归田录》、沈括的《梦溪笔谈》、苏轼的《东坡志林》、陆游的《老学庵笔记》和王应麟的《困学纪闻》等 100 种宋人笔记中关于论诗的史料。上述仅是今存宋代的部分诗话，但足以说明宋代诗话数量之多了。

宋人重视诗话的搜集和整理。《宋诗话全编》收录宋代原已单独成书的诗话达 170 多种，这一数量是空前的。宋代随着诗话的大量涌现，还相继产生了汇集各家诗话的选编，如北宋有阮阅编的《诗话总龟》。此书引录诗话以及与论诗有关的书籍近百种，依内容分成 46 门，引录资料注明了出处。南宋有胡仔编的《苕溪渔隐丛话》，前集 60 卷，后集 40 卷。此书博采前人和时人诗论，多附辨正之语，以被评诗人为纲，按时代先后编排。胡仔之后，魏庆之编有《诗人玉屑》。此书共 20 卷，前 11 卷论诗艺、诗体、诗格和诗歌表现方法等，后 9 卷具体评析汉以来的诗作，在编排体例上具有系统性。

宋代早期的诗话，从欧阳修开始，即多是以叙事为主，并且带有消遣的性质。欧阳修自题所撰《诗话》云：

居士退居汝阴而集，以资闲谈（一作“话”）也。

可见，北宋诗话产生时，态度并不严正，内容多样，不拘形式，如章学诚所云：“好名之习，作诗话以党伐同异，则尽人可能也。以不能名家之学，人趋风好名之习，挟人尽可能之笔，著惟意所欲之言”②。后来，特别是到了南宋，诗话有了很大的发展。许多诗话在论诗及事之外，更多地转向了论诗及辞，论析的成分有明显的增加，一个典型的例证就是南宋末年严羽的《沧浪诗话》。此书由“诗辨”、“诗体”、“诗法”、“诗评”、“考证”五部分组成，相当系统，和时人的许多零星琐碎之作不同。“诗辨”部分以禅喻诗、论诗，提出了“真识”、“妙悟”、“入神”、“别材别趣”与“兴趣”等理论问题。《沧浪诗话》由于有系统，尚理论，多精到论述，是宋代最负盛名的诗学著作，在当时和后世都受到了重视。

在古代文学研究史料领域里，诗话既有理论性，有时又有愉悦性，是随

---

① 国际文化出版公司 1996 年版。

② [清]章学诚著、仓修良编著《文史通义新编新注》，浙江古籍出版社 2005 年版，《内篇五·诗话》。

笔和论述的结合，是富有中华民族特色的一种论诗形式，也是一种富有生命力的论诗形式。宋代的诗话，是中国诗学的重要渊薮，不只保存了大量的史料，同时还提出了许多理论问题。从中国诗话的演进历程来看，诗话的体式和内容涉及的范围等，宋代的诗话已经基本上确定下来了，后来相继不断出现的新的诗话，都是宋代诗话的丰富和发展①。

关于诗文评点，前面论述宋代的总集时，有所涉及。前面的论述着眼于诗文作品。从研究史料的角度看，诗文评点是具有中国特点的一种文学批评理论形式，明显地具有文学批评理论的性质。诗文评点，有其历史渊源。"评"是与文学的产生相伴的，有了书面文学，就有了书面评论。早期比较完整的诗评是《毛诗·大序》和《小序》。而作为具有文学评论内容的"点"的产生则要晚得多。作为文学评论的"点"，是用某些标点符号这样简明的形式来体现评论的。我国古代标点符号的萌芽可以追溯到先秦时期的甲骨文，两汉时期有了发展，到宋代基本成熟②。但是在宋代之前，虽然有人使用过标点，但还没有发现从文学评论的角度使用标点。到了宋代，随着标点符号系统的形成、比较普遍的使用和诗文评的发展，才产生了具有文学评论内容的"点"。所谓"点"，指的是圈点，即品评时所作的记号。一般都是评、点结合，相辅相成。宋代相继出现了一些评点文集。较早的是南宋吕祖谦的《古文关键》。此书的编选是为初学者指示门径，选韩愈、柳宗元、欧阳修、苏洵、苏轼、苏辙、曾巩、张耒 7 人的文章 62 篇。《古文关键》把"评"和"点"结合在一起，具体形式有总评、文首评、文尾评、夹批、抹和点。此书"虽是为初学而设，但是影响很大，开了后来的'评点之学'"③。《古文关键》之后，有刘辰翁评点《班马异同》、《孟浩然集》、《王右丞集》、《杜工部集》，谢枋得评点刘克庄编《千家诗》等。评点，表现了评点者的审美情趣和文学观点，对读者多有启示。评点诗文这种特殊的形式，原文和评点扣得紧，不拘形式，自由灵活，便于阅读，容易普及和传播。许多评点文中，含有不少文学史料。宋代开评点之源，元明清在宋代的基础上又有了长足的发展，使评点成为古代文学理论

① 关于宋代的诗话，参阅：刘德重、张寅彭《诗话概说》，中华书局 1990 年版，第二章，"宋诗话"；蔡镇楚《中国诗话史》(修订本)，湖南文艺出版社，2001 年版，卷 2，"宋诗话"；吴文治《五朝诗话概说》，黄山书社 2002 年版，第一章，"宋代的诗话"。

② 参阅管锡华《中国古代标点符号发展史》，巴蜀书社 2002 年版。

③ 方孝岳《中国文学批评》，三联书店 1986 年版，第 120 页。

批评的一种重要形式。

与诗文评点相联系的是宋代出现了不少文话。如谢枋得的《文章轨范》,陈骙的《文则》,王若虚的《文辨》,周密的《浩然斋雅谈》,方颐孙的《太学新编黼藻文章百段锦》、《古今名儒黼藻三场百段锦》,严有翼的《艺苑雌黄》,杨囦道的《云庄四六余话》,李刘的《四六标准》,王应麟的《词学指南》,陈绎曾的《文说》、《文筌》(一名《文章欧冶》)等。中国是诗的国度,特别重视评论诗歌,因此古代的诗话远盛于文话。这种状况到了宋代,随着对文的关注有了明显的改变。宋代重视文话,注意整理文话,使许多文话得以存传。这些文话是古代文学理论批评的重要学术资源,弥足珍贵。

诗纪事所记涉及诗人逸事、诗歌本事、诗作评论、词语典故解释和诗歌真伪考证等多方面内容,多是一些片段,兼具笔记和诗话的一些特点,所以有的著作把它归入笔记,有的把它归入诗话。本书从后者。最早的比较集中的诗纪事,是唐朝末年孟棨(一作启)的《本事诗》。此书从文集、笔记、小说中辑集与诗作有关的资料,分情感、事感、高逸、怨愤、征异、征咎和嘲戏 7 类编排,共 41 则,除乐昌公主、宋武帝二则是六朝事外,其余都是隋唐诗人之事。书中所记虽有附会不实之处,但有不少有价值的史料,所以《四库全书总目》卷 195 评价说:

唐代诗人轶事颇赖以存,亦谈艺者所不废也。

孟棨第一次编辑专书,以诗与事相互印证的做法为后世所仿效。五代时处常子的《续本事诗》,就是仿照《本事诗》而编写的。此书所述皆唐人事。书已佚,宋人《诗话总龟》等诗话中偶有引录。至南宋又出现了计有功的《唐诗纪事》81 卷。关于《唐诗纪事》的编纂,计有功在其《唐诗纪事序》中有简括的叙写:

唐人以诗名家,姓氏著于后世,殆不满百,其余仅有闻焉。一时名辈,灭没失传,盖不可胜数。敏夫(有功字)闲居,寻访三百年间文集、杂说、传记、遗史、碑志、石刻,下至一联一句,传诵口耳,悉搜采缮录,间捧宦牒,周游四方,名山胜地,残篇遗墨,未尝弃去。老矣无所用心,取自唐初首尾,编次姓氏可纪,近一千一百五十家。篇什之外,其人可考,即略记大节,庶读其诗,知其人。所恨家贫缺简籍,地僻罕闻见,聊据所得,先成八十一卷。

从上面所引的序文来看，计有功有一种搜集、存传唐诗史料的责任感。他寻访史料不仅重视文献记载，而且注意碑志、石刻和传诵等，还周游四方，实地考察。他寻访史料，不捐“一联一句”，不弃“残篇遗墨”。他编纂《唐诗纪事》的目的是使人们读唐诗“知其人”。

由于计有功有自觉的史料意识，加上当时史料积累丰厚，所以《唐诗纪事》较《本事诗》有了很大的进展。《本事诗》没有严格的体例，随意性明显，仅有一卷，规模小。《唐诗纪事》以辑录唐代诗歌文献为主，规模达 81 卷。编写体例以诗人立目，事迹可考者附以小传，然后列出诗作，或系以与诗作相关之事，兼采评论资料。《唐诗纪事》史料丰富，许多史料赖以存传。《四库全书总目》卷 195 评《唐诗纪事》说：

> 乃留心风雅，采摭繁富。于唐一代诗人，或录名篇，或记本事，兼详其世系爵里，凡一千一百五十家。唐人诗集不传于世者，多赖是书以存。其某篇为某集所取者，如《极元集》、《主客图》之类，亦一一详注。今姚合之书犹存。张为之书独藉此编以见梗概。犹可考其孰为主，孰为客，孰为及门，孰为升堂，孰为入室。则其辑录之功，亦不可没也。

《唐诗纪事》虽所重在录诗与事迹，但也有评论，蕴涵着编者的文学史观。从孟棨开始的《本事诗》到计有功的《唐诗纪事》，我国古代诗纪事的体式基本上得以确立，并成为古代文学研究史料中的一个重要的、富有生机的门类。后来的《宋诗纪事》、《辽诗纪事》、《金诗纪事》、《元诗纪事》、《明诗纪事》、《清诗纪事》以及多种纪事补编，还有《全唐文纪事》、《词林纪事》、《元曲纪事》等，不断出现。后出的各种纪事，虽内容各有自己的特点，体式也不尽一致，但程度不同地都受到了《唐诗纪事》的沾溉。

词盛于宋。随着词创作的兴盛，宋代有关词的研究史料也呈繁荣态势。宋代关于词的研究史料的内容，主要包括词评、词论、词本事、词坛遗闻琐事和词史等。就其原生态来看，大致可分为三种：

一是分散的单篇或片段。这一种散见于大量的有关词集的序跋题记、诗话、笔记小说、文集、史书、类书和目录等著述中。这种分散的单篇或片段的词论，贯穿于宋代的始终，数量大，是宋代词研究史料的重要渊薮。

二是相对集中成卷的。这主要见于附于词集，或在诗话、笔记、文集中集中单独成卷的一些词论。如南宋张侃的《张氏拙轩集》，其卷5为《拣词》。“《拣词》原本应为词选附词话体。其词作已佚，遗词话22则”①。阮阅《诗话总龟》其前集卷42，后集卷31、32、33为“乐府门”②。胡仔《苕溪渔隐丛话》前集卷59、后集卷39“长短句”专卷。魏庆之《诗人玉屑》卷21有“诗余”和“中兴词话”两部分。吴曾《能改斋漫录》第16卷和17卷为“乐府门”。这种关于词的研究史料多是南宋人编撰的。

三是词话专著。词话专著最早是北宋杨绘的《时贤本事曲子集》（又省称《本事曲子》、《本事集》、《本事词》、《时贤本事曲子》等）。从书名来看，词话专著，有些是以“词话”命名，有些未标示词话。前者如杨湜的《古今词话》（又简称《词话》）、黄昇的《花庵词话》、周密的《草窗词话》等。《古今词话》是最早的以“词话”名书的词话专著，后来祝穆在《古今事文类聚》续集卷24中特设“词话”栏目，词话这一名称在南宋得以确立③。后者如李清照的《词论》，晁补之的《骫骳说》，朱弁的《续骫骳说》，王灼《碧鸡漫志》，张炎的《词源》、沈义父的《乐府指迷》等。

宋代对词的论述，虽然纵贯宋代始终，但在北宋，由于不少人对词比较轻视，有关词的研究史料比较分散，相对集中的专著很少。北宋词创作的兴盛与论述的发展没有同时并进，这大体符合文学创作与理论的演进规律。一种新的文学体裁兴盛以后，人们较多地对其从理论上进行探讨，往往要滞后一些。到了两宋之交，特别到了南宋的中后期，上述状况有了很大的改变，不仅分散的研究史料层出不穷，更重要的是先后出现了许多研究专著，使以词话为代表的关于词的研究论著，成为中国古代文学理论批评史上的一种新兴的、重要的内容。而词话的基础是在宋代奠定的。

鉴于宋代词研究史料的重要、繁复、分散和散佚，宋代以来，许多文人学者相继作了大量的搜集和整理工作。在这方面，现当代的成果尤其丰厚。唐圭璋《词话丛编》辑编宋代词话11种④，夏敬观辑《汇辑宋人词话——补

① 引自朱崇才《词话史》，中华书局2006年版，第132页。

② 据周本淳校点本，人民文学出版社1987年版。

③ 参阅朱崇才《词话史》，中华书局2006年版，第97—98页。

④ 此丛编最早有南京词话丛编社1934年刊本，辑编词话60种。这里据中华书局2005年版，辑编词话85种。

〈词话丛编〉》①，金启华等编《唐宋词集序跋汇编》②，施蛰存主编《词籍序跋萃编》③，施蛰存、陈如江辑录《宋元词话》，把305种杂著中有关词的论述加以辑录，其中约有250种（有少数与前一类重复）是宋人的著作④。上举宋代词研究史料的汇编，为我们研究宋代的词学提供了很大的方便，但并没有囊括无遗，有些仍有待我们进一步搜集和整理。

第五节　善疑、辨伪风气的形成和金石学的创立

宋代文化重理性，尚思辨，与此相联系的是，在史料的整理方面，继承了以前注疏的传统，同时在许多方面突破了其局限，逐渐形成了善疑、辨伪、求真的风气。宋代的不少文人学者继承了孟子"尽信书不如无书"的思想，对史料主张善疑。程颐诫人为学忌先立标准，说："学者先要会疑。"又说："学者需有真思之，思而不得，然后为他说便好。"⑤张载也有类似的主张：

> 不知疑者，只是不便实作。既实作，便须有疑。⑥

张载认为，为了使自己的著述落到实处，必须善疑。南宋朱熹曾专门阐述"决疑存信"的问题：

> 固不可凿空立论，然读书有疑，有所见，自不容不立论。其不立论者，只是读书不到疑处耳。⑦

朱熹在指出不能"凿空立论"的同时，又特别强调读书当应善疑。朱熹自己读书就十分重视疑辨。他在《跋章国华所集注杜诗》一文中说，章国华"用力勤矣，然其所引东坡《事实》者，非苏公作。闻之长老，乃闽中郑昂尚明伪为之，所用事皆无根据，反用杜诗见句，增减为文，而傅其前人名字，托为

① 台北广文书局1970年版。

② 江苏教育出版社1990年版。

③ 中国社会科学出版社1994年版。

④ 上海书店出版社1999年版。

⑤ 引自陈叔谅、李心壮重编《宋元学案》，正中书局1987年版，卷11"伊川学案"，第159页。

⑥ 陈叔谅、李心壮重编《宋元学案》，正中书局1987年版，卷12"横渠学案"，第179页。

⑦ [宋]黎靖德编、王星贤点校《朱子语类》，中华书局1986年版，卷11。

其语，至有时世先后颠倒失次者。旧尝考之，知决非苏公书也”。善疑是读书治学的开始，接着还要勇于提出自己的见解。北宋欧阳修《读书》诗云：

篇章异句读，解诂及笺传。是非自相攻，去取在勇断。

宋代的辨伪涉及经史子集多方面，特别是对流传的某些儒家经典，敢于质疑。有不少宋儒在经典的解释中，由疑传发展到疑经。他们“排《系辞》，毁《周礼》，疑《孟子》，讥《书》之《胤征》、《顾命》，黜《诗》之《序》，不难于议经，况传注乎”①。欧阳修撰《易童子问》、《毛诗本义》，攻驳以前的传注，同时对《六经》本身有所怀疑和驳难。南宋吴棫撰《书稗传》，率先对《古文尚书》予以驳辨。朱熹对《六经》有所疑辨。北宋司马光撰《资治通鉴考异》，吴缜撰《新唐书纠谬》、《五代史纂误》，在纠正史书记载谬误方面均有创获。朱熹对《左传》、《国语》、《战国策》、《世本》和《管子》等都有考辨。宋代还出现了考据史学的专门著作，如南宋李心传的《旧闻正误》、王应麟的《汉书艺文志考证》、宇文绍奕的《石林燕语考异》等，都是纠谬辨伪求真成就较高的著作。

宋人在辨伪求真的同时，开始重视考古。“考古”一词很早就出现了。北魏郦道元《水经注》卷11《滱水》有“考古知今”之说。唐玄奘《大唐西域记》卷7《婆罗痆斯国》有“阅图考古，更求仙术”两句。以上所引“考古”一词，含义比较宽泛。真正作为具有学术意义的考古，并且有专著问世，当始于宋代。顾炎武《吴才老〈韵补正序〉》云：

考古之功，实始于吴才老，而其所著《韵补》，仅散见于后人所引而未得其全。

宋代的考古，主要体现在金石学上。宋代从皇帝到不少文人学者十分珍惜金石史料。元苏天爵编选《元文类》卷33载熊明来《钟鼎篆韵序》云：

（宋）皇祐始命太常摹历代器款为图，三馆之士不能尽识，于是欧、刘、李、吕，著录渐广。宣和以后，为书遂多。《博古图》之外，有晏慧开、蔡天启、赵明诚、荣咨道、董彦远以至黄伯思、翟耆年、薛尚功诸家，相继论述。鼎彝古器亦多出政、宣之间，物常聚于所好也。

《宋史》卷319《刘敞传》载：

---

① [宋]王应麟《困学记闻》，《四库全书》本，卷8“经说”。

敞尝得先秦彝鼎数十，铭识奇奥，皆案而读之，因以考知三代制度，尤珍惜之。每曰："我死，子孙以此蒸尝我。"

陈振孙《直斋书录解题》卷8《目录类·金石录三十卷》条云：

东武赵明诚德甫撰其所藏二千卷。盖仿欧阳《集古》，而数则倍之。本朝诸家蓄古器物款式，其考订详洽，如刘原父、吕与叔、黄长睿多矣，大抵好附会古人名字……惟此书跋尾独不然，好古之通人也。

郑樵在《通志·二十略》中，专设《金石略》，强调"惟有金石所以垂不朽"，指出：

三代而上，惟勒鼎彝，秦人始大其制而用石鼓，始皇欲详其文而用丰碑。自秦及今，惟用石刻。散佚无纪，可为太息，故作《金石略》。

从上面引录的记载可以看到，宋代珍爱古器物，盛行"蓄古器物"之风气，并且注意考订、著录和论述。

宋代金石学著述成果丰硕。其中重要的有刘敞的《先秦古器图》(又称《先秦古器图记》、《先秦古器物图记》)，欧阳修的《集古录》100卷，吕大临的《考古图》10卷、《续考古图》5卷、《释文》1卷，王俅的《啸堂集古录》2卷，王黼的《宣和博古图》30卷①，程大昌的《考古编》10卷，叶大庆的《考古质疑》6卷②，薛尚功的《历代钟鼎彝器款识法帖》20卷，陈思的《宝刻丛编》，赵明诚的《金石录》30卷，郑樵的《金石略》，洪适的《隶释》、《隶释续》等③。有些历史著述中，也注意收录碑志。《宋史》卷438《徐梦莘传》载，徐梦莘撰写的250卷《三朝北盟会编》中，就收有碑志。

在上述著述中，刘敞的《先秦古器图》和吕大临的《考古图》尤为重要。《先秦古器图》是宋代第一部有影响的金石图录与考释著作。此书已经散失，从《宋文鉴》卷79所载刘敞所撰《先秦古器图记》序言可知，他对先秦11种古器，"以它书参之"，进行了考释，"乃十得五六"，并且"使工模其文，刻于石，又并图其象，以俟好古博雅之君子焉"。吕大临的《考古图》，是现存最早的古器物图录专书。此书共录官私所藏古器248件，内容丰富，考释详细。

---

① ［清］永瑢等撰《四库全书总目》，中华书局1965年版，卷115著录。

② ［清］永瑢等撰《四库全书总目》，中华书局1965年版，卷118著录。

③ ［清］永瑢等撰《四库全书总目》，中华书局1965年版，卷45著录。

关于此书的编纂和写作,他在《考古图后记》中作了交代:

> 汉承秦火之余,上视三代,如更昼夜梦觉之变,虽遗篇断简,仅存二三。……不意数千百年后,尊彝鼎敦之器,犹出于山岩、屋壁、垄田亩、墟墓之间。形制文字,且非今世所能知,况能知所用乎? ……予于士大夫之家所阅多矣,每得传摩图写,寖盈卷轴,尚病窾槃未能深考。暇日论次成书,非敢以器为玩也。观其器,诵其言,形容仿佛,以追三代之遗风,如见其人矣。以意逆志,或探其制作之源,以补经传之阙闻,正诸儒之谬误,天下后世之君子有意于古者,亦将有考焉。

吕氏面对古器,追遗风,设身处地,如见古人,十分投入。他"论次成书,非敢以器为玩也",而是为了"补经传之阙闻,正诸儒之谬误",这同刘敞一样,体现了宋代金石学尚用的宗旨[①]。

宋代的不少文人学者在辨伪求真时,注重用金石史料同文献史料相互印证。郑樵在《通志·校雠略》中,主张辨伪时,除参用文献外,还应兼录图谱金石。北宋最先研究金石器物的史学家刘敞认为,金石文字对于校补古代文献具有重要价值,指出金石文字可以"考知三代制度",使"礼家明其制度,小学证其文字,谱牒次其世谥"[②]。刘敞之后,欧阳修视金石铭文为"至宝"。他积十余年之功撰就《集古录》,"因并载夫可与史传正其阙误者以传后学,庶益于多闻"[③]。吕大临也明示了金石能"补经传之阙闻,正诸儒之谬误"。赵明诚认为,历代正史记载的年代、地理、官爵、世系等,大多出于后世之手,不能没有失误,而金石刻词为当时所作,可信,对考史有价值,于是搜罗金石铭文 2000 种,撰成《金石录》。

在具体的史料整理和考辨过程中,宋人注意参用金石史料。如前面论及的王安石曾孙王珏在重修《临川先生文集》时,就多以"石刻为据"。

宋代的金石学有开创之功,并且为后来提供了一些法式。清钱大昕云:

> 金石之学始于宋,录金石而分地亦始于宋。[④]

---

① 关于宋代的考古,参阅张富祥《宋代文献学研究》,上海古籍出版社 2006 年版,第七章"金石学"。

② [宋]刘敞《公是集》,《四库全书》本,卷 36《先秦古器记》。

③ [宋]欧阳修《集古录》,《四库全书》本,《自序》。

④ [清]钱大昕《潜研堂文集》卷 5《山左金石志序》。

王国维指出：

> 近世学术多发端于宋人，如金石学亦宋人所创学术之一。宋人治此学，其于搜集、著录、考订、应用各方面，无不用力，不百年间，遂成一种之学问。……其对古今金石之兴味，亦如其对书画之兴味，一面鉴赏的，一面研究的也。汉唐元明时人之于古器物，绝不能有宋人之兴味，故宋人于金石书画之学乃陵跨百代。近世金石之学复兴，然于著录、考订，皆本宋人成法，而于宋人多方面之兴味，反有所不逮。故虽谓金石学为有宋一代之学，无不可也。①

面对金石，能把鉴赏同研究结合起来，这种境界是不容易达到的，但不少宋人达到了。

宋代的史料学，由于受义理化的影响，有空疏的一面，但又没有局限于空疏，还有重要的求真务实的一面。宋代不少文人学者既是重义理者，又是重考据者，既重视征实，也注意做理论的思辨，在这两方面均有创获。他们为求义理，往往能突破前人的成说，以求真的眼光重新审视史料、发现新史料，既继承了"汉学"、"唐学"，又突破了它们的藩篱，形成了一种善疑、辨伪、求真的风气，创立了金石学。

第六节　搜集、鉴别、整理史料理论方法上的主要建树

宋人在总结以前和当代史料学成就的基础上，在史料学的理论方法上，也多有建树。

如何搜集史料是史料学中的一个重要问题。唐代的释智昇在《开元释教录》的自序中和毋煚在《古今书录》的自序中，都强调了目录在搜集史料中的重要意义。唐代刘知几在《史通·采撰》中论及搜集史料时，又特别提出，要"征求异说，采摭群言"。南宋郑樵在继承唐人思想的基础上，又有所发展。郑樵在学术思想上，特别重视"会通之义"。他在《通志·总序》中十分强调在文献上应当"同天下之文"，"然后能极古今之变"。这一思想也体现在史料的搜集上。为了全面地搜集史料，郑樵主张目录应"总古今有无之

① 王国维《宋代之金石学》，载姚淦铭、王燕编《王国维文集》，中国文史出版社 1997 年版，第 4 卷第 120 页、124—125 页。

书”,“编次必记亡书”,对于“近代之书”,尤其应该全面著录。《通志·校雠略》云:

> 今所纪者,欲以纪百代之有无。然汉、晋之书最为希阔,故稍略;隋、唐之书于今为近,故差详。崇文四库及民间之藏,乃近代之书,所当一一载也。

《校雠略》又进一步归纳了全面求书的八法:

求书之道有八:一曰即类以求;二曰旁类以求;三曰因地以求;四曰因家以求;五曰求之公;六曰求之私;七曰因人以求;八曰因代以求。当不一于所求也。

他还主张把见于记载但已散佚的图书编一目录,以备寻访。郑樵提出的方法,相当具体,扩大了视阈,有助于人们从多方面搜集史料。

在图书的分类方面,以前主要分经史子集四部。到宋代开始突破了四部分法。晁公武《郡斋读书志》著录《邯郸图书志》,其提要云:此志载李淑献家所藏图书57类,经史子集外,“又有艺术志、道书志、书志、画志,通为八目”。郑樵尤其重视分类,还建立了新的分类体系。《通志·艺文略》指出:

> 欲明书者,在于明类例。噫!类例不明,图书失纪,有自来矣。臣于是总古今有无之书为之区别。凡十二类。

十二类依次是:经类、礼类、乐类、小学类、史类、诸子类、天文类、五行类、艺术类、医方类、类书类、文类。十二类下,再分小类。如:史类分正史、编年、霸史、杂史、起居注、故事、职官、刑法、传记、地里、谱系、食货、目录13小类。文类分楚辞、别集、总集、诗总集、赋、赞颂、箴铭、碑碣、制诰、表章、启事、四六、军事、案判、刀笔、俳谐、奏议、论、策、书、文史、诗评22小类。有些小类下再分种,如别集下列19种书。《艺文略》著录图书宏富,著录古今文献10912部,110972卷,748篇,12章,37图,是自有目录以来,著录文献最多的一部通史书目。

《艺文略》拓展了史志目录的范围,分类由以前的二位类增至三位类,一位称类,二位称家,三位称种,分类更加细密。

宋人对史料的鉴别,在纠谬辨伪的实践中,初步总结了一些方法。这在吴缜、朱熹和王若虚的论著中均有表现。吴缜在《新唐书纠谬》中纠摘《新唐书》中的谬误,以类相从,整理成20门,名目为:以无为有、似实而虚、书事失实、自相违舛、年月时世差互、官爵姓名谬误、世系乡里无法、尊敬君亲不严、纪志表传不相符合、一事两见而异同不完、载述脱误、事状丛复、宜削而反存、当书而反阙、义例不明、先后失序、编次未当、与夺不常、事有可疑、字书非是。同时，他在《新唐书纠谬序》中，还总结出责任不专、课程不立、初无义例、终无审覆、多采小说而不精择、务因旧文而不推考、刊修者不知刊修之要而各徇私好、校勘者不举校勘之职而惟务苟容等致误的八条原因。吴缜对《新唐书》谬误的分类以及产生谬误的原因的分析，相当全面细致，在文献学史上有其价值，在方法上也常为后人所宗。

朱熹在《答袁机仲》一文中指出：

> 生于今世而读古人之书，所以能辨其真伪者，一则以其义理之所当否而知之，二则以其左验之异同而质之，未有舍此两途而能直以臆度悬断之者也。

朱熹认为，为了能辨古书之真伪，一要考其内在义理的正确与否，二要从外"验之异同"。后来辨伪考证提出的所谓"内证法"和"外证法"当受此滋润。

王若虚撰《史记辨惑》，全书分采摭失误、取舍不当、文势不相承接、姓名冗复、重叠载事、疑误、用虚字多不安、杂辨等十类。其中有的虽不属于辨伪，具体论述也有偏颇之处，但其归类方法同吴缜一样，对后来的史料考辨也有启示作用。

宋代在史料的校勘和注释上有很大的进展。宋代的许多文人学者，如刘敞、苏轼、洪兴祖、周必大、彭叔夏等，都重视校勘，都有所作为。《宋史》卷319《刘敞传》载，刘敞"作《东汉刊误》，为人所称"。苏轼曾"手校《楚辞》十卷"，洪兴祖为作《楚辞补注》，曾参校十五、六家《楚辞》版本①。彭叔夏和周必大鉴于"《文苑英华》一千卷，字画鱼鲁，篇次混淆，比他书尤甚"②，于是重新校勘。彭叔夏撰《文苑英华辨证》10卷。周必大撰《文苑英华辨证拾

① ［宋］陈振孙撰，徐小蛮、顾美华点校《直斋书录解题》，上海古籍出版社1987年版，卷15。

② ［宋］彭叔夏《文苑英华辨证原序》，载［宋］李昉等编《文苑英华》，中华书局1966年版，第六册附录《文苑英华辨证》。

遗》[1]。彭叔夏在校勘《文苑英华》时，遵循太师益公先生“校书之法，实事是正，多闻阙疑”的教导和“知书不可以意轻改”的教训，校勘审慎细致。他为了使读者能够方便地阅读校勘的成果，于是“荟萃其说，以类而分”[2]。《文苑英华辨证》一书，把校勘的成果按内容归纳分为20类：用字、用韵、事证、事误、事疑、人名、官爵、郡县、年月、名氏、题目、门类、脱文、同异、离合、避讳、异域、鸟兽、草木、杂录。在20类中，在用字、用韵、事误、人名、官爵、郡县、年月、名氏、题目、脱文十类中，再分若干种，予以说明，并附以实例。如“用字”类细分为：一、“凡字有本之前人，不可移易者”；二、“凡字因疑承讹，当是正者”；三、“凡字有两存，于义亦通者”。“事误”类细分为：一、“事有讹误，当是正者”；二、“前人用事元自舛误，而《文苑》有袭之者”；“人名”类细分为：一、“凡用事有人名与他本异，不可轻改者”；二、“其有讹舛，当是正者”；三、“人名有与经传、集本异，不可轻改者”；四、“其有讹舛，质于史传，当是正者”；五、“其有与史集异同，当并存者”。诸如此类，不仅是校勘《文苑英华》的成果的归纳和总结，而且具有校勘方法的意义。

宋代对以前和当代文学典籍的注释，富有成果。洪兴祖的《楚辞补注》“始补王逸《章句》之未备者”[3]，开补注之先，是现存中国古代第一部补注之作。今存朱熹的《诗集传》，“废弃《诗序》及《毛传》、《郑笺》、《孔疏》之说，而壹以己意出之，于是说《诗》之风大变。自元延祐时行科举法，始定《诗》义用朱子，犹参用古注疏；至明永乐中，始独以《朱传》课士。延及清世，逾五六百年，士子莫不奉为定本”[4]。宋人对唐代的诗文集的注释也有许多重要的成果。宋代有“千家注杜，五百家注韩”之说，说明注杜、注韩在宋代确已蔚成风气。关于注杜，南宋宝庆二年(1226)董居谊《黄氏补注杜诗序》云：

> 近日锓版注以名集者毋虑二百家。

注杜“近日锓版”者即有“二百家”，可以想见注杜之盛行。宋代注杜至

---

① 以上二书见[宋]李昉等编《文苑英华》，中华书局1966年版，第6册附录。

② 参阅[宋]彭叔夏《文苑英华辨证原序》，载[宋]李昉等编《文苑英华》，中华书局1966年版，第6册附录《文苑英华辨证》。

③ [宋]陈振孙撰，徐小蛮、顾美华点校《直斋书录解题》，上海古籍出版社1987年版，卷15。

④ 黄焯《诗说·总论下·论朱子诗集传》，北京大学图书馆藏油印本。转引自费振刚、常森等编著《中国古代文学要籍导读》，北京大学出版社2003年第1版，第7页。

今书目可按者有几十种，有书或残书传到今天的，有六七种。集注、编年、评点、分类等形式基本齐备。经由宋人的注释，大体上弄清楚了杜甫的生平、诗歌系年、词语典故等。关于注韩，宋庆元中有刊本《五百家注音辨昌黎先生文集》，说明"五百家注韩"，实为确指。杜甫、韩愈之外，宋人整理注释柳宗元文集的也很多，有宋刊本《五百家注音辨唐柳先生文集》。上述这些，为后人研究、理解杜甫、韩愈和柳宗元等人及其作品，在多方面打下了基础。

宋人还注重为本朝人的文集作注。为本朝人文集作注始于皇帝的御集，"如真宗天僖四年（1020）翰林学士杨亿等受诏选官笺注御制文章"①。此后，相继出现了许多注释本，其中较多的是苏轼和黄庭坚文集的注释本。苏轼的，如王十朋的《王状元集百家注分类东坡先生诗》，施元之、顾僖、施宿注《注东坡先生诗》，郎晔注《经进东坡文集事略》等；黄庭坚的，如任渊注《山谷先生大全诗注》、史容注《山谷外集诗注》、史季温注《山谷别集诗注》等。

宋代的注释，注重释意、释事，尽可能究明原作立意始末，古文旧事因注而多有发明。刘克庄赞誉陈禹锡的《杜诗补注》云：

> 盖杜公歌不过唐事，他人引群书笺释，多不着咏题，禹锡专以新旧唐史为按，诗史为断，故自题其书曰"史注诗史"。此其所以尤异于诸家欤？然新旧史皆舛杂，或采摭小说杂记，不必皆实，前辈辨之甚详。而禹锡于三家书，研寻补缀，必欲史与诗无一事不合，至于年月日地，亦下算子，使之归吾说而后已……使子美出来说，不过如是。②

杜诗具有诗史的特点，刘克庄评陈禹锡注杜诗，特别肯定其以史注诗这一点，从一个角度，丰富了注释诗歌的理论和方法。

宋代在诗文注释上，求变求新，首创评点形式，并且相当兴盛。评点不仅涉及经、史、子三部，同时还涉及了多种诗文集等。这一点，前面已有所论述。

宋人的许多注释，有助于人们理解原作，还保存了许多史料。不少宋人的注释本，为后人提供了范本。他们注释的一些方法，如注意释意释事、探究原作立意、文史结合，尤其为后人所认可。

---

① ［南宋］李焘撰《续资治通鉴长编》，上海古籍出版社1985年版，卷95。

② ［宋］刘克庄《后村先生大全集》，四部丛刊影旧钞本，卷106《再跋陈禹锡杜诗补注》。

宋代立国，结束了残唐五代混乱、割据的局面，国家比较稳定，经济发展，科技有重大发明。朝廷实行右文政策，重视士人，政治环境相当宽松，尚理重辨的理性文化长期居于统领的地位，史学和文学继续繁荣。上述多方面的条件的综合作用，导致了宋代文学史料学的繁荣。

宋代的文学史料学，有些方面，如史书传记、年谱、别集、总集、诗话等，是在以前的基础上得到了长足的发展和规范。“年谱”、“善本”、“诗话”等概念，在宋代正式确立。有些方面，宋代以前尚未出现而创立于宋代，如词话、诗文评点。有些以前虽然有所涉及，但还没有形成专门之学，如金石学，在宋代伴随着善疑辨伪风气而得以创立。在史料的搜集、著录、考订、整理等方面，宋代不仅取得了许多重要的有影响的成果，同时在实践的基础上，从理论和方法上做了提升和归纳。中国古代本有重视实践的传统，再加上古代文学史料学实践性很强，所以古代文学史料学向来重视实践，而在理论、方法上的建树比较滞后。这一点在宋代有了明显的改变。

宋代文学史料学的繁荣，还与宋代许多文人学者的高风亮节和健康的审美情趣密切相关。宋代许多文人学者重德性，有一种道德尊严。许多人以德名世，以有德为乐。周敦颐提出“孔颜之乐”，经程颢、程颐和朱熹发挥，形成了德性之乐。他们尚理性、崇思辨，把尚理善思化为一种审美的愉悦，认为“循理为乐，不循理为不乐”，“思虑有得，中心豫悦”。他们的重德、尚理、崇思同审美情趣的融合，表现在重视、践行搜集、鉴别和整理史料时，能把存传文化的责任感和审美的愉悦融合起来。这种境界很少见于其他朝代。

宋代文学史料学的繁荣，是否能够启示我们，文学史料学的繁荣，首先需要社会的稳定，经济的发展，比较宽松的、自由的政治、文化环境。其次，需要士人具有高尚的道德情怀和对理性的崇尚，具有一种保存、传承文化的责任感。

第十二章　文学史料学民族融合发展期:辽金元

第一节　民族文化融合与通俗叙事文学的盛行

辽、金、元分别是我国少数民族契丹、女真、蒙古建立的王朝。契丹族于公元907年在北方建国的辽朝,先后与五代、北宋并立,至1125年灭亡,前后200多年。女真族于公元1115年在北方建立金朝,1125年灭辽,次年灭北宋,与南宋对峙近120年,1234年在蒙古和南宋联合攻击下灭亡。蒙古族孛儿只斤铁木真(太祖,成吉思汗)于公元1206年建国,1271年,成吉思汗的孙子忽必烈(世祖)定国号为元,1279年灭南宋,统一全国,至灭亡,前后162年。

契丹、女真、蒙古族长期生活在中国的北方,以游牧为主,形成了富有民族特色的游牧文化。游牧文化与长期生活在中原和江南的汉族以农耕为主而形成的农耕文化不同。辽朝、金朝和元朝在夺取政权的过程中和执政期间,在文化上,一方面表现出北方民族自身的特点,一方面又鲜明地反映出对多民族的认同,表现出民族间在对峙、冲突中的相互融合。两方面的结合,直接或间接地滋养了这一时期的文学史料学。

辽、金、元三朝在文化上各有自己民族的特点,但综合起来看,也有一些共同之处,突出的表现是:

第一,重视使用自己本民族的语言文字,用本民族的语言文字来进行交流、写作和翻译。

辽朝立国以后,创造了以汉字体系为基础的契丹文字。用契丹族文字记载了建国以来的当代史,还撰写了如《奇首可汗事迹》和《遥辇可汗至重熙以来事迹》这样的追述先辈的传说与史事的历史著作,撰写了《辽兴宗哀册》、《仁懿皇后哀册》、《耶律延宁墓志》、《北大王墓志》等哀册和墓志。在文学创作上,辽朝不少文学家也重视使用自己的语言文字。如诗人寺公大师用契丹文写有长篇诗歌《醉义歌》。此诗原作已经失传，现存由金入元的契丹族诗人耶律楚材的汉文译文，载于《湛然居士文集》中[①]。南宋叶隆礼撰写的《契丹国志》所附北宋张舜民《使北记》，在述及契丹族的民歌时说：

> 胡人吹叶成曲，以番歌相合，音韵甚和。[②]

辽朝还用契丹文字翻译了许多汉族用汉族文字撰写的经籍、史书、医学著作和文学作品。

在金朝，女真族除了用女真族的语言文字进行交流和写作外，还特别重视用女真族的语言文字对重要的汉文典籍的译介（详见下面的相关部分）。

在元朝，从统治者到普通的民众，都十分重视使用蒙古族的语言文字。《蒙古秘史》是最早的比较全面地记载蒙古族的起源、发展、经济、政治、文化和征战活动的一部史书，原文就是用畏兀儿体蒙古文写成的。这部《秘史》在表述上，有一个突出的特点，就是史事与诗歌相结合。全书几乎每一卷都在记叙史事时，交织着二三十首诗歌。这些诗歌具有蒙古族英雄史诗的独特风貌。

第二，辽、金、元三朝在文化上，在契丹族、女真族和蒙古族中，出现了许多杰出的人物，其中有不少是史学家和文学家。

辽朝的统治者重视历史、爱好诗歌。著名的契丹族史学家有耶律敌烈、耶律玦、耶律庶成、耶律良、耶律俨、萧韩家奴等；文学家有太祖皇太子耶律倍、圣宗耶律隆绪、耶律庶成、耶律庶箴、耶律良、萧韩家奴耶律固、兴宗耶律宗真、道宗耶律洪基、道宗皇后萧观音、天祚皇妃萧瑟瑟和寺公大师等。

金朝的女真族史学家有完颜勖、纥石烈良弼等。其少数民族诗人比辽朝更多。属女真族的，除皇族中的海陵王完颜亮、世宗完颜雍、宣孝太子完颜允恭、章宗完颜璟以及完颜王寿、完颜匡、完颜奉国、宸妃李师耳等外，还有术虎邃、乌林答爽、温迪罕某；属契丹族的，有耶律履、石抹世勣，属鲜卑族后代的有元好问及其父、兄、女儿等[③]。

---

① [元]耶律楚材撰、谢方点校《湛然居士文集》，中华书局 1986 年版。

② [南宋]叶隆礼撰《契丹国志》，上海古籍出版社 1985 年版，卷 25。关于辽朝文学家用契丹文字创作文学作品的情况，参阅周惠泉《辽代的契丹文文学》，《光明日报》2007 年 3 月 31 日。

③ 据阎凤梧、康金声主编《全辽金诗》，山西古籍出版社 1999 年版，前言。

元朝的蒙古族史学家主要有脱脱、阿鲁图、铁木儿塔识等；文学家主要有萨都剌、阿鲁威、杨景贤、李直夫等。

上面列举的史学家和文学家，不仅精通本民族的文化，而且其中有许多通晓汉族等民族的文化。如辽朝的萧韩家奴就通晓契丹、汉文字，兼善诗文，撰有多种辽朝的历史著作，还翻译了汉文典籍《通历》、《贞观政要》和《五代史》①。契丹族、女真族和蒙古族中文化上的杰出人物，都有所作为。他们的著述、创作和译著程度不同地都具有本民族的特点，为中国古代文学史料增添了新的内容，是中国古代文学史料学的重要组成部分。

辽朝、金朝和元朝的统治者，在他们夺取政权时期和掌握政权以后，对待汉族和其他民族的文化有破坏，有抵制。辽朝曾经严禁图书，不准书籍传入中原。辽、金多战乱，许多纲纪和文献遭到毁坏。元好问《太古观记》云：

> 贞祐丧乱之后，荡然无纲纪文章。

李汾是元好问的“三知己”之一，其作品多于“兵火中丧亡”②。战乱对文化的毁坏，民族之间的差异和矛盾，虽然在一定程度上造成了民族间文化上的冲突，阻碍了文化的发展，但民族与文化的关系，文化往往高于民族，先进的文化具有顽强的生命力，文化中先进的内容和形式能够超越民族的界域，不同民族之间的文化的融合是文化的重要属性。任何战乱和统治者不可能完全扼杀它、遏制它。民族间的文化融合是自然的，是不以人的意志为转移的。从总体上看，辽、金、元三朝的统治者是相当明智的，他们对其他民族的文化，特别是对汉族文化持吸取和融合的态度，先后制定了不少融合各族文化和汉化的政策。

在辽朝，孔子深受朝野上下的尊敬。不少汉文典籍，如《史记》、《汉书》、《贞观政要》、《五代史》、《通历》等被译成契丹文字，广为流传。这些译著，是经过认真考虑而作出的选择，对辽朝的政治和文化都产生了积极的影响和作用。辽朝，在汉族文学的影响下，本来爱好歌咏的许多君主，更加喜欢文学，通晓音律。受君主的影响，文学之臣，都热衷于文学。许多辽人推崇、模拟唐宋诗人，翻译、传播汉语诗文。他们特别爱好白居易的诗歌。圣宗(耶律隆绪)自称“乐天诗集是吾师”，并亲自用契丹文字翻译白居易的《讽谏

① 参阅[元]脱脱等撰《辽史》，中华书局点校本，卷96《萧韩家奴传》。
② [金]元好问编撰《中州集》，中华书局上海编辑所，1959年版，卷10《李汾小传》。

集》,"召番臣等读之"①。道宗(耶律洪基)曾率臣作《君臣同志华夷同风诗》,使辽朝追步华夏,明示"华夷同风"。有些唐诗甚至普及到儿童。贾岛的诗歌就成了儿童的启蒙读物。于宋诗,苏轼的诗歌尤为辽人所喜爱,所熟悉。

继辽而起的金朝在多元一体的中华民族发展史上是一个重要朝代。金在灭亡北宋以后,占据了江淮以北的广大地区,注重融合中原汉族文化和女真等少数民族文化。金朝同辽朝一样,注重翻译汉文典籍,并在世宗时设立了译经所。金朝前后翻译了许多著名的汉文典籍,如《易》、《书》、《诗经》、《春秋》、《史记》、《西汉书》(《汉书》)、《贞观政要》、《新唐书》、《论语》、《孟子》、《老子》、《荀子》、《扬子》、《文中子》、《刘子》等。大量的著名的汉文典籍的翻译,对于金朝的统治者和女真族士人来说,在政治、文化教育和仕进制度等方面,都有所促进。与之关系特别密切的是科举考试。《金史·选举志》载,其进士科目"兼采唐宋之法,而增损之"。考试的内容主要是经史。正隆元年(1156),朝廷"命以《五经》、《三史》正文内出题,始定为三年一辟"。明昌元年(1190),又进一步扩大了考试的范围,规定"以《六经》、十七史、《孝经》、《论语》、《孟子》及《荀》、《扬》、《老子》内出题"。考试的办法,也是仿照唐宋之制。考试对文化教育具有指挥棒的作用。金朝采用唐宋的考试制度,有力地促进了汉族文化对女真族文化的浸润。金朝对汉族文化的吸取和消化,使汉族文化在新的条件下与北方少数民族文化相融合,结果如明代王世贞《归潜志序》所云:在我国北方创建了一个"人物文章之盛,独能颉颃宋、元之间"的新文化。这种文化有自己的特点,有自己的建树。其具体状况,清人龚宪曾在《金艺文志补录》中有论述:

> 金源魁儒硕士,文雅风流,殊不减江以南人物。如虞仲文、徒单镒、张行简、杨云翼、赵秉文、王若虚、元好问辈,或以经术显,或以词章著,一代制作,能自树立。

元朝是中国古代第一个由少数民族统治者统辖全国的朝代,也是华夏民族第一次全部落入少数民族统治者的统治之下。元朝在统一的 162 年中,面临的一个突出问题,就是统治者在文化上如何处理蒙古族同其他民族

① [南宋]叶隆礼撰《契丹国志》,上海古籍出版社 1985 年版,卷 7。

（主要是汉族）的关系。纵观元朝前后162年，统治者对汉文化经历了由仇视、漠视到接受、使之与蒙古族文化相融合的过程。仇视和漠视，主要表现在开始时，时间短暂。就整个元朝来看，统治者接受汉文化，使之同蒙古以及其他民族的文化相融合，一直是主流，是主宰。元朝对汉文化的接受和融合在元朝许多君主那里有明显的表现，有的表现得相当自觉。

太宗（孛儿只斤窝阔台）二年（1230），开始以儒者任官。太宗八年（1236）在燕京立编修所，在平阳立经籍所，建太极书院。后来书院逐渐遍及全国各地，促进了文化学术的普及和繁荣。太宗九年（1237）秋，令开科取士，开元朝科举之先。

世祖（孛儿只斤忽必烈）是一位全面实行汉化的君主。他在做君主之前的1252年，两令燕京等地修复孔庙，免除儒户兵赋。许多儒者文人纷纷投附藩府，可考者达60多人。他们为促进汉化，为保存中原文化和发展元代的文化，作出了重要的贡献。忽必烈于1260年登上大汗宝座以后，受汉族儒士文人的影响，采取多种措施，改革漠北习俗，“行中国事”接受了中原地区先进的封建制度和文化思想。在政治上，依汉法全面地建立了中央政府机构。在文化上，中统二年（1261）设翰林国史院，至元八年（1271）立京师国子学。至元二十三年（1286）吴渭在杭州首倡结“月泉吟社”，此后元代诗社林立。至元二十四年（1287）将京师国子学改立为国子监学，学校迅速发展，许多偏僻之地也设有学校。同年，诏使程钜夫到江南访求儒士贤才。程氏荐举的20多人，都得到了忽必烈的重用。南方的儒士文人纷纷北上，使南北隔绝百多年的文化学术得以交流和融通。世祖多方面的汉化举措，为元代后来一些君主所遵从。

成宗（孛儿只斤铁穆耳）明诏中外尊奉孔子，把王恽、阎复、耶律有尚等有名望的文士安置在翰林、集贤，尊重奉养。

武宗（孛儿只斤海山）大德十一年（1307）初即位，加封孔子为大成至圣文宣王。

《元史》卷26《仁宗纪三》记载：

> 仁宗（孛儿只斤爱育黎拔力八达）天性慈孝，聪明恭俭，通达儒术，妙悟释典，尝曰：“明心见性，佛教为深；修身治国，儒道为切。”又曰：“儒者可尚，以能维持三纲五常之道也。”平居服御质素，澹然无欲，不事游畋，不喜征伐，不崇货利。……其孜孜为治，一遵世祖

之成宪云。

仁宗特别重视国史院。《元史》卷24《仁宗纪一》载，皇庆元年(1312)升翰林国史院秩从一品，云：

> 翰林、集贤儒臣，朕自选用，汝等毋辄拟进。人言御史台任重，朕谓国史院尤重。御史台是一时公论，国史院实万世公论。

仁宗于延祐元年(1314)恢复了一度中断的科举。元代科举的实施和中断，对元代的文化和文学有积极的作用，也有消极的影响。科举的中断，使文人的思想少禁锢，多开放，促进了文学创作的发展。这一点，元代的诗人黄庚在其《月屋漫稿自序》有一段满怀激情的叙写："自科目不行，始得脱屣场屋，放浪湖海。凡平生豪放之气，尽发而为诗文。且历考古人沿袭之流弊，脱然若醯鸡之出瓮天，坎蛙之蹄涔而游江湖也，遂得率意为之，惟吟咏性情，讲明礼仪，辞达而已，工拙何暇计也。"现存元人诗文别集至少有450多种①，散佚(包括未见的)425种。元代有这么多的诗文别集，当与元代科举的中断有关。科举的实施，尽管对士人的思想有束缚，但推进了教育的发展。通过科举取士，也选拔了不少人才。科举重视理学，把两宋处于在野地位的程朱理学"定为国是"。

在文学上，仁宗推崇屈原。延祐五年(1318)，加封屈原为忠节清烈公。

泰定帝(孛儿只斤也孙铁木儿)统治期间，特别推尊柳宗元。《元史》卷30《泰定帝纪二》载，致和元年(1328)改封柳宗元曰文惠昭灵公。

文宗(孛儿只斤图帖睦尔)也爱好、重视文史，并采取多种措施继续汉化。《元史》卷33《文宗纪二》载，天历二年(1329)，"立奎章阁学士院，秩正三品"。"立艺文监，秩从三品，隶奎章阁学士院；又立艺林库、广成局，皆隶艺文监"。"敕翰林国史院官同奎章阁学士辑本朝典故，准唐、宋《会要》，著为《经世大典》"。

顺帝(孛儿只斤妥懽帖睦尔)是元朝最后的一个君主。其间，脱脱任中书右丞相时，开经筵，修辽、金、宋三代历史，为后来所珍重。于(后)至元三年(1337)四月，谥杜甫为文贞②，表现了对诗人杜甫的推崇。

---

① 两种以上内容相同的只算一种，不含选本与别行本。参阅雒竹筠等《元史艺文志辑本》，北京燕山出版社1999年版。

② [明]宋濂等撰《元史》，中华书局点校本，卷39《顺帝纪二》。

统治者的思想，就是统治思想。由于元朝许多君主重视和推行“汉化”，使元朝“儒学、文学，均盛极一时”①，从一个重要方面，促进了民族间文化的融合，为元朝文学史料学的发展奠定了根基。

辽、金、元三朝民族间的文化融合，一方面使汉族文化较快地被北方少数民族所接受，许多用汉语写成的文学史料能够在少数民族中广为传播。少数民族中有些文人，如回纥族贯云石、蒙古族萨都剌、阿鲁威、杨景贤等，受汉族文化的沾溉，用汉语创作的诗词、散曲、杂剧等，都有相当高的质量。另一方面，汉族也受少数民族文化的浸润。辽、金、元三朝，少数民族的统治者执掌朝政大权，有利于传布他们的文化，汉族与少数民族的杂居与交往，一些少数民族的著述，先后被译成了汉语，使汉族得以了解少数民族的文化，并且受到了滋润。以戏曲为例：少数民族创作的“唐殆合”、“拙音速”、“风流体”等曲牌，为汉族戏曲家所吸取，并在民间流传。这方面，明代徐渭在《南词叙录》中有概括的叙写：

> 北曲盖辽、金北鄙杂伐之音，壮伟狠戾，武夫马上之歌，流入中原，遂为民间之用。

从上面列举的事例，可以想见，这一时期各民族文化的融合，不仅使各民族的文学史料在不同的民族间得到了传播，同时也使文学史料增加了许多新的内容，注入了发展的活力。

辽金元继承了宋代的刻印之风，在技术上有进一步的提高。在辽国，有不少汉文经籍、史书等被译成契丹文字，并付诸刊印。“现在能见到的是宋人重刻的辽本《龙龛手鉴》，这是一部汉文的词书”。“另有据《开宝藏》翻刻的契丹版《大藏经》或称《辽藏》”。还发现有“其他刻经、刻书、杂刻、版画多种”和非经类的《蒙求》一种。金国“于公元 1130 年在平阳（今山西境内）建立了官方的印书机构，又于公元 1194 年设弘文院。全国的各衙署及私人印书家印刷了多种经、史、子、集及科学著作”，还印刷了大量的佛教和道教典籍。元朝在印刷上，除了保持国子监印刷以外，还“建置了几个衙署进行编纂与印刷书籍”。衙署的编刻人员很多。另外刊印书籍的还有不少地方书院和学校，有的采取协力印书的做法，有不少书肆印行的书籍也很多。元代

① 陈垣《元西域人华化考》卷 8，载《励耘书屋丛刻》上，北京师范大学出版社 1982 年版。

刊印的书籍除了经、史、子、集、类书、佛藏、道藏等之外，还盛行刊印通俗文学小说和杂剧等，遗憾的是当时刊印的这类通俗文学流传到现在的很少①。

在印刷技术上，宋代的毕昇或在毕昇之前，曾用过木制活字，但因木材性质不符合印刷要求，后被弃置不用。约在300年后，元代的王祯用木制活字获得成功，并发明了活字版韵轮，开始使用简单的机械方法和设备，提高了印刷的速度②，使元代以前的许多典籍和元代当时的著述，得到了大量的刊印和传播。

元代由于西征和四大汗国的建立，版图空前广大，对外坚持大规模的开放，中西交通大开，加上当时西方的经济、社会和文化都有很大的进步，欧亚大陆需要而且能够相互沟通。经商活动、传教士的传教、使节和旅游者的往来等接连不断。元代对外交流和对外贸易的广泛，超过了以前的任何一个朝代。这些都有力地推进了中国文化与域外文化的交流和融合。在元代，中国文化向西方的传播，其范围之广大，其内容之丰富，都是前所未有的。中国的印刷术经由元朝统治的波斯以及突厥统治下的埃及传入欧洲。中国的文献、历法、绘画等也通过多种渠道，在阿拉伯和欧洲等地广为传播。许多到中国的商人、旅行家和传教士，把自己的见闻撰写成各种著述。如意大利马可·波罗的《马可·波罗游记》③，马黎诺里的《波希米亚史》，鄂多立克的《鄂多立克东游录》，柏郎嘉宾的《柏郎嘉宾蒙古行记》，法国鲁布鲁克的《鲁布鲁克东行记》④等。这些著述从不同角度，用不同的语言，把中国的经济、政治、军事、文化、科学技术、奇闻异事、风土人情等向西方作了介绍⑤。其中当有许多重要的文学史料传播到西方。文化的传播多呈双向状态。文化的向外传播往往同文化的向内传播是相伴而行的。差别在于程度和方式的不同。元代大体也是这样。元代，在许多域外人员来中国的同时，中国各

① 引自钱存训著，郑如斯编订《中国纸和印刷文化史》，广西师范大学出版社2004年版，第149—153页。

② 参阅钱存训著，郑如斯编订《中国纸和印刷文化史》，广西师范大学出版社2004年版，第191—192页。

③ 参阅：冯承钧译《马可·波罗游记》，中华书局1957年版；余士雄主编《马可·波罗介绍与研究》，书目文献出版社1983年版。

④ 参阅《柏郎嘉宾蒙古行记·鲁布鲁克东行记》，中华书局1985年版。

⑤ 参阅武斌《中国文化海外传播史》，陕西人民出版社1998年版，第二卷第三编第八章《元代中西交通盛世与中华文化的广泛西传》。

民族有不少人被征调到域外，蒙古贵族也有到罗马、巴塞罗那、里昂和伦敦等大城市的，还有到各国的使节、学者、历史家等。他们到域外，在传播中国文化的同时，自己也扩大了视野，接触了许多在国内接触不到的东西。另外，随着域外各方面的人员到中国旅游和移居中国，随着基督教等宗教的传入，随着中国各方面的人员出使和游居外国，中国人的世界观念得到了开放，以前人们并不了解的域外文化自然会在中国得到不同程度的传播。如今存元人徐明善撰写的《安南行记》（一作《天南行记》）一卷、周达观撰写的《真腊风土记》一卷和汪大渊撰写的《岛夷志略》（原称《岛夷志》）一卷，就分别记述了当时作者所见所闻的安南、真腊国和广大的亚非地区的风土、国事、经济、文化等方面的情况。这些都会直接或间接地对中国的文学史料和史料学产生影响。

辽、金、元三朝在夺取政权和维护统治的过程中，对社会各方面均有不同程度的破坏。但从总的趋势来看，社会各方面还是在发展。特别是元朝。它是我国历史上第一个由少数民族统治者建立的统一的王朝，结束了唐末以来分裂、割据的局面，“区域之广，旷古所未闻”①。这有利于经济的发展，再加上元朝采取了若干促进经济发展的措施，所以元代的农业、手工业和商业都有很大的发展，市场化的程度有了明显的提高。与此密切相关的是全国的许多城市有了扩展。随着城市的发展，市民阶层不断壮大。这些，对当时的文学，特别是对戏曲艺术有重要的促进作用。

在辽、金、元时期，尤其是在元朝，统治者在利用正统的儒家学说的同时，也尊重其他民族的信仰，佛教、道教以及新传入的伊斯兰教、基督教都在传播。信仰的多元，使儒家思想的影响有所减弱，封建礼教的束缚有所松弛。思想开放的程度有明显的提升。科举制度终止七八十年，汉族士人受到了相当大的冲击。仕进的途径被堵塞，使文人不得不另外寻求其他出路，其中有一部分与市民和歌伎艺人密切交往，与盛行的勾栏瓦舍相联系，投身于叙事性通俗文学的写作。“说话”继续盛行，出现了一些新的话本。特别是戏剧艺术，空前繁荣。丰富多彩的元杂剧，不仅剧本数量多，题材广，而且演出频繁，吸引了大量的观众，成为我国古代戏剧艺术成熟的标志。同时也使以戏曲为代表的通俗性的叙事性文学在中国古代第一次在文坛上居于主

① ［元］汪大渊撰、苏继庼校释《岛夷志略校释》。中华书局1981年版，《后序》。

导地位。元代文学的通俗性上承辽朝和金朝。金末元初的文学家刘祁说：

唐以前诗，在诗；至宋则多在长短句；今之诗，在俗间俚曲也，如所谓《源土令》之类。①

这表明在金末，“俗间俚曲”已经成为文学的主流了。在元代，俗间俚曲更加繁盛。《全元散曲》收录曲家 212 人，小令 3853 支，套曲 457 套。戏曲是一种重要的文化。元代戏曲的繁盛，是传统的文化结构在元代发生了明显的变化的一个重要标志。辽、金、元时期文学的通俗性及其影响，胡适在《改良文学刍议》一文中有明确的概括：

及至元时，中国北部已在异族之下三百年矣(辽金元)。此三百年中，中国乃发生一种通俗行远之文学。

上述文学创作的特点，文学家与下层民众的联系，文学传播范围的拓展，从不同的方面，养育了这一时期的文学史料以及文学史料学。

第二节　文学家传记史料和传记专集《唐才子传》、《录鬼簿》、《青楼集》

辽、金、元时期，文学家的传记史料继续发展，其撰写和存在形式，大致有以下四种：

一、附于文集。如元好问编辑的《中州集》，除卷首的金朝章宗、元朝的宪宗外，凡是被选入的诗人，均有小传。这些小传，相当全面地记述了作者的生平、爵里、著述等方面的情况。许多诗人的传记史料赖此得以存世。后来清朝钱谦益编《列朝诗集》、吴之振编《宋诗钞》等总集，都仿效《中州集》的编例，为作者立传。足见《中州集》为作者立传的做法，已成为一种范式，并为后来的一些文人认可和采用。元好问所编的《中州乐府》中也辑存了一些金代文学家的传记史料。与《中州集》相似的还有元代杜本编辑的《谷音》。《谷音》选收宋遗民及少数金遗民 30 名诗人之作，每人各有小传，个别的二人合传。

二、杂传。重要的有王鼎的《焚椒录》、方回的《宋季杂传》和苏天爵的

① [元]刘祁《归潜志》，中华书局 1983 年版，第 145 页。

《元朝名臣事略》。《焚椒录》成书于辽道宗大安五年(1089)。《焚椒录》比较全面地记载了辽道宗宣懿皇后、辽代的女作家萧观音的生平事迹，并著录了其 24 首诗词和《谏猎疏》。

《宋季杂传》已佚。詹杭伦著《方回的唐宋律诗学》[①]附录引陈栎《定宇集》卷七云，方回“至元庚寅、辛卯(1290—1291)……又作《一二百大贤大不肖传》，以为后世修史者张本，不致是非混淆。……详书其事件于后，而其门人次序之。江西二陆、四明四先生为一传，而枚举二陆文集与文公抵牾者，以摘其非。《叶水心传》举其文集之畔道诋文公者与之辨。《刘后村传》举其诗文之陋而佞谀者，皆附传后”。詹杭伦按曰：“陈栎所云《一二百大贤大不肖传》，盖即《宋季杂传》之别名。此书虽不传，然尚有一些端倪可寻。”从陈栎所云及方回的其他著述，知道《宋季杂传》中当有一些有关宋季文学家的传记史料。

《元朝名臣事略》15 卷[②]，书中有元代前期、中期自太师诸王以下文武大臣 47 人的传记，依蒙古人、色目人、汉人、南人为序加以编排，其中有很多是文学家和学者。史料源自碑传、行状、家传和其他可信的著述。传中凡是引用的史料，都注明了出处。各篇传记的前面，还特别撰写了提要。苏天爵是一位著名的诗人、文章家和文献整理者，还是一位被元代人视为“独身任一代文献之寄”的历史家。在史著方面，除了《元朝名臣事略》外，还著有“未及脱稿”的《辽金纪年》[③]，这说明他对多民族历史的重视。他是一位有责任感的严肃的历史家。他深知修史之难。对于史书的撰写，他反对曲笔，强调保存信史、如实全面的记载[④]。他撰写的有关元代文学家和学者传记中，保存了许多重要的史料。

三、各种杂著。辽、金、元时期的不少杂著中，含有一些文学家的传记史料。如元刘祁撰写的《归潜志》。此书共 14 卷。卷 1 至卷 6 是金末名人小传，记 120 多人。卷 7 至卷 10 记金朝遗事。卷 11 记金哀宗亡国事。卷

---

① 中华书局 2002 年版。

② [明]宋濂等撰《元史》，中华书局点校本，卷 183《苏天爵传》称作《国朝名臣事略》。

③ [明]宋濂等撰《元史》，中华书局点校本，卷 183《苏天爵传》。

④ 参阅[元]苏天爵著，陈高华、孟繁清点校《滋溪文稿》，中华书局 1997 年版，卷 25《三史质疑》。

12记为叛将崔立立碑事。卷13、14为杂说、游记、诗文。刘祁之所以撰写此书，在《归潜志序》中有所交代：

昔所与交游，皆一代伟人。今虽物故，其言论谈笑，想之犹在目。且其所闻所见可劝戒规鉴者，不可使湮没无传。

由此可知，《归潜志》所记，都是与作者交游者，并且为自己所闻所见。所记事实当为可信，故元人修元史，许多史料源于此书。书中传记占有一半的篇幅，提供了不少文学家的传记史料。

四、文学家传记专集。这类传记专集，在辽、金、元之前，较早的是晋宋之际的《文士传》。此后，这类著述比较罕见。到辽、金、元时期，主要是在元代，这类著述多了起来，出现了一些标志性的成果，重要的有辛文房的《唐才子传》、钟嗣成的《录鬼簿》以及夏庭芝的《青楼集》。这三种著述的内容，虽然不同程度地涉及了文学作品、评论以及遗闻逸事等，但主要的是传记。

辛文房是西域人，他撰写的《唐才子传》共10卷，成于元成宗(孛耳只斤铁穆耳)大德甲辰(1304)春。书中收唐代诗人传记278篇，传中附及者120人，共398人①，采用的体例是“因诗系人”，大致按世次与科第先后排列。“传后间附以论，多掎摭诗家利病亦足以津逮艺林”②。所记诗人，初盛唐比较简略，中晚唐较详，兼及少数五代诗人。唐五代许多诗人在旧史中没有传记，辛氏视诗人为才子，广泛搜集资料，“游目简编，宅心史集，或求详累帙，因备先传，撰拟成篇，斑斑有据，以悉全时之盛，用成一家之言”③。《唐才子传》是最早的，也是唯一的一部唐五代诗人传记专集。书中涉及的诗人的数量之多，远为以前所未及。此书所载与正史相较，见于旧、新《唐书》者只有百人。其他诗人，尤其是一些中小诗人的传记，第一次见于此书，借此书而得到存传。如晚唐诗人韦庄，旧、新《唐书》和旧、新《五代史》都没有传记，《唐才子传》卷1首次为他立传。还有，书中所载诗人登进士第的年龄，为考察诗人的仕历，提供了重要的史料。后来清人徐松撰写《登科记考》就参用了《唐才子传》。

《唐才子传》涉及繁富，未能仔细检核，书中所载史料，一般不说明来源，

① 据日本《佚存丛书》本。《四库全书总目》卷58《史部·传记类二》谓397人。

② [清]永瑢等撰《四库全书总目》，中华书局1965年版，卷58《史部·传记类二》。

③ [元]辛文房著，傅璇琮主编《唐才子传校笺》，中华书局1987—1995年出版，卷一《引》。

也常见疏误，不尽可靠，如"谓骆宾王与宋之问唱和灵隐寺中，谓《中兴间气集》为高适所选，谓李商隐曾为广东都督，谓唐人学杜甫者惟唐彦谦一人，乖舛不一而足"①。但全书的主要内容，或纪实，或补缺，或提供参照，叙述亦有条理，是研究唐五代诗人的贵重史料。

钟嗣成自幼好学，屡试不第，后来基本上是杜门著述，研究戏曲。他除撰有《录鬼簿》外，还写有杂剧和散曲，并且著有文集。《录鬼簿》成书于元至顺元年(1330)，以后又在元统、至正年间有两次大的补订。《录鬼簿》包括戏曲家传记、戏曲篇目和戏曲评论等多方面的内容，但其主要部分是传记。在钟嗣成生活的年代，许多受封建正统思想羁绊的文人学者，轻视戏曲和地位卑下的戏曲家，没有人为他们立传，而钟氏却冲破了封建正统思想的束缚，敢做他人不敢做或不屑于做的事情，念及他们地位卑微，公开为他们立传，使之不朽，并且想通过立传，进一步促进戏曲的发展。这在他的《录鬼簿序》中有明确的叙述：

> 余因暇日，缅怀故人，门第卑微，职位不振，高才博识，俱有可录，岁月弥久，湮没无闻，遂传其本末，吊以乐章；复以前乎此者，叙其姓名，述其所作，冀乎初学之士，刻意词章，使冰寒于水，青胜于蓝，则亦幸矣。名之曰《录鬼簿》。

《录鬼簿》共记载了152位杂剧和散曲文学家，著录戏曲篇目452种②。《录鬼簿》分上、下两部分。上部分包括三类："前辈已死名公，有乐府行于世者"；"方今名公"；"前辈已死名公才人，有所编传奇行于世者"。所据资料，源于他人的转述，未尽其详，大多只叙其姓名和所作戏曲篇目。下部分包括四类："方今已亡名公才人，余相知者，为之作传，以《凌波曲》吊之"；"已死才人不相知者"；"方今才人相知者，纪其姓名、行实并所编"；"方今才人闻名而不相知者"。下部分所记戏曲家，有许多是与钟氏相识者，或有直接交往者，较为翔实③。《录鬼簿》尽管所记戏曲家传记，详略不一，但它是我国古代第

① ［清］永瑢等撰《四库全书总目》，中华书局1965年版，卷58《史部·传记类二》。

② 另有一些戏曲篇目见于小传中，如睢景臣，除录其《千里投人》等三种篇目外，在其传中还记有他同维扬诸公均作有《高祖还乡》；王思顺有《题包头》、《镜儿缕带》；苏颜文有《地冷天寒》；屈颜英有《一百二十行》、《看钱奴》等。

③ 以上所引《录鬼簿》，据王国维《新编录鬼簿校注》，见姚淦铭、王燕编《王国维文集》，中国文史出版社1997年版，第1卷。

一部戏曲家传记专集。《录鬼簿》使许多戏曲家的史料“得以传远”。后来研究古代戏曲者,或征引,或参考,无不把它作为重要的戏曲史料著述。其编纂体例也为后人所沿用。明人佚名撰有《录鬼簿续编》一卷,著录元、明之际戏剧、散曲、乐府作家生平事迹及其作品目录或提要。体例大体与《录鬼簿》相同。可见《录鬼簿》影响之一斑。

夏庭芝的《青楼集》成书于元至正十五年(1355),记载了元代大都、金陵等几个大城市110多位歌伎、艺人的生活情况和高超技艺,还记载了他们同50多名戏曲家、诗人以及达官贵人的交往。关于此书的写作,夏庭芝在《青楼集志》中有所叙写:

> 我朝混一区宇,殆将百年,天下歌舞之妓,何啻亿万,而色艺表表在人耳目者,固不多也。仆闻青楼于芳名艳字,有见而知之者,有闻而知之者。虽详其人,未暇记录。而今风尘澒洞,郡邑萧条,追念旧游,慌然梦境,于心盖有感焉。因集成篇,题曰《青楼集》。遗忘颇多,诠类无次,幸赏音之士,有所增益,庶使后来者知承平之日,虽女伶亦有其人,可谓盛矣!

由于长期封建正统思想的统治,许多官宦和士人轻视戏曲,更鄙视从事戏曲演唱的女伶,而夏庭芝却从“亿万”女伶中选择杰出者,用专著来叙写她们,不仅表现了他对戏曲的重视,还表现了他对生活在社会底层的女艺人的关爱和同情。在元代,以戏曲为代表的通俗文艺中,有许多是表现女性美的,在戏曲表演者当中,有“亿万”女性。《青楼集》的出现,是这一社会现实的反映,也是当时一些男性赞美女性的一种表现。《青楼集》为后人提供了许多重要的史料,也是中国古代系统地为青楼艺人立传之嚆矢。

第三节　新编诗、文、词、小说、散曲等作品集

辽、金、元时期有关诗文的新编,在当时和后来有重要影响的主要体现在总集方面。具体而言,总集又可分为两类:一类是对当时诗文的编撰;另一类是对以前的作品的编撰。前一类主要有以下四种:

一、元好问编撰的金诗总集《中州集》10卷。元好问之前,金人魏道明、

商衡曾编有《国朝百家诗略》。据元好问《中州集序》所记，天兴元年(1232)，冯延登、刘祖谦约元好问重编金朝诗歌总集，但当时“京师方受围，危急存亡之际，不暇及也”。次年，金亡之后，元好问“留滞聊城，杜门深居”，新编《中州鼓吹翰苑英华集》(通称《中州集》)。元好问之所以编撰《中州集》，固然与《国朝百家诗略》的欠缺有关，但更重要的是想通过编撰此书，以诗存史。这一点《中州集序》中有所明示：

> 冯、刘之言，日往来于心。亦念百余年以来，诗人为多，苦心之士，积日力之久，故其诗往往可传。兵火散亡，计所存者，才十一耳。不总萃之，则将遂湮灭而无闻，为可惜也。乃记忆前辈及交游诸人之诗，随即录之。

元好问生活的年代，多战乱，各种典籍常遭毁坏，加上政治上的缘由，当代的文史文献，难以存留。元好问身处其境，有切肤之痛。他编成《中州集》后，作《自题〈中州集〉后》云：

> 平世何曾有稗官，乱来史笔亦烧残。百年遗稿天留在，抱向空山掩泪看。

显然，元好问主要是基于保存金国历史的考虑来编撰《中州集》的，想因诗以存人，以诗而存史。从文学方面来看，元好问之所以编撰《中州集》，有树立“国朝文派”的意图。这一点，元好问在《中州集》卷一中有所透露，他说：

> 国初文士，如宇文太学、蔡丞相、吴深州等，不可不谓之豪杰之士，然皆宋儒，难以国朝文派论之，故断自正甫为正传之宗，党竹溪次之，礼部闲闲公又次之。

《中州集》卷首列金显宗、章宗诗各一首，卷1至卷10录249位诗人的诗歌。共录诗2060首①。它是我国古代最早的一部金诗总集。所收诗人，均立小传，兼有评论。其中多为首见史料。编诗歌总集，为所收诗人立传，虽肇始于唐代殷璠《河岳英灵集》，后来晚唐姚合《极玄集》、南宋曾慥《宋百家诗选》等继承之，但或无义类，或过于粗略，影响不大。《中州集》中的小

① 据阎凤梧、康金声主编《全辽金诗》，山西古籍出版社1999年版，《前言》。

传，基于存史，从史料出发，字数不同，大多百余字，有的多至千字左右，相当全面地记叙了传主的生平、爵里和著述等，完善了编纂总集的一种体例。《中州集》不收时人的作品，这是一个缺憾。但它搜集、保存了金代诗歌的珍贵史料，在编辑上也有独到之处。这些在我国古代文学史料学史上产生了多方面的积极的影响。后来元朝国史院修《金史》，其中《文艺列传》的史料多取自《中州集》。清康熙时郭元釪、今人薛瑞兆等编《全金诗》，今人阎凤梧、康金声主编《全辽金诗》中的《全金诗》，都是以《中州集》为基础进而补订的。清钱谦益编《列朝诗集》、吴之振编《宋诗钞》等总集，都仿效《中州集》的体例，为作者立传。这种编例，一直为今人所沿用①。

二、房祺的《河汾诸老诗集》8卷。此书成于元大德五年(1301)，收录黄河、汾河之间由金入元的8位诗人（麻格、张宇、陈赓、陈庾、房皞、段克己、段成己、曹之谦）的诗歌201首，人各1卷。是研究“河汾诗派”的重要史料②。

三、杜本的《谷音》2卷。收30位诗人的诗作101首。其中有5人是金遗民，其余是南宋遗民。每人各有小传，个别的是二人合传。

四、苏天爵的《文类》（后世称《元文类》）70卷。苏天爵编此书的意图，是为了搜集、保存元代的诗文。这在陈旅为此书所作的序中有所申述：

> (苏天爵)以为秦汉魏晋之文，则收于《文选》；唐宋之文，则载于《文粹》、《文鉴》；国家文章之盛，不采而汇之，将遂散轶沉泯。

此书刊于元统二年(1334)。所选包括诗8卷，文62卷，分15类编纂。所选作品，起自元初(1279)，止于延祐(1314—1320)，前后仅三四十年。《四库全书总目》卷188云，论者将此书与北宋姚铉的《唐文粹》、南宋吕祖谦的《宋文鉴》鼎立而三。其实，从编纂方面看，诚如《四库全书总目》同卷所说，此书要比前两书困难得多：

> 然铉选唐文，因宋白《文苑英华》，祖谦选北宋文，因江钿《文海》，稍稍以诸集附益之耳。天爵是编，无所凭借，而蔚然媲美，用其力可谓勤挚。

---

① 关于《中州集》的编撰，参阅胡传志《金代文学研究》，安徽大学出版社2000年版，第三章《〈中州集〉研究》。

② 参阅刘达科《辽金元诗文史料述要》，中华书局2007年版，第31—32页。

此书在当时就受到重视,元中书省曾命江南行省以学校钱粮刊印。此书保存了一些原集已佚的诗文,有重要的史料价值。

辽、金、元时期对以前诗文的关注,重点在唐宋,尤其是唐代。金、元时期的诗学宗旨是"以唐人为指归",与此相联系的是,这一时期的诗文总集的突出成果,主要是在唐诗的选录方面。这方面的重要总集有流传至今的《唐诗鼓吹》、《瀛奎律髓》和《唐音》。

《唐诗鼓吹》10卷,元好问编纂。编纂的主要目的是为指导后学者学习诗歌。此书是最早的唐诗七律选本,共选96位诗人596首诗歌。刊行后,元初元好问的高足郝天挺为其作注。郝氏的注,除注释选录的诗歌外,还为74位诗人撰写了小传。小传中有些史料具有参考价值①。

《瀛奎律髓》49卷,编者是元代文学家方回。此书成于至元二十年(1283),专选唐宋五七言律诗,其中唐代180多家,宋代190多家,共3014首②。按题材分为登览、朝省、怀古等49类,每类分五言、七言,大体按时代先后编排。每卷冠以小序。各诗人附有小传。对所选诗歌,附以注释、评论,并记叙了一些逸闻旧事。融诗选、诗注和诗话于一体。评点专主江西诗派的诗学理论。《瀛奎律髓》刊行后,受到后人的重视,特别是在清代"海内传布,奉为典型"③。吴之振曾将此书"悬诸家塾以为的"。查慎行以此书作"晚年家塾课本"。张之洞《辅轩语·语学》列此书为"学诗之门径"。此外,清代还有许多文人学者对此书予以肯定④。此书还具有史料价值。厉鹗编《宋诗纪事》、陈衍编《元诗纪事》,许多史料取自此书。后人辑考唐诗,也重视参考此书。

《唐音》15卷,杨士弘编。书成于并刻于元至正四年(1344),是唐诗总集,录诗1341首。杨氏认为,李白、杜甫、韩愈三家诗"世多全集",故不收此

① 参阅张立荣《元好问〈唐诗鼓吹〉的版本及其流传考》,《中国诗学研究》第3辑(辽金诗学研究专辑),安徽师范大学诗学研究中心编,上海古籍出版社2004年版。

② 据李庆甲《瀛奎律髓汇评·前言》,上海古籍出版社2005年版。其中重出的22首,实为2992首。

③ 参阅:宋泽元《瀛奎律髓·序》,上海扫叶山房石印本,民国十一年版;卞东波《〈瀛奎律髓〉成立考》,载张伯伟、蒋寅主编《中国诗学》第十三辑,人民文学出版社2008年10月出版。

④ 参阅:詹杭伦《方回的唐宋律诗学》,中华书局2002年版,附录三《清人五家〈瀛奎律髓〉评本得失论》;李庆甲集评校点《瀛奎律髓汇评》,上海古籍出版社2005年版。

三家。全书分三部分:一、“始音”1 卷,收王、杨、卢、骆四家,不分类。二、“正音”6 卷,是本书的主体,按体裁分类,每类中以时代编次为唐初盛唐、中唐、晚唐。三、“遗响”7 卷,收未列入“正音”的诗人作品,附僧人、女子诗 1 卷。此书的编纂有体系,较早地将唐诗分为初盛唐、中唐、晚唐几个时期,并且对各时期均有总体论述,为后人,特别是明代人所推重。高棅在其所编的《唐诗品汇·总叙》中说:

《唐音》集颇能别体制之始终,审音律之正变,可谓得唐人之三尺矣。

《唐诗品汇》分唐诗为初、盛、中、晚四个时期,显然接受了《唐音》的分法。胡应麟《诗薮·外编》卷 4 说:

唐至宋、元,诗选殆数十家……数百余年未有得要领者,独杨伯谦(士弘字)《唐音》颇具只眼。

《唐音》出现后,批点者和选用者很多。明代有张震辑注、顾璘评点《唐音》[①]。明代蔡云程的《唐律类钞》就是从《唐音》和《唐诗品汇》中精选而成的。明代赵完璧的《唐诗合选》就是《唐音》和《唐诗正声》的合选本。明代李腾鹏编《皇明诗统》,其体裁次序都是以《唐音》为准则。

元代对宋诗的编选,今存重要的是陈世隆的《宋诗拾遗》23 卷。此书所收诗歌自北宋初至南后期,收录诗人共 786 人,诗 1476 首,其数量在当时是最多的,其中有些诗歌不见于他书。有些诗前有诗人自序,所选诗人姓名下有小传。有相当一部分诗人登进士第的年份,在小传中有记载。《宋诗拾遗》原有国内唯一的传世抄本,藏南京图书馆。后有徐敏霞校点本,收入辽宁教育出版社《新世纪万有文库》第 4 辑,2000 年版。

词盛于两宋,辽、金、元时期虽不及两宋,但仍有发展。与此相关联的是,这一时期有关词作品颇受关注。据陶然《金元词集简表》提供的资料[②],金、元两朝词的别集就有 85 种。雒竹筠《元史艺文志辑本》著录元人词集 76 种。查洪德、李军《元代文学文献学》著录今存元词别集 20 种。另外,这一

① 此书有陶文鹏、魏祖钦整理点校《唐音评注》本,河北大学出版社 2006 年版。“前言”中列有关于《唐音》的各种版本。

② 见其著《金元词通论》,上海古籍出版社 2001 年版,《附录三》。

时期还有一些词总集。如：

元好问《中州乐府》。附于《中州集》，1 卷，是金代唯一之词选，录 36 位词人的词作 113 首。

元庐陵凤林书院辑刊《元草堂诗余》（又名《名儒草堂诗余》、《精选名儒草堂诗余》、《续草堂诗余》、《凤林书院草堂诗余》）3 卷，以人编次，共收宋末元初 63 位作者词作 203 首①，宋末元初一些词作，多依此书而得以保存流传。

元彭致中《鸣鹤余音》8 卷②。书刻于元至正六年（1346）③。此书收唐以来作者 39 人词作 400 余首。作者多为全真教士或全真教所尊之教祖。其中有元代著名诗人虞集词 12 首，篇首有虞集序。另收有少数诗、歌、赋和杂文。全书所收作品总数约 470 篇。

《乐府补题》1 卷。原书未署编者姓名。据元陈旅所撰《陈如心墓志铭》和清黄虞稷《千顷堂书目》卷 32 著录，可能是陈恕可（一字如心）和仇远二人所编。宋亡之后，王沂孙、周密、陈恕可、仇远及佚名 14 位遗民词人，先后在宛委山房、浮翠山房、余闲书院和天柱山房等地结词社唱和，结集为《乐府补题》。全书录 37 阕，系咏物词。此书在清代刻印传播后，受到不少文人的激赏。清朱彝尊《曝书亭集》卷 36《乐府补题序》云：

> 《乐府补题》一卷，常熟吴氏抄白本，休宁汪氏购之长兴藏书家，予爱而亟录之。携之京师，宜兴蒋京少好倚声为长短句，读之，激赏不已，遂镂板以传。

蒋景祁《刻瑶华集序》云：

> 得《乐府补题》而辇下诸公之词体一变，继此复拟作“后补题”，益见洞筋擢髓之力。④

在小说作品的编辑上，这一时期（主要是元代）提供的新的重要的史料，

① 据［清］伍崇曜辑《粤雅堂丛书》，清道光、光绪间南海伍氏刻本，二编第 13 集《精选名儒草堂诗余》本统计。

② 王兆鹏《词学史料学》，中华书局 2004 年版，第 331 页作 9 卷。

③ 参阅邓子勉《宋金元词籍文献研究》，上海古籍出版社 2008 年版，第 84—85 页。

④ 参阅：王兆鹏《词学史料学》，中华书局 2004 年版，第 328—329 页；邓子勉《宋金元词籍文献研究》，上海古籍出版社 2008 年版，第 84 页。

突出表现在长篇讲史话本(平话)的辑刊上。今存至治年间建安虞氏辑刻的《全相平话五种》①,为研究古代通俗小说保存了重要的史料,是后人考索宋明之间长篇通俗小说演变轨迹的重要参考。此书属于讲史平话丛刊,《全相平话五种》之名为后人所加。五种平话包括《全相武王伐纣平话》、《全相乐毅图齐七国春秋后集平话》、《全相秦并六国平话》、《全相前汉书续集平话》、《全相三国志平话》。作者不详。五种各分上、中、下三卷,版式相同,都是上图下文。文字与图画合刊,目的是供人阅读观赏。这种图文结合的形式,有助于讲史平话的传播和普及。

戏曲是元代文学的代表,但元代在戏曲作品的搜集和整理方面,除上述《录鬼簿》和《青楼集》中著录了一些篇目外,其他有关这方面的成果很少。已知元杂剧剧目约 600 种,现存只有约 200 种。已知南戏剧目有 230 多种,现存只有十几种。明初官修《永乐大典》卷 13965 至卷 13991 这 27 卷中,共收戏文 33 种。日本学者青木正儿认为:

> 《永乐大典》之戏文,与其他文献所见之戏文,似多为元代之作。②

《永乐大典》收录了大量元杂剧作品,仅收录关汉卿、王实甫、白朴、马致远、郑光祖、乔吉所谓“元曲六大家”的杂剧就有 23 种之多③。遗憾的是,至今还没有发现元朝当代编有杂剧总集的记载。一种新的文体处于兴盛时期,特别是篇幅较长的作品,社会上下有一个积累、认识过程,一般不可能在当时就用总集这种形式对其做综合性的整理。不见元代当代编有杂剧总集,可能与此有关。

与杂剧不同,这一时期在散曲(元人称散曲为“乐府”)作品的整理上,给后人留下的成果倒是相当丰厚的。在这方面,元代的杨朝英的贡献比较突出。今存元人所编的重要的散曲总集有:

《阳春白雪》10 卷,全名《乐府新编阳春白雪》,杨朝英选编。书成于元皇庆、延祐年间,是今存最早的元散曲总集。元刊本为 10 卷,明抄本为 9 卷。书前有贯云石序,为曲评之经典著作。据 9 卷本统计共收 50 多位作者的小令约 500 首,套数 60 套。书前有《阳春白雪选中古今姓

---

① 建安在今福建建瓯,与建阳是宋元出版业的中心之一,所刻之书,世称“建本”。

② 见其著《中国近世戏曲史》,作家出版社 1958 年版,第 90—91 页。

③ 参阅查洪德、李军《元代文学文献学》,中国社会科学出版社 2002 年版,第四章。

氏表》①。

《太平乐府》9卷，全名《朝野新声太平乐府》，杨朝英选编。收元代85位文学家和无名氏的小令共1062首，套数141套，按宫调曲牌分类编次。元人邓子晋《朝野新声太平乐府序》说，此集所选“皆当代朝野名笔而不复出诸编之所载者”。据此，知在《朝野新声太平乐府》问世之前有多种散曲集，而杨朝英所选作品为以前散曲集所未选或未及选。

《乐府群玉》5卷，全名《类聚名贤乐府群玉》，元无名氏编，或以为胡存善编②。专收小令，共收24位作者作品715首。编排以作者系作品。对每一位作者的作品，再按宫调曲牌编次。此书所收小令，近半数不见其他元、明曲集，许多小令借此书远传至今。在选本批评样式上，此书也有创新③。

《梨园乐府》3卷，全名《梨园按式乐府新声》，或称《乐府新声》，元无名氏编，选元人散曲。上卷收套数32套，中、下卷收小令约510首。

第四节　诗学、词学和戏曲学等研究史料的新成果

辽、金、元时期的诗学，从总体上看，远逊于宋代，著述少，在体式上基本上是沿袭前代，整理传世的成果不多，在中国诗学发展史上，应当说是低谷。但仍有新的进展。在体式上，大体上可分为三类：

一、诗话类。从今存文献记载来看，这一时期的诗话数量减少了。吴文治主编的《辽金元诗话全编》共收录这一时期的诗话421家。没有发现辽代有诗话传世；金代诗话156家；元代诗话245家。上述诗话多是后人辑录的，当时整理成书的，金代有4种，元代有23种④。这说明宋人重视整理诗话的传统，薪火相传，在金元时期不仅没有中断，而且得到了发展。这一时期的诗话，有的直接用“诗话”命名，如金王若虚的《滹南诗话》、方回的《名僧

① 有葛渭君校点本，收入《唐宋人选唐宋词》，上海古籍出版社编，上海古籍出版社2004年版。

② 关于此书的选编者，隋树森定为无名氏，任仲敏认为是胡存善，葛云波从任仲敏说。参阅葛云波《〈乐府群玉〉的选编者为胡存善臆考》，《苏州大学学报》2007年第2期。

③ 参阅：葛云波《〈乐府群玉〉成书、增订时间及影响考论》，《文献》2006年第4期；《〈乐府群玉〉在选本批评样式上的创新、突破及其影响》，载莫砺锋编《谁是诗中疏凿手——中国诗学研讨会论文集》，凤凰出版社2007年版。

④ 参阅吴文治《五朝诗话概说》，黄山书社2002年版，第53页。

诗话》①、元韦居安的《梅磵诗话》3卷、祝诚的《莲堂诗话》2卷、吴师道的《吴礼部诗话》1卷等。更多的是随意命名,不标"诗话",如元黄清老的《黄氏诗法》1卷、元陈绎曾的《诗谱》1卷等。在上述诗话中,在当时和后来常为人们所称道的是王若虚的《滹南诗话》。

二、诗选类。如上面述及的元好问的《唐诗鼓吹》、方回的《瀛奎律髓》、杨士弘的《唐音》等。这类诗选,不仅从所选的诗歌作品上,可以看到编选者的理论和观点,而且其中常有一些直接的诗歌理论和批评。方回在《瀛奎律髓》自序中申明:

所选,诗格也;所注,诗话也。学者求之,髓由是可得也。

三、笔记、小说和其他杂著类。刘壎的《隐居通议》(一作《隐居通义》)31卷、蒋子正《山房随笔》1卷,都属于这一类。《隐居通议》涉及古赋、诗歌、文章和骈俪等文体,有很多关于诗文理论批评的内容,记有文人吟咏之事,常被归入诗话一类。《山房随笔》以随笔形式,记录了南宋后期诗人的散逸篇什以及逸事杂谈,后人也常把它归入诗话一类。

与以前相比,这一时期的诗歌理论批评史料有两个特点:一、有关诗法、诗格的著述相当突出。张健《元代诗法校考》②收录元代诗法、诗格著作达25种,包括:《文章宗旨》、《诗法家数》、《诗解》、《杜陵诗律五十一格》、《木天禁语》、《诗学禁脔》、《总论》、《诗法源流》、《吟法玄微》、《诗家一指》、《虞侍书诗法》、《诗法正宗》、《诗法正宗眼藏》、《诗法》、《诗谱》、《王近仁与友人论诗帖》、《诗则》、《诗论》、《项先生暇日与子至诚谈诗》、《名公雅论》、《沙中金集》、《诗家模范》、《作诗骨格》、《杂咏八体》、《诗教指南集》。元朝在诗学史料上,关于诗法、诗格的如此之多,这是以前少见的。这当与元代推尊唐诗和受唐代的诗论的影响有关。从今存唐代的诗论来看,唐代的诗法、诗格比较盛行,如皎然的《诗式》、齐己的《风骚旨格》、署名王昌龄的《诗格》、白居易的《金针诗格》、贾岛的《二南密旨》等。在宋代,有关诗法和诗格的论著较少,到了元代出现了勃兴的局面。

二、元好问《论诗绝句》的创作。用完整的诗歌论诗,肇自唐代杜甫的

---

① 此书已佚,存有片段。参阅詹杭伦《方回的唐宋诗律学》,中华书局2002年版,附录:《方回著述考》。

② 北京大学出版社2001年版。

《戏为六绝句》。杜甫之后，作者延续不断。南宋有戴石屏的《论诗十绝》。到金朝，有王若虚的《论诗》诗和元好问《论诗绝句》30 首。元好问的《论诗绝句》完整地流传至今。它不仅规模扩大了、内容丰富了，更重要的是由于它的主要内容在评论诗人，不同于戴石屏的重在论说原理，后来清代的王士祯等所写论诗绝句多受元好问的濡染。

元代不止诗学上有贡献、有特点，同时在辞赋批评理论上也有建树。一个重要的体现，就是祝尧编的《古赋辨体》8 卷、外集 2 卷。此书是选两汉至宋代赋作的总集。正集选两汉至宋代的赋作，每朝选数篇，辨其体格，外集选拟骚、琴操歌等，为赋家之流别。此书对研究古代辞赋批评理论有重要价值，为后人所推重。明吴讷撰《文章辨体》、徐师曾撰《文体明辨》多师其意。许学夷《诗源辨体》卷 2 论辞赋流变，全引其语。清代诸多赋话，论辞赋源流，也多取资《古赋辨体》。

辽、金、元三朝有关词评、词论、词本事和词坛逸闻逸事等方面的著述，主要是在金、元两朝。这方面的专著主要有：

《词源》2 卷，张炎撰。张炎是古代词史上重要的词人和词论家。其《词源》是元代最重要的词论。此书分卷上、卷下两部分。卷上共 14 则，论词律和唱曲方法，并俯有图谱；卷下共 16 则，论作词的原则和方法①。

《词旨》1 卷，陆辅之撰。陆辅之曾从张炎学词。《词旨》论词多承张炎之说。书中属对、警句类保留了不少流传至今的名句。

《吴礼部词话》1 卷，吴师道撰。吴师道撰《吴礼部诗话》末附词话 7 则，唐圭璋《词话丛编》录出，作为 1 卷，题曰《吴礼部词话》。

元代词学方面的史料，除上面列举的比较集中的著述外，还有大量地散见于其他各种文体中。施蛰存、陈如江辑录的《宋元词话》②，从“散见于各种笔记、诗话、野史、琐谈等著述中”，辑得词话共 305 种。查洪德、李军云：“其中有宋元之际、金元之际和元代的著作 40 多种。”③

辽、金、元之前，虽然有一些戏曲批评理论史料，但比较零星。到辽、金、

① 关于《词源》的元抄本、刻本和校注本，参阅：邓子勉《宋金元词籍文献研究》，上海古籍出版社 2008 年版，第 86—87 页；王兆鹏《词学史料学》，中华书局 2004 年版，第 5 页。

② 上海书店出版社 1999 年版。

③ 见其著《元代文学文献学》，中国社会科学出版社 2002 年版，第 143 页。

元时期,随着戏曲艺术的辉煌,戏曲批评理论史料有了迅速的发展和积累。出现了不少比较系统的专门著述。前面述及的《录鬼簿》和《青楼集》尽管主体属传记史料,但其中有不少关于戏曲的批评理论。此外,为后人所认可的专著还有:

《唱论》,作者是元代的燕南芝庵。此书最早见于元人杨朝英选编的散曲《乐府新编阳春白雪》卷首附录。当作于元至正朝(1341—1361)之前。

《制曲十六观》,元代顾瑛撰。此书借鉴两宋名家词,论述了填词作曲的法则16条,其中论述作曲比较详细。

《中原音韵》,元代周德清撰。此书前一部分是韵谱,后一部分是《正语作词起例》。韵谱以北方实际语音韵为准,分列19部,创“平分阴阳,入派三声”之说,各韵部下分阴平、阳平、上声、去声四类,把入声字分别附于四声之尾。这是北曲最早的韵谱,后来北曲即以此为正音依据,对后世多有沾溉,卓从之《中州乐府音韵类编》、朱权《琼林雅韵》,都以此为蓝本。《正语作词起例》则为格律理论,强调声律,并对元曲的辨音、用字、格律、务头、曲牌等,作了专门论述。此书是元曲声韵成熟、进入理论化的标志,是研究元曲的重要史料。

除了上面举的专著外,在其他著述中多少不同地也存有一些戏曲学史料。元代胡祇遹的《紫山大全集》中的《优伶赵文益诗序》、《赠宋氏序》,是元代初期戏曲批评理论的两篇论文。元代中期畏吾儿(今维吾尔族)散曲家贯云石在为杨朝英选编的《阳春白雪》所作的序言中,有对文学家作品的评述。元代后期有影响的文学家杨维桢,在他的《东维子文集》中收有专论戏曲的文章,如《沈氏今乐府序》、《朱明优戏序》、《周月湖今乐府序》等。元代陶宗仪的《南村辍耕录》中保存有一些元曲文献,任讷把它们辑出,编为《辍耕曲录》1卷,内容有曲家、歌伎佚事,戏曲作品本事,院本杂剧剧目,曲牌和乐曲名称等,曲论史料有杂剧、散曲文学家乔吉关于“作乐府亦有法”一则。

从今存金元时期的文学研究史料来看,远不及宋代的丰厚,但如上所列,也产生和流传下来一些重要成果。这些成果,特别是关于戏曲批评理论史料方面的成果,比之前代有了很大的进展。

第五节　马端临《文献通考》的杰出贡献

马端临是宋末元初著名的历史学家,在南宋曾做过承事郎,南宋亡后绝意仕进，从事讲学、著述。著述有《多识录》、《大学集传》、《义根守墨》和《文献通考》等，其中《文献统考》是他最重要的代表作。

马端临编撰《文献统考》的目的，据《文献统考》自序说，一是因为司马光的《资治通鉴》"详于理乱兴衰，而略于典章经制"；二是认为杜佑的《通典》所述止于唐天宝间，且"节目"不全，"不无遗憾"。马端临的父亲马廷鸾少年时，即"甘贫力学"。南宋末年，官至右丞相兼枢密使。曾任校书郎，兼国史院编修官、实录院检讨官，编修《经武要略》。著有《六经集传》、《语孟会编》、《楚辞补记》、《洙泗裔编》、《读庄笔记》、《张氏祝氏皇极观物外篇》诸书[①]。马端临受家庭的熏陶和父亲的教诲，年轻时就博览群书，又便于接触史料、搜集史料，这为他撰写《文献通考》提供了有利条件。《文献通考》正式开始撰写大约在元至元二十二年(1285)前后，竭 20 多年精力，最后终于写成。全书 348 卷，是我国古代典章制度史的巨著。它问世以后，人们将其与唐人杜佑的《通典》和宋人郑樵的《通志》合称《三通》。

同《通典》和《通志》相比，《文献通考》不论在史料上，还是在理论和方法上，都有许多新的创获。

在史料上，《文献通考》虽然于中唐以前部分，以《通典》为基础，但多有增益，史料 6 倍于《通典》，并补续到南宋宁宗嘉定末年(1224)，其中关于宋代的典章制度的史料，详于元人脱脱等撰写的《宋史》。

"文献"一词，最早见于《论语・八佾》。马端临的《文献通考》是第一次用"文献"命名的著作，而且赋予"文献"以新的意义。

此书的内容和体式，在吸收杜佑《通典》、郑樵《通志》的长处的基础上，有新的创获。与《通典》相比，《文献统考》不仅补充了唐玄宗天宝以后至宋宁宗嘉定以前的典章制度，而且在门类上有所增加，有所细化，计有田赋、钱币、户口、职役、征榷、市籴、土贡、国用、选举、学校、职官、郊社、宗庙、王礼、乐、兵、刑、经籍、帝系、封建、象纬、物异、舆地、四裔，共 24 门。其中经籍、帝系、封建、象纬、物异五门是新增加的。五门中，《经籍考》的价值尤其突出。关于《文献通考》的内容，马端临《文献通考・自序》云：

> 凡叙事，则本之经史，而参之以历代会要，以及百家传记之书。信而有证者从之，乖异传疑者不录，所谓"文"也。凡论事，则先取当时臣

① 参阅[元]脱脱等撰《宋史》，中华书局点校本，卷 414《马廷鸾传》。

僚之奏疏，次及近代诸儒之评论，以至名流之燕谈，稗官之记录。凡一话一言，可以订典故之得失，证史传之是非者，则采而录之，所谓“献”也。其载诸史传之记录而可疑，稽诸先儒之论辨而未当者，研精覃思，悠然有得，则窃著己意，附其后焉。

《自序》说明《文献统考》在体例上是由三部分构成的。一是所谓的“文”，即“叙事”。史料“信而有证”，源于经史等记载；二是所谓的“献”，即“论事”，“订典故之得失”，“证史传之是非”。史料主要源于臣僚、诸儒、名流之言论和“稗官之记录”。三是对“叙事”、“论事”所用史料可疑或未当者，著以“己意”。为了使上述三部分醒目，在书写形式上对三部分特意做了明确区分：“文”部分，顶格书写；“献”部分，低格书写；“己意”则冠以“按”字。

把《文献通考·自序》的言论和《文献通考》编纂的实际结合起来看，可以发现，马端临在《文献通考》中自觉地建立了自己的体系，体现了自己有关史料学的深刻思考。在史料的搜集上，不论是“叙事”部分，还是“论事”部分，尽管侧重点不同，但他都主张尽量全面。既要采用经史之类的典籍和臣僚、诸儒的言论，也要顾及“百家传记”、“稗官之记录”。既要搜集古人的，也要搜集近代的。在史料的选用上，强调鉴别之后，采择“信而有证者”，不录“乖异传疑者”，凡是“可以订典故之得失，证史传之是非者”，即使“一话一言”，也应“采而录之”。对于史料中的“可疑”者，或者是“未当”者，既不盲从，也不遗弃，而是研精深思，提出自己的看法。上述这些都具有方法论的意义。这些虽然是对史料学的整体而言，但也完全适用于文学史料学。

在《文献通考》新增的门类中，有一部分是《经籍考》。这一部分共76卷，在全书中分量最大，接近全书总卷数的四分之一，与文学史料学的关系最为直接。《经籍考》是我国古代第一部综合辑录体史志书目，从体例到具体著录图书上，都有新的创获。关于《经籍考》编纂的目的、方法，马端临在《自序》中有所说明：

今所录，先以四代史志列其目。其存于近世而可考者，则采诸家书目所评，并旁搜史传、文集、杂说、诗话。凡议论所及，可以纪其著作之本末，考其流传之真伪，订其文理之纯驳者，则具载焉。俾览之者如入群玉之府而阅木天之藏，不特有其书者，稍加研穷，即可以洞究旨趣；虽无书者，味兹品题，亦可粗窥端倪，盖殚见洽闻之一也。

《经籍考》著录图书5000种左右，由“四代史志”所列和“存于近世可考者”两大部分构成。所谓“四代史志”，指的是《汉书·艺文志》、《隋书·经籍志》、两《唐书》的《经籍志》和《艺文志》以及宋代的“国史”艺文志。《经籍考》虽然首列“四代史志”，但主体是“存于近世可考者”。他兼顾古代而又突出“近世”。从体式上看，《经籍考》虽然属于前已有之的提要式的书目，但有新的创造。马端临之前的提要式的史志书目，主要有两种：一是以《汉书·艺文志》为代表的叙录体，其特点是根据著录之书的情况，略述其出现、作意、内容、存佚、真伪等情况；一是以南朝王俭《七志》为代表的传录体。传录体“不述作者之意，但于书名之下，每立一传……文义浅近，未为典则”①。《经籍考》继承叙录体的优点，但纠正了其过于简略的缺欠，新创辑录体。书中的大小序和各书的解题，主要是广泛辑录有关史料。对各书的解题，尤其是对近世的书籍，多方征引资料，汇集众家之长，对书的作者、卷帙、成书、特点、流传、重要评论等加以编辑。有时征引，相当客观，不加轩轾。有时对有分歧的观点加有按语，或用按语交代疑而不能判定者。马端临新创这种辑录体，使读者在知道书目的同时，还能方便、集中地看到许多相关的史料。这些著录全面而又有考订的史料，对辑佚、版本、校勘、研究等，都有价值。这种辑录体书目，因为有突出的优点，所以为后来许多人所认可、所效仿。下引清代章学诚和现代姚名达的论述颇具代表性。章学诚说：

> 著录之书，肇自刘氏《七略》，班氏因之而述《艺文》，自是荀《簿》、阮《录》、《隋·籍》、《唐·艺》，公私迭有撰记，不可更仆数矣。其因著录而为考订，则刘向《别录》以下，未有继者。宋晁氏公武、陈氏振孙始有专书，而马氏《文献通考》遂因之以著《经籍》，学者便之。②

姚名达说，《经籍考》“虽多引成文，无甚新解；然征文考献者，利莫大焉。较诸郑樵之仅列书目者，有用多矣。后世朱彝尊撰《经义考》，章学诚撰《史籍考》，谢启昆撰《小学考》，即仿其例，在目录学中别成一派，对于古籍之研究，贡献最巨”③。

---

① ［唐］魏徵等撰《隋书》，中华书局点校本，卷32《经籍志·总序》。

② ［清］章学诚《章学诚遗书》，文物出版社1985年版，《补遗·史考释例》。参阅曾贻芬、崔文印《中国历史文献学史述要》，商务印书馆2000年版，《〈文献通考·经籍考〉散论》。

③ 姚名达《中国目录学史》，上海古籍出版社2002年版，第179页。

在马端临的《经籍考》之前，各种目录层出不穷，但像《经籍考》这样有多方面的创获，深受推重、影响之大的却很少，其根本原因是马端临有一种传承文化的责任感，有一种继往开来的创新精神，专心致志，读书广博，长期积累，征引丰富，注意辨析，体例明确。[①]

作为文学史料重要组成部分的文学传记史料，在辽金元时期出现了文学家传记专集《唐才子传》、《录鬼簿》和《青楼集》。《录鬼簿》和《青楼集》是中国古代文学史料学史上最早的为门第卑微的各族戏曲家和从事戏曲演唱的各族女艺人立传的专集。这是辽金元时期盛行的戏曲通俗文艺造就了许多戏曲家的反映，也是封建正统思想在这一时期有所松弛的折射。两部传记专集的出现，不仅是传记史料的重要载体，同时也体现了撰写者基于人文精神，对下层艺人的关切。

作品史料的搜集、整理和传播，在这一时期继续发展。小说长篇讲史评话的辑刊和多种散曲总集的编纂，是这一时期作品史料的两大亮点。

在文学研究史料方面，这一时期的诗歌理论上承唐代，有关诗法、诗格的论著，成就突出。戏曲批评理论史料有了迅速的发展和积累。

宋末元初的著名历史学家马端临撰有巨著《文献通考》，自创体系，详述考订了南宋嘉定末年之前的典章制度，特别是其中的《经籍考》，对中国古代的目录和目录学做出了杰出的贡献。

上面列举的史实，说明中国古代文学史料学在少数民族的统治者统辖的辽金元时期，汉族、契丹、女真、蒙古等多民族突破了狭隘的民族意识，重视并且践行文化的交流和融合，使中国古代文学史料学有了明显的发展，这从一个方面说明中国古代文学史料学的发展，是汉族和其他民族共同努力创造的结果，也说明社会多方面的开放，有利于文学史料学的发展。

---

① 参阅邓瑞《马端临与〈文献通考〉》，山西古籍出版社 2003 年版。

第十三章　古代文学史料学的开拓和深入发展期:明代

第一节　史料学拓展和深入发展的综合生态

明代自太祖朱元璋洪武元年(1368)在南京称帝开国,到思宗朱由检崇祯十七年(1644)在北京自缢灭亡,前后共277年。明代的文学史料学紧承元代,在270多年的演进历程中,虽然在明初有短暂的挫折,但就总体而言,呈开拓和深入发展的态势。这与明代的经济、政治、思想文化等方面的变化紧密相连。

朱元璋建立明朝以后,以恢复汉文化统治的名义,针对元朝政治制度和文化思想统治的松懈,为了巩固刚刚建立的政权,一开始就强化了封建君主集权,在文化思想上采取了严酷的专制政策。朱元璋大兴文字狱,以文字之"过","纵无穷之诛",有些儒生士大夫因文字而遭厄运。如朱元璋称帝后,浙江府学教授林元亮所作《贺万寿表》中有"作则垂宪"之语,常州府学训导蒋镇所作《贺正旦表》中有"睿性生智"之语,朱元璋则以"则"为"贼"、以"生"为"僧",认为是讽刺他曾参加过红巾军,当过和尚,结果全被处死。又如佥事陈养浩因诗"城南有嫠妇,夜夜哭征夫"获罪致死①。僧人一初作《翡翠》诗:"见说炎州进翠衣,网罗一日遍东西。羽毛亦足为身累,那得秋林静处栖。"被以诽谤罪论处②。与实行文字狱相配合的是,为了使士大夫俯首帖耳听命于皇权,朱元璋还采用了残酷的高压手段。如洪武年间规定,"寰中士大夫不为君用"者,即可"诛其身而没其家"③。朱元璋为了钳制思想文

① [明]刘辰《国初事迹》,齐鲁书社1996年版。

② [明]郎瑛《七修类稿》,中华书局《明清笔记丛刊》排印本。

③ [明]朱元璋《大诰三编》,元亨利贞书屋2000年影印本,《苏州人材第十三》。

化，在制造恐怖的同时，又采用崇正宗、灭异端的做法，推尊程朱理学。他多次诏示：士人必须"一宗朱子之书"，规定科举考试一律以朱熹的注为标准答案。程朱理学继续被尊奉为官方学说，一统天下。凡"言不合朱子，率鸣鼓而攻之"①。明初严酷的思想文化专制有震慑作用，使大批文人学者失去了自由，思想被禁锢，与程朱思想相左的典籍受到了极大的限制。同时有一些文人学者，如高启、方孝孺等惨遭杀害，他们的著述也被禁止刊行。明初还采取了一些错误的举措，贬低伶人的地位，不准伶人应试入仕，戏剧活动受到严格的限制②。上述诸种因素的综合作用，使文学史料和文学史料学受到了挫折。但从整个明代来看，这种挫折是短暂的，时间主要是在明初。明初之后，文学史料和文学史料学，随着工商业的发展、政治上的宽松以及文化思想上人的自我意识的觉醒，则有了明显的转变。

宋元时期逐渐兴起的工商业，在元、明之际遭到了一些破坏。朱元璋为了恢复农业生产，采取了"重农抑商"政策，在一定程度上削弱了工商业。但是，明初经过数十年的休养生息，随着农业的复苏，也为工商业的恢复和发展创造了有利的条件。到明代中期，工商业迅速发展，东南地区发展得更快。纺织、陶业、造纸、印刷等手工业规模不断扩大，分工渐趋细致，产品依附市场的份额进一步加大。国内商品流通，交换频繁。穆宗隆庆后一度解除海禁，海外贸易不断发展。工商业的发展，促进了城市的兴旺。苏州、杭州、松江、嘉兴、广州、武汉、湖州等都是当时繁华的城市。与此相牵动的是，这些大城市的工商业机能向外辐射，促进了周边地区的开发，"在江南形成了颇具规模的市镇网络。据统计，明代江南市镇数达 316 个"③。

明代工商业的发展和城市的繁荣，虽然不足以动摇传统社会长期形成的农耕经济的主导地位和传统文化的根基，但它毕竟蕴涵着资本主义的萌芽，冲击了传统文化，催生了新的文化。工商业的发展和城市的繁荣，程度不同地影响了社会各个阶层，特别是市民和士人。市民阶层的人数迅速增多。由于明初统治的严酷和工商业的发展，社会上许多人看到，"士而成功也十之一，贾而成功也十之九"④，在市民中，一些富商逐渐引起人们的钦

---

① 何乔远《名山藏·儒林记》，《四库禁毁书丛刊》本。

② 参阅张发颖《中国戏班史》（增订本），学苑出版社 2004 年版，第 109—111 页。

③ 引自宋莉华《明清时期的小说传播》，中国社会科学出版社 2004 年版，第 21 页。

④ 王慎中《陆龙津诗序》，载黄宗羲《明文海》，中华书局 1987 年版，第 2755 页。

羡。不少商人与文人士子往来密切。有些商人经营图书,藏书,有的刊印自己的文稿,请文人为之作序。许多文人,出入市井,有些还涉足工商业,如小说家凌濛初、陆云龙及汲古阁主人毛晋等都兼营书籍印刷业。市民与受市民影响的文人的密切结合,形成了新的读者群。适合市民口味的具有市民情趣的诗文,特别是叙写"世俗之趣"的小说和戏曲受到前所未有的青睐。城市工商业的发展和市民读者群的扩大,进而促成了一些文人的职业化和文学作品的商业化。有些文人受雇于书坊,编撰、校订作品。江西小说家邓志谟长期在建阳书坊担任塾师,并受雇于书坊担任编辑,长达 20 多年①。明绿天馆主人《古今小说叙》云:

> 茂苑野史氏,家藏古今通俗小说甚富,因贾人之请,抽其可以嘉惠里耳者,凡四十种,畀为一刻。

说明《古今小说》的编刻,主要是受商贾业的要求,目的是为了出售。

在明代的工商业中,造纸和印刷业占有相当大的比重。明代的造纸,在技术上和工艺上,已经达到了相当高的水平。当时造纸的主要原料是竹子。浙江、江西、福建及其周边地区,有广大茂密的竹林,为这些地区造纸业的兴盛提供了大量的原材料。如"明代方志中谈到石塘(江西省铅山县)有纸坊不下三十家,各雇用工人一两千人;公元 1597 年时该地约有五六万人从事造纸业。据说铅山手工业各行当中,唯有造纸能够获利,该地所产的纸(连史纸)销售全国各地"②。

明代印刷技术有很大的创新。明代的工匠首先使用金属活字,改进了木版套印方法,由双色套印发展到五色套印,"使书内插图更为精致,并使用雕版摹印的方法复制古板书籍而取得几可乱真的效果"③。明代活字板盛行,当时的活字有泥活字、木活字和金属活字三种。明朝印的活字图书,大约有 200 种左右。其中木活字约 100 多种,金属活字约六七十种,另外的当是泥活字④。

---

① 参阅齐裕焜《明代小说史》,浙江古籍出版社 1997 年版,第 209 页。

② 引自钱存训著、郑如斯编订《中国纸和印刷文化史》,广西师范大学出版社 2004 年版,第 46 页。

③ 引自钱存训著、郑如斯编订《中国纸和印刷文化史》,广西师范大学出版社 2004 年版,第 153 页。

④ 参阅缪咏禾《明代出版史稿》,江苏人民出版社 2000 年版,第 540 页。

随着印刷技艺的革新和套色水平的提高，明代的书籍插图相当广泛。文集、戏曲和小说等作品的插图，空前盛行。文集如《新镌考正绘像注释古文大全》、《雪舟诗集》、《吴骚初二集》。戏曲集如《董西厢》、《昙花记》、《樱桃梦》、《红拂记》、《目莲救母劝善戏文》。小说集如《新刻按鉴编纂开辟衍绎通俗志传》、《新刻八仙出身东游记》、《李卓吾先生批评西游记》、《三国水浒全传》、《金瓶梅》①。

明代的统治者对书籍的出版印刷虽然有时有所限制，但从总体上看，在管理上是比较宽松的，有时取鼓励和支持政策。清代人龙文彬《明会要》卷26载：

> 洪武元年八月，诏除书籍税。

这一优惠政策，从一个方面促进了私人刻书业的发展。明代中期，尤其是后期，除了官刻之外，坊刻和家刻十分繁荣。明代李诩《戒庵老人漫笔》说："今满目坊刻，亦世华之一验也。"名代刻书的主要城市有福建的建阳，江苏的南京、苏州、无锡、常州，浙江的杭州、湖州等。明代书坊大量刊刻小说，据程国赋统计，包括翻刻在内，明代坊刻小说共有400种左右②。明代中、后期，出版氛围相当宽松，以至像《金瓶梅》这样的小说，竟准许"悬诸国门"，全文刊印，还加有插图③。

造纸业的发展，印刷技术的创新和出版印刷管理上的宽松，促进了各种著述的写作，特别是一些通俗的文学作品和史学著述的写作，使许多通俗的著述和作品得以大量刊印和广为传播。明成化年间，陆容《菽园杂记》卷10载：

> 国初书版惟国子监有之，外郡县疑未有。观宋潜溪《送东阳马生序》可知矣。宣德、正统间，书籍印版尚未广。今所在书版，日增月益，天下右文之象，愈隆于前已。但今士习浮靡，能刻正大古书以惠后学者少，所刻皆无益，令人可厌。

从陆容上面的记叙来看，明代在英宗正统之后，刻印"日增月益"，发展

① 参阅缪咏禾《明代出版史稿》，江苏人民出版社2000年版，第322页。
② 程国赋《论明代坊刻小说的广告手段》，《学术研究》2007年第6期。
③ 参阅缪咏禾《明代出版史稿》，江苏人民出版社2000年版，第70页。

很快。他所说的“无益”、“可厌”之书，其中不排除有一些私刻、坊刻为了牟利而刻印的粗糙低俗之作，但主要部分应是当时流行的比较健康的通俗书籍。

明代史料学的开拓和深入发展，还与明代在思想上的相当解放息息相关。明代开始实行的皇权高度集中和高压政策，逐步导致了以皇帝为中心的统治集团的腐败。明代中期以后，宦官专权，党争加剧，政治混乱，贪欲膨胀。朝政的腐败伴随着工商业发展对社会各方面的刺激，使统治集团松弛了在思想上的控制，沉闷压抑被冲破，早期启蒙思想开始活跃。一个重要的表现就是思想家王守仁学说的出现和传播。王守仁学说发展了宋代陆九渊的“心学”，认为“心者，天地万物之主也”，“心外无理，心外无事，心外无物”①，力主人的精神的唯一性，能主宰一切。肯定人的精神的主动性，反对程朱理学把“理”看成一种外在的至上权威的观点，否认用外在规范人为地管制“心”、禁锢“欲”。王学还主张“行知合一”，这对当时那些信奉程朱理学而言行不一的假道学，是一种有力的针砭。王守仁学说提出以后，他的学生王艮以及泰州学派的传人李贽等，对程朱理学的背离更为明显。王说由于强调了人心和“良知”，由于其表述方式“简易直接”，容易通俗化、社会化，所以传播的范围十分广阔，也相当深入②。王守仁的学说虽然走上了极端，有明显的偏颇，但它含有合乎情理的值得汲取的内容，有片面的深刻性，是当时以市民为主体的人的自我意识觉醒的反映，反过来又促进了人的自我意识的觉醒。这种觉醒直接辐射到文学和史学领域，也辐射到文学史料学。明初由于统治者对思想文化严加控制，迎合市民阶层的作品的刊印和传播不多，“其时天下惟王府官司及建宁书坊乃有刻版，其流布于人间者，不过《四书》、《五经》、《通鉴》、性理之书，他书即有刻，非好古之家不能蓄”③。明初刻版多《四书》、《五经》和“性理之书”的情况，到中后期则由于王守仁学说的催化等原因，发生了很大的变化。一些张扬情感、个性，肯定人欲的作品，尤其是许多通俗小说和戏曲，受到重视，多方批量刊印，广为传播。

明代通俗文学的兴盛，从多方面促进了明代文学史料学的开拓和发展。

---

① ［明］王守仁著，吴光、钱明等编校《传习录》，《王阳明全集》本，上海古籍出版社1992年版。

② 参阅余英时《士与中国文化》，上海人民出版社1987年版，第516页。

③ 转引自严佐之《古籍版本学概论》，华东师范大学出版社1989年版，第53页。

通俗文学史料成果的迅速增加，成为明代文学史料的一个亮点。许多文人致力于搜集、整理、编写通俗文学史料。随着对通俗文学的研究，有关研究通俗文学史料的论著空前增多。通俗文学的广泛传播，接受群体的扩大，那么多的公众参与通俗文学，既体现了通俗文学的价值，又开创了中国古代文学史料的传播的新局面。

王阳明心学思潮，到了明末，陷入“束书不观，游谈无根”的困境。万历年间，以顾宪成和高攀龙为首的东林学派为了矫正心学的偏失，在江苏无锡东林书院讲学，张扬一股注重经世致用的实学思潮。在政治思想上，他们主持清议，揭露腐败，希望革新朝政。在学术思想上，他们反对心学末流空谈心性而不务实学。顾宪成“论学以实为体”①。高攀龙认为心学“任心而废学，于是乎诗书礼乐轻，而士鲜实悟”，“任空而废行，于是乎士名节忠义轻，而士鲜实修”②，因此倡导“治国平天下”的“有用之学”③。到天启、崇祯时期，以张溥、张采和陈子龙为代表的复社、几社继东林而起，他们基于“学术有用”的观点，立志事功，追求实学，提倡以通经治史为内容的“兴复古学”④。实学思潮对史料和史料学产生了积极的、深远的影响，不仅张溥、陈子龙、卓人月、徐士俊等人身体力行，编辑了一些重要的图书，而且实学思潮一直延续到清初，影响了清代的思想和史料学。

在明代，与文学史料学关系密切的史学，有明显的开拓和深入的发展。这突出表现有以下两方面：

一、当代史著述成果丰硕。明代虽然也关注以前的历史，编纂了一些以前的史著，如宋濂、王祎受太祖之命任总裁编撰的《元史》，王洙的《宋史质》，柯维骐的《宋史新编》，陈桱的《通鉴续编》，王宗沐的《宋元资治通鉴》。但特别重视的是当代史的编纂，有关这方面的成果的类型和数量都很多，特别重要的有以下五种：

1. 实录。明代朝廷没有像以前许多朝廷那样修国史，关于本朝史事的，最重要的是实录和《大明会典》。《大明会典》属于官修的典章制度史书，相当全面地记述了明朝重要的法令和章程。明朝比较完备的史事，主要载

① [清]黄宗羲著、沈芝盈点校《明儒学案》，中华书局 1985 年版，卷 58《东林学案》一。

② 《崇文会语序》。

③ 《高子遗书》卷 5《东林会语》。

④ 见眉史氏《复社纪略》卷 1。

于实录。明朝自惠帝建文年间到思宗崇祯年间,前后编纂实录13部,史学上统称为《明实录》。《明实录》包括除崇祯朝之外的15朝史事。《明实录》中有些经过了重修、改修,窜改了某些史实,但就所记的主要内容来说,是可靠的,是后人了解明代历史的重要史料。

2. 私家编撰当代史。明代官修正史的欠缺,为私修史书留下了空间。明代私家编撰当代史十分活跃。《明史》卷97《艺文志二》正史类,在官修实录、年表之后,列有私家编撰本朝史32种,杂史类著录约190种。其中重要的纪传体有郑晓的《吾学编》、邓元锡的《明书》、何乔远的《名山藏》等。编年体有雷礼的《大政记》,陈建的《皇明通纪》、《续通纪》,薛应旂的《宪章录》,张诠的《国史纪闻》,谭希思的《皇明大政纂要》等。

3. 方志的兴盛。在明代,由于朝廷的重视和各地经济、文化的发展,从朝廷到各府、州、县,都重视组织人员编纂方志,方志迅速发展。时人张邦政在《万历满城县志·序》中说:

今天下自国史外,郡邑莫不有志。

足见方志在明代相当普泛。明代所编方志的数量是空前的。据黄苇等著《方志学》的统计,明代编撰的方志达2892种,流传至今的有1017种,约占明志总数的35%①。《中国地方志联合书目》著录明代方志900多种。明代修方志,在具体编纂上有统一的规范。永乐十年(1412)朝廷颁布了《修志凡例》16条。十六年(1418)又颁布了《纂修志书凡例》21条。这些凡例,大体为后来编纂方志所参照。明代县一级方志得到了长足的发展。据统计,明代县级方志共有1606种②。明代开创了边关志、边城志和卫志门类③。明代著名的方志学家很多,这一点可以陈光贻著《中国方志学史》为参照考。《中国方志学史》第四部分"列代著名方志学家"共选列52人,其中晋、南朝3人,唐代2人,宋代5人,明代20人,清代22人。总括起来,明代人数是以前的两倍,比后来的清代仅少2人④。

---

① 2892种,"既包括存佚者,又含年代明确和年代不详者"。参阅黄苇等著《方志学》,复旦大学出版社1993年版,第176、186页。

② 参阅钱茂伟《明代史学的历程》,社会科学文献出版社2003年版,第81页。

③ 参阅瞿林东《中国史学史纲》,北京出版社2005年版,第624—625页。

④ 参阅陈光贻《中国方志学史》,福建人民出版社1998年版,第139—193页。

4. 稗史类史书的增多。关于稗史，并没有严格的界定，名称除稗史之外，还有多种。稗史记载的主要是轶闻琐事，与正史不同。同以前各个朝代相比，明代所编撰的稗史有了明显的增多。《明史・艺文志》著录明代稗史之类的著述，多见于史部杂史类以及子部杂家类和小说家类。杂史类著录的，如祝允明的《九朝野记》、孙继芳的《矶园稗史》。小说家类著录的则多以"漫笔"、"漫录"、"杂记"、"杂谈"、"杂言"、"杂录"、"随笔"、"笔谈"、"丛话"、"丛谈"等名书。明代稗史的数量，尚待统计。《明史》卷97《艺文志二》杂史类著录215部，杂家类著录67部，小说家类著录128部。以上三类所著录的，其中有些并不属于稗史，但稗史内容所占的比例是相当大的。至于《明史・艺文志》没有著录的，还有很多①。值得注意的是，由于明代稗史很多，相应出现了像王世贞《明野史汇》100卷和王圻《稗史类编》(一作《稗史汇编》)175卷这样大型的稗史汇编。

5. 传记的编撰。明代在许多史著中，有重要的人物传记。王世贞一生为了编纂明史，用了大量的时间和精力，虽然最终未能完成，但从他所存传的有关史著来看，列传部分涉及了各方面的人物，有"开国臣传、元遗臣传、壬午诸臣传、死事诸臣传、永乐诸臣传、浙三大功臣传、先后四文臣伯传、弘治三臣传、名卿绩记。宦官传、锦衣卫志、权幸传、忠义、孝友、儒林、文艺，以合传与类传居多"②。李贽的《续藏书》依据明代人物传记和有关文集，记述了明万历以前约400个历史人物。明代在传记方面，还有一个突出的现象，就是发展了始于南宋的名臣传，取得了不少成果，如彭韶的《国朝名臣录赞》，杨廉的《皇明名臣言行录》、《皇明理学名臣言行录》，尹直的《皇明名臣言行通录》，徐纮的《皇明名臣琬琰录》、《皇朝名臣琬琰续录》，何乔新的《勋贤琬琰集》，谢铎的《名臣事略》，林塾的《名臣录补赞》以及黄金的《开国功臣录》③。

二、重视通俗性史书的编写和史学教育。明代的统治者和一些史学家，知道通俗性史书尽管不能登大雅之堂，但却能普及历史知识、有利于进行历史教育。因此明代用重编、节选和摘录等方法，编写了许多通俗性的史

---

① 参阅瞿林东《中国史学史纲》，北京出版社2005年版，第625—628页。

② 引自钱茂伟《明代史学的历程》，社会科学文献出版社2003年版，第249页。

③ 以上史料引自钱茂伟《明代史学的历程》，社会科学文献出版社2003年版，第52—55页。

书。重编的，如顾锡畴的《纲鉴正史约》、梁梦龙的《史要编》、丘浚的《世史正纲》、顾应祥的《人代纪要》、唐顺之的《史纂左编》。节选的，如张光启和刘剡合编的《通家节要续编》、马维铭的《史书纂略》、姚允明的《史书》、茅国缙的《晋史删》。摘录的，如李东阳主持编纂的《历代通鉴纂要》、茅坤的《史记钞》、凌迪知的《〈左〉〈国〉腴词》等。

明代通俗性史书的编撰，还有一种形式就是历史演义。这一形式在晚明十分盛行，著述很多。钱茂伟《明代史学的历程》所列《明代历史演义表》，共著录20种。历史演义的情况比较复杂，具有历史著述和小说的双重性质。既是演义，就与通常的史著不同，多少不等地掺入了虚构的成分。从这一角度看，它应当属于小说。但它毕竟是"历史"的演义，是以历史事实为根基的，因此它又不同于一般基于虚构的小说，可以归于通俗的历史读物。

明代通俗性史书的编写是与史学教育相联系的。明代从太祖朱元璋开始，十分重视历史教育，以史为鉴，来规范上自皇帝下至庶民的言行。《君戒》、《历代君鉴》是供皇帝学习的。《储君昭鉴录》、《文华宝鉴》是让太子阅读的。于亲王，有《永鉴录》。于百官，有《志戒录》。另外还注意对公卿贵人的子孙和商贾子弟进行历史教育。《明太祖实录》卷21载：

> 公卿贵人子弟，虽读书，多不能通晓奥义。今集古忠良奸恶事实，以白词直解之，使观之易晓。他日纵学无成，亦知古今之行事，可以规戒。民间商贾子弟，亦不读书，宜以所当务者，直辞解说，作《务农技艺商贾书》，使通知大义，可以化民成俗。

编写通俗的历史书籍，利用历史进行教育，明代以前的许多朝代程度不同地都予以注意，但没有像明代这样重视，这样普遍，这样系统。中国古代大量的史著，特别是正史，都是出自上层文人之手，或者是由官方监控编纂的，用来作为政治镜鉴、道德修养。从内容到表述形式，难以为社会上广大的普通人所接受。普通人只能从其他途径得到补偿。而晚明盛行的历史演义就是一种重要的补偿形式。它既是历史知识的广泛传播，又是文学作品史料的广泛传播。这表明，明代的史学发展了经世致用的传统，张扬了历史的教育性和社会性，使过去丰富的历史著述不再局限于少数人，而是用新的形式得到了流传和广布，渗透到了社会的各个阶层①。

明代史学的开拓和深入发展，从多方面影响了明代的文学史料学。明代丰硕的史学成果是明代最重要的文学背景史料。明代的许多史著中含有丰富的文学传记史料、作品史料和文学研究史料。举一个例子：明代黄润玉撰《宁波府简要志》、王瓒撰弘治《温州府志》、朱绰撰嘉靖《瑞安县志》，载《琵琶记》作者高明（字则诚），“庆元路推官。文学、行谊著称于时”，“性聪明，自少以博学称。……辟江浙省掾史，从参政樊执敬核实平江圩田，蠲租米无征者四十万石。改调东阃幕都事，四明狱囚事无验悉多冤，明治之，操纵允当，囹圄一空，郡称神明。……除福建行省都事”，“《柔克斋集》二十卷，今所传《琵琶记》，关系风化，实为词曲之祖，盛行于世”②。《明史》卷285《高明传》全文仅79字，所记十分简略，而上引黄润玉等人的著述，可补《明史》所记之缺。明代有许多文学家用不同的方式参与修史，如何景明撰《雍大记》，杨慎参修《四川总志》，王世贞对明史的编纂，李贽撰《藏书》和《续藏书》。文学家参与修史，于史料的搜集、整理和考辨均有创获。如杨慎就编有词集《词林万选》和《百琲明珠》。他们的史学思想和史学实践自然会渗透到他们的创作和批评中，直接影响了明代的文学史料和文学史料学。明代通俗史著和史学教育的发展，从一个方面促进了明代通俗文学的创作、评论和传播。

第二节　《永乐大典》：文学史料的重要渊薮

《永乐大典》是明初在明成祖朱棣的诏令下编纂的一部类书，是由朝廷组织完成的一项重大的文化工程。明成祖鉴于“考一事之微，泛览莫周；求一物之实，穷力莫究。譬之淘金于沙，探珠于海，戛戛乎其不易得也。乃命文学之臣，纂集四库之书及购买天下遗籍，上自古初，迄于当世，旁搜博采，汇聚群分，著为奥典”③。具体主持编纂工作的是太子少师姚广孝、刑部侍

① 关于明代史著的通俗和历史教育，参阅：钱茂伟《明代史学的历程》，社会科学文献出版社2003年版，第2章、第18章；瞿林东《中国史学史纲》，北京出版社2005年版，第635—640页。

② 转引自侯百朋《方志所见有关高则诚资料》，《文献》第18辑。

③ 朱棣《永乐大典序》。明代中期学者李日华《紫桃轩又缀》卷2云，朱棣之所以诏修《永乐大典》，是想借此“耗磨逊国诸儒不平之气”。可备一说。

郎刘季篪和翰林学士解缙，“供事编辑者凡三千余人”①，永乐元年(1403)秋开始编纂，永乐五年(1408)冬修成。

《永乐大典》全书有凡例，目录60卷、900本，正文22937卷，11090本②，约三亿七千万字，规模之大，在中国古代类书中是空前的。唐、宋两朝也有规模可观的类书，但远不及《永乐大典》。唐朝的《北堂书钞》现存160卷，《艺文类聚》100卷。宋朝的《太平御览》和《册府元龟》各为1000卷，规模较前有了很大的拓展，但各自的卷数还没有《永乐大典》的二十二分之一。明成祖朱棣在明初诏令编成如此规模宏大的一部类书，从广泛搜集史料到最后编成，不惜人力物力，尽管有他个人的想法，但毕竟体现了明初在朱元璋之后在文治方面，还是相当有气魄、有作为的。

由于《永乐大典》是中国古代规模最大、相当成熟的一部类书，所以经国家有关部门组织专家严格评审，于2003年确定被列入第二批中国档案文献遗产名录。有关部门表示，将借助各种机会，进一步促进其入选联合国教科文评审的《世界记忆名录》，把它推向世界，以广为世界所知③。

《永乐大典》在编纂指导思想上，特别重视收录史料的广泛丰富。《凡例》云：

> 是书之作，上自古初，下及近代，经史子集，与凡道、释、医卜、杂家之书，靡不收采……凡天文、地理、人伦、国统、道德、政治、制度、名物，以至奇闻异见，谀词逸事，悉皆随字收藏。

又云，此书“包括宇宙，贯通今古，本末精粗，灿然备列，庶几因韵以考字，因字以求事，开卷而古今之事一览可见”。足见本书在广泛收录史料上，从一开始就有一种自觉意识。

《永乐大典》在编辑方法上，也不同于以前的类书。从现存中国古代的类书来看，在编辑方法上有一个突出的特点，就是分类摘录有关资料，先分部(大类)，部下再分目(小类)。如：《北堂书钞》分19部，851目；《艺文类

---

① 参阅[清]钱大昕著，陈文和、孙显军校点《十驾斋养新录》，江苏古籍出版社2000年版，卷13“永乐大典”条。

② 关于《永乐大典》的卷数和本数，有关书籍所载有差异，上述数字据《十驾斋养新录》卷13“永乐大典”条引朱国桢说。李日华《紫桃轩又缀》卷2云：22877卷，11095本。

③ 据《〈永乐大典〉等列入中国档案文献遗产名录》，《光明日报》2003年10月20日A2版。

聚》分46部,727目[①];《太平御览》分55部,4558目。上述分类,虽然有助于检索,但因分类过细,不易准确查找。另外,受分类的限制,同一资料有时被分割几处。《永乐大典》与上述分类不同。它吸收了韵书以韵检字的优点,主要依照《洪武正韵》的韵目,“用韵以统字,用字以系事”[②],按韵目分列单字,按单字依次辑入与此字相联系的天文、地理、人事、名物、诗文、词曲等。《洪武正韵》只有22韵,容易记忆[③]。上举的事实表明,《永乐大典》的编纂者,为了更加便于检索,有意改变了以前类书的分类琐细、不利于检索的欠缺。这在中国古代类书的编纂上,是一种创新。当然,任何分类都不可能是全面无缺的。《永乐大典》“用韵以统字,用字以系事”的编辑分类方法,也有一些不完善之处。这一点,《四库全书总目》卷137有所揭示,说此书“割裂庞杂,漫无条理,或以一字一句分韵,或析取一篇,以篇名分韵,或全录一书,以书名分韵,与卷首《凡例》多不相应,殊乖编纂之体”。知道此书的不足之处,我们在使用时,就要注意综合分析。

《永乐大典》辑入的书籍多达七八千种。在这方面,也远远地超越了以前的各种类书。在这之前的类书,引书较多的是《太平御览》,达1690种[④]。但同《永乐大典》相比,难以望其项背。《永乐大典》在辑入资料时,取整段、整篇,甚至全部,这样保存的资料比较完整,较以前类书把资料分割得比较零碎,更具有史料价值。书中对有关器具、文物、山川、地理等,还附以绘图,图文互补,使此书辑存的不少史料更为形象。

《永乐大典》修成以后,从未刊行[⑤]。过了154年后,在嘉靖四十一年(1562)明世宗命高拱、瞿景淳、张居正等负责,物色善书者以及画匠、纸匠等,历时近五年,重录过一部。因此,《永乐大典》就有两个抄本。一个是永乐五年修成后的抄本,一般称作“正本”或“永乐抄本”;另一个一般称作“副本”或“嘉靖抄本”。正本下落不明。“副本”早在乾隆时即发现丢失2422

---

① 据[唐]欧阳询撰、汪绍楹校《艺文类聚》,上海古籍出版社1982年版,《前言》。

② 《永乐大典·凡例一》。

③ 参阅曾贻芬、崔文印《中国历史文献学史述要》,商务印书馆2000年版,《〈永乐大典〉概说》。

④ “这个数字并不包括古律赋、古赋、铭、箴、杂书等等在内”,同时所引书中,有一书两见或三见的。据《重印太平御览前言》,中华书局1960年版。

⑤ [清]钱大昕著,陈文和、孙显军校点《十驾斋养新录》卷13“永乐大典”条引朱国桢曰:永乐六年,“重录一部,贮它所”。钱大昕云:“国桢所谓重录本,即翰林院所贮。”

卷,此后陆续丢失。清咸丰十年(1860),英法联军侵占北京,《永乐大典》有不少被劫走。光绪二十六年(1900),英、美、日等八国联军攻占北京后,大量图书、书版(包括《永乐大典》残存部分)大都被毁,少部分被外国人抢掠带走。到清末民初,仅存 64 册。新中国成立以后,多方搜集。现存国内外的残卷 808 卷。1960 年中华书局影印出版线装 20 函 202 册,730 卷;1962 年台北世界书局据中华书局本影印,并增加了台湾地区和德国的 12 卷,32 开精装本,100 册;1982 年中华书局将 1960 年影印出版后收集到的 67 卷出版,线装 2 函 20 册;1986 年中华书局将 1960 年和 1985 年出版的合在一起,影印出版,缩印成 10 大册精装本,共收 797 卷,约当全书的 3.4%。2003 年,上海辞书出版社出版了《海外新发现永乐大典十七卷》,将新发现的藏于美国的 2 卷、日本的 2 卷、英国的 5 卷、爱尔兰的 8 卷,共 17 卷,影印出版,16 开本,一册。

中国古代的类书,兼具现代的百科全书和资料汇编的性质。《永乐大典》作为一部规模空前巨大的类书,不仅可以帮助后人了解明永乐以前的各种知识,同时也是古代各种文献史料的重要渊薮。永乐之前的大量佚亡的文献史料,尤其是宋、金、元时期的史料,由于《永乐大典》的编纂而得以保存。因此《永乐大典》为后来的辑佚提供了丰富珍贵的史料。单从文学史料和与文学史料关系密切的史料来看,《永乐大典》是难得的十分丰富的宝藏,从清代开始,已经从中辑出和整理的书籍蔚为大观,大体的情况是:

《永乐大典》之后,用《永乐大典》辑佚规模最大的一次是清乾隆年间编纂《四库全书》时。栾贵明《四库辑本别集拾遗·序》云:

> 四库全书馆从《永乐大典》逐卷逐条(参见图版)辑出和存目的书籍计五百十五种,通称“大典本”。……《四库全书》内收“大典本”别集共一百五十六种。其中刊入《武英殿聚珍版丛书》者二十八种;收入《四库珍本丛书初集》者六十五种;其他版本七十二种,另有《斜川集》一种虽未收入“四库”,但也为馆臣所辑。

另外,据顾力仁的统计,《四库全书》“除就《大典》校补、校正各书不计外,合著录、存目于经、史、子、集四部者,都共四九一种”①。

① 顾力仁《永乐大典及其辑佚书研究》,文史哲出版社 1985 年版,第 310 页。

《四库全书》从《永乐大典》辑出的别集并不全面可靠，为了弥补其缺欠，栾贵明经过辑佚，著《四库辑本别集拾遗》上、下册，中华书局1983年出版。此书除辑补了上述三类辑本别集外，还辑补了“也属于‘大典本’的笔记两种，作为‘附录’”。又，曾贻芬、崔文印云：

据《四库总目》著录，四库馆臣共从《永乐大典》中辑出了三百九十种佚书，其中经部书七十种，史部书四十二种，子部书一百零三种，集部书一百七十五种。①

四库馆臣利用《永乐大典》在辑佚方面成绩卓著，但“他们的工作还是粗枝大叶，尚有不少应辑的书没有辑，已辑的也往往未曾辑干净；又局限于正统观念，把许多珍贵的小说、戏曲置之不顾”②。鉴于四库馆臣的遗失，在他们之后，有多人继续辑佚。自四库馆臣以来，已经辑出了许多珍贵的史料，历史方面的，如薛居正的《旧五代史》、李心传的《建炎以来系年要录》200卷、徐松的《宋会要辑稿》等。《永乐大典》著录有丰富的地理总志、方志史料。张忱石《永乐大典史话》云：

现存《大典》中尚存方志约七百余种，较为完整的有《湖州府志》、《杭州府志》、《绍兴府志》、《苏州府志》、《太原府志》、《汀州府志》、《辽州志》等十多种。

总志如卷10110引《元一统志》两则、卷10112引一则，另外还有大量的《郡县志》。

诗文集方面，如赵斐云有《宋人诗文集校辑》、《元人诗文集校辑》等行世③。《海外新发现的永乐大典十七卷》中，卷8569—8570两卷，卷10110—10112三卷中，涉及宋人诗文集近50种，“既有集名首次出现或极为罕见之宋集，更有不少《全宋诗》、《全宋文》(已编定)失收的佚诗文”④。

词方面，唐圭璋的《全宋词》和《全金元词》有许多词作辑自《永乐大典》。

---

① 曾贻芬、崔文印《中国历史文献学史述要》，商务印书馆2000年版，《〈永乐大典〉概说》。

② 胡道静《中国古代典籍十讲》，复旦大学出版社2004年版，第179页。

③ 据胡道静《中国古代典籍十讲》，复旦大学出版社2004年版，第188页。

④ 引自方健《海外新发现〈永乐大典〉十七卷考释》，《文汇报》2005年2月20日第8版。

另有赵斐云《校辑宋金元人词》行世①。

明代对戏曲相当重视，《永乐大典》卷 13965 至卷 13991 这 27 卷中收戏文 33 种。“《永乐大典》也收录了大量元代杂剧作品，仅收录关汉卿、王实甫、白朴、马致远、郑光祖、乔吉所谓‘元曲六大家’的杂剧作品就有 23 种之多”②。

明代初期平话盛行，《永乐大典》著录 26 卷。这些平话本已经散失，名目不详。《四库全书总目》卷 54 史部·杂史类存目三《平播始末》二卷注云：

案《永乐大典》有平话一门，所收至夥，皆优人以前代轶事敷衍成文而口说之。

这说明《大典》收有不少平话之类的通俗文学作品。

笔记方面，胡道静从《永乐大典》中辑有《宋人笔记钩沉》50 种，附辑两种③。

文学理论批评史料，郭绍虞的《宋诗话辑佚》有许多史料辑自《永乐大典》。

就史料的考辨而言，《大典》所引文献资料虽个别地方有改动，但总体上是忠实于原文的，同时所引资料一般都注明了出处。因此，《大典》对于史料的考辨，有其他书难以取代的重要价值。如关于《诗话总龟》问题。北宋阮阅编有《诗总》，成于宣和五年（1123），当时可能没有刊刻。到南宋绍兴年间，在闽中有了刻本，改名《诗话总龟》。宋刻本已佚，现存有明代嘉靖年间月窗道人刻的 98 卷本及明抄本 100 卷。这两个本子均分“前集”和“后集”两部分，但都经过了改窜。罗根泽在《阮阅〈诗总〉考辨》一文中，认为“后集”是月窗道人所辑。2003 年上海辞书出版社出版的《海外新发现永乐大典十七卷》，其中的 803 卷至 806 卷，是月窗道人刻本《诗话总龟·后集》卷 20 至卷 50 的内容。这证明“后集”是月窗道人所辑的说法是错误的。《大典》本当体现了元明之际流传的《诗话总龟》的面貌，为《诗话总龟》的考辨，提供了重要的依据④。

---

① 据胡道静《中国古代典籍十讲》，复旦大学出版社 2004 年版，第 188 页。

② 参阅查洪德、李军《元代文学文献学》，中国社会科学出版社 2002 年版，第 82 页。

③ 引自胡道静《中国古代典籍十讲》，复旦大学出版社 2004 第 1 版，第 188 页。

④ 上述关于《诗话总龟·后集》问题，据张健《从新发现〈永乐大典〉本看〈诗话总龟〉的版本及其增补问题》，《北京大学学报》2006 年第 5 期。

《永乐大典》对于许多文集的整理和校勘，具有重要的价值。《大典》11127—11139、11141 等卷，几乎保存了一部完整的宋版《水经注》。明清时期流传的《水经注》错误很多，戴震在四库馆用《大典》本重校《水经注》，减少了许多错误，成为善本。《大典》中还征引了许多重要文集。人民文学出版社 1993 年出版胡仔纂集《苕溪渔隐丛话·后集》卷 3“陶靖节”部分“艺苑雌黄”1 则，如用《大典》卷 8570 所录此则加以校勘，可以发现文字有 4 处不同。胡可先著有《〈永乐大典〉所引杜甫诗辑考》①，发现《永乐大典》的残卷所引杜诗多达 67 首。其中引录全诗计 38 首，引录诗句计 29 处。在引录的 38 首全诗中，有 14 首既征引诗的内容，又征引诗的注释。从《大典》征引的杜诗来看，对考察杜诗的版本，“对于现在校勘杜甫全集，辨别杜诗真伪，考证杜甫事迹等方面，都很有作用”。

自四库馆臣以来，尽管在利用《大典》做辑佚和校勘工作上取得了很大的成绩，但《大典》是一大富矿，仍然有许多珍贵的史料值得我们继续挖掘和使用。以别集和词作为例，《大典》卷 8569 录元僧殊隐《盘谷诗集》，卷 10110 录宋《陈了斋集》，卷 10112 录宋《曹桔林集》等，都是至今尚未辑佚的别集。宋词人朱晞颜，《全宋词》载其词仅有《南歌子》1 首，《大典》卷 10111 录有其《浣溪沙》1 首，题为《谢张鲁瞻惠纸笔和来韵》，有待补入。至于用《大典》进行校勘，更有大量的任务在等待我们去完成。

由于《大典》具有重要的价值，所以有关《大典》的研究著述很多，其中特别值得注意的是《〈永乐大典〉研究资料辑刊》，北京图书馆出版社 2005 年第 1 版。此书包括四大部分：一、以郭伯恭《永乐大典考》为主，在其下还收有清末民国时期《永乐大典》研究中的代表性著述；二、《永乐大典》存目；三、《永乐大典》辑本书目及引书书目；四、附录，包括《〈永乐大典〉现存卷目表》及《〈永乐大典〉研究资料及论著索引》。

第三节　整理作品史料富有成果：以各种文学总集的编纂为重点

明代文学作品史料在编纂形态上，同魏晋以来的各个朝代大体相近，主

① 见其著《杜甫诗学引论》，安徽大学出版社 2003 年版，第三章。

要是别集和总集。下面分诗文综合、诗、文、词、戏曲和小说六类，重点介绍明人在编纂总集方面取得的重要成果。

一、兼收诗文的总集

这类总集，多代的最著名的是明末张溥编辑的《汉魏六朝百三家集》（又名《汉魏六朝百三名家集》）。此书依张燮所编《七十二家集》，又取冯惟讷《古诗纪》、梅鼎祚《历代文纪》中作品较多的文学家编成的。全书 118 卷，始自西汉贾谊，终于隋代薛道衡，共 103 家。每家诗文，大体依赋、文、诗次序编排。唐以前文学家有诗文集单行本流传的，仅 30 家左右。张溥网罗散佚，汇集 103 家诗文，对整理保存汉魏六朝时期的作品，作出了贡献。此书每集前有张溥写的题词，述评文学家生平及创作，有参考价值。后来对汉魏六朝文学家文集的整理，多以此书为基础。此书有娄东张氏刻本，善化兰田章氏重刻本，上海古籍出版社 1994 年影印《四库全书》本等。

断代的主要有张士瀹的《国朝文纂》和何乔远的《皇明文征》。

《国朝文纂》50 卷，分赋、诗、文三大类：卷 1 至 6 为赋，卷 7 至 21 为诗，卷 22 至 50 为文。三类中又以体裁再分类。各体之下，以人系篇，人以时间为序。有明隆庆间刊本。

《皇明文征》74 卷。此书按体裁编辑，卷 1 至卷 5 为赋，卷 6 为乐章、琴操，卷 7 为古乐府、乐府变，卷 8 至卷 15 为古体诗，卷 16 至卷 19 为律诗，卷 20 至卷 21 为绝句，卷 22 为诗余，卷 23 至卷 74 为文。各体中再分类。并依《宋文鉴》之体例，附时艺数篇。有崇祯四年（1631）刻本。

二、兼收诗词的总集

这方面的总集，重要的是《诗渊》。《诗渊》，编者不详。今存残本。残本收录诗词五万多首，录宋金元诗词尤多。编次分身体、衣服、珍宝、饮食、花木、器用、宫室、地理、文史等门，门下再分小类①。残存稿本藏中国国家图书馆，1986 年书目文献出版社影印出版。刘卓英等编有《诗渊索引》，1993 年书目文献出版社出版。

三、诗歌总集

明人编纂的通代诗歌总集，今存重要的有：李攀龙的《古今诗删》34 卷；陈有守、汪淮等合编的《徽郡诗》8 卷；田艺蘅辑《诗女史》14 卷、拾遗 1 卷；曹

---

① 参阅陈尚君《诗渊全编求原》，《文献》1995 年第 1 期。

学佺的《石仓十二代诗选》(《四库全书总目》卷189改名为《石仓历代诗选》)506卷;冯惟讷的《古诗纪》(原名《诗纪》)。其中,史料价值突出的是《古诗纪》。《古诗纪》156卷,分前集、正集、外集和别集四部分。前集10卷,载先汉铭、赞、箴、诔、歌、繇、逸诗;正集130卷,载汉以下、隋之前诗;外集4卷,载鬼仙杂诗;别集12卷,选录前人对古诗的评论。此书是我国现存最早的一部专门汇辑古代诗歌的规模最大的总集。其后,臧懋循的《古诗所》、张之象的《古诗类苑》、梅鼎祚的《汉魏诗乘》等相继编印,均以此书为基础。今人逯钦立所辑校的《先秦汉魏晋南北朝诗》也多取资于此书。有嘉靖、万历间刻本。

明人所编的断代诗歌总集,涉及较多的是唐代和当代两个时期。

明代统治者力图恢复元代以前正统的制度和文化,并想再现辉煌。诗歌作为文化的一部分,要恢复正统的诗歌,自然要从古代诗歌中选取范本。这一点,文坛上有明显的争论。明代中叶,前后七子主张复古,宣称"文必西汉,诗必盛唐"①。统治者的旨意和一些文人的舆论,极大地提高了唐诗的地位。于是,许多文人致力于唐诗总集的编纂。孙琴安《唐诗选本提要》著录明人所编各种唐诗总集209种,万历、天启后的100多年中,就有100多种唐诗总集出现,"超过了以往的任何一个时期"②。今存明代重要的、流传较广的唐代诗歌的总集主要有:

《唐诗品汇》90卷,高棅于洪武二十六年(1393)编成,后又增补《唐诗补遗》10卷,总计100卷,共选诗人681人,诗歌6723首。卷首有"总叙"、"凡例"、"历代名公叙论"、"诗人爵里详节"诸项,各体之前有叙论,论述源流,博采诸家评论。该书有明刻汪宗尼校订本,上海古籍出版社1982年据其影印。另外,高棅鉴于《唐诗品汇》繁多,删选《唐诗品汇》编成《唐诗正声》22卷,选诗人140人,诗歌929首。

《唐诗选》7卷,李攀龙编。选诗人128家,诗465首。重初、盛唐诗,轻中、晚唐诗。此书在当时相当风行,注家很多。有南郭先生考订本。

《唐诗类苑》200卷,张之象编。选诗人千余,诗歌万余首。不以诗体而

---

① [清]张廷玉等撰《明史》,中华书局点校本,卷287《王世贞传》。

② 参阅孙琴安《唐诗选本提要》,上海书店出版社2005年版,第7页,第71—200页。

以类编次，类目繁细。有清光绪年间刻本。

《唐诗纪》170卷，黄德水、吴琯编。此书专选初、盛唐人诗，其中初唐12卷，其余全为盛唐。书前有汪道昆、李维桢、方沆分别撰写的序文。有诗人小传。有明万历十三年(1585)刻本。

《唐雅》8卷，胡缵宗编。包括乐府2卷、五言古诗1卷、七言古诗1卷、五绝1卷、七绝1卷、五律1卷、七律1卷。卷首有概论。另有批点、笺注和校正等。有嘉靖二十八年(1549)文斗山堂刻本。

《唐诗画谱》，黄凤池编，蔡元勋绘。所选皆唐人绝句，分五绝、七绝、六绝，多为名篇。均有画谱。书法有篆有楷，晚明流行的各种行草尤多。诗画书三者三美合一，时人称“诗诗锦绣，字字珠玑，画画神奇”，有利于唐诗广泛的传播。刊行后，多次刻印。有上海古籍出版社1983年影印明集雅斋本，山东画报出版社2004年出版綦维、赵睿才等整理本等。

《唐音统签》1037卷。胡震亨编。此书按天干分为十签，自甲签至壬签会辑唐五代各种诗歌、词曲等作品，总计1004卷。癸签33卷，会辑有关唐诗的研究资料并参以胡氏自己的见解。胡氏编纂《唐音统签》，广泛检阅各种文献和石刻等，搜罗宏富。其编辑体例，也相当完善。所选诗人有比较详细的小传，小传后有版本叙录，诗篇编排先分体、再分类，所辑作品，注明出处。书中对所选的诗人和作品，常有精当的考证。此书由于卷帙浩繁，有部分刊刻，余为抄本。《唐音统签》编成后，得到后人的认可，清康熙时编《全唐诗》多据此书。

《唐诗解》50卷，吴汝询编。选诗人184家，约1000多首。卷1至卷10为五言古诗，卷11至卷18为七言古诗，卷19至20为歌行长篇，下附骚体，卷21至24为五言绝句，下附六言绝句，卷25至卷30为七言绝句，卷31至卷38为五言律诗，卷39至44为七言律诗，卷45至卷50为五言排律。目录后有“诗人爵里”一栏。注释具串讲性质，分正注、互注、训注三种。互注多冗芜。有万籍堂原刻本，2001年河北大学出版社出版王振汉点校本。

《唐诗镜》54卷，陆时雍编。此书原与其《古诗镜》合编。前有总论。选录各体，有诗人小传和评点。《四库全书总目》卷189赞许此书“采摭精审，评释详核，凡运会升降，一一皆可考见其源流，在明末诸选之中，固不可不谓之善本矣”。有明刻本、《四库全书》本。

明人重视编纂当代诗歌总集，在这方面也取得了不少成果，今存重要的有：

《雅颂正音》5卷，刘仔肩编。此书是刘仔肩洪武初因荐应召入京师，集当时“名公卿”及“林泉之士”（张孟兼后序之语）所作诗而成，卷首有宋濂序。正文收60多人各体诗300余首，编者之作，也在其中。明初，诸家尚无文集，《雅颂正音》所选诸家诗作虽数量不多，但保存了一些明初无专集传世的诗人的作品。洪武三年（1370）刊印，有《四库全书》本。

《沧海遗珠》4卷、目录1卷。沐昂编。书前有正统元年（1436）杨士奇序。该书收明初流寓迁谪于云南的朱经、方行等21人的诗歌300多首。这些诗歌，刘仔肩的《雅颂正音》等各家诗选均未选录。现存《四库全书》本、《丛书集成续编》本《皇明江西诗选》10卷，韩阳辑。书前有韩阳、韩雍、李奎景泰六年（1455）序。收录洪武、永乐两朝江西台阁诸公87人、1200余首诗歌。现存《豫章丛书》本。

《皇明风雅》40卷，徐泰辑，成于嘉靖二年（1523）。收洪武至嘉靖间480多名诗人、1600多首诗歌。所选诗歌，分体编排，依次为五古、七古、五律、五排、六律、七律、七排、五绝、六绝、七绝等，体下以人分，人之排列大体以时代先后为序。有嘉靖四年（1525）刻本、嘉靖十二年（1533）刻本。

《圣明百家诗》324卷，俞宪编。所收诗作始自洪武下至隆庆年间。多收模仿古调之作。略于明初，详于同时。编辑依唐殷璠《河岳英灵集》体例，对所选录的诗人分别冠以小序。有明隆庆间刊本。

《国雅》20卷、《续国雅》4卷，顾起纶编。二书选编明诗，上起洪武，下至隆庆。首列品目1卷，其入品者，洪武至正德79人，嘉靖、隆庆两朝52人，另有附见姓名者。所选诗人小传，总冠卷首。有万历刻本。

《皇明诗统》42卷，李腾鹏编。收洪武至万历初1800多位诗人、诗12000多首。编者自序云，此书“体裁次序则准诸杨士弘《唐音》也。复稽群贤之集，考方国之志，著其邑里姓氏爵谥及制行之大者为小传，以启学者尚友之志”。有万历刻本及崇祯间重修刻本。

《皇明诗选》13卷，陈子龙、李雯、宋徵舆编。书前有编者序。按体裁分卷。作者名下有小传，并有编者的评论。所选诗歌，附有编者的点评。所选以前后七子的诗歌为主。有崇祯年间刻本，现收入《上海文献丛书》。

四、文总集

明人在文总集的编纂方面，值得注意的是相当重视当代。对当代，比较看重的是小品文，特别是晚期的作品。现存明人编纂的重要文总集主要有下面几部：

《明文衡》98 卷、目录 2 卷，程敏政编。此书按体裁分为诏、诰、谥册文等 38 类，依《玉台新咏》体例，题作者姓名。所选为洪武以后、成化以前之文，多台阁体歌功颂德之篇。其中传状碑志多达 30 余卷。有正德五年(1510)校刻本、《四部丛刊》本。

《媚幽阁文娱》初集 9 卷、二集 10 卷，郑元勋编。此书为晚明名家小品文集。初集前有陈继儒、唐显悦、郑元勋序。二集前有陈继儒、俞彦、郑元勋序。书中按散文体类选辑陈继儒、钟惺、谭元春、王思远等人的作品。文中有夹评，文末有总评。有崇祯年间刻本，现收入《四库禁毁书丛刊》。

《皇明十六家小品》32 卷，丁允和、陆云龙辑。成于崇祯六年(1633)，选晚明屠隆、徐渭、王思任、虞淳熙等 16 家小品文，陆云龙等加以评点。有崇祯年间刻本，现收入《四库禁毁书丛刊》。

《明文奇赏》40 卷，陈仁锡编。所选自宋濂、杨维桢至袁宗道、袁宏道等 180 余人的作品。有天启年间刻本。

《明文霱》20 卷，刘士麟编。书前有吴太冲、洪吉臣序。所收作品自明初至崇祯年间，其中以晚明徐渭、屠隆、袁宏道、陈继儒、汤显祖、钟惺和王思任等文学家的作品为主，按体裁分卷辑评。有崇祯年间刻本，现收入《四库禁毁书丛刊》。

《明经世文编》(又名《明皇经世文编》、《皇明经世编》)504 卷、补遗 4 卷，陈子龙等编。书前有徐孚远、方岳贡、张国维、任浚、黄澍、张溥和陈子龙等九人的序。有宋徵璧所撰凡例。此书从 420 多位文人的文集和奏议中，“取其关于军国济于实用者，上自洪武，迄于皇帝改元，为经世一编，文从其人，人从其代”，收文 3100 多篇。其编排顺序是“首先代言，其次奏疏，又其次尺牍，又其次杂文”。所收之文，不加删改，保存了原貌。编者在凡例中，基于“经世”之旨，对于选文，特别申明了两点，一是“异同辩难，特以彼未通，遂成河汉。就其所陈，各成一说。……得失虽殊，都有可采，不妨两存，以俟拣择”；一是“若乃其言足存，不以人废”。此书有崇祯年间刻本，现收入《续修四库全书》和《四库禁毁书丛刊》。

五、词丛刊和总集

今存明人所编词丛刊和总集可分为多代的和断代的两种。丛刊通代的标志性成果是《唐宋名贤百家词》,断代的标志性成果是《宋六十名家词》。

《唐宋名贤百家词》(又名《唐宋名贤百家词集》、《四朝名贤词》、《唐宋名贤词》、《宋元百家词》,或简称《百家词》),吴讷编,是今存最早的一部大型词集。别集、总集兼收,共收唐宋金元明人词集100种。吴讷当时能见到的善本和相关的史料较多,因而有不少作品,如曾慥所编《东坡词》和《东坡词补遗》、《稼轩词》丁集和袁易所编《静春词》等,都赖此书而得以存传。书中还收有多种宋人词集序跋,不见于他书。主要版本:天津图书馆藏明钞本,有残缺,1989年天津古籍出版社据此影印;1940年上海商务印书馆排印林坚之(大椿)点校本,1992年天津市古籍书店有影印本,题《百家词》①。

《宋六十名家词》(原题《宋名家词》),毛晋辑刻。共6集,实收从晏殊《朱玉词》至卢炳《哄堂词》61种。第1集和第2集卷前分别有明人夏树芳和胡震亨序。此书是随得随刻,没有按作者时代先后编次。各家词之后,都有跋语,或介绍作者,或考订版本,或评论词作。此书是现存最早的宋词丛刻,流传甚广,受到重视。清代冯煦曾据以编成《六十一家词选》。此书有崇祯年间毛氏汲古阁原刻本、上海商务印书馆影印本、《四部备要》本等。1989年上海古籍出版社影印本,后附朱居易《宋六十名家词勘误》1卷和索引。

与词丛刊相比,明人所编的词总集数量较多。下面分多代和断代择要作一介绍。多代的主要有:

《天机余锦》4卷,佚名辑。分调编次,去其重复,共收239调,1253首。选唐宋金元明词人202家。书中录有宋元明人佚词259首。所依版本,今或失传,有些词作和异文赖此书而得以存传。民国间赵万里《校辑宋金元人词》中有此书辑本1卷。后有王兆鹏等据台湾"国家图书馆"所藏孤本之点校本,2000年辽宁教育出版社排印出版,收入《新世纪万有文库》第4辑。

《词林万选》4卷,杨慎编。卷首有任良干序。选录唐五代宋金元明词229首。有毛晋汲古阁刻《词苑英华》本;1997年齐鲁书社出版的《四库全书存目丛书》收有此书,系据《文苑英华》本影印;河北大学出版社2006年版。

《百琲明珠》5卷,杨慎编,杜祝进订补。选唐宋金元明人词156首,依调编次。词中间附前人词话或编者评语。上海图书馆藏有万历四十一年(1613)原刻本,另有上海古籍出版社1992年影印《明词汇刻本》。

---

① 参阅秦惠民《〈唐宋名贤百家词〉版本考辨》,《词学》第3辑,1985年版。

《草堂诗余别录》1 卷，张綖编，黎仪校录。此书从《草堂诗余》中选出“高丽平和”之作 78 首加以笺评。明嘉靖十七年(1538)原刻本藏宁波天一阁，上海图书馆有嘉业堂钞本。

《花草粹编》12 卷，陈耀文辑编。此书选唐宋词(间有元词)3280 多首，以小令、中调、长调区分卷次，每卷下所录词作大体按词人生活年代为序。此书采集繁富，多有辑自少见的唐宋类书笔记等书，编辑比较严谨。卷首附刻有沈义父《乐府指迷》，是后来各本之祖本。今有万历十一年(1583)陈氏自刻本、《四库全书》本、清咸丰七年(1857)金绳武评花仙馆活字印本、光绪二年(1876)刻本、民国二十二年(1933)陶风楼影印万历本、河北大学出版社 2007 年出版龙建国、杨有山点校本。

《古今词统》16 卷，卓人月编，徐士俊评。书成于崇祯六年(1633)。所选词人上自隋炀帝、唐昭宗，下迄明朱万年、舒缨等，共 486 家。词共 329 调、2030 首。词作依字数多少排列，词下有笺注评点，还有圈点眉批。卷首有徐士俊序、孟称舜序和旧序八篇；又“杂说”6 篇，为词话。卷末附徐士俊、卓人月唱和词《徐卓晤歌》1 卷。此书为明末大型词选，传播后，曾易名《草堂诗余》和《诗余广选》刊印。今浙江图书馆、上海图书馆、中国国家图书馆藏崇祯六年(1633)刻《古今词统》本；湖北图书馆、首都图书馆藏崇祯年间刻《草堂诗余》本；中国国家图书馆、南京图书馆等藏崇祯年间刻《诗余广选》；辽宁教育出版社 2000 年出版谷辉之校点本。

《词的》4 卷，茅暎编。卷首有茅暎序。选录唐至明代词 391 首，以调编次，间附点评。南京图书馆、辽宁省图书馆、苏州大学图书馆藏明刻朱墨套印本及墨刷本；北京大学图书馆、复旦大学图书馆藏明朱之藩辑刻《词坛合璧》本。

《词菁》2 卷，陆云龙编。选录唐李白至明末歌妓王修微等人词 270 多首。卷首有编者自序。仿宋人编《草堂诗余》体例，分类编次。卷 1 分天文、节序、形胜、人物等 8 类；卷 2 分离别、宫词、闺词、怀思等 13 类。复旦大学图书馆、陕西省图书馆藏崇祯四年(1631)刻《翠娱阁评选行笈必携》本。

《词坛艳逸品》4 卷，杨肇祉编。选唐宋明人词 194 首，分调编次，调下又分佳人、游女、秋千、妓等类。中国国家图书馆藏明刻本。

《古今诗余醉》15 卷，潘游龙编。选唐至明词 1346 首。编辑仿《草堂诗余》体例，加以分类。词下有编者自拟清明、踏青、中秋诸题。词中多有圈点批注。卷首有崇祯九年(1636)陈珽、管贞乾和潘游龙分别所作之序。版本有崇祯九年(1636)初刻本,中国科学院图书馆、甘肃省图书馆、南昌大学图书馆藏;清十竹斋刻本;辽宁教育出版社 2003 年校点本,题为《精选古今诗余醉》。

《草堂诗余四集》,沈际飞编,万历四十二年(1614)翁少麓刊本,国家图书馆藏。

今存明人所编断代词总集,除《唐词纪》外,重点在当代。

《唐词纪》16 卷,董逢元编。据卷首自序,此书成于万历二十二年(1594),选唐五代词 948 首。受《草堂诗余》影响,分类编排。分为景色、吊古、感慨、宫掖等 16 门。有万历刻本,中国科学院图书馆、上海图书馆藏。齐鲁书社 1997 年出版的《四库全书存目丛书》中有影印本。

明人编当代词总集较多,主要有:

《类编笺释国朝诗余》5 卷,钱允治编,陈仁锡笺释。此书成于万历四十二年(1614)。选明初至万历 27 家词 461 首。卷首有钱允治序。分小令、中调、长调编次。选杨慎、王世贞、刘基、吴子孝、文征明、吴宽六人词共 372 首,占全书十分之八。今存万历四十二年(1614)刻本、《古香岑草堂诗余四集》本、上海古籍出版社 1992 年影印《明词汇刻》本等。

《情籁》4 卷,题骑蝶轩编。卷首有陈继儒等三家序和作者氏籍。共选录 7 家词 119 首、套曲 21 篇。中国国家图书馆藏明末刻本。

《幽兰草》3 卷,是明末陈子龙、李雯、宋徵舆三人的唱和词集,人各 1 卷,共 145 首。卷首有陈子龙"题词",论历代词之得失。有明刻本。辽宁教育出版社 2000 年出版《新世纪文库》第 4 辑中,收有陈立据上海图书馆藏潘景政旧藏明刻本的校点本。

六、小说

明代对文言小说和通俗小说作品的整理,都有重要的成果。

文言小说方面,出现了几种以"虞初"命名的小说集。虞初,西汉武帝时人。《汉书》卷 30《艺文志》小说家类著录《虞初周说》943 篇,已佚。颜师古注引张衡《西京赋》云:"小说九百,本自虞初。"后人常以"虞初"指代小说。明代中期陆采编有《虞初志》8 卷,第 1 卷选南朝吴均《续齐谐记》17 则,其他各卷均选唐人小说。其后汤显祖编《续虞初志》8 卷。此书收唐人小说 31 篇,其中有梁 1 篇(吴均《续齐谐记》),隋 1 篇(王度《古镜记》),南唐 2 篇(张泌《蒋琛传》、《韦安道传》）。有明刊本、民国六年（1917）上海扫叶山房石印本。

宋元以来，以话本为代表的通俗小说，虽有少数的传抄本，但基本是以单本的形式、靠口头传播的。这种情况到了明中叶开始有了改变，出现了一些小说总集，主要有：

《京本通俗小说》，是我国现存编成较早的话本小说集。它是清代人缪荃孙在上海发现的一个旧抄本，未知有无刊本。所收都是宋元旧本，原来的卷数，至少在 20 卷以上，今存 10 卷，共 9 篇。文字流畅，可能经过明人加工。特标“京本”，当是书商伪托以资号召。原抄本现不知存佚。通行本有商务印书馆排印本、亚东图书馆排印本、古典文学出版社排印本等。①

《清平山堂话本》（原名《六十家小说》），洪楩编刻。此书为短篇小说集，多辑宋元旧作，也有明初作品。分《雨窗》、《长灯》、《随航》、《欹枕》、《解闲》、《醒梦》6 集，每集 10 篇。现存《雨窗》、《欹枕》两集的残本，12 篇；又残本 3 则，书名不详，存 15 篇。共 27 篇。另有《翡翠轩》、《梅杏争春》2 篇，仅存残页。另有佚文②。书中所收作品大多未经润饰，保存了宋元旧本的面貌。此书是编刻较早的话本小说集。有嘉靖年间刻本。通行本有文学古籍刊行社 1955 年影印本、1957 年谭正璧校注本。

明代中叶之后，至明代晚期，编刻话本小说蔚成风气。这种风气一直延续到清初。这一时期，流传至今的话本集有 60 多种。其中成就突出、影响较大的是冯梦龙的小说总集《三言》和凌濛初的小说别集《二拍》③。

《三言》，白话短篇小说集，包括《喻世名言》、《警世通言》、《醒世恒言》，共收作品 140 篇。《喻世名言》原名《古今小说》，后改名为《喻世名言》，是冯梦龙所辑《三言》的第一部，收话本 40 种，共 40 卷。此书所收话本多为宋元旧作，少数为明人拟作。主要版本有：明昌启间天许斋原刻本，覆天许斋本，大连图书馆藏日本人据影雪斋本抄本，题“七才子书”，仅 14 篇；1958 年人民文学出版社排印本等。《警世通言》40 卷，40 篇，为《三言》的第二部，辑录宋元作品约占一半。今传存的主要版本有：明金陵兼善堂刻本、根据传抄排

---

① 参阅胡士莹《话本小说概论》，中华书局 1980 年版，下册第 402—403，491—492 页。

② 参阅[美]白亚仁《新见〈六十家小说〉佚文》，《文献》1998 年第 1 期。

③ 参阅胡士莹《话本小说概论》，中华书局 1980 年版，下册第 403、497—504 页。

印的《世界文库》本、根据《世界文库》本校以三贵堂本的严敦易校注本；明衍庆堂二刻增补本；清三贵堂王振华覆明本；1958年人民文学出版社排印本。《醒世恒言》40卷，40篇，是《三言》的第三部。所收宋元旧作较少，约占六分之一。今存版本主要有明叶敬池刊本，衍庆堂翻刻本。后者有两种：一是40卷足本，一是39卷本；1958年人民文学出版社排印本。

《三言》所收小说，经过编者的遴选，除收宋元作品外，还有明人和冯氏个人的。对所选作品，做了不同程度的加工，风格比较统一。刊印颇考究，附有插图，提高了小说的地位，促进了小说的传播。

《二拍》为凌濛初的短篇小说集，分"初刻"和"二刻"两集。《初刻拍案惊奇》40卷，40篇。少数是取旧本改写的，多数为凌氏的拟作。主要版本有：明尚友堂原刻本，插图40页，卷首有自序，我国有复刻本，仅36卷；清初消闲居刊本，36卷；1957年上海古典文学出版社印行王古鲁搜录编注本。《二刻拍案惊奇》40卷，40篇，内杂剧1篇，第23卷"大姊魂游完宿愿"1篇与"初刻"重复，所以实有话本38篇。有尚友堂原刻本，1957年上海古典文学出版社印行王古鲁搜录编注本。

《二拍》另有别本《拍案惊奇二集》34卷，34篇，附有插图17页。版本只有明末清初坊刻本。

《二拍》是凌濛初个人在古事今闻的基础上，创作的拟话本小说集，有"凡例"五则，说明编辑大意。凌氏是湖州著名的私人刻书家之一，《二拍》附有插图，刊印精美，刊印后流传广泛。

七、戏曲作品的结集

明人编纂的戏曲集可分为杂剧、传奇和散曲几种，下面择其要者做一简介。

杂剧：

《脉望馆钞校本古今杂剧》，赵琦美钞校。此书收元明杂剧总数应为303种，但散失很多。今存抄本173种，其中有"内府本"92种，"于小谷本"32种，还有49种从未见于刊本。另有刻本69种。共242种[①]。郑振铎从传存的《脉望馆钞校本古今杂剧》中选出144种，由王季烈编为《孤本元明杂

① 参阅：郑振铎《跋脉望馆钞校本古今杂剧》，载其著《劫中得书记》，1956年10月；蒋星煜《〈脉望馆钞校本古今杂剧〉的流传与校注》，载其著《中国戏曲史钩沉》，中州书画出版社1982年版。

剧》，商务印书馆1939年排印出版，中国戏剧出版社1957年又据原纸型印刷，又先后影印收入《古本戏曲丛刊》第四集。

《元曲选》，臧懋循编刻。臧氏家藏多种元杂剧秘本，又从各地访得善本多种，校订选刊。目的是让元杂剧"藏之名山而传之通邑大都"①。此书收元杂剧剧本100个，是现存最早、收元杂剧最多的剧本集。元杂剧有名目可考者700余种，多已散佚，现存160余种。其中多赖《元曲选》而得以存传。

《盛明杂剧》初集、二集，每集30卷，共60卷。沈泰编。初集有张元征、徐翙、程羽文分别所作之序。二集有袁于令序。每剧有沈泰、王世懋等人的眉批，有些眉批颇有见地。两集共选明代重要杂剧名著60种，其中有32种为他本所无，现在成为孤本。此书是目前所知最早、最齐备的、唯一的明人杂剧选集。今存明人杂剧的重要作品，基本上都保存在此书中。初集刻于崇祯二年(1629)，二集刻于崇祯十四年(1641)。后来有：董康《诵芬室丛刊二集》本；1958年古籍出版社据"诵芬室"本重印，增加邹式所编《杂剧三集》；1958年戏剧出版社影印董氏本；2002年上海古籍出版社《续编四库全书》"集部"据原刊本影印本。

《群音类选》，原有46卷，现存39卷，胡文焕编。此书所选，范围较广，包括北曲杂剧、昆曲传奇、民间喜爱的地方戏、清唱歌曲等。共收戏文154种，计808套(出、折)，散曲229套和323首小令。此书保存了一些不见于他书的戏曲史料。有万历二十一年至二十四年(1593—1596)刻本，中华书局1980年整理影印。

传奇：

别本《绣刻演剧》。万历年间，金陵书坊唐氏富春堂、世德堂、文秀堂、文林阁、唐锦池等，刊印了大量传奇剧本。"后其书版殆均归唐氏，始汇印为是编。总为六套，每套十本，都六十本。每套前有书衣一叶，题'绣刻演剧第几套'"②。为了与毛晋所辑刻的《绣刻演剧》相区别，有的学者特别冠以"别本"③。今存173卷，56册。万历年间，金陵唐氏书林所刻戏曲包括在此集中。各个时期的版式不同，每书都有插图。所存56种剧作中，《赵氏孤儿

① 《元曲选·序》。

② 引自王重民《中国善本书提要》，上海古籍出版社1983年版，"集部·曲类"。第689页左。

③ 参阅程有庆《别本〈绣刻演剧〉六十种考辨》，《北京图书馆馆刊》1993年第3、4期。

记》、《高文举珍珠记》、《投笔记》等28种，主要是民间弋阳腔的演出本，为毛晋《绣刻演剧》所无。56种中，有不少是稀见本、孤本。此集传本，十分罕见。分别藏于北京图书馆、台北“中央图书馆”和南京图书馆。

《绣刻演剧》(《六十种曲》)，明末毛晋辑刻，是中国戏曲史上最早、篇幅最大的传奇剧本集。分为6套，每套10种，共120卷。所收除《西厢记》为元杂剧外，其他59种是明代各个时期南戏和传奇的代表作。选目既有所侧重，又顾及其他方面。缺憾是未选民间戏曲。书中所收《精忠记》、《八义记》、《三元记》和硕园改本《牡丹亭记》等16种，此前没有全文刊刻，虽有个别的刊印过，但未见传本。因此，它们属于珍贵的孤本。此书因为不是一时所刻，所以开始未题《六十种曲》。原刻流传至今的，多为单行本。康熙年间，出现重印本，始称《六十种曲》。道光二十五年(1845)出重修本。1935年，上海开明书店据此校点出版排印本。1957年文学古籍刊行社用开明书店本重印，有校订。1958年、1982年中华书局两次据以影印。2001年吉林文史出版社出版黄竹三、冯俊杰主编的《六十种曲评注》。

《李卓吾评传奇五种》10卷，10册。“五种传奇为:《浣沙记》、《金印记》、《绣襦记》、《香囊记》及《鸣凤记》。其中《金印》、《鸣凤》、《香囊》三记尤罕见。版图精良，触手若新。《浣沙记》首有《三刻五种传奇总评》，甚关重要。初刻或为‘荆刘拜杀’及《琵琶》，二刻当为《幽闺》、《玉合》、《绣襦》、《红拂》、《明珠》。合之，凡十五种。《荆记》尚有传本。‘刘拜杀”则不可得而见矣。颇疑李卓吾只评《琵琶》、《玉合》、《红拂》数种。其后初刻、二刻、三刻云云，皆为叶昼所伪作，故合刻数种，殆皆为翻印本”①。有万历刻本。郑振铎原藏此书，今存台北“中央图书馆”。

散曲:

《盛世新声》12卷，编者不详。收元、明散曲和戏曲曲文，依宫调编排。总计套数337章，小令508阕，多为当时流传的。不注作者及曲文出处。此书为目前所知明人所编的第一部收集元明散曲和戏曲曲文的总集。有正德间戴贤校正本、嘉靖刻本、万历二十四年(1596)内府刻本、1955年文学古籍刊行社影印本等。

---

① 引自郑尔康选编《郑振铎书话》，北京出版社1997年版，第299—300页。

《词林摘艳》10卷，张禄编。散曲、戏曲总集。共收套数325章、小令286阕。其中有元明戏曲的遗文逸曲。此书是在《盛世新声》的基础上增删、校订而成，体例有改进，所辑作品注明作者、出处。有嘉靖四年(1525)刊本、1955年文学古籍刊行社据此刊本影印本。另有嘉靖十八年(1539)张氏“重刊增益”本、万历徽藩本、万历二十五年(1597)内府重刊本。

《雍熙乐府》20卷，郭勋编。散曲、戏曲总集。此书是在《词林摘艳》的基础上编成的。共收套数1121章、小令(杂曲)1897首。其中有已佚作品的遗文逸曲。有嘉靖十年(1531)原刻本、《四部丛刊续编》本①。

《吴骚合编》(全名《白雪斋选订乐府吴骚合编》)4卷，张楚叔、张旭初编。共收套数200多章、小令40余首，依宫调编次。卷首有张楚叔作《曲论》一篇。各曲后常有评语、辨正。有崇祯十年(1638)刻本、《四部丛刊》二集影印本。

剧曲与散曲：

《南北词广韵选》，徐复祚辑评，原稿本，国家图书馆收藏②。

综观明人所编纂的各种总集，有六种现象值得注意：

一是在顾及前代作品的同时，尤其重视编纂当代的总集。上面列举的62种总集，其中涉及明代作品或专收明代作品的有35种，占总集总数的35%。这说明明人有相当自觉的当代意识。清初黄虞稷《千顷堂书目》记载，明代有4900多人留有文集，其他著述也多于前代。这为明代编纂当代各种总集提供了有利条件。

二是由于明代的文化的通俗化，与此相联系的是重视俗文学总集的编纂。明代上承宋元时期开始关注俗文学之风尚，更加重视词、通俗小说和戏曲等通俗文学作品的搜求、编辑和著录。这除了体现在上面列举的有关总集外，还体现在一些重要的书目中。如《百川书志》在史部中著录演义和传奇，《晁氏宝文堂书目》中著录话本、杂剧、传奇，《红雨楼书目》特设传奇类。

三是在各种总集中，多有点评，而有注释者较少。如前面所列举的明人所编辑的六种文的总集，其中有三种有评或评点。

四是由于市民阶层的扩大、书籍商品化和印刷技术的提高等因素的促

① 参阅隋树森《雍熙乐府曲文作者考》，北京书目文献出版社，1985年版。

② 参阅黄仕忠《徐复祚〈南北词广韵选〉编选考》，《文献》2006年第2期。

进,有插图的文集迅速增多。

五是多有“序题”。“序题”之名始于明代。编者往往通过序题这种批评文体,对总集中所收文体的源流、文体特点和其他问题予以阐释。明代开创的序题这种形式,一直为后来所继承①。

六是有一些总集,或体裁不严,或重复,或舛误,或改窜,或注释粗疏,如《词林万选》、《百琲明珠》、《词的》和钟惺的《唐诗归》等,编辑质量不高。这是一些明人风气不正的一种反映。他们尚空疏,喜撰述,想扬名传世,正如叶德辉引王遵岩、唐荆川相谓曰:明代“数十年读书人,能中一榜,必有一部刻稿。屠沽小儿,身衣饱暖,殁时必有一篇墓志”②。同时也与明代文化市场化的增长有关,是文集的编纂与刊刻的商品化带来的一种弊端。出版市场活跃但不规范,书肆和出版商人为了牟利,往往粗制滥造,不重视考订、校对,甚至随意删改。明代在作品史料编纂上存在的失误,在客观上为清代提供了相当大的发展空间,成了清代文学史料学的一个生长点。

第四节　文学研究史料的新内容

明代在文化思想上,以朝廷为代表的统治思想与叛逆者的新思想的斗争相当激烈,加上文学领域里在创作、传播和接受者等方面发生的新变化,以及文学集团林立③和考试取士的促使,使许多文人学者都十分关注文学理论批评,接受新思想,探讨新问题,审视过去,守正、修正或抛弃旧的理论观念,用多种形式表现自己有关文学的见解,出现了许多具有新形态、新内容的文学研究史料。这些史料有许多得到了整理和传播。

明代的文学研究史料有两点值得特别关注:一是评点兴盛,许多珍贵的评点史料流传至今;二是研究资料汇编的发展。

对文学作品进行评点,较早的见于唐代殷璠的《河岳英灵集》,此为诗歌

① 参阅吴承学《明代文章总集与文体学——以〈文章辨体〉等三部总集为中心》,《文学遗产》2008年第6期。

② 《叶德辉书话·书林清话》,李庆西标校,浙江人民出版社1998年版,卷7“明时刻书工价之廉”条。

③ 据郭绍虞《明代的文人集团》著录,明代文人集团有176家。载其著《照隅室古典文学论集》,上海古籍出版社1983年版,上编,第518页。

评点。到了宋代，如前所述，评点扩大到散文等领域，具有代表性的有吕祖谦的《古文关键》和楼昉的《崇古文诀》。在宋代，文学评点形态已经基本形成。到了明代中叶，由于考试取士圈点试卷的影响，“时尚评点”，这一点近代曾国藩有所揭示，他说：

> 窃尝谓古人读书之方，其大要有二：有注疏之学，有校正之学。……逮前明中叶，乃别有所谓评点之学。盖明代以制艺取士，每乡、会试，文卷浩繁，主司览其佳者，则圈点其旁以为标识，又加评语其上以褒贬，所以别妍媸、定去取也。濡染既久，而书肆所刻四书文莫不有批评圈点。其后则学士文人竞执此法以读古人之书，若茅坤、董份、陈仁锡、张溥、凌稚隆之徒，往往以时文之机轴，循《史》、《汉》、韩、欧之文。虽震川之于《庄子》、《史记》，犹不免循此故辙。①

明代中叶，评点之学发展，晚明又进一步兴盛。明代的评点，范围广泛。于文学，几乎涉及了诗、文、词、小说、戏曲等各种作品。诗歌，尤其是评点唐诗成为一种风气，如胡缵宗《唐雅》、周珽《删补唐诗选脉笺释会通评林》；散文如茅坤评选《唐宋八大家文钞》、丁允和等编《皇明十六名家小品》；戏曲如祁彪佳品评明人杂剧的《远山堂剧品》，张楚叔等编《吴骚合编》，孟称舜编《古今名剧合选》，《李卓吾先生批评西厢记》、《李卓吾先生批评琵琶记》、《李卓吾批评幽闺记》、《李卓吾先生批评玉合记》、《李卓吾先生批评红拂记》；小说如《李卓吾评忠义水浒全传》和叶昼评点《水浒传》。评《史记》的有归有光的《归震川评点史记》②。明代的评点蕴涵着丰富的文学理论批评史料，这些史料不仅体现了评点者的见解，同时对广泛传播作品、帮助读者正确理解作品都有重要的参考作用。《四库全书总目》卷189评茅坤评选《唐宋八大家文钞》说：

> 八家全集浩博，学者遍读为难。书肆选本，又漏略过甚。坤所选录尚得烦简之中。集中评语虽所见未深，而亦足为初学之门径。一二百年以来，家弦户诵，固亦有由矣。

---

① 王安定《求阙斋弟子记》卷22《文学下》引《曾国藩文集》，转引自管锡华《中国古代标点符号发展史》，巴蜀书社2002年版，第410—411页。

② 有光绪二年(1876)武昌张氏刻本，后人将归有光的点评与方苞的评点合刻为《归方评点史记》。

明代的评点史料，大多见于评点的作品集，与作品同时流传。

研究资料汇编创始于宋代，到了明代有了明显的发展①。前面论及的胡震亨编《唐音统签》的《癸签》中就汇集了有关唐诗的研究资料。《癸签》共33卷，卷1题为体凡(一作体裁)，卷2至卷4题为法微，卷5至卷11题为评汇，卷12至卷15题为乐通，卷16至卷24题为诂笺，卷25至29题为谈丛，卷30至卷33题为集录。该书汇集资料丰富，有相当的系统性。有关唐诗的源流正变、体制沿革、各种风格、诗人短长等资料，汇集较为全面②。另外，这类资料汇编在史学方面的成果尤其突出。明中叶梁梦龙编《史要编》10卷，其中正史、编年、杂史各3卷，史评1卷。此书是一部中国史学史序跋资料汇编。书中汇编多种史学史序跋资料。隆庆六年(1572)刊刻。其后六年，卜大有的《史学要义》刊印。这是一部历代论史学资料的汇编，主要由综论、正史和杂史三大部分构成。上引二书收集了多种文集中有价值的史学理论资料，标志着中国史学史资料汇编理念的产生③。与上述史学史资料汇编编刻相联系的是，在明代先后出现了多种有关《史记》研究资料汇编。凌稚隆辑评《史记评林》，搜集整理历代百余家的评论，汇为一编，并有自己的评论。茅坤序称此书能起到"渡海之筏"的作用。有万历间李瀫堂刻本。后来李光缙在《史记评林》的基础上，作了增补。其他相近的著作还有陈仁锡的《史记评林》，朱东观的《史记集评》，葛鼎、金蟠的《史记汇评》，陈子龙、徐孚远的《史记测义》等。

明代的文学研究史料除了上述的形态和内容外，在继承以前诗话、诗文综论、戏曲研究等体式上，也取得了许多新的、有生命力的重要成果。

诗话兴盛于宋代，辽金元时期发展缓慢，到明代，呈复兴之势，形成了中国诗话发展史上的第二个高潮。蔡镇楚编纂的《中国诗话文献考》载："明代诗话的已知书目就达一百七十多部。其中以'诗话'命名者凡六十部(含诗话集)，未名之'诗话'而实为诗话之体者，凡一百一十部之多。所以，从数量

① 参阅本书第十九章第三节。

② 《唐音统签》中，《癸签》刊印最早，有清刻本。参阅上海古籍出版社1981年出版周本淳重校本《前言》。以后有1957年古典文学出版社排印本、1959年中华书局上海编辑所订正本和周本淳重校本。

③ 参阅钱茂伟《明代史学的历程》，社会科学文献出版社2003年版，第二编第九章第四节。

上看，明代诗话并不亚于宋代诗话。”①1997年江苏古籍出版社出版吴文治主编的《明诗话全编》。此书编纂明代诗话722家，其中除收录原已成书的诗话外，还从诗文集、随笔、史书和类书等文献中新辑明人诗话600多万字，约占全书的四分之三。明人重视诗话的搜集、整理和保存。明人所著原已成书的诗话，《明史》卷99《艺文志四》著录38种。《明诗话全编》收录了原已单独成书的明代诗话近130种。2005年齐鲁书社出版周维德集校《全明诗话》，汇集明代独立成书的诗话91种。明人撰写的诗话不只数量多，而且有许多是后来认可的上乘之作。清代何文焕辑《历代诗话》收4种②，丁福保辑《历代诗话续编》收9种③。下面略举其要者：

《归田诗话》3卷，瞿佑撰。此书杂记师友言论及宦游见闻，均与诗歌有关。有木讷、柯潜、胡道、瞿佑分别所写之序以及朱文藻跋。丁福保辑《历代诗话续编》收有此书。

《怀麓堂诗话》1卷，李东阳撰。《四库全书总目》卷196云：

> 其论诗主于法度音调，而极论剽窃摹拟之非。当时奉以为宗。

此书有鲍廷博《知不足斋丛书》本，另丁福保《历代诗话续编》收有此书，题为《麓唐诗话》。

《南濠诗话》1卷，都穆撰。此书刻意论诗，多有见地。有黄桓序和文璧序。黄序评此书云：

> 用意精勤，钩深致远，而雅有枢要，诚足以备一家之体。

《历代诗话续编》据鲍廷博本收有此书。

《谈艺录》一卷，徐祯卿撰。《四库全书总目》卷171评云：

> 祯卿虑澹而思深，故密运以意。当时不能与梦阳争先，日久论定，亦不与梦阳具废，盖以此也。

版本有《四库全书》本《迪功集》附录、《历代诗话》本。

《升庵诗话》14卷，杨慎撰。此书多有精到之处。但因作者撰此书时，谪戍永昌，边地少书，只凭记忆，有舛误。此书向无善本。丁福保《历代诗话

① 引自蔡镇楚《中国诗话史》(修订本)，湖南文艺出版社2001年版，第153页。

② 中华书局1981年第1版。

③ 中华书局1983年第1版。

续编》收录此书，是较好的版本。

《四溟诗话》4卷，谢榛撰。论诗主张师法盛唐，讲究格调，强调超悟。有《历代诗话续编本》、1962年人民文学出版社宛平校点本（与王夫之《薑斋诗话》合本）。

《艺苑卮言》12卷，王世贞撰。正文8卷，评述诗文；附录4卷，分论词曲、书画等。该书为作者早年所撰，宣扬文崇秦汉、诗法盛唐。晚年曾加以修订。《历代诗话续编》收录正文8卷。

《逸老堂诗话》2卷，俞弁撰。内容包括评论、考证、笺释、杂记等，涉及诗、词、文、书、画等。论诗主张风雅教化，强调诗分工拙，倡导多读书。《历代诗话续编》收有此书。

《诗薮》20卷，胡应麟撰。内编6卷，以体为序，分论古今体诗；外编6卷，以时为序，评周、汉、六朝、唐、宋、元各代诗；杂编6卷，其中遗逸3卷，论前代亡佚篇章，闰余3卷，谈五代、晚宋及金代诗；续编2卷，以时为序，论明初洪武及嘉靖年间诗歌。论诗以明前、后七子“格调说”为标准。征引史料丰富。有清末广雅书局本、中华书局上海编辑所1958年排印本、1979年上海古籍出版社重印本。

《诗源辨体》38卷，许学夷撰。正集36卷，论周、楚、汉、魏、晋、宋、齐、梁、陈、隋、初唐、盛唐、中唐、晚唐、五代诗；后集纂要2卷，卷一论宋、元诗，卷二论明诗。全书主要从体裁、风格的角度论述历代诗歌的演进，折中诸说，有新见解。有人民文学出版社1987年版本、稿本[①]等。

《诗镜总论》1卷，陆时雍撰。陆时雍编有《古诗镜》36卷、《唐诗镜》54卷。此书是其总论。《四库全书总目》卷189评此书云：

> 其大旨以神韵为宗、情境为主。

有《四库全书》本、《历代诗话续编》本等。

以上所举是明人撰写的诗话中的重要代表，要全面地了解明人的诗话，可参阅吴文治主编的《明诗话全编》、周维德集校的《全明诗话》、蔡镇楚著《中国诗话史》（修订本）卷四《明诗话》。

唐代以来，原有的文体在变化，新的文体不断出现，引起了许多文人的

---

① 见北京大学图书馆特藏部编《稿本丛书》第1册，天津古籍出版社1996年版。参阅汪祚民《〈诗源辨体〉稿本的学术价值》，《文献》2005年第3期。

重视。明代的文人尤其关注这一问题。这体现在各种文集的编纂上，也体现在理论探讨上。其理论探讨多与选编作品相结合，如王文禄的《文脉》、黄洪宪的《玉堂日钞》、茅元仪的《艺话甲编》、朱荃宰的《文通》、蒋一葵的《尧山堂偶隽》、无名氏的《明人文断》、吴讷的《文章辨体》和徐师曾的《文体明辨》等。这是明代文学研究史料的重要内容。其中带有集成意义、影响比较大的是《文章辨体》和《文体明辨》。

吴讷的《文章辨体》共55卷。分内集、外集。内集50卷，外集5卷，选录先秦至明初各体诗文作为范例，分体编次，各体均有序说。内集辨析文体49种，外集5种，共54种。博采《汉书》卷30《艺文志》、陆机《文赋》、《文心雕龙》、真德秀《文章正宗》等著作以及各种文集、笔记中关于文体的论述，并参以自己的见解，序说各种文体的性质、特点、源流等，为文体的研究提供了重要的史料。《四库全书总目》卷191总集类存目一著录此书，云，后来"程敏政作《明文衡》，特录其叙录诸体。盖意颇重之。陆深《溪山余话》亦称《文章辨体》一书，号为精博，自真文忠《文章正宗》以后，未有能过之者"。1962年人民文学出版社出版于北山校点《文章辨体序说》（与《文体明辨序说》合本）。

徐师曾的《文体明辨》，共84卷。其中纲领1卷，诗文61卷，目录6卷，附录14卷，附录目录2卷。此书是在《文章辨体》的基础上损益而成。纲领部分，辑录历代文人论述文体及诗文创作的言论，接着选录先秦至明代各体诗文，分类序说127种文体，提供了有价值的文体研究史料。1962年人民文学出版社出版罗根泽校点的《文体明辨序说》（与《文章辨体序说》合本）。

明人所著戏曲研究方面的论著，也远胜于前，流传至今的尚有20多种，其中特别值得标举的有：

《太和正音谱》（一名《北雅》）2卷，朱权撰。此书是现存最早的北曲杂剧曲谱。内容大体可分为曲论和曲谱两部分。曲论中除论及戏曲体制、流派等之外，并且有对元代及明初作家的评价、杂剧剧目等。有明洪武年间刻本、1957年古典文学出版社《录鬼簿（外四种）》所附本、1959年中国戏剧出版社出版《中国古典戏曲论著集成》本。

《词谑》，李开先撰。此书分词谑、词套、词乐和词尾四部分。其中有曲文、逸事和评论等珍贵的史料。有嘉靖间刻本、1936年中华书局校订排印本、《中国古典戏曲论著集成》本等。

《曲论》,何良俊撰。此书是后人从其《四友斋丛说》第37卷中辑录有关戏曲部分而成。以论元北曲为主,重北曲,倡本色。版本有《中国古典戏曲论著集成》本等。

《南词叙录》1卷,徐渭撰。它是较早研究南戏的专著。论述了南戏的源流,评论作家、作品,著录宋、元、明南戏剧目113种,附有关于南戏角色、词语的解释,比较南、北曲的不同特点。有何焯批本、《曲苑》本、《重订曲苑》本、《增补曲苑》本、《中国古典戏曲论著集成》本。

《曲藻》,王世贞撰。此书原是王世贞《艺苑卮言》附录卷1,后人摘出,以《曲藻》为题单独刻印。主要论元杂剧曲文,推崇《琵琶记》,考定《西厢记》为王实甫作,提出了自己的戏曲理论。有《新曲苑》本、《中国古典戏曲论著集成》本等。

《曲律》4卷,王骥德撰。全书40节。《中国古典戏曲论著集成》本提要云:"《曲律》一书,论作曲各法,从宫调音韵乃至科诨部色,门类详备,而议论见解,亦颇精湛,是最早一部关于南北曲作曲的专著。"有明天启四年(1624)原刻本,《读曲丛刊》本,《重订曲苑》本,《增补曲苑》本,《中国古典戏曲论著集成》本,1983年湖南人民出版社陈多、叶长海校注本等。

《顾曲杂言》,沈德符撰。此书是后人从其史料笔记《万历野获编》中辑录有关戏曲内容编成的。内容涉及对南北曲盛衰的论述,文学家作品的评介,音乐、舞蹈、小说等方面的记载与考证等。书中有关记载明代民间俗曲的兴起与流传,有重要的史料价值。有《中国古典戏曲论著集成》本。

《远山堂曲品剧品》,是《远山堂曲品》和《远山堂剧品》的合称,祁彪佳撰。《曲品》收传奇剧目467种,分妙、雅、逸、艳、能、具六个品级,现存五品。另附"杂调"一类收弋阳诸腔剧目46种。《剧品》收杂剧剧目242种,亦分上述六品,是明代著录明人杂剧的唯一专书。二书对所收剧目均有短评。有《中国古典戏曲论著集成》本

第五节　通俗文学史料空前广泛的传播

明代工商业和市民阶层的发展,王守仁学说的传布等诸种因素形成的合力,使明代文学出现了一些新的现象,其中最突出的一点如上所述,就是以通俗小说和戏曲为代表的通俗文学得到了迅速发展。与此相辅相成的

是,明代从一些统治者到许多文人学者,到以市民为代表的社会下层,十分喜欢通俗文学,通俗文学得到了空前的广泛的传播。

明朝的第一个皇帝朱元璋一方面基于巩固皇权,制定压抑俗文学的政策,一方面又出自个人娱乐的情欲,爱好词曲,喜欢听平话,尤其喜欢《琵琶记》,"日令优人演进",并令教坊改为"弦索"①。明朝明确规定对诸王赐乐户以及词曲。《李开先集·张小山小令后序》载:

> 洪武初,亲王之国,必以词曲一千七百本赐之。

朱元璋家,有不少人爱好戏曲。朱元璋第十七子朱权喜欢戏曲、研究戏曲,著有《太和正音谱》。李开先《张小山小令后序》说宪宗朱见深,"好听杂剧及散词,搜罗海内词本殆尽。"明代中期之后,官府开始对通俗小说采取认同态度。"司礼监经场首先印《三国演义》,武定侯郭勋、都察院亦分别于嘉靖年间刊印《三国演义》、《水浒传》。《三国演义》还有南京国子监本。"②"明代户部曾印刷多种以文娱游乐为内容的书籍,在都察院所刊约 30 种书目中,就有通俗小说《三国志演义》和《水浒传》两种……唱曲及音乐的著作两种。"③上层统治者对通俗文学的爱好和准印通俗文学作品,不仅使通俗文学作品在上层得到了前所未有的传播,同时,上有所好,下必有所从,也促进了通俗文学作品在各个阶层的传播。

明代的许多文人在通俗文学的传播上,起到了重要的作用。李梦阳、何景明、王慎中、唐顺之、李贽、袁宏道、汤显祖和冯梦龙等,对通俗文学都给予高度评价。李梦阳(号空同子)第一次将《西厢记》与《离骚》相提并论,"称董子崔、张剧,当直继《离骚》"④。他在《诗集自序》中,还宣称"今真诗乃在民间"。李贽认为,《西厢记》、《水浒传》是"古今至文"⑤。袁宏道在《觞政》一文中,把词、曲、小说与《庄子》、《离骚》、《史记》和《汉书》并提平论,称《水浒传》和《金瓶梅》为"逸典"。冯梦龙(绿天馆主人)在《古今小说叙》中,认为小说可以使"怯者勇,淫者贞,薄者敦,顽钝者汗下。虽日诵《孝经》、《论语》,其

---

① [明]徐渭《南词叙录》,中国戏剧出版社《中国古典戏曲论著集成》本,1959 年版。

② 参阅宋莉华《明清时期的小说传播》,社会科学出版社 2004 年版,第 37—38 页。

③ 参阅钱存训著,郑如斯编订《中国纸和印刷文化史》,广西师范大学出版社 2004 年版,第 156 页。

④ 据[明]徐渭《曲序》,见《徐渭集》,中华书局 1983 年版,第 531 页。

⑤ [明]李贽著,管玉林整理校点《焚书》,中华书局 1961 年版,卷 3《童心说》。

感人未必如是之捷且深也”。冯梦龙还十分喜爱民歌。他在《童痴二弄·山歌》的序《叙山歌》中认为：

且今虽季世，而但有假诗文，无假山歌，则以山歌不与诗文争名，故不屑假。

文中还肯定民歌能够“借男女之真情，发名教之伪药”。许多文人从多方面对通俗文学的张扬，表明通俗文学已经沁入他们的心脾，传播通俗文学已经成为他们的一种自觉意识。

与统治者、文人学者对通俗文学的喜欢和重视的同时，农工商贾等社会下层，对通俗文学尤其爱好，致使通俗文学经由多种途径在他们当中得到了前所未有的广泛的转播。朱一是《蔬果争奇跋》描绘了明代插图本小说广泛传播的情况：

今之雕印，佳本如云，不胜其观。诚为书斋添香，茶肆添闲。佳人出游，手捧绣像，于舟车中如拱璧。

小说不仅进入了书斋，而且流布茶肆，连出游的女子也手不释卷。这方面的情况，清代黄汝成注释顾炎武《日知录》卷13“重厚”一则引“钱氏”的话说得更为具体：

古有儒、释、道三教，自明以来，又多一教，曰小说。小说，演义之书，士大夫、农工商贾无不习闻之，以至儿童妇女、不识字者，亦皆闻而如见之，是其教较之儒、释、道而更广也。

从“钱氏”的叙述，可以看到，在明代，小说已经成为儒、释、道三教之外的又一“更广”之“教”。小说通过阅读和听说等方式，在社会下层得到了传播，其传播范围之广超过了儒、释、道三教。

与小说得到广泛传播的同时，戏曲的演出，特别是在东南沿海和长江下游各地也极为盛行。生活在明代成化、弘治间的陆容在他所著的《菽园杂记》卷10中，记载当时浙江地区人们对戏曲的爱好：

嘉兴之海盐、绍兴之余姚、宁波之慈溪、台州之黄岩、温州之永嘉皆有习为倡优者，名曰“戏文子弟”，虽良家子弟不耻为之。

连“良家子弟”都迷恋戏曲，由此可以推测戏曲传播范围的广泛和深入。

明代通俗文学的广泛、深入的传播，成为明代文学史料的一种亮丽的风景。许多文人学者致力于搜集、整理、编写通俗文学史料和研究通俗文学史料。这方面的部分成果，可参阅本章第二、第三节所述及的有关内容。他们的成果从一个方面为通俗文学的广泛、深入传播提供了方便，创造了条件。通俗文学的广泛、深入传播的新局面，接受群体的空前扩大，那么多的公众经由不同的途径接受通俗文学，既体现了通俗文学的特点和所具有的独特价值，同时又促进了通俗文学的创作和理论批评的发展。

第六节 史料辨伪的深化：以胡应麟的《四部正讹》为例

胡应麟在《四部正讹》中说：

余读秦汉古书，核其伪几七焉。

胡氏所言，实属夸大，但中国古代史料确有真伪杂糅的情况。这种情况不只见于秦汉，而且一直在延续。由于多方面的原因，明代造伪的现象比较严重。明人张凤翼《谭格》卷上云：

余既纂《选》注，意欲续补至本朝，既乏书籍，亦惧岁不我与，不敢冒昧。不意坊间有《续文选》出，而弁以贱名，是重予罪过也。惟冀贤者察之耳。①

张氏以自己的亲身经历，揭示了明代坊间造伪的事实。诸如此类的情况，在明代并不罕见。伪书的存在和明代造伪现象的严重，再加上重心性而轻求真的宋明理学在明中叶难以继续、日趋衰退，结果促使一些文人学者，如杨慎、王世贞、陈第、胡应麟、焦竑等，看到了伪书的贻害，对宋学的空疏表示厌恶。杨慎《升庵集》卷 19 云：

宋人之饶舌也，其君之厌听也宜哉。

他们倡导考据，着力辨伪，逐渐形成了一种新的思潮。

杨慎受明中叶复古风气的影响，好古博学，注重订讹。《四库全书总目》卷 119 著录杨慎《丹铅录》云：

慎博览群书，喜为杂著。计其平生所叙录，不下二百余种。其考证

① 《谭格》，有《续修四库全书》影明万历刻本。

诸书异同者，则皆以“丹铅”为名。

今存杨慎的著述约70多种。他的著述，一个重要的内容是比较系统地批评了宋学的弊端，认为宋人“妄立议论”①、“宋人议论多而成功少”②。他批评明代的学风说：

> 今世儒者失之陋……失之陋者，惟从宋人，不知有汉唐前说也……高谈性命，祖宋人语录。③

杨慎对宇宙名物、经史百家、稗官小说等多有考据，如指出晁公武《郡斋读书志》“载人名地里多误”④，《汉书·古今人表》多误等。对有些重要的历史记载提出了怀疑，如对周纪年的怀疑⑤。杨慎对宋学的批评有些偏颇，但他的批评以及多种考据著作的及时刊刻，开明代实证风气之先，推动了明代学风由空疏向求真征实的转变⑥。

王世贞是在杨慎之后，继续开明代实证考信史学风气的一个关键人物。这集中体现在他的《史乘考误》一书中。此书是明代第一部对当代史料进行考辨的著作。全书共11卷，前8卷考国史和野史，后3卷考家史。内容大体可归结为订误、存疑、补遗和揭讳四类。其中订误内容最多。采用的方法除用国史(实录)、野史和家史三史互校外，还特别注意检阅文献同询问有关人员相互印证，如卷七载：

> 《俟知录》言，弘治中，徐文靖公溥乞致仕，上特赐曲柄红方绣伞，以宠异之。此异典也。考《家乘》、《行实》不载，又问其孙文灿，亦云不知之。其为误传无疑。⑦

王世贞所谓的存疑，是对一时尚难确定的史实，取存疑方法处理之。他的揭讳，是对史书中隐讳的史实予以揭露。明朝的开国史在明史中疑案最

① [明]杨慎《丹铅总录》，《四库全书》本，卷12。

② [明]杨慎《升庵集》，清乾隆六十年(1795)刻本，卷19。

③ [明]杨慎《升庵集》，清乾隆六十年(1795)刻本，卷47。

④ [明]杨慎《升庵集》，清乾隆六十年(1795)刻本，卷14。

⑤ 见[明]卜大有《史学要义》，明刻珍本，卷5。

⑥ 参阅钱茂伟《明代史学的历程》，社会科学文献出版社2003年版，第128—138页。

⑦ [明]王世贞《史乘考误》一，《弇山堂别集》卷20。

多。王世贞唯其实，敢于揭示真相。如指出《太祖实录》中"惟称刘福通，而不及韩林儿"，"盖讳之也"①。

王世贞在明代中期，用《史乘考误》这样的力作，以求信务实的态度，考辨当代史料，矫正浮夸空疏风气，对后来的史料学多有启迪。

陈第在考据方面也多有建树。他著有《毛诗古音考》、《读诗拙言》和《屈宋古音义》等。他对《毛诗》"稍为考据，列本证、旁证二条。本证者，《诗》自相证也；旁证者，采之他书也。二者俱无，则宛转以审其音，参错以谐其韵"。② 他考证《诗经》提出了考证三法：本证、旁证和综审音韵，具有考证方法的意义。

胡应麟，幼年能诗。万历四年(1576)中举，后屡试不第。他向往超脱世俗的隐逸生活，以读书、访书、藏书和著述为志趣。胡应麟把读书和自己的生命融为一体。他在《二酉山房记》中云：读书对于他来说，是"饥以当食，渴以当饮，诵之可以当韶頀，览之可以当夷施，忧藉以释，忿藉以平，病藉以起色"。他读书极其广博，不止于经史子集，"大而皇王帝霸之事功，显而贤哲圣神之谟训，曲而稗官野史之记录，葩而墨卿文士之撰述，奥而竺乾、柱下之宗旨，亡弗涉其波流，咀其隽永"。他继承了"藏书在读"、读书尚用的优良传统，在《二酉山房记》中明确表示：

> 余则以书之为用，枕籍揽观。

他终生未仕，"筑室山中，搆书四万余卷"③。他藏书、读书是为了学术研究。他治学尚博精，喜考辨。史载他"手自编次多所撰著"。④ 他以纯学者著称于世，被誉为"布衣"学者。他以学术为生命，赓续文脉的责任感，深厚的文献根底，广博综合的文化基础和严谨的学风，使胡应麟在文学、史学、目录学、辨伪学等方面，都有重要的贡献。单就辨伪学来说，他深受杨慎等学者的濡染，是继杨慎之后的一位著名的辨伪学者。

胡应麟辨伪的成就主要体现在《四部正讹》一书中，其他著述中也有一些零星的言论。《四部正讹》成书于万历十四年(1586)。此书继旧开新，从

---

① ［明］王世贞《史乘考误》一，《弇山堂别集》卷20。

② ［明］陈第《毛诗古音考》，《四库全书》本，"序"。

③ ［清］张廷玉等撰《明史》，中华书局点校本，卷287《王世贞传附·胡应麟传》。参阅王嘉川《布衣与学术：胡应麟与中国学术史研究》，商务印书馆2005年版，第1章第1节。

④ ［清］张廷玉等撰《明史》，中华书局点校本，卷287《王世贞传附·胡应麟传》。

实践和理论的结合上，对辨伪的许多重要问题提出了自己的见解，扩展了辨伪的范围，对经史子集四部中众多的典籍进行了辨正。

胡应麟认识到并强调伪书的危害。《四部正讹·引》指出：对于伪书，“大方之家第以挥之一笑。乃衒奇之夫，往往骤揭而深信之。至或点圣经，厕贤撰，矫前哲，溺后流，厥系非眇浅也”。他怕伪书流行，自觉地“取其彰明较著，抉诬摘伪”，写成《四部正讹》一书①。

伪书的产生和流传有多种原因，存在的情况也相当复杂。揭示其原因和复杂情况，对于辨伪和防止伪书的产生和流传均有重要意义。胡应麟在这方面，进行了相当全面的探讨。《四部正讹·上》指出：

> 凡赝书之作，情状至繁，约而言之，殆十数种。

接着他列举了20种具体情况：1.“有伪作于前代而世率知之者”；2.“有伪作于近代而世反惑之者”；3.“有掇古人之事而伪者”；4.“有挟古人之文而伪者”；5.“有传古之名而伪者”；6.“有蹈古书之名而伪者”；7.“有惮于自名而伪者”；8.“有耻于自名而伪者”；9.“有袭取于人而伪者”；10.“有假重于人而伪者”；11.“有恶其人，伪以祸之者”；12.“有恶其人，伪以诬之者”；13.“有本非伪，人托之而伪者”；14.“有书本伪，人补之而益伪者”；15.“有伪而非伪者”；16.“有非伪而实伪者”；17.“有当时知其伪，而后人弗传者”；18.“有当时记其伪，而后人弗悟者”；19.“有本无撰人，后人因近似而伪托者”；20.“有本有撰人，后人因亡逸而伪题者”。

胡应麟对上述20种情况均举例加以说明。归纳以上所列，可以看到，伪书产生的主要原因：一是有意作伪，如“有耻于自名而伪者”，“有恶其人，伪以祸之者”；二是与古籍的产生与流传有关，如“有本无撰人，后人因近似而伪托者”。还可以看到，伪书存在的情况是比较复杂的。胡应麟在中国古代辨伪学史上，第一次对伪书在综合的基础上加以区分，有概括，有事实，尽管有漏略和重复的欠缺，但比较系统地论述了伪书产生和流传的原因以及复杂的情况，这是前所未有的，对后来的辨伪具有启示意义。从清初姚际恒著《古今伪书考》，近代梁启超撰《古书真伪及其年代》，在伪书的产生原因的分析上和伪书分类上，都可以看到胡应麟的影响。

---

① 《四部正讹》，《国学基本丛书》本，中华民国二十四年(1935)版。

胡应麟凭借自己广博的学识和严谨的学风，在《四部正讹》中具体辨定的书籍达百多种。他的辨定具有重要的参考价值。同时，他通过实际的考辨，综观经史子集，在《四部正讹·下》中指出：

凡四部书之伪者，子为盛，经次之，史又次之，集差寡。凡经之伪，《易》为盛，纬候次之。凡史之伪，杂传记为盛，琐说次之。凡子之伪，道为盛，兵及诸家次之。凡集，全伪者寡，而单篇列什借名窜匿者甚众。

就现有的辨伪成果来分析，胡应麟的概括和估计，是符合实际的。

胡应麟在辨伪上还有一个重要贡献就是系统地总结了辨伪方法。他在《四部正讹·下》中提出了考核伪书的八种方法：

一、"核之《七略》以观其源"，即考核西汉刘歆所编的最早的目录《七略》，看著录的源头。由于《七略》已佚，其主要内容保留在《汉书》卷30《艺文志》中，所以实际上是"核之《汉书·艺文志》"。这一点，虽然仅适用于考核班固《汉书》之前的古籍，但推而广之，却是一种重要的方法。

二、"核之群志以观其绪"，即考核历代史书中的《经籍志》、《艺文志》以及其他目录，看其流传的线索。

三、"核之并世之言以观其称"，即考核著者同时代人的著述，看其有无称引。

四、"核之异世之言以观其述"，即考核前后不同时代的著述，看有无转述。

五、"核之文以观其体"，即考核文本，看其是否合于作者所处时代的文体。

六、"核之事以观其时"，即考核所记之事，看其年代。

七、"核之撰者以观其托"，即考核书的作者，看其假托。

八、"核之传者以观其人"，即考核书的传人，看其传者是否为作伪者。

胡应麟对上述八法，满怀自信，认为"核兹八者，而古今赝籍亡隐情矣"。今天看来，他的自信有些过分。但他提出的八法，是对前人和自己辨伪经验的理论概括，涉及了典籍的源流、时代、文体、内容、作者和传者等多方面。综合运用这八法，应当说十分有助于辨伪。后人论辨伪方法，如胡适在《中国哲学史大纲》中把考核真伪的证据总结为史事、文字、文体、思想和旁证五种，梁启超在《中国历史研究法》中提出的识别伪书的12条公例以及在《古书真伪及其年代》一书中论及辨伪的详密方法等，都是在胡应麟总括的辨伪方法的基础上，吸收新的成果加以补充、发展的。

中国古代的辨伪孕育于先秦时期。西汉司马谈、司马迁父子整理史料以及司马迁撰写《史记》，后来刘向校书，都伴随着辨伪，是辨伪的萌芽。西汉之后，辨伪逐渐发展，先后出现了王充、柳宗元、刘知几、欧阳修、郑樵和朱熹等一批辨伪的文人学者，他们在不同的方面，多有创获。但是，胡应麟之前的辨伪，基本上是处于自发状态，主要体现在实践层面，未及从理论上加以概括，未及总结明确、系统的方法，著述比较零碎，有待整合。胡应麟的《四部正讹》继承了以前辨伪的成果，勇于开拓提升，能够辩证、具体地从多方面分析伪书现象，既辨定了百余种书籍，又能把一些本来不是伪书的“伪书”从“伪书”中分离出来。特别重要的是他能从实践到理论，自觉地总结了辨伪的理论和方法。《四部正讹》中的论述，或有未精，或有未当，或有未及，但它奠定了中国古代辨伪学的基础。梁启超赞誉此书是“有辨伪学以来的第一部著作。我们可以说，辨伪学到了此时，才成为一种学问”①。后来清代姚际恒著《古今伪书考》，近代梁启超和胡适等人有关辨伪的著述，大体上是沿着胡应麟铺设的道路前进的。

中国古代的文学史料学，尽管在明初受到了挫折，但就全明的大势来看，随着经济（特别是工商业）的发展，政治统治的相对松弛，文化思想上市民阶层自我意识的觉醒和明末实学思想的兴起，有了很大的开拓和深入发展。

明代编撰的《永乐大典》是规模空前宏大的类书，是文学史料的一个重要渊薮。明代的文化具有世俗化的特点。明代重视对当代文学作品，特别是关于词、小说和戏曲等通俗文学作品的搜集、整理和刊印，成果突出。通俗作品的传播途径和传播范围，有了明显的拓展。明代思想活跃，反映在文学研究史料上，除传统的诗话、词话、诗文综论、戏曲批评等继续发展外，文学评点成为“时尚”，研究资料汇编有了很大的发展。伪书的存在和明代造

---

① 梁启超著《古书真伪及其年代》第三章《辨伪学的发达》，见《国学讲演录》二种，中国社会科学院出版社 1997 年版。关于胡应麟在辨伪学上的主要贡献，参阅王嘉川《布衣与学术：胡应麟与中国学术史研究》，商务印书馆 2006 年版，第四章“胡应麟与中国文献辨伪学研究”。

伪现象的严重,激发了以胡应麟为代表的一些文人学者辨伪求实的责任感。胡应麟的《四部正讹》,具体辨析和理论提升相结合,是中国古代辨伪学史上的一部标杆之作。上述这些,是古代文学史料学在明代开拓和深入发展的重要标志。

明代的"心学"思潮,本身含有空疏的一面。这一方面到了明末有所蔓延。一些文人学者的学风受"心学"思潮的影响,尚空谈心性,缺务实尚用。这一缺陷,反映在文学史料学上,一个突出的表现就是对文学史料的鉴别、考证和校注的成果比较单薄。这一点,到了清代,随着社会历史条件的变化,得到了很大的补偿。

第十四章　古代文学史料学的集成期:清代

第一节　国力强盛与文化专制下的文学史料学

明末崇祯十七年(1644),李自成率农民起义军攻占北京,明朝灭亡,清朝代之。清朝统治历经267年,是中国最后的一个封建王朝,也是中国古代文学史料学演进的最后一个时期。清朝的史料学在各方面都取得了空前的、巨大的成就,呈登峰造极之势,具有集大成的特点。

中国古代文学史料学经历了三千多年的发展,到清代,各方面都积累了极其丰富的成果,在客观上,需要做出全面的整理和总结。清代的统治者和许多文人学者迎合了历史的潮流和时代的需要,自觉或不自觉地、直接或间接地参与了史料学的实践,从不同方面推进了史料学。清朝史料学集成局面的形成是历史积累的结果,也是清朝经济、政治、文化等多种因素综合作用的结果。

清朝从定鼎北京开始,经过40年的征服战争,统一了全国。统治者为了巩固自己的统治,相继采取了一些恢复生产、稳定社会的政策和措施,经济发展,国力鼎盛,人口激增,到康熙、乾隆时期,清朝成为世界上最发达的国家之一,经济总量占世界之首,出现了史学家称誉的"康乾盛世"。经济的繁荣,社会的稳定,全国的统一,为史料学集大成局面的形成提供了物质基础,创造了有利的条件。清代史料学的许多重要的成果,大多产生在康熙、乾隆时期,就证明了这一点。

清朝是北方少数民族满族贵族统治的王朝,为了使人数众多的汉族臣服,在文化上,他们大体采用了利用和高压两种策略。这两种策略,都直接或间接地极大影响了清代的文学史料学。

清代的统治者逐渐突破了本民族的局限,重视吸纳汉族等民族文化,懂得利用儒家思想控制人们的思想。他们在定都伊始,就尊崇孔子,"修明北监为太学”，规定学习《四书》、《五经》等儒家书籍。科举考试用八股文，取《四书》、《物镜》命题①。与尊孔相联系的是，他们极力推崇理学。康熙称颂朱熹，极力拔高朱熹，说朱熹“文章言谈之中，全是天地之正气、宇宙之大道。朕读其书，察其理，非此不能知天人相与之奥，非此不能治万邦于衽席，非此不能仁心仁政施于天下，非此不能内外为一家”②。康熙还利用了一些信奉宋代理学的官员，编纂理学书籍。统治者的倡导，使理学成为清代的官方哲学。清朝的尊孔和理学的作用，促使清朝经学兴盛，传统的经学在清代达到了集大成的地步。清代的经学与学术、史学等有重合、重叠，从不同的方面影响了学术史、文学史和史料学史。不少学者用研究经学的方法去研究文学，整理文学作品。清代的统治者和许多文人学者鄙薄小说和戏曲等通俗文学史料，也是经学昌盛的负面作用。

清朝的统治者对汉文化的利用，还表现在对汉族文人士大夫的利用和编纂书籍上。康熙在三藩之乱即将平定时，便开始采取“偃武修文”的措施。康熙十八年(1679)，开博学鸿词科，从全国各地征得学者文人 143 人，取一等 20 人、二等 32 人，名儒才士多被网罗。统治者为了显示自己的文治和对汉族等民族文化的认同，利用臣服他们的文人学者编纂了许多大型书籍。清代编书，绵亘康熙、雍正、乾隆三朝。其规模之大、持续时间之长、成果之突出都是旷古未有的。类书如《古今图书集成》、丛书如《四库全书》，诗文总集如《全唐诗》、《御定全金诗》、《御选唐宋诗醇》、《全唐文》、《御选唐宋文醇》、《历代赋汇》等。大型书籍的编纂，伴随着对大量文献的搜集和整理，保存了许多文学史料。

清朝也是一个重视修史的朝代。清朝的修史体现在官修和私撰两个方面。于官修，朝廷设有实录馆、国史馆和方略馆。三馆中的国史馆是长设修史机构。官修史书，于前代的，主要有历时近百年而成的《明史》。《明史》记述了明代 270 年的史事，所记史事颇详，注意史料的考核，“在《二十四史》中——除马、班、范、陈四书外，最为精善，殆成学界公论了”③。《明史》为研究明代的历史提供了相当丰富可靠的史料。如卷 96《艺文志一》“序”记载

① 参阅赵尔巽等撰《清史稿》，中华书局点校本，卷 106《选举志一》。

② 《御纂朱子全书・序言》，载李光地、熊赐履纂辑《御纂朱子全书》，上海古籍出版社 1987 年版。

③ 梁启超《中国近三百年学术史》，东方出版社 1996 年版，第 109 页。

了明成祖的指令：

> 士庶家稍有余资，尚欲积书，况朝廷乎？

说明明朝统治者对于搜求保存书籍的重视。《明史·艺文志》不载“前代陈编”，只著录明代“二百七十年各家著述”，是我们研究明代文学史料的重要参照。

清代的官修史书重点在当代。这主要体现在续“三通”、清“三通”、实录、传记、方略（又称纪略）和会典等方面的编纂上。续“三通”是乾隆时期敕修的《续文献通考》、《续通典》、《续通志》。清“三通”指的是《清文献通考》、《清通典》和《清通志》，是“三通”的续作，也是乾隆时期敕修的。续“三通”和清“三通”中，与文学史料关系尤其密切的是《续文献通考》和《清文献通考》。清代编纂的实录，总称为《清实录》，主要包括清太祖至德宗十一朝实录，是清代官方所修史书中最重要的部分。清代所修的传记，主要有《大臣列传》（稿本）、《满汉名臣传》、《国朝耆献类征初编》及《续编》，其中有许多涉及了文学家。清代的方略，多是记述重大的军事行动的始末。《清史·艺文志二》“纪事本末类”著录道光以前编纂的方略和纪略有十多种，其中特别重要的是《开国方略》。清代撰述的会典，总称《清会典》（原名《钦定大清会典》或《大清会典》）。始修于康熙三十二年（1693），修成于光绪二十五年（1899）。《清会典》简要地记述了清代光绪二十二年（1896）以前的政治制度。清代官修史书，使古代重史的传统在清代得以延续和发展，同时也为后来研究清代的文学提供了多方面的史料。

清代在私修史书方面，出现了如清初的黄宗羲、王夫之、顾炎武，乾嘉时期的章学诚、王鸣盛、赵翼、钱大昕、崔述以及稍后的阮元、龚自珍等著名的历史家。他们都有重要的史学名著传世。他们的史著重在对历史的考证和对历史思想、史学理论的阐释上。顾炎武的《日知录》、王鸣盛的《十七史商榷》、赵翼的《廿二史札记》、钱大昕的《廿二史考异》、崔述的《考信录》等史著，在许多重要史料的考证、阐释上取得的成果和形成的方法，都直接或间接地与文学史料相关。他们的史著在理论上，也有许多新的创获。王鸣盛强调：

> 盖学问之道，求于虚而不如求于实，议论褒贬皆虚文耳。作史者之所记录，读史者之所考核，总期于能得其实焉而已矣，外此又何

多求耶！①

治学，不顾全面，轻视“求于虚”，完全否认“议论褒贬”，并不可取，但强调“作史者”、“读史者”要“求于实”，这确是史料学之生命所系。钱大昕在论及治史时指出：

> 史非一家之书，实千载之书。祛其疑，乃能坚其信。指其瑕，益以见其美。……惟有实事求是，护惜古人之苦心，可与海内共白②。

钱大昕强调治史应当祛疑坚信、实事求是，主张体谅古人，“护惜古人之苦心”。他的见解，具有方法的意义。上引王鸣盛和钱大昕有关治史的观点，既是乾嘉学派治学要旨的反映，同时也促进了考证在文学史料学中的广泛推行。另外，像赵翼在《廿二史札记》中所采用的“参互勘校”的基本方法，阮元在汇刻编纂各种文献典籍时，所采用的由训诂字义以明义理的治学方法以及他在其撰写的《十三经注疏校勘记》中，总结的有关校勘的根据和方法等，都对当时和后来的文学史料学产生了积极的影响。

清朝统治者在文化上的高压政策，是相当严酷的。从对史料学的直接影响来看，有两点尤其突出：一是大兴文字狱，二是禁书。

清朝统治者有意识地把文字狱作为一种恐怖政策，借以扼杀不利于清朝统治的各种思想言论，树立皇帝的绝对权威。中国古代，自秦朝以来，有的朝代施行过文字狱，但清朝的文字狱，持续时间之长，罗织罪名之阴毒，案件之繁多，株连范围之广泛，惩治之严酷，都远远超过了历史上的其他朝代。清朝的文字狱，从清初到中期，愈演愈烈。清初的统治者由于忙于军事征服，较少顾及文化学术。康熙朝有文字狱，但数量不多，仅有11起。雍正朝文字狱增多，有25起。乾隆朝文字狱屡屡不断，达135起，差不多每年都有因文字而获罪的。大的文字狱，不仅作者、编者、出版者遭到灭门之祸，有时连刻工、印工、订书工、书商及买书人也难免被杀。乾隆五十年(1785)以后，文字狱开始松弛。严酷的文字狱，使不少文人学者含怨而死，使整个社会，特别是在知识分子中形成了一种忧谗畏讥、动辄得咎、恐惧郁抑的心理和氛围。这种心理和氛围，严重地消没了许多文人学者做人的骨气和入世精神，

① [清]王鸣盛《十七史商榷》，北京中国书店1987年版，“序”。

② [清]钱大昕《廿二史考异·序》。见陈文和主编《嘉定钱大昕全集》，江苏古籍出版社1997年版。

扼制了对思想理论的探究,清初黄宗羲等人关心时务、主张治学应当“经世致用”的精神被割舍了。因为“谈到经世,不得不论到时政,而开口便触忌讳。经过屡次文字狱之后,人人都有戒心”,“凡当主权者喜欢干涉人民思想的时代,学者的聪明才力,只有全部用去注释古典”①。“到了乾隆年间,人民大众更不敢用文章来说话了。所谓读书人,便只好躲起来读经,校刊古书,做些古时的文章,和当时毫无关系的文章”②。文人学者大多埋头于编辑、辑佚、校勘、考证、辨伪、训诂等古代文献的收集和整理。严酷的文字狱,把当时人们的思想精神、思维方式和语言都化约为唯朝廷之命是从,去除了一切与朝廷不符的思想与言行,在学术上遏制了“经世致用”思想理论的建树。这是历史的不幸,但却使史料和史料学在许多方面取得了巨大的成绩,在乾隆时期,编成了《四库全书》这样大型的丛书。这又是历史的大不幸中的大幸。

清代统治者实行文化专制,还有一手就是禁书。清代的禁书,命令之严格,延续时间之长,手法之多,禁书数量之多,同秦朝以后的任何一个朝代相比,都是有过之而无不及。清代的禁书,主要有三种做法。一是与文字狱相伴而行。每次文字狱的发生,都禁毁了一些相牵连的书籍。二是结合编书进行。一个典型的事例就是编修《四库全书》。乾隆借编修《四库全书》之机,提出所谓“鉴古斥邪”、“使群言悉为雅正”、“厉臣节而正人心”,全力剪除危及清朝统治的各种书籍,“对全国图书进行大检查,凡对清朝有不利之片言只语,及胡、虏、贼、寇、犬、羊、夷、狄字样,无不被认为‘违碍’,列为禁书”,加以禁毁。“全毁书目 2453 种,抽毁 402 种”。同时“军机处八年间所缴版片共 68000 余片,其中 50000 余片具系双面刊刻”,全部烧毁③。另有不少著述说,编修《四库全书》过程中禁毁书达三千多种。三是多次诏令禁书。清朝立国以后,为禁书,曾不断地诏令全国上下,查毁了难以统计的书籍。以禁毁通俗小说为例,顺治九年(1652),清世祖正式下令严禁“琐语淫词”,“违

① 梁启超《中国近三百年学术史》,东方出版社 1996 年版,第 21、26 页。

② 鲁迅《三闲集·无声的中国》。《鲁迅全集》,人民文学出版社 2006 年版,第 4 卷第 12 页。

③ 所烧版片“厚仅四五分,难以铲用,概行作为烧柴,每千斤价银二两七钱,交造办处玻璃厂作为硬木柴烧”。以上引自张秀民著,韩琦增订《中国印刷史》上,浙江古籍出版社 2006 年版,第 388—389 页。

者从重究治"[①]。所谓"琐语淫词",指的就是通俗小说之类。清朝是中国封建王朝的一个强大的王朝,也是一个没落的王朝。严酷地、大量地禁书,反映了清朝的虚弱。清代的文字狱和禁书,就主要方面来说,对史料是一种灾难。史料学在清代进入集大成期,是付出了沉重的历史代价的。

第二节　传记史料呈鼎盛之势

清代关于文学家的传记史料有列传、碑传(墓志铭、墓表、神道碑)、族谱、年谱、事略、行述、行状、自述、自记、哀启、诔赞、祭文、寿文(寿序、寿诗、寿言)、题名录等多种体裁。就现存的情况来看,除了比较集中于上述体裁外,还散见于各种文集、档案、笔记、日记、书信、书目提要、像赞等多种文字中。与上述体裁相关的是,一个文学家往往有多种传记,如现在能见到的吴梅村的传记,就有顾湄《吴梅村先生行状》、陈廷敬《吴梅村先生墓表》、《娄东耆旧传·吴伟业传》、康熙《苏州府志》吴梅村传、王昶《吴伟业传》、顾师轼《梅村先生年谱》、顾师轼纂、顾思义订《梅村先生世系》等[②]。限于篇幅,下面主要简介列传、碑传、年谱三种。从这三种传记史料,基本上可以窥见文学传记史料在清代有了长足的发展,呈鼎盛之势。

清人对于清代之前的主要的文学家列传,多予关注。其成果除了散见于各种体裁外,还有比较集中的著述。主要有两种。一是专著,如:

《全唐诗姓氏考》　底稿本　约乾隆间刻本

《宋诗钞小传》2卷　吴之振撰　钞本

《东坡事类》22卷　梁廷枏撰　藤花亭十七种本

《苏文忠公墓志铭注》1卷　《本传注》1卷　《真像考》1卷　王文诰撰　嘉庆二十四年(1819)韵山堂刻本

《朱子事汇纂略》1卷　徐经辑　雅歌堂全集本[③]

① 《学政全书》卷7。关于清朝禁毁小说的诏令,[清]俞正燮《癸巳存稿》,辽宁教育出版社2003年版,卷9"演义小说"条,有辑述,可参阅。

② 参阅《中华大典·文学典·明清文学分典》三,凤凰出版社2005年版,第188—190页。

③ 以上五种据王绍曾主编《清史稿艺文志拾遗》,中华书局2000年版,《史部·传记类》。

二是史书中的文苑传,如《明史》卷285—288《文苑传》一至四。在《文苑传》中,编者“博考诸家之集,参以众论”,撰写明代著名“文学之士”216人的传记,其中主传61人,附传155人①。《明史·文苑传》和其他列传中的文学家传记,为后人研究明代“文学之士”提供了重要的史料。

清人撰写的当代文学家的列传,除了散存于各种文集外,见于专书的大体有两类,一是官修和私修的综合性的传记。官修的如:

《满汉名臣传》 国史馆原本

《国史列传》(又名《满汉大臣列传》)80卷 国史馆传稿

《国史贰臣传》7卷(单行本)

《国史逆臣传》4卷(单行本)

私修的如:

《昭代名人尺牍小传》24卷 吴修撰 乾隆写刻本

《颜氏尺牍姓氏考》(《颜氏家藏尺牍》附) 颜光敏辑 上海科学技术文献出版社2006年版

清代综合性的传记专书的内容,一般分为多种门类。由于清代的文学家身份不同,他们的传记有时分别归入不同的门类。在诸多的门类中,其中较多的是集中在文苑传、儒林传中。

二是专收文学家和戏曲表演者的传记。文学家传记如:

《清朝名家诗钞小传》 郑方坤撰 台北明文书局1985年版(《清代传记丛刊》之一)

《国史文苑传稿》 阮元等撰 台北明文书局影印《清代传记丛刊》本

《乾嘉诗坛点将录》 舒位撰 叶德辉校注 有《说库》本、《清代传记丛刊本》等

戏曲表演者传记如:

《燕兰小谱》5卷 吴长元撰于乾隆五十年(1785)

《日下看花记》4卷 小铁蘧道人著 第园居士 餐花小史共同

① 参阅[清]张廷玉等撰《明史》,中华书局点校本,卷285—288《文苑传》。

参订

《听春新咏》3卷　留春阁小史编辑　小南云主人校订（以上三种收入台北明文书局影印《清代传记丛刊》）

在表演者传记中，有的作者未署真名，说明这类传记在当时远不如文学家传记那样，受到社会各层人们的认可，作者虽有冲破重雅轻俗的思想，但也担心受到一些人的指责①。

年谱在宋代兴起以后，元明继之，到清代呈鼎盛之势。清人从认识和实践的结合上，对前人所编的年谱进行了总结，把年谱的编写推向了古代最后的一个高潮。

清人对年谱的认识相当全面，其中有一些新的见解。这体现在对年谱的性质、价值、写作规范等多方面。

对于年谱的性质，清人明确地把它看成是一种传记。这在《四库全书》的编纂上有明显的体现。《四库全书总目》在卷45—56正史、编年类、纪事本末、别史、杂史、诏令奏议六类后，在卷57设传记类。在传记类中，收录了《孔子编年》，并说，此书“按岁编排，体例亦如年谱。其不曰年谱而曰编年，尊圣人也”。下面还著录了两种《杜工部年谱》。这表明四库馆臣已经完全把年谱看成是一种传记了。

年谱产生以后，由于编者和读者所处的时代和个人境遇以及思想的差异，对年谱的价值的认识有所不同。诸多不同的认识，在清代也很明显。粗略地归纳有：

一、借年谱，留名后世，“昭垂不朽”。张焕宗《张秋岩自订年谱序》说：

> 年谱之作，缙绅先生功名事业足以昭垂不朽，或登诸记室，或传之及门。

二、留示后裔，绵延家族。沈峻《沈存圃自订年谱》云：

> 详叙世系，诠次岁月，以留示子孙。

周盛传《磨盾纪实自叙》说，自己编年谱是使子孙“知起家之不易也”。

三、教育。主要体现在自省自励和教育后人两方面。前者如冯宸《李

① 参阅冯尔康《清代人物传记史料研究》，商务印书馆2000年版，第92—93页。

恕谷先生年谱序》云：

> 年谱犹日谱耳，日谱记功过以策励习行，年谱何独不然？

又，郭阶《天均卮言自序》说自编年谱是为了“言以自警”。后者如广吉《广我素先生年谱跋》说：

> 则年谱者，古人学与年进，自叙其生平得力，抑后人读书论世稽古人之行谊，以为矜式之，所为作也。

四、考世知人的史料价值。陈宏谋在《宋司马文正公年谱序》中说：

> 盖古大臣立言制行，皆深系乎当时世道人心。后之人欲知其人，尤当论其世。有年谱而其世可考，其人更可知矣。

又，全祖望在《施愚山先生年谱序》中说：

> 年谱之学，别为一家。要以巨公魁儒事迹繁多，大而国史，小而家传、墓文，容不能无舛谬，所借年谱以正之。

陈宏谋是从考世知人的角度肯定了年谱的价值，而全祖望则从年谱中的史料可以纠正史书中的错误的角度，肯定了年谱的价值①。值得注意的是，在上述诸多不同的认识当中，有一个闪光点，就是有许多人对年谱的价值，不再囿于个人或家族的狭隘的考虑，而是能比较自觉地从研究历史的视角来看待年谱。

清人对年谱的认识，在编撰年谱的要求、体例规范上也进行了探讨。章学诚在《〈刘忠介公年谱〉叙》中说：

> 以谱证人，则必阅乎一代风教，而后可以为谱。盖学者能读前人之书，不能设身处境，而论前人之得失，则其说未易得当也。

章学诚强调编纂年谱，应当重视谱主所处时代的“风教”，应当“设身处境”。蒋彤在《李申耆年谱·谱例》中提出了编纂年谱的许多规范：幼年无事，并甲子阙而不书；夹叙同时人之出处始末，则本事之经纬愈明；间入时事以著原委；文字有要紧者则全录。

---

① 以上史料主要转引自谢巍编撰《中国历代人物年谱考录》，中华书局1992年版，《论年谱的作用和价值》。

对于年谱的繁简详略问题，清人有不同的看法。有的主张“简而有要”，如吴骞《初白先生年谱·序》说：

> 顾从来作年谱之敝，繁者每失于芜，简者又嫌于漏。

他认为陈敬璋编的《查慎行年谱》“考核详审，而记载谨严，可谓简而有要，不蔓不枝”①。有的强调“繁而不芜”，如那彦成撰，王昌、卢荫溥编的《阿文成公年谱》，长达34卷，约72万字。祁寯藻认为此谱“繁而不芜，详而有法，洵纪述之善者也”②。

清人还探讨了编年体诗文集与年谱的区别问题。陈敬璋编《查慎行年谱》时，有人认为查氏的诗集“编年次第秩然”，“一生出处事迹略具”，不必再编年谱。陈氏却不以为然。他坚持为查氏编年谱，目的是为了把查氏“足以垂示后人”的“志节”彰显出来。他“考其行实，采其轶事，详著于篇”③。陈敬璋从认识和实践两方面，明确地把编年体诗文集和年谱区分开了。他的认识和做法促进了年谱的发展，并为后人所遵循④。

清人伴随着对年谱的较为全面的认识，在实践上形成了一种编纂年谱的风尚，呈现出普泛化的态势。这在编者、谱主、年谱、版本等多方面，都有明显的表现。为了说明这一问题，这里主要参考谢巍编撰的《中国历代人物年谱考录》一书⑤，围绕上面提及的几项略加论述。

清人有多少人参与了编撰年谱，有待统计。但有一点是可以肯定的，就是其人数远远地超过了以前任何一个朝代。以自编者为例，据初步统计，清人自编年谱者达474人，占谱主的50%。清人编撰年谱者，除了过去有的自己、亲属（子孙、兄弟、亲戚）、门人弟子、友人、研究者外，还出现了父亲为儿子、丈夫为妻子编年谱的情况。此外，不少同一年谱由多人合编的情况，屡见不鲜。

清人编撰年谱所涉及的谱主，从时间上看，上自先秦下到清朝的当代，各个朝代都有。从谱主的身份看，有官员、将领、学者、文学家、艺人、商人、

① 《查慎行年谱·序》，文物出版社1982年影印嘉业堂《年谱十种》本。

② 《德壮果公年谱·序》，咸丰六年（1856）致远堂刻本。

③ 《查慎行年谱·跋》，文物出版社1982年影印嘉业堂《年谱十种》本。

④ 参阅冯尔康《清代人物传记史料研究》第174—175页。

⑤ 就我所见，目前在诸多年谱目录类著作中，此书著录的年谱较全。

宗教人、普通人和外国人等,范围有了很大的拓展。

清人新编年谱的数量,潘树广主编《中国文学史料学》"据《中国历代年谱总录》统计,全书共收 3015 部年谱,其中宋人所撰年谱不过 50 多种,成于元明人之手者有 190 余种,成于清人之手者达 1160 余部"①。实际上,清人新编的年谱的数量远远超过了上面统计的数字。这一点,我根据《中国历代人物年谱考录》作过统计。现将统计的结果列表如下:

时　代	谱主人数	年谱数量
先秦	42	220
秦汉	10	33
三国两晋南北朝	18	57
隋唐	25	81
五代十国	3	3
宋代	77	185②
辽金元	12	21
明代	160	200
清代(含部分近代)	946	1072
总计	1293	1872

单就清人所编清人年谱而言,还可参照来新夏编撰的《近三百年人物年谱知见录》③,此书以收录清人年谱为主,向上兼收明清之际人物,下及生于清卒于辛亥以后人物,共收谱主 686 人,年谱 1178 种。上面三种统计,虽然角度不同,范围有别,结果有差异,但足以证明,清人新编的年谱所涉及的谱主和年谱的数量之多,是空前的。除去清代,清人新编清代以前的年谱总数,大体是清代以前所编的三倍。清人所编各个时期的年谱的数量,清朝当代的最多,其他依次是先秦、明代、宋代、隋唐、三国两晋南北朝、秦汉、辽金

① 引自潘树广主编《中国文学史料学》,黄山书社 1992 年版,上册第 272 页。

② 据尹波的统计,宋代人为本朝人编年谱 80 多种,元代人编宋人年谱 10 多种,明代人编宋人年谱 40 多种,而清代人则编有 150 多种。见尹波《宋人年谱综述》,《四川大学学报》2004 年第 2 期。

③ 上海人民出版社 1983 年版。

元、五代十国。

清人在年谱的编撰形式上，有文谱、表谱、诗谱、图谱和综合谱等。对于各种形式，基本趋向是在总结以前研究成果的基础上更加完善。在诸多形式中，值得注意的是较多的综合谱的出现。综合谱中，有的是诗文结合。万廷兰自撰年谱《纪年草》，以每年作诗一首为纲，然后低一格以散文详叙事实，有叙议书画之论。有的是诗文、图像等结合。黄炳垕自编年谱《自述百韵诗》，以五言诗四句为一条，下用双行小字夹注年岁、事迹，谱后附谱主像、自题赞、自祭文、诗及挽诗。

随着清代新编年谱数量的大量增加，年谱版本的种类也有明显的增多，经常出现的有官刻本、家刻本、坊刻本、稿本、抄本等。刻本中又有一般刻本和精刻本。稿本中又有手稿本和传抄本等。在多种版本中，有些得到了传播，也有许多藏于私家，有待查考。

清代崇圣、宗经、推扬理学。受此影响，在年谱的编撰上，尤其重视以孔孟为代表的儒家人物和理学家，重视以经学为主的学术人物。有关上述人物的年谱占的比重很大。与上述情况相比，在清人所编的各种年谱中，有关文学家的年谱所占的比重并不大，人数也不算多，尽管如此，但与以前所编的年谱比较，清人所编的文学家的年谱，还是多有创获，总体成就远远超过了以前。清人所编撰的文学家年谱，从谱主生活的时间上划分，大致有两类：一是清代以前的，二是清朝当代的。

清人重视编撰清代以前的文学家的年谱。清代以前，有些文学家已有年谱。这些年谱，或有罅隙，或存谬误。《四库全书总目》卷 57《史部·传记》指出：宋赵子栎编的《杜工部年谱》有"不确之证"，"其所援引亦简略"；宋鲁訔编的《杜工部诗年谱》"间有附会"。清人有鉴于此，注意在已有的年谱的基础上，重撰新的年谱，如：魏晋南北朝时期关于陶渊明的年谱，有顾易等编的五种；隋唐时期有温汝适编张九龄年谱 1 种、王琦等编李白年谱 3 种、朱鹤龄等编杜甫年谱 27 种、林云铭等编韩愈年谱 11 种、汪立铭编白居易年谱 1 种、杨希闵编柳宗元年谱 1 种；宋代有杨希闵编范仲淹年谱 1 种、朱文藻等编欧阳修年谱 5 种、姚范等编曾巩年谱 2 种、顾栋高等编王安石年谱 4 种、邵长蘅等编苏轼年谱 8 种、龚春煦编苏辙年谱 1 种、翁方纲等编黄庭坚年谱 3 种、丁寿征编张耒年谱 1 种；明代的有朱景英编李东阳年谱 1 种、汪琬等编归有光年谱 2 种、徐世桢等编陈子龙年谱 2 种、赵之谦等编张煌言年谱4种等。从上面列举的清人重编的文学家年谱来看,有许多都是著名的,其中5种以上(含5种)的共有五人。五人当中,最多的是杜甫(27种),其他依次是韩愈(11种),苏轼(8种),陶渊明和欧阳修各5种。这从一个方面说明,清人在众多的文学家中,特别关注的是一些大家。深受儒家思想浸润的杜甫和韩愈尤其受到推重。清人对已有的年谱,有的作考异,如陶澍的《陶靖节年谱考异》,更多的是重编。不论是考异,还是重编,大多能够在前人所编年谱的基础上,以严谨的学风,辨析得失,重新检阅、考辨史料,以求超越。丁晏《晋陶靖节年谱》开头说:

> 梁萧统撰《陶渊明传》,叙次时事,前后错迕,史家因之,转相承讹。宋王质《绍陶录》有《栗里年谱》,明陶宗仪《辍耕录》备载之,编次甚疏,颇有谬误……余尝依据本集,参稽史文,立为斯谱,不敢沿袭前人,贻误来者……其诗文之可系年者,则分系之,它无年月者,亦不敢虚造妄测,强系岁年。其所不知,盖阙如也。

丁氏所云,反映了清人重编前人年谱时的严谨学风和认真态度。因此,他们编纂的许多年谱有超越,常常为后人所参考。梁启超在1908年撰成《王安石传》。他在"例言"中,认为清代蔡元凤编的《王荆公年谱》,"取材最富"。他的《王安石传》的史料主要参考了蔡元凤编的《王荆公年谱》。中华书局2002年出版徐培均著《秦少游年谱长编》,就是以嘉庆间刊秦瀛编的《淮海先生年谱》为重要参照。

由于多方面的原因,清代之前有不少文学家没有年谱。针对这种缺憾,清人作了大量的补阙工作,新编了许多重要的文学家的年谱。属于先秦时期的,有邓显鹤等编的屈原年谱3种、汪中等编的荀况年谱2种;两汉时期的,有汪中等编的贾谊年谱4种、梅毓等编的刘向年谱2种、陈本礼等编的扬雄年谱2种、林春溥等编的蔡邕年谱3种;魏晋南北朝时期的,有鲁一同等编的王羲之年谱5种、钟体志编的钟嵘年谱1种、倪璠编的庾信年谱1种;唐代的,有阙名编的王之涣年谱1种、沈曰富等编的元结年谱2种、许昂霄编的李贺年谱1种、朱鹤龄等编的李商隐年谱6种;宋代的,有秦镛等编的秦观年谱4种、赵翼等编的陆游年谱2种、范□□编的范成大年谱1种、辛启泰等编的辛弃疾年谱2种、姜虬绿编的姜夔年谱1种、顾文彬编的周密年谱1种;辽金元时期的,有翁方纲等编的元好问年谱7种;明代的,有钱大昕等编的王世贞年谱 2 种、葛万里编的袁宗道年谱 1 种、袁宏道年谱 1 种、袁中道年谱 1 种。上引年谱，有些不见传世。从传世之作来看，多是严谨之作。如倪璠编撰的《庾子山年谱》，是在辑校注释谱主的作品的基础上，同时又参考了大量的其他史料，历经多年而编成的。他们编撰的年谱有的附于辑校注释谱主的诗文集之后，有的附于文集之前，一直被后人视为力作，流传至今，常被征引。鲁同群《庾信传论》附《庾信年谱》云：

> 倪璠《庾子山集注》所附《庾子山年谱》，是笔者所见唯一记事较详的年谱。①

清人编的重要文学家的年谱，后来虽续编不断，但都是在清人之作的基础上向前走的。

清人在重视编撰当代人年谱的氛围中，有不少人注意编撰清代文学家的年谱。这方面的年谱的数量，有待统计。不过有一种现象是清楚的，就是有不少清代的文学家在当代就有了年谱。如：葛万里等编钱谦益年谱 2 种，顾师轼编吴伟业年谱 1 种，黄宗羲自编以及其七世孙黄炳垕编黄宗羲年谱 2 种，顾衍生等编顾炎武年谱 10 种，刘毓松等编王夫之年谱 3 种，杨谦等编朱彝尊年谱 2 种，王士祯自撰年谱以及惠栋等编王士祯年谱 3 种，王兆符等编方苞年谱 2 种，沈德潜自编年谱 1 种，阙名编刘大櫆年谱 1 种，董秉纯等编全祖望年谱 3 种，郑福照编姚鼐年谱 1 种等。

清人编的当代文学家年谱，不管是自编的，还是他人编的，由于亲近谱主，或离谱主时代不远，所用多为第一手史料，又能依据本集，参稽多种记载，重考据，容易作到翔实可靠，有不少年谱史料十分丰富。苏惇元编撰的《方望溪先生年谱》，除记述谱主方苞生平事迹外，在附录中有《文目编年》，凡谱主为文可考年代者均予辑入，自康熙二十四年(1685)起至乾隆十四年(1749)止，又载诸家评论，辑录了与谱主同时代人的评论。由于清人编的当代文学家的年谱，史料比较可靠，许多年谱成了后来研究的重要史料，也成了后人重编年谱的基础。当然清人有些编写者，由于亲近谱主而又缺乏客观的态度，也容易出现溢美隐过的弊病。

在文学观念上，清代从统治者到许多正统文人，重视的是传统的雅

---

① 鲁同群《庾信传论》，天津人民出版社 1997 年版。

文学诗文,而对那些通俗的词、戏曲和小说等多持轻视的态度,这一点也反映在年谱的编撰上。从今存清人所编的文学家年谱来看,大多是诗人或兼写诗文的。而对以创作词、戏曲和小说等通俗文学作品而著称的文学家,很少有人为他们编撰年谱。另外,对于一些有明显的叛逆思想倾向的文学家,不见有人问津。这是清人在编撰文学家年谱上存在的明显的局限。

第三节　丛书的峰巅:《四库全书》

《四库全书》是乾隆敕纂的一部大型丛书。乾隆为了"昭我朝文治之盛",为了"寓禁于征",数诏各省访书呈送京师,于乾隆三十八年(1773)开始设"四库全书馆"编修此书。任命刘统勋、于敏中等16人为总裁,14人为副总裁。下设总阅处,置22馆臣。又设总纂处53人,以纪昀、陆锡熊、孙世毅为总纂官,陆费墀为总校官。设局誊抄,任官督促监造。参与其事者达4403人。其中包括名儒学者,如戴震、邵晋涵、周永年、王念孙、任大椿、翁方纲、卢文弨等370多人。组织编选书目,辑补残佚,校勘订误,厘定篇第卷次,辨明时代作者,考证版本源流,撰写提要。历时10年,到乾隆四十七年(1782)第一部综编抄录基本告竣。

中国古代的文献,从先秦至近代,有六次大规模的总汇整理。第一次是孔子。孔子把上古以来的重要文献,特别是"六艺",作了相当全面的搜集和整理。第二次是西汉汉武帝时的司马谈和司马迁父子。司马迁除继承父业、整理了官藏的文献外,还整理了他到全国许多地方搜集到的史料。第三次是汉成帝时刘向、刘歆父子。他们在整理史料的基础上,先后撰写了《别录》和《七略》。后来东汉班固以刘向、刘歆父子《别录》、《七略》为基础,编纂了《汉书·艺文志》,进一步扩大、存传了刘向、刘歆父子整理史料的成果。第四次是唐初搜集、整理图书,编纂了《隋书·经籍志》。第五次是明代在多方搜集图书的基础上,编纂了《永乐大典》。最后一次是清代编《四库全书》。清代编《四库全书》时,经过历朝的积累,各种典籍的丰厚,是以前任何一个朝代都无法相比的。编者充分地利用了这些成果。《四库全书》的来源包括内府和翰林院所藏之书,各省采进与私家呈献之书,当时社会上流行之书,清代历朝及专为《四库》赶修之书。还特别重视从《永乐大典》中做辑佚。

《四库全书》的总汇整理,在数量上远远超过了前五次。全书著录经史子集四部达 3461 种,79039 卷;存目(全称《四库全书附存目录》,简称《四库存目》)6793 种,93551 卷。两项共收书 10254 种,172590 卷。较规模较大的《隋书·经籍志》和《永乐大典》所著录增加了一二十倍。《四库全书》对古籍的全面搜集和清理,不仅规模超越以前,同时汇选和保留了众多的价值较高的著述,有校勘,不乏善本。

中国编纂丛书虽然有很长的历史,但一直没有形成比较完整的编纂体系。这一任务,历史地落在了《四库全书》的编纂上。《四库全书》的编纂,作为由朝廷组织的一项重大的文化工程,一开始就制定了一个比较全面的运作程序。首先是大规模地征集各种书籍。对征得的一些珍本秘籍,尽快刻印,共印行 134 种,即《武英殿聚珍本丛书》;又选其要者,编纂《四库全书荟要》。第二是统一了选编与撰写提要的工作。第三是差不多在与全面地编纂《四库全书》的同时,着手编撰《四库全书总目》。《总目》全书 200 卷。后来鉴于《总目》卷次过多,不便检阅,又另编《四库全书简明目录》20 卷。一种丛书差不多同时编修繁简两种目录,也是前所未见的。第四是及时抄存刊印。《全书》编纂告竣,组织人力抄录正本七部,分藏各地。其精要部分,先后以《武英殿聚珍本丛书》和《四库全书荟要》名目印行,广泛流传。尤其是《四库全书总目》和《四库全书简明目录》多次刊印,为读者了解全书提供了门径。从上面列举的几点可以看出,《四库全书》的编纂,在中国古代丛书的编纂史上,第一次形成了一个相当完整的体系①。

《四库全书》比较完好地保留了浩瀚的文献,包括先秦至清初的重要典籍,详于元前,于明数量最多,其中有丰厚的文学史料。《四库全书》编纂时,现代意义上的文学学科尚未确立。由于编辑取传统的四部分法,所以丰厚的文学史料分散在四部中。如:《诗经》收入经部;大量历史散文收入史部;小说归入子部;其他大量杂记、笔记,分别编入子部、史部;文学史料比较集中的是集部,依次分为楚辞类、别集类、总集类、诗文评类、词曲类(包括、词集、词选、词话、词谱词韵、南北曲)。

---

① 关于《四库全书》,参阅:来新夏《〈四库全书〉对传统文献的贡献》,《光明日报》2004 年 2 月 3 日 B 第 3 版;司马朝军《〈四库全书总目〉研究》,社会科学文献出版社 2004 年版;李常庆《〈四库全书〉出版研究》,中州古籍出版社 2008 年版。

第四节　别集、总集的全面整理与总结

清代官方注重承接以前各代的典籍，又通过多种途径征集民间藏书，再加上清代著述极其繁富，重视当代文集的搜集，使大量的各种文集得到了保存、整理、总结与刊印，其成绩远远超过了以前任何一个朝代。清代“书籍编纂的总量，按子目统计（包括《四库全书》等大型丛书）达万余种。其中刊印的书籍（不计子目）有千余种，每一种的印行数量，少则60余部，一般为200部，多者千余部”①。又据近年主持编纂《清人著述总目》（新编《清史》的一部分）的杜泽逊提供的史料，《清人著述总目》将著录清人（包括近代）著述16万种，包括“曾经存在”的和“仍然存在”的②。清代对各种文集的整理与总结，体现在对以前历代作品和当代作品的整理两个方面。

清代对前代作品的整理与总结重点是在别集和总集两方面。

就别集而言，前代的许多重要的别集，在清代之前，也经过了整理，但往往不同程度地存有一些欠缺，或搜集不全，或编辑粗疏，或缺少校勘和注释。为了弥补以前存在的诸多欠缺，清人由官方组织和个人对许多重要的别集几乎都重新做了搜集和整理。清代官方组织整理以前别集的大体原则是：

> 今于元代以前，凡论定诸篇，多加甄录，有明以后，篇章弥富，则删薙弥严。③

清人整理以前别集的数量，未见全面统计，《四库全书》别集部分共收录961部，18038卷，其中除49部，1322卷属于清代外，其他全是以前的。仅从这一数量来看，清代对以前别集的整理，其规模是空前的。清人对以前别集的整理，粗略地可以分为两种类型：一是沿用以前的别集，二是新编别集。以前的别集多有散佚者，清人新编别集，尤其重视辑佚。据我对《四库全书总目》的统计，《四库全书》共收录了从《永乐大典》中辑佚出的别集164种，

① 引自朱赛虹《清代盛期皇家藏书：规模、类型及其职能》，载朱诚如、王天有主编《明清论丛》第2辑，紫禁城出版社2001年版。

② 杜泽逊《史志目录编纂的回顾与前瞻——编纂〈清人著述总目〉的启示》，《文史哲》2008年第4期。

③ ［清］永瑢等撰《四库全书总目》，中华书局1965年版，卷148《别集类序》。

其中有宋人别集128种，金人别集1种，元人别集28种，明人别集6种①。清人从《永乐大典》中辑佚的别集，除《四库全书》所收录外，还有多种②。这些辑佚的别集，填补了以前的空缺。在清人新编的别集中，有许多是在前人编纂的基础上，重新作了整理，其中有许多属于名家名著，如：

《曹集诠评》10卷　曹植撰　丁晏著　有《汉魏六朝名家集初刻》本　叶菊生校订　文学古籍刊行社1957年版本

《阮嗣宗咏怀诗注》　阮籍撰　蒋师爚注　清嘉庆四年(1799)敦良堂刊本

《陆士衡集校》　陆机撰　陆心源著　《潜园总集》本

《陶靖节先生集》10卷　陶渊明撰　陶澍集注　清道光年间刊本

《庾子山集注》16卷　庾信撰　倪璠注　《四库全书》本　许逸民校点中华书局1980年版本

《徐孝穆集笺注》6卷　徐陵撰　吴兆宜注　《四库全书》本

《水经注释》40卷　郦道元撰　《刊误》12卷　赵一清撰　《四库全书》本

《王右丞集笺注》28卷附首、末各1卷　王维撰　赵殿成注　乾隆间赵氏原刻本

《李太白诗集注》(一名《李太白全集》)32卷(一本作36卷)　李白撰　王琦撰　乾隆二十三年(1758)初刻本　中华书局1977年标点排印本　四川人民出版社1995年排印本

《杜诗详注》24卷(另有25卷《附编》2卷本)　杜甫撰　仇兆鳌注　康熙三十二年(1693)仇氏进呈写本(24卷)　中华书局1979年重排标点本

《白香山诗集》40卷　白居易撰　附录《年谱》2卷　汪立名编《四库全书》本

《韩集点勘》4卷　韩愈撰　陈景云撰　《四库全书》本

《李长吉歌诗汇解》4卷　《外集》1卷　李贺撰　王琦著　乾隆二

① 关于《四库全书》据《永乐大典》辑佚书的数量，参阅司马朝军《〈四库全书总目〉研究》，社会科学文献出版社2004年版，第七章。

② 参阅曹书杰《中国古籍辑佚学论稿》，东北师范大学出版社1998年版，第五章。

十五年(1760)王氏宝笏楼刻本 上海人民出版社1977年出版 蒋凡储大泓校点本[1]

《樊川诗集注》4卷 杜牧撰 冯集梧注 嘉庆六年(1801)裕德堂初刻 中华书局上海编辑所1962年标点本

《樊南文集详注》8卷 李商隐撰 冯浩注 《樊南文集补编》 钱振伦、钱振常撰 同治年间刊行

《温飞卿诗集笺注》7卷 温庭筠撰 明曾益原注 清顾予咸补辑 顾嗣立重订 康熙三十六年(1697)顾氏秀野堂初刻

《范文正忠宣公全集》 范仲淹撰 范能濬等编 家塾岁寒堂刊本(《四库全书》收入史部)

《宛陵集》60卷 附录1卷 梅尧臣撰 迟日豫校勘 顺治丁酉(1657)刊本

《苏诗补注》50卷[2] 苏轼撰 查慎行补注 《四库全书》本

《苏文忠诗合注》50卷 苏轼撰 冯应榴注 乾隆六十年(1795)冯氏息踵斋刻本

《苏文忠公诗编注集成》46卷 苏轼撰 《集成总案》45卷 王文诰著 道光二年(1822)韵山堂刊本

《青丘高季迪先生诗辑注》 高启撰 金檀辑注 雍正间金氏文瑞楼原刻本

《怀麓堂集》100卷 李东阳撰 寥方达校勘 《四库全书》本

《空同先生集》63卷 李梦阳撰 闵麟嗣 汪右湘批点 《四库全书》本

《震川文集》30卷 《别集》10卷 归有光撰 归庄编订 《四库全书》本

清代上自皇帝下到一些文人学者,在关注以前的别集的同时,对以前总集也极为重视,除了刊刻了许多前人编纂的总集外,还新编了不少总集。下面按诗、文、赋、词次序,举其要者:

---

① 此本名为《李贺诗歌集注》,除收王琦的"汇解"外,还收有清人姚文燮的《昌谷集注》和方扶南的批注《李长吉诗集》。

② 亦称《补注东坡先生编年诗》、《东坡先生编年诗补注》、《补注东坡编年诗》。

《全唐诗》900 卷　曹寅　彭定求等奉旨编纂　康熙四十四年至四十六年(1705—1707)扬州诗局原刻本①　中华书局 1960 年点校本

《全五代诗》　李调元编　原为 90 卷，收入乾隆四十五年(1780)李调元所辑刻类书《函海》中　道光五年(1825)李调元子李朝夔重刻《函海》增为 100 卷

《全金诗》74 卷　郭元釪撰　清内府刻本　扬州诗局本

《古唐诗合解》(古诗 4 卷　唐诗 12 卷)　王尧衢辑注　雍正文英堂刻本　武汉古籍书店据王氏家藏本影印本等

《唐诗三百首》6 卷(或作 8 卷)　孙洙选编　咸丰二年(1852)小石山房刻本

《唐人万首绝句选》7 卷　王士祯编　《四库全书》本

《宋诗钞》　包括吴之振　吕留良　吴自牧选《宋诗钞初集》，管庭芬　蒋光煦补《宋诗钞补》　《初集》有康熙十年(1671)吴氏鉴古堂刻本　中华书局 1986 年出版整理校点合订本②

《宋诗别裁集》(原名《宋诗百一钞》)　张景星　姚培谦　王永祺编选　乾隆二十六年(1761)诵芬楼初刻本　上海古籍出版社 1978 年校点排印本

《宋百家诗存》　曹庭栋编　乾隆五年(1740)刊本③

《元诗别裁》(原题《元诗百一钞》)8 卷　张景星　姚培谦　王永祺合编　乾隆二十九年(1764)然藜阁刊本　中华书局 1975 年影印本

《明诗综》100 卷　朱彝尊编选　康熙间刻白莲泾印本　《四库全书》本　中华书局 2007 年整理校点本(附作者索引)等

《明诗别裁集》12 卷　沈德潜　周准编选　乾隆四年(1739)刊本　中华书局 1975 年缩印本　上海古籍出版社 1979 年排印本

《历朝诗集》81 卷　钱谦益编选　顺治间刊本　康熙间绛云楼

---

①　参阅周勋初《御定〈全唐诗〉的疏误与〈全唐五代诗〉的编纂》，载周勋初等主编《文学评论丛刊》第 1 卷第 1 期，江苏文艺出版社 1997 年版。

②　参阅王友胜《〈宋诗钞〉的编撰与清初的崇宋诗风》，收入其著《唐宋诗史论》，上海古籍出版社 2006 年版。

③　参阅王友胜《〈宋百家诗存〉叙录》，收入其著《唐宋诗史论》，上海古籍出版社 2006 年版。

刊本

《天启崇祯两朝遗诗》 陈济生辑 中华书局1958年出版

《全上古三代秦汉三国六朝文》746卷 严可均校辑 光绪间刊印本 中华书局1958年影印本 1965年再版重印本

《全唐文》1000卷 董诰 阮元等奉旨编 清内府刻本 中华书局1983年版本(附马绪传编篇名目录及作者索引)

《古文渊鉴》64卷 圣祖玄烨选 徐乾学等编注 康熙二十四年(1685)内府古香斋刻本 《四库全书》本

《增补天下才子必读书》15卷 金圣叹评选 康熙十六年(1677)灵兰堂刻本

《古文观止》12卷 吴楚材 吴调侯编选 康熙三十四年(1695)初刊本 中华书局1959年断句本

《唐宋十大家全集录》51卷 储欣编 康熙间刻本

《唐宋文醇》58卷 “御选” 《四库全书》本

《明文海》482卷 黄宗羲编 《四库全书》本

《历代赋钞》32卷 赵维烈辑 一经楼刊行

《历朝赋格》3集15卷 陆棻辑并评 康熙二十五年(1686)刻本

《历代赋汇》184卷 陈元龙奉旨编纂 康熙间内府刻本 凤凰出版社2004年版本

《古赋识小录》8卷 王芑孙选辑 嘉庆二十二年(1817)彭蕴章校刻本

《七十家赋钞》6卷 张惠言辑 道光元年(1821)合河康氏刻本

《倚声初集》 邹只谟 王士祯编 刻于顺治十七年(1660)①

《唐词蓉城汇选》 顾璟芳编选 康熙十二年(1673)刻本②

《古今名媛百花诗余》 归淑芬 沈栗等选辑 编成于康熙二十四年(1685) 当亦刻于此年

《十名家词集》10卷 侯文灿辑刻 康熙二十八年(1689)印行

---

① 据李睿《论〈倚声初集〉对清初词风的开启之功》,《南京师范大学文学院学报》2005年第4期。

② 据李睿《一部不该被遗忘的词选——〈唐词蓉城汇选〉》,《南京师范大学文学院学报》2007年第4期。

《词综》36 卷　朱彝尊辑　汪森补订　康熙三十年(1691)汪氏裘杼楼刻本　上海古籍出版社 2005 年出版李庆甲点校新 1 版(附作品索引)①

《历代诗余》(一名《钦定历代诗余》)120 卷　沈辰垣　王奕清等奉旨辑　康熙四十六年(1707)内府刻本　浙江古籍出版社 1984 年影印本及上海书店 1985 年缩印本(附索引)

《宋七家词选》7 卷　戈载辑　道光十七年(1837)戈氏刻本

《倡和诗余》6 卷　吴伟业选定　辽宁教育出版社 2000 年与《幽兰草》3 卷合成一册排印,收入《新世纪万有文库》第 4 辑

清代文学创作的普泛是以前任何一个朝代所没有的,作品数量之繁多,也是空前的。虽然清人有相当浓重的好古情思,对本朝的作品不甚看重,不像对以前作品那样注意搜集和保存,即便这样,用各种方式整理和存世的清代文集仍是十分繁富的。下面依别集、总集为次,择其重要者作一简述。

现存清人别集的数量,至今还没有准确的统计。李灵年、杨忠主编《清人别集总目》②,著录近两万名文人所撰约四万部诗文集,其中未收非汉语创作。柯愈春《清人诗文集总目提要》③,著录清代诗文别集四万多种,作者19700 多人。仅从诗集来看,据袁行云的估计,"清人诗集约七千种。连同诸总集、选集、及郡邑、氏族、怀旧、唱和等辑集,计当三万家以上"④。上述三种书目都以传世诗文集为限,实际上的数量远不止这些。即使如此,仅从上述三种书目著录的数量,也足以说明清人别集的数量之多,远远超过了以前任何一个朝代。

清人的别集大多是作者生前编辑刊行的,少数是作者身后由亲朋门人编刻的。

清代印刷业发达,大量的别集先后刊印过。但仍有不少稿本和抄本。这些稿本和抄本是清人别集的重要组成部分。

中国古代编辑别集,有的别集在正文之前冠有自序或他序,后来常为编

① 参阅于翠玲《朱彝尊〈词综〉研究》,中华书局 2005 年版。
② 安徽教育出版社 2000 年版。
③ 北京古籍出版社 2002 年版。
④ 袁行云《清人诗集叙录》,文化艺术出版社 1994 年版,《自序》。

者所沿用，清代也是这样。不过，同以前相比，清人似乎更加重视作序，不仅许多别集有序，而且有的别集序文之多是前所未有的。康熙元年(1662)由王渔洋的门人盛符升刊行的王渔洋的《阮亭诗选》，前有钱谦益、李元鼎、黄文焕、陈维崧等27人序及自序两篇；汪士鋐《栗亭诗集》有序11篇。多篇序文，不仅能帮助读者理解作者或编者及其别集，同时也从一个方面反映了当时某些人的文学观念和审美情趣，有重要的史料价值。

清人编纂的当代诗文总集的数量，尚待搜集、统计，有的学者估计，有"一两千种是没有问题的"①。清代总集的数量如此之多，超过了以前任何一个朝代。从类型看，清人所编的总集，与以前相似，大体可分为全集和选集两类。全集有按地域编的，如刘绍邠编《二南遗音》、李维钧编《梅会诗人遗集》、朱壬林编《当湖朋旧遗诗汇钞》。有按家族编的，如王相编《绣水王氏家藏集》、吴清鹏编《吴氏一家稿》、伊恒聪等撰《耕道堂诗钞》②。有专收同人诗文的，如赖鲲升编《友声集》。这类全集虽然不可能没有遗漏，但在比较全面地保存某一方面的诗文上，是有贡献的。

清人编的清人选集较多，下面以诗、文、词为序，举其要者：

诗选，多代的如：

《清诗别裁集》(原名《国朝诗别裁集》)　沈德潜编　原为36卷后删定为32卷　乾隆二十五年(1760)忠救堂重订本　上海古籍出版社1984年出版袁世硕标点本

《国朝诗正雅集》100卷　符葆森编　接《国朝诗别裁集》而编　咸丰六年(1856)京师半亩园刻本

断代的，以清初最多。谢正光、佘汝风《清初人选清诗》著录清代前期选本45种，大多为断代诗选。如邓汉仪编《诗观》、魏宪编《皇清百名家诗》(又名《百名家诗选》)、邹漪编《名家诗选》。《百名家诗选》康熙年间即有三种刻本：康熙十年(1671)魏氏枕江堂刻本；康熙十年魏氏枕江堂刻，康熙二十一年(1682)聚锦堂印本；康熙十年魏氏枕江堂刻，康熙二十四年(1685)圣益斋

① 参阅蒋寅主编《中国古代文学通论·清代卷》，辽宁人民出版社2005年版，第409页。

② 参阅朱则杰《稀见清代福建宁化伊氏〈耕道堂诗钞〉及其作者群考》，《福州大学学报》2006年第1期。

印本。郑振铎指出:"论述清初诗者,此书仍是第一手材料之一也。"①

编辑同人诗选,虽然以前陆续出现过,但数量不多,到了清代,发展迅速。清人编有多种同人诗选,如钱谦益《吾炙集》,冒辟疆《同人集》,冯舒《怀旧集》,王士祯《感旧集》,陈维崧《箧衍集》,陈毅《所知集》,顾宗泰《停云集》,王像《群雅集》,法失善《朋旧及见录》,吴翌凤《怀旧集》、《印须集》,李长荣《柳堂师友诗录初编》,何之铣、王晫、赵绍祖、谢堃分别所编《兰言集》等,都是比较著名的。

清人以地域为范围的诗选层出不穷。这类诗选,在内容上,有些收罗多位诗人之作,如毕沅《吴会英才集》,阮元《淮海英灵集》、《两浙輶轩录》,潘衍桐《续两浙輶轩录》等。有些只选录某一地域的某些诗人的作品,如吴伟业《太仓十子诗选》、宋荦《江左十五子诗钞》、沈德潜《七子诗选》、张学仁《京江七七诗钞》等。有些收某一地区的诗人之作以及写某一地区的诗歌,如王赓言编纂的《东武诗存》。有的根据作者身份,如张曜孙《阳湖张氏四女集》。诗选的书名一般都标明地名,具体称名有多种。有的在地域名前冠以"国朝",表明所选时限,如:吴颢《国朝杭郡诗辑》、王辅铭《国朝练音集》、朱绪曾《国朝金陵诗征》、费周仁《国朝松陵诗征》。有在书名上系一"风"字,如宋荦《吴风》、商盘《越风》、郑王臣《蒲风清籁集》等。

在清代之前,有些诗集是按作者身份编选的,这也为清人所继承。如收遗民作者的,有卓尔《明遗民诗》。收八旗作者的,有铁保等奉敕编的《熙朝雅颂集》。收女士之作的,有吴翌凤《女士诗钞》、胡孝思《本朝名媛诗钞》、任兆麟《吴中女士诗钞》、恽珠《国朝闺秀正始集》、蔡殿齐《国朝闺阁诗钞》、蒋机秀《国朝名媛诗绣针》。收布衣作者的,有何梅《绥安二布衣诗钞》、王士祯《新安二布衣诗》。收方外者的,有李嗣业《甬上高僧诗》、释含彻《方外诗选》等。

按题材编纂的诗集在清代也有一些,如邹一桂的《本朝应制琳琅集》,阮学浩的《本朝馆阁诗》,张日珣、邱允德的《国朝赓飏集注》,杜定基的《国朝试帖鸣盛》②。

---

① 《西谛书跋》,郑振铎撰,吴晓铃整理,文物出版社 1998 年版,第 313 页。

② 关于清代选集的类型,上引史料多据蒋寅主编《中国古代文学通论·清代卷》,辽宁人民出版社 2005 年版,第 410—415 页。又此书第 290 页引松村昂著《清诗总集 131 种解题》,大阪经济大学中国文艺研究会 1989 年版,可参阅。

同诗歌选集相比，清代有关骈散文和辞赋的选集数量较少。重要的有：

《古文辞类纂》75卷　姚鼐编　有嘉庆末年广东刻本　北京市中国书店1986据世界书局1935版影印本　安徽教育出版社1995年出版《古文辞类纂评注》本

《清文类》　张廷玉等于乾隆十二年(1747)奉敕编纂

《清续文类》　张廷玉等于嘉庆十五年(1810)奉敕编纂

《湖海文传》75卷　王昶编　同治五年(1866)刊本①

《国朝三家文钞》　宋荦　许汝霖辑　康熙三十三年(1694)刊本

《国朝二十四家文钞》　徐斐然辑　乾隆六十年(1795)刊本

《皇朝经世文编》120卷　贺长龄　魏源等编辑　道光七年(1827)刊本

骈文总集，主要有：

《八家四六文钞》8卷　吴鼒编　嘉庆年间校经堂刻本　光绪十八年(1892)铅印本

《清骈体文正宗》(原名《国朝骈体正宗》)12卷　《补编》1卷　曾燠编　嘉庆十一年(1806)刻本　光绪十三年(1887)上海蜚英馆刻印本

八股文

《四书文》(又名《钦定四书文》)41卷　方苞奉敕编　《四库全书》本

《十二科小题观略》(又名《小题观略》)6卷　吕留良编　康熙十二年(1673)石门吕氏天盖楼刻本

沈德潜《清绮轩词选·序》说：

词昉于唐，盛于宋，稍衰于元明，而我朝之词复几与宋相埒。

与清词的复兴相联系的是，许多清人比较注重搜集整理词集。重要的有：

《古今词汇三编》8卷　卓回编　有康熙十八年(1679)刻本

---

① 此书成书于嘉庆十年(1805)。

《词坛妙品》(原名《清平初选后集》)10卷 张渊懿编选 康熙原刻本①

《诗余花钿集》4卷 宗元鼎辑 康熙东原堂刻本

《绝妙好词今辑》2卷 佚名编 清钞本

《绝妙近词》(原名《今词初集》)2卷 顾贞观 纳兰性德辑 康熙间刻本 民国十五年(1926)上海大东书局石印本等

《东白堂词选初集》15卷 佟世南编选 陆进 张星耀助编 康熙十七年(1678)刻本

《瑶华集》22卷 蒋景祁辑 康熙天藜阁刻本 中华书局1982年影印本(附词人姓名及词牌索引)

《词觏》22卷附《诗余类选》5卷 傅燮诇辑 存钞本

《草堂嗣响》4卷 顾彩辑 康熙辟疆园刻本

《昭代词选》38卷 蒋重光辑 乾隆三十二年(1767)经钽堂刻本

《国朝词雅》24卷 姚阶辑 嘉庆三年(1798)刻本

《国朝词综》48卷《二集》8卷 王昶辑 嘉庆八年(1803)三泖渔庄刊本 《四部备要》本 北京图书馆2006年《清词综》本等②

上面列举的清人所整理的别集和总集,虽然只是一部分,但从中可以看出,清人对以前作品的搜集和编纂,基本上取全面关照和突出重点相结合的原则。清人在别集和总集的搜集和整理上,多有创获,具有集大成的性质。清人编纂了许多新的别集和总集,特别是遵从皇帝的旨意,组织多人编纂的《全唐诗》、《全金诗》、《全唐文》等几种大型的总集,选题重要,搜集较全,规模宏大。众多新的别集和总集的编纂,填补了古代文学史料学史上的许多空缺。

清人对以前的文学作品不仅从补阙的角度,新编了许多重要的别集和总集,同时重新整理了已有的许多别集和总集。对已有别集、总集的整理,基本上能从实际出发确定选题,做到了虚怀集益、广搜史料,对已有的多种刊写本,择其善本而录之,然后加以校勘。校勘细致,考证精密。对不少别

① 参阅李越深《〈清平初选后集〉三题》,《浙江大学学报》2002年第3期。

② 以上清人编选清词部分,主要据王兆鹏《词学史料学》,中华书局2004年版,第367—374页。具体内容请参阅王著。

集、总集重加注释。这些校勘本和注释本,具有集大成的性质。如总集《玉台新咏》一书,“久无善本,明人所刻,多以意增删,全失其真”①。清人有鉴于此,重视《玉台新咏》的校注,出现了冯舒《冯氏校定〈玉台新咏〉》10卷、纪容舒《玉台新咏考异》10卷、吴兆宜《玉台新咏笺注》10卷等多种校注本。其中《玉台新咏笺注》屡经刊印,至今还没有新的笺注本能够取代它。

清人所编文集在体例上也多有创新。一个明显的表现,就是在诗选和词选中,在作者的小传后常常分别附有诗话和词话,如徐倬编《全唐诗录》间附诗话、诗评,王昶编《湖海诗传》、《青浦诗传》后附《蒲褐山房诗话》,郑杰《国朝全闽诗录》后附《注韩居诗话》,蒋景祁辑词集《瑶华集》后附有《名家词话》。诗选、词选中附有诗话、词话,把作品和评论合在一起,为读者理解、欣赏作品,提供了有益的参照。

清代文学的总体风貌,郭绍虞概括说:

> 周秦以子称,楚人以骚称,汉人以赋称,魏晋六朝以骈文称,唐人以诗称,宋人以词称,元人以曲称,明人以小说、戏曲或制艺称,至于清代的文学则于上述各种中间,或于上述各种之外,没有一种比较特殊的足以称为清代的文学,却也没有一种不成为清代的文学。盖由清代文学而言,也是包罗万象兼有以前各代的特点的。②

确如郭绍虞所说,清代在各种文学体裁的创作上,均有巨大的成绩。但文学创作和对创作的作品的搜集、整理有时并不一致,创作和搜集、整理并不是简单的、直接的形影关系,两者在重视的程度和数量上常常有很大的差别。这一点在清代有明显的表现。清代在作品的搜集和整理上,由于文化专制的压抑和许多文人学者受重雅轻俗观念的制约等原因,却不像在创作上那样均衡。具体来说,最受重视的是诗,其次是文和辞赋,再次是词,其搜集、整理的成果,大体上也是这样。至于戏曲和小说等通俗文学作品,虽然在《四库全书·集部·词曲类》和《子部·小说家类》(小说著录限于清代以前作品)也著录了一部分,但官方和大多正统文人学者并不重视,官方还禁毁了大量的通俗小说。不过,清朝的统治者和不少文人学者虽然想在作品的搜集、整理和传播等方面实施一统化,但这是很难完全奏效的。搜集、整

① [清]永瑢等撰《四库全书总目》,中华书局1965年版,卷191。
② 郭绍虞《中国文学批评史》,中华书局1961年版,第5页。

理、传播戏曲、小说等通俗文学作品，在清朝并没有完全间断。有些戏曲家的作品，如李渔的《笠翁传奇十种》、尤侗的《西堂乐府六种》和万树的《拥双艳三种曲》，在康熙时就有刊本。著名的考据家崔述看到，乾嘉时已有“一二才智之士务搜揽新异，无论杂家小说、近世赝书，凡昔人所鄙夷而不屑道者，咸居之以为奇货，以傲当世不读书之人”①。体会崔述所言，可以看到少数“才智之士”是相当重视对“杂家小说”的搜揽和阅读的。不少史料说明，戏曲、小说等通俗作品在清代仍被许多人所重视，并没有完全散佚，有些得到了整理。其中有些是下层文人整理的，有些是一些书坊或书商为了赢利，搜求“秘本”，或请下层文人记录、整理的。经由他们整理的许多通俗文学作品，由于适应了下层民众的需要，多次刊印，主要以潜流的方式在少数士人和下层民众中得以保存和流传。这种潜流到了近代，公开显现，成为一种显流和主流。

清代在别集、总集的整理过程中，从官方到一些文人，遵循清廷所谓的“昭鉴古斥邪之训，垂万世立言之准”，依据所谓“辨厥奸媸，严为去取”的原则②，不仅禁毁了大量的别集和总集，同时对著录的别集和总集，也常常加以删薙，如《四库全书》卷155著录宋代刘跂撰《学易集》，即削除了原集中的“青词，以归雅正”，同时还删去了八篇疏文。《四库全书》159著录宋代王质撰《雪山集》中，原有《会庆节功德疏》等文，因“语涉异教”，刊本并为削去。清代对许多别集和总集的禁毁和删削，尽管其中确有少数是淫秽的或书商拼凑的低劣之作，但就主体来看，对作品史料，对传统文化是一种严重的毁坏。不过，清代对一些作品史料和传统文化的破坏，和秦代不同，清代在毁坏中，毕竟伴随着前所未有的重大建树。

清代整理的各种文集，不仅为研究文学提供了丰富的作品史料，同时对传记史料、学术流别、版刻等均有重要参考价值。在这方面，清代对当代文集的搜集和整理尤其重要。这一点，张之洞在《辅轩语》中有综合的揭示：

> 国朝文集有实用，胜于古集。方苞、全祖望、杭世骏、袁枚、彭绍升、李兆洛、包世臣、曾国藩集中，多碑传志状，可考当代掌故，前哲事实；朱

① ［清］崔述著《崔东壁遗书》，上海古籍出版社1983年标点本，“考信录提要·释例”，第7页。

② 《四库全书总目》，中华书局1965年版，“凡例”。

彝尊、卢文弨、戴震、钱大昕、孙星衍、顾广圻、阮元、钱泰吉集中，多刻书序跋，可考学术流别，群籍义例；朱彝尊、钱大昕、翁方纲、孙星衍、武亿、严可均、张澍、洪颐煊集中多金石跋文，可考古刻源流，史传差误。此类甚多，可以隅反。

清人新编的别集和总集，有许多由于或具有集成的特点，或适应了读者的需要，因而具有长久的生命力，有不少在当时和后来多次刊印。《唐诗三百首》不仅是影响最大、读者最多的唐诗选本，而且其印行数量、读者人数之多在整个总集中还没有哪一种能与之相比。仇兆鳌的《杜诗详注》，自康熙四十二年(1703)初刻之后，仅国内到 1979 年即先后刊印了 13 次①，是迄今人们研究、阅读杜诗最重要的注释本。冯应榴辑注《苏轼诗集合注》，多次刊印，上海古籍出版社 2001 年出版了黄任轲、朱怀春校点本。类似的情况，不胜枚举。高质量别集、总集的多次刻印，适应了社会的需要，扩大了作品的传播范围。经由清人的努力，清代之前的许多著名的别集，几乎都得到了整理。在总集的编纂上，也填补了许多空缺。清人整理和新编的别集和总集，影响深远，为后来人们使用这些别集、总集，进一步整理它们打下了相当坚实的基础。

第五节　文学研究史料的集成

中国古代的文学理论批评发展到明末，已经有了丰厚的积累，清代文学创作的繁盛和文学理论批评的进展，使清代从官方到许多文人学者，都重视对文学理论批评史料的搜集和整理，认识上有提升，实践上有作为，使清代的文学理论批评史料呈现出集大成的态势。

中国古代以诗文评为主的文学理论批评虽然历史悠久，但在明末之前的文学史料学中，文学理论批评史料一直没有独立的地位。《隋书》卷 35《经籍志四》把诗文评之类列入总集，自《旧唐书·经籍志》、《新唐书·艺文志》开始，又把它置于集部之末。到了清代，由于认识的逐步提高，情况逐渐有了改变。清人在雍正十三年(1735)定稿的《明史》卷 99《艺文志四》中，把明代的诗文评(主要是诗话)单独归为一类，名之曰“文史类”。《明史》的编

① 参阅张忠纲、赵睿才等编著《杜集叙录》，齐鲁书社 2008 年版，第 316—319 页。

纂者，尽管把诗文评单独归为一类，但名之曰“文史类”，不伦不类，名实不副。到了乾隆四十七年(1781)编定的《四库全书》，编者为了“有裨于文章”，在集部的楚辞类、别集类、总集类之后，于卷195—197，用3卷的篇幅，第一次别立一门“诗文评类”，共收录诗文评64部、731卷，诗文评存目85部、524卷[①]。同时在“诗文评类序”中对诗文评有所分类：

> 文章莫盛于两汉，浑浑灏灏，文成法立，无格律之可拘。建安、黄初，体裁渐备，故论文之说出焉，《典论》其首也。其勒为一书传于今者，则断自刘勰、钟嵘。勰究文体之源流，而评其工拙。嵘第作者之甲乙，而溯厥师承。为例各殊。至皎然《诗式》，备陈法律。孟棨《本事诗》，旁采故实。刘攽《中山诗话》，欧阳修《六一诗话》，又体兼说部。后所论著，不出此五例中矣。

《四库全书》的编者把诗文评归为一类，称之曰“诗文评”，名实相副。还从繁多的诗文评中，标举典型，分为五类：一是以《文心雕龙》为例的“究文体之源流，而评其工拙”；二是以《诗品》为例的“第作者之甲乙，而溯厥师承”；三是以《诗式》为例的“备陈法律”；四是以《本事诗》为例的“旁采故实”；五是以《中山诗话》、《六一诗话》为例的“体兼说部”。上述的分类，虽不够科学，但有嚆矢之功。另外，《四库全书》卷199集部“词曲类二”中，特设“词话”类，著录词话5部、19卷，卷200“词曲类存目”著录词话存目5部、13卷。表明清人开始把词话从广义的词学中分离出来了。上面的事实说明，清人至晚从编《四库全书》开始，对文学理论批评史料有了比较明确的认识和分类。

清人对文学理论批评史料的搜集和整理，在诗话、文话、赋话、词话、曲话、诗文纪事和重要文学理论批评论著的校注等方面，都有重要的创获。

清人重视对以前和当代的诗话的搜集、整理和刊行。

对以前的诗话，有诗话总集的编纂，也有诗话别集的整理和刊印[②]。古代的诗话，大多篇幅短小，较为分散，容易佚失。鉴于上述状况，早在明代，

---

① 原注：“内一部无卷数。”

② 关于诗话有多种分类方法，这里采用的是钱仲联的分法。见钱著《宋代诗话鸟瞰》，载《古代文学理论研究丛刊》第3辑，1984年版。也有学者称诗话总集为“诗话丛书”，如蒋祖怡、陈志春主编《中国诗话辞典》，北京出版社1996年版，“诗话”条(第1页)，赵国璋、潘树广主编《文献学大辞典》，广陵书店2005年版，“历代诗话”条(第152页)、“清诗话”条(第937页)等。

扬州知府杨成玉就编有总集《诗话》10卷，收录欧阳修、司马光、刘攽等宋人的诗话10种，有明弘治三年(1490)马忠刻本，今存7卷。到清代，诗话总集发展很快。有顾振龙《诗学指南》8卷，辑唐宋元人诗评、诗格、诗式、诗法之作41种。朱琰《诗触》5卷，收录钟嵘《诗品》、严羽《沧浪诗话》、徐祯卿《谈艺录》等16种，有乾隆二十九年(1764)刊本①。何文焕为了使前贤的诗话免于散遗，在前人编纂诗话总集的基础上，特新编《历代诗话》57卷，附考索一卷，有乾隆三十五年(1770)序刊本、中华书局1981年校点本(附人名索引)等。《历代诗话》设有凡例，凡例中有比较明确的取舍标准和编辑原则："论议精确，文笔亦自有致"、"发新意"者选录；"卷帙既富，可自专行"、"多列前人旧说"、多舛讹、赝本者舍之。编辑时，重校勘。有些讹脱，"其无可考正者，故仍其旧，不敢臆改"。此书共收自南朝钟嵘《诗品》至明人顾元庆《夷白斋诗话》等各种诗话27种，最后附有何氏本人《历代诗话考索》101条。《历代诗话》所收多为重要诗话，数量较多，为后人阅读研究诗话提供了方便，同时进一步坚实了诗话总集这一形式，后来成为人们常用的一种编辑形式。

清人对以前诗话别集的搜集整理重点做了两方面的工作。一是辑佚，如从《永乐大典》辑出了《藏海诗话》1卷、《岁寒堂诗话》2卷、《環溪诗话》1卷、《余师录》4卷等②。二是重新整理刊刻。仅《四库全书》卷195"诗文评类一"中，重新整理刊刻的前人的诗话即有钟嵘《诗品》3卷、司空图《诗品》1卷、欧阳修《六一诗话》1卷、司马光《续诗话》1卷、刘攽《中山诗话》1卷等38种。四库馆臣对著录的诗话中存在的诸如撰者、版本、内容等，多有考辨。至于《四库全书》之外，对以前诗话的搜集和整理的情况，未见统计。不过有一点是可以肯定的，就是数量之多、质量之高完全超越了以前。

清人继承宋明诗话的传统，热心于诗话的写作，同时也重视整理自己撰写的诗话。郭绍虞说，诗话"一到清代，由于受当时学风的影响，遂使清诗话的特点，更重在系统性、专门性和正确性，比以前各时代的诗话，可说更广、更深，而成就也更好"③。郭绍虞又说：

① 其中包括沈德潜《说诗晬语》等清人诗话。

② 以上4种均见《四库全书》卷195"诗文评类一"。

③ 《清诗话·前言》，上海古籍出版社1978年版。

> 诗话之作，至清代而登峰造极。清人诗话……不特数量远较宋代繁富，而述评之精当亦超越前人。①

清人流传下来的诗话的数量，据蒋寅初步的统计，超过 1500 种②。一个朝代有这么多的诗话传世，从一个方面说明清人对当代文学理论批评史料的珍重。

从编纂的角度来看，清人在承续综合性的多代的诗话外，还特别注意编纂断代的、地域的、流派的、个人的、女性的等专题性的诗话。

断代的如《五代诗话》10 卷，王士祯原编，郑方坤删补，《四库全书》本；《辽诗话》1 卷，周春撰，《清诗话》本。

地域性的如《西江诗话》12 卷，裘君弘编，台北广文书局 1973 年《古今诗话续编》影印本；《全闽诗话》12 卷，郑方坤撰，《四库全书》本、福建人民出版社 2006 年出版陈节、刘大治点校本等③；《全浙诗话》54 卷，陶元藻编，嘉庆元年(1796)怡云阁刊本。④

流派的如《江西诗社宗派图录》1 卷，张泰来撰，《清诗话》本。

个人的如：《渔洋诗话》1 卷，王士祯撰，翁方纲辑，乾隆三十二年(1767年)大兴翁氏刻本；《杜工部诗话》5 卷，刘凤诰撰，收入道光十七年(1837)刊其著《存悔斋集》。

女性的如：《随园闺秀诗话》1 卷，袁枚撰；《闽川闺秀诗话》4 卷，梁章钜撰，有梁氏二思堂丛书清刻本，后收入《香艳丛书》。

专题性诗话，集中某一方面的内容，所收史料往往为综合性诗话所欠缺，有独特的史料价值，同时也为人们做专题研究提供了便利。

清人注意通过传抄、刻印等方式传播自己的诗话。如今存王士祯《渔洋诗话》3 卷，就是王士祯生前自己编定的一部诗话。此书编定于康熙四十七

---

① 郭绍虞编选、富寿荪校点《清诗话续编》，上海古籍出版社 1983 年版，《序》。

② 见其著《清诗话考》，中华书局 2005 年版，《自序》。

③ 据蔡莹涓的研究，“清顺治到道光中，闽人所著诗话不下 20 种，其中以区域为特征的占半数以上”，除郑方坤的《全闽诗话》外，其他如梁章钜一人即著有《长乐诗话》、《南浦诗话》、《东南峤外诗话》、《闽川诗话》、《闽川闺秀诗话》、《乾嘉全闽诗话》等。见蔡著《〈南浦诗话〉的区域特色》，《福州大学学报》2007 年第 5 期。

④ 参阅蒋寅《清代郡邑诗话叙录》，《古典文献研究》，1993—1994 年合辑，南京大学出版社 1995 年版。

年(1708),次年即刊行,后又有乾隆二十三年(1758)竹西书屋刻本和《四库全书》本。

中国古代有丰富的辞赋理论批评史料,但多分散在史书、文集和一些诗文评论中,如东汉班固《汉书》卷30《艺文志·诗赋略》、《两都赋序》,王逸《楚辞章句序》,西晋皇甫谧《三都赋序》,南朝《文心雕龙·辨骚》、《诠赋》等篇,唐宋诗话、文话中的赋论,元祝尧《古赋辨体》中的序说等。从今存文献来看,在清代之前,对以前丰富的辞赋理论批评史料,未及做比较全面的搜集整理。为了弥补以前的欠缺,清人浦铣、李调元、孙梅、孙奎等分别做了补阙的工作。

浦铣撰有《历代赋话》和《复小斋赋话》。"浦铣是清代第一个以'赋话'名书的人"。《历代赋话》正续集各14卷,有乾隆五十三年(1788)复小斋刻本。正集以"作赋之人"为纲,主要按时代辑录明以前正史中赋作者本传中有关作赋的史料,间采及横云山人的《明史稿》,取材博综。续集以言赋为主,辑录诸家文集、笔记、野史、诗话、子书、类书和目录学著述等书中关于赋论和作赋故事的史料。《复小斋赋话》分上、下二卷,乾隆五十三年附刻于《历代赋话》后。此书是浦铣的赋论,共260余则,用漫话随笔的形式,从多方面表述了他对辞赋的一些见解①。

李调元撰《赋话》10卷。《赋话》包括《新话》6卷和《旧话》4卷。《新话》于汉魏至明代名赋中择其佳语,评点论析,着重于典型赋作的分析。《旧话》虽间有个人见解,但主体是编辑明代以前史书、笔记等多种文献中有关辞赋创作和评论的史料。《赋话》有乾隆间沧雅斋校刻本(只收《新话》6卷)和《函海》本(并收《新话》和《旧话》)。

孙梅编撰《四六丛话》33卷,有嘉庆三年(1798)吴兴旧言堂刻本。其中卷3是有关"骚"的,卷4、卷5是有关"赋"的。此书为资料汇编性质,所辑资料止于元代。其中"骚"引书115种,共85条,"赋"引书115种,共219条。此外第1、2卷所辑关于《文选》的详述中也有关于辞赋的言论。同李调元《赋话·旧话》相比,《丛话》所引笔记、诗话,多有《旧话》没有涉及的。

① 上述关于浦铣的《历代赋话》和《复小斋赋话》的史料,引自浦铣著,何新文、路成文校证《历代赋话校证:附复小斋赋话》,上海古籍出版社2007年,《前言》。

孙奎撰有《春晖园赋苑卮言》(又名《春晖堂赋话》、《赋苑卮言》)2卷,此书包括有关辞赋掌故的辑录、赋的作法和鉴赏,所录掌故有一些不见于其他赋话①。

清代以前分散的辞赋理论批评史料,经过清人浦铣、李调元等人相继广泛的裒集、整理和刊刻,使这些丰富的史料得以集中、系统、校正和流传,减少了后人的翻检之劳,为后人阅读、研究辞赋导示了门径,提供了方便。他们对史料的编辑和分类的方法,对后来也有一定的启示。

诗文纪事自唐代孟棨《本事诗》和宋代计有功《唐诗纪事》之后,屡有继作,各有所成,到了清代,又有了新的硕果,重要的代表著述有:

《宋诗纪事》100卷,厉鹗辑撰。有乾隆十二年(1747)厉氏樊榭山房刻本、《四库全书》本、上海古籍出版社1983年据乾隆本整理本等。厉鹗有感于宋代"诗人之盛,视唐且过之",而"前明诸公剽拟唐人太甚,凡遇宋人集,概置不问,迄今流传者,仅数百家",故"欲效计有功搜括而甄录之"②。全书收诗人3812家。每卷以人系诗,人各有传,传后辑有该诗人生平及创作史料,再列所选诗歌。选诗特别注意集外佚诗。有事之诗后辑录有关史料。所选诗中,有些并未有事,旨在表现选者的见解。书中有一部分将一些已成流派或因某种特殊因缘的文学家会聚在一起,如卷6标"西昆体",卷33标"江西派",便于读者阅读研究。书中间有厉鹗等人的按语,对一些史料进行了考订。《宋诗纪事》虽然是效仿《唐诗纪事》,但在体例上有很大的变化,在很大程度上完善了纪事的体例。《唐诗纪事》虽称纪事,实际上与诗话相近。《宋诗纪事》以人系诗,以小传、传记史料、诗作、诗纪事史料为序编辑,用按语的形式考订某些史料,使纪事这种体例基本定型。后来出现的许多诗文纪事著作,在体例上大都是取法《宋诗纪事》的。《宋诗纪事》在搜集、存传宋诗史料上,也作出了重要的贡献。

《全唐文纪事》122卷,陈鸿墀纂,有同治十二年(1873)方功惠刻本、中华书局上海编辑所1959年校点本。此书是陈鸿墀在参与编纂《全唐文》的过程中,搜集有关唐代文章的史料加以考订编成的。全书冠以凡例18条,

① 关于清代的赋话,参阅马积高《历代辞赋研究史料概述》,中华书局2001年版,第241—246页。

② 《宋诗纪事·自序》。

正文依《世说新语》体例分为体例、帝制、树德、纪功、纳言、威远、政治、典章、贡举等80门类。每门按类编辑相关史料，重点是辑录文章本事和摭拾历代评论。全书史料广博，征引书目约580余种，涉及正史、方志、杂史、诸子、别集、总集、笔记、小说、考证文字、金石刻文、书籍题跋等，搜集保存了许多佚文、断章、残句。书中对某些真伪异同的史料，用按语形式加以考订。所引史料，均注明出处，以便稽考。唐代文章，单就《全唐文》所收录的来说，就有1000卷之多，对其研究，实属不易。《全唐文纪事》的编纂，为研究唐代文章提供了丰富的史料。它是我国第一部断代文章纪事，属开创之举，有会萃之功。

清代有关词的研究史料，随着词在清代创作的中兴、多种词流派的产生以及史料的积累，受到了前所未有的重视，呈现出繁盛的局面。清代有关词的研究史料，主要表现在三方面：一是比较集中的词话，在《四库全书总目》卷199中，第一次特设“词话之属”；二是编撰的各种形式的词集；三是分散的序跋，题词，子、史、集中的片断论述。清代词方面的研究史料的总量，至今未见全面的著录和统计。就词话一类而言，据唐圭璋《词话丛编》和王兆鹏《词学史料学》著录的来看，其数量当超过以前几朝的数倍。清代词话的编纂形态，有继承，有创新。在创新方面，值得特别关注的是出现了一些汇编体的词话。这类词话，就刊行方式来说，大致可分为两种。一是单独成书刊行的，如徐釚的《词苑丛谈》和沈雄的《古今词话》。《词苑丛谈》初刻于康熙二十七年(1688)，分体制、音韵、品藻、纪事、辨证、谐谑、外编七门，择录书籍150多种。《古今词话》，澄晖堂初刻于康熙二十八年(1689)，分词话、词品、词辨和词评四部分。二是存附于他书的，如王友华的《古今词论》。《古今词论》是王友华与查继超等合编《词学全书》的理论部分。此书选择宋代以来杨守斋、张玉田、杨慎、毛先舒等26家词论，以清初人词论为主，主要论述词的体制和写法。今传最早的是康熙十八年(1679)《词学全书》本。邹只谟、王士祯编选的《倚声初集》20卷，前附《前编》4卷，前3卷辑录明末清初人词话及论词杂文。王奕清等编《历代词话》10卷，附录于王奕清等奉旨选辑的《历代诗余》中。《历代词话》主要集录唐至清初各种著述中有关词的评论与词坛掌故佚事等。《历代诗余》有康熙四十六年(1707)内府刻本。清人所编纂的汇编体词话，不同程度地具有集成的性质。这些词话尽管有这样那样疏误，但能把许多散见的词话加以搜集、整理、刊行,不仅保存了史料,也为人们研究提供了方便①。

清代对过去重要的文学理论批评著作的整理,也有突出的贡献。其中特别值得提出的是对《文心雕龙》和《诗品》两书的整理。清人经常并举这两部书,认为它们是文学理论批评史上的双璧。章学诚《文史通义·内篇五·诗话》说:

> 《诗品》之于论诗,视《文心雕龙》之于论文,皆专门名家勒为成书之初祖也。《文心》体大而虑周,《诗品》思深而意远。盖《文心》笼罩群言,而《诗品》深从六艺溯流别也。

理论上对这两部书的深切认识,促进了对这两部书的著录、校勘、注释和考证。《四库全书总目》卷 195“诗文评类一”首先收录《文心雕龙》2 种和《诗品》1 种,表明清代对这两部书尤其关注。

清代关于《文心雕龙》的著录、校勘、注释和考证,集中的如《四库全书》收录有内府藏本《文心雕龙》、黄叔琳撰《文心雕龙辑注》,另有纪晓岚评注本,何义门校宋本,张绍仁、吴翌凤校藏本,郝懿行校本,姚培谦笺注本等。此外,还有大量的散见于其他著作中,如卢文弨《抱经堂文集》、孙诒让《札迻》等。在上举诸多著述中,黄叔琳的《文心雕龙辑注》影响尤其明显。此书在校勘、注释等方面,都有新的创获。因此乾隆六年(1741)初刻后,不断被刊印,成为通行本。后来的许多校注本都以它为底本②。

清代在《诗品》的版刻和校注等方面,都有很大的进展。据曹旭研究,清代的版刻主要有《说郛》本(明本清刻)、《五朝小说》本(明本清刻)、蒋廷锡等辑《古今图书集成》本、姚培谦等辑《砚北偶钞》本、何文焕辑《历代诗话》本、王谟辑《增订汉魏丛书》本等 13 种③。在校注方面,重要的有朱琰重校《学

---

①　关于清代的词话,参阅:王兆鹏《词学史料学》,中华书局 2004 年版,第七章第二节“明清词话”、“《词话丛编》未收的清人词话”;朱崇才《词话史》,中华书局 2006 年版,第九、十、十一、十二章。

②　参阅:杨明照《文心雕龙校注拾遗》,上海古籍出版社 1982 年版,《前言》、《附录·版本第八》、引用书目等;张少康、汪春泓等《文心雕龙研究史》,北京大学出版社 2001 年版,第一章第五节。

③　曹旭《诗品研究》,上海古籍出版社 1998 年版,第 220 页。曹著原列 20 种,其中有 7 种属近代,故未计入。

诗津逮》本、黄丕烈用《吟窗杂录》本校明退翁书院钞本等。“黄氏在校勘上的功绩,不只是校出戴逵条异文,弥补了通行本的缺漏,还在于引用《吟窗杂录》这一不同系统的版本,开辟了校勘的新途径。又,《吟窗杂录》异文可资处甚多,补通行本缺漏,除戴逵条外,尚有何长瑜、羊曜璠条。后人校勘,由此问津,屡校屡得”①。

第六节　弘扬辑佚,成就厚实

梁启超说:

> 吾辈尤有一事当感谢清儒者,曰辑佚。②

辑佚本来是古代出自研究、编辑、校勘、注释和辨正史料的需要而产生的。应当说,辑佚始终是与史料学相伴随的。辑佚发展到明代,已经积累了相当多的成果和不少经验。清人继承了前人的成果、借鉴了前人的经验,并加以弘扬,把古代的辑佚和辑佚学推向了“大盛”。

梁启超指出:

> 辑佚之举,本起于汉学家之治经。③

清代重经尚古,基于治经的需要,许多文人学者从清初开始,就十分重视辑佚。惠栋搜求汉人《易》说,成《易汉学》8 卷,后又扩充成《九经古义》16 卷。惠栋弟子余萧客承蒙师训,辑有《古经解钩沉》30 卷。余氏再传弟子黄奭承其师江藩所嘱,成其师未竟之业,辑有包括“经解”、“通纬”等内容的《汉学堂丛书》。自清初开始,私人前后相继,辑佚迅速发展。

清代辑佚的“大盛”,还与官方的指令和组织密切相关。突出的表现是乾隆时修《四库全书》时从《永乐大典》中所做的辑佚。早在雍正期间,李绂和全祖望即开始相约从《永乐大典》中辑录佚书,虽因人少力薄,辑录甚少,但引发了后人对《永乐大典》的重视。乾隆时修《四库全书》,设立了《四库全

① 引自曹旭《诗品研究》,上海古籍出版社 1998 年版,第 222 页。

② 梁启超著、夏晓虹点校《清代学术概论》,中国人民大学出版社 2004 年版,第 184 页。

③ 梁启超《中国近三百年学术史》,东方出版社 1996 年版,第 320 页。

书》馆校勘《永乐大典》散篇办事处,参加者先后达 39 人,共"辑出并收入《四库全书》者,据《四库全书总目》的《永乐大典》提要载:凡经部 66 种,史部 41 种,子部 103 种,集部 175 种",合计 385 种(实为 388 种),4946 卷。而列为"存目"者 128 种①。《四库全书》的辑佚及其成果,加上私人辑佚的影响,使好古之士欣然响应,辑佚成为清代史料学的一个重要方面。

辑佚发展到清代,出现了许多新的特点,其中特别值得重视的是,清代已经有不少人把辑佚看成是一种具有相对独立的学业。阮元为茆泮林作《十种古逸书·序》说,邵晋涵"门徒甚多,各授以业",曾教其弟子章宗源"以辑古书,开目令辑"。章氏"力其业,不数年成书盈尺"。又孙星衍《章宗源传》载:

> 章君好学,积十余年,采获经史传注,辑录唐宋以来亡佚古书盈数笈。……又言:辑书虽不由性灵,而学问日以进。吾以此事,久之亦能为古文,为骈体文矣。

看来邵晋涵、章宗源等是把辑佚作为一种专门的学业。与此相联系的是,清代先后出现了余萧客、朱彝尊、姚之骃、章宗源、王谟、严可均、马国翰、丁晏、姚东升等一大批辑佚家。以他们为代表的辑佚家,不仅不惜精力和资财广搜博求地辑佚,同时重视辑佚的成果的整理和刊行。是他们一生的大量心血,加上《四库全书》的辑佚,使我国古代许多珍贵的史料得到整理和存传。

清人辑佚的成果十分繁富,具体数量有待调查统计。不过有一点是可以肯定的,就是不论是数量还是质量,从总体上,都远远超越了以前各代。清人辑佚的成果,涉及了经、史、子、集各方面,重点又在经学。但从今天的观点看,其中有许多基本上是属于文学史料。下面以背景史料、传记史料、作品史料和研究史料为序,列其重要者。

背景史料主要存于诸多辑佚史书中,如:

> 《汲冢纪年存真》　朱右曾辑　收入《续修四库全书》第 336 册　台北新兴书局据道光二十六年(1846)朱氏归砚斋刻本影印本

---

① 引自曹书杰著《中国古籍辑佚学论稿》,东北师范大学出版社 1998 年版,第 140—141 页。

《东观汉纪》24卷　四库馆臣辑　《四库全书》本

《旧五代史》150卷目录2卷　四库馆臣辑　《四库全书》本　中华书局1976年点校本等

《续资治通鉴长编》52卷　四库馆臣辑　《四库全书》本　中华书局1979年点校本等

《建炎以来系年要录》200卷　四库馆臣辑　《四库全书》本

《宋会要辑稿》约五六百卷　徐松辑　有上海古籍出版社1986年出版王云海《宋会要辑稿考校》本等

传记史料除见于辑佚史书外，比较集中的文学家传记辑佚书有：

《唐才子传》8卷　四库馆臣辑　《四库全书》本　中华书局1987—1995年出版　傅璇琮主编《唐才子传校笺》本等

作品史料除总集、别集外，还有一部分辑佚的文集以及小说等，分别归于辑佚书中的史部和子部。下面一并列出。

总集：

由朝廷主持辑佚的有上面已经述及的《全唐诗》、《全唐文》、《全金诗》、《历代诗余》等①。

由个人辑佚的除上面已经述及的严可均辑校《全上古三代秦汉三国两晋六朝文》外。重要的还有：

《唐文萃补遗》26卷　郭麐辑　清嘉庆二十四年(1819)金勇刻本

《全五代诗》100卷　李调元　《函海》本

《南宋文苑》70卷　外编4卷　作者考2卷　庄仲方编　道光十七年(1837)活字本

《金文最》120卷　张金吾辑　《七朝古文》60卷本

《明文在》100卷　薛熙编　清康熙三十二年(1693)刻本

《续古文苑》20卷　孙星衍辑　嘉庆十二年(1807)原刻本

《历代赋汇》184卷　陈元龙辑　《四库全书》本　江苏古籍出版社

① 《全唐诗》之类的辑佚书，具有编辑和辑佚的性质。所谓编辑，指的是有些作品在辑佚时，已经有文集，编者只是加以编辑。所谓辑佚，指的是对文集之外或文集已经散失的遗存的作品加以辑佚。

上海书店 1987 年联合出版本等

别集:

清人辑佚的别集,比较集中的是四库馆臣从《永乐大典》中辑出的。如前所述,这部分收入《四库全书·别集类》的就达 164 种。此外还有两种既未收入《四库全书》,也没有列入存目①。除了四库馆臣所辑别集之外,尚有他人所辑,如张澍即辑有《诸葛忠武侯文集》4 卷;四库馆臣还从《永乐大典》中辑出《水经注》40 卷,收入《四库全书》卷 69《史部·地理类二》。清人所辑别集,多为宋元人所撰。清人的辑佚,使许多散佚的别集得以整理和流传。

小说:

四库馆臣所辑,并收入《四库全书·子部·小说类》共 12 种。另有孙风翼辑有《燕丹子》10 卷,嘉庆间收入辑刻《问经堂丛书》。

研究史料,除上面述及的《全唐文纪事》外,重要的还有:

《藏海诗话》1 卷　四库馆臣辑　《四库全书》本

《岁寒堂诗话》2 卷　四库馆臣辑　《四库全书》本

《環溪诗话》1 卷　四库馆臣辑　《四库全书》本

《余师录》4 卷　四库馆臣辑　《四库全书》本

《文章精义》1 卷　四库馆臣辑　《四库全书》本

《浩然斋雅谈》3 卷　四库馆臣辑　《四库全书》本

《文说》1 卷　四库馆臣辑　《四库全书》本

《作义要抉》1 卷　四库馆臣辑　《四库全书》本

《词林纪事》22 卷　张宗橚辑　有乾隆刊本

《词苑丛谈》12 卷　徐釚辑　有康熙二十七年(1688)丁氏刊本　上海古籍出版社 1981 年唐圭璋校注本等

《诗经》学是清代辑佚的重要组成部分,据孙启治、陈建华编《古佚书辑本目录》著录的史料总计:《诗经》学辑佚,自宋王应麟开始辑佚《逸诗》以后,不见辽金元明有辑佚。到了清代,发展迅速,成果丰硕:综合性的有 21 种;《毛诗》有 38 种;《韩诗》有 31 种;《齐诗》有 14 种;《鲁诗》有 10 种。这些有关《诗经》学的辑佚,为后来研究《诗经》提供了重要的参考。

---

① 参阅曹书杰《中国古籍辑佚学论稿》第 141—143 页。

清代辑佚家在辑佚的实践过程中，初步形成了一些规范。这些规范具有方法的意义。综括起来有以下几点：

一是力求全面。余萧客辑《古经解钩沈》30卷，“采录唐以前诸儒训诂”，“其书尚存者不载，或名存而其说不传者亦不载。余则自诸家经解所引，旁及史传、类书，凡唐以前之旧说，有片语单词可考者，悉著其目。虽有人名而无书名、有书名而无人名者，亦皆登载”①。严可均辑《全上古三代秦汉三国六朝文》，凡经、史、子、集、类书、注本、佛藏、道臧、金文、石刻文等存有的相关之文，一经发现，自完篇到片段只语，全予著录。

二是保持元本。《四库全书总目》卷33评惠栋辑《九经古义》16卷说：

大抵元元本本，精核者多，较王应麟《诗考》、《郑氏易注》诸书，有其过之而无不及也。

为了保持元本，陈鸿墀在辑《全唐文纪事》时，在“凡例”中特别规定：

其有一事而各书互见、详略不同者，则并存其说。

王谟在《汉唐地理书钞·凡例》中特设一条：遇有错简脱叶、阙文讹字，“若无善本校对，不敢以意补缀”。

三是注意注明出处。清代的许多辑佚大家，如严可均、马国翰等，纠正了明人辑佚不注明出处的通病，明确规定对辑佚的成果，分条注明出处，以便稽考。

四是有序跋和凡例，个别的有征引书目。有些辑佚书，如马国翰的《玉函山房辑佚书》除有总序外，书内各部分还有小序。从序跋和凡例中，我们不仅可以知道有关辑佚书的缘起、辑佚、刊刻等具体情况，还可以探知许多有关辑佚的理论和方法。诸多的序跋和凡例等，本身就具有重要的史料价值。

五是把辑佚与编辑、校勘、注释、辨正等相结合。清代的辑佚不再是简单地搜求史料，而是伴随着恰当的编辑分类和体系，伴随着对辑佚史料的校勘、注释和考辨等。如从张澍的辑佚成果《二酉堂丛书》来看，他辑佚的书，均依据各条原文的内容，参照前人编书的体例，按类编辑，使辑佚书有体系。他对所辑出的每一段史料，差不多都用按语的形式，或引证前人的论述，或

① 《四库全书总目》，中华书局1965年版，卷33“经部·五经总义类”。

加以解释，或予考辨，有助于读者全面、深入地了解所辑的史料。

六是注重择要尚用。王谟《汉唐地理书钞序》说：

> 得确然知往古封建与后世州郡制度因革损益，以及四海万国舆图广袤之数，诚国家要务，而作史者尤当以是为首要者也。

王谟之所以辑佚地理书，是基于地理是有关治理国家的大事。马国翰在其《农谚》自序中说：

> 岁戊戌乞假家居，亲督仆佣，种莳桑麻，得与邻父纵言，备闻田间耕作之务，因辑《汉志》农家诸佚篇。

马国翰之所以辑农家古佚书，是应田间耕作之需。

清代辑佚家由于注意择要尚用，所以对不少重要的著述，往往不惜时间精力，重加辑佚。

清人对辑佚的认识以及提出的一些规范和方法，虽然没有达到理论上的自觉，是零星的、片段的，不成系统，但同以前相比较，有许多新的进展。后来从理论上对辑佚作总结，基本是在清人认识的基础上向前进的。

清代的辑佚，虽然把古代的辑佚推向了峰巅，但也存有许多缺憾。从传统的经、史、子、集四部看，清代的辑佚家特别注重的是经部，而对经部，又把主要精力用在唐代之前，对唐代之后的则少有问津。就文学史料而言，除了官方组织辑佚的几部大型总集、四库馆臣辑佚的别集和几种诗文评之外，对其他文学史料，尤其是对小说、戏曲等通俗文学史料，很少涉及。如《永乐大典》中收录了不少话本、杂剧和戏文，但从四库馆臣到其他辑佚家，却鄙弃不辑，致使其中的一些珍贵的史料没有流传下来。

第七节　目录学的繁盛和文学目录的进展

中国古代的各种典籍，至清代有了空前的积累，官方、私人藏书盛行，又注重刊印。叶德辉《藏书十约·传录六》说：

> 国朝诸儒勤搜古书于四部之藏，十刻七八。[1]

---

① 载叶德辉著、李庆西标校《叶德辉书话》，浙江人民出版社1998年版。

各种典籍的积累。清人勤于著述，多付之剞劂，流传广泛，这在客观上为目录和目录学的繁盛提供了有利的条件。清人治学重经尚博，学者面对卷帙浩繁的典籍，常常感到检括困难。为了方便地使用繁富的典籍，自然会特别看重目录和目录学。另外，清人有相当自觉的史料意识，为了使历代积累的和当代的史料避免失传，也往往把编纂目录作为一种重要的方法。正是由于上述几种主要因素的综合作用，促使清代的目录和目录学出现了前所未有的繁盛局面。

清代的学者在目录学的理论和方法上都有新的建树。乾嘉时期的史评家、目录学家章学诚，除与其同仁前后历经 60 年编成《史集考》①外，还研究了目录学方面的理论。他著有《校雠通义》，在《自序》中标举目录"辨章学术，考镜源流"的宗旨。他在卷一《原道第一》中推尊刘歆《七略》说：

> 由刘氏之旨以博求古今之载籍，则著录部次，辨章流别，将以折中六艺，宣明大道，不徒为甲乙纪数之需，已亦明矣。

在卷一《宗刘第二》中，他论及集部目录时说：

> 因集部之目录而推论其要旨，以见古人所谓言有物而行有恒者，编于叙录之下，则一切无实之华言，牵率之文集，亦可因是而治之。庶几辨章学术之一端矣。

从上面的引文可以看出，章氏已经明确地把目录从提供图书资料信息的层次上提高到学术研究的层次上了。与学术研究相联系的是，许多清人把目录学看成是读书治学最重要的门径。清儒金榜论艺文志的作用说：

> 不通《汉艺文志》，不可以读天下书。艺文志者，学问之眉目，著述之门户也。②

王鸣盛在《十七史商榷》卷一中说：

> 目录之学，学问中第一紧要事。必从此问途，方能得其门而入。

又在同书卷七中说：

---

① 此书稿于咸丰六年(1856)毁于火灾。

② 转引自顾廷龙为王绍曾主编《清史稿艺文志拾遗》所撰写的《序》，中华书局 2000 年版。

凡读书，最切要者目录之学。目录明，方可读书。不明，终是乱读。

清人之前，虽然也重视目录和目录学，但远没有像清人这样把它置于读书治学的紧要地位。后来目录和目录学的继续发展，与受清人认识的沾溉有直接关系。

在方法方面，清人也有一些新的探索。章学诚为编《史集考》，先后撰有《论修史集考要略》和《史考释例》二文。前者提出撰修《古籍考》的15项原则，就取材、辨析和版刻等提出了明确的要求。后者详列了《古籍考》的体例类目，全书计分制书、纪传、编年、史学、稗史、星历、谱牒、地理、故事、目录、传记、小说，共12部55门①。孙星衍编《孙氏祠堂书目》内篇3卷、外篇3卷②，不再恪守长期以来定型的按经史子集四部分类法，而是分为经学、小学、诸子、天文、地理、医律、史学、金石、类书、辞赋、书画和说部12属，被誉为"发凡起例，体例精彩"。上举章氏和孙氏的做法，显然具有方法论的意义，表现了清代学者在图书分类上的创新精神。

认识上的提高和方法上的探索，促进了清人的目录编纂。清人编纂的目录的总数，现在见到的统计出入较大。章钰等编《清史稿·艺文志·史部·目录类》著录138部、1493卷。武作成编《清史稿艺文志补编》著录96部、720卷。王绍曾主编《清史稿艺文志拾遗》著录761部、2200卷③。据叶树声、许有才"不完全的统计和综合分析预测，清儒编制的目录当不少于二千五百种。其中一般目录有四百来种，史志目录有二千一百来种。在史志目录中，主要的是方志书目艺文志"④。来新夏估计，清代（包括晚清）所编目录"约占古代目录之一半有余"⑤。上举数字，虽出入较大，但完全可以说明清人所编目录的数量远迈以前任何一个朝代。

清代所编的目录，种类多种多样。由于分类的标准不同，具体的分类有很大的差别。来新夏《清代目录提要》大体分为46类，《清史稿艺文志拾遗》分为21类。本书主要着眼于内容，粗略地把清代的目录分为综合的和专科

---

① 参阅罗炳绵《〈史籍考〉修纂的探讨》，《新亚学报》Ⅵ（1964年）第367—414页。

② 有嘉庆十五年（1810）金陵孙忠愍祠堂刊本。

③ 内不分卷者317部。

④ 叶树声、许有才《清代文献学简论》，安徽大学出版社2004年版，第143—144页、149—152页。

⑤ 来新夏《清代目录提要》，齐鲁书社1997年版，《序》。

的两大类。综合的主要列举重要的补志目录、史志目录和丛书目录。

由于历史条件的局限，清代之前的史书，有些有艺文志或经籍志，但常有疏误，而更多的是阙如。清代的学者为了纠正以前的疏误、弥补以前的空缺，辛勤耕耘，成就斐然。据不完全统计，清代约有30种正史艺文志补作或考证问世。为近20种原无艺文志的正史，增修了一种或几种补志。下面参考《清代目录提要》，把今存清代前期和中期的补志以朝代为序列举如下：

《补后汉书·艺文志》10卷　顾櫰三撰　二十五史刊行委员会编《二十五史补编》本　中华书局1955年版

《补后汉书·艺文志》6卷　侯康撰　《二十五史补编》本

《补续汉书·艺文志》2卷　钱大昭撰　《二十五史补编》本

《补三国艺文志》4卷　侯康撰　《二十五史补编》本

《补晋书·艺文志》6卷　文廷式撰　《二十五史补编》本

《隋书·经籍志考证》13卷　章宗源撰　《二十五史补编》本

《续唐书·经籍志》1卷　陈鳣撰　《广雅丛书》本

《补五代史·艺文志》1卷　顾櫰三撰　《二十五史补编》本

傅璇琮、徐海荣等主编《五代史书汇编》本　杭州出版社2004年版

《补五代史·艺文志》　宋祖骏撰　傅璇琮　徐海荣等主编《五代史书汇编》本　杭州出版社2004年版

《五代史记补考·艺文考》3卷　徐炯撰　《适园丛书》本

《宋史·艺文志补》1卷　倪灿撰　卢文弨校正　《二十五史补编》本

《补宋辽金元艺文志》[①]　黄虞稷撰　瞿凤起　潘景郑整理　《千顷堂书目》每类后附　上海古籍出版社1990年版

《续通志·艺文略》8卷　嵇璜等奉敕撰　纪昀等修订　《万有文库》"十通"合刻本　商务印书馆1935年版本

《四朝经籍志补》　吴骞辑　《辽金元艺文志》本　商务印书馆1958年版本

《补辽金元艺文志》　倪灿撰　卢文弨校正　《二十五史补编》本

《补三史艺文志》1卷　金门诏撰　《二十五史补编》本

---

① 题目为本书编者所拟。

《辽艺文志》　缪荃孙撰　《二十五史补编》本

《补辽史·经籍志》　厉鹗撰　《辽金元艺文志》本　商务印书馆1958年版本

《补辽史·经籍志》　杨复吉撰　《辽金元艺文志》本　商务印书馆1958年版本

《补元史·艺文志》4卷　钱大昕撰　《二十五史补编》本

《元史·艺文志补》(曲类部分)　张锦云撰　《辽金元艺文志》本　商务印书馆1958年版本

《明书·经籍志》　傅维鳞撰　《明史·艺文志·补编·附编》本　商务印书馆1959年版本

《明艺文志》5卷　尤侗　《郑堂读书记》著录原稿本

《明艺文志》4卷　张廷玉撰　《明史》卷96—99　中华书局1974年点校本

《国史经籍志补》　宋定国　谢星缠撰　《明史·艺文志·补编·附编》本　商务印书馆1959年版本

清人编纂的史志目录最重要的是黄虞稷编的《明史·艺文志稿》,有商务印书馆汇编《十史艺文经籍志》本,1958年版。此书以收明代的著述为主,首改史志收一代藏书为一代著述,附有《宋志》缺略的南宋咸淳以后的著作和辽金元三代著作,开正史《艺文志》只著录一朝著作之先例,并为后来《清史稿·艺文志》所承袭。

清代学者的补志与以前编撰的艺文志相结合,使史志目录大体臻于完备。

清代的统治者相当重视目录,由朝廷组织编纂了不少重要的大型的丛书目录。主要有:

《四库全书总目》(又称《四库全书总目提要》)200卷。此书是编纂《四库全书》时所采入诸书及存目诸书内容提要的汇编。全书按经、史、子、集四类编次。每一大类又分若干小类,有些小类再分子目。每一大类和小类前分别有序,子目之后有按语,序及按语简述著作源流及分类原由。《总目》是传统目录的集大成之作。《总目》初刻于乾隆五十四年(1789),通行本有中华书局1965年影印本。《总目》之后,朝廷鉴于《总目》篇幅过大,又敕永瑢等编纂了《四库全书简明目录》20卷,有1985年上海古籍出版社本。后邵懿辰又撰、邵章续补《四库简明目录标注》20卷，有1959年中华书局本。清代官修同一目录《总目》，有繁有简，是为首创。《总目》编成之后，与之相关的目录及其论著赓续出现，形成了"四库"目录研究系列。

清人编的目录多是综合性的，一般包括经、史、子、集。在这些综合性的目录中，多少不同地都包含有一些文学书目。上面列举的补志书目、史志书目和丛书书目，都是按经、史、子、集四部分类的。其中的经、史、子三部中，一般都有《诗经》、诸子、《史记》和小说等书目。而集部则是集中的文学书目。如《四库全书》的集部，把著录的文学著述分为楚辞、别集、总集、诗文评和词曲五大类。词曲类下又分为别集、总集、词话、词谱、词韵和南北曲六个子目。除戏曲和小说外，基本上涵盖了古代文学的重要门类和主要著述。

清代各种专科目录也多有创获。如

《经义考》300卷，总目2卷，朱彝尊撰，有乾隆二十一年(1756)卢氏续刻本、《丛书集成》本等。

《经义考》规模宏大，汇集史料详备，且有考证，开辑录体提要目录之先河。后来翁方纲又撰《经义考补正》12卷，有乾隆二十七年(1762)翁氏自刊本。

《汇刻书目》20卷，增补《汇刻书目》，顾修撰。前者有嘉庆四年(1799)桐川刊本，后者为朱学勤增补。有光绪乙亥(1875)京都琉璃厂藏本。

清代以前有不少丛书，但第一次为以前的丛书编撰目录者是顾修。顾修之后，相继不断。

《天禄琳琅书目》10卷　《后编》20卷　于敏中、彭元瑞等奉敕撰　有光绪十年(1884)长沙王氏刊本

此书为国家善本书目，是我国第一部由朝廷组织编撰的版本目录。它比较详细地记录了所收书目的版刻时间、刊印、流传、庋藏、鉴赏和采择情况，是奠定版本目录学的重要著作之一。

在专科目录中，值得注意的是文学专科目录的进展。这方面的重要目录有：

《知不足斋宋元文集书目》　鲍廷博撰　清抄本

《明文海目录》4卷　黄宗羲撰　清抄本

《全唐诗未备书目》1卷　朱彝尊撰　光绪九年(1883)黄陂陈毅传抄　上虞罗振玉藏嘉兴唐翰题抄本

《明诗综采摭书目》(又名《明诗综采辑书目》)1卷　朱彝尊编《潜采堂书目四种》本

《乐府考略》(残本)　清初佚名撰

《传奇汇考》(残本)　清初佚名撰①

《古今杂剧》1卷　《续编杂剧》1卷　钱曾编　清钞本②

《文选李注引群书目录》　汪师韩撰　载其《文选理学权舆》《丛书集成初编》本

文学专科目录的编纂虽然始于曹魏时期，但自《隋书·经籍志》正式使用经、史、子、集四部分类法以后，一直为后代所沿袭，文学目录散见于四部之中，文学专科目录发展迟缓。清代的目录虽然大多承袭四部分类法，多综合性目录，但同以前相比，文学专科目录有了较大的进展。诸多文学专科目录的出现，为人们阅读和研究文学提供了方便，唤起了人们对文学专科目录的注意，同时许多文学史料也借此而得以保存。

综观清代的目录著作，文学专科目录尽管有进展，但为数不多，十分单薄。在编辑上，往往未及规范，带有明显的随意性，流传的也不广泛。就文学专科目录而言，诗歌较多，至于词、戏曲和小说之类的通俗文学，尤其是小说，由于地位低下，历代官修艺文志、补志及其他各种书目中很少涉及，清代基本上也是这样。清人有多种《元史·艺文志》的辑本，但均不收戏曲作品。至于词和小说方面的专科目录则更为罕见。这种情况，到了近代开始发生了明显的变化。

第八节　校勘的丰硕成果

古代的典籍在传抄和刊印中常有讹脱，有些人对于这些讹脱，凭意妄

① 以上二种被董康辑入《曲海总目提要》，上海大东书局铅印线装本、人民文学出版社1959年版本。

② 附钱遵王《述古堂藏书目录》后。

改,致使不少典籍程度不同地失去了原貌。这种情况到了明代又有所发展。明人刊书,不重校勘,讹舛很多。自明末清初开始,不少清人予以反拨,对明人提出了批评。清初顾炎武愤慨地批评说,明"万历间人,多好改窜古书,人心之邪,风气之变,自此而始"①。为了矫正明人的弊病,从清初开始,许多文人学者十分重视校勘,从认识上和实践上,弘扬了我国古代校勘的优良传统,把传统的校勘和校勘学推向了高峰。

清人对校勘有明确的认识。顾炎武在《答李子德书》中,倡导"博学于文",研究经史,主张"读九经从考文始"。王鸣盛《十七史商榷·序》说:

> 欲读书必先精校书,校之未精而遽读,恐读亦多误矣。

顾氏、王氏是从读书治学的角度强调了校勘的重要意义。又顾炎武《日知录》卷18"勘书"条说:

> 苟如近世之人,据臆改之,则文益晦,义益舛,而传之后日,虽有善读者,亦茫然无可寻求矣。

段玉裁《答顾千里书》说:

> 故刊古书者,其学识无憾,则折中为定本以行于世,如东原师《大戴礼记》、《水经注》是也。

顾氏和段氏又从古籍传播的角度,从不同的侧面论述了校勘的长远意义。

认识上的提高,使校勘在清代成为一种风尚,成为一种"专门之学",先后出现了许多著名的校勘家。张之洞《书目答问》附二《国朝著述诸家姓名略总目》中,专列"校勘之学家"一项,著录何焯、惠栋、卢见曾、全祖望等31人,并认为戴震、卢文弨、丁杰、顾广圻四人"为最"。

清代著名的校勘家,虽有"博涉一派",如卢文弨、顾广圻,终生以校书为业,几乎是遇书则校;有"专精一派",如王念孙、王引之父子精于校勘群经,钱大昕、钱大昭兄弟精于校勘诸史②。但就总体而言,清代校勘涉及的范围相当广泛。这一点,张之洞在《国朝著述诸家姓名略总目》中有所概括:

---

① [清]顾炎武著,[清]黄汝成集释,栾保群、吕宗力校点《日知录集释》,花山文艺出版社1991年版,卷18"改书"条。

② 参阅张舜徽《中国文献学》,中州书画出版社1982年版,第120页。

大抵征实之学，今胜于古。即前代经史子集，苟其书流传自古，确有实用者，国朝必为表章疏释，精校重刻。

在清人校勘的典籍中，有许多属于文学史料。经清人校勘的文学史料，有一些收录在《四库全书》中，更多的散见于各种文集中。清代校勘的文学史料，大体有重在校勘和校勘、考释、评论相结合两类。重在校勘的在《四库全书》著录的部分著述中有明显的表现。《四库全书》所著录前代的各种著述，很少照录原文，而是程度不同地有所校勘。如《诗集传》8卷，宋朱子撰。《史记集解》130卷，南朝宋裴骃撰。《韩子》20卷，周韩非撰。《庄子注》10卷，晋郭象撰。《楚辞章句》17卷，汉王逸撰。《文选注》60卷，南朝梁昭明太子撰。《乐府诗集》100卷，宋郭茂倩撰。《蔡中郎集》6卷，汉蔡邕撰。《曹子建集》10卷，魏曹植撰。《陶渊明集》8卷，晋陶潜撰。《李太白集》30卷，唐李白撰。《九家集注杜诗》36卷，宋郭知达编。《孟浩然集》4卷，唐孟浩然撰。《稼轩词》4卷，宋辛弃疾撰。

清代校勘、考释与评论相结合的一类，著述繁多，如《庾子山集注》16卷，倪璠撰。《王右丞集笺注》28卷，赵殿成注。《李太白诗集注》36卷，王琦撰。《钱注杜诗》20卷，钱谦益撰。《白香山诗集》40卷，附年谱2卷，汪立名编。《韩集点勘》4卷，陈景云撰。

清人在校勘方法上，在总结汉代以来形成的方法的基础上，有所发展。归纳起来，大致有主张照录原本(附校勘记)和改正错误两种。主张照录原文的代表有卢文弨、顾广圻和阮元等。卢文弨在《钟山札记・蔡中郎集》中强调：

凡传古人书，当一仍其旧，慎勿以私见改作。

顾广圻十分推崇宋代彭叔夏校勘《文苑英华》，他在《书文苑英华辨证后》中指出：

予性素好铅椠，从事稍久，始悟书籍之讹，实由于校。据其所知，改其不知。通人类然，流俗无论矣。叔夏《自序》云："三折肱为良医，知书不可以意轻改。"何其知言也！

阮元在汇刻编纂文献方面有重要的贡献。他汇刻编纂各种文献，特别重视校勘。他主持刊刻了宋本《十三经注疏》和《太平御览》。他与友人一起整理、刊刻《太平御览》的原则是"全依宋书，不改一字"。他认为，存宋书《太平御览》,“即存秦汉以来佚书千余种”,实为“宇宙间不可少之古籍”①。他在《江西校刊宋本十三经注疏书后》一文中,对校勘如何保留原文,还提出了具体做法:

> 刻书者,最患以臆见改古书。今重刻宋版,凡有明知宋版之误字,亦不使轻改,但加圈于误字之旁。而别据校勘记,择其说附载于每卷之末。俾后之学者,不疑于古籍之不可据,慎之至也。②

主张改正错误的主要有戴震和段玉裁等。段玉裁在《与梁耀北书论戴赵二家〈水经注〉》中说,戴震校《水经注》“据古本,搜群籍,审地望,寻文理,一字之夺必补之,一字之羡必删之,一字之误必更之”。又段玉裁在《答顾千里书》中申明了自己的主张:

> 夫校经者,将以求其是也。审知经字有讹则改之。此汉人法也。汉人求诸义而当改则改之,不必有其佐证。凡校书者,欲定其一是,明圣贤之义理于天下万世,非如今之俗子夸博赡,夸能考核也。

在具体做法上,段氏在《与诸同志书论校书之难》中又主张先定底本之是非、后定立说之是非:

> 校书之难,非照本改字不讹不漏之难也,定其是非之难。是非有二:曰底本之是非,曰立说之是非。必先定其底本之是非,而后可断其立说之是非……何谓底本?著书者之稿本是也。何谓立说?著书者所言之义理是也……故校经之法,必以贾(公彦)还贾,以孔(颖达)还孔,以陆(德明)还陆,以杜(预)还预,以郑(玄)还郑。各得其底本,而后判其义理之是非,而后经之底本可以定,而后经之义理可以定。不先正注、疏、释文之底本,则多诬古人;不断其立说之是非,则多误今人。

上述两种主张和做法,各有侧重,各有所长。但也有共同点,都指出校勘并非轻易之事,都强调校勘必须具有相当的学识,必须有严谨细致的学风。

校勘典籍,清代之前,历代都有多少不同的业绩。清代在继承前人成果

---

① [清]阮元《重刻宋本太平御览叙》,载其著《研经室三集》,文选楼原刻本,卷5。
② [清]阮元《研经室三集》,文选楼原刻本,卷2。

的基础上,沉潜治学,自觉校勘,扩大了校勘的范围,提高了校勘的水平,总结升华了古代校勘的许多准则,在多方面取得了丰硕成果。清人对校勘的成果,十分注意刊印。这些成果的流布,在当时,对后来,都产生了很大的影响。钱大昕《跋义门读书记》说:

> 近世吴中言实学,必曰何先生义门。义门固好读书,所见宋元椠本,皆一一记其异同,又工于楷法,蝇头朱字,粲然盈帙。好事者得其受校本,不惜重金购之。

从上引钱大昕言论可以窥见经著名的校勘家校勘的书籍,在当时受人珍重之一斑。清代谨慎校勘的著述,有宋、元、明三朝善本书,许多属于秘籍,另外还有其他多种重要著作流传下来。就文学史料来看,由于许多重要的著述,经过清人严谨精审的校勘和刊印,不少原文恢复了本来的面貌,一些长期沿袭的脱讹得到了补正,许多疑难之处得到了正确的解释,被誉为具有生命力的佳作善本,得到了传播和保存,同时裨益艺林,津逮来学,为后人减轻了劳动,其功不可磨灭。

清代之后,校勘绵延不绝。清人的校勘方法,基本上也为后人所沿用。1923年1月胡适在《国学季刊》上,论及"整理国故"的原则方法时指出:

> 整理国故,必须以汉还汉……各还他一个本来面目,然后评判各代各宗各人的义理是非。不还他们本来的面目,则多诬古人;不评判他们的是非,则多误今人。但不先弄明白了他们的本来面目,我们绝不配评判他们的是非。

不难看出,胡适的观点,显然是源自上引段玉裁的主张。胡适之后,陈垣在《元典章校补释例》中提出的《校法四例》,从方法上来看,基本上是清人校勘方法的进一步归纳和提升。

第九节　辨伪的重要贡献

梁启超指出:

> 辨伪的工作由来已久。……隋僧法经著《众经目录》,别立"疑伪"一门……晚明胡应麟著《四部正讹》,始专以辨伪为业。入清而此

学益盛。①

清人的辨伪,在继承以前积累的成绩的基础上,对辨伪的重视,取得的成果,方法的探求,都远远超过了以前各代。

清人特别强调伪书的危害。崔述在《考信录》中认为,伪书"关于社稷之安危者,非小事也"。把伪书的存在同国家的安危联系在一起,如此强调伪书的危害,这是前所未有的。清代从朝廷到清儒重视经书,看到了伪经对经学的败坏。文廷式在《梅赜上古文尚书孔安国传·叙录》中说:

> 今特著之《艺文志》,使读书者知败坏经学之罪焉。

辨伪对治学和读书至关重要。姚际恒在《古今伪书考·序》中指出:

> 造伪书者,古今代出其人,故伪书滋多于世。学者于此,真伪难辨,而尚可谓之读书乎?是必取而明辨之,此读书第一义也。

清代的辨伪,自清初即开始蔚成风气,顾炎武、阎若璩、胡渭、万斯同、姚际恒等反拨悬揣空谈,在辨伪方面,都取得了具有生命力的重要成果。顾炎武的《日知录》,有许多辨伪的内容。阎若璩对《孔丛子》、《孔子家语》、《庄子》和《水经》等都有程度不同的辨伪。在他的辨伪著作中,《尚书古文疏证》是关于传世的《古文尚书》辨伪的总结性、集成性的之作,成就最高,影响很大。不少学者进一步认识到,对于传存的经义经文,是可以疑惑的。万斯同的《群书疑辨》、姚际恒的《古今伪书考》考辨群籍,胡渭的《易图明辨》考辨专书等,都是辨伪的名著,一直为后人所参用。

到了清代中期,即乾嘉时期,辨伪风气更为盛行。这一时期辨伪的成果,除了散见于各种著述外,比较集中地体现在《四库全书》和《四库全书总目提要》中。我据司马朝军《〈四库全书总目〉研究》附录一《〈四库全书总目〉辨伪书目》提供的史料做了统计,《四库全书总目》涉及辨伪的著述共有554部②,其中经部77部、史部47部、子部318部、集部112部。《四库全书总目》涉及辨伪的著述,大致可分为全书伪、部分伪、疑伪和不伪等多种。其中有许多属于文学史料。全书伪的如卷174著录《蕊阁集》一卷,旧本题辛弃疾撰。提要认为辛弃疾时"平水韵未出",辛弃疾"安得用其部分","文笔亦

① 梁启超《中国近三百年学术史》,东方出版社1996年版,第307页。

② 司马朝军附录所列,有遗漏,如卷127著录《蕉窗杂录》1卷。

颇类明末竟陵一派,决不出弃疾之手也”。部分伪的如卷 195 著录《文心雕龙》10 卷。提要指出:

其《隐秀》一篇,皆有阙文,明末常熟钱允治,称得阮华山宋椠本,抄补四百余字。然其书晚出,别无显证。其词亦颇不类。……皆有可疑。况至正去宋未远,不应宋本已无一存,三百年后,乃为明人所得。又考《永乐大典》所载旧本,阙文亦同。其时宋本如林,更不应内府所藏无一完刻。阮氏所称,殆亦影撰。何焯等误信之也。

通过多方面的考证,认为明末抄补《隐秀》400 余字,实属伪作。疑伪者,如卷 195 著录《文章缘起》一卷,提要云:

旧本题梁任昉撰。考《隋书·经籍志》载任昉《文章始》一卷,称有录无书,是其书在隋已亡。《唐书·艺文志》载任昉《文章始》一卷,注曰:张绩补。……则唐无是书可知矣。宋人修《太平御览》……无不备收,亦无此名。今检其所列,引据颇疏。……其殆张绩所补,后人误以为昉本书欤?

从目录、类书和引据三方面,指出《文章缘起》不是任昉所作,疑为张绩所补。

不伪者,如卷 142 著录《甘泽谣》一卷,唐袁郊撰。提要云:

《书影》曰:“《甘泽谣》别自有书。今杨梦羽所传,皆从他书钞撮而成,伪本也。”或曰:“……则梦羽本,又赝书中之重儓矣。”

提要指出:所传《甘泽谣》为“裒辑散佚,重编成帙,亦不得谓之赝书”。

清人的辨伪,注意辨析以前的得失。得者,尊重承受之;失者,尽力纠正之。同时又进一步扩大了范围,取得了远远超过以前的重要成就。

在辨伪方法上,清人相当全面地继承了以前的各种方法。由于辨伪的对象不同,清人在辨伪方法上,注意灵活变通,有所侧重。观照清人辨伪之大势,其成功的著作,不靠单文孤证,不拘于一种或几种方法而遽断真伪,而是综合使用多种方法。

在中国古代辨伪学史上,清代达到了峰巅,成就远迈以前。但古籍复杂,辨伪是一种艰深复杂的学问,不可能毕其功于某些学者,毕其功于某一时期。清代的辨伪已成风潮,受风潮的裹挟,有些考证家,矫枉过正,走上了大胆怀疑的道路，在文献资料不足的情况下，主观武断，在方法上有时也不客观、不科学，结果把许多本来不属于伪书的也把它们定为伪书。这种臆断、误断的现象在姚际恒所著的《古今伪书考》和《四库全书总目》中都有表现。《古今伪书考》把经、史、子类中的70种古籍，如《易传》、《大戴礼》、《孝经》、《孔子家语》、《竹书纪年》、《穆天子传》、《尹文子》、《公孙龙子》、《慎子》、《孔丛子》、《司马法》、《吴子》、《尉缭子》等，常用"其论肤浅"、"浅陋之甚"之类的评语，统统判为"伪书"①。关于《四库全书总目》辨伪中存在的臆断、误断等问题，参阅司马朝军著《〈四库全书总目〉研究》第六章。清代在辨伪上存在的失误、缺憾，同其所取得的重要成就一起，对后人来说，都是宝贵的遗产。

第十节　史料考证的兴盛和影响

考证，又称考据。在清代，与考证、考据相近的词语还有"考"、"考辨"、"考究"、"考订"、"考核"等。从《四库全书总目》看，用得较多的是"考证"，其次是"考据"。

考证作为一种重要的史学方法，它带有综合的性质。白寿彝指出：

> 考证之学跟目录、版本、校勘、辨伪、辑佚、注释之学有密切关联。它们离不开考证的方法，但不通过这些学问，也难以做到取材博、训释正、类例明，从而有正确的考据。可以说，考证之学在一定程度上就是目录、版本等文献之学的综合运用，而考据的方法又是文献研究进行到一定程度时不可少的。②

考证，在中国古代虽然源远流长，但没有哪一个时期能像清代那样的盛行。在清代，特别是在乾嘉时期，考证达到"全盛"，占领了"全学界"。梁启超说：

> 有清一代学术，可纪者不少；其卓然成一潮流，带有时代运动的色彩者，在前半期为"考证学"，在后半期为"今文学"，而今文学又实从考

① 参阅黄云眉《古今伪书考补正》，齐鲁书社1980年版，第19—181页。

② 白寿彝主编《史学概论》，宁夏人民出版社1983年版，第111—112页。

证学衍生而来。①

梁启超说的“前半期”，指的是乾嘉时期。他指出考证学在清代前半期的学术上“已卓然成一潮流”后，又强调：“故治全盛期学史者，考证学以外，殆不必置论。”②在清代，考证纵贯前后，沉潜于考证的学者及其著述，难以计数。据《清经解》一书的记载，仅乾嘉时期从事考据的学者，即达157家之多，成书2720卷③。

清代考证的兴盛，有外缘，也有内因。外缘主要是前面已经论及的文化专制的制约和社会的繁荣和稳定。此外，与明末西学传入的影响有关。明末利马窦等把西学输入中国后，许多学者更加重视实证，在治学方法上有所变化。实证研究由起初用于天算学，后来逐渐扩大到其他方面，促进了考证研究方法。其内因主要在于明代空疏之学已经陷于困境。物极必反，于是明末复社、几社继东林学派提倡实学。清人继之，勉力矫空求实。对此，梁启超和余英时都有所揭橥。梁启超说，清代“因矫晚明不学之弊，乃读古书；愈读而愈觉求真解之不易，则先求诸训诂名物典章制度等等，于是考证一派出”，“学风既由空返实，于是有从书上求实者，有从事上求实者”④。余英时说，由宋明理学转到清代的考证学有“内在的因素”，“我在罗钦顺（1466—1547）的《困知记》中读到一段话，大意是说‘性即理’和‘心即理’的争辩已到了各执一词、互不相下的境地，如果真要解决谁是谁非，最后只有‘取证于经书’。……原来程、朱与陆、王之间在形而上学层面的争论，至此已山穷水尽，不能不回向双方都据以立说的原始经典。……这岂不说明：从理学转入经典考证是16、17世纪儒学内部的共同要求吗？”⑤从上面的论述来看，正是由于外缘和儒学内因共同的综合作用，导致了清代考证的兴盛。

清代的考证，尽管有为考证而考证的弊端，但这并非主流。清代的许多考证家有相当的自觉意识，有明确的目的。清初考证大家顾炎武，明确宣称自己的考证，旨在“经世致用”。他在《与人书三》中说：

---

① 梁启超著、夏晓虹点校《清代学术概论》，中国人民大学出版社2004年版，第128页。

② 梁启超著、夏晓虹点校《清代学术概论》，中国人民大学出版社2004年版，第157页。

③ 据宋志明《论清代儒学的再整理》，《文史哲》2005年第4期。

④ 梁启超著、夏晓虹点校《清代学术概论》，中国人民大学出版社2004年版，第155页。

⑤ ［美］余英时《文史传统文化重建》，三联书店2004年版，《总序》第1—2页。

孔子之删述六经，即伊尹、太公救民于水火之心。而今之注虫鱼、命草木者，皆不足以语此也。故曰："载诸空言，不如见诸行事。"……愚不揣，有见于此，故凡文之不关于六经之旨、当时之务者，一切不为。

从顾炎武考证的实践来看，他的主张得到了落实，也得到了响应。汪中在《与巡抚毕侍郎书》中说，自己"少时问学，实私淑顾宁人处士，故尝推六经之旨以合于世用"。清初另一位考证家刘献廷论及学问考证时，激奋地说：

人苟不能斡旋气运，利济天下，徒以其知能为一身家之谋，则不得谓之人。①

《清史稿》卷481《胡渭传》说胡渭"留心经济，异于迂腐不通时务"。

乾嘉时期皖派的代表戴震，标示考证的目的是为了"闻道"，是要在弄清经义之后进而探求经义的思想内容。戴震《与是仲明论学书》中批评那些为考证而考证者说：

君子务在闻道也。今之博雅能文章、善考核者，皆未志于闻道，徒株守先儒而信之笃。

戴震所谓的道，指的是"性道"，即"义理"。戴震的学生段玉裁在《戴东原集序》中也特别强调考证是为了探索义理：

义理者，文章、考核之源也。熟乎义理而后能考核、能文章。

乾嘉后期的考证，日趋破碎烦琐。江藩承续以惠栋为代表的吴派，守家法，信汉儒，刊印所撰《汉学师承记》，宣扬自立门户，推惠栋为考证之正统，引发了许多学者的反拨。姚鼐在《安庆重修儒学记(代)》中，指责汉学"穿凿琐屑，驳难猥杂"，并在《述庵文钞录》中申明：

余尝论学问之事有三端焉：曰义理也、考证也、文章也。是三者，苟善用之，则皆足以相济；苟不善用之，则或至于相害。

姚鼐把义理、考证和文章三者的统一看成是做学问的最高境界，这就不仅否定了那些"繁碎缴绕"的考证，而且也否定了厌弃义理、为考证而考证的

① 王源《王处士墓表》。

风气，强调“以考证助文之境”①。

清人的考证，虽瞻前，但重在顾后。钱大昕《二十二史考异·序》云：

> 夫史非一家之书，实千载之书，祛其疑，乃能坚其信；指其瑕，益以见其美。拾遗规过，非为龄龁前人，实以开导后学。

钱大昕考证史著，祛疑、指瑕、拾遗、规过，目的不是为了诋毁前人，而是为后人着想，为“开导后学”，精神可嘉。

从学术史来看，清代的考证，继承和发展了以前重视“考验事实”②、“实事求是”③、“审求根实”④的征实求是原则。在这方面，许多清代的学者是相当自觉的。阮元《汉学师承记·序》称清学“笃实，务为其难，务求其是”。他在《十驾斋养新录·序》中，盛赞钱大昕“持论必执其中，实事必求其是”。汪中在《与巡抚毕侍郎书》中明述自己的治学原则是：

> 为考古之学，惟实事求是，不尚墨守。

阮元在《研经室集·自序》中称：

> 余之说法，推明古训，实事求是而已，非敢立异也。

一种学术的兴盛，往往伴随着正确而容易操作的研究方法。清人在考证方法上，也作出了新的探寻。总括而言，主要有下面五点：

一、本证、旁证与理证相结合。早在清初，顾炎武在《音论·古诗无叶韵》中总结自己考证的方法说：

> 列本证、旁证二条。本证者，《诗》自相证也；旁证者，兼之他书也。二者俱无，则宛转以审其音，参伍以谐其韵。

顾炎武讲的虽然是考证音韵问题，但已涉及了考证的方法。他首列本证、旁证两种方法，并对这两种方法作出了明确的解释。后又指出，如无本证、旁证，则要通过探求变化和错综比验来考证。最后一点，已明显地属于

---

① ［清］姚鼐《与陈硕士尺牍》。参阅来新夏《清代考据学述论》，载其著《三学集》，中华书局2002年版。

② ［汉］司马迁撰《史记》，中华书局点校本，卷6《秦始皇本纪》。

③ ［汉］班固撰、［唐］颜师古注《汉书》，中华书局点校本，卷53《景十三王传·河间献王刘德》。

④ ［宋］范晔撰、［唐］李贤等注《后汉书》，中华书局点校本，卷88《西域传》。

理证方法。

二、文献、调查实物与金石相互参照。《清史稿》卷481《顾炎武传》载，顾炎武"生平精力绝人，自少至老，无一刻离书。所至之地，以二赢载书，过边塞亭障，呼老兵卒询曲折，有与平日所闻不合，即发书对勘"，"又撰《金石文字记》、《求古录》，与经史相证"。王源《刘处士墓表》说，刘献廷"脱身遍历九州，览其山川形势，访遗佚，交其豪杰，观其土俗，博采轶事，以益广其闻见，而质正其所学"。

三、从文字、训诂入手，乾嘉时以惠栋为代表的吴派和以戴震为代表的皖派，大抵都是如此。

四、广征博取，反对孤证，不主一家。顾炎武考证，不以孤证立论，而是多方取证。他的学生潘耒在《日知录序》中说，顾炎武考证时，"有一疑义，反复参考，必归于至当；有一独见，援古证今，必畅其说而后止"。乾嘉时戴震一派的考证，反对"据以孤证以信其通"①，不取吴派的"凡古必真，凡汉皆好"的泥古方法，而是主张实事求是，不拘于一家。

五、"选择证据，以古为尚。以汉唐证据难宋明，不以宋明证据难汉唐；据汉魏可以难唐，据汉可以难魏晋，据先秦西汉可以难东汉。以经证经，可以难一切传记"②。

清代的考证虽然重点在经学，但许多人又没有拘于经学，而是溢出了经学，扩展到广阔的领域。这在清初即有明显的表现。"(顾)炎武之学，大抵主于敛华就实，凡国家典制、郡邑掌故、天文仪象、河漕兵农之属，莫不穷究原委，考正得失"③。黄宗羲治学是，"上下古今穿穴群言，自天官、地志、九流百家之教，无不精研"④。乾嘉时的考证，经学尽管是重点，但范围也有拓展。戴震的考证在经学方面用力很多，但"于名物、象数之学，博且勤矣"⑤。钱大昕在"潜研经学，传注疏义，无不洞彻原委"之外，"于正史、杂史，无不讨寻，订千年未正之讹"，"精通天算，三统上下，无不推而明之"，"校正地志，于

① [清]戴震《与姚姬传书》。

② [清]梁启超著、夏晓虹点校《清代学术概论》，中国人民大学出版社2004年版，第173页。

③ [近代]赵尔巽等撰《清史稿》，中华书局点校本，卷481《顾炎武传》。

④ [近代]赵尔巽等撰《清史稿》，中华书局点校本，卷480《黄宗羲传》。

⑤ [清]翁方纲《肌理说》，《复初斋文集》卷7。

天下古今沿革分合，无不考而明之”，“于六书音韵，观其会通，得古人声音文字之本”，“于金石，无不编录，于官制史事，考核尤精”①。王念孙、王引之父子虽以小学见长，但他们博通融贯，其考证的范围也远远超过了经书。王念孙的《读书杂志》涉及了《逸周书》、《战国策》、《史记》、《汉书》、《管子》、《墨子》、《荀子》、《淮南·内篇》、汉隶、《后汉书》、《老子》、《庄子》、《吕氏春秋》、《韩子》、《法言》、《楚辞》、《文选》等。江藩在《汉学师承记》卷三中称钱大昕“不专治一经，而无经不通；不专攻一艺，而无艺不精。经史之外，如唐宋元明诗文集、小说、笔记，自秦汉宋元金石文字，皇朝典章制度，满洲蒙古氏族，皆研精究理，不习尽工”。

清代的考证家，多以考证经史和诸子为学问，鄙薄诗词，视它们为雕虫小技。从表面来看，清代的考证与文学史料的关系并不密切，但深入考察，不难发现，清代的考证，于文学史料还是有不少建树的。这主要有如下几点：

一、清代的考证虽首在经书，次在史书和诸子，但考证一经形成潮流洪波，自然会波及治学的各个方面，如文集的编纂、目录、校勘、辑佚、辨伪、注释等。人们在从事这些工作的过程中，一般都是始终遵循着考证的基本原则和方法，而这些都与文学史料相交相融。朱彝尊重视考证，他的考证业绩，除了经书，还表现在总集的编纂上。他遵循考证的原则和方法编《词综》、《明诗综》等。李慈铭《越缦堂读书记》评《明诗综》说：

> 精心贯择，与史相辅……不特有明一代朝野人物，巨细毕见，而审定格律，别自体裁，无不精审，岿然为诗教指南。又间附考据之学，自来谈艺家无此大观。

陈鸿墀编《全唐文纪事》，“凡例”中有一则说：

> 新旧《唐书》、新旧《五代史》，皆不免讹舛，为后人所讥。此书所采，除《新唐书》纠谬、《五代史》纂误外，其见于金石文字者，尤足与正史相发明。故自欧、赵二录而下，凡金石题跋，所采较多，俾阅者因订文之讹，即以砭史之失。

陈鸿墀编《全唐文纪事》采用以前的史料，注意正讹纠谬，同时重视用金

① [清]引自阮元《十驾斋养新录》，江苏古籍出版社2000年版，《序》。

石史料与文献相发明。朱彝尊和陈鸿墀二人的做法，在清代具有代表性。

二、在清人考证的诸多著述中，有不少与文学史料相关联。这类著述大致可分为两种。一种是比较间接的，除了上面述及的外，其他如在语言文字方面的考证。在清代的考证家中，有一些学者尽心用力于语言文字的考证。《说文解字》是汉代传下来的重要典籍，清人多有考证，精要者有桂馥《说文解字义证》50卷，段玉裁《说文解字注》30卷，王筠《说文释例》20卷、《说文解字句读》30卷，吴大澂《说文古籀补》14卷等。阮元为了方便人们检寻、理解古书，特发凡起例，主编《经籍纂诂》。诸如此类的著述，虽属于小学，与文学史料无直接关系，但却为当时和后人搜求和读研文学史料提供了极大的便利。二是直接的，涉及了背景史料、传记史料、作品史料和研究史料等各个方面。仅就作品来看，清人用考证的方法对众多的作品重加整理和训释，如顾炎武的《诗本音》、陈奂的《诗毛氏传疏》、蒋骥的《山带阁注楚辞》、江有诰的《楚辞韵读》、林云铭的《楚辞灯》、戴震的《屈原赋注》、丁晏的《曹集诠评》、陶澍的《靖节先生集注》、吴兆宜的《玉台新咏笺注》、倪璠的《庾子山集注》、赵殿成的《王右丞集笺注》、王琦注《李太白全集》、仇兆鳌的《杜诗详注》、姚文燮等的《三家评注李长吉歌诗》、冯浩的《玉溪生诗集笺注》、查慎行的《苏诗补注》、王文诰注《苏轼诗集》等。上面列举的这些著述，著者能够不惜心血，在遍访和消化以前的相关成果的基础上，多方考证，断以己见，做到了"后出转精"。这些成果，几经刊印，传播较广，为当时和后来研读这些作品提供了珍本。另外，清代考证家的学术札记和笔记中，也含有不少有关作品的校注和版刻等考证内容。顾炎武《日知录》卷27中的《左传注》、《楚辞注》、《荀子注》、《文选注》、《陶渊明诗注》、《李太白诗注》、《杜子美诗注》、《韩文公诗注》等；钱大昕的《十驾斋养新录》卷14中的《颜氏家训》、《文选注》、《文选元椠本》等；赵翼的《陔余丛考》卷24中的《双关两意诗》、《口号》、《古诗别解》、《陶诗甲子纪年》、《杜诗金虾蟆》、《李义山〈咏史诗〉》、《聂夷中诗》、《东坡诗咏三良》、《〈赤壁赋〉洞箫客》、《元遗山诗多复句》、《刘后村诗多用本朝事》等，虽为札记，但要言不繁，有的有新的见解，有的提供了新的史料，对理解有关的文学家作品，多有裨益。

清代的考证学是中国古代源远流长的重考证的传统，在清代诸多外缘和内因的综合作用下形成的一种学术潮流。它是以儒家经书为轴心的，不能把它归之于文学史料和文学史料学。但它又包含着丰富的文学史料和文学史料学的内容,在中国古代文学史料学史上有极其重要的意义和影响。

前面曾经谈到,中国古代文学史料和文学史料学到了清代,有了丰厚的积累。清代把考证辐射到文集的搜集和整理,辐射到目录、版本、校勘、辑佚和辨伪等各个方面。大量的文学史料,经过清代的搜集、著录、整理,散佚者,得到了辑佚;残缺者,得到了补充;真伪者,显示了原貌;难解者,得到了解释。清代的考证,为文学史料植下了坚实的根柢。有了这一根柢,后人省却了许多精力,能够以清人植下的根柢为基础向上提升了。

清代乾嘉时的考证有烦琐、拘于一隅之弊,有溺于考证、消磨血性、脱离社会现实之嫌,不再像清初的顾炎武那样,力倡"明道"、"救世",不关于"当世之务者,一切不为"①。但他们的考证,大体上是属于建设性的。他们考证所依据的基本理论和方法,如贱空疏而贵实事,忌主观而唯客观,忌臆断而尊征信,弃演绎而取归纳等,应当说是科学的。他们考证的许多成果和理论方法已经成为一种遗产,对研究古代文学具有重要的参考价值和借鉴意义。乾嘉之后,一直到今天,凡是在古代文学研究领域作出成就者,无不直接或间接地受到了清代考证的具体成果以及理论和方法的沾溉。

清代著名的考证大家,多具"学者的人格"。梁启超说:

> 所谓"学者的人格"者,为学问而学问,断不以学问供学问以外之手段;故其性耿介,其志专一,虽若不周于世用,然每一时代文化之进展,必赖有此等人。②

在清代的考证名家中,不论是未能及第为官者,还是入仕为官者,多能廉直恬退,坚毅治学。顾炎武终生以游为隐,他在《与人书六》中说:

> 君子之学,死而后已。

他自己始终把学术视为生命。这在他的朋友王弘的《山志》中有具体的叙写:顾亭林"四方之游,必以图书自随。手所抄录,皆作蝇头小楷,万字如一。每见予辈或饮宴终日,辄为攒眉。客退,必戒曰:'可惜一日虚度矣!'"

---

① [清]顾炎武著、华忱之点校《顾亭林诗文集》,中华书局1983年版,卷之四《与人书》二十五、三。

② 梁启超著、夏晓虹点校《清代学术概论》,中国人民大学出版社2004年版,225页。

此外，他的学生潘耒在《日知录·序》中敬佩地说他：

精力绝人，无他嗜好，自少至老，未尝一日废书。出必载书数簏自随，旅店少休，披寻搜讨，曾无倦色。有一疑义，反复参考，必归于至当。有一独见，援古证今，必畅其说而后止。

王念孙幼年学有根柢，后来考中进士，入翰林，官至永定河道。67岁时，因永定河水复溢，自己引罪退休。退休后，不计年高，利用优裕的家庭条件，专心治学著书。王懋竑虽入仕途，但一生不辍治学。钱大昕在其所撰写的《王先生懋竑传》中赞许他说：

笃志经史，耻为声气标榜。

清代的考证家，在治学的内容、范围和方法等方面上，主张不同。但在学风方面，却有不少共同之处。成书不易是清代不少考证名家的肺腑之言。《日知录》卷19《著书之难》条云：

宋人书如司马温公《资治通鉴》、马贵与《文献通考》，皆以一生精力成之，遂为后世不可无之书。而其中小有舛漏，尚亦不免。若后人之书，愈多而愈舛漏，愈速而愈不传。所以然者，其视成书太易，而急于求名故也。

知成书不易，所以他们治学严谨，孜孜矻矻，殚心尽力，忌浮躁，不轻率。顾炎武在《谲觚》中开首说：

仆自三十以后，读经史，辄有所笔记。岁月既久，渐成卷帙，而不敢录以示人。语曰："良工不示人以璞。"虑以未成之作，误天下学者。

王懋竑一生竭瘁于《朱子年谱》一书。王箴听在为其父王懋竑所撰写的《行状》中，叙述这部年谱的撰写过程说：

盖积二十余年、四易稿而后定。力疾成篇，至易箦前数日，犹不忍释手。

阮元《汉学师承记·序》说，清代"通儒硕学，有束发研经，白首而不能究者，岂如朝立一旨、暮即成宗者哉"，讲的是研究经书，未免有些过分，但这种沉潜而不求急就的学风，是清代许多学者在考证中遵循的一种学术规范。

许多清人治学考证，还特别强调为文要少而精。《日知录》卷19《文不贵多》条，在论述“二汉文人所著绝少”之后指出：

> 乃今人著作，则以多为富。夫多则必不能工，即工亦必不皆有用于世，其不传宜矣。……文以少而盛，以多而衰。……《记》曰：天下无道，则言有枝叶。

顾炎武基于对两汉文流传情况的分析，进而批评了当时著作“以多为富”的不良倾向，明示贪多“必不能工”，工也不会有用于世，并且把为文求多、“言有枝叶”，与“天下无道”相关联。这是启人深思的。

清代多方面的考证，在史料上，在理论、方法上，给我们留下了一批重要的遗产，我们要重视。同时，清代在考证中，铸造形成的“学者之人格”和良好的学风，尤其值得我们珍惜。清代以后，古代文学研究领域中，先后出现的有成就的学者和有生命力的学术成果，无不与清代“学者之人格”和良好学风之滋润相关。

清代由于国家统一强盛、有三千多年的文化积累等多种因素的综合作用，使中国古代文学史料学发展到这一时期，既吸纳了以前历朝历代文学史料和文学史料学的重要成果，又在许多方面有新的创获，呈集大成之势。这种集大成表现为全、大、精，具有综合性和整体性。这体现在实践的成果上，也体现在理论方法的建树上。实践和理论方法，大体上是相互促进、协同运行的。

从实践成果来看，以前繁复的、分散的、粗疏的文学史料，经过清代的搜集、鉴别、整理和著录，更加全面、更加系统、更加精细。以前欠缺者，得到了弥补，臻于完备；散佚者，得到了辑佚，成果丰硕；真伪者，有许多经过了考辨，真者为真，伪者为伪，各自显示了原貌；疏误难解者，大量地得到校勘和注释。清人实践的成果，在众多方面，改变、刷新了文学史料和文学史料学的面貌，为后人继续前进创造了有利的条件。

实践出真知。清人在文学史料和文学史料学的践行中，注意理性思考，重视归纳提升。如明确把年谱看成是一种传记，归纳了编撰年谱的若干规范。关于辑佚，提出求全，保持原本，注明出处，辑佚、校勘、注释、辨证相结合等原则。关于目录的意义，强调“辨章学术，考镜源流”。把对目录的认识，由一般的工具性层面提升到学术研究的层面上。关于校勘，允许照录原文和改正讹误两种范式，各有“条例系统”。关于考证，主张从文字训诂入手，强调本证、旁证、理证三者相结合；文献、调查实物与金石相互参照；反对孤证；“选择证据，以古为尚”。诸如上面列举的这些，都具有理论方法的意义和价值，或为后人所遵循，或给后人以启迪。

清代文化专制的裹挟，重经尚古的负面作用是，清代的文学史料和文学史料学在继承以前优良传统的同时，也失去了一些东西，也有一些弱点和弊病。突出的有三点：

一是轻蔑民间文学、口传文学。清代官方和不少受封建正统思想羁扼的文人学者认为，四库之学、经史和考证，才是真学问，至于民间文化、口传文化以及野史志异之类，算不得学问，不屑一顾。因此，清代对民间文学、口传文学史料的搜集、整理、研究、著录的成果甚微。

二是鄙视以通俗小说和戏曲为代表的俗文学。清代的官方和不少文人学者只知守住正统的诗、文、词几种体裁，而鄙视以通俗小说和戏曲为代表的俗文学，搜集、著录、整理、刊刻的有关这方面的成果相当单薄。以上两点，同明代相比，可以说是由峰巅跌入低谷。

三是继承发展了宋代的金石学，但没有考古学。这固然与清代没有重要考古发现有关，但也说明清人看重的是以经史为代表的传统文献，而并不太关注实物考古。

清代史料学集成的结果，为中国古代文学史料学积累了深厚的资源。清代文学史料学失去的东西、存在的局限和缺憾，在客观上为后人留下了许多创新的空间。

第十五章　古代文学史料学的交错变革期:近代

第一节　西学的涌入与传统的张力

关于近代的起讫时间,现在一般取从道光二十年(1840)鸦片战争爆发到1919年"五四"运动开始之说,本文基本采用此说,不过上限有所前移,把道光前期也包括在内,前后约百年。近代的文学史料学呈传统和近代相互交错、急剧变革特点。这一特点的形成,源于近代社会政治、经济、文化等各方面的急剧变革,也源于传统的张力。而体现这一特点的主要是这一时期的士人。

清朝到了嘉庆后期和道光年间,已不见康熙和乾隆时期的盛世富强。政治腐败,机构臃肿,各种矛盾尖锐激化,难以化解,封建制度的腐朽已经相当明显。而在国际上,西方资本主义觊觎中国的商品市场。1840年英国发动了侵略中国的鸦片战争,中国惨遭失败。从此中国的社会结束了长期缓慢变化的状态而呈现出急剧变革的表征。闭关自守的国门被西方列强的坚船利炮打开了,丧权失地,中国沦为半封建半殖民地国家。

中华民族本来是一个开放的民族,胸襟开阔,注重吸收外来先进的文化。鸦片战争之后,随着中国大门的被打开,中国被迫对外开放,西方的文化如潮水涌进。西方许多列强出自各种目的,通过经商、传教、教育、图书报刊的出版发行等多种途径,向中国输入西方的文化。同时中国的许多爱国志士和先进人物,痛感丧权辱国、贫弱落后,有一种保国图存的危机感和使命感,为了救亡和富国强民,他们追随世界的潮流,由被动到主动,由防夷到"师夷长技",有的主动走出去,学习和引进西方的文化。他们在救亡图强的民族精神的激励下,通过对西方先进文化的学习和体认,有了前所未有的、相当自觉的世界视野和世界观念。

西学的涌入,催生了许多新生事物。为了培养适合时代需要的新型人才，陆续出现了许多新式学堂和外语学校。从同治元年（1862）京师举办同文馆到光绪二十一年（1895）天津成立中西学堂，洋务派创办各种学堂22所。戊戌以后，新式学堂不断增多。为了及时地培养外语人才，京师同文馆特设英文馆、法文馆、俄文馆，后增德文馆。接着，同治二年（1863）有上海广方言馆，次年有广东方言馆。另外，各种教会学校也设有外语专业和外语课程。随着形势的变革，许多士人呼吁废止科举，光绪三十一年（1905）朝廷下令取消科举，兴办学校，全面改革了旧的教育体制。新式学校的举办和教育制度的变革，从不同方面积极影响了文学史料和文学史料学。文学史首先在学校开设就是一个例证。

中国近代被动的对外开放和西学的涌入，使不少国人"睁眼看世界"，视野开阔。表现在文学上，就是在一些有识之士的心目中，开始接受或者形成了"世界的文学"的理念。在这方面，陈季同（1852—1907）的见解具有代表性。陈季同有相当厚实的中国传统文化基础，谙熟中国文学，又通晓法语，较早地接触和吸收了西方的文化。他先后在法国16年，期间他曾任驻法大使馆武官。他重视文化，是中外文化交流的使者。他"是中国研究法国文学的第一人"，在文学写作和文化研究方面作出了引人注目的贡献。他关于"世界的文学"的见解，比较集中地体现在他下面的一段言论中：

> 我们在这个时代，不但科学，非奋力前进，不能竞存，就是文学，也不可妄自尊大，自命为独一无二的文学之邦；殊不知人家的进步，和别的学问一样的一日千里，论到文学的统系来，就没有拿我们算在数内，比日本都不如哩。……我想弄成这种现状，实出于两种原因：一是我们太不注意宣传，文学的作品，译出去的很少，译的又未必是好的，好的或译的不好，因此生出种种隔膜；二是我们文学注重的范围，和他们不同，我们只守定诗古文词几种体格，做发抒思想情绪的正鹄，领域很狭，而他们重视的如小说戏曲，我们又都鄙夷不屑，所以彼此易生误会。我们现在要勉力的，第一不要局于一国的文学，嚣然自足，该推扩而参加世界的文学。既要参加世界的文学，入手方法，先要去隔膜，免误会。要去隔膜，非提倡大规模的翻译不可，不但他们的名作要多译进来，我们的重要作品，也须全译出去。要免误会，非把我们文学上相传的习惯改革不可，不但成见要破除，连方式都要变换，以求一致。然要实现这两

种主义的总关键，却全在乎多读他们的书。①

由于有了“世界的文学”的理念，陈季同用比较权衡中国传统文学和西方文学的方法，特别强调“不要局于一国的文学”，“该推扩而参加世界的文学”。为此，对外，他特别重视翻译、阅读外国的书；对内，要破除成见，不能“只守定诗古文词”几种作品，而应当重视小说和戏曲。后来大量的事实证明，陈季同“世界的文学”理念的提出及其具体论述，具有开创意义，迎合了时代潮流，对近代文学和近代文学史料学的发展产生了积极的影响。

就翻译西方的书籍而言，梁启超等人和陈季同一样地重视。梁启超说：“海禁既开，译事萌蘖。”②西学的主要载体是书籍。西学的涌入和传播的主要途径是书籍的翻译。国内的不少有识之士，为了拯救灾难深重的中华民族，倡导“师夷长技以制夷”，看到为了开瀹民智，学习西方的先进文化，译书是一种有效的方法，有的甚至“以译书为第一义”。光绪十二年(1886)，梁启超写成《西学书目录》，强调西方“一切政皆出于学”，西学是“致治之本，富强之由”，极力推崇西方的学术理论。与此同时，大量翻译出版西文书籍。这种翻译开始主要是来华的洋人与中国人合作，后来又由留日学生和其他学者不断引进日本翻译的西洋书。据顾燮光1934年出版的《译书经眼录》的统计，仅光绪二十八年至三十年(1902—1904)，中国出版翻译新书533种，上海就有44家新式翻译机构，宣统元年(1909)增至92家。光绪三十二年(1906)小说翻译家周桂笙发起成立了“译书交通公会”。我国近代的翻译，首先问世的是自然科学书籍。“近代早期最大的翻译机构江南制造局译书馆(上海)所译的163种著作中，绝大部分属于自然科学”③。从19世纪70年代后期开始，翻译迅速发展，翻译的重点由自然科学转向社会科学。梁启超在《五十年中国进化概论》中说，这一时期的翻译，“最有价值的出品，要推严复翻译的几部书，算是把十九世纪主要思潮的一部分介绍进来”。其中影响特别大的是严复翻译的赫胥黎的《天演论》。与自然科学和社会科学的翻译相比，文学作品的翻译要晚一些，约在甲午战争之后，文学翻译陆续出现，

① 见陈季同的学生曾朴《答胡适书》，收入胡适《论翻译》文后附录，载《胡适全集》，安徽教育出版社2003年版，第3卷，第807—809页。

② 梁启超《论中国学术思想变迁之大势》。见梁启超著、夏晓虹点校《清代学术概论》，中国人民大学出版社2004年版，第124页。

③ 引自郭延礼《中国近代文学翻译概论》，湖北教育出版社1998年版，第7页。

到20世纪初，形成繁盛局面①。另外，西方的传教士和教会，也翻译了一些宗教、哲学、政治、法律、历史、地理等方面的著作。大量西方著述的翻译，使西方的许多著述和西方知识界的最新潮流在中国得到了传播，也吸引了西方的一些知识精英不断到中国来。西方的进化论、科学实证主义、分科理论方法、史学思想和纯文学观念等被引进来，受到了重视。许多知识分子看到了西方文化的长处，"东取西学"，变被动为主动。西方大量著述的译介和被认可，以及对现代观念的吸收，激发了许多有识之士对传统文化的重新审视，促使他们对传统的史料和史料学进行反思。光绪二十八年(1902)，梁启超在《新民丛报》上发表长文《新史学》，从多方面批判了旧史学，呼吁"史界革命"，倡导"新史学"。与之相联系的是，文学界出现了"诗界革命"、"文界革命"、"小说界革命"、"戏剧改良"、"为中国剧坛起革命军"等变革的呼号。这些变革的呼号，冲破了长期以来一直把诗文作为文学史料的中心的传统观念。特别是1902年，梁启超发表《论小说与群治之关系》，反对传统把小说视为文学的"末流"，充分肯定了小说的社会功能。从传播的角度来看，当时对西方大量著述的翻译，在知识分子中得到了相当广泛的传播。还有，当时"翻译的艺术不仅对中国精神和中国社会的发展发生了作用，而且还直接影响到标准国语的形成。许多概念、指称和观念本来并没有真正的对应物，而是经由日本中转进入了汉语中"②。上举事例，说明西方各种著述的翻译，影响了中国社会的许多方面，也极大地影响了史料和史料学在近代的变革。

在近代随着科学技术的进步和报刊的大量出现，传媒系统得到了迅速的发展。西方石印和摄影等新技术，尤其是石印技术在道光初传入中国之后，由于具有印刷快速，笔画清楚，容易调节各种大小的书籍和便于操作等优长，逐渐促进了出版业的飞快发展③。一个重要的表现，就是近代报刊的诞生和蓬勃发展。根据现在发现的史料记载，中国古代的报纸当始于唐代④，但在长

① 参阅郭延礼《中国近代文学翻译概论》，湖北教育出版社1998年版，第7—15页。

② 参阅[德]顾彬著，范劲等译《二十世纪中国文学史》，华东师范大学出版社2008年版，第4页。

③ 参阅张秀民著，韩琪增订《中国印刷史》下，浙江古籍出版社2006年版，第441—444页。

④ 参阅黄卓明《中国古代报纸探源》，人民日报出版社1983年版，第三部分《中国古代报纸应始于唐朝廷发布的"报状"》。

期的封建社会里,却没有明显的发展。只是到了近代,才得以勃兴。"据史和等《中国近代报刊名录》统计,从1815年第一份中文期刊《察世俗每月统计传》问世起到1911年,海内外累计出版的中文报刊即达1753种"①。这些报刊以承载信息多、传播及时和价格较低的优长,起到了向民众传播文化、新闻知识、社会舆论导向和价值评判等作用。就文学史料学来看,许多重要的作品和理论观点,往往是首先在报刊上发表。陈季同翻译的法国长篇小说《卓舒与马格利》就是刊载在1897至1898年的《求是报》上②。

在近代,由于城市的扩大和增加,加上商品经济发展的影响和稿酬制度的出现,出版商为了牟取利润,许多文人把为文作为维持生活的重要来源之一,文学商品化的现象相当普泛。文学商品化的加重,直接或间接地促进了文学史料的搜集、整理和传播。当然,也有负面的影响。

西学的涌入和西方科技成果的引进,主要是从外在方面影响了文学史料学在近代的变革。但同任何事物的变革一样,外在的条件必须与内因相结合,才能起作用。要探讨史料学在近代的变革必须思考内在的原因。事实上,史料学在近代的变革,确乎有内在的根据。所谓内在的根据,主要蕴藏在优良传统的张力上,重要的有以下几点:

一、经世致用是中国古代史学的优良传统。这一优良传统特别强调史学的政治功用和伦理教化作用。如所谓"君举必书,所以慎言行,昭法式也"③,所谓写人物应"归乎显善昭恶,劝诫后人",所谓学问,要"合于世用"等④。这样的思想,代代积淀,深入人心,一直为史家所遵循。到了近代,面对着列强的侵略、民族的危机,许多文人学者,由古及今,发扬了经世致用的优良传统。在史料学方面,从理论到实践,注入了民族危机意识和救亡图强的时代内容。近代文学史料学的诸多变革,是与经世致用史学传统密切关联的。

二、以清代乾嘉学派为代表的考证,当时即有人称之为"考据学"或"考证学"。从方法上看,考证是一种科学的治学方法。金毓黻指出:

---

① 引自郭浩帆《中国近代四大小说杂志研究》,当代中国出版社2003年版,第1页。

② 参阅李华川《晚清一个外交官的文化历程》,北京大学出版社2004年版,第115—116页。

③ [汉]班固撰、[唐]颜师古注《汉书》,中华书局点校本,卷30《艺文志》。

④ [汉]班固撰、[唐]颜师古注《汉书》,中华书局点校本,卷20《古今人表》。

> 考证之学，本不能独立成一学科，而吾国之治经，即等于研史，不惟治经当用考证学，即就史学而论，亦无不用考证学，其为治史之方法也。①

考证之所以能成为一种科学的治学方法，是因为从本质上看，考证的灵魂是言必有征、理必有据，用的是逻辑上的归纳法，属于实证科学。当然，把清代的考证同西方的实证科学相比较，还是朴素的，还没有上升为系统的理论。但它毕竟是近代吸纳西方实证科学重要的内在根基。

三、就文学史料内部来看，主要是戏曲和小说等俗文学的逐渐被重视。自宋元开始，俗文学迅速发展，尽管许多正统的文人鄙薄它们，但由于其旺盛的生命力，不只在社会下层广为传播，同时逐渐受到一些文人的青睐。明清两代，特别是明代，已有不少文人学者重视俗文学，或参与俗文学的写作，或搜集、整理、刊印俗文学，或从理论上加以抬举。特别是明清时期，随着城市和商品经济的发展，俗文学在社会的下层的传播相当广泛。只是由于封建正统思想的制约，俗文学基本上呈潜流状态。这种潜流，到了近代，由于社会的急剧变革和西方文学观念的激发，终于浮出了水面，成了波及广泛的显流。显流的涌现，把长期受封建正统文学观念所压抑、遮蔽、排除的小说、戏曲等通俗文学作品，堂而皇之地被吸纳到文学史料当中，并成为文学史料重要的组成部分。这样，中国古代文学史料第一次呈现出比较完整的多样化景观。

四、传统学术中蕴涵着科学分类的因素。中国古代传统的万物通融、模糊界限的思维模式，使古代治学的主流是倡导博学而力避将学术分而治之。不过事物总是相辅相成的，主张博学，那是因为实际上存在着科学分类的问题。就对古代典籍的分类来看，自《隋书·经籍志》正式把典籍分为经、史、子、集四部之后，一直被长期遵循和使用。四部分类是图书分类法，但其中蕴涵着科学分类的内容②。另外，如上所述，至晚从清代开始，有些文人学者实际上并没有满足于四部分类法，而是想探索新的分类法，而且有的已经运用了新的分类法。这说明中国和西方都重视探讨学科的分类。西方有

---

① 金毓黻《中国史学史》，河北教育出版社2000年版，第397页。

② 对四部分类法，学术界有不同的看法，参阅罗志田《中国近代史学十论》，复旦大学出版社2003年版，第7—8页。

关科学分类的理论和方法之所以能为国人所重视和吸纳，既是中国近代文化发展的需要，也是与中国传统文化中孕育的科学分类因素在清代的发展分不开的。

五、近代考古文物和图书资料有很多新发现。19 世纪末到 20 世纪初，我国在史料方面出现了许多震惊海内外的奇迹，这就是大批珍贵的史料的相继发现。其中重要的有殷商时期的甲骨文、汉晋时期的木简牍、敦煌经卷和佛画、内阁大库的明清档案和图书等。大批珍贵史料的发现，如磁石一样，吸引了国内许多著名的学者，进一步激发了他们研究历史的热情，扩大了他们研究的视野，为他们的研究注入了新的活力，使他们在史学方面取得了超越前人的重要成果。以王国维为例，王国维之所以能在近代在史学方面取得举世公认的重要成就，固然有西学的沾溉，但与新史料的大量发现密不可分。这一点，蔡尚思在《学问家与图书馆》一文中有所分析：

> 王国维先生之考古何以能为精于考古之清代学者所不及？此实非彼之独比前人聪明，盖亦有由于生在固有文物已渐公开而地下资料多发见之清末与民国时代。①

以前探讨中国近代史料学变革的原因，多囿于“冲击—回应”的研究模式，主要强调的是西学涌入的影响，而不太注意从中国内部进行分析。其实，从上面所列举的部分事实可以发现，中国传统的史料学经过长期的发展，特别是到了清代，发展迅速，成果丰硕。这些成果中，蕴涵着许多富有生命力的内容，除了具有民族特点外，也蕴涵着一些与西方近代相通的因素，具有向近代过渡的张力，具有从传统向近代过渡的诉求。实际上，近代史料学中提出的许多问题和主张，如救亡图强的民族危机意识、重视实证、倡导通俗文学、新的文学史料的分类等，以前都曾以不同的形式提出过、存在过，只是由于当时种种条件的限制，没有得到迅速的发展和张扬。而到了近代，由于西学的涌入，其中许多东西适应了当时中国的需求，启导了许多爱国志士和文人学者，促使他们对传统的史料学进行反思和比较，发现了彼此的相异之处，也发现了彼此的相同之处。许多士人卫旧取新，对传统，既批判，也承续了适合时代需要的东西，加以提高之，发扬之，保持历史的连续性。对

---

①　原文载《江苏省立国学图书馆第八年刊》，1934 年度。转引自陈鸿祥著《王国维年谱》，齐鲁书社 1991 年版，第 140 页。

西学,基本上是立足于传统和当时的社会需求,既吸纳,也拒绝。探讨近代史料学变革的原因,我们强调传统的张力,并不是否认西学的涌入对近代史料学变革的重大作用,但西学之所以能起作用,根基还在于优良传统的张力和当时的国情。

由于帝国主义的侵略和社会的急剧变革,知识分子从来没有像在近代那样面对着那么多的矛盾,为那么多的矛盾所激荡所困扰所焦虑所磨难。时间瞬时即逝,优良传统是长期积淀的,有力量,深深扎根于人们的精神世界。而西学的涌入,又为人们带来了新的文化。可以说,在近代,士人们面对的是两种文化。再加上士人对西方文化的涌入还来不及消化,因此近代的文学史料学处在变革中,不论是在实践上,还是在理论方法上,表现出卫旧求新、新旧交错互动融合的复杂态势。所谓"旧",指的是传统的文学史料学在中外文化的冲突和交流中得到了继承与发展;所谓"新",指的是近代的文学史料学随着"近世的文学"的诞生而萌生和发展①。

第二节　传统史料学的继承和发展

近代的史料学新旧的交错互动与变革,虽然与西方文化涌入的激荡密不可分,但它毕竟是在中国悠久的历史文化传统及其传统的史料学的根基上生发的。这里所谓的传统史料学,指的是包括清代乾嘉时期的朴学在内的整个古代史料学。传统的史料学,既有时代性,又有继承性。而其继承性使传统史料学不可能断裂,它总是会在新的条件下得到延伸和发展。近代的史料学在很大程度上继承了传统的史料学。当然在继承的过程中,有些往往会不同程度地受到西学的影响。近代史料学对传统史料学的继承和发展,在史料学思想、传记史料、作品史料、研究史料、史料辑佚和目录学等方面,都有明显的体现。

实事求是是中国传统史料学的生命所系。清代朴学的精神实质就是实事求是。这一思想,为近代的许多文人学者所首肯和继承。章太炎在《訄书》修订本《清儒》中说:

---

① 最早提出"近世的文学"这一概念的当是吕思勉。具体论述,见吕思勉 1914 年在《中国小说界》上连载的《小说丛话》。参阅本章第三节。

大抵清世经儒……不以经术明治乱，故短于风议；不以阴阳断人事，故长于求是。

他在《说林》中，又强调"近世经师"的六大学术规范：

近世经师，皆取是为法。审名实，一也；重左证，二也；戒妄牵，三也；守凡例，四也；断情感，五也；汰华辞，六也。六者不具，而能成经师者，天下无有。

章太炎强调的"求是"和"取是为法"，是建立在实事的基础上的。胡适在《清代学者的治学方法》中论述得更为明确细致：

中国旧有的学术，只有清代的"朴学"确有"科学"的精神……清代学者的科学方法的出现，这又是中国学术史的一大转机。……汉学家的长处就在他们有假设通则的能力，因为有假设的能力，又能处处求证据来证实假设的是非，所以汉学家的训诂学有科学的价值……校勘学的头绪纷繁，很不容易寻出一些通则来。但清代的校勘学却真有条理系统，故成一种科学。

上引章太炎和胡适所论，虽然不是针对史料学，但实际上也包含着史料学。他们的论述，其中有些偏颇，但从中可以看到，传统的特别是清代的以实事求是为核心的史料学思想，在近代不但得到了肯定，还从理论上作出了新的归纳和提升。这种肯定、归纳和提升，在实践上有不同程度的落实。

就传记史料来看，近代之前编撰的传记史料除了散见于各种典籍之外，主要形式是各种史书传记、年谱和碑传。近代编撰的传记史料大体承续了上述形式。就史书传记而言，有些见于综合性的传记，如：

《文献征存录》10 卷　钱林编著　王藻等整理　初刻于咸丰八年(1858)

《国朝先正事略》60 卷　李元度撰　同治五年(1866)家刻本　中华书局《四部备要》本　《近代中国史料丛刊》本

《国朝名臣言行录》30 卷　董寿纂辑　上海顺成石印本

《国朝耆献类征初编》720 卷　附《国史贤媛类征初编》12 卷　李桓编辑　光绪十年(1884)湘阴李氏刊本　广陵古籍刊印社 1990 年影印本

《清代文献类编》卷首4卷　正编30卷　附录5卷　严懋功撰　有晓霞书屋丛著本

《小腆纪年附考》　徐鼒撰　王崇武点校　中华书局1957年版

《国朝学案小识》14卷　卷末1卷　唐鉴撰　中华书局《四部备要》本

《清儒学案小传》　徐世昌纂　周骏富编　台北明文书局1985年版(《清代传记丛刊》之一)

《文献征存录》10卷　钱林编撰　咸丰八年(1858)嘉树轩本

《清史列传》80卷　中华书局1928年印本　1987年王钟翰点校本(附人名索引)

有些见于专门的文学家传记,如:

《国朝诗人征略》《初编》60卷　《二编》64卷　张维屏编撰　陈永正点校　苏展鸿审定　中山大学出版社2004年版①

《续诗人征略》(又名《续国朝诗人征略》)2卷　吴仲撰　《晨风阁丛书》(第一集)本

《湖北诗征传略》40卷　丁宿章辑　光绪九年(1883)湖北丁氏刻本

《清代闺阁诗人征略》4卷　《补遗》1卷　施淑仪撰　1922年崇明女子师范讲习所刊

近代的传记史书,承续了清代实事求是的传统,重视考证。上面列举徐鼒在撰写《小腆纪传》以后,又撰《补遗考异》就证明了这一点。不过同以前相比,近代编撰的传记史料,也有一些变化,比较明显的是体例的灵活性。如魏源撰《元史新编》,"吸取编年体史书的长处,虽用纪传体,而列传则以人系事,以事系时,故其历史顺序感非常强,而不像旧著那样纷杂。同时,他传人与传事相兼,凡一事之下诸可写传之人,均列为一传"②。

① 关于《国朝诗人征略》的编撰和版本,参阅陈永正点校《国朝诗人征略·说明》。《国朝诗人征略》《初编》著录清代诗人929人,《二编》著录262人,其中与《初编》重出者数人。《国朝诗人征略》涉及的内容有:关于诗人的经历、著述、轶事、诗评、诗题、佳句等。陈永正认为其属于"大型诗话汇编"。这里,把它归于传记史料。

② 张岂之主编《中国近代史学学术史》,中国社会科学出版社1996年版,第200页。

近代在碑传的搜集和整理方面，也取得了不少有价值的成果，如：

《碑传集》（又名《国朝碑传集》）120 卷　钱仪吉编纂　江苏书局刊本

《碑传集补》　闵尔昌编　燕京大学国学研究所印本

《续碑传集》86 卷　缪荃孙编　光绪十九年（1893）江苏书局校勘本

《语石》10 卷　叶昌炽著　宣统元年（1909）初版　中华书局 1994 年版（与柯昌泗《语石异同评》合本）

上举碑传集和《语石》，内容是综合的，其中有许多涉及了一些文学家的传记和作品。

文学家年谱的编纂，在近代也有长足的发展。近代所编文学家的年谱，大致有两类。一是补缺之作，即以前未及编纂或不可能编纂的当代人的年谱，如谭嗣同《三十自记》1 卷，王先谦《葵园自订年谱》3 卷，康有为《康南海自编年谱（我史）》、又《补遗》。二是在前人编纂的基础上再编的。再编的年谱，尽管质量有所差异，但多有新的特点。如顾炎武年谱，据谢巍《中国历代人物年谱考录》卷九，近代之前，有谱主抚子顾衍生所编《顾亭林先生年谱》1 卷，到了近代，又有车持谦编《顾亭林先生年谱》1 卷、《附录》1 卷，吴映奎补编《顾亭林先生年谱》1 卷，张穆《顾亭林先生年谱》不分卷（有个别版本分为 4 卷）等。梁廷灿《年谱考略》认为，在新编的顾炎武年谱中，以张穆所编“为最精”。此谱有道光二十四年（1844）刊本，以后相继有 11 种刊本。此谱在吸取以前所编年谱优长的基础上，增补了自己的考证成果，广征博引，史料翔实，比较全面地展示了顾炎武的经历和著述。在体式上，此谱首创谱主诗文系年，并对有关诗文加以笺释。此谱虽有疏误，但由于做到了后出转精，不仅是后人研究顾炎武的重要参考，同时在方法上也为后人所仿效。如张尔田（一名采田）所编《玉溪生年谱会笺》4 卷，卷首 1 卷，谱中特设编年诗、编年文栏。《玉溪生年谱会笺》的体例，显然是受了张穆《顾亭林先生年谱》的影响。

在近代，由于传统的金石学有深厚的根基，加上大量的考古文物的出现和西方考古学思想的输入，近代的金石学形成了一个高峰。梁启超《论中国学术思想变迁之大势》第八章说：

道、咸、同间……治经之外，则金石一学，几以附庸蔚为大国。郡国往往于山川得鼎彝，虽真赝间杂，然搜讨之勤，亦足多矣。

金石学的“蔚为大国”，表现之一就是出现了龚自珍、吴式芬、李佐贤、陈介祺、潘祖荫、吴大澂、端方等许多著名的金石收藏家①。

在近代，作品史料继续受到关注，继续居于核心地位，在丛书、总集、别集等方面，都取得了许多重要的成果。有关小说和戏曲等通俗文学作品的丛书、总集和别集，将在本章的下一节介绍，这里主要介绍影响大的有关诗、文、词方面的丛书和总集。

丛书：

《四印斋所刻词》 王鹏运辑 光绪十四年(1888)刻本

《四印斋汇刻宋元三十一家词》 王鹏运辑 光绪十九年(1893)刻本

《景刊宋金元明本词》 吴昌绶 陶湘辑刻 宣统至民国间吴氏双照楼暨陶氏涉园原刊本

《彊村丛书》 朱孝臧辑 1917年初刻本②

总集：

《历代诗评注读本》 王文濡编 北京市中国书店1983年据上海文明书局铅印本影印

《辽文存》6卷 《附录》二卷 缪荃孙辑 光绪二十二年(1896)上海来青阁刊本

《辽文粹》7卷 王仁俊编 光绪三十年(1904)无冰阁刊本③

《唐诗选》6卷 王闿运选 光绪二年(1876)成都尊经书局刻本 上海古籍出版社出版《王闿运手批唐诗选》本

《清诗汇》(又名《晚晴簃清诗汇》)200卷 徐世昌辑 北京出版社

① 参阅张岂之主编《中国近代史学学术史》，中国社会科学出版社1996年，第198—199、376—378页。

② 近代关于词的丛书，除上面所列举者外，还有多种。参阅王兆鹏《词学史料学》，中华书局2004年版，第120—127页。

③ 关于《辽文存》和《辽文粹》，参阅刘达科《辽代文学史料保存整理述论》，《中国古典文献学》第二卷，澳门国际炎黄出版社2003年版。

1996年版

《清诗铎》(原名《国朝诗铎》)26卷　张应昌编　同治八年(1869)永康应氏秀芝堂刻本　中华书局1960年据以断句排印本(附作者索引)

《国朝闺阁诗钞》　蔡殿齐编　道光二十四年(1844)刊本

《国朝闺阁诗钞续编》　蔡殿齐编　同治十三年(1874)嫏嬛别馆刊本

《国朝闺秀诗柳絮集》　黄秩模编辑　咸丰三年(1853)刊本

《皇朝经世文编》120卷　贺长龄　魏源等辑　道光七年(1827)刻本

《皇朝经世文续编》120卷　盛康辑　光绪二十三年(1897)思补楼刊行

《皇朝经世文续编》120卷　葛士浚辑　光绪二十四年(1898)上海文盛书局刊行

《皇朝经世文续编》120卷　饶玉成辑　光绪年间刻本①

《清文汇》(原名《国朝文汇》)200卷　沈粹芬　黄人等辑刊　宣统二年(1910)上海国学扶轮社石印本　1996年北京出版社据国学扶轮社石印本影印本

《国朝骈体正宗续编》8卷　张鸣珂编　光绪十四年(1888)寒松阁刊本

《清代骈文名家征略》6卷　胡永光辑　载《壁经堂丛书》第四集　民国刻本

《国朝十家四六文钞》11卷　王先谦编　光绪十五年(1889)长沙王氏刊本

《国朝常州骈体文录》31卷　屠寄辑　光绪十六年(1890)广州刊本②

《赋学正鹄》10卷　李元度辑　同治十年(1871)爽溪书院刻本

---

① 关于《皇清经世文》除以上所列外,后来续辑还有:陈忠倚《皇清经世文三编》、何良栋《皇清经世文四编》、求是斋《皇清经世文五编》等,有光绪年间刻本。

② 此书为历代仅有的地域性骈体文选集。

《宋四家词选》 周济辑 同治十二年(1873)《滂喜斋丛书》本

《国朝词综续编》24卷 黄燮清编 同治十二年(1873)鄂垣刊本 北京图书馆出版社2006年《清词综》本

《箧中词》6卷 《续集》4卷 谭献辑 光绪八年(1882)刻《半厂丛书》本

《国朝词综补》(又名《清词综补》)58卷 《续编》18卷 丁绍仪编 光绪九年(1883)刊本 北京图书馆出版社2006年《清词综》本

《词综补遗》 林葆恒纂 北京图书馆出版社1992年版

《诗余偶钞》6卷 王先谦辑 光绪十六年(1890)长沙王氏刊本

《闺秀词钞》16卷 徐乃昌辑 宣统元年(1909)徐氏小檀栾室刊本

《闽词征》6卷 林葆恒辑 同治八年(1869)刻本

《皖词纪胜》 徐乃昌辑 光绪三十年(1904)徐氏小檀栾室刻本

《湖州词征》30卷 《国朝湖州词录》6卷 朱祖谋辑 宣统三年(1911)刻本

《浣花草堂竹枝词汇钞》6卷 附1卷 杨谦编 稿本①

近代有许多文人学者,继承了清代朴学的治学精神和方法,在作品的搜集和整理的过程中,注重版本、校勘和考订。王鹏运以汉学家的治学精神和方法校勘词集。光绪二十五年(1899),他同朱祖谋合校《梦窗词》,共同拟订了"正误、校异、补脱、存疑、删复"等五条校勘体例②。朱祖谋编《彊村丛书》注重搜罗稀见之本,辑校唐五代宋金元词总集与别集,多精抄、精校,并附有校记。王国维从1908年开始辑校唐五代词,同年撰成《词录》。《词录》搜集词目,自宋迄元,存佚并录,且作考订③。另外,近代在专书的校勘和注释方面,也取得了许多重要的成果,如:

《汉书补注》100卷 王先谦著 光绪二十六年(1900)刊本

---

① 据武新立《明清稀见史籍叙录》,江苏古籍出版社2000年版,第346—347页。近代各种词总集,除以上所列外,还有多种,参阅王兆鹏《词学史料学》,中华书局2004年版,第384—386页。

② 参阅裴效维主编《近代文学研究》,北京出版社2001年版,第317页。

③ 参阅王国维撰、徐德明整理《词录》,学苑出版社2003年版。

《后汉书集解》120卷　王先谦著　1915年虚受堂刊本

《荀子集解》20卷　王先谦著　上海书店本

《墨子间诂》15卷　孙诒让著　光绪二十年(1894)苏州毛上珍聚珍本活字本

值得注意的是,近代对一些文集的注释,在运用传统的训诂方法之外,开始注意吸收西学的相关内容和方法。如邓云昭的《墨经正文解义》、杨葆彝的《墨子经说校注》、孙贻让的《墨子间诂》等之所以能超越前人的注释,固然其根底在于充分地采用了朴学的方法,另外与其注意参考传入的西方的自然科学知识是分不开的①。

关于研究史料,传统文学研究史料的重要形式诗话、赋话、文话、词话、诗文纪事以及小说的评点等,在近代继续发展。近代梁章钜、陈衍、丁福保等文人学者十分关注诗话、词话的搜集和整理,在这方面付出了大量心血,取得了许多传世的成果。

在诗话方面,依据张寅彭《新订清人诗学书目》粗略统计,近代编著的各种诗话约390种。综合性的诗话汇编、专题性的诗话,都有明显的进展。综合性的诗话,如:

《历代诗话》12卷　石林凤辑　东北师范大学藏稿本

《采辑历朝诗话》1卷　胡凤丹辑　同治间退补斋刊《六朝四家全集》本

《谈艺珠丛》　王启原辑　光绪十一年(1885)长沙玉尺山房刊巾箱本

《诗法萃编》15卷　许印芳辑　光绪十九年(1893)自刊本

《历代诗话续编》　丁福保辑　民国五年(1916)上海医学书局铅印本　中华书局1983年版(附续编人名索引)等

《诗话选钞》4卷　醉经斋主人辑　辽宁图书馆藏钞本

专题性诗话,如:

《养一斋李杜诗话》3卷　潘德舆辑撰　同治十一年(1872)刊《养一斋诗话》附后

① 参阅郑杰文著《中国墨学通史》(上),人民出版社2006年版,第347—348页。

《雁荡诗话》2 卷　梁章钜辑　道光二十八年(1848)刊本

《闽川闺秀诗话》4 卷　梁章钜辑　道光二十九年(1849)瓯郡梅氏师古斋刊本

《释道诗话》1 卷　石林凤辑　东北师范大学藏稿本《历代诗话》附

《时人诗与女性美》　无名氏　载上海陈甘簃主编《青鹤杂志》第一年第十二期至第二十期①

《清诗话》　丁福保辑　民国五年(1916)上海文明书局铅印本　上海古籍出版社 1978 年版等

近代一方面承续了重视诗话的搜集整理的优良传统，另一方面，还出现了两种特别值得关注的新创获：

一是注重校正已经问世的诗话，如张道撰写的《全浙诗话刊误》一卷，就是为了纠正陶元藻《全浙诗话》54 卷中的疏误而作。

二是视野拓展至海外，出现了涉及海外诗歌的诗话和关注海外诗话的编辑。俞樾的《东瀛诗记》二卷、石凤林辑的《诸夷海外诗话》一卷、叶炜的《煮药漫钞》二卷等，都属于这方面的著作。关于《东瀛诗记》的撰写，俞樾自序说：

> 壬午之秋，余养疴吴下，有日本国人岸田国华，以其国人所著诗集百数十家，请余选定……自秋徂春，凡五阅月，选得诗五千余首，厘为四十卷。又补遗四卷。是为《东瀛诗选》。余每读一集，略记其出处大概、学问源流，附于姓名之下。而凡佳句之未入选者，亦或摘录焉。《东瀛诗选》由彼国自行刊布，此则写为二卷，刻入余所著《春在堂全书》中，题曰《东瀛诗记》。其中虽不无溢美之辞，然善善从长，《春秋》之义也。全书凡 500 余人，见于此记者止 150 人，盖无所记者，固略之矣。②

著名学者俞樾在养病期间，用五个多月的时间，阅读日本诗集百数十家，选诗五千余首，记其出处和学问源流，摘录嘉句，并且刻印问世。这说明，在近代不少文人学者不再妄自尊大、拘于本国的诗歌了，而能用诗话这种形式阐释、吸收外国诗歌的优长了。

---

① 又载汪辟疆《光宣以来诗坛旁记·近人诗评》，《汪辟疆文集》，上海古籍出版社 1988 年版，第 599—601 页。

② 转引自张寅彭《新订清人诗学书目》，中华书局 2003 年版，第 145—146 页。

《诸夷海外诗话》所辑海外诗话，包括朝鲜和安南等邻国。

《煮药漫钞》写于日本，所论重点在中国诗歌，亦记有与日本人唱和之事①。

清代以前，词话即多有积累，清代前期、中期，词话进一步发展。随着词话的发展，近代一些文人也重视词话的搜集和整理。这里，举徐珂编辑谭献的《复堂词话》和龙沐勋搜集郑文焯的词论为例。谭献工诗词，多有词论，散见其《复堂类稿》、《复堂日记》、《箧中词》以及对周济《词辨》的评点中，其门人为了把谭献的词论集中起来，在光绪二十六年(1900)辑编成《复堂词话》，收31则②。郑文焯能诗能文，尤以词名于世，有词论，分散于郑氏批校的各种词集中。龙沐勋从中辑出，编为《大鹤仙人词话》，始刊于《词学季刊》上。近代在词话的搜集和整理方面，除了上面所列举者外，还有不少传世的重要成果，如：

《历代词话》《蔗农词话》　石林凤辑③

《词学集成》8卷　江顺治编撰　光绪七年(1881)刊本

《词学集成》分词源、词体、音律、词韵、词派、词法、词境、词品八目，汇集前人词话，加有按语，有体系，“在一定程度上弥补了清代汇编体词话‘搜采多而论断少’的缺欠”④。

在诗文词纪事方面，近代一些学者，鉴于以前有的空缺，有的有待补正，有的需要选录以便于传播，因而在这方面做了许多工作，留下了不少重要的成果，如：

《宋诗纪事补遗》(未完成)　罗以智辑　南京图书馆藏稿本

《宋诗纪事补遗》100卷　《宋诗纪事小传补正》4卷　陆心源撰　光绪十九年(1983)家刻本

《宋诗纪事摘录》100卷　翁同书辑　复旦大学藏稿钞本

《宋诗纪事选》1卷　杨浚辑　《日下旧闻选本》

《元诗纪事》45卷　陈衍辑　光绪十二年(1886)石遗室铅印本

① 参阅张寅彭《新订清人诗学书目》，中华书局2003年版，第138页、154—155页。

② 引自朱崇才《词话史》，中华书局2006年版，第319页。

③ 据张寅彭《新订清人诗学书目》，中华书局2003年版，第138页。具体情况待考。

④ 引自朱崇才《词话史》，中华书局2006年版，第302—303页。

《明诗纪事》 陈田辑撰 光绪至宣统间陈氏听诗斋自刻本

《明诗纪事钞》1卷 陈田辑 《晨风阁丛书》本

《本事词》2卷 叶申芗撰 道光十二年(1886)刊《天籁轩五种》本

评点是文学研究史料的一种重要形式,这种形式在近代仍然受到重视,并为许多研究者所运用。就近代之前的文学评点来说,金圣叹成就突出,占有重要地位。这一点为近代的一些理论家所首肯。近代著名的小说理论批评家邱炜萲在《菽园赘谈·金圣叹批小说说》中,特别称许金圣叹在小说评点方面取得的成就:

人观圣叹所批过小说,莫不服其畸才,诧为灵鬼转世。

并认为:

尝为天苟假圣叹以百岁之寿,将《西游记》、《红楼梦》、《牡丹亭》三部妙文一一加以批评,如《水浒》、《西厢》例然,岂非一大快事!

在这篇论文中,邱炜萲还从小说研究史的角度,肯定金圣叹于小说评点是"集其大成耳。前乎圣叹者,不能压其才;后乎圣叹者,不能掩其美。批小说之文原不自圣叹起,批小说之派却又自圣叹开也"①。同认识上相联系的是,在近代不仅经由前人评点的作品仍在刊行,同时一些著名的作品,有了新的评点本出版。如在道光末年或稍晚出版的张心之的《妙复轩石头记》、姚燮的《大某山民加评红楼梦》,道光二十二年(1842)出版的但明伦的《聊斋》评本,同治十三年(1874)出版的齐省堂增订本《儒林外史》、天目山樵(本名张文虎)对《儒林外史》的多次评点,文龙对《金瓶梅》的评点等②。

以上我们简略地论述了近代文学研究史料的情况,从中可以看出,许多文人学者基于传统的观点,对传统的研究史料的搜集和整理仍旧极为关注,成果多多。

近代对传统史料的继承,在辑佚方面也有明显的体现。梁启超说,乾隆中修《四库全书》开辑佚之先声,"后兹业日昌,自周秦诸子、汉人注经、魏晋

① 《菽园赘谈·金圣叹批小说》,载阿英编《晚清文学丛钞·小说戏曲研究卷》,中华书局1960年版,第387、391页。

② 关于近代对以前著名小说的评点,参阅刘良明等著《近代小说理论批评流派研究》,武汉大学出版社2003年版,第一章。

六朝逸史逸集,苟有片语留存,无不搜罗撮录……凡可搜者无不遍。当时学者从事此业者甚多"①。梁氏所述,也包括近代。近代一些学者,如黄奭、汪文台、张澍、茆泮林、徐松、汤球、乔松年、陈运溶、王仁俊和文廷式等步武乾嘉时的学者,仍喜欢和重视史料的辑佚,用清儒的方法作辑佚,在经、史、子、集等方面,多有收获。这些收获,直接或间接地与文学史料相关,流传至今的重要成果有:

《世本(注)》1卷　茆泮林辑　道光十四年(1834)刊本

《二酉堂丛书》　张澍辑　道光元年(1821)自刻本

《十种古逸书》　茆泮林辑　道光十四年(1834)刊

《玉函山房辑佚书续编》　王仁俊辑　稿本　上海古籍出版社1989年影印《玉函山房辑佚书续编三种》本(附所辑书书名作者索引)

《玉函山房辑佚书补编》　王仁俊辑　稿本　上海古籍出版社1989年影印《玉函山房辑佚书续编三种》本(附所辑书书名作者索引)

《经籍佚文》　王仁俊辑　稿本　上海古籍出版社1989年影印《玉函山房辑佚书续编三种》本(附所辑书书名作者索引)

《十三经汉注四十种辑佚书》　王仁俊辑　稿本　上海古籍出版社1989年影印《玉涵山房辑佚书续编三种》本(附所辑书书名作者索引)

《纬捃》14卷　乔松年辑　光绪三年(1877)强恕堂《乔勤恪公全集》本

《七家后汉书》20卷　附一卷　汪文台辑　光绪八年(1882)刊行

《晋书辑本》(一名《九家旧晋书辑本》)43卷　汤球辑　民国初年《广雅丛书·史学丛书》本　中州古籍出版社1991年出版杨朝明校补本

《十六国春秋辑补》110卷　汤球辑　商务印书馆1958年版

《十六国春秋辑补》　[北魏]崔鸿撰　汤球辑补　王鲁一　王立华点校　齐鲁书社2000年版

《辽文存》6卷　《附录》2卷　缪荃孙辑　光绪二十二年(1896)上海来青阁刊本

① 梁启超著、夏晓虹点校《清代学术概论》,中国人民大学出版社2004年版,第184—185页。

《辽文粹》7卷　王仁俊编　光绪三十年(1904)无冰阁刊本[①]

从今存的近代的辑佚成果来看,基本上是继承了乾嘉时期的辑佚观念和方法。说"基本上",是因为近代的辑佚在继承传统的同时,还出现了一些新的走向。在这方面,王仁俊和鲁迅颇具典型意义。从1989年上海古籍出版社出版的王仁俊辑《玉函山房辑佚书续编三种》来看,王仁俊除了辑佚了大量的经史子集之外,还特别留心辑佚了一些小说,如:《青史子》1卷、《越绝书佚文》1卷、《说苑佚文》1卷、《新序佚文》1卷、《博物志佚文》1卷、《异苑佚文》1卷、《语林佚文》1卷、《小说佚文》1卷、《述异记佚文》1卷、《启颜录佚文》1卷。鲁迅少年阅读古籍时,就开始注意辑佚。鲁迅《古小说钩沉·序》说:

余少喜披览古说,或见讹敓,则取证类书,偶会逸文,辄亦写出。[②]

鲁迅约于1909年6月开始,到1911年底辑成《会稽郡故书杂集》和《古小说钩沉》。前者包括谢承《会稽先贤传》等8种古籍;后者约从80多种古籍中,辑录周至隋散佚小说36种。后又相继辑校多种古籍。鲁迅辑佚古籍,既遵循了传统的观念和方法,同时又受近代科学思想的影响,有新的突破。这一点,蔡元培有中肯的分析:"鲁迅先生本受清代学者的熏染",其古籍辑校,"完全用清儒家法","惟彼又深研科学酷爱美术,故不为清儒所囿,而又有他方法的发展"[③]。鲁迅的《古小说钩沉》是"不为清儒所囿"的体现。像小说这样的通俗文学作品多是自生自灭,十分分散,遗失尤其严重。清代由于传统观念的束缚,在通俗文学作品的辑佚上几乎是空白。这种情况到了近代有了明显的改变。鲁迅辑佚的《古小说钩沉》,"采辑审慎"、"搜罗宏富"、"比类取断"、"删汰伪作"[④]。鲁迅辑佚小说,"得风气之先,为近世学术

---

① 关于近代辑佚的叙述,主要参考了曹书杰《中国古籍辑佚学论稿》,东北师范大学出版社1998年版,第166—203页。

② 此文最初发表于1912年2月绍兴刊行的《越社丛刊》第1集。见《鲁迅全集》,人民文学出版社2005年版,第10卷第3页。

③ 蔡元培《鲁迅先生全集·序》,《鲁迅全集》出版社1938年版。

④ 赵景深《评介鲁迅〈古小说钩沉〉》,收入其著《中国小说丛考》,齐鲁书社1980年版,第13、14页。

界导夫前路"①。

目录的编纂在近代也有了长足的发展。进入近代,许多学者继续关注传统的目录和目录学。他们在前人已有成果的基础上,或补阙,或新编,编纂了不少新的目录。

在补志目录方面,今存近代所编约30种,如:姚振宗的《汉书艺文志条理》8卷、《汉书艺文志拾补》6卷、《后汉艺文志》4卷,曾朴的《补后汉书艺文志并考》10卷,姚振宗的《三国艺文志》4卷,秦荣光的《补晋书艺文志》4卷,文廷式的《补晋书艺文志》6卷,黄逢元的《补晋书艺文志》4卷,吴士鉴的《补晋书经籍志》4卷,张鹏一的《隋书经籍志补》2卷,姚振宗的《隋书经籍志考证》52卷,王仁俊的《辽史艺文志补证》、《西夏艺文志》等。以上均见《二十五史补编》。另外,还有:黄任恒的《补辽史艺文志》,收入1958年商务印书馆出版的《辽金元艺文志》;王仁俊的《周秦诸子叙录》、《七略别录》、《别录补遗》、《汉书艺文志校补》、《七录》、《梁元帝著书考》、《梁元帝藏书考》、《中经簿》、《隋书艺文志校补》、《敦煌石室真迹录》、《吴郡著述考》等,见王仁俊辑《玉函山房辑佚书续编三种》。上举目录的编纂,使我国史志目录进一步得到完备。

新编目录,如:

《清朝续文献通考》(原名《皇朝续文献通考》)　刘锦藻撰　初稿320卷　光绪间乌程刘氏坚匏庵铅字排印本　定本400卷　有《万有文库》二集本　《十通》本等②

《国朝著述未刊书目》1卷　郑文焯撰　光绪十四年(1888)苏州书局刊本

《观古堂藏书目录》4卷　叶德辉撰　叶氏观古堂1915年自刊本

《台州经籍志》40卷　项士元编　民国四年(1915)浙江图书馆排印本③

《观古堂书目丛刊》　叶德辉辑　光绪至民国间湘潭叶氏刊本

---

① 台静农《鲁迅先生整理中国古文学之成就》,收入其著《龙坡论学集》,辽宁教育出版社2000年版。

② 《清朝续文献通考》,其中的《经籍考》是《四库全书总目》之后的重要目录著作。

③ 参阅江曦《章太炎佚文三则》,《文献》2006年第2期。

在近代随着藏书家的增多，出现了大量的藏书家书目。商务印书馆2005年出版林夕主编的《中国著名藏书家书目汇刊》，著录道光中期以前的明清时期（约500多年）的共64种，而道光中期以后（约80多年）的则达94种[①]。两相比较，可以看到近代藏书家对书目的重视和近代藏书家书目的迅速增长。从这些目录可以看到，近代存传的许多书籍中，多有善本。

进入近代，传统目录在继续发展的同时，又有新的变化。顾廷龙指出：

> 迄于晚清，新学兴起，学科繁多，著作体裁亦放异彩，加之西方图书分类法的介绍与影响，遂有近代目录学之兴起。[②]

"近代目录学之兴起"，主要表现在以下四方面：

一是西学书目和国外访书书目的涌现。近代，随着大量翻译出版西文书籍和社会的需求，一些学者开始编撰并出版了一些西学书目，重要的如：

> 《日本书目志》15卷　康有为撰　上海大同书局石印本
>
> 《西学书目表》4卷　梁启超撰　光绪二十二年（1896）时务报馆印本
>
> 《日本访书志》16卷　杨守敬撰　光绪二十三年（1897）邻苏园自刻本

其他的有王韬著《泰西著述考》，徐维则辑、顾燮光补辑《增版东西学书录》，广学会编《广学会译著新书总目》，上海制造局翻译馆编《上海制造局译印图书目录》，佚名编《冯承钧翻译著述目录》等[③]。

二是以小说、戏曲为代表的通俗文学书目的大量编撰和刊行。近代，随着通俗文学的盛行，有关通俗文学的目录不断涌现。小说方面的，如黄人的《小说小话》，于1907、1908年，连载于《小说林》第1—9期，开中国小说目录之先河[④]。徐念慈（东海觉我）辑有《丁未年小说界发行书目调查表》，1908年2月载《小说林》第9期，著录1907年发行的创作小说约120种，翻译小

---

① 其中有极少数属于现代，如：郑振铎藏并编《西谛所藏善本戏曲目录》，民国二十六年（1937）刻本。林葆恒藏并编《讱盦藏词目录》3卷，民国二十七年（1938）抄本。

② 顾廷龙《古典目录学叙》，转引自来新夏《邃谷书缘》，河北教育出版社2005年版，第202页。

③ 参阅王韬、顾燮光等编《近代译书目》，北京图书馆出版社2003年版。

④ 据段启明、汪龙麟主编《清代文学研究》，北京出版社2001年版，第3—4页。

说近 400 种[1]。《宝山楼通俗小说书目》,民国吴县潘氏宝山楼抄本。词方面的,如吴昌绶撰《宋金元词集见存卷目》1 卷,光绪丁未(1907)沪上鸿文书局景刊双照楼校写本。戏曲方面的,如《怀宁曹氏藏曲草目》,邵锐编,抄本。《长白志士所藏曲目》,民国抄本。《七略盦唱本目录》,民国稿本。《吴瞿安许守白陆诚斋王孝慈所藏曲目》,吴梅等编,民国抄本。《程守中所藏弹词目录》,程守中藏并编,民国抄本。其他如《不登大雅文库书目》,王钟麟藏并编,民国抄本。

三是出现了不少营业书目。近代,由于图书商业化经营方式的发展,出现了不少营业书目,有时也称销售书目或发行书目。这些书目形式灵活,主要有两种形式:一是单行本;二是随书而行,大多在书后,多则几页,少则一页[2]。这些营业书目及时为读者提供了出版信息,便于寻找,便于购买,从中还可以看到读者的需求、爱好以及图书的营业状况。这些书目是近代图书史、出版史的重要史料,也是文学史料学史的重要史料,让我们从书业营销的角度,看到了当时目录编纂的情况。

四是目录分类的新突破。我国古代目录和目录学源远流长,成就卓著,但长久以来,人们多囿于经史子集四部分类之定制而未能突破,同时存在有"重藏轻用"的倾向。类目序列多以儒术为重,类目设置有时由皇帝钦定,立类原则多着眼于辨体,较少考虑学科,不便使用。进入近代,随着西方科学思想的传入、大量西方著述的译介以及图书的商业化,在目录的编撰上开始有了突破,有了新的分类。有的着眼于新的学科分类,如梁启超的《西学书目表》初具自然科学、社会科学和综合性书籍三大类的雏形,对传统的经史子集四种定型的分类是一种突破。有的立足于实用,如许多营业书目。这些营业书目,有些沿用了传统的经史子集四部分类法,但更多的是从当时出版的图书的实际和有利于营销等方面考虑,分类灵活,多种多样,具有明显的适合市场营销的实用特点。在这类书目中,有不少属于通俗文学书目,特别是各种小说书目。如商务印书馆约于光绪三十二年(1906)在营业书目中,列有大量小说:"名家小说"部分列 30 种;"新译小说"部分列 27 种;"说部丛书"部分列 100

① 据裴效维主编《近代文学研究》,北京出版社 2001 年,第 395 页。
② 参阅周振鹤编《晚清营业书目》,上海书店出版社 2005 年版。

种,131册,“皆系新译、新著之作”①。编者把上列小说分成25类,数量最多的前五类,依次是:侦探小说47种、言情小说41种、社会小说22种、冒险小说16种、神怪小说10种。时中书局宣统二年(1910)印刷的《时中书局新书目次》分32类,其中有小说一类,列48种②。上引小说分类过于琐细,未及科学概括,但表现了营业者试图对小说的分类做新的探索。

在众多的译书目录中,有不少涉及了文学史料目录。如康有为的《日本书目志》分15门,其中有“小说”一门。

藏书是中国古代重要的文化活动,具有存传古代文明的重要意义,也是古代文学史料的主要宝藏。但在古代,长期以来对藏书文化没有引起足够的重视,对藏书家缺少系统的研究和论述。这种情况,到了近代开始有了改变。清末民初,叶昌炽著《藏书纪事诗》7卷③,用诗文结合的形式为藏书家立传。此书为集中记载历代藏书家的开山之作。全书记载五代至清末享有盛名的藏书家1100多人,含有中国古籍版本、目录、校勘和刻印等多方面的丰富史料。全书虽然史料尚欠详赡,但筚路蓝缕,沾溉后人,影响深远。

近代的文学史料学在继承发展传统史料学的进程中,也淘汰了一些东西。乾嘉时期的不少烦琐的考证,在近代就有了明显的淡化。

第三节　通俗文学史料的空前张扬:以小说、戏曲为中心

在近代,由于帝国主义的侵略和社会发生了在中国历史上前所未有的急剧的变革,一方面如上所述,传统的史料学仍在继续发展,并没有断裂,另一方面,又萌生了新的近代史料学,并且得到了迅速的长进。近代史料学的萌生与长进体现在多方面,其中特别突出的是在通俗文学史料的空前的张扬上。这里所说的通俗文学,主要指的是通俗小说和戏曲。

我国通俗文学有久远的历史。人们对通俗文学史料的重视、搜集、整理和研究,起步也相当早。在小说史料方面,宋代就有了罗烨的《醉翁谈录》。明清时期有金圣叹、张竹波等人的小说评点,冯梦龙等人对小说的搜集和整

① 据周振鹤编《晚清营业书目》,上海书店出版社2005年版,第352—375页。

② 据周振鹤编《晚清营业书目》,上海书店出版社2005年版,第579—580页。

③ 叶昌炽《藏书纪事诗》(附王欣夫《补正》),上海古籍出版社1999年版(与伦明《辛亥以来藏书纪事诗》,附雷梦水《校补》合本)。

理。在戏曲史料方面,元代钟嗣成著有《录鬼簿》,明代王骥德著有《曲律》,官方主持编辑的《永乐大典》中收有不少戏曲剧本。宋元以来,尽管重视小说和戏曲等通俗文学史料者代不乏人,也有一些成果。但同长期在文坛上占主流地位的诗文相比较,通俗文学大体上仍处于"鄙弃不复道"的境地。这种情况到了近代才出现了明显的转变。

从世界文学演进的历程来看,小说的兴盛是同资本主义的萌芽、发展和社会的日趋现代化密切相关。工商业的迅速发展和城市的兴盛,改变了社会的风貌和人们的内心世界,造就了大量的市民。这些为小说提供了许多新的题材。小说这一体裁,长于展示人物丰富复杂的内心世界,也适应了西方"人文精神"的升长。大量的市民有条件购买和阅读小说。近代机器印刷业的推广,使小说能够迅速地大批量地印刷和传播。因此,在西方,人们对小说的高度重视先于中国。不少西方人士到中国以后,运用多种形式,宣传小说的重要。光绪二十一年(1895)6月,英国传教士傅兰雅在《万国公报》上发表《求著时新小说启》说:

> 窃以感动人心,变易风俗,莫如小说,推行广速,传之不久,辄能家喻户晓,气习不难为一变。①

在日本,有些汉学家较早地关注中国古代的小说。光绪二十三年(1897)笹川种郎(临风)的《支那小说戏曲小史》,在东华堂出版②。狩野直喜光绪二十七年(1901)在上海,结识了张之洞、俞樾、陈毅、沈曾植、孙贻让、张元济、罗振玉、王国维和董康等,开始重视小说的研究。1903年他回国后,讲授《支那小说戏曲史》③。

西方重视小说的理念,随着西学的涌入也很快地影响了中国。几道(严复)、别士(夏曾佑)于1897年在《国闻报》上连续刊载的《本馆附印说部缘起》中说:

> 且闻欧美、东瀛,其开化之时,往往得小说之助。④

---

① 转引自袁进《中国文学的近代变革》,广西师范大学出版社2006年版,第252页。

② 据李庆《日本汉学史》,上海外语教育出版社2002年版,一,第426页。

③ 据李庆《日本汉学史》,上海外语教育出版社2002年版,一,第517—527页。

④ 转引自陈平原、夏晓虹编《二十世纪中国小说理论资料》第1卷,北京大学出版社1997年版。

严复和夏曾佑认为了欧美和日本等在迈向现代化时,得到了小说的帮助,中国应当效法他们,重视小说。

康有为在1897年编成的《日本书目志》卷14中说:

> 天下通人少而愚人多……六经不能教,当以小说教之;正史不能入,当以小说入之;语录不能喻,当以小说喻之;律例不能治,当以小说治之。

康有为特别强调了小说具有六经、正史、律例起不到的特殊作用。

梁启超于光绪二十八年(1902)在《论小说与群治之关系》中说:

> 欲新一国自民,不可不先新一国自小说……今日欲改良群治,必自小说界革命始;欲新民,必自新小说始。

梁启超在史学和文学的"革命"上,带有明显的激进色彩。他提出的"革命",超出了通常进步所能达到的改良。他把小说和政治一体化了。他对小说以及"小说革命"的积极作用,显然是估价得过高,但如此抬高小说的作用,却从一个方面反映了近代许多士人所表现出的自强心理,反映了文学观念的变化,也反映了资产阶级改良派对小说的极端重视。不过,近代对小说的认识并不是统一的、一元的。与上述改良派对小说极端重视的同时,也有人对小说持矛盾的认识和完全否定的观点。前者如来裕恂。来裕恂在其著《汉文典》论述文体时,有"小说"一类。他论小说,一方面认为"章回、杂剧终为儒者之所鄙,此亦乌足以极文章之妙";另一方面又说:"自徒爨贩卒,娃妪童稚,上至大人先生,文人学士,无不为之歆动。其感人之深,有如此者,盖别具一种笔墨者也。"①后者如某些"老绅士"和林传甲。某些"老绅士""竟把研究小说,当作一种罪案"②。林氏在其著《中国文学史》中批评日本笹川种郎所著《中国文学史》说:

> 况其胪列小说戏曲,滥及明之汤若士、近世之金圣叹,可见其识见污下,与中国下等社会无异。而近日无识文人,乃译新小说以诲淫盗,

---

① 参阅来裕恂著,高维国、张格注释《汉文典》,南开大学出版社1993年版,第351、398页。

② 见曾朴答胡适书,收入胡适《论翻译》文后附录,载季羡林主编《胡适全集》,安徽教育出版社2003年版,第3卷,第807页。

有王者起,必将戮其人而火其书乎![①]

来氏认识的矛盾和林氏的严厉痛斥,反映了变革时期对小说认识的不同,但他们的认识是封建正统观念的余波,毕竟抵挡不住当时的主流。后来相继对小说的重视以及小说的不断发展,倒是证明了严复和梁启超等人对小说的抬举,确是迎合了时代的潮流。

社会的急剧变革,改良的需要,文学观念的变化,接受者的需求,加上大量的国外小说的翻译,传统小说的积累等条件,从需要和可能两方面,有力地推进了国内小说的创作,特别是通俗小说在19世纪末、20世纪初期创作和传播的兴盛。据《中国通俗小说总目提要》著录,从道光二十年(1840)到光绪二十六年(1900)的60年间,共出版小说133部,平均每年2.2部,而从光绪二十七年(1901)到宣统三年(1911)的10年,却出版了529部,平均每年48部。在小说的创作、评介和传播等方面,特别值得注意的是以前人们不太关注的陈季同。陈季同在19世纪末,用法文撰写了八本书:《中国人自画像》、《中国人的戏剧》(1886)、《中国故事集》(1889)、《中国的娱乐》(1890)、《黄衫客传奇》(1890)、《巴黎人》(全名是《一个中国人描绘的巴黎人》,1891)、《吾国》(1892)、轻喜剧《英雄的爱》(1904)[②]。这些著述在法国出版,有的多次出版,引起了空前地轰动,得到了相当广泛的传播,有的还被译成意大利文、英文、德文、西班牙文和丹麦文等出版。在向外传播中国学术和文学作品方面,陈季同作出了重要贡献。他的长篇小说《黄衫客传奇》,篇幅达300多页。这部小说为适应西方读者的接受,参照了西方的叙事风格,多心理刻画和风俗景物描写。《黄衫客传奇》与稍后韩邦庆创作的《海上花列传》,被许多学者视为中国文学家创作的两部具有现代意义的小说。综观近代的文学创作,尽管诗文仍在继续,但远远逊于小说。从作品的角度来

① 林传甲著《中国文学史》第14篇第16章,载陈平原辑《早期北大文学史讲义三种》,北京大学出版社2005年版,第210页。

② 上述著述中,《中国人自画像》最初于1884年5月至6月以《中国和中国人》为题发表在巴黎的杂志《两个世界》上,共连载18篇,后来又增加了3篇。《中国人的戏剧》,全名是《中国人的戏剧——比较风俗研究》。《中国人自画像》、《中国人的戏剧》著作权问题,存在争议。李华川认为,可能是陈季同与法国人蒙弟翁合著的。参阅李华川《晚清一个外交官的文化历程》,北京大学出版社2004年版,第二章第二节《两部书的著作权》、第三章第二节《法文著作提要》。

看，传统的史料学向近代的史料学过渡，在很大程度上，体现在通俗小说由潜流变显流、由边缘转到了中心地位方面。通俗小说的兴盛，直接推进了近代以通俗小说为代表的通俗文学史料的空前张扬。这主要体现在小说的传播、整理和研究史料等方面。

近代随着报刊的创办和盛行，大量的小说是通过报刊得到传播的，而小说的传播，又从一个方面促进了报刊的发展。在近代的报刊中，文艺报刊占的比重相当大。据上海书店1996年出版的魏绍昌主编的《中国晚清文学大系·史料索引集》统计，"目前已经查知的近代文艺性报刊，从同治十一年(1872)的《瀛寰琐记》开始到1919年间，至少有388种在社会上刊行，它们大多数都登载过小说"。日本学者樽本照雄所编《新编增补清末民初小说目录》及《清末民初小说年表》，是迄今为止收录中国近代小说最多的工具书，"二书共收录1840—1919年间创作、翻译小说11000余种，其中80%采自报刊"①。为了促进小说的传播，近代有不少报刊专门登载小说，或径直用"小说"命名。据郭浩帆的统计，"从1892年第一份小说期刊《海上奇书》创刊起到1919年间，中国累计出版的小说杂志约有60余种，其中仅以'小说'命名的即超过40种"②。在以"小说"命名的杂志中，有时也刊登其他文艺作品，如《新小说》、《小说月报》、《绣像小说》、《月月小说》、《小说林》、《小说丛报》、《小说海》、《粤东小说林》等杂志，都登载过戏曲作品，但主要登载的是小说。就报纸而言，除一些大报，如《申报》、《万国公报》、《大公报》、《民国日报》等刊登小说外，还有众多的小报。这些小报由于以登载文艺作品为主，其中刊登了大量的小说。据孟兆臣《中国近代小报史》下篇《中国近代小报小说目录初编》统计，近代刊登过小说的小报有45种③。报刊登载小说及时、定期，还可以连载，价钱比单行本便宜。许多报刊的创办者注意广告宣传，如：《游戏报》第115号载《本馆附刊〈凤双飞〉唱本告白》：

---

① 引自郭浩帆《中国近代四大小说杂志研究》，当代中国出版社2003年版，第1页。

② 参阅郭浩帆《中国近代四大小说杂志研究》，当代中国出版社2003年版，第1、第6—11页。

③ 其中上海33种、北京7种、天津3种、安庆1种、太原1种。此外，上述孟兆臣初编的目录未及著录的还有多种其他地区的，如：《东莞旬报》、《扬子江小说报》、《汉口小说报》等。近代最早刊登小说的报纸是上海的《沪报》。《沪报》于1882年首先登载《野叟曝言》，比1892年韩邦庆创办的《海上奇书》刊载《海上花列传》早10年。

是书为嘉庆时毗陵女史程惠英所撰，计书四十二回，无刊本。今本馆觅得原稿，详加校雠，克日刊印，随报附送，不取分文。

韩邦庆在《申报》刊登《海上奇书》广告说：《海上奇书》"随作随出，按期印售，以副先睹为快之意"。由于报刊具有上述诸多特点，加上举办者采取了许多销售措施，结果使报刊成为近代各种小说能够及时、广泛传播的主要途径。

在近代，许多城市除了大量刊印和销售小说之外，有的城市还采用租赁这种形式来传播小说。"在北京出现了租阅小说的赁书铺，如西城宫门口老虎洞永顺斋书铺，在书皮上列小字租阅规则，有墨图章，并有老虎为记。据外国人记载，清代广州也有这种租书铺，租阅《聊斋》、《三国》、《水浒》、《西厢记》等书"①。这类租书铺起到了图书馆的作用。

小说的及时、多渠道的广泛的传播，不仅扩大了小说的接受范围，同时又从一个方面促进了小说的兴盛。

在近代，与大量的报刊的创办的同时，还出现了众多的出版单位和书店。这些出版单位和书店，除了用"轩"、"楼"、"斋"、"书屋"、"阁"、"书馆"、"社"、"书庄"、"书林"以及个人姓氏等命名的书坊外，从同治时开始，还出现了大量的以"书局"命名的出版单位和书店②。这些书局、书店和书坊，大都把刊印销售小说作为自己营业的重要内容。从光绪年间开始，有些出版单位、书店和书坊，为了突出小说，还直接以"小说"命名，如上海"小说新书社"、上海"乐群小说社"、上海"小说林社"、上海"新世界小说社"、"上海小说社"、上海"文艺小说部"、"社会小说社"、上海"月月小说社"、"古今图书小说社"、上海"古今书局小说社"、"时时小说社"、"大声小说社"等③。一家出版单位、书坊、书店，直接用小说命名，把小说作为支柱，前所未有，后来也较为罕见。这不仅说明小说在当时的重要地位，还说明小说在当时有相当广大的市场和人数众多的读者。

就今存有关史料而言，近代书坊和书局出版和销售的小说，大致有单行

① 引自张秀民著，韩琪增订《中国印刷史》下，浙江古籍出版社 2006 年版，第 483 页。

② 据印刷工业出版社 1995 年出版的范慕韩主编《中国印刷近代史》（初稿）第四章第一节，至清末，先后成立的官书局达 40 多处（不包括蒙藏地方书局）。

③ 参阅：王清原等著《小说书坊录》，北京图书馆出版社 2002 年版；周振鹤编《晚清营业书目》，上海书店出版社 2005 年版。

本和丛书两类。就单行本而言，有些是首先由书局或书坊刊印，然后投于市场。有些是把发表在报刊上的作品加以遴选和整理，再出版。韩邦庆创作的《海上花列传》就是先在期刊《海上奇书》上连载，到光绪二十年(1894)出版了单行本。据阿英《晚清戏曲小说目》，此书在清末有六种版本。单本小说的具体数量，未见统计。1919年绮缘(吴惜)在《小说新报》第五年第五期上发表的《吾之小说衰落观》一文中曾指出，在这之前，单本小说“层见叠出，充斥坊肆”①。由此可以推测，近代单本小说的刊印和销售的盛行。

近代编印小说丛书常见的是综合性的丛书和小说丛书两种。前者如：

《粤雅堂丛书》　伍崇曜辑　道光末至光绪初南海伍氏刊本

《琳琅秘室丛书》　胡珽辑　咸丰三年(1853)仁和胡氏排印本

《艺苑捃华》　顾之逵辑　同治七年(1868)务本堂刊本

《啸园丛书》　葛元煦辑　光绪九年(1883)序仁和葛氏刊本

《随盦徐氏丛书》　徐乃昌辑　光绪至民国间南陵徐氏刊本

《申报馆丛书》　尊闻阁主辑　光绪年间申报馆排印本

上面列举的丛书中，都收有一些重要的小说。《申报馆丛书》中就收有新奇说部类和章回小说类②。

后者如：“文明书局出版有《说库》(60册)、《清代笔记丛刊》(八函共计160册)、《笔记小说大观》(48函500册)。”③又如小说林社曾仿丛刊编印小本小说10集，“每集八种，订成洋装精本，袖珍小册大小”④。

近代小说的刊印和整理，除了新创作的小说和翻译小说外，传统的小说仍在不断地被整理和刊行，得到了广泛的传播。同类血脉相连。小说在文学中中心地位的确立，传统小说自然会受到前所未有的重视。这不仅因为许多传统小说属于上乘之作，经过了长期的检验，耐读，有广泛深入的影响，更重要的是由于不少有识之士在接受西学的同时，仍真诚地执着于传统文

① 转引自于润琦主编《清末民初小说书系·我国清末民初的短篇小说(代序)》，中国文联出版公司1997年版。

② 参阅宋莉华《明清时期的小说传播》，中国社会科学出版社2004年版，第214—218页。

③ 引自王燕《晚清小说期刊史论》，吉林人民出版社2002年版，第57页。

④ 见《小说林》广告《谨告最新发行小本小说之趣意》，转引自王燕《晚清小说期刊史论》，吉林人民出版社2002年版，第376页。

化，看到了翻译小说、新创作的小说的缺欠和传统小说的优长，再加上印刷技术的提高，刻印传统小说操作简单，不必支付稿酬以及文禁渐弛、许多过去被禁毁的小说得以放行等原因，使传统的小说在近代小说的传播中仍占有重要的地位，许多传统的小说在近代不断地被刊印。据《小说书坊录》提供的史料加以统计，自道光开始至 1919 年，几部重要的传统的通俗小说刊印的次数依次是：《三国演义》38 次，《红楼梦》(含《石头记》、《金玉缘》)34 次，《东周列国志》34 次，《今古奇观》31 次，《水浒》25 次，《封神演义》14 次，《西游记》11 次。而新创作的几部有影响的通俗小说刻印的次数依次是：《儿女英雄传》(含《侠女奇缘》)20 次，《荡寇志》19 次，《施公案》11 次，《花月痕》(含《花月因缘》)10 次，《品花宝鉴》4 次。上面的数字，仅是根据《小说书坊录》加以统计得到的，而且统计得不一定准确，时间也有差别，只能作为一种参照。但从中可以推测，近代在小说领域中，传统的通俗小说不仅没有因新小说潮水般的涌现而衰退，而且仍占有很大的份额。近代求新，社会发生了急剧的变革，有人曾想完全舍弃传统，但优秀的传统是不可能被舍弃的。传统的通俗小说在近代的大量刊印和广泛传播，就是一个证明。

小说史料在近代的空前张扬，在理论批评方面也有明显的表现。同传统的诗论、文论比较，传统的小说理论批评在近代之前虽然也有建树，但从总体上来看，比较单薄。在内容上，多属于感悟，大体局限于鉴赏和史料钩稽的范围。在形式上，基本上呈散点状态，多见于各种典籍，零散而未成系统。到了近代，由于西学的涌入、社会改良和变革的影响以及小说的兴盛等多方面的因素的综合作用，小说理论批评受到了空前的重视，小说研究史料在形式上和内容上都发生了明显的变革。

早在梁启超、夏曾佑等资产阶级改良派倡导“新小说”和“小说界革命”之前，邱炜萲在《菽园赘谈·金圣叹批小说说》中，赞赏金圣叹评点小说云：

世之刊《左传》、《国语》、《国策》、秦、汉、唐、宋古文读本，皆有评语。凡文章之筋节处，得批评而愈妙，众人习见之。圣叹自述其所批《庄》、《骚》、马、杜、《水浒》、《西厢》六种才子书，俱用一副手眼读来批出，知音者咸加首肯，独奈何于专评古文者不讥，而兼评小说者遂讥之乎！……且天地间有那一种文字，便有那一种评赞。刘勰《雕龙》，陆机《文赋》，钟嵘、司空图之品诗，韩愈、欧阳修之论文，宋、明人之诗话、四六话，本朝人之词话、楹联话，下至试帖、制艺，共仿丛话之刻，大卷白摺，亦有干禄之书。小说而有批评，传奇而标读法，金圣叹之志，殆犹夫人之志耳，乃竟以此名家，则圣叹之才过人，信也。

这里，邱炜萲针对轻视小说和小说评论的封建正统观念，摆史实，用对比的方法指出了小说评论的自然产生及其重要价值。邱炜萲的相关论述，既是小说评论历史的总结，又是有感于现实而发。他的论述以及他人的相关论述，对近代小说理论批评的发展具有促进的作用。

在近代，许多报刊重视刊登小说理论批评方面的各种论文。有的报刊还特设了相关的专栏。梁启超在其创办的《新小说》上，设有"论说"专栏，从第七号起又设有"小说丛话"专栏；徐念慈、黄人等编辑的《小说林》设"论说"、"评论"两个专栏，发表小说目录、评论三种：《小说小话》、《觚庵漫笔》、《铁翁烬余》。

就形态来看，近代的小说理论批评，过去常见的评点、序、跋等形式继续发展，此外，还出现了长篇的小说论文和小说丛话两种新的形态。

在小说理论序、跋方面，值得关注的是陈季同 1889 年为潘若斯的小说《珠江传奇》所作的序。序中说他读了这部小说的体会是：

喜其于中华风土、律法、政治、教化颇能够详焉。最妙者虚中写实，幻里传真；博访周咨，不杂己意；旁敲侧击，善体人情。使中西文字融会贯通，知天衣之无缝。谁谓天下非一家哉？

《珠江传奇》是潘若斯以 19 世纪广东的社会生活为题材创作的一部长篇小说。陈季同在评论这部小说时，特别指出了"中西文字会通"，并进而强调了"天下一家"的思想①。这在近代小说的评论中，是一种少见的独特的声音，是陈季同主张和张扬的"世界的文学"的理念在小说评论中的体现。

关于小说的长篇论文，自 1897 年严复与夏曾佑联名发表《本馆说部缘起》之后，相继出现了许多小说专论，如 1898 年梁启超的《译印小说序》，1902 年梁启超的《论小说与群治之关系》；1903 年夏曾佑的《小说原理》、狄葆贤的《论文学上小说之位置》、松岑的《论写情小说与社会之关系》、楚柳的《论文学上小说的位置》；1904 年王国维的《红楼梦评论》；1907 年陶祐曾的

① 引自李华川《晚清一个外交官的文化历程》，北京大学出版社 2004 年版，第 147 页。

《论小说之势力及其影响》，徐念慈的《小说林缘起》、《余之小说观》，王钟麒的《论小说与改良社会之关系》、《中国历代小说史论》，黄世仲的《小说种类之区别实足移易社会之灵魂》；1908 年黄世仲的《小说风尚之进步以翻译说部为风气之先》；1912 年管达如的《说小说》等。这些论文在内容和研究方法上，有的立足于当时的现实，把传统的和近代的相结合，有的引进外来的哲学、美学、文学思想和方法。虽然内容各有侧重，方法也有区别，但都有新的创获。这些论文，都属单篇论文，大多篇幅较长，题目鲜明，论述中重逻辑的归纳与演绎，是近代小说理论批评史料发展的重要标志。

中国传统上有诗话、文话和词话，"惟小说尚阙如"。梁启超首创小说丛话。他从其创办的《新小说》第 7 期开始，连载"小说丛话"，共连载了 14 期。"小说丛话"是在梁启超主持下有多人参与的集体成果。"小说丛话"不拘形式，自由谈论，内容广泛，涉及了传统小说、译介小说、当时的创作和评点等方方面面。这是前所未有的。"小说丛话"在《新小说》上连载以后，产生了相当大的影响，不少报刊设有"小说丛话"之类的栏目，如《月月小说》的"说小说"，《小说林》的"小说小话"，《小说报》的"小说丛话"，《新小说丛》的"小说话"等①。另外还出现了邱炜萲的《客云庐小说话》②、狄平子的《小说丛话》、解弢的《小说话》、孙毓修的《欧美小说丛谈》③、吕思勉的《小说丛话》④等著作。各种"小说丛话"形式比较自由活泼，多用连载的形式。"小说丛话"论题集中于小说，涉及古今中外有关小说方方面面的问题。它们的问世，促进了小说的创作和翻译，促进了小说的传播，弥补了文学理论批评史上的缺欠，从一个方面沾溉了后来的文学理论批评，是中国文学研究史料的重要组成部分。

在近代，小说创作、翻译以及理论批评的繁盛，诱发了一些文人学者重

---

① 参阅王燕《晚清小说期刊史论》，吉林人民出版社 2002 年版，第 203—204、291 页。

② 邱炜萲于 1897 年著《菽园赘谈》，1899 年著《五百洞天挥麈》，1901 年著《挥麈拾遗》，1908 年著《新小说品》及《客云庐小说话》。后来阿英以《客云庐小说话》为题，将上述五篇著作收入《晚清文学丛钞·小说戏曲卷》。

③ 《欧美小说丛谈》1913—1914 年连载于《小说月报》，商务印书馆 1916 年出版了单行本。

④ 《小说丛话》连载于 1914 年中华书局刊行的《中华小说界》第一年第三至第八期。全文三万六千字，虽名"丛话"，实为长篇论文。《小说丛话》除了从多方面论述了小说外，还提出了"近世文学"这一概念，并认为："小说者，近世的文学，而非古代的文学也。此小说所以有势力之总原因，而其他皆分原因也。"

视探讨中国小说发展史和小说的分类问题。在近代的不少小说理论批评论著中,不同程度地涉及了小说史问题。王钟麒的《中国历代小说史论》就是这方面的重要论著。他在这篇论著中指出:

欲振兴吾国小说,不可不先知吾国小说之历史。

并粗略地论述了中国小说"自黄帝藏书小酉之山"开始,"此后数千年,作者代兴,其体亦屡变"的演进历程。王钟麒在这篇论著中,把戏剧、词、曲等也视为小说,对小说的界定失之于驳杂,对小说起点的看法也难以使人置信,但他在中国小说研究史上,第一次提出了"小说史"这一命题,并以史为线索,初步勾勒了古代小说演进的轨迹,难能可贵。他关于"小说史"的论述,成为后来绵延不绝的诸多小说史的先导。

小说的分类是小说研究中的一个重要的问题,也是近代许多小说论著中所关注的一个重要问题。在近代,有关小说的分类,大致有两种情况。一是上面已经述及的出版、销售上的分类。这方面的分类,主要着眼于小说的销售,带有明显的广告性质,眼花缭乱,随意性很大。二是有许多文人学者从学术上进行分类。邱炜萲在光绪二十三年(1897)刊行的《菽园赘谈·小说》条中,把清代的小说分为"纪实研理者"、"谈狐说鬼者"和"言情道俗者"三种,每种都列举了几部代表性作品。1912年管达如在《说小说》中,用了整整一章的篇幅从"文学上"、"体制上"和"性质上"三个角度对小说进行分类。所谓"文学上"的分类,着眼于语言的不同,把小说分为文言体、白话体和韵文体三种。所谓"体制上的分类",着眼于结构、叙事方式的不同,把小说分为笔记体、章回体两种。所谓"性质上"的分类,着眼于故事内容的不同,把小说分为九种:武力的("亦可名为英雄的")、写情的("亦可名为儿女的")、神怪的、社会的、历史的、科学的、侦探的、冒险的和军事的。在"神怪"一种之后,管达如又指出:

英雄、儿女、神怪,为中国小说三大原素。凡作小说者,其思想大抵不能外乎此。且有一篇之中,三者错见,不能判断其性质者;又有其宗旨虽注重于一端,而亦不能偏废其他之二种者。

这里,管达如指出了"英雄"、"儿女"和"神怪"在中国小说中的基础地位。同时又指出,由于小说的错综复杂,分类只能是相对的,不能绝对,也不能执其一端而偏废其他。

在管达如对小说进行分类之后,吕思勉1914年在《小说丛话》中,用了许多笔墨补正了管达如的见解，从“抽象的”和“具体的”两个角度对小说进行分类。于“抽象的分类”，吕思勉首先沿用管达如的分法，依据小说的语言特征，分为散文和韵文两大类。散文类又分为文言和俗语两门，韵文又分为传奇和弹词两门。其次，他又从小说“所叙事实之繁简”、叙事的“主客观之殊”（自叙式或他叙式）、“所载事迹之虚实”、“喜剧与悲剧”、“有主义与无主义之殊”（杂文学的小说与纯文学的小说）等多角度进行了分类。于“具体的分类”，吕思勉着眼于小说题材内容的不同，把小说分为九类：武事小说（“可称为英雄的”）、写情小说（“亦可谓之儿女的”）、神怪小说、传奇小说、社会小说、历史小说、科学小说、冒险小说、侦探小说。对于每类小说的主要特点，有简要的论述。他在分类时，也认识到自己的分类只是相对的。他说：

> 此种分类，名目甚多，而其界说甚难确定。往往有一种小说，所包含之材料甚多，归入此类既可，归入他种亦无不可者。自理论上言之，实不完全之分类法也。然人之爱读小说者，其嗜好亦往往因其材料而殊。是则按其所载之事实，而锡之以特殊之名称，于理论上虽无足取，而于实际亦殊不容已也……此种名目，既无理论上一定之根样，删并增设，无所不可。不佞不过就通俗习见之名，陈述意见而已。挂一漏万之讥，知所不免，亦非谓此等名目，必能成立也。

小说是一种叙事性的文体，从形式到内容都十分繁复，对其进行分类既有必要，又非轻而易举。上面列举的邱炜萲、管达如和吕思勉有关小说的分类，由于各自的角度不同，方法有粗细之别，具体分类多有不当。但他们的分类理论和实践，从一个方面丰富了近代的小说研究史料，是后人继续研究小说分类的重要资源。

在近代，戏曲史料虽然不如小说史料那样繁盛，但也有了长足的发展。中国的戏曲尽管历史悠久，却远不像西方那样受到重视。19 世纪末、20 世纪初，国外的汉学家开始研究中国的戏曲，并有多种著作。英国的瓦儿特著有《中国戏曲》。德国的哥沙尔著有《中国戏曲及演剧》。德国的那窪撒著有《中国及中国人》，其中有一章从各方面评论中国的戏剧。此外还有《中国戏剧》二册：一为法国巴散著，一为法国格兰著[①]。如前所述，1897 年日本出版了笹川种郎的

① 据徐珂编撰《清稗类钞》中华书局 1986 年版，第 11 册第 5012、5013 页。

《支那小说戏曲小史》。英国的陈绂卿也较早撰有中国戏曲史①。受西学的熏染，中国的文人开始用新的眼光看待戏曲，空前重视戏曲，研究、张扬戏曲。

早在光绪十二年(1886)，陈季同出版了关于戏剧的著作《中国人的戏剧》。陈季同在此著作中，"认为中国戏剧是大众化的平民艺术，不是西方那种达官显贵附庸风雅的艺术。在表现方式上，中国戏剧是'虚化的'(dématérialiser)，能给观众以极大的幻想空间，西方戏剧则较为写实。在布景上，中国戏剧非常简单，甚至没有固定的剧场，西方戏剧布景则尽力追求真实，舞台相当豪华，剧院规模很大"。另外，陈季同在比较法国和中国的戏剧时，还把戏剧分成了"喜剧"和"悲剧"两种②。陈季同有世界文学的视野，不存中西之对立，能平心观察思考，开比较戏剧之先河。他用比较的方法，主要从戏剧服务的对象、表现方式和布景等方面，揭示了中西戏剧的不同特点，并且开始对戏剧进行了分类。他的见解，应当说是允当的。

光绪三十年(1904)，《二十世纪大舞台》创刊，柳亚子在《发刊词》中，正式打出了"戏剧改良"的大旗。同年，陈独秀在《论戏曲》一文中说：

> 依我说起来，戏馆子是众人的大学堂，戏子是众人大教师，世上人都是他们教训出来的。……世上人的贵贱，应当在品行善恶上分别，原不在执业高低。况且只有我中国，把唱戏当作贱业，不许和他人平等。西洋各国，是把戏子和文人学士，一样看待。因为唱戏一事，与一国的风俗变化，大有关系，万不能不当一件正经事做，那好把戏子看贱了呢！③

陈独秀鲜明地反对过去的偏见，从教化众人、人应当平等和中西对比等角度，充分肯定了戏曲能教育众人的功能和"戏子"应当有和文人学士同样的地位。同年，王国维在《红楼梦评论》中说：

> 美术中以诗歌戏曲小说为其顶点，以其目的在描写人生故。

---

① 卢冀野《中国戏剧概论·序》云："中国戏剧史之写作，据我所知，是友人陈绂卿先生(家麟)的英文本最早。"世界书局1934年版。转引自董乃斌等主编《中国文学史学史》，河北人民出版社2003年版，第3卷第285页。

② 引自李华川《晚清一个外交家的文化历程》，北京大学出版社2004年版，第57、88页。

③ 原载《安徽俗话报》第11期，署名三爱。引自《陈独秀著作选编》，上海人民出版社2009年版，第1卷第82页。

王国维从文学"描写人生"的视角,把小说、戏曲和传统的诗歌相提并论,肯定了小说和戏曲"描写人生"的重要价值。

1914年郑正秋在《民权素》第一集上发表《丽丽所观戏评》说:

> 戏剧,唯悲剧最为动人。此种戏,新舞台应多排多演,方有益于社会。排演革命戏,尚非当务之急也。①

郑正秋基于感动人的程度,特别强调悲剧。这说明当时对戏剧的研究已经深入了,开始关注戏剧本身的特点,而不是简单地仅仅把戏剧看成是某种说教和宣传的工具了。

社会的急剧变革和在理论上对戏曲的重视、研究的张扬,使传奇、杂剧、地方戏、京剧和话剧等戏曲史料,在搜集、整理和传播等方面,出现了一些新的特点,取得了许多重要的成果。

在戏曲作品的搜集和整理上,除了单行本之外,主要有多种丛书和总集。这些丛书和总集既有大量的传统戏曲,也有近代创作的。

综合性的丛书,如:

《香艳丛书》80卷 清虫天子(张廷华)辑 宣统元年至三年(1909—1911)上海国学扶轮社排印本

戏曲丛书如:

《绘图京调六十二种》 光绪元年至光绪三十四年(1875—1908)响遏行云楼刊行

《梨园集成》 李世忠编纂 光绪六年(1880)安徽竹友斋刻本

《碧声吟馆丛书》8卷 附8卷 许善长编 光绪中仁和许氏刊本

《绘图京都三庆班真正京调全集》 光绪三十二年(1906)铸记书局石印版

《奢摩他室曲丛》 宣统二年(1910)长洲吴氏灵鹣刊本

《诵芬室读曲丛刊》 董康辑刻 1917年

总集,如:

《汇刻传剧》 刘世珩编辑 1919年贵池刘氏暖红室刊本

① 转引自袁进《中国文学的近代变革》,广西师范大学出版社2006年版,第55页。

《元曲选》 1918年上海商务印书馆据明博古堂影印

《杂剧十段锦》 1913年无名氏辑 董氏诵芬室刊

《盛明杂剧》 1918年董氏诵芬室据明本覆刻刊行

《石巢传奇四种》 1919年董氏诵芬室刊行

《古今名剧选》初版 吴梅编 民国北京大学出版部

《改制皮黄新词》 济南慧山明湖间游戏主人编选 光绪二十五年(1899)稿本

《梅村先生乐府三种》 1916年董氏诵芬室刊

近代在编辑戏曲丛书和总集时，十分注意寻求原书、编撰目录和多校精校。刘世珩《汇刻传剧·自序》说：

集得诸本不取删节，必求原书。书有音释一仍其旧，编列总目，各撰提要。偶得它本参校，别作札记，以刊校经史例订杂剧传奇，可谓于此中别开生面矣。若以种数言，仅及臧氏之半，视汲古犹少十种，然审慎完美似有过之，而最著名之本又无不备焉。

刘氏声称"以校勘经史例订杂剧传奇"，不仅说明他校刊认真，还说明他能用新的价值观念来看待杂剧传奇。又刘世珩在《汇刻传剧·还魂记·跋》中说：

悉心雠校，校过付写，写后复校，校过付刻，刻后复校；校非一次，时逾三年，始刻成此完本。

对一种戏曲反复校订，"时逾三年"，可见校勘之严谨。刘世珩在精审校勘的同时，还特别注意搜求相关的史料。如《西厢记》的体例就有以下多项：文本、原刻本的范例及旧目、刘世珩的题识、吴梅的校记、刘世珩的考据、模刻凌本的原因、有关《西厢记》的附录13种。从刘世珩编辑《西厢记》的事例可以看出，近代在戏曲史料的整理上的严谨和功力①。

从传播的角度来看，近代戏曲文本的传播同小说的传播有相似之处，大量的都是通过报刊得以实现的。我参考左鹏军《晚清民国传奇杂剧考索》附录《晚清民国传奇杂剧目录》和其他史料，初步统计，近代刊登过戏曲文本的报纸至少有37种，杂志至少有46种。许多重要的有影响的戏曲作品，开始

① 参阅张石川《从民国前后古代戏曲文本的印行看戏曲观念之变迁》，《文史哲》2006年第1期。

大都是刊登在报刊上，如梁启超创作的《新罗马传奇》，随写随刊，相继于1902年6月20日至1904年11月7日刊登在《新民丛报》上，又载于《游戏报》1902年7月8日至12月23日，《广益丛报》第3号（1903年5月6日）、第62、63、64号合刊本（1905年1月20日）。吴梅的《轩亭秋杂剧》，开始载于1907年11月《小说林》第六期上。韩茂棠的《轩亭冤传奇》，1909年9月28日登载在《女报》临时增刊《越恨》上。洪炳文的《悬岙猿传奇》开始载于《月月小说》第1—4号（1906年11月1日至1907年1月28日）①。许多戏曲文本经由报刊登载之后，再出单行本，或编入总集和丛书。如上海振新图书社在《女报》登载《轩亭冤传奇》之后，于1912年出版了石印本。上述例证说明，报刊是戏曲文本首要的、也是最重要的传播渠道。

第四节　中国文学史的初创

文学史料学在近代的明显变革，除了上一节所论述的通俗文学史料的空前张扬外，还有一个突出的表现，就是中国文学史的初创。

中国文学史的初创既根于中国传统的文学理论批评，又与西方文学史思想和编写文学史的实践的激发密切相连。

从中国传统的文学史料来看，文学史思想的萌生，至晚可以追溯到汉代。汉代以后，不断发展。传统的各种史书中的文学家传记、目录与目录学、总集、多种文学理论批评论著中，不仅保留了许多文学史料，同时也蕴涵着丰富的文学史思想因素，或“可说是零零碎碎的文学史”②。

古代史书中的文苑传以及文人传记集，不止记述了文学家的生平事迹，保留了一些作品，同时往往有撰写者的史识，有关于对某些文学现象的源流演变的探索。沈约《宋书》卷67《谢灵运传论》论述自“歌咏”的产生到南朝宋代文学演变的概况，从史的角度概述了重要的文学家和作品，粗略地勾勒了宋前“歌咏”演变的态势，明显地具有文学史的因素。文学家传记撰写者有关文学史的些许见解和表述方法，为后来文学史的编写提供了重要的参照。

---

① 以上史料引自左鹏军《晚清民国传奇杂剧目录》，载其著《晚清民国传奇杂剧考索》，人民文学出版社2005年版，《附录》。

② 胡怀琛《中国文学史概要》，商务印书馆1931年版。

传统的目录和目录学，不仅著录了大量的各种典籍，还重视分类和演变，所谓“类例既分，学术自明，以其先后本末俱在也”①。许多目录，特别是具有类序的目录和具有提要的目录，注意分类，重视“辨章学术，考镜源流”，这就使不少目录和目录学著作中蕴涵着文学史的因素。班固《汉书》卷30《艺文志》中的《诗赋略》，在著录诗赋106家、作品1318篇后，接着有一简短的论述，初步叙述了诗赋的产生和演变。《隋书·经籍志》承袭《汉书·艺文志》，在每类书目后撰有小序，相当系统地述评了各类书籍以及相关学问的沿革。后人想要了解唐初之前的文学的变革，是不能绕开《隋书·经籍志》的。清代编撰《四库全书总目》，在选录各种典籍的前面，都冠有总叙和分叙。拿其中与文学史关系最为密切的“集部”来说，这部分分为“楚辞类”、“别集类”和“总集类”。“集部”的总叙和三类的小叙，以及所选文集的编排，都含有相当丰富的文学史的因素。这一点已为近代以来一些文学史研究和编写者所理解并有所效法。

古代的总集和文学理论批评论著中，有些观点直接涉及了与文学史相关的内容。以西晋挚虞的《文章流别论》、南朝刘勰的《文心雕龙》和钟嵘的《诗品》为例。《文章流别论》对赋、诗等许多重要体裁及其源流进行了专门考述。《文心雕龙》在《时序篇》中，述评了历代文学演进历程，并在20篇文体论中论述文体的产生和演变时，把“原始以要终，选文以定篇”作为原则。刘勰没有也不可能有撰写文学史的意识，但他在论述各种文体的特征和写作规范时，却自然地涉及了文学史。《诗品》品评诗人，溯其师承源流是一个重点。既然溯其师承源流，就具有史的意味。这三部著作，特别是《文章流别论》，在理念和写法上，都和后来的文学史有相通之处②。

---

① [宋]郑樵撰、王树民点校《通志二十略》，中华书局1995年版，《校雠略》。

② 1904年《奏定大学堂章程》规定，文学科大学的“中国文学门”应修习16种课程，其中没有中国文学史。但在七种主课中，却有“历代文章流别”一种。此课的设立，当源自《文章流别论》。又《章程》特别加以说明：“日本有《中国文学史》，可仿其意自行编纂讲授。”看来，《章程》是把“文章流别”视为“文学史”一类的著作。参阅陈国球《文学史书写形态与文化政治》，北京大学出版社2004年版，第21—22页。关于中国古代具有文学史性质的著述，可参阅：谢无量《中国大文学史》，昆明中华书局总发行，民国七年(1918)版，卷一第一编第五章《古来关于文学史之著述及本编之区分》；黄霖《近代文学批评史》，上海古籍出版社1993年版，第754—755页；袁行霈主编《中国文学史》，高等教育出版社1999年版，第1卷，第1—2页。

我国古代尽管有丰富的与文学史相关的著述，但在近代之前，由于中国古代重合而不重分的思维模式，对历史重视综合和整体的体认和考查，不太关注过细分科，还没有形成自觉的文学史意识，没有明确地、集中地把文学的演进作为研究的对象，自然也不可能形成明确的与文学史相关的理论和概念。在表现形式上，基本上呈融合在其他著述和零星、片段的自然状态。所以在古代，并没有产生具有现代意义的文学史。真正具有现代意义的中国文学史的产生是在19世纪末、20世纪初。它的产生与西学的涌入是分不开的，其直接的契机是欧洲以及日本的学者编写文学史和首先编写的中国文学史对中国的教育和一些学者的激发。中国本有重史的悠久传统，一经西人有关文学史的激发，自然就会迅即地接纳文学史这种新的形式。

根据现有的史料，在我国学者编写中国文学史之前，欧洲和日本的学者已经编写了多种本地区的文学史，后来又编写了一些中国文学史。他们编写的中国文学史，按出版时间先后排列，依次是：

《中国文学草稿》　[德]W. Schott著　1854年(咸丰四年)出版①

《中国文学史纲要》　[俄]瓦西里耶夫著　1880年(光绪六年)由圣彼德堡斯塔秀列维奇印刷所出版单行本②

《支那古文学略史》　[日]末松谦澄著　自刊　1882年(光绪八年)③

---

① 据马汉茂(H. Martin)著《欧美文中国文学史介绍》，载台北《书和人》1968年第79期。《中国文学草稿》，有的译作《中国文学述稿》，参阅来裕恂《中国文学史稿》，岳麓书社2007年版，王振良撰写的《前言》第6页。

② 瓦西里耶夫(1818—1900)又译作“王西里”。他曾于1840年随第12届东正教传教士团到中国，1850年换班回国。他应另一位学者柯尔施之请，在《世界文学史》中写了中国文学史部分。见艾德林《纪念第一部中国文学史纲要问世九十周年》，载俄文《东方国家与民族》杂志第11辑，1971年莫斯科出版。转引自陈福康《民国文坛探隐》，上海书店出版社1999年版，《再谈“外国人所作之中国文学史”》。参阅李庆《日本汉学史》(一)，上海外语教育出版社2002年版，第150—151页。《中国文学史纲要》，有的译作《中国文学史稿》，参阅来裕恂《中国文学史稿》，岳麓书社2007年版，王振良撰写的《前言》第6页。

③ 吉川幸次郎云，此书“是在英国留学中的谦澄，把在留英日本学生会的演讲原稿，在东京出版的书，此书从其标题来看，确实是世界最初的中国文学史，但其内容，如前所述，主要是经书及诸子，所论与其说是文体，不如说更侧重于思想，也未言及史的展开，也不能说是文学史。其论说，明显的是基于西洋思想，特别是英国的功利主义”。《吉川幸次郎全集》，筑摩书房版17卷《中国文学研究史》一文，第389—390页，转引自李庆《日本汉学史》(一)，上海外语教育出版社2002年版，第225—226页。

《中国文学》(文章讲话) [日]日下宽著 哲学馆版 1890年(光绪十六年)①

《支那文学史》 [日]儿岛献吉郎著 1891年

《中国文学史稿·先秦文学》 [日]藤田丰八(藤田剑锋)著 东京专门学校版 约1895年(光绪二十一年)或1896年(光绪二十二年)②

《支那文学史年》 [日]古城贞吉著 1897年(光绪二十三年)出版③

《支那文学大纲》16卷 [日]大町桂月等著 大日本图书馆出版 1897年(光绪二十三年)

《支那小说戏曲小史》 [日]笹川种郎(临风)著 东华堂版 1897年(光绪二十三年)

《支那文学史》 [日]笹川种郎著 博文堂出版1898年(光绪二十四年)④

《支那文学史》 [日]中根淑著 金港堂版1900年(光绪二十六年)

《中国大文学史》 [日]儿岛献吉郎著 1899年(光绪二十五年)

《中国文学史要》 [日]中根淑著 1900年(光绪二十六年)⑤

---

① 据陈福康《民国文坛探隐》,上海书店出社1999年版,《谈'外国人所作之中国文学史'》附《中岛长文先生来信提供的日本明治时代的中国文学史书目》。

② 据陈福康《民国文坛探隐》,上海书店出社1999年版,《谈'外国人所作之中国文学史'》附《中岛长文先生来信提供的日本明治时代的中国文学史书目》。有的译作《中国文学史稿》,参阅来裕恂《中国文学史稿》,岳麓书社2007年版,王振良撰写的《前言》第6页。

③ 据陈福康《民国文坛探隐》,上海书店出社1999年版,《谈'外国人所作之中国文学史'》附《中岛长文先生来信提供的日本明治时代的中国文学史书目》。又,可参阅李庆《日本汉学史》(一),上海外语教育出版社2002年版,第452—457页。《支那文学史》,有的译作《中国文学史稿》,参阅来裕恂《中国文学史稿》,岳麓书社2007年版,王振良撰写的《前言》第6页。

④ 以上3种据李庆著《日本汉学史》(一),上海外语教育出版社2002年版,第426页、571页。《支那文学史》,有的译作《中国文学史稿》,参阅来裕恂《中国文学史稿》,岳麓书社2007年版,王振良撰写的《前言》第6页。

⑤ 以上两种据来裕恂《中国文学史稿》,岳麓书社2007年版,王振良撰写的《前言》第6页。

《中国文学史》［日］高濑武次郎著　哲学馆版　1901年(光绪二十七年)①

《中国文学史》［英］翟理斯(H. A. Giles)著　1901年(光绪二十七年)在伦敦出版单行本②

《中国文学史》［德］葛鲁贝(Wilnelm　Grube)(又译作顾路柏或格鲁伯)著　莱比锡出版　1902年(光绪二十八年)③

《中国文学史》［日］久保得二(即天随)著　早稻田大学出版部　1903年(光绪二十九年)④

上述文学史最早的传入中国,比较确切的史料,是日本学者编写的中国文学史的传入。在光绪二十九年11月(1904年1月)颁布的《奏定大学堂章程》中,要求教员讲授"西国文学史"和"历代文章流别"。并指出,在讲授"历代文章流别"时,应参考日本人编纂的《中国文学史》。又据陈玉堂《中国文学史书目提要》第125页,日本笹川种郎著《支那文学史》,上海中西书局翻译生译,光绪二十九年11月20日印刷,十二月初十发行。光绪二十九年为1903年,发行期当已跨年⑤。《大学堂章程》所说日本人编纂的《中国文学史》,没有具体说明。林传甲在所编《中国文学史》目次后自叙中,除引《大学堂章程》的说明,又说:"按日本早稻田大学讲义,尚有《中国文学史》一帙。"

---

①　据陈福康《民国文坛探隐》,上海书店出版社1999年版,《谈'外国人所作之中国文学史'》附《中岛长文先生来信提供的日本明治时代的中国文学史书目》。

②　此书在出版单行本之前,于1987年(光绪二十三年)被列为戈斯主编的"世界文学简史丛书"之第10种在英国出版。参阅葛桂录《中英文学关系编年史》,上海三联书店2004年版,第123页。李倩《翟里斯的〈中国文学史〉》,《古典文学知识》,2006年第3期。又,郑振铎在《评Giles的中国文学史》(载《中国文学论集》,1934年2月)一文中说,此书出版于1900年,而在注中,又说1911年出版。上引诸说,待考。

③　葛鲁贝"本是俄国人,服务于德国柏林人类博物馆的东亚部。1887—1899在中国北方从事研究"。引自李庆著《日本汉学史》(一),上海外语教育出版社2002年版,第141页。此书有的译作顾路柏著《中国文学史稿》,参阅来裕恂《中国文学史稿》,岳麓书社2007年版,王振良撰写的《前言》第6页。

④　此文学史即早稻田大学讲义。据陈福康《民国文坛探隐》,上海书店出版社1999年版,《谈'外国人所作之中国文学史'》附《中岛长文先生来信提供的日本明治时代的中国文学史书目》。

⑤　黄山书社1986年版。《支那文学史》译成中文,题名《历朝文学史》。

这说明,林传甲当时看到的日本人编纂的《中国文学史》,当不止一种①。从以上史料可以看到,随着西学的涌入,大学堂首先讲授的是"西学文学史"②。就中国文学史来说,国人在编纂《中国文学史》之前,至少日本人编撰的《中国文学史》已经传入中国。这些文学史的传入,使国人第一次知道了国外有文学史这种形式,而且编撰了多种中国文学史。这些文学史的传入,首先受到了教育行政部门和新式学校的重视。1904 年颁布的《奏定大学堂章程》,在"文学科大学"里专设"中国文学门"。特别值得注意的是,在为"中国文学门"设立的 16 种主要课程中,有"西学文学史"和"历代文章流别"。而且要求讲授"历代文章流别"课程时,应仿日本人编写的《中国文学史》之意。这样,文学史作为一种必修课首先在大学里被确定下来了。大约与此同时,中学堂也开设文学史课程。1903 年的《奏定中学堂章程》规定:"中国文学"课程除讲授文义、文法和作文外,"次讲中国古今文章流别、文风盛衰之要略,及文章于政事身世关系处"。上述规定讲授"古今文章流别"等,从内容上看,实际上已经属于文学史了。到 1912 年 12 月教育部公布《中学校令施行规则》关于国文课中,又明确规定有"文学史之大概"。1913 年 3 月,教育部公布中学校课程标准,国文一科有中国文学史③。在此期间,中国开始出现了林传甲、黄人等编写的文学史。林传甲的《中国文学史》是 1904 年"仿日本笹川种郎《中国文学史》之意"编写

---

① 王钟陵主编:河北教育出版社 2001 年出版《文学史方法论》第 1 页认为,林传甲"仿日本早稻田大学讲义",即笹川种郎《历朝文学史》。此说值得商榷。就我所见有关笹川种郎的生平,未见其任教于早稻田大学,也未见早稻田大学用其《历朝文学史》作讲义的记载。另外,细读林传甲的自叙,在"日本有中国文学史,可仿其意"后,又云:"日本早稻田大学讲义尚有中国文学史一帙。"看来,笹川种郎所编《历朝文学史》与日本早稻田讲义当是两种。又据《中岛长文先生提供的日本明治时代的中国文学史书目》,其中第 9 种就是早稻田大学讲义录。

② 当林传甲编写《中国文学史》时,还看到了"收在'日本帝国丛书'里的英、德、法等其他国家的文学史"。引自戴燕《中国文学史的权力》,北京大学出版社 2002 年版,第 174 页。黄人《中国文学史·总论·文学史之效用》说:"故他国之文学史,亦不过就既往之因,求其分合沿革之果,裨国民有所称述,学者有所遵守。"说明国人在讲授和编写中国文学史之前,一些外国文学史已经传入中国。

③ 参阅舒新城编《中国近代教育史资料》,人民教育出版社 1961 年版,中册第 508、509、527、535 页。

印行的讲义[①]。黄人的《中国文学史》是作者1905年任教东吴大学时，由吴梅协助编写的教材，其中部分章节于1907年在东吴大学学报《学桴》第一期上发表[②]。在这前后，应中学校教学之规定和需要，也相继编撰、出版了几种文学史。窦警凡编有《历朝文学史》。此书是南洋师范课本，脱稿于1897年，1906年铅印出版[③]。约在1905年，来裕恂在浙江海宁中学堂任教，编有《中国文学史稿》，1909年有誊写本[④]。商务印书馆1914、1915年前后分别出版了王梦曾和张之纯的《中国文学史》。林传甲、黄人、窦警凡和来恂裕编写的文学史在课堂上讲授和出版，标示外来的文学史这种形式在中国已经“落地生根”了。

综合以上的论述，可以认为，在近代的后期，中国文学史的产生，不是一种偶发的现象，而是中国传统的文学理论批评中所蕴涵的诸多文学史因素、国外文学史的输入和中国教育改革、教学需要等多种因素综合作用的结果。

文学史在中国“落地生根”以后，由于大学、师范学校和中学等学校教学的需要以及个人的研究，继林、黄、窦、来等编写的四种文学史之后，据陈玉堂《中国文学史书目提要》及其他史料，到1919年先后至少出现了10种文学史，按出版的先后，依次是：

《中国文学史讲义》　许指严编　约在清末出版

《中国文学史》(附《中国文学史参考书》)　王梦曾编撰　商务印书馆1914年初版

《宋元戏曲史》　王国维著　商务印书馆印行　1915年[⑤]

《中国文学史》　张之纯编纂　蒋维乔校订　商务印书馆1915年初版

《中国文学史要略》　朱希祖编　北京大学出版部　1916年

《中国妇女文学史》　谢无量著　中华书局印行　1916年

---

① 据林传甲《中国文学史·自叙》，1910年4月在《广益丛报》上连载，同年6月初版。

② 据黄钧达编《黄人年谱》(摘编)，载《南京师范大学文学院学报》2006年第3期。

③ 参阅陈玉堂《中国文学史书目提要》，黄山书社1986年版，第4页。

④ 参阅来裕恂《中国文学史稿》，岳麓书社2007年版，王振良撰写的《前言》、陈平原撰写的《折戟沉沙铁未销——新刊来裕恂撰〈中国文学史稿〉序》。

⑤ 此书原名《宋元戏曲考》，壬子(1912)岁暮写定于日本京都。商务印书馆出版时改名为《宋元戏曲史》。

《中国文学史纲》 钱基厚撰 锡成公司代印 1917年

《中国大文学史》 谢无量著 昆明中华书局 1918年

《中国文学史》 吴梅辑 北京大学油印讲义 1918年①

《文学蜜史》 褚石桥著 无出版单位 1919年

就目前发现的史料来看，从1904年开始，截止到1919年，国人自编的文学史达14种之多。这说明文学史这一新形式传入中国后，迅即受到了多方面的重视②，呈兴盛之态势。这从一个方面反映了中国近代注意对外来新文化的吸纳。

从观念、形态以及与文化教育的关系等角度，综合考察上面所列国人编纂的中国文学史，至少有以下几点值得我们重视：

一、以教材为主、研究著作为次的文学史构成格局的形成。中国文学史的产生首先与教育章程和学校课程设置密切相关。在1904年奏定各种学校的章程中，把中国文学史作为一门重要的课程，而且有具体的要求。因此出现了适应大学和中等学校教学需求的文学史。在上面列举的14种文学史中，有9种开始是有关学校的讲义或课本，占总数的64%。其中林传甲、黄人、朱希祖、吴梅分别所编四种是大学的讲义，窦警凡、张之纯分别所编两种是师范学校的讲义，来裕恂、王梦曾编的两种是中学的课本，另有钱基厚的《中国文学史纲》是"为其学生讲课时所辑"。与此不同的是，研究著作型的文学史，却相当少，典型的只有王国维的《宋元戏曲史》和谢无量的《中国妇女文学史》。

由于诸多文学史属于教材，有些还要经由教育行政部门的审查，自然会受到教育章程和课程的制约。在国外，文学史的编写与出版，属于非体制的，而传入中国作为教材，就由非体制的而变成了体制性的。这在文学观

① 陈玉堂《中国文学史书目提要》，黄山出版社1986年版，未收此讲义。此讲义是陈平原在2004年春发现的，参见陈平原《不该被遗忘的"文学史"——关于法兰西学院汉学研究所藏吴梅〈中国文学史〉》，《北京大学学报》2005年第1期。陈平原辑《早期北大文学史讲义三种》，北京大学出版社2005年版。

② 王国维撰《宋元戏曲考》之所以改名作《宋元戏曲史》，"实乃为供发表、出版的权宜之计，故王氏去世后，罗(振玉)氏为编《遗书》，乃将书名由'史'改为'考'，实出作者初衷"。引自陈鸿祥《王国维年谱》，齐鲁书社1991年版，第147页。从《宋元戏曲考》的改名，可以发现当时社会上对文学史的需求。

念、体例、篇幅、写作时的心态、写作过程、印行等方面都有明显的体现。拿篇幅来说，除黄人的文学史由于大量引录作品，长至一百七十余万字，属于大型的之外，其他的篇幅都不长。属于中型的在六、七万字到十多万字，如林传甲的约七万七千字、曾毅的约十四万字、张之纯的约九万字、吴梅的约六万四千字。小型的则只有三四万字，如王梦曾的约二万六千字、朱希祖的约四万六千字。就写作过程来说，从总体上看，这些文学史多属急就章。钱仲联说，黄人的"《文学史》一书，当时逐日编纂，用为校中讲义，往往午后需用，而午前尚未编就，则口衔烟筒，起腹稿，口授金丈（鹤冲），代为笔录。录就后，略一过目，无误漏，则缮写员持去付印矣"①。江绍铨撰林传甲《中国文学史·序》说：

> 每见其奋笔疾书，日率千数百字，不四阅月，《中国文学史》十六篇已杀青矣。

上面列举的文学史的编写是根据授课对象，从不同层面讲授普及古代文学知识，基本上不是立一家之言的著作。这一点，江绍诠撰林传甲《中国文学史·序》有所明示：林传甲"所为非专家书而教科书，固将诏之后进，颁之学官，以备海内言教育者讨论焉"。如果把这些文学史与王国维的《宋元戏曲史》的写作加以比较，就更加清楚。《宋元戏曲史》的写作，是基于个人的学术积累和学术思考。王国维认为，作为一代文学的元曲，"能道人情，状物态，词采俊拔，而出乎自然，盖古所未有，而后人所不能仿佛也"。但是元曲产生以后，"后世儒硕，皆鄙弃不复道"。他为了补其缺憾，"辄思究其渊源，明其变化之迹"，于是自己搜集、整理史料，先后撰写了《曲录》6卷，《戏曲考原》1卷，《宋大曲考》1卷，《优语录》2卷，《古剧角色考》1卷，《曲调源流表》1卷。"从事既久，续有所得"，"手所疏记，与心所领会者，亦日有增益"，最后写成此书。自云："其所说明，亦大抵余之所创获也。"②王国维把戏曲系统地写成《宋元戏曲史》，具有开创之功。它同当时许多人编写的重在普及的文学史教材不同，而是完全具有个人特点、具有丰厚学术内涵和生命力的学术著作。而许多学人编写的文学史教材，就中国学术史而言，有开创之

① 钱仲联《梦苕庵诗话》，齐鲁书社1986年版，第49页。

② 以上引自王国维著、杨扬校订《宋元戏曲史》，华东师范大学出版社1995年版，"序"。

功,在当时有用新的知识体系普及古代文学的重要作用。但随着学术和教育的发展,这些文学史就逐渐地被新编的取代了。

值得注意的是,上述近代编写文学史的构成格局在后来一直延续着。在文学史领域里,从数量上看,作为教材的文学史一直占多数,而作为学术著作的文学史则一直较少。这是我们研究中国文学史的演进历程,不得不重视的一个问题。

二、注意立足于传统。在中国,文学史这种形式最早是舶来品。近代国人编撰中国文学史,虽然注意吸收国外的相关成果,但多数的编撰者,对外来的文学史持审慎的态度,往往只是把它们作为一种参照,并不是照搬,而是注意立足于中国的文化传统来吸取。这主要体现在文学观和文体上。

近代的学者在编写中国文学史时,西方的纯文学观(狭义的文学观)已经传入中国。他们注意了西方的纯文学观,但在编写的实践过程中,并没有生搬硬套。有的取调和、折中的做法。曾毅在《中国文学史·凡例》中说,他编文学史,"以诗文为主,经学史学词曲小说为从,并述与文学有密切关系之文点文评之类"。曾毅的文学史虽然涉及了戏曲小说,但却置之于从属地位。除个别文学史取调和折中外,更多的是取"杂文学观"(广义的文学观),有的甚至把文字、音韵也写进文学史,这在首创的几种文学史中尤为明显。如黄人和林传甲分别编写的《中国文学史》。黄著不仅论及广义的文学作品,还包括制艺、金石碑帖、文字音韵等;林著共16篇,第1篇为古文字的变迁,以下则分音韵、训诂、治化为文与词章为文、修辞、作文之法、群经等。到谢无量1918年出版《中国大文学史》,仍取杂文学观,除诗、赋、文、词、曲、小说外,还涉及了经学、文字学、诸子、史学、宗教、道学等。如果把黄人和林传甲分别编写的《中国文学史》作为国人开启编写文学史的代表,把谢无量的《中国大文学史》作为近代最后的一部文学史,纵观前后,可以发现,在近代,杂文学观在文学史的编写中占有主导的地位。这与最早翻译过来的日本笹川种郎的《历朝文学史》不同。《历朝文学史》虽然也涉及了某些经书、史书和子书,但多着眼于文学作品,在"金元文学"、"明朝文学"、"清朝文学"中,对中国的小说、戏曲多有介绍。

关于文体,前面曾经述及,中国古代的文学理论批评,特别重视述评文体的源流演变。这也为国人编写文学史所承传。近代国人所编的中国文学史,不同程度地都注意述评文体的产生和演变。尤其明显的是林传甲的《中国文学史》。林著从第七篇开始,完全着眼于各种文体,次第论述了"群经文体"、"周秦传记杂史文体"、"周秦诸子文体"、"史汉三国四史文体"、"诸史文体"、"汉魏文体"、"南北朝至隋文体"、"唐宋至今文体"、"骈散古合今分之渐"、"骈文分汉魏、六朝、唐、宋四体"。林著共16篇,其中论述文体的占10篇,足见其对文体的重视。这10篇从宏观的角度,分别论述了经、史、诸子、骈文、散文等文体的演变。

三、涉及了文学史的许多命题。近代所编的《中国文学史》,有不少不同程度地论述了文学的定义、文学的分类、文学的目的、文学史的作用、文学史的分期(时代区划)、文学史同其他文化的关系等问题。黄人的《中国文学史》第一编"总论",有一部分论"文学之目的"、"文学史之效用"。第二编"略论"中有一部分论"文学之种类"。第三编"分论"中有一部分论"文学的定义"。谢无量的《中国大文学史》"绪论"的第一章,专设"中国古来文学之定义"、"外国学者论文学之定义"和"文学之分类"三节。曾毅的《中国文学史》第一编"绪论"中有"文学之分类"问题的论述。文学的定义、分类和目的之类,在后人的心目中应当属于文学概论的范围①,但在当时却被作为文学史内容的组成部分。究其原因,是初创期之时代使然。文学史是舶来的一种著述体裁,讲述的是文学的历史。传统文学的诸多问题与西方的文学理论多有捍隔。既要借用外来的形式,又要适应中国的传统,像"什么是文学"之类的问题,是编写文学史所直面碰到的、无法回避的,加上当时并没有后来的文学概论之类的著述和教材,所以一些文学史就把有关这方面的内容写进去了。后来,特别是有了文学概论一类的著述之后,一般文学史虽不再直接涉及上述之类的问题,但这些问题一直到现在仍是文学史编写者所思考的重要内容。

关于文学史的作用问题,特别值得提出的是黄人。黄人在其所编纂的《中国文学史》第一编"总论"中,特设"文学史之效用"一部分。在这一部分,他从四个方面论述了文学史的作用。黄人立足于当时的现实,又具有"世界之眼光,大同之思想",用一种爱国的精神和惜护民族的心灵去理解体味中国的文学史。他认为,了解中国的文学史不仅"裨国民有所称述,学者有所

① 鲁迅1935年11月5日《致王冶秋》信说:"讲文学的著作,如果是所谓'史'的,当然该以时代来区分,'什么是文学'之类,那是文学概论的范围,万不能牵进去,如果连这些也讲,那么,连文法也可以讲进去了。"《鲁迅全集》,人民文学出版社2005年版,第13卷第508页。

遵守”,还能使国人知道中国有悠久的“万世一系,瓜瓞相承”的“文学之谱牒”,“而厌家鸡爱野鹜之风”,或可少息。文学史“能动人爱国、保种之感情”。黄人还认为,中国的文学处于杂乱的状态,又多“不诚”之作,文学史可以用史统一各种文学,可以使“障翳抉”、“光明生”,“糟粕漉”、“精华出”。黄人满怀激情,以民族的自尊、自强的心态,结合中国文学的实际来表述文学史之效用,在时逾百年的今天,仍能感人肺腑、启人心扉。

文学史既是史,自然就有一个如何划分时代的问题。这一点在近代所编的许多文学史中有明显的体现。总括而言,有按大时段分期的,有按朝代分期的。前者主要参考日本人所编的“中国文学史”,分为上古(上世)、中古(中世)、近古(近世)、近世四个时期,如曾毅的《中国文学史》和谢无量的《中国大文学史》。后者如张之纯的《中国文学史》,分为“始伏羲迄秦代”、“始汉代迄隋朝”、“始唐代迄明朝”、“始清初迄清末”四个时期;褚石桥的《文学密史》在甲集《左传略》等之后至辛集,分西汉东汉、魏晋南北朝、隋唐五代、两宋、辽金元、明、清六个时期。有些在分期的同时,还注意概括各时期文学的形态和特点。黄人的《中国文学史》认为上世为文学的胚胎到全盛期,接下去是华离期、暧昧期和第二暧昧期。王梦曾的《中国文学史》分古代文学为“孕育时代”、“词胜时代”、“理性时代”和“词理两派并胜时代”。

近代国人编写的文学史,常常涉足于文化的其他方面,除了上述已经提到的语言、文字、音韵、制艺等之外,还有的涉足的范围更广。如曾毅的《中国文学史》第一编“绪论”中,述及了“文学与学校”(订正本为“文学与科学”)、“文学与科举”(订正本为“文学与学校”)、“文学与儒释道三教”(订正本为“文学与思想”)①。谢无量的《中国大文学史》涉及了经学、诸子哲学、史学、佛教、道学、考证学等。

近代国人编写的中国文学史,特别是通史,自19世纪20年代前后开始,常常受到批评和贬抑。刘师培在1919年论及中国文学史的写作时认为,当时的文学史“无完善课本”,“似宜仿挚氏之例,编纂《文章志》、《文章流别》二书,以为全国文学史课本,兼为通史文学传之资”②。如果说刘氏的评

---

① 参阅陈玉堂《中国文学史书目提要》,黄山书社1986年版,第7页。

② 刘师培著《搜集文章志材料方法》。此文原刊《国故》月刊,1919年第3期。引自陈引驰编校《刘师培中古文学论集》,中国社会科学出版社1997年版,第105页。

论比较允当、且具有建设性的话，那么在他之后则更多的是贬抑和否定。他们的贬抑和否定往往立足于纯文学观，指责其没有划清文学史与学术史和文化史的界限。如谭正璧说：

> 过去的中国文学史，因为根据了中国古代的文学定义，所以成了包罗万象的中国文学史。①

郑宾于的言论尤为过激：

> 据我的眼光看起来，似这般"杂货铺式"的东西，简直没有一部配得上称之"中国文学史"的作品。②

郑振铎在《我的一个要求》一文中，论及林传甲的《中国文学史》说：

> 林传甲著的，名目虽是《中国文学史》，内容却不知道是些什么东西！有人说，他都是抄《四库全书》上的话，其实，他是最奇怪——连文学史是什么体裁，他也不曾懂得呢！③

20世纪30年代以后，随着文学观的变化，纯文学观逐渐占有主导地位，相继出现的各种文学史，基本上都是取纯文学观。可能由于这一原因，对近代所编的多数文学史，几乎被遗忘了，很少有人提及。直到20世纪80年代以后，随着"重写文学史"口号的提出，随着世纪末学术界对20世纪文学研究的回顾和反思，近代所编的文学史开始进入了研究者的视野，出现了一些相关的论著④。这些论著多能历史地、客观地分析这些文学史，而不再像前面所举的谭正璧、郑宾于和郑振铎那样的一概否定。这应当说是文学

---

① 谭正璧著《中国文学进化史》，光明书局1929年版，第2页。

② 郑宾于著《中国文学流变史》，北新书局1930年版，"前论"，第7页。

③ 郑振铎《中国文学论集》，1934年3月。收入《郑振铎全集》，花山文艺出版社1998年版，第6卷，第56—57页。

④ 如黄霖《中国文学史学史上的里程碑——略论黄人的〈中国文学史〉》，《复旦学报》1990年第6期；夏晓虹《作为教科书的文学史——读林传甲〈中国文学史〉》，《文学史》第二辑，北京大学出版社1995年版；汤哲声、涂小马编著《黄人评传·作品选》，中国文史出版社1998年版，"评传"二；戴燕《中国文学史的权力》，北京大学出版社2002年版，附录一《中国文学史的早期写作——以林传甲〈中国文学史〉为例》，附录三《文学史的力量——读黄人〈中国文学史〉》；陈国球《文学史书写形态与文化政治》，北京大学出版社2004年版，第二章《"错体"文学史——林传甲的"京师大学堂国文讲义"》；陈平原辑《早期北大文学史讲义三种》，北京大学出版社2005年版。

史学史上的一大进步。

国人从开始编纂文学史到现在已逾百年。尽管现在国外有人认为,文学史是不能编写的,如劳伦斯·利普金在《文学史的用处》中说:"文学史过去是不可写的;现在则变得更不可能。"[①]国内少数学者,有时一提文学史也表现出某种厌倦和鄙薄的情绪。其实,文学史有其存在的根由。中国古代文学历史悠久,文学家辈出,文学作品丰富,其他各种文学现象纷纭复杂,人们为了在有限的时间内了解悠久丰富的古代文学,获得系统的古代文学知识,进而体味中国文化的灵魂和人生真谛,探索中国人文知识分子的人格构成,在精神上得到陶冶,得到提升,阅读文学史不失之为一种捷径。也可能基于上述原因,所以文学史著作产生以后,一直有相当旺盛的生命力。过去一直未曾中断,现在仍作为高等院校的一门重要课程,社会上仍有大量的爱好者。这种情况肯定会延续下去的。现在和今后编写文学史,都应了解文学史学史,而初创期的文学史就是一个重要方面。初创期的文学史,大多已经不适用于今天,也不可能适用于以后,但从文学史学史的演进历程来看,初创期的文学史是近代文学史料学的重要组成部分,值得我们珍惜。前面已经论及,文学史开始是舶来的新形态,初创期的文学史,明显地具有新旧杂糅的特点。在理论上,初创期的文学史一方面继承了传统的理论,另一方面也自觉或不自觉地受到了西方的影响,这在许多文学史中都有明显的印记。新的形态,新的理论,一方面帮助建构了文学史,同时由于学习和掌握一种新的知识叙述形态,掌握使用一种新的理论,从来都不是一蹴而就、轻而易举的事情。要把新的形态、新的理论同中国长期积累下来的文学史料融合起来,尤其不易。再加上文学现象的复杂性以及当时的社会政治氛围、教育制度、学术思想等方面的制约和熏染,自然使近代国人编纂文学史,不仅难以对文化史、学术史和文学史予以区分,而且不少文学史显得稚嫩、粗糙、草率。尽管如此,现在我们应当怀着护惜前人的心态,不应当遗忘他们编写的文学史。从文学史料学的视角来看,文学史的初创,为文学研究史料增加了一种新的形态。文学史这种知识体系为传播和普及中国古代文学,作出了其他形式不能取代的贡献。就文学史的编写而言,这些文学史,不止

① 转引自美国马歇尔·布朗《文学史的发展轨迹再思考》,载王宁主编《文学理论前沿》第三辑,北京大学出版社 2006 年版。

有开创之功,而且涉及的许多问题,如如何正确地对待西方的文学观与传统的文学观[①]、文学史的作用、文学史如何分期、文学史与文化史和学术史的联系与区别、怎样处理和对待作为教科书的文学史和作为学术著作的文学史等。这些问题,后来编写的文学史都遇到了,也是现在和以后编写文学史难以回避的。从这方面来思考,近代国人所编写的文学史,又是重要的学术资源,有许多东西值得我们去探讨和总结。

中国古代文学史料学是中国古代传统文化的组成部分,与中国古代传统文化的产生和演进有相同的深厚的土壤,都植根于各族人民的社会生活,源远流长。传统文化有长久的生命力,文学史料学也是这样。中国古代文学史料学产生和运用的一些基本理论和方法源自传统文化,主要方面和传统文化相契合。进入近代,尽管社会被迫由封闭走向开放,西方的许多理论和方法不断地涌进来,对传统文化有很大的冲击。但由于优良的传统文化并没有同封建统治一样衰朽,而是仍然保持着它的张力,由于几千年陶铸而成的民族灵魂和爱国精神,已经渗透到许多文人学者的血液中,因此同其他领域相比较,作为传统文化组成部分的文学史料学受到的冲击轻得多。在近代,从理论到实践,传统的史料学仍居于重要地位。诸多文学史料的搜集、整理,成果多多,使用的基本上是传统的方法。同文学史料学密切相关的目录与目录学、版本、校勘、注疏、辑佚等,仍在继续发展。诗话、词话、评点仍为许多文人所关注、和整理,成果陆续刊行。即使国人受西方编写文学史的启发所编纂的中国文学史,如上所述,在文学的界定、文学史的作用、史料的取舍等方面,都明显地承续着传统。传统并没有断裂。

我们说传统的文学史料学在近代占有重要地位,并不意味着否定传统的文学史料学在近代发生的变革。实际上,由于社会的急剧变革,由于西学的涌入,许多士人表现了重西崇新、接受开放、具有面向世界的开阔胸襟。

---

① 西方的文学观,属于纯文学观,局限于诗歌、散文、小说和戏剧,突出了文学的审美特点,但轻忽了文学的复杂性以及文学同其他方面的关系。中国传统的文学观,属于杂文学观(大文学观)。杂文学观有“包罗万象”的问题,但这不只是一个传统的问题,其中还含有文学与其他多方面的关系问题。纯文学观与杂文学观各有优长,在文学史编写中,如何理解和使用纯文学观和杂文学观,如何阐述文学同其他方面的关系,近代有所尝试,也是今后需要继续探讨的重要问题。

他们在继承传统的文学史料学的同时，也十分注意吸收外国的进步思想和新的形式。在这种形势下，传统的文学史料学不可避免地也受到了激荡，发生了重要的变革，有了空前的改观。这既体现在观念上，也体现在实践上。如上所述，纯文学观的输入，新的印刷科技的传入，报刊的迅速发展，使以通俗小说、戏曲为代表的通俗文学同传统的诗文相比，占据了主流地位。通俗小说、戏曲等通俗文学史料的搜集、整理、研究和传播等，都出现了亘古未有的新局面。又如文学史这一新的形式的输入，使中国文学史料学在研究史料方面新增加了一个重要的分支，至今还保持着旺盛的生命力。

从总体来看，近代的文学史料和文学史料学，有中国传统和世界意识两个维度。在不同的时期、不同的文人学者那里，两个维度有所侧重，有所强调，有时甚至出现一些悖论的现象。就传统方面而言，注重立足于中国，承续传统和固有的血脉。就世界意识方面而言，张扬世界意识，重视西学，吸纳了许多西学的东西。近代的文学史料和史料学，呈现出中西、古今的矛盾、交错、互动和融合的复杂态势。在这种复杂的态势中，有许多东西已经初具现代意义。这表明中国漫长的传统文学史料学已经落下了帷幕，近代文学史料学的格局已经形成，并揭开了向现代文学史料学过渡的序幕。

如果说近代之前的文学史料学，就主体而言，是朝廷加士人的史料学的话，而到了近代，由于朝廷的衰败无力，所起到的作用微乎其微，远逊于历代王朝。近代的文学史料学，起主导作用、唱主角的是士人，近代文学史料学主要是士人的史料学。许多士人在史料学的理论和实践上，主要立足于救亡强国。他们当中，虽然有的直接参与了政治，但从总体上来看，他们是浮动在社会上层的一个小的群体。作为士人，他们关注文化，重视传承文明，有想象力，有激情。这对于史料学的变革无疑是有积极作用的。但是，由于多方面的局限，使他们缺乏对近代社会的深切了解。他们的史料学的理念和实践，其影响基本上限于士人和市民阶层的范围，而很少关注人口众多的下层农工的状态和需求。近代文学史料学还远不是农工大众的史料学。近代史料学建构的理论和实践的成果，功不可灭，但有很大的局限性，对中国近代社会的影响也是有限的。近代文学史料学的局限以及有待开拓与改进的诸多问题，历史地留给了现代。

内容编

本书的“历史编”主要是想从纵的史的角度，述评中国古代文学史料学的演进历程。这里的“内容编”，是想从横的方面，叙述中国古代文学史料所包含的主要内容。中国古代文学史料应当包括哪些内容，至今不论在理论上，还是在实践上，仁智各见，仍是一个需要继续探讨的问题。究其原因，从大的视域来看，涉及了研究者对文学整体的理解问题，从小的角度来看，涉及了文学观问题。

关于对文学整体的理解问题，有的研究者认为文学作为一个整体，是多种因素综合作用的结果。基于这种思考，文学史料包含的内容自然就会相当宽泛。有的研究者认为文学就是文学作品。基于这种思考，文学史料包含的内容就只限于作品。

单就作品而言，又涉及了杂文学观（或称大文学观）和纯文学观问题。文学观不同，对作品的范围有不同的界定。主张杂文学观的研究者，强调中国古代文学的特点，把中国古代文学作品的范围划得比较宽泛，把在近代以来看来属于哲学或历史等学科的许多著述，也视为文学作品。主张纯文学观的研究者，主要受近代以来西方文学观的影响，重视“文学性”，认为只有诗歌、散文、小说和戏剧才算文学作品，把文学作品的范围划得比较狭窄。

除了上述两种不同的观点之外，中国古代文学史料的内容，还涉及中国古代文学的演变和人们的认识问题。

本书对中国古代文学史料内容的思考，主要基于中国古代文学史料的实际，同时兼顾近代以来人们对文学的新认识和研究实践，认为古代文学尽管同古代哲学、历史等关系密切，但它毕竟是文学，有自己的特点。从这一点来考虑，不宜把古代文学史料的内容划得过于宽泛。另外，古代文学作为一个整体，实际上是古代文学创造者的生存、经历、思想和审美情趣，同其所处的各种背景的直接或间接的影响的多种因素综合作用的产物。存传的古代文学产物一直处在被体悟分析和评价当中。这些体悟分析和评价，往往又通过多种途径影响文学家及其创作。所以古代文学史料的内容具有综合性和整体性，不能仅仅局限于作品，应当包括背景史料、传记史料、作品史料和研究史料四种。四种史料中，作品史料是文学史料的核心。对于作品史料，由于先秦乃至两汉时期，文史哲不分，而后来文学逐渐独立。鉴于上述历史实际情况，对作品史料，应当兼顾“杂文学观”和“纯文学观”两种观点。对先秦两汉时期的作品应当放宽些，应当包括一些哲学和历史著述。而对两汉以后，则应当更多地着眼于“纯文学观”所界定的作品。这样做，也与长期以来人们对古代文学研究的实际状态相符合，有利于人们搜集、鉴别、整理和使用史料。

第十六章　古代文学背景史料

第一节　文学研究与背景史料

人类的各种各样的活动，都是在一定的背景下产生和进行的。每一个人，从他被孕育时开始，背景就在他身上起作用，把他从纯粹的生命转变为与背景相融合的人生。人只存在于自己与自己背景的相互作用和融合中。文学家也是这样。文学家的创作及其作品，从来没有离开、也不可能离开他所处的背景。这一点，勃兰兑斯有一段精辟的论述：

> 一本书，如果单纯从美学的观点看，只看作是一件艺术品，那么它就是一个独自存在的完备的整体，和周围的世界没有任何联系。但是如果从历史的观点看，尽管一本书是一件完美、完整的艺术品，它却是从无边无际的一张网上剪下来的一小块。①

勃兰兑斯所说的“一张网”，实际上指的是产生艺术作品的周围世界，也可以理解为背景。作品的产生虽然是个人精神活动的结果，但任何个人都离不开他生活的境遇。因此，我们在体认和分析文学家及其创作和作品时，必须顾及当时的背景。这一点，古今有许多重要的显豁的论述。《孟子·万章下》载孟子主张“知人论世”。所谓“论世”，指的就是应当顾及其所处的背景。章学诚在《文史通义·内篇二·文德》中强调：

> 不知古人之世，不可妄论古人文辞也。知其世矣，不知古人之身处，亦不可遽论其文也。

章学诚所说的“古人之世”和“古人之身处”，分别指的当是古人所处的

① ［丹麦］勃兰兑斯《十九世纪文学主流》，人民文学出版社 1988 年版，第一分册《流亡文学·引言》。

大的背景和身之所处和目之所及的小的背景。

陈寅恪指出：

> 古人著书立说，皆有所为而发。故其所处之环境，所处之背景，非完全明了，则其学说不易评论。①

陈寅恪指出的“所处之环境”和“所处之背景”，当也是从大小两方面强调了古人著书立说离不开其所处的背景。

闻一多在《楚辞校补·引言》中，阐述自己校补《楚辞》的方法说，“较古的文学作品所以难读，大概不出三种原因”，第一是就“先作品而存在的时代背景与作者个人的意识形态，因年代久远，史料不足，难于了解”。针对上述的这一点，闻一多给自己研究定的第一个课题，就是“说明背景”②。上引孟子等人的论述，有的并不是针对研究古代文学而言，但完全适用于研究古代文学。

一个文学家创作的作品和其他文学史料，大多是要经由多种途径、在不同的范围内得到传播的。而传播的途径和范围，固然与作品本身的蕴涵和艺术表现有关，但常常与当时的背景有密切的联系。一个明显的史实是，在纸张发明和使用之前，文学史料主要是靠当时的传抄来传播的，所用的材料主要是竹简、木牍和帛。竹简、木牍重量大，帛贵重，不仅使当时的著述简短，多用文言，同时使史料的传播受到了很大的限制。汉代纸的发明和后来生产的发展，纸逐渐取代了竹简、木牍和帛，史料的传播受到的局限就小得多了。再后来，自唐代开始，发明了雕版印刷，许多史料能够成批地印刷，史料的传播不仅快得多，而且传播的范围也有了很大的扩展。看来要正确地、全面地阐释文学史料的传播，也离不开传播的背景。

文学作品和其他文学史料的意义，最终是由接受者的解读来体现的。接受者总是处在一定的背景中。从古代文学的接受史来看，我们常常可以发现，对同一种文学现象，不同时期常常会有不同的体悟和阐释。产生这种现象的原因是多方面的，其中重要的一点是由于接受者所处的背景不同。不同的背景，使接受者的思维方式和审美情趣不同，也形成了不同的目的和

---

① 陈寅恪《陈寅恪史学论文选集》，上海古籍出版社 1992 年版，第 507 页。

② 孙党伯、袁謇正主编《闻一多全集》，湖北人民出版社 1993 年版，第 5 卷，第 113 页。

评价标准。以《诗经》的接受史为例,两汉时期,统治者为了巩固大一统的中央集权,尊崇儒家,确定了儒家诗教,强调诗歌的伦理教化,力主解读《诗经》要像《毛诗序》所说的那样,要起到"经夫妇,成孝敬,厚人伦,美教化,移风俗"的作用。今天看来,汉儒对《诗经》的解释有不少是牵强附会的,但从当时的历史背景来看,是完全可以理解的。这说明,为了阐释接受者对文学史料的接受,了解接受者所处的背景是一个重要关键。

中国古代重视史料的编纂和整理。这些史料的编纂和整理同编纂者和整理者所处的背景息息相关。宋末元初胡三省注《资治通鉴》,影响深远。胡氏为什么注释这部史著?这一点陈垣有深刻的揭示。胡三省是宋末元初的一位历史学家,他生活在宋元之际。南宋末年,"襄阳失守,临安失陷,帝后投降,再三年文天祥被俘,张世杰覆舟,陆秀夫背负帝昺投海,胡三省在悲愤之余,把全部精神寄托在他的《通鉴注》上,这就是胡三省著《通鉴注》的主要原因。胡三省'宁为亡国遗民,亦不愿为异国新民也'"①。看来要了解史料的编纂和整理,必须了解编纂者和整理者所处的背景。

人类生活的背景是十分广阔的,包括空间和时间。就空间而言,从天地、国家、地区到居处,有大有小,有远有近。就时间而言,有过去,有现在。人们是生活在空间与时间相交融的背景中,这就决定了文学背景史料十分丰富、非常复杂,具有综合性和整体性。通常总是纵横两个方面相互交错,相互作用。所谓横的方面,指的主要是当下的自然环境和各种社会条件。所谓纵的方面,指的是历史的积累,历史的存留。人们生活在当下的背景中,总是直接或间接地受当下各种条件的影响,同时又生活在过去的遗存之中,往往自觉不自觉地在"寻根",对历史进行选择、认同,寻找归属,憧憬未来。一种文学现象的产生、存在、传播和接受,都不是一种背景的诱发,而往往是纵的和横的以及宏观的和微观的多种背景综合形成的合力的作用。以作品的产生为例。钱钟书说:

> 作品在作者所处的历史环境里产生,在他生活的现实里生根立脚。②

① 参阅蔡尚思《陈垣先生的学术贡献》,载陈智超编《励耘书屋问学记》(增订本),三联书店 2006 年版,第 51 页。

② 钱钟书《宋诗选注》,人民文学出版社 1979 年版,《序》,第 2 页。

从上面列举的事实可以看到，任何文学现象自己都很难为自己说明或辩解。人们要全面地理解它们，必须力求接近它们所以产生的具体背景，设身处地地进入具体背景中，把它们放在具体的背景中来体悟和思考。

人类的文学活动是由多种因素综合的、交互作用的结果。文学活动与背景的关系也是相当复杂的。背景同文学活动，不是衬托与被衬托的关系，而是相互融合、相互作用的。人的文学活动不可能独立于背景之外，成为背景的绝对主人，总会受背景的制约。同时，人从来都不是背景的旁观者。人的文学活动并不完全受他所处的背景的羁绊，也不是消极地承受背景、屈从于背景。人的文学活动充满着思想感情和灵感，而思想感情和灵感随时都在变化。有些变化带有偶然性，不是完全靠背景可以解释的。人具有主观能动作用，其认识和实践的结果往往能不同程度地影响背景。历史上有很多文学家，敏锐而富于创造，往往走在文化的前沿，影响背景，能修补和深化背景的某些方面。曾巩在《苏明允哀词》中谈到三苏在当时的影响时说：

> 于是三人之文盛传于世，得而读之者皆为之惊，或叹不可及，或慕而效之。自京师至于海域障徼，学士大夫，莫不人知其名，家有其书。①

文学活动本身也创造背景。人的文学活动是连续的，前一文学活动可能成为后续文学活动的影响因素。一种文学现象发生以后，接着反过来又成为背景史料的组成部分。

值得注意的是，国内外有些学者排斥或轻忽研究文学背景的必要性。在国外，20 世纪“30 年代至 60 年代是‘新批评’执牛耳的时期。‘新批评家’嫌历史语言的研究不够专门化，把许多外在的因素揽入文学领域之中，如历史背景、作者的生平之类。所以他们主张，直接以作品为对象，‘细读’而后进行‘分析’。不但历史背景与作者生平必须推向边缘的地位，而且作者的本意也无须理会”②。在国内，文学研究界有人过分依赖西方细读主义和文本主义的倾向，轻忽甚至批评文学史的写作多取背景和作家作品分析的构架，以致淡化了对文学活动背景的重视。文学研究和文学史的写作应当提倡各种各样的方法，但重视背景是科学的、必要的。背景是我们阐释各种文学现象的重要基底。重视背景这一基底，还有助于我们的研究避免陷入相

① [宋]曾巩《元丰类稿》，《四部丛刊初编》本，卷 41。

② 引自[美]余英时《文史传统与文化重建》，三联书店 2004 年版，第 516 页。

对主义。当然，由于文学现象，特别是文学创作是极其复杂的，有许多文学现象很难从背景中得到正确的解释。还有，即使我们在研究文学现象时非常重视背景，但历史只是把一些文学现象留给了我们，却没有把那些文学现象得以产生的丰富的、复杂的、完整的背景史料留给我们。历史给予我们的背景史料只是其中微乎其微的一部分。而这一部分大多经过了不同程度的加工，并不是原生态的史料。背景是不可能还原的。如果我们研究文学现象，完全依据现存的背景史料，不注意参考其他史料作辨证的分析，其结果可能会出现牵强附会、穿凿臆断的弊病。尽管如此，我们还是应当十分重视文学背景的研究。现在摆在我们面前的任务是如何全面地搜集背景史料，科学地研究和使用背景史料，而不能因为许多人不重视研究背景或者因为在研究背景中出现了这样、那样的偏颇而否定和忽视背景史料以及对文学背景的研究。

背景史料具有广博的包容性和综合性，丰富复杂，呈网络状态，难以划分。不过，人们为了方便地搜集、整理、研究和使用背景史料，常常试图对这种呈网络状态的背景史料进行分类。本书尝试从大的方面，把背景史料分为社会背景史料和自然背景史料两种。下面分别加以叙述。

需要说明的是，背景史料不是一些条条框框，彼此之间，不是像刀切的那样界限分明。任何一种背景史料，都不是轮廓分明而可以确切测量的，只有把它置于网络中，才能看出它的意义。因此，这里把背景史料分为两种，也只是相对的。

第二节　社会背景史料

马克思和恩格斯在《共产党宣言》中有一段经典性的论述：

> 人的观念、观点和概念，一句话，人们的意识，随着人们的生活条件、人们的社会关系、人们的社会存在的改变而改变，这难道需要深思才能了解吗？思想的历史除了精神生产随着物质生产的改造而改造外，还证明了什么呢？

马克思和恩格斯所说的“人们的生活条件、人们的社会关系、人们的社会存在”，可以理解为人们生活所处的总的背景。其中的“社会关系”、“社会存在”指的当是社会背景。人的意识，人的精神生产，都是在一定的社会背景下产生的。只有把人的意识和精神生产置于社会背景之下，才可能理解。作为人的精神生产的一部分的文学活动，也不可能脱离社会背景。文学活动，从来都不是与社会背景无关的纯粹的虚无表现，不是一些自足的本体的存在，不是纯艺术活动。文学活动离不开活动者所处的社会背景。社会体制、社会权威、社会风气等对文学活动或引领、或限制，总是在影响着文学活动。以创作为例。钱钟书在《中国诗与中国画》中说：

> 一个艺术家总在某些社会条件下创作，也总在某种文艺风气里创作。这个风气影响到他对题材、体裁、风格的去取，给予他以机会，同时也限制了他的范围。就是抗拒或背弃这个风气的人也受到他负面的支配，因为他不得不另出手眼来逃避或矫正他所厌恶的风气。……所以，风气是创作里的潜势力，是作品的背景，而从作品本身不一定看得清楚。①

文学创作实际上是文学家所处的特定的社会背景或隐或显的折射。这对一个文学家来说是这样，对一个时代的文学来说，同样如此。一个时代的文学的产生及其风格的形成，一个重要条件就是社会背景。以建安文学为例，建安文学之所以呈现出“梗概而多气”风格，一个重要的原因是“世积乱离，风衰俗怨”②。

阅读接受作品同文学创作一样，也离不开社会背景。拿阅读接受《诗经》来说。闻一多指出，阅读《诗经》，要“用语体文将《诗经》移至读者的时代”，“带读者到《诗经》的时代”，“用‘《诗经》的时代’的眼光读《诗经》”③。

创作和阅读离不开社会背景，其他的文学活动也是这样。因此，我们研究各种文学现象，都必须关注与之相联系的社会背景。探讨社会背景怎样作用于文学活动，而文学活动又怎样影响了社会背景。进而增加我们对文学活动与社会背景之间的认识，启示人们如何创造有利于文学繁荣的社会

---

① 钱钟书《七缀集》(修订本)，上海古籍出版社 1994 年版。第 1、2 页。

② [南朝梁]刘勰著，詹锳义证《文心雕龙义证》，上海古籍出版社 1989 年版，《时序篇》。

③ 孙党伯、袁謇正主编《闻一多全集》，湖北人民出版社 1993 年版，第 4 卷第 457 页；第 3 卷第 215 页。

背景，如何用文学活动来促进社会的进步。

社会背景史料涉及的方面很广，归纳起来，主要有三个指向，即经济的、政治的和文化的。经济是基础，人的生存与发展，社会的维持和进步，都是以经济为基础。人的各种文学活动总是直接或间接地同经济相联系。政治是凭借着权势和法规对社会各方面实行控制与协调。人很难脱离政治，人往往要通过多种方式来表现自己对政治的看法和体现自己的价值，尤其是作为知识精英阶层的文人。独立的、没有权力的文人，几千年来一直处在以皇权为标志的巨大的政治权势之下。他们大多对政治抱有一种信念。有的文人为国为民、直面干预，不惜牺牲自己的生命；有的“像漩涡中的一片落叶和枯草，身不由己”，进退维谷；有的洁身退隐、独善其身；也有少数的鲜耻寡廉、曲学媚权。人是文化的人，人生活在文化中。文化体现在多方面，教育、文艺、历史、哲学、宗教、科学、思维方式、道德情操、审美趣味、风尚、民族心理习俗和价值观念等，都是文化的内容。文化在作为文化人的文学家那里，同身家性命融为一体，他们对文化尤其敏锐。他们承受文化，创造文化，也受文化的限制。因此我们在关注社会背景史料时，首先应当顾及的是经济、政治和文化这三方面的史料。通过掌握和分析这三方面的史料，基本上能够了解各个时代的各种社会矛盾，兼及主要矛盾双方的特点，以及它们在社会上表现出的复杂的交互影响，能够看到各种文学活动产生的时代的“大势”①。

历史把一些文学活动的结果（特别是文学作品）留给了我们，但却没有把这些文学活动借以产生的完整的社会背景史料传给我们。社会背景一去而不复返，是不可能还原和复制的。我们要了解过去文学活动得以产生的社会背景，只能借助于今存的极少的社会背景史料。

今存的社会背景史料，散见在各种载体的史料中。实物史料中有，口传史料中有，但更多是在以文字为主的各种典籍中。就各种典籍来看，经、史、子、集几乎都程度不同地蕴涵着社会背景史料。其中，最多、最重要的是保留在各种史书中的。

我国古代重史，国家和私人多途著史，蔚成风气，种类很多，成果丰厚。就其体裁来说，常见重要的有战国时期左丘明的《左传》开创的编年体，西汉

① 顾颉刚在《中学校本国史教科书编纂法的商榷》中说，研究历史“总要弄清楚每一个时代的大势”。载《教育杂志》第 14 卷 4 号，1922 年 4 月。

司马迁的《史记》开创的纪传体（正史），南宋袁枢的《通鉴纪事本末》开创的纪事本末体，唐代杜佑编撰的《通典》和五代末宋初王溥开创的《唐会要》之类的政书体[①]。另外，据《四库全书总目》“史部”，相关的还有别史类、杂史类、诏令奏议类、史钞类、载记类、职官类和地理类中的地方志等。

我们要了解一种文学现象产生的总体的社会背景，最重要的是全面阅读相关的史书。如果要了解某一时段的社会背景，可先阅读编年体史书中的相关时段的记述。至于要了解某一方面的社会背景，如经济的、政治的、文化的，可参阅纪传体中的有关的“书”[②]、“志”[③]、政书体和类书中相关的部分。

纪传体中的“志”，经济方面常见的有如《史记》和《汉书》中的《食货志》；政治方面的如《汉书》中的《刑法志》，《后汉书》和《辽史》中的《百官志》，《宋史》中的《职官志》，《新唐书》和《宋史》中的《选举志》；文化方面的如《汉书》中的《艺文志》和《隋书》中的《经籍志》，《晋书》、《宋书》中的《乐志》，《隋书》中的《音乐志》。有些“志”，今天来看，带有交叉的性质，如《汉书》、《新唐书》中的《礼乐志》，既有政治方面的内容，又有很多音乐方面的内容。正史中的“志”，详略不一，其中即使比较详细的，也属概括的叙述，不是原始的档案，但毕竟集中地为我们提供了某一方面的一些史料。

政书类史书是在正史“志”之外集中记述典章制度的一种书籍。这类史书，有些是记述多代的，如杜佑的《通典》、马端临的《文献通考》；有些记述的某一朝代的，如王溥的《唐会要》[④]和《五代会要》；有些是把当时制定的相关原文件汇编成的，如《大明会典》、《大清会典》；有些是把某一部分制度的档案汇编在一起，如《唐律疏义》、《大清律例》。政书类史书，记载典章制度的沿革变迁，都是按内容分类编纂的，分类比正史中的“志”更细密，像《通典》就将上起传说的唐虞，下至唐天宝末。典章制度依次分为《食货典》、《选举

① 关于《唐会要》，归类不同。《崇文总目》、《郡斋读书志》编入“类书”类，《直斋书录解题》编入“故事”类，《宋史·艺文志》编入“类事”类，《四库全书总目》编入“政书”类。今从《四库全书总目》。

② 《史记》设《平准书》和《食货志》，记述经济。《汉书》只设《食货志》，后来的史书多准《汉书》，只设“食货志”。

③ 纪传体二十四史以及《清史稿》，有几部没有“志”，但后人有“补志”。

④ 原书已残缺，清代以前，一直只有传抄本。

典》、《职官典》、《礼典》、《乐典》、《兵典》、《刑法典》、《州郡典》和《边防典》9类。各种会要也都是分类编辑的，像《唐会要》，全书共立子目514种，大体上是按照帝系、礼制、舆服、音乐、学校、刑法、历数、灾异、封建、宗教、职官、选举、食货、民政、四裔外国15类，把内容相近的条目编辑在一起，对于一些细小典故难以定其事目者，以"杂录"之名附在各条之后。

关于史书中的社会背景史料，除了上面述及的编年体、纪传体、纪事本末体、政书体之外，还常见于其他各种野史、杂著和类书。野史和杂著，往往载有一些比较真实的社会背景史料。鲁迅曾劝人尤须注意读"野史，或者看杂说"，"野史和杂说自然也免不了有讹传，挟恩怨，但看往事却可以较分明，因为它究竟不像正史那样装腔作势"①。

类书是分类辑录古书中的史料的一种书籍，大致可分为综合的和专科的两种。综合的兼收各类史料，是类书的主体，如今存著名的唐代的《艺文类聚》、宋代的《太平御览》、明代的《永乐大典》、清代的《古今图书集成》。综合的类书，分门别类地著录以前的史料，分类较细，像《艺文类聚》共分46部，列子目727，引用的古籍达1431种②。其中有关经济的有居处、产业等部，有关政治的有帝王、职官、封爵、治政、刑法等部，有关文化的有乐、杂文、巧艺、内典等部。专科的类书一般只收某种史料，如今存宋代的《册府元龟》只收历代君臣的典故逸事，《太平广记》只收传奇故事、野史笔记等。

类书和前面所说的政书中，有关社会背景的史料相当丰富，特别是许多反映社会经济生活的史料，为许多正史所不屑载录，所引的书籍，有些已经散失，但靠类书和政书而得以存传。类书和政书由于分类细密，也比较容易查找检索有关经济、政治和文化等社会背景史料。

第三节　自然背景史料

综观中国悠久的古代文学演变史，可以发现在丰富多彩的各种文学现象中，常常呈现出地域性的特点。许多不同体裁和题材的文学大多产生在

---

① 鲁迅《华盖集·这个与那个》，《鲁迅全集》，人民文学出版社2005年版，第3卷第138、139页。

② 据汪绍楹校《艺文类聚》，上海古籍出版社1982年版，《前言》。

不同的地域，不同地域的文学，在风格方面，往往有很大的差别。中国古代文学的地域性，就大的方面看，有不少学者大体以长江为界，分成南北两种文学。再细分，又可分成许多区域。

南北两种文学的地域性，纵贯中国古代文学演变的始终。先秦时期的《诗经》主要产生在北方，尚实重事，真切质朴。而以屈原作品为代表的《楚辞》，其根柢是在荆楚一带，富于想象，情烈辞盛。南北朝时期，流行在长江下游的“吴歌”和流行在长江中游与汉水流域的“西曲”，多为情歌，缠绵艳丽，而北方的民歌，表现的是北方的风光民情，好勇尚武，高亢豪壮。晚唐五代，西蜀的花间词和南唐的冯延巳、李煜词都产生在南方。以杂剧和南戏为代表的戏曲是元代文学的主体。杂剧兴起流行在北方，创作和演出的中心是在大都(今北京)，而南戏则发源于浙江沿海的温州一带，盛行在南方。

文学的地域性，还体现在较小的区域内。《诗经》中的十五国风，《汉书》卷30《艺文志》所说乐府所采的“代、赵之讴，秦、楚之风”，唐代的西域、巴蜀、陇右、江南、湖湘等地的文学，都具有地域性的特点。另外，早在宋代，就出现了以地域命名的文学流派江西诗派。到了明清时期，在诗文和戏剧等方面以地域命名的许多流派相继涌现。诗文流派，有以湖南茶陵李东阳为首的茶陵诗派，以湖北公安袁宗道、袁宏道、袁中道三兄弟为代表的公安派，以竟陵(今湖北天门市)钟惺、谭元春为首的竟陵派，以姚鼐为首的桐城派。在戏剧方面，在苏州地区，产生了以李渔为代表的苏州派①。

地域性文学特点的形成，是诸多因素综合作用的结果。在诸多因素中，以气候、地形、水土和食物为主构成的地域的自然背景，是一个重要方面。人是社会的人，也是自然的人，人的生命的孕育、人的生存和发展都不可能脱离自然，人的各种文学活动与自然背景密不可分。从某种意义上说，各种文学现象的产生是人同自然背景相互作用、相互融合的结果。

一方水土养一方人，不同的自然背景深邃地影响人们不同的体质习性和各种文化。《管子》卷14《水地》论水对人的影响，说：

> 水者，何也？万物之本原也。诸生之宗室也，美恶贤不肖愚俊之所

---

① 参阅：袁行霈《中国文学概论》，高等教育出版社1990年版，第三章《中国文学的地域性与文学家的地理分布》；蒋寅主编《中国古代文学通论·清代卷》，辽宁人民出版社2005年版，中编第五章《清代文学与地域文化》。

产也。何以知其然也？夫齐之水道燥而复，故其民贪粗而好勇；楚之水淖弱而清，故其民轻果而贼。……是以圣人之化世也，其解在水。

《汉书》卷28下《地理志下》论述了水土与人的性情和音声的密切关联：

凡民函五常之性，而其刚柔缓急，音声不同，系水土之风气。……郑国，土陿而险，山居谷汲，男女亟聚会，故其俗淫。……卫地有桑间濮上之阻，男女亦亟聚会，声色生焉，故俗称“郑卫之音”。

颜之推《颜氏家训·音辞》从南北不同的水土分析了南北音辞的差异：

南方水土和柔，其音清举而切诣，失在浮浅，其辞多鄙俗。北方山川深厚，其音沉浊而鈋钝，得其质直，其辞多古语。

刘师培在《南北文学不同论》一文中，进而从南北自然背景的特点指出南北文学的区别：

大抵北方之地土厚水深，民生其间，多尚实际；南方之地水势浩洋，民生其际，多尚虚无。民崇实际，故所著之文不外记事析理二端；民尚虚无，故所作之文或为言志抒情之体。

上面摘引的有关论述，有的有些绝对，有的失之于全面，有的有待进一步探讨，但有一点值得肯定，就是它们都从不同的角度，强调了自然背景同人的习性和文化的密切关系。

具体到文学与自然背景之间的密切关系，上面摘引的刘师培的言论，只是从大的方面做了简括的论述。实际上，在各种文化当中，文学同自然背景之间的关系尤其亲密，也相当复杂。

文学家感情丰富，又很敏感。他们特别容易受到所处自然背景的触动，容易受到自然背景的滋润。他们善于选择具有地域特点的自然景物，常常赋予自然背景以生命，有时把自然背景中的某些景物作为自己的亲友，所谓“山水自来亲人”。还有不少文学家把自己所处的自然背景作为哲思的对象和审美的对象，通过各种作品来表现自己观赏的自然景物。这就从一个重要方面，使一个地域的文学呈现出地域的特点。

郑樵在《通志二十略·地理略序》中说：

山川之形，千古不易。

说“千古不易”,有些绝对,但自然背景的变化缓慢,同经常处于变动状态的社会背景相比较,有极大的稳定性。这种稳定性从一个方面影响了文学地域特点具有长期的稳定性。

山脉、河流、海洋、高原等地貌是构成许多地域的重要因素。这些地域,有自然的屏障,不仅是形成地域性的文学的重要因素,同时由于交通不便,比较封闭,向外传播困难,致使这些地域有许多文学史料保存得相当完整,储存特别丰富。以同音乐关系密切的民歌为例,乔建中曾根据山脉、河流、高原、盆地等地貌构成的“边沿”地带,列举了“河套储存区”、“河湟储存区”、“客家储存区”、“秦巴储存区”、“桂、湘、粤瑶族音乐储存区”五个“边沿储存区”①。从历史来看,这种具有明显的地域“边沿储存”现象,与人类文明的发展程度成反比例,越是古代越明显,随着人类文明水平的发展,地域对人们的限制越来越小,“边沿储存”现象也会逐渐减弱。

各种文学活动尽管与地域关系密切,但文学活动并不是完全被动地接受自然背景的恩赐,文学活动不是自然背景消极的复制品。它既有自然背景的作用,同时也是与之相关的地域社会背景作用的结果,是自然背景和社会背景相互蕴含、相互融合起作用的结果。我们不能离开一定地域的自然背景和社会背景相交融的总体背景,去研究文学的地域性。地域性文学活动虽然不能直接改造其所处的自然背景,但能使自然背景不同程度地染上了人文的色彩,能提升和扩大地域的影响。我们既不能低估自然背景对文学的重要作用,同时也不能夸大自然背景的作用,以免陷入自然地理决定论的误区。

前面曾经谈到,从总体上来看,自然背景具有社会背景所没有的长期稳定性,因此我们要了解古代文学产生的自然背景,可以做实地考察。但由于古代许多文学现象历史悠久,自然背景在漫长的历史过程中,常常会有不同程度的沧桑变异,这些沧桑变异使我们不可能看到原来的自然背景。因此我们想要了解和接近原来的自然背景,在很大程度上要借助于相关的史料,主要是史书上相关的记载。幸运的是,也值得感谢的是,我们的祖先非常重

---

① 参阅乔建中《音地关系探微——从民间音乐的分布作音乐地理学的一般讨论》,原载《民族音乐》第2集,香港大学,1990年版。收入中国艺术研究院音乐研究所编《音乐学文集》,山东友谊出版社1994年版。

视自然地理，历朝历代多少不等地都留下了一些记载。这些记载，如杜佑在《通典·州郡·序》所说：

凡言地理者，多矣：在辨区域，征因革，知要害，察风土。

杜氏所言，概括地指出了古代地理书，既重视地理区域的建置、因革，同时也注意记载了各地的“风土”。这些记载为我们了解自然背景提供了珍贵的史料。

从今存史料来看，古代关于记载地理史料的典籍，源远流长，多种多样。《尚书·禹贡》是我国古代地理典籍之祖。《史记》卷29《河渠书》是史书中记载地理的专篇，但所记只限于河渠。《汉书》除在卷29设记叙川河的《沟洫志》外，卷28有《地理志》，开创了正史中专记地理的比较完整的篇章体例。后来许多述著仿效《汉书·地理志》，加以损益，有的称“地理志”，也有的称“郡国志”、“州郡志”和“地形志”。在史书“地理志”之外，还有一些专讲地理的著作，如北魏郦道元的《水经注》和明末清初顾祖禹的《读史方舆纪要》。古代各种地理著述，在历代的目录著述中，一般都包括在史部，并予以分类。《四库全书总目》所收地理书分总志、都会、郡县、河防、边防、山川、古迹、杂记、游记、外记等。张之洞的《书目答问》则分为古地志、今地志、水道、边防、外记、杂地志等。从自然背景史料的角度来说，在众多的地理著述当中，值得我们特别关注的是地志，尤其是各种地方志。地方志是“地方性知识系统”。在地志所记多方面的内容中，有许多涉及自然地理，是我们了解自然背景史料的重要渊薮。

附：背景史料史书要目

编年体

《春秋左传注》(修订本)　杨伯峻编著　中华书局1990年版

《建康实录》　[唐]许嵩撰　张忱石点校　中华书局1986年版

《资治通鉴》　[宋]司马光撰　中华书局1956年版

《续资治通鉴》　[清]毕沅撰　中华书局1964年版

《续资治通鉴长编》　[宋]李焘撰　上海古籍出版社1985年版

《三朝北盟会编》(附索引) [宋]徐梦莘撰 上海古籍出版社 2008年版

《建炎以来系年要录》(附索引) [宋]李心传撰 上海古籍出版社 1992年版

《明实录》 [明]胡广 杨士奇等撰 台湾历史语言研究所1962年起校勘影印本①

《明通鉴》 [清]夏燮撰 光绪二十三年(1897)湖北官书处重校刊行本

《清实录》 清实录馆撰 中华书局1985—1987影印本

纪传体

《史记》 [汉] 司马迁撰 中华书局点校本

《汉书》 [汉]班固撰 [唐]颜师古注 中华书局点校本

《后汉书》 [南朝宋]范晔撰 [唐]李贤等注 中华书局点校本

《三国志》 [晋]陈寿撰 [宋]裴松之注 中华书局点校本

《晋书》 [唐]房玄龄等撰 中华书局点校本

《宋书》 [南朝梁]沈约撰 中华书局点校本

《南齐书》 [南朝梁]萧子显撰 中华书局点校本

《梁书》 [唐]姚思廉撰 中华书局点校本

《陈书》 [唐]姚思廉撰 中华书局点校本

《魏书》 [北齐]魏收撰 中华书局点校本

《北齐书》 [唐]李百药撰 中华书局点校本

《周书》 [唐]令狐德棻撰 中华书局点校本

《南史》 [唐]李延寿撰 中华书局点校本

《北史》 [唐]李延寿撰 中华书局点校本

《隋书》 [唐]魏徵等撰 中华书局点校本

《旧唐书》 [后晋]刘昫等撰 中华书局点校本

《新唐书》 [宋]欧阳修等撰 中华书局点校本

《旧五代史》 [宋]薛居正等撰 中华书局点校本

① 附原本所缺《崇祯实录》、《崇祯长编》等和部分皇帝宝训。

《新五代史》［宋］欧阳修等撰　中华书局点校本

《宋史》［元］脱脱等撰　中华书局点校本

《辽史》［元］脱脱等撰　中华书局点校本

《金史》［元］脱脱等撰　中华书局点校本

《元史》［明］宋濂等撰　中华书局点校本①

《明史》［清］张廷玉等撰　中华书局点校本

《清史稿》赵尔巽等撰　中华书局点校本②

《二十五史》(《二十四史》加上《新元史》)　20 世纪 20 年代末上海开明书店缩印影印本③

《二十五史多媒体全文检索阅读系统》人民邮电出版社 2000 年出版④

纪事本末体

《历代纪事本末》(全二册)　中华书局编辑部编　1997 年版⑤

《左传纪事本末》［清］高士奇撰　杨伯峻点校　中华书局 1979 年版

《通鉴纪事本末》［宋］袁枢撰　顾士铸点校　中华书局 1986

---

① 关于《元史》除［明］宋濂等所撰的外，另有清末民初柯劭忞所撰《新元史》，重定本有开明二十五史本。

② 《光明日报》2006 年 4 月 5 日报道：中华书局决定修订点校本"二十四史"及《清史稿》，任继愈任总编辑，计划七年完成。

③ 此影印本在每种后面附有参考书目，如《史记》后面的《史记参考书目》列有：(甲)本书之异本；(乙)关于本书之注释训诂者；(丙)关于本书之考证质疑者；(丁)关于本书之增补整理者；(戊)关于本书之赏析评论者；(己)关于本书之博闻广征者。上列之类的参考书目，为进一步研究和使用某史，提供了很大的便利。

④ 《二十五史》现在已有多种电子版。上面所列只是其中的一种。《二十五史多媒体全文检索阅读系统》收录了百衲本《二十四史》和关外二次本《清史稿》包括图表的全部内容。配置了常见的工具，如简繁字、异体字对照表，以及张元济校勘辑印百衲本二十四史时撰写的《校史随笔》，并配补了《左传》、《战国策》等多部史学名著及清代和当代学者的部分辑佚、校勘成果。

⑤ 第一册：［宋］袁枢撰《通鉴纪事本末》；［清］高士奇撰《左传纪事本末》。第二册：［明］陈邦瞻撰《宋史纪事本末》；［清］李有棠撰《辽史纪事本末》；［清］李有棠撰《金史纪事本末》；［明］陈邦瞻撰《元史纪事本末》；［清］谷应泰撰《明史纪事本末》，附：佚名撰《明史纪事本末补遗》、［清］彭孙贻撰《明史纪事本末补编》；［清］杨陆荣撰《三藩纪事本末》。

年版

《续资治通鉴长编纪事本末》［宋］杨仲良编　北京图书馆出版社2003年版

《续资治通鉴纪事本末》(又名《续通鉴纪事本末》)［清］李铭汉撰　古籍出版社1957年影印本

《皇朝中兴纪事本末》［宋］熊克撰　北京图书馆出版社2005年版

《宋史纪事本末》［明］陈邦瞻撰　中华书局1977年点校本

《元史纪事本末》［明］陈邦瞻撰　王树民校点　中华书局1979年版

《明史纪事本末》［清］谷应泰撰　中华书局1977年校点本

《清史纪事本末》黄鸿寿编　北京图书馆出版社2003年版

政书体

《通典》［唐］杜佑撰　中华书局1988年点校本

《通志》［宋］郑樵撰　商务印书馆1936年《十通》本

《通志略》(又名《通志二十略》)　王树民点校　中华书局1995年版

《文献通考》［元］马端临撰　商务印书馆1936年《十通》本

《清朝续文献通考》(又名《皇朝续文献通考》)［清末民初］刘锦藻撰　商务印书馆1936年《十通》本

《春秋会要》［清］姚彦渠著　中华书局1955年版

《七国考》［明］董说著　中华书局1956年版

《战国会要》杨宽　吴浩坤主编　上海古籍出版社2005年版

《秦会要》［清］孙楷著　杨善群校补　上海古籍出版社2004年版

《秦会要订补》［清］孙楷撰　徐复订补　中华书局1959年版

《西汉会要》［宋］徐天麟撰　上海人民出版社1977年版

《东汉会要》［宋］徐天麟撰　中华书局1955年版　上海古籍出版社1978年版

《三国会要》［清］杨晨撰　中华书局1956年版

《三国会要》 [清]钱仪吉撰　上海古籍出版社 1991 年版

《稿本晋会要》 汪兆镛撰　书目文献出版社 1989 年影印本

《南朝宋会要》 [清]朱铭盘撰　上海古籍出版社 2006 年版

《南朝齐会要》 [清]朱铭盘撰　上海古籍出版社 2006 年版

《南朝梁会要》 [清]朱铭盘撰　上海古籍出版社 2006 年版

《南朝陈会要》 [清]朱铭盘撰　上海古籍出版社 2006 年版

《唐会要》 [宋]王溥撰　上海古籍出版社 2006 年版

《五代会要》 [宋]王溥撰　上海古籍出版社 2006 年版

《宋会要辑稿》 [清]徐松辑　中华书局 1957 年影印①

《建炎以来朝野杂记》② [宋]李心传撰　文物出版社 1991 年版

《明会要》 [清]龙文彬撰　中华书局 1956 年标点本

《清会要》 正在编修　商鸿逵任主编

地理书

《中国古代地理名著选读》(第一辑)　侯仁之主编　科学出版社 1959 年版

《中国自然地理·历史自然地理》 谭其骧等主编　科学出版社 1982 年版

《正史地理志会释丛刊》 谭其骧主编　安徽教育出版社出版③

《水经注校释》 [北魏]郦道元撰　陈桥驿校释　杭州大学出版社 1999 年版

《括地志辑校》 [唐]李泰撰　贺次君辑校　中华书局 1980 年版

《元和郡县图志》④ [唐]李吉甫撰　贺次君点校　中华书局 1983 年版

---

① 参阅王云海《宋汇要辑稿考校》,河南大学出版社 2008 年版。

② 此书是李心传用会要方式撰写的。《四库全书总目》卷 81 云:“是书取南渡以后事迹,分门别类。甲集二十卷,分上德、郊庙、典礼、制作、朝事、时事、故事、杂事、官制、取士、财富、兵马、边防,十三门。乙集二十卷,少郊庙一门,而末卷别出边事,亦十三门。每门各分子目,虽以杂记为名,其体例实同会要。”

③ 已出版:吴松弟编著《两唐书地理志会释》,2002 年版;张修桂、赖青寿编著《辽史地理志会释》,2001 年版;郭黎安编著《宋史地理志会释》,2003 年版。

④ 因为图已亡佚,故又称《元和郡县志》。

《宋本太平寰宇记》［宋］乐史撰　中华书局2000年版

《元丰九域志》［宋］王存等撰　王文楚　魏嵩山点校　中华书局1984年版

《舆地纪胜》(附地名、人名、碑记索引)［宋］王象之撰　中华书局1992年版

《宋本方舆胜览》(附:人名引书地名索引)［宋］祝穆编　祝洙补订　上海古籍出版社1991年版

《元一统志》(全称《大元大一统志》或《大元一统志》)　元奉敕撰　赵万里辑　中华书局上海编辑所1966年版

《大明一统志》［明］李贤等奉敕撰　三秦出版社1985年版

《广志绎》［明］王士性著　吕景琳点校　中华书局1981年版

《徐霞客游记》［明］徐弘祖著　烟照　方岩等校点　齐鲁书社2007年版

《读史方舆纪要》［清］顾祖禹编著　中华书局1955年版

《大清一统志》《四部丛刊续编》本

第十七章　古代文学传记史料

第一节　文学研究与传记史料

“传记”一词最早当见于西汉。《史记》卷13《三代世表》记载：

张夫子问褚先生：“《诗经》言契、后稷皆无父而生，今案诸传记咸言有父。……”

这里的“传记”，当指经书以外的书籍。传记的这一含义，至少延至宋元时期。东汉班固《汉书》卷36《楚元王传》附《刘向传》记载：

及采传记行事，著《新序》、《说苑》凡五十篇，奏之。

卷65《东方朔传》说：

颇读传记。

《汉书》所用传记一词，指的是各种书籍。到南北朝时期，沈约《宋书》卷64《裴松之传》记载：

奉命作《三国志注》，即鸠集传记，增广异文。

这里的传记也是泛指，指的是记载的文字。

就现存的记载来看，现在所说的记载人物事迹的传记，在古代多用“传”这一名词，如《史记》、《汉书》等史书中的列传。传记作为一种文体的名称，大约始于明代。明代郎瑛《七修类稿·诗文·济颠化缘疏》说：

（济颠）至今相传之事甚众，有传记一本流于世。

明代虽然出现了文体传记这一名称，但使用得较少。就整个古代的典籍而言，经常使用的仍然是“传”这一名词。近代之后，除了继续使用传这一名词之外，有时也使用传记这一名称。在文学史料方面，大体的情况也是这样。

文学传记史料记载的是文学家的生平、经历、创作和思想，是文学史料的重要组成部分。文学家是文学活动的主体。没有各种各样的文学家，就不可能有文学活动及其成果。文学活动在很大程度上是文学家的活动。文学家的经历、修养、心态和创作过程等，会直接影响作品的方方面面。文学家的活动、生命的投入，除了体现在作品中之外，他们的主张、行动和性格，有时也会产生不同程度的积极的或消极的影响。综观中国古代文学史，文学家在文学上的业绩，大多主要体现在他们所创作的作品上，但也有少数主要体现在他们的活动上，是他们的活动从一个方面促进了文学的发展和繁荣。少数几个文学家的传记难以形成文学史，但各个时期相当多的文学家传记却构成了一种潜在的文学史，至少可以为文学史的研究和写作提供坚实的基础。因此，研究文学既要“论其世”，究背景，还要看角色，“知其人”，研究文学活动的主人。要“知其人”，首先要掌握传记史料。传记史料是人们了解文学家的经历、思想、道德、智慧、情感及创作的重要依据和参照。文学家的生活经历与创作及其作品虽然不是一种简单的因果关系，二者之间常有不一致的地方，但二者之间更多的是平行的、相互融合的。文学家的创作及其作品往往是其生活经历隐约的、曲折的反映。文学家的经历与创作及其作品关系密切。了解文学家的传记史料，可以帮助我们阐释作品和许多文学现象，进而全面理解文学史。美国学者韦勒克认为：

> 传记也为解决文学史上的其他问题积累资料，例如一个诗人所读的书，他与文人之间的交往，他的游历，他所观赏过和居住过的风景区和城市等：所有这些都关系到如何更好地理解文学史的问题。①

文学传记史料，有些是古人撰写的，有些是后人不断搜集整理的，积累丰厚，分布广泛，载体多样。仅就文字这一载体来说，除了各种史书外，其他各种诗文集、笔记小说、文学研究史料（如诗话、词话、诗文纪事）、书信、注

① 见胡经之等主编《西方二十世纪文论选》，中国社会科学出版社 1989 年版，第 1 卷《二十世纪文学批评的主要趋势》。

释、考辨、祭文、寿文、学案①、系年、档案、报刊、序跋、日记②、回忆录等，都常常涉及文学家的传记史料。下面就传记史料存传的主要形态，分史书传记、墓志碑传、年谱、谱牒、评传、综合传记史料六种，加以介绍。上面所分的六种，区分只是相对的。实际上，这六种内容各有所长，篇幅繁简不一，可以相互补充。六种之间，还常常存在着互相转录、矛盾等现象。我们在搜集和使用传记史料时，应当尽力全面地占有和分析各种形态的史料。

第二节 史书传记

所谓史书传记，指的主要是各种史书中的列传。

首先是正史中的列传。列传是司马迁在《史记》中首创的。受司马迁的影响，以后的正史，都设有列传。重要的文学家，史书中一般都有他们的传记。从《二十五史》来看，自南朝宋代范晔的《后汉书》开始，设有类传"文苑传"，后来被大多史家所沿用，有的改称"文艺传"，如《新唐书》。在古代，"文苑"或"文艺"之类的概念的内涵比较宽泛，用今天的纯文学观来分析，"文苑传"或"文艺传"所记载的传主，其中有些写作的重点是在史学方面，但都与文学有关。有的"文苑传"的设定，主旨非常明确，所收的都是文学家。《清史稿》卷483《文苑传》明确宣称："但取诗文有名能自成家者，汇为一编，以著有清一代文学之盛。"③

由于古代没有专业文学家，许多文学家兼有多种身份，所以他们的传记，有些并没有收在"文苑传"或"文艺传"里。钱基博曾经指出：

> 以余所睹记，一代文宗，往往不厕于文苑之列：如班固、蔡邕、孔融，不入《后汉书·文苑传》……然则入文苑传者，皆不过第二流以下之文

① 关于诗文集、笔记小说、文学研究史料和学案中的文学家传记史料，参阅徐有富主编《中国古典文学史料学》(修订本)，北京大学出版社2008年版，第167—170页。

② "民国初金梁曾从近代四大日记(翁同龢、李慈铭、王湘绮、叶昌炽)中辑出有关近代人物的记载，编为《近世人物志》(台北国民出版社1955年版，另有《近代中国史料丛刊》本)，深为识者重视"。引自潘树广主编《中国文学史料学》，黄山书社1989年版，第376页。

③ 赵尔巽等撰《清史稿》，中华书局点校本，第13314页。

学家尔。[①]

钱氏所说,同史书所载不完全一致[②],但大体符合史实。这里有两种情况。一是有些史书没有“文苑传”,有不少文学家见于一般的列传,如司马相如最早的传记见于《史记》卷117,司马迁最早的传记见于《汉书》卷62。有的在本纪中,如曹操的传记就是在《三国志》卷一中,以本纪的形式撰写的。二是有些史书虽然有“文苑传”,但是有的重要的文学家并没有被收入“文苑传”。《晋书》有陶渊明的传记,被收入卷94类传“隐逸传”中。有不少正史尽管有“文苑传”,但重要的文学家多有单独的传记。《宋书》中的《谢灵运传》,就未列入“文苑传”,而是在卷67中单独立传。有些则是附传,如鲍照最早的传记相当简略,附在《宋书》卷51《刘义庆传》之后。正史中文学家的传记史料,主要集中在传记中。这是最重要的部分。另外有些史料有时还散见于其他地方。有关屈原的传记史料,除《史记》中的《屈原列传》外[③],据《史记人名索引》,还有七处涉及了屈原的事迹。

其次是其他史书,如编年体史书、传记专书、史书人物谱、地方志等。有些编年体史书,如《建康实录》是编年体,但在人物卒年下附有传记。其中有些传记,如卷8的诗人许询传,就不见于其他正史。又如干宝,尽管《晋书》卷82有传,但未记生卒年,而《建康实录》卷7干宝传则明确记载:卒于咸康二年三月。

我国至晚从魏晋开始,就有了文人传记专著。已经散失的如张骘的《文士传》[④]、《名士传》[⑤]。在唐代有已经亡佚的许敬宗撰写的《文馆词林文人传》、裴朏撰写的《续文士传》[⑥],在元代有今存的辛文房撰写的《唐才子传》,元代钟嗣成撰写的《录鬼簿》等。

有些史书,特别是编年体史书,众多的人物、世系、名号分别系于各年,

---

① 钱基博《中国文学史》,东方出版社2008年版,上,第7页。

② 如李白、杜甫的传记,在《旧唐书》中,收入卷190下《文苑传下》中。在《新唐书》中,杜甫收入卷201《文艺传上》,李白收入卷202《文艺传中》。

③ 载《史记》卷48,与贾谊合传,中华书局点校本。

④ 参阅朱迎平《古典文学与文献论集》,上海财经大学出版社1998年版,《第一部文人传记〈文世传〉辑考》。

⑤ 《名士传》已佚,《世说新语》刘孝标注引21则。

⑥ 以上二传见[宋]欧阳修、宋祁撰《新唐书》,中华书局点校本,卷58《艺文志二》。

使用者不易了解书中涉及的人物。为了解决这一问题，至晚从唐代开始，有些学者特意编纂了编年体史书的世系谱、人物谱等。如《春秋左传》，李学勤《春秋左传人物谱·序》说："《隋唐志》已有《春秋诸大夫世谱》、《左氏牒例》一类书籍，可惜俱已无存。传世的以五代蜀冯继先的《春秋名号归一图》为最早。清代有陈厚耀的《春秋世族谱》及常茂徕等人的著作，而以嘉庆时万希槐所作《左传列国人名分编》6卷最为完备便用。不过，这些都仅仅是工具书，并非对《左传》人物的系统研究。"2001年齐鲁书社出版方朝晖编著的《春秋左传人物谱》，"对《左传》书中一百余位重要人物的记述作了详细整理，使其各自的言行活动一目了然……《春秋左传人物谱》兼有研究著作与工具书、资料书之长"。另外，在方朝晖著作之前，程发轫著有《春秋人谱》[①]。

地方志，简称方志，"为记述一域地理及史事之书"[②]。"固为'地方之历史'"，又是"历史之地理化"[③]。旧方志一般都设有人物志。人物志分许多门类，其中的名宦、儒林、宦绩中载有不少文学家的事迹，文苑类所记则全是文学家的事迹。北京图书馆出版社出版《地方志人物传记资料丛刊》，其中包括华北卷、西北卷、东北卷、西南卷、中南卷和华东卷，为查找方志中的人物传记提供了方便。方志中所载文学家传记史料，有许多不见于其他史书。今存东晋常璩《华阳国志》，对两汉文学家的有些记载，可补《史记》、《汉书》和《后汉书》之缺。来新夏从《南充县志》中，找到了明代《封建论》作者柳稷的生平史料[④]。在古代，特别是那些被封建统治者和封建正统思想严重的文人学者所轻蔑的戏曲家和小说家，正史中很少记及，但在一些方志中却有记述。不少著名的学者通过方志辑录、考证了这方面的一些史料。赵景深、张增元曾根据方志著有《方志著录元明清曲家传略》一书[⑤]，为我们研究元明清戏曲提供了非常珍贵的传记史料。

人物传记，还有家传、别传、内传、外传、事略、状略、行状等名目。家传

---

① 台北"教育部"大学联合出版委员会，台湾商务印书馆印行，1990年版。

② 傅振伦《傅振伦学术》，浙江人民出版社1999年版，第121页。

③ 黎锦熙《方志今议》，转引自潘树广主编《中国文学史料学》，黄山书社1989年版，上册，第179页。

④ 参阅来新夏《地方志与文学研究》，《中国地方志》2007年第2期。

⑤ 中华书局1987年版。参阅潘树广主编《中国文学史料学》，黄山书社1989年版，上册，第180—183页。

是记载某些家族中的重要人物的传记，如《世说新语》刘孝标注中所引《顾恺之家传》。别传是正史本传之外的一种传记。《世说新语》注所引《郭璞别传》，就是属于这一种。内传和外传记载的是人物的轶闻逸事，带有小说的性质。事略和行状是为已故人物写的传记性的文章，如唐朝李翱为韩愈写的《故正议大夫行尚书吏部侍郎上柱国赐紫金鱼袋赠礼部尚书韩公行状》。此外，属于传记文的还有言行录、遗事、行实、实际录、纪略和录事等。

附：史书综合传记、文学家传记专书要目

史书综合传记要目

《中国名人传记丛编》 汪兆镛编 台北文海出版社1980年版

《二十五史外人物总传要籍集成》 董治安主编 齐鲁书社2000年版

《丛书人物传记资料丛刊·学林卷》 北京图书馆出版社影印室编 北京图书馆出版社2006年版①

《地方志人物传记资料丛刊》(全六卷) 北京图书馆编 北京图书馆出版社出版②

《中国学术家列传》 杨荫深编著 上海光明书局1939年版

《中国历代思想家传记汇诠》(魏晋——北宋分册) 王蘧常主编 复旦大学出版社1988年版③

《历代各族传记会编》(第一编)(《史记》《两汉书》《三国志》部

① 此卷包括合传、单传，体例涉及年谱、行状、传略、年表、墓志铭等。

② 此《丛刊》按全国行政区，分西北、东北、华北、华东、中南、西南六大卷，已出版西北卷(2001年)、东北卷(2001年，2003年出版李雄飞编此卷人名索引)、华北卷(2002年，2007年出版黄秀文等编此卷人名索引)、华东卷上编(2007年)。

③ 此书虽名曰“思想家传记”，但因古代许多著名的文学家亦属思想家，所以书中所收有29人是文学家。他们是：曹操、诸葛亮、何晏、王弼、傅嘏、刘劭、阮籍、嵇康、向秀、傅玄、杨泉、欧阳建、裴頠、葛洪、鲍敬言、支遁、张湛、孙盛、道安、戴逵、僧肇、慧远、陶潜、何承天、顾欢、范缜、刘峻、邢邵、陶弘景。所收史料，主要是源自魏晋南北朝时期的正史、《世说新语》和《高僧传》等。以前关于魏晋南北朝时期的文学家的传记，很少有注释，本书对所收的传记，都作了注释。

分）　中央民族学院研究部主编　翦伯赞　陈述等编　中华书局 1958 年版①

《历代各族传记会编》（第二编）（全二册）（《晋书》、“南北史”、“八书”部分）　中央民族学院研究部主编　翦伯赞等编　中华书局出版　上册 1958 年出版　下册 1959 年出版

《宋代传记资料丛刊》　北京图书馆出版社影印室编　北京图书馆出版社 2006 年版

《辽金元传记资料丛刊》　北京图书馆出版社影印室编　北京图书馆出版社 2006 年版

《明代名人传》　[美]古德里奇主编　哥伦比亚大学 1976 年版　英文

《清史列传》　[清]国史馆撰　王钟翰点校　中华书局 1987 年版

《清代七百名人传》　蔡冠洛编著　世界书局 1937 年出版　北京市中国书店 1984 年影印本

《清代名人传略》　[美]恒慕义主编　1943—1944 年出版　中国人民大学清史研究所译　青海人民出版社 1990 年版

《清代人物传稿》　清史编委会编　各卷有分主编　中华书局 1984—2003 年陆续出版

《稿本清代人物史料三编》（外一编）　朱彭寿编　北京图书馆出版社 2002 年版

《清代人物大事纪年》　朱彭寿编著　朱鳌　宋苓珠整理　北京图书馆出版社 2005 年版

《清代地方人物传记丛刊》（国家清史编纂委员会文献丛刊之一）　江庆柏编　广陵书社 2007 年版

文学家传记专书要目

《唐才子传校笺》　[元]辛文房著　傅璇琮主编　中华书局 1987—1995 年出版

《录鬼簿》　[元]钟嗣成撰　1959 年中国戏曲出版社铅印《中国古

① 本书摘录《二十四史》中有关兄弟民族的史料编辑而成。

典戏曲论著集成》本①

《中国小说戏剧家专辑》 朱传誉主编 台湾天一出版社 1981 年版

《列朝诗集小传》 [清]钱谦益撰 上海古籍出版社 1983 年版

《国朝名家诗钞小传》 [清]郑方坤撰 万山草堂光绪十二年(1886)重刊本

《清代闺阁诗人征略》 施淑仪撰 崇明女子师范讲习所 1922 年排印本

《清代伶官传》 王芷章著 中华书局 1936 年版

《清代诗人姓名录初编》 江苏师范学院中文系明清诗文研究室编印 1981 年版

《三百年来诗坛人物评点小传汇录》 程千帆 杨扬整理 杨扬辑校 中州古籍出版社 1986 年版

《〈近代诗钞〉附诗人小传》 陈衍辑 上海商务印书馆 1923 年版

《近代诗人小传稿》 汪辟疆著 收入《汪辟疆文集》 上海古籍出版社 1988 年版

《近代词人考录》 朱德慈著 中国社会科学出版社 2004 年版

《海上梨园新历史》 茗水狂生著 上海小说进步社 1910 年版

第三节 碑传和墓志

碑传是一种石刻文,主要用来记述墓葬主人的生平事迹,是一种实用性的文体。常见的碑传名称有墓碑记、墓表、墓志、神道碑、祠堂碑等。由于墓志之名用得较多,所以许多有关这方面的著述,特别是现在的诸多著述常用墓志来概称碑传。为了叙述的方便,本书也采用现在通行的名称。

由于墓志记述的是墓葬主人一生的生平事迹,因此它的作者多是墓主

① 关于《录鬼簿》的版本,参阅:王钢《版本叙录》,载其著《校订〈录鬼簿〉三种》附录,中州古籍出版社 1991 年版;门岿《元曲管窥:〈录鬼簿〉的不同版本及其差异》,天津人民出版社 1993 年版,第 108 页;葛云波《〈录鬼簿〉修订过程、时间及版本新考》,《南京师大学报》2006 年第 4 期。

死后的他人，如子孙、门人、朋友等。从今存墓志来看，差不多都是由他人撰写的。但也有极少数墓志是由墓主生前自撰的，如《西京杂记》卷3所载西汉杜子夏临终前所作的墓志，《后汉书》卷64《赵岐传》所载赵岐碑传。到唐代，自撰碑传有所增加，黄震辑得8篇。①

墓志一般包括志和铭两部分。所以有的墓志称为墓志铭。志多用散文句式，叙写墓主的姓氏、籍贯和生平等；铭则用韵文句式，表现对死者的赞颂、悼念和安慰。墓志以颂扬为主，为避免空泛，多有序事，与传状相近，明显地具有传记的性质。刘勰《文心雕龙·诔碑》说：

夫属碑之体，资乎史才，其序则传，其文则铭。

墓志作为一种传记，往往能提供一些真实的传记史料。《北堂书钞》卷102载东晋李充《起居戒》说：

古之为碑者，盖以述德记功，归于实录也。

墓志作为一种文体，有其起源和演变的历程。关于墓志起源的时间，见解不一，综括起来，中外学术界主要有秦代、西汉、东汉、魏晋和南朝五种观点②。综合分析现存的文献记载和出土的文物，上述五种观点中，西汉说是有根据的。从文献记载来看，清人王昶在《金石萃编》中，除了指出上面所引《西京杂记》卷3的记载之外，《博物志》还记载："汉西都时，南宫寝殿内有醇儒王史威长死，葬铭曰：……"③此实志铭之始。

墓志在西汉起源之后，到了东汉后期，受到上层社会的重视，逐渐成为一种文体，有些文人，如汉末蔡邕以擅长写作墓志而闻名当时。

魏晋南北朝时期，由于社会动乱较多，有的统治者主张薄葬、禁碑，墓志较少，形式上也有所不同。但就总的趋向来看，墓志仍在延续。考古发现，晋代的一些墓中有与墓志相近的方版和小型的墓碑。1975年甘肃武威赵家磨村出土了一件前凉墓志，碑额处题为"墓表"。这是现在发现的最早题作"墓表"的墓志。"墓志"之名最早的出现也是在南北朝时期，即南朝宋代大明八年(464)刘怀民墓志。北魏以后，方形墓志成为定制。墓志自隋唐开

① 参见黄震《略论唐人自撰墓志》，《长江学术》2006年第1期。

② 参阅赵超《古代墓志通论》，上海古籍出版社2006年版，第33—34页。

③ 见[晋]张华撰，范宁校证《博物志校证》，中华书局1980年版，卷7第258则。

始有了迅速的发展。

墓志中常常载有文学家重要的传记史料，如隋朝刻立的《曹植墓神道碑》[①]、韩愈为柳宗元写的《柳子厚墓志铭》、欧阳修的《泷冈阡表》等。2007年在西安市长安区出土了唐代文学家"韦应物家族墓志包括韦应物墓志、韦应物妻元苹墓志、韦应物子韦庆复墓志、韦庆复妻裴棣墓志等四方墓志"。"其中，韦应物妻元苹墓志是韦应物亲自撰文并书写的"。专家认为，这批墓志的发现，对了解韦应物的生平等方面"提供了丰富的信息"和"翔实的史料"[②]。墓志的撰写者，多为墓主的亲友，离墓主较近。即使后来撰写的墓志，也是对墓主有相当深切的了解。因此，墓志所载的文学家传记史料，往往能提供第一手的史料，有许多可以和史书中所载的传记互相补充参照。由于墓志多以颂扬为主，对其所载的史料，应注意辨证分析，不可全信，对所记传主的功过、善恶，尤其应当留心鉴别。

我国已经发现的墓志史料相当丰富，前人已经作了一些汇集，为我们提供了方便。遗憾的是，至今还没有见到有关文学家墓志的专集。我们想要检阅有关文学家的墓志，只能到综合性的墓志书籍中去查找。

附：碑传集和墓志集要目

《石刻史料丛书》 严耕望编 台湾艺文印书馆 1967 年影印

《石刻史料新编》 台湾新文丰出版公司 1977—2006 年编辑影印出版

《历代人物年里碑传综表》（原名《历代名人年里碑传总集》） 中华书局 1959 年版

《刻碑姓名录》 [清]黄锡蕃著 古籍出版社 1958 年版

《北京图书馆藏中国历代石刻拓本汇编》 北京图书馆金石组编 徐自强主编 中州古籍出版社 1990 年版

① 参阅刘玉新《曹植与曹植墓》，天马图书有限公司 2000 年版，第 32—34 页。

② 参阅《唐代石刻文献出土又有重要收获 韦应物家族墓志露面》，《中华读书报》2008 年 3 月 12 日第 2 版。

《历代石刻史料汇编》 国家图书馆善本金石组编　北京图书馆出版社 2000 年版

《道家金石略》 陈垣编纂　陈智超　曾庆瑛校补　文物出版社 1988 年版

《墓志精华三十八种》 北京图书馆出版社编　北京图书馆出版社 2001 年版

《吐鲁番出土砖志集注》 侯灿　吴美琳著　巴蜀书社 2003 年版

《河洛墓刻拾零》 赵君平　赵文成编　北京图书馆出版社 2007 年版

《古代石刻文献断代分编》 国家图书馆善本金石组编　北京图书馆出版社 2003—2004 年出版①

《汉魏南北朝墓志集释》 赵万里著　科学出版社 1956 年版

《汉魏南北朝墓志汇编》 赵超著　天津古籍出版社 2008 年版

《新出魏晋南北朝墓志疏证》 罗新　叶炜著　中华书局 2005 年版

《六朝墓志检要》 王壮弘等编　上海书画出版社 1985 年版

《南京出土六朝墓志》 南京市博物馆编　文物出版社 1980 年版

《唐代墓志汇编》 周绍良主编　上海古籍出版社 1992 年版

《唐代墓志汇编续集》 周绍良主编　上海古籍出版社 2001 年版

《名臣碑传琬琰集》 [宋]杜大圭编　《四库全书》本②

《宋代著录石刻纂注》 刘昭瑞编著　北京图书馆出版社 2006 年版

《元代白话碑集录》 蔡美彪编著　科学出版社 1955 年版

《国朝献征录》 [明]焦竑编　上海书店 1986 年影印本

《明名臣琬琰录》 [明]徐纮编　《四库全书》本　台北文海出版社

① 此书是《历代石刻史料汇编》的分编，共 5 种：《先秦秦汉魏晋南北朝石刻文献全编》(2003 年版)、《隋唐五代石刻文献全编》(2003 年版)、《宋代石刻文献全编》(2003 年版)、《辽金元石刻文献全编》(2004 年版)、《明清石刻文献全编》(2003 年版)。

② 此书上集为神道碑，中集为志铭行状，下集多是别传。哈佛燕京学社引得编纂处取诸书已佚之文 80 篇，编有《琬琰集删存附引得》，1938 年版，台北成文出版社 1966 年版。

1970年影印本(与《明名臣琬琰续录》合本)

《明名臣琬琰续录》 [明]王道瑞编 台北文海出版社1970年影印本(与《明名臣琬琰录》合本)

《清代碑传全集》 陈金陵等编辑 上海古籍出版社1987年版①

《碑传集》 [清]钱仪吉编 靳斯标点 中华书局1993年版

《续碑传集》 [清]缪荃孙编 江楚编译书局印本宣统二年(1910)版

《碑传集补》 [近代]闵尔昌编 1932年版

《碑传集三编》 汪兆镛编辑 香港大东图书公司1978年据稿本影印

《广清碑传集》 钱仲联主编 苏州大学出版社1999年版

《清代碑传文通检》 陈乃乾编纂 北京图书馆出版社2003年版

《辛亥人物碑传集》 卞孝萱 唐文权编 团结出版社1991年版

《民国人物碑传集》 卞孝萱编 团结出版社1995年版

第四节 年　谱

年谱是一种人物传记②。年谱又称年表，也有称纪年录、年纪、系年、编年、年略、述略、岁略、时事略的。有的年谱，并没有题名年谱，但实际上属于年谱③。也有题名年谱、年表的，但实际上不属于年谱④。年谱叙写的主人，称作谱主。为了便于读者理解、称谓，现存年谱大多直接用谱主姓名作书名，有的也用字号、谥号、籍贯名等。年谱是一种编年体传记，它以时间为经，以事实为纬，按年月记述谱主一生及其相关的事迹，一般包括谱主的姓

---

① 此《全集》由钱仪吉的《碑传集》、缪荃孙的《续碑传集》、闵尔昌的《碑传集补》和汪兆镛的《碑传集三编》汇集而成。

② 在当代新编的年谱中，有些已经不限于人物传记，而扩展到学术和学科等方面。如山西古籍出版社1996年出版的《章太炎学术年谱》，清华大学出版社1999年出版的《清华人文学科年谱》，上海音乐出版社2005年出版的《民国音乐史年谱1912—1949》。

③ 如清代孔昭杰的年谱名为《知非录》、赵敬襄的年谱名为《竹冈鸿爪录》、阮元的年谱名为《雷塘庵弟子记》。

④ 如：宋末的《五王年表》是《吴越备史》的一部分；《契丹国九主年谱》是记契丹九帝的世系，没有记载生平事迹。参阅李裕民《宋代年谱编年》，载张其凡等主编《历史文化研究》(续集)，人民出版社2003年版。

名、籍贯、家世、生平、交游、思想和著述等。

不少学者认为，年谱肇自周代。《梁书》卷50《刘杳传》载：

王僧孺被敕撰谱，访杳血脉所因。杳云："桓谭《新论》云：'太史三世表，旁行邪上，并效周谱。以此而推，当起周代。'"

又刘知几《史通》内篇《表历》说：

盖谱之建名，起于周代。表之所作，因谱象形。

关于年谱的著录，最早见于《汉书》卷30《艺文志》。《艺文志·术数略》著录《古来帝王年谱》5卷。今存最早的年谱是宋人吕大防编的《韩吏部文公集年谱》、《杜工部年谱》。据李裕民的研究，宋人所编的年谱有131种，"目前可以考定或基本确定编写年代的有119种"①。宋代以后，年谱的编纂，赓续不断，成果斐然。就现存的年谱来看，其数量是相当可观的，杨殿珣所编《中国历代年谱综录》(增订本)共收年谱4450种，所记谱主2396人②。谢巍《中国历代人物年谱考录·代序》说：

两千多年来，我国历代的作者先后撰述了六千种以上的年谱(包括现存的和著录的，为外国人物所编的年谱不计在内)。③

新时期以来，年谱继续受到重视。有许多学者用不同的形式整理、刊印了大量的前人编纂的年谱。同时，有不少学者编写了许多新的年谱。值得注意的是，从事年谱编纂工作的有不少是中青年，有些研究生以年谱为题撰写学位论文④。就我个人所知见，新时期以来新编的古代文学家的年谱接近200种。目前新编的年谱，仍在不断涌现。新编的年谱，有些主要是为了

---

① 参阅李裕民《宋代年谱编年》，载张其凡等主编《历史文化研究》(续编)，人民出版社2003年编。

② 书目文献出版社1996年版。

③ 中华书局1992年版。

④ 关于台湾研究生编撰年谱的概况，参阅龚鹏程主编《五十年来的中国文学研究》，台湾学生书局2001年版，第229、300页。大陆也有不少研究生编撰年谱，如：程章灿的硕士论文《刘克庄年谱》，贵州人民出版社1993年版；李昊博士编撰的《司马相如年谱》，载李浩、贾三强主编、西北大学古典文献学科编《古代文献的考证与诠释——海峡两岸古典文献学国际学术会议论文集》，上海古籍出版社2006年版。其他参阅郑方祥《近二十年(1982—2005)四川大学中文系、古籍所宋代文化学位论文概述》，《中国文哲通讯》第15卷第3期，台北文哲研究所2005年9月。

普及，常常附在某些文集之后，更多的是属于补阙或订补的。

年谱有少数是谱主自编的，如今存南宋文天祥编的《宋少保右丞相兼枢密使信国公文山先生纪年录》1卷、明代陈子龙编的《陈忠裕公自著年谱》3卷、清代王士祯编的《渔阳山人自撰年谱》2卷。年谱除了自编的以外，大多数是他人编的，包括谱主的亲人、门人、朋友和研究者等。在编者中，多数是我国的，也有少数是国外的。“近三百年来，不少外国的汉学家为我国的历史人物编了四百种以上的年谱”①。

年谱的体式有多种，常见的有文谱、表谱、诗谱和图谱四种。文谱是用朴实的文字记述谱主的事迹，这是年谱的主要形式。个别的有用韵语编写的，如明清之际金之俊自编的《金息斋年谱韵编》。表谱就是年表，是年谱的简编，有些是采用表格的形式。诗谱是用诗的形式记叙谱主的事迹。有的诗文结合，诗为目，文具体记述事迹。图谱较少，是用图画记述谱主的主要事迹②。

随着年谱的发展，谱主的范围逐渐扩大，有些文学家以前没有年谱的也有了，形式也在不断地增加，有把相关的几个人合起来编的合谱，有把各家所编的同一谱主的年谱编为一书的集谱，有史料丰富的年谱长编，有主要为了普及的简谱。年谱的谱主涵盖面虽然比较广泛，但并不平衡。有的文学家主要由于史料欠缺，至今没有年谱，有的一人的年谱多至30余种。年谱较多的主要是一些为历代所重视的一些重要的文学家。

年谱刊行存在的形态多种多样。就新时期编撰和整理出版的年谱的形态来看，主要有下面六种：

一、个人年谱单行本，如丁福林著《江淹年谱》③，李震著《曾巩年谱》④，凌郁之著《洪迈年谱》⑤，狄宝心著《元好问年谱新编》⑥，马学良著《袁中郎年谱》⑦，王章涛著《阮元年谱》⑧。

---

① 引自谢巍《中国历代人物年谱考录》，中华书局1992年版，《代序》。

② 参阅徐有富主编《中国古典文学史料学》(修订本)，北京大学出版社2008年版，第166—167页。

③ 凤凰出版社2007年版。

④ 苏州大学出版1997年版。

⑤ 上海古籍出版社2006年版。

⑥ 黄山书社2003年版。

⑦ 天津古籍出版社1991年版。

⑧ 中国文联出版社2000年版。

二、个人年谱合编本，如宋王质等撰，许逸民校辑《陶渊明年谱》①，陈祖美编校《谢灵运年谱汇编》②。

三、年谱丛书本，汇编多人的年谱单独成书，如刘跃进、范子烨编《六朝作家年谱辑要》③，于浩辑《明代名人年谱》④，刘聿鑫主编的《冯惟敏年表》、《冯溥年谱》、《李之芳年谱》、《田雯年谱》、《张笃庆年谱》、《郝兰皋夫妇年谱附著述考》、《王懿荣年谱》⑤，北京图书馆出版社 2001 年出版的包括徐锡麟、秋瑾、陈伯平和马宗汉的《辛亥革命四烈士年谱》。

四、年谱附于或收入某些文集里。有些附于或收入相关文学家的作品集里，如袁行霈编的《陶渊明年谱简编》载其撰《陶渊明集笺注》⑥，许逸民编的《徐陵年谱》载其校笺《徐陵集校笺》⑦，徐培均编的《李清照年谱》载其笺注《李清照集笺注》附录一⑧，吴怀祺编《郑樵年谱稿》载编者校补《郑樵文集》附录⑨，高洪钧编的《冯梦龙年谱》载其著《冯梦龙集笺注》的最后⑩。有些收入研究文集里，如林大志编的《四萧年谱》（萧衍、萧统、萧纲、萧绎），收入其著《四萧研究——以文学为中心》一书的附录中⑪；齐文榜的《贾岛年谱新编》，收入其著《贾岛研究》的附录中⑫；王兆鹏编的《邓肃年谱》、《张元干年谱》收入王兆鹏、王可喜、方星移著《两宋词人丛考》一书中⑬；张剑编《晁说之年谱》，见其著《晁说之研究》第二章⑭；阎凤梧、刘达科著《河汾诸老年表》，载其著《河汾诸老研究》上编第三部分⑮。

---

① 中华书局 1986 年版。
② 广西师范大学出版社 2001 年版。
③ 黑龙江教育出版社 1999 年版。
④ 北京图书馆出版社 2006 年版。
⑤ 山东大学出版社 2002 年版。
⑥ 中华书局 2003 年版。
⑦ 中华书局 2008 年版。
⑧ 上海古籍出版社 2002 年版。
⑨ 书目文献出版社 1992 年版。
⑩ 天津古籍出版社 2006 年版。
⑪ 中华书局 2007 年版。
⑫ 人民文学出版社 2007 年版。
⑬ 凤凰出版社 2007 年版。
⑭ 学苑出版社 2005 年版。
⑮ 山西人民出版社 1993 年版。

五、发表在刊物上。如王增文编《潘岳年谱》，刊于《许昌师专学报》1997年第1期；侯云龙编《谢灵运年谱》，刊于《吉林师范大学学报》2005年第5期；罗国威编《任昉年谱》，刊于《四川大学学报》1994年第1期；王枚、王江玉编《刘孝标年谱简编》，刊于《文献》1998年第3期；王泽强编《阮葵生年谱》，刊于《淮阴师范学院学报》2006年第1期。

六、电子文本。随着文本的电子化，有些年谱，除了出版纸型文本外，还同时出版电子本，如吴光兴编的《萧纲萧绎年谱》。①

史书中的传记，所记的内容即使比较详细，但由于篇幅的限制，仍显简略，而年谱的编纂，一般都要综合和参考多方面的史料，记叙谱主的一生，包括少年时期，所记内容一般都比较全面、详细。年谱中对谱主生平中疑难不清的问题，往往予以考定。有些年谱对谱主的日常生活和心态以及他所处的各方面的境遇，也有所叙写。

年谱的价值是多方面的，它是传记史料的一个重要部分。梁启超说，族谱、家谱、年谱，"皆为国史取材之资。而年谱之效用，时极宏大"②。年谱提供了许多真实的史料，还能纠正史传中的某些错误。清人全祖望说：

> 年谱之学，别为一家。要以巨公魁儒事迹繁多，大而国史，小而家传、墓文，容不能无舛谬，所借年谱以正之。③

夏承焘在《唐宋词人年谱·自序》中说：

> 年谱一体，不特可校核事迹发生之先后，并可鉴定其流传之真伪，诚史学一长术也。④

所以，检阅年谱是掌握传记史料不可忽视的一项重要工作。当然，年谱的质量，高低不一，辗转相抄的年谱较多。因此，我们参考年谱时，要注意选择那些质量高的。如果能检阅较多的年谱，互相参照，得到的收益会更多。

---

① 社会科学文献出版社、社会科学文献电子音像出版社2006年版。

② 梁启超《中国近三百年学术史》，东方出版社1996年版，第392页。

③ [清]全祖望撰，朱铸禹汇校集注《全祖望集汇校集注》，上海古籍出版社2000年版，卷32《愚山施先生年谱序》。

④ 夏承焘《唐宋词人年谱》，上海古籍出版社1979年版。

附：年谱汇编要目

综合、通代类

《中国历代名人年谱》　李士涛编　商务印书馆 1941 年版

《新编中国名人年谱集成》　王云五主编　台湾商务印书馆 1978—1986 年影印出版 20 辑　分辑发行①

《北京图书馆藏珍本年谱丛刊》　北京图书馆编　北京图书馆出版社 1999 年版

《历代名人年谱》　[清]吴荣光著　李宗颢补遗　林梓宗点校　北京图书馆出版社 2002 年版

《中国古代史学家年谱》　张爱芳选辑　北京图书馆出版社 2005 年版

《历代妇女名人年谱》　张爱芳辑　北京图书馆出版社 2005 年版

《佛教名人年谱》　殷梦霞编　北京图书馆出版社 2004 年版

《浙东学人年谱》　殷梦霞选编　北京图书馆出版社 2003 年版

《历代人物年里碑传总表》　姜亮夫纂定　陶秋英校　上海中华书局 1959 年版

《中国历史人物生卒年表》　吴海林　李延沛编　黑龙江人民出版社 1981 年版

《中国古代名人生卒·历史大事年谱》　[清]吴荣光撰　陈垣校注　北京图书馆出版社 2002 年版②

《历代名人生卒录》　[清]钱保塘编　北京图书馆出版社 2002 年版

《历代名人生卒年表》《历代名人生卒年表补》　梁廷灿　陶容等编　北京图书馆出版社 2002 年版

《疑年录汇编》　张惟骧编　1925 年小双寂庵刻本

《疑年录集成》　贾贵荣　殷梦霞辑编　北京图书馆出版社 2002 年版

《释氏疑年录》　陈垣撰　中华书局 1964 年版

《中国文学年表》　敖士英纂辑　中华民国二十四年初版　北平立达书局发行

---

① 王云五 1979 年去世时，共刊行 6 辑。去世后刊行的，则不标明主编。

② 此书原名《历代名人年谱》。

《中国文学史大事年表》 吴文治著 黄山书社出版 上册1987年出版 中、下两册1993年出版

断 代

先秦

《先秦诸子年谱》 北京图书馆出版社影印室编 北京图书馆出版社2004年版

两汉

《汉晋名人年谱》 国家图书馆编 北京图书馆出版社2004年版

魏晋南北朝

《三曹年谱》 张可礼编 齐鲁书社1983年版

《六朝作家年谱辑要》 刘跃进 范子烨编 黑龙江教育出版社1999年版①

《北朝若干闻人疑年录》 许福谦 载殷宪主编《北朝史研究》 商务印书馆2005年版

《陶渊明年谱》 [宋]王质等撰 许逸民辑校 中华书局1986年版

《陶渊明年谱汇考》 袁行霈编 收入袁行霈著《陶渊明研究》 北京大学出版社1997年版

《谢灵运年谱汇编》 陈祖美编校 广西师范大学出版社2001年版

隋唐五代

《隋唐五代名人年谱》 北京图书馆出版社影印室编 北京图书馆出版社2005年版

---

① 此书汇集了由16位学者撰写的19位作家的年谱，共18种。书中所收的年谱，有的是过去发表的，有的是新编的。本书还有跃进编的3种附录：《本书所收年谱出处及作者简历》、《六朝作家年谱参考文献》和《六朝作家生平研究论文要目》，这些对研究者也有参考价值。

《韩愈年谱》［宋］吕大防等编　徐敏霞校辑　中华书局 1991 年版

《司空图年谱汇考》陶礼天编　华文出版社 2002 年版

《五代作家综合年表》张兴武编　载其著《五代作家的人格与诗格》附录二　人民文学出版社 2000 年版

《唐宋八大家年谱》王冠辑　北京图书馆出版社 2005 年版

《唐宋词人年谱》(修订本)　夏承焘著　上海古籍出版社 1979 年版

宋代

《宋编宋人年谱选刊》吴洪泽编　巴蜀书社 1995 年版

《宋人年谱丛刊》①　李文泽等编　四川大学出版社 2003 年版

《北宋文学家年谱》曾枣庄　舒大刚编　台湾文津出版社 1996 年版

《王安石年谱三种》［宋］詹大和　［清］顾栋高等撰　裴汝诚点校　中华书局 1994 年版

《宋人所撰三苏年谱汇刊》王水照编　上海古籍出版社 1989 年版

《三苏年谱》孔凡礼撰　北京古籍出版社 2004 年版

《两宋词人年谱》王兆鹏撰　台湾文津出版社 1994 年版

《宋代十三家词人生卒年考辨》王兆鹏撰　《湖北大学学报》2000 年第 3 期

《宋明理学家年谱》于浩辑　北京图书馆出版社 2005 年版

《宋明理学家年谱续编》陈来选　于浩辑　北京图书馆出版社 2006 年版

辽金元

《辽金元名人年谱》北京图书馆出版社影印室编　北京图书馆出版社 2005 年版

《金代文学家年谱》王庆生　凤凰出版社 2005 年版

① 与《宋人年谱集目》合本。

明代

《明代名人年谱》 于浩辑 北京图书馆出版社 2006 年版

《明人年谱十种》 北京图书馆出版社编 北京图书馆出版社 1997 年版

《晚明曲家年谱》 徐朔方著 浙江古籍出版社 1993 年版

清代

《清代人物生卒年表》 江庆柏编著 人民文学出版社 2005 年版

《清初名儒年谱》 北京图书馆出版社影印室辑 北京图书馆出版社 2006 年版

《清代戏曲家疑年考略》(一至五) 柯愈春 分别载《文献》1996 年第 3、4 期 1997 年第 1、3、4 期

《乾嘉名儒年谱》 北京图书馆出版社影印室辑 北京图书馆出版社 2006 年版

《顾亭林先生年谱三种》 北京图书馆出版社编 北京图书馆出版社 1997 年版

《王船山杨升庵年谱五种》 北京图书馆出版社编 北京图书馆出版社 1997 年版

《查继佐年谱 查慎行年谱》 [清]沈起 陈敬璋撰 汪茂和点校 中华书局 1992 年版

近代

《晚清名儒年谱》 北京图书馆出版社影印室辑 北京图书馆出版社 2006 年版

《清代民国藏书家年谱》 张爱芳 贾贵荣选编 北京图书馆出版社 2004 年版

第五节 谱 牒

与年谱关系十分密切的是谱牒①。谱牒是文学家传记史料的重要渊

① 关于谱牒的界定、名称、产生以及唐前编撰的情况,参阅本书第九章第二节。

薮。谱牒在魏晋南北朝迅速发展以后，到了唐代，新的谱牒不断出现。柳芳的《永泰谱》、张九龄的《韵谱》、邵思的《姓解》、林宝的《元和姓纂》、林宝与李衢的《皇朝玉谍》，都是有影响的谱牒著述。唐朝以后，谱牒在沿袭中有变化，出现了许多谱牒汇编和大量的私修谱牒，种类日趋繁富，积累的数量也越来越多。宋代，私编谱牒盛行，出现了邓名世的《古今姓氏书辨证》、王应麟的《姓氏急就篇》、郑樵的《通志·氏族略》等重要著述。明清时期，民间看重编纂家谱，相继新编了大量的谱牒①。近现代以来，除了民间继续编撰家谱之外，有的研究者在前人编纂成果的基础上，又编写了不少新的族谱。重要的有：陈直著《南北朝王谢元氏世系表》②，王瑞功著《〈南北朝王谢元氏世系表〉王氏世系订补》③，阿涛著《东晋南朝琅邪王氏世系简表》④，张可礼著《东晋文艺综合研究》中的《琅邪王氏世系表》、《高平郗氏世系表》、《颍川庾氏世系表》、《陈郡谢氏世系表》，顾绍柏著《谢氏家族表》⑤，王泉根主编的《华夏姓氏丛书》⑥，萧华荣著《华丽家族——两晋南朝陈郡谢氏传奇》⑦、《簪缨世家——两晋南朝琅邪王氏传奇》⑧，何新著《宋昭德晁氏家族事迹著作编年》⑨等。上述族谱及相关的著述，各有长短，可以相互参照。

谱牒文献的著录始于汉代刘向的《别录》和班固的《汉书·艺文志》。至南朝梁代阮孝绪撰《七录》，正式设谱牒类目。《七录》之后，历代史书中的《经籍志》(或《艺文志》)的"史部"，大都设有关于谱牒的内容和类目。宋代汪藻编写的《琅邪临沂王氏谱》、《太原晋阳王氏谱》、《陈国阳夏谢氏谱》、《泰山南城羊氏谱》、《颍川鄢陵庾氏谱》、《陈郡阳夏袁氏谱》、《河东闻喜裴氏谱》、《吴郡陆氏谱》、《太原中都孙氏谱》、《陈留尉氏阮氏谱》等，共 26 种。这

① 关于谱牒的源流，参阅：胡锦贤、胡哲《中国姓氏谱牒源流术略》，《文献》1996 年第 4 期；常建华《宗族志》，上海人民出版社 1998 年版。

② 收入著者《摹庐丛著七种》，齐鲁书社 1981 年版。

③ 载《文献》1991 年第 1 期。

④ 见刘涛主编《中国书法全集》荣宝斋 1991 年版，第 19 页。

⑤ 见顾绍柏校注《谢灵运集校注》，中州古籍出版社 1987 年版，《附录》。

⑥ 《华夏姓氏丛书》，广西人民出版社 1993 年出版第一批书目有：黎小龙著《李》；王泉根著《王》；熊远报、王大良著《杨》；欧阳宗书著《孙》；毛策著《郑》；王大良著《谢》。

⑦ 三联书店 1994 年版。

⑧ 三联书店 1995 年版。

⑨ 载陈飞主编《中国古典文学与文献研究》第 3 辑，学苑出版社 2004 年版。

些族谱作为附录收在上海古籍出版社 1982 年影印的《世说新语》内。汪藻所编族谱是根据《世说新语》中的人物可谱者。《世说新语》所记，止于晋末，汪藻所编，参用诸史，谱至陈、隋。《隋书》卷 33《经籍志二》“姓氏”著录 41 部(其中绝大部分属于谱牒)。唐林宝撰《元和姓纂》一书，记载了中唐以前的姓氏族望，其论得姓受氏，多源于《世本》、《风俗通义》、《三辅决录》、《百家谱》及《姓苑》等。上引诸书，有许多已经失传，后人靠林氏的征引，能够了解其大概。《新唐书》卷 61—63《宰相表》、《通志·氏族略》也是依据此书加以损益而编成的。《旧唐书》卷 46《经籍志上》著录“杂谱牒”55 部。《新五代史》卷 71 撰有《十国世家年谱》。《宋史》卷 204《艺文志三》“谱牒”类著录 110 部。《明史》卷 97《艺文志二》“谱牒”类著录 38 部。史志目录外，许多其他书目，也大多在“史部”设有“谱牒类”。宋代晁公武《郡斋读书志》第九卷“谱牒类”，著录 6 种，其中有《释迦氏谱》10 卷、《鲜于氏卓绝谱》1 卷。宋代陈振孙《直斋书录解题》在卷八“谱牒类”中著录 19 种。

谱牒中收有许多人物传记史料，如家传、家乘、小传、志传、史传、自传、自述、行述、行略、行实、行状、事略、墓志、神道碑、圹志、年表、年谱等，其中有不少文学家的传记史料。这些史料，有的可以弥补其他史书的缺欠，有的能够修正其他史书中的错误①。在这方面，近几年有些学者继往开来，多有研究成果问世。如元代戏曲家白朴的 23 世孙白惟君等，在 1948 年编撰了《白氏宗谱》，其中有一些以往学者没有看到的宝贵史料。以前有关研究白朴的著述，只知白朴有子名镛，其生平未详。对白朴获增勋爵的原因，也有多种说法。胡世厚据《白氏宗谱》研究，得知白朴有两房妻室，五子两女。五子中有三人仕元居官的，白朴是因长子镀贵而获赠勋爵的②。王兆鹏根据《永泰张氏宗谱》中的史料，解决了南宋著名词人张元干的籍贯、生平仕履和创作问题③，又根据《山阴天乐李氏宗谱》弄清了南宋词人李光的世系，还从中发现了一篇署名朱熹的李光墓志(《庄简公墓志》)④。

我国的谱牒数量很多，有不少散在民间和国外，难以统计。据初步统计，至 2000 年，有家谱约 50000 种，计有姓氏 600 多个。这些谱牒大部分在

① 参阅潘树广主编《中国文学史料学》，黄山书社 1989 年版，第九章第二节。

② 参阅胡世厚《白朴与〈白氏宗谱〉》，《文学遗产》2002 年第 5 期。

③ 参阅王兆鹏《以〈永泰张氏宗谱〉辑录宋人佚文佚诗》，《文献》2006 年第 1 期。

④ 参阅王兆鹏《族谱所见李光世系》，《文献》2007 年第 2 期。

我国，少部分在国外。日本学者多贺秋五郎在《中国宗谱研究》一书中说，中国的宗谱在日本的有1491部，在美国的有1406部。实际上，在国外的数量，远不止上述的数量①。另外，还有大量的未刊抄稿本和刊本，散藏在各地。2002年，在成都发现了清乾隆二十年(1755)木刻本《宗圣家谱》(曾子家谱)，此家谱为《中国家谱综合目录》未著录的罕见珍本②。2003年在浙江省衢州市衢江区杜泽镇樟树底村发现《紫阳卷宗》(朱熹家族宗谱)。有关专家认为，此宗谱的发现，"填补了某些方面正史记载的不足，对研究朱熹家族在江南各省的分布，研究朱熹成长的环境、观念的形成、思想的发展、演变及由此产生的社会影响，都具有较高的学术价值"③。吉林大学图书馆藏有21种稀见抄稿本家谱，其中有18种为清人所编，1种为明人所编，1种为民国人所编，1种为宋人潘履孙纂，明抄本④。类似上面所举的事例，当有很多。

国内外的不少学者十分重视谱牒的整理和出版，已经整理和出版了一些重要的谱牒。中国在1988年7月在山西省五台山举办了中国家谱研讨会，成立了中国谱学会。可以预计，谱牒的整理和出版成果会不断地问世。诸多的成果，为我们研究和使用谱牒史料提供了方便，也为我们研究和使用许多文学家的传记史料提供了方便。

附：谱牒集要目

《宗谱的研究(资料篇)》　[日]多贺秋五郎　日本东洋文库1960年版

《中国宗谱的研究(下)》　[日]多贺秋五郎　日本东洋文库1982年版

《国学文学馆现藏中国族谱资料初编》　盛清沂主编　联经出版社

① 参阅潘树广主编《中国文学史料学》，黄山书社989年版，第九章第五节。

② 参见彭雄《成都发现曾子家谱》，《光明日报》2002年12月12日C1版。

③ 严红枫、严元俭《浙江发现朱熹家族宗谱》，《光明日报》2003年10月13日A2版。

④ 参阅董润丽、朱永慧《吉林大学图书馆藏稿本家谱叙录》，《古籍整理研究学刊》2004年第5期。

1982年版

《联合报基金文化会国学文献馆现藏中国族谱序例选刊初辑》 盛清沂主编 联经出版社1983年版 后又出版第2辑

《中国族谱集成》 山西省社会科学院家谱资料中心编 巴蜀书社1995年版

《族姓史料丛编》 中华全国图书馆文献微缩复制中心出版①

《北京图书馆藏家谱丛刊·民族卷》 北京图书馆出版社编 北京图书馆出版社2003年版

《北京图书馆藏家谱丛刊·闽粤(侨乡)卷》 北京图书馆编 北京图书馆出版社2000年版

《名伶世系表》 宋凤娴撰 北平戏剧研究舍1936年版

第六节 评 传

中国古代史书中的文学家传记,限于体例和篇幅,主要是从大的方面写有关品行风貌,对于生平事迹,只能作概略的叙写。史书的传记中也有评论,多是寓于叙述中。集中的评论大都在传记的最后,也有放在中间的,文字非常简短。评论所用的名称和方式不一。最早的评论见于《左传》,用"君子曰"、"君子谓"、"君子以为"的形式表示②。到西汉司马迁在《史记》中用"太史公曰"的形式表示。后来的评论,大体上承用了司马迁的做法,但名目繁多。唐刘知几《史通·内篇·论赞》所谓"既而班固曰赞,荀悦曰论,《东观》曰序,谢承曰诠,陈寿曰评,王隐曰议,何法盛曰述,常璩曰撰,刘昞曰奏,袁宏、裴子野自显姓名,皇甫谧、葛洪列其所号。史官所撰,通称史臣。其名万殊,其义一揆。必取便于时者,则总归论赞焉"。中国古代的文学家传记的叙事和评论,很早就为后来的具有现代意义的评传孕育了胚胎,但发展迟缓,还没有形成后来的评传。在中国,具有现代意义的文学家评传③,是在

① 参见《族性史料丛编》,载《中国图书商报》2000年11月24日,引自《古籍整理出版情况简报》总358期(2000年第12期)。

② 参阅逯耀东《抑郁与超越:司马迁与汉武帝时代》,三联书店2008年版,《史传论赞与"太史公曰"》。

③ 有时亦用"传"、"传论"、"传略"等名称,有时只用传主的姓名。

20 世纪初，一些文人学者受西方传记文学的影响而产生的。梁启超的《王安石传》就是一个例证。1908 年，梁启超著《王安石传》。梁启超在此书的“例言”中说，王安石“不仅为中国大政治家，亦为中国大文学家”。“本书以发挥荆公政术为第一义，故于其创诸新法之内容及其得失，言之特详，而往往以今世欧美政治比较之，使读者于新旧知识咸得融合”。文学家评传是一种带有明显的学术性的传记，它同艺术性的评传不同。许多艺术性评传往往有一些想象和虚构的成分，而学术性的评传，则力求有事实根据，不允许虚构杜撰。这里论述的是学术性评传。

文学家评传一般篇幅较长，是由“传”和“评”两部分融会而成，是以文学家的生平编年和作品的系年为主线，寓评论于传主的生平遭际等的叙述中，以体现传主的生平、交游、思想、性格、创作以及艺术成就为主要内容，一般不做具体细致的考证①。因为是传记，所用的史料信而有征，并且力求使用第一手史料和新史料，所以评传既带有学术论著的性质，又具有文献史料价值，是我们研究古代文学家传记的重要史料。

文学家评传自 20 世纪初开始出现以后，发展得很快，尤其是 20 世纪 80 年代以来，有似雨后春笋，蓬勃生长。截止到目前，中国古代著名的文学家，几乎都有评传，有些文学家不只有一种评传。其数量和质量，都是空前的。

就已经问世的评传而言，其存传的形态，大致有五种：

一是单本。这大体有两种情况。一种是先在杂志上发表，后来结为单本出版的，如冯至著《杜甫传》，开始在 1951 年 1 月到 6 月的《新观察》上发表，至 1962 年由人民文学出版社出版单行本。另一种是，一开始就是以单行本的形式出版的，如柳存仁的《吴承恩评传》，邓广铭的《王安石》，朱东润的《梅尧臣传》，陈贻焮的《杜甫评传》等，都属于这种形式。《吴承恩评传》于 1967 年莱顿 E. J. 布里尔出版社出版。《王安石》于 1975 年出版，1978 年人民出版社又出版了修订本。《梅尧臣传》于 1979 年中华书局出版。《杜甫评传》有北京大学出版社 2003 年版。

二是发表在刊物上。如：陆侃如撰写的《宋玉评传》，最早于 1927 年 6

---

①　由于传主的不同和撰写者不同的治学方法、写作风格，评传的体例也不尽相同。有的评传，就采用了以问题为中心的结构模式。有的评传也多有考证。如陆侃如撰写的《屈原评传》，其中有许多关于屈原生平和作品的考证。《屈原评传》载其著《屈原》，亚东图书馆 1923 年版。

月发表在《小说月报》第17卷号外上；朱东润撰写的《诗人吴均》刊于1929年《新月》第2卷第9期；吴翠芬著《元稹评传》刊于《明清小说研究》1999年第4期。

三是收入一些著述中。如：钱仲联撰写的《张尔田评传》，见其著《梦苕盦论集》①；丁福林撰写的《江淹评传》，收入其著《江淹年谱》附录二②；任海天撰写的《韦庄传略》收入其著《韦庄研究》上编③；李平撰写的《纳兰性德评传》，载于《朱东润先生诞辰一百一十周年纪念文集》④。

四是评传合集。所谓评传合集，指的是把两个文学家以上的评传汇集在一起出版的传记。这类合集，比较早的是中华书局1939年出版杨荫深编著的《中国文学家列传》。“本书所收文学家，上自周代，下止民国，共500多人。史料多据正史传记，旁及杂史笔记等。略刊文学家图象。编排次序依生年为主。书末另附生卒时间、著作表及索引”⑤。后来，有不少这类合集相继出版。新时期以来，影响比较大的是吕慧鹃、刘波等编的《中国历代著名文学家评传》和《中国历代著名文学家评传续编》。前书是上百位著名学者撰写的一部大型的古代文学家评传，全书“采用了以传为主、寓评于传、评传结合的体例”，共6卷，约200余万字，评介了自先秦至“五四”前160多位文学家。

五是评传丛书。评传丛书是把许多文学家的评传编辑在一起的大型评传书籍。新时期以来，为世瞩目的是由著名教育家、中国思想史专家、原南京大学名誉校长匡亚明教授生前主编，南京大学中国思想家研究中心组织编撰的《中国思想家评传丛书》。此书由南京大学出版社1990—2006年陆续出版。全书总计200部、6000余万字，收入包括文、史、哲、经、法、理、工、医、农、兵及教育、政治、宗教等诸多学科领域，从孔夫子到孙中山约2500年的传主270余名(一般一人一传，少数为二人或二人以上合传)，经过海内外200多位专家，历时20年写成的。其中收有中国古代的著名文学家评传有：孔子、老子、墨子、庄子、孟子、屈原、荀子、韩非、李斯(附于《嬴政评传》)、

① 《梦苕盦论集》，中华书局1993年版。
② 《江淹年谱》，凤凰出版社2007年版。
③ 《韦庄研究》，人民文学出版社2005年版。
④ 复旦大学中文系编，上海古籍出版社2006年版。
⑤ 引自陈玉堂《中国文学史书目提要》，黄山书社1986年版，第106—107页。

贾谊(附陆贾、晁错)、司马迁、刘向(附刘歆)、扬雄、班固、桓谭、王充、张衡、王符(附崔寔、仲长统)、诸葛亮、曹操(附曹丕、曹植)、王弼(附何晏)、嵇康、阮籍、傅玄、葛洪、王羲之、陶潜、慧远、范晔、范缜、陶弘景、刘勰、萧统、郦道元、李白、杜甫、柳宗元、韩愈(附李翱)、刘禹锡、白居易(附元稹)、司空图、李觏、欧阳修、范仲淹、王安石、苏轼、杨万里、黄庭坚、李清照、吕祖谦、陆游、陈亮、朱熹、辛弃疾、严羽、文天祥、关汉卿、刘基、宋濂、方孝孺、李贽、袁宏道(附袁宗道、袁中道)、杨慎、汤显祖、张岱、顾炎武、王夫之、黄宗羲、李渔、傅山、蒲松龄、孔尚任、吴敬梓、全祖望、曹雪芹、郑燮、袁枚、赵翼、梅文鼎、龚自珍、林则徐、魏源、翁同龢、冯桂芬、黄遵宪、邹容(附陈天华)、秋瑾、梁启超(附谭嗣同)等。同以前的文学家评传相比,此丛书中的评传一般篇幅较长,除了全面、系统的述评文学家的生平业绩外,特别注意从思想史的角度,探析文学家创作实践和作品中蕴藏的思想特点和突出贡献。另外,此书还有许多同文学史料关系密切的著名文献学家的评传,如郑玄、颜师古(附孔颖达)、郑樵、晁公武、陈振孙、马端临、焦竑、惠栋、戴震、章学诚、钱大昕、崔述等。

附:评传合传、评传丛书要目

《中国文学家列传》　杨荫深编著　中华书局1939年版

《中国历代作家小传》　湖南师范学院中文系古代文学教研室编　上册(增订本)湖南人民出版社1981年出版　中册第一分册1981年出版　第二分册1982年出版　下册第一、二分册1985年出版

《中国历代著名文学家评传》　吕慧鹃　刘波等编　山东教育出版社1985年版

《中国古代学者百人传》　张舜徽主编　中国青年出版社1986年版

《中国历代著名文学家评传续编》　吕慧鹃　刘波等编　山东教育出版社1989年版

《古代文学家传记》(中国历史小丛书合集)　中华书局1992年版

《中国通俗小说家评传》　周钧韬主编　中州古籍出版社1993

年版

《中国古代文献学家论考》 徐传武主编 中国文史出版社 2004 年版

《中国文言小说家评传》 萧相恺主编 中州古籍出版社 2004 年版

《中国古代戏曲家评传》 胡世厚 邓绍基主编 中州古籍出版社 1992 年版

《方志著录元明清曲家传略》 赵景深 张增元著 中华书局 1987 年版

《元曲六大家传略》 谭正璧著 古典文学出版社 1957 年版

《中国思想家评传丛书》 匡亚明主编 南京大学中国思想家研究中心编 南京大学出版社 1990—2006 年出版

《近代二十家评传》 王森然著 上海书店出版社 1996 年据北平杏严书屋 1934 年初版影印本

第七节 综合传记史料

有些古代文学家的传记史料往往散见于多种载体中。后人为了研究的方便,常常把搜集到的各种传记史料编辑在一起,成为汇编。这类传记史料汇编,有的见于文学家史料汇编,如《古今图书集成·理学汇编·文学典》中的《文学名家列传》。此列传所收"文学名家"上起周代,下迄明代,辑录史料丰富,除辑录了正史中的文学家传记外,还从地方志、笔记等书中辑录了有关史料。如其中所辑李白的传记史料,就囊括了《新唐书》中的《文艺传》以及《本事诗》、《唐国史补》、《酉阳杂俎》、《野客丛谈》、《辰州府志》、《云仙杂记》和《唐摭言》等书中的史料。近几年陆续出版的《中华大典·文学典》中涉及的重要文学家,都有传记部分。传记部分从多方面辑录了传记史料。有些综合传记史料单本印行,如台北天一出版社出版的《苏轼传记资料》[①]。有些综合传记史料,见于文学家文集的附录。如蔡邕传记史料,见邓安生

① 据黄秀文主编《中国年谱辞典》,百家出版社 1997 年版,第 161 页。

《蔡邕集编年校注》卷 4 附录[①]；“陆士衡传记资料”，见刘运好校注整理《陆士衡文集校注》附录二[②]；“王维事迹资料汇录”，见陈铁民《王维集校注》附录二[③]；韩愈传记资料辑录，见屈守元等主编《韩愈全集校注》附录五[④]；阮元、李元度、严可均等 11 人撰写的 11 种全祖望的传记，见朱铸禹汇校集注的《全祖望集汇校集注》附录[⑤]。

另外，还有些综和传记史料用“考”、“考略”、“汇录”等名称，或以专著形式出版，或刊于某些刊物，庄一拂著《明清散曲家汇考》[⑥]，邓长风著《明清戏曲家考略》、《明清戏曲家考略续编》、《明清戏曲家考略三编》[⑦]，汪超宏著《明清曲家考》[⑧]，张增元著《近年新发现的明清曲家史料汇录》[⑨]等，都属于这方面的传记史料。

上面列举的有关文学家的综合传记史料，由于比较集中，为我们检索史料提供了方便。但由于多方面的局限，所收史料常有遗漏和错误。我们在使用时，应留心补遗和辨正。

① 河北教育出版社 2002 年版。

② 凤凰出版社 2007 年版。

③ 中华书局 1997 年版，2005 年第 2 次印刷，个别地方有改动。

④ 四川大学出版社 1996 年版。

⑤ 上海古籍出版社 2000 年版。

⑥ 浙江古籍出版社 1992 年版。

⑦ 上海古籍出版社分别于 1994 年、1997 年、1999 年出版。

⑧ 中国社会科学出版社 2006 年版。

⑨ 载《中华戏曲》第 20 辑，1997 年 4 月。

第十八章　古代文学作品史料

第一节　作品史料在文学史料中的核心地位及分类

中国古代文学史料极其丰富,如何对这些丰富的史料进行分类,是一个值得探讨的问题。本书如前所述,尝试把文学史料分为背景史料、传记史料、作品史料和研究史料四类。这四类史料都很重要,相互联系,缺一不可,但相比而言,作品史料尤其重要。背景史料、传记史料和研究史料的研究,尽管都具有独立的意义,但最终主要是为了帮助人们正确地研究作品。我们的研究,如果局限于背景史料,或者过分地强调背景史料,完全舍弃了作品而专注作品之外的背景,文学研究就有可能被一般的历史研究所取代。传记史料是研究文学不可缺少的,它比背景史料更接近文学本身。背景影响文学,主要是因为背景影响了文学家。文学家和作品的关系更直接,但传记史料不能取代作品史料。这不仅因为二者不同,还因为从史料的生成来看,作品是文学家自己创作的,是原始的直接史料,是第一位的,而传记史料,大多是后人撰写的,有真伪的问题,有取舍的问题。从今存研究史料来看,尽管也涉及了背景史料和传记史料,但主要的还是属于作品研究。研究史料的最终价值,主要看其是否有助于对作品的研究。从这一角度来审视,作品史料在诸多史料中占有核心地位,当是不成问题的。

人类的文学活动是一个整体,是一个系统,是处在一个不断演变的过程中。在这一演变过程中,至少包括创作、传播和接受三个环节。而在这三个环节中,作品都占有核心地位。古代文学家的活动往往是多方面的,但他之所以能够成为一位文学家,主要是因为他从事了文学创作。他创作的直接结果,就是作品。文学家是靠作品来支撑的,其他的任何伎俩都是无用的。文学家文学创造力的大小,水平的高下,在文学史上的地位和影响,主要是通过作品来衡定的。从古迄今,屈原、司马迁、李白、杜甫、关汉卿和曹雪芹等,之所以受到重视,之所以在文学史上占有重要地位,有的还被列为世界文化名人,一个根本的原因,是因为他们留下了为人们称颂的不朽的作品。有些作品,如许多民歌和《古诗十九首》等作品的作者,已难考知,其创作的背景也难确定,但是这些作品并没有因作者和背景不明而失传,而失去价值。由此看来,作品比背景和作者更为重要,更具有生命力。没有作品,离开了作品,文学没有传承,就没有文学史。

文学史料一旦形成,随着历史的演进,就自然地进入了传播环节,形成了文学传播史。从传播史来看,各种史料虽然都在通过多种途径在不同的范围得到传播,但最为人们所看重、传播范围最广的无疑是作品。人们用心用力最多的也是在作品如何传播上。有些作品由于适应了时代的需要,受到了重视,得到了广泛的传播,有些则由于不利于读者,尤其是不利于维护统治者的统治,而遭到冷落或禁毁。纵观文学传播史,实际上在很大程度上是作品的传播史。

文学活动的最终意义是通过读者的接受来体现的,而作品是接受者研究、阅读和欣赏得以进行和展开的基础和主要对象。历代的研究者尽管有些在研究背景史料、传记史料和研究史料等方面投入了很大的精力,取得了很多成果,但就总的态势看,研究的重点,主要还是作品。许多文学研究者,首先聚焦于作品的研究。理解了作品,基本上也就理解了文学。因此历代在作品研究方面投入的精力和取得的成果,远远超越了其他方面。就普通的的接受者来看,他们对文学家,或称颂之,或同情之,往往是基于阅读其作品而得到的感受。文学接受活动,主要是审美活动,而审美活动往往直接或含蓄地体现在阅读作品的过程中。优秀的作品,不断地被解读,滋润着接受者的心灵,使接受者从中得到激励、启迪和宽慰,得到审美情趣的愉悦,帮助维系人文精神的存在和发展。一部古代文学接受史,就主导方面来说,实际上是一部作品接受史。

我们在强调作品在文学史料中的核心地位的同时,还应当注意防止把作品看成是完全自主的、为了自身的目的而独立的存在,防止把作品看成是自足的、封闭的存在,忽视作品同背景、作者、传播和读者的联系。正确的认识,应当是把作品在文学史料中的核心地位,同背景史料、传记史料和研究史料等多方面的史料,历史地、辩证地联系在一起。

中国是一个文明古国,古代文学有悠久的历史,从远古的神话和歌谣开始,已有数千年之久。中国地域广阔,民族众多,历朝历代各民族都热心创作,积累了极其丰富的作品。这些作品存在的形式多种多样,而且随着时代的变化而变化。为了使人们便于阅读、研究和存传这些作品,至晚自汉代以来,就有不少文人学者开始不断研究作品的分类问题。由于对文学的理解有历史的变化,由于分类的标准不同,历来对作品有多种分类。先秦两汉时期,大体上是文史哲不分。西汉刘向、刘歆父子撰《七略》,将校订的图书分为"六艺略"、"诸子略"、"诗赋略"、"兵书略"、"数术略"和"方技略",外加汇集总序、大小序的"总略"。东汉班固删《七略》而编成《汉书·艺文志》。《七略》和《汉书·艺文志》中,属于文学作品的主要在"诗赋略"中。两汉以后,有不少文人学者,注意探讨什么是文学及其分类问题。魏晋南北朝时期,曹丕的《典论·论文》、陆机的《文赋》、刘勰的《文心雕龙》都涉及了作品的分类问题。其中《文心雕龙》的分类相当细致。到了唐代,自《隋书·经籍志》开始,正式把各种典籍分为经、史、子、集四部。这种分类一直延续到清代。近代以来所说的文学作品主要在集部。《隋书》卷35《经籍志四》集部分楚辞、别集和总集三集,为后来许多目录著述所遵循。三集著录的主要是诗文作品。但正如章学诚在《文史通义·内篇六·文集》中所说,"三集既兴,九流必混",其中常杂有其他方面的著述。另外,传统的丛书中,常常收有许多文学作品。到了近代,随着社会的急剧变革、西方纯文学观的影响以及小说、戏剧的迅速兴盛,以康有为、梁启超为代表的改良派和不少著名的文人学者视小说、戏剧为文学的"上乘"或正宗。小说和戏剧地位的空前提升,体现在文学作品的分类上,就是开始基于纯文学观把作品分为诗歌、散文、戏剧和小说四类。上述情况说明,对作品的分类具有历史性,不同时期的分类,都涉及了文学观问题,即文学与非文学的区分问题。传统的文学观基本上属于大文学观(有的称"杂文学观"),近代以来的基本上属于纯文学观。文学与非文学的区别问题,仁智各见,纠缠不清,恐怕很难形成共识。在这种情况下,我们对古代文学作品的分类,首先应当明确分类的主要目的。我们分类的主要目的,借用章学诚的话,就是为了使作品"绳贯珠联,无少缺逸,欲人即类求书,因书究学"①。为了达到这一目的,我们既要顾及近代之前对

① [清]章学诚著、王重民通解《校雠通义通解》,上海古籍出版社1987年版,卷1《互著第三》。

作品分类的情况和作品的实际的辑存形式，同时也不能完全回到古代，忽视近代以来对文学作品的新的认识以及在作品分类方面的辑存和研究成果。我们对作品的分类应当把近代之前和近代以来两方面的分类成果结合起来。实际上，近代以来，我们对古代作品的整理和出版，大体上也是立足于上述认识的。1958 年，古籍整理出版规划小组在制定十年规划时，拟定了一个规模宏大的《中国古典文学基本丛书》的选目，共 390 多种，其中不仅包括诗歌、散文、小说和戏曲，还包括了《论语》、《孟子》、《左氏春秋传》和《尚书》之类的子书和经书。后来的整理和出版，基本上是参照上述规划逐渐实施的。基于上述的认识和实践的状况，本书尝试把作品史料分成五类：一、别集；二、总集；三、丛书；四、小说；五、戏曲。

第二节　别集：作品史料的重要基石

文学作品的结集有多种形式。在多种形式中，专门汇集个人诗文的别集是最重要的，其他形式的结集，如总集和丛书，一般都是以各种别集为基础的。别集（包括下面论述的小说和戏曲作品）的多少、质量的高低，是衡量文学发展的重要尺度，也是衡量文学史料发展的重要的尺度。因此，别集不只是文学作品史料的重要基石，同时也是整个文学史料的重要支柱。

别集自西汉产生以后①，相继出现了许多异称。早期的常称为“文集”，或简称为“集”。萧绎《金楼子・立言上》将诸子与文集分开，说：

诸子兴于战国，文集盛于两汉。

这里说的“文集”指的是别集。正式使用别集这一名称是在南朝齐梁时期，梁代阮孝绪《七录》中有“别集部”。之后，别集之外，又出现了很多名称。《四库全书总目》卷 184“别集类一”叙说：

其自制名者，则始张融《玉海集》。其区分部帙，则江总有前集，有后集；梁武帝有诗赋集，有文集，有别集；梁元帝有集，有小集；谢朓有集，有逸集。与王筠之一官一集，沈约之正集百卷，又别选《集略》三十卷者，其体例均始于齐梁。

---

① 关于别集的起源，参阅本书第七章第五节。

齐梁之后，别集名称不断增多，至清代，在沿用以前的名称的同时，命名更加自由，名称多种多样。张舜徽《清人文集别录·自序》说：

> 清人自裒所为文，或身后由门生故吏辑录之，以成一编。大抵沿前世旧称，名之曰集，或曰文集，或曰类集，或曰合集，或曰全集，或曰遗集；亦名之曰稿，或曰文稿，或曰类稿，或曰丛稿，或曰存稿，或曰遗稿。而稿之中有初稿、续稿之分；集之中有正集、别集之辨。其不以集之或稿为名者，则命曰文钞，或曰文录，或曰文编，或曰文略，或曰遗文。此正例也。亦有不标斯目，而别制新题者。①

上面列举的大多是别集的异称，至于具体到个人别集的取名，也是各种各样，多达十几种。从他人所编辑的别集来看，有直接用作者之名的，也有用作者之名而冠以时代官职、官职、字号、籍贯、谥号、自封号等命名的。直接用作者之名的，如《旧唐书》卷47《经籍志下》、《新唐书》卷60《艺文志四》所著录的别集，除少数帝王外，其他都是取用作者之名，如《司马相如集》、《嵇康集》等。后来有些书目，如《郡斋读书志》主要也是取用作者之名的。用作者之名而冠以时代官职的，主要见于《隋书》卷35《经籍志四》，如“楚大夫《宋玉集》”、“汉太中大夫《扬雄集》”。用官职命名的别集也比较多，如《直斋书录解题》卷16著录阮籍的《阮步兵集》、陈子昂的《陈拾遗集》。以字号取名的，如《直斋书录解题》卷16著录的枚乘的《枚叔集》、陆机的《陆士衡集》。以籍贯取名的，如《四库全书总目》卷135著录王安石的《临川集》。以谥号取名的，如《直斋书录解题》卷16著录曹植的《陈思王集》。以自封号命名的，如《直斋书录解题》卷16著录欧阳修的《六一居士集》。现当代所刊印和整理的别集，大多是取用原作者之名。和过去不同的是，许多经过校注的，一般在别集名称之后，常常缀以“注”、“校注”、“校释”、“笺注”、“汇注”、“集解”等。用作者的姓名命名古代的别集，方便读者检索，已为现当代所通用。

从现存的别集来看，内容复杂，种类繁多，可以从不同的角度进行分类。从收录的范围来考虑，可分为全集和选集两种。

所谓全集，指的是编者把所能见到的某一作者的所有作品编辑在一起

---

① 华中师范大学出版社2004年版。

的书籍。如宋人周必大编的《欧阳文忠公全集》，清人王琦注本《李太白全集》。需要说明的是，别集中所谓的全集，实际上不一定全。古代文学家创作的作品，往往不太注意保存，或者由于其他原因，散失的很多。后来即使注意搜集，也难免遗漏①。另外，全集中有时也有误收他人作品的现象。这就使许多全集刊出以后，不断地有人作补正的工作。

所谓选集，指的是作者从自己所有的作品中或编者从某一作者的所有作品中，依据一定的标准，选择了其中的一部分而编成的书籍。唐代刘禹锡在自编集40卷外，另有自选集《刘氏集略》10卷；晚唐皮日休认为自己的文稿繁多，于是加以选择，编成《皮子文薮》；宋代罗椅编有《涧谷精选陆放翁诗集》10卷。明末清初的文人周亮工有全集《赖古堂集》24卷，另有他自己删定的《删定赖古堂诗》。至于他人编的选集，自古至今，不胜枚举。

从别集收录的体裁来看，有综合性的诗文集，也有单一体裁的诗集、赋集、文集、词集等。全集一般都是包含各种诗文的，有些选集也选择了多种文体。单一体裁的别集，多是收录某一体裁的较全的作品，如唐代《孟浩然诗集》三卷，《谢观赋集》八卷，《李甘文》一卷；有些则是选择其中的部分作品。

别集的编辑，有分体裁的，有以时间为序的编年体，有分体裁编年的。

按体裁编辑的，如：《四部丛刊》本《鲍氏集》共10卷，第1、2卷为赋，第3卷为乐府诗，第4—8卷为诗，第9卷为表、启、疏和书等，第10卷为颂、铭等。今存《四部丛刊》本唐代独孤及《毗陵集》20卷，卷1为赋、诗，卷2—3为诗，卷4—5为表，卷6为议，卷7为铭、颂(庙)碑、论，卷8—9为(碑)颂、(碑)铭，卷10—12为灵表、墓志，卷13为集序、赞，卷14至16为序，卷17为记、述，卷18为策、书，卷19—20为祭文。上举二例，基本上体现了古代别集按体裁为序的编排方式。唐代有了词以后，一般把它置于别集的最后或附于诗歌之后。唐代《刘宾客文集》卷27是“乐府”，在卷末收录了《杨柳枝词》、《竹枝词》、《浪淘沙词》、《潇湘神词》、《抛毬乐词》、《纥那曲词》等词作。明刻本明人李堂《堇山文集》15卷，卷1—6为诗、赋，卷6末附“诗余”24首，

---

① 虞炎《鲍照集序》说，鲍照“身既遇难，篇章无遗，流迁人间，往往见在……爰命陪趋，备加研访，年代稍远，零落者多。今所存者，傥能半焉”。

卷 7 以下为文。同一集中同一体裁的作品，常见的是按更具体的文体编辑。清代纳兰性德《通志堂集》中的诗歌的编次是：五言古诗、七言古诗、五言律诗、七言律诗、五言排律、五言绝句、七言绝句。按体裁编辑，长处是比较容易操作，类别清楚，能够明显地体现文学家对某些体裁的态度及其创作上的状况、特点等，也为研究者从体裁的角度研究文学家及其创作提供了方便。由于体裁归类比较简单易行，所以自古至今，采用这种体式编辑的别集较多。

依时间为序的编年体，是把作品按照创作时间的先后加以编辑。在古代，很早就有人采用这种编辑方法。宋代黄希、黄鹤父子著有《黄氏补千家集注杜工部诗史》36 卷。“是书虽题称‘补注’，其功则重在编年。全书以‘年谱辨疑’为纲领，诗题下考以岁月。其例始于黄伯思，继之以鲁訔，至是书杜诗编年已基本完善”[①]。现当代人整理的别集，也常有效仿这种体式的。赵幼文的《曹植集校注》，把校注者认为可以系年的，分建安、黄初和太和三个时期，分别系于各年。把时期未定者放在最后。萧涤非选注《杜甫诗选注》[②]，把选注的杜诗按四个时期编次：一、读书游历时期；二、困守长安时期；三、陷安史叛军中、为官时期；四、漂泊西南时期。朱东润著《梅尧臣编年校注》，把现存梅尧臣诗文和《欧阳修文集》等对照，作了编年，一年一卷，把原本 60 卷的梅尧臣集重新编次为 30 卷。邓广铭的《稼轩词编年笺注》，全书共 7 卷，前 6 卷大致以时间为序编辑。卷 1 为“江、淮、两湖之什”；卷 2 为“带湖之什”，起宋孝宗淳熙九年(1182)迄宋光宗绍熙二年(1192)；卷 3 为“七闽之什”，起宋光宗绍熙三年(1192)，迄宋光宗绍熙五年(1194)；卷 4 为“瓢泉之什”，起宋光宗绍熙五年(1194)，迄宋宁宗嘉泰二年(1202)；卷 5 为“作年莫考诸什”，“然其中什九当皆作于隐居带湖(1182—1192)及隐居瓢泉(1194—1203)之二十年内”；卷 6 为两浙、铅山诸什，起宋宁宗嘉泰三年(1203)，迄宋宁宗开僖三年(1207)；卷 7 为补遗。

分体裁编年体，也常常为古今编者所采用。宋“王禹偁《小畜集》三十卷乃其自编分体本，但据今人徐规先生逐篇系年考证，各卷之中却大致是按时

① 引自郑庆笃等著《杜集书目提要》，齐鲁书社 1986 年版，第 36 页。

② 人民文学出版社 1979 年版。

代先后排列顺序的,仅散文部分次第较乱”①。清代朱彝尊《曝书亭集》和阮元《研经堂集》中的诗歌,是以时间为序编辑的。王瑶编注的《陶渊明集》②,分诗、文两部分,每部分以时间为序编次。

以时间为序的编年体,如果是文学家自己编辑的,容易操作,并且比较可信。今存的别集,大都是后人编辑的,要将作品编年,由于存传的史料有限,系年非常困难,容易出现疏误。编年体的优长是,可以从作品的系年了解文学家的生平经历、创作历程。一部好的编年体别集,实际上是一个文学家的心灵史,可以同文学家的其他传记史料相互补充,同时也能直接或间接折射出世事的兴衰。

别集的编辑除上述三种常见的体式之外,还有许多不太规范的。据《元稹集》卷30《叙诗寄乐天书》提供的史料,元稹自编集中的诗歌部分,分为古风、乐风、古体、新题乐府、五言律诗、七言律诗、律风、悼亡、古体艳诗、今体艳诗。元稹集中诗歌的编排是体裁和内容相混合的。

有些别集,在主体诗文之外,前有序,后有跋。序和跋,有当代人作的,有后人编辑或重刻时写的。现存别集较早的自序当是曹植的《前录自序》。后人为别集作序,至晚当始自西晋。西晋之后,逐渐增多。早期比较著名的序,有萧统的《陶渊明文集序》和任昉的《王文献集序》。序和跋,内容和篇幅长短不一。内容主要是介绍别集的作者、内容、特点、价值、编刻情况等。有些别集后面还有附录,附有作者的传记、行状、行述、墓碑、墓志铭、年谱、版本、辑评、唱和之作等。有的唱和之作,紧附原作之后。如今人曹融南以吴骞拜经楼正本《谢宣城集》为底本校注集说的《谢宣城集校注》卷2、卷4、卷5,其中的唱和之作,就分别同谢朓的作品编在一起。鲁迅在《“题未定”草》中肯定了《谢宣城集》的编法,他说,《谢宣城集》中“有他的同僚一同赋咏的诗。我以为这样的集子最好,因为一面看作者的文章,一面又可见他和别人的关系,他的作品,比之同咏者,高下如何,他为什么要说哪些话”,否则,“到得后来,就只剩下一面的文章了,无可对比”。

就现有的别集而言,大多是汇集个人的诗文的。但有些别集所收并不限于个人的诗文,往往还有他人的,如上面提到的《谢宣城集校注》中就有他

① 引自王岚《宋人文集编刻流传丛考》,江苏古籍出版社2003年版,第5页。

② 人民文学出版社1962年版。

人的唱和之作。还有一些别集，附有他人的评点。这类别集有似别集但又不同于一般的别集，有似总集但又与一般的总集有区别。上述事例启示我们，对于别集，我们不必严格恪守别集的义界，只要是以汇集个人诗文为主的，都应当看作是别集。

附：现当代新刊新整理别集(含部分史书、子书)要目①

先秦、秦

《山海经注证》 郭郛注 中国社会科学出版社 2004 年版

《春秋左传注》(修订本) 杨伯峻编著 中华书局 1990 年版②

《春秋左传新注》 赵生群注 陕西人民出版社 2008 年版

《国语集解》 徐元诰撰 王树民 沈长云点校 中华书局 2002 年版

《战国策笺证》 [西汉]刘向集录 范伯雍笺证 范邦瑾协校 上海古籍出版社 2006 年版

《战国策集注汇考》(增订本) 诸祖耿编著 凤凰出版社 2008 年版③

《墨子校注》 吴毓江校注 中华书局 1993 年版(《新编诸子集成》)④

《老子校释》 [春秋]老聃撰 朱谦之校释 中华书局 1984 年版(《新编诸子集成》)

《论语译注》 杨伯峻编著 中华书局 1958 年版

《论语集解》 程树德集解 中华书局 1990 年版(《新编诸子集成》)⑤

---

① 传统的经史子集四部分法中的史部和子部中，有一些著述长期以来被视为文学作品，在作品中不易归类，姑且随别集，分别编入各个时期。

② 王和《〈左传〉的成书年代与编纂过程》，《中国史研究》2003 年第 4 期。

③ 卢秀菊《〈战国策〉的版本》，台湾《中国书目季刊》第 18 卷第 4 期，1985 年 3 月。

④ 郑杰文《〈墨子〉三大传本系统》，《文献》2005 年第 4 期。

⑤ 昌彼得《〈论语〉版本源流考析》，台湾《故宫学术季刊》第 12 卷第 1 期，1994 年秋。

《庄子集释》［战国］庄周撰　［清］郭庆藩撰　王孝鱼点校　中华书局1961年版(《新编诸子集成》)

《庄子纂义》(增订本)　［战国］庄周撰　钱穆纂义　香港1956年印

《庄子补正》［战国］庄周撰　刘文典补正　云南人民出版社1980年版

《孟子译注》［战国］孟轲撰　杨伯峻译注　中华书局1960年版

《孟子集注》［战国］孟轲撰　［宋］朱熹集注　中华书局1983年版(《新编诸子集成》)

《荀子校释》［战国］荀况著　王天海校释　上海古籍出版社2005年版①

《韩非子新校注》［战国］韩非子著　陈奇猷校注　上海古籍出版社2000年版②

《屈原集校注》［战国］屈原著　金开诚　董洪利等校注　中华书局1996年版

《宋玉集》(增订修改本)　［战国］宋玉撰　吴广平编著　岳麓书社2001年版③

《吕氏春秋新校释》［战国］吕不韦著　陈奇猷校释　上海古籍出版社2002年版

《李斯集辑注》［秦］李斯撰　张中义　王宗堂等辑注　中州古籍出版社2002年版

两汉

《新语校注》［汉］陆贾撰　王利器校注　中华书局1996年版

《新书校注》［汉］贾谊撰　阎振益　钟夏校注　中华书局2000年版

---

① 1. 高正《荀子版本源流考》,中国社会科学出版社1992年版。2. 王天海《荀子版本源流考》,载其著《荀子校释》,上海古籍出版社2005年版,《附录》。

② 陈惠茵《韩非子版本研究》,台湾师范大学国文研究所硕士论文,1986年4月。

③ 1. 郑良树《论〈宋玉集〉》,《文献》1995年第4期,台湾《故宫学术季刊》12卷第3期。2. 吴广平《宋玉著述辨》,《文献》2003年第3期。

《贾谊集会校集解》 [汉]贾谊撰 方向东会校集解 河海大学出版社 2000 年版①

《晁错集注释》 [汉]晁错撰 《晁错集注释组》注 上海人民出版社 1976 年版

《东方朔作品辑注》 [汉]东方朔撰 傅春明辑注 齐鲁书社 1987 年版②

《淮南鸿烈集解》 [汉]淮南王刘安编 刘文典撰 殷光熹点校 张文勋审订 安徽大学出版社 云南大学出版社 1998 年版

《淮南子集释》 [汉]刘安撰 何宁集释 中华书局 1998 年版(《新编诸子集成》)③

《枚叔集》 [汉]枚乘撰 丁福保辑 清宣统三年(1911)无锡丁氏排印《汉魏六朝名家集初刻》本

《司马相如集校注》 [汉]司马相如撰 朱一清 孙以昭校注 人民出版社 1996 年版

《司马相如集校注》 [汉]司马相如撰 李孝中校注 巴蜀书社 2000 年版

《王褒集考译》 [汉]王褒撰 王洪林考译 巴蜀书社 1998 年

《史记》 [汉]司马迁撰 [南朝宋]裴骃集解 [唐]司马贞索隐 [唐]张守节正义 [清]乾隆四年(1739)武英殿本 上海古籍出版社 上海书店 1986 年缩印武英殿本 中华书局 1975 年点校本④

《扬雄文集笺注》 [汉]扬雄著 郑文笺注 巴蜀书社 2000 年版

《扬雄集校注》 [汉]扬雄著 林贞爱校注 四川大学出版社 2001 年版⑤

---

① 吴云、李春台《〈新书〉的版本》,载其校注《贾谊集校注》,中州古籍出版社 1989 年版,《附录》。

② 李江峰《东方朔作品考》,载南京大学中国古典文献研究所编《古典文献研究》(总第 8 辑),凤凰出版社 2006 年版。

③ 郑良树《淮南子传本知见记》,台北《"国立中央图书馆"馆刊》1956 年第 1 期。

④ 1. 郑之洪《〈史记〉的版本》,载其著《史记文献研究》,巴蜀书社 1997 年版,第 8 章第 2 节。2. 张玉春《史记版本研究》,商务印书馆 2001 年版。3. 张兴吉《今存〈史记〉版本简明目录》,袁行霈主编《国学研究》第 16 卷,北京大学出版社 2005 年版。

⑤ 此书《前言》第四部分述及《扬雄集》的版本。

《班兰台集校注》 [汉]班固著 [明]张溥辑 白静生校注 中州古籍出版社出版 1991 年版

《汉书》 [汉]班固撰 [唐]颜师古注 [清]乾隆四年(1739)武英殿本 上海古籍出版社 上海书店 1986 年缩印武英殿本 中华书局 1975 年点校本

《张衡诗文集校注》 [汉]张衡撰 张震泽校注 上海古籍出版社 1986 年版

《论衡校释》(附刘盼遂集解) [汉]王充撰 黄晖校释 中华书局 1990 年版

《蔡邕集编年校注》 [汉]蔡邕撰 邓安生著 河北教育出版社 2002 年版①

《潜夫论》 [汉]王符著 [清]汪继培笺 彭铎校正 中华书局 1979 年版

魏晋南北朝

《曹操集校注》 [魏]曹操撰 夏传才校注 中州古籍出版社 1986 年版

《曹丕集校注》 [魏]曹丕撰 夏传才 唐绍忠校注 中州古籍出版社 1992 年版

《曹集诠评》 [魏]曹植撰 [清]丁晏纂 叶菊生校订 文学古籍刊行社 1957 年版

《曹植集校注》 [魏]曹植撰 赵幼文校注 人民文学出版社 1984 年版②

《孔融集校注》 [魏]孔融撰 路广正校注 山东大学出版社 1994 年版

---

① 刘跃进《蔡邕著述摭录》,《古籍整理研究学刊》2002 年第 4 期,收入其著《秦汉文学论丛》,凤凰出版社 2008 年版。

② 1. 江殷《〈曹植集校注〉得失评》,《文学遗产》1987 年第 4 期。2. 熊清源《〈曹植集校注〉商兑》,《古籍整理研究学刊》1997 年第 1 期。3. 陈长华、梁春胜《〈曹植集校注〉献疑》,《古籍整理研究学刊》2004 年第 5 期。4. 汪大白《曹植〈释疑论〉应系葛洪所杜撰》,《学术界》2001 年第 5 期。5. [韩]朴现圭《〈曹植集〉的编纂与四种宋本之分析》,《文献》1995 年第 2 期。6. 梁春胜《曹植佚文辑考》,《古籍整理研究学刊》2008 年第 5 期。

《王粲集注》 [魏]王粲撰　吴云　唐绍忠注　中州书画社 1984 年版

《徐幹集校注》 [魏]徐幹撰　张玉书　邵先锋校注　中国文联出版社 2001 年版

《诸葛亮集校注》 [蜀]诸葛亮撰　张连科　管淑珍校注　天津古籍出版社 2008 年版

《人物志校笺》 [魏]刘劭撰　李崇智著　巴蜀书社 2001 年版

《阮籍集校注》 [魏]阮籍撰　陈伯君校注　中华书局 1987 年版

《嵇康集校注》 [魏]嵇康撰　戴明扬校注　人民文学出版社 1962 年版①

《潘岳集校注》(修订版) [晋]潘岳撰　董志广校注　天津古籍出版社 2005 年版

《陆士衡文集校注》 [晋]陆机撰　刘运好校注整理　凤凰出版社 2007 年版

《束晳集校注》 [晋]束晳撰　刘悦校注　东北师范大学古典文献学 2006 年硕士论文

《陆云集》 [晋]陆云撰　黄葵点校　中华书局 1988 年版②

《郭宏农集校注》 [晋]郭璞撰　夏恩彦校注　山西人民出版社 1990 年版

《葛洪集》 [晋]葛洪撰　江苏广陵古籍刻印社 1992 年版

《刘琨集》 [晋]刘琨撰　赵天瑞编著　天津古籍出版社 1996 年版

《陶渊明集》 [晋]陶渊明撰　逯钦立校注　中华书局 1979 年版

《陶渊明集笺注》 [晋]陶渊明著　袁行霈撰　中华书局 2003 年版③

---

① 崔富章《嵇康的生平事迹及〈嵇康集〉的传播源流》,《浙江大学学报》1999 年第 4 期。

② 檀晶《〈陆云集〉版本源流考略》,《图书馆杂志》2006 年第 4 期。

③ 1. [日]桥川时雄《陶集版本源流考》,日本文字同盟社 1931 年版。2. 袁行霈《宋元以来陶集校注本之考察》,载其著《陶渊明研究》,北京大学出版社 1997 年版　3. 邓小军《陶集宋本源流》,收入其著《诗史释正》,中华书局 2004 年版。

《陶渊明集校笺》［晋］陶潜著　杨勇校笺　上海古籍出版社2007年版

《谢灵运集校注》［南朝宋］谢灵运撰　顾绍柏校注　中州古籍出版社1987年版

《谢灵运集》［南朝宋］谢灵运撰　李运富编注　岳麓书社1999年版①

《刘孝标集校注》(修订本)［南朝宋］刘峻著　罗国威校注　学苑出版社2003年版

《鲍参军集注》［南朝宋］鲍照撰　钱仲联增补集说校　上海古籍出版社2005年版②

《谢宣城集校注》［南朝齐］谢朓撰　曹融南校注集说　上海古籍出版社1991年版③

《沈约集校笺》［南朝梁］沈约撰　陈庆元校笺　浙江古籍出版社1995年版

《陶弘景集》［南朝梁］陶弘景撰　江苏广陵古籍刻印社1992年版

《江淹集校注》［南朝梁］江淹撰　俞绍初　张亚新校注　中州古籍出版社1994年版

《吴均集校注》［南朝梁］　吴均撰　林家骊校注　浙江古籍出版社2005年版

《何逊集校注》［南朝梁］何逊撰　李伯齐校注　齐鲁书社1989年版

---

① 1. [日]兴膳宏《谢灵运集外诗》，载其编《谢灵运诗索引·附》，京都大学中国文学学会1981年版。2. 张靖龙《谢灵运佚诗考辨》，《文学遗产》1989年第2期，收入《谢灵运研究论集》，葛晓音编选，广西师范大学出版社2001年版。3. 马正学《新发现的谢灵运佚文及〈述祖德诗〉佚注》，《西北师大学报》1996年第2期。4. 周兴陆《关于谢灵运诗歌的文献学问题》，《复旦学报》2008年第2期。

② 1. 殷雪征《〈鲍照集〉在历代书目中的著录及现存善本的收藏》，载其著《鲍照研究》，中国文联出版社2001年版，《附录三》。2. 丁福林《鲍照著作考》，《文史》总第63辑，2003年第1辑，中华书局2003年5月。

③ 1. 古国顺《谢宣城集版本考略》，台北《"中央图书馆"馆刊》1968年第12卷第1期。2. 曹融南《谢宣城集校注·附录二》有《版本卷帙》。

《阴铿集注》(与《何逊集注》合本) [南朝梁]阴铿撰 刘畅 刘国珺注 天津古籍出版社 1988 年版①

《阴铿诗校注》 [南朝梁]阴铿撰 张帆 宋书麟校注 兰州大学出版社 1989 年版

《昭明太子集校注》 [南朝梁]萧统著 俞绍初校注 中州古籍出版社 2001 年版

《徐陵集校笺》 [南朝陈]徐陵撰 许逸民校笺 中华书局 2008 年版

《水经注校释》 [北魏]郦道元注 陈桥驿校释 杭州大学出版社 1999 年版

《水经注校证》 [北魏]郦道元著 陈桥驿校证 中华书局 2007 年版②

《洛阳伽蓝记校注》 [北魏]杨衒之撰 范祥雍校注 上海古籍出版社 1978 年版

《洛阳伽蓝记校释》 [北魏]杨衒之撰 周祖谟校释 上海古籍出版社 2000 年版

《洛阳伽蓝记校笺》 [北魏]杨衒之著 杨勇校笺 中华书局 2006 年版③

《颜氏家训集解》(增补本) [北齐]颜之推著 王利器撰 中华书局 1993 年版(《新编诸子集成》)④

《庾子山集注》 [北周]庾信撰 [清]倪璠注 许逸民校点 中华

---

① 《阴铿集注·附录三》有《阴铿集版本卷帙》。

② 1. 胡适遗稿《〈水经注〉校本的研究》,《中华文史论丛》1979 年第 2 辑。2. 陈桥驿《论〈水经注〉的版本》,《中华文史论丛》1979 年第 3 辑。3. 陈桥驿《郦学札记》,上海书店出版社 2000 年版,其中第一部分为《版本》。

③ 1. 范祥雍所见《洛阳伽蓝记》传世刻本,载其著《洛阳伽蓝记校注》《例言》二,《附编》一辑有“佚文”,《附编》二辑有《历代著录及序跋题识》。2. 罗晁潮《〈洛阳伽蓝记〉版本述考》,《文献》1986 年第 1 期。3. 林晋士《〈洛阳伽蓝记〉之版本考述》,台湾《中国书目季刊》第 29 卷第 3 期,1995 年 12 月。4. 王伊同《〈洛阳伽蓝记〉版本源流》。此为王伊同著《〈洛阳伽蓝记〉札记兼评周祖谟〈校释〉》的一部分,载其著《王伊同学术论文集》,中华书局 2006 年版。

④ 1. 尤雅姿《〈颜氏家训〉版本研究》,台湾《“国立编译馆”馆刊》第 19 卷第 2 期,1990 年 12 月。2. 王利器《颜氏家训佚文》、《颜之推集辑佚》,载其著《颜氏家训集解》。

书局 1980 年版①

唐五代

《唐高祖文集辑校编年》 [唐]李渊撰　韩理洲辑校编年　三秦出版社 2003 年版

《新编魏徵集》 [唐]魏徵撰　吕效祖主编　三秦出版社 1994 年版

《唐太宗全集校注》 [唐]李世民撰　吴云　冀宇校注　天津古籍出版社 2004 年版

《王绩诗注》 [唐]王绩撰　王国安注　上海古籍出版社 1981 年版

《王绩集编年校注》 [唐]王绩撰　康金声　夏连保校注　山西人民出版社 1992 年版

《王无功文集》五卷本会校 [唐]王绩撰　韩理洲校点　上海古籍出版社 1987 年版

《武则天集》 [唐]武则天撰　罗元贞点校　山西人民出版社 1987 年版

《王梵志诗校注》 [唐]王梵志撰　项楚校注　上海古籍出版社 1990 年版②

《杨炯集》(与《卢照邻集》合本) [唐] 杨炯撰　徐明霞点校　中华书局 1980 年版

《卢照邻集编年笺注》 [唐]卢照邻撰　任国绪笺注　黑龙江人民出版社 1989 年版

《卢照邻集笺注》 [唐]卢照邻撰　祝尚书笺注　上海古籍出版社 1994 年版

《卢照邻集校注》 [唐]卢照邻撰　李云逸校注　中华书局 1998 年版

---

① 1. 王晓鹏《〈庾子山集〉版本的整理与考订》,《西北师大学报》2001 年第 2 期。2. 徐宝余《庾信作品的结集过程》,载其著《庾信研究》第三章第一节,学林出版社 2003 年版。3. 张黎明《庾信集版本考订》,《北京科技大学学报》2005 年第 3 期。

② 1. 刘瑞明《项楚〈王梵志诗校注〉商兑和补遗》,《敦煌学辑刊》1991 年第 1 期。2. 齐文榜《王梵志诗集叙录》,《河南大学学报》2005 年第 4 期。

《骆临海集笺注》 [唐]骆宾王撰 [清]陈熙晋笺注 上海古籍出版社1985年据中华书局上海编辑所1960年排印本修订重印

《骆宾王诗评注》 [唐]骆宾王撰 骆祥发评注 北京出版社1989年版

《杜审言诗注》 [唐]杜审言撰 徐定祥注 上海古籍出版社1982年版

《李峤诗注》 [唐]李峤撰 徐定祥著 上海古籍出版社1995年版

《日藏古抄李峤咏物诗注》 [唐]李峤撰 张庭芳 胡成昂编 上海古籍出版社1998年版

《重订新校王子安集》 [唐]王勃撰 何林天重订新校 山西人民出版社1990年版

《王子安集注》 [唐]王勃撰 [清]蒋清翊注 上海古籍出版社1995年版

《沈佺期宋之问集校注》 [唐]沈佺期 宋之问撰 陶敏 易淑琼校注 中华书局2001年版①

《陈子昂集》 [唐]陈子昂撰 徐鹏点校 中华书局上海编辑所1960年版

《陈子昂诗注》 [唐]陈子昂撰 彭庆生注释 四川人民出版社1981年版

《张燕公集》 [唐]张说撰 上海古籍出版社1992年影印《四库全书》本

《苏颋诗文集编年考校》 [唐]苏颋撰 陈钧考校 山西古籍出版社2001年版

《曲江集》 [唐]张九龄撰 刘斯翰校注 广东人民出版社1986年版②

---

① 1. 常平在《宋之问与〈代白头翁〉的著作权案》一文(载《文史哲》2003年第6期)认为,宋之问的《有所思》为剽窃刘希夷之作,刘诗题为《代白头翁》,见《全唐诗》卷82。2. 朱红霞《关于〈宋之问集〉的几个问题》,《兰州学刊》2006年第1期。

② 陈建森《〈曲江集〉刻本叙录》,华南师范大学中文系《古代文学研究集刊》第1辑,南方出版社1999年版。

《孟浩然集校注》［唐］孟浩然著　徐鹏校注　人民文学出版社 1989 年版

《孟浩然诗集笺注》［唐］孟浩然著　佟培基笺注　上海古籍出版社 2000 年版①

《王昌龄诗注》［唐］王昌龄撰　李云逸注　上海古籍出版社 1984 年版

《王昌龄集编年校注》［唐］王昌龄撰　胡问涛　罗琴校注　巴蜀书社 2000 年版

《王维集校注》［唐］王维撰　陈铁民校注　中华书局 1997 年版②

《王维诗集笺注》［唐］王维撰　杨文生编著　四川人民出版社 2003 年版③

《李太白全集》［唐］李白著　［清］王琦辑注　中华书局 1977 年版

《李白集校注》［唐］李白著　瞿蜕园　朱金城校注　上海古籍出版社 1980 年版

《李白全集校注汇释集评》［唐］李白撰　詹锳主编　百花文艺出版社 1996 年版

《新版李白全集编年注释》［唐］李白撰　安旗主编　巴蜀书社 2000 年版④

---

①　1. 赵惠芬《孟浩然诗集版本考》，台湾《中国文化报》第 1 期，1994 年 6 月。2. 徐鹏《孟浩然集校注·前言》中有关于孟浩然集版本的概述。3. 王辉斌《孟浩然作品版本源流》，载其著《孟浩然研究》，甘肃人民出版社 2002 年版，第三章第二节。

②　此版 2005 年 2 次印刷，个别地方有改动。

③　1. 林桂香《王维集版本考》，台湾《中华学苑》第 28 期，1983 年 12 月。2. 杨文生编著《王维诗集笺注》书后附《重出误收诗及补遗》。3. 陈铁民《王维集版本考》，见其著《王维集校注》附录五。4. 王辉斌《王维诗文真伪考辨》，《四川文理学院学报》2008 年第4 期。

④　1. 詹锳《李太白集版本叙录》（附表），载其著《李白诗论丛》，人民文学出版社 1984 年版。2. 申风《李集书录》，《李白学刊》第 1 辑，上海三联书店 1989 年版。3. 詹锳《〈李白集〉稀见版本考略》，国家古籍整理出版规划小组主办《中国古籍研究》第 1 卷，上海古籍出版社 1996 年版。4. 今存李白集中有署名李华著《故翰林学士李君墓志》一文，李子龙认为是一篇伪作。见其论文《李华〈故翰林学士李君墓志并序〉辨伪》，《文学遗产》2004 年第2 期。

《崔颢诗注》 [唐]崔颢撰　万竟君注　上海古籍出版社1982年版

《高适集校注》 [唐]高适撰　孙钦善校注　中华书局1984年版

《高适诗集编年笺注》 [唐]高适撰　刘开扬编年笺注　中华书局1981年版①

《李颀诗评注》 [唐]李颀撰　刘宝和评注　山西教育出版社1990年版

《崔国辅诗注》(与《崔颢诗注》合本) [唐]崔国辅撰　万竟君注　上海古籍出版社1982年版

《颜真卿集》 [唐]颜真卿撰　[清]黄本骥编订　凌家民点校简注重订　黑龙江人民出版社1993年版

《钱注杜诗》 [唐]杜甫撰　[清]钱谦益注　上海古籍出版社1979年版

《杜诗详注》 [唐]杜甫撰　[清]仇兆鳌注　中华书局1979年版

《杜诗诗注》 [唐]杜甫撰　[清]仇兆鳌注　于鲁平补注　三秦出版社2004年版

《杜诗镜铨》 [唐]杜甫撰　[清]杨伦编辑　上海古籍出版社1980年版②

《岑参集校注》 [唐]岑参撰　陈铁民等校注　陈铁民修订　上海古籍出版社2004年版

《岑参诗集编年笺注》 [唐]岑参撰　刘开扬笺注　巴蜀书社1995年版

---

① 阮廷瑜《重订〈高常侍集〉传本述要》,台湾《中国书目季刊》第11卷第3期,1977年12月。

② 1. 郑庆笃等《杜集书目提要》,齐鲁书社1986年版。2. 周采泉《杜集书录》,上海古籍出版社1986年版。3. 胡可先《杜诗的版本》,载其著《杜甫诗学引论》,安徽大学出版社2003年版,第一章第二节。4. 严绍璗《日本藏杜集文献》,载《杜甫研究论集》(世纪之交杜甫国际学术研讨会论文集),张忠纲主编,天马图书有限公司2002年版。5. 张忠纲《杜诗佚句摭拾》,《文献》2007年第1期。6. 蔡锦芳《杜集版本及作品研究》,上海大学出版社2007年版。7. 赵海菱《杜诗在元代的研究与整理》,《杜甫研究学刊》2008年第2期。8. 张忠纲、赵睿才等《杜集叙录》,齐鲁书社2008年版。

《岑嘉州诗笺注》［唐］岑参撰　廖立笺注　中华书局2004年版①

《寒山拾得诗校评》［唐］寒山撰　钱学烈校评　天津古籍出版社1998年版②

《寒山诗注》(附拾得诗注)［唐］寒山　拾得撰　项楚注　中华书局2000年版

《元次山集》十卷《拾遗》一卷　［唐］元结撰　孙望校　中华书局上海编辑所1960年版

《元结诗解》［唐］元结撰　聂文郁解　陕西人民　出版社1984年版

《刘长卿诗编年笺注》［唐］刘长卿撰　储仲君编年笺注　中华书局1996年版

《刘长卿集编年校注》［唐］刘长卿撰　杨世明校注　人民文学出版社1999年版③

《张继诗注》［唐］张继撰　周义敢注　上海古籍出版社1987年版④

《顾况诗集》［唐］顾况撰　赵昌平校编　江西人民出版社1983年版

《顾况诗注》［唐］顾况撰　王启兴　张虹注　上海古籍出版社1994年版

---

① 1. 阮廷瑜《〈岑嘉州集〉传本叙录》，台湾《中国书目季刊》第10卷第3期，1976年12月。2. 陈铁民《岑嘉州诗版本源流考》，《文史》1979年第6期。3. 廖立《岑诗编年考补》、《岑集版本源流及各本之评价》、《敦煌残卷岑诗辨》、《岑诗篇目异录考证》，载其著《岑参事迹著作考》，中州古籍出版社1997年版。

② 1. 朴鲁玹《寒山诗及其版本之研究》，台湾政治大学中文研究所硕士论文，1986年6月。2. 项楚《寒山拾得佚诗考》，原载《周绍良先生欣开九秩庆寿文集》，中华书局1997年版，收入著者《柱马屋丛稿》，商务印书馆2003年版。3. ［韩］李钟美《朝鲜本系统〈寒山诗〉版本源流考》，《文献》2005年第1期。

③ 1. 陈顺智《刘长卿集版本考述》，《文献》2001年第1期。2. 任晓辉《刘长卿版本源流试说》，《吉林师范大学学报》2005年第1期。3. ［日］高桥良行《刘长卿集传本考》，《日本现存刘长卿集解题——日本唐诗享受史的一个侧面》，载蒋寅编译《日本学者中国诗学论集》，凤凰出版社2008年版。4. 储仲君《〈刘随州集〉版本考》，载其著《刘长卿诗编年笺注》，中华书局1996年版，《附录》。

④ 此书附录部分有版本著录。

《戴叔伦诗集校注》［唐］戴叔伦撰　蒋寅校注　上海古籍出版社1993年版①

《韩翃诗校注》［唐］韩翃撰　陈玉和校注　台北文史哲出版社1973年版

《张渭诗注》［唐］张渭撰　陈文华注　上海古籍出版社1997年版

《韦应物集校注》［唐］韦应物撰　陶敏　王友胜校注　上海古籍出版社1998年版

《韦应物诗集系年校笺》［唐］韦应物撰　孙望编著　中华书局2003年版②

《戎昱诗注》［唐］戎昱撰　臧维熙注　上海古籍出版社1982年版

《卢纶诗集校注》［唐］卢纶撰　刘初棠校注　上海古籍出版社1989年版③

《李益诗注》［唐］李益撰　范之麟注　上海古籍出版社1984年版

《李益集注》［唐］李益撰　王亦军　裴豫敏集注　甘肃人民出版社1989年版

《李益诗歌集评》［唐］李益撰　郝润华辑校　胡大浚审订　甘肃人民出版社1997年版④

《孟郊诗集笺注》［唐］孟郊撰　郝世峰笺注　河北教育出版社2002年版

《陆贽集》［唐］陆贽撰　王素点校　中华书局2006年版

《梁肃文集》［唐］梁肃著　胡大浚等校点整理　甘肃人民出版社2000年版

《权德舆诗集》［唐］权德舆撰　霍旭东校点　甘肃人民出版社1994年版

《权德舆文集》［唐］权德舆撰　霍旭东校点　甘肃人民出版社

---

① 此书附录有戴叔伦著述历代著录。

② 李庆《〈韦应物集〉版本源流考》，载复旦大学中文系等编、复旦大学出版社出版《中国古典文学丛考》第二辑。

③ 此书附录有卢纶著述历代著录。

④ 1. 佘正松、王胜明《李益生平及诗歌研究辨正》，《文学遗产》2004年第3期。2. 王胜明《李益逸文》，载其著《李益研究》，巴蜀书社2004年版，《附录一》。

1999 年版

《权德舆诗文集》［唐］权德舆撰　郭广伟校点　上海古籍出版社 2008 年版①

《韩愈全集校注》［唐］韩愈撰　屈守元等主编　四川大学出版社 1996 年版

《韩愈全集》［唐］韩愈撰　钱仲联　马茂元校点　上海古籍出版社 1997 年版

《韩昌黎文集注释》［唐］韩愈著　阎琦校注　三秦出版社 2004 年版

《韩昌黎诗系年集释》［唐］韩愈撰　钱仲联集释　上海古籍出版社 1984 年版②

《张籍诗集》［唐］张籍撰　中华书局上海编辑所 1959 年版

《令狐楚集》［唐］令狐楚著　尹占华等整理校点　甘肃人民出版社 1898 年版

《刘禹锡集笺证》［唐］刘禹锡撰　瞿蜕园笺证　上海古籍出版社 1989 年版

《刘禹锡集》［唐］刘禹锡撰　《刘禹锡集》整理组点校　卞孝萱校订　中华书局 1990 年版

《刘禹锡诗集编年笺注》［唐］刘禹锡撰　蒋维崧　赵蔚芝等笺注　山东大学出版社 1997 年版

《刘禹锡全集编年校注》［唐］刘禹锡撰　陶敏　陶红雨校注　岳麓书社 2003 年版

《刘禹锡诗编年校注》［唐］刘禹锡撰　高志忠校注　黑龙江人民

① ［美］金时俊撰《权德舆文集版本考》,《中国学报》1968 年第 8 期。2.《权德舆诗文集·序跋、著录》,载郭广伟校点本《附录二》。

② 1.［宋］朱熹《昌黎先生集考异》,上海古籍出版社据祁县图书馆的宋本影印,1985 年版。2.［韩］朴永珠《韩愈著作版本与对韩国之影响研究》,台湾东吴大学文学研究所硕士论文,1991 年 6 月。3. 刘真伦《昌黎文录辑校》,华中科技大学出版社 2002 年版。4. 刘真伦《韩愈集宋元传本研究》,中国社会科学出版社 2004 年版。5. 刘真伦《〈韩愈集〉"有待补充的新文献"》,载《〈韩愈集〉亟需一部综合汇校本》(上),《古籍整理出版情况简报》总 409 期,2005 年第 3 期。6. 杨国安《韩愈集注本概述》,《古典文学知识》2006 年第 5 期。

出版社 2005 年版①

《薛涛诗笺》 [唐]薛涛撰 张蓬舟笺 人民文学出版社 1983 年版

《白居易集笺注》 [唐]白居易撰 朱金城笺注 上海古籍出版社 1988 年版

《白居易全集》 [唐]白居易撰 丁如明 聂世美校点 上海古籍出版社 1999 年版

《白居易诗集校注》 [唐]白居易撰 谢思炜校注 中华书局 2006 年版②

《柳宗元集》 [唐]柳宗元撰 吴文治等校点 中华书局 1979 年版

《柳宗元全集》 [唐]柳宗元撰 曹明纲标点 上海古籍出版社 1997 年版

《柳宗元诗笺释》 [唐]柳宗元撰 王国安笺释 上海古籍出版社 1993 年版

《柳宗元诗歌笺释集评》 [唐]柳宗元撰 温绍笺释集评 中国国际广播出版社 1994 年版③

---

① 1. 刘卫林《"国立故宫博物院"所藏宋刊本〈刘宾客文集〉版本考略》,台湾《汉学研究》第 15 卷第 1 期,1997 年 6 月。2. 孙琴安《〈刘禹锡集〉的版刻与流传》,《古典文学知识》2004 年第 3 期。3. 刘卫林《宋刊刘禹锡文集版本研究》,台湾花木兰文化出版社 2008 年版。

② 1. 谢思炜《白居易集综论》上编(包括:《〈白氏文集〉的传布及"淆乱"问题辨析》、《日本古抄本〈白氏文集〉的源流及校勘价值》、《敦煌本白居易诗再考证》、《明刻本〈白氏讽谏〉考证》、《〈新乐府〉版本及序文考证》、《明刻本〈白氏策林〉考证》、《明郭勋刻本〈白乐天文集〉考证》),中国社会科学出版社 1997 年版。2. [日]冈村繁著、张寅彭译《〈白氏文集〉的旧钞本与旧刊本》,载《刚村繁全集》,上海古籍出版社 2002 年版,第 5 卷《唐代文艺论》第三篇第三章。3. 陈才智《白居易集之十次编集》、《白居易集之〈前集〉、〈后集〉、〈续后集〉》,载其著《元白诗派研究》,社会科学文献出版社 2007 年版,《附表》三、四。

③ 1. 吴文治《柳宗元集版本源流考略》,《文学论集》第 2 辑,中国人民大学 1979 年。此同题文又见作者著《柳宗元诗文十九种异文汇录》一书的"代序",黄山书社 2004 年版。2. 任莉莉《柳宗元文集版本考》,台湾《故宫学术月刊》第 5 卷第 4 期,1988 年夏。3. 吴文治 《谈谈柳宗元集的版本问题》,《零陵学院学报》2002 年第 1 期。4. [日]清水茂《日本留下来的两种柳宗元集版本》,收入清水茂著,蔡毅译《清水茂汉学论集》,中华书局 2003 年版。5. 潘玉涛《宋代柳集的编集与评价》,吴兆路、[日]甲裴胜二等主编《中国学研究》第 11 辑,济南出版社 2008 年版。

《姚合诗集校考》 [唐]姚合撰　刘衍校考　岳麓书社 1997 年版

《张籍集注》 [唐]张籍撰　李冬生注　黄山书社 1989 年版

《王建诗集校注》 [唐]王建著　王宗堂校注　中州古籍出版社 2006 年版①

《李绅诗注》 [唐]李绅撰　王旋伯注　上海古籍出版社 1985 年版

《元稹集》 [唐]元稹撰　冀勤点校　中华书局 1982 年版

《元稹集编年笺注》(诗歌卷) [唐]元稹撰　杨军笺注　三秦出版社 2002 年版②

《长江集新校》 [唐]贾岛撰　李嘉言新校　上海古籍出版社 1983 年版

《贾岛集校注》 [唐]贾岛撰　齐文榜校注　人民文学出版社 2001 年版

《贾岛诗集笺注》 [唐]贾岛撰　黄鹏笺注　巴蜀书社 2002 年版③

《李德裕文集校笺》 [唐]李德裕撰　傅璇琮　周建国校笺　河北教育出版社 2000 年版

《李贺诗歌集注》 [唐]李贺撰　[清]王琦等注　上海古籍出版社 1978 年版

《李贺集》(校注汇评本) [唐]李贺撰　王友胜　李德辉校注　岳麓书社 2003 年版④

---

①　此书《附录》一:《王建诗集叙录》。

②　1. 周相录《一首署名徐凝的元稹诗作》,《江海学刊》2004 年第 1 期。2. 周相录《〈元稹集〉辨伪与辑佚》,《古籍整理与研究学刊》2005 年第 4 期。3. 王辉斌《元稹诗集整理中的若干问题》,《襄樊学院学报》2006 年第 1 期。4. 陈才智《元稹集之三次编集》,载其著《元白诗派研究》,社会科学文献出版社 2007 年版,附表六。

③　1. 齐文榜《贾岛集的结集及版本考述》,载其著《贾岛集校注》,《前言》第三部分。2. 齐文榜《〈长江集〉版本源流考述》,《文献》1999 年第 1 期。3. 蔡新妍《长江集版本源流》,《广西师范大学学报》2000 年第 1 期。

④　1. 尤振中《李贺集版本考》,《江苏师范学院学报》1979 年第 3 期。2. 张剑《李贺集版本校勘琐议》,《中国社会科学院研究生院学报》2000 年第 1 期。3. 党黎《李贺集版本研究简述》,《中州学刊》2004 年第 4 期。

《张祜诗集》 [唐]张祜撰　严寿澂校编　江西人民出版社1983年版

《樊川文集》 [唐]杜牧撰　何锡光注　巴蜀书社2007年版

《樊川诗集注》 [唐]杜牧撰　[清]冯集梧注　上海古籍出版社1978年版

《杜牧集系年校注》 [唐]杜牧著　吴在庆撰　中华书局2008年版①

《赵嘏诗注》 [唐]赵嘏撰　谭优学注　上海古籍出版社1985年版

《李群玉诗集》 [唐]李群玉撰　羊春秋辑注　岳麓书社1989年版

《李商隐全集(附〈李贺诗集〉)》 [唐]李商隐撰　朱怀春　高克勤等标点　上海古籍出版社1999年版

《汇评本李商隐诗》 [唐]李商隐撰　刘学锴著　上海社会科学出版社2002年版

《李商隐诗歌集解》(增订重排本) [唐]李商隐撰　刘学锴等集解　中华书局2004年版

《李商隐文编年校注》 [唐]李商隐撰　刘学锴　余恕诚校注　中华书局2002年版

《玉豀生诗醇》 [唐]李商隐著　聂世樵　王汝弼笺注　中华书局2008年版②

《温庭筠全集校注》 [唐]温庭筠撰　刘学锴校注　中华书局2007年版

《温飞卿诗集笺注》 [唐]温庭筠著　[明]曾益注　[清]顾予咸补注　王国安标点　上海古籍出版社1998年版

《温庭筠诗集校注》 [唐]温庭筠著　王国良校注　台湾黎明文化

---

① 1. 胡可先《点校本〈樊川文集〉酌议》,收入作者著《杜牧研究丛稿》,人民文学出版社1993年版。2. 胡可先《〈樊川诗集注〉正补》,同上。3. 郝艳华《〈樊川文集夹注〉版本述略》,《图书馆杂志》2004年第4期。

② 1. 王家歆《李商隐诗文集版本考》,台湾《台中商专学报》,第23期,1991年6月。2. 刘学锴《李商隐诗集版本系统考略》,载其著《李商隐诗歌研究》,安徽大学出版社1998年版,《考辨篇》十四。

公司 1999 年版

《温庭筠词新释辑评》［唐］温庭筠撰　张红　张华编　中国书店 2003 年版①

《项斯诗注》［唐］项斯撰　徐大光校注　浙江古籍出版社 2006 年版

《罗隐集》［唐］罗隐撰　雍文华辑校　中华书局 1983 年版

《罗隐集校注》［唐］罗隐著　潘慧惠校注　浙江古籍出版社 1995 年版

《罗隐诗笺注》［唐］罗隐著　李之亮笺注　巴蜀书社 2001 年版

《聂夷中集》(与《杜荀鹤集》合本）［唐］聂夷中著　中华书局上海编辑所 1959 年版

《聂夷中诗注析》［唐］聂夷中著　任三杰注析　山西人民出版社 1987 年版

《司空表圣文集》［唐］司空图撰　上海古籍出版社 1994 年版

《司空图选集注》［唐］司空图撰　王济亨　高仲章注　山西人民出版社 1989 年版②

《马戴诗注》［唐］马戴撰　杨军　戈春源注　上海古籍出版社 1987 年版

《李远诗注》［唐］李远撰　李之亮注　上海古籍出版社 1989 年版

《曹邺诗注》［唐］曹邺撰　梁超然　毛水清注　上海古籍出版社 1982 年版

《于溃诗注》［唐］于溃撰　梁超然　毛水清注　上海古籍出版社 1982 年版

《曹唐诗注》［唐］曹唐撰　陈继明注　上海古籍出版社 1996 年版

《罗邺诗注》［唐］罗邺撰　何庆善　杨应芹注　上海古籍出版社

---

① 吴河清、朱腾云《温庭筠诗集版本源流考》,《南京师范大学文学院学报》,2007 年第 4 期。

② 陈道贵《司空图诗文编年补正》,《宝鸡文理学院学报》2000 年第 1 期。

1990年版

《皮子文薮》 [唐]皮日休撰 萧涤非 郑庆笃整理 上海古籍出版社1981年版

《杜荀鹤集》(与《聂夷中集》合本)[唐]杜荀鹤著 中华书局上海编辑所1959年版

《唐风集校注》 [唐]杜荀鹤著 胡嗣坤等校注 载校注者著《杜荀鹤及其〈唐风集〉研究》上编 巴蜀书社2005年版

《甫里先生文集》 [唐]陆龟蒙撰 宋景昌 王立群点校 河南大学出版社1996年版

《郑谷诗集笺注》 [唐]郑谷撰 严寿澂 黄明等笺注 上海古籍出版社1991年版

《郑谷诗集编年笺注》 [唐]郑谷撰 傅义笺注 华东师范大学出版社1993年版

《桂苑笔耕集校注》 [新罗]崔致远撰 党银平校注 中华书局2007年版

《咏史诗》 [唐]胡曾撰 陈新亮点校 岳麓书社1988年版

《韦庄集笺注》 [唐]韦庄著 聂安福笺注 上海古籍出版社2002年版

《韦庄诗词笺注》 [唐]韦庄著 齐涛笺注 山东教育出版社2002年版①

《韩偓集注》 [唐]韩偓撰 齐涛注 台湾艺龙书局1994年版②

《李卫公望江南》(又名《兵要望江南》) [南唐]易静撰 台北新文丰出版公司影印③

《阳春集校注》 [南唐]冯延巳撰 黄畬编 天津古籍出版社

---

① 1. 聂安福《韦庄集版本概述》,载其著《韦庄集笺注》,《后记》。2. 曹丽芳《韦庄浣花集版本源流》,《文献》2003年第2期。

② 1. 徐复观《韩偓诗与〈香奁集〉论考》,原载《民主评论》第15卷第4、5期,1964年2、3月,收入邝建行、吴淑钿编选《香港中国古典文学研究论文选粹(1950—2000)诗词曲篇》,江苏古籍出版社2002年版。2. 梁小军《韩偓集版本》,收入其著《诗史释证》,中华书局2004年版。

③ 1. 此影印本前有饶宗颐撰写的《序录》。2. 王兆鹏《〈兵要望江南〉考》,载其著《唐宋词史论》,人民文学出版社2000年版,第五章第一节。

1993 年版　《百家词》本

《李璟李煜全集》(辑校汇笺集传)　[南唐]李璟　李煜撰　吴颖等编著　汕头大学出版社 2002 年版①

宋

《张乖崖集》　[宋]张咏撰　张其凡校点　中华书局 2000 年版

《小畜集》　[宋]王禹偁撰　《四部丛刊初编》本②

《南阳集》　[宋]赵湘撰　《四部丛刊初编》本

《宋林逋自书诗卷》　[宋]林逋撰　文物出版社 1960 年影印

《林和靖诗集》　[宋]林逋撰　沈幼征校注　浙江古籍出版社 1986 年版③

《武夷新集》(与元《杨仲弘集》合本)　[宋]杨亿著　徐德明　金奎元等点校　福建人民出版社 2007 年版

《范仲淹全集》　[宋]范仲淹撰　李勇先　王蓉贵校点　四川大学出版社 2002 年版

《范仲淹全集》　[宋]范仲淹撰　[清]范能濬编集　薛正兴校点　凤凰出版社 2004 年版④

《宋元宪集》　[宋]宋庠撰　《四部丛刊初编》本

《武溪集校笺》　[宋]余靖撰　黄志辉校笺　天津古籍出版社 2000 年版

《乐章集校注》　[宋]柳永著　薛瑞生校注　人民文学出版社 1994 年版⑤

《珠玉词》　[宋]晏殊撰　胡思明校点　上海古籍出版社 1988 年版

《张先集编年校注》　[宋]张先撰　吴熊和　沈松勤校注　浙江古

---

①　金开诚、葛兆光《古诗文要集叙录》,中华书局 2005 年版,《李璟李煜集》。

②　王岚《宋人文集编刻流传丛考》,江苏古籍出版社 2003 年版,《王禹偁集》。

③　王岚《宋人文集编刻流传丛考》,江苏古籍出版社 2003 年版,《林逋集》。

④　1. 王瑞来《〈范仲淹集〉版本问题考辨》,台湾《"国家图书馆"馆刊》第 85 卷第 1 期,1996 年 6 月。2. 王岚《宋人文集编刻流传丛考》,江苏古籍出版社 2003 年版,《范仲淹集》。

⑤　此书《前言》四为"版本渊源粗探",《附录》三为"版本述略"。

籍出版社1996年版

《张子野词》［宋］张先撰　吴熊和校点　上海古籍出版社1988年版

《蔡襄全集》［宋］蔡襄撰　陈庆元等校注　福建人民出版社1997年版

《梅尧臣集编年校注》［宋］梅尧臣撰　朱东润编年校注　上海古籍出版社1980年版①

《徂徕石先生文集》［宋］石介撰　陈植锷校点　中华书局1984年版

《欧阳修全集》［宋］欧阳修撰　李逸安整理　中华书局2001年版

《欧阳修词笺注》［宋］欧阳修撰　黄畬笺注　中华书局1986年版

《欧阳修诗词文选》［宋］欧阳修撰　蔡斌芳选注　中州古籍出版社1987年版②

《张方平集》［宋］张方平撰　郑涵点校　中州古籍出版社1992年版

《苏舜钦集》［宋］苏舜钦著　沈文倬校点　上海古籍出版社1981年版

《苏舜钦诗诠注》［宋］苏舜钦撰　杨重华注释　重庆出版社1988年版

《苏舜钦集编年校注》［宋］苏舜钦著　傅平骧　胡问涛校注　巴蜀书社1991年版③

《安阳集编年笺注》［宋］韩琦撰　李之亮　徐正英笺注　巴蜀书

① 王岚《宋人文集编刻流传丛考》，江苏古籍出版社2003年版，《梅尧臣集》。

② 1. 王岚《宋人文集编刻流传丛考》，江苏古籍出版社2003年版，《欧阳修集》。2. 李逸安《欧阳修诗文著作的整理版刻》，载其点校《欧阳修全集》，《前言》第六部分。3. 王水照、崔铭《欧阳修著作重要版本》，载其著《欧阳修传——达者在纷争中的坚持》，天津人民出版社2008年版，《附录》二。

③ 1. 傅平骧、胡问涛《苏舜钦诗文的结集和流传》，载其著《苏舜钦集编年校注·说明》。2. 杨公冀《〈苏舜钦集编年校注〉正误三则》，《成都大学学报》2004年第1期。

社 2000 年版

《李觏集》［宋］李觏撰　王国轩校点　中华书局 1981 年版

《嘉祐集笺注》［宋］苏洵著　曾枣庄　金成礼笺注　上海古籍出版社 1993 年版①

《蔡襄集》［宋］蔡襄撰　［明］徐𤊹等编　吴以宁点校　上海古籍出版社 1996 年版

《周敦颐集》［宋］周敦颐撰　谭松林　尹红整理　岳麓书社 2002 年版

《丹渊集》［宋］文同撰　《四部丛刊初编》本

《曾巩集》［宋］曾巩撰　陈杏珍　晁继周点校　中华书局 1998 年版②

《张载集》［宋］张载撰　章锡琛点校　中华书局 1985 年版

《苏魏公文集》(附《魏公谭训》)［宋］苏颂撰　王同策　管成学等点校　中华书局 1988 年版

《王安石全集》［宋］王安石撰　秦克　巩军标点　上海古籍出版社 1999 年版

《王荆公诗文沈氏注》［宋］王安石撰　［清］沈钦韩注　中华书局上海编辑所 1959 年版

《王荆公诗笺注》［宋］王安石撰　［宋］李壁笺注　［日］尊经阁文库　蓬左文库藏朝鲜古活字本　上海古籍出版社 1994 年影印

《王荆公诗注补笺》［宋］王安石撰　［宋］李壁注　李之亮补笺　巴蜀书社 2002 年版

《王荆公文集笺注》［宋］王安石撰　李之亮笺注　巴蜀书社

---

①　1. 曾枣庄、金成礼《嘉祐集笺注·前言》第四部分有《版本渊源粗探》,《附录》三有“版本述略”。2. 刘向荣《苏洵佚诗辑考》,《文学遗产》1982 年第 3 期。3. 王岚《宋人文集编刻流传丛考》,江苏古籍出版社 2003 年版,《苏洵集》。

②　1. 陈杏珍《谈曾巩集的流传和版刻》,《文献》1984 年总第 21 辑。2. 邹陈惠仪《曾巩诗文版本概况与辑佚》,《古籍整理研究学刊》2003 年第 2 期。3. 金程宇《新发现〈永乐大典〉残卷中的曾巩佚文》,《学术月刊》2004 年第 9 期。4. 方艳、李俊标《〈永乐大典〉所收曾巩佚文考》,《安庆师范学院学报》2004 年第 5 期。

2005 年版①

《忠肃集》［宋］刘挚撰　裴汝诚　陈晓平校点　中华书局 2002 年版

《王令集》［宋］王令撰　沈文倬点校　上海古籍出版社 1980 年版

《苏轼全集》［宋］苏轼撰　朱怀春　穆俦标点　上海古籍出版社 2000 年版

《苏文忠公诗编注集成总案》［宋］苏轼撰　［清］王文诰撰　巴蜀书社 1985 年版

《苏轼文集》［宋］苏轼撰　孔凡礼点校　中华书局 1999 年版

《苏轼诗集合注》［宋］苏轼撰　［清］冯应榴编　上海古籍出版社 2001 年版

《苏轼词编年校注》［宋］苏轼撰　邹同庆等注　中华书局 2002 年版②

---

① 1. 程毅中《王安石文集的版本》，原载《文史》第 5 辑（1978 年），收入著者《古籍整理浅谈》，北京燕山出版社 2001 年版。2. 程弘《王安石文集版本》，《文史》第 5 辑（1978 年）。3. 王岚《宋人文集编刻流传丛考》，江苏古籍出版社 2003 年版，《王安石集》。4. 汤江浩《王安石诗历代之辨伪与辑佚综论》，载其著《北宋临川王氏家族及文学考论——以王安石为中心》，人民文学出版社 2005 年版，下编第六章。5. 汤江浩《谢昂奉旨编定〈王安石集〉考》，《中国典籍与文化》，2006 年第 3 期。6. 杨天保、徐规《王安石集的古本与新版》，《古籍整理研究学刊》2007 年第 3 期。7. 寿勇《考〈临川先生文集〉误收欧阳修诗一首》，《中国典籍与文化》2007 年第 3 期。"诗一首"指《次韵〈再游城西李园〉》。

② 1. 王景鸿《苏东坡著述版本考》（上）、（下），台湾《中国书目季刊》第 4 卷第 2 期，1969 年 12 月；第 3 期，1970 年 3 月。2. 曾枣庄《苏轼著述生前编刻情况考略》，《中华文史论丛》总第 32 辑，1984 年。3. 刘尚荣《苏轼著作版本论丛》，巴蜀书社 1988 年版。4. 刘石《苏轼词辑佚和辨伪的历史考察》，原载《文献》1992 年第 3 期，收入其著《有高楼杂稿》，商务印书馆 2003 年版。5. 薛瑞生著东坡《存目词》、东坡词《版本述略》，载其著《东坡词编年笺证》，三秦出版社 1998 年版，《附录》二、四。6. 马德富《苏轼佚诗辨正》，《文学遗产》2002 年第 5 期。7. 谢世洋《苏轼佚诗考论》，《南昌大学学报》2003 年第 4 期。8. 杨忠《苏轼全集版本源流考辨》，《中国典籍与文化论丛》第 1 辑，1993 年。9. 张承凤《苏轼艳词三首辨正》，《文学遗产》2004 年第 6 期。10. 王宗堂、邹同庆《苏词编年与辨伪》，朱靖华、刘尚荣主编《中国苏轼研究》第 1 辑，学苑出版社 2004 年版。11. 刘尚荣《苏诗版本综述》，收入西北大学文学院编《中国古代文学研究高层论坛论文集》，中华书局 2004 年版。12. 饶晓明《新近发现东坡词考辨补正》，《乐山师范学院学报》2005 年第 4 期。13. 邹同庆、王宗堂《混入东坡诗集的唐人作品》，收入中国人民大学中文系主办《中国苏轼研究》第二辑，学苑出版社 2005 年版。14. 施懿超《苏轼四六文集版本考》，《西南民族大学学报》2006 年第 3 期。

《栾城集》［宋］苏辙著　曾枣庄　马德富校点　上海古籍出版社1987年版

《苏辙集》［宋］苏辙著　陈宏天　高秀芳点校　中华书局1999年版①

《文同全集编年校注》［宋］文同撰　巴蜀书社1999年版

《西塘先生文集》［宋］郑侠撰　钓社1935年版

《小山词》［宋］晏几道撰　王根林点校　上海古籍出版社1988年版

《黄庭坚全集》［宋］黄庭坚撰　刘琳等校点　四川大学出版社2001年版

《山谷诗集注》［宋］黄庭坚撰　［宋］任渊　史容等注　黄宝华点校　上海古籍出版社2003年版

《黄庭坚诗集注》［宋］黄庭坚撰　［宋］任渊　史季温注　刘尚荣点校　中华书局2003年版

《山谷词》［宋］黄庭坚撰　严寿澂校点　上海古籍出版社1988年版②

《西台集》［宋］毕袁游撰　《丛书集成初编》本

《淮海集笺注》［宋］秦观撰　徐培均笺注　上海古籍出版社2000年版

《秦观集编年校注》［宋］秦观撰　周义敢　程自信等编注　人民文学出版社2001年版

《淮海居士长短句笺注》［宋］秦观著　徐培均笺注　上海古籍出版社2008年版③

《东山词》［宋］贺铸撰　钟振振校注　上海古籍出版社1989

---

①　1. 陈宏天、高秀芳点校《苏辙集·前言》第四部分有关于苏辙集的编纂和版本。2. 舒大刚、李冬梅《苏辙佚文二篇:〈诗说〉、〈春秋说〉辑考》,《文学遗产》2004年第1期。3. 顾永新《苏辙佚文两篇疏证》,《江西社会科学》2004年第7期。4. 顾永新《二苏"五经论"归属考》,《文献》2005年第4期。

②　1. 王岚《宋人文集编刻流传丛考》,江苏古籍出版社2003年版,《黄庭坚集》。2. 陈晓兰《黄庭坚佚诗辑考》,《北京大学中国古文献研究中心集刊》第7辑,北京大学出版社2008年版。

③　王岚《宋人文集编刻流传丛考》,江苏古籍出版社2003年版,《秦观集》。

年版

《庆湖遗老诗集校注》 [宋]贺铸著　王梦隐　张家顺校注　河南大学出版社 2008 年版

《张耒集》 [宋]张耒撰　李逸安　孙通海等点校　中华书局 1990 年版

《后山诗注补笺》 [宋]陈师道撰　[宋]任渊注　冒广生补笺　冒怀辛整理　中华书局 1999 年版

《后山居士文集》 [宋]陈师道撰　上海古籍出版社 1984 年据北京图书馆藏宋刻本影印①

《周邦彦集》 [宋]周邦彦撰　蒋哲伦校编　百花洲文艺出版社 1993 年版

《清真集校注》 [宋]周邦彦撰　孙虹校注　薛瑞生订补　中华书局 2002 年版

《片玉集》 [宋]周邦彦撰　陈元龙集注　江苏广陵古籍刻印社 1997 年版②

《花外集笺注》 [宋]王沂孙撰　詹安泰笺注　蔡起贤整理　广东人民出版社 1995 年版

《宗泽集》 [宋]宗泽撰　浙江古籍出版社标点　浙江古籍出版社 1984 年版

《毛滂集》 [宋]毛滂撰　周少雄点校　浙江古籍出版社 1999 年版

《樵歌》 [宋]朱敦儒撰　邓子勉校注　上海古籍出版社 1998 年版

《朱敦儒集》 [宋]朱敦儒撰　洪水铿编著　浙江大学出版社 2005 年版

《晁氏琴趣外编》(与《晁叔用词》合本) [宋]晁补之撰　刘乃昌　杨庆存校注　上海古籍出版社 1991 年版

① 王岚《宋人文集编刻流传丛考》,江苏古籍出版社 2003 年版,《陈师道集》。

② 1. 金开诚、葛兆光《古诗文要集叙录》,中华书局 2005 年版,《周邦彦集》。2. 吴则虞《清真词版本考辨》,载孙虹校注《清真集校注·附录八》。

《晁补之词编年笺注》［宋］晁补之撰　乔力校注　齐鲁书社 1992 年版

《晁叔用词》(与《晁氏琴趣外编》合本)［宋］晁冲之撰　刘乃昌　杨庆存校注　上海古籍出版社 1991 年版

《斜川集校注》［宋］苏过著　舒大刚等校注　巴蜀书社 1996 年版①

《浮溪集》［宋］汪藻撰　《四部丛刊初编》本②

《李纲全集》［宋］李纲撰　王端明校点　岳麓书社 2004 年版

《东莱诗词集》［宋］吕本中撰　沈晖点校　黄山书社 1991 年版③

《李清照集笺注》［宋］李清照撰　徐培均笺注　上海古籍出版社 2002 年版

《李清照集校注》［宋］李清照撰　王仲闻校注　人民文学出版社 1997 年版

《李清照全集评注》(修订本)［宋］李清照撰　徐北文主编　济南出版社 2005 年版④

《酒边集笺注》［宋］向子諲撰　王沛霖　杨钟贤注　江西人民出版社 1994 年版

《陈与义集》［宋］陈与义撰　［宋］胡稺笺注　吴书荫　金德厚点校　中华书局 1982 年版

《陈与义集校笺》［宋］陈与义撰　白敦仁校笺　上海古籍出版社 1990 年版

《郑樵文集》［宋］郑樵撰　吴怀祺校补　书目文献出版社 1992 年版

《芦川归来集》［宋］张元幹撰　上海师范大学古籍整理组标点

---

①　王岚《宋人文集编刻流传丛考》,江苏古籍出版社 2003 年版,《苏过集》。

②　施懿超《汪藻文集及其四六文存佚》,《文献》2006 年第 2 期。

③　白晓萍《吕本中佚文小考》,《浙江大学学报》2004 年第 2 期。

④　1. 何广棪《李清照作品版本考》,台湾《中国书目季刊》第 8 卷第 3 期,1974 年 12 月。2. 王昊《〈汲古阁未刻词〉传钞源流及传钞〈汲古阁未刻词〉本〈漱玉词〉文献价值衡估》,载张伯伟、蒋寅主编《中国诗学》第 13 辑,人民文学出版社 2008 年 10 月出版。

上海古籍出版社 1978 年版

《芦川词》 [宋]张元幹撰　曹济平校注　上海古籍出版社 1991 年版

《岳飞集辑注》 [宋]岳飞撰　郭光辑注　中州古籍出版社 1997 年版

《王灼辑校辑》 [宋]王灼撰　刘安遇　胡传淮校辑　巴蜀书社 1996 年版

《王十朋全集》 [宋]王十朋撰　梅溪集重刊委员会编　上海古籍出版社 1998 年版

《陆放翁全集》 [宋]陆游撰　中国书店 1986 年版

《剑南诗稿校注》 [宋]陆游撰　钱仲联校注　上海古籍出版社 2005 年版

《放翁词编年笺注》 [宋]陆游撰　夏承焘　吴熊和笺注　上海古籍出版社 1981 年版①

《范石湖集》 [宋]范成大撰　周汝昌校点　中华书局香港分局 1974 年版

《范石湖集》 [宋]范成大撰　周汝昌校点　富寿荪重作校勘　上海古籍出版社 1981 年版②

《杨万里集笺校》 [宋]杨万里撰　辛更儒笺校　中华书局 2007 年版③

《朱熹集》 [宋]朱熹撰　郭齐　尹波校点　四川教育出版社 1996 年版

《朱子全书》 [宋]朱熹撰　朱杰人等主编　安徽教育出版社　上海古籍出版社合作 2002 年版

---

① 1. 吴之英《陆放翁所著书版本考》,《国专月刊》1936 年第 3 卷第 1、2、4 期。2. 孔凡礼《陆游佚著辑存》,载《陆游集》,中华书局 1976 年版。

② 1. 孔凡礼《范成大佚著辑存》,中华书局 1983 年版。2. 金开诚、葛兆光《古诗文要集叙录》,中华书局 2005 年版,《范成大集》。

③ 1. 胡建升《杨万里佚文考》,《文献》2006 年第 2 期。2. 纪永贵《杨万里佚文〈罗堂许氏族谱序〉辨伪》,《文献》2007 年第 1 期。3. 李小龙《杨万里佚诗考辨》,《中国典籍与文化》2008 年第 2 期。

《朱子语类》［宋］朱熹撰　［宋］黎靖德编　王星贤点校　中华书局 1986 年版

《朱熹编年诗词笺注》［宋］朱熹撰　郭齐笺注　巴蜀书社 2000 年版①

《于湖居士文集》［宋］张孝祥撰　徐鹏校点　上海古籍出版社 1980 年版

《张孝祥词笺注》［宋］张孝祥撰　苑敏灏校笺　黄山书社 1993 年版②

《张栻全集》［宋］张栻撰　杨世文校点　长春出版社 1999 年版

《陆九渊集》［宋］陆九渊撰　钟哲校点　中华书局 1980 年版

《陆象山全集》［宋］陆九渊撰　中国书店 1992 年版

《辛稼轩全集》［宋］辛弃疾撰　徐汉明校勘　四川文艺出版社 1994 年版

《辛稼轩诗文笺注》［宋］辛弃疾撰　邓广铭辑校审订　辛更儒笺注　上海古籍出版社 1995 年版

《稼轩词编年笺注》(修订本)　［宋］辛弃疾撰　邓广铭笺注　上海古籍出版社 1993 年版③

《陈亮集》(增订本)　［宋］陈亮撰　邓广铭点校　中华书局 1987 年

《陈亮龙川词笺注》［宋］陈亮撰　姜书阁笺注　人民文学出版社 1998 年版④

---

①　1. 周洪才《新发现王十朋、朱熹佚文及其文献价值》,《古籍整理研究学刊》2005 年第 3 期。2. 龚剑锋《朱熹、吕祖谦、陈亮诗词文拾遗》,《文献》1994 年第 1 期。

②　1. 徐鹏校点《于湖居士文集》附有补遗。2. 辛更儒《〈于湖士文集〉附录张孝祥事迹及版本真伪考》,《文史》第 40 辑。3. 彭国忠《关于张孝祥生平创作几个问题的考辨》,《安徽师范大学学报》2003 年第 6 期。

③　1. 徐汉明《辛弃疾诗词版本研究》,《华中理工大学学报》2000 年第 2 期。2. 张岳伦《从〈稼轩词〉序、跋、校、记看稼轩词的图书版本源流》,《湘潭师范学院学报》2003 年第 3 期。

④　1. 邓广铭《陈龙川文集版本考》,载《陈亮集》卷首。2. 龚剑锋《朱熹、吕祖谦、陈亮诗词文拾遗》,《文献》1994 年第 1 期。3. 束景南、余全介《陈亮佚文新辑》,《文献》2005 年第 3 期。

《龙洲集》［宋］刘过撰　杨明校点　上海古籍出版社 1978 年版

《龙洲词》［宋］刘过撰　王从仁点校　上海古籍出版社 1988 年版

《姜白石词编年笺校》［宋］姜夔撰　夏承焘笺校　上海古籍出版社 1981 年版①

《白石诗词集》［宋］姜夔撰　夏承焘校辑　人民文学出版社 1998 年版②

《戴复古诗集》［宋］戴复古撰　金芝山点校　浙江古籍出版社 1992 年版③

《朱淑真集》［宋］朱淑真撰　张璋　黄畲校注　上海古籍出版社 1986 年版

《朱淑真集注》［宋］朱淑真撰　［宋］魏仲恭辑　［宋］郑元佐注　冀勤辑校　中华书局 2008 年版④

《梅溪词》［宋］史达祖撰　雷履平等校注　上海古籍出版社 1988 年版

《梅溪词校注》［宋］史达祖撰　王步高校注　天津人民出版社 1994 年版

《后村先生大全集》［宋］刘克庄撰　《四部丛刊》本

《后村词笺注》［宋］刘克庄撰　钱仲联笺注　上海古籍出版社 1980 年版

《刘克庄词新释辑评》［宋］刘克庄撰　欧阳代发　王兆鹏编　中国书店 2001 年版⑤

《叶适集》［宋］叶适撰　刘公纯　王孝鱼等校点　中华书局 1983 年版

---

① 此书附有《白石词集版本考》。

② 1. 夏承焘《白石诗文杂著版本考》，载其著《姜白石词编年笺校》，上海古籍出版社 1981 年版。2. 刘师华《〈白石道人诗集〉版本考》，《文学遗产》2003 年第 2 期。

③ 王岚《宋人文集编刻流传丛考》，江苏古籍出版社 2003 年版，《戴复古集》。

④ 任德魁《朱淑真〈断肠词〉版本考述与作品真伪》，《文学遗产》1998 年第 1 期。

⑤ 景红绿《刘克庄诗文版本》，载其著《刘克庄诗歌研究》，上海古籍出版社 2007 年版，“版本篇”。

《梦窗词汇校笺释集评》［宋］吴文英著　吴蓓笺校　浙江古籍出版社 2007 年版①

《蘋洲渔笛谱》［宋］周密撰　邓乔彬校点　上海古籍出版社 1988 年版

《草窗词校注》［宋］周密撰　史克振校注　齐鲁书社 1993 年版

《谢叠山全集校注》［宋］谢枋得撰　熊飞等校注　华东师范大学出版社 1994 年版

《张舜民集校笺》［宋］张舜民撰　李之亮校笺　黑龙江人民出版社 1989 年版

《霁山集》［宋］林景熙撰　中华书局上海编辑所 1960 年版

《林景熙诗集校注》［宋］林景熙撰　陈增杰校注　浙江古籍出版社 1995 年版

《雪矶丛稿》［宋］乐雷发撰　萧艾注　岳麓书社 1986 年版

《严羽集》［宋］严羽撰　陈定玉辑校　中州古籍出版社 1997 年版

《刘辰翁集》［宋］刘辰翁撰　段大林校点　江西人民出版社 1987 年版

《须溪词》［宋］刘辰翁撰　萧逸校点　上海古籍出版社 1988 年版

《郑思肖集》［宋］郑思肖撰　陈福康标校　上海古籍出版社 1991 年版

《文天祥全集》［宋］文天祥撰　熊飞等校点　江西人民出版社 1987 年版②

《增订湖山类稿》［宋］汪元量撰　孔凡礼辑校　中华书局 1984 年版

《汪元量诗校注》［宋］汪元量撰　胡才甫校注　浙江古籍出版社 1999 年版

① 周茜《梦窗词集版本考》,《古籍整理研究学刊》2003 年第 5 期。

② 杜九香、彭福华《文天祥佚文〈吉水竹塘莆阳王先生传〉及其史料价值》,《南昌大学学报》2004 年第 5 期。

《方凤集》［宋］方凤撰　方勇辑校　浙江古籍出版社 1993 年版

《化外集》［宋］王沂孙撰　吴则虞笺注　上海古籍出版社 1988 年版

《竹山词》［宋］蒋捷撰　黄明校点　上海古籍出版社 1988 年版

《山中白云词笺》［宋］张炎撰　黄畬校笺　浙江古籍出版社 1994 年版①

金元

《丘处机集》［金］丘处机撰　赵卫东辑校　齐鲁书社 2005 年版

《滹南遗老集》［金］王若虚撰　《丛书集成初编》本

《元好问全集》(增订本)［金］元好问撰　姚奠中主编　李正民增订　山西古籍出版社 2004 年版

《元好问诗词集》［金］元好问撰　贺新辉辑注　中国展望出版社 1986 年版

《元遗山诗集笺注》［金］元好问撰　［清］施国祁注　麦朝枢校　人民文学出版社 1988 年版

《遗山乐府校笺》［金］元好问撰　赵永源校注　凤凰出版社 2006 年版②

《湛然居士文集》［元］耶律楚材撰　谢方点校　中华书局 1986 年版

《藏春集点注》［元］刘秉忠撰　李昕太等点注　花山文艺出版社 1993 年版

《重辑杜善夫集》［元］杜善夫撰　孔繁信整理　济南出版社 1994 年版

《关汉卿全集》［元］关汉卿著　吴国钦校注　广东高等教育出版社 1988 年版

---

①　郑子运《张炎词集版本考》，南京大学中国古典文献研究所编《古典文献研究》(总第 8 辑)，凤凰出版社 2006 年版。

②　1. 金开诚、葛兆光《古诗文要集叙录》，中华书局 2005 年版，《元好问集》。2. 赵永源《〈遗山乐府〉版本源流考》，载其著《遗山乐府研究》，上海古籍出版社 2007 年版，上编《考证篇》第二章。

《汇校详注关汉卿集》［元］关汉卿著　蓝立蓂校注　中华书局 2006 年版

《马致远全集校注》［元］马致远撰　傅丽英等校注　王学奇审订　语文出版社 2002 年版

《桐江集》［元］方回撰　《宛委别藏》本　台湾"中央图书馆"1970 年影印馆藏四卷本①

《郯源戴先生文集》［元］戴表元撰　《四部丛刊》本

《无弦琴谱》［元］仇远撰　刘初棠校点　上海古籍出版社 1988 年版

《戴修先生文集》［元］刘因撰　《四部丛刊初编》本②

《赵孟頫集》［元］赵孟頫撰　任道斌校点　浙江古籍出版社 1992 年版

《曾瑞散曲集校注》［元］曾瑞撰　李春祥校注　河南大学出版社 2008 年版

《张养浩作品选》［元］张养浩撰　薛祥生　孔繁信选注　人民文学出版社 1987 年版

《杨仲弘集》(与［宋］杨亿撰《武夷新集》合本)［元］杨载著　余奎元、翁亚红点校　福建人民出版社 2007 年版

《道园学古录》［元］虞集撰　台北中华书局 1966 年版

《乔吉集》［元］乔吉撰　李修生等编校　山西人民出版社 1988 年版

《郑光祖集》［元］郑光祖撰　冯俊杰校注　山西人民出版社 1992 年版

《黄溍全集》［元］黄溍撰　王颋点校　天津古籍出版社 2008 年版

《郑廷玉集》［元］郑廷玉撰　颜慧云　陈襄民校注　中州古籍出版社 1997 年版

《石田先生文集》［元］马祖常撰　李权毅　傅瑛点校　中州古籍

① 詹杭伦《方回著述考》，载其著《方回的唐宋律诗学》，中华书局 2002 年版。

② 金开诚、葛兆光《古诗文要集叙录》，中华书局 2005 年版，《刘因集》。

出版社 1991 年版

《许有壬集》 [元]许有壬撰　傅瑛　雷近芳校点　中州古籍出版社 1998 年版

《范德机诗集》 [元]范梈撰 《四部丛刊》本

《揭傒斯全集》 [元]揭傒斯撰　李梦生点校　上海古籍出版社 1985 年版①

《张可久集校注》 [元]张可久撰　吕薇芬　杨镰校注　浙江古籍出版社 1995 年版

《郑廷玉集》 [元]郑廷玉撰　颜慧云　陈襄民校注　中州古籍出版社 1997 年版

《滋溪文稿》 [元]苏天爵撰　陈高华　孟繁清点校　中华书局 1997 年版

《铁崖先生古乐府》 [元]杨维桢撰 《四部丛刊》本

《杨维桢诗集》 [元]杨维桢撰　邹志方点校　浙江古籍出版社 1994 年版②

《雁门集》 [元]萨都剌撰　殷孟伦　朱广祁校点　上海古籍出版社 1982 年版

《萨都剌集》 [元]萨都剌撰　朱瑞熙整理　海南国际新闻出版社 1996 年版③

《马致远全集校注》 [元]马致远撰　傅丽英　马恒君校注　语文出版社 2002 年版

《王冕集》 [元]王冕撰　寿勤泽点校　浙江古籍出版社 1999 年版

《王冕诗选》 [元]王冕撰　张堃选注　浙江文艺出版社 1984 年版

《丁鹤年诗辑注》 [元]丁鹤年撰　丁俊生辑注　天津古籍出版社 1987 年版

---

① 金开诚、葛兆光《古诗文要集叙录》，中华书局 2005 年版，《揭傒斯全集》。

② 金开诚、葛兆光《古诗文要集叙录》，中华书局 2005 年版，《杨维桢集》。

③ 1. 金开诚、葛兆光《古诗文要集叙录》，中华书局 2005 年版，《萨都剌集》。2. 杨光辉《萨都剌生平及著作实证研究》，高等教育出版社 2005 年版。

《高则诚集》［元］高则诚撰　张宪文　胡雪冈辑校　浙江古籍出版社 1992 年版

明

《明太祖集》［明］朱元璋　胡士萼点校　黄山书社 1991 年版

《宋濂全集》［明］宋濂撰　罗月霞主编　浙江古籍出版社 1999 年版①

《刘基集》［明］刘基撰　林家骊点校　浙江古籍出版社 1999 年版

《郁离子》［明］刘基著　魏建猷　萧善乡点校　上海古籍出版社 1981 年版

《郁离子评注》［明］刘基著　傅正谷注　天津古籍出版社 1987 年版

《郁离子》［明］刘基著　吕立汉　杨俊才等注释　中州古籍出版社 2008 年版②

《高青丘集》［明］高启撰　徐澄宇　沈北宗校点　上海古籍出版社 1986 年版

《高青丘诗集注》附《凫藻集》《扣舷集》［明］高启撰　［清］金檀辑注　徐澄宇等校点　上海古籍出版社 1991 年版③

《逊志斋集》［明］方孝孺撰　徐光大校点　宁波出版社 1996 年版

《东里文集》［明］杨士奇撰　刘伯涵　朱海点校　中华书局 1998 年版

《况太守集》［明］况钟撰　吴奈夫　吴奈蛤点校　江苏人民出版

---

① 1. 龚剑峰等《宋濂诗文拾遗》1—3，《文献》1993 年第 1—3 期。2. 龚剑峰等《宋濂诗文掇拾》，《文献》1993 年第 4 期。3. 王兆鹏《宋濂文集版本源流考》，《宋濂暨"江南第一家"研究》，杭州大学出版社 1995 年版。4. 金开诚、葛兆光《古诗文要集叙录》，中华书局 2005 年版，《宋濂集》。

② 1. 吕立汉《刘基文集叙录甲编》(上、中、下)，《丽水师范专科学校学报》1999 年第 1、3、4 期。2. 金开诚、葛兆光《古诗文要集叙录》，中华书局 2005 年版，《刘基集》。3. 潘猛补《刘基著作考》，载何向荣编著《刘基与刘基文化研究》，人民出版社 2008 年版。

③ 史洪权《高启诗文摭拾》，《文献》2006 年第 3 期。

社 1983 年版

《谢铎集》［明］谢铎撰　林家骊点校　中华书局 2002 年版

《诚斋乐府》［明］朱有燉撰　翁敏华点校　上海古籍出版社 1989 年版

《杨一清集》［明］杨一清撰　唐景绅　谢玉杰点校　中华书局 2001 年版

《唐伯虎全集》［明］唐寅撰　中国书店 1985 年版

《文徵明集》［明］文徵明撰　周道振辑校　上海古籍出版社 1987 年版

《何瑭集》［明］何瑭撰　王永宽校点　中州古籍出版社 1999 年版

《何大复集》［明］何大复撰　李淑毅等校注　中州古籍出版社 1989 年版

《吴廷翰集》［明］吴廷翰撰　容肇祖点校　中华书局 1984 年版

《李东阳集》［明］李东阳撰　周寅宾点校　岳麓书社 1984—1985 年出版

《李东阳续集》［明］李东阳撰　钱振民辑校　岳麓书社 1997 年版

《薛瑄全集》［明］薛瑄撰　孙玄常等校点　山西人民出版社 1990 年版

《碧山乐府》［明］王九思撰　沈广仁点校　上海古籍出版社 1989 年版

《西楼乐府》［明］王磐撰　李庆点校　上海古籍出版社 1989 年版

《空同集》［明］李梦阳撰　上海古籍出版社 1987 年影印《四库全书》本

《王廷相集》［明］王廷相著　王孝鱼点校　中华书局 1989 年版

《浒东乐府》［明］康海撰　周永瑞点校　上海古籍出版社 1989 年版

《大复集》［明］何景明撰　上海古籍出版社 1987 年影印《四库全书》本①

① 傅瑛《关于〈大复集〉的版本》，《殷都学刊》2004 年第 1 期。

《小山类稿》［明］张岳著　林海权等点校　福建人民出版社 2000 年版

《谢榛全集校笺》［明］谢榛撰　李庆立校笺　江苏古籍出版社 2003 年版

《翁万达集》［明］翁万达撰　吴奎信　朱仲玉整理　上海古籍出版社 1992 年版

《吴承恩诗文集笺校》［明］吴承恩撰　刘修业辑校　刘怀玉笺校　上海古籍出版社 1991 年版

《李开先集》［明］李开先撰　路工辑校　中华书局上海编辑所 1959 年版①

《震川先生集》［明］归有光撰　周本淳校点　上海古籍出版社 2007 年版②

《茅坤集》［明］茅坤撰　张大芝　张梦新点校　浙江古籍出版社 1993 年版

《林大钦集》［明］林大钦撰　黄挺校注　广东人民出版社 1995 年版

《冯惟敏全集》［明］冯惟敏著　谢伯阳编纂　齐鲁书社 2007 年版

《沧溟先生集》［明］李攀龙撰　包敬第标校　上海古籍出版社 1993 年版

《李攀龙集》［明］李攀龙撰　李伯齐点校　齐鲁书社 1993 年版③

《海瑞集》［明］海瑞撰　陈义钟编校　中华书局 1962 年版

《梁辰鱼集》［明］梁辰鱼撰　吴书荫编辑校点　上海古籍出版社 1998 年版

① 此集未能利用《闲居集》刻本，重要著述有遗漏。参阅卜健《所见明刻本李开先〈闲居集〉及其他》，《文献》1991 年第 4 期。

② 1. 邵毅平《〈震川先生集〉编刊始末》，《中国学研究》第 6 辑，济南出版社 2003 年 10 月。2. 金开诚、葛兆光《古诗文要集叙录》，中华书局 2005 年版，〈归有光集〉。

③ 1. 金开诚、葛兆光《古诗文要集叙录》，中华书局 2005 年版，《李攀龙集》。2. 蒋鹏举《李攀龙佚文一则》，《文献》2007 年第 1 期。

《沈璟集》［明］沈璟著　徐朔方辑校　上海古籍出版社 1992 年版

《徐渭集》［明］徐渭撰　中华书局 1999 年版①

《弇州山人四部稿》附《续稿》［明］王世贞撰　上海古籍出版社 1987 年影印《四库全书》本②

《焚书》《续焚书》［明］李贽撰　夏剑钦校点　岳麓书社 1990 年版

《汤显祖全集》［明］汤显祖撰　徐朔方笺校　北京古籍出版社 2001 年版③

《白苏斋类集》［明］袁宗道撰　钱伯城标点　上海古籍出版社 2007 年版

《谢肇淛集》［明］谢肇淛撰　江苏古籍出版社 2003 年版

《袁宏道集笺校》［明］袁宏道撰　钱伯城笺校　上海古籍出版社 1981 年版④

《珂雪斋集》［明］袁中道撰　钱伯城点校　上海古籍出版社 2007 年版

《隐秀轩集》［明］钟惺撰　李先耕　崔重庆标校　上海古籍出版社 1992 年版

《王季重十种》［明］王思任撰　任远校点　浙江古籍出版社 1987 年版

《冯梦龙集笺注》［明］冯梦龙撰　高洪钧编著　天津古籍出版社 2006 版

---

① 1. 梁一成:徐渭《著述考》,载其著《徐渭的文学与艺术》,台湾艺术印书馆 1977 年版,《附录》五。2. 付琼《徐渭自刻文集活动考述:兼及〈徐文长初集〉的刊年问题》,《绍兴文理学院学报》2003 年第 5 期。3. 付琼《〈徐文长文集〉与〈徐文长三集〉的读者之争及其版本问题》,《古籍整理研究学刊》2004 年第 3 期。4. 徐艳《关于〈徐文长集〉评点的真伪问题——兼及评点在晚明文学发展中的作用》,《古籍整理研究学刊》2006 年第 2 期。

② 金开诚、葛兆光《古诗文要集叙录》,中华书局 2005 年版,《王世贞集》。

③ 1. 吴书荫《汤显祖佚文三篇》,《中国典籍与文化》2003 年第 4 期。2. 郑志良《汤显祖佚文三篇考论》,《文献》2004 年第 1 期。3. 何天杰《汤显祖佚文一篇》,《华南师范大学学报》2006 年第 5 期。

④ 金开诚、葛兆光《古诗文要集叙录》,中华书局 2005 年版,《袁宏道集》。

《冯梦龙全集》［明］冯梦龙撰　魏同贤主编　凤凰出版社 2007 年版

《刘蕺山集》［明］刘宗周撰　吴光等编　浙江古籍出版社 2007 年版

《张岱诗文集》［明］张岱撰　夏咸淳校点　上海古籍出版社 1991 年版

《谭元春集》［明］谭元春撰　陈杏珍标校　上海古籍出版社 1998 年版

《咏怀堂诗集》［明］阮大铖撰　胡金望等校点　黄山书社 2006 年版

《金圣叹全集》［明］金圣叹撰　曹方人　周锡山校点　江苏古籍出版社 1985 年版

《陈子龙诗集》［明］陈子龙撰　施蛰存　马祖熙标校　上海古籍出版社 1983 年版

《陈子龙文集》［明］陈子龙撰　上海文献丛书编委会编　华东师范大学出版社 1988 年版

《张苍水集》［明］张煌言撰　上海古籍出版社 1985 年版

《张苍水全集》［明］张煌言撰　《张苍水全集》整理小组编　宁波出版社 2002 年版

《夏完淳集笺校》［明］夏完淳撰　白坚笺校　上海古籍出版社 1991 年版

《萧爽斋乐府》［明］金銮撰　骆玉明点校　上海古籍出版社 1989 年版

《秋水庵花影集》［明］施绍莘撰　来云点校　上海古籍出版社 1989 年版

清

《沈自晋集》［清］沈自晋著　张树英校点　中华书局 2004 年版

《泊水斋诗文钞》［清］张慎言撰　李蹊校注　山西人民出版社 1992 年版

《方拱乾诗集》［清］方拱乾撰　李兴盛等整理　黑龙江教育出版

社 1992 年版

《陈璧诗文残稿笺证》 [清]陈璧撰 江村 瞿冕良笺证 上海古籍出版社 1984 年版

《钱牧斋全集》 [清]钱谦益著 [清]钱曾笺注 钱仲联标校 上海古籍出版社 2003 年版①

《柳如是集》 [清]柳如是撰 周书田等校 中国美术学院出版社 2002 年版

《柳如是诗词评注》 [清]柳如是撰 刘燕远评注 北京古籍出版社 2000 年版

《孙奇逢集》 [清]孙奇逢撰 张显清主编 中州古籍出版社 2003 年版

《陈元赟集》 [清]陈元赟撰 衷尔钜辑 辽宁人民出版社 1994 年版

《陈洪绶集》 [清]陈洪绶撰 吴敢辑并点校 浙江古籍出版社 1994 年版

《朱舜水全集》 [清]朱之瑜撰 中国书店 1991 年版

《霜红龛集校补》 [清]傅山撰 陈监校补 山西人民出版社 1985 年版

《孟称舜集》 [清]孟称舜撰 朱颖辉辑校 中华书局 2005 年版

《吴梅村全集》 [清]吴伟业著 李学颖辑评标校 上海古籍出版社 1999 年版

《吴梅村诗集笺注》 [清]吴伟业著 黄永年笺注 上海古籍出版社 1983 年版

《梅村词》 [清]吴伟业撰 李少雍校 广东人民出版社 1985 年版②

《黄梨洲文集》 [清]黄宗羲撰 陈乃乾编 中华书局 1959 年版

《黄梨洲诗集》 [清]黄宗羲撰 闻旭初整理 戚焕埙标点 中华

① 1. 金开诚、葛兆光《古诗文要集叙录》,中华书局 2005 年版,《钱谦益集》。2. 孙之梅《钱谦益早期存诗考》,《文学遗产》2007 年第 1 期。

② 1. 叶君远《吴梅村的一首重要佚诗》、《吴梅村佚诗辑考》、《吴伟业佚文辑考》,载其著《清代诗坛第一家——吴梅村研究》,中华书局 2002 年版。2. 金开诚、葛兆光《古诗文要集叙录》,中华书局 2005 年版,《吴伟业集》。

书局1959年版

《黄宗羲全集》［清］黄宗羲著　沈善洪主编　吴光执行主编　浙江古籍出版社2005年版

《方以智全集》［清］方以智撰　上海古籍出版社1988年版

《杨园先生全集》［清］张履祥撰　陈祖武点校　中华书局2002年版

《李渔全集》［清］李渔著　［联邦德国］马汉茂编辑　台北成文出版社1970年版

《李渔全集》［清］李渔著　浙江古籍出版社1998年版①

《归庄集》［清］归庄撰　中华书局上海编辑所1962年版

《蒿庵集》［清］张尔岐撰　张翰勋等校点　齐鲁书社1991年版

《顾亭林诗文集》［清］顾炎武撰　华忱之点校　中华书局1983年版

《顾亭林诗集汇注》［清］顾炎武撰　王蘧常辑注　吴丕绩标校　上海古籍出版社2006年版②

《安雅堂全集》［清］宋琬撰　马祖熙标校　上海古籍出版社2007年版

《寒松堂全集》［清］魏象枢撰　陈金陵点校　中华书局1996年版

《龚鼎孳诗》［清］龚鼎孳著　陈敏杰点校　广陵书社2006年版

《吴嘉纪诗笺校》［清］吴嘉纪著　杨积庆笺校　上海古籍出版社1980年版

《壮悔堂文集》［清］侯方域著　《四部备要》本

《施愚山集》［清］施闰章撰　何庆善　杨应芹点校　黄山书社1993年版

《施闰章诗》［清］施闰章著　吴家驹点校　广陵书社2006年版③

---

①　此书第19卷收有单锦衍编《李渔作品的版本及禁毁资料》。

②　李雪梅《顾炎武〈菰中随笔〉版本考》，《山西大学学报》2004年第2期。

③　1. 诸伟奇《施闰章集外拾遗》，《文献》2003年第3期。收入其著《古籍整理研究丛稿》，黄山书社2008年版。2. 陆勇强《新见施闰章集外诗文辑存》，《文献》2005年第3期。

《王船山诗文集》［清］王夫之著　向宗鲁校证　中华书局2000年版

《船山全书》［清］王夫之著　岳麓书社1992年版

《杲堂诗文集》［清］李邺嗣撰　张道勤校点　浙江古籍出版社1988年版

《朱之锡文集》［清］朱之锡撰　朱中梁主编　中国文史出版社2001年版

《魏叔子集》［清］魏禧撰　胡守仁　姚品文等校点　中华书局2003年版

《汤斌集》［清］汤斌撰　范志亭　范哲辑校　中州古籍出版社2003年版

《尧峰文钞》［清］汪琬著　《四部丛刊》本

《陈迦陵全集》［清］陈维崧著　《四部丛刊》本

《陈维崧诗》［清］陈维崧著　江庆柏点校　广陵书社2006年版

《湖海楼词集》(《清八大名家词集》之一)［清］陈维崧撰　岳麓书社1992年版①

《朱彝尊词集》［清］朱彝尊撰　屈兴国　袁李来点校　浙江古籍出版社1994年版

《屈大均全集》［清］屈大均撰　欧初　王贵忱主编　人民文学出版社1996年版

《屈大均诗词编年笺校》［清］屈大均撰　陈永正主编　中山大学出版社2000年版

《秋笳集》［清］吴兆骞撰　麻守中校点　上海古籍出版社1993年版

《独漉堂集》［清］陈恭尹撰　陈永正校点　中山大学出版社1988年版

《阎古古全集》［清］阎尔梅著　张相文重辑本1919年

《曝书亭全集》［清］朱彝尊著　《四部丛刊》本　《四部备要》本②

---

①　陆勇强《陈维崧集外文辑录》，载范立舟主编《历史文献与传统文化》，南方出版社2002年版。

②　1. 曾纯纯《朱彝尊词集的版本流传》，台湾《中国文哲研究通讯》第4卷第2期，1994年6月。2. 金开诚、葛兆光《古诗文要集叙录》，中华书局2005年版，《朱彝尊集》。

《吴渔山集笺注》［清］吴历撰　章文钦笺注　中华书局2007年版

《王士禛全集》［清］王士禛著　袁世硕主编　齐鲁书社2007年版年①

《颜元集》［清］颜元撰　王星贤　张芥尘等点校　中华书局1987年版

《颜光敏诗文笺注》［清］颜光敏撰　赵传仁笺注　齐鲁书社1997年版

《丁耀亢全集》［清］丁耀亢著　李曾坡编　中州古籍出版社1999年版

《蒲松龄全集》［清］蒲松龄著　盛伟编　学林出版社1998年版②

《聊斋俚曲集》蒲先明整理　邹宗良校注　国际文化出版公司1999年版

《洪昇集》［清］洪昇撰　刘辉校笺　浙江古籍出版社1992年版③

《孔尚任全集辑校注辑评》［清］孔尚任撰　徐振贵主编　齐鲁书社2004年版④

《思复堂文集》［清］邵廷采撰　祝鸿杰校点　浙江古籍出版社1987年版

《吴璠文集》［清］吴璠撰　江地主编　乔润苓等点校　山西人民出版社1990年版

《敬业堂诗集》［清］查慎行著　周劭标点　上海古籍出版社

---

①　1. 袁世硕《王渔洋早期诗集刻本》,《中国典籍与文化》2002年第1期。2. 辛德勇《渔洋山人诗合集》,《中国典籍与文化》,2002年第3期。3. 金开诚、葛兆光《古诗文要集叙录》,中华书局2005年版,《王士禛集》。4. 闵丰《王士禛佚诗辑考》,载蒋寅、张伯伟主编《中国诗学》第十二辑,人民文学出版社2008年1月出版。

②　1. 盛伟辑注《聊斋佚文辑注》,齐鲁书社1980年版。2.《聊斋遗文七种》,马振方辑校,北京大学出版社1998年版。

③　1. 万群《"南洪北孔"佚文佚诗钩辑》,《文献》1996年第1期。2. 刘枚《洪昇诗词七首辑佚》,《文献》2006年第3期。

④　1. 朱则杰等《孔尚任佚文〈长留集序〉及其他》,《文艺研究》2007年第11期。2. 俞国林《孔尚任〈续古宫词〉考证》,《文学遗产》2007年第6期。此文指出:《续古宫词》,《孔尚任全集辑校注辑评》未辑得足本。

1986 年

《戴名世集》［清］戴名世撰　王树民编校　中华书局 2000 年版

《戴名世遗文集》［清］戴名世撰　王树民　韩明祥等编校　中华书局 2001 年版

《康熙诗词集注》［清］清圣祖撰　王志民　王则远校注　内蒙古人民出版社 1995 年版

《通志堂集》(附纳兰容若手简)［清］纳兰性德著　黄曙辉　印晓峰点校　华东师范大学出版社 2008 年版

《饮水词笺校》［清］纳兰性德撰　赵秀亭等笺校　中华书局 2008 年版①

《赵执信全集》［清］赵执信著　赵蔚芝　刘聿鑫校点　齐鲁书社 1993 年版

《赵执信诗笺注》［清］赵执信著　赵蔚芝等笺注　黄河出版社 2002 年版②

《方苞集》［清］方苞著　刘季高点校　上海古籍出版社 2008 年版③

《雍正诗文注解》［清］胤禛撰　魏鉴勋注释　辽沈书社 1996 年版

《唐英集》［清］唐英撰　张发颖　刁云展整理　辽沈书社 1991 年版

《守雅堂稿辑存》［清］邢澍撰　冯国瑞辑　漆子扬、王锷校点　甘肃人民出版社 1992 年版

《坚白石斋诗集》［清］李銮宣撰　刘泽等点校　山西人民出版社 1991 年版

《高凤翰诗集》［清］高凤翰撰　马述祯主编　青岛出版社 1989 年版

《蛟湖诗钞校注》［清］黄慎撰　丘幼宣校注　海峡文艺出版社 1989 年版

《樊榭山房集》［清］厉鹗著　［清］董兆熊注　陈九思标校　上海

① 金开诚、葛兆光《古诗文要集叙录》，中华书局 2005 年版，《纳兰性德集》。
② 刘聿鑫等《赵执信诗论佚文》，《文献》2006 年第 1 期。
③ 金开诚、葛兆光《古诗文要集叙录》，中华书局 2005 年版，《方苞集》。

古籍出版社 1992 年版

《厉鹗诗》［清］厉鹗著　吴家驹点校　广陵书社 2006 年版

《郑板桥集》［清］郑燮著　上海古籍出版社 1986 年版

《郑板桥全集》［清］郑板桥撰　吴泽顺编　岳麓书社 2002 年版

《郑板桥集详注》［清］郑板桥著　王锡荣详注　吉林文史出版社 1986 年版

《郑板桥集外诗抄》［清］郑板桥撰　田原整理　线装书局 2003 年版

《郑板桥诗词笺注》［清］郑燮著　华耀祥笺注　广陵书社 2008 年版①

《刘大櫆集》［清］刘大櫆著　吴孟复标校　上海古籍出版社 1990 年版

《吴敬梓诗文集》［清］吴敬梓撰　李汉秋辑校　人民文学出版社 2002 年版②

《边随园集》［清］边连宝著　刘崇德主编　中华书局 2007 年版

《全祖望集汇校集注》［清］全祖望撰　朱铸禹汇校集注　上海古籍出版社 2000 年版

《袁枚全集》［清］袁枚著　王英志主编　江苏古籍出版社 1997 年版③

《抱经堂文集》［清］卢文弨撰　王文锦点校　中华书局 1990 年版

《戴震全集》［清］戴震撰　戴震研究会等编纂　清华大学出版社 1991—1999 年出版

《纪晓岚文集》［清］纪昀撰　孙致中等校点　河北教育出版社

---

① 1.《郑板桥外集》，郑炳纯整理，陕西人民出版社 1987 年版。2.《郑板桥集外集》，潍坊市博物馆油印本。

② 艾俊川《吴敬梓集外诗一首》，《文献》2004 年第 3 期。

③ 1. 徐国华《新发现的一首袁枚集外诗》，《苏州大学学报》2005 年第 1 期。2. 郑幸《袁枚佚文三篇辑考》，《厦门教育学院学报》2008 年第 1 期。3. 王英志《袁枚集外序三篇考释》(一)，《光明日报》2008 年 5 月 1 日第 8 版。4. 王英志《袁枚集外手札》，《文献》2008 年第 3 期。5. 赵厚均《袁枚集外诗文二十二则》，《苏州大学学报》2008 年第 6 期。6. 郑幸《袁枚佚札四通考述：兼及袁枚、杨芳灿交游考》，《苏州大学学报》2008 年第 6 期。

1991 年版

《纪晓岚文集》［清］纪晓岚著　民族出版社 2004 年版

《忠雅堂集校笺》［清］蒋士铨撰　邵海清校　李梦生笺　上海古籍出版社 1993 年版①

《蒋士铨诗选》［清］蒋士铨撰　吴长庚选注　中州古籍出版社 1990 年版

《赵翼诗编年全集》［清］赵翼撰　华夫主编　天津古籍出版社 1996 年版

《瓯北集》［清］赵翼撰　李学颖　曹光甫校点　上海古籍出版社 1997 年版

《潜研堂集》［清］钱大昕撰　吕友仁标校　上海古籍出版社 1989 年版

《嘉定钱大昕全集》［清］钱大昕撰　陈文和主编　江苏古籍出版社 1998 年版

《惜抱轩全集》［清］姚鼐著　中国书店 1991 年版

《惜抱轩诗文集》［清］姚鼐著　刘季高标校　上海古籍出版社 1992 年版

《惜抱轩诗集训纂》［清］姚鼐撰　姚永朴训纂　宋放永校点　黄山书社 2001 年版②

《延芬室集》［清］爱新觉罗·永忠撰　上海古籍出版社 1990 年版

《李调元诗注》［清］李调元撰　罗焕章主编　陈红　杜莉注释　巴蜀书社 1993 年版③

《高鹗诗词笺注》［清］高鹗撰　尚达翔笺注　中州书画社 1983 年版

① 1. 徐国华《蒋士铨集外文辑补》，《文献》2006 年第 1 期。2. 朱则杰《蒋士铨题寄袁枚、赵翼的若干集外诗文辑考》，《广州大学学报》2006 年第 9 期。

② 金开诚、葛兆光著《古诗文要集叙录》，中华书局 2005 年版，《姚鼐集》。

③ 邓长风《〈涵海〉的版本及其编者李调元——美国国会图书馆读书札记之五》，收入著者《明清戏曲家考略续编》，上海古籍出版社 1997 年版。此文有《附录一》：《再谈李调元的著作总数》。

《高鹗诗文集》［清］高鹗撰　胡文彬　周雷编注　百花文艺出版社 1984 年版

《汪容甫文笺》［清］汪中撰　古直选注　人民文学出版社 1958 年版

《汪中集》［清］汪中著　田汉云点校　广陵书社 2005 年版①

《洪亮吉集》［清］洪亮吉撰　刘德权点校　中华书局 2001 年版

《洪亮吉新疆诗文集》［清］洪亮吉撰　修仲一　周轩编注　新疆大学出版社 2006 年版②

《两当轩集》［清］黄景仁著　李国章标点　上海古籍出版社 1998 年版

《孙渊如诗文集》［清］孙星衍撰　上海书店 1989 年版

《校礼堂文集》［清］凌廷堪撰　王文锦点校　中华书局 1998 年版

《攀古小庐全集》［清］许瀚撰　袁行云编校　齐鲁书社 1985 年版

《红杏山房集》［清］宋湘撰　黄国声校辑　中山大学出版社 1988 年版

《长真阁诗》［清］席佩兰撰　储菊人校订　中央书店 1935 年版

《壹斋集》［清］黄钺撰　陈育德等校点　黄山书社 1999 年版

《柯茗文集》［清］张惠言著　黄李新校点　上海古籍出版社 1984 年版

《船山诗草》［清］张问陶撰　中华书局 2000 年版

《揅经室集》［清］阮元撰　邓经元点校　中华书局 1993 年版

《瓶水斋诗集》［清］舒位撰　曹光甫点校　上海古籍出版社 1991 年版

《陈沆集》［清］陈沆撰　宋耐苦　何国民编校　湖北教育出版社 2002 年版

---

① 颜建华《汪中著述及佚作述略》,《湖南大学学报》2004 年第 3 期。

② 许隽超《洪亮吉的一篇佚文——兼谈与刘大观的友谊》,《中国典籍与文化》2008 年第 4 期。

《小倦游阁集》［清］包世臣撰　李星点校　黄山书社1991年版

《奕绘诗词集》(与《顾太清诗词集》合集)　［清］奕绘撰　章瑋编　上海古籍出版社1998年版

近代

《双观斋词钞》［近代］邓廷桢著　江宁邓邦述1920年重刻本

《林则徐集》(包括奏稿、公牍、日记)　［近代］林则徐著　中山大学历史系等编　中华书局1985年版

《林则徐集奏稿　公牍　日记补编》［近代］林则徐著　陈锡祺主编　中山大学出版社1985年版

《林则徐诗集》［近代］林则徐著　郑丽生校笺　海峡文艺出版社1987年版

《柏枧山房诗文集》［近代］梅曾亮著　彭国忠等校点　上海古籍出版社2005年版

《龚自珍全集》［近代］　龚自珍著　王佩诤校　中华书局1959年版

《龚自珍编年诗注》［近代］龚自珍著　吴战垒注　浙江古籍出版社1995年版

《龚自珍己亥杂诗注》［近代］龚自珍著　刘逸生注　中华书局1999年版①

《魏源全集》［近代］魏源撰　岳麓书社2004年版

《魏源诗文系年》［近代］魏源撰　李瑚著　中华书局1979年版②

《东洲草堂诗集》［近代］何绍基著　曹旭校点　上海古籍出版社

① 1. 孙静《龚自珍文集著述编辑刊刻源流》,《中国典籍与文化论丛》,中华书局1993年版。2. 樊克政《龚自珍佚作补录》,载其著《龚自珍年谱考略》,商务印书馆2004年版,《附录》四。3. 朱则杰《龚自珍作品辑佚中的问题》,载其著《龚自珍研究三题》,《淮阴师范学院学报》2005年第5期。4. 金开诚、葛兆光《古诗文要集叙录》,中华书局2005年版,《龚自珍集》。

② 1. 夏剑钦《〈魏源全集〉各书版本概说》,《古籍出版情况简报》总387期。2. 李瑚《关于〈诗比兴笺〉与〈近思录补注〉的作者问题》,《文史》第21辑。3. 夏剑钦《〈诗比兴笺〉确系魏源所著》,《古籍整理出版情况简报》总406期,2004年第12期。4. 胡光曙《魏源散佚的诗联》,《邵阳学院学报》2008年第3期。

2006年版

《思伯子堂诗文集》［近代］张际亮著　王飚校点　上海古籍出版社2007年版

《天游阁集》［近代］顾春撰　金启棕　乌拉熙春编校　辽宁民族出版社2001年版

《顾太清诗词集》(与《奕绘诗词》合集)［近代］顾春撰　章璋编　上海古籍出版社1998年版

《黑龙江将军特普钦诗文集》［近代］特普钦撰　李兴盛等编　天津古籍出版社1987年版

《复庄诗问》［近代］姚燮撰　周劭标点　上海古籍出版社1988年版

《郑珍集》［近代］郑珍撰　王瑛　袁本良等点校　贵州人民出版社1991—2001年出版

《巢经巢诗钞笺注》［近代］郑珍著　白敦仁注　巴蜀书社1996年版

《巢经巢诗钞注释》［近代］郑珍著　龙先绪注　三秦出版社2002年版①

《校邠庐抗议》［近代］冯桂芬著　戴扬本评注　中州古籍出版社1998年版

《清诒堂文集》［近代］王筠撰　屈万里　郑时辑校　齐鲁书社1987年版

《郘亭诗钞笺注》［近代］莫友芝著　龙先绪　符均注　三秦出版社2003年版②

《曾国藩全集》［近代］曾国藩撰　［近代］李翰章编纂　［近代］李鸿章校勘　中国致公出版社2001年版

《曾国藩诗文集》［近代］曾国藩著　王澧华点校　上海古籍出版社2005年版

《左宗棠全集》［近代］左宗棠撰　丁葆赤等校点　岳麓书社

---

① 龙先绪《新发现的郑珍遗诗》,《文学遗产》2003年第3期。

② 刘汉忠《莫友芝著述稿本汇考》,《史志林》1997年第1期。

1987—1996 年出版

《洪秀全集》[近代]洪秀全撰　广东省太平天国研究会　广州市社会科学科学研究所编　广东人民出版社 1985 年版

《刘熙载集》[近代]刘熙载撰　刘立人　陈文和点校　华东师范大学出版社 1993 年版

《刘熙载文集》[近代]刘熙载撰　薛正兴点校　江苏古籍出版社 2001 年版

《郭嵩焘奏疏》[近代]郭嵩焘撰　岳麓书社 1982 年版

《郭嵩焘诗文集》[近代]郭嵩焘撰　杨坚点校　岳麓书社 1984 年版

《伏敔堂诗钞》[近代]江湜著　左鹏军校点　上海古籍出版社 2008 年版

《天岳山馆诗存》[近代]李元度撰　中国旅游出版社 1996 年版

《笠云山房诗文集》[近代]王权撰　吴绍烈等校点　兰州大学出版社 1990 年版

《张裕钊诗文集》[近代]张裕钊著　王达敏校点　上海古籍出版社 2007 年版

《李鸿章全集》[近代]李鸿章撰　叶亚廉　顾廷龙主编　上海人民出版社 1985—1987 年出版

《水云楼诗词辑校》[近代]蒋春霖著　冯其镛辑校　齐鲁书社 1986 年版

《弢园文录外编》[近代]王韬撰　上海书店出版社 2002 年版

《弢园尺牍》[近代]王韬著　汪北平　刘林整理　中华书局 1959 年版

《李秉衡集》[近代]李秉衡撰　戚其章辑校　齐鲁书社 1993 年版

《翁同龢诗词集》[近代]翁同龢撰　翁同龢纪念馆编　朱育礼校点　上海古籍出版社 1998 年版

《越缦堂诗文集》[近代]李慈铭著　刘再华校点　上海古籍出版社 2008 年版

《沧趣楼诗文集》[近代]陈宝箴著　刘永翔　许全胜校点　上海古籍出版社 2006 年版

《复堂类集》[近代]谭献撰　江苏广陵刻印社 1982 年版

《湘绮楼诗文集》［近代］王闿运撰　马积高主编　谭承耕等点校　岳麓书社 1996 年版

《庸盦文别集》［近代］薛福成撰　施宣圆　郭志坤标点　上海古籍出版社 1985 年版

《曾纪泽遗集》［近代］曾纪泽撰　喻岳衡点校　岳麓书社 1983 年版

《张之洞全集》［近代］张之洞著　湖北人民出版社 1995 年版

《张之洞全集》［近代］张之洞著　河北人民出版社 1998 年版

《张之洞诗文集》［近代］张之洞著　庞坚校点　上海古籍出版社 2008 年版

《吴汝纶全集》［近代］吴汝纶撰　黄山书社 2002 年版

《葵园四种》［近代］王先谦撰　岳麓书社 1986 年版

《虚受堂文集》［近代］王先谦撰　上海古籍出版社 1996 年版

《偶斋诗草》［近代］宝廷著　聂世美校点　上海古籍出版社 2005 年版

《郑观应集》［近代］郑观应著　夏东元编　上海人民出版社 1982—1988 年出版

《盛世危言增订新编》［近代］郑观应著　上海古籍出版社　2008 年版

《樊樊山诗集》［近代］樊增祥著　涂晓马　陈宇俊校点　上海古籍出版社 2004 年版

《黄遵宪全集》［近代］黄遵宪著　陈铮编　中华书局 2005 年版

《人境庐诗草笺注》［近代］黄遵宪著　钱仲联笺注　上海古籍出版社 1999 年版

《黄遵宪文集》［近代］黄遵宪著　郑海麟　张伟雄编校　京都中文出版社 1991 年版①

① 1. 左鹏军《黄遵宪集外佚诗二首》,《古代文学研究集刊》第 1 辑,南方出版社 1999 年版,又载左鹏军《黄遵宪与岭南近代文学研究论丛》,中山大学出版社 2007 年版,下辑《文献探赜》。2. 张永芳《黄遵宪佚作钩沉八题》,《嘉应学院学报》2004 年第 4 期。3. 张永芳《黄遵宪佚作钩稽》,载其著《黄遵宪新论》第 3 辑,中国社会科学出版社、中国文联出版社 2004 年版。4. 张永芳《黄遵宪使日时期诗词佚作钩稽》,载赵敏俐主编《中国诗歌研究》第 4 辑,中华书局 2007 年版。5. 左鹏军《黄遵宪的一首佚诗》、《黄遵宪使日时期佚诗钩沉》,载其著《黄遵宪与岭南近代文学研究论丛》,中山大学出版社 2007 年版,下辑《文献探赜》。

《十三峰书屋全集》［近代］李榕撰　王显春等整理　巴蜀书社1995年版

《蓼园诗钞》［近代］柯劭忞撰　中华书局1924年版

《八指头陀诗文集》［近代］释敬安撰　岳麓书社1984年版

《海日楼诗集注》［近代］沈曾植撰　钱仲联笺注　中华书局2001年版

《林琴南文集》［近代］林纾著　中国书店1983年据商务印书馆《畏庐文集》影印本

《散原精舍诗文集》［近代］陈三立撰　李开军校点　上海古籍出版社2003年版①

《严复集》［近代］严复著　王栻主编　中华书局1986年版②

《张謇全集》［近代］张謇撰　张謇研究中心　南通图书馆编　江苏古籍出版社1994年版

《范伯子诗文集》［近代］范当世撰　马亚中　陈国安校点　上海古籍出版社2003年版

《大鹤山房全集》［近代］郑文焯著　苏州周氏1920年汇印本

《重校集评云起轩词》［近代］文廷式著　龙沐勋校辑　同声月刊社1943年铅印本

《陈石遗集》［近代］陈衍撰　陈步编　福建人民出版社2001年版③

《彊村语业》［近代］朱祖谋著　1932年《彊村遗书》本

《刘鹗集》［近代］刘鹗撰　刘德隆编　吉林文史出版社2008年版

《康有为全集》［近代］康有为著　姜义华　张荣华校注　中国人民大学出版社2007年版

---

①　1. 李开军《陈三立集外书札十一函》，山东大学文学与新闻传播学院、山东大学文艺美学研究中心编《人文述林》第7辑，山东大学出版社2004年版。2. 潘益民、李开军辑注《散原精舍诗文集补编》，江西人民出版社2007年版。

②　孙应祥等编《〈严复集〉补编》，福建人民出版社2004年版。

③　朱则杰《陈衍佚文〈一柳草堂诗稿序〉及其他》，《晚清名家集外诗文辑考》的第一部分，《福州大学学报》2004年第1期。

《刘光第集》［近代］刘光第撰　《刘光第集》编辑组编　中华书局1986年版

《惠风词笺注》[①]［近代］况周颐著　俞润生笺注　巴蜀书社2006年版

《海藏楼诗集》［近代］郑孝胥著　黄珅　杨晓波校点　上海古籍出版社2003年版

《觚庵诗存》［近代］俞明震著　马亚中校点　上海古籍出版社2008年版

《夏曾佑诗集稿》［近代］夏曾佑撰　赵慎修集校　载《中国近代文学史料》　中国社会科学院文学研究所《近代文学史料》编辑组　中国社会科学出版社1985年版

《岭云海日楼诗钞》［近代］丘逢甲著　上海古籍出版社1983年版

《丘逢甲集》［近代］丘逢甲著　广东丘逢甲研究会编　岳麓书社2002年版

《谭嗣同全集》(增订本)［近代］谭嗣同著　蔡尚思　方行编　中华书局1990年版[②]

《谭嗣同诗全编》［近代］谭嗣同著　李一飞编　北京出版社1998年版

《琴志楼诗集》［近代］易顺鼎撰　王飚校点　上海古籍出版社2004年版

《唐才常集》［近代］唐才常撰　湖南省哲学社会科学研究所编　中华书局1980年版

《吴趼人全集》［近代］吴趼人撰　北方文艺出版社1998年版

《薛绍徽集》［近代］薛绍徽著　林怡点校　方志出版社2003年版

《李伯元全集》［近代］李伯元撰　薛正兴编　江苏古籍出版社

① 与况周颐著《惠风词话》合本。

② 朱则杰《谭嗣同佚诗及其他》,《晚清名家集外诗文辑考》的第二部分,《福州大学学报》2004年第1期,又载《古典文学知识》2004年第2期。

1997 年版

《石陶梨烟室诗存》 [近代]黄人撰　辑入钱仲联主编《明清诗文研究资料集》第一、二辑　上海古籍出版社 1986 年版

《赵熙集》 [近代]赵熙撰　王仲镛主编　巴蜀书社 1996 年版

《章太炎全集》 [近代]章炳麟著　上海人民出版社编　上海人民出版社 1982—1986 年出版

《太炎文集初编》《续编》 [近代]章炳麟著　上海书店 1992 年版①

《海绡词笺注》 [近代]陈洵著　刘斯翰笺注　上海古籍出版社 2001 年版

《饮冰室合集》 [近代]梁启超著　中华书局 1989 年版

《梁启超全集》 [近代]梁启超著　沈鹏主编　北京出版社 1999 年版

《饮冰室文集点校》 [近代]梁启超著　吴松等点校　云南教育出版社 2001 年版②

《徐自华诗文集》 [近代]徐自华撰　郭延礼编校　中华书局 1990 年版

《秋瑾全集笺注》 [近代]秋瑾著　郭长海　郭君兮辑注　吉林文史出版社 2003 年版

《王国维全集》 [近代]王国维撰　刘寅生　袁英光编　中华书局 1984 年版

《王国维诗词笺校》 [近代]王国维撰　萧艾笺校　湖南人民出版社 1984 年版

《王国维词注》 [近代]王国维撰　刘逸生主编　田志豆编注　广东人民出版社 1990 年版

《王国维词解说》 [近代]王国维撰　祖保泉著　安徽教育出版社

---

① 江曦《章太炎佚文三则》,《文献》2006 年第 2 期。

② 1.《〈饮冰室合集〉集外文》,梁启超著,夏晓虹辑,北京大学出版社 2005 年版。2. 陈建军《新发现梁启超的一封佚简》,《长江学术》2006 年第 4 期。3. 左鹏军《梁启超集外佚文一篇》,《古代文学研究集刊》第 1 辑,南方出版社 1999 年版,又载左鹏军《黄遵宪与岭南近代文学论丛》,中山大学出版社 2007 年版,下辑《文献探赜》。

2006 年版

《黄节诗集》［近代］黄节撰　马以君编　中国人民大学出版社 1989 年版

《天放楼诗文集》［近代］金天羽撰　周录祥校点　上海古籍出版社 2007 年版

《江山万里楼诗词钞》［近代］杨圻撰　马卫中　潘虹点校　上海古籍出版社 2003 年版

《高旭集》［近代］高旭著　郭长海　金菊贞编　社会科学文献出版社 2003 年版

《姚光集》［近代］姚光著　姚昆群等编　社会科学文献出版社 2000 年版

《徐蕴华诗文集》(与《林寒碧诗文集》合本)［近代］徐蕴华著　周永珍编　社会科学文献出版社 1999 年版

《林寒碧诗文集》(与《徐蕴华诗文集》合本)［近代］林寒碧撰　周永珍编　社会科学文献出版社 1999 年版

《吕碧城词笺注》［近代］吕碧城著　李保民笺注　上海古籍出版社 2001 年版

《霜厓诗录》、《霜厓词录》［近代］吴梅撰　交通书局　民国三十一年(1942)版

《苏曼殊全集》［近代］苏曼殊著　柳亚子编　当代中国出版社 2007 年版

《磨剑室诗词集》［近代］柳亚子著　上海人民出版社 1985 年版①

《寒玉堂诗集》［近代］溥儒撰　丁嘉榞等整理　新世界出版社 1994 年版②

---

①　郭长海《柳亚子文集补编》，中国文献出版社 2004 年版。

②　朱则杰《溥儒佚诗佚词佚联》，《晚清名家集外诗文辑考》的第三部分，《福州大学学报》2004 年第 1 期。

第三节　总　　集

总集在先秦时期起源以后①，不断成长壮大，逐渐成为一种重要的、富有生命力的作品结集形式。总集经由历朝历代不断的发展，积累了大量的成果，尤其是 20 世纪 80 年代以来，总集的编纂发展非常迅速，取得了举世瞩目的巨大成绩。

我国存传的总集极其丰富，而且新编的总集还在不断地涌现。其类型和体例也比较复杂，因此人们在不断地探索对总集进行分类，有多种多样的分法。有的大体是按体裁来分类，这在先秦至南北朝时期，比较普遍。后来也多用此法，如《隋书》卷 35《经籍志四》、张之洞的《书目答问》。《隋书·经籍志四》集部，把“楚辞”类单列，置于集部之首。在总集部分，对著录的 107 部总集，大致依次按综合体裁、赋、封禅、雅、颂、诗歌、箴铭、诫、赞、七、碑、论、连珠、杂文、诏、表、启、书、策、俳谐编排。《书目答问》把总集分为文选、文、诗、词四类②。有的主要按编纂的时间来编排，如《四库全书总目》卷 186 至 190“总集类”著录总集 165 部，分为五部分：卷 186 为南朝梁代、唐代和宋代的一部分；卷 187 为宋代其他部分；卷 188 为金元部分；卷 189 为明代部分；卷 190 为清代部分。有的兼顾时代、地域、体裁、作者等多方面，如《中国丛书综录》、徐有富主编《中国古典文学史料学》和李致忠释评《三目类序释评》的分法。《中国丛书综录》分总集为通代（下又分汉魏六朝、唐代、宋代、金元、明代、清代、民国）、郡邑、氏族、诗文评、词集、戏曲等六类③。徐有富于“总集的种类”把总集分为全集和选集两类，于“总集的体例”，分时代、体裁、作者、地域、题材五类④。李致忠分总集为丛编、通代、断代、地方艺文、家集、域外、题咏、楹联、尺牍、谣谚、课艺 11 种⑤。综合

① 关于总集的界定和起源，参阅本书第七章第三节。关于总集的发展，参阅本书“历史编”中的相关部分。

② 见张之洞撰，范希曾补正《书目答问补正》卷四，上海古籍出版社 2001 年版。

③ 参阅上海图书馆编《中国丛书综录》，上海古籍出版社 1986 年版，《目录》。

④ 参阅徐有富主编《中国古典文学史料学》（修订本），北京大学出版社 2008 年版，第 6—13 页。

⑤ 参阅李致忠释评《三目类序释评》，北京图书馆出版社 2002 年版。

多种分类的实践，可以发现，其中有三个主要因素：一是体裁，二是时间，三是收录的范围。三种因素中，收录的范围尤为重要。本书的做法是以收录的范围为基础，从大的方面把总集分为两大类：一是全集类；二是选集类。

全集的特点是“网罗放佚，使零章残什并有所归”①，目标是汇纂其全体。有些全集，在书名上标有“全”字，有些则不标示。一般来说，全集的编辑主旨是求全，编辑者能以客观的态度多方搜求，零残不捐，所以全集所收的目标是“全”。但全集所谓的“全”，也是相对的。有许多全集的编辑，在当时可能是全的，但由于多方面条件的限制，实际上往往并不全，而且在收录的作品中，往往有误收的情况，因此后来常有不断的补正。全集的编纂，一直处在不断地完善的过程中。全集尽管不全，但它保存了相当全面的作品史料，为后人研究提供了很大的方便，能为人们节省许多时间和精力。有些全集所收录的作品，注明了出处，还附有其他重要的有关史料，可以引发我们作进一步的研究工作。想要见识某一时期、某一地区或某一文学家群体等作品史料的全貌，我们首先应当借助于全集。

选集的特点是“删汰繁芜，使莠稗咸除，菁华毕出”②，目标是选录其华章。今存中国古代最早的、影响很大的选集是《诗经》和《楚辞》。受《诗经》、《楚辞》的沾溉，自古迄今，编选选集，一直受到人们的重视。选集多出自名家之手，一般都注意去伪存真、弃粗留精，让读者学习、效法，带有范本的性质。有些选集有序、论、评、传记、句读、考释等，对所选的作品，有些做了增、删、改动，为读者阅读提供了方便，便于普及，再加上选集的篇幅减少了，所以同全集相比，选集比较容易流行，容易普及，影响大。我国古代的全集，在唐五代印刷技术发明之前，靠抄写，体量大，难以流传下来，今存的不少全集是后来编辑的。而选集则不同，体量小，容易流传和保存，有许多选集存传至今。在存传下来的选集中，如南朝梁萧统编《文选》、唐芮挺章编《国秀集》、宋李昉等编的《文苑英华》等，里面常有一些不见于其他典籍的作品，有许多作品借它们而得以保存和流传。另外，由于

① [清]永瑢等撰《四库全书总目》，中华书局 1965 年版，卷 186《总集类序》。

② [清]永瑢等撰《四库全书总目》，中华书局 1965 年版，卷 186《总集类序》。

选集经过了遴选，被选的多是有价值的精品，表现了编选者的审美情趣和价值标准。许多学者指出，编选选集，实际上是一种文学批评方式。钟惺在《与蔡敬夫》一文中说：

虽选古人诗，实自著一书。

鲁迅在《集外集·选本》中指出：

凡是对于文术自有主张的作家，他所赖以发表和流布自己的主张的手段，倒不在作文心、文则、诗品、诗话，而在于出选本。

曾经编写过《中国文学史》的曾毅也指出：

昔人之欲售其主张，恒藉其选本以树之告，非如现在坊间选本之无甚深意也。①

选本有时还能反映一个时期的文学风尚②。上述选本的这些特点，对古代文学研究者，特别是对文学史的编写者，提供了重要的参照。拿《文选》来说，蒋鉴璋就认为：

刘申叔所为《中古文学史》，完全奉梁元昭明之说用以周旋也。③

上面谈的是选集的优长，从另一方面看，由于选集不是作品的全貌，编选者有自己的权利，表现的是选者的眼光，有明显的局限性。因此，研究古代文学，单凭选集是远远不够的，有时还会上当。我们要研究古代文学，必须依靠全集，而只能把选集作为一种参考。

全集和选集在编辑方法上，有一些共同之处，常见的主要有按时代、按地域、按作者、按体裁编辑等方法。

按时代编辑的，包括多代、断代两种。多代的全集，如《汉魏六朝百三家集》；断代的全集，如今人董治安主编的《两汉全书》。多代的选集，如萧统编选的《昭明文选》；断代的选集，如黄宗羲编选的《明文授读》。

按地域编纂的全集，如《四库全书》卷189著录明人程敏政撰《新安文献

① 《中国新文学大系》第2集《文学论争集·导言》第4页，上海文艺出版社影印本，1936年版。

② 关于选集与文学批评，参阅邹云湖著《中国选本批评》，上海三联书店，2002年版。

③ 蒋鉴璋《文学范围略论》，载《文学论集》第59页，中国文化服务社，1936年版。

志》；按地域编的选集，如屈大均编的《广东文选》。

按作者编的全集，如《四库全书总目》卷186著录宋人王遴编的《清江三孔集》，今人王延梯辑《中国古代女作家集》。

按体裁编辑的总集，大致可分为诗歌、散文、辞赋、词、小说、戏曲六种①。诗歌，全集如《四库全书总目》卷190著录清人徐倬编的《全唐诗录》；选集如《四库全书总目》卷190著录清人顾嗣立编的《元诗选》。文，全集如《全唐文》，选集如《四库全书总目》卷190著录《御选唐宋文醇》。赋，全集如费振刚等辑校的《全汉赋》，选集如瞿蜕园选注的《汉魏六朝赋选》。

附：现当代新刊新编总集要目

通　代

综合

《古文苑》　编者不详②　《四部丛刊》影印宋刻本　《丛书集成》本

《续古文苑》　[清]孙星衍编　《万有文库》影印嘉庆十二年(1807)原刻本。

《汉魏六朝百三名家集》　[明]张溥辑　江苏古籍出版社2002年版③

① 小说和戏曲总集见本章第五节、第六节。

② [宋]陈振孙撰，徐小蛮、顾美华点校《直斋书录解题》卷15曰："不知何人集。皆汉以来遗文，史传及《文选》所无者。世传孙洙巨源于佛寺经龛中得之，唐人所藏也。"

③ 1. 本书卷帙浩繁，有错乱和缺失，参阅《四库全书总目》卷189对此书的批评。2. 据《光明日报》2003年10月12日报道，江西赣州发现一套过去未见的《汉魏六朝百三家集》，每卷有"湘舱氏"藏书章。其中关于刘琨的作品，有过去未见的《胡姬年十五》、《答卢谌》8首、表7章、书13章、诔1篇、笺10篇。

《汉魏六朝百三集选》 [清]吴汝纶评选　浙江人民出版社 1985 年版

《文选》(又称《昭明文选》) [南朝梁]萧统编　中华书局 1977 年据[清]胡克家刻本影印本

《六臣注文选》 [南朝梁]萧统编 [唐]李善　吕延济　刘良　张铣　吕向　李周翰注　中华书局 1987 年版

《敦煌吐鲁番本文选》 饶宗颐编　中华书局 2000 年版

《唐钞文选集注汇存》 佚名编撰　上海古籍出版社 2000 年版①

《文苑英华》 [宋]李昉等编　中华书局 1966 年影印本②

《佛经文学粹编》 陈允吉　胡中行主编　上海古籍出版社 1999 年版

诗歌

《古诗纪》(原名《诗纪》) [明]冯惟讷编　上海古籍出版社 1987

---

① 1. 傅刚《文选版本研究》,北京大学出版社 2000 年版。2. 范志新《文选版本论稿》,江西人民出版社 2003 年版。3.《文选》,五臣、李善注,人民文学出版社 2008 年版。此为日本足利学校遗迹图书馆藏宋刊明州本,是现存最早的《文选》完帙刻本。据傅刚《文选版本研究》,我国图书馆仅藏有此书的两个残本。

② 1. [南宋]彭叔夏《文苑英华辨证》,见《文苑英华》影印本后附。2. [清]劳格《文苑英华辨证拾遗》,同前。3. 罗振玉《宋椠文苑英华残本校记》,1929 年《北平北海图书馆月刊》2 卷 5 期。4. 段琼林《宋椠文苑英华辨证校记》,1930 年《女师大学术季刊》第 3 期。5. 傅增湘《校本文苑英华跋》、《范履平临叶石君校本文苑英华跋》,均收入《藏园群书题记》,上海古籍出版社 1989 年版,卷 17。6. 岑仲勉《文苑英华辨证校白氏诗文附按》,1948 年《中央研究院史语所集刊》第 12 本。7. [日]花房英树《〈文苑英华〉的编纂》,1950 年《东方学报》京都版 19 号。8. 据胡道静《谈古籍的普查和情报》(《历史研究》1982 年第 4 期)一文,香港中文大学曾影印香港敏求精舍所藏宋刻《文苑英华》卷 201—210。9. 何法周《〈文苑英华〉、〈唐文粹〉的编撰情况及其他》,《河南大学学报》1986 年第 5 期。10. 杨旭辉《叙北京图书馆藏傅校〈文苑英华〉》,《文献》1995 年第 4 期。11. 李致忠《关于〈文苑英华〉》,《文献》1997 年第 1 期。12. 傅增湘《文苑英华校记》,北京图书馆出版社 2006 年版。13. 凌朝栋《〈文苑英华〉版本源流考》,载其著《文苑研究》,上海古籍出版社 2005 年版,第三章。14. 王雨《文苑英华》的修纂及其版本。见王雨著、王书燕编纂《王子林古籍版本学文集》,上海古籍出版社 2006 年版,第一册《古籍版本学》第三章(二)《四部大书的纂修及其版本》。

年影印《四库全书》本①

《诗渊》　明初人编纂　稿本　书目文献出版社 1986 年影印本②

《先秦汉魏晋南北朝诗》　逯钦立辑校　中华书局 1983 年版

《先秦汉魏晋南北朝诗》(电子版)　中国社会科研究院历史研究所陈爽象牙塔(http://www.xiangyata.net)和该院计算机中心研制③

《古诗源》　[清]沈德潜选　中华书局 1963 年版④

《古谣谚》　[清]杜文澜辑　周绍良校点　中华书局 1958 年版⑤

《中国谚海》　[清]史襄哉编　上海文艺出版社 1987 年版

《二十五史谣谚通检》　商恒元　彭善俊辑录　山西人民出版社 1986 年版

《中国方言谣谚全集》　蒋致远主编　台北宗青图书公司 1985 年版

---

①　1. 关于《古诗纪》的缺失，“明代周婴《卮林·解冯篇》，就考订该书有失误；清人冯班在《钝吟杂录》中也批评了该书不应载铭、诔、箴、祝、赞各体；清人冯舒撰《诗纪匡谬》一书，指出《诗纪》错误一百二十余条”。引自母庚才、刘瑞玲《古诗存目·前言》，见《杨守敬集》第 6 册第 1048 页。湖北人民出版社、湖北教育出版社。未注明出版时间。2. 逯钦立《古诗纪补正叙例》，《中央研究院历史语言研究所集刊》第 12 本，1948 年版。

②　陈尚君《〈诗渊〉全编求原》，《文献》1995 年第 1 期。

③　1. 骆玉明、陈尚君《〈先秦汉魏晋南北朝诗〉补遗》，《文学遗产》1987 年第 1 期。2. 陈庆元《〈先秦汉魏晋南北朝诗〉讹误偶拾》，原载《古籍整理情况简报》第 247 期，收入作者著《诗词研究论集》，巴蜀书社，1998 年版。3. 刘跃进《关于〈先秦汉魏晋南北朝诗〉编撰方面的一些问题》，原载《清华大学学报》1989 年第 2 期。收入作者著《结网漫录——中国古代经典文学作品探幽》，学苑出版社 1997 年版。4. 陈尚君《〈五代新说〉中的先唐遗诗》，《铁道师院学报》1994 年第 3 期，收入著者《汉唐文学与文献论考》，上海古籍出版社 2008 年版。5. 陈增杰《〈先秦汉魏晋南北朝诗〉校补二例》，《古籍整理研究学刊》1995 年第 6 期。6. 胡振龙《〈先秦汉魏晋南北朝诗人小传〉订误》，《文献》1995 年第 4 期。7. 陈庆元、林怡《齐梁佚诗存目考》(上、中、下)，《泉州师范学院学报》2001 年第 1、3、5 期。8. 陈尚君《〈先秦汉魏晋南北朝诗〉再检讨》，2003 年香港浸会大学“六朝宗教与文学”研讨会论文，刊浸会大学中文系编《人文中国》第 10 辑，上海古籍出版社 2005 年版，收入著者《汉唐文学与文献论考》，上海古籍出版社 2008 年版。9. 马海英《陈诗补遗与正误》，收入其著《陈代诗歌研究》，学林出版社 2004 年版。10. 李建国《隋代文学资料补遗三则》，《长江学术》第 8 辑，武汉大学文学院、长江文艺出版社编，2005 年 6 月。

④　金开诚、葛兆光《古诗文要籍叙录》，中华书局 2005 年版《古诗源》。

⑤　金开诚、葛兆光《古诗文要籍叙录》，中华书局 2005 年版《古谣谚》。

《乐府诗集》 [宋]郭茂倩编撰 中华书局1979年版①

《玉台新咏笺注》 [南朝陈]徐陵编 [清]吴兆宜注 程琰删补 穆克宏点校 中华书局1985年版②

《中国历代僧诗全集》(晋唐五代卷) 中国历代僧诗全集编委会编 当代中国出版社1997年版

《中国历代名僧诗选》 廖养正编注 释一诚审定 中国书籍出版社2004年版

《中国古今题画诗词全璧》 石理俊主编 河北教育出版社1994年版

文

《全上古三代秦汉三国六朝文》 [清]严可均校辑 中华书局1958年版 北京商务印书馆1999年校点本改用简化字排印

《全上古三代秦汉三国六朝文》(电子版) 中国社会科研究院历史

① 1. 秦序《关于〈乐苑〉及〈乐府诗集〉的几个问题——唐宋音乐史要籍笔记之一》,载《音乐学文集》,中国艺术研究院音乐研究所,山东友谊出版社1994年版。2. 徐文新《〈乐府诗集〉整理中存在的问题》,《学术研究》2003年第9期。3. 尚丽新《〈乐府诗集〉明清校本述评》,《古籍整理研究学刊》2004年第1期。4. 金开诚、葛兆光《古诗文要籍叙录》,中华书局2005年版,《乐府诗集》。5. 尚丽新《宋本〈乐府诗集〉考》,《古籍整理研究学刊》2006年第5期。6. 孙尚勇《〈乐府诗集〉点校拾遗》,载其著《乐府文学文献研究》,人民文学出版社2007年版。

② 1. 詹锳《玉台新咏三论》,载《东方杂志》40卷第6期,收入作者《语言文学心理学论集》,齐鲁书社1988年版。2. 曹道衡《关于〈玉台新咏〉的版本及编者问题》,《中国古典文学论丛》第2辑,人民文学出版社1985年版。3. 汪泛舟《〈玉台新咏〉残卷杂考》,《敦煌研究》1987年第3期。4. 林夕《明寒山赵氏小宛堂刻〈玉台新咏〉版本之迷》,《读书》1997年第7期。5. 刘跃进《〈玉台新咏〉版本研究》,载其著《玉台新咏研究》,中华书局2000年版。6. 章培恒《〈玉台新咏〉为张丽华所"撰录"考》,《文学评论》2004年第2期。7. 谈蓓芳《〈玉台新咏〉版本考——兼论此书的编纂时间和编者问题》,《复旦学报》2004年第4期。8. 邬国平《〈玉台新咏〉张丽华撰录说献疑——向章培恒先生请教》,《学术月刊》2004年第9期。9. 金开诚、葛兆光《古诗文要籍叙录》,中华书局2005年版,《玉台新咏》。10. 谈蓓芳《〈玉台新咏〉版本补考》,《上海师范大学学报》2006年第1期。11. 崔炼农《从赵均刻本编目体例探窥〈玉台新咏〉古本之遗》,《北京大学学报》2007年第1期。

研究所陈爽象牙塔(http://www.xiangyata.net)和该院计算机中心研制①

《古文观止》 [清]吴楚材　吴调侯编选　葛兆光　戴燕注解　中华书局 2008 年版②

《续古文观止》 吴文濡编　成大琥　马美著校注　岳麓书社 2003 年版

《古文辞类纂评注》 [清]姚鼐纂集　吴孟复　蒋立甫主编　安徽教育出版社 1995 年版③

《续古文辞类纂》 [清]王先谦编　黄山书社 1992 年版

《骈体文钞》 [清]李兆洛编　殷海国　殷海安校点　上海古籍书社 2001 年版④

---

① 1. [清]俞正燮《全三古至隋文目录不全本识语》,载其著《癸巳存稿》卷 12,收入辽宁教育出版社《新世纪万有文库》,2003 年版。2. 章太炎《全上古三代秦汉三国六朝文校评》,载《历史论丛》第 1 辑,齐鲁书社 1980 年版,又见《章太炎学术史论集》第 366 页(校语从略),傅杰编校,中国社会科学出版社 1997 年版。3. 刘师培《搜集文章志材料方法》,载其著《左盦外集》卷 13。4. 刘盼遂《三家补严氏全上古三代秦汉三国晋南北朝文辑目》,《国立北平图书馆馆刊》第 5 卷第 1 号,1931 年。5. 陈启云《读严可均全上古三代秦汉三国六朝文》,香港《新亚生活》1 卷 3 期,1958 年。6. 张严《严可均〈全上古三代秦汉三国六朝文〉编次得失平议》,台湾《大陆杂志》21 卷 8 期,1959 年。7. 余嘉锡《读已见书斋随笔》(二十九),载《余嘉锡论学杂著》,中华书局 1963 年版,第 679 页。8. 中华书局 1958 年影印本《全上古三代秦汉三国六朝文·前言》。9. 张涤华《古代诗文总集选介》,上海古籍出版社 1985 年版,第 109—112 页。10. 钱钟书《管锥编》(中华书局 1986 年版)第三册"严氏辑集"部分。11. 程章灿《论〈全上古三代秦汉三国六朝文〉之阙误》,《南京大学学报》1995 年第 1 期。12. 王利器《〈全上古三代秦汉三国晋六朝文〉正误》,《文学评论》1996 年第 2 期。13. 王利器《读严可均〈全上古三代秦汉三国晋六朝文〉》,载《周绍良先生欣开九秩庆寿文集》,中华书局 1997 年版,又见《王利器学术》,浙江人民出版社 1999 年版,内容稍有出入。14. 刘跃进《中古文学文献学》,江苏古籍出版社 1997 年版,第二章第三节、二(二)。15. 祝尚书《南北朝唐五代佚文辑考》,《文献》2002 年第 3 期。16. 韩理洲辑校编年《全隋文补遗》,三秦出版社 2004 年版。17. 赵逵夫《论严可均〈全上古三代文〉之失与〈全先秦文〉的编辑体例》,《西北大学学报》2004 年第 5 期。18. 赵厚均《〈全上古三代秦汉三国六朝文〉所收诔文补遗》,《古籍整理研究学刊》2005 年第 4 期。19. 蒋方《严可均〈王逸集〉辑佚补正》,《文学遗产》2006 年第 6 期。20. 魏宏利、张鹏《严辑〈全北齐文〉、〈全后周文〉辨正》,《西北大学学报》2008 年第 2 期。

② 金开诚、葛兆光《古诗文要籍叙录》,中华书局 2005 年版,《古文观止》。

③ 金开诚、葛兆光《古诗文要籍叙录》,中华书局 2005 年版,《古文辞类纂》。

④ 金开诚、葛兆光《古诗文要籍叙录》,中华书局 2005 年版,《骈体文钞》。

《中国历代游记精华全编》 倪志云 郑训佐等主编 河北教育出版社1996年版

赋

《历代赋汇》(附索引) [清]陈元龙编 凤凰出版社2004年版

《赋海大观》 [清]鸿宝斋主人编 北京图书馆出版社2007年版①

《事类赋注》 [宋]吴淑著 冀勤 王秀梅等校点 中华书局1989年版

《古赋辨体》 [元]祝尧编纂 上海古籍出版社1993年影印《四库全书》本

词

《词综》 [清]朱彝尊 汪森辑 李庆甲点校 上海古籍出版社2005年版②

《词综补遗》 林葆恒编 张璋整理 上海古籍出版社2005年版

《词选》 [清]张惠言选编 江西人民出版社1984年版③

《花庵词选》 [宋]黄昇选 中华书局上海编辑所1958年版④

《全唐宋金元词文库及赏析系统》 南京师范大学开发 由南京师范大学主页(http://www.njnu.edu.cn)点击"特色栏目"进入

《历代竹枝词初集》 王利器 王慎之辑 三秦出版社1991年版

《历代竹枝词》 王利器 王慎之等辑 陕西人民出版社2003年版

《中华竹枝词全编》 潘超 丘良任等主编 北京出版社2007年版

《历代蜀词全辑》《历代蜀词全辑续编》 李谊辑校 重庆出版社

---

① 赵俊波《唐赋辑补》,载其著《中晚唐赋分体研究》,中国社会科学出版社、华龄出版社2004年版,《附录》一。

② 1. 金开诚、葛兆光《古诗文要籍叙录》,中华书局2005年版,《词综》。2. 于翠玲《〈词综〉编纂过程及文献价值》,载其著《朱彝尊〈词综〉研究》,中华书局2005年版,第二章。

③ 金开诚、葛兆光《古诗文要籍叙录》,中华书局2005年版,《词选》。

④ 金开诚、葛兆光《古诗文要籍叙录》,中华书局2005年版,《花庵词选》。

2007年版

民间故事

《中国民间故事全集》 陈庆浩　王秋桂主编　台北远流出版事业有限公司1989年初版

寓言

《古代中国寓言大系》 仇春霖主编　山西教育出版社1994年版

敦煌文学

《全敦煌诗》 张锡厚主编　作家出版社2006年版

《敦煌变文汇录》 周绍良编　上海出版公司1954年版

《敦煌变文集》 王重民　王庆菽等编　人民文学出版社1984年版

《敦煌变文集新书》 潘重规主编　台湾"中国文化大学"中文研究所1984年刊行

《敦煌变文集补编》 周绍良等编　北京大学出版社1989年版

《敦煌变文集校议》 郭在贻校议　岳麓书社1990年版

《敦煌变文集校注》 黄征　张涌泉校注　中华书局1997年版

《敦煌赋校注》 伏俊连编撰　甘肃人民出版社1994年版

《敦煌赋汇》 张锡厚录校　江苏古籍出版社1996年版

断　代

先秦

《诗集传》 [宋]朱熹撰　上海古籍出版社1980年版①

《楚辞补注》 [汉]王逸注　[宋]洪兴祖补注　白化文等校点　中华书局1983年版

《楚辞集注》 [宋]朱熹集注　蒋立甫校点　上海古籍出版社2001年版

① 1. 金开诚、葛兆光《古诗文要籍叙录》,中华书局2005年版,《诗经》。2. 田国福《历代诗经版本丛刊》,齐鲁书社2008年版。

《楚辞集校集释》 崔富章 李大明主编 湖北教育出版社 2003 年版①

《甲骨文合集》 郭沫若主编 中华书局 1978 年 11 月至 1982 年 9 月相继出版

《殷周金文集成》 中国社会科学院考古研究所编 中华书局 1984 年 8 月至 1990 年 4 月相继出版

两汉

《两汉全书》 董治安主编 山东大学出版社 1999 年版②

《全汉赋》 费振刚 胡双宝等辑校 北京大学出版社 1997 年版③

《全汉赋评注》 龚克昌等评注 花山文艺出版社 2003 年版

《全汉赋校注》 费振刚 仇仲谦等校注 广东教育出版社 2005 年版

《古诗十九首集释》 隋树森编注 中华书局 1957 年版

魏晋南北朝

《建安七子集》 俞绍初辑校 中华书局 2005 年新一版

《全魏晋赋校注》 韩格平主编 吉林文史出版社 2008 年版

《六朝文絜笺注》 [清]许梿评选 黎经诰笺注 上海古籍出版社 1982 年版

《南北朝文举要》 高步瀛选注 孙通海点校 中华书局 1998 年版

隋唐五代

《唐文粹》 [宋]姚铉编 《四部丛刊》据明嘉靖刊本影印本④

---

① 1. [日]竹治贞夫《关于〈楚辞〉的日文刻本》,《德岛大学学艺记要》(人文科学)第 15 期,1966 年 3 月。2. 金开诚、葛兆光《古诗文要籍叙录》,中华书局 2005 年版《楚辞》。3. 周建忠《大阪大学藏"楚辞百种"考论——关于西村时彦·读骚庐·怀德堂》,《职大学报》2008 年第 1 期。4. 黄灵庚《〈楚辞〉十七卷成书考辩》,《复旦学报》2008 年第 3 期。

② 已出版第 1、2 册。

③ 吴广平《〈全汉赋〉辑校中存在的一些问题》,原载《中国韵文学刊》2004 年第 2 期,又见王友胜主编《中国古代文学论丛——湖南科技大学中国古代文学学科论文选》,上海古籍出版社 2004 年版。

④ [清]郭麟有《唐文粹补遗》26 卷,光绪十一年(1885)江苏书局刻本。

《全唐诗》(又称《御定全唐诗》)　[清]彭定求　杨中讷等奉旨编纂　康熙扬州诗局本(1986年上海古籍出版社影印)　中华书局1960年校排本

《全唐诗稿本》　屈万里　刘兆祐主编　台北联经出版公司1979年影印

《全唐诗》　海南出版社影印故宫藏本

《全唐诗》(增订简体字本)　[清]彭定求等编　陈尚君补辑　中华书局1999年版

《全唐诗》(电子版)　中国社会科研究院历史研究所陈爽象牙塔(http://www.xiangyata.net)和该院计算机中心研制

《全唐诗电子检索系统》　北京大学(分公共浏览版和专业检索版 http://chinese.pku.edu.cn/tang/)

《增订注释全唐诗》　陈贻焮主编　文化艺术出版社2001年版

《校编全唐诗》　王启兴主编　湖北人民出版社2001年版①

---

①　1. 刘师培《读〈全唐诗〉书后》，载《刘申叔先生遗书》第40册《左盦集》卷11。2. 刘师培《读全唐诗发微》，《国粹学报》(46)，光绪三十四年，后收入《刘申叔遗书·左盦外集》。3. 李嘉言《全唐诗校读法绪余》，《国文月刊》1941年第9号，1943年第19号。4. 朱希祖《全唐诗之来源及其遗佚考》，1944年《文史杂志》3卷9、10期。5. [日]小川昭一《全唐诗杂记》，日本京都1969年版。6. [日]丰田穰《全唐诗纠谬》，[日]《斯文》第25编7—9号。7. [日]丰田穰《全唐诗纠谬续》，[日]《斯文》第26编8—12合并号。8. 刘兆佑《御定全唐诗与钱谦益、季振宜递辑唐诗稿本探微》，台湾《幼狮学志》1978年第15号。9. 刘兆佑《清钱谦益季振宜递辑唐诗稿本跋——兼论御定全唐诗之底本》，台湾《东吴文史学报》1978年第3期。10. 季湟《两种〈全唐诗〉》，北京《故宫博物院院刊》1979年第2期。11. 周勋初《叙〈全唐诗〉成书经过》，《文史》第8辑，1980年，又载其著《文史探微》，上海古籍出版社1987年版。12. 项楚《〈补全唐诗〉二种读校》，《四川大学学报》1983年第3期。13. 张忱石《〈全唐诗〉"无世次"作者事迹考索》，《文史》第22辑，1985年。14. 郭文镐《〈全唐诗外编〉重收〈全唐诗〉杜牧诗之例》，《陕西师范大学学报》1985年第1期。15. 房日晰《〈全唐诗续补遗〉校读续》，《西北大学学报》1985年第2期。16. 陈尚君《〈全唐诗〉误收诗考》，《文史》第24辑，中华书局1985年版，收入其著《唐代文学丛考》，中国社会科学出版社1997年版。17. 杨建国《〈全唐诗〉校正札记》，《北京大学学报》1990年第1期。18. 郁贤皓《〈全唐诗〉作者小传补正续》，《南京师范大学学报》1991年第1期。19. 佟培基《〈全唐诗〉无考卷考》，《河南大学学报》1991年第2期。20. 胡可先《〈全唐诗〉"无名氏"诗考索》(十三)，《江海学刊》1991年第2期。21. 尹楚彬《辑〈全唐诗〉佚诗一首》，《江海学刊》1991年第2期。22. 胡可先《〈全唐诗〉杂考》(一)(二)(三)，《江海学刊》1991年第4、5、6期。23. 陈尚君辑校《全唐诗补编》，中华书局出版　(转下页)

《唐五十家诗集》(附索引) [唐]李世民等撰 上海古籍出版社汇编 上海古籍出版社1981年版

《唐人选唐诗新编》 傅璇琮主编 陕西人民教育出版社1996

(接上页)1992年版。24. 胡可先《〈全唐诗〉刊刻年表》,《徐州师范学院学报》1993年第4期。25. 李浩《〈全唐诗〉校读札记》,《文献》1994年第2期,收入作者著《诗史之际——唐代文学发微》,商务印书馆2000年版。26. 佟培基《全唐诗重出误收考》,陕西人民教育出版社1996年版。27. 朱林杰《韩国文献中的〈全唐诗〉逸诗考》,《文史哲》1998年第5期。28. 陶敏《〈全唐诗·殷尧藩集〉考辨》,原载《唐代文史考论》,台湾洪叶文化事业有限公司1999年版,后收入王友胜主编《中国古代文学论丛——湖南科技大学中国古代文学学科论文选》,上海古籍出版社2004年版。29. 周勋初《季振宜〈唐诗〉的编纂与流传》,载《周勋初文集》,江苏古籍出版社2000年版。30. 刘再华、陶敏《〈全唐诗〉所收明人伪造唐集简论》,《中国典籍文化论丛》第5辑,中华书局2000年版。31. 金程宇《韩国本〈十抄诗〉中的唐人佚诗辑考》,《沈阳师范学院学报》2002年第5期。32. 文正义《〈祖堂集〉与〈全唐诗〉的辑佚及补订》,载《觉群·学术论文集》第2辑,觉群主编,商务印书馆2002年版。33. 邹志方《唐诗再补录》,《绍兴文理学院学报》2002年第6期。34. 查屏球《新补〈全唐诗〉102首》,《文史哲》2003年第1期。35. 查屏球《新补〈全唐诗〉102首——高丽〈十抄诗〉中所存唐人佚诗》,《文史》总第62辑,中华书局2003年2月出版。36. 胡可先《〈全唐诗〉杜甫重出诗考辨》,载其著《杜甫诗学引论》,安徽大学出版社2003年版,第三章第七节。37. 尹楚兵《〈全唐诗补编〉匡补》,《南京师范大学学报》2004年第3期。38. 黄震云、霍志军《〈全唐诗〉补遗》,《徐州师范大学学报》2004年第3期。又见《中国古典文献学》(丛刊)第3卷,炎黄文化出版社2004年6月出版。38. 金程宇《〈全唐诗补编〉订补》,《学术研究》2004年第5期。39. 严杰《〈十抄诗〉中唐代佚诗录文之辨误》,南京大学古典文献研究所编《古典文献研究》(总第7辑)凤凰出版社2004年版。40. 段筱春《说故宫季振宜〈全唐诗〉》,《古籍整理出版情况简报》总406期,2004年第12期。41. 赵继红《〈全唐诗〉补逸及考订三题》,《山西师大学报》2005年第1期。42. 章之《〈新补全唐诗102首〉指瑕》,《古籍整理研究学刊》2005年第5期。43. 袁津琥《〈全唐诗补编〉订误》,载项楚主编《新国学》第5卷,巴蜀书社2005年3月。44. 陈尚君《断代文学全集编纂的回顾与展望》,《四川大学学报》2005年第5期,云,《全唐诗》编成后,"至今已补出六千多首,但据作者所知,近年在明刊《锦绣万花谷别集》、清钞本《类要》、宋刊本《庐山记》、日本伏见宫存《杂钞》、韩国奎章阁存《名贤夹注十钞诗》中,仍有数量可观的唐诗可补,敦煌写卷和《道藏》中也颇有孑存"。45、焦体检《〈全唐诗补遗〉指瑕:兼与黄震云先生商榷》,《河南教育学院学报》2005年第6期。46. 王光汉《〈诗渊〉中所收的许浑诗》,《古籍研究》2005·卷下(总第48期),安徽大学出版社2005年。47. 金开诚、葛兆光《古诗文要籍叙录》,中华书局2005年版,《全唐诗》。48. 宋红《〈千载佳句〉——现存最早的唐诗名句选》,《文史知识》2006年第6期。此文云:"发现了四首尚不曾为人所注意的唐诗逸句。"并抄录了四首逸句。49. 朱光立《〈全唐诗〉"张莒"条辨正》,《中国典籍与文化》2007年第3期。

年版①

《唐音统签》［明］胡震亨辑　上海古籍出版社 2003 年影印

《唐诗别裁集》［清］沈德潜编　李克和等校点　岳麓书社 1998 年版

《唐诗三百首》［清］蘅塘退士编　陈婉俊补注　吕薇芬标点　中华书局 2001 年版②

《万首唐人绝句校注集评》　霍松林主编　山西人民出版社 1991 年版

《唐人万首绝句选》［清］王士祯编　史海洋等注　华夏出版社 2001 年版

《唐人律诗笺注集评》　陈增杰编著　浙江古籍出版社 2003 年版

《全五代诗》［清］李调元编　巴蜀书社 1992 年版

《全唐文》［清］董诰等编　中华书局 1983 影印本③

《全唐文新编》　周绍良主编　吉林文史出版社 2000 年版

《隋唐五代燕乐杂言歌辞集》　任半塘　王昆吾编著　巴蜀书社 1990 年版

---

①　1. 王运熙、杨明《〈河岳英灵集〉的编集年代和选录标准》，载《唐代文学论丛》1982 年第 1 辑，陕西人民出版社 1982 年版。2. ［美］李珍华、傅璇琮《〈河岳英灵集〉所见版本考》，《文献》1991 年第 4 期。3. 金开诚、葛兆光《古诗文要籍叙录》，中华书局 2005 年版，《唐人选唐诗（十种）》。4. 刘浏《唐人选唐诗综述》，载其著《〈才调集〉研究》，对外经济贸易大学出版社 2008 年版，《附录一》。

②　金开诚、葛兆光《古诗文要籍叙录》，中华书局 2005 年版，《唐诗三百首》。

③　1. 陆心源《唐文拾遗》72 卷、《唐文续拾》16 卷，光绪间《潜园总集》本。2. 劳格《读全唐文札记》。3. 岑仲勉《续劳格读全唐文札记》。（以上三家著述，见上海古籍出版社影印本第 5 册）。4. 韩理洲《〈全唐文〉、〈唐文拾遗〉、〈唐文续拾〉重出误收四十一考》，《西北大学学报》1991 年第 1 期。5. 王辉斌《〈全唐文·作者小传〉校考一》，《荆门大学学报》1991 年第 3 期。6. 贾晋华《〈全唐文〉作者订正》（一）（二）（三），《江海学刊》1991 年第 4、5、6 期。7. 叶树仁《读〈全唐文〉札记补（二）》，《北京师范学院学报》1991 年第 5 期。8. 叶树仁《〈全唐文〉阙误补正》，《文献》1991 年第 3 期。9. 陕西省古籍整理办公室编，吴钢主编《全唐文补遗》，三秦出版社 1994—2007 年已出版九辑。10. 陈尚君辑校《全唐文补编》，中华书局 2005 年版。11. 金开诚、葛兆光《古诗文要籍叙录》，中华书局 2005 年版，《全唐文》。12. 路成文《〈全唐文〉误收南宋人所作〈长芦崇福禅寺僧堂上梁文〉》，《文献》2007 年第 4 期。13. 谢思炜《〈全唐文〉（前十卷）校读札记》，《古籍整理研究学刊》2007 年第 3 期。14. 刘辰《〈全唐文〉宋璟〈梅花赋〉为伪说补正》，《文学遗产》2008 年第4 期。

《花间集校》［五代］赵崇祚选辑　李一氓校　人民文学出版社 1998 年版

《花间集注》［后蜀］赵崇祚编　华中彦校注　河南大学　出版社 2008 年版①

《尊前集》编者不详　民国十一年(1922)　《彊村丛书》本②

《唐五代词》林大椿辑　郑琦校订　文学古籍刊行社 1956 年版

《全唐五代词》张璋　黄畬编　上海古籍出版社 1986 年版

《全唐五代词》(电子版)　南京师范大学研制(http://www.njnu.edu.cn/"特色栏目")

《分门纂类唐宋时贤千家诗选校证》传为［宋］刘克庄编　李更　陈新校证　人民文学出版社 2002 年版

《唐宋文举要》高步瀛编　上海古籍出版社 1980 年版

《唐宋八大家文钞》［清］张伯行选编　李剑亮等注释　浙江古籍出版社 2000 年版

《唐宋人选唐宋词》唐圭璋等校点　上海古籍出版社 2004 年版

宋代

《宋文鉴》(原名《皇朝文鉴》)　［宋］吕祖谦编　齐治平点校　中华书局 1992 年版③

《全宋诗》北京大学古文献研究所编　傅璇琮　倪其心等主编　北京大学出版社 1991—1998 年出版

《〈全宋诗〉分析系统》李铎　2005 年 1 月 16 日通过教育部主持的技术鉴定(数据源为傅璇琮等主编的《全宋诗》)④

---

①　闵定庆《〈花间集〉版本源流》、《〈花间集〉校注评译本及研究专著知见录》，载其著《花间集论稿》，南方出版社 1999 年版，《附录》一、二。2. 金开诚、葛兆光《古诗文要籍叙录》，中华书局 2005 年版，《花间集》。

②　金开诚、葛兆光《古诗文要籍叙录》，中华书局 2005 年版，《尊前集》。

③　金开诚、葛兆光《古诗文要籍叙录》，中华书局 2005 年版，《宋文鉴》。

④　1. 程毅中《〈全宋诗〉求疵八例》，原载《古籍整理研究学刊》1994 年第 6 期。收入著者《古籍整理浅谈》，北京燕山出版社 2001 年版。2. 黄启方《〈全宋诗〉黄庭坚卷补遗》——兼介〈豫章先生遗文〉一书》，台北"中央日报"1996 年 4 月 27 日。3. 吴宗海《〈全宋诗〉小札》，《文学遗产》2001 年第 1 期。4. 陈庆元《〈全宋诗〉札记》，《中国 (转下页)

（接上页）韵文学刊》2001年第1期。5. 李裕民《〈全宋诗〉补》（上、下），《文史》2001年第3期、第4期。6. 张如安《〈全宋诗〉疏失分类偶举》，《宁波大学学报》2001年第4期。7. 吴宗海《〈全宋诗〉误收拾穗》，《江海学刊》2002年第1期。8. 房日晰《〈全宋诗〉误重举隅》，《光明日报》2002年3月27日B2版。9. 房日晰《读〈全宋诗〉札记》，《江海学刊》（时间待补）。10. 房向莉、杨欣《〈全宋诗〉补遗》，《西北大学学报》2002年第2期。11. 方健《〈全宋诗〉硬伤数例》，《文汇报》2002年6月15日。12. 徐朝东《从韵脚字谈〈全宋诗〉的校勘问题》，《古籍整理研究学刊》2002年第5期。13. 彭国忠《补〈全宋诗〉34首》，《古籍整理学刊》2002年第6期。14. 凌朝栋《〈全宋诗〉补遗一则》，《江海学刊》2003年第2期。15. 吴宗海《〈全宋诗〉佚诗一束》，《江海学刊》2003年第5期。16. 李裕民《〈全宋诗〉辨误》，《文献》2003年第2期。17. 汤江浩在《王安国文集及佚作考》一文（载《文献》2003年第2期）中，辑王安国诗31首，多为唱和之作有诗题可考者，其中所辑残句，均为《全宋诗》所失收。18. 胡金望《为〈全宋诗〉补辑阮阅绝句一首》，《文献》2003年第4期。19. 金程宇《〈全宋诗〉补権正》，《北京大学学报》2003年第6期。20. 刘蔚《〈全宋诗〉重出误收甄别》，《扬州大学学报》2003年第6期。21. 吴宗海《〈全宋诗〉失收之宋代妇女第一长诗》，《井冈山师范学院学报》2003年第4期。22. 杜爱英《从诗韵角度校勘〈全宋诗〉26—72册中江西籍诗作的韵字之误》，《古籍整理研究学刊》2003年第6期。23. 程毅中《〈全宋诗〉拾零》，《书品》2004年第1期，收入其著《程毅中文存》，中华书局2006年版。24. 房日晰、房向莉《〈全宋诗〉补遗》，收入西北大学文学院编《中国古代文学研究高层论坛论文集》，中华书局2004年版。25. 杨洪升《〈全宋诗〉失收宋人三小集》，《图书馆杂志》2004年第3期。26. 丁治民《〈全宋诗〉校勘举隅》，《长春师范学院学报》2004年第5期。27. 陈尚君《断代文学全集的学术评价——〈全宋诗〉成就得失之我见》，《文汇报·学林》2004年11月14日，又刊张高评主编《宋代文学研究丛书》第10辑，台湾丽文文化事业公司2004年12月，收入陈尚君著《汉唐文学与文献研究》，上海古籍出版社2008年版。28. 田范芬《〈全宋诗〉校读札记》，《船山学刊》2004年第3期。29. 过常职《〈全宋诗·王之道诗〉订误》，《巢湖学院学报》2005年第1期。30. 李裕民《对〈全宋诗补権正〉的几点辨证》，《北京大学学报》2005年第2期。31. 胡可先《〈全宋诗〉误收唐诗考》，《中国典籍与文化》2005年第2期。32. 胡可先《全宋诗补遗100首》，《中国韵文学刊》2005年第2期。33. 张如安《〈全宋诗〉订补疏失续举》，《中国典籍与文化》2005年第3期。34. 尹楚兵《〈全宋诗〉疏失举正》，《学术研究》2005年第7期。35. 邹同庆、王宗堂《混入东坡诗集的唐人作品》，收入中国人民大学中文系主办《中国苏轼研究》第二辑，学苑出版社2005年版。36. 谭伟《〈全宋诗〉误录唐人诗偈举隅》，载项楚主编《新国学》第5卷，巴蜀书社2005年3月。37. 毛建军《〈全宋诗〉、〈全宋文〉重出及失收的郭祥正诗文》，《新乡高等师范专科学校学报》2005年第3期。38. 孙明材《〈全宋诗〉待考作者考》，《南京师范大学文学院学报》2005年第4期。39. 陈新、张如安等补正《全宋诗订补》，大象出版社2005年版。40. 王星《〈全宋诗〉拾零》，《湖北师范学院学报》2005年第6期。41. 王兆鹏《从〈永泰张氏宗谱〉辑录宋人佚文佚诗——兼说张元幹籍贯及佚文价值》，《文献》2006年第1期。42. 卞东波《以〈唐宋千家联珠诗格〉补宋诗人小传》，《文献》2006年第1期。43. 卞东波《〈唐宋千家联珠诗格〉中所载〈全宋诗〉佚诗辑考》，收入南京大学古典文献（转下页）

《宋代名家诗网络系统》 北京大学 台湾元智大学开发

《宋诗钞》 [清]吴之振 吕留良等选 管庭芬 蒋光煦补 中华书局1986年版①

《宋诗拾遗》 [元]陈世隆撰 线装书局2002年版

《宋诗精华录译注》 [近代]陈衍评选 蔡义江 李梦生译注 上海古籍出版社1999年版

(接上页)研究所编《古典文献研究》(总第8辑),凤凰出版社2006年版。44. 王岚《西昆诗人重出诗考》,载程章灿编《中国古代文献学国际学术研讨会论文集》,凤凰出版社2006年版。45. 侯本健《〈全宋诗〉指瑕四例》,《古籍整理研究学刊》2006年第2期。46. 包菊香《张伯玉重出诗考》、《王十朋诗误作他人诗》、《宋人生卒年补正》,《中国典籍与文化》2006年第3期。47. 陈恒舒《王质诗误作张经诗》、《卢襄诗误作韦骧诗》,《中国典籍与文化》2006年第3期。48. 王应《吕陶误收诗考》,《中国典籍与文化》2006年第3期。49. 卞东波《〈全宋诗〉重出、失收及误收举隅》,南京大学古典文献研究所编《古典文献研究》(总第9辑),凤凰出版社2006年6月出版。50. 胡可先《新补〈全宋诗〉150首》,载沈松勤主编《宋代文学国际研讨会论文集》,浙江大学出版社2006年版。51. 蔡毅《从日本汉籍看〈全宋诗〉补遗——以〈参天台五台山记〉为例》,载沈松勤主编《宋代文学国际研讨会论文集》,浙江大学出版社2006年版。52. 胡可先《〈全宋诗〉补遗100首》,载安徽师范大学中国诗学研究中心编《中国诗歌研究》第5辑,上海古籍出版社2006年版。53. 韩立平、彭国忠《〈全宋诗〉补59首》,《古籍整理研究学刊》2006年第5期。54. 卞东波《〈全宋诗〉失收诗人及其佚诗丛考——以稀见〈唐宋千家联珠诗格〉为中心》,《古籍整理研究学刊》2006年第5期。55. 胡可先《〈全宋诗〉辑佚120首》(一)(二),《古籍整理研究学刊》2006年第5、6期。56. 韩震军《〈全宋诗〉补遗12首》,《古籍整理研究学刊》2006年第6期。57. 韩震军《〈全宋诗〉续补》,《中国韵文学刊》2007年第1期。58. 汤华泉《谈〈永乐大典〉中宋佚诗的辑录》,《光明日报》2007年3月31日第7版。59. 汤华泉《〈永乐大典〉新见宋诗辑录(上)(下)——补〈全宋诗〉》,分别载《古籍研究》2006·卷下、2007·卷上(总50、51期),安徽大学出版社分别于2006、2007出版。60. 曹海花《〈全宋诗〉重出举例》,《古籍整理研究学刊》2007年第3期。61. 叶舟《〈全宋诗〉补正》,《古籍整理研究学刊》2007年第3期。62. 陈永正《从广东方志及地方文献中新发现的〈全宋诗〉辑佚83首》,《岭南文史》2007年第3期。63. 张京华《〈全宋诗〉邢恕十首考误》,《中国文学研究》2008年第2期。64. 王星《石刻宋诗拾零之二》,《湖北师范学院学报》2008年第2期。65. 胡建升《〈全宋诗·胡诠诗集〉辑补》,《古籍整理研究学刊》2008年第2期。66. 路远《〈全宋诗〉补遗十八首:据西安碑林藏赠梦英诗刻石》,《中国典籍与文化》2008年第3期。67. 徐永明《补〈全宋诗〉二十首》,《文艺研究》2008年第9期。68. 王建生《张九成佚文三则》,《中国典籍与文化》2008年第4期。三则中,《别宗杲》、《题灵泉井》二诗为《全宋诗》所未收。69. 龚延明《文学遗产整理与官制学养——以〈全宋诗〉小传为中心》,《文学遗产》2008年第6期。

① 金开诚、葛兆光《古诗文要籍叙录》,中华书局2005年版,《宋诗钞》。

《千首宋人绝句校注》［清］严长明编　吴战垒校注　浙江古籍出版社1986年版

《西昆酬唱集注》［宋］杨亿编　王仲荦注　上海古籍出版社2001年版

《全宋文》曾枣庄　刘琳主编　上海辞书出版社2006年版

《〈全宋文〉资料检索系统》(电子版)　四川大学①

《全宋词》(新版)　唐圭璋编纂　王仲闻参订　孔凡礼补辑　中华书局1999年版

《全宋词》(电子版)　中国社会科学研究院历史研究所陈爽象牙塔(http://www.xiangyata.net)和该院计算机中心研制

《全宋词》(电子版)南京师范大学研制(http://www.njnu.edu.cn/"特色栏目")

《增订注释全宋词》　朱德才主编　文化艺术出版社1997年版②

《阳春白雪》［宋］赵闻礼选编　黄季鸿点校　吉林人民出版社1999年版

---

①　1. 张淘、金程宇《〈全宋文〉补遗(上)——以〈蟠室老人文集〉为中心》,南京大学古典文献研究中心主办《古典文献研究》(第11辑),凤凰出版社2008年版。2. 王建生《张九成佚文三则》,《中国典籍与文化》2008年第4期。三则中,其《赤兔荒洞铭》一文,《全宋文》未收。

②　1. 金开诚、葛兆光《古诗文要籍叙录》,中华书局2005年版,《全宋词》。2. 张朝范《〈全宋词〉误辨与存疑》,《贵州文史丛刊》,1993年第3期。3. 陈敦源《〈全宋词〉所收互见词考辨》,《文献》1998年第2期。4. 葛渭君《〈全宋词〉失收的蔡京词》,《中国韵文学刊》1999年第2期。5. 彭国忠《宋人佚词一首》,《文献》1999年第3期。6. 钟振振《〈全宋词〉补辑》,《中国典籍文化论丛》第6辑,中华书局2000年版。7. 钟振振《全宋词斠订》,《重庆工商大学学报》2003年第1期。8. 周裕锴《全宋词辑佚补编》,载马兴荣、邓乔彬等主编《词学》第15辑,华东师范大学出版社2004年版。9. 任德魁《〈全宋词〉腾甫作品辨伪》,《文学遗产》2008年第1期。10. 钟振振《〈全宋词〉周颉小传补正》,《古籍整理研究学刊》2008年第4期。11. 钟振振《〈全宋词〉崔敦礼等四家小传补正》,《宁波大学学报》2008年第4期。12. 王湘华《〈全宋词〉补阙四则》,《古籍整理研究学刊》2008年第5期。13. 钟振振《〈全宋词〉赵善扛小传辑补》,《华中科技大学学报》2008年第6期。14. 钟振振《〈全宋词〉楼锷小传补正》,《江西师范大学学报》2008年第6期。15. 彭国忠《宋元人佚词21首》,《南阳师范学院学报》2005年第10期。16. 葛渭君《〈全宋词〉〈全金元词〉订误》,《文献》1993年第4期。

《绝妙好词》 [宋]周密编 廖承良校注 岳麓书社 2005 年版①

《宋名家词》(又称《宋六十名家词》) [明]毛晋辑 《四部备要》本

《校辑宋金元人词》 赵万里 中央研究院历史语言研究所 1931 年版

辽金元

《全辽文》 陈述辑校 中华书局 1982 年版②

《金文最》 [清]张金吾编纂 中华书局 1990 年版③

《元文类》(原名《国朝文类》) [元]苏天爵选编 商务印书馆 1958 年版

《全金诗》 薛瑞兆 郭明志编纂 南开大学出版社 1995 年版④

《全辽金诗》 阎凤梧 康金声主编 山西古籍出版社 1999 年版⑤

《中州集》(又名《中州鼓吹翰苑英华》《翰苑英华中州集》) [金]元好问编撰 中华书局上海编辑所 1959 年版⑥

《河汾诸老诗集》 [元]房祺编 张正义 刘达科校注 山西古籍出版社 1996 年版

---

① 王兆鹏、符樱《两宋所传词集版本考》(一、二),分别载武汉大学中文系、长江文艺出版社编《长江学术》第 2 辑(长江文艺出版社 2002 年 8 月出版)、第 5 辑(长江文艺出版社 2003 年 10 月出版)。

② 黄震云著《辽代文史新探》,其中补辑辽代诗词 140 首,中国社会科学出版社 1999 年版。

③ 金开诚、葛兆光《古诗文要籍叙录》,中华书局 2005 年版,《金文最》。

④ 1. 刘达科《新编〈全金诗〉补正》,载《元好问及辽金文学研究》,中国国际广播出版社,1998 年版。2. 胡传志《全金诗》补正,载其著《金代文学研究》,安徽大学出版社,2000 年版,第 17、18 页。3. 康金声、李丹《南开版〈全金诗〉指误》,载其著《金元辞赋论略》,学苑出版社 2004 年版,《附录》。

⑤ 1. 薛瑞兆、郭明志《新编金诗校订:兼评〈全辽金诗〉》,《北方论丛》2004 年第 1 期。又载《中国诗学研究》第 3 辑(辽金诗学研究专辑),安徽师范大学中国诗学研究中心编,上海古籍出版社 2004 年版。2. 佟培基《全辽金诗拾遗》,《文献》2006 年第 1 期。3. 薛瑞兆《〈永乐大典〉金诗拾遗》,《古籍整理研究学刊》2006 年第 5 期。

⑥ 1. 陈学林《中州集》的撰述及版本,载其著《元好问与〈中州集〉》一文的第三、四、五部分。原载《饶宗颐教授南游赠别论文集》(1970 年),收入邝健行、吴淑钿编选《香港中国古典文学研究论文选粹》,江苏古籍出版社 2002 年版。2. 胡传志《中州集》的编撰过程和流传情况,载其著《金代文学研究》,安徽大学出版社 2000 年,第三章《〈中州集〉研究》。3. 薛瑞兆《〈中州集〉小传校札》,《学习与探索》2005 年第 3 期。4. 裴兴荣《〈中州集〉编纂体例的开创性和示范性》,《雁北师范学院学报》2006 年第 1 期。

《草堂雅集》(全名《玉山草堂雅集》)　[元]顾瑛辑　杨镰　祁学明等整理　中华书局2008年版

《元诗选》(初集、二集、三集)　[清]顾嗣立编　中华书局1987年版

《元诗选》(癸集)　[清]顾嗣立　席世臣编　吴申扬点校　中华书局2001年版

《元诗选补遗》　[清]钱熙彦编次　中华书局2002年版

《元诗别裁集》(原名《元诗百一钞》)　[清]张景星　姚培谦等编　中华书局1975年据乾隆二十九年(1764)然黎阁刻本影印

《元诗别裁集》　[清]张景星　姚培谦等编　奚海　牛青春点校　河北人民出版社1997年版

《全辽金文》　阎凤梧主编　山西古籍出版社2002年版①

《全元文》　李修生主编　江苏古籍出版社1999—2002年出版②

《全金元词》　唐圭璋编　中华书局1994年版

《全金元词》(电子版)　中国社会科研究院历史研究所陈爽象牙塔(http://www.xiangyata.net)和该院计算机中心研制

《全金元词》(电子版)南京师范大学研制(http://www.njnu.edu.cn“特色栏目”)③

---

① 薛瑞兆《〈全辽金文〉校订》,《古籍整理研究学刊》2008年第4期。

② 1. 李舜臣《〈全元文〉误收吴澄集外文一篇》,《江海学刊》2005年第2期。2. 武怀军《〈全元文〉辞赋作品校读》,载其著《金元辞赋研究评注》,群言出版社2006年版,上编《外二篇》。3. 罗鹭《〈全元文〉虞集卷佚文篇目辑存》,南京大学古典文献研究所编《古典文献研究》(总第八辑),凤凰出版社2006年版。5. 李新宇《〈全元文〉“辞赋作品”阙误考述》,南京大学古典文献研究所编《古典文献研究》(总第九辑),凤凰出版社2006年6月版。6. 汪桂海《〈全元文〉“张仲寿”条补遗》,《中国典籍与文化》2007年第2期。7. 王树林《〈全元文〉中宋禧漏收文拾辑及生平著述考》,《南通大学学报》2007年第5期。8. 邓淑兰《〈全元文〉所收赵孟頫文辨误四则》,《暨南学报》2008年第1期。

③ 1. 王锳《〈全金元词〉刊误》,《古籍整理出版情况简报》第99期。2. 唐圭璋《读词续记》,《文学遗产》1981年第2期。3. 张绍靖《〈全金元词〉补辑》,《苏州大学学报》1992年第2期。4. 张朝范《金元词补》,《中国韵文学刊》总第2、3期合刊。5. 罗忼烈《〈全金元词〉补辑》,《文教资料》1990年第5期,后收入其著《词学杂俎》,巴蜀书社1990年版。6. 宁希元、宁恢《补〈全金元词〉二十九首》,《文献》1998年第1期。7. 谢创志《〈补全金元词二十九首〉商榷》,《文献》1998年第4期。8. 许隽超《元词校读脞记》,《古籍整理研究学刊》2000年第3期。9. 李向军《〈全金元词·刘秉忠〉校正补遗》,《古籍整理研究学刊》2005年第1期。

《元草堂诗余》(又名《精选名儒草堂诗余》、《续草堂诗余》、《凤林书院草堂诗余》) 编者未详 凤林书院3卷本

《全元曲》 张月中 王钢主编 中州古籍出版社1996年版

《元曲观止》 冯文楼 张强主编 陕西人民教育出版社1998年版

《李行道 孔文卿 罗贯中集》 延保全校注 山西人民出版社1993年版

明代

《列朝诗集》 [清]钱谦益纂辑 收入上海三联书店《诗歌总集丛刊·明诗卷》1988年版

《明诗综》 [清]朱彝尊编选 中华书局2007年整理校点本

《明诗别裁集》 [清]沈德潜选编 李素 王萍点校 河北人民出版社1997年版

《全明诗》 章培恒 倪其心等主编 上海古籍出版社1990开始陆续出版①

《明文海》 [清]黄宗羲编 中华书局1987年影印本②

《全明文》 钱伯城 魏同贤等主编 上海古籍出版社1992—1994年版③

《明词汇刊》(又称《惜阴堂汇刻明词》、《惜阴堂明词丛书》) 赵尊岳辑 上海古籍出版社1992年版

《全明词》 饶宗颐初纂 张璋总纂 中华书局2004年版④

---

① 已出版三册。

② 1.[日]小野和子《两种〈明文海〉》,载方祖猷、滕复主编《论浙东学术》,中国社会科学出版社1995年版。2.郭英德《黄宗羲明文总集的编纂与流传:兼论清前期编选明代诗文总集的文化意义》,《郑州大学学报》2000年第4期。3.董正伦《〈明文海〉的编纂与传本》,《文献》2003年第3期。4.武玉梅《〈明文海〉诸问题考述》,《文献》2007年第1期。

③ 已出版3册。

④ 1.张仲谋《〈全明词〉补辑》,《徐州师范大学学报》2004年第6期。2.潘承玉、吴艳玲《雕琢未周,瑕疵明显的大工程:〈全明词〉、〈全清词·顺康卷〉疏误综检》,《求索》2004年第7期。3.王兆鹏《〈全明词〉的缺憾》,南京大学古典文献研究所、南京大学中国语言文学系编《中国古代文献国际学术研讨会论文汇编》(下册),2004年8月。4.王兆鹏、胡晓燕《〈全明词〉漏收1000首补目》,《上海大学学报》2005年第1期。5.王兆鹏、吴丽娜《〈全明词〉的缺失订补》,《中国文学研究》2005年春之卷。6.张仲谋《〈全明词〉采录作品考源》,《南京师范大学学报》2005年第3期。7.周明初《〈全明词〉作者小传(转下页)

《明词综》 [清]王昶辑　王兆鹏校点　辽宁教育出版社 1997 年版

《冯梦龙民歌集三种注解》 [明]冯梦龙编纂　刘瑞明注解　中华书局 2005 年版①

《皇明十六家小品》 [明]丁允和　陆云龙编　书目文献出版社 1986 年版

《晚明十二家小品》 施蛰存编　上海书店 1984 年版

《午梦堂集》 [明]叶绍袁编　冀勤辑校　中华书局 1998 年版

清代

《清诗别裁集》(原名《国朝诗别裁集》) [清]沈德潜编　中华书局 1975 年据教忠堂重订本影印

《清诗别裁集》(原名《国朝诗别裁集》) [清]沈德潜编　李克和等校点　岳麓书社 1998 年版

《清诗铎》(原名《国朝诗铎》) [清]张应昌选编　中华书局 1960 年版

《中国近世谣谚》 张守常辑　北京出版社 1998 年版

《清文汇》(原名《国朝文汇》) [近代]沈粹芬等辑　北京出版社 1996 年据宣统二年上海国学扶轮社石印本影印②

(接上页)订补》,收入"2005 明代文学与文化国际学术研讨会暨中国明代文学学会(筹)第三届年会"《论文集》(下),首都师范大学文学院、首都师范大学中国诗歌研究中心主办,2005 年 8 月。8. 肖庆伟《〈全明词〉札记三则》,《福州大学学报》,2005 年第 4 期。9. 陆勇强《〈全明词〉疏失举隅》,《学术研究》2005 年第 7 期。10. 郑礼炬《〈全明词〉陆容词辑佚二首》,《江海学刊》2005 年第 6 期。11. 朱则杰《〈全明词〉〈全清词〉补辑示例及其他》,《杭州师范学院学报》2005 年第 6 期。12. 余意《〈全明词〉漏收 1050 首补目》,《上海大学学报》2006 年第 1 期。13. 任德魁《〈全明词〉疏失举例》,载罗宗强、陈洪主编《明代文学研究国际学术研讨会论文集》,南开大学出版社 2006 年版。14. 周明初、叶晔《全明词补编》,浙江大学出版社 2007 年版。15. 王兆鹏、[日]荻原正树《〈全明词〉续补遗——日本藏稀见明人别集所载词辑录之二》,《古籍整理研究学刊》2007 年第 2 期。16. 耿传友《〈全明词〉订补六则》,《古籍整理研究学刊》2007 年第 2 期。17. 周焕卿《从〈全明词〉、〈全清词·顺康卷〉失收词看明清词总集之编纂》,南京大学古典文献研究所主办《古典文献研究》(第 11 辑),凤凰出版社 2008 年版。

① 民歌集 3 种是:《挂枝儿》、《山歌》、《夹竹桃》。

② 金开诚、葛兆光《古诗文要籍叙录》,中华书局 2005 年版,《清文汇》。

《国朝词综二集》 [清]王绍成辑 《四部备要》本[①]

《国朝词综续编》 [清]黄燮清辑 《四部备要》本

《箧中词》 [近代]谭献编 《半厂丛书初编》本

《清名家词》 陈乃乾辑 上海书店1982年版

《全清词钞》 叶恭绰编 中华书局1982年版[②]

《全清词·顺康卷》 程千帆主编 中华书局2002年版[③]

《清代海外竹枝词》 王慎之 王子今辑 北京大学出版社1994年版

《吴敬梓吴烺诗文合集》 李汉秋点校 黄山书社1993年版

近代

《晚晴簃诗汇》 [近代]徐世昌编 闻石点校 中华书局1990年版[④]

《近代诗钞》 [近代]陈衍选编 商务印书馆1923年版

《近代诗钞》 钱仲联编 江苏古籍出版社1993年版[⑤]

《鸦片战争文学集》 阿英编 古籍出版社1957年版

《太平天国诗文选》 罗尔纲选注 中华书局上海编辑所1960年出版

《辛亥革命烈士诗文选》 萧平编 吴小如注 中华书局1962年版

《近代词钞》 严迪昌编著 江苏古籍出版社1996年版

第四节 丛书与作品史料

丛书，又名丛刊、丛刻、丛编、丛钞、汇刻、汇刻书、汇编、汇钞、汇函等。

---

① 《国朝词综二集》之前有《国朝词综》，[清]王昶辑，乾隆四十三年(1778)三泖渔庄刻本。

② 金开诚、葛兆光《古诗文要籍叙录》，中华书局2005年版，《全清词钞》。

③ 1. 裴喆《〈全清词·顺康卷〉拾补》，《南阳师范学院学报》2007年第2期。2. 裴喆《〈全清词·顺康卷〉续拾》，《南阳师范学院学报》2008年第2期。3. 胥洪泉《〈全清词·顺康卷〉"竹枝词"的几个问题》，《古籍整理研究学刊》2008年第4期。4.《全清词·顺康卷补编》，主编张宏生，南京大学出版社2008年版。

④ 金开诚、葛兆光《古诗文要籍叙录》，中华书局2005年版，《晚晴簃诗汇》。

⑤ 顾国华《近代诗钞》误收翁同龢诗一首，载顾国华编《文坛杂忆初编》，上海书店出版社1999年版，第174、175页。

还有不少丛书没有冠以上述名称，但从内容看是属于丛书。如《四库全书》、《四部备要》和电子版《中国历代基本典籍库》等。

由于丛书繁富复杂，所以关于丛书的界定，自明清代以来，见解不一。清代钱大昕认为丛书是“汇萃古人书，并为一部而以己意名之”①。清代王鸣盛认为丛书是“取前人零碎著述，难以单行者汇刻”之书②。清代李调元在《涵海后序》中说丛书是“以数人之书合为一编，则别题一总名者”。近人傅增湘在《抱经堂汇刻书序》中说：

集诸书而镂于版，因事而义，名之曰丛书。

近人叶德辉谓：

丛书举四部之书而并括之。③

上引的各种见解，都从不同的角度表述了对丛书的界定，都注意了丛书汇集多书的这一特点，但并不周全。钱大昕所谓“汇萃古人书”，其实有些丛书也收有“今人书”，《四库全书》就收有清人之书。另外，古代的许多类书和总集，何尝不是“汇萃古人书”。王鸣盛所谓“取前人零碎著述”汇刻成丛书，实际上有不少丛书，也辑有一些完整的著述，如《四部备要》。众所周知，总集收录的是“数人之书”、“诸书”。李调元和傅增湘对丛书的界定，没有注意丛书和总集的区别。叶德辉的界定限于“举四部之书而总括之”。其实，“举四部之书而总括之”，只是一种综合性的丛书，另外还有许多四部分开的和其他的专门丛书，如属于经部的《十三经》、属于史部的《二十四史》。

从现有的丛书来看，丛书是一种按一定的编选原则和编辑方法，总聚刻印众多书籍而冠以总名的一种大型书籍。由于“有其书似丛书而非丛书，似总集而非总集”④，所以有一些辑多种著述的书籍，如明人张溥编辑的《汉魏六朝百三家集》，有的学者把它划归丛书，有的学者则将其作为总集。这种混同的情况，常见于不少著作。其实，从内容、规模和编印过程来看，丛书和总集还是有区别的。就内容而言，丛书所收相当广泛，有的经史子集皆有。

① [清]钱大昕著《潜研堂文集》，商务印书馆 1912 年版，卷 30《跋百川学海》。
② [清]王鸣盛著《蛾术编》，商务印书馆 1958 年版，卷 14《合刻丛书》。
③ 李庆西标校《叶德辉书话》，浙江人民出版社 1998 年版，第 214 页。
④ 李庆西标校《叶德辉书话》，浙江人民出版社 1998 年版，第 215 页。

而总集，在古代收录的主要是多人的诗文①。基于这一点，像《汉魏六朝百三家集》之类的专收诗文的书籍，当归于总集。就规模而言，一般的丛书，规模较大，丛书的集部常包含总集，总集往往是丛书的一部分。《四库全书》中的集部就著录了许多总集。今人顾廷龙主编的《诗歌总集丛刊》收录的就是诗歌总集。就编印的过程而言，有些丛书出版的时间不定，边编边印，"一种一种地校勘或影印问世"，持续的时间很长，像中华书局出版的《中国古典文学基本丛书》、人民文学出版社出版的《中国古典文学读本丛书》和上海古籍出版社编印的《中国近代文学丛书》、《中国古典文学丛书》，主要是以别集的形式不断出版的，属于散装单行的丛书。上海古籍出版社(包括其前身古典文学出版社和中华书局上海编辑所)推出的《中国古典文学丛书》，30 年来，先后有选择地分别出版了我国自先秦以来较有代表性的优秀文学作品 100 种。其中以诗文别集为主，有少数总集收录的是小说和戏曲。中华书局出版傅璇琮主编的《中国古典文学史料研究丛书》，也是以单本的形式陆续出版的。丛书的这种边编边印的情况很少见于总集的编印②。

丛书源远流长。用丛书作书名始于唐陆龟蒙《笠泽丛书》，但此书是陆氏自己的诗文，属于别集，不属于丛书。关于丛书的起源，学术界至少有四种不同的观点：

一是源于先秦的诗、书说。姚明达云：

> 诗、书者，上古之丛书也。秦始皇焚"诗、书、百家语"(《史记》卷六)，人知百家语之非只一家，而不知诗、书之为普通名词。夫先秦所谓诗、书，犹吾人所谓歌曲、历史。③

二是起源于先秦儒家的六艺或六经说。程千帆、徐有富说：

> 儒家学派把《诗》、《书》、《易》、《礼》、《乐》、《春秋》总称之为六艺或六经。传说它们都经过孔子编定的，都是儒家学派的教材。如果单从

① 本书在第 18 章"古代文学作品史料"中，第五节"小说"、第六节"戏曲曲艺"，在第 19 章"古代文学研究史料"中的第二节"古代文论"中，也使用了"总集"这一概念，这是一种借用。

② 由于过去对丛书的界定，没有达成共识，有些题名"丛书"，实际上应当归于总集。本书凡涉及这类"丛书"，依其旧题，仍归于丛书。

③ 姚名达《中国目录学史》，上海古籍出版社 2002 年版，第 320 页。

这一点讲，六艺或六经就是我国最早的丛书。①

三是起源于南朝梁代说。《四库全书总目》第123卷云：

案古无以数人之书合为一编而别题以总名的。惟《隋志》载《地理书》一百四十九卷，录一卷，注曰："陆澄合《山海经》以来一百六十家，以为此书。澄本之外，其旧本并多零失，见存别部自行者，惟四十二家。"又载《地记》二百五十二卷，注曰："梁任昉增陆澄之书八十四家，以为此记。其所增旧书，亦多零失。见存别部自行者，惟十二家。"是为丛书之祖。

四是起源于宋代说。叶德辉认为：

宋人《儒学警悟》、《百川学海》二者，为丛书之滥觞。②

上引四说，第三、四两说所引之书，均属丛书，这是无疑的，但把它们作为丛书的起源，时间过晚。第一、二之说所云"诗、书"和"六艺或六经"是否是合刊，现在还有待证实。

就现存可靠的史料来看，丛书的起源当是东汉后期的"熹平石经"。东汉熹平四年(175)，蔡邕、堂溪典、杨赐等七人奏请灵帝同意，正定《六经》文字，把《书》、《易》、《诗》、《礼记》、《仪礼》、《春秋》、《公羊传》和《论语》，镌刻在石碑上，立于太学门外，堂前《石经》四部，为天下提供了一个范本③。这说明，"熹平石经"不但是我国最早的石刻本丛书，也是我国最早的丛书。

丛书产生以后，从汉末到唐代，虽然没有间断，但未见存传。唐文宗太和、开成年间，郑覃等效法东汉"熹平石经"的做法，把儒家12经刻在石碑上，名曰"开成石经"，属于丛书。据《五代会要》和《旧五代史》记载，后唐长兴三年(932)宰相冯道等奏请根据石经文字雕刻《九经》印版，历经后唐、后晋、后汉、后周四代，到广顺三年(953)，前后20年才最终完成。这是我国最早的雕版印刷丛书。

到了宋代，丛书有了明显发展。出现了《开宝大藏经》和今存何去非编

---

① 程千帆、徐有富《校雠广义·目录编》，齐鲁书社1988年版，第185页。

② 李庆西标校《叶德辉书话》，浙江人民出版社1998年版，第214页。

③ 参阅[南朝宋]范晔撰《后汉书》，中华书局点校本，卷8《灵帝纪》、卷60下《蔡邕传》。

的《武经七书》，俞鼎孙、俞经编的《儒学警悟》，左圭编的《百川学海》，井宪孟编的《眉山七史》以及佚名编辑的《十三经注疏》等重要丛书。

元代编的丛书较少，今存重要的有陶宗仪的《说郛》、杜思敬的《济生拔萃方》、佚名的《元刊杂剧三十种》(又名《古今杂剧》)。

明代在丛书编辑方面，有了迅速的发展，有三种现象值得特别关注：一是对以前丛书的续编，如吴永的《续百川学海》，冯可宾的《广百川学海》，马泰的《再续百川学海》、《三续百川学海》和《广说郛》。二是出现了专辑断代的丛书，如程荣等辑《汉魏丛书》、何允中辑《广汉魏丛书》、张邦翼辑《汉魏丛书钞》、吴世济辑《汉魏丛书钞》，钟人杰的《唐宋丛书》、赵标的《三代遗书》。三是特别重视编辑小说和戏曲之类的俗文学作品丛书。小说方面，如陆楫的《古今说海》，顾元庆的《顾氏文房小说》、《顾氏明朝四十家小说》、《广四十家小说》，高承埏的《稽古堂丛刻》，黄昌龄的《稗乘》，商濬的《稗海》等，这些都是规模较大的小说丛书。戏曲方面的，如毛晋的《六十种曲》(又名《汲古阁六十种曲》)、臧懋循的《元曲选》、赵琦美的《脉望馆抄校本古今杂剧》等。

清代是中国古代丛书发展的鼎盛时期，相继出现了多种、影响很大的丛书。这些丛书，有私编的，有官修的。私编的，如曹溶辑、陶越增订《学海类编》，张潮辑《昭代丛书》，吴省兰辑《艺海珠尘》，鲍廷博辑《知不足斋丛书》，卢文弨辑《抱经堂丛书》，毕沅辑《经训堂丛书》，孙星衍辑《岱南阁丛书》、《平津馆丛书》，黄丕烈辑《士礼居丛书》，张海鹏辑《学津讨原》、《墨海金壶》、《借月山房汇钞》，李调元辑《函海》，卢见曾辑《雅雨堂丛书》，顾修辑《读画斋丛书》，阮元辑《皇清经解》(又名《学海堂经解》)、《宛委别藏》等。官修的，最重要的是《四库全书》。同《四库全书》密切联系的是，在官修《四库全书》的过程中和《四库全书》编成以后，相继编纂了《四库全书荟要》、《武英殿聚珍版丛书》。同以前相比，清代编刻的丛书不仅数量多、规模大，同时还有两种现象值得重视。一是质量高。清代的许多丛书的编刻者，嗜爱重视古代典籍，在版本、目录、校勘等方面，有很深的造诣。他们在编刻丛书的过程中，正如近代缪荃孙在《积学斋丛书·序》中所说："咸孜孜焉弗倦，校亦勤，校亦精，藉以网络散逸，掇拾丛残，续先哲之精神，启后学之涂轨。"①很少受利禄的

① [近代]缪荃孙《积学斋丛书序》，载徐乃昌编刻《积学斋丛书》，江苏广陵古籍刻印社1991年版。

浸染，在丛书的编纂史上，为后人留下了丰硕的成果。二是从今存清代编刻的丛书来看，关涉经、史类的占的比重较大，而有关文学类的比较单薄，特别是对俗文学的关注，远逊于明代。

到了近代，基本上承续了以前重视编刻丛书的传统，先后编刻了许多重要的丛书。近代，由于朝政衰败，丧权辱国，朝廷很少顾及文化建设，未见朝廷指令编修的丛书，只有少数地方官编修的，如两广总督张之洞创办的广雅书局辑刊的《广雅书局丛书》、国学保存会编辑的《国粹丛书》、崇文书局编辑的《崇文书局汇刻书》等。近代，大量的是私编丛书，如钱熙祚辑《守山阁丛书》、《指海》，钱培名辑《小万卷楼丛书》，伍崇曜辑《粤雅堂丛书》，胡珽辑《琳琅密室丛书》，陆心源辑《十万卷楼丛书》，缪荃孙辑《云自在龛丛书》、《藕香拾零》，潘仕成辑《海山仙馆丛书》，潘祖荫辑《滂喜斋丛书》、《功顺堂丛书》，蒋光煦辑《别下斋丛书》、《涉闻梓旧》，李锡龄辑《惜阴轩丛书》，杨尚文辑《连筠簃丛书》，张丙炎辑《榕园丛书》，姚觐元辑《咫进斋丛书》，赵之谦辑《鹤斋丛书》，袁昶辑《渐西村舍丛书》，江标辑《灵鹣阁丛书》，刘世珩辑《聚学轩丛书》等。近代辑刻的丛书，除了继续辑刊国内的各种文献之外，随着国门的被打开和新史料的发现，还出现了专收国外所存的汉籍佚书和新发现的史料丛书，前者如杨守敬协助黎庶昌辑刻的专收在日本发现的佚书《古逸丛书》，后者如罗振玉辑《敦煌石室遗书》。

从辛亥革命到新中国成立，神州多故，战乱继踵，大量的各种典籍，或毁于战乱，或流散于域外。面对这种亘古少有的文化灾难，许多爱国之士，扼腕痛惜。他们以拯救中华民族文化为己任，遏止书将灭亡的厄运，克服重重艰难，搜求珍贵古籍，利用新的印刷技术，编印了大量的各种丛书。据初步统计，“从辛亥革命到新中国成立的近四十年内所辑印的丛书的数量仅次于清代，大约有六七百种左右。”①在这六七百种丛书中，有许多是重要的、具有生命力的。在这方面，除了商务印书馆编印的《四部丛刊》、《丛书集成初编》和中华书局编印的《四部备要》三大丛书之外，另有郑振铎辑《玄览堂丛书》，孙毓修辑《涵芬楼秘笈》，刘承干辑《嘉业堂丛书》，张钧衡辑《适园丛书》、《择是居丛书》，邓实辑《古学汇刊》，张元济辑《百衲本二十四史》，王伯祥主持、开明书店辑印《二十五史补编》，国学整理社辑《诸子集成》，朱祖谋

① 引自李春光著《古籍丛书述论》，辽沈书社1991年版，第325页。

辑《彊村丛书》，张元济主持辑刊的《孤本元明杂剧》等。

1949年中华人民共和国成立以后，随着整个文化事业的繁荣、各类图书文献史料的增加和发现，丛书的编印成果辉煌。这一时期，大致可以1978年为界，分为两个时期。1978年以前，中国大陆编印的丛书不多，重印的主要有《左氏百川学海》，新编印的主要有郑振铎主编的《古本戏曲丛刊》、阿英编的《晚清文学丛钞》等。1978年，中国开始了改革开放的新时期。改革开放的历史性决策，是中华民族在当时历史条件下的一次伟大的觉醒。这一觉醒开创了当代中华民族全面发展和振兴的新局面，也为古籍的整理出版带来了勃勃生机。这一时期，国家空前重视古籍的整理和出版，在经济上不断增加投入，出版单位迅速扩大，除了一些综合性的出版社出版古籍外，新成立的古籍出版社达21家①。30年来，丛书的编印，不论在数量和规模上，还是在质量上，都取得了前所未有的辉煌成就。这主要体现在以下五个方面：

一、新编印了许多丛书。《四库全书》系列的有：顾廷龙主编的《续修四库全书》，季羡林主编的《四库全书存目丛书》，四库禁毁书丛刊编委会编的《四库禁毁书丛刊》。其他重要的，如上海书店出版的《丛书集成续编》，辽宁教育出版社出版的《新世纪万有文库》（已出版四辑），李竞编的《中国文献珍本丛书》，吴丰培编的《古籍珍本丛书》，金锋主编的《中华孤本》，罗书华主编的《中国古代禁书文库》，北京图书馆编的《北京图书馆古籍珍本丛刊》，上海古籍出版社编的《宋元善本丛书》、《宋书蜀刻本唐人集丛刊》、《清人别集丛刊》，线装书局推出的《省市图书馆孤本善本丛刊》，北京图书馆出版社出版的《国家图书馆藏古籍题跋丛刊》，天津古籍出版社编印的《汉魏六朝文史丛书》，中华书局编印的《中国古典文学基本丛书》、《中国近代人物文集丛书》，顾廷龙主编的《诗歌总集丛刊》，巴蜀书社出版《新校中国古典小说大系》排印本，甘肃人民出版社出版的《敦煌文献丛书》，河南大学出版社出版的《元典文化丛书》，福建人民出版社出版傅璇琮主编的《二十世纪中国人文学科学术研究丛书》，中华书局出版傅璇琮主编的《中国古典文学史料研究丛书》等。还启动了一些规模宏大的丛书工程，正在顺利进行，如汤一介任总编纂

① 参阅《中国版协古籍出版工作委员会成立》，载《光明日报》2009年1月14日第12版。

的教育部哲学社会科学重大攻关项目《儒藏》，经过五年的辛勤耕耘，已进入了收获阶段，到2008年底，已正式出版了8册。

二、地方丛书成果丰厚。地方丛书自明代出现以后，在清代和近代有了明显的发展。新时期以来，随着人们对地域文化的关注，各地政府十分重视编纂地方丛书，安排资金，组织人员，使地方丛书竞相问世，纷结硕果。如黑龙江人民出版社编印的《黑龙江文史丛书》，吉林文史出版社编印的《长白丛书》，山西人民出版社出版的《三晋古籍丛书》，西北师范大学古籍整理研究所主编的《陇右文献丛书》，中州古籍出版社出版的《中州名家集》，齐鲁书社出版的《齐文化丛书》、《明清山左作家丛书》，山东大学出版社出版的《山东文献集成》，江苏古籍出版社编印的《江苏地方文献丛书》，上海文献丛书编委会编的《上海文献丛书》，黄山书社编印的《安徽古籍丛书》，浙江古籍出版社编印的《两浙作家文丛》，福建人民出版社编印的《八闽文献丛刊》，广东高等教育出版社和中山大学出版社出版的《岭南丛书》，中华书局出版的《云南古代诗文论著辑要》，贵州人民出版社编印的《贵州古籍集萃》等。

三、空前重视域外汉籍丛书的编印。新时期以来，随着中国对外的开放和在世界上的巨大影响，中国长期流散在域外的许多汉籍以及一些国家用汉语写作的著述，经由多种方式，逐渐被发现、被搜集。为了存传和使用这方面的史料，国家和一些出版部门对此十分珍视，相继着手编印这方面的丛书。现在已经编印的，主要有商务印书馆、广西师范大学出版社联合编辑出版的《哈佛燕京图书馆藏中文善本汇刊》，广西师范大学出版社和人民出版社共同出版的《域外汉籍珍本文库》，中华书局出版的《域外汉籍研究丛书》等。

四、通俗性丛书的涌现。新时期以来，为了满足人民群众多方面的文化的需求，不少学者和出版部门，先后编印了一些通俗性的丛书，如山东人民出版社出版的《名家解读古典文学名著丛书》，山东文艺出版社出版王志民主编的《齐鲁历史文化丛书》，陕西人民出版社出版的《中国古代小说系列丛书》，当代世界出版社出版的《古典智慧丛书》。这类丛书的编印，从一个方面推进了优秀传统文化的普及。

五、随着电子技术在古代典籍方面的应用，相继编辑和出版了许多大型的电子版丛书。如《四库全书》、《四部丛刊》、《国学宝典》、《中国历代基本典籍库》等。

丛书的内容复杂,形态多样。如何分类,学术界还没有达成共识。明代祁承㸁在其所著《澹生堂藏书目》中把丛书归在子部,分为国朝史、经史子杂、子汇、说汇、杂汇、汇集六种。今人谢国桢在《丛书刊刻源流考》一文中认为丛书,“约可分为六类:一曰汇刻(即古今著述),二曰类刻,亦可名曰专刊(即经、史、子、集诸部),三曰辨伪辑佚,四曰自著,五曰郡邑,六曰族性。此六类者,系指昔日所刻丛书而言”①。上述之类的分类,分类标准不甚明确,比较混乱,不便于人们因类求书。《中国丛书综录》和《中国丛书广录》,参照汪辟疆在其所撰《目录学研究》一书中,将丛书分为总类和专类两大类的分法,把丛书分为“汇编丛书”和“类编丛书”两大类。汇编丛书属于综合性丛书,类编丛书属于专门性丛书,又称专科性丛书。现在学术界对丛书的分类,大多采用《中国丛书综录》和《中国丛书广录》的分法。综合性的丛书,是把内容不同的众多书籍汇编在一起,一般包括传统的经、史、子、集四部,有些包括四部中的两部或三部。专门性丛书,是汇编一个门类,或者一个学科的丛书,大致可分为经、史、子、集四类。不过,随着史料的不断积累和现代学术的发展,有许多专门性的丛书,已经打破了经、史、子、集四部分法,出现了多种多样的专门性的丛书。

从刊印来看,丛书主要有影印和重新排印两种。影印的如《士礼居丛书》、《古逸丛书》。重新排印的,常为辑佚丛书所运用,如从《永乐大典》中辑出的佚书汇为《武英殿聚珍版丛书》和马国翰辑佚的《玉函山房辑佚书》。由于丛书卷帙浩繁,编印宗旨重在汇集存传珍贵史料,所以大部分丛书采用了影印的做法。

丛书的结构,一般由书名、序、凡例、总目录、各集目录和子目录以及跋文等组成。凡例主要交代丛书编辑的宗旨、收书范围、编排形式和次序、校勘原则和刊刻要求等。

从中国古代典籍史来看,许多典籍常常是亡于散而存于聚。丛书是中国古籍存传的一种重要形式,也是古代文学史料的重要宝库。丛书搜罗广泛,荟萃众书,内容丰富,其中含有大量文学背景史料、传记史料、作品史料和研究史料。单就作品史料来说,丛书中不仅有大量的专门性的文学作品丛书,如《彊村丛书》、《孤本元明杂剧》和《中国古典文学基本丛书》,同时综

① 谢国桢《明清笔记丛谈》,上海古籍出版社1981年版,第226页。

合性的丛书中也有许多重要的作品。如曹溶所辑《学海类编》收宋人张尧同的《嘉禾百咏》,鲍廷博编《知不足斋丛书》辑元人袁易的《静春堂诗集》、杨元孚的《滦京杂咏》。丛书中所含的作品史料,有些属于孤本、抄本、珍本,不见于一般的别集和总集,既可补通行的别集、总集之阙,同时也使这些作品得以存传。丛书,特别是专门性的丛书,为人们搜求阅读作品史料,提供了很大的方便。正如张之洞所云:

丛书最便学者,为其一部之中可该群籍。①

丛书中所收作品,还对不少作品的校勘和整理,提供了重要的参照。

附:现当代新刊新编综合性丛书、诗文词丛书要目②

综　合　类

《四库全书》　[清]纪昀等编③

《四库全书珍本》④

《四库全书存目丛书》　季羡林主编　齐鲁书社 1997 年版

《续修四库全书》　顾廷龙主编　上海古籍出版社 2002 年版

《四库全书精编》　文史出版社 2002 年版

《四库禁毁书丛刊》　四库禁毁书丛刊编委会编　北京出版社 2000 年版

《四部丛刊》(三编)　张元济辑　商务印书馆影印　电子版《四部

① 张之洞著、范希曾补正《书目答问补正》,上海古籍出版社 2001 年版,第 243 页。

② 关于小说和戏曲丛书,见下面的第五、六节。

③ 主要版本有:《文渊阁四库全书》,台湾商务印书馆影印本,上海古籍出版社 2003 年新一版。电子版有:上海人民出版社、迪志文化出版有限公司合作开发(有原文及标题检索版、原文及全文检索版两种版本,业内常简写为"4KQS");济南开发区汇文科技开发中心制作、武汉大学出版社出版发行。文津阁本《四库全书》,商务印书馆将影印出版。

④ 1935 年中央图书馆与商务印书馆合印初集,1969 年台湾商务印书馆重印初集,并与台北"故宫博物院"继续合作影印,1971—1974 年编印第 2—5 集,1975 年又编印《别集》,1976—1982 年扩印第 6—12 集。

丛刊》全文检索版　书同文数字化技术有限公司　《四部丛刊》电子版　万方数据电子出版社

《四部备要》　中华书局 1920—1936 年编印

《丛书集成初编》(简称《丛书集成》)　王云五主编　商务印书馆 1935—1937 年编印

《丛书集成续编》　上海书店编辑并于 1994 年出版

《万有文库》　商务印书馆 1929—1937 年编印

《新世纪万有文库》(已出版四辑)　辽宁教育出版社陆续出版

《国学宝典》(电子版)　北京国学时代文化传播有限公司编制

《中国历代基本典籍库》(电子版)　北京国学时代文化传播有限公司商务印书馆开发

《北京图书馆古籍珍本丛刊》　北京图书馆古籍出版编辑组编　北京图书馆出版社 2000 年版

《域外汉籍珍本文库》(第一辑)　中国社会科学院中国历史研究所和中国人民大学国学研究院主持编纂　广西师范大学出版社和人民出版社 2008 年共同出版

专门类·通代

综合

《四库文学总集选刊》　上海古籍出版社 1993—1994 出版

《中国古代文学史电子史料库》　首都师范大学　南京师范大学　四川师范大学　鞍山师范学院与北京国学时代文化传播有限公司共同研制　2004 年通过鉴定

《历代画家诗文集》　文集编辑部　台北学生书局 1970—1975 年出版

《选学丛书》　广文书局编译所　台北广文书局 1966 年版

诗歌

《诗歌总集丛刊》　顾廷龙主编　上海三联书店 1989 年开始陆续出版

《中国地方歌谣集成》《补编》　舒兰编著　台湾渤海堂文化公司

1989—1998 年出版

《台湾诗录》 陈汉光选辑　台湾省文献委员会 1971 年版

《台湾诗录拾遗》 林文龙编　台湾省文献委员会 1979 年版

词

《百家词》 [明]吴讷辑　林大椿校　天津市古籍书店 1992 年版

《四印斋所刻词》 [清]王鹏运辑　上海古籍出版社 1989 年版

《彊村丛书》 [清]朱孝臧(祖谋)辑　上海古籍出版社 1989 年版

《景刻宋金元明本词》 吴昌绶　陶湘辑　上海古籍出版社 1989 年版

《历代名家词新释辑评丛书》 叶嘉莹主编　中国书店 2003 年版

民间文学作品

《民俗曲艺丛书》 王桂秋主编　台北施和郑民俗文化基金会 1993—1999 年出版

《俗文学丛刊》第一辑　曾永义主持　台北新文丰出版社 2002 年影印出版

《国立北京大学中国民俗学会民俗丛书》 娄子匡主编　台北东方文化供应社 1970—1977 年出版

《中山大学民俗丛书》 娄子匡主编　台北东方文化供应社 1970 年版

《中国俗文学丛书》 中国俗文学学会通俗小说研究会编辑　刘北汜　许法新主编　燕山出版社 1991 年出版第一种(蒋寒中编《大栅栏演义》)

《敦煌变文集新书》 潘重规编　台湾中国文化大学中国文学研究所 1984 年版

断　代

先秦

《楚辞汇编》 杜松柏主编　台北新文丰出版公司 1986 年版

唐

《四库唐人文集丛刊》 上海古籍出版社 1992—1994 年出版

《杜诗丛刊》 黄永武主编 台北大通书局1964年版

《历代唐诗选本丛书》 河北大学出版社2000年版

宋

《宋名家集汇刊》 昌彼得主编 台北汉华文化事业公司1970年版

《宋名家词》 [明]毛晋辑 《四库全书存目丛书》影印汲古阁原刻本 齐鲁书社1987年版

《宋六十名家词》 [明]毛晋辑 上海古籍出版社1989年版

元

《元代珍本文集汇刊》 台北"中央图书馆"编印1970年版

《元人文集珍本丛刊》 王德毅主编 台湾新文丰出版公司1985年版

《元朝别集珍本丛刊》 李军编 吉林文史出版社2008年版

明

《明人文集汇刊》 沈云龙主编 台北文海出版社1970年版

《明代艺术家集汇刊》 台北"中央图书馆"编印1968年版

《明代艺术家集汇刊续编》 台北"中央图书馆"编印1971年版

《四库明人文集丛刊》 上海古籍出版社1991—1993年出版

《明词汇刊》 赵尊岳辑 上海古籍出版社1992年版

《明清民歌时调丛书》 中华书局上海编辑所1959—1962年出版 线装本

《明清八大家文选丛书》 钱仲联主编 苏州大学出版社2001年版

清

《清人别集丛刊》 上海古籍出版社1979年起陆续出版

《清名家集汇刊》 昌彼得主编 台北汉华文化事业公司1971年版

近代

《晚清文学丛钞》 阿英编 中华书局1960年3月至1962年9月

出版

《中国近代文学大系》 上海书店 1990 至 1996 年出版①

《中国近代文学丛书》 上海古籍出版社出版②

《南社丛刊》 原书共 22 集 1909—1923 年出版时为排印线装本 江苏古籍刊印社 1996 年影印出版

第五节　小　　说

小说是古代文学作品史料中重要的一种。谈到古代的小说，首先涉及到古今小说概念内涵不同的问题。

在古代，小说以及同小说相关的小说家的含义，在不同时期和不同的著述当中，常有明显的不同，没有形成统一的、具有实质性规定的界定。

"小说"一词，最早见于《庄子·外物篇》：

> 饰小说以干县令，其与大达亦远矣。

这里的小说指的是与"正说"、"大道"不同的琐屑言谈、细小道理。《庄子》中的"小说"，同后来所说的小说的内涵，没有联系。不过，庄子既然把"小说"与"正说"、"大道"加以区分，自然就含有贬低"小说"的意思。这可能与后来长期轻视小说有关联。

东汉初期，桓谭在《新论》中，开始使用"小说家"一词。桓谭说：

> 若其小说家，合丛残小语，近取譬论，以作短书，治身理家，有可观之辞。

桓谭开始给小说家作了界定，说小说家是整理"丛残小语"的，并指出了小说具有"近取譬论"、短小的特点和"治身理家"的作用。

在古代的目录中，班固的《汉书·艺文志》，据刘歆的《七略》"删其要"而成，列"小说十五家"及"小叙"。小叙说：

---

① 此书共 12 分集 30 分卷，包括：文学理论集、小说集、散文集、诗词集、戏剧集、笔记文学集、俗文学集、民间文学集、书信日记集、少数民族文学集、翻译文学集、史料索引集。

② 此丛书计划出 5 辑，已出 2 辑，12 种。

小说家者流，盖出于稗官。街谈巷语，道听途说者之所造也。孔子曰："虽小道，必有可观者焉，致远恐泥，是以君子弗为也。"然亦弗灭也。闾里小知者之所及，亦使缀而不忘。如或一言可采，此亦刍荛狂夫之议也。

班固探源溯流，说小说家当出自稗官。据饶宗颐考证，"稗官，秦时已有之"①，这说明至晚在秦时已有稗官搜集小说了。班固指出，小说是来自街谈巷语和道听途说之所造，"有可观者"的价值。但他把小说视为"小道"。既然是"小道"，自然就没有多大的价值。《汉书·艺文志》并没有从文体的角度，对小说作出具有质的规定性的界说，只是把当时难以归类、"无家可归"的15种"驳杂之作"归入"小说家"。《汉书·艺文志》是中国古代第一部史书艺文志。《汉书·艺文志》把"驳杂之作"用小说这一"杂货库"的办法，收容在一起，使许多小说得以存传。班固对小说轻视而不灭的认识和著录作品的做法，为后来史书艺文志或经籍志所仿效。

据现存的史料来看，魏晋南北朝时期也时有用"小说"一词的记载。《三国志》卷21《王卫二刘传》注引《魏略》云：曹植见邯郸淳"诵俳优小说数千言"。曹植同时"诵俳优小说"，所诵小说，当是具有愉悦意味的来自街谈巷语之类的短小言说。徐幹《中论·务本篇》云：

夫详于小事而察于近物者……心通乎短言小说之文。

徐幹这里所说的小说与短言并提，指的当是言说小事近物的短小言论。

南朝宋代刘义庆和梁代的殷芸曾分别著有《小说》。刘义庆所著已佚。殷芸的《小说》（又称《梁武小说》、《商芸小说》）仅存佚文，《隋书》卷34《经籍志三》著录十卷。原注："梁武帝敕安右长史殷芸撰。"刘知几《史通》外篇《杂史中》云：

刘敬叔《异苑》称晋武库失火，汉高祖斩蛇剑穿屋而飞，其言不经。故梁武帝令殷芸编诸《小说》……乃刊为正言。

余嘉锡云：

---

① 参阅饶宗颐《秦简中"稗官"及如淳称魏时谓"偶语为稗"说——论小说与稗官》，原载《王力先生纪念文集》，三联书店（香港）有限公司，1987年版。又见《饶宗颐二十世纪学术文集》，台湾新文丰出版公司2004年版，卷3第59—67页。

考芸所纂集，皆取之故书雅记，每条必注书名……体例谨严，与六朝人他书随手抄撮不著出处者不同。援据之博，盖不在刘孝标以下，实六朝人所著小说中之较繁富者。①

从今存殷芸《小说》的佚文和余嘉锡的概括论述来看，殷芸所著《小说》，虽然正式用“小说”命名，但其内容当是带有纠正野史其言“不经”的性质。

初唐魏徵等所撰《隋书·经籍志》是《汉书·艺文志》之后的一部重要史志目录。《隋书》卷34《经籍志三》把小说收入子部，著录25种。25种中，有些和今天所说的小说的涵义相同，如邯郸淳的《笑林》、刘义庆的《世说》等。有些则明显的属于杂著，如《杂书钞》、《器准图》等。而把今天视为志怪小说的魏文帝的《列异传》和干宝的《搜神记》等，则作为“史官之末事”，收入史部“杂传”中。刘知几《史通·内篇·杂述》把杂述分为十种。其中，论“琐言”一种云：

街谈巷议，时有可观，小说巵言，犹贤于已。故好事君子，无所弃诸，若刘义庆《世说》、裴荣期《语林》、孔思尚《语录》、杨玠松《谈薮》。此之谓琐言也。

而在“逸事”一种中，列有葛洪的《西京杂记》、顾协的《琐语》。在“杂记”一种中，列有祖台之的《志怪》、干宝的《搜神》、刘义庆的《幽明》、刘敬叔的《异苑》等。看来，小说在魏徵和刘知几等人的心目中，并没有明确的界定，或收入子部，或收入史部，仍是把小说作为一种杂著收入不同的“杂货库”中。

五代后晋刘昫等撰《旧唐书》，在卷47《经籍志下》，踵袭《隋书·经籍志》，仍把小说收入子部，著录“小说家”13部，其中有今人所谓的小说，如邯郸淳的《笑林》、刘义庆的《世说》、刘孝标的《续世说》等，也有在《隋书·经籍志》被列入“杂家”的（如张华的《博物志》）而转移到小说家的。至于今人认为属于志怪小说的，如干宝的《搜神记》和祖台之的《志怪》，仍置于史部的“杂传”中。由此可以推断，在五代时期，人们对小说的认识同初唐相近，仍是把它看成是难以界定的“杂货”。

到宋代，人们对小说的看法，在沿袭中出现了一些变化。北宋欧阳修等

① 余嘉锡《余嘉锡文史论集》，岳麓书社1997年版，《殷芸小说辑证》。第259页。

撰《新唐书》，在卷59《艺文志三》的子部中设有“小说家类”，著录39家，41部。其中有今人所认定的属于志人小说的，如刘义庆的《世说》、刘孝标的《续世说》等，有属于志怪小说的，如干宝的《搜神记》、祖台之的《志怪》等。《新唐书·艺文志》把“志怪”之类，从史部的“杂传”中，移入小说类，可能有纯洁史书的用意。这一变化，从客观影响上看，倒是同今人的认识相近。不过，从《新唐书·艺文志》所著录的所有的“小说家类”来看，小说仍然属于杂著，竟把《茶经》和《续钱谱》之类的杂著也收入小说类。这种状况，也表现在今存宋代的两部重要的私家所著的目录上。晁公武《郡斋读书志》卷13“小说类”中就收有不题撰人的《史话》和陈师道的《后山诗话》、司马光的《续诗话》等七种诗话。陈振孙《直斋书录解题》卷11“小说家类”就收有《古今同姓名录》、《后史补》等。

在宋代，也有个别文人学者看到了小说能感人和某些小说创作的特点以及在文学中的重要地位。如洪迈就指出：

> 唐人小说不可不熟，小小情事，凄惋欲绝，洵有神遇而不自知者，与诗律可称一代之奇。①

又如吴自牧说：

> 盖小说者，能讲一朝一代故事，顷刻间捏合。②

从上引史料来看，尽管出现了像洪迈和吴自牧这样的对小说有独到的看法，但他们的见解，属凤毛麟角，而且限于“唐人小说”和小说中讲史的一种。在宋代，小说总的特点如何，到底应当包括哪些内容，怎样归并分类，仍是悬而难以解决的问题。这一点，郑樵在《通志·校雠略》中就深有感触。他说：

> 古今编书所不能分者五，一曰传记，二曰杂家，三曰小说，四曰杂史，五曰故事。凡此五类之书，足相紊乱。

元代脱脱等撰《宋史》，在卷208《艺文志五》的子类中，设“小说家类”，

---

① 洪迈此言，见清人陈世熙《唐人说荟》“例言”所引洪容斋语，上海扫叶山房石印本，1922年版，第1页。转引自邵毅平、周峨《论古典目录学的“小说”概念的非文体性质——兼论古今两种“小说”概念的本质区别》，《复旦学报》2008年第3期。

② 吴自牧《梦粱录》，浙江人民出版社，1984年版，第196页。

共著录小说359部。同以前的目录所著录的小说相比,《宋史·艺文志》所著录的小说数量之多远远超过了以前。从内容上看,其所收之驳杂,也远远超过了以前。诸如属于经学方面的周明辨的《五经评判》,属于孝经方面的郑氏的《女孝经》、题名鹗的《佛孝经》等,属于器物方面的陶弘景的《古今刀剑录》、虞荔的《古今鼎录》等,属于钱谱方面的顾烜的《钱谱》、董逌的《钱谱》,属于花木谱方面的蔡襄的《荔枝谱》,属于绘画方面的史道硕《八骏图》,属于歌谣方面的狐刚子的《灵图感应歌》,属于目录方面的汪藻的《世说叙录》等,都被作为小说收入了小说这一"杂货库"。

在明代,一方面沿袭前人之说,视小说为杂著,一方面有学者开始试图对小说进行整合分类。前者如顾元庆编辑的小说丛刊《顾氏文房小说》40种,58卷。此书收宋以前志怪、集异、传人、游记等各类短小作品,其中部分作品接近现代所说的小说,而多数不能纳入现代所说的小说,至于所收南朝梁钟嵘的《诗品》、唐代孟棨(一作启)的《本事诗》和宋李廌的《德隅斋画品》之类,完全与小说无关。后者如胡应麟。胡氏在《少室山房笔丛·九流绪论》中,把小说家分为"志怪"、"传奇"、"杂录"、"丛谈"、"辨订"、"箴规"六种。上述六种中的"志怪"和"传奇"同今人所说的小说相吻合,而"杂录"和"丛谈"两种,其中有些近于今人所说的小说。至于"辨订"和"箴规"两种,则同今人所说的小说不沾边。胡氏尽管试图对小说进行分类,但他认为:

> 小说,子书流也。然谈说理道或近于经,又有类注疏者;记述事迹或通于史,又有类志传者……至于子类杂家,尤相出入。

胡氏视小说为"子书流"。他的分类,还是在杂著的基础上进行的。他认为小说"最易混淆",对小说也没有作出明确的具有质的规定性的界定。

清代张廷玉等撰《明史》,在卷98《艺文志三》中设"小说家类",只著录明人所撰,共127部。用今人的观点来看,《明史·艺文志》所著录的"小说",不像以前那样驳杂,但仍含有一些"杂言"、"杂录"、"杂记"之类的著述。

清代对小说的看法,还明显地体现在《四库全书总目》中。《四库全书总目》仍把小说置于子部,在卷140、141、142中把"小说家类",分"杂事"、"异闻"和"琐语"三派。"其一叙述杂事",86部;"其一记录异闻",32部;"其一缀辑琐语",5部。《四库全书总目》著录的小说,虽然去掉了胡应麟所分小说六种中的"丛谈"、"辨订"和"箴规",但同时也删去了"传奇"1种。对于明清盛行的通俗小说，没有著录。“杂事”派中所著录的，有些属于史部的杂史，所记尽管不完全真实，但往往透露了一些历史真相，可补正史之不足。而《四库全书总目》把它们归入小说，这只能使小说的内容更加驳杂。从《四库全书总目》“小说家类”的小叙来看，《四库全书》的编纂者，对小说的看法，基本上沿袭了《汉书·艺文志》以来的正统看法，主要强调小说“寓劝戒，广见闻，资考证”的作用，而且甄录的是“其近雅者”，“惟猥鄙荒诞，徒乱耳目者，则黜不载焉”。就总体而言，《四库全书》的编纂者对小说的内涵和特点，同样是含糊的，没有作出具有实质性质的界说。大约在清末民初，又出现了“笔记小说”这一名称，把笔记和小说合在一起，并相继编辑出版了“笔记小说”。这一名称的兴起，扩大了小说的范围，同时也给小说的界定带来了困难。

在中国古代，小说产生得很早，有悠久的历史，作品也极其繁富，不同时期都有阅读者、欣赏者和整理者，但是由于儒家文化在中国长期居于统治地位和古代所说的“小说”本身的复杂，结果导致了在基本理论认识上，直到清代，小说始终被视为不能登大雅之堂的“小道”，没有受到应有的重视，但又一直认为它有“可观”的价值，舍不得丢弃它。再加上长期以来对图书用经史子集四部分法的局限与制约，结果对小说也一直没有作为一种文体来对待，一直是被作为一种“杂货”，把经、史、诸子、诗歌、高雅之文、词和戏曲之外的各种杂著，都装进了这一“杂货库”。上述的认识和做法，加剧了人们对小说的轻蔑，也削弱了对小说的搜集和存传。

到了近代，随着西方文学理论的引进，许多文人学者受西方文学理论的影响，认为小说具有叙事、情节和虚构等特点，小说才被看成是一种文学作品，是一种独立的文体。近代以来所用的“小说”一词，“是近代从日本输入的‘新名词’。日本人以中国传统的‘小说’一词，来译从西方传入的‘虚构的叙事文学’(story, novel, fiction……)，于是就有了今天文学性的‘小说’一词，与中国传统的‘小说’一词名同而实异”①。

由于在中国古代对小说这一概念一直没有实质性的界定，一直被作为

① 引自邵毅平、周峨《论古典目录学的“小说”概念的非文体性质——兼论古今两种“小说”概念的本质区别》，《复旦学报》2008年第3期。本书关于“小说”的概念部分的写作，参考了此文。

一种"杂货"，而近代以来我们所说的小说，虽然与古代有某些重合，但差异远胜于重合。重合的部分好处理，而在差异的部分中，哪些属于真正的小说？小说的渊源在哪里？标志是什么？如何把中国传统的小说这一概念和从西方引进的小说概念结合起来？这些都是我们需要继续研究的重要问题。就目前来说，我们只能古今结合，既照顾传统对小说的认识和处理方法，又要考虑今天的小说概念。基于上述考虑，本书对小说作品史料，明代之前的尽量放宽一些，这有助于我们探讨古代小说的源流演变，明代之后的重点放在近代所说的文学小说方面。这样做，当有助于探讨中国小说的历史形态，把传统的对小说的认识、做法和现代的小说观念、做法相衔接，进而融合古今中西，有可能在融合中探讨适合中国的小说观念。

中国古代的小说作品，极其繁富，有多种存在形态。在古代，尽管陆续有人整理小说，但成果较少。大量的作品是现当代整理的。就现存的和已经整理的小说作品的形态而言，主要有下面几种形态：

小说单本。所谓小说单本，指的是一个人创作的小说以单本的形式编辑存传的。从古代的目录来看，中国古代有些小说是用单本的形态编辑存传的，如刘义庆的《世说新语》，罗贯中的《三国演义》。到了近代，随着报刊的兴盛，有许多小说开始是在报刊上发表或连载，后来辑成单本刊印。单本这种形态的小说，作者单一，能够单独传存，至今仍是古代小说存传的重要形态。

小说总集。小说总集指的是汇集多人创作的小说而用一总名的书籍。小说产生以后，到了宋代，开始出现了把多种小说编辑在一起的小说总集，如《太平广记》。此书是宋太宗命李昉等人编纂的，始编于太平兴国二年(977)，次年编竣，故名。《太平广记》专收汉至宋初野史、笔记、小说等，按题材分为神仙、道术等 92 大类，又分 150 余细目。引用书籍达三、四百种，其中大半已经散佚①。鲁迅在《中国小说的历史变迁》中说此书是"古小说的林薮"。《太平广记》之后，宋代又出现了多种小说总集。宋代之后，小说总集的编辑赓续不断②。

---

① 关于《太平广记》的分类和引书情况、数目，参阅张国风《〈太平广记〉版本考述》，中华书局 2004 年版，第四、五章。

② 参阅秦川《中国古代文言小说总集述略》，《安徽大学学报》2002 年第 5 期。

小说丛刊(亦称小说丛书)。小说丛刊,是按照一定的编选原则,把数量众多的比较完整的小说编辑在一起,印行流布。明人陆楫等编辑的《古今说海》是中国古代早期的小说丛刊。此书辑录汉至明代的小说,尤以唐、宋小说为多。明代以后,特别是在现当代,在国内外,十分重视小说丛刊的编辑,先后有许多小说丛刊相继出版。如中国社会科学院文学研究所《古本小说丛刊》编委会编辑、由中华书局出版的《古本小说丛刊》。本书收中国古代小说中的珍本、善本、孤本,据原本影印,不予删改。需要说明的是,小说总集与小说丛刊有时难以划分,常有混同的现象。明嘉靖间洪楩编刊的话本《六十家小说》,应属小说丛刊,但孙楷第的《中国通俗小说总目》中把它列入小说总集。从现在流行的小说丛刊来看,在体量上一般都远远超过了小说总集。如台湾新兴书局有限公司1975—1984年辑印的《笔记小说丛刊》,收上自战国下迄现代的笔记小说1862部,分32编,精装321大册。另外,有些小说丛刊是分辑陆续出版的,如上面引的《古本小说丛刊》,就是从1987年开始分辑出版的。这一点与小说总集不同。

小说辑佚。中国古代的小说,特别是明前的小说,多有散佚。胡应麟《二酉缀遗》卷中载《百家异苑·序》说:

> 自汉人驾名东方朔作《神异经》,而魏文《列异传》继之,六朝、唐、宋,凡小说以“异”名者甚众。考《太平御览》、《广记》及曾氏、陶氏诸编,有《述异记》……“异”、“述”诸集,大概近六十家……今世有刻本者,仅《神异》、《述异》数家,余俱不行。

胡氏指出,明代之前的“异”、“述”之类的小说多有亡佚,其实其他小说何尝不是如此。这些亡佚小说,有些片段,散见于其他书籍中。对于这些散佚之作,至晚从宋代开始,就有人注意做辑佚。刘咸炘在1928年所著《目录学》中说:

> 宋世所传唐人小说、唐以上人文集,卷数多与原书不合,校以他书所引,往往遗而未录,盖皆出于宋人掇拾而成,此即辑佚之事也。①

照刘氏的说法,宋人即于唐人小说方面有所辑佚。宋代之后,对小说的辑佚接续不断。在元代,重要的有陶宗仪的《说郛》。刘咸炘指出:

① 刘咸炘《推十书》,成都古籍书店影印,1996年版,第1737页。

> 今传唐人小说多本《说郛》。而《说郛》中本多辑古佚书。吾疑此类多是辑本。[①]

在明代，辑佚各种小说是辑佚的一个重点。胡应麟幼年时即辑佚古代的小说成《百家异苑》。明代"辑刊了许多说部丛书，如顾元庆的《文房小说》、陆楫的《古今说海》、吴琯的《古今逸史》、汤显祖的《虞初志》等皆为此类，其中多辑佚之事"[②]。

至清代，辑佚的重点在经、史、子集方面，于小说，成果不多。这种状况到了现代，有了很大的变化，相继出现了不少小说辑佚，其中鲁迅的成就尤其卓著。鲁迅从少年时就喜欢披览古籍，"偶会逸文辄已写出"[③]，从唐、宋的各种书籍中辑佚编成《古小说钩沉》。此书辑佚了从周代的《青史子》到唐代杜宝的《水饰》等久已散失的小说 36 种，为现代辑佚小说之先驱。

中国古代小说产生以后，经由长期的发展，积累了繁富的成果。对于这些成果，如上所述，自《汉书・艺文志》开始，人们就探讨对其进行分类。但由于古代对小说这一概念，一直没有明确的界定，所以分类相当混乱。今天看来，古代对小说的分类，尽管其中不乏某些可取的因素，但就总体而言，并没有重要的价值。近代以来，随着小说创作的繁荣、西方文学理论的影响以及人们对小说的重视，不少文人和学者试图对古代小说进行新的分类。常见的主要有三种视角。一是着眼于内容，有的分为志怪小说、志人小说、社会小说、言情小说、历史小说、武侠小说、笔记小说等；有的如郑振铎在《中国小说的分类及其演化的趋势》[④]一文中，"依了自然的确切的内容"分为笔记小说、传奇小说、平话小说、中篇小说和长篇小说五类。二是着眼于语言，大体分为文言小说、通俗小说（亦称白话小说）两种[⑤]。三是着眼于小说创作的时代，如唐代小说、宋元话本、明清小说、近代小说等。上述分类，各有所长。可能由于从内容上分类，歧异较多，不易操作，而从时代上来分类，又有

---

① 刘咸炘著《推十书》，成都古籍书店影印，1996 年版，第 1737 页。

② 引自曹书杰《中国古籍辑佚学论稿》，东北师范大学出版社 1998 年版，第 99—100 页。

③ 参阅鲁迅《古小说钩沉・序》。

④ 原载《学生杂志》第 17 卷第 1 号，1930 年 1 月。

⑤ 近来也有称文言小说为"古体小说"，把"五四"以前的白话小说称为"近体小说"。

一个如何划分时代的问题，所以从现在有关小说作品的书目来看，着眼于语言的角度来分类的较多。当然，这种分类，也是相对的。因为文言（特别是浅近的文言）与白话的界限有时难以划分。

附：现当代新刊新整理小说作品要目

小说单本(含经过辑佚的)

《燕丹子》[①] 无名氏撰 程毅中等点校 中华书局 1985 年版

《越绝书》 乐祖谋校点 上海古籍出版社 1997 年版[②]

《吴越春秋辑校汇考》 [汉]赵晔撰 周生春辑校 上海古籍出版社 1997 年版

《说苑校证》 [汉]刘向撰 向宗鲁校证 中华书局 1987 年版

《新序校释》 [汉]刘向撰 石光瑛 陈新校释 中华书局 2001 年版[③]

《博物志校证》 [晋]张华撰 范宁校证 中华书局 1980 年版[④]

《新辑搜神记》[⑤] [晋]干宝撰 李剑国辑校 中华书局 2007 年版[⑥]

《西京杂记校注》 [汉]刘歆撰 [晋]葛洪集 向新阳 刘克任校注 上海古籍出版社 1991 年版

《拾遗记》 [晋]王嘉撰 [南朝梁]萧绮录 齐治平校注 中华书

---

① 与《西京杂记》合本。

② 晁岳佩《〈越绝书〉版本源流考述》，载其著《经史散论》，山东大学出版社 2007 年版。

③ 郝继东《刘向〈新序〉版本述略》，《古籍整理研究学刊》2006 年第 2 期。

④ 王媛《〈博物志〉的成书、体例与流传》，《中国典籍与文化》2006 年第 4 期。

⑤ 与《新辑搜神后记》合本。

⑥ 1. 范宁《八卷本〈搜神记〉考辨》，原载《天津民国日报》1947 年 7 月 18、25 日，收入范宁著《范宁古典文学研究文集》，重庆出版社 2006 年版。2. 范宁《二十卷本〈搜神记〉考辨》，原载《新生报·语言与文学》第 76 期，1948 年 3 月 30 日。收入上书。3. 李剑国《〈搜神记〉著作过程考》、《〈搜神记〉著录流传考》、《〈搜神记〉异本考》，载其辑校《新辑搜神记》，中华书局 2007 年版，《前言》。

局 1982 年版

《裴启语林》［晋］裴启撰　周楞伽辑注　文化艺术出版社 1988 年版

《新辑搜神后记》①　［晋］陶渊明撰　李剑国辑校　中华书局 2007 年版

《异苑》②　［南朝宋］刘敬叔撰　范宁校点　中华书局 1996 年版

《世说新语笺疏》(修订本)［南朝宋］刘义庆撰　［梁］刘孝标注　余嘉锡笺疏　上海古籍出版社 1993 年版③

《世说新语校笺》［南朝宋］刘义庆撰　徐震堮著　中华书局 1984 年版

《世说新语校笺》［南朝宋］刘义庆撰　［梁］刘孝标注　杨勇校笺　中华书局 2006 年版④

《殷芸小说》［南朝梁］殷芸编纂　周楞伽辑注　上海古籍出版社 1984 年版⑤

《谈薮》⑥　［北齐］杨松玠撰　程毅中　程有庆辑校　中华书局 1996 年版

《〈冤魂志〉校注》［北齐］颜之推著　罗国威校注　巴蜀书社 2001 年版

《启颜录》［隋］侯白撰　曹林娣　李泉辑注　上海古籍出版社 1990 年版

《东坡志林》［宋］苏轼撰　刘文忠评注　学苑出版社 2000 年版

《夷坚志》［宋］洪迈著　何卓点校　中华书局 2006 年版

---

①　与《新辑搜神记》合本。

②　与《谈薮》合本。

③　杨勇《余嘉锡〈世说新语笺疏〉后叙》，载《香港中文大学中国文化研究所学报》第 17 卷(1986 年版)。此文对余嘉锡《世说新语笺疏》(中华书局 1983 年版)之“胜义”、“败坏不安者”分别作了详细论述，并附二表：一是《余嘉锡〈世说新语笺疏〉误字校正表》；二是《余嘉锡〈世说新语笺疏〉标点错误校正表》。

④　1. 王能宪《〈世说新语〉的版本》，载其著《世说新语研究》，江苏古籍出版社 1992 年版，第二章第二节。2. 范子烨《〈永乐大典〉残卷中的〈世说新语〉佚文》，《文史》总第 63 辑，2003 年第 1 辑。

⑤　关于《殷芸小说》的编撰、著录和辑佚，参阅周楞伽辑注《殷芸小说・前言》和《附录二》。

⑥　与《异苑》合本。

《大唐三藏取经诗话校注》 作者不详 李时人 蔡镜浩校注 中华书局1997年版

《三国志通俗演义》 [元]罗贯中编撰 上海古籍出版社1980年版

《三国演义会评本》 [元]罗贯中撰 陈曦钟 宋祥瑞等辑校 北京大学出版社1986年版

《三国演义》 [元]罗贯中撰 吴小林校注 陈迩冬审订 四川文艺出版社1986年版①

《水浒传》 [元]施耐庵撰 人民文学出版社1975年版

《水浒传会评本》 [元]施耐庵著 陈曦钟 侯忠义等辑校 北京大学出版社1981年版

《水浒传》 [元]施耐庵 罗贯中著 林峻校点 上海古籍出版社2004年版②

---

① 1. 马廉《旧本三国演义版本的调查》(截至民国十八年4月止),原载《北平北海图书馆月刊》第2卷第5号,1929年10月。收入马廉著、刘倩编《马隅卿小说戏曲论集》,中华书局2006年版。2.《馆藏〈三国演义〉刊本及参考资料简目》,载《〈三国演义〉资料》,南京图书馆1954年编印。3.《馆藏〈三国演义〉刊本及参考资料选目》,载《〈三国演义〉资料》,安徽省图书馆1957年编印。4. [英]魏安著《三国演义版本考》,上海古籍出版社1996年版。5. 邓绍基、史铁良主编《三国演义》成书及版本研究,见《明代文学研究》第98—113页,北京出版社2001年版。6. 章培恒《关于〈三国演义〉的黄正甫本》,《上海师范大学学报》2001年第5期。7. 沈伯俊《〈三国演义〉版本研究的新进展》,《社会科学研究》2004年第5期。8. 刘世德《〈三国志演义〉嘉靖壬午本与叶逢春刊本比较——人数变化百例》,载刘世德、石昌渝等主编《中国古代小说研究》第1辑,人民文学出版社2005年版。9. [日]金文京《〈三国志演义〉版本举隅》,同上。10. [日]中川谕《〈三国志演义〉诸本三系统与黄正甫本的性质》,同上。11. 欧阳健《〈三国演义〉版本研究的观念、思路和方法》,载罗宗强、陈洪主编《明代文学研究国际学术研讨会论文集》,南开大学出版社2006年版。12. 刘世德《三国志演义嘉靖七年刊本试论》,《文学遗产》2007年第1期。

② 1. 赵孝孟《〈水浒传〉版本录》,《图书月刊》(北平图书馆)1932年第1期。2. 杨柳《〈水浒传〉的版本》,载《水浒人物论》,上海自由出版社1955年版。3. 严敦易《明中叶后〈水浒传〉各种版本情况表·明代各种版本〈水浒传〉作者题署表》,载《水浒传的演变》,上海古典文学出版社1957年版。4. 何心《〈水浒传〉的版本》,载《水浒研究》,古典文学出版社1957年版。5. 孙楷第《〈水浒传〉旧本考——由明新安刊大涤余人序本百回本〈水浒传〉推测旧本〈水浒传〉》,载其著《沧州集》卷2,中华书局1965年版,又载《名家解读〈水浒传〉》,山东人民出版社1998年版。6. [日]大内由三郎著《〈水浒传〉版本考》,《天理大学学报》(学术研究会志)1969年总第64期、1971年总第70期、1975年总第99期。7. 王鹤鸣《关于〈水浒〉的作者和版本》,《图书工作》(安徽省图书馆)1975年第(转下页)

《西游记》［明］吴承恩著　黄肃秋校订　人民文学出版 1980 年版

《西游记》［明］吴承恩著　黄永年　黄寿成点校　中华书局 1998 年版①

《剪灯新话》［明］瞿佑等著　周楞伽校注　上海古籍出版社 1981 年版②

《新刻绣像批评金瓶梅》［明］兰陵笑笑生撰　齐烟　王汝梅校点　齐鲁书社 1989 年版

《金瓶梅》(汇评会校本)［明］兰陵笑笑生撰　中华书局 1998 年版

《金瓶梅词话》兰陵笑笑生著　陶慕宁校注　宁宗一审定　人民

(接上页)1 期。8. 四川大学中文系《水浒》评论组撰《〈水浒〉的故事演变和版本》,《四川大学学报》1975 年增刊。9. 柏途《略谈〈水浒传〉版本》,《光明日报》1975 年 10 月 6 日。10. 赤文《关于〈水浒〉的成书、作者及版本》,《新教育》1975 年第 11 期。11. 李滋《〈水浒〉的版本和〈水浒〉的政治倾向》,《文物》1975 年第 11 期。12. 聂绀弩《论〈水浒传〉的繁本与简本》,载徐朔方、刘辉编《中国古典小说论集》,上海古籍出版社 1981 年版。13. 范宁《〈水浒传〉版本源流考》,《中华文史论丛》1982 年第 4 期。14. 马蹄疾《水浒书录》,上海古籍出版社 1986 年版(此书上编著录《水浒》各种版本)。15. 陈兆南《〈水浒〉版本知见目》,台湾《中国书目季刊》第 21 卷第 2 期,1987 年 9 月版。16. 罗尔纲《水浒传原本和著者研究》,江苏古籍出版社 1992 年版。17. 邓绍基、史铁良主编《〈水浒传〉成书与版本研究》,载《明代文学研究》,北京出版社 2001 年版,第 208—241 页。18. 陈松柏《也谈〈水浒传〉的祖本》,《湖南社会科学》2007 年第 1 期。19. 谢卫平《〈水浒〉版本研究在日本:兼谈国内相关情况》,《明清小说研究》2008 年第 2 期。

① 1.《南京图书馆藏〈西游记〉刊本及其参考资料简目》,南京图书馆 1954 年编印。2. 张左《关于〈西游记〉的版本》,《文学书刊介绍》1954 年第 8 期。3.《有关〈西游记〉版本参考资料简目》,北京图书馆 1955 年编印。4.［日］太田辰夫《清刊本〈西游记〉考》,《神户外大论丛》1971 年第 2 卷第 4 期。5. 王丽娜《〈西游记〉外文译本概述》,《文献丛刊》1980 年第 4 期。6. 刘荫柏《〈西游记〉明清两代出版史考》,《华东师范大学学报》1983 年第 3 期。7. 黄永年《重论〈西游记〉的简本》。此文写于 1984 年,后收入 1987 年复旦大学《中国古典文学丛考》第二辑。8. 程毅中、程有庆《〈西游记〉版本探索》,《文学遗产》1997 年第 3 期。9. 黄永年《论〈西游记〉的成书经过和版本源流》。此文作为著者和黄寿成点校的、中华书局 1993 年出版的《西游记》(黄周星定本西游证道书)的"前言"发表。10. 史铁良《〈西游记〉版本研究》,载邓绍基、史铁良主编《明代文学研究》,北京出版社 2001 年版,第 299—306 页。11. 竺洪波《西游记作者与版本论》,载其著《四百年〈西游记〉学术史》,复旦大学出版社 2006 年版,第九章。12. 蔡铁鹰《〈西游记〉的诞生》,中华书局 2007 年版。

② 张兵《瞿佑及其〈剪灯新话〉》,《上海师范大学学报》2001 年第 6 期。

文学出版社 2000 年版①

《封神演义》［明］许仲琳编 人民文学出版社 2007 年版

《东周列国志》［明］冯梦龙［清］蔡元放编 黄钧校注 人民文学出版社 2007 年版

《醒世姻缘传》［清］西周生著 齐鲁书社 1980 年版②

《聊斋志异汇校汇注汇评》［清］蒲松龄著 张友鹤整理 上海古籍出版社 1986 年版

《全本新注聊斋志异》朱其铠 李茂肃等校注 人民文学出版社 1989 年版

《聊斋志异全校汇注集评》［清］蒲松龄著 任笃行编著 齐鲁书社 2000 年版③

---

① 1. 周越然《〈金瓶梅〉版本考》,《新文学》1935 年第 1 期。2. 姚灵犀《〈金瓶梅〉版本之异同》,《瓶外卮言》,天津书局 1940 年版。3. ［日］泽田瑞穗《金瓶梅书目稿》,天理大学 1959 年版。4.《〈金瓶梅〉参考图版 12 种》,［日］《大安》第 9 卷第 5 号,1963 年 5 月。5. 朱星《〈金瓶梅〉的版本问题》,载《金瓶梅考证》,百花文艺出版社 1980 年版,又载《名家解读〈金瓶梅〉》,山东人民出版社 1998 年版。6. 胡文彬《〈金瓶梅〉书录》,辽宁人民出版社 1986 年版。7. 刘辉《〈金瓶梅〉版本考》,《金瓶梅论集》,人民文学出版社 1986 年版。8. 刘辉《〈金瓶梅〉成书及版本研究》,辽宁人民出版社 1986 年版。9. 徐朔方《论金瓶梅的成书及其他》,齐鲁书社 1988 年版。10. 王利器《〈金瓶梅词话〉成书新证》,载《金瓶梅研究集》,又载《名家解读〈金瓶梅〉》,山东人民出版社 1998 年版。11. 黄霖《关于〈金瓶梅〉崇祯本的若干问题》,中国金瓶梅学会编《金瓶梅研究》第一辑,江苏古籍出版社 1990 年版。12. 邓绍基、史铁良主编《〈金瓶梅〉的成书年代和版本研究》,载《明代文学研究》,北京出版社 2001 年版,第 395—410 页。13. 黄霖《再论〈金瓶梅〉崇祯本系统各本之间的关系》,《上海师范大学学报》2001 年第 5 期。14. ［美］韩南《〈金瓶梅〉的版本》,1962 年。

② 1. 曹大为《〈醒世因缘传〉的版本源流和成书年代》,《文史》第 23 辑,1985 年。2. 吴燕娜《〈醒世姻缘传〉的版本问题》,台湾《中外文学》第 17 卷第 2 期,1988 年 7 月。

③ 1. 刘阶平《〈聊斋志异〉撰写与评注及稿本抄本刊本》,台湾《中国书目季刊》第 11 卷第 1 期,1977 年 6 月。2. 张友鹤《聊斋志异版本简介》,载《聊斋志异会校会注会评》,上海古籍出版社 1978 年版。3. 荣孟源《〈聊斋志异〉的稿本》,《中华文史论丛》1979 年第 3 期。4. 王丽娜《〈聊斋志异〉的民族语文版和外文译本》,《文学遗产》1981 年第 1 期。5. 刘阶平《聊斋手稿本与铸雪斋钞本研究》,台湾中华书局 1983 年版。6. ［日］藤田祐贤等《聊斋研究文献要览》,东方书店 1985 年版。此书分 9 部分,第 1 部分为版本,含全集、诗文、俗曲、《聊斋志异》、《醒世因缘传》、杂著 6 类。其中尤以《聊斋志异》为多,并细分为稿本·钞本·刻本、评注本、拾遗本、辑校本·合编本、注释本·白话本、翻译本、改编本、画本 8 小类。7. 袁世硕《蒲松龄事迹著述新考》,齐鲁书社 1988 年 (转下页)

《新批儒林外史》［清］吴敬梓著　陈美林批评校注　江苏古籍出版社 1989 年版

《儒林外史》(精校精注卧闲草堂本)　［清］吴敬梓著　李汉秋校点　杜维沫注释　中华书局 1999 年版①

《歧路灯》［清］李绿园著　栾星校注　中州书画出版社 1980 年版②

《红楼梦》［清］曹雪芹撰　中国艺术研究院红楼梦研究所整理　人民文学出版社 1982 年版

《红楼梦》［清］曹雪芹撰　北京师范大学出版社 1987 年版

《脂砚斋重评石头记汇校》［清］曹雪芹撰　中国艺术研究院红楼梦研究所汇校　文化艺术出版社 1988　1989 年出版

《石头记汇真》［清］曹雪芹原著　脂砚斋重评　周祜昌　周汝昌等校订　海燕出版社 2004 年版

《红楼梦》［清］曹雪芹著　蔡义江校注　作家出版社 2007 年版

《〈红楼梦〉全文数据库》　深圳大学开发③

(接上页)版。8. 马振方辑校《日本庆应义塾图书馆聊斋遗文七种》,北京大学出版社 1998 年版。9. 袁世硕《谈〈聊斋志异〉黄炎熙抄本》,《福州大学学报》2002 年第 3 期。10.《聊斋志异》的"版本流变",载袁世硕主编《蒲松龄志》第二篇第四章,山东人民出版社 2003 年版。

① 1. 厉鼎煃《〈儒林外史〉版本考订及其他》,《安徽史学通讯》1958 年第 4 期。2. 王丽娜《〈儒林外史〉译本概况》,《艺谭》1981 年第 3 期。3. 章培恒《〈儒林外史〉原书应为五十卷》、《〈儒林外史〉原貌初探》、《再谈〈儒林外史〉的卷数》。以上三文见著者所著《献疑集》,岳麓书社 1993 年版。4. 李汉秋《〈儒林外史〉版本源流考》,《文学遗产》1982 年第 4 期。收入陶新民、孙以昭主编《中国古代文学论集》,人民文学出版社 2001 年版。

② 栾星《〈歧路灯〉及其流传》,《文献》1980 年第 3 期。

③ 1.《南京图书馆藏〈红楼梦〉刊本及其参考资料简目》,南京图书馆 1954 年编印。2. 安徽省图书馆编《馆藏〈红楼梦〉刊本及参考资料选目》,1957 年印。3. 夏承焘《关于〈红楼梦〉稿本》,《湖北日报》1959 年 6 月 28 日。4. 郑州大学图书馆编《馆藏〈红楼梦〉书目》,1963 年印。5. 冯锡时《新疆大学图书馆藏有关〈红楼梦〉书目》,《新疆大学论文集》(人文科学),1963 年。6.《红楼梦》研究小组编《〈红楼梦〉书目补遗》,《红楼梦研究专刊》,中华书局 1968 年版。7. 文雷《〈红楼梦〉稿本浅谈》,《文物》1974 年第 9 期。8. 文雷《〈红楼梦〉版本简介》,《光明日报》1975 年 3 月 24 日。9. 南京师范学院中文系资料室编《〈红楼梦〉新编书录》,1975 年印。10. 田于《〈红楼梦〉叙录》,台北汉苑出版社 1976 年版。11. 冯其庸《论庚辰本》,上海文艺出版社 1978 年版。12. 冀振武《〈红楼梦〉(转下页)

《阅微草堂笔记》［清］纪昀著　汪贤度校点　上海古籍出版社2002年版①

《镜花缘》［清］李汝珍著　上海古籍出版社2005年版

《荡寇志》［近代］俞万春著　俞国林点校　中华书局2004年版

《儿女英雄传》［近代］文康撰　松颐校注　人民文学出版社1983年版

《三侠五义》［近代］石玉昆述　王述校点　人民文学出版社2001年版

《三侠五义》［近代］文康撰　弥松颐校注　人民文学出版社1983年版

《小五义》［近代］佚名著　陆树仑　竺少华校点　上海古籍出版社2005年版

《彭公案》［近代］贪梦道人著　秦克　巩军校点　上海古籍出版

(接上页)的英文译本》,《河北大学学报》1980年第4期。13. 胡文彬《〈红楼梦〉叙录》,吉林人民出版社,1980年版。14. 胡文彬《评本〈红楼梦〉知见辑目》,《文献》1980年总第3辑。15. 阿英《〈红楼梦〉书录》(上、下),《红楼梦研究集刊》1980年第4、第5期,又见其《小说四谈》,上海古籍出版社1981年版。16. 王三庆《〈红楼梦〉版本研究》,台北石门图书公司1981年版。17. 一粟《红楼梦书录》(增订本),上海古籍出版社1981年版。18. 魏绍昌《红楼梦版本小考》,中国社会科学出版社1982年版。19. 顾鸣塘《论新发现的〈红楼梦〉第三次程印本》,《上海师范大学学报》1986年第1期。20. 胡文彬《列藏本石头记管窥》,上海古籍出版社1987年版。21. 王毓林《论石头记己卯本和庚辰本》,书目文献出版社1987年版。22. 王世荣《〈红楼梦〉版本述略》,《河南图书馆学刊》1988年第1期。23. 陈庆浩《八十回本〈石头记〉成书初考》,《文学遗产》1992年第2期。24. 郑庆山《立松轩本石头记考辨》,中国文联出版公司1992年版。25. 陈庆浩《八十回本〈石头记〉成书再考》,台湾《清华学报》新24卷第2期,1994年7月。26. 冯其庸《石头记脂本研究》,人民文学出版社1998年版。27. 刘广定《〈红楼梦〉版本研究粗谈》,台湾《国父纪念馆馆刊》第2期,1999年3月。28. 乔福锦《〈红楼梦〉版本演变的三个阶段》,《明清小说研究》2002年第2期。29. 郑庆山《红楼梦的版本及其校勘》,北京图书馆出版社2002年版。30. 周汝昌《评北京师范大学藏〈石头记〉抄本》,《光明日报》2003年5月22日。31. 刘世德《〈红楼梦〉版本探微》,华东师范大学出版社2003年版。32. 曹立波《红楼梦东观阁本研究》,北京图书馆出版社2004年版。33. 沈治钧《红楼梦成书研究》,中国书店2004年版。34. 裴世安、柏秀英等《靖本资料》,2005年石言居自印。35. 郑庆山《红楼梦的版本及其校勘续编》,北京图书馆出版社2006年版。36. 陈冠夫《红楼梦版本论》,文化艺术出版社2006年版。36. 曹立波《红楼梦版本与文本》,中华书局2007年版。37. 杨传镛《红楼梦版本辨源》,北京图书馆出版社2007年版。

① 李永忠、赵立新《〈阅微草堂笔记〉版本考略》,《文献》1999年第3期。

社 2005 年版

《花月痕》［近代］魏秀仁撰　杜维沫校点　人民文学出版社 1982 年版

《海上花列传》［近代］韩邦庆撰　曲耀整理　人民文学出版社 1982 年版

《老残游记》(附录老残游记续集　老残游记外编)［近代］刘鹗撰　凤凰出版社 2007 年版①

《二十年目睹之怪现状》［近代］吴趼人撰　张友鹤校注　人民文学出版社 1981 年版

《官场现形记》［近代］李宝嘉(李伯元)撰　张友鹤校注　人民文学出版社 1979 年版②

《孽海花》［近代］曾朴撰　冷时峻校点　上海古籍出版社 2005 年版③

小说总集

《观世应验记》(三种)［南朝宋］傅亮　张演撰　［南朝齐］陆杲撰　孙昌武点校　中华书局 1994 年版

《观世应验记三种译注》　董志翘著　江苏古籍出版社 2002 年版

《太平广记》［宋］李昉等编　中华书局 1961 年版④

---

① 魏绍昌《谈谈〈老残游记〉的写作刊印情况》,《光明日报》1983 年 5 月 10 日。

② 1.［日］宫田一郎《〈官场现形记〉的版本》,大阪明清文学语言研究所 1965 年版。2. 王学钧《〈官场现形记〉连载及刊行考》,《明清小说研究》2008 年第 3 期。

③ 魏绍昌《〈孽海花〉版本小考》,载作者著《晚清四大小说家》,台湾商务印书馆 1993 年版。

④ 1. 邓嗣禹《〈太平广记〉篇目及引书引得・序》,燕京大学图书馆引得编纂处印,1934 年。2. 岑仲勉《跋历史语言研究所所藏明末谈刻及道光三让本〈太平广记〉》,《中央研究院历史语言所集刊》第 12 册,1948 年。3. 汪绍楹《太平广记・点校说明》,见《太平广记》,中华书局 1961 年版。4. 程毅中《〈太平广记〉的几种版本》,《社会科学战线》1988 年第 3 期。5. 王国良《〈太平广记〉概述》,见《太平广记》,台湾文史哲出版社 1981 年版。6.［日］富永登《关于〈太平广记〉诸本》《广岛大学文学部纪要》第 59 期,1999 年版。7. 盛莉《历代〈太平广记〉已知版本一览表》,见华东师范大学博士论文《〈太平广记〉仙类小说类目及其编纂研究》《附录》二。张国风《〈太平广记〉版本考述》,中华书局 2004 年版,第一、二、三章。8. 王雨《太平广记》的修纂及其版本。载王雨著,王书燕编纂《王子林古籍版本学文集》第一册《古籍版本学》第三章(二)《四部大书的纂修及其版本》,上海古籍出版社 2006 年版。9. 朱景丽《太平广记的版本》,载其著《〈太平广记〉的传播与影响》,南开大学出版社 2008 年版,第二章第三节。

《古小说钩沉》 鲁迅辑 齐鲁书社 1997 年版

《全唐五代小说》 李时人编校 何满子审定 陕西人民出版社 1998 年版

《唐人小说》 汪辟疆校录 上海古籍出版社 1978 年版

《唐人小说校释》 王梦鸥校释 台湾正中书局 1983—1984 年版

《全唐小说》 王汝涛编 山东文艺出版社 1993 年版

《唐五代传奇集》 李格非 吴志达主编 吴志达等选注 中州古籍出版社 1997 年版

《唐传奇笺证》 周绍良著 人民文学出版社 2000 年版①

《唐宋传奇集》 鲁迅辑 齐鲁书社 1997 年版

《唐宋传奇总集》(南北宋卷) 袁闾琨 薛洪勣主编 河南人民出版社 2001 年版

《宋代传奇集》 李剑国辑校 中华书局 2001 年版

《宋元小说家话本集》 程毅中辑注 齐鲁书社 2000 年版

《宋元说经话本集》 欧阳健 萧相恺编订 中州古籍出版社 1991 年版

《宋元平话集》 丁锡根点校 上海古籍出版社 1990 年版

《元刊全相平话五种校注》 钟兆华校注 巴蜀书社 1990 年版

《清平山堂话本》 [明]洪楩编刊 谭正璧校注 文学古籍刊行社 1957 年版

《古今小说》(后改名为《喻世明言》) [明]冯梦龙编著 陈曦钟校注 北京十月文艺出版社 1994 年排印本②

《警世通言》 [明]冯梦龙编 人民文学出版社 1956 年版

《醒世恒言》 [明]冯梦龙编 人民文学出版社 1956 年版

《拍案惊奇》 [明]凌濛初编 上海古籍出版社 1982 年版

《二刻拍案惊奇》 [明]凌濛初撰 上海古籍出版社 1983 年版

《型世言评注》 [明]陆人龙著 陈庆浩校点 王锳 吴书荫注释

---

① (新西兰)陈珏《初唐传奇考》,载冬青书屋同学会编《庆祝卞孝萱先生八十华诞——文史论集》,江苏古籍出版社 2003 年版。

② 黄毅《古今小说成书考》,[日]伊东一成《〈古今小说〉版本比较》。以上二文载吴兆路等主编《中国学研究》第 6 辑,济南出版社 2003 年 10 月出版。

新华出版社 1999 年版

《稀见珍本明清传奇小说集》 薛洪勣 王汝梅主编 吉林文史出版社 2007 年版①

《聊斋志异话本集》 关德栋辑校 齐鲁书社 1991 年版

小说丛刊

《古今说海》 [明]陆楫等辑 巴蜀书社 1988 年版

《顾氏文房小说》 [明]顾元庆辑 民国十四年(1925)上海商务印书馆据明本影印

《说库》 王文濡辑 广陵书社 2008 年据上海文明书局 1915 年石印本影印

《罕本中国通俗小说丛刊》 王以昭 朱传誉主编 台北天一出版社 1973—1975 出版

《白话中国古典小说大系》 台湾河洛图书出版公司 1980 年开始出版

《中国小说史料丛书》 人民文学出版社 1980 年开始出版

《古本小说丛刊》 刘世德 陈庆浩等主编 中华书局 1987—1991 年出版 21 辑

《古本小说丛刊》(电子版) 北京大学图书馆 超星公司超星数字图书馆合作开发

《新校中国古典小说大系》 巴蜀书社 1990 年开始陆续出版

《古本小说集成》 徐朔方 章培恒等任编委 上海古籍出版社 1990—1994 年分 6 辑陆续出版

《中国古代百家短篇小说丛书》 [明]佚名辑 北京图书馆出版社 1998 年版②

《中国神怪小说大系》 辽沈书社 齐鲁书社 巴蜀书社 吉林文史出版社 1989 年联合开始出版

《中国神怪小说大系》 林辰编 吉林文史出版社 1997 年版

---

① 孙逊、秦川《明代文言小说总集述略》，载辜美高、黄霖主编《明代小说面面观——明代小说国际学术研讨会论文集》，学林出版社 2002 年版。

② 此书据明人所辑《五朝小说大观》本影印。

《中国古代孤本小说集》 中国文史出版社1998年版

《中国古代珍稀本小说》《中国古代珍稀本小说续》 侯忠义 安平秋等主编 春风文艺出版社1994年 1997年先后出版

《中国古代小说珍秘本文库》 傅璇琮主编 三秦出版社1998年版

《北京图书馆藏珍本小说丛刊》第一辑 刘一平主编 书目文献出版社1996年版

《中国历代禁毁小说集萃》 黄自恒主编 台北双笛国际出版公司1983—1985年版

《中国古代禁毁小说文库》 陈华昌 黄道京编 太白文艺出版社1996—2000年出版

《中国禁毁小说百部》 大众文艺出版社1999年版

《中国禁毁小说百部》 中国戏剧出版社2000年版

《中国禁毁小说110部》 总策划叶天洪 张秀枫 时代文艺出版社2000—2002年出版

《白话中国古典小说大系》 许仁图主编 台北河洛图书公司1969—1970出版

《中国话本大系》 刘世德主编 江苏古籍出版社1990年开始陆续出版

《古代公案小说丛书》 刘世德 竺青主编 群众出版社1999年开始陆续出版

《中国历代笑话集成》 陈维礼 郭俊峰主编 时代文艺出版社1996年版

《笔记小说大观丛刊》 洪浩培主编 台北新兴书局有限公司1975—1984年出版

《笔记小说大观》 江苏广陵古籍刻印社2007年影印

《历代笔记小说集成》 周光培主编 河北教育出版社1994年版

《历代笔记小说大观》 上海古籍出版社编辑出版①

---

① 此书分《汉魏六朝笔记小说大观》(2000年版)、《唐五代笔记小说大观》(2000年版)、《宋元笔记小说大观》(2007年版)、《明代笔记小说大观》(2005年版)、《清代笔记小说大观》(2007年版)。

《宋人小说类编》［清］徐叟辑　中国书店1985年版

《全宋笔记》第一、二编　朱易安　傅璇琮主编　大象出版社2003年　2006年先后出版

《古体小说钞》(宋元卷)　程毅中编　中华书局1995年版

《古体小说钞》(明代卷)　程毅中　薛洪勣编　中华书局2001年版

《明代小说辑刊》一、二、三辑　侯忠义主编　巴蜀书社分别于1993、1995、1999年出版

《水浒系列小说集成》　梅庆吉主编　黑龙江人民出版社1997年版

《明清善本小说丛刊初编》《明清善本小说丛刊续编》　台湾天一出版社1987、1990年先后出版

《明末清初小说选刊》　林辰主持编校　春风文艺出版社1980—1990年出版

《明清文言小说选刊》　中州古籍出版社1988年开始陆续出版

《明清艳情小说》　长江文艺出版社1993年版

《思无邪汇宝》(又名《明清艳情小说丛书》)　陈庆浩　王桂秋主编　法国国家科学研究中心　台湾大英百科股份有限公司合作1994—1997年陆续出版

《古体小说钞》(清代卷)　程毅中等编　中华书局2001年版

《清代笔记小说丛刊》　齐鲁书社1985年开始陆续出版

《清代笔记小说类编》　陆林主编　黄山书社1994年版

《清稗类钞选(文学·艺术·戏剧·音乐)》　徐珂编撰　无谷　刘卓英点校　北京图书馆出版社1997年版

《红楼梦丛书全编》［清］曹雪芹等撰　蔡义江主编　山西古籍出版社1998年版

《红楼梦丛书》　徐有为　徐存仁编　台北广文书局1977—1982年出版

《红楼续书选》　钟离叔　杨华等校点　春风文艺出版社1982年开始陆续出版

《中国近代小说大系》　中国近代小说大系编委会主编　江西人民出版社　百花洲文艺出版社1988—1996年陆续出版

《中国近代珍稀本小说》 董文成 李勤学主编 春风文艺出版社 1997 年版

《民国章回小说大观》 秦和鸣主编 中国文联出版公司 1995 年版

《民国章回小说大观》第二卷 秦和鸣主编 中国文联出版社 2003 年版

《韩国藏中国稀见珍本小说》 王汝梅 [韩]朴在渊主编 中国大百科全书出版社 1997 年版

《越南汉文小说丛刊》第一辑 陈庆浩 王三庆主编 法国远东学院出版 台湾学生书局印行 1987 年版

《越南汉文小说丛刊》第二辑 陈庆浩 郑阿财等主编 法国远东学院出版 台湾学生书局印行 1992 年版

《日本汉文小说丛刊》第一辑 陈庆浩 王三庆等主编 台湾学生书局印行 2003 年年版

第六节 戏曲曲艺

戏曲曲艺作品是中国古代文学作品的重要组成部分，在中国古代文学作品中占有重要的地位。古代戏曲曲艺作品虽然有不少已经散失了，但经过历代的积累，存传的成果仍然非常繁富，光彩纷呈。

戏曲曲艺是姊妹俩，都属于综合艺术，或者说，都是多种艺术融合的结果。戏曲是由文学、音乐、舞蹈、扮演、美术、杂技和场所等多种因素融合而成的，主要包括大曲、杂剧、南戏、传奇、京剧和各种地方戏。曲艺是说唱艺术的总称，是用韵散两种文体交织构成的一种具有叙事性的文艺形式。叙事时说唱结合，用散文讲说，用韵文歌唱①。通常所说的古代曲艺，主要包括变文、鼓子词、赚词、诸宫调、宝卷和弹词等。在一定的场景中演唱，是戏曲曲艺的诸多因素中的重要因素，这可能是人们称它们为戏曲曲艺的主要原因。对接受者来说，戏曲曲艺可观可听，常常有可感知的场景。这也是其他文学作品所不具备的。

---

① 参阅叶德均《宋元明讲唱文学》，古典文学出版社 1957 年版，第 1 页。

今存中国古代包括作品在内的各种戏曲曲艺史料的根基，在戏曲曲艺的起源、形成和发展演变过程中的遗迹以及历代人们对戏曲曲艺的认识。如前所述，戏曲曲艺是一种综合艺术，是多种文艺融合的产物，这一点已经成为学术界的共识。但是戏曲曲艺是何种文艺、多少种文艺的融合、在何时开始融合、融合的程度和水平怎样等问题，学术界众说纷纭。不过有一点已为许多学者所认可，就是在中国的远古时期就已经孕育了戏曲曲艺的因素，只是由于多方面的原因，其因素发展得比较缓慢，直到唐前，戏曲曲艺基本上处于萌发状态。与此相联系的是，唐前的戏曲曲艺作品史料和表演等方面的史料，基本上是处于混合模糊的状态，分散在各种典籍中，有少数见于出土文物。

先秦时期的一些史书、诸子、文学作品中有关歌舞、祭祀、俳优的记载和叙写，程度不同地都含有戏曲曲艺史料。《竹书纪年·帝舜元年》载：

即帝位……击石拊石，以歌九韶，百兽率舞。

《吕氏春秋》卷五《古乐篇》载：

葛天氏之乐，三人操牛尾，投足而歌八阕。……帝尧立，乃命质为乐。质乃效山林溪谷之音以歌，乃以麋鞈置缶而鼓之，乃拊石击石以象上帝玉磬之音，以致舞百兽。瞽叟乃拌五弦之瑟。

《诗经·溱洧》咏道：

溱与洧，方涣涣兮。士与女，方秉蕑兮。女曰观乎？士曰既且。且往观乎，洧之外，洵讦且乐。维士与女，伊其相谑，赠之以勺药。

上述的有关歌舞记载，明显地体现了乐、舞、诗的融合。

戏曲的产生同古代的原始宗教密切相关。有些学者认为，古代的傩仪含有戏曲的因素。先秦的一些典籍常见有关傩仪的记载。《周礼·夏官》云：

（方相氏）掌蒙熊皮，黄金四目，玄衣朱裳，执戈扬盾，帅百隶而事难（傩）以索室驱疫。

王国维认为，古代的戏曲源于以歌舞乐鬼神的巫觋。这类史料在《楚辞》中的《九歌》和《招魂》中保留得较多。王逸《楚辞章句·九歌章句》说：

昔楚国南郢之邑，沅、湘之间，其俗信鬼而好祠。其祠，必作歌乐鼓舞以乐诸神。屈原放逐，窜伏其域，怀忧苦毒，愁思沸郁，出见俗人祭祀之礼，歌舞之乐，其词鄙陋，因为作《九歌》之曲。

表演是戏曲的重要组成因素。有些学者在探讨戏曲的起源时，注意了古优同戏曲产生的关系。有关古优的史料，在《国语》的《郑语》和《晋语》等部分中，保留了一些。在后来的《史记》中，也有关于古优的记载，如《史记》卷126《滑稽列传》中就载有“优孟衣冠”的故事。

中国古代的曲艺，也可以追溯到先秦。《荀子》一书中的《成相》，是能歌唱的，有人说是“后世弹词之祖”。

中国古代的戏曲曲艺的基因在先秦产生之后，到了汉代有了发育。其中特别为学术界所重视的是有关角抵（一作“角觝”）戏和关于“东海王公”的记载。关于角抵戏曲的史料在《史记》卷129《货殖列传》、卷126《滑稽列传》、卷87《李斯列传》以及东汉张衡的《西京赋》等典籍中，都有记载。《西京赋》中所叙写的角抵同歌舞、优相结合，被称之为“百戏”。关于“东海王公”的史料，见于晋代葛洪的《西京杂记》卷三：

有东海人黄公，少时为术，能制龙御虎，佩赤金刀，以绛缯束发，立兴云雾，坐成山河。及衰老，气力羸惫，饮酒过度，不能复行其术。秦末，有白虎见于东海，黄公乃以赤刀往厌之。术既不行，遂为虎所杀。三辅人俗用以为戏，汉帝亦取以为角抵之戏焉。

这一史料记载了以黄公故事为题材编演的角抵戏，由此也可以看到角抵戏在民间和皇宫的流传。

汉代有关戏曲曲艺的史料，在出土文物中时有发现。1957年在成都天回镇汉墓出土有坐式说唱俑和后来出土的郫县东汉砖室墓立式说书俑，1964年在济南市北郊无影山西汉墓出土的“西汉百戏陶俑”，四川博物馆藏有的“汉代百戏画像砖”、“汉代槃舞百戏画像砖”，1974年山东临沂金雀山九号墓出土的彩绘帛画“西汉帛画角抵图”，1979年扬州邗江湖场一号西汉木椁墓中出土木质说书俑两件等，都是研究戏曲曲艺的珍贵史料。

就现在发现的史料来看，魏晋南北朝时期有关戏曲曲艺的史料，主要见于一些史书。如《三国志》卷21《魏志·王卫二刘傅传》注引《魏略》载，邯郸淳见曹植时，曹植“科头拍袒，胡舞五椎锻，跳丸击剑，诵俳优小说数千言”。

《三国志》卷四《魏志·齐王芳纪》注引《世语》及《魏氏春秋》并云：

司马文王镇许昌，征还击维，至京师，帝于平乐观以临军过。中领军许允与左右小臣谋，因文王辞，杀之，勒其众以退大将军。已诏书于前。文王入，帝方食栗，优人云午等唱曰："青头鸡，青头鸡。"青头鸡，鸭也。帝惧，不敢发。

又注引《魏书》载：司马师等《废帝奏》云：

使小优郭怀、袁信于广望观下，作辽东妖妇，嬉亵过度，道路行人掩目。

《三国志》卷42《蜀志·许慈传》载：

值庶事草创，动多疑议，慈、潜更相克伐，谤讟忿争，形于声色；书籍有无，不相通借，时寻楚挞，以相震撼。其矜己妒彼，乃至于此。先主愍其若斯，群僚大会，使倡家假为二子之容，效其讼阋之状，酒酣乐作，以为嬉戏，初以辞义相难，终以刀杖相屈。用感切之。

从上面引录的几则史料，可以管窥三国时期古优歌舞的情况，或用于戏谑，或用于规劝。

《太平御览》卷569引《赵书》云：

石勒参军周延为馆陶令，断官绢数万匹，下狱，以八议宥之。后每大会，使俳优着介帻，黄绢单衣。优问："汝何官，在我辈中？"曰："我本为馆陶令。"斗数单衣，曰："正坐取是，入汝辈中。"以为笑。

王国维认为，唐宋以后的戏曲"脚色中有名之参军，实出于此"[①]。

《魏书》卷109《乐志》载：

太宗增修百戏，撰合大曲。

《隋书》卷14《音乐志中》载：

明帝武成二年正月朔旦，会全臣于紫极殿，始用百戏。……及宣帝即位，而广招杂伎，增修百戏。鱼龙漫衍之伎，累日继夜，不知休息。

---

① 王国维著、杨扬校订《宋元戏曲史》，华东师范大学出版社1995年版，第6—7页。

上述史料，说明汉代的百戏在北朝的盛行。

由于人们对戏曲曲艺的起源有不同的理解，加上先唐戏曲曲艺史料相当分散，尽管王国维在其《宋元戏曲史》中的“上古至五代之戏剧”部分和任半塘在《唐戏弄》中有较多的涉及，但就总体而言，至今对先唐的戏曲曲艺史料还缺乏系统的搜集和整理。

唐代是中国古代歌舞、表演、说唱等多种文艺全面融合的第一个时期，因此有不少学者认为，唐代是中国古代戏曲曲艺形成的时期。与此相关联的是，唐代的戏曲曲艺史料尽管仍处于分散的状态，散见于史书（如唐李肇《国史补》、唐杜佑《通典》、《旧唐书·音乐志》、《新唐书·百官志》、《新五代史·伶官传序》、《资治通鉴·唐记二十八》、《唐会要》等）、乐府书（如唐段安节的《乐府杂录》）、杂记笔记（如唐崔令钦《教坊记》、范摅《云溪友议》、赵璘《因话录》、李绰《尚书故实》、孙棨《百里志》、牛僧孺《玄怪录》、韦绚《刘宾客嘉话录》、无名氏《玉泉子真录》、姚宽《西溪丛语》、郑文宝《江南余载》、宋孙光宪《北梦琐言》等）、诗文（如常非月《咏谈容娘》，白居易《西凉伎》，薛能《吴姬》、《江南喜逢萧九彻因话长安旧游喜赠五十韵》，李义山《娇儿诗》等），但同以前的戏曲曲艺史料相比，不仅丰富了，同时出现了三种值得注意的新现象：

一是有些著述，戏曲曲艺史料比较集中，如《教坊记》和《乐府杂录》[①]。

二是有些史料记载戏曲比较完整。如《教坊记》关于《踏摇娘》的记载：

> 《踏摇娘》：北齐有人姓苏，齁鼻，实不仕，而自号为郎中，嗜饮酗酒，每醉，辄殴其妻。妻衔悲诉于邻里。时人弄之：丈夫著妇人衣，徐步入场，行歌。每一叠，旁人齐唱合之云：“踏摇和来，踏摇娘苦和来。”以其且步且歌，故谓之踏摇；以其称冤，故言苦；及其夫至，则作殴斗之状，以为笑乐。

上引史料也见于《旧唐书·音乐志》和《乐府杂录》，但《教坊记》所记相当全面。《教坊记》所记，有故事及其缘起，有扮演人物，有歌舞，有“殴斗”动作。歌唱中还有合唱。从这类史料，可以看出多种文艺在更高层次上的融合。有些学者，正是依据这类史料，认为中国古代的戏曲至晚到唐代就形

① 二书均收入《中国古典戏曲论著集成》。

成了。

三是从一些史料可以看到某些唐代戏曲的剧目。在唐代，可能由于戏曲曲艺还没有成为一种专业，人们虽然喜欢它，但并不看重它，所以从现存史料来看，没有明确的剧目的著录。不过，从某些分散的史料中，可以发现唐代的部分剧目。任半塘认为，唐代多有曲名，有些戏曲名可于曲名求之。他在其所著的《唐戏弄》第三章《剧录》中就著录了《踏摇娘》、《西凉伎》、《苏莫遮》、《兰陵王》、《凤归云》和《义阳王》等十几个著者认为是全能剧的剧目。

宋代继承唐代戏曲曲艺之成就，在新的历史条件下，歌舞、表演、说唱等文艺进一步融合，戏曲曲艺得到了长足发展。除了传统的角抵、百戏以外，在戏曲方面出现了许多杂剧、南戏[①]、滑稽戏、傀儡戏、影戏；在曲艺方面，产生了讲演小说、鼓子词、赚词、大曲、法曲、传踏、曲破、队舞、诸宫调等。宋代的戏曲曲艺尽管得到了长足的发展，但由于其主体仍属于戏谑滑稽，从宫廷到民间，不少人喜欢它们，但并不看重它们。再加上戏曲曲艺作品的许多创作者，社会地位低下，多为无名之辈，即使有姓名者，社会地位也不高，如“曾作杂剧本子的”汴梁教坊大使的孟角球，“撰四十大曲”的葛守诚，撰赚词的张五牛[②]，始创诸宫调的孔三传[③]，作《拂霓裳转踏》的石曼卿[④]等，均非著名人士。至于那些表演者，其社会地位更为低下。可能由于上述原因，所以从存传的有关宋代的戏曲曲艺史料来看，未见比较系统的著述，大多仍呈分散状态。有些史料散见于后来的一些史书，如《宋史·乐志》、《辽史·乐志》和《文献通考·教坊部》，更多的则是散见于宋代和元明时期的大量的杂著笔记中。

从今存宋代的杂著笔记来看，其中保存了宋代大量的戏曲曲艺史料。就近现代已经问世的有关宋金的戏曲曲艺著作而言，王国维的《宋元戏曲史》中的第二至第五部分和胡忌的《宋金杂剧考》[⑤]征引的宋金戏曲史料最为丰富。而这两种著作所征引的史料，绝大部分源自宋代的杂著笔记，有少

---

① 南戏有多种名称，如戏文、南戏文、温州杂剧、永嘉杂剧、南宋戏文、南戏、南词等。

② 以上三则史料，据[宋]吴自牧《梦粱录》，商业出版社 1982 年版，卷 20。

③ 据[宋]王灼《碧鸡漫志》，唐圭璋编《词话丛编》本，卷 2。

④ 据[宋]王灼《碧鸡漫志》，唐圭璋编《词话丛编》本，卷 3。

⑤ 胡忌著《宋金杂剧考》(订补本)，中华书局 2008 年版。

数源自元明的杂著笔记。在宋代诸多的杂著笔记中，含有戏曲曲艺史料特别丰富的是南宋孟元老所著《东京梦华录》①，灌圃（一作“灌园”）耐得翁所著《都城纪胜》，佚名所著《西湖老人繁胜录》，吴自牧所著《梦粱录》，周密所著《武林旧事》②、《齐东野语》③。

《东京梦华录》的内容为忆记北宋京城汴梁（今河南开封）的繁华景象。此书通行本为10卷。其中卷5、卷7记录了汴梁瓦肆勾栏和皇家演剧等戏曲曲艺史料。如卷5载，京瓦伎艺，有霍四究说“三分”，尹常卖《五代史》。又载京瓦伎艺有影戏、乔影戏。

《都城纪胜》记载南宋都城临安（今浙江杭州），分14门，其中记瓦肆众伎、社会、闲人等门中有一些重要的戏曲曲艺史料。如“瓦舍众伎”条载：

> 弄悬丝傀儡、杖头傀儡、水傀儡、肉傀儡。凡傀儡敷演烟粉灵怪故事、铁骑公案之类，其话本或如杂剧，或如崖词，大抵多虚少实，如《巨灵神》、《朱姬大仙》之类是也。

从这则史料可以看到宋代的艺人用多种木偶表演各种故事的状况。

《西湖老人繁胜录》，久佚，今通行本为一卷，是从《永乐大典》中辑得的。书中有不少关于都城临安瓦肆勾栏演出和艺人姓名的记载。

《梦粱录》的作者为临安人。全书20卷，所记多为著者在临安亲身所见所闻之事。其卷19记“瓦舍”、“社会”、“闲人”，卷20记“娱乐”、“百戏伎艺”、“角觝”、“小说讲经史”等，均涉及了宋代的戏曲曲艺，如卷20云：

> 说唱诸宫调，昨汴京有孔三传，编成传奇灵怪，入曲说唱。

诸如此类，都是研究宋代戏曲曲艺的重要史料。

《武林旧事》的内容是著者追忆南宋临安旧事。全书10卷。其中卷1记“舞队”，卷2记“社会”、“迎新”，卷4记“乾淳教坊乐部”，卷5记“瓦子勾栏”、“诸色伎艺人”，卷10记“官本杂剧段数”，都是宋代有关戏曲曲艺的宝贵史料。如卷5所载诸色伎艺人中有说书会，有演史，有说经诨经等，对后

---

① 此书重要版本有伊永文笺注《东京梦华录笺注》（中国古代都城资料选刊），中华书局2006年版。

② 以上四书有商业出版社1982年排印本。

③ 《齐东野语》，张茂鹏点校，中华书局1983年版。

人了解宋代的曲艺提供了难得的史料。

《齐东野语》所记为著者所闻所经历之事。其中有不少涉及了宋代的戏曲曲艺。如卷10载：

> 宣和中，童贯用兵燕蓟，败而窜。一日内宴，教坊进伎，为三四婢，首饰皆不同。其一当额为髻，曰：蔡太师家人也；其二髻偏坠，曰：郑太宰家人也；又一人满头为髻如小儿，曰：童大王家人也。问其故。蔡氏者曰："太师觐清光，此名朝天髻。"郑氏者曰："吾太宰奉祠就第，此懒梳髻。"至童氏者曰："大王方用兵，此三十六髻也。"王国维注："三十六计，走为上计，宋人有此语。"①

像这类史料，是我们探讨宋代滑稽戏的重要参照。

宋代的戏曲曲艺史料除文字记载之外，考古文物工作者还陆续发现了一些与之相关的考古文物和绘画史料。在考古文物方面，值得特别注意的是1952年以来，在河南省的禹县、偃师、荥阳和温县一带的北宋墓葬中，相继出土了一批描绘宋杂剧的雕砖，如禹县白沙宋墓杂剧雕砖、偃师酒流沟宋墓杂剧雕砖、荥阳东槐西村石棺线刻杂剧演出图、温县前东南村宋墓杂剧雕砖②。在绘画方面，如故宫博物院所藏南宋佚名绘杂剧《眼药酸》③和绘杂剧女扮男装图④。这类史料真实、形象，可以和文字记载史料相互补充。

在宋代的各种戏曲曲艺史料中，剧本占有重要地位。上面所述及的史料中，有些涉及了作品。不过，检阅今存宋代的书目，如《郡斋读书志》和《直斋书录解题》，都没有著录戏曲曲艺作品。《崇文总目》卷一录周优人《曲词》二卷。原注云："周吏部侍郎赵上交，翰林学士李昉，谏议大夫刘陶、司勋，郎中冯古，纂录燕优人曲辞。"王国维说："此燕为刘守光之燕，或契丹之燕，其曲辞为乐曲或戏曲，均不可考。"⑤现存宋代各种戏曲曲艺作品史料，主要散

---

① 王国维著、杨扬校订《宋元戏曲史》，华东师范大学出版社1995年版，第23页。

② 参阅廖奔《中州出土北宋戏曲文物论考》，载中国艺术研究院戏曲研究所《戏曲研究》第18辑。

③ 参阅王长友《话说〈眼药酸图〉中的"眼睛"》，载中国艺术研究院戏曲研究所《戏曲研究》第16辑。

④ 参阅周贻白《南宋杂剧的舞台人物形象》，载《文物精华》1959年第1期，收入《周贻白戏剧论文选》，湖南人民出版社1982年版。

⑤ 王国维著、杨扬校订《宋元戏曲史》，华东师范大学出版社1995年版，第53页。

见于各种杂著笔记中。在这些杂著笔记中涉及戏曲曲艺作品时，大致有四种情况。一是有作品内容梗概，而无作品的名称。二是有时以举例的形式，写明作品的名称，如《东京梦华录》卷5载演史有《复华篇》和《中兴名将传》。三是录有一些作品，如宋人史浩《鄮峰真隐漫录》卷46录有《剑舞》；北宋赵令畤的《侯鲭录》卷5录有自己创作的一种鼓子词，题为《元微之崔莺莺商调蝶恋花词》。今存宋代的戏曲曲艺作品，有许多存于宋代的杂著笔记中，有些比较完整，有些属于片段。四是著录部分戏曲曲艺目录。如《武林旧事》卷10著录了官本杂剧段数280本，卷1著录4本，卷8著录2本，共286本。这是宋代诸多杂著笔记中著录宋代杂剧剧目最多的一部著作。

宋代的戏曲曲艺作品，在宋代虽然有所著录，但不见系统的著录和整理。在宋代以后的漫长岁月中，有不少著述有所涉及，如宋末元初人陈元靓的《事林广记》续集卷7，录有一套南宋人创作的专咏蹴踘(蹋毬)的赚词；元末明初陶宗仪的《南村辍耕录》卷25“院本名目”条；明代杨士奇《文渊阁书目》卷10著录宋代《选唱赚词》一种(惜已失传)，祝允明的《猥谈》、徐渭《南词叙录》中关于南戏的记载，《永乐大典》收录的戏文等。上举著述，多少不同地都涉及了宋代的戏曲曲艺作品。但比较全面系统地搜集整理宋金时期的戏曲曲艺作品是从近代王国维开始的，继踵者是胡忌。经王国维、胡忌等许多学者的辛勤劳动，对宋金的杂剧、南戏和曲艺作品的搜集整理已经取得了许多重要的成果。

宋杂剧的剧目，一些学者据《武林旧事》和《南村辍耕录》等书的著录，认为约有300种，但至今还没有发现有剧本传世①。

宋代南戏的剧本，绝大多数已经散失。现代学者钱南扬、陆侃如、冯沅君、赵景深等于南戏的辑佚和整理，各自作出了重要的贡献。南戏的剧目，《南词叙录》载“宋元旧篇”65种，周贻白辑录“宋元南戏”168种②，钱南扬《戏文概论》和刘念兹《南戏新证》中，共著录宋元南戏244本。上引剧目中，有多少属于宋代，难以分辨。据《草木子》、《猥谈》、《南词叙录》③等书，可知《赵贞女蔡二郎》和《王魁》(又名《王魁负桂英》)两种为南戏之首，但这两种

① 参阅胡忌《宋金杂剧考》(订补本)，中华书局2008年版。

② 载其著《中国戏曲剧目初探》，收入沈燮元编《周贻白小说戏曲论集》，齐鲁书社1986年版。

③ 收入《中国古典戏曲论著集成》第3卷。

戏文久已失传。此外有《王焕》(又名《风流王焕贺怜怜》)、《乐昌分镜》(又名《乐昌公主破镜重圆》)、《韫玉传奇》和《张协状元》。其中《张协状元》是从《永乐大典》中辑出的,也是今存宋代南戏的唯一剧本。

宋代的其他戏曲曲艺作品,除了诸宫调和滑稽戏之外,存传和整理得不多。诸宫调,现存的有佚名《刘知远诸宫调》和董解元《西厢记诸宫调》(简称《董西厢》)。《刘知远诸宫调》原有 12 则,现残存第 1、第 2、第 3(不全)、第 11(不全)和第 12 则。《董西厢》作于金章宗时期,保留完整。滑稽戏,任半塘在《唐戏弄》中称之为科白类戏。他在其著《优语集》中,搜集宋代的滑稽戏的史料较多。

以杂剧、南戏和散曲为代表的戏曲曲艺是元代文学的主体。元代杂剧、南戏和散曲的创作和演出,标志着中国古代歌舞、表演、说唱等多种文艺的融合达到了空前的高度,也是中国古代戏曲曲艺发展的第一个鼎盛时期。

元代创作演出的戏曲曲艺作品的数量,难以统计。但有一点在学术界已经达成共识,那就是当时其数量之多和存传至今的,已远远超过了以前。现在能够考知的元代杂剧剧目有 700 多种,今存 200 多种;南戏剧目 200 多种,今存的有 10 多种①。

元代的戏曲曲艺作品,尽管绝大部分已经散佚,但同元前的各个朝代相比,存传至今的作品数量空前。这与元人比较注意对当时创作演出的戏曲曲艺作品的收存和刊行有关。钟嗣成著《录鬼簿》,取“有所编传奇存于世者”,书中记事止于至正五年(1345),著录作品 458 本。现存《元刊杂剧三十种》虽为后人编辑命名,但从书名特别标明“元刊”来看,这 30 种应当是元代分别刊印的。

明代十分重视搜集整理元代的戏曲作品。明初编的《永乐大典》收录了许多元代的南戏和杂剧作品②。明人李开先的《改定元贤传奇》,龙峰徐氏的

---

① 关于元杂剧和南戏剧目的数量和今存的数量,由于剧目过于分散,界定、统计标准的不同以及时代难以考定等多方面的原因,有关的目录著录的数量有些出入。周贻白《中国戏曲剧目初探》(收入沈燮元编《周贻白小说戏曲论集》,齐鲁书社 1986 年版)著录元杂剧作者 91 人,剧目 517 种,今存 112 种(《西厢记》、《西游记》皆只作一种),元明无名氏杂剧 262 种,今存 137 种。共录元杂剧 779 种,今存 309 种。著录宋元南戏剧目 168 种。

② 参阅本书第十二章第二节。

《古名家杂剧》，息机子的《古今杂剧选》，臧懋循的《元曲选》，脉望馆抄校本《古今杂剧》和《古今名剧柳枝集》、《古今名剧酹江集》等，都分别汇集了元杂剧重要的刻本和抄本。上引诸种戏曲集中，影响最大的是臧懋循的《元曲选》。

清代和近代对于元代戏曲作品的整理，主要成绩表现在著录多代的戏曲目录方面，如黄丕烈的《也是园藏古今杂剧目录》、《待访古今杂剧存目》，黄文旸的《曲海目》，管庭芬的《重订曲海目》。

近代以后，经过几代人的努力，元代戏曲作品，在目录、个人戏曲集、戏曲总集和丛刊的搜集整理印行等方面，成果辉煌。戏曲目录，有日人青木正儿原著、徐调孚校补的《元人杂剧现存书目》，傅惜华的《元代杂剧全目》，隋树森的《现存全部元人杂剧目录》等①。个人戏曲集，元代著名的戏曲家的创作，大多有所整理。戏曲总集和丛刊，或重印，或新编，成绩卓著②。

在中国古代戏曲史上，明代是第二个鼎盛时期。傅惜华著《明代杂剧全目》③卷1、卷2著录明代姓名可考之杂剧作家作品349种，卷3著录无姓名之杂剧作家作品174种，共著录明杂剧作品523种。傅惜华还著有《明代传奇全目》④，此书著录有姓名可考的明代传奇作家作品618种，无名氏传奇作家作品332种，共950种。明代的南戏，徐渭《南词叙录》著录48种。傅惜华的《明代杂剧全目》和《明代传奇全目》著录明代杂剧、传奇比较全面准确⑤。《南词叙录》所附目录是南戏最早的专门目录。从上引目录可以推知，明代的杂剧、传奇和南戏等戏曲作家作品之繁多。

明代的戏曲作品，值得我们特别关注的是明代人所编辑的作品集和20世纪新发现、整理的作品。明代人重视收集整理明代的各种戏曲作品。明代人收集整理的戏曲作品，除本书第十二章第三节列举的之外，杂剧重要的还有佚名编《杂剧十段景》、黄正位辑《阳春奏》、孟称舜编《古今名剧合选》（《新镌古今名剧柳枝集》和《新镌古今名剧酹江集》的合称）。传奇重要的还

---

① 参阅苗怀明《二十世纪戏曲文献学述略》，中华书局2005年版，第六章《二十世纪戏曲目录学述略》。

② 参阅查洪德、李军《元代文学文献学》，中国社会科学出版社2002年版，第四章第二至第四节。

③ 作家出版社1958年版。

④ 人民文学出版社1959年版。

⑤ 周贻白《中国戏曲剧目初探》著录明代传奇619种，杂剧520种。远少于傅惜华的著录。

有文林阁编《绣像传奇十种》、冯梦龙辑《墨憨斋传奇十种》、崇祯时刊刻《十种传奇》(清初玉夏斋重印时,改为《玉夏斋传奇》)、胡文焕辑《群音类选》等。综合性的戏曲选集有郁冈樵隐辑古、积金山人采新的《缀白裘》和方来馆主人辑《万锦清音》等。

进入20世纪,由于人们重视戏曲和对外开放,对明代戏曲作品,在总集、丛刊和个人戏曲集的搜集整理刊行等方面,都取得了前所未有的辉煌成就。于总集,全明杂剧、传奇、散曲等都作了相当全面的搜集整理和出版。于丛刊,《古本戏曲丛刊》初集、二集、三集中,收录了明代的传奇,现存明代的传奇基本上被收录其中。第四集收录了各种明刻本的元明杂剧以及《脉望馆抄校本古今杂剧》,今存明代杂剧,基本上都包括在内。新出版的《续修四库全书》在集部,专门增设"戏剧类",收有杂剧、传奇及其全集、选集。其中选录明代的有《盛明杂剧》、《古今名剧选》、《六十种曲》、《风月锦囊》、《词林一枝》、《群音类选》、《乐府红珊》、《摘锦奇音》、《大名春》、《南北词广韵选》、《乐府遏云编》、《南音三籁》、《缠头白练》和许多戏曲名家的代表作。于个人戏曲集,徐渭、冯惟敏、李开先、梁辰鱼、王世贞、汤显祖、冯梦龙、阮大铖、吴炳等著名戏曲家的全集或代表性的戏曲作品,都有整理出版。

包括明代在内的中国古代戏曲作品,有大量流存于国外。自20世纪初期开始,许多爱国志士和国外友好人士,通过多种途径陆续有所发现,有些已经在我国刊印。其中有不少属于明代戏曲作品,如:《古本戏曲丛刊》第五集所收日人田喜一郎所藏《断发记》,《海外孤本晚明戏剧选集三种》,《明刊闽南戏曲弦管选本三种》①,青山高士的《盐梅记》②等。

清代的戏曲虽然不像元代和明代那样鼎盛,但也有自己的特点。第一,传统的杂剧和传奇,特别是传奇仍在继续发展。傅惜华《清代杂剧全目》③著录清代杂剧有姓名可考者作家作品550种,无名氏作品750种,共1300

① 以上两种戏剧集的发现刊印等,见下面《现当代新刊新整理戏曲曲艺作品举要》部分。

② 《盐梅记》,北京图书馆出版社1998年影印出版。参阅康保成《孤本明传奇〈盐梅记〉述略》,《文献》1999年第1期。关于明代的戏曲作品,可参阅郭英德主编《中国古代文学通论·明代卷》,辽宁人民出版社2005年版,下编第三章第二节和第四章。

③ 此目录编于1961年,人民文学出版社1981年出版。收入中国戏曲研究院编《中国戏曲史资料丛刊》之《中国古典戏曲综录》。

种，总数超过明代杂剧数量的一倍。其中尽管包括近代，但仍可以证明清代杂剧作品数量之繁多。庄一拂《古典戏曲存目汇考》[①]“卷十一下编传奇三清代作品（上）”和“卷十二下编传奇四清代作品（下）”，共著录清代（不包括近代）有姓名作者所作传奇 1044 种。清代创作这么多的传奇，也是前所未有的。第二，以京剧为代表的地方戏的兴起和繁荣。清代中叶，传统的杂剧早不行时了，传奇也开始衰落，逐渐被正统文人称之为“花部”的地方戏所取代。地方戏虽然没有名家名作，但兴起以后，迅速发展。

如果说，从总体上看，清代的戏曲创作并不亚于元代和明代的话，那么清代的曲艺则远胜于元代和明代。清代的曲艺，种类多样，有宝卷、弹词、词话、鼓词、说唱故事、子弟书、木鱼书等。这些曲艺在继承前代成就的基础上，有了进一步的丰富和发展，创作了大量的新作品。具体数量，难以统计。这些作品，有不少靠刊印和手抄，得到了广泛的传播。以弹词为例，盛志梅编《弹词知见录》[②]，收明、清、民国三个时期的弹词，以清代为主，共收弹词 530 多种，1700 多个版本。

清代的戏曲曲艺作品虽然繁多，但清代从官方到许多文人，可能由于受传统保守的看重文、诗、词文学观念的束缚，不太重视当时的地方戏和曲艺作品，在地方戏和曲艺的整理上留下的成果不多。倒是在杂剧和传奇的搜集和整理上，有一些作为。当时有些著名的戏曲家在世时就有作品刊印，如李渔《笠翁传奇十种》、尤侗《西堂乐府六种》、万树《拥双艳三种曲》等。清代有些爱好戏曲的文人，注意编纂曲目，如黄文旸编有《曲海目》[③]，支丰宜编有《曲目新编》[④]等。在戏曲总集的编辑上，明末清初邹式金编的《杂剧新编》（又名《杂剧三集》），收明末清初杂剧作家 19 人，杂剧 34 种[⑤]。玩花主人编辑、钱德苍增辑的折子戏选集《缀白裘》，收录昆曲作品 80 多部，400 多出[⑥]。

---

① 上海古籍出版社 1982 年版。

② 载其著《清代弹词研究》，齐鲁书社 2008 年版，《附录》。

③ 《曲海目》一卷。存李斗《扬州画舫录》卷五转载本，及《销夏录五种》所收无名氏重订本。《中国古典戏曲论著集成》第七册以《销夏旧录本》为底本收录，题名《重订曲海总目》。

④ 古书流通处 1921 年印行陈乃乾编《曲苑》收有此书。后收入《中国古典戏曲论著集成》第九册。

⑤ 据杜桂萍《清初杂剧研究》，人民文学出版社 2005 年版，第 370 页。

⑥ 据李万钧主编《中国古今戏剧史》，广东高等教育出版社 1997 年版，上卷，第 632 页。

同对宋元和明代戏曲作品的搜集和整理一样，对清代戏曲曲艺作品的重视和大规模的搜集和整理，是在20世纪初期开始的。经过一个世纪几代人的前后努力，对国内外所存清代戏曲曲艺作品的搜集和整理，在目录编纂、作品的编辑整理印行等方面，都取得了巨大的成绩。于目录，重要的如：上引傅惜华编《清代杂剧全目》，庄一拂编《古典戏曲存目汇考》，郭英德编《明清传奇综录》①，刘复、李嘉瑞等编的《中国俗曲总目录》②，傅惜华编《北京传统曲艺总目》③，郭精锐等编《车王府曲本提要》④，仇江、张小婴编《车王府曲本全目及藏本分布》⑤，日人泽田瑞穗编《大鼓书私录》⑥，傅惜华编《子弟书总目》⑦，谭正璧、谭寻编《弹词叙录》⑧，胡士莹编《弹词宝卷目》⑨，车锡伦编《中国宝卷总目》（修订本）⑩等。于作品，其成就主要体现在一些大型丛刊的编印和单部作品的整理印行上。《古本戏曲丛刊》初、二、三、四、五、九集，都收有清代的戏曲作品，其中三集为明末清初传奇集，收明清之际剧作百种，五集为清初传奇作品集，收85种，九集专收清代宫廷大戏，共8种。赵景深主编《中国古典讲唱文学丛书》⑪，出版了清代的一些重要的弹词。王桂秋主编《民俗曲艺丛书》⑫，整理出版作品80种。重要的戏曲家的文集或单本戏曲作品，如吴伟业、尤侗、李玉、朱素臣、李渔、洪昇、孔尚任、杨观朝、蒋士铨、唐英等以及无名氏的作品，大多都有新的整理印行本⑬。

中国古代的戏曲曲艺，到了近代，在类型上，大体呈三种态势：一是以杂剧传奇为代表的传统戏曲在延续；二是以京剧为代表的地方戏在发展；三是发生

---

① 河北教育出版社1997年版。

② 中央研究院历史语言研究所1932年版。

③ 中华书局1962年版。

④ 中山大学出版社1999年版。

⑤ 载刘烈茂等编《车王府曲本研究》，广东人民出版社2000年版。

⑥ 载[日]《天理大学学报》第34、36、37辑。

⑦ 古典文学出版社1957年版。

⑧ 上海古籍出版社1981年版。

⑨ 上海古籍出版社1984年版。

⑩ 北京燕山出版社2000年版。

⑪ 中州古籍出版社（原中州书画社）1982年开始陆续出版。

⑫ 台湾施合郑民基金会1993—1998年陆续出版。

⑬ 关于清代的戏曲曲艺作品史料，参阅蒋寅主编《中国古代文学通论·清代卷》，辽宁人民出版社2005年版，下编第二章第三、四节，第三章第一、二节，第四章。

了明显的变革，主要表现是受国外戏剧的影响产生了话剧（当时又称“新剧”、“文明戏”）。综观近代，上述各种类型的戏剧，各自都创作了大量的作品。

近代创作的戏曲作品，有不少开始是发表在报刊上，后来结集成单行本或收入戏曲丛刊。如洪炳文负有盛名的杂剧《悬岙猿》，原载 1906 年 9 月至 12 月《月月小说》第 1—4 号，后群学社收入《说部丛刊》出单行本。

近代的杂剧作品，庄一拂《古典戏曲存目汇考》著录 120 种；传奇作品，《古典戏曲存目汇考》著录 275 种①。梁淑安、姚柯夫《中国近代传奇杂剧经眼录》②，收录近代传奇杂剧作品 170 种。

近代，京剧剧目繁多，具体数目，未见统计。“根据刘半农买到的一本《戏簿》统计，从光绪八年（1882）到清末四十多家戏班经常演出的皮黄戏共八百多出，是当时伶人所写……这还只是上演剧目，若论全部创作的剧目，当远远不只这个数目。仅宫廷大戏就不止两千多出”。又“根据《申报》、《新闻报》刊登的剧目广告统计，从 1867 年到 1900 年前后的三十年间，上海上演新编京剧剧目不下百种”③。

近代的话剧，少数演的是外国的剧本和根据外国剧本、小说改编的，多数是国人自编的和根据中国古今小说笔记改编的。如 1912 年成立的新剧同志会演出的剧本约 80 多个，据其成员欧阳予倩的回忆，其中纯粹的翻译剧本只有 3 个，根据外国剧本和小说改编的近 20 个，自己创作和根据中国古今小说笔记改编的约 50 多个④。一个剧社演出的话剧就有 80 多种，由此可以推想近代话剧作品之繁多。

在近代，一些有识之士即开始注意搜集、整理和保存当时的戏曲曲艺作品。如满族京剧艺术家汪笑侬一生创作、改编整理京剧剧本至少有 22 种⑤。咸丰后，北京的蒙古车王府搜集、购置、抄写了一大批当时流行的戏

---

① 上述数目，引自李万钧主编《中国古今戏剧史》，广东高等教育出版社 1997 年版，上卷，第 776 页。

② 书目文献出版社 1996 年版。

③ 引自李万钧主编《中国古今戏剧史》，广东高等教育出版社 1997 年版，上卷，第 781—782 页。

④ 参阅欧阳予倩《回忆纯柳》，见《欧阳予倩戏剧论文集》，上海文艺出版社 1984 年版，第 167—168 页。

⑤ 据李万钧主编《中国古今戏剧史》，广东高等教育出版社 1997 年版，上卷，第 810 页。

曲曲艺作品。

对近代戏曲曲艺作品进行大规模搜集整理和印行是从 20 世纪 20 年代开始的。在戏曲方面，经过七八十年的积累，现在可以利用和比较容易找到的近代的戏曲作品集，主要有阿英编《晚清文学丛钞·传奇杂剧卷》[①]，此书收录近代传奇杂剧 31 种。张庚、黄菊盛主编《中国近代文学大系·戏剧集》[②]。此书有两卷，第一卷收录近代传奇杂剧 17 种，京剧 15 种；第二卷收录各种地方戏曲和早期话剧。上引两种和其他近代戏曲作品集，虽然各自做出了贡献，但由于选录标准的不同和客观条件的限制，所收作品尚欠全面，也有某些错误。人民文学出版社 2005 年出版左鹏军著《晚清民国传奇杂剧考索》，是考索近代民国传奇杂剧的新成果。书中对以前出版的近代传奇杂剧书目和作品集，有补遗，有订正，是研究近代民国传奇杂剧作品应当参考的重要著述。

在曲艺作品方面，现在可以参用的主要作品集有：

1925 年，马廉、沈尹默等开始设法购藏整理车王府所藏作品。据今人所编详目，其中曲艺作品共 1017 种[③]。

1918 年初，刘半农、沈尹默发起征集歌谣运动，北京大学校长蔡元培在 2 月 1 日的《北大日刊》上发布了《征集歌谣简章》，为中国现代民俗文学作品的搜集和研究揭开了序幕。后来，刘半农在主持中央研究院历史语言研究所民间文艺组的工作时，组织人员搜集北京、河北、江苏、广东、四川、福建、山东、河南、云南、湖北、安徽、江西、浙江、甘肃等地的包括民国部分时期的俗文学史料。这些史料，1973 年由台湾大学曾永义教授主持，经过三年，予以整理编目，并补充了台湾地区的部分史料。其中“说唱”部分 2304 种，“杂曲”部分 4078 种，“杂耍”部分 194 种，“徒歌”341 种[④]。

阿英编《晚清文学丛钞·说唱文学卷》[⑤]。

---

① 中华书局 1962 年版。

② 上海书店 1995 年 12 月至 1996 年 3 月出版。

③ 参阅仇江、张小莹编《车王府曲本全目及藏本分布》，载刘烈茂等编《车王府曲本研究》，广东人民出版社 2000 年版。

④ 参阅曾永义《“中央研究院”所藏俗文学资料的分布整理和编目》，载《说俗文学》，联经出版事业公司 1984 年版。

⑤ 中华书局上海编辑所 1960 年版。

另外，近代还有许多曲艺作品总集集和专集。

中国古代的戏曲曲艺作品，尽管有大量的已经散佚了，但就存传到现在的来说，仍是种类很多、数量难以统计。存传到现在的文本部分，就编辑刊印的形态而言，大致可分为个人单本、总集和丛刊三种。个人单本指的是只收个人创作的，有个别的是把两个人的作品合在一起，但都注明了作者和书名。总集指的是收有多人的作品，而冠以一总书名。丛刊（有的称“丛书”、“汇编”、“集成”）指的是收有众多的、大型的戏曲曲艺作品集。丛刊有的是一次编刊的，也有一些是陆续编刊的。

附：现当代新刊新整理戏曲曲艺作品要目

个人单本①

《刘知远诸宫调校注》 廖珣英校注 中华书局1993年版

《董解元西厢记校注》（《董解元西厢记》又称《董解元西厢记诸宫调》简称《董西厢》） [金]董解元撰 凌景埏校注 人民文学出版社1978年版

《西厢记诸宫调注释》 [金]董解元著 朱平楚注释 甘肃人民出版社1982年版②

《天宝遗事诸宫调》 [元]王伯成著 朱僖辑 天津古籍出版社1986年版

《关汉卿戏曲集》 [元]关汉卿著 吴晓铃 单耀海等编校 中国戏剧出版社1958年版③

《关汉卿戏剧集》 [元]关汉卿著 北京大学中文系编 人民文学

① 个人戏曲作品，如元代的关汉卿、乔吉、郑廷玉、马致远、郑光祖，明代的汤显祖、徐渭、李开先、梁辰鱼、冯梦龙，清代的李渔、洪昇、沈自晋、孔尚任、唐英等，凡以别集形式编印的，均收录于本书《现当代新刊新编别集要目》部分。

② 其版本，参阅龙建国《关于二十世纪诸宫调的整理与研究》第三部分，《文学评论》2003年第6期。

③ 此书后有三个附录：《关汉卿杂剧辑佚》、《关汉卿散曲辑存》、《关汉卿杂剧全目》。

出版社 1976 年版

《关汉卿散曲集》［元]关汉卿著　李汉秋　周维培校注　上海古籍出版社 1990 年版

《马致远散曲校注》［元]马致远撰　刘益国校注　北京图书馆出版社 1995 年版

《白朴戏曲集校注》［元]白朴著　王文才辑校注　人民文学出版社 1984 年版

《石君宝戏曲集》［元]石君宝撰　黄竹三校注　山西人民出版社 1992 年版

《集评校注西厢记》［元]王实甫撰　王季思校注　张人和集评　上海古籍出版社 1987 年版①

《元本琵琶记校注》［元]高明撰　钱南扬校注　上海古籍出版社 1980 年版②

《云庄休居自适小乐府笺》［元]张养浩著　王佩增笺　齐鲁书社 1988 年版

《小山乐府》［元]张可久撰　王维堤点校　上海古籍出版社 1989 年版

《梦符散曲》［元]乔吉撰　申孟点校　上海古籍出版社 1989 年版

《酸甜乐府》［元]贯云石　徐再思撰　陈稼禾点校　上海古籍出版社 1989 年版

《甜斋乐府》［元]徐再思撰　俞忠鑫校注　上海古籍出版社

---

① 1. 董每戡《〈西厢记〉原作究竟是四本抑五本》，载其著《五大名剧论》，人民文学出版社 1984 年版。2. 张人和《〈西厢记〉的版本和体制》，载王季思等著《中国古代戏曲论集》，中国展望出版社 1986 年版。又载《集评校注西厢记・附录》。3. 寒声《〈西厢记〉古今版本目录辑要》，载寒声等编《西厢记新论》，中国戏剧出版社 1992 年版。4. 刘明今《〈西厢记〉体制与版本流传》，收入作者著《辽金元文学史案》，上海古籍出版社 2004 年版，第四编。5. 俞为民《〈南西厢记〉的版本及流变》，收入程章灿编《中国古代文献学国际学术研讨会论文集》，凤凰出版社 2006 年版。6. 黄仕忠《日本所藏〈西厢记〉版本知见录》，载章培恒主编《中国中世文学研究论集》，上海古籍出版社 2006 年版。7. 蒋星煜《明刊本〈西厢记〉研究》，中国戏剧出版社 1982 年版。

② ［韩]金英淑《〈琵琶记〉版本源流研究》，中华书局 2003 年版。

1990年版

《刘时中散曲》① [元]刘时中撰 周锡山点校 上海古籍出版社1989年版

《薛昂夫散曲》② [元]薛昂夫撰 周锡山点校 上海古籍出版社1989年版

《四声猿》 [明]徐渭著 周中明校注 上海古籍出版社1984年版

《汤显祖戏曲集》[明]汤显祖撰 钱南扬校点 上海古籍出版社1982年版

《牡丹亭》[明]汤显祖撰 徐朔方 杨秀梅校注 朱林插图 人民文学出版社2002年版

《南柯梦记》[明]汤显祖撰 钱南扬校注 人民文学出版社1981年版

《紫钗记》[明]汤显祖撰 胡士莹校注 人民文学出版社1982年版

《诚斋乐府》 [明]朱有燉撰 翁敏华点校 上海古籍出版社1989年版

《墨憨斋定本传奇》 [明]冯梦龙著 黄山书社1992年影印本

《西楼乐府》 [明]王磐撰 李庆点校 上海古籍出版社1989年版

《陈铎散曲》 [明]陈铎撰 杨权长点校 上海古籍出版社1989年版

《萧爽斋乐府》 [明]金銮撰 骆玉明点校 上海古籍出版社1989年版

《海浮山堂词稿》[明]冯惟敏撰 汪贤度点校 上海古籍出版社1989年版

《沜东乐府》[明]康海撰 周永瑞点校 上海古籍出版社1989年版

---

① 与《薛昂夫散曲》合本。

② 与《刘时中散曲》合本。

《碧山乐府》［明］王九思撰　沈广仁点校　上海古籍出版社1989年

《连环记》[1]　［明］王济撰　张树英点校　中华书局1988年版

《金印记》[2]　［明］佚名撰　孙崇涛点校　中华书局1988年版

《江东白苎》［明］梁辰鱼撰　彭飞点校　上海古籍出版社1989年

《浣沙记校注》［明］梁辰鱼撰　张忱石　钟文等校注　中华书局1994年版

《鹤月瑶笙》［明］周履靖撰　甘林点校　上海古籍出版社1989年版

《鞠通乐府》［明］沈自晋撰　李宗为点校　上海古籍出版社1989年版

《秋水庵花影集》［明］施绍莘撰　来云点校　上海古籍出版社1989年版

《张凤翼戏曲集》［明］张凤翼撰　隋树森　秦学人等校点　中华书局1994年版

《贾凫西木皮词校注》［明］贾凫西撰　关德栋　周中明校注　齐鲁书社1982年版

《双忠记》[3]　［明］姚茂良撰　王锳点校　中华书局1988年版

《高文举珍珠记》[4]　［明］佚名撰　吴书荫点校　中华书局1988年版

《焚香记》[5]　［明］王玉峰撰　王书荫点校　中华书局1989年版

《红梨记》[6]　［明］徐复祚撰　姜智校点　中华书局1988年版

《燕子笺》[7]　［明］阮大铖撰　蔡毅点校　中华书局1988年版

---

① 与佚名撰《金印记》合本。

② 与王济撰《连环记》合本。

③ 与佚名撰《高文举珍珠记》合本。

④ 与姚茂良撰《双忠记》合本。

⑤ 与秋堂和尚撰《偷甲记》合本。

⑥ 与袁于令撰《西楼记》合本。

⑦ 与朱素臣撰《翡翠园》合本。

《阮大铖戏曲四种》［明］阮大铖撰　徐凌云　胡金望点校　黄山书社1993年版

《偷甲记》[①]　［清］秋堂和尚撰　张树英点校　中华书局1989年版

《西楼记》[②]　［清］袁于令撰　李复波校点　中华书局1988年版

《李玉戏曲集》［清］李玉撰　陈古虞　陈多等点校　上海古籍出版社2004年版

《清忠谱》［清］李玉著　王毅校点　人民文学出版社1996年版

《翡翠园》[③]　［清］朱素臣撰　王永宽点校　中华书局1988年版

《未央天》[④]　［清］朱㿥撰　王永宽点校　中华书局1988年版

《笠翁十种曲》［清］李渔著　《古本戏曲丛刊》影印本　中华书局1983年版

《李笠翁喜剧选》［清］李渔著　黄天骥　欧阳光选注　岳麓书社1984年版

《长生殿》［清］洪昇著　［日］竹村则行　康保成笺注　中州古籍出版社1999年版

《桃花扇》［清］孔尚任著　王季思　苏寰中等校注　人民文学出版社2002年版

《蒋士铨戏曲集》［清］蒋士铨著　周妙中点校　中华书局1993年版

《千忠录》[⑤]　［清］徐子超撰　周妙中点校　中华书局1989年版

《党人碑》[⑥]　［清］叶稚斐撰　吴书荫校点　中华书局1988年版

《琥珀匙》[⑦]　［清］邱园撰　张树英校点　中华书局1988年版

《霜厓曲录》［近代］吴梅撰　交通书局　民国三十一年(1942)版

总集

《历代名曲千首》　朱世滋等主编　北京燕山出版社2000年版

---

① 与王玉峰撰《焚香记》合本。

② 与徐复祚撰《红梨记》合本。

③ 与阮大铖撰《燕子笺》合本。

④ 与徐子超撰《千忠录》合本。

⑤ 与朱㿥撰《未央天》合本。

⑥ 与邱园撰《琥珀匙》合本。

⑦ 与叶稚斐撰《党人碑》合本。

《敦煌曲校录》　任二北　上海文艺联合出版社 1955 年版

《敦煌曲子词集》　王重民　北京商务印书馆 1956 年版

《敦煌曲子词斠证初编》　林玫仪　东大图书公司 1986 年版

《敦煌歌词总编》　任半塘　上海古籍出版社 1987 年版

《宋代歌舞剧曲录要》　刘永济撰　古典文学出版社 1957 年版

《全诸宫调》　朱平楚辑录校点　甘肃人民出版社 1987 年版

《中国十大古典喜剧集》　王季思主编　齐鲁书社 1991 年版

《重订增注中国十大古典悲剧集》　王季思主编　齐鲁书 2002 年版

《宋元戏文辑佚》　钱南扬　古典文学出版社 1956 年版①

《永乐大典戏文三种校注》　钱南扬　中华书局 1979 年版

《南戏拾遗》　陆侃如　冯沅君　《燕京学报》专号 13　北平哈佛燕京社 1936 年版

《宋元四大戏文读本》　俞为民校注　江苏古籍出版社 1988 年版

《元人杂剧钩沉》　赵景深辑　古典文学出版社 1956 年版

《全元戏曲》　王季思主编　人民文学出版社 1989 至 1998 年陆续出版

《全元曲》　徐征　张月中等主编　河北教育出版社 1998 年版

《全元散曲》(附有补遗和续补遗)隋树森编　中华书局 1964 年版②

《元曲选》　[明]臧懋循编　中华书局 1958 年版

《元曲选外编》　隋树森辑　中华书局 1959 年版

《元曲选校注》　王学奇主编　河北教育出版社 1994 年版

《新校九卷本阳春白雪》　[元]杨朝英选　隋树森校订　中华书局 1957 年版

《朝野新声太平乐府》　[元]杨朝英选　隋树森校订　中华书局 1958 年版

《梨园按试乐府新声》　[元]无名氏选辑　隋树森校订　中华书局 1958 年版

---

① 黄菊盛、彭飞等《关于宋元南戏剧目的整理和辑佚》,《曲苑》编辑部编《曲苑》第二辑,江苏古籍出版社 1986 年 5 月版。

② 陈加《全元散曲补遗》,《文献》1980 年第 2 期。

《元刊杂剧三十种新校》 宁希元校点 兰州大学出版社 1988 年版

《日本藏元刊本古今杂剧三十种》 北京图书馆出版社 1982 年版

《元杂剧公案卷》 [元]关汉卿等撰 华夏出版社 2000 年版

《元杂剧爱情卷》 [元]关汉卿等撰 张静文注 华夏出版社 2001 年版

《西厢汇编》 霍松林编 山东文艺出版社 1987 年版

《西厢记说唱集》 傅惜华编 上海出版公司 1955 年版

《孤本元明杂剧》 中国戏剧出版社 1958 年版

《水浒戏曲集》第一、二集 傅惜华 杜颖陶编 古典文学出版社 1957 年 1958 年先后出版

《遏云阁曲谱》 [清]王锡纯辑 中华书局 1973 年据清光绪十九年(1893)本影印

《缀白裘》 [清]玩花主人编 [清]钱德苍增辑 汪协如点校 中华书局 1955 年版

《风月锦囊笺校》 孙崇涛 黄仕忠笺校 中华书局 2000 年版①

《六十种曲》 [明]毛晋编 中华书局 1996 年版

《六十种曲评注》 黄竹三 冯俊杰主编 吉林人民出版社 2001 年版

《全明散曲》 谢伯阳编录 齐鲁书社 1993 年版②

《全明杂剧》 陈万鼎主编 台北鼎文书局 1979 年版

《全明传奇》 林侑萌主编 台北天一出版社 1983 年版

《全明传奇续编》 朱传誉主编 台北天一出版社 1996 年版

《盛明杂剧》 [明]沈泰 [清]邹式金等编 中国戏剧出版社 1958 年版

《群音类选》 [明]胡文焕编 中华书局 1980 年版

《墨憨斋定本传奇》 [明]冯梦龙编撰 俞为民校点 江苏古籍出

---

① 孙崇涛《风月锦囊考释》，中华书局 2001 年版。本书对《风月锦囊》的刊刻、流传、所收各剧的存佚等问题进行了研究。

② 1. 刘水云《〈全明散曲〉曲家考补》，《文献》2005 年第 1 期。2. 汪超宏《〈全明散曲〉补辑》，载其著《明清曲家考》，中国社会科学出版社 2006 年版。

版社 1993 年版

《海外孤本晚明戏剧选集三种》［俄］李福清　李平编　上海古籍出版社 1993 年版①

《海外孤本晚明戏剧选集三种》(电子版)　北京大学图书馆　超星公司超星数字图书馆合作开发

《明刊闽南戏曲弦管选本三种》［英］龙彼德辑　泉州地方戏曲研究社编　中国戏剧出版社 1995 年版②

《古本戏曲西游记》　山东省艺术研究所　淄博市文化局校注　山东文艺出版社 1991 年版

《伯虎杂曲等三种》［明］唐寅　［明］吴承恩　［明］朱让栩撰　江苏广陵古籍刻印社 1980 年版

《杨升庵夫妇散曲》［明］杨慎　［明］黄峨撰　金毅点校　上海古籍出版社 1989 年版

《明清戏曲珍本辑选》　孟繁树　周传家编校　中国戏剧出版社 1985 年版

《全清戏曲》　吴书荫等编　学苑出版社 2005 年版

《全清散曲》(增补版)　谢伯阳　凌景埏编　齐鲁书社 2006 年版

《评书聊斋志异》　陈士和讲述　百花文艺出版社 1980 年版

《聊斋志异戏曲集》　关德栋　车锡伦编　上海古籍出版社 1983 年版

《聊斋志异说唱集》　关德栋　李万鹏编　上海古籍出版社 1983 年版

《聊斋俚曲集》　蒲先明整理　邹宗良校注　国际文化出版公司 1999 年版

《红楼梦戏曲集》　阿英编　中华书局 1978 年版

《红楼梦故事选唱》　徐维志著　黑龙江人民出版社 1980 年版

---

①　参阅李平《流落欧洲的三种晚明戏剧散出选集的发现》,《复旦学报》1991 年第 4 期,另载《海外孤本晚明戏剧选集三种》。此书所收三种戏剧为:《新镌精选古今乐府滚调新词玉英树》、《梨园会选古今传奇滚调新词乐府万象新》、《精刻汇编新声雅杂乐府大明天下春》。

②　此书所收三种戏曲选集为:《满天春》、《钰妍丽锦》、《百花赛锦》。

《红楼梦子弟书》 胡文彬编 春风文艺出版社 1983 年版

《红楼梦说唱集》 胡文彬编 春风文艺出版社 1985 年版

《红楼梦曲艺集》 天津市曲艺团编 春风文艺出版社 1985 年版

《红楼梦弹词开篇集》 刘操南编著 学苑出版社 2003 年版

《戏考》 王大错编 大东书局 1933 年版

《当前台湾所见各省戏曲选集》 刘振鲁主编 台湾省文献委员会 1982 年版

《梁祝戏剧辑存》 钱南扬辑 上海古典文学出版社 1956 年版

《梁祝故事说唱集》(修订本) 路工编 上海古籍出版社 1985 年版

《文明大鼓词》 尧封辑 中华印书局 1921—1927 年出版 25 册

《鼓词汇编》 齐家本辑 中华印书局 1929 年版

《鼓词选》 赵景深编 中华书局上海编辑所 1959 年版

《孟姜女万里寻夫集》 路工编 上海出版公司 1955 年版

《董永沉香合集》 杜颖陶编 上海出版公司 1955 年版

《岳飞故事戏曲说唱集》(修订本) 杜颖陶编 上海古籍出版社 1985 年版

《白蛇传集》 傅惜华编 中华书局上海编辑所 1958 年版

《子弟书集》 [日]波多野太郎编 横滨市立大学 1976 年版

《子弟书珍本百种》 张崇寿编 民族出版社 2000 年版

《清车王府藏子弟书》 北京市民族古籍整理出版规划小组编 国际文化出版公司 1994 年版

《清车王府曲本粹编》 本书编委会编 北京古籍出版社 1997 年版

丛刊

《古本戏曲丛刊》(初集) 古本戏曲丛刊编刊委员会编 郑振铎主编 商务印书馆 1954 年影印线装本①

《古本戏曲丛刊》(二集) 古本戏曲丛刊编刊委员会编 郑振铎主

① 关于《古本戏曲丛刊》全书的编辑过程,参见《古本戏曲丛刊》第五集序。

编　商务印书馆1954—1955年影印线装本

《古本戏曲丛刊》(三集)　古本戏曲丛刊编刊委员会编　郑振铎主编　商务印书馆1957年影印线装本

《古本戏曲丛刊》(四集)　古本戏曲丛刊编刊委员会编　郑振铎主编　商务印书馆1958年影印线装本

《古本戏曲丛刊》(九集)　古本戏曲丛刊编刊委员会编　郑振铎主编　中华书局1961—1964年影印线装本

《古本戏曲丛刊》(五集)　古本戏曲丛刊编刊委员会编　上海古籍出版社1986年影印本

《善本戏曲丛刊》　王秋桂主编　台湾学生书局1984—1987年影印

《善本戏曲丛刊》(电子版)　北京大学图书馆、超星公司超星数字图书馆合作开发

《古代戏曲丛书》　上海古籍出版社1983—1992年陆续出版

《不登大雅文库珍藏本戏曲丛刊》　北京大学图书馆　首都图书馆编　学苑出版社2003年版

《绥中吴氏藏抄本稿本戏曲丛刊》　吴书荫等编　学苑出版社2004年版

《暖红室汇刻传奇》　刘世珩编　江苏广陵古籍刻印社1982—1997出版

《国剧大成》　张伯谨编　台湾"国防部总政治部作战振兴国际研究发展委员会"1969年出版

《稀见旧版曲艺曲本丛刊》　北京图书馆出版社编　北京图书馆出版社2002年版

《明成化说唱词话丛刊》　朱一玄校点　中州古籍出版社1997年版

《明清抄本与古本戏曲丛刊》　首都图书馆编　线装书局1996年版

《明清抄本与古本戏曲丛刊》(电子版)　北京大学图书馆、超星公司超星数字图书馆合作开发

《中国古代戏曲经典丛书》(明清杂剧卷)　[明]朱有燉撰　戴申注　华夏出版社2000年版

《晚清文学丛钞·传奇杂剧卷》 阿英编 中华书局1962年版

《中国近代文学大系·戏剧集》 张庚 黄菊盛主编 上海书店1995年—1996年出版

《京剧丛刊》 中国戏曲研究院 京剧丛刊编辑委员会编 1953—1955年 新文艺出版社出版32集 1955年开始由中国戏剧出版社继续出版至50集

《京剧大观》 北京宝文堂书店编辑部编 宝文堂书店1958年版6集

《京剧汇编》 北京市戏曲研究所编 北京出版社1957年开始陆续出版①

《中国古典讲唱文学丛书》 赵景深主编 中州古籍出版社(原中州书画社)1982年后陆续出版清代弹词②

《民俗曲艺丛书》 王桂秋主编 台北施和郑民俗文化基金会出版1993—1999出版

《子弟书丛钞》 关德栋 周中明编 上海古籍出版社1984年版③

《晚清文学丛钞·说唱文学卷》 阿英编 中华书局上海编辑所1960年版

《中国传统相声大全》 冯不异 刘英男主编 文化艺术出版社2003年版

《中国地方戏曲集成》 中国戏剧家协会主编 中国戏剧出版社1958—1963年出版12卷

《河北戏曲传统剧本汇编》 河北省戏曲研究室编 天津百花文艺社1959—1963年出版7集

《河北梆子汇编》 天津市河北梆子汇编编辑委员会编 天津人民出版社 百花文艺出版社1958—1964年出版23集

《山西地方戏曲汇编》 山西省文化局戏剧工作研究室编 山西人民出版社1981—1984年出版14集

---

① 到1964年,共出版106集,收录作品400多种。"文革"结束后,继续编辑出版。

② 包括:陈瑞生《再生缘》、陶贞怀《天雨花》、邱心如《笔生花》、佚名《十粒金丹》、佚名《凤凰山》、佚名《描金凤》。

③ 崔蕴华《子弟书版本及流传》,载其著《书斋与书坊之间——清代子弟书研究》第5章第2—4节,北京大学出版社2005年版。

《陕西传统剧目汇编》　陕西省文化局编　陕西省文化局 1958—1959 年出版 56 集

《甘肃传统剧目汇编》　甘肃省文化局编　甘肃人民出版社 1963—1964 年出版 9 集

《传统剧目汇编》　上海市传统剧目编辑委员会编　上海文艺出版社 1959—1963 年出版 26 集

《上海市地方传统剧目汇编》　上海市传统剧目编辑委员会编　上海文艺出版社 1959 年出版 2 集

《江苏省地方剧传统剧目汇编》　本书编委会编　上海文艺出版社 1959—1962 年出版 6 集

《浙江省地方剧传统剧目汇编》　上海市传统剧目编委会编　上海文艺出版社 1959—1962 年出版

《山左戏曲集成》　王绍曾　宫庆山编　上海古籍出版社 2007 年版

《河南传统剧目汇编》　河南省剧目工作委员会编　河南人民出版社 1963—1964 年出版 13 集

《湖北地方戏曲丛刊》　湖北地方戏曲丛刊编辑委员会编　湖北人民出版社 1959—1962 年出版 61 集

《湖南地方戏曲丛刊》　湖南省文化局编　湖南人民出版社 1956—1957 年出版 21 集

《四川省地方剧　川剧传统剧本汇编》　四川传统剧本汇编编辑室编　四川人民出版社 1963—1964 年共出版 33 集

《潮州歌册卷》(《稀见旧版曲艺曲本丛刊》)　北京图书馆出版社编　北京图书馆出版社 2002 年版

第十九章　古代文学研究史料

第一节　研究史料的主要特点、重要价值及分类

古代文学研究史料是历代人们对古代文学的关注、体悟、认知和评价之类的研究活动的遗存。它是古代文学史料中不可分割的一部分，在古代文学史料中占有其他史料不可取代的重要地位。

人类从有了文学活动开始，就出现了与之相关的对文学的研究活动。在有文字记载之前，人类文学研究的具体情况难以考知。有了文字记载之后，这方面的史料主要见于各个时期的许多不同形式的记载中。

同文学背景史料、传记史料和作品史料相比较，文学研究史料有自己的特点。这不仅表现在人们所熟悉的其独特的内容上，还突出地表现在它具有生生不息的无限性和自己的历史。文学史料中的背景史料、传记史料和作品史料，都是已然的客观的存在，都是有限的。从时间上来看，我们通常所说的古代文学中的背景史料、传记史料和作品史料，只是限于现代之前的各个时期。而文学研究史料则不同。文学研究史料是人们研究文学的体现，而文学研究是开放的，一种文学现象出现以后，一般都会受到各个时代的关注和研究，尽管关注和研究的程度不同。文学研究是持续不断、永无止境的，文学研究史料随着人们的研究在不断地增多，代代积累，洋洋洒洒。前代文学研究的成果，对于后代来说，也是史料，成了后代研究的对象。这就决定了文学研究史料的无限性，决定了文学研究史料有自己的历史。因此，今天我们在思考文学研究史料时，就不应当局限于现代之前的各种文学研究史料，而应当延伸到现在。凡是昨天的文学研究成果，都应当纳入今天文学研究史料的范围。

中国古代的文学研究史料（这里主要指古代文论），自先秦孕育之后，经过长期的发展，积累了丰富的成果。这些成果蕴涵丰厚，形式多样，经由不

同的途径，一直在广泛地传播，产生了多方面的影响，具有多方面的价值。

中国古代有不少文学研究史料蕴涵着丰厚的人文内容，如道德精神和审美情感等。这些人文内容，在古代润泽了许多文人志士的心灵，有些内容，直到今天仍具有生命力。《左传·襄公二十四年》载：

> 豹闻之："太上有立德，其次有立功，其次有立言。"虽久不废，此之谓不朽。

叔孙豹是孔子之前的贵族学者，上述记载说明，早在叔孙豹之前，就有"三不朽"之说。"三不朽"之说，其中有属于文章范围内的"立言"。所以后来论及先秦的文论，常常要论述"三不朽"问题。值得注意的是，在叔孙豹之前，人们在思考立言时，就把立德、立功同立言紧密地联系在一起，特别把立德放在首位。这不仅使古代的文学研究注意把道德放在最高的层面上，同时从生命的角度，指出了立德、立功、立言的不朽。这对后来有深远的积极的影响。西汉扬雄，"及莽篡位，谈说之士用符命称功德获封爵者甚众。雄复不侯，以耆老久次转为大夫，恬于势利乃如是。实好古而乐道，其意欲求文章成名于后世，以为经莫大于《易》，故作《太玄》；传莫大于《论语》，作《法言》；史篇莫善于《仓颉》，做《训纂》；箴莫善于《虞箴》，作《州箴》；赋莫深于《离骚》，反而广之；辞莫丽于相如，作四赋：皆斟酌其本，相与放依而驰骋云。用心于内，不求于外"①。东汉荀爽论"三不朽"云：

> 古人有言，死而不朽。……其身殁矣，其道犹存，故谓之不朽。……夫形体固自朽弊消亡之物。寿与不寿，不过数十岁；德义立与不立，差数千岁，岂可同日言也哉！②

荀爽是从德义的角度，强调了立德的不朽。后来曹丕《典论·论文》讲：

> 盖文章，乃经国之大业，不朽之盛事。年寿有时而尽，荣乐止乎其身，二者必至之常期，未若文章之无穷。

曹丕看到了文章在治国中的重要意义，强调了文章的不朽，激励文人要有责任感，要珍惜有限的生命，淡薄荣乐，"寄身于翰墨，见意于篇籍"。

---

① [汉]班固撰，[唐]颜师古注《汉书》，中华书局点校本，1962年版，卷87下《扬雄传下·赞》。

② 引自[魏]徐幹撰、徐湘霖校注《中论校注》，巴蜀书社2000年版，《夭寿第十四》。

《晋书》卷34《杜预传》载：

> 预博学多通，明于兴废之道。常言："德不可以企及，立功、立言可庶几也。"……既立功之后，从容无事，乃耽思经籍，为《春秋左氏经传集解》。又参考众家谱第，谓之《释例》。又作《盟会图》、《春秋长历》，备成一家之学，比老乃成。

杜预受"三不朽"的影响，在立功之后，耽于《春秋左氏经传》等经典，撰写了《春秋左氏经传集解》等著作。其中的《春秋左传集解》，流传至今。看来，古代的一些文人学者之所以沉溺于史料的整理，其中一个重要原因是基于立言不朽。

南宋朱熹死后，辛弃疾写有祭奠朱熹的文字，称许"所不朽者，垂万世名；孰为公死，凛凛犹生"①。

类似上面之类的文学研究史料，其意义已超越了一般的文学研究史料。

古代的许多文学研究史料，含有丰富的审美内容。在这方面，自先秦以来，有许多精辟的见解。《论语·八佾》载孔子曰：

> 周监于二代，郁郁乎文哉，吾从周。

又《论语·雍也》载孔子曰：

> 质胜文则野，文胜质则史，文质彬彬，然后君子。

孔子把人文的繁盛作为一种文明的象征，强调"君子"应当把质朴和文采恰当地结合起来。

与孔子不同，庄子在《庄子·知北游》中说：

> 天地有大美而不言，四时有明法而不议，万物有成理而不说。

庄子把朴素的自然美作为"大美"。以孔子为代表的儒家特别看重人为的美，而以庄子为代表的道家强调自然美。这两种审美见解，在客观上相互补充，其作用和影响，远远超出了文学研究的范围，而深深地影响了历代人们的审美情趣。与此相联系的是，古代许多文学研究论著，出自具有深厚的人文修养、重视审美和具有审美情趣的文人之手。他们撰写的文学研究论著，大多是理情相融，具有浓重的抒情性。读后不仅使人明理，也使人动情。

---

① 转引自陈来《燕园问学记》，北京大学出版社2008年版，第148页。

在文体方面，许多文学研究论著分别使用了论说、书信、辞赋、骈文、诗歌等多种文体，文体不同，不拘一格，风格各异，多有个性，许多文本本身就属于美文。仅就魏晋南北朝时期的文学研究论著来看，曹丕的《典论·论文》、曹植的《与杨德祖书》、陆机的《文赋》、刘勰的《文心雕龙》，古往今来，都肯定它们是中国古代重要的文学研究论著。其实，从审美的角度来看，它们又何尝不是美文？不是文学作品？

古代文论蕴涵的人文精神，从一个方面展示了人类社会对人文精神的冀求和文论对于人文精神的贡献。

研究史料同背景史料、传记史料和作品史料密切相关，互动互补。一般来说，人类出现了文学活动，特别是出现了文学作品和文学家等文学现象，就有了研究史料。从这一角度来思考，研究史料源于文学活动、文学家和作品史料。但研究史料对文学活动、文学家及其创作并不是被动的，而往往能从不同的方面影响文学活动、文学家及其创作。文学活动和文学家的创作，一般不可能简单地遵循某些文学理论，文学家的创作更不会简单地把某些文学理论移植到自己的作品中。不过，文学家在创作时，往往会自觉或不自觉地借鉴以前的理论成果，提升自己的理论水平和审美情趣，遵循或努力遵循某些文学理论，或者拒绝某些文学理论。从读者解读接受各种文学现象来看，文学研究史料常常会给读者提供一些重要的参照和启示，能引导读者去体悟、认知和评价一些复杂的文学现象。另外，在文学研究史料中，常常含有一些不见于其他书籍的背景史料、传记史料和作品史料等，这些史料为我们全面地解读和研究古代文学，提供了重要的补充。

前面谈到，古代文学研究是一个没有止境的开放体系，人们会不断地研究它。研究的灵魂在于创新，但创新是在继承前人研究成果的基础上取得的。近人杨树达说：

> 温故而不新者，其人必庸；不温故而新者，其人必妄①。

要创新，必须“温故”。通过温故，了解前人的研究涉及了哪些领域，提出了哪些问题，解决到怎样的程度。哪些领域还没有涉及，是盲点，有待我们去开拓，哪些问题有待我们进一步去深化。通过温故，吸收前人研究的经

① 杨树达《积微翁回忆录》，上海古籍出版社 1986 年版，《积微居诗文钞》，第 129 页。

验和教训,借鉴前人使用的科学的概念、范畴和研究方法,开阔我们的思路,激发我们的思考,引导后来的研究者,尊重前人的研究成果,在前人研究的基础上,守正出新,超越前人。这是我们创新的基础。而以前研究的状况,主要存于文学研究史料里面。我们要全面地认识和把握中国的古代文学,解读古代的重要文学现象,进而探讨中国古代文学发展的某些规律,必须重视古代文学研究史料。

中国自古以来,就重视古代文学研究史料的存传,积累的成果丰富复杂。如何对这些史料进行分类,古代并不关注,没有明确的分法。现代有不少学者作了有益的尝试,提出了自己的见解。常见的主要有两种。一是按朝代来分类,大多分为先秦、两汉、魏晋南北朝、隋唐五代、辽金元、明代、清代、近代八个时期。郭绍虞主编的《中国历代文论选》和人民文学出版社相继出版的"中国历代文论选",就是按朝代来分类的。二是根据内容来分类,一般分为综合性文论、诗话、词话、文话、赋话、小说理论、戏曲理论等。上述两种分类,各有所长。但有一点是共同的,都是限于古代文论。本书鉴于古代文学研究史料的无限性,鉴于近代以来对古代文学研究史料的搜集和整理出现了一些新种类,取得了许多新的成果,想兼顾近代前后的文学研究史料的主要成果,着眼于内容,把古代文学研究史料分为三类:一是古代文论,二是研究资料汇编,三是研究综述。三类中,各自再以时间为序分为若干时期。下面分别予以述论。

第二节　古代文论:研究史料的主体

在中国古代文学研究史料的整体中,文论是主体,占有最重要的地位。

"文论"一词,在中国古代泛指著作、文章。这里所说的文论,指的是中国古代属于文学理论批评的言论和著述。在中国古代的如《四库全书总目》等目录书籍中,把文论统称之谓"诗文评"。近代以来,由于传统的"诗文评"不能涵盖古代所有的文学理论批评,加上受西方文学观的影响,大约自20世纪初开始,学术界就用"文论"、"文学批评"或"文学理论批评"等名称取代了传统的"诗文评"。不过,现代在使用上述名称时,并不统一。一般整理印行的文论,多用文论之名(个别的有用文学理论),如《中国历代文论选》。而研究文论的著作,则常改称"文学批评"、"文学理论"、"文学理论批评"等。

今后为了统一，是否应当统称为古代文论，“古代文学批评史”、“古代文学理论批评史”之类的名称，都改为古代文论史？

综观中国古代的文学史和文论史，在文论的系统著述方面较文学创作常常滞后，但就大势而言，由于中华民族自古以来，不仅长于文学创作，同时也注意文学研究，文学创作和文学研究大体上是结合在一起的，是相互依托、相互促进的。

中国古代的文论，自先秦孕育以后，经由历代的积累，成果丰富。只是在存在的形态上，不像古代文学背景史料、传记史料和作品史料那样系统、那样专著较多。中国古代，虽然从魏晋南北朝开始，相继出现了一些完整的文论著述，而且随着历史的发展，完整的文论著述在种类上和数量上，都呈日益增多的趋势，但就总体而言，古代的文论繁碎丛杂，基本上呈散点广布状态。从大的方面来说，传统的经史子集的大量典籍中，多少不同地都有一些文论片段。从具体著述来说，许多文学家的各种传记史料，总集、别集等作品史料，各种杂记、笔记、书信、序跋、书目提要、评点、笺注等，都常常含有一些文论史料。另外，中国古代的文论还有一种特殊的形态，就是文学作品的选集。为什么编选集？选取作品的标准是什么？具体选取哪些作品？如何分类？选本传播和接受的情况如何？其中都蕴涵着文论多方面的内容。这些内容，有些通过注释、点评等方式有明确的表述，有些则蕴涵在选集的实践中。

中国古代尽管有丰厚的文论史料，但由于历代的统治者和许多文人学者，在文学方面，重视的主要是以诗文为代表的作品，一向不太关注文论，所以在古代漫长的历史中，对古代文论的收集、整理和著录比较单薄，基本上处于自发的、随意的状态。《四库全书总目》卷195、196“诗文评类”，著录诗文评64部，卷197“诗文评类存目”著录85部，数量较多。但同实际存在的文论著作数量相比，相距甚远，更不用说散见在各种著述中零星的文论言论了。另外，中国古代诗文历史悠久，长期在文坛上居于主导地位，再加上大多数统治者和依附统治者的文人学者，对诗文之类的雅文学，尤其是对诗歌的研究，投入很多，成果丰硕，而对小说、戏曲之类的俗文学则相当轻视，研究得少，研究的成果比较单薄，对已有的研究成果，也少有系统的搜集和整理，这就造成了中国古代各种文论史料的失衡现象，小说、戏曲等文学研究史料存传和整理得较少。上述状况到了20世纪初期，由于中国社会和文学的变革以及西方文学理论和文学批评的激发，开始有了明显的转变。从20

世纪初期开始，许多文人学者和出版部门，自觉地收集和整理包括小说、戏曲理论批评在内的古代文论，规模迅速扩大，相继编辑和出版了大量的文论史料。今天展现在我们面前的古代文论史料，基本上是20世纪初期以来搜集编印的。当然，搜集编印古代文论史料，是一个长期的任务，还有许多工作有待我们继续努力。在这方面，我们应当像钱钟书所强调的，要特别关注和搜集片段的文论史料。他说：

在考究中国古代美学的过程里，我们的注意力常给名牌的理论著作垄断去了。不用说，《乐记》、《诗品》、《文心雕龙》、诗文话、画说、曲论以及无数挂出牌子来讨论文艺的书信、序跋等是研究的对象。同时，一个老实人得坦白承认，大量的这类文献的探讨并无相应的大量收获。好多是陈言加空话。……倒是诗、词、随笔里，小说、戏曲里，乃至谣谚和训诂里，往往无意中三言两语，说出了精辟的见解，益人神智；把它们演绎出来，对文艺理论很有贡献。也许有人说，这些鸡零狗碎的东西不成气候，值不得搜采和表彰，充其量是孤立的、自发的偶见，够不上系统的、自觉的理论。不过，正因为零星琐屑的东西易被忽视和遗忘，就愈需要收拾和爱惜；自发的孤单见解是自觉的周密理论的根苗。……眼里只有长篇大论，瞧不起片言只语……那是浅薄庸俗的——假使不是懒惰粗浮的借口。①

上引钱氏的论述，虽然是他30多年前讲的，但至今不论在理论上，还是在实践上，都具有重要的意义。

古代文论史料丰富复杂，如何对这些史料进行分类，从唐魏徵等撰《隋书·经籍志》以来，不少学者相继有所尝试。《隋书·经籍志》和五代后晋刘昫等撰《旧唐书·经籍志》把属于文论方面的著作，如刘勰的《文心雕龙》归于集部中的总集，与总集中所收的作品史料混同。宋欧阳修等撰《新唐书》，在《艺文志四》中也把文论归于集部中的总集，开始把《文心雕龙》、钟嵘的《诗品》、王昌龄的《诗格》、皎然的《诗评》等编辑在一起，但其中也收有刘子玄《史通》、柳璨《释史》和刘悚《史例》等属于史学方面的著述。宋代晁公武《郡斋读书志》卷13"小说类"收有陈师道《后山诗话》、司马光的《续诗话》等七种诗话。宋代郑樵在《通志二十略·艺文略第八》"文史类"中著录李充

① 钱钟书《七缀集》，上海古籍出版社1994年版，第33—34页。

《翰林论》、任昉《文章始》和刘勰《文心雕龙》等，在“诗评类”中著录殷璠《河岳英灵集》、钟嵘《诗品》、欧阳修《诗话》等。看来，宋代同唐五代相比，对文论的归属，比较混乱。元代脱脱撰《宋史》，在《艺文志五》子部“小说类”和《艺文志八》集部“文史类”中都收有诗话，而把《文心雕龙》、钟嵘的《诗品》等典型的文论，也放在“文史类”。这说明脱脱对文论的归类也是相当混乱的。清代在康熙、雍正期间由张廷玉等撰《明史》，《明史》在《艺文志四》中集中地著录了明代的文论著作，主要是诗话和文话，但最后却把它们统称为“文史类”。看来张廷玉的归类也是很笼统的。这样的归类，完全模糊了文论的特点。这种情况到清代编《四库全书》时有了变化。《四库全书》在集部总集类后单设“诗文评类”，诗文评中包括《文心雕龙》之类的专著和其他诗话、文话、诗纪事等。另外在“词曲类”中设有词话类。“诗文评”虽然比较接近后来所说的文论，但两者的内涵还有区别。从上面简单列举的史料来看，在近代之前，由于文论比较复杂、零星，许多文人学者把它看成是小道，在实践上，重视使用，轻视研究，所以一直没有把文论综合在一起，单独作为一种史料。至于对文论的分类，到清代编《四库全书》时才有所尝试。《四库全书总目》卷195《集部・诗文评类一序》把诗文评专著分为五类：

> (刘)勰究文体之源流，而评其工拙。(钟)嵘第作者之甲乙，而溯厥师承。为例各殊。至皎然《诗式》，备陈法律。孟棨《本事诗》，旁采故实。刘攽《中山诗话》，欧阳修《六一诗话》，又体兼说部。后所论著，不出此五例中矣。

《四库全书总目》依据自《文心雕龙》以来有代表性的文论专著的内容特点，把文论分成五类。从总目所列举的有代表性的著作来看，除了《文心雕龙》属于综合性的文论外，其他都是属于诗歌方面。分类所依据的内容本身就有很大的局限。同时总目也没有把单篇论文和宋代开始出现的诗文等评点以及小说和戏曲理论考虑在内。可见，总目的分类并不准确，但具有开创的意义。

近代以来，特别是从20世纪初期开始，随着西方文学批评理论的输入，古代文论受到了空前的重视，一些学者开始自觉地研究古代文论，古代文论研究逐渐成为一门独立的学科。但对文论的分类问题，还未及做专门的、深入的探讨，一般笼统地把它们称之为中国古代文论。郭绍虞主编的《中国古代文论选》是以时间为序，除了选有传统的“诗文评”中部分论著外，还有经、史、子、集中的有关的文论，词话、戏曲理论批评、小说理论批评等，把这些总称之为古代文论。本书鉴于古代文论的内容和出现的时间，借鉴、综合古今关于古代文论的分类成果，尝试兼顾内容和时间两方面来进行分类。从内容上，把古代文论分为综合、诗话、文话、词话、赋话、小说理论批评、戏曲理论批评等六类。从时间上，分为通代和断代两部分。断代分先秦两汉、魏晋南北朝、唐代、宋代、辽金元、明代、清代和近代八个时期。下面所附的古代文论要目，大体上是依据上述分类编辑的。

本书所说的综合文论，指的是那些综合论述古代文学的论著。这类文论涉及的内容比较广泛，不限于某种体裁、某一问题，如曹丕的《典论・论文》、刘勰的《文心雕龙》。关于诗话、文话、赋话和词话，大体而言，学术界主要有两种界定：一是狭义的，专指那些分别以“诗话”、“文话”、“赋话”和“词话”命名的论著；二是广义的，分别指所有的论诗、论文、论赋、论词的著述。本书取广义之说。本书所说的诗话、文话、词话不仅包括那些论诗、论文、论词的著述，还包括诗本事、诗纪事、文纪事、词纪事之类。诗文词纪事和“本事”是一种史料性著述，多是以文学家为纲，把与文学家、作品有关的本事、传闻逸事和重要的评论史料汇编在一起，以人系作品，以作品系事。诗文词纪事和“本事”带有综合性，涉及了背景史料、传记史料和作品史料等多方面的内容。严格地讲，把它们归为古代文论，并不恰当。但由于其中有许多文论史料，加上古代有些目录把它们归于“诗文评”一类①，所以本书参照过去的做法，姑且也把它们归于文论中。

需要说明的是，上述对文论内容的分类只是着眼于主要内容，是相对的。实际上，由于古代的诗、文、赋、词等，彼此多有相通之处，而许多文论的著者，又兼通诗、文、赋、词等。这种相通、兼通常常体现在文论上，使许多名为某一文体文论的内容，如诗话、文话、赋话、词话等，特别是作为古代文论的主体的诗话，往往越过了诗话所指的内容，含有论述其他文体的内容。现存古代赋话专著的数量不多，但涉及赋论的著述却难以计数。古代有不少诗话、词话、文话，特别是诗话中往往含有重要的关于辞赋的论述②。至于诗话中含有词话

---

① 如《四库全书总目》卷195著录[唐]孟棨《本事诗》1卷、[宋]计有功《唐诗记事》81卷，卷196著录[清]厉鹗《宋诗记事》100卷。

② 关于诗话、词话、文话中常常含有赋话，参阅程章灿《赋学论丛》，中华书局2005年版，第22—34页。

的，更是屡见不鲜。宋胡仔《苕溪渔隐丛话》，除了"前集"第 59 卷、"后集"第 39 卷《长短句》汇录词话外，其他卷中有时也有词话。宋魏庆之《诗人玉屑》其末卷《诗余》，辑录诸家词话 22 则，唐圭璋特别录出，以《魏庆之词话》为题编入《词话丛编》。古代各类文论的互含，提醒我们在搜集某一种文学研究史料时，不能采取简单的"按图索骥"的做法，而应当尽量顾及各种文论。

古代文论刊印存在的形态多种多样。大体上可分为单本、总集和丛刊三类。

单本指的是个人所著的文论，单独刊行。如刘勰的《文心雕龙》。有些几个人各自所著的文论合本刊印，分别注明了书名和著者，对这种合本，本书也作为单本，如人民文学出版社出版的欧阳修的《六一诗话》、姜夔的《白石诗说》、王若虚的《滹南诗话》合本。

总集指的是把多人的文论，按一定的编辑原则编辑在一起而冠以总名的文论。这类文论有全编和选编两种。全编的如《魏晋南北朝文论全编》，选编的如《中国历代文论选》。

丛刊（有的也称"丛编"、"丛书"、"集成"、"大系"等）是依据一定的编辑原则把众多的文论编辑在一起而冠以总名的文论。丛刊的规模较大。丛刊，有些是一次出版，如《中国古典戏曲论著集成》；有些选择历代有代表性的、重要的文论随编随出，体例不求一律，如由郭绍虞主编、人民文学出版社出版的《中国古典文学理论批评专著选辑》，中华书局编辑出版的《中国文学研究典籍丛刊》。这种丛刊实际上是由不定期编辑出版的单本构成的。分开属于单本，合起来属于丛刊。

附：现当代新刊新整理古代文论要目①

通　　代

综合

《中国历代文论选》　郭绍虞主编　上海古籍出版社 1979—1980 年出版

① 关于文论要目，凡书名以"资料"称名者，均收入本书"研究资料要目"部分。

《中国历代文论选新编》 黄霖 蒋凡主编 上海教育出版社 2007 年版①

《中国历代少数民族文论选》 买买提 祖农等主编 新疆人民出版社 1987 年版

《少数民族古代文论选释》 王戈丁等主编 1993 新疆人民出版社年版

《中国古代文论类编》 贾文昭 程自信编 海峡出版社 1988 年版

《中国历代文学论著丛书》 陈良运主编 百花洲文艺出版社 1988—2002 年陆续出版②

《古代文论萃编》 谭令仰编 书目文献出版社 1986 年版

《中国古典美学举要》 于民 孙通海著 安徽教育出版社 2000 年版

诗话

《历代诗话》 [清]吴景旭著 陈卫平 徐杰点校 京华出版社 1998 年版

《历代诗话》 [清]何文焕辑 中华书局 1981 年版

《历代诗话续编》 丁福保辑 中华书局 1983 年版

《历代诗话统编》 [清]何文焕 丁福保编 北京图书馆出版社 2003 年版③

《中国诗话珍本丛书》 蔡镇楚编 北京图书馆出版社 2004 年版④

《古今诗话丛编》《续编》 台湾广文书局 1960—1973 年出版

《说诗乐趣校注》 [清]伍涵芬编 杨军校注 齐鲁书社 1992 年版

---

① 此书分 4 卷:《先秦至唐五代卷》,杨明、羊列荣编著;《宋金元卷》,羊列荣、刘明今编著;《明清卷》,邬国平编著;《晚清卷》,周兴陆、魏春吉编著。

② 此丛书包括《中国历代诗学论著选》(修订本于 1998 年出版)、《中国历代词学论著选》、《中国历代赋学曲学论著选》、《中国历代文章学论著选》、《中国历代小说学论著选》五种。

③ 包括:[清]何文焕编《历代诗话》,丁福保编《历代诗话续编》、《清诗话》。

④ 凡中华书局、人民文学出版社、上海古籍出版社已经点校出版的诗话,此书均未予重复收录。

《诗话类编》　王会昌编　台北广文书局 1972 年版

《百种诗话类编》　台静农等编纂　台湾艺文印书馆 1974 年版

《古代诗话精要》　赵永纪编著　天津古籍出版社 1989 年版

《历代诗话论作家》　常振国编　湖南人民出版社 1984—1986 年出版

《域外诗话珍本丛书》　蔡镇楚编　北京图书馆出版社 2006 年版

《修正增补韩国诗话丛编》　[韩]赵钟业编纂　[韩]大学社 1996 年版

《万首论诗绝句》　郭绍虞　钱仲联等编　人民文学出版社 1991 年版

《历代诗话词话选》　武汉大学中文系古代文学教研室编　武汉大学出版社 1984 年版

文话

《历代文话》　王水照编　复旦大学出版社 2007 年版①

《历代诔碑体式论辑录》　黄金明编　载其著《汉魏南北朝诔碑文研究·附录》　人民文学出版社 2005 年版

赋话

《雨村赋话校正》　[清]李调元撰　詹杭伦校正　台湾新文丰出版社

《赋话六种》　何沛雄编　三联书店香港分店 1982 年版②

《历代赋论选》　高光复选注　黑龙江人民出版社 1990 年版

《历代赋论辑要》　徐志啸编　复旦大学出版社 1991 年版

《赋话广聚》　王冠辑　北京图书馆出版社 2006 年版

《历代赋话校证》(附《复小斋赋话》)　[清]浦铣著　何新文　路成文校证　上海古籍出版社 2007 年版

---

①　《历代文话》收录宋代以来至 1916 年的文评专书和论著 143 种。所收论著以评论古文为主,同时选取评论骈文、时文集成性著作。资料来源于各大图书馆,还从日本寻得 6 种,从台湾、香港复印 3 种。

②　此书依次收有[清]王芑孙《读赋卮言》、魏谦升《赋品》、刘熙载《赋概》、浦铣《复小斋赋话》和今人饶宗颐《选堂赋话》、何沛雄《读赋拾零》。

词话

《词林纪事　词林纪事补编合编》［清］张宗橚编　杨宝霖补正　上海古籍出版社1998年版

《词话丛编》(附检索)　唐圭璋编　中华书局2005年版[①]

《词学全书》［清］查继超编　吴熊和点校　书目文献出版社1991年版

《历代词论新编》　龚兆吉编　北京师范大学出版社1984年版

《历代词话》　张璋　职承让等编纂　大象出版社2000年版

《历代词话续编》　张璋　职承让等编纂　大象出版社2005年版

小说理论批评

《中国历代小说论著选》(上、下册)　黄霖　韩同文编　江西人民出版社2000年版

戏曲理论批评

《中国古典戏曲论著集成》　中国戏曲研究院编　中国戏剧出版社1959年版

《中国历代剧论选注》　叶长海　陈多选注　湖南文艺出版社1987年版

《中国历代曲论释评》　程炳达　史为民编著　民族出版社2000年版

《历代咏剧诗歌选注》　赵山林选注　书目文献出版社1988年版

《历代曲话汇编:新编中国古典戏曲论著集成》(第一编　唐宋元卷)　俞为民　孙榕榕主编　黄山书社2005年版

断　代

先秦、两汉

《先秦两汉文论选》　张少康　卢永璘编选　人民文学出版社

---

① 1. 贺昌群《词话丛编》,原载《大公报·图书副刊》第97期(1935年9月19日),收入《贺昌群文集》第3卷,商务印书馆2003年版,第458页。2. 刘石《〈词话丛编〉疑误录》,原载《山西师大学报》1991年第1期,收入其著《有高楼杂稿》,商务印书馆2003年版。

1996 年版

《先秦两汉文论全编》　郭丹主编　江苏教育出版社 2001 年版①

《中国古代文艺理论元典·先秦两汉卷》 王向峰主编　沈阳辽海出版社 2001 年版

《历代诗话论两汉诗赋》　蔡守湘　江风主编　武汉出版社 1993 年版

魏晋南北朝

《魏晋南北朝文论选》　郁元　张明高编选　人民文学出版社 1996 年版

《六朝文论摭佚》　饶宗颐撰　《大陆》杂志第 25 卷第 3 期 1962 年

《魏晋南北朝文论全编》　穆克宏　郭丹编著　江苏教育出版社 1996 年版

《三国两晋十六国诗文记事》　周建江辑校　中州古籍出版社 2001 年版

《南北朝隋诗文记事》　周建江辑校　中州古籍出版社 2001 年版

《魏晋南北朝诗话》　萧华荣编　齐鲁书社 1986 年版

《六朝诗话钩沉》　郁元　张明高编　中国广播电视出版社 1997 年版

《南北朝诗话校释》　佚名撰　钟仕伦著　中华书局 2007 年版

《文赋集释》［晋］陆机撰　张少康集释　上海古籍出版社 1984 年版

《文心雕龙注》［南朝梁］刘勰著　范文澜注　人民文学出版社 1958 年版

《文心雕龙校注》［南朝梁］刘勰著　杨明照校注　人民文学出版社 1958 年版

《文心雕龙义证》［南朝梁］刘勰著　詹锳义证　上海古籍出版社

① 徐正英《先秦文论佚文考辑》,《郑州大学学报》2006 年第 6 期。

1989 年版①

《诗品集注》 [南朝梁]钟嵘著 陈延杰注 人民文学出版社 1962 年版

《诗品集注》 [南朝梁]钟嵘著 曹旭集注 上海古籍出版社 1994 年版②

隋唐五代

《隋唐五代文论选》 周祖譔编 人民文学出版社 1990 年版

《隋唐五代文艺理论汇编评注》 肖占鹏主编 南开大学出版社 2002 年版

《文镜秘府论汇校汇考》(附《文笔眼心抄》) [日]遍照金刚撰 卢盛江校考 中华书局 2006 年版

《本事诗》(与《续本事诗》、《本事词》合本) [唐]孟棨撰 李学英标点 上海古籍出版社 1991 年版③

《续本事诗》 [宋]聂奉先撰 李学英标点 上海古籍出版社 1991 年版

《唐诗记事校笺》 [宋]计有功撰 王仲镛校笺 巴蜀书社 1989 年版

《全唐五代诗格汇考》 张伯伟撰 江苏古籍出版社 2002 年版

《全唐诗话》 题[宋]尤袤编 《历代诗话》本

《全唐诗话续编》 [清]孙涛编 丁福保《清诗话》本

《唐诗论评类编》 陈伯海主编 山东教育出版社 1993 年版

《唐诗汇评》 陈伯海主编 浙江教育出版社 1995 年版

《历代唐诗论评选》 陈伯海主编 河北大学出版社 2003 年版

《诗式校注》 [唐]释皎然撰 周维德校注 浙江古籍出版社

---

① 1. 詹锳《〈文心雕龙〉版本叙录》,载其著《文心雕龙义证》。2. 林其锬《〈文心雕龙〉主要版本简介》,载《文心雕龙学综览》,上海书店出版社 1995 年版,《附录》。3. 杨明照《〈文心雕龙〉版本经眼录》,载王元化主编《学术集林》卷 11,上海远东出版社 1997 年版。4. 刘渼《台湾馆藏与出版〈文心雕龙〉重要版本一览表》,载其著《台湾近五十年来〈《文心雕龙》学〉研究》附录表三,台湾万卷楼图书有限公司 2001 年版。

② 1. 曹旭《〈诗品〉版本叙录》、《〈诗品〉版本源流考》,收入其著《诗品研究》,上海古籍出版社 1998 年版。2. 邬国平《钟嵘〈诗品〉一种新的版本》,《文献》2003 年第 2 期。

③ 胡可先、董晓刚《〈本事诗〉新考》,《中国典籍与文化》2004 年第 1 期。

1993 年版

《诗品集解》［唐］司空图撰　郭绍虞集解　人民文学出版社 1962 年版

《司空图诗品解说》(修订本)［唐］司空图撰　祖保泉解说　安徽人民出版社 1980 年版

《杜甫戏为六绝句集释》郭绍虞　人民文学出版社 1978 年版

《杜甫诗话六种校注》张忠纲编注　齐鲁书社 2002 年版

《五代诗话》［清］王士祯著　［清］郑方坤删补　戴鸿森校点　人民文学出版社 1989 年版

《全唐文纪事》［清］陈鸿墀纂　上海古籍出版社 1987 年版[①]

《唐五代词纪事汇评》史双元编著　黄山书社 1995 年版

《唐宋人词话》李克强编著　河南文艺出版社 1999 年版

宋代

《宋代文艺理论集成》蒋述卓　洪柏昭等编　中国社会科学出版社 2000 年版

《宋诗记事》［清］厉鹗撰　上海古籍出版社 1983 年版[②]

《宋诗话辑佚》郭绍虞辑　中华书局 1980 年版[③]

---

① 张静《〈全唐文纪事·贡举卷〉校勘举正》,《古籍整理研究学刊》2004 年第 1 期。

② 1. ［清］陆心源撰,徐旭、李建国点校《宋诗纪事补遗》100 卷,《宋诗纪事小传补正》4 卷,山西古籍出版社 1997 年版。2. ［清］罗以智《宋诗纪事补遗》,据蒋寅《清诗话考》中华书局 2005 年版,第 203 页。3. 孔凡礼辑撰《宋诗纪事续补》30 卷,北京大学出版社 1987 年版。4. 周本淳《〈宋诗纪事续补〉疏失举例》,《淮阴师专学报》1989 年第 1 期。5. 吕滇雯《〈宋诗纪事续补〉纠谬一则》,收入北京大学中文系古典文献专业、古文献研究所编著《古典文献研究论丛》,北京大学出版社 1995 年版。6. 王利民《〈宋诗纪事〉指误一则》,《文献》2000 年第 1 期。7. 钱钟书《宋诗纪事补正》,辽宁人民出版社、辽海出版社 2003 年版。8. 陈福康《对〈宋诗记事补正〉的几点意见》,《文汇报》2003 年 6 月 15 日。9. 傅璇琮、张如安《〈宋诗纪事补正〉疏失举正》,《南京师范大学文学院学报》2003 年第 3 期。10. 吴宗海《〈宋诗纪事补正〉献疑》,《南京师范大学文学院学报》2003 年第 3 期。11. 王友胜《〈宋诗纪事〉系列研究》,收入其著《唐宋诗史论》,上海古籍出版社 2006 年版。

③ 1. 李裕民《宋诗话丛考》,《文史》第 23 辑。此文对"辑佚"有所补订。2. 李裕民《〈宋诗话辑佚〉补遗》,《文献》2001 年第 2 期。3. 陈尚君《〈宋诗话辑佚〉匡补》,《中国诗学》第 4 辑,南京大学出版社 1995 年 12 月,收入著者《汉唐文学与文献论考》,上海古籍出版社 2008 年版。4. 马强才《〈宋诗话辑佚〉拾遗初编》,《古籍整理研究学刊》2008 年第 2 期。

《宋人诗话外编》 程毅中主编 国际文化出版公司 1996 年版

《宋诗话全编》 吴文治主编 江苏古籍出版社 1998 年版

《稀见本宋人诗话四种》 张伯伟编校 江苏古籍出版社 2002 年版

《六一诗话》 [宋]欧阳修著 郑文校点 人民文学出版社 1962 年版①

《东坡诗话全编笺评》 王文龙编撰 西南师范大学出版社 1996 年版

《天厨禁脔》 [宋]释惠洪撰 中华书局上海编辑所 1958 年版

《石林诗话》 [宋]叶少蕴(叶梦得)撰 [清]何文焕辑《历代诗话》本

《珊瑚钩诗话》 [宋]张表臣撰 [清]何文焕辑《历代诗话》本

《岁寒堂诗话校笺》 [宋]张戒著 陈应鸾校笺 巴蜀书社 2000 年版

《碧溪诗话》 [宋]黄彻撰 汤新祥校注 人民文学出版 1986 年版

《观林诗话》 [宋]吴聿撰 《历代诗话续编》本

《冷斋夜话》 [宋]惠洪撰 陈新点校 中华书局 1988 年版②

《风月堂诗话》 [宋]朱弁撰 陈新点校 中华书局 1988 年版

《草堂诗话》 [宋]蔡梦弼编 《历代诗话续编》本

《环溪诗话》 [宋]吴沆撰 陈新点校 中华书局 1988 年版

《白石诗说》 [宋]姜夔著 郑文校点 人民文学出版社 1962 年版③

《娱书堂诗话》 [宋]赵与虤撰 《历代诗话续编》本

《沧浪诗话校释》 [宋]严羽著 郭绍虞校释 人民文学出版社 1961 年版

《竹庄诗话》 [宋]何汶撰 常振国 绛云点校 中华书局 1984

① 此书与姜夔《白石诗说》、王若虚《滹南诗话》合本。

② 此书与朱弁《风月堂诗话》、吴沆《环溪诗话》合本。

③ 此书与欧阳修《六一诗话》、王若虚《滹南诗话》合本。

年版

《诗话总龟》［宋］阮阅编　周本淳校点　人民文学出版社 1987 年版①

《苕溪渔隐丛话》［宋］胡仔纂集　廖德明校点　周本淳重订　人民文学出版社 1993 年版②

《诗人玉屑》［宋］魏庆之编　王仲闻校勘　中华书局上海编辑所 1961 年版③

《吟窗杂录》［宋］陈应行编　王秀梅整理　中华书局 1997 年版

《怀古录校注》［宋］陈模撰　郑必俊校注　中华书局 1993 年版

《后村诗话》［宋］刘克庄著　王秀梅点校　中华书局 1983 年版

《诗林广记》［宋］蔡正孙编撰　常振国　绛云点校　中华书局 1982 年版

《宋文纪事》曾枣庄　李凯等编　四川大学出版社 1995 年版

《文则》④［宋］陈骙著　刘明晖校点　人民文学出版社 1962 年版

《文章精义》［宋］李涂著　刘明晖校点　人民文学出版社 1962 年版

《崇古文诀》［宋］楼昉编撰　上海古籍出版社 1993 年版

《宋词纪事》唐圭璋编著　上海古籍出版社 1982 年版

《宋词纪事汇评》钟振振编著　黄山书社 1995 年版

《汇辑宋人词话》吷庵辑　台北广文书局 1970 年版

《汇辑宋人词话——补〈词话丛编〉》夏敬观辑　台北广文书局 1970 年版

《古今词话》［宋］杨湜著　《词话丛编》本

《词论》［宋］李清照著　见［宋］胡仔《苕溪渔隐丛话》后集　人民

---

① 周本淳校点本出版后，金程宇自《海外新发现〈永乐大典〉十七卷》之卷 803 至 806“诗”字韵中新辑得本书佚文 25 条（见《文献》2005 年第 2 期），郝艳华、洪涛复自其中补辑出佚文 12 条（见《文献》2005 年第 4 期）。

② 沈乃文《胡仔及〈苕溪渔隐丛话〉历代版本》，《文献》2006 年第 3 期。

③ 上海古籍出版社 1981 年又出版修订本。

④ 与李塗著《文章精义》合本。

文学出版社1993年版

《词源解笺》 [宋]张炎撰 郑孟津 吴平山解笺 浙江古籍出版社出版1990年版

《词源注》[1] [宋]张炎撰 夏承焘校注 蔡嵩云笺释 人民文学出版社1998年版

《乐府指迷笺释》 [宋]沈义父撰 夏承焘校注 蔡嵩云笺释 人民文学出版社1998年版

《宋元词话》 施蛰存 陈如江辑录 上海书店出版社1999年版

《宋金元词话全编》 邓子勉编 凤凰出版社2008年版

《宋金元文论选》 陶秋英编选 虞行校订 人民文学出版社1984年版

《宋元戏文本事》 赵景深撰 上海北新书局1934年版[2]

辽金元

《辽金元诗话全编》 吴文治主编 凤凰出版社2006年版

《辽诗纪事》 陈衍著 商务印书馆1936年版

《全辽诗话》 蒋祖怡 张涤云整理 岳麓书社1992年版

《金诗纪事》 陈衍辑撰 王庆生增订 上海古籍出版社2003年版

《元好问论诗三十首集说》 刘泽 山西人民出版社1992年版

《滹南诗话》 [金]王若虚著 霍松林 胡主佑校点 人民文学出版社1962年版[3]

《元诗纪事》 陈衍著 上海古籍出版社1987年版

《元代诗法校考》 张健著 北京大学出版社2001年版

《诗法家数》(又名《杨仲弘诗法》) [元]杨载撰 《元代诗法校考》本

《杜律心法》 [元]杨载撰 《元代诗法校考》本

《吴礼部诗话》 [元]吴师道撰 《历代诗话续编》本

---

① 与沈义父撰《乐府指迷笺释》合本。

② 后收入著者《元明南戏考略》作为附录，人民文学出版社重印，1990年版。

③ 此书与欧阳修《六一诗话》、姜夔《白石诗说》合本。

《诗谱》［元］陈绎曾撰　《元代诗法校考》本

《文章精义》［宋］李涂述　于钦录　王利器校点　人民文学出版社 1960 年版

《金元词纪事汇评》钟陵编著　黄山书社 1995 年版

《吴礼部词话》［元］吴师道撰　《词话丛编》本

《词旨》［元］陆辅之著　《词话丛编》本

《元曲记事》王文才编著　人民文学出版社 1985 年版

《失传元杂剧本事考说》胡颖　王登渤著　甘肃文化出版社 2002 年版

明代

《明代文论选》蔡景康编　人民文学出版社 1991 年版

《明诗话全编》吴文治主编　江苏古籍出版社 1997 年版

《全明诗话》周维德集校　齐鲁书社 2005 年版

《明诗纪事》陈田辑撰　蔡传廉　张乃立等点校　上海古籍出版社 1993 年版①

《珍本明诗话五种》张健辑校　北京大学出版社 2008 年版②

《杨慎诗话校笺》［明］杨慎撰　杨文生著　四川人民出版社 1990 年版

《升庵诗话新笺证》［明］杨慎撰　王大厚笺证　中华书局 2008 年版

《四溟诗话评释》［明］谢榛著　陈志明评释　中州古籍出版社 1987 年版

《怀麓堂诗话》［明］李东阳撰　《全明诗话》本

《南濠诗话》(又名《南濠居士诗话》)　［明］都穆著　《历代诗话续

① 邱进春《〈明诗纪事〉人物小传订补》,《古籍整理研究学刊》2005 年第 4 期。

② 此书包括:朱奠培《松石轩诗评》、雷燮《南谷诗话》、季汝虞《古今诗话》(又名《芸林古今诗话》、《芸林诗话》)、谢肇淛《小草斋诗话》、浮白斋主人辑《浮白斋诗话》。其中《南谷诗话》、《古今诗话》、《浮白斋诗话》三种,《明诗话全编》、《全明诗话》均未收。《松石轩诗评》为《明诗话全编》所未收而见收于《全明诗话》,而《全明诗话》所收为残本,本书所据为全本。《小草斋诗话》,两部明诗话全编虽皆收入,但《明诗话全编》所收为清刊本,《全明诗话》所收为日本刊本,本书所据为明刊本及日本抄本。

编》本

《逸老堂诗话》 [明]俞弁撰 《历代诗话续编》本

《明诗评》 [明]王世贞著 《全明诗话》本

《艺苑卮言校注》 [明]王世贞著 罗仲鼎校注 齐鲁书社 1992 年版

《琼台诗话评注》 [明]蒋冕辑 邱达民评注 暨南大学出版社 1993 年版

《谈艺录》 [明]徐祯卿撰 《全明诗话》本

《名家诗法汇编》 [明]朱绂编 广文书局 1972 年版

《艺圃撷余》 [明]王世懋撰 《全明诗话》本

《诗薮》 [明]胡应麟著 上海古籍出版社 1979 年版①

《豫章诗话》 [明]郭子章著 台湾广文书局《古今诗话丛编》本

《闺秀诗评》 [明]姜盈科撰 《全明诗话》本

《蜀中诗话》 [明]曹学佺撰 《全明诗话》本

《诗源辨体》 [明]许学夷撰 杜维沫标点 人民文学出版社 1987 年版

《文章辨体序说》 [明]吴讷著 于北山校点 人民文学出版社 1962 年版②

《文体明辨序说》 [明]徐师曾著 罗根泽校点 人民文学出版社 1962 年版

《明词纪事汇评》 尤振中 尤以丁编著 黄山书社 1995 年版

《渚山堂词话》③ [明]陈霆撰 王幼安校订 人民文学出版社 1998 年版

《词品》(又名《升庵词品》) [明]杨慎撰 王幼安校订 人民文学出版社 1998 年版

《爰园词话》 [明]俞彦撰 《词话丛编》本

《明散曲纪事》 田守镇编著 巴蜀书社 1996 年版

---

① 王明辉《〈诗薮〉的刊刻及版本流传》,载其著《胡应麟诗学研究》,学苑出版社 2006 年版,第一章第二节。

② 此书与徐师曾《文体明辨序说》合本。

③ 此书与杨慎撰《词品》合本。

《远山堂明曲品剧校录》［明］祁彪佳撰　黄裳校录　上海古典文学出版社 1957 年版

《王继德曲律》　陈多　叶长海注释　湖南人民出版社 1983 年版

《潘之恒曲话》［明］潘之恒著　汪效倚辑注　中国戏剧出版社 1988 年版

《南词叙录注释》［明］徐渭著　李复波　熊澄宇注释　中国戏剧出版社 1989 年版

《曲品校注》［明］吕天成著　吴书荫校注　中华书局 1994 年版

清代

《清代文论选》　王镇远　邬国平编选　人民文学出版社 1999 年版

《桐城派文论选》　贾文昭编著　中华书局 2008 年版

《清诗话》　丁福保辑　上海古籍出版社 1978 年版

《清诗话续编》　郭绍虞编选　富寿荪校点　上海古籍出版社 1983 年版

《清诗话访佚初编》　杜松柏主编　台北新文丰出版公司 1987 年版

《清诗纪事》　钱仲联主编　江苏古籍出版社 1987—1989 出版①

《清诗纪事》(影印本)　钱仲联主编　凤凰出版社 2004 年版

《清人诗说五种》［清］戴震等著　晏炎吾等校点　华中师范大学出版社 1986 年版

《全闽诗话》［清］郑方坤编辑　陈节　刘大治点校　福建人民出版社 2006 年版

《傅山文论诗论辑注》［清］傅山著　侯文正辑注　山西人民出版社 1986 年版

《静志居诗话》［清］朱彝尊著　姚祖恩编　黄君坦校点　人民文学出版社 1990 年版

《薑斋诗话笺注》［清］王夫之著　戴鸿森笺注　人民文学出版社

① 1. 左鹏军《〈清诗纪事〉九家诗补正》,《文献》1996 年第 1 期。2. 左鹏军《〈清诗纪事〉四家诗补正——丁日昌、汪兆镛、黄节、汪兆铭》,载其著《黄遵宪与岭南近代文学论丛》,中山大学出版社 2007 年版,下辑《文献探赜》。

1981 年版

《带经堂诗话》 [清]王士祯著　张宗柟纂集　戴鸿森校点　人民文学出版社 1963 年版

《原诗》 [清]叶燮著　霍松林校注　人民文学出版社 1979 年版

《谈龙录注释》 [清]赵执信著　赵蔚芝　刘聿鑫注释　齐鲁书社 1987 年版

《说诗晬语》① [清]沈德潜著　霍松林校注　人民文学出版社 1979 年版

《袁枚〈续诗品〉详注》 [清]袁枚著　刘衍文　刘永翔合注　上海书店 1993 年版

《随园诗话》 [清]袁枚著　顾学颉校点　人民文学出版社 1982 年版②

《石洲诗话》③ [清]翁方纲著　陈迩冬校点　人民文学出版社 1981 年版

《文木山房诗说笺证》 [清]吴敬梓撰　周延良笺证　齐鲁书社 2002 年版④

《一瓢诗话》⑤ [清]薛雪著　杜维沫校注　人民文学出版社 1979 年版

《诗源辩体》 [清]许学夷著　杜维沫校点　人民文学出版社 1987 年版

《泾川诗话》 [清]赵知希撰　黄山书社　1995 年《皖人诗话八种》本

《魏禧文论选注》 [清]魏禧撰　周书文选注　江西人民出版社 1984 年版

---

① 与薛雪《一瓢诗话》、翁方纲《石洲诗话》合本。

② 包云志《从袁枚佚札佚文看〈随园诗话〉版本及刻书时间》,《古籍整理研究学刊》2004 年第 1 期。

③ 与赵执信《谈龙录》合本。

④ 1. 周兴陆《〈文木山房诗说笺证〉指瑕》,《古籍整理出版情况简报》2003 年第 6 期。2. 清代藏书家蒋宗海撰有《吴文木诗说序》,见中国国家图书馆藏清抄本《蒋春农文集》。

⑤ 与沈德潜《说诗晬语》、翁方纲《石洲诗话》合本。

《李调元诗话评注》［清］李调元撰　吴熙贵评注　重庆出版社1985年版

《全浙诗话》［清］陶元藻辑　台湾广文书局1976年版①

《瓯北诗话》［清］赵翼著　霍松林　胡主佑校点　人民文学出版社1963年版

《梧门诗话合校》［清］法式善撰　张寅彭　强迪艺编校　凤凰出版社2005年版

《北江诗话》［清］洪亮吉著　陈迩冬校点　人民文学出版社1983年版

《修竹庐谈诗问答》［清］徐熊飞撰　齐鲁书社1985年《诗问四种》本

《黄培芳诗话三种》［清］黄培芳撰　管林校点　广东高等教育出版社1995年版

《养一斋诗话》［清］潘德舆著　《清诗话续编》本

《竹林答问》［清］陈仅撰　齐鲁书社1985年《诗问四种》本

《雨村赋话校证》［清］李调元撰　詹杭伦　沈时蓉校证　台湾新文丰出版公司1993年版

《清词纪事汇评》　尤振中　尤以丁编著　黄山书社1995年版

《词苑丛谈校注》［清］徐釚著　唐圭璋校注　上海古籍出版社1981年版

《词苑丛谈校笺》［清］徐釚著　王百里校笺　人民文学出版社1988年版

《李笠翁曲话》［清］李渔撰　陈多注释　湖南人民出版社1980年版

《笠翁曲话》［清］李渔著　孟泽校注　岳麓书社1999年版

近代

《中国近代文论选》　舒芜　陈迩冬等编选　人民文学出版社1981年版

---

①　此书出版后，近代张道著《全浙诗话刊误》一卷，有台湾新文丰出版公司《丛书集成续编》本。

《中国近代文论名篇详注》 霍松林主编 贵州人民出版社 1986 年版

《近代文论类编》 贾文昭编 黄山书社 1991 年版

《中国近代文学作品系列·文论卷》 张正吾 陈铭主编 海峡文艺出版社 1992 年版

《中国近代文学大系·文学理论集》 徐中玉主编 上海书店出版社 1994 年版

《三管诗话》 [近代]梁章钜撰 蒋凡校注 广西人民出版社 1996 年版

《昭昧詹言》 [近代]方东树著 汪绍楹校点 人民文学出版社 1961 年版

《白岳庵诗话》 [近代]余楙撰 黄山书社 995 年《皖人诗话八种》本

《姚莹〈论诗绝句 60 首〉》 黄季耕注 黄山书社 1986 年版

《艺概笺注》 [近代]刘熙载著 王气中笺注 贵州人民出版社 1986 年版

《湘绮楼说诗》 [近代]王闿运撰 王简辑 岳麓书社 1996 年《湘绮楼诗文集》本

《陈衍诗论合集》 钱仲联编校 福建人民出版社 1999 年版

《雪桥诗话》《续集》《三集》《余集》 [近代]杨仲羲著 石继昌等校点 北京古籍出版社 1989—1992 年出版

《蒿庵诗话》 [近代]冯煦著 顾学颉校点 人民文学出版社 1959 年版①

《射鹰楼诗话》 [近代]林昌彝著 王镇远 林虞生标点 上海古籍出版社 1988 年版

《小沧浪诗话》 [近代]张燮承辑 黄山书社 1995 年《皖人诗话八种》本

《饮冰室诗话》 [近代]梁启超著 舒芜校点 人民文学出版社 1962 年版

① 此书与谭献《复堂词话》合本。

《庄谐诗话》［近代］李宝嘉著　上海书店据大东书局1925年版影印①

《问花楼诗话》［近代］陆銮著　《清诗话续编》本

《南社诗话两种》［近代］曼昭　胡朴安著　杨玉峰　牛仰山校点　中国人民大学出版社1997年版

《论文偶记》②［近代］刘大櫆著　范先渊校点　人民文学出版社1962年版

《初月楼古文绪论》③［近代］吴德旋著　吕璜述　范先渊校点　人民文学出版社1962年版

《春觉斋论文》④［近代］林纾著　范先渊校点　人民文学出版社1962年版

《论文杂记》⑤［近代］刘师培著　舒芜校点　人民文学出版社1959年版

《惠风词话》⑥［近代］况周颐著　王幼安校订　人民文学出版社1960年版

《白雨斋词话足本校注》［近代］陈廷焯著　曲兴国校注　齐鲁书社1983年版⑦

《复堂词话》⑧［近代］谭献著　顾学颉校点　人民文学出版社1959年版

《人间词话新注》［近代］王国维著　滕咸惠校柱　齐鲁书社1986年版

《〈人间词话〉〈人间词〉注评》　陈鸿祥编著　江苏古籍出版社2002年版

① 李宝嘉著《南亭四话》之一，另外三话为《庄谐联话》、《庄谐丛话》、《庄谐词话》。

② 与吴德旋著《初月楼古文绪论》、林纾《春觉斋论文》合本。

③ 与刘大櫆著《论文偶记》、林纾著《春觉斋论文》合本。

④ 与刘大櫆著《论文偶记》、吴德旋著《初月楼古文绪论》合本。

⑤ 此书与刘师培《中国中古文学史》合本。

⑥ 此书与王国维《人间词话》合本。

⑦ 林玫仪《新出资料对陈廷焯词论之证补》，“台湾国科会”研究奖助论文1988年。

⑧ 此书与冯煦《蒿庵诗话》合本。

《民国诗话丛编》 张寅彭主编 上海书店出版社 2002 年版①

《近现代词纪事汇评》 严迪昌编著 黄山书社 1995 年版

第三节 研究资料汇编:研究史料的林薮

文学研究资料汇编指的是对某一种或多种文学现象所做的研究资料,依据一定的编辑原则汇集在一起的研究史料。研究资料汇编的名称较多,除用"汇编"之外,有时也用"资料"、"史料"、"辑评"、"辑录"、"辑要"、"校录"、"评论"、"评林"、"汇评"、"集成"等名称。1992 年国家开始启动的《中华大典》中的《文学典》,从内容来看,也属于资料汇编。

中国有重视资料汇编的优良传统。古代史官的一项重要职责,就是负责收集和分类整理保存史料。古代的史书"起居注",就是专门记载和保存皇帝的言行的史料。还有古代分门别类的类书以及"会要",都具有资料汇编的性质。独立的文学研究资料汇编是史料汇编的分化和细化,其产生的时间要比类书、"会要"晚一些。一种文学现象产生以后,历代继踵研究,资料日积月累,不断增多。有些文人学者根据明确的题旨,为了自己的研究,或为他人提供研究的方便,在注意广泛搜集史料的基础上,按照一定的原则加以分类编纂,形成了文学研究资料汇编。就现存文献来看,最早的文学研究资料汇编当始于北宋末年。北宋末年,方醇道编《类集杜甫诗史》30 卷,又撰《集诸家老杜诗评》1 卷附之。宋代编辑的研究资料汇编的刊载形式,有专书和附于他书两种。专书如今存方醇道之弟方深道编辑的《诸家老杜诗评》5 卷。此书是在方醇道《集诸家老杜诗评》一卷的基础上增益而成。初刻于南宋绍兴年间,今仅存 3 卷,有明抄本。主要汇集唐代孟棨、郑处诲、刘禹锡、梅圣俞和北宋欧阳修、王安石、苏东坡等人评论杜诗的言论。书中引诸家评论有其他书籍没有辑录的。附于他书的,常见于一些杜诗注本,如:前引方醇道编《集诸家老杜诗评》1 卷即附于其著《类集杜甫诗史》30 卷,蔡梦弼的《草堂诗笺》,在卷首录有《草堂诗话》2 卷以及鲁訔、赵子栎所

① 谢苍霖《〈民国诗话丛编〉标点抉疵》,《江西教育学院学报》2004 年第 4 期。

编的两种《年谱》①。宋代以后，资料汇编继续发展。明代有焦竑、翁正春的《〈吕氏春秋〉评林》，黄甫龙的《〈吕氏春秋〉汇评》，凌稚隆的《史记评林》，朱绂编《名家诗法汇编》，王昌会辑《诗话类编》等。它们各自汇集前人评论，单独成书。清代乾隆期间，“焦循编辑了一部《剧说》，旁征博采，把前人论剧的话统统搜集起来，可惜材料虽多，焦氏却未曾有系统的整理”②。清人朱绪曾著《曹集考异》，在第12卷《曹植年谱》后附有选辑从曹魏至明代有关曹植的研究资料，其中涉及历代关于曹植生平的记述和评价资料。清人杨希闵编《晋陶征士年谱》，年谱后附有10种传记评论资料。清人温汝能著有《陶诗汇评》。20世纪10年代以来，研究资料汇编迅速发展，特别是过去一直被看成是“邪宗”的小说和戏曲资料汇编初露头角，发展较快。1916年商务印书馆出版了钱静方的《小说丛考》，此书对80多种小说、戏曲和弹词作品的资料加以汇集和考辨。1919年商务印书馆出版了蒋瑞藻的《小说考证》，此书辑录了金元以来470多种小说、戏曲的作者事迹和作品评论等资料。1926年北新书局出版了鲁迅的《小说旧闻钞》，此书从约70多种明清人著作和地方志中，辑录了丰富的小说资料。1931年上海商务印书馆出版了蒋瑞藻的《小说枝谈》。1932年周明泰先后出版了《都门纪略中之戏曲史料》、《五十年来北平戏剧史料》和《道咸以来梨园系年小录》3种资料。《都门纪略中之戏曲史料》由光明印刷局代印，辑录了各种版本《都门纪略》中的戏曲史料。《五十年来北平戏剧史料》石印、铅印混合，由北平商务印书馆、直隶书局代售。《道咸以来梨园系年小录》线装铅印，仍由北平商务印书馆、直隶书局代售③。1936年中华书局印行了孔另境编的《中国小说史料》，其中有一部分内容收集了重要小说的版本和有关故事变迁的资料。综观20世纪50年代之前相继编印的文学研究资料，虽不全面，也欠系统，有些也不太重视分类，但有创获之功，对研究者提供了很大的方便，“可以省掉我们许

---

① 参阅：郑庆笃、焦裕仁等编著《杜集书目提要》，齐鲁书社1986年版，第10—12页；陶敏、李一飞著《隋唐五代文学史料学》，中华书局2001年版，第37页；胡可先《杜甫诗学引论》，安徽大学出版社2003年版，第一章第五节第三部分。

② 引自贺昌群《王国维先生整理中国戏曲的成绩及其文艺批评》，原载《文学周报》第五卷（1927年6月16日），收入《贺昌群文集》第3卷，商务印书馆2003年版。

③ 参阅陈玉堂《中国文学史书目提要》，黄山书社1986年版，第262—271页。

许多多的翻书时间”,使初学者“可以不致有迷途之苦”[①]。

从20世纪50年代开始,尤其是80年代以来,许多学者和出版单位继承前贤,不断前进,相继编辑出版了大量的研究资料汇编,基本上形成了一个系列,成为古代文学研究史料的一个重要门类。这些资料汇编大量的是重要的文学家、作品的研究资料,另外还有“序跋汇编”、文学编年史和文学家作品系年之类的编著。值得特别关注的是,随着计算机和网络在古代文学研究中的应用,20世纪80年代以来,陆续出现了一些研究资料中心和数据库。2000年,江苏省镇江市在市图书馆挂牌成立了中国文心雕龙资料中心,后来又建立了文心雕龙全文数据库,网址是:www. wxdl. org. cn。朱崇才十多年来,主要精力用于古代词学史料的搜集、整理和研究,已经编制了近一千万字的“词学资料数据库”[②]。像这样的研究资料中心和数据库还有一些,而且呈蓬勃发展之势。研究资料中心和数据库的成立,为研究者提供了丰富的资料,而且便于检索。

谈到研究资料汇编,需要特别讨论的是文学编年史和文学家作品系年的归属问题。现在有的学者不加区别地把所有的编年史和文学家作品系年都看成是一种文学史。其实,就已经出版的大量文学编年史和文学家作品系年来看,只有少数几种属于文学史,如杨镰的《元代文学编年史》,其他大量的都应当属于文学资料汇编。《元代文学编年史》不同于一般的“纪事体”,也不是文学史料编年,而是“一部体例有别的文学史著”,是“通过对文学与历史的结合部的研究,寻找文学发展的脉络”。全书以年代为经、文学现象为纬,对元代文学家的活动作了相应的观照和探讨[③],应当属于文学史。至于其他大量的编年史和文学家作品系年,尽管有些学者把它们视为文学史,但实际上只是一种以时间为序的史料汇编。文学史的主要内容是探求文学变迁之迹,阐述变迁的因果,进而总结文学变迁的规律。文学史是文学史料和文学史家的史识、审美情趣的结合。文学史虽然以史料为基础,但文学史家的史识和审美情趣十分重要。基于同样的文学史料,由于文学史家的史识和审美情趣的不同,会写出不同的文学史。至于各种形式的史

① 郑振铎《中国小说史料·序》,载孔另境编辑《中国小说史料》,上海古籍出版社1982年版。

② 参阅朱崇才《词话史》,中华书局2006年版,《自序》。

③ 参看《元代文学编年史》,山西教育出版社,2005年版,《例言》。

料汇编，包括大量的文学编年史和文学家作品系年，受其体制的限制，主要是编辑者经过考辨选择，把相关的史料以年代为序，按照一定的原则加以编辑，有时附有史料的考辨。它们的特点是在考辨史料的基础上客观地编辑史料，不涉及对史料内涵的阐释。它们只能为撰写文学史提供一份经过整理的参考史料，和文学史有明显的区别。鲁迅曾经在《致台静农》的信中，评价郑振铎的《中国文学史》（即《插图本中国文学史》）说：

> 郑君所作《中国文学史》，顷已在上海豫约出版，我曾于《小说月报》上见其小说者数章，诚哉滔滔不已，然此乃文学史资料长编，非“史”也。但倘有具史识者，资以为史，亦可用耳。①

郑振铎的《中国文学史》，尽管在鲁迅看来缺乏“史识”，但毕竟和我们现在看到的多数文学编年史或文学家作品系年不同。即使这样，鲁迅仍把它看成是“文学史资料长编，非‘史’也”。至于全是史料编辑的文学编年史和文学家作品系年，参照鲁迅的观点，离文学史就更远了。基于上述思考，本书把大量的文学编年史和文学家作品系年之类的编著，看成是一种文学研究史料汇编，而没有把它们作为文学史。

文学研究资料汇编，就内容而言，大致可分为综合资料、专人资料和专书资料三种。

综合资料，是就文学史上或文学理论批评史上某一时期、某一种体裁、某一题材或其他某一重要问题的研究资料的汇编。如北京大学中文系古代文学教研室编的《中国文学史参考资料简编》、《先秦文学史参考资料》，台湾“国立编译馆”主编的《中国文学批评资料汇编》。

专人资料，是有关文学史上重要文学家的研究资料的汇编。如《李白资料汇编》、《关汉卿研究资料》。

专书资料是有关重要文学作品和文论研究资料的汇编，如《三国演义资料汇编》、《人间词话及评论汇编》。

研究资料汇编的编辑体式，大致有纵式的和横式两种。这两种编辑体式，各有其长处和短处。纵式的是以时间为序，如《陶渊明资料汇编》，就是以时代为顺序，分为南北朝至唐代、宋代、金元、明代、清代、现代六部分。这

① 《鲁迅全集》，人民文学出版社2005年版，第12卷第276页。

种编辑体式，有助于读者了解研究的历史发展轨迹，但不便于以问题为中心的研究。横式的是按专题编辑，如胡嗣坤、罗琴编的《杜荀鹤研究资料汇编》，分传志、交往、评论和著录四部分，朱一玄所编的小说专书研究资料，大多分为本事、作者、版本、评论、影响五部分。这种编辑体式，问题集中，扼要明确，方便读者就某一问题进行检阅，缺点是容易把同一资料割裂分散在不同的问题中，也不便于从史的角度去进行研究。

研究资料汇编结集刊印形式多种多样，常见的主要有丛书、单独成书和附于某些书中三种。

丛书是依据一定的编辑原则把多种研究资料编辑在一起的大型资料汇编。如：《中华大典》中的《文学典》。《中华大典》，任继愈任编纂委员会主任。它是运用我国历代汉文古籍、按照现代学科分类方法编纂的一部大型工具书，体现了当代古籍整理出版的新水平。《大典》涵盖我国古代全部汉文文化典籍，范围比明代的《永乐大典》、清代的《古今图书集成》都广的多。字数超过历代类书的总和，达七亿多。大典下分 24 个典。其中由程千帆任主编的《文学典》，是 24 典中规模最大的一个。《文学典》下设先秦两汉文学、魏晋南北朝文学、隋唐五代文学、宋辽金元文学、明清文学、文学理论六个分典，分别提供了翔实而便于检索的资料。各分典下设经目和纬目。经目包括总论、总集、体类、作家、其他；纬目包括论述、传记、纪事、著录、艺文、杂录。《文学典》属于资料编辑，大家取精，小家取全。所著录的资料注明出处，并有校勘。已经出版的有：《先秦两汉文学分典》、《魏晋南北朝文学分典》、《隋唐五代文学分典》、《宋辽金元文学分典》、《明清文学分典》。有些研究资料丛书，如中华书局编辑出版的《古典文学研究资料汇编》，虽属丛书，但因其特点是随编随出，同一般的丛书不同，本书把它们分别作为专书来看待。

单独成书的资料汇编，是就某一文学家、某一文学作品、文论或其他某一问题的研究资料加以汇编，单独成书出版，如《李贺资料汇编》、《文心雕龙汇评》、《水浒研究资料汇编》。

有许多文学家、文论家、作品、论著的研究资料，虽然有辑录，但由于篇幅不太长，未作专书印行，常载于诗文集、论著的附录，如关于北宋作家苏舜钦的研究资料，即载于《苏舜钦集编年校注》附录五、六。

规范而精湛的研究资料汇编，提供的信息量大，标明出处，版本可靠，有校勘、考证，甚至有注释。这些都为研究者免去了大量的查阅检索之劳，提供了许多方便。有些资料汇编是编者经过长期的积累，在广泛掌握史料的基础上，确定编辑的原则，经过选择、考辨编成的，本身就具备学术著述的品格。因此，我们在研究中，应当十分重视使用研究资料汇编。

由于研究资料的繁富和分散，所以对研究资料的搜集和整理一直在不断地发展。已经出版的不少系统的资料汇编，虽然比较全面，但仍有一些重要的，有待补充，有待考辨。郑志良的《明清小说文献资料探释七则》一文[①]，就对《水浒传》、《西游记》、《聊斋志异》、《儒林外史》以及冯梦龙、李渔等文学家作品尚未为人提及的七则重要资料，分别作了补充。这就提示我们在研究文学史或文学理论批评史上的某一问题时，首先应当重视使用已经编印的相关资料汇编，但我们又不能就此止步，还要注意继续搜集和考辨相关的资料。

附：现当代新编研究资料汇编要目

通代

《丛书人物传记资料类编》(学林卷)　北京图书馆出版社 2006 年版

《国家图书馆藏金文研究资料丛刊》　徐蜀选编　北京图书馆出版社 2004 年版

《历代石经研究文献辑刊》　贾贵荣辑　北京图书馆出版社 2005 年版

二十世纪出土简帛《资料篇》　骈宇骞　段书安编　载其著《二十世纪出土简帛综述》　文物出版社 2006 年版

《方志所见文学资料辑释》　张廷银辑释　北京图书馆出版社 2007 年版

《国家图书馆藏古籍题跋丛刊》　国家图书馆编　北京图书馆出版社 2002 年版

① 载《明清小说研究》2008 年第 1 期。

《中国丛书题识》 施廷镛编著 北京图书馆出版社 2003 年版

《中国文学史参考资料简编》 北京大学中文系古代文学教研室编 北京大学出版社 1998 年版

《中国文学编年史》 总主编陈文新 湖南人民出版社 2006 年版①

《中国古典小说研究资料丛书》 上海古籍出版社 1980 年开始出版

《中国文学批评资料汇编》 台湾"国立编译馆"主编 台北成文出版公司 1978 年 9 月至 1979 年 9 月分期出版②

《中国美学史资料选编》 中国文史资料编辑委员会编著 台北辅新书局 1984 年版

《中国美学史资料选编》 于民主编 复旦大学出版社 2008 年版

《中国歌谣资料》 中国民间文艺研究会资料室编 作家出版社 1959 年版

《历代辞赋研究史料概述》 马积高著 中华书局 2001 年版

《词集序跋萃编》 施蛰存主编 中国社会科学出版社 1994 年版

《词学史料学》 王兆鹏著 中华书局 2004 年版

《小说考证》 蒋瑞藻编 中华书局 1959 年版

《小说枝谈》 蒋瑞藻编 上海商务印书馆 1931 年版

《小说旧闻钞》 鲁迅编纂 北新书局 1926 年版

《中国小说史料》 孔另境 上海古籍出版社 1982 年版

《说苑珍闻》 陈汝衡辑录 上海古籍出版社 1981 年版

《中国小说考》 慕寿祺著 权少文 慕少云校订 1949 年著者后人自印

---

① 此书分《周秦卷》、《汉魏卷》、《两晋南北朝卷》、《隋唐五代卷》、《宋辽金卷》、《元代卷》、《明前期卷》、《明中期卷》、《明末清初卷》、《清前中期卷》、《晚清卷》、《现代卷》、《当代卷》。

② 此汇编所收资料，全属零星篇章。共 8 册：第 1 册，《两汉魏晋南北朝》，柯庆明、曾永义编辑；第 2 册，《隋唐五代》，罗联添编辑；第 3 册，《北宋》，黄启方编辑；第 4 册，《南宋》，张健编辑；第 5 册，《金代》，林明德编辑；第 6 册，《元代》（分上、下集），曾永义编辑；第 7 册，《明代》（分上、下集），叶庆炳、邵红编辑；第 8 册，《清代》（分上、下集），吴宏一、叶庆炳编辑。

《中国文言小说参考资料》　侯忠义编　北京大学出版社 1985 年版

《中国古典小说研究资料汇编》　朱传誉主编　台北天一图书公司 1986 年版

《中国古典小说美学资料汇萃》　孙逊　孙菊园编　上海古籍出版社 1991 年版

《古典小说版本资料选编》(外三种:《古典小说资料书序跋选编》《金瓶梅词话人物表》《儒林外史人物表》)　朱一玄编　山西人民出版社 1986 年版

《中国历代小说序跋选注》　曾祖荫　黄清泉等选注　长江文艺出版社 1982 年版

《历代小说序跋选注》　文境编辑部编　台湾文境文化事业有限公司 1984 年版

《中国历代小说序跋辑录——文言笔记小说部分》　黄清泉主编　华中师范大学出版社 1989 年版

《中国历代小说序跋集》　丁锡根编著　人民文学出版社 1996 年版

《古代小说续书序跋释论》　高玉海著　中国社会科学出版社 2007 年版

《〈唐话辞书类集〉中的稀见小说史料》　顾鸣塘　《文学遗产》2007 年第 1 期

《古本小说版画图录》(增补本)　周心慧编　线装书局 2004 年版

《中国古代小说版画集成》　李梦生编　汉语大词典出版社 2000 年版

《才子佳人小说创作系年》(公元 283 前—1907 年后)　苏建新编　载其著《中国才子佳人小说演变史》　社会科学出版社 2006 年版

《小说话丛编前言》　黄霖　《北京大学中国古文献研究中心集刊》第七辑　北京大学出版社 2008 年版

《二十世纪中国小说理论资料》　陈平原　夏晓虹编　北京大学出版社 1997 年版

《所见中国古代小说戏曲版本图录》　吴希贤编　北京中华全国图

书馆文献缩微复制中心 1995 年刊行

《中国古代小说戏曲述评辑略》 段启明编著 华文出版社 2002 年版

《中国戏曲史资料丛刊》 中国戏曲研究院编 傅惜华著 作家出版社 1957 年版

《中国戏曲研究资料初辑》 欧阳予倩辑 中国戏剧出版社 1957 年版

《传统戏曲、曲艺研究参考资料丛书》 宝文堂书店 1980 年开始陆续出版

《中国古典戏曲序跋汇编》 蔡毅编著 齐鲁书社 1989 年版

《建国以来文物考古工作中发现的戏曲史料》 黄竹三 石新月编 《曲苑》第 2 辑 江苏古籍出版社 1986 年版

《戏曲文物资料表》 车文明编著 载《20 世纪戏曲文物的发现与曲学研究》 文化艺术出版社 2001 年版 《附录》

《古典戏曲美学资料集》 隗芾 吴毓华编 文化艺术出版社 1992 年版

《中国古典编剧理论资料汇辑》 秦学人 侯人卿编著 中国戏剧出版社 1984 年版

《中国京剧编年史》 王芷章 中国戏剧出版社 2003 年版

《评弹通考》 谭正璧 谭寻搜辑 中国曲艺出版社 1985 年版

《中国古代文艺理论专题资料丛刊》 徐中玉主编 中国社会科学出版社 1995—1999 年陆续出版①

断 代

先秦

《甲骨文研究资料汇编》 丛刊编委会编 北京图书馆出版社 2000 年版

《殷墟卜辞综类》(增订版) [日]岛邦男编 东京大安汲古书院

① 此丛刊已先后出版《通变编》、《神思、文质编》、《本原、教化编》、《文气、风骨编》、《才性编》。

1971年版

《先秦文学史参考资料》　北京大学中国文学史教研室选注　中华书局1962年版

《中国神话资料萃编》　袁珂　周明编　四川省社会科学院出版社1985

《诗义稽考》　刘毓庆等编撰　学苑出版社2006年版

《春秋史料集》　童书业编　童教英辑　中华书局2008年版

《历代劳动人民反孔斗争史料简编》　北京图书馆北京大学历史系《历代劳动人民反孔斗争史料简编》选编小组编　北京人民出版社1975年版

《楚辞评论资料选》　杨金鼎主编　湖北人民出版社1984年版

《楚辞评论集览》　李诚　熊良智主编　湖北教育出版社2002年版

《楚辞资料海外编》　尹锡康　周发祥主编　湖北人民出版社1986年版

《宋诗话中楚辞评论》　李大明　《四川师范大学学报》1991年第4期

《唐宋词论中的楚辞话语》　李青　《苏州大学学报》2005年第4期

《论明代诗话〈诗薮〉之品评楚骚》　徐志啸　《漳州师范学院学报》2008年第1期

《楚辞文献集成》　吴平　回达强主编　广陵书社2008年版

《南宋〈诗话〉中的评骚论点》　朴永焕　《中国典籍与文化》2000年第3期

《屈原学集成》　戴锡琦　钟兴永主编　中央编译出版社2007年版

《庄子序跋论评辑要》　谢祥皓　李思乐辑校　湖北教育出版社2001年版

《史传所载荀子事考》《荀子历代评述辑要》　王天海　载其著《荀子校释》　上海古籍出版社2005年版《附录四、九》

《有关〈穆天子传〉的历代著录和序跋题识辑录》　郑杰文　载其著《穆天子传通解》　山东文艺出版社1992年版　《附录二》

《有关〈吕氏春秋〉的性质、价值、地位与影响的文献综要》　王启才

载其著《吕氏春秋研究》 学苑出版社 2007 年版 《附录》

《先秦两汉文学史料学》 曹道衡 刘跃进著 中华书局 2005 年版

《秦汉文学编年史》 刘跃进著 商务印书馆 2006 年版

《中华大典·文学典·先秦两汉文学分典》 董治安主编 凤凰出版社 2008 年版

两汉

《两汉文学史参考资料》 北京大学中国文学史教研室选注 中华书局 1962 年版

《〈新书〉辑评、资料》 阎振益 钟夏 载其校注《新书校注》 中华书局 2000 年版 《附录五、六》

《有关王褒的"文论""诗论"》 李洪林 载其著《王褒集考释》 巴蜀书社 1998 年版 《附录上、下》

《司马相如资料汇编》 踪凡编 中华书局 2008 年版

《〈史记〉订补文献汇编》 徐蜀编 北京图书馆出版社 2004 年版①

《历代名家评〈史记〉》 杨燕起 陈可青等编 北京师范大学出版社 1986 年版

《史记研究集成》 张大可 安平秋等编 华文出版社 2005 年版

《郑玄研究资料汇编》 耿天勤编 山东文艺出版社 2007 年版

《中古文学系年》 陆侃如著 人民文学出版社 1985 年版

《汉魏六朝公宴诗研究资料选辑》 黄雅卓选辑 载其著《汉魏六朝公宴诗研究》 华东师范大学出版社 2007 年版 《附录二》

魏晋南北朝

《中华大典·文学典·魏晋南北朝文学分典》 主编黄进德 凤凰出版社 2007 年版

---

① 此书收录国家图书馆藏清至民国时期著名学者编撰的有关《史记》的注释、补作、校正、考订等专门著作 16 种。如清人崔适的《史记探源》、王筠的《史记校》、林茂春的《史记拾遗》、杭世骏的《史记考证》、方苞的《史记注补正》、周尚木的《史记识误》、沈家本的《史记索言》等,其中不少是从未刊印的抄稿本。

《魏晋南北朝文学史参考资料》　北京大学中国文学史教研室选注　中华书局1962年版

《魏晋南北朝文学史料述略》　穆克宏著　中华书局1997年版

《三曹资料汇编》　河北师范学院中文系古典文学教研组编　中华书局1980年版①

《诸葛亮研究集成》　王瑞功主编　齐鲁书社1997年版

《古代著名人物评论(诸葛亮)选辑》　张连科　管淑珍　载其著《诸葛亮集校注》　天津古籍出版社2008年版　《附录·第一部分》

《王粲资料汇编》　吴云　唐绍忠　载其著《王粲集注》　中州书画社1984年版　《附录三》

嵇康及嵇康集《序跋》《事迹》《诔评》　戴明扬　载其著《嵇康集校注》　人民文学出版社1961年版　《附录》

(陆士衡)《赋诗文总评》　刘运好　载其著《陆士衡文集校注》　凤凰出版社2007年版

刘琨《研究资料汇编》　赵天瑞　载其编著《刘琨集》　天津古籍出版社1996年版

《东晋文艺系年》　张可礼著　山东教育出版社1992年版

《陶渊明诗文汇评》　北京大学中文系文学史教研室教师、五六级四班同学编　中华书局1961年版

《古典文学研究资料汇编·陶渊明卷》　北京大学、北京师范大学中文系教师同学编　中华书局1962年版②

《陶渊明研究资料新编》　钟优民编　吉林教育出版社2000年版

《南北朝文学编年史》　曹道衡　刘跃进著　人民文学出版社2000年版

有关谢灵运的《评丛》　顾绍柏　载其著《谢灵运集校注》　中州古籍出版社1987年版　《附录五》

鲍照《历代评说》　殷雪征辑　载其著《鲍照研究》　中国文联出版

---

①　此汇编附录一:《建安文学总论》;附录二:《建安七子:孔融、陈琳、王粲、徐幹、阮瑀、应玚、刘桢》。

②　2004年再版时统一改为《陶渊明资料汇编》。中华书局2004年后出版的类似资料汇编,题目均改为用文学家姓名。

社 2001 年版 《附录二》

谢朓《诸家评论》 曹融南 载其著《谢宣城校注》 上海古籍出版社 1991 年版 《附录二》

《江淹诗文集评》 俞绍初 张亚新 载其著《江淹集校注》 中州古籍出版社 1994 年版 《附录》

《吴均诗文评论辑要》 林家骊编 载其著《吴均集校注》 浙江古籍出版社 2005 年版 《附录二》

《文心雕龙学综览》《文心雕龙学综览》编委会编 上海书店出版社 1995 年版

《文心雕龙汇评》 黄霖编著 上海古籍出版社 2005 年版

《梁武帝萧衍评论资料汇编》 柏俊才 载其著《梁武帝萧衍评考略》上海古籍出版社 2008 年版 《附录二》

有关何逊集《历代著录及序跋题识》《历代评论辑钞》 李伯齐 载其著《何逊集校注》 齐鲁书社 1988 年版 《附录一、二》

《阴铿评论资料》 刘国珺 载其著《阴铿集注》 天津古籍出版社 1988 年版 《附录五》①

(《金楼子》)《历代评论辑要》 钟仕伦编 载其著《金楼子研究》 中华书局 2004 年版 《附录二》

(徐陵)《历代评论》 许逸民编 载其校笺《徐陵集校笺》 中华书局 2008 年版 《附录四》

(庾信)《历代评论选辑》 鲁同群 载其著《庾信传论》 天津人民出版社 1997 年版 《附录二》

《水经注研究史料汇编》(上、下册)上册 郑德坤纂辑 下册 吴天任纂辑 台北艺文印书馆 1984 年版

隋唐五代

《中华大典·文学典·隋唐五代文学分典》 卞孝萱主编 江苏古籍出版社 2000 年版

《唐五代文学编年史》 傅璇琮主编 辽海出版社 1998 年版

① 《阴铿集注》与刘畅《何逊集注》合本。

《唐宋词汇评》(唐五代卷)　王兆鹏主编　浙江教育出版社 2004 年版

《隋唐五代小说研究资料》　程国赋编著　上海古籍出版社 2005 年版

《五代十国文学编年》　张兴武著　人民文学出版社 2001 年版

《沈佺期宋之问诗集评》　陶敏　易淑琼　载其著《沈佺期宋之问集校注》　中华书局 2001 年版

关于王维《史传及遗事》《历代诗评及画评》《现代诗评》　杨文生　载其著《王维诗集笺注》　四川人民出版社 2003 年版　《附》

(岑参)《评论资料》　廖立编　载其著《岑嘉州诗笺注》中华书局 2004 年版　《附录三》

《李白资料汇编》(金元明清之部)　裴斐　刘善良编　中华书局 1994 年版

《李白资料汇编》　金涛文　朱文彩编　中华书局 2007 年版①

《古典文学研究资料汇编·杜甫卷》(唐宋部分)　华文轩编　中华书局 1964 年版

《清人论杜资料辑录》　赵维融编　《草堂》1985 年第 2 期

《杜甫秋兴八首集说》　叶嘉莹　河北教育出版社 1997 年版

(权德舆)《辑评》　郭广伟编　载其校点《权德舆诗文集》　上海古籍出版社 2008 年版　《附录三》

《白居易诗评述汇编》　陈友琴编　科学出版社 1958 年版②

《韩愈资料汇编》　吴文治编　中华书局 1983 年版

《古典文学研究资料汇编·柳宗元卷》　吴文治编　中华书局 1983 年版

《柳宗元事迹系年暨资料类编》　罗联添编　台北编译馆 1981 年版

《历代贾岛研究资料汇编》(唐至近代)　尹占华　张震英整理　载

① 杨学是《李白资料汇编(唐宋之部)补遗(一)》,《绵阳师范学院学报》2008 年第 1 期。

② 此书中华书局 1962 年以《中国古典文学研究资料汇编·白居易卷》出版,有订补。

张震英著《寒士的低吟——贾岛诗歌艺术新探》 中国社会科学出版社 2006 年版 《附录一》

《李贺研究资料》 陈治国编 北京师范大学出版社 1983 年版

《李贺资料汇编》 吴企明编 中华书局 1994 年版

《李商隐资料汇编》 刘学锴 余恕诚等编 中华书局 2001 年版

《杜牧资料汇编》 张金海编 中华书局 2006 年版

《杜荀鹤研究资料汇编》 胡嗣坤 罗琴编 载编者著《杜荀鹤及其〈唐风集〉研究》 巴蜀书社 2005 年版 《附录二》

有关罗隐的《评述》 潘慧惠 载其著《罗隐集校注》 浙江古籍出版社 1995 年版 《附录》

《唐宋词集序跋汇编》 金启华 江苏教育出版社 1990 年版

《历代曲话汇编——新编中国古典戏曲论著集成(唐宋元编)》 俞为民 孙蓉蓉主编 黄山书社 2006 年版

宋代

《唐宋词汇评》(两宋卷) 吴熊和主编 浙江教育出版社 2004 年版

《宋代词学资料汇编》 张惠民编 汕头大学出版社 1993 年版

《杨亿资料》 徐德明 余奎元等编 载其点校《武夷新集》 福建人民出版社 2007 年版 《附录》

《范仲淹史料新编》 周鸿度等编著 沈阳出版社 1989 年版

关于范仲淹的历代评论(包括总评、评诗、评词、评赋、评文等) 李勇先 王蓉贵 载其校点《范仲淹集》 四川大学出版社 2002 年版《附录十》

《柳(永)词总评》《序跋题识》 薛瑞生编 载其著《乐章集校注》 人民文学出版社 1994 年版

《欧阳修资料汇编》 洪本健编 中华书局 1995 年版

《苏轼资料汇编》 四川大学中文系唐宋文学研究室编 1994 年版①

---

① 1. 谢桃坊《〈苏轼资料汇编〉拾补举例》,《文献》1998 年第 2 期。2. 严迪昌《谁翻旧事作新闻》(此文中有苏轼资料补遗),《文学遗产》2000 年第 6 期。

《苏诗汇评》　曾枣庄主编　四川文艺出版社 2000 年版

《苏词汇评》　曾枣庄主编　四川文艺出版社 2000 年版

《苏文汇评》　曾枣庄主编　四川文艺出版社 2000 年版

《晁补之资料汇编》　周义敢　周雷编　中华书局 2008 年版

《古典文学研究资料汇编·黄庭坚和江西诗派卷》　傅璇琮编著　中华书局 1978 年版

《秦观资料汇编》　周义敢　周雷编　中华书局 2001 年版

《李清照研究资料汇编》　存萃学社编　香港崇文书店 1974 年版

《李清照资料汇编》　褚斌杰　孙崇恩等编　中华书局 1984 年版

《李清照总评》　徐培均　载其著《李清照集笺注》　上海古籍出版社 2001 年版　《附录》

《李清照志》　刘乃昌主编　《山东省志·诸子名家志》编纂委员会编　山东人民出版社 1999 年版①

《李清照改嫁问题资料汇编》　何广棪编　台湾九思出版社 1990 年版

《朱熹及宋元明理学(附·古代书院)研究资料》　吴以宁编　上海史研究会 1989 年

《辛弃疾资料汇编》　辛更儒编　中华书局 2005 年版

《古典文学研究资料汇编·陆游卷》　孔凡礼　齐治平编　中华书局 1962 年版

《陆游研究汇编》　周康燮主编　香港崇文书店 1979 年版

《古典文学研究资料汇编·杨万里范成大卷》　湛之编　中华书局 1964 年版②

《吴文英资料汇编》　马志嘉　张心绰编　中华书局 2006 年版

《张孝祥资料汇编》　宛新彬编　中华书局 2006 年版

《有关张炎家世的若干材料》《有关张炎生平事迹的若干材料》《对张炎词的若干评论》　张海明编　载其著《张炎词研究》　齐鲁书社

① [清]赵昱等《南宋杂事诗》,浙江古籍出版社 1987 年版,其"记事"中,有已经出版的《李清照资料汇编》所未收之资料。

② [清]赵昱等《南宋杂事诗》,浙江古籍出版社 1987 年版,其"记事"中,有已经出版的《杨万里资料汇编》所未收之资料。

1989 年

《中华大典·文学典·宋辽金元文学分典》 曾枣庄主编 江苏古籍出版社事 1999 年版

《宋元明清家训禁毁小说戏曲史料辑补》 陆林 《明清小说研究》 1997 年第 2 期

辽金元

《河汾诸老研究资料汇编》 阎凤梧 刘达科编 载其著《河汾诸老研究》 山西人民出版社 1993 年版 下编

《〈录鬼簿〉中历史剧本事资料》 刘新文著 载其著《〈录鬼簿〉中历史剧探源》 南开大学出版社 1989 年版

《古人对元末吴中的评论选录》 王忠阁 载其著《元末吴中诗派论考》 广西师范大学出版社 1998 年版 《附录》

《北曲套式汇录详解》 郑骞著 台湾艺文印书馆 1973 年版

《元曲六大家资料汇编》 谭正璧 台湾偪勉出版社 1978 年版

《元好问研究资料汇编》 叶庆炳等编 台北文史哲出版社 1990 年版

《王实甫以外二十七家〈西厢〉考》 谭正璧 谭寻 《文献》第 7 辑 1981 年

《明人评〈西厢记〉资料的新发现——徐复祚〈西厢记〉评语辑考》 黄仕忠 载章培恒 王靖宇主编《中国文学评点研究》 上海古籍出版社 2002 年版

《琵琶记资料汇编》 侯百朋编 书目文献出版社 1989 年版

《关汉卿研究资料》 李汉秋 袁有芬编 上海古籍出版社 1988 年版

《关汉卿研究资料汇考》 王钢辑考 中国戏剧出版社 1988 年版

关汉卿《研究资料》 马欣来 载其著《关汉卿集》 山西人民出版社 1996 年版

《杨仲弘资料》 余奎元 翁亚红编 载其点校《杨仲弘集》 福建人民出版社 2007 年版 《附录》

《薛昂夫资料汇录》 杨镰 石晓奇等编 载其著《元曲家薛昂夫》

新疆人民出版社 1992 年版　第三部分

《柯九思史料》　宗典编　上海人民美术出版社 1963 年版

《元明清三代禁毁小说戏曲史料》　王利器辑录　上海古籍出版社 1981 年版①

《中国戏曲史编年》(元明卷)　王永宽　王纲编　中州古籍出版社 1994 年版

明代

《〈永乐大典〉研究资料辑刊》　张升编著　北京图书馆出版社 2005 年版

《明代文学批评资料汇编》　叶庆炳　邵红编辑　台湾成文出版有限公司 1979 年版

《明人笔记中的戏曲史料》　吴晟辑注　江西人民出版社 2007 年版

《杨慎研究资料汇编》　林庆彰　贾顺先主编　台湾"中央研究院"文哲研究所　1992 年版

《三国演义资料汇编》　朱一玄　刘毓忱编　南开大学出版社 2003 年版

《〈三国演义〉研究情况》　沈伯俊　谭良啸编　载其编著《三国演义大词典》　中华书局 2007 年版②

《水浒资料汇编》　马蹄疾编　中华书局 1980 年版

《水浒大观》　王珏　李殿元著　四川人民出版社 1996 年版

《水浒大观》　任大惠主编　上海古籍出版社 1998 年版

《水浒资料汇编》　朱一玄　刘毓忱编　南开大学出版社 2002 年版

《〈水浒〉书首资料六种》(外一种)　马幼垣　《中国文艺思想史论丛》第 3 期　北京大学出版社 1988 年版　后收入马幼垣著《水浒论衡》　三联书店 2007 年版

---

① 《元明清三代禁毁小说戏曲史料》曾署名王晓传(即王利器),由作家出版社 1958 年出版,1981 年版有增订。

② 此《研究情况》包括:一、重要研究课题;二、重要论著;三、学术会议;四、学术组织。

《〈西游记〉研究资料》 刘荫柏编 上海古籍出版社1990年版

《西游记资料汇编》 朱一玄 刘毓忱编 南开大学出版社2002年版

《西游记的研究与资料》 [日]斋藤秋男 伊藤敬一 载《中国八大小说》 日本平凡社1965年版

《〈金瓶梅〉资料汇编》(增订本) 侯忠义 王汝梅编 北京大学出版社1985年版

《金瓶梅资料汇录》 方铭编 黄山书社1986年版

《金瓶梅资料汇编》 黄霖编 中华书局1987年版

《金瓶梅研究资料汇编》上、下编 魏子云主编 台北天一图书公司1987、1989年先后出版

《〈金瓶梅〉资料续编(1919—1949)》 周钧韬编 北京大学出版社1991年版

《金瓶梅素材来源》 周钧韬 中州古籍出版社1991年版

《金瓶梅资料汇编》 朱一玄 南开大学出版社2002年版

《金瓶梅古今研究集成》 朱一玄 王汝梅主编 延边大学出版社1999年版

《金瓶梅编年纪事》 魏子云 台湾巨流图书公司1981年版

《金瓶梅研究序跋精选》 孟进厚编 武汉出版社1998年版

《明代金瓶梅史料诠释》 魏子云著 台湾贯雅文化有限公司1992年版

《增修〈金瓶梅〉研究资料要览》 [日]泽田瑞穗编 寺村政易崛城增补 早稻田大学中国文学会1981年版

《王世贞传记资料》 郑利华编 载其著《王世贞研究》 学林出版社2002年版

《三言二拍资料》 谭正璧编 上海古籍出版社1980年版

《冯梦龙研究资料汇编》 杨晓东编著 广陵书社2007年版

《李贽研究参考资料》(共三辑) 厦门大学历史系编 福建人民出版社1975年出版第1辑、1976年出版第2、3辑

《公安派结社资料汇编》 何宗美编 载其著《公安派结社考论》 重庆出版社2005年版 下编

《汤显祖研究资料汇编》　毛效同等编　上海古籍出版社 1986 年版①

《牡丹亭研究资料考释》　徐扶明　上海古籍出版社 1987 年版

《十五贯戏曲资料汇编》　路工　傅惜华编　作家出版社 1957 年版

《中华大典·文学典·明清文学分典》　吴志达主编　凤凰出版社 2005 年版

《明清诗文研究资料集》(第 1、2 辑)　钱仲联主编　上海古籍出版社 1986 年版

《明清小说序跋集》　大连图书馆参考部编　春风文艺出版社 1983 年版

《明清小说序跋选》　杜云编　广西人民出版社 1989 年版

《明清小说资料选编》　朱一玄编　朱天吉校　南开大学出版社 2006 年版②

《明清传奇编年史稿》　程华平著　齐鲁书社 2008 年版

《十五位明清戏曲作家的生平史料》　邓长风　《戏曲研究》第 33 辑　1990 年 6 月

清代

《梦苕庵诗话》③　钱仲联著　齐鲁书社 1986 年版

《清代燕都梨园史料》　张次溪辑　中国戏剧出版社 1988 年版

《清代地方剧资料集》　[日]田中一成编　东京大学东洋文化研究所 1968 年版

《袁枚研究资料》　王英志编　载编者编《袁枚全集》第八册　江苏古籍出版社 1993 年版

《王文治研究资料汇编》　王平编　载其著《探花风雅梦楼诗——王文治研究》　凤凰出版社 2006 年版

---

①　徐朔方《评〈汤显祖研究资料汇编〉》,《浙江学刊》1987 年第 4 期。此文补充"汇编"未收的 50 篇资料篇目。

②　郑志良《明清小说文献资料探释七则》,《明清小说研究》2008 年第 1 期。此文对已经出版的《水浒传》、《西游记》和《儒林外史》等资料,有所补释。

③　此书虽名为"诗话",但同前人的诗话不同。全书重点是详论清代名家与作品,介绍和考订有诗史价值之杰作。

《李渔资料汇编》 单锦衍编 载《李渔全集》 浙江古籍出版社 1992年版 第19、20卷

《李渔研究资料汇编》 胡元翎 载其著《李渔小说戏曲研究》 中华书局2004年版 《附录四》

《陈维崧词评辑录》 刘深 《词学》第20辑 2008年

《渔阳精华录汇评》 周兴陆编 齐鲁书社2007年版

《聊斋志异资料汇编》 朱一玄编 南开大学出版社2002年版

《蒲松龄志》 袁世硕主编 山东人民出版社2003年版

《聊斋志异文献要览》 [日]藤田祐贤等 东方书店1985年版

(方苞)《诸家评论》 刘季高编 载其校点《方苞集》 上海古籍出版社2008年版 《附录二》

《蒋士铨研究资料》 上饶师专中文系历代作家研究室编 江西人民出版社1985年版

《金圣叹研究资料汇编》 孙中旺编著 广陵书社2007年版

《歧路灯研究资料》 栾星编 中州书画社1982年版

《古典文学研究资料汇编·红楼梦卷》 中华书局1963年版

《香港所见〈红楼梦〉研究资料展览》 香港中文大学中国文化研究所《红楼梦》展览工作组编印 1972年版

《红楼梦研究汇编》 吴宏一编 台湾巨浪出版社1974年版

《关于江宁织造曹家档案史料》 故宫博物院明清档案部编 中华书局1975年版

《红楼梦研究参考资料选辑》(第1—4辑) 人民文学出版社 1973—1978年出版

《红楼梦资料丛书》 北京大学出版社1988—1990年出版

《二百年来论红楼梦》 朱亮采著 台北新文丰出版公司1992年版

《新编石头记脂砚斋评语辑校》(增订版) 陈庆浩编著 北京中国友谊出版公司1987年版

《红楼梦资料汇编》 朱一玄编 南开大学出版社2001年版

《清代有关曹雪芹红楼梦资料》 中国环境科学出版社2005年版

《红楼梦研究稀见资料汇编》(增订本) 中国艺术研究院红楼梦研

究所　人民文学出版社编辑部编　人民文学出版社 2006 年版

《胡适红学研究资料全编》　宋广波编校注释　北京图书馆出版社 2005 年版

《红学档案》　郭皓政主编　陈文新审订　武汉大学出版社 2007 年版

《曹雪芹文物资料》　裴世安　柏秀英编　石言居自印　2008 年

《高鹗文献资料辑录》《高鹗档案资料辑录》　胡文彬　周雷辑录　载其著《高鹗诗文集》　百花文艺出版社 1984 年版

《儒林外史研究资料》　李汉秋编　上海古籍出版社 1984 年版

《儒林外史资料汇编》　朱一玄　刘毓忱编　南开大学出版社 2003 年版

《儒林外史研究纵览》　李汉秋编　天津教育出版社 1992 年版

《陈奂 1786 相关资料汇编》　载林庆彰　杨晋龙主编《陈奂研究论集》　台湾"中央研究院"文哲研究所　2000 年版　第三部分

《张问陶研究资料》　胡传淮著　载其著《张问陶年谱》(修订本)　巴蜀书社 2005 年版　《附录》

《都门纪略中之戏曲史料》　周明泰编　光明印刷局 1932 年 1 月代印

《五十年来北平戏剧史料》　周明泰编　商务印书馆 1932 年 8 月出版

《道咸以来梨园系年小录》　周明泰编　商务印书馆 1932 年 12 月出版

《清升平署存档事例漫抄》　周明泰编　商务印书馆 1933 年出版

近代

《中国近代史资料概述》　陈恭禄编著　陈良栋整理　中华书局 1982 年版

《近代文学史料》　中国社会科学院文学研究所《近代文学史料》编辑组　中国社会科学出版社 1985 年版

《中国近代文学史事编年》　郑方泽编　广东高等教育出版社 1986 年版

《中国近代小说史料汇编》 广文书局编译所编 台北广文书局 1980年版

《中国近代小说史料续编》 广文书局编译所编 台北广文书局 1986年版

《中国近代小说编年》 陈大康著 华东师范大学出版社 2002年版

《晚清文学丛钞·小说戏曲研究卷》 阿英编 中华书局 1960年版

《戊戌变法前后至辛亥革命报刊发表的戏曲剧作编年》 赵晋 《戏曲研究》第6辑 文化艺术出版社 1982年版

《二十世纪中国小说理论资料》第1卷(1897—1916) 陈平原 夏晓虹编 北京大学出版社 1989年版

《鸳鸯蝴蝶派研究资料》(增补本) 魏绍昌编 上海文艺出版社 1984年版

《鸳鸯蝴蝶派文学资料》 芮和师等编 福建人民出版社 1984年版

《近代上海戏曲系年初编》 胡晓明主编 上海教育出版社 2003年版

《龚自珍研究资料集》 孙文光 王世芸编 黄山书社 1984年版

《龚自珍交游资料补录》《传记资料》 樊克政 载其著《龚自珍年谱考略》 商务印书馆 2004年版 《附录》三、八

(宝廷)《相关传记序跋资料辑录》《相关评论资料辑录》 聂世美编 载其校点《偶斋诗草》 上海古籍出版社 2005年版 《附录》

(梅曾亮)《传记及序跋资料集录》《相关评论资料辑要》 彭国忠 胡晓明编 载其校点《柏枧山房诗文集》 上海古籍出版社 2005年版 《附录》二、三

《〈孽海花〉资料》(增订本) 魏绍昌编 上海古籍出版社 1982年版

《儿女英雄传研究资料》 [日]鸟居久靖编 日本《中文研究》第2期 1962年1月

《〈老残游记〉资料》(增订本) 魏绍昌编 上海古籍出版社 1982

年版

《刘鹗及老残游记资料》 刘德隆　朱僖等编　四川人民出版社 1985 年版

《李伯元研究资料》 魏绍昌编　上海古籍出版社 1980 年版

《吴趼人研究资料》 魏绍昌编　上海古籍出版社 1980 年版

《吴趼人研究资料汇编》 裴效维编　载《吴趼人全集》 花山文艺出版社 1998 年版第 10 卷

《黄世仲研究资料》 方志强编　载其著《小说家黄世仲大传》 香港夏菲尔国际出版公司 1999 年版 《附录》

《况惠风研究资料补述》 林玫仪 《北京大学中国古文献研究中心集刊》第七辑　北京大学出版社 2008 年版

《秋瑾年谱及传记资料》 陈象恭编著　中华书局 1983 年版

《秋瑾研究资料》 郭延礼编　山东教育出版社 1987 年版

《严复研究资料》 中国社会科学院文学研究所近代文学研究室编　中国社会科学出版社 1985 年版

《林纾研究资料》 薛绥之　张俊才编　北京　商务印书馆 1982 年版

《人间词话研究汇编》 何志韶编　台北巨浪出版社 1975 年版

《〈人间词话〉及评论汇编》 姚柯夫编　书目文献出版社 1983 年版

第四节　一种新形态的文学研究史料:研究综述

中国古代文学研究的研究,从 20 世纪 70 年代末开始出现了前所未有的繁盛局面,出现了一种新形态的文学研究的研究:研究综述。自 70 年代末到现在,研究综述相继大量涌现,成了中国古代文学研究领域里的一道新的"亮丽的风景线"。

这里所说的研究综述,指的是以大量的研究史料为依托,对古代文学研究中某一问题的研究状况进行分析、归纳、综合论述,以便使读者用较少的时间和精力,对该问题研究的内容、意义、历史、现状、水平、发展趋势等,有一个比较完整、系统、明确的了解,进而从中获得有关信息,受到启示,为今后的研究提供参照和依据。一般的研究综述是述评结合,有回顾有前瞻,所以有一些研究综述,也取“述评”、“回顾与前瞻”、“概述”之类的题目。也有一些研究综述,从题目上很难看出来,只有阅读提要或内容才能知道。

研究综述的大量涌现,既是传统的文学研究的研究的一种赓续,更是20世纪70年代末与20世纪与21世纪之交这两个特殊的历史时期所决定的。

古代文学研究,如同长流不息的江河,浪浪相接,前后相承,没有研究的止境。前人的研究已成历史,后人的研究不能取代前人的研究。新陈代谢,生生不息,是文学研究的一种属性。古往今来的研究者在进行研究的时候,总是要顾及以前历代积累的研究成果,把它们作为自己研究的新起点。这样,不仅可以避免虚耗时间和精力,避免研究的重复和退化,而且能够做到在以前研究成果的基础上,找到新的学术研究的生长点,发现新问题,作出新贡献。重视研究的继承性,继往开来,这是研究古代文学必须遵循的一个重要原则和规范。由此看来,20世纪70年代末以来大量的研究综述的出现,是学术研究的内在理路的体现,具有学术研究的普遍意义。

20世纪70年代末以来的研究综述的繁盛,主要有两个契机:一个是20世纪和21世纪之交;一个是2008年改革开放三十年。从诸多研究综述所论及的时间看,主要是20世纪的。这种现象的产生,有其必然性。

就学术史的演进而言,差不多在每一个历史转捩节点上,往往都会顾后瞻前的。从长时段看,20世纪的结束,是公元以来第二个千年的结束。一千年结束了,世界要跨进新的千年,自然容易引发人们的回顾与反思。当人们回顾反思过去的一千年时,多是由近而远,自然会更多地关注刚刚过去的20世纪。对中国来说,20世纪是内忧外患、灾难深重的世纪,是急剧变革的世纪,也是一个经过广大人民群众和许多仁人志士英勇奋斗,社会取得了巨大进步的世纪。在20世纪的后期,现代化开始逐渐深入人心。在世纪之交,人们为了顺应现代化的历史潮流,自然会反思前瞻。以史为鉴,前瞻性的理性思考常常蕴涵在对历史的回顾与反思当中。在这样的氛围里,敏于感时忧世的知识分子,不约而同,在许多领域里,相继开始了对20世纪的回顾和反思。20世纪的中国古代文学研究,随着社会、经济、政治、文化等方面以及文学和文学研究本身的内在变化,特别是近代以来西方的学术思想、文学观念和研究方法的输入,极大地推进了中国古代文学研究的现代化进程，使古代文学研究发生了巨大的变革，这种变革带有质的变革。20 世纪中国古代文学研究，是如何演进的？有哪些成就？有哪些经验和教训？21 世纪的文学研究如何在 20 世纪的基础上向前发展？诸如此类的许多问题摆在研究者的面前。因此，20 世纪 70 年代末以来，许多研究者具有相当自觉的回顾和反思意识，各种各样的研究综述，如雨后春笋，大量涌现，蔚为大观。

对古代文学研究，特别是对 20 世纪古代文学的研究作综述，应当说是持续不断的，如 1959 年吴晓铃、胡念贻、曹道衡和邓绍基在《文学评论》第 5 期上发表了《十年来的古典文学研究和整理工作》一文。但在 20 世纪 70 年代末之前，这类研究综述，基本上是零星的，学术界并不太关注。研究综述的大量涌现是在 20 世纪 70 年代末。从那时到现在，古代文学研究综述，大致可分为三个阶段。

第一阶段是从 1978 年开始到 80 年代前期。这一阶段，伴随着粉碎“四人帮”、“文革”的结束和改革开放政策的确立，社会上洋溢着挣脱极左、解放思想的浪潮。各个领域里出现了拨乱反正的新局面。同时，随着对外开放政策的确立和实施，西方的一些新的理论和新的方法再次被引进，进一步激发了人们的思考。在这方面，有不少古代文学研究者也是相当敏感的，他们从不同的方面，迅即开始了对“四人帮”借古代文学搞阴谋的批判和反思，不少报刊上，开始发表了一些这方面的论文。如《文学评论》1979 年第 1 期发表了丁振海的《谈〈红楼梦〉研究中的方法问题》，此文揭露了“四人帮”借评红“搞阴谋”，“使《红楼梦》研究工作遭受了一场空前的破坏”。又如《文学评论》1980 年第 3 期发表了王俊年、梁淑安、赵慎修的《建国三十年来近代文学研究的回顾》，此文明言：“本文不是三十年近代文学研究的全面总结，而是着重于清理多年来被林彪、‘四人帮’一伙搞乱了的思想，力求彻底打碎那无形的精神锁链，以求对今后的研究工作能有所裨益。”这一阶段，类似上面例举这类的研究综述，大体上都带有拨乱反正的时代特点。所谓“拨乱”，主要是拨“文革”、“四人帮”之乱，“反正”主要是返回到“文革”以前的研究理念和研究方法上去。这一阶段，还来不及对“文革”以前，乃至更长时期的研究，从学术上进行全面的回顾与反思。

第二阶段是从 20 世纪 80 年代后期开始，一直到现在仍在延续。这一阶段处于世纪之交，步武前一阶段，学术界回顾与反思的意识更加自觉，也相当全面，具有更明显的学术性。1986年，王瑶在全国社会科学“七五”规划会议上提出，文学研究要发展，应当研究中国文学研究的现代化进程，特别要研究近代以来，许多著名学者接受西方文化的影响，在古代文学研究方面取得的成绩、经验和教训。王瑶的观点，受到了重视①。从80年代后期开始，对古代文学研究的回顾与反思，进展迅速，为整个文学研究领域，增加了新的内容，注入了新的活力，取得了重要的成果，受到了国内外的普遍关注。在这一阶段，几乎所有的学术期刊，多少不等地都发表了有关古代文学研究的综述。有不少刊物，如《文学评论》、《文学遗产》、《北京大学学报》等，还专门开辟了“百年学术”、“学术史回眸”、“学术回眸与反思”等专栏。全国有不少出版社在这方面制定了计划，相继出版了一些专著，如齐鲁书社1987年出版了卢兴基主编的《建国以来古代文学问题讨论举要》，北京出版社2001年出版了张燕瑾、吕薇芬主编的《20世纪中国文学研究》，上海古籍出版社2002年出版的赵义山的《20世纪元散曲研究综论》。在这一阶段，许多古代文学学术会议都把回顾与反思作为重要的议题。中国诗经学会成立以来到2008年，举办了8次诗经国际学术研讨会，每次研讨会上，都有关于《诗经》研究方面的综述。80年代末，《文学遗产》编辑部主持过建国40年古典文学研究反思讨论会。1996年在乌鲁木齐召开的“世纪之交中国古典文学及丝绸之路文明”国际学术研讨会上，收到了以回顾、反思20世纪中国古典文学研究为议题的论文36篇。1997年由新疆人民出版社出版的这次会议的论文集中，收有这方面的论文19篇。同年，在哈尔滨和牡丹江，由中国古代文学学会筹委会、《文学遗产》编辑部与黑龙江大学主办的“二十世纪中国古代文学研究回顾与前瞻”研讨会，议题宗旨更为集中。这次会议的论文集题为《百年学科沉思录：二十世纪中国古代文学研究回顾与前瞻》，1998年由人民文学出版社出版，收有相关论文35篇。2005年3月在由中国社会科学院文学研究所《文学评论》编辑部和西南师范大学文学院联合主办的“百年中国文学研究回顾与反思研讨会”上，有关学者宣读了20世纪关于杜甫、文言小说、六朝小说、唐代小说、明代小说、《莺莺传》等研究综述②。

---

① 参阅陈平原《中国文学研究现代化进程·小引》，王瑶主编，北京大学出版社1996年版。

② 参阅黄菊、饶馥婷《百年中国文学研究回顾与反思研讨会综述》，《文学评论》2005年第2期。

在这一阶段，基于对20世纪古代文学研究的反思，有些出版社出版了20世纪中国古代文学研究论著提要和包括中国古代文学研究的学术经典著作。前者如北京大学1994年出版的乔默主编的《中国二十世纪文学研究论著提要》。此书带有研究综述的性质，其第一部分是《中国古代、近代文学研究》，用论著"摘要"的形式，展示了20世纪中国古代文学研究"实现了重大的飞跃"。后者如东方出版社于1996年出版了"民国学术经典文库"，其中"文学史类丛书"有胡适的《白话文学史》、郑振铎的《中国俗文学史》、刘经庵的《中国纯文学史》、李维的《诗史》等12种。"民国学术经典文库"的出版，不只是"为保存、借鉴这一时期的学术成果"，同时也是为了"促进当今学人在更高层次上考研民族文化传统与现代化及西方文化的交接融合"①。编选出版这一类著述，本身就具有回顾与反思的意义。它们的再版，也有助于人们回顾和反思。这从张岱年为文库所撰写的《序》中，可以看得很清楚。对古代文学研究的回顾与前瞻，在台湾，与祖国大陆的步法大体一致。台湾的不少学术研讨会，"多少都对相关的议题展开某种程度的反省批判"，有些学校的中文系和学会还组织过这方面的专题研讨会。如90年代，台湾东吴大学中文系、古典文学会主办了《中国古典戏曲及小说研究的回顾与前瞻》研讨会②。

第三个阶段是从2008年开始的。2008年，是回顾反思中国古代文学研究的第二个契机。对于中国人民来说，2008年是一个特别值得庆祝和反思的年份。1978年底中国共产党十一届三中全会的召开，宣布"文革"结束，揭开了中国改革开放的序幕，从此中国进入了划时代的改革开放的新时期，到2008年正好是三十年。三十年来，中国在各方面都发生了深刻的变化，取得了举世瞩目的巨大进步。这在古代文学研究领域里也有明显的表现。三十年来，古代文学研究从拨乱反正、正本清源到走上久违了的常规研究的康庄之路。学术研究的政治环境有了很大的改善，国家对学科予以空前的重视和支持。思想解放、实事求是深入人心，泛政治化研究模式被突破。学术理念和研究方法在许多方面做到了守正出新，增强了创新意识，拓

① 参阅《民国学术经典文库·编选说明》，东方出版社1996年版。

② 引自龚鹏程主编《五十年来的中国文学研究》，台湾学生书局2001年版，第93—94页。

展了研究领域，大量的研究论著和史料整理成果相继问世。据统计，新中国成立以来共整理出版古籍图书二万多种，其中90%是新时期整理出版的。凡此种种，表明了中国古代文学研究发生了深刻的变化，中国古代文学研究进入了一个新时代。成就巨大，有许多经验，当然也有一些教训。在新的形势下，古代文学研究如何继续进展。这些都需要回顾和反思。通过回顾和反思，守正求新，与时俱进，提升理念，开阔视野，恢弘气度，拿出更多的符合时代要求的、富有生命力的研究成果。这一点已经成为许多研究者和报刊的共识。《文学遗产》在2008年第1期，以"古典文学研究三十年"为题，作为首要栏目，在编者按语中，强调了总结改革开放三十年古典文学研究的重要意义，并发表了袁行霈的《在广阔通达的道路上前进》等三篇相关的论文。接着《文学评论》在2008年第4期，开设了"新时期三十年中国文学研究"栏目，并把它作为首要栏目，发表了关爱和、朱秀梅的《中国近代文学研究三十年》一文。另外，这一年的4月18日至20日，在河南省开封市召开了由中国社会科学院文学研究所同河南大学文学院联合主办的"改革开放三十年与中国文学研究"研讨会。有三十多所高等院校和研究机构的80多位学者参加了会议。会上有许多学者，从学科史、学科建设的理论和实践问题、具体的研究领域以及文学现象和作家作品研究等多方面，就三十年来取得的成就、存在的问题和未来的发展趋向等问题进行了探讨和交流①。从2008年开始，除了涵盖长时段的研究综述继续涌现之外，有关三十年来的研究综述论文述迅速增加。两个方面互相补充，使研究综述继续向前进展。

20世纪70年代末以来的中国古代文学研究综述，由于综述的对象、目的不同，也由于论者和论著体制的差异，形成了丰富多彩的局面。论著的类型颇多，涉及的范围和内容相当广阔。下面，就其论著的主要形态和涉及的内容、范围，试作初步的概括。关于研究综述的形态，主要有四种：

一是论文。20世纪70年代末以来，如前所述，由于不少学术刊物重视反思与回顾，相继发表了许多关于研究综述这方面的论文。论文的撰写，需要的时间相对的短一些，也便于就某一方面作专题总结，能够及时刊登，因此学术界从开始进行回顾反思直到现在，大多采用这种形式。有关这方面

① 参阅武新军整理《"改革开放30年与中国文学研究"学术研讨会综述》，《文学评论》2008年第4期。

的论文，除了发表在学术刊物上，还常常见于许多综合性的论文集。自 20 世纪 80 年代开始，《中国文学年鉴》编委会编，作家出版社出版的《中国文学年鉴》，每年都有年度中国古代文学、近代文学、民间文学、少数民族文学“研究综述”论文。从目前看，论文是研究综述的主要形态。

二是专著。与论文相比，专著一般涉及的方面多、容量大，撰写需要更多的学术积累与思考，自然需要更长的时间。专著的出现始于 20 世纪 80 年代末，比论文的产生要晚一些，但发展得很快。如齐鲁书社 1987 年出版了卢兴基主编的《建国以来古代文学问题讨论举要》，1996 年北京大学出版社出版的王瑶主编的《中国文学研究现代化进程》和 2002 年出版的陈平原主编的《中国文学研究现代化进程》二编，2004 年天津古籍出版社出版的吴云的《20 世纪中古文学研究》等。

三是丛书。这种研究著作，多是在世纪之交由出版部门和学者联合、共同策划的大型的系列研究著作。其中，有的依据朝代分卷分册，如北京出版社于 2001 年出版的由张燕瑾、吕薇芬主编的《20 世纪中国文学研究》中的古代文学部分，以朝代分为《先秦两汉文学研究》卷、《魏晋南北朝文学研究》卷、《隋唐五代文学研究》卷（上、下）、《宋代文学研究》卷（上、下）、《辽金元文学研究》卷、《明代文学研究》卷、《清代文学研究》卷和《近代文学研究》卷（上、下），共 8 卷、11 册。有的按体裁来分册，如 2005、2006 年福建人民出版社出版的由傅璇琮主编的《二十世纪中国人文科学学术研究史丛书·文学专辑》，分为《中国诗学研究》、《中国古代散文研究》、《中国词学研究》、《中国古代小说研究》、《中国戏剧研究》、《中国文学批评史研究》等。在按体裁编撰的研究综述中，也有以时代来分册的系列著作，如齐鲁书社 2006 年出版的崔海正主编的《中国历代词研究史稿》，即以朝代分为“唐五代”、“北宋”、“南宋”、“金元”、“明清”5 册。

四是分散载于多种论著中。自 20 世纪 80 年代后期开始，在许多研究论著中，或设专编、专章、专节，或在其引言、前言中，或采用于附录的方法，常常用相当大的篇幅，载有研究综述。这方面的研究综述，数量很大。如 1987 年，天津教育出版社出版的宁宗一、陆林等编著的《元杂剧概论》，全书四编，其中第一、二编属于研究综述。安徽大学出版社 2000 年出版的胡传志的《金代文学研究》第一章第一节为《金代文学研究的历史与现状》。商务印书馆 2003 年出版的孙明君的《汉魏文学与政治》，其中有《20 世纪建安文学研究反思》。中国社会科学出版社2006年出版的李定广的《唐末五代乱世文学研究》引论一、二分别为《前人对唐末五代文学的主要观点及其缺憾》、《研究成果的分布与研究方法的运用状况及其薄弱环节》。北京大学出版社2004年出版的美国孙康宜的《词与文类研究》附录二为《北美二十年来词学研究——兼记缅因州国际词学会议》。江西人民出版社2008年出版毕士奎的《王昌龄诗歌与诗学研究》,第五章是《王昌龄研究综述》。同年,中山大学出版社出版赵建坤的《关汉卿研究学术史》,第一编是《关汉卿研究学术综述》。

关于研究综述的内容和范围,大体上可以分为综合性的和专题性的两种。所谓综合性的,主要是从整体上对古代文学研究进行回顾与反思。综合性的,有论文,也有专著。论文如徐公持1998年发表的《四个时期的划分及其特征——二十世纪中国古典文学研究的近代化进程论略》①。此文从综合、宏观的角度,纵横结合,把20世纪的中国古典文学研究大体上划分为四个时期:"第一时期为1900年至1928年,这是学科近代化的起步时期。第二时期为1928年至1949年,这是学科近代化的发展时期。第三时期为1949至1978年,这是学科的统一时期,也是近代化的曲折时期。第四时期为1978年至今,这是学科拨乱反正和多元化时期,也是近代化的再发展时期。"论文对每个时期研究的大体面貌和特点作了概括性的论述。专著如上面列举的张燕瑾等主编的《20世纪中国文学研究》。此书分为10卷12分册。其中,除两册属于现当代文学研究综述,其他全是中国古代文学。全书每卷着眼于所含时代的文学研究的整体,兼顾各种文体、重要作家作品和流派研究,基本上综述了20世纪中国古代文学研究的演进历程和历史特点。

与综合性的论著相比,专题性的更多。专题性的研究综述,是就古代文学研究中的某一范围和某一问题作综述。

史料是古代文学研究的基础。20世纪在文学史料的发现、鉴别、整理和著录等方面,成绩卓著。许多研究综述就这方面进行了总结。这除了综合性的论著中有所体现外,更多的是专题论述。如李明杰的《20世纪中国古籍版本学史研究综述》,载《古籍整理研究学刊》2003年第2期。陈力的

① 载《文学遗产》编辑部、黑龙江大学中文系编《百年学科沉思录:二十世纪古代文学研究回顾与前瞻》,人民文学出版社1998年版。

《二十世纪古籍辨伪学之检讨》，载《文献》2004年第3期。何新文的《二十世纪赋文献的辑录与整理》，载《文献》1998年第2期。苗怀明的《二十世纪中国古代小说史料的重大发现与整理》，载《文献》2000年第4期。黄灵庚的《〈楚辞〉文献学百年巡视》，载《文献》1998年第1期。张兴吉的《二十世纪〈史记〉版本研究的回顾》，载《文献》2004年第3期。王兆鹏、刘尊明的《本世纪唐五代词的文献整理与研究概观》，载《文献》1999年第3期。黎蔷的《20世纪西域古典戏剧文本的发掘与研究》，载《文学遗产》2003年第3期。崔小敏、梅新林的《〈西游记〉文献学百年巡视》，载《文献》2003年第3期。

中国古代重要的作家作品、文论家及其论著，是中国古代文学与文学理论的支柱。自古以来，特别受到青睐。20世纪，他们仍是研究的重点。中国古代文学研究取得的成就和出现的这样那样的问题，也突出地表现在这些研究重点上。因此，重要作家作品、文论家及其论著的研究，自然成为研究综述的热点。从已经发表和出版的论著来看，大多数重要作家作品和重要文论家的论著的研究，都有研究综述。如褚斌杰的《百年屈学》，见其著《楚辞要论》，北京大学出版社2003年版。曹晋的《〈史记〉百年文学述评》，载《文学评论》2000年第2期。吴云的《"陶学"百年》，载《文学遗产》2000年第3期。葛景春的《李白研究五十年》，载《山西大学师院学报》2000年第3期。刘明华的《现代学术视野下的杜甫研究——杜甫研究百年回顾与前瞻》，载《文学评论》2004年第5期。洪迎华、尚永亮的《柳宗元研究百年回顾》，载《文学评论》2004年第5期。饶学刚、朱靖华的《20世纪苏轼文学研究述略》，载朱靖华、刘尚荣主编《中国苏轼研究》第1辑。梅新林、葛永海的《〈金瓶梅〉研究百年回顾》，载《文学评论》2003年第1期。张锦池的《〈红楼梦〉研究百年回眸》，载《文艺理论研究》2003年第6期。《河南教育学院学报》在2003年开设"百年红学"栏目，该栏目刊发的主要文章采用"分题综述"的形式，三年来，这个栏目共编发了数十位有关红学研究综述的论文达87篇之多，成为红学研究领域重要的学术专栏。《文史哲》在2005年以后，相继刊出了多篇新时期中国古代文学研究方面的回顾、反思与展望的论文，如2007年第五期跃进的《新世纪中国文学研究的主要趋向》，第六期张毅、王园的《文学研究的价值取向与理论视阈——近年来文学热点问题透视》和祁国宏、许结的《2006年度中国古代文学研究述评》等。

百年以来，中国古代文学的研究者，数以千万计，但创见多、影响特别大的是那些大家巨擘。他们的著述具有标志性，富有生命力，为海内外所嘉许。20 世纪 90 年代以来，他们的不少著述逐渐得到重新整理和出版。要回顾百年来的中国古代文学研究，他们的著述自然会受到特别的关注。由于上述原因，许多研究综述，对这些大家巨擘的研究，进行了总结。前面所列举的王瑶和陈平原分别主编的《中国文学研究现代化进程》选择了梁启超、王国维、鲁迅、吴梅、陈寅恪、胡适、郭沫若、郭绍虞、孙楷第、朱自清、郑振铎、游国恩、闻一多、俞平伯、夏承焘、吴世昌、王元化等 33 家，综述了他们研究古代文学或古代文论所走过的道路和取得的成就。此外，还有不少论著就一些研究大家作了综述。这方面的研究综述，论题集中，述评细致，从个体的角度，体现了中国古代文学研究历程中的丰富多彩和取得的巨大成就。

在中国古代文学研究的演进历程中，虽然在 20 世纪 70 年代之前，也有各种形式的关于文学研究的论述，但由于很少有自觉意识，基本上处于自在的状态，因而显得零星，没有形成系统。自 20 世纪 70 年代末开始，有了具有现代意义的文学研究综述。这些研究综述对于我们了解以前、特别是 20 世纪中国古代文学研究的状况，对于拓展和推进今后的古代文学研究，对于保存史料，都有重要的意义。

首先，从一些研究综述中，我们可以看到，百多年来许多卓有成就的古代文学研究者，都不是简单的"为学术而学术"，而是胸怀一个"志"。这个志就是爱国。他们研究学术的根基和动力是爱国。许多学者基于救亡、强国的忧患意识，或者基于使中国由传统向现代化的诉求，挺拔坚毅，克服了重重困难，顶住了种种压力，以学术为生命的寄托、为自己的本分，甚至不惜生命，孜孜矻矻，专心研究中国古代文学。他们的高尚人格和精神境界，垂范后世。他们取得的许多重大成果，富有生命。他们当中，有些继承、发展了清代朴学的学风，搜集、整理、考据文学史料，为后人继续研究中国古代文学提供了方便。有些既有扎实的国学基础，又接受了西学的浸润，努力兼融中西，注意会通，以超迈的胸怀，用新的理念和方法研究中国古代文学，在中国古代文学研究由传统向现代转变的历程中，立下了座座丰碑。

第二，这些研究综述比较全面地总结了古代文学研究各个方面已经取得的成绩，表现了后来的研究者对前人劳动成果的尊重。在古代文学研究领域里，自古迄今，有许多学人，辛勤耕耘。他们取得的成果，应当受到尊重和肯定。他们的宝贵经验，值得我们学习。同时还告诉我们，文学研究具有历史传承性，是一个不断的积累的过程，个人所取得的成果只是其中的一点。文学研究涉及许多方面，难以穷尽。新的时代对文学研究提出了新的要求。我们应当把以前的成果作为阶梯，继续攀登。

第三，不少研究综述有回顾，也有前瞻。回顾部分，常常含有大量的信息。通过阅读回顾部分，我们可以用较短的时间，大体了解古代文学研究在哪些方面已经做了哪些工作，有哪些成果，存在哪些薄弱环节，还有哪些盲点。有些综述能把综述和分析归纳结合起来，如段启明、汪龙麟在其主编的《清代文学研究》中总结了20世纪古代文学研究的方法，指出20世纪中国古代文学的研究方法，主要有两种："即传统治学方法的革新与外域方法的引进。"传统的治学方法主要指乾嘉朴学，"目录学、校勘学等大多属于这一方法论体系，但已被20世纪的学人融进了新的内容。外域方法的引进在20世纪学界也从未间断，且在不同时期有不同侧重"①。又如常森对20世纪先秦散文研究成果在综述的基础上，把后半个世纪的研究方法分析归纳为两大基本范式："存在决定意识"范式和"元素分析范式"。认为"元素分析范式"是"从'现代'文学立场上把握先秦散文之价值的范式"②。像这样的分析归纳和理论提升，对今后的研究方法会有所启示。还有一些研究综述，前瞻部分写得相当具体，有深度。乔以钢在其《近百年中国古代文学的性别研究》一文中，在回顾百年研究状况之后，用约五千字的篇幅，从九个方面，对今后研究应当注意的问题，进行了具体的论述③。这是富有建设性的。顾后而瞻前，使我们以后的研究能居于前沿地位，避免重复劳动，把精力集中在创新上。在这方面，我们是有教训的。有的研究者做研究，忽视查阅已有的成果，不注意研究的动态，往往闭门造车，结果是有些课题别人已经研究过，并且有了为学术界所认可的成果，但还继续在这方面浪费时间。相反的是，有些史料有待搜集和整理，有些课题有待探讨，却很少有人问津。有了研究综述，我们想做某一方面的研究，应当先阅读有关的研究综述。这样会减少一些盲目性，能使自己的工作有意义，有新的创获。

---

① 段启明、汪龙麟主编《清代文学研究》，北京出版社2001年版，第31页。

② 常森《二十世纪先秦散文反思》，北京大学出版社2002年版，第174、181、182页。

③ 此文载《中国社会科学》2008年第3期。

第四,不少研究综述使我们知道,古代文学研究同其他学术研究一样,经常受社会条件、政治气候和各种理论的制约。古代文学研究不可能游离于社会、政治和理论。但古代文学研究又有自己的独立品格,有自己内在的演进规律。百多年以来,由于社会的动荡、政治的严重干预等原因,古代文学研究曾经出现过低谷,甚至停滞和惨遭破坏。就某些学派和个人来说,或者囿于某种学术观点,或者受某种风潮的影响,在研究中,出现了某些错误的倾向和失误,有不少教训。这些错误倾向、失误和教训,也是一种财富。在这方面,许多研究综述,不同程度地作了综述。通过阅读这些综述,认真思考过去的错误倾向、失误和教训,对我们以后的研究是大有裨益的。与此相反的是,一旦社会和政治等环境适合文学研究时,它就会健康地向前推进。20 世纪 80 年代以来,虽然有一些消极的因素对古代文学研究的进展不利,但从总体上看,是百年来最好的时期。三十年来,我们已经取得了巨大的成绩。我们应当倍加珍惜现在来之不易的大好时机,努力完成时代赋予我们的使命。

第五,从学术史的角度来看,许多研究综述是建立在广泛搜集史料的基础上,把一些分散的、不易查找的论著加以整理、综合,做了总体的展示。有些研究综述,已经明显地带有学术史的性质。这些研究综述,为今后研究和撰写学术史,提供了大量的信息,积累了重要的史料,提出了不少值得今后撰写学术史参考和继续探讨的问题。今后撰写学术史,应当注意利用相关的研究综述。

研究综述是一种新形态的文学研究的研究。三十多年来,蔚为大观,成就巨大。就目前的情况来看,仍在继续发展,以后也是古代文学研究领域中的一种长期需要和存在的形态。胡适在《国学季刊》发刊宣言中指出:“一种学术到了一个时期,也有总结账的必要。学术上结账的用处有两层:一是把这一种学术里已经不成问题的部分整理出来,交给社会;二是把那不能解决的部分特别提出来,引起学者的注意,使学者知道何处有隙可乘,有功可立,有困难可以征服。结账是(1)结束从前的成绩,(2)预备将来努力的新方向。”①胡适上面所说的“总结账”的含义,近似于现在的“研究综述”。他的这段言论,当时虽然是就整理国故而言,但其基本精神也适用于古代文学研

① 《胡适文存》,黄山书社 1996 年版,二集,第 8 页。

究。为了使研究综述继续发展，不断提高，我们对以往的研究综述，应当在充分肯定成就的基础上，总结经验，找出不足，不断地发展这一新的研究形态。顾后瞻前，为了发展这一新的形态，是否有两方面尤其值得我们重视？一是拓展范围，二是理论深化。

综观以前的研究综述，就关注的范围来说，大多研究综述主要限于中国的大陆，对国外和台湾、香港等地区涉及得较少。中国古代文学产生在中国，中国古代文学研究在世界。许多信息说明，中国的古代文学，早已越过了国界，为日本、韩国和欧、美等许多国家和地区的研究者和读者所看重，而且取得了不少研究成果。这些成果，有少数有中译本，还有许多没有中译本。随着中国在国际上的地位的不断提高，国外喜爱和研究中国古代文学的人会越来越多，研究的成果会不断涌现。就国内来说，台湾和香港，一直是中国古代文学研究的重要阵地。20世纪后半期，台湾和香港受到的干扰较少，取得的研究成果相当丰厚。以前的研究综述，由于种种条件的局限，对国外和台湾、香港等地区的研究成果涉及得较少，有些根本没有涉及。这是一大缺憾。今后的研究综述，应当放眼世界，打破局限，把各地的中国古代文学研究纳入研究的视野之中，从而提供更全面的信息和更多的启示。

古代文学研究的各种成果的产生，尽管离不开时代，离不开社会环境，但也与研究者的主观世界密切相关。历代许多经得起时间检验的研究成果，在很大程度上是研究者精神境界的外现，是他们生命的寄托。从这一角度来说，综述以前的文学研究，至少应当顾及研究的成果和研究者这两个方面。但综观以前的研究综述，大多其主要着眼点在研究成果上，而忽视了对研究者的研究，常常给人的印象是"见物不见人"。忽视了对研究者的研究，有许多问题，就难以给人以深刻的理解和启迪。纵观百年来古代文学研究的历程，有两个特殊的时期，尤其值得关注。一个是在三、四十年代。当时生活在同样的战乱不断、颠沛流离、政治黑暗的艰难环境中，许多学者保持气节，焚膏继晷，从事研究，作出了贡献。而与此相左的是，有个别人，却丧失了民族气节，甚至为敌人效劳。另一个是"文革"十年动乱时期。许多研究综述，论及这一时期的古代文学研究，往往在用"噩梦"、"浩劫"之类的词语予以否定之后，再用"断裂"加以概括，或者简单地用"萧条"、"荒芜"之类的断语，一笔带过。上述简单的做法，其结果是很容易造成对十年动乱这段历史的遮蔽和遗忘。其实，对所谓十年动乱时期的古代文学研究的"断裂"、

"萧条"和"荒芜",还可以作些深入的分析。单就主观方面而言,有些明显的事实值得思考,如为什么在"文革"期间,有不少爱好和研究古代文学的许多知识分子投入了或想投入这场"革命",有些人还写了一些在今天看来毫无学术价值的文章?为什么许多同是在二十世纪三、四十年代已经成名的学者,在十年动乱中会有不同的表现?其中有什么教训值得后人汲取?从这方面思考,今后我们研究古代文学的研究,有必要扩大范围,把研究者纳入研究的视野。这样做,可能会使研究综述深入一些,总结出更多的能给人以启示的理论和某些带有规律性的认识。

我国历来在重视古代文学研究的同时,注意做古典文学的普及工作,努力让大众享用优秀的古典文学遗产。清代编印的《唐诗三百首》和《古文观止》仍在不断地印行,读者之多,难以计数,影响之大,不可估量。新中国成立以后,在古代文学研究领域里,把普及工作作为一个方向。郑振铎在1953年10月21日的《人民日报》上,发表了《为做好古典文学的普及工作而努力》一文。文中从文学创作、广大人民的迫切需要、普及古典文学优良的作品、为了普及应当作好注释等角度,希望"古典文学研究者责无旁贷的要把古典文学遗产从重重的迷障中解放出来,交给广大人民享用"。从20世纪60年代前后,一些出版社相继编印了一系列的古典文学普及丛书,如"中国古典文学基本知识丛书"和重要作品选注。这些丛书和作品选注,为普通读者搭建桥梁,使他们没有因为古籍的连属难断、古奥难懂而失去兴趣,使百千万读者获得了古典文学的基本知识,得以欣赏古典精品,成为他们重要的精神食粮。自20世纪80年代开始,又兴起了古典文学鉴赏热,相继出版了多种形式的鉴赏著述。这些著述,有助于人们陶冶情操,净化心灵,提高审美情趣。百多年来,有许多古代文学研究的专家,以极大的热忱投入了这项工作,撰写了大量的普及性读物和赏析文章。应当说,经由几代许多学者和出版单位的共同努力,以前我们在古典文学的普及方面,成绩巨大,有丰富的经验,当然也有教训。但遗憾的是,就已经发表和出版的研究综述来看,可能是由于把普及古典文学这一工作看得过于简单,很少考虑古典文学普及著述的一个重要特点:把学术性和普及性融合在一起,写起来有很大的难度。因此在考虑撰写研究综述时,很少涉及这一方面。其结果是有许多问题,如:如何正确评价以前的古典文学普及工作,有哪些经验和教训,普及同研究之间有怎样的关系,如何作好普及性和学术性的融合,今后如何正确处理研究和普及的关系，面对新的形势和国内外新的接受者，怎样普及等，都缺乏全面、深入的探讨。要解决上述之类的问题，一项重要的工作，就是拓展研究的范围，把以前的古典文学的普及工作，纳入我们研究的视野。如果在这方面，我们能够总结一些经验和教训，会进一步促进优秀的古典文学的普及，发挥古典文学的功用，会使人们进一步认识到，普及虽然需要通俗，但通俗不是低俗，更不是“献丑”、“搞怪”，不能靠搞噱头。

综合阅读已经发表和出版的大量研究综述，可以发现这些研究综述的质量是有相当差别的，大量的研究综述多是限于事实的叙述和论点的归纳。对文学研究事实的存在之故、变迁之由之类的深层问题，或不及，或论述单薄。事实的叙述和论点的归纳，对今后的古代文学研究和撰写学术史是有益的。现在的问题是，我们不能满足于此。如果满足于此，会在一定程度上影响今后古代文学研究的创新。熟悉古代文学研究的都知道，在古代文学研究领域里，有不少已经研究过的问题，有待从理论上和方法上进一步深入探讨。如：

政治与古代文学研究的关系问题。20世纪，政治化倾向深深地影响了人们的日常生活和精神生活。许多古代文学研究者，认识到自己的研究同中华民族的存亡息息相关。古代文学研究很难回避政治的影响。许多研究综述关注了古代文学研究的政治环境和政治理念的介入，这是符合实际的。但有待作深入的具体的分析。政治环境的影响和政治理念的介入，是不是仅仅导致了古代文学研究的功利化和庸俗化？政治是具体的，不同时期有不同的内容。同一时期的政治，至少应当包括政治权力机制、政治规范、政治心理、政治信仰等内容。百年来的古代文学研究到底受到了政治的哪些方面的影响？政治以何种方式、在多大程度左右、影响了古代文学研究的走向？主要特点是什么？如何评价？诸如上述之类问题，都需要进一步探讨。

20世纪从“五四”运动开始，马克思主义通过各种途径，传入了中国。不少研究者不同程度的接受了马克思主义的历史唯物论和唯物辩证法，并且用来指导研究古代文学，使中国的古代文学研究发生了深刻的变化，取得了不少重要的成果。当然，由于多方面的原因，在运用的过程中，也出现了一些偏向和错误。在这方面，许多研究综述有所述评，但有待深入探讨。有些研究综述对在运用马克思主义的唯物论和阶级分析方法过程中，出现的庸俗化、机械化、简单化和乱贴标签等现象作了述评，这是重要的，其中的教训,值得我们汲取。但对用马克思主义唯物论和阶级分析方法所取得的重要成就,却不太重视,缺乏深入的分析。对新时期的古代文学研究,许多研究综述,关注的重点和特别强调的是研究理念和研究方法的多元化,而很少研究如何坚持马克思主义的指导原则问题。现在在古代文学研究领域里,忽视了强调坚持马克思主义的指导原则,马克思主义理论被淡化了。这些现象的出现,是否与我们在回顾和反思中,对马克思主义在指导古代文学研究中取得的成就和出现的问题,缺乏深入的分析有关?还有,新时期的古代文学研究呈现出多元格局。不少研究综述指出了这一点。但我们提倡多元格局的目的是什么?如何评价新时期的多元格局?对于上述之类的问题,有必要加以探讨。

古代文学研究中,还有许多问题,如多种文体的起源、文学史演进的阶段的划分,某些作品的作者和写作时间等,有些从很早开始一直到今天,众说纷纭,莫衷一是。而且这种现象可能还会延续下去。对同一个问题,为何有那么多的不同的认识?如何解决这一类问题?这恐怕不能止于一些综述所概括的一些观点所能解决,而应做深入的思考。这是否应从研究理论和研究方法上加以分析?不深入到理论层面,不考究研究方法,回顾反思,只能停止在浅层次上,自然也难以使相关的研究有所超越,有所创新。

撰写研究综述是一种严肃的学术研究工作。为了弥补以前研究综述的缺欠,继续发展这一形态,我们应当全面地掌握国内外的史料,努力提高理论素养,加深专业根底。要少写"急就章",而应当多积累,多沉思。在时间上,需要拉开一定的距离。这样做,可能写出来的综述,会全面一些、客观一些、深刻一些。水平高的研究综述蕴含着创新的机制,能给人们提供大量的信息和许多启示。我们期待着高水平的研究综述不断涌现。

附:研究综述要目

通　代

综合

《中国古典文学研究现状之我见》　王筱芸　《文学遗产》1997 年

第5期

《四个时期的划分及其特征——二十世纪中国古典文学研究的近代化进程论略》　徐公持　载《文学遗产》编辑部　黑龙江大学中文系编《百年学科沉思录:二十世纪古代文学研究回顾与前瞻》　人民文学出版社1998年版

《中国古代文学研究百年反思》　黄霖　《复旦学报》2005年第5期　又见复旦大学中文系编《朱东润先生诞辰一百一十周年纪念文集》　上海古籍出版社2006年版

《断代文学全集编纂的回顾与展望》　陈尚君　《四川大学学报》2005年第5期

《略述中国文学史分期问题的几种意见》　陈美林　万建清　载卢兴基主编《建国以来古代文学问题讨论举要》　齐鲁书社1987年版

《关于文学史主流问题讨论的回顾》　陈美林　许永　载卢兴基主编《建国以来古代文学问题讨论举要》　齐鲁书社1987年版

《中国文学史百年——回顾与前瞻》　董乃斌　载董乃斌　韩天纬等主编《中国古典文学学术史研究》　新疆人民出版社1997年版

《20世纪的中国文学史研究》　宋文涛　《江海学刊》2001年第4期

《追寻遥远的理想——关于20世纪〈中国文学史〉的回顾与瞻望》　孙明君　载其著《汉魏文学与政治》　商务印书馆2003年版

《永远的文学史》　邓绍基　《文学遗产》2008年第4期

《关于文学遗产的继承问题的讨论和思想认识》　邓绍基　载卢兴基主编《建国以来古代文学问题讨论举要》　齐鲁书社1987年版

《古代文学发展中的现实主义和浪漫主义问题的讨论述略》　董国尧　载卢兴基主编《建国以来古代文学问题讨论举要》　齐鲁书社1987年版

《关于古典文学中爱国主义问题的研究》　尹恭弘　载卢兴基主编《建国以来古代文学问题讨论举要》　齐鲁书社1987年版

《关于"中间作品"问题和古代作品的社会意义问题的讨论》　卢兴基　载卢兴基主编《建国以来古代文学问题讨论举要》　齐鲁书社1987年版

《中国古代文学流派研究述评》 江中云 《南都学坛》2006 年第 3 期

《继承中的发展,发展中的创新:20 多年来中国大陆古代文学流派研究之管窥》 江中云 《信阳师范学院学报》2006 年第 4 期

《20 世纪中国古代文学研究中“母题”概念的引进与应用》 朱迪光 《西北师大学报》2008 年第 2 期

《20 世纪前期文学与佛教关系的研究》 孙昌武 收入董乃斌 薛天纬等主编《中国古典文学学术史研究》 新疆人民出版社 1997 年版

《新时期中国古典文学心态研究述略》 黄鸣 乐云 《学术论坛》2005 年第 8 期

《古代文学地域性研究的回顾与前瞻》 周晓琳 《文学遗产》2006 年第 1 期

《二十世纪台湾地区中国古代妇女作家研究述评》 张雁 《中国文学研究》2002 年第 2 期

《台湾古典文学中的女性文学研究》 陈友冰 《安徽大学学报》2002 年第 6 期

《中国台湾女性主义文学批评略论》 林树明 《南开大学学报》2005 年第 2 期

《近百年中国古代文学的性别研究》 乔以钢 《中国社会科学》2008 年第 3 期

(台湾)《五十年来的中国文学研究》(1950—2000) 龚鹏程主编 台湾学生书局 2001 年版

《新时期以来古典文学传播研究述略》 邱美琼 《嘉应学院学报》2007 年第 1 期

《中国文学在国外》(丛书) 乐黛云主编 花城出版社 1990 年版

《中国文学在世界的传播与影响》 施建业 黄河出版社 1993 年版

《中国古典文学在国外》 宋柏年主编 北京语言学院出版社 1994 年版

《英语世界中国古典文学之传播》 黄鸣奋 学林出版社 1997 年版

《二十世纪国外中国文学研究》　夏康达　王晓平主编　天津人民出版社 2000 年版

《回顾与展望：中国古典文学走向世界的启示》　傅璇琮　周发祥　载董乃斌　薛天纬等主编《中国古典文学学术史研究》　新疆人民出版社 1997 年版

《域外汉籍与中国文学研究》　张伯伟　《文学遗产》2003 年第 3 期　收入《文学遗产》编辑部编《学镜——海外学者专访》　凤凰出版社 2008 年版

《日本研究中国文学的概况》　[日]伊藤正文　《文学遗产》1982 年第 3 期　收入《文学遗产》编辑部编《学镜——海外学者专访》　凤凰出版社 2008 年版

《中国文学在日本》　[日]清水茂　《文史知识》1996 年第 1 期　收入清水茂著　蔡毅译　《清水茂汉学论集》　中华书局 2003 年版

《历史与现状——漫谈日本的中国古典文学研究》　戴燕　《文学遗产》1999 年第 1 期　收入《文学遗产》编辑部编《学镜——海外学者专访》　凤凰出版社 2008 年版

《日本近百年来中国古典文学研究历程及相关特征》　陈友冰　《汕头大学学报》2007 年第 3 期

《韩国的中国古代文学研究现状》　[韩]安熙修　《文学遗产》1993 年第 1 期　收入《文学遗产》编辑部编《学镜——海外学者专访》　凤凰出版社 2008 年版

《越南与中国文学关系研究文献述评》　[越南]阮氏红莺　《东方丛刊》2005 年第 2 期

《马来西亚的中国古代文学研究》　[马来西亚]黄先炳　《古典文学知识》2004 年第 6 期

《18 世纪—19 世纪上半叶中国文学在俄国》　[俄]李福清　载李福清著　李明滨编选《古典小说与传统》(李福清汉学论集)　中华书局 2003 年版

《中国古典文学研究在苏联》　[俄]李福清著　田大畏译　书目文献出版社 1987 年版　台北学生书局 1991 年版

《中国文学在英国》　张弘著　花城出版社 1992 年版

《法国对中国文学史的研究》 [法]雷威安 载[法]戴仁主编 耿昇译《法国当代中国学》 中国社会科学出版社 1998 年版

《二十世纪欧洲汉学》 [瑞典]马悦然著 吴承学 何志军译《书城》2002 年第 2 期

《哈佛大学的中国古典文学研究》 黄鸣奋 《文学遗产》1995 年第 3 期 收入《文学遗产》编辑部编《学镜——海外学者专访》 凤凰出版社 2008 年版

《普林斯顿大学的中国古典文学研究》 黄鸣奋 《文学遗产》1996 年第 5 期 收入《文学遗产》编辑部编《学镜——海外学者专访》 凤凰出版社 2008 年版

《近年美国的中国古代文学研究略影》 刘跃进 《福州大学学报》2001 年第 1 期

诗歌

《百年(1900—2007)中国古代歌谣研究述略》 阎雪莹 《东北师大学报》2008 年第 4 期

《台湾地区古典诗词出版品的回顾与展望 1950—1994》 彭正雄 彭雅玲 台北《汉学研究通讯》第 14 卷第 3 期 总第 55 期 1995 年 9 月

《二十世纪汉语“史诗问题”探论》 林岗 《中国社会科学》2007 年第 1 期

《古代山水诗问题和文学的共鸣问题》 高鸣鸾 载卢兴基主编《建国以来古代文学问题讨论举要》 齐鲁书社 1987 年版

《20 世纪以来山水诗研究的历史回顾》 孙兰 孙振 《中国海洋大学学报》2006 年第 4 期

《近二十年咏物诗研究综述》 于志鹏 《丹东教育学院学报》2006 年第 5 期

《七十年边塞诗研究综述》 胡大浚 马兰州 《中国文学研究》2000 年第 3 期

《20 世纪以来古典诗词月亮意象研究综述》 刘怀荣 宋巧芸《聊城大学学报》2005 年第 3 期

《古老的文学经典当代的理论阐释——蒙古英雄史诗研究概述》　巴·苏和　《西北民族大学学报》2006年第1期

《中国诗学研究》　余恕诚主编　福建人民出版社2006年版

《国内外研究〈格萨尔〉状况概述》　索南卓玛　《西藏研究》2006年第3期

《二十世纪以来先秦至唐代诗歌研究》　刘怀荣等　齐鲁书社2006年版

《20世纪以来唐前咏侠诗研究的回顾与展望》　柳卓霞　载赵敏俐主编《中国诗歌研究动态》第二辑　学苑出版社2007年版

《20世纪80年代以来古典诗词柳意象研究综述》　李惠　高锐　《廊坊师范学院学报》2008年第5期

《域外汉诗研究的历史、现状及展望》　张伯伟　蒋寅　张伯伟主编《中国诗学》第三辑　南京大学出版社1995年

《日本汉诗研究断想》　蔡毅　蒋寅　张伯伟主编《中国诗学》第三辑　南京大学出版社1995年

《中国古典诗歌研究在俄国》　[俄]李福清　《文学遗产》1997年第6期　收入《文学遗产》编辑部编《学镜——海外学者专访》　凤凰出版社2008年版

《中国古典诗歌在美国的译介与接受》　马燕　《思茅师范高等专科学校学报》2008年第1期

辞赋

《二十世纪赋文献的辑录与整理》　何新文　《文献》1998年第2期

《赋学研究百年历程回顾》　许结　载陈飞主编《中国古典文学与文献学研究》第2辑　学苑出版社2003年版

散文

《中国古代散文研究》　陈飞主编　福建人民出版社2005年版

《建国以来古典散文研究之回顾与展望》　谭家健　收入董乃斌　薛天纬等主编《中国古典文学学术史研究》　新疆人民出版社1997年版

《20世纪关于中国古代散文研究范围的讨论综述》 宁俊红 载吴兆路等主编《中国学研究》第5辑 济南出版社2002年版

《近五十年来古代散文研究的重大理论问题》 宁俊红 《新疆大学学报》2006年第2期

《20世纪骈文研究若干问题述评》 宁俊红 《文学遗产》2007年第4期

《二十世纪以来八股文研究述评:从激情的批判到理性的思考》 高明扬 邹敏 《山西师大学报》2006年第5期

词

《一百年来的词学研究:诠释与思考》 胡明 《文学遗产》1998年第2期

《传承与建构——词学研究》 严迪昌 刘扬忠等 《文学遗产编辑部》编《世纪之交的对话:古典文学研究的回顾与展望》 上海古籍出版社2000年版

《中国新文化运动六十年以来的词学研究概况》《新时期词学研究述评》 谢桃坊 分别载其著《中国词学史》(修订本) 巴蜀书社2002年版第六章第一节《余论》

《20世纪前半期词学研究的历程》 王兆鹏 载其著《唐宋词史的还原与建构》 湖北人民出版社2005年版

《20世纪词学传人漫谈》 施议对 《文史知识》2006年第5期

《词之起源:一个千年学案的当代反思》 李昌集 《文学评论》2006年第3期

《二十世纪词源问题研究述略》 何晓敏 《词学》2008年、第20辑

《词学体系建构的历史回顾与反思》 欧明俊 安徽师范大学中国诗学研究中心编《中国诗歌研究》第5辑 上海古籍出版社2006年版

《台湾词学研究之评析》 林玫仪 安徽师范大学中国诗学研究中心编《中国诗歌研究》第5辑 上海古籍出版社2006年版

《中国词学研究》 曹辛华 张幼良著 福建人民出版社2006年版

《21世纪词学研究之大势》 张幼良 《南阳师范学院学报》2007

年第5期

《北美二十年来词学研究——兼记缅因州国际词学会议》［美］孙康宜　载其著《词与文类研究·附录二》 北京大学出版社2004年版

小说

《古代白话小说学术研究范式的嬗变轨迹》 郭英德、刘勇强等　载《文学遗产》编辑部编《世纪之交的对话：古典文学研究的回顾与展望》 上海古籍出版社2000年版

《简述"五四"以来中国通俗小说研究》 程毅中　原载《南京师范大学文学院学报》2003年第1期　收入其著《程毅中文存》 中华书局2006年版

《近15年中国大陆古代小说整理出版情况》 曹亦冰　载大连明清小说研究中心编《稗海新航——第三届大连明清小说国际会议论文集》 春风文艺出版社1996年版

《二十世纪九十年代以来的中国古代小说研究》 苗怀明　《明清小说研究》2003年第1期

《21世纪中国古代小说研究之展望》 齐裕焜　《福州大学学报》2005年第1期

《中国古代小说研究》 齐裕焜　王子宽　福建人民出版社2005年版

《期待突破：新时期古代小说研究的问题与思考》 孙逊　《文学遗产》2008年第4期

《20世纪中国古代章回小说文体研究述评》 李小菊　《中州学刊》2002年第4期

《二十世纪中国古代章回小说文体研究的回顾与反思》 刘晓军《中国文学研究》2007年第4期

《近二十年文言梦幻小说及相关研究综述》 张桂琴　王立　《齐鲁学刊》2005年第2期

《才子佳人小说研究综述》 李新灿　《云南社会科学》2005年第2期

《才子佳人小说研究的历史与现状》 张淑贤　《中国文化研究》

2007 年第 2 期

《二十世纪中国古典小说概念的辨析与界定》 苗怀明 《广州大学学报》2005 年第 6 期

《20 世纪中国古代公案小说研究的回顾与前瞻》 苗怀明 载其著《中国古代公案小说史论·绪论》 南京大学出版社 2005 年版

《当代中国古代小说流派研究评析》 江中云 《河南社会科学》2006 年第 5 期

《古代小说中诗词曲赋研究综论》 陈恩威 赵义山 《明清小说研究》2008 年第 3 期

《二战以来海外中国小说研究简说》 何萃 《文艺理论研究》2006 年第 1 期

《韩国学者的中国小说研究》 刘顺利 任继愈主编《国际汉学》第 7 辑 大象出版社 2002 年版

《中国古典小说在韩国》 [韩]金裕凤 《聊城大学学报》2004 年第 4 期

《中国古典小说戏曲名著在国外》 王丽娜 学林出版社 1998 年版

戏曲

《关于中国戏曲起源与形成问题的探讨》 张锡厚 载卢兴基主编《建国以来古代文学问题讨论举要》 齐鲁书社 1987 年版

《百年戏曲史研究的科学化进程》 李玫 收入董乃斌、薛天纬等主编《中国古典文学学术史研究》 新疆人民出版社 1997 年版

《徜徉于文学与艺术之间——戏曲研究》 康保成 黄仕忠等 《文学遗产》编辑部编《世纪之交的对话:古典文学研究的回顾与展望》 上海古籍出版社 2000 年版

《论二十世纪戏曲文献的整理和研究》 吴书荫 《中国文化研究》2000 年冬之卷

《二十世纪戏曲文献之发现与南戏研究之进步》 解玉峰 《文献》2005 年第 1 期

《二十世纪戏曲文献学述略》 苗怀明 中华书局 2005 年版

《20世纪中国古典悲剧研究的回顾与反思》 杨再红 《文艺理论研究》2005年第3期

《二十世纪戏曲选本研究概述》 孙霞 载郭英德主编《励耘学刊》2005年第2辑 学苑出版社2005年版

《近几年散曲研究的新进展与相关问题思考》 赵义山 《文学遗产》2006年第3期

《中国戏剧研究》 叶长海主编 福建人民出版社2006年版

《关于禁毁戏的研究现状》 丁淑梅 载其著《中国古代禁毁戏剧史论》 中国社会科学出版社2008年版 《绪言三》

中国早期戏剧观念研究"研究现状" 胡明伟 载其著《中国早期戏剧观念研究》 学苑出版社2005年版"绪论"二

《国外中国古典戏曲研究》 孙歌等 江苏教育出版社2000年版

《日本的中国戏曲研究史》 [日]传田章 《文学遗产》2000年第3期 收入《文学遗产》编辑部编《学镜——海外学者专访》 凤凰出版社2008年版

《远涉重洋—戏曲走向世界》《学术热点—戏曲在国外的翻译和研究》 刘文峰 载其著《中国戏曲文化史》 中国戏剧出版社2004年版第九章第二、三节

民间文学

《20世纪关于中国民间文学、俗文学概论与发展史著作述评》 陈泳超 载其著《中国民间文学研究的现代轨迹》 北京大学出版社2005年版《附录》

《50年回眸:湘西民间文学的搜集与研究》 田茂军 《民族文学研究》2005年第4期

敦煌文学

《敦煌学研究八十年》 刘进宝 《西北师范大学学报》1991年第5期

《1949年前敦煌文学研究的若干特点》 吴光正 《文学遗产》2004年第3期

《1949年前敦煌文学的收集、著录和整理》 吴光正 曹金钟

《学术交流》2005 年第 1 期

《敦煌文学对中国文学研究的拓展与未来》 郑阿财 《学习与探索》2008 年第 3 期

《二十世纪敦煌赋研究》 伏俊琏 载其著《敦煌文学文献丛稿》 中华书局 2004 年版

《20 世纪敦煌变文的发现与研究》 莎日娜 《国际关系学院学报》2006 年第 2 期

《二十世纪敦煌小说研究》 伏俊琏 载其著《敦煌文学文献丛稿》 中华书局 2004 年版

《20 世纪敦煌曲子词整理研究回顾与反思》 刘尊明 《文学评论》1999 年第 4 期

《敦煌曲子词研究述评与研究方法之考察》 朱凤玉 《文学新钥》2006 年第 4 期

《法国的敦煌学研究》 [法]戴仁 载[法]戴仁主编 耿昇译《法国当代中国学》 中国社会科学出版社 1998 年版

文论

《中国文学批评史研究》 韩经太 福建人民出版社 2006 年版

《回顾与反思——古代文论研究七十年》 张海明 北京师范大学出版社 1997 年版

《中国古代文论研究的民族性与现代转换问题》 陈伯海 黄霖等 载《文学遗产》编辑部编《世纪之交的对话:古典文学研究的回顾与展望》 上海古籍出版社 2000 年版

《20 世纪古代文学理论研究之回顾》 罗宗强 原刊于陈平原主编《20 世纪中国学术文存》 罗宗强主编《古代文学理论研究》 湖北教育出版社 2002 年版 收入《因缘集——罗宗强自选集》 南开大学出版社 2004 年版

《古代文论研究的回顾与前瞻》 蒋寅 《文学遗产》2008 年第 1 期

《新时期以来古代文论研究现状探析》 申东城 《文艺理论与批评》2008 年第 2 期

《新时期中国古代文论研究三十年述评》 蒋述卓 《学术研究》2008年第7期

《中国诗学的百年历程》 蒋寅 收入董乃斌 薛天纬等主编《中国古典文学学术史研究》 新疆人民出版社1997年版

《近五十年台湾地区古典诗学研究概况:以1949—2006年硕博士论文为观察范畴》 林淑贞 台湾花木兰文化出版社2007年版

《在古代经典与口头传说之间——20世纪史诗学述评》 尹虎彬 《民族文学研究》2002年第3期

《中国古典诗歌理论批评研究的新发展》 蒋述卓 收入赵维江主编《中国古代文学研究新视野——暨南大学中国古代文学学科学术论文集》 中国社会科学出版社2004年版

《成就与走向:九十年代以来古典诗学研究的十大领域》 胡建次 《求索》2004年第10期

《九十年代以来古典诗学研究的成就与走向》 胡建次 《新疆大学学报》2004年第4期

《20世纪以来大陆论诗诗研究述评》 纪锐利 《山东师范大学学报》2006年第1期

《诗话之整理研究》(包括“诗话整理与研究之历史”、“诗话整理与研究之现状”) 蔡镇楚 载其《中国诗话史》卷8 湖南文艺出版社2001年版

《词论的聚焦与突破:关于明清以来“豪放”、“婉约”论词问题的回顾与反思》 张兆勇 安敏 《淮北煤炭师范学院学报》2006年第3期

《“小说学”论纲——兼谈20世纪中国古代小说理论批评研究》 谭帆 《中国社会科学》2001年第4期

《漫谈古代小说理论批评研究之“缺失”》 谭帆 《文学遗产》2006年第1期

《80年代以来中国古代文论范畴研究的展开与深入》 蒋述卓 阎月珍 《华南师范大学学报》2001年第5期

《20世纪“文笔”说研究述评》 冯源 《南都学坛》2005年第3期

《中国古代气论文艺观研究中的问题及对策》 张义宾 《文史哲》2006年第1期

《二十世纪“兴”的研究现状及其现代意义》 胡红梅 段斌 《德州学院学报》2008年第1期

《20世纪以来赋、比、兴研究述评》 刘怀荣 《文学遗产》2008年第3期

《近30年“虚实”范畴研究述评》 邓心强 《湖南文理学院学报》2008年第3期

《八十年代以来中国古代文论学术活动评述》 蒋述卓 阎月珍 《福州大学学报》2002年第1期

《20世纪80年代以来中西比较文论研究述评》 蒋述卓 收入赵维江主编《中国古代文学研究新视野——暨南大学中国古代文学学科学术论文集》 中国社会科学出版社2004年版

《中国文学批评史研究中的历史叙述问题——以几部批评史著作为例》 黄念然 《复旦学报》2004年第6期

《二十世纪中国文学史观的反思》 朱晓进 《中国社会科学》2006年第1期

《阐释学、接受理论与20年来中国古代文论研究述评》 刘上江 刘绍瑾 《深圳大学学报》2006年第1期

《西方汉学界的中国文论研究》 王晓路 巴蜀书社2003年版

断 代

先秦

《中国神话学百年回眸》 叶舒宪 《学术交流》2005年第1期

《中国神话史研究的若干问题》 田兆元 《长江大学学报》2006年第2期

《新中国神话研究的回顾与思考》 李立 《文史哲》2002年第2期

《〈山海经〉研究综述》 孙玉珍 《山东理工大学学报》2003年第1期

《中国〈山海经〉研究述略》 胡远鹏 《福建师范大学福清分校学报》2006年第3期

《〈穆天子传〉研究述论》 周书灿 《贵州大学学报》2003年第2期

《近年女娲补天的本相及其文化内涵研究综述》 李少花 《绥化学院学报》2007年第1期

《近十年中国少数民族神话研究概述》 刘亚虎 《长江大学学报》2006年第3期

《一百年来的甲骨文出土与研究概况》 黄天树 载周延良主编《中国古典文献学》(丛刊)第3卷 澳门国际炎黄文化出版社2004年6月

《诗经研究反思》 赵沛霖 天津教育出版社1989年版

《新中国前十七年〈诗经〉研究的得与失》 夏传才 《南阳师范学院学报》2003年第5期

《二十世纪〈诗经〉文学及相关学科的研究》 赵沛霖 《古典文学知识》2004年第3期

《二十世纪考古发现与〈诗经〉研究》 刘立志 《南京师范大学文学院学报》2004年第2期

《上博竹书〈诗论〉作者研究综述》 胡莺 《古籍整理研究学刊》2004年第4期

《〈诗经〉学研究概述》 杨晋龙 载林庆彰主编《五十年来的经学研究》(1950—2000) 台湾学生书局印行2003年版①

《二十世纪〈诗经〉学术史研究的两种模式和方法》 赵沛霖 《贵州社会科学》2004年第4期

《20世纪〈诗经〉研究的几个问题》 赵敏俐 《光明日报》2005年1月28日第6版

《传统〈诗〉学的现代转型——新时期〈诗经〉研究综述》 郭万全 《山西大学学报》2004年第2期

《汉代〈诗经〉学研究述评》 刘立志 《南都学坛》2003年第4期

《宋代诗经研究百年综述》 傅建忠 《中国韵文学刊》2008年第

---

① 林庆彰主编的《五十年来的经学研究》,主要概述台湾地区1949—1998的经学研究。

1 期

《清代诗经学研究综述》 陈国安 《苏州大学学报》2004 年第 5 期

《文化意识与 20 世纪晚期的〈诗经〉研究》 赵沛霖 《天津社会科学》 2005 年第 1 期

《现状和困境:近年来〈诗经〉研究平议》 常森 《南京师范大学文学院学报》2005 年第 2 期

《20 世纪〈诗经〉大雅研究回顾及展望》 黄松毅 《广西民族学院学报》2006 年第 3 期

《〈风〉诗艺术形式研究综述》 黄冬珍 《徐州师范大学学报》2007 年第 2 期

《〈诗经〉在西方的传播与研究》 周发祥 《文学评论》1993 年第 3 期

《六十年来之尚书学》 许锬辉 载程发轫主编《六十年来之国学》第 1 册 台北正中书局 1972 年版

《〈尚书〉研究》 蒋秋华 载林庆彰主编《五十年来的经学研究》台湾学生书局 2003 年版

《〈周易〉学研究》 许维萍 载林庆彰主编《五十年来的经学研究》 台湾学生书局 2003 年版

《〈春秋〉经传研究》 丁亚杰 载林庆彰主编《五十年来的经学研究》 台湾学生书局 2003 年版

《台湾〈春秋〉经传研究与博士论文》 张高评 《文史知识》2005 年第 4 期

《百年"春秋笔法"研究述评》 肖锋 《文学评论》2006 年第 2 期

《六十年来之左氏学》 刘正浩 载程发轫主编《六十年来之国学》第 1 册 台湾正中书局 1972 年版

《现当代的〈左传〉人物研究》 何新文 张群 《湖北大学学报》2004 年第 4 期

《〈三礼〉文学研究述评》 张庆利 《北方论丛》2008 年第 5 期

《楚辞学的未来预测》 萧兵 《江海学刊》1987 年第 3 期

《〈楚辞〉研究五题回顾及反思》 周建忠 《求索》1993 年第 3 期

《〈楚辞〉文献学百年巡视》 黄灵庚 《文献》1998年第1期

《二十世纪考古文献与楚辞研究》 陈桐生 《文献》1998年第1期

《近六十年来的楚辞研究》 郭在贻 《古典文学论丛》 陕西人民出版社1982年版

《20世纪中国的楚辞研究》 王开元 收入董乃斌 薛天纬等主编《中国古典文学学术史研究》 新疆人民出版社1997年版

《关于楚辞研究的对象审视与历史的回顾——楚辞研究一百年》 周建忠 《贵州社会科学》1997年第5期

《二十世纪楚辞学研究述评》 黄震云 《文学评论》2002年第2期

《二十世纪楚辞研究代表著作述评》 徐志啸 载周延良主编《中国古典文献学》(丛刊)第2卷 澳门国际炎黄文化出版社2003年版

《现代楚辞研究八大家论著述评》 徐志啸 《甘肃社会科学研究》2006年第2期

《本国学者对〈楚辞〉的研究》 [日]竹治贞夫 《德岛大学学艺纪要》(人文科学)第22期 1972年9月

《日本楚辞研究论纲》 徐志啸著 学苑出版社2004年版

《近当代日本楚辞研究鸟瞰》 王海远 《苏州科技学院学报》2005年第1期

《日本现代楚辞研究述评》 徐志啸 《江海学刊》2005年第1期

《当代韩国楚辞学研究的现状和展望》 [韩]朴永焕 中国屈原学会编《中国楚辞学》第四辑 学苑出版社2004年版

《〈哀郢〉作意研究史略》 周建忠 《中州学刊》2001年第1期

《〈九歌〉异说综述》 周勋初 载其著《九歌新考》 上海古籍出版社1986年版

《〈九歌〉主题研究述评》(上、下) 张强 杨颖 《徐州师范大学学报》2006年第4、5期

《屈原"爱国主义"研究的历史审视》 周建忠 《中国文学研究》2002年第4期

《屈学百年》 褚斌杰 载其著《楚辞要论·附》 北京大学出版社

2003 年版

《二十世纪屈原人格研究述论》 彭红卫 周禾 《江淮论坛》2005 年第 1 期

《清代〈天问〉研究综述》 高秋凤 《中国学术年刊》第 12 期 1991 年

《民国以来〈天问〉研究综述》 高秋凤 《教学与研究》(台湾)1991 年第 13 期

《〈天问〉问题的回顾与展望》 翟振业 《山西师范大学学报》1994 年第 1 期

《析史解难:〈天问〉错简整理史的反思》 毛庆 《湖北大学学报》 2001 年第 5 期

《〈天问〉研究百年综论》 毛庆 《文艺研究》2004 年第 3 期

《屈原〈九章〉研究纵览》 任强 潘啸龙 《古籍研究》2006·卷下 (总第 50 期) 安徽大学出版社 2006 年版

《〈远游〉作者研究状况综述》 王媛 《徐州师范大学学报》2004 年第 2 期

《屈原作品在国外》 闻宥 载《楚辞研究论文集》 作家出版社 1957 年版

《建国以来宋玉及其作品研究综述》 陈剩勇 《语文导报》1985 年第 6 期

《近十年来关于宋玉赋真伪问题研究综述》 李生龙 《文史知识》 1989 年第 4 期 收入《文史知识》编辑部编《古典文学研究动态》 中华书局 1993 年版

《七十年来宋玉研究述评》 金汉荣 《中州学刊》1995 年第 1 期

《明代宋玉研究述评》 吴广平 《淮阴师范学院学报》2003 年第 1 期

《宋玉研究的反思与前瞻》 吴广平 载其著《宋玉研究》"结语"部分 岳麓书社 2004 年版

《近年来高唐神女研究述评》 魏崇新 《文史知识》1993 年第 2 期

《阳台下神女,朝云为谁起——半个多世纪以来巫山神女研究扫

描》　程地宇　载四川三峡学院中文系　四川三峡学院三峡文学研究所主编《三峡文化研究》　重庆大学出版社 1997 年版

《〈招魂〉研究述评》(上、下)　张庆利　《绥化师专学报》1987 年第 2、3 期

《二十世纪先秦散文研究反思》　常森　北京大学出版社 2002 年版

《20 世纪先秦诸子散文研究之回顾与思考》　聂永华　《南都学坛》2004 年第 4 期

《郭店竹书〈老子〉研究述论》　李若晖　《古籍整理研究学刊》2004 年第 2 期

《中国学者近半个世纪以来的〈论语〉研究》　唐明贵　《古籍整理研究学刊》2005 年第 1 期

《二十世纪庄子文艺思想研究回顾》　刘绍瑾　佀同壮　《暨南学报》2003 年第 6 期

《百年〈庄子〉散文艺术研究述要》　聂永华　载陈飞主编《中国古典文学与文献学研究》第 3 辑　学苑出版社 2004 年版

《近三十年中西比较视野的〈庄子〉研究及其引申》　孙雪霞　《重庆社会科学》2008 年第 7 期

《关于先秦“寓言小说”的反思:以〈庄子〉寓言为中心》　王颖　《黄冈师范学院学报》2008 年第 1 期

《21 世纪孟子学研究的新展望》　黄俊杰　《文史哲》2006 年第 5 期①

《中外〈吕氏春秋〉学评考综要》(上、下)　李家骧　《湘潭大学学报》1998 年第 6 期、1999 年第 1 期

《〈吕氏春秋〉研究综述》　陈宏敬　《中华文化论坛》2001 年第 2 期

《20 世纪〈吕氏春秋〉研究综述》　俞长保　《徐州师范大学学报》2002 年第 4 期

《〈吕氏春秋〉研究的历史与现状》《今后的路向》　王启才　载其

① 此文第二部分为“20 世纪孟子学研究的进路及其方法论问题”。

著《吕氏春秋研究·导论一、二》 学苑出版社2007年版

《〈鬼谷子〉历代研究综述》 冯立 《许昌学院学报》2008年第5期

《新学问大都由于新发现——考古发现与先秦、秦汉典籍》 李学勤 裘锡圭 载《文学遗产》编辑部编《世纪之交的对话：古典文学研究的回顾与展望》 上海古籍出版社2000年版

《20世纪中国文学研究·先秦两汉文学研究》 张燕瑾 吕薇芬总主编 本卷主编 费振刚 北京出版社2001年版

《二十世纪先秦两汉文学研究的主要成就》《二十一世纪先秦两汉文学研究展望》 赵敏俐 载傅璇琮 蒋寅总主编《中国古代文学通论》 赵敏俐 谭家健主编《先秦两汉卷·结语》 辽宁人民出版社2005年版

《新时期中国古典文学研究述论》第一卷《先秦——六朝》 陈友冰主编 本册编著刘运好 商务印书馆2006年版

两汉

《20世纪汉代诗歌研究综述》 赵敏俐 《文学遗产》2002年第1期 收入其著《周汉诗歌综论》(略有修订) 学苑出版社2002年版

《20世纪汉赋研究述评》 阮忠 《学术研究》2000年第4期

《汉赋研究基本情况综述》 踪凡 载其著《汉赋研究史论》 北京大学出版社2007年版 《绪论》第二节

《二十世纪汉赋分类研究综述》 蒋文燕 《人文丛刊》第二辑 学苑出版社2007年版

《两汉音乐赋研究综述》 王士松 《安阳师范学院学报》2007年第1期

《20世纪80年代以来〈毛诗正义〉研究述略》 刘挺颂 《贵州教育学院学报》2007年第6期

《20世纪〈毛诗序〉研究的回顾与展望》 王顺贵 《东疆学刊》2003年第3期

《〈诗序〉作者与时代研究综述》 张秀英 《重庆邮电大学学报》2007年第5期

《改革开放30年以来的〈毛诗·大序〉研究》　任真　《廊坊师范学院学报》2008年第2期

《〈韩诗外传〉研究综述》　马鸿雁　《古籍整理研究学刊》2004年第4期

《“相和歌辞”研究综述》　王传飞　载赵敏俐主编《中国诗歌研究动态》第壹辑　学苑出版社2005年版

《二十世纪〈古诗十九首〉研究综述》　王庆梅　载陈飞主编《中国古典文学与文献学研究》第2辑　学苑出版社2003年版

《20世纪〈古诗十九首〉研究述评》　张幼良　《贵州文史丛刊》2003年第4期

《〈古诗十九首〉研究述论》　李祥伟　《广州大学学报》2006年第6期

《东方朔研究综述》　胡春润　《名作欣赏》2006年第9期

《〈新序〉、〈说苑〉文献研究综述》　姚娟　《阜阳师范学院学报》2008年第2期

《六十年来史记之研究》　刘本栋　载《六十年来之国学》　台北正中书局1974年版

《二十世纪的〈史记〉研究与文献价值》　张大可　载郑之洪著《史记文献研究·序论》　巴蜀书社1997年版

《〈史记〉百年文学研究述评》　曹晋　《文学评论》2000年第2期

《建国以来〈史记〉人物研究综述》　杨宁宁　《广西民族学院学报》2003年第1期

《20世纪〈史记〉“太史公曰”研究述评》　刘猛　《南京师范大学文学院学报》2004年第1期

《二十世纪〈史记〉版本研究的回顾》　张兴吉　《文献》2004年第3期

《〈史记〉历代研究成果述评》　李贤民　载其著《史记管窥》　当代中国出版社2005年版

《〈史记〉研究在国外》　李贤民　载其著《史记管窥》　当代中国出版社2005年版

《从著作看日本先哲的〈史记〉研究——古今传承1300年间的变

迁》 [日]池田英雄著 张新科 朱晓琳译 《唐都学刊》1993年第4期 又见张新科《史记学概论·附录》 商务印书馆2003年版

《韩国〈史记〉文学研究的回顾与前瞻》 [韩]朴宰雨 《文学遗产》1998年第1期 收入《文学遗产》编辑部编《学镜·海外学者专访》 凤凰出版社2008年版

《建国以来桓谭研究概述》 张子侠 《淮北煤炭师院学报》1997年第1期

《二十世纪汉魏六朝隐逸诗研究综述》 漆娟 《重庆文理学院学报》2008年第6期

魏晋南北朝

《史料还原与思辨索原——中古文学研究的世纪回眸》 刘畅 《天津师范大学学报》1999年第3期

《魏晋南北朝文学分期、评价及其相关问题》 曹道衡 罗宗强等 载《文学遗产》编辑部编《世纪之交的对话:古典文学研究的回顾与展望》 上海古籍出版社2000年版

《20世纪中国文学研究·魏晋南北朝文学研究》 张燕瑾 吕薇芬总主编 本卷主编吴云 北京出版社2001年版

《20世纪中古文学研究》 吴云 天津古籍出版社2004年版

《20世纪魏晋南北朝文学研究鸟瞰》 胡旭 《社会科学辑刊》2002年第3期

《魏晋南北朝文学研究在三个方面的重要突破》《魏晋南北朝文学的专题研究与综合性文学史》《魏晋南北朝文学研究的新课题》 刘跃进 载傅璇琮 蒋寅总主编《中国古代文学通论》 刘跃进主编《魏晋南北朝卷·结语》 辽宁人民出版社2005年版

《继承与超越:新世纪以来魏晋南北朝文学研究综述》 郑红霓 《阜阳师范学院学报》2007年第5期

《欧美六朝文学研究管窥》 程章灿 《南京理工大学学报》2008年第1期

《新时期建安文学研究现状与展望》 孙明君 载其著《三曹与中国诗史》 清华大学出版社1999年版《绪论》—

《20世纪建安文学研究综述》　施建军　《中州学刊》　2002年第5期

《20世纪建安文学研究反思》　孙明君　载其著《汉魏文学与政治》　商务印书馆2003年版

《20世纪建安风骨论辩述要》　唐建　《广西社会科学》2003年第10期

《20世纪"文学自觉"说评议》　张朝富　《北京科技大学学报》2005年第3期

《20世纪魏晋南北朝乐府歌辞研究历史与现状》　吴大顺　《怀化学院学报》2005年第6期

《玄言诗研究的回顾与反思》　丁功谊　《求索》2005年第9期

《大陆近二十年玄言诗流变研究之检讨》　徐国荣　《暨南学报》2000年第5期

《20世纪80年代以来魏晋玄言诗研究述略》　张廷银　载其著《魏晋玄言诗研究》　商务印书馆2008年版　《附录一》

《新时期魏晋游仙诗研究述略》　储晓军　《南京理工大学学报》2006年第3期

《宫体诗研究综述》　胡大雷　载其著《宫体诗研究》　商务印书馆2004年版　《附录一》

《20世纪宫体诗研究述略》　归青　载其著《南朝宫体诗研究》　上海古籍出版社2006年版　第十章

《20世纪北朝本土文人诗研究综述》　叶会昌　郎瑞萍　《河北北方学院学报》2008年第3期

《清世以降南朝散文研究演进历程论略》　刘涛　《五邑大学学报》2008年第1期

《20世纪以来北朝散文研究综述》　徐中原　《太原大学学报》2008年第1期

《六朝轶事小说研究述评》　陈文新　《齐鲁学刊》2003年第1期

《韩国研究六朝文论的历史与现状》　[韩]李钟汉　《文学遗产》1993年第4期　收入《文学遗产》编辑部编《学镜——海外学者专访》　凤凰出版社2008年版

（佛典与南朝文学）《研究现状》① 龚贤 载其著《佛典与南朝文学》 江西人民出版社 2008 年版 《绪论》三

《近十年来"三顾茅庐"、〈隆中对〉研究综述》 余鹏飞 《襄樊学院学报》2008 年第 1 期

《蔡琰和〈胡笳十八拍〉的作者》 卢兴基 载卢兴基主编《建国以来古代文学问题讨论举要》 齐鲁书社 1987 年版

《20 世纪后二十年曹丕研究综述》 童瑜 《哈尔滨学院学报》2005 年第 12 期

《建国以来曹植研究综述》 孙明君 《许昌师专学报》1996 年第 4 期

《百年来曹植诗歌研究述评》 孙娟 《许昌学院学报》2006 年第 6 期

《二十世纪前期嵇康研究略谈》 王少梅 《语文学刊》2001 年第 1 期

《20 世纪 90 年代以来阮籍研究述评》 王渭清 《宝鸡文理学院学报》2004 年第 6 期

《阮籍研究的回顾与前瞻》 米晓燕 《绥化学院学报》2008 年第 2 期

《1994 年以来阮籍诗赋研究综述》 汪淑霞 《山东理工大学学报》2008 年第 2 期

《西晋文学总体研究述评》 张爱波 《宿州师专学报》第 18 卷第 2 期 2003 年 6 月

《傅玄及其〈傅子〉研究简述》 辛志凤 《古籍整理研究学刊》2005 年第 6 期

《现代潘岳研究综述》 李朝阳 《贵州文史丛刊》2005 年第 3 期

《陆机研究的反思与展望》 刘志伟 《西北师大学报》2006 年第 4 期 又见中国文选学研究会 河南科技学院中文系编《中国文选学：第六届文选学国际学术研讨会论文集》 学苑出版社 2007 年版

《陆机文学创作与理论研究状况详述》 李秀花 载其著《陆机的

① 题目为张可礼所拟。

文学创作与理论》　齐鲁书社 2008 年版　《附录六》

《20 世纪〈文赋〉研究述评》　李天道　《文学评论》2005 年第 5 期

《近十年来陆机〈文赋〉研究综述》　李天道　《西南民族大学学报》2005 年第 12 期

《对 20 世纪以来"诗缘情而绮靡"说研究的回顾与思考》　赵静　甘宏伟　《许昌学院学报》2008 年第 4 期

《近二十年来葛洪研究综述》　刘玲娣　载刘国盛　刘玲娣编《葛洪研究论集》　华中师范大学出版社 2006 年版

《近十年〈搜神记〉研究综析》　沈星怡　《盐城师范学院学报》2008 年第 5 期

《百年东晋文学研究述论》　姚晓菲　《江淮论坛》2005 年第 5 期

《二十世纪东晋诗文研究流变》　胡旭　《南京社会科学》2002 年第 4 期

《"陶学"百年》　吴云　《文学遗产》2000 年第 3 期

《世纪回眸——陶坛百年》　钟优民　《社会科学战线》2001 年第 2 期

《陶渊明接受研究的历史回顾与学理反思》　刘绍瑾　汪金刚　《湘潭大学学报》2006 年第 2 期

《20 世纪大陆研究陶渊明与佛教关系成果概述》　谢淑芳　《九江师院学报》2007 年第 1 期

《二十世纪中日韩陶渊明研究信息概说》　陈忠　《九江师专学报》2003 年第 4 期

《〈西洲曲〉研究述评》　杨伯南　《曲靖师专学报》1993 年第 1 期

《刘宋诗歌研究回顾》　陈桥生　载其著《刘宋诗歌研究》　中华书局 2007 年版　《导轮一》

《对谢灵运山水诗历代评价之再认识》　欧明俊　《中国韵文学刊》2002 年第 1 期

《谢灵运研究综述》①　李雁　载其著《谢灵运研究》　人民文学出版社 2005 年版　《绪论》

---

①　题目为张可礼拟定。

《鲍照研究综述》 郑俊 《四川职业技术学院学报》2008年第3期

《二十世纪齐梁诗文研究鸟瞰》 胡旭 《广西社会科学》2002年第1期

《近十年齐梁咏物诗研究综述》 蒋丽萍 《江苏广播电视大学学报》2007年第1期

《沈约批评述论》 [韩]李显雨 《江汉论坛》1997年第4期

《二十世纪以来沈约研究综述》 郭常斐 《江西教育学院学报》2007年第4期

《沈约诗歌理论近百年来研究综述》 邱光华 赵敏俐主编《中国诗歌研究》第四辑 中华书局2007年版

《〈玉台新咏〉研究述要》 张蕾 《河北师范大学学报》2004年第2期

《20世纪最后二十年江淹研究综述》 徐正英 阮素雯 《中国文化研究》2001年第2期

《近十年江淹研究综述》 屠青 《中州学刊》2005年第1期

《"江郎才尽"研究述评》 陆岩军 《重庆邮电学院学报》 2006年第3期

《萧绎及其〈金楼子〉研究史述评》 林志强 《西北师范大学学报》2004年第1期

《"四萧"文献学研究综述》 李柏 《湖南科技学院学报》2008年第9期

《三萧诗文及文艺思想研究综述》 李柏 《湖北师范学院学报》2008年第5期

《中国大陆"文选学"研究概述》 毛德富 载《中外学者文选学论文集》 中华书局1998年版

《二十世纪〈文选〉研究述评》 张连科 《江西社会科学》1999年第12期

《论20世纪的〈文选序〉研究》 王立群 《阜阳师范学院学报》2000年第4期

《20世纪现代〈选〉学对清代传统〈选〉学的继承与发展——以20

世纪前期为中心》 王立群 《阜阳师范学院学报》2002年第1期

《20世纪中国〈文选〉学研究的回顾与瞻望》 穆克宏 《福建师范大学学报》2002年第3期

《新时期〈文选〉研究之回眸》 王晓东 载中国文选研究会编《〈文选〉与“文选学”》 学苑出版社2003年版

《十年来〈文选〉注释研究综述》 缪定中 《肇庆学院学报》2006年第6期

《二十世纪的日本〈文选〉研究与课题》 [日]冈村繁 载中国文选研究会编《〈文选〉与“文选学”》 学苑出版社2003年版

《日本的〈昭明文选〉研究》 李庆 载中国文选研究会编《〈文选〉与“文选学”》 学苑出版社2003年版

《韩国〈文选〉研究的历史和现状》 [韩]白承锡 《郑州大学学报》1993年第5期

《二十世纪的欧美“文选学”研究》 [美]康达维 《郑州大学学报》1994年第1期

《〈文心雕龙〉成书年代问题的回顾与展望》 跃进 《文史知识》1994年第5期

(《文心雕龙》)《各国(地区)研究综述》 载杨明照主编《文心雕龙学综览》 上海书店出版社1995年版

《台湾近五十年来〈《文心雕龙》学〉研究》 刘渼 台湾万卷楼图书有限公司2001年版

《现代〈文心雕龙〉研究述评》 涂光社 《文学评论》1997年第1期

《20世纪中国〈文心雕龙〉研究综论》 李平 《镇江师专学报》2001年第1期

《20世纪“龙学”研究回溯》 董焱 马勤 吴兆路等主编《中国学研究》第5辑 济南出版社2002年版

《新世纪〈文心雕龙〉研究综述》(上、下) 党圣元 师雅慧 《丽水学院学报》2007年第6期、2008年第1期

(《文心雕龙》)《专题研究综述》 载杨明照主编《文心雕龙学综览》 上海书店出版社1995年版

《〈文心雕龙·史传〉研究概述》 卢东兵 《殷都学刊》2005 年第 1 期

《〈文心雕龙〉研究在海外的历史、现状与发展》 林其锬 《社会科学》1994 年第 9 期

《钟嵘〈诗品〉的流传及研究史:从隋初到清末》 曹旭 《上海师范大学学报》1993 年第 1 期

《钟嵘〈诗品〉在域外的影响及研究》 张伯伟 《文学遗产》1993 年第 4 期

《21 世纪〈诗品〉研究展望》(笔谈) 王运熙 张怀瑾等 《许昌师专学报》2001 年第 3 期

《关于新世纪〈诗品〉研究的思考》 王发国 曾明 《西南民族学院学报》2001 年第 2 期

《20 世纪钟嵘〈诗品〉研究述评》 黄念然 《中州学刊》2003 年第 6 期

《陈代诗文研究综述》 马海英 载其著《陈代诗歌研究》 学林出版社 2004 年版

《北朝乐府〈敕勒歌〉研究综述》 张廷银 《烟台师范学院学报》2005 年第 1 期

《20 世纪庾信文学研究综述》 杨勇 载陈飞主编《中国古典文学与文献学研究》第 2 辑 学苑出版社 2003 年版

《历代庾信批评述论》 曹萌 《东南大学学报》2005 年第 2 期

《世纪回眸:庾信研究的回顾与展望》 吉定 载其著《庾信研究》 上海古籍出版社 2008 年版 《附录一》

《港台水经注研究概况评述》 陈桥驿 《史学月刊》1986 年第 1 期

《民国以来研究〈水经注〉之总成绩》 陈桥驿 《中华文史论丛》第 53 辑 1994 年 又见陈桥驿《水经注校释·代序》 杭州大学出版社 1999 年版

隋唐五代

《20 世纪中国文学研究·隋唐五代文学研究》 张燕瑾 吕薇芬

总主编　本卷撰著杜晓勤　北京出版社2001年版

《二十世纪隋唐五代文学研究概观》　陈伯海　《南京师范大学文学院学报》2002年第2期

《唐五代别集的文献整理与研究概观》　王永波　黄芸珠　《乐山师范学院学报》2002年第3期

《世纪回眸——本世纪有关唐五代词的文献整理与研究概观》　王兆鹏　刘尊明　载中国唐代文学学会　西北大学中文系　广西师范大学出版社主编《唐代文学研究》　广西师范大学出版社2000年版

《二十世纪隋唐五代文学研究鸟瞰》《隋唐五代文学研究有待开拓的领域》　蒋寅　载傅璇琮　蒋寅总主编《中国古代文学通论》　蒋寅主编《隋唐五代卷·结语》　辽宁人民出版社2005年版

《唐代文学文献研究的回顾与展望》　陈尚君　《古籍整理出版情况简报》338期　1999年1月　收入陈尚君著《汉唐文学与文献论考》　上海古籍出版社2008年版

《史料、视角和方法——唐代文学研究》　董乃斌　赵昌平等　载《文学遗产》编辑部编《世纪之交的对话：古典文学研究的回顾与展望》　上海古籍出版社2000年版

《唐代文学论著集成》　傅璇琮　罗联添主编　三秦出版社2004年版

《新时期中国唐代文学研究的回顾》　吴在庆　《厦门大学学报》2000年第2期

《中国近二十年唐代文学研究述评》　陈尚君　此文为2001年5月在新加坡国立大学中文系所作学术报告　刊华东理工大学中国文化研究所编《社会与人生》创刊号　收入著者《汉唐文学与文献论考》　上海古籍出版社2008年版

《20世纪唐代文学研究历程回顾》　杜晓勤　《北京大学学报》2002年第1期

《新时期中国古典文学研究述论》第2卷《隋唐五代》　陈友冰主编　本册编著陈友冰　商务印书馆2008年版

《唐代文学年鉴》　中国唐代文学学会编　1983—1999各册　1984—1987年　陕西人民出版社出版　1988—1989年　陕西师范大

学出版社出版　1991—2000　广西师范大学出版社出版

《南朝鲜的唐代文学研究概况》［南朝鲜］李章佑撰　李文学译《古典文学知识》1991年第5期

《近年来日本的唐代文学研究》［日］户仓英美　《华南师范大学学报》2005年第1期

《五十年来唐代地域文化与文学研究述评》　陈景春　《阜阳师范学院学报》2003年第1期

《20世纪唐代"地域文化与文学"研究综述》　钟良　《南宁师范高等学校学报》2003年第2期

《隋唐妇女与文学研究百年回顾》　戴伟华　陈彝秋　《淮阴师范学院学报》1999年第5期

《关于唐诗兴盛的原因和"盛唐气象"的讨论》　裴斐　车入舜　载卢兴基主编《建国以来古代文学问题讨论举要》　齐鲁书社1987年版

《20世纪前半叶的唐诗研究》　陶文鹏　载中国唐代文学学会　西北大学中文系　广西师范大学出版社主编《唐代文学研究》　广西师范大学出版社2000年版

《20世纪唐诗研究述略》　陈伯海　《古典文学知识》2003年第1期

《中国新时期唐诗研究述评》　张忠纲等　安徽大学出版社2000年版

《新时期以来唐诗学研究述论》　胡建次　《思想战线》2003年第6期

《关于唐代边塞诗的评价》　王学太　载卢兴基主编《建国以来古代文学问题讨论举要》　齐鲁书社1987年版

《20世纪边塞诗研究述评》　张晓明　《青岛大学师范学院学报》2005年第4期

《边塞诗研究中若干问题刍议》　佘正松　《文学遗产》2006年第4期

《唐代咏侠诗研究综述》　冯淑然　《华北电力大学学报》2006年第4期

《唐代咏史怀古诗百年研究回顾》　赵望秦　潘晓玲　《南京师范

大学文学院学报》2007 年第 4 期

《唐代商贾诗研究述评》　张卫婷　《沧桑》2007 年第 2 期

《20 世纪唐五代女性诗歌研究概观》　郭海文　《中华女子学院学报》2005 年第 2 期

《近十年中唐诗歌流派研究综述》　李新　《廊坊师范学院学报》2006 年第 2 期

《唐人选唐诗与〈才调集〉研究综述》　刘浏　载其著《〈才调集〉研究》　对外经济贸易大学出版社 2008 年版　《绪论》

《唐诗在国外》　王丽娜　《唐代文学研究年鉴》(1992)　广西师范大学出版社 1993 年版

《1950 年以来韩国唐诗研究之动向》　[韩]柳晟俊　《南京师范大学学报》2003 年第 4 期

《前苏联的唐诗研究概述》　李明滨　《唐代文学研究年鉴》(1992)　广西师范大学出版社 1993 年版

《唐诗在美国的翻译与接受》　朱徽　《四川大学学报》2004 年第 4 期

(诗与唐代文言小说)《研究现状与资料综述》　邱昌员　载其著《诗与唐代文言小说研究》　中国社会科学出版社 2008 年版　《绪论》第 1 节

《20 世纪唐文研究回顾与反思》　雷恩海　李天宝　《学海》2005 年第 2 期

《唐代判文文学研究综述》　谭淑娟　《广西社会科学》2008 年第 9 期

《近五十年(1949—1997)台湾地区唐赋研究概况》　陈成文　《中国唐代学会会刊》第 9 期　1998 年 6 月

《唐代律赋研究的回顾与前瞻》　彭红卫　载其著《唐代律赋考》　社会科学文献出版社 2009 年版　第一章

《20 世纪唐五代词文献整理与研究概况》　王兆鹏　载其著《唐宋词史的还原与建构》　湖北人民出版社 2005 年版

《20 世纪九十年代以来唐五代词研究论文综述》　潘殊闲　《华北电力大学学报》2003 年第 2 期

《20世纪〈花间词〉研究的回顾与反思》 刘尊明 白静 《南开学报》2005年第6期

《近三十年竹枝词研究述评》 吴艳荣 《中国民族大学学报》2006年第5期

《近四十年(1950—1989)台、港地区唐代小说研究的回顾》 王国良 载台湾《"中央研究院"文哲研究的回顾与展望论文集》 "中央研究院"文哲研究所1992年版

《台湾五十年来唐人小说研究历程及其特征》 陈友冰 《明清小说研究》2001年第4期

《20世纪80年代以来我国唐代传奇小说研究综述》 冯孟琦 《华南师范大学学报》2004年第1期

《唐传奇小说中女妖题材研究综述》 黄颖 《现代语文》2008年第4期

《唐代小说影响研究的回顾与前瞻》 黄大宏 《文学评论》2005年第3期 收入刘明华主编《古代文学论丛》 中华书局2007年版

《十年耕耘留足迹——近十年大陆地区唐代小说研究的扫描与思考》 李芳民 载章培恒主编《中国中世文学研究论集》 上海古籍出版社2006年版

《前人对唐末五代文学的主要观点及其缺憾》《研究成果的分布与研究方法的运用状况及其薄弱环节》 李定广 载其著《唐末五代乱世文学研究》 中国社会科学出版社2006年版 《引论》一、二

《四十年骆宾王研究概述》 俞樟华 梅新林 《文史知识》1991年第12期

《20世纪以来沈宋研究述评》 刘新华 《湘潭师范学院学报》2007年第4期

《20世纪刘希夷研究综述》 王鲜平 《平顶山师专学报》2004年第3期

《陈子昂研究综述》 张克饮 载《陈子昂研究论文集》第2辑 香港 中国与世界出版公司1993年版

《近十年来陈子昂研究述评》 梁晓萍 《山西师大学报》2005年第3期

《苏颋张说研究综述》①　林大志　载其著《苏颋张说研究》　齐鲁书社 2007 年版　《引论》

《百年张说研究回顾与展望》　周睿　《北京化工大学学报》2008 年第 2 期

《张九龄研究百年综论》　顾建国　《淮阴师范学院学报》2000 年第 3 期

《张九龄生平事迹思想心态诗文创作研究综述》②　顾建国　载其著《张九龄研究》　中华书局 2007 年版　《绪论》

《孟浩然生平研究综述》　王辉斌　《四川大学学报》1995 年第 1 期　又载其著《孟浩然研究》　甘肃人民出版社 2002 年版　《附录》一

《20 世纪孟浩然研究》　杜晓勤　载中国唐代文学学会　西北大学中文系　广西师范大学出版社主编《唐代文学研究》　广西师范大学出版社 2000 年版

《王昌龄研究综述》　第一节(1976—2006)王昌龄生平研究综述　第二节(1976—2006)王昌龄诗歌研究综述　第三节(1976—2006)王昌龄诗论研究综述　毕士奎　载其著《王昌龄诗歌诗学研究》　江西人民出版社 2008 年版　第五章

《20 年来国内王维与佛禅关系研究述评》(上、下)　卢燕平　《许昌学院学报》2004 年第 1、3 期

《二十世纪王维佛禅研究述评》　高慎涛　《天中学刊》2006 年第 4 期

《王维生卒年研究述评》　王辉武　《运城学院学报》2007 年第 4 期

《王维诗歌在海外》　王丽娜　《文学遗产》1991 年第 4 期

《近百年来李白生平研究述评》　郁贤皓　载董乃斌　薛天纬等主编《中国古典文学学术史研究》　新疆人民出版社 1997 年版

《20 世纪李白研究述略》　詹福瑞　《中国李白研究》2000 年集

《新时期李白生平研究综述》　郭勉念　《江汉论坛》2000 年第 1 期

---

① 题目为张可礼所拟。

② 题目为张可礼所拟。

《李白研究五十年》 葛景春 《山西大学师院学报》2000年第3期

《八世纪以来李白研究的十大热点》 郁贤皓 胡振龙 《文史知识》2001年第10期

《学术转型期的李白研究(1901—1949)》 葛景春 载其著《李白研究管窥》 河北大学出版社2002年版

《李白研究五十年(1949—1999)》 葛景春 载其著《李白研究管窥》 河北大学出版社2002年版

《李白乐府诗研究综述》 王立增 《云南艺术学院学报》2003年第2期

《20世纪李白诗学研究》(上、下) 吴振华 《周口师范学院学报》2005年第4、6期

《李白〈静夜思〉研究综述》 胥洪泉 《重庆社会科学》2005年第7期

《李白家室研究述评》 王春庭 《龙岩学院学报》2008年第4期

《西方人眼中的李白》 [德]吕福克 《文史知识》2001年第10期

《李白研究走向世界》 王巍 《文学遗产》2002年第3期 收入《文学遗产》编辑部编《学镜——海外学者专访》 凤凰出版社2008年版

《现代日本李白研究述评》 张采民 载其著《心远集——中古文学考论》 中华书局2007年版

《论20世纪李杜研究及其差异》 余恕诚 《文学遗产》2006年第2期

《20世纪文化变迁中的杜甫研究》 王学泰 载董乃斌、薛天纬等主编《中国古典文学学术史研究》 新疆人民出版社1997年版

《二十世纪杜甫研究述略》 张忠纲 赵睿才 载《杜甫研究论集》(世纪之交杜甫国际学术研讨会论文集) 张忠纲主编 天马图书有限公司2002年版

《现代学术视野下的杜甫研究——杜甫研究百年回顾与前瞻》 刘明华 《文学评论》2004年第5期 收入刘明华主编《古代文学论丛》 中华书局2007年版

《杜甫的声誉早已超越国界——杜诗在苏联的传播和研究》 李明

滨　《杜甫研究学刊》1991 年第 1 期

《建国以来仇兆鳌和〈杜诗详注〉研究述评》　吴淑玲　《杜甫研究学刊》2007 年第 1 期

《近 20 年来杜文研究述略》　王立国　《语文学刊(高教版)》2007 年第 5 期

《皎然〈诗式〉研究述评及未来构想》　许连军　《湖南师范大学社会科学学报》　2005 年第 6 期

《李益研究状况综述》　王胜明　李朝军　《重庆工商大学学报》2005 年第 2 期

《20 世纪 80 年代以来国内李益诗歌研究述评》　沈文凡　张巍　《衡阳师范学院学报》2007 年第 1 期

《张籍王建研究综述》　邓大情　《淮北煤炭师范学院学报》2003 年第 4 期

《二十世纪的韩愈研究》　张清华　《周口师范高等专科学校学报》2000 年第 1 期

《20 世纪韩愈与佛教关系研究综述》　陈曙雯　《文史知识》2000 年第 2 期

《五十年韩愈研究著作述评》　王永波　《周口师范学院学报》2004 年第 3 期

《1991—2004 年韩愈研究的文献计量学分析》　李乔　《周口师范学院学报》2005 年第 6 期

《20 世纪韩愈诗学研究》　吴振华　《南阳师范学院学报》2006 年其 2 期

《白居易百年研究述论》　李丹　尚永亮　《中州学刊》2006 年第 3 期

《50 年白居易研究著作述评》　王永波　《周口师范学院学报》2005 年第 3 期

《〈长恨歌〉以及李、杨爱情问题的讨论》　张展　载卢兴基主编《建国以来古代文学问题讨论举要》　齐鲁书社 1987 年版

《〈长恨歌〉研究的历史回顾》　周相录　载其著《〈长恨歌〉研究》巴蜀书社 2003 年版第一章

《〈长恨歌〉主题研究综论》 张中宇 《文学遗产》2005年第3期 又见著者《白居易〈长恨歌〉研究》 中华书局2005年版 第一章

《日本〈长恨歌〉研究概况》 [日]下定雅弘撰 刘维治译 载冬青书屋同学会编《庆祝卞孝萱先生八十华诞——文史论集》 江苏古籍出版社2003年版

《韩国的白居易研究概况及有关问题》 [韩]金卿东著 刘维治译 《周口师范高等专科学校学报》2002年第1期

《柳宗元研究百年回顾》 洪迎华 尚永亮 《文学评论》2004年第5期

《台湾地区柳宗元研究概况(1958—1992)》 方介 《中国唐代学会会刊》第4期 1993年11月出版

《〈莺莺传〉研究百年回顾》 胥洪泉 原为"百年中国文学研究回顾与反思学术研讨会"论文 收入作者著《古代文学论稿》 重庆出版社2005年版

《近二十年贾岛研究述评》 张震英 载其著《寒士的低吟——贾岛诗歌艺术新探》 中国社会科学出版社2006年 第十章

《20世纪李贺研究述论》 张剑 《文学遗产》2002年第6期

《新时期李贺诗歌研究述评》 吴加才 柳应明等 《江苏广播电视大学学报》2003年第2期

《90年代杜牧研究综述》 王丹 《荆州师范学院学报》2003年第6期

《历代李商隐研究述略》 刘学锴 收入董乃斌 薛天纬等主编《中国古典文学学术史研究》 新疆人民出版社1997年版

(李商隐诗)《研究史篇》 刘学锴 载其著《李商隐诗歌研究》 安徽大学出版社1998年版

《20世纪李商隐诗学研究》 吴振华 《南阳师范学院学报》2004年第7期

《清代李商隐研究综述》 韩大强 《信阳师范学院学报》2005年第5期

《近25年来李商隐诗歌研究述评》 高淮生 蔡燕 《徐州教育学院学报》2006年第2期

《韦庄研究述评》　陈志平　《高等函授学报》　2002 年第 5 期

《韦庄〈秦妇吟〉研究述评》　张美丽　《文化学刊》2008 年第 4 期

《晚唐诗人曹唐及其游仙诗研究综述》　金丙燕　《绥化学院学报》2008 年第 2 期

《20 世纪姚合研究述论》　张震英　《广西大学学报》2004 年第 1 期

《世纪回眸：司空图及〈二十四诗品〉研究》　程国赋　《学术研究》1999 年第 6 期

《〈二十四诗品〉百年研究述评》　张国庆　《文学评论》2005 年第 1 期

《破、立、存疑间前行——〈二十四诗品〉辨伪过程述论》　郭桂滨　赵敏俐主编《中国诗歌研究》第四辑　中华书局 2007 年版

《五十年代讨论李煜词的评价问题》　卢兴基　载卢兴基主编《建国以来古代文学问题讨论举要》　齐鲁书社 1987 年版

《从传统走向现代学术——唐宋八大家研究述要(1900—1949)》　李维新　载陈飞主编《中国古典文学与文献学研究》第 3 辑　学苑出版社 2004 年版

《从传统走向现代学术——唐宋八大家研究述要(1949—1978)》　李维新　载《新文学》第 2 辑　大象出版社

《韩国唐宋散文研究综述》　[韩]安芮璿　吴兆路等主编《中国学研究》第 6 辑　济南出版社 2003 年版 2004 年版

《近十年来唐宋词研究的回顾与展望》　王兆鹏　《社会科学述评》1991 年第 4 期

《20 世纪唐宋词选述论》　毛建军　《武警学院学报》2004 年第 2 期

《唐宋词分派研究述评》　王辉斌　《山东师范大学学报》2004 年第 1 期

《新生代唐宋词研究述评》　张幼良　《山东师范大学学报》2005 年第 1 期

《大陆十多年来唐宋词与音乐关系研究述评》　田玉琪　《淮阴师范学院学报》2008 年第 6 期

《西方的唐宋词研究》 周发祥 《文学遗产》1993年第1期 收入《文学遗产》编辑部编《学镜——海外学者专访》 凤凰出版社2008年版

宋代

《宋代文学研究的方法和展望》 张高评 台湾《宋代文学研究丛刊》第2期《代序》 1996年9月

《宋代文学研究面面观》 张高评 台湾《宋代文学研究丛刊》第3期《代序》 1997年9月

《20世纪中国文学研究·宋代文学研究》 张燕瑾 吕薇芬总主编 本卷主编张毅 北京出版社2001年版

《二十世纪宋代文学研究观念和方法的变迁》 张毅 载王水照等编《首届宋代文学国际研讨会论文集》 复旦大学出版社2001年版

《宋代文学地域性研究述评》 王祥 《沈阳师范大学学报》2006年第1期

《宋诗研究的回顾、评价同展望》 莫砺锋 陶文鹏等 载《文学遗产》编辑部编《世纪之交的对话：古典文学研究的回顾与展望》 上海古籍出版社2000年版

《新时期大陆宋诗研究述评》 莫砺锋 程杰 《阴山学刊》2000年第2期

《宋诗分期问题研究述评》 张远林 王兆鹏 《阴山学刊》2002年第4期

《关于近五十年中国宋诗研究的几点思考》 莫砺锋 收入西北大学文学院编《中国古代文学研究高层论坛论文集》 中华书局2004年版

《台湾宋诗研究的现状与展望》 张高评 《黄冈师范学院学报》2004年第4期

《20世纪80年代以来的宋诗研究》 叶帮义 《深圳大学学报》2005年第6期

《宋诗研究综述》① 赫广霖 载其著《宋初诗派研究》 齐鲁书社

① 题目为张可礼所拟。

2008年版　《绪论》

《徽宗朝诗歌研究综述》[1]　张明华　载其著《徽宗朝诗歌研究》上海古籍出版社2008年版　《绪言》

《20世纪80年代以来的江湖诗派研究》　叶帮义　胡传志　《阴山学刊》2004年第1期

《20世纪80年代以来大陆的宋代理学诗派研究》　叶帮义　《南京师范大学文学院学报》2007年第3期

《宋代咏史怀古诗百年研究综述》　赵望秦　张焕玲　《盐城师范学院学报》2008年第2期

《宋文研究的回顾与展望》　张海鸥　《文学评论》2002年第3期

《宋四六文研究述略》　施懿超　《文学遗产》2004年第4期　又见著者《宋四六论稿》　上海古籍出版社2005年版　上编第一章

《新时期宋词研究的回顾与展望》　刘扬忠　载王水照等编《首届宋代文学国际研讨会论文集》　复旦大学出版社2001年版

《北宋词研究史稿》　刘靖渊　崔海正　齐鲁书社2006年版

《南宋词研究史稿》　邓红梅　侯方元　齐鲁书社2006年版

《宋词题材研究的现状》　许伯卿　载其著《宋词题材研究》　中华书局2007年版　《绪论》第一节

《宋词叙事性研究述评》　薛健飞　吴丹　《甘肃联合大学学报》2007年第5期

《20世纪80年代以来宋代寿词研究综述》　刘彩霞　《咸阳师范学院学报》2008年第1期

《〈草堂诗余〉研究综述》　李亭　载蒋寅　张伯伟主编《中国诗学》第十二辑　人民文学出版社2008年1月出版

《宋代志怪传奇小说研究百年综述》　赵章超　《社会科学研究》2002年第5期

《20世纪以来宋代文言小说研究综述》　余丹　《广西社会科学》2007年第2期

《近年来宋代笔记研究述评》　郑继猛　《甘肃社会科学》2008年

---

① 题目为张可礼所拟。

第4期

《20世纪范仲淹研究综述》 刘洪生 《商丘师范学院学报》2007年第6期

《20世纪柳永研究的回顾与反思》 刘尊明 邓建 《广西师范大学学报》2003年第1期

《近几年柳永研究综述》 明智 《乐山师范学院学报》2008年第2期

《二晏研究百年回顾与展望》 唐红卫 《忻州师范学院学报》2008年第3期

《20世纪以来邵雍文学思想研究综述》 魏崇周 《河南教育学院学报》2008年第5期

《新时期欧阳修诗歌研究综述》 张小燕 刘德清 《江西教育学院学报》2007年第3期

《欧阳修诗文在国外》 王丽娜 《河北师范大学学报》2003年第3期

《江户时代的欧阳修评论》 东英寿 淡江大学中国文学系主编《一九九七年东亚汉学论文集》 台湾学生书局1998年版

《韩国欧阳修散文研究的现状与前瞻》 [韩]黄一权 《中国文学研究》1999年第4期

《欧阳修著作初传韩国的时间及其刊行、流布的状况》 [韩]黄一权 《复旦学报》2000年第2期

《苏舜钦研究述评》 杨许波 郑友征 《社科纵横》2006年第10期

《20世纪以来苏洵研究综述》 巩本栋 沈章明 《文学遗产》2007年第5期

《苏轼研究综述》 周斌 《宋代文学研究年鉴》(1997—1999) 武汉出版社2001年版

《二十世纪苏轼文学研究述略》 饶学刚 朱靖华 《黄冈师范学院学报》2003年第4期 又载朱靖华 刘尚荣主编《中国苏轼研究》第1辑 学苑出版社2004年版

《百年苏诗研究述评》 叶帮义 余恕诚 《安徽师范大学学报》

2003年第2期

《近年东坡词研究述略》　崔海正　《文学遗产》1996年第1期

《本世纪东坡词研究的定量分析：词学研究定量分析之一》　刘尊明、王兆鹏　《文学遗产》1999年第6期

《东坡词题材内容研究现状述略》　饶晓明　中国人民大学中文系主办《中国苏轼研究》第2辑　学苑出版社2005年版

《周邦彦研究述评(1991—2001)》　罗丽雅　《株洲师范高等专科学校学报》2003年第1期

《20世纪以来叶梦得研究综述》　潘殊闲　《乐山师范学院学报》2004年第9期

《岳飞〈满江红〉(怒发冲冠)的真伪问题》　王学太　载卢兴基主编《建国以来古代文学问题讨论举要》　齐鲁书社1987年版

《李清照及其词作的评价》　施议对　载卢兴基主编《建国以来古代文学问题讨论举要》　齐鲁书社1987年版

《近二十年李清照研究述评》　张强　《文学遗产》2004年第5期

《近百年李清照研究综述》　鲁渊　《哈尔滨学院学报》2007年第9期

《李清照"内心隐秘"争鸣述评》　王兆鹏　载其著《唐宋词史的还原与建构》　湖北人民出版社2005年版

《吕本中十年研究综述》　王叙黄　《十堰职业技术学院学报》2008年第3期

《近百年来陆游研究综述》　傅明善　《中国韵文学刊》2001年第1期

《陆游在台研究综述》　张玮仪　邱诗雯　《文史知识》2005年第11期

《陆游研究在日本》　陆坚　《文史知识》2005年第11期

《市河宽斋与日本的陆游诗歌研究》　郝润华　许琰　《文史知识》2005年第11期

《陆游词研究综述》　农辽林　《南宁师范高等专科学校学报》2008年第2期

《20世纪陆游和杨万里诗歌研究综述》　叶帮义　《南京师范大学

文学院学报》2004年第3期

《百年来杨万里研究述评》 肖瑞峰 彭庭松 《文学评论》2006年第4期

《近百年朱熹文学研究的回顾与反思》 吴长庚 《文学评论》2008年第3期

《20世纪辛弃疾研究的回顾与思索》 朱丽霞 《文学评论》2007年第3期

《〈草堂诗余〉研究综述》 李亭 载蒋寅 张伯伟主编 《中国诗学》第12辑 人民文学出版社2007年版

《〈乐府补题〉研究三百年》 王信霞 《闽江学院学报》2008年第1期

《史达祖研究百年述论》 焦印亭 《中州学刊》2008年第2期

《姜夔研究综述》[①] 袁向彤 载其著《姜夔与宋韵研究》 齐鲁书社2007年版 《绪论》

《姜白石诗歌研究综述》 吴小丽 《广州大学学报》2007年第5期

严羽《沧浪诗话》研究综述[②] 程小平 载其著《〈沧浪诗话〉的诗学研究》 学苑出版社2006年版 第一章《缘起》

《20世纪国内严羽研究述评》(上篇、下篇) 任先大 《甘肃社会科学》2006年第5、6期

《刘克庄研究综述》 王述尧 《古典文学知识》2004年第4期

《梦窗词研究回眸》 钱鸿瑛 载其著《梦窗词研究》 上海古籍出版社2005年版 第八章

《20世纪80年代以来蒋捷研究综述》 高涛 《河西学院学报》2007年第3期

《蒋捷研究述评》 郑海涛 《殷都学刊》2008年第2期

《近20年张炎研究述评》 许芳红 《阜阳师范学院学报》2003年第2期

---

① 题目为张可礼所拟。

② 题目为张可礼所拟。

《大陆汪元量研究百年回顾》　张立敏　蒋寅　张伯伟主编《中国诗学》第11辑　人民文学出版社2006年版

《20世纪宋元小说研究的回顾："中国古代小说研究史"之二》　李时人　《零陵师范高等专科学校学报》2000年第1期

《20世纪以来宋元"说话"研究回顾》　李晓晖　《明清小说研究》2008年第1期

《20世纪80年代以来宋元话本小说研究综述》　罗勇珍　《广东农工商职业技术学院学报》2007年第3期

《近年来国内宋元南戏研究的新成果》　彭飞　载王季思等著《中国古代戏曲论集》　中国展望出版社1986年版

《西夏文学研究述评》　张丽华　《固原师专学报》2006年第1期

辽金元

《20世纪中国文学研究·辽金元文学研究》　张燕瑾　吕薇芬总主编　本卷主编李修生、查洪德　北京出版社2001年版

《辽代文学史料保存整理述论》　刘达科　《中国古典文献学》(第2卷)　澳门国际炎黄文化出版社2003年版

《辽代文学研究平议》　米治国　《社会科学战线》1997年第6期

《辽金文学研究的回顾与前瞻》　张晶　《学术研究》2005年第3期

《辽金文学的历史定位与研究述评》　周惠泉　《中国社会科学》2005年第5期

《金代文学文献研究的成就与不足》　薛瑞兆　《学术研究》2005年第3期

《金代文学研究的历史与现状》　胡传志　载其著《金代文学研究》　安徽大学出版社2000年版　第一章第一节

《最近西方关于金代之研究》　[美]魏世德　载《元好问及辽金文学研究》　中国国际广播出版社1998年版

《20世纪金元词研究》①　丁放　载其著《金元词学研究》　中国社

① 题目为张可礼所拟。

会科学出版社 2002 年版　首章《绪论》

《金元词研究史稿》　刘静　刘磊　齐鲁书社 2006 年版

《20 世纪金词研究的回顾、反思与展望》　王昊　崔海正　《南阳师范学院学报》2007 年第 7 期

《元代文学研究的回顾与展望》　查洪德　载傅璇琮　蒋寅总主编《中国文学通论》　张晶主编《辽金元卷》　辽宁人民出版社 2005 年版　《结语二》

《元代丝绸之路文学的研究》　宋晓云　《文史知识》2006 年第 4 期

《20 世纪的理学与元代文学之关系研究述评》　魏崇武　《东方论坛》2004 年第 4 期

《元诗研究与新世纪的元代文学研究》　杨镰　《殷都学刊》2002 年第 3 期

《元代诗歌、诗学研究状况》　张红　载其著《元代唐诗学研究》　岳麓书社 2006 年版　第一章第一节

《元杂剧兴盛原因的研究》　吕薇芬　载卢兴基主编《建国以来古代文学问题讨论举要》　齐鲁书社 1987 年版

《元杂剧研究概述》①　宁宗一　陆林等　天津教育出版社 1987 年版

《文本、语境与意识形态——海外元杂剧研究及其启示》　宋耕　任继愈主编《国际汉学》第 8 辑　大象出版社 2003 年版

《二十世纪元代戏剧研究》　张大新　人民文学出版社 2007 年版

《20 世纪元散曲研究综论》　赵义山　上海古籍出版社 2002 年版

《元曲的用韵研究述评》　李蕊　《平顶山学院学报》2008 年第 6 期

《关于二十世纪诸宫调的整理与研究》　龙建国　《文学评论》2003 年第 6 期

《对完颜亮研究的回顾与反思——兼及历史人物评价问题》　徐松

① 此书一为论略编，概述元、明、清、近代、现代、当代元杂剧研究；二为综述编，分元杂剧的分期、三国戏、水浒戏、作家作品等 13 个专题。

巍　史小云　《北方文物》1992年第2期

《近二十年完颜亮研究综述》　王红娟　《文史知识》2007年第2期

《20世纪以来的元好问研究》　狄宝心　《山西大学学报》2005年第1期

《遗山词研究之现状》　赵永源　载其著《遗山词研究》　上海古籍出版社2007年版　上编《考证篇》第一章

《20世纪以来虞集研究综述》　姬沈育　《郑州大学学报》2004年第2期

《建国以来关汉卿研究综述》　胡二广　赵金山　原载《关汉卿研究新论》　收入张月中主编《元曲通融》　山西古籍出版社1999年版

《关汉卿研究及其展望》　曾永义　原载《关汉卿国际学术研讨会论文集》　台北"行政院"文建会1994年版　收入张月中主编《元曲通融》　山西古籍出版社1999年版　又收入《曾永义学术论文自选集》　中华书局2007年版

《关汉卿研究的百年评点与未来展望》　徐子方　《南京大学学报》2004年第2期

《关汉卿研究学术综述》　赵建坤　见其著《关汉卿研究学术史》　中山大学出版社2008年版　第一编

《关汉卿剧作在国外》　王丽娜　原载《关汉卿研究新论》　收入张月中主编《元曲通融》　山西古籍出版社1999年版

《明代〈西厢记〉研究述论》　黄季鸿　收入"2005明代文学与文化国际学术研讨会暨中国明代文学学会(筹)第三届年会"《论文集》(上)　首都师范大学文学院　首都师范大学诗歌研究中心主办

《清代金批〈西厢〉研究概况》　谭帆　《戏曲艺术》1990年第2期

《近百年〈西厢记〉研究》　张人和　《社会科学战线》1996年第3期

《近十年〈西厢记〉研究综述》　宋瑞芳　《内蒙古电大学刊》2003年第5期

《〈西厢记〉的外文译本和满蒙文译本　附:〈西厢记〉的日文译本(蒋星煜)》　王丽娜　《文学遗产》1982年第3期　收入《文学遗产》编辑部编《学镜——海外学者专访》　凤凰出版社2008年版

《西厢记在日本》 李群 《文史知识》2001年第8期

《五十年代关于〈琵琶记〉评价问题的讨论》 卢兴基 载其主编《建国以来古代文学问题讨论举要》 齐鲁书社1987年版

《20世纪〈琵琶记〉研究范式论》 毛小曼 《上海大学学报》2007年第3期

《元末明初吴中文学研究综述》 周明初 程若旦 《江西师范大学学报》2005年第2期

《近年日本元明清诗文研究》 石雷 《苏州大学学报》2008年第2期

明代

《20世纪中国文学研究·明代文学研究》 张燕瑾 吕薇芬总主编 本卷主编邓绍基、史铁良 北京出版社2001年版

《十九世纪末以来明代文学研究概貌》《研究领域的迁移与拓展》《研究观念和传承与变异》《研究方法的继承与创新》 郭英德 王丽娟 载傅璇琮 蒋寅总主编《中国文学通论》 郭英德主编《明代卷·结语》 辽宁人民出版社2005年版

《近百年明代文学与政治研究述评》 王齐洲 《荆州师范学院学报》2003年第3期

《二十五年来明代文学研究的一个样本分析——以人大复印资料〈中国古代、近代文学研究〉所选的论文的统计为例》 周明初 《南京师范大学文学院学报》2003年第1期

《近十年明诗研究综述》 曹自斌 《语文知识》 2008年第2期

《20世纪以来明代台阁体研究述评》 史小军 张红花 《南阳师范学院学报》2006年第2期

《20世纪公安派文论研究》 魏中林 昌庆志 《内蒙古社会科学》(汉文版)2003年第1期

《20世纪公安派研究述略》 魏中林 昌庆志 《古代文学理论研究》第22辑 华东师范大学出版社2004年版

《明代李东阳茶陵诗派研究百年回顾》 邓绍秋 《株洲师范高等专科学校学报》1999年第3期

《20世纪茶陵派研究回顾》　司马周　《古典文学知识》2003年第3期

《二十世纪竟陵派研究的回顾》　陈广宏　收入西北大学文学院编《中国古代文学研究高层论坛论文集》　中华书局2004年11月

《20世纪的明词研究》　陈水云　《中州学刊》2003年第6期

《明词研究二十年》　陈水云　《明代研究通讯》第6期(抽印本)　台湾乐学书局2003年12月出版

《禁毁小说研究百年回顾与展望》　张慧禾　《西南交通大学学报》2004年第6期

《二十世纪以来心学与明代文学思想关系研究述评》　左东岭　《文学评论》2003年第3期

《20世纪明代散文研究述论》　李圣华　《中州学刊》2004年第3期

《20世纪以来心学与明代戏曲小说关系研究综述》　左东岭　《首都师范大学学报》2004年第5期

《〈剪灯新话〉研究述略》　赵素忍　张金桐　《宁夏师范学院学报》2008年第2期

《〈三国演义〉研究中若干问题讨论综述》　沈伯俊　胡帮炜　《文史知识》1984年第7期

《建国三十五年〈三国演义〉研究的回顾》　胡世厚　《〈三国演义〉学刊》第2期　四川省社会科学院出版社1986年

《三十五年〈三国演义〉研究述评》　石昌渝　载卢兴基主编《建国以来古代文学问题讨论举要》　齐鲁书社1987年版

《〈三国演义〉研究的百年回顾与前瞻》　梅新林　韩伟表　《文学评论》2002年第1期

《20世纪的罗贯中交游研究——〈三国演义〉文献学研究之一》　韩伟表　《许昌师专学报》2002年第2期

《二十世纪〈三国演义〉文献研究述要》　韩伟表　《文献》2004年第1期

《新世纪〈三国演义〉作者、成书时间及版本问题的研究综述》　何红梅　《泰山学院学报》2005年第5期

《二十世纪罗贯中研究鸟瞰》 陆勇强 《三国演义学刊》2004年卷 四川大学出版社2005年版

《新世纪〈三国演义〉作者之争》 卫绍生 《三国演义学刊》2004年卷 四川大学出版社2005年版

《〈三国演义〉与小说诗文渊源关系研究述略》 韩伟表 《浙江海洋学院学报》2005年第4期

《"千秋功罪任评说"——〈三国演义〉中曹操形象研究百年》 纪德君 《三国演义学刊》2004年卷 四川大学出版社2005年版

《百年来〈三国演义〉中曹操形象研究的回顾与反思》 纪德君 《广州大学学报》2005年第6期

《毛本〈三国〉研究述评》 何晓苇 《中华文化论坛》2006年第4期

《二十世纪80年代以来〈三国演义〉主题研究述评》 蒋正治 《古典文学知识》2007年第1期

《近三十年来〈三国演义〉作者籍贯、成书年代及主题研究综述》 张晓彭 《社科纵横》2008年第2期

《国外研究〈三国演义〉综述》 王丽娜 载《〈三国演义〉论文集》 中州古籍出版社1985年版

《中国和日本:〈三国演义〉研究的回顾和展望》 沈伯俊 金文京 《文艺研究》2006年第4期

《日本人与〈三国志演义〉——以江户时代为中心》 [日]井上泰山撰 [日]四方美智子译 《复旦学报》2008年第1期

《〈水浒传〉主题研究的回顾与反思》 欧阳健 载卢兴基主编《建国以来古代文学问题讨论举要》 齐鲁书社1987年版

《20世纪水浒故事源流研究述评》 王丽娟 《中州学刊》2003年第3期

《百年来〈水浒传〉成书及版本研究述要》 纪德君 《中华文化论坛》2004年第3期

《百年风云:宋江形象争论的回顾与启示》 纪德君 《明清小说研究》2005年第3期

《近二十年来〈水浒传〉研究综述》 高日晖 《菏泽学院学报》2006

年第1期

《〈水浒传〉在国外》　王丽娜　载汇评本《水浒传》　上海文艺出版社1996年版　《附录二》

《关于〈西游记〉主题讨论的几种意见》　吴圣昔　载卢兴基主编《建国以来古代文学问题讨论举要》　齐鲁书社1987年版

《〈西游记〉文献学百年巡视》　崔小敏　梅新林　《文献》2003年第3期

《二十世纪〈西游记〉文献研究述略》　苗怀明　《学术交流》2004年第1期

《百年〈西游记〉作者研究的回顾与反思》　黄毅　许建平　《云南社会科学》2004年第2期

《建国以来〈西游记〉主题研究述评》　郭健　《江淮论坛》2004年第2期

《20世纪80年代以来“佛教与〈西游记〉的关系”研究综述》　杨峰　《明清小说研究》2008年第1期

《〈西游记〉在国外》　王丽娜　载江苏省社科院文学研究所编《〈西游记〉的研究——首届〈西游记〉学术讨论论文集》　江苏古籍出版社1984年版

《〈金瓶梅〉研究十年》　刘辉　《中国社会科学》1990年第1期

《〈金瓶梅〉文献百年巡视》　梅新林　葛永海　《文献》1999年第4期

《20世纪以词话本为中心的〈金瓶梅〉研究综述》　苗怀明　《中华文化论坛》2002年第1期

《〈金瓶梅〉研究百年回顾》　梅新林　葛永海　《文学评论》2003年第1期

《〈金瓶梅〉作者研究八十年》　许建平　《河北学刊》2004年第1期

《〈金瓶梅〉人物研究之回顾和思考》　葛永海　《文史知识》2004年第3期

《〈金瓶梅〉续书研究世纪回眸》　张振国　《徐州师范大学学报》2004年第5期

《二十世纪张竹坡评点〈金瓶梅〉研究述评》 刘晓军 《中国文学研究》2005年第4期

《张竹坡研究综述》 吴敢 《河南大学学报》2007年第6期

《〈金瓶梅〉在国外》 王丽娜 载《金瓶梅研究》 复旦大学出版社1984年版

《营建"金学"巴比塔——域外〈金瓶梅〉研究的学术理路与发展走向》 葛永海 《文艺研究》2008年第7期

《〈金瓶梅〉研究在俄国》 杨士毅 任继愈主编《国际汉学》第七辑 大象出版社2002年版

《〈金瓶梅〉在日本》 冀振武 《社会科学辑刊》1980年第3期

《建国以来何景明研究述评》 金荣权 《殷都学刊》1999年第4期

《20世纪以来高启诗学思想研究综述》 郭桂滨 收入"2005明代文学与文化国际学术研讨会暨中国明代文学学会(筹)第三届年会"《论文集》(上) 首都师范大学文学院 首都师范大学诗歌研究中心主办

《杨慎研究综述》(上、下) 高小慧 《天中学刊》2006年第1、2期

《百年来杨慎研究综述》 白建忠 孙俊杰 《内蒙古师范大学学报》2007年第2期

《刘基研究的回顾与展望》 吕立汉 《淮北煤炭师院学报》2002年第3期

《近二十多年来大陆刘基研究综述》 田澍 吕扬 载何向荣编著《刘基与刘基文化研究》 人民出版社2008年版

《走向世界的汤显祖研究》 邹自振 《古典文学知识》2008年第1期

《冯梦龙研究六十年》 傅承洲 《文史知识》1991年第4期

《冯学研究九十年》 袁志 《通俗文学评论》1994年第4期

《〈石点头〉研究述要》 王玉春 《语文学刊(高教版)》2007年第1期

《徐渭研究百年述评》 付琼著 载其著《徐渭散文研究》 上海古籍出版社2007年版 《附录一》

《百年来唐寅研究的回顾与展望》 邓晓东 《南京师范大学文学

院学报》2008年第2期

《李贽、金圣叹小说理论研究百年回顾》　邓绍秋　《株洲师范高等专科学校学报》2002年第1期

《对金圣叹的评价和认识的发展》　潘世秀　载卢兴基主编《建国以来古代文学问题讨论举要》　齐鲁书社1987年

《金圣叹文学批评理论研究综述》①　钟锡南　载其著《金圣叹文学批评理论研究》上海古籍出版社2006年版《绪论》

《近百年来的金圣叹研究：以〈水浒〉评点为中心》　黄霖　《明清小说研究》2003年第2期

《胡应麟生平及诗学思想研究综述》　王明辉　《江西财经大学学报》2004年第2期

《胡应麟诗论研究述评》　李庆立　崔建利　《中国文化研究》2005年第4期　又见《文学评论丛刊》第8卷第1期

《胡应麟小说思想研究综述》　陈卫星　《齐齐哈尔大学学报》2006年第2期

《一个期待关注的学术领域——明清诗文研究》　吴承学　曹虹等　载《文学遗产》编辑部编《世纪之交的对话：古典文学研究的回顾与展望》　上海古籍出版社2000年版

《百年明清词派研究的进程与展望》　姚蓉　载其著《明清词派史论》　广西师范大学出版社2007年版　《绪论》

《明清小说研究的三个误区》　王冉冉　《南阳师范学院学报》2005年第1期

《明清神魔小说研究八十年》　冯汝常　《闽江学院学报》2004年第1期

《20世纪80年代以来明清艳情小说研究》　黄廷富　《甘肃社会科学》2007年第1期

《明清散曲史研究之历史与现状》　赵义山　载其著《明清散曲史》　人民出版社2007年版　《绪论》第二节

① 题目为张可礼所拟。

清代

《20 世纪中国文学研究·清代文学研究》 张燕瑾 吕薇芬总主编 本卷主编段启明 汪龙麟 北京出版社 2001 年版

《清代文学研究的历史回顾》《清代文学研究的开拓与展望》 蒋寅 载傅璇琮 蒋寅总主编《中国文学通论》 蒋寅主编《清代卷·结语》 辽宁人民出版社 2005 年版

《八十年代以来清代诗学研究述评》 王顺贵 《苏州大学学报》2003 年第 1 期

《20 世纪嘉道诗歌研究综述》 于慧 《文史知识》2007 年第 4 期

《清诗在日本》 [日]清水茂 载[日]清水茂著 蔡毅译 《清水茂汉学论集》 中华书局 2003 年版

《半个世纪以来韩国国内清代诗学研究概况》 柳晟俊 《武汉科技大学学报》2008 年第 2 期

《清代文章研究的历史与现状》 吴承学 《文学遗产》2006 年第 1 期

《清代文章的研究现状及前景展望》 陈文新 鲁小俊 《湖北社会科学》2006 年第 5 期

《近百年清代骈文研究综述》 吕双伟 《柳州师专学报》2004 年第 4 期

《清代赋学研究述评》 孙福轩 《鲁东大学学报》2007 年第 4 期

《20 世纪清词研究的现代化进程》 陈水云 载其著《清代词学发展史论》 学苑出版社 2005 年版 《附录》

《近百年清词研究的历史回顾》 张宏生 《文学评论》2007 年第 1 期

《十年来的清词研究》 马大勇 《古典文学知识》2005 年第 2 期

《20 世纪的清代女性词研究》 陈水云 《妇女研究论丛》2004 年第 1 期

(子弟书)《文献综述》 崔蕴华 载其著《书斋与书坊之间——清代子弟书研究》 北京大学出版社 2005 年版 《引言》

《桐城派研究学术史回顾》 张晨怡 曾光光 《船山学刊》2006 年第 1 期

《20世纪清代文言小说研究述评》 曲金燕 《甘肃社会科学》2006年第4期

《清代“唐宋诗之争”研究述评》 赵娜 《苏州大学学报》2008年第5期

《〈四库全书〉编纂与出版研究》 一、《研究现状》 二、《〈四库全书〉编辑出版研究方面的一些问题》 李常庆 载其著《〈四库全书〉出版研究》 中州古籍出版社2008年版 《附录一》

《建国以来〈古文观止〉研究述略》 王兵 《江淮论坛》2005年第3期

《20世纪钱谦益诗学研究》 王顺贵 黄淑芳 《广西社会科学》2003年第1期

《三百年来宋琬研究综述》 徐华 《河北理工大学学报》2005年第3期

《李渔研究概述》① 胡元翎 载其著《李渔小说戏曲研究》 中华书局2004年版 《引论》

《李渔戏曲理论研究50年综述》 朱锦华 《徐州师范大学学报》2004年第4期

《李渔小说研究现状梳理》 刘琴 《阴山学刊》2008年第1期

《欧美的李渔作品及相关研究示要》 羽离子 《文献》2001年第4期

《施闰章研究综述》 邹莹 《乐山师范学院学报》2004年第7期

《神韵诗学研究百年回顾》 王小舒 《文史哲》2000年第6期

《王士祯研究述论》 王顺贵 《齐鲁学刊》2003年第2期

《20世纪后20年袁枚研究述评》 汪龙麟 《苏州大学学报》2005年第1期

《清代聊斋的评论述略》 吴功正 《北方论丛》1985年第3期

《近十年〈聊斋志异〉文本研究述略》 葛丽英 《语文学刊:高教版》2006年第3期

《六十多年来蒲松龄俚曲研究概述》 邵吉志 《蒲松龄研究》2005

① 题目为张可礼所拟。

年第1期

《〈聊斋志异〉与佛教文化研究述评》 朱祺 王恒展 《蒲松龄研究》2005年第1期

《近半世纪〈聊斋志异〉的渊源研究及其意义》 王立 《东南学术》2007年第5期

《二十世纪上半期〈聊斋志异〉文献研究述略》 苗怀明 《蒲松龄研究》2008年第4期

《〈聊斋志异〉在俄国——阿列克谢耶夫与〈聊斋志异〉的翻译和研究》 [俄]李福清 载《聊斋学研究论文集》 文联出版社2001年版

《近50年〈聊斋志异〉在日本的传播和研究》 王枝忠 《福建师范大学学报》2006年第6期

《蒲松龄诗文研究综述》 张月霞 《南都学坛》2003年第1期

《百年〈醒世因缘传〉研究综述》 岳岚 魏崇新 《东南大学学报》2004年增刊

《近50年来港台地区纳兰性德词研究述评》 陈水云 《民族文学研究》2005年第3期

《红学六十年》 潘重规 台湾文史哲出版社1974年版

《红学三十年讨论述要》 胡小伟 载卢兴基主编《建国以来古代文学问题讨论举要》 齐鲁书社1987年

《红学四十年》 胡明 《文学评论》1989年第2期 收入郭皓政主编、陈新文审订《红学档案》 武汉大学出版社2007年版

《〈红楼梦〉在国外》 胡文彬著 中华书局1993年版

《百年曹雪芹研究功过评说》 胥惠民 收入董乃斌 薛天纬等主编《中国古典文学学术史研究》 新疆人民出版社1997年版

《索隐派红学的研究方法及其历史经验教训——评近半个世纪海内外索隐派红学》 郭豫适 《齐鲁学刊》1999年第3期 收入郭皓政主编 陈新文审订《红学档案》 武汉大学出版社2007年版

《20世纪曹雪芹研究概述》 胥惠民 《河南教育学院学报》2004年第1期

《20世纪脂砚斋研究综述》 徐军华 《河南教育学院学报》2003年第4期

《20世纪上半叶红学批评专论述评》　俞晓红　《安徽师范大学学报》2000年第1期

《〈红楼梦〉研究百年回眸》　张锦池　《文艺理论研究》2003年第6期

《20世纪〈红楼梦〉学术争鸣述要》(上篇、下篇)　梁归智　《河南教育学院学报》2003年第6期、2004年第1期

《关于曹雪芹佚著〈废艺斋集稿〉的学术争鸣》　黄道京　《古典文学知识》2004年第1期

《二十年来曹雪芹艺术创作研究述评》　高淮生　李春强　《红楼梦学刊》2004年第3期

《20世纪〈红楼梦〉语言研究综述》　吴玉霞　《河南教育学院学报》2004年第3期

《20世纪〈红楼梦〉艺术研究概述》　刘春燕　《河南教育学院学报》2004年第2期

《20世纪〈红楼梦〉比较研究综述》　尤海燕　《河南教育学院学报》2004年第5期

《大观园研究综述》　王慧　《红楼梦学刊》2005年第2期

《〈红楼梦〉版本及相关问题研究述评》　段江丽　《河南教育学院学报》2005年第3期

《〈红楼梦〉后40回研究综述》　李光翠　《河南教育学院学报》2006年第1期

《〈红楼梦〉探佚研究综述》　董晔　《河南教育学院学报》2006年第1期

《近代中国三次社会转型与红学批评范式的转换》　赵建忠　《文艺研究》2006年第2期

《20世纪〈红楼梦〉主题研究综述》　赵静娴　《河南教育学院学报》2006年第3期

《八十年来“红楼梦”研究述评》　胡淳艳　《红楼梦学刊》2006年第4期

《横看成岭侧成峰:近五十年来台湾“红学”印象》　胡文彬　《辽东学院学报》2007年第1期

《石头渡海:近三十年台湾地区〈红楼梦〉之硕博论文述要》 陈怡君 《红楼梦学刊》2007年第1期

《〈红楼梦〉研究史就是〈红楼梦〉被接受的历史:关于百年〈红楼梦〉小说批评接受研究的思考》 高淮生 《咸阳师范学院学报》2008年第1期

《对红学考证的方法论反思》 王冉冉 《明清小说研究》2008年第1期

《百年红学发展演变的"草蛇灰线":〈红楼梦〉研究"稀见资料"价值略论》 梁归智 《河南教育学院学报》2008年第3期

《20世纪薛宝钗研究综述》 刘春燕 《河南教育学院学报》2003年第1期

《20世纪王熙凤研究综述》 姚晓菲 《河南教育学院学报》2003年第2期

《20世纪贾宝玉研究综述》 尤海燕 《河南教育学院学报》2003年第3期

《20世纪贾探春研究综述》 吴玉霞 《河南教育学院学报》2003年第4期

《20世纪林黛玉研究综述》 董晔 《明清小说研究》2003年第4期

《20世纪晴雯研究综述》 崔莹 《河南教育学院学报》2004年第2期

《20世纪史湘云研究综述》 李光翠 《河南教育学院学报》2004年第3期

《20世纪秦可卿研究综述》 崔莹 《河南教育学院学报》2005年第6期

《20世纪〈阅微草堂笔记〉研究综述》 汪龙麟 《殷都学刊》2000年第1期

《20世纪以来〈歧路灯〉研究回眸》 刘畅 《河南大学学报》2004年第5期

《〈儒林外史〉研究纵览》 李汉秋著 天津教育出版社1992年版

《新时期〈儒林外史〉研究综述》 李韵 潘华云 《文史知识》2001

年第 11 期

《二百余年来〈儒林外史〉研究之回顾　附：20 世纪〈儒林外史〉研究之回顾(摘录)》　陈美林　[韩]《中国小说研究论丛》第 1 期　又见其著《吴敬梓研究》　南京师范大学出版社 2006 年版　中册

《20 世纪〈儒林外史〉主题探讨之回顾——纪念吴敬梓诞辰三百周年》　陈美林　《中华文化论坛》2001 年第 3 期　又见其著《吴敬梓研究》　南京师范大学出版社 2006 年版　中册

《20 世纪吴敬梓思想研究评述》　陈美林　《中华文化论坛》2002 年第 3 期　又见其著《吴敬梓研究》　南京师范大学出版社 2006 年版　中册

《20 世纪〈儒林外史〉研究的回顾与反思》《20 世纪〈儒林外史〉研究的回顾与反思》(续)　许建平　《河北师范大学学报》2004 年第 3、4 期

《发掘和利用吴敬梓研究资料的再检讨——吴敬梓研究回顾系列》　陈美林　《南京师范大学文学院学报》2005 年第 1 期

《〈绿野仙踪〉百年研究综述》　周晴　《南都学坛》2008 年第 2 期

《关于桐城派及近百年来对它的评论》　周中明　《文学评论》1997 年第 4 期　又见陶新民　孙以昭主编《中国古代文学论集》　人民文学出版社 2001 年版

《二十世纪桐城派研究述评》　高黛英　《郑州大学学报》2003 年第 2 期

《桐城派研究百年回顾》　江小角　方宁胜　《安徽史学》2004 年第 6 期

《肌理派研究述评》　郑才林　《中国韵文学刊》2005 年第 4 期

《〈浮生六纪〉百年研究述略》　黄强　《扬州教育学院学报》2006 年第 2 期

近代

《建国三十年近代文学研究的回顾》　王俊年　梁淑安等　《文学评论》1980 年第 3 期

《二十世纪中国近代文学研究述评》　关爱和　《中州学刊》1999

年第6期　收入其著《中国近代文学研究论集》　中华书局2006年版《附录》

《二十世纪中国近代文学研究学术历程之回顾》　郭延礼　《文学遗产》2000年第3期

《探寻中国文学从古典到现代的转型历程》　王飚　关爱和等《文学遗产》2000年第4期　收入《文学遗产》编辑部编《世纪之交的对话:古典文学研究的回顾与展望》　上海古籍出版社2000年版

《20世纪中国文学研究·近代文学研究》　张燕瑾　吕薇芬总主编　本卷主编裴效维　北京出版社2001年版

《20世纪中国近代文学研究的曲折历程》(上、下)　裴效维　《徐州师范大学学报》2004年第1、2期

《近年来关于中国文学现代性转型研究述评》　姚涵　《文艺报》2006年10月28日第7版

《中国近代文学研究三十年》　关爱和　朱秀梅　《文学评论》2008年第4期

《近代诗文研究的百年回顾》　陆草　《中州学刊》1999年第6期

《近十年来近代桐城派研究综述》　吴修成　《甘肃联合大学学报》2006年第2期

《近代中国海外游记研究综述》　刘少虎　《湖南商学院学报》2007年第5期

《晚清小说研究概说》　袁健　郑荣　天津教育出版社1989年版

《晚清小说期刊研究的回顾与前瞻》　王燕　载其著《晚清小说期刊史论》　吉林人民出版社2002年版　《绪论》

《批评的理论视角变迁:晚清谴责小说研究的历时述评》　方国武《安徽农业大学学报》2008年第2期

《近百年来"小说界革命"研究述评》　谢飘云　张松才　《华南师范大学学报》2004年第2期

《关于晚清民国传奇杂剧研究》　左鹏军　载其著《晚清民国传奇杂剧考索》　人民文学出版社2005年版　《引言》二

《龚自珍及其著述研究综述》　赵金松　载其编《〈龚自珍全集〉综论》　见张永桃主编《中国典籍精华丛书》第4卷"学林新篇"(二)　中

国青年出版社 2000 年版

《百年来对〈儿女英雄传〉的研究综述》 李婷 《中央民族大学学报》2004 年第 2 期

《蒙古族近代文学大师尹湛纳希研究概述》 巴·苏和 《中央民族大学学报》2004 年第 1 期

《近百年来黄遵宪研究的回顾与期望》 管林 《商丘师范学院学报》2005 年第 4 期

《黄遵宪研究述评》 左鹏军 载其著《黄遵宪与岭南近代文学论丛》 中山大学出版社 2007 年版 上辑《黄学论衡》

《1994—2004 年黄遵宪研究论析》 郑燕珍 《嘉应学院学报》2008 年第 5 期

《二十世纪〈海上花列传〉研究综述》 申丽萍 《语文学刊(高教版)》2005 年第 3 期

《百年来王闿运研究述评》 傅宇斌 载张伯伟 蒋寅主编《中国诗学》第十三辑 人民文学出版社 2008 年 10 月出版

《百年吴妍人小说研究述评》 胡全章 《山西师大学报》2005 年第 2 期

《〈白雨斋词话〉在 20 世纪的回响》 陈水云 载其《清代词学发展史论》 学苑出版社 2005 年版 《附录》

《沈曾植研究综述》 张智慧 《嘉兴学院学报》2008 年第 3 期

《陈季同研究综述》① 李华川 载其著《晚清一个外交官的文化历程》 北京大学出版社 2004 年版 《引言》

《20 世纪以来陈衍研究述评》 周薇 《学海》2007 年第 5 期

《薛绍徽研究的现状》 林怡 载其点校《薛绍徽集》 方志出版社 2003 年版 附录《在旧道德与新知识之间》

《百年来梁启超研究的回顾与展望》 侯杰 李钊 载李喜所主编《梁启超与近代中国社会文化》 天津古籍出版社 2005 年版

《梁启超与“现代”文学观念的兴起研究综述》 彭树欣 《兰州学刊》2006 年第 12 期

① 题目为张可礼所拟。

《五十年来〈人间词话〉“境界”阐释述评》 马正平 《语文导报》1987年第2期

《对(〈人间词话〉)研究现状的基本认识》 李砾 载其著《〈人间词话〉辨》 中国社会科学出版社2006年版 《导论一》

《建国以来王国维研究评述·关于王国维的文学(包括美学)思想研究》 谢宝成 载袁英光选编《王国维学术研究论集》(三) 华东师范大学出版社1990年版

《二十世纪王国维文学批评研究综述》 李虎子 《培训与研究——湖北教育学院学报》2001年第3期

《王国维文艺思想研究的世纪考察》(上、下) 程国赋 《学术交流》2005年第2、3期

《1978—2008年辜鸿铭研究综述》 刘中树 《吉林大学社会科学学报》2008年第6期

方法编

古代文学史料学是一门实践性很强的学科。我们探讨文学史料学的理论、演进的历程和内容等，虽然有探讨某些规律等问题，但最终还是要落实到有助于人们能够正确地便捷地搜集、鉴别、整理、著录和使用史料的实践上。古代文学史料的搜集、鉴别、整理、著录和使用，不仅是历代史料学探讨的主要内容，也是我们现在面临的重要问题。总括自古迄今，特别是近代以来在史料的搜集、鉴别、整理、著录和使用上，既涉及到态度和学风问题，也涉及到方法问题。就方法而言，前人继往开来，不断探索，付出了大量心血，多有创获。虽然不同的时期、不同的文人学者强调和使用的方法不尽一致，但总的走势是互补、趋同，越来越科学。

方法是一种重要手段，人们总是通过方法同史料发生联系。对于前人行之有效的方法，我们应当注意借鉴。注意借鉴，可以免去从头摸索之劳。正是出自上述思考，本书特别设有“方法篇”，主要从如何搜集、鉴别、整理、著录和使用史料等角度，述列了一些具体方法，以资参考。

“方法篇”分别述列的方法，有针对性和可操作性，也有局限性。我们在使用这些方法时，要力避绝对化，要注意综合辨证。还有，古代文学史料是已然的、固定的，但有关古代文学史料学方法是开放的，变动的。前人所谓的“史无常法”，也适用于文学史料学的方法。随着科学的发展，方法肯定会不断更新。我们应当与时俱进，根据研究的对象和史料的特点，不断探索新方法。

第二十章　古代文学史料的搜集与检索

第一节　珍 重 史 料

珍重史料是我们中华文明的重要组成部分。我们中华民族自古以来就重视历史，特别留心保存和搜集各种历史遗存，形成了珍重史料的优良传统。这表现在许多朝代的官方上，也反映在不少文人学者的认识和实践上。余嘉锡说，我国古代，“盖一代之兴，必有访书之诏，求书之使(原注：《通考》卷一百七十四《经籍考总叙》，载之甚详)。天下之书既集，然后命官校雠，撰为目录。”①各个朝代为了搜集和保存史料，一般都设置了专门的机构和官吏。《吕氏春秋》卷16《先识览》记载，夏时设有太史令、商设有内史等官吏，执掌图籍。西周设有相当规模的史官机构——大史寮，其中有御史，又称柱下史，老子就曾担任过柱下史。东周各诸侯国也都设有史官。西汉初期，朝廷反拨秦始皇毁坏文献典籍的暴行，设置机构，指令搜集文献，汉武帝时扩大、加强了乐府机关，采集了大量的乐府诗②。先秦和西汉有关机构和史官的设置，大体为后来各个朝代所效法，只是名称和规模不同而已。各个朝代史官机构和史官的设置，搜集珍藏了大量的史料。

与史官机构和史官搜集珍重史料的同时，历代有许多士人也十分珍重史料。

孔子的一生，一直珍惜史料，他搜集了大量的文献史料。“春秋之世，诸侯国自有史”，“孔子求众家史记，而得百二十国书。如楚之书，郑之志，鲁之

---

① 余嘉锡《古书通例》卷一，见《余嘉锡说文献学》，上海古籍出版社2001年版，第167页。

② 参阅陈蔚松《古代编纂机构述略》(上、中、下)，《文献》1994年第1、2、3期。

春秋,魏之纪年,此其可得言者"①。他还到许多地方观察、寻求实物史料。

司马迁除珍重古代的文献之外,还先后到今天的江苏、安徽、山东、浙江、河南、湖南、四川和云南等地,走访、观察,搜集了许多第一手史料。他为写《孔子世家》,曾"适鲁,观仲尼庙堂、车服、礼器、诸生以时习礼其家,余祗回留之不能去云"②。

北宋金石学家刘敞特别珍惜他搜集到的数十种先秦彝鼎,常常说:"我死,子孙以此蒸尝我。"③他视彝鼎为生命,生珍惜之,要死后子孙用它来祭祀。南宋《通志》作者郑樵"游名山大川,搜奇访古,遇藏书家必借留,读乃去"④。洪适终生酷爱金石文字,对汉代石刻更加青睐。他"得黄金百,如视涕唾,即获一汉刻,津津然盱衡击节,辍食罢寝,摩挲而谨读之,意世间所谓乐事,直无以右此者"⑤。

清初顾炎武特别重视文物,他"遇有古碑遗迹,必披蓁菅,拭斑藓读之,手录其要以归"⑥。

现代著名的作家学者郑振铎,一生把书看成是自己的"命根子"。他爱书,有时胜过爱自己的生命。1949 年一位香港的爱国人士,把一批古籍捐给了国家,其中有不少珍贵的宋版书。当这批古籍装箱运到上海时,身为国家文物局局长的郑振铎,亲自赶到上海码头验收。"开箱时,许多专家学者都参加了,如逢盛典一般"。当这批书要运往北京时,郑振铎坚持要亲自押运。这么多箱书,铁路只能货运,但不安全。有人建议空运。郑振铎说:"绝对不行!绝对不行!万一飞机出了事,这些书就全完了。"后来,周恩来总理命令铁道部,把这批书作为"特件",由郑振铎亲自押运,安全地运到了北京。

在郑振铎所搜集的大量的文献史料中,最为辉煌的是《脉望馆钞校本古今杂剧》。为了寻觅这部古籍,他捱过了不知多少不眠之夜,多次到苏州、常熟等"藏书之乡",多方筹措书款。历遭磨难,几经周折,最后终于从一名书

① [唐]刘知几撰,赵吕甫校注《史通新校注》,重庆出版社 1990 年版,《外篇·古今正史》。

② [汉]司马迁撰《史记》,中华书局点校本,卷 47《孔子世家》。

③ [元]脱脱等撰《宋史》,中华书局点校本,卷 319《刘敞传》。

④ [元]脱脱等撰《宋史》,中华书局点校本,卷 436《郑樵传》。

⑤ 《隶续序》,中华书局 1985 年影印洪氏晦木斋本,第 292—293 页。

⑥ 参阅支伟成《清代朴学大师列传》,岳麓书社 1986 年版。

商手中，为国家收回了这部比欧洲莎士比亚还要早三百多年的大型的戏曲宝藏①。

从古到今，有许多文人学者，即使在战乱时也不忘珍藏保存史料。《后汉书》卷79上《儒林传》载：

> 昔王莽、更始之际，天下散乱，礼乐分崩，典文残落……四方学士多怀挟图书，遁逃林薮。

郑振铎在抗日战争期间，没有去“大后方”，也没有奔赴抗日疆场，而是“隐姓埋名，隐居在上海”，为国家抢救了大量珍贵的文献古籍。抗战胜利后，他以“书生报国”的情怀把这些珍贵的文献古籍献给了祖国和人民②。

由于多方面的原因，我国有大批史料流散在国外。为了把这些史料，收回国内，许多学者付出了很大的代价和艰辛的劳动。罗振玉于清末东渡日本，发现了日藏唐写《文选集注》残本。民国八年（1919）他回国时，为了使此本不致湮没，能在国内流传，于是把自己在京都净土寺町的一所寓宅捐给了京都文科大学，把捐后所得款项，用来作为此本的印行之资。唐写《文选集注》本今天能够在国内广为流传，不应忘记罗氏之功③。20世纪初，敦煌史料被发现后，有一大批流失在国外，许多爱国之士痛心疾首。为了搜集这一大批史料，王重民、向达、姜亮夫等前辈学者付出了大量的心血。1935年，姜亮夫依靠自己教书积攒下来的工钱，自费到法国巴黎大学进修。在巴黎，他观看了几十个博物馆后，决心把博物馆中所藏的敦煌史料等文物，用抄写和拍照等方法，使之回归祖国。他在1937年赴英国的途中，又在一些博物馆中拍了一些中国文物的照片。在他回国前，已经搜集了敦煌制片400余张，其他文物制片千余张。为了使祖国的史料返回故乡，姜亮夫放弃了获得巴黎大学博士学位的机会，使自己的近视度数增加到600度。今天我们能够看到丰富的敦煌学史料，其中浸沉着不少学者的大量心血。

国人在珍重史料时，自古以来就有一种开放的心态。对国内，常常强调“华夷如一”，各民族间注意尊重他族的史料。对国外，尤其是从近代开始，

---

① 参阅郑尔康选编《郑振铎书话》，北京出版社1997年版，《选编后记》。第335—336页。

② 参阅郑尔康选编《郑振铎书话》，北京出版社1997年版，《选编后记》。第336页。

③ 参阅周勋初《唐钞文选集注汇存》，上海古籍出版社2000年版，《前言》。

许多有识之士重视国外的各种史料。他们阅读翻译国外的各种书籍和报刊,游览参观和实地考察,并经由多种渠道,把国外的重要史料传入国内。

第二节 搜集史料与问题意识

如何搜集史料,是我们研究古代文学时面临的一个重要问题。在这方面,历代许多文人学者在长期的实践中,积累了一些认识和方法。这些认识和方法,虽然都有用处,但每一种认识和方法都不是万能的,都有其长处和短处。如何对待这些认识和使用这些方法,也往往因人而异,因时而异,因地而异。不过,其中也有一些认识和方法为多数人所遵循。下面略述一些认识和方法。

我国古代的文学史料,随着时间的推移、历次战乱的毁坏以及统治者的焚毁,散失、残缺的很多,有些只留下片鳞只爪。这些残缺的史料存传的情况也比较复杂,有不少相当分散。就现存的比较完整的史料来看,由于时代和作者的局限,也难以适应我们今天的需要。史料的繁复和分散,使我们常有望洋兴叹之感,搜集时,往往宛如大海捞针,沙里淘金,费时长久,而所得甚少。还有一种情况,就是有些史料有隐蔽性,一般人常常接触它们,却轻易地放过了,而细心者或熟读者却能发现它们的史料价值。上述种种情况告诉我们,搜集史料,要有热情,要耐心,要不畏艰难。在这方面,许多前辈为我们作出了榜样。他们在非常困难的情况下,艰苦细致地搜集史料的精神,值得我们学习。今天我们的条件好多了,有些史料可以通过电脑检索。尽管这样,搜集史料仍是一项十分细致的工作,要尽量避免浮躁和粗枝大叶。譬如,我们要搜集明代的词、曲作品,只翻阅有关的文集的目录是不够的,因为有些词、曲,作品较少,常常附在诗文的后面,并不见于目录。明李堂撰《堇山文集》15 卷,就属于这种情况。15 卷中,卷 1—6 为诗、赋,卷 6 末附诗余 24 首,卷 7 以下为文①。中国自古以来就有“书山有路勤为径,学海无涯苦为舟”之说,搜集史料应当发扬“勤”、“苦”精神,还应当持之以恒。明代温纯《续文献通考·序》说,明代王圻为撰写《续文献通考》,“肆力搜罗,且

① 《堇山文集》,北京大学藏明刻本。参阅杜泽逊《四库存目标注》上海古籍出版社 2007 年版,第 2686 页。

四十年”,遂成《续文献通考》254 卷。看来,克服困难,专心致志,长期积累,仍是我们搜集史料要坚持的。

搜集史料同博览多闻、广泛涉猎密切相关。这就要求我们多读书,多做实地考察,读万卷书,行万里路。多读书,多做实地考察,能开阔我们的视野,能使我们接触多方面的史料信息。不过由于在这一过程中,往往由于没有明确的目的,来不及仔细领会所涉及的史料。从搜集史料的角度来看,这种方法,一般只能粗略地知道所阅读的书籍中和观览的实物中,有哪些史料,以备以后查找。当然,许多有学术造诣和学术敏感的学者,往往能在博览多闻、广泛涉猎中,不是先入为主,而是全面深入思考,发现有价值的史料,进而提出新的问题。严耕望指出,“看书要彻底”,如果用“抱个题目找材料的方法,当你做完这个题目,其他的东西所得不多,久而久之,将会发现学问的潜力太薄弱,难以发展”①。严氏强调的是看书要深入细致,不要只抱个题目去翻材料。

有不少前辈学者,强调要带着问题去搜集史料。我们平时在读书或参观实物时,面对着方方面面的史料,不知道哪些重要,哪些不重要,哪些应当留心,哪些可以略过,往往眉毛胡子一把抓,结果成绩不大。这主要是因为没有问题意识。研究课题没有形成,脑子里没有问题,自然就不清楚哪些史料对自己有用,有用的史料也被放过了。因此,要带着问题去面对各种史料,是搜集史料的一个重要方法。这一点,梁启超下面的一段话,富有启示:

> 初学读书的人,看见许多书,要想都记得,都能作材料,实在很不容易。某先辈云:“不会读书,书面是平的;会读书,字句都浮起来了。”如何才能使书中字浮凸起来?唯一的方法,就是训练注意。昔人常说,好打灯谜的人,无论看什么书,看见的都是灯谜材料。会作诗词的人,无论打开什么书,看见的都是文学句子。可见注意那一项,那一项便自然会浮凸出来。这种工作,起初做时是很难,往后就很容易。……最初的方法,顶好是指定几个范围,或者作一篇文章,然后看书时,有关系的就注意,没有关系的就放过。过些日子,另换范围,另换题目,把注意力换到新的方面。照这样做得几日,就做熟了。熟了以后,不必十分用心,随手翻开,应该注意之点立即就浮凸出来。读一书,专取一个注意点;

① 严耕望《治史三书》,辽宁教育出版社 1998 年版,第 21—22 页。

读第二遍，另换一个注意点。这是最粗的方法，其实也是最好的方法。①

梁启超上面所说的“指定几个范围”和“注意点”，实际上就是告诉我们在读书时，要有问题意识。有了问题，面对方方面面的史料，自然就会有所去取。梁启超之后，翦伯赞又提出了依史料的性质分次来搜集史料的方法：

搜查一本书，可以作一次搜查，这种方法就是不管史料的性质，只要是我们所需要的史料，就毫无遗留地把它们抄下来……但我以为搜查的方法，最好是依史料的性质分作若干次进行。例如第一次，搜查经济史料；第二次，再搜查政治史料；第三次，再搜查文化思想史料。这样依次搜查的方法有两种好处：第一，它可以使我们的注意力，完全集中到一点。比如我们搜查经济史料时，要把全力注意经济史料，对于政治和文化思想史料，暂时不管；反之亦然。这样，就会养成我们的专注力，使我们所注意的史料，在我们面前浮凸出来。第二，可以使我们在搜集某些史料的当中，同时得到与这一史料有关之各方面的知识。比如我们搜集经济史料时，把政治和文化思想史料搁在一边，我们就可以分出注意力来注意与经济史料有关的事项。此外，这种分次搜集下来的史料，不必经过整理，自然就有它的系统。②

上面所引梁启超和翦伯赞的论述，虽然角度不同，但有一点是近似的，都强调在搜集史料之前，要有问题意识，然后带着相关的问题，集中注意力，去搜集史料。如果脑子里没有问题，即使史料摆在你的面前，你也容易忽略。实践证明，这种搜集史料的方法，容易操作，也会减少整理史料的时间和精力。问题的产生，不是随意的，而是要依靠平时多读书、多思考、多积累，是在既了解历史实际，又要了解研究现状的基础上确定的。需要说明的是，带着问题来搜集史料，具有连续性，问题和史料之间，往往会出现一些变化。一般地说，某一研究课题定下来以后，就开始集中时间搜集史料，但是由于史料的丰富性和复杂性，在实际的研究过程中，一直伴随着搜集史料的工作。在搜集史料的过程中，随着对史料的掌握和分析，往往会对原来确定

---

① 梁启超《中国历史研究法补编》第二章，载《中国历史研究法》附录，东方出版社1996年版。

② 翦伯赞《史料与史学》，北京大学出版社1985年版，第74—75页。

的问题做某些调整。因此问题意识和搜集史料是结合在一起的，应当纳入整个研究过程中。

第三节　力求全面，方法科学

研究文学史中的各种问题，首先应当全面地掌握相关的史料。文学史上的任何一个问题所涉及的史料的多样复杂，是令人吃惊的。史料有多种不同的来源。它的表现是多方面的，有直接的，有间接的，有明显的，有隐约的。如果我们不全面地加以搜集，就很难有正确的认识，很难探究其实质。明清之际的黄宗羲在《明儒学案·发凡》中说：

> 每见钞先儒语录者，荟撮数条，不知去取之意谓何？其人一生之精神未尝透露，如何见其学术？是编皆从全集纂要钩玄，未尝袭前人之旧本矣。

在黄宗羲看来，要见明儒之“精神”和“学术”，不能仅靠数条语录，而必须从全集中“纂要钩玄”。他讲的虽然是自己作《明儒学案》立足于全面掌握史料，但完全适用于古代文学研究。

梁启超指出：

> 大抵史料之为物，往往有单举一事，觉其无足轻重；及汇集同类之若干事比而观之，则一时代之状况可以跳活表现。此如治庭园者，孤植草木一本，无足观也；若集千万本，莳以成畦，则绚烂眩目矣。①

梁氏用对比、形象的说法，强调了全面掌握史料的重要。另外，文学史上有许多问题的有关史料，分散各处，难以搜求。我们在搜集史料时，如有遗漏，往往会得出错误的结论②。因此，学术界的许多前辈，谈及搜集史料时，都特别强调求全。傅斯年 1928 年在广州创办历史语言研究所后，以全

---

①　梁启超《中国历史研究法》，东方出版社，1996 年版，第 78 页。

②　“比如李伯元的《官场现形记》、《海天鸿雪记》二书前都有‘茂苑惜秋生’的序，胡适认为此‘惜秋生’大概即李伯元自己的化名，鲁迅《中国小说史略》仍之。阿英通过吴趼人之传及其他证据，更加上自己买到的李伯元所编《绣像小说》，通过日期的比较，知‘惜秋生’在李伯元死后尚为之续《活地狱》，从而证明此人乃李伯元的朋友欧阳巨源”。引自陈平原主编《中国文学研究现代化进程二编》，北京大学出版社，2002 年版，第 206—207 页。

力鼓吹并奖励在所的工作人员扩张研究的材料，并以“上穷碧落下黄泉，动手动脚找东西”作为标语①。冯友兰指出，历史学家研究一个历史问题，“第一步的工作是收集史料，这一步工作的要求是‘全’”，“必须尽可能把同他所研究的问题有关的史料都收集起来”②。只有掌握了全面的史料，才可能互相印证、互相补充。这是正确描述史实、得出经得起验证的科学结论而无遗恨的重要前提。这已为古代许多有成就的史学家所认可。唐代刘知几在《史通·采撰》中说：

> 盖珍裘以众腋成温，广厦以群材合构。自古探穴藏山之士，怀铅握椠之客，何尝不征求异说、采摭群言，然后能成一家，传诸不朽。

宋代郑樵在《通志略》中说：

> 然大著述者必深于博雅，而尽见天下之书，然后无遗恨。

为了全面地搜集史料，要有网罗无遗、竭泽而渔的决心。这一点，许多著名的前辈学者，为我们作出了榜样。陈垣“自己常说，在准备材料的阶段，要‘竭泽而渔’，意思即是要不漏掉一条材料”③。

古代文学史料浩瀚繁富，运则汗牛，藏则充栋，为了能把自己研究的问题的有关史料全面地搜集起来，至少有下面六点值得我们特别重视：

第一，要搜集各种载体的史料，特别是文字史料、实物史料和口头传承史料。

文字史料是史料的大宗，它包括的范围十分广阔，过去讲的经史子集都属于这方面。就史料的来源而言，有同时代人记载的，也有后来人记载的。前者往往较少，而后者则较多。以传记史料为例，陶渊明的传记，陶渊明自己写有《五柳先生传》，但从史料的角度来审视，还不能算是正规的传记。陶渊明去世之后，颜延之、沈约、萧统以及《晋书》和《南史》等都写有陶渊明的传记。有些传记史料，除见于正史和作品外，还见于别史、杂史以及小说等。如阮籍的传记史料，正史方面的有《晋书·阮籍传》，小说方面的则有《世说

---

① 参阅王为松编《傅斯年印象》，学林出版社 1997 年版，第 104 页。

② 冯友兰编著《中国哲学史史料学初稿》，上海人民出版社 1962 年版，第 2 页、5 页。

③ 引自启功《夫子循循然善诱人——陈垣先生诞辰百年纪念》，见陈智超编《励耘书屋问学记》(增订本)，三联书店 2006 年版，第 140 页。

新语》和《东坡志林》。从文字史料的结集形式来看，有比较集中的，如别集、总集、丛书、资料汇编等，也有相当分散的，散见于各种书籍和报刊。对于上面所举的各种形式的文字史料，我们在搜集时都应当顾及。这一点，梁启超有深切的体认。他指出，中国古代遗留下来的可归于史部的各类文献，“拿历史家眼光看来，一字一句都藏有极可宝贵的史料。又不独史部书而已，一切古书，有许多人见为无用者，拿他当历史读，都立刻变成有用。章实斋说，‘六经皆史’，这句话我原不敢赞成；但从历史家的立脚点看，说‘六经皆史料’，那便通了”。由此推之，所有文字记录也皆史料，“也可以说，诸子皆史，诗文集皆史，小说皆史”，都“和史部书同一价值”①。

从数量上来看，实物史料比文字史料要少得多，但其重要性往往不亚于文字史料。王国维在《古史新证》中说：

> 吾辈生于今日，幸于纸上之材料外，更得地下之新材料。由此种材料，吾辈固得据以补正纸上之材料，亦得证明古书之某部分全为实录，即百家不雅驯之言亦不无表示一面之事实。②

王国维上面的观点，发表于1926年，到现在已逾80年。80多年来，我国各方面发现和积累的各种实物史料远远超越了以前。有些实物史料可以和文字史料相互印证，有些则具有文字史料无法取代的价值。这些实物史料，有的已经经过了整理，公之于众，有些还有待我们去搜集。

我国自远古以来，就有重视口头传承史料的传统。历朝历代程度不同地都对口头传承史料予以关注，运用多种方式加以搜集。这方面的史料，有不少已经成了文字史料，但还有许多仍在以口传为载体在流传。搜集口头传承史料，比搜集书面文字史料要困难得多，但我们不能因为困难而有所轻忽。研究一个文学史问题，如果有口头传承史料，而我们没有认真地搜集，可能会影响我们研究的结论。

第二，兼顾国内与国外。就现存中国古代文学史料来看，应当说，绝大部分在国内。国内所存有的史料，仍有大量的有待我们去搜集。就国内而言，现在应当特别重视大陆与港台澳地区史料的交流。通过交流，使研究者

---

① 《治国学的两条大路》，见《饮冰室合集》，上海中华书局1942年版，《文集之三十九》第111页。

② 《王国维文集》，姚淦铭、王燕编，北京，中国文史出版社，1997年版，第4卷第2页。

能全面掌握史料。20 世纪后半期的前 30 年，由于政治上的原因，大陆同港台澳地区的文化学术，基本上处于隔阻状态。这种状态，到 80 年代，开始有所改变，90 年代以来交流日趋频繁。但由于多方面的原因，交流仍待进一步拓展和深化。大陆与港台澳，特别是大陆对港台澳的文学史料了解得较少。这种状况影响了研究，造成了史料资源的浪费。如台湾存有的一些古籍孤本、善本，台湾编辑出版的不少大型的古代文学丛刊以及大量的文学研究史料，有许多至今还没有在大陆流传。上述情况说明，现在我们全面搜集史料时，首先应当立足于国内，努力把大陆和港台澳地区存有的相关史料全面地搜集起来。同时，拓展视野，搜集国外的史料。对于国外史料的搜集，经过国内一些学者的相继努力和国外一些友好人士的前后帮助，已经取得了不少成果，但仍有许多重要的史料，有待传入，有待我们去搜集。以宋代的别集、总集为例，据巩本栋的研究："现存域外的宋人别集、总集善本的数量，见于各种书目著录的，韩国在百种以上，日本则有 250 种左右……像南宋绍兴十九年(1149)明州公库重刊本和影抄明州本徐铉《徐公文集》30 卷，就仅见于日本大仓文化财团和静嘉文库，而国内只有明清以来出于明州本的抄本、刊本。欧阳修的诗文，由其子欧阳发在其身后汇编成集，至南宋光宗绍熙、宁宗庆元间，周必大、孙谦益等人重新校订，刊刻行世，成《欧阳文忠公集》153 卷，此本在中国国内不全，但在日本天理图书馆却完整地保存着。"①类似上面所列举的国外所存别集、总集这类基本的文学作品史料，如果我们不掌握，我们的研究就不可能得出准确的结论。至于国外的研究史料，层出不穷。这些研究史料，不仅能使我们知道国外的研究状况，避免重复研究，还有助于扩大我们的视阈，避免"以中国解释中国"可能造成的某些欠缺和遮蔽。

第三，注意实际调查。深入调查，掌握史料，是我国史料学的优良传统。自古迄今，有许多历史家和学者，重视调查各种载体的史料，获得了不少珍贵的第一手史料。清代学者"阮元任山东学政时，亲往郑玄故里拜谒祠墓，在积沙中发现了金代的碑文，用以校《后汉书·郑玄传》，解决了《诫子书》中的衍文问题"②。20 世纪 20 年代前后，在北京大学任教的沈尹默、刘半农等

① 引自巩本栋《论域外所存的宋代文学史料》，《清华大学学报》2007 年第 1 期。

② 引自安作璋主编《中国古代史史料学》，福建人民出版社 1998 年版，第 541 页。

发起征集近世歌谣。他们分赴各地，调查搜集歌谣。1919 年，顾颉刚利用在家乡苏州养病的机会，搜集身边的歌谣。1922 年，北京大学创办《歌谣》周刊，顾颉刚把自己搜集、整理的 100 首歌谣发表在《歌谣》上。胡适誉谓"给中国文学史开一新纪元了"[①]。关于《西游记》的故事，叶舒宪说："如果到当地(今甘肃瓜州县)去看，当地的老百姓都能讲出唐僧在当地收服了一个叫石磐陀的——或许就是孙悟空的原型——然后如何过关去取经，路过什么葫芦河啊，火焰山啊，当地都能落实到实地的，汉族书写的文献里没有。"[②]最近几年，王小盾、张伯伟等学者，为了调查、搜集国外汉语文献史料，不辞辛劳，奔走于日本、韩国、越南和琉球等国家和地区，为我们提供了大量的史料信息，还出版了一些有关这方面的论著[③]。我们应当继往开来，不断深入调查，以求全面掌握史料。

第四，不捐弃细小的史料。应当承认，史料有重要、次要之分，有大小之别。但其区别只是相对的。一种文学现象的史料，常常有重要的、大的，也有次要的、细小的。这两部分彼此依存，相辅相成。各种史料都有自己的含义，各种史料的产生、保存、整理、流传、影响等，也都具有史学的意义。有时从通常所谓的次要和细小史料中，可以发现重要的信息。还有，由于古今之隔和民族之别等原因，我们现在认为是一些没有意义的史料，甚至是"不近情理"、"可笑"的史料，可是随着我们的深入探讨，很可能会从中发现重要的意义。因此许多史学家都强调，在搜集史料时，要留心各种史料，包括细小的史料。章太炎在《訄书·哀清史·附中国通史略例》中，主张搜集史料应放宽视野，要"钩汲智沈，以振墨守之惑"，对于"皇古异闻，种界实迹"，均应收集。周光午在《我所知之王国维先生》一文中说，王国维主张对于"古代材料，细大均不可放过。忽其细处，则大处每不得通"，"故牛溲马勃，皆足珍奇。只见材料之如何安置，自足绎其条理，以窥见古人之真面目"[④]。顾颉刚在《孟姜女故

---

① 参阅陈平原主编《中国文学研究现代化进程二编》，北京大学出版社 2002 年版，第 79—80 页。

② 引自叶舒宪《来自人类学的声音》(上)，《光明日报》2007 年 2 月 8 日第 9 版。

③ 参阅：王小盾《越南访书记》，载《新国学》第 3 卷，四川大学中文系《新国学》编辑委员会，巴蜀书社 2001 年版；张伯伟《域外汉籍与中国文学研究》，《文学遗产》2003 年第 3 期。

④ 《我所知之王国维先生》一文，收入陈平原、王枫编《追忆王国维》，中国广播电视出版社 1997 年版。

事研究集自叙》中也特别申示不能轻忽细小的、常见的史料，“因为从很小的材料里也许可以得到很大的发见，而重复的材料正是故事流行的说明”①。

第五，重视搜集幽晦不明的史料。我们面对的各种繁复的史料，有些含义比较明显，容易看到，容易搜集；有些蕴涵的意义和价值则幽晦不明，不易发现。后者突出地表现在一些文艺作品当中。对这类幽晦不明的史料，一般的研究者，不太注意搜集。在这方面，陈寅恪为我们作出了示范。这主要表现在他的以《元白诗笺证稿》②为代表的对唐诗史料的发现和阐释上。在陈寅恪看来，唐诗的叙事成分多，其中有许多有关历史人物、事件的具体叙写。这些不仅具有文学价值，而且还具有史料价值。举元稹的《连昌宫词》作为例证。陈寅恪把这首诗作为史料，他对这首诗的阐释，关注较多的是它所涉及的朝政的和元稹个人的升迁荣辱的经历。这首诗最后有下面四句："官军又取淮西贼，此贼已除天下宁”，“老翁此意深望幸，努力庙谟休用兵”。这四句诗表现了元稹希望偃兵息武、天下安定的思想感情。其中蕴涵着当时朝廷在军事上的不同主张，也蕴涵着元稹升迁的原因等史料。唐代自宪宗元和至穆宗长庆年间，朝廷有“用兵”和“销兵”两种不同的主张。宪宗主张“用兵”，穆宗主张“销兵”。许多大臣常常因主张与皇帝同异而遭升迁贬降。元稹结交宦官，主张“销兵”，以《连昌宫词》等取宠穆宗，结果位至宰相。经由陈寅恪的揭橥，《连昌宫词》的史料价值，得到了显现③。陈寅恪倡导和践行的用作品史料，以求文史互证，印证了中国古代的文学作品中蕴涵着丰富的史料。还有，文学作品中的史料在史书中多属空白。这一点，缪钺有所揭示：“各种古书所记载的多是史人活动的表面事迹，至于古人心内深处的思想感情，在史书中是不容易找到的，只有在文学作品中才能探寻出来。所以文学作品是心声，一个历史人物的文学作品是他一个人的心声，一个时代的文学作品则代表着这一个时代的心声。”④近代以来，有的学者把史料分为有意史料和无意史料两种。从价值方面考虑，有意史料往往不如无意史料。从史料的角度来看，文学作品之类比较隐晦不明的史料，大体上属于无

① 《民俗》第1期，1928年3月21日。

② 上海古籍出版社1978年版。

③ 参阅《元白诗笺证稿》第三章《连昌宫词》。

④ 缪钺《治学补谈》，《文史哲》1983年第3期。收入《缪钺全集》，河北教育出版社2004年版，第7卷第77页。

意史料，多是作者真情实感的自然流露，而不是有意为了提供和存传史料，因此其蕴涵的史料具有其他史料难以取代的意义，是我们搜集史料时应当特别关注的。

第六，注意搜集新史料。我们在研究一个问题时，除了搜集已有的各种史料外，还要特别留心搜集新发现的史料。新时期以来，新史料不断地被发现。对于这些新史料，我们应当敏感，应当追踪，纳入我们的视野，尽快地搜集。在当代的研究中，我们有时会看到，有些论著的作者，由于忽视新的史料，引用的史料陈旧。有些问题由于新史料的发现，证明了以前的结论并不正确，但在某些著作中却仍在坚持旧说。上述现象的存在，从一个方面启示我们，应当十分注意搜集新的史料。新史料的发现和面世的时间难以预测，而且时有时无，有偶然性。傅斯年说过："敦煌的巨藏一不有二，汲冢的故事一见不再见。"[①]新史料的发现，从乡村到城市，从国内到国外，地域广泛，面世又是经由各种载体。新史料内容繁复，多种多样。有些新史料，如考古发现的新史料，是比较容易见到的，有些则有待发现，如档案馆、图书馆所藏的史料，大量的地方志中的史料，国外所收藏的史料。这些史料，因为许多条件的限制，或因为要付出艰辛的劳动，致使一些研究者避重就轻，不想去搜集。上面列举的这些情况，提醒我们，尽管从理论上讲，大家都知道搜集新史料的重要，但要落实到实践上，相当困难。搜集新史料，"非知之难，盖行之难也"，我们应当有开阔的视野，知难而上，应当不怕艰辛，持之以恒。

我们搜集古代文学史料，大多是根据我们所要研究的问题而求全。此外，我们还应当特别关注那些需要抢救的史料，这突出地表现在一些民族的口述的非物质性史料的搜集上。值得庆幸的是，现在我们国家和一些地区对此已经十分重视。我国的许多民族都有口头文学遗产，如满族有"说部"，它是满族及其先民女真人自辽金以来在民间流传的长篇说唱艺术。20 世纪 80 年代，吉林省开始了抢救满族"说部"艺术的工作。自 2007 年开始，吉林人民出版社相继出版了《满族口头遗产传统说部丛书》。丛书的搜集、整理和出版，为研究满族文学提供了新的丰富翔实的史料。在这方面，仍有许多史料有待我们去搜集，我们应尽一份力量。

我们研究一个古代文学问题时，有时面对的史料是极其繁复的，我们的

---

① 傅斯年《史料论略及其他》，辽宁教育出版社 1997 年版，第 4 页。

条件又往往有限，研究者常常穷其毕生精力，仍不能测其涯际。因此，我们想全面搜集史料，除了应当勤奋之外，还要注意使用科学的方法。方法不科学，难得其门而入。方法涉及多方面，这里特别提出的是，应当注意区分史料的层次，制订一个比较科学的程序。一般说来，这一程序可以分为两步。

首先是搜集基本史料。所谓基本史料，指的是那些主要史料，直接的、原始的、未经改造或改造很少的史料，它能基本上反映和说明问题的实质。基本史料大多见于一些常见书。与此相关联的是，我们搜集基本史料时，首先应当读常见书。这一点，许多学者的主张和做法值得我们重视。汪辟疆有读常见书斋①，余嘉锡曾自题书斋名为“读已见书斋”②。陈垣对余嘉锡重视读已见书十分赞许，他在《余嘉锡论学杂著·序》中说：

> 有些人专以读人间未见书相标榜，人间未见之书虽然有些是珍贵的，但这样的书究竟是极少数，如果专以垄断奇书相夸耀，而对普通常见常用的书反不读不知，这是舍本逐末，无根之学。

陈垣自己“研究某个问题，特别是做历史考证，最重视占有材料。所谓占有材料，并不是专门挖掘什么新奇的材料，更不是主张找人未见的什么珍秘材料，而是说要了解这一问题各方面有关的材料。尽量搜集，加以考察。在人所共见的平凡书中，发现问题，提出见解”③。上述几位学者的主张和做法，虽然主要是就总的治学而言，但完全适于搜集史料。面对繁复的史料，我们在搜集时，首先应当从常见书着手。所谓常见书，主要指的是正史和文学家的作品集。许多正史虽然体现的是官方的意识形态和编撰者的史识，有这样那样的局限，但由于它们选用了许多重要的、多方面的、后人难以看到的史料，具有概括型、综合性、系统性和代表性。文学作品集是文学史料的核心。许多重要的、基本的、直接的文学史料，通过阅读正史和文学家的作品集是比较容易搜集到的。

其次是搜集间接的史料。所谓间接的史料，主要指由基本史料增广的、孳生的一些撰述史料和研究史料。同基本史料相比，间接史料的数量往往远远

---

① 参阅汪辟疆《读常见书斋小记》，载《汪辟疆文集》，上海古籍出版社 1988 年版。

② 参阅余嘉锡《读已见书斋随笔》，载《余嘉锡论学杂著》，中华书局 1963 年版。

③ 引自启功《夫子循循然善诱人——陈垣先生诞辰百年纪念》，载陈智超编《励耘书屋问学记》（增订本），三联书店 2006 年版，第 140 页。

超过了基本史料。我们在全面地掌握了基本史料之后，要力争全面地掌握间接史料。我们想研究屈原，战国和秦代典籍中的有关记载、屈原的作品、有关的考古文物以及《史记》中的屈原列传等，这些都是我们首先应当搜集的基本史料。然后我们再去搜集有关的间接史料，如有关屈原的传说，屈原基本史料的传播、注疏、评论等。传播能使我们知道史料的源流，注疏能帮助我们理解基本史料，评论有助于我们了解接受者的审美体悟和价值评判。

第四节　借助目录

古代文学史料浩繁复杂，其存佚情况、卷篇数量、重要程度、历来版刻等，是我们搜集史料时首先面临的问题。要全面地搜集所需要的史料是相当困难的。为了解决这方面的困难，少费时日，我们要注意使用工具。工具是手段，通过手段同对象发生关系。对于不同的对象，我们应当采用不同的工具。就搜集史料而言，我们应当注意首先使用工具书。有许多学者，为了编写这些工具书，耗费了大量的精力，有的甚至耗尽了一生的精力。他们的工作为我们提供了极大的方便，我们应当尊重这些成果，使用这些成果。在各种工具书中，古今许多学者都十分重视目录，都特别强调借用目录和目录学。明代著名藏书家高儒在《百川书志·序》中，特别强调目录在积聚考稽史料方面的作用。他说：

> 书无目，犹兵无统驭，政无教令，聚散无稽矣。

清代王鸣盛《十七史商榷》卷一说：

> 目录之学，学中第一紧要事。必从此问途，方能得其门而入。

当代史学家陈垣说：

> 目录学好像一个账本，打开账本，前人留给我们的历史著作概况，可以了然。古人都有什么研究成果，要先摸摸底，到深入钻研时才能有门径，找自己所需要的资料，也就可以比较容易地找到了。经常翻翻目录书，一来在历史书籍的领域中，可以扩大视野，二来因为书目熟，用起来得心应手，非常方便，并可以较充分地掌握前人研究成果。①

① 陈垣《谈谈我的一些读书经验——与北京师范大学历史系应届毕业生谈话纪要》，《中国青年》1961年第16期，收入陈智超编《励耘书屋问学记》(增订本)，三联书店2006年版。

上述精辟的见解告诉我们，搜集史料，为了少用时日，避免走弯路，应当自觉地使用目录。

中国历代编撰的目录数量多，种类多。为了使读者“即目求书”，自汉代代以来，不少学者从不同的角度对目录进行了分类。清代以前，常见的是依经、史、子、集四部分类法。清代以来，分法繁多。有的从藏书和编撰者方面考虑，如清人汤纪尚把目录分为“朝廷官簿”、“私家解题”和“史家著录”三类[①]。有的着眼于目录的功用，如汪辟疆把目录分为“目录家之目录”、“史家之目录”、“藏书家之目录”和“读书家之目录”。他在“汉唐以来目录统表”中，又把目录分成“官书目录”、“私家目录”、“史家目录”[②]。本书参考程千帆、徐有富《校雠广义·目录编》和高路明《古籍目录与中国古代学术研究》，主要从内容角度，把目录分为综合目录、专科目录和特种目录三大类。

综合目录，指的是著录某一时期、某一地区、某一藏书处、某一类型等所藏有或所知见的书籍。具体包括史志目录、官藏目录、私藏目录、地方书籍目录、丛书目录、联合目录等。综合目录是中国目录的主体。

专科目录指的是只著录某一学科书籍的目录。专科目录适用于人们阅读和研究某一学科的需要。随着社会的发展和需求，专科目录在不断地发展。常见的与古代文学关系密切的主要有经学目录、史学目录、诸子学目录、集部目录、文学目录、哲学目录、金石目录、宗教目录等。

特种目录著录的是内容特殊而又不限于某一学科的书籍。版本目录、辨伪目录、推荐书目录、禁书目录、善本目录、引用书目录、译著目录、域外汉籍目录、个人著作目录、妇女著述目录、敦煌遗书目录等，都属于这一类。

现存的各种古籍目录，就具体编辑的体例而言，大致有简目式和提要(个别的也有用“解题”、“题解”之名的)式的两种类型。简目式的一般只是简明地著录书名、著者、卷数和版本。《隋书·经籍志》、《旧唐书·经籍志》等史书目录大都属于这种类型，只是有的目录没有完全具有上述几项内容。提要式目录除了包括简目式的内容外，还加一提要，如《直斋书录解题》、《四库全书总目》(有的也称《四库全书总目提要》)、《四库存目标注》[③]。提要含

① 转引自程千帆、徐有富《校雠广义·目录编》，齐鲁书社 1988 年版，第 157 页。
② 参阅汪辟疆《目录学研究》，华东师范大学出版社 2000 年版。
③ 杜泽逊撰，上海古籍出版社 2007 年版。

有的义项并不统一。一般涉及对著者、著作和版本的述评和考辨。提要的篇幅大多依据内容和编撰体例而定,长短不一。

中国自古迄今,积累了大量的目录著作。就其编刊形式来看,主要有四种:

一是目录丛书。目录丛书是把许多目录著述编刊在一起的一种大型的、多本的目录书籍。如乔衍琯主编台湾广文书局 1967 年出版的《书目丛编》①,严灵峰主编台湾成文出版社 1978 年出版的《书目类编》②,许逸民、常振国编现代出版社 1987 年出版的《中国历代书目丛刊》(第一辑),北京图书馆出版社古籍影印室编、北京图书馆出版社 2008 年出版的《明清以来公藏书目汇刊》,孙学雷主编北京图书馆出版社 2004 年出版的《地方志·书目文献丛刊》,贾贵荣和杜泽逊辑、北京图书馆出版社 2008 年出版的《地方经籍志汇编》,贾贵荣辑北京图书馆出版社 2006 年出版的《日本藏汉籍善本书志书目集成》等,都属于目录丛书。

二是单本目录。常见的单本目录,主要是就某一时期、某一地方、某一藏书家或藏书单位、某一文学家作品、某一种文集或文体等的著录而单本印行的目录。如上海古籍出版社 1987 年出版的宋陈振孙的《直斋书录解题》,湖北人民出版社 1999 年出版杨海清编撰、陈彰璜参编的《中国丛书广录》,上海古籍出版社 1983 年出版王重民撰《中国善本书提要》,齐鲁书社 2008 年出版张忠纲、赵睿才等编著的《杜集叙录》,中华书局 2007 年出版严绍璗的《日藏汉籍善本书录》等。

三是载于某些著述和刊物中的目录。现存的目录,有不少没有收入目录丛书中或单本印行,而是散见于古今的一些著述或刊物中。古代不少史书中的艺文志和经籍志,是分别作为某种史书的一部分编刊的,如《汉书·艺文志》、《隋书·经籍志》、《旧唐书·经籍志》、《新唐书·艺文志》、《宋史·艺文志》、《明史·艺文志》、《清史稿·艺文志》等③。这种情况也见于现在的一些书目,如王蘧常编撰的《亭林著作目录》就附于他辑注的《顾亭林诗集

① 此书收清代重要藏书目录 20 种。以后又陆续出版《书目续编》、《书目三编》、《书目四编》、《书目五编》,除《书目五编》由张寿平编成外,其他皆为乔衍琯主编。

② 凡《书目丛编》已收录的,此书不再收录。

③ 台湾"国家图书馆"20 世纪 80 年代初开始编辑历代史书目录《中国历代艺文总志》,1984 年出版了经部,1986 年出版了集部,1989 年出版了子部。参阅邱炯友、赵彦文主编《五十年来的图书文献学研究》,台湾学生书局 2004 年印行,第 283—284 页。

汇注》[1]的《诗谱》后，赵荣蔚编撰的《南唐十家别集提要》，载于《图书馆杂志》2006年第9期。还有不少目录同论述和考辨结合在一起。如中华书局1980年出版的胡士莹的《话本小说概论》，浙江文艺出版社1984年出版的谭正璧、谭寻的《古本稀见小说汇考》。《话本小说概论》属于研究专著，但其中有《现存的宋人话本》、《宋元以来官私著述中所载的宋人话本名目》、《明代话本的著录和叙录》、《清人编刊的话本集叙录》等章节。把这些章节合在一起，就是一部相当系统的话本小说目录。关于《古本稀见小说汇考》，著者在此书"叙论"中说，此书是著者在旧著《中国佚本小说述考》的基础上"增加内容，扩充材料"写成的。扩充的内容，"除继续增收日本藏本外，还尽量把英、法等国的藏本补充进来；同时国内某些孤本、稀本，也尽我所知，酌情收录"。

四是专门刊载各种书目的刊物，如台湾出版的《中国书目季刊》、《书评书目》。

值得注意的是，有些目录和索引很难区别，有不少索引实际上也是一种目录。在使用目录或索引时，我们会发现，同一性质的内容，有的名之曰目录，有的则称之谓索引，有的目录与索引连用。本书为了统一，便于检索，凡名曰"目录"的，或"目录索引"的，则归于目录范围，凡名曰"索引"的，或"索引目录"的，则归于索引范围。我们在搜集检索史料时，要兼用目录和索引。另外，有些题为"叙录"或"书录"的，实际上也是一种目录。凡题为"叙录"或"书录"的，本书归于目录部分。

我们在搜集史料时，一定要借助于各种目录，但也不能完全局限于目录。各种史料，数量繁多，内容复杂，分布广泛，编纂目录者，一般都有选择，即使想求全者，也会有所疏漏。古代的许多典籍，作者名号较多。同一书名常有异称，不同内容的书常有同名，书名与内容不一定吻合。传统的目录，多取经史子集四部分类法，相关的史料，有时分别在各部。有些著述内容复杂，又难以依据内容分别编入相关的目录中，编目者又很少加以注释。此外，目录的编纂，限于已经出现的史料，后来不断出现的新史料，不可能随时编入目录。为了补正已成目录的遗误，常有目录补遗之作。还有大量的目录，有待补遗。上述种种情况，决定了我们在搜集史料时，在首先使用目录

① 吴丕绩标校，上海古籍出版社2006年版。

的基础上，不能满足于已经编印的目录，还要开阔视阈，广泛搜求①。

有关中国古籍的目录，自汉代刘向编《别录》开始，中经历朝历代直到现在，积累的数量难以计数，而且还在不断地增加。这不仅体现在目录的总量上，也体现在同一性质的目录的众多上。面对如此众多的目录，我们在使用目录时，由于时间的限制，很难全面关照。因此，应当注意选择。通常的情况是，同一类目录，后来新编刊的比较全面。我们应当尽量选用后出的新的目录。以谱牒为例。现存的中国谱牒目录很多，仅 20 世纪 50 年代以来，已经正式出版的各种谱牒目录近 40 种。面对这近 40 种目录，我们使用时，应当选用 2008 年上海古籍出版社的《中国家谱总目》。此目录收录的家谱数量、家谱的姓氏众多，内容丰富，体例完备，著录的时间跨度长，收录家谱时间的下限为 2003 年，注有存藏单位，编有多种索引，用 MARC 书目资料描述方式建立了总目数据库，为查询提供了方便②。

附：现当代新编古代文学史料目录要目

通　　代

综合

《中国古典文学自修阅读参考书目》　北京大学中文系古典文学教研室编　北京大学出版社 1981 年版

《中国学术名著提要》“文学卷”　陈正宏　章培恒主编　复旦大学出版社 1999 年版③

《八百种古典文学著作介绍》　黄立振著　中州书画社 1982 年版④

① 参阅蔡尚思《中国思想研究法》，复旦大学出版社 2001 年版。第四章，“一、思想材料与书籍种类”。

② 参阅上海图书馆编，王鹤鸣主编《中国家谱总目》，上海古籍出版社 2008 年版，《前言》。

③ 此提要所收至 1949 年，具有综合性，其中包括“文献纂辑”、“作品笺注”、“作家传记”、“专题研究”、“文学批评”(附“文学批评史”)和“文学史”。

④ 此书所收著作自新中国建国至 1980 年。

《日本刻本汉文书籍分类目录》 [日]长泽规矩也著 东京汲古书院1976年版

传记史料

《四十年出土墓志目录》 荣丽华编集 王世民校订 中华书局1993年版

《中国历代名人年谱总目》 王德毅编 台北华世出版社1979年版

《中国历代人物年谱考录》 谢巍编撰 中华书局1992年版

《中国历代年谱总录》(增订本) 杨殿珣编 书目文献出版社1996年版

《北京图书馆藏珍本年谱丛刊详目》 北京图书馆编 北京图书馆出版社1999年版①

《中国家谱综合目录》 国家档案局二处 南开大学历史系 中国社会科学院历史所编 中华书局1979年版

《中国家谱总目》 上海图书馆编 王鹤鸣主编 上海古籍出版社2008年版

《〈中国思想家评传丛书〉总目提要》 南京大学中国思想家研究中心 南京大学出版社1999年版

作品史料

《中国古典文学名著题解》 中国青年出版社编辑、出版 1980年版

《古诗文要籍叙录》 金开诚 葛兆光著 中华书局2005年版

《中国历代诗文别集联合目录》 王信民主编 台北国学文献馆编印 1981—1985年出版

《古诗存目》 杨守敬 载《杨守敬集》 湖北人民出版社 湖北教育出版社1988年版第6册

《中国古典诗歌要集丛谈》 王学泰编著 天津古籍出版社2004年版

《周秦汉魏诸子知见书目》 严灵峰编著 中华书局1993年版

① 此详目载“丛刊”首册。

《二十四史艺文志经籍志载录赋目》　徐志啸　载其著《历代赋论辑要》　复旦大学出版社 1991 年版

《先唐赋辑补》、《先唐赋存目考》　程章灿　载其著《魏晋南北朝赋史·附录》(一)、(二)　江苏古籍出版社 1992 年版

《词集总目提要》　陶湘编　北平文禄堂藏稿本

《词集提要》　赵尊岳著　《词学季刊》1933—1936 年第 1—3 卷

《词集考》　姚宗颐著　香港大学出版社 1963 年版

《历代词选集叙录》　舍之　《词学》第 4 辑　华东师范大学出版社 1986 年版

《新出词籍介绍》　是水等　《词学》第 1—6 辑　华东师范大学出版社 1981—1988 出版

《新得词籍介绍》　丙琳等　《词学》第 7—9 辑　华东师范大学出版社 1989—1992 出版

《二十世纪词籍汇刊叙录》　刘石　载其著《有高楼续稿》　凤凰出版社 2005 年版

《小说见闻录》　戴不凡编　浙江人民出版社 1980 年版

《古小说简目》　程毅中　中华书局 1981 年版

《中国古代小说要目简释》　李萌昀　载刘勇强著《中国古代小说史叙论》　北京大学出版社 2007 年版

《中国文言小说书目》　袁行霈　侯忠义编　北京大学出版社 1981 年版

《中国通俗小说书目》　孙楷第编　人民文学出版社 1982 年版①

---

①　1. 谢伏琛《〈中国通俗小说书目〉补遗》,《文献》第 16 辑,1983 年。2. 张颖、陈速《通俗小说书目补遗及其他》,《明清小说论丛》第 3 辑,春风文艺出版社 1985 年版。3. 吴敢、邓瑞琼《〈中国通俗小说书目〉版本辑补》,《重庆师院学报》1985 年第 2 期。4. 胡士莹遗著、曾华强整理《〈中国通俗小说书目〉补遗》,《明清小说论丛》第 4 辑,春风文艺出版社 1986 年版。5. 程亚林《中国古代通俗小说有关书目、论著若干补订》,《武汉大学学报》1987 年第 4 期。6. [日]大冢秀高编《增补中国通俗小说书目》,东京汲古书院 1987 年版。参阅黄霖、顾越《记大冢秀高》,载《明清小说研究》1999 年第 3 期。7. 欧阳健、殷崇文《〈中国通俗小说书目〉补编》,《文献》1989 年第 1 期。8. 马幼垣《两名家手注孙楷第〈中国通俗小说书目〉》,载其著《实事与构想——中国小说史论释》,台湾联经出版事业公司 2007 年版。两名家指[日]长泽规矩也、吴晓铃。

《中国通俗小说提要》 孙楷第编 《艺文志》第1辑 山西人民出版社1983年版

《古本小说新见》 路工编撰 上海古籍出版社1985年版

《未见著录之中国小说十种提要》 吴敢 邓瑞琼编撰 《明清小说论丛》第3辑 春风文艺出版社1985年版

《中国小说提要》(古代部分) 朱礼生 罗宗阳主编 百花洲文艺出版社1993年版

《珍本禁毁小说大观——稗海访书录》(修订本) 萧相恺 中州古籍出版社1998年版

《小说书坊录》 王清原 牟仁隆等编纂 北京图书馆出版社2002年版

《中国通俗小说总目提要》 江苏省社会科学院明清小说研究中心文学研究所编 中国文联出版公司1990年版①

《中国文言小说总目提要》 宁稼雨著 齐鲁书社1996年版②

《中国古代小说总目》 石昌渝主编 山西教育出版社2004年版③

《中国古代小说总目提要》 朱一玄 宁稼雨等 人民文学出版社2005年版

《中国石印版小说目录》 [日]丸山浩明编 《广岛女子大学国际文化学部纪要》第7号 1999年3月

《中国历代文言小说总集书目》 秦川编 载其著《中国古代文言小说总集研究》 上海古籍出版社2006年版

《现存话本小说目录》 石麟编 载其著《话本小说通论》 华中理工大学出版社1998年版

---

① 1. 欧阳健《〈中国通俗小说总目提要〉补正三例》,《明清小说研究》1991年第1期。2. 陈益源《〈中国通俗小说总目提要〉补遗——〈姑妄言〉》,《明清小说研究》1997年第2期。3. 苗怀明《〈中国通俗小说总目提要〉补订》,《文教资料》1998年第1期。

② 1. 陆林《〈中国文言小说总目提要〉求疵录》,《古籍整理出版情况简报》2000年第9、10期。2. 陈益源《明代文言小说的调查与研究——宁稼雨〈中国文言小说总目提要〉补正》,载其著《古代小说述论》,线装书局1999年版。

③ 1. 李小龙《评〈中国古代小说总目·白话卷〉》,《明清小说研究》2007年第1期。2. 程毅中《〈中国古代小说总目·文言卷〉拾遗》,载中国社会科学院文学研究所中国古代小说研究中心编《中国古代小说研究》第二辑,人民文学出版社2006年版。

《话本叙录》　陈桂声著　珠海出版社 2001 年版

《拟话本集叙录》　宋若云编　载其著《逡巡于雅俗之间：明末清初拟话本研究》　中国社会科学出版社 2006 年版

《绣像小说总目录》　[日]樽本照雄编　[日]《大阪经大论集》第 93 号　1973 年

《中国禁书大观》　安平秋　章培恒主编　上海文化出版社 1990 年出版发行①

《中国禁毁小说大观——稗海访书录》　萧相恺著　中州古籍出版社 1992 年版

《中国禁毁小说大全》(原名《中国禁毁小说书目提要》)②　李时人主编　黄山书社 1992 年版

《中国武侠小说书目》　罗立群编　载其著《中国武侠小说史》　辽宁人民出版社 1990 年版

《现存单篇传奇小说目录》　石麟　载其著《传奇小说通论》　中州古籍出版社 2005 年版　《附录一》

《含有传奇之小说集目录》　石麟　载其著《传奇小说通论》　中州古籍出版社 2005 年版　《附录二》

《小说评点编年叙录》　谭帆　载其《中国小说评点研究》　华东师范大学出版社 2001 年版

《中国章回小说及俗文学书目补遗》　[俄]李福清著　载其著《古典小说与传说》(李福清汉学论集)　李明滨选编　中华书局 2003 年版

《日本所见中国短篇小说略记》　李田意　台湾《清华学报》新 1 卷 2 期　1956 年

《日本东京所见中国小说书目》(附大连所见中国小说书目)孙楷第编　台北凤凰出版社 1974 年版

《伦敦所见中国小说书目提要》　[澳大利亚]柳存仁　书目文献出版社 1982 年版

---

①　此书由以下三部分构成：《中国禁书简史》,《中国禁书解题》,《中国历代禁书目录》。

②　本书所收史料的下限止于 1911 年。附有《历代禁毁小说法令汇编》。

《韩国所见中国通俗小说书目》 [韩]崔溶澈 朴在渊辑录 载《中国小说绘模本》 韩国江原大学校出版部 1993 年版 《附录》

《韩国所见中国通俗小说朝译本书目》 [韩]朴在渊辑录 载《中国小说绘模本》 韩国江原大学校出版部 1993 年版 《附录》

《中国笑话提要》 赵景深撰 载其著《中国小说丛考》 齐鲁书社 1980 年版

《历代已佚或未收笑话集书目》 王利器编 载其编《历代笑话集》 上海古籍出版社 1981 年版

《中国古代小说版画集成》 李梦生编 汉语大词典出版社 2000 年版

《古本小说版画图录》(增补本) 周心慧 线装书局 2004 年版

《中国古代小说书目研究》 潘建国 上海古籍出版社 2005 年版

《中国古代小说戏曲举要》 黎宏基编著 湖南人民出版社 1982 年版

《戏曲小说书录解题》 孙楷第著 人民文学出版社 1990 年版

《古典小说戏曲书目》(附《台湾古典小说戏曲书目》) 朱一玄 董泽云等编 吉林文史出版社 1991 年版

《北京大学图书馆古典小说戏曲目录》 侯忠义 张其苏等编 北京大学图书馆 1992 年内部印刷

《古典小说戏曲研究资料目录》 朱传誉主编 台湾天一出版社 1990 年版

《巴黎国家图书馆中之中国小说与戏曲》 郑振铎撰 载其著《中国文学研究》下册 作家出版社 1957 年版

《所见中国古代小说戏曲版本图录》 吴希贤 北京中华全国图书馆文献缩微复制中心 1995 年刊行

《曲海总目提要》 [清]佚名撰 董康整理 人民文学出版社 1959 年据大东书局初刊本重排印本①

---

① 1. 杜颖陶《曲海总目提要补遗》,上海世界书局 1936 年版。2. 北婴《曲海总目提要补编》,人民文学出版社 1959 年版。3. [清]黄文旸稿,管庭芬校录《重订曲海总目》,中国戏剧研究院编校《中国古典戏剧论著集成》,中国戏剧出版社 1959 年版。4. 王锳《〈曲海总目提要〉所录元明杂剧本事补正》,《文史》第 30 辑,1988 年。

《曲录》　王国维著　上海古籍出版社1983年据商务印书馆刊《王国维遗书》第16册影印本

《中国戏曲总目汇编》　罗锦堂编　香港万有图书公司1966年版

《汲古阁六十种曲叙录》　金梦华　《师大国文研究所集刊》第10辑　1966年版

《善本剧目经眼录》　张棣华　台北文史哲出版社1976年版

《曲目钩沉录》　叶德均　载其著《戏曲小说丛考》　齐鲁书社1979年版

《曲目拾遗》　陆萼庭　《中国古典文学研究论丛》(一)　《社会科学战线》编辑部　1980年

《曲目丛拾》　周绍良　刘世德撰　《文献》1980年第2辑　又载《学林漫录》第五集　中华书局1982年版

《古典戏曲存目汇考》　庄一拂撰　上海古籍出版社1982年版①

《中国戏曲剧目初探》　周贻白　载沈燮元编《周贻白小说戏曲论集》　齐鲁书社1986年版

《戏曲要籍解题》　李惠绵著　台湾正中书局1991年版

《古本戏曲剧目提要》　李修生主编　文化艺术出版社1997年版

《先秦至唐代"戏剧"与"戏曲小戏"剧目考述》　曾永义　台湾大学《文史哲学报》2003年11月　收入《曾永义学术论文自选集·乙编·

---

① 1. 赵景瑜《〈古典戏曲存目汇考〉补正四则》,《曲苑》第2辑,江苏古籍出版社1986年版。2. 范志新《〈古典戏曲存目汇考〉订正补遗志疑》,《戏剧》1987年第2期。3. 邓长风《关于〈古典戏曲存目汇考〉的几个问题》,《湖北师范学院学报》1990年第2期。4. 陆萼庭《清代戏曲作家作品的著录问题》,《戏剧艺术》1992年第3期。5. 赵山林《〈古典戏曲存目汇考〉试补》,载其著《中国古典戏剧论稿》,安徽文艺出版社1998年版。6. 邓长风《戏曲文献学的呼唤——试谈清代杂剧传奇总目的编纂构想》,载其著《明清戏曲家考略三编》,上海古籍出版社1999年版。7. 戴云《读曲偶得——〈古典戏曲存目汇考〉补正》,《中华戏曲》第23辑,文化艺术出版社1999年版。8. 赵兴勤《〈古典戏曲存目汇考〉说略》(总提纲),《中国文化报》1999年8月7日,载吴敢等编《古代戏曲论坛》,江苏古籍出版社2001年版。9. 戴云《〈古典戏曲存目汇考〉补正》,《文献》1999年第3期。10. 赵兴勤《〈古典戏曲存目汇考〉补正之一》,《艺术百家》2001年第3期。11. 赵兴勤《庄一拂〈古典戏曲存目汇考〉补正》,《徐州教育学院学报》2002年第2期。12. 赵兴勤《庄一拂〈古典戏曲存目汇考〉辨证》,《徐州师范大学学报》2004年第2期。13. 赵兴勤《庄一拂〈古典戏曲存目汇考〉再补》,《文献》2007年第1期。

学术进程》 中华书局2008年版

《山西师范大学戏曲博物馆馆藏拓本目录》 王福才编著 山西古籍出版社2005年版

《散曲总目汇编》 罗锦堂编 载其著《中国散曲史》 台北“中国文化大学”出版部1983年版《附录》一

《散曲丛刊十五种提要目录》 任讷编 载其编《散曲丛刊》 上海中华书局1930年版

《五百旧本歌仔戏目录》 施博尔(Shipper. K)编 《台湾风物》第15卷第4期 1965年10月

《戏文叙录》 彭飞 朱建明编辑 台北财团法人施合郑基金会1993年

《京剧剧目初探》 陶君起编著 上海文化出版社1957年版

《中国剧场史资料目录》 朱联群 周华斌编著 北京广播学院出版社2002年版

《潮剧剧目汇考》 林淳钧 陈方明编著 广东人民出版社1999年版

《“国立中央图书馆”善本书志:馆藏剧曲善本十二种》 张棣华编 台湾《“国立中央图书馆”馆刊》1974年第7卷第1期

《“国立中央图书馆”善本书志:馆藏剧曲钞本二十四种》 张棣华编 台湾《“国立中央图书馆”馆刊》1975年第8卷第2期

《东吴大学图书馆所藏珍本戏曲目录》 陈美雪 台湾《中国书目季刊》第30卷第3期 1996年12月

《车王府曲本提要》 郭精锐 陈伟武等编著 中山大学出版社1989年版

《车王府曲本戏曲目录》 郭精锐编 载其著《车王府曲本与京剧的形成》 汕头大学出版社1999年版

《车王府曲本全目及藏本分布》 仇江 张小莹编 载刘烈茂等著《车王府曲本研究》 广东人民出版社2000年版

《日本所藏稀见戏曲经眼录》 黄仕忠 《文献》2003年第1期

《中国俗曲总目稿》 刘复 李家瑞编 台北文海出版社1973年据1932年中央研究院历史语言研究所排印本影印本

《弹词目录》 凌景埏编载凌景埏　谢伯阳校注《诸宫调两种》 齐鲁书社 1988 年版　附《捌芬室文存》

《弹词叙录》 谭正璧　谭寻编　上海古籍出版社 1981 年版

《弹词经眼录》 周良著　江苏文艺出版社 1996 年版

《弹词知见综录》 盛志梅编　载其著《清代弹词研究》 齐鲁书社 2008 年版 《附录》

《书曲散记》 薛汕　书目文献出版社 1985 年版

《弹词宝卷书目》(修订本) 胡士莹编　上海古籍出版社 1984 年版

《国内所见宝卷叙录》 曾子良　台湾《幼狮学志》第 17 卷第 1 期 1982 年 5 月

《中国宝卷总目》 车锡伦编著　北京燕山出版社 2000 年版①

《宝卷提要》 [日]泽田瑞穗编著　载《增补宝卷研究》 日本国书刊行出版 1975 年版

《海外收藏的中国宝卷》 车锡伦 《中华文史论丛》第 63 辑　上海古籍出版社 2000 年 9 月

《子弟书总目》 傅惜华编　上海古典文学出版社 1954 年版

《木鱼歌　潮州歌叙录》 谭正璧　谭寻编著　书目文献出版社 1982 年版

《木鱼书目录》 [日]稻叶明子　金文京等编　东京好文出版社 1995 年版

《中国鼓词总目》 李豫　李雪梅等编　山西古籍出版社 2006 年版

《大鼓书私录》 [日]泽田瑞穗编 《天理大学学报》第 34 辑　第 36 辑　第 37 辑

《目连资料编目概略》 茆耕茹编　台北施和郑民俗文化基金会 1993 年 12 月

《北京传统曲艺总录》 傅惜华编　中华书局上海编辑所 1962 年版

研究史料

《中国文学研究书目类编》 宋隆发编　台湾《中国书目季刊》1979

① 王昊《〈中国宝卷总目〉补遗》,《文献》2002 年第 4 期。

年第4期

《中国通代文学论著集目》(正续编) 王国良编 台北五南图书公司1996、1997年出版

《中国古典文学研究论著书目(1998)》 黄文吉 孙秀玲编 载《1998台湾研究年鉴》 台北文讯杂志社1999年版

《台湾本土的古典文学研究目录资料》 翁圣峰辑 台湾《古典文学研究通讯》1996年版

《香港中国古典文学研究论文目录》(1950—2000) 邝建行 吴淑钿编 上海古籍出版社2005年版

《十三经论著目录》 台湾"国立编译馆"主编 台北洪叶文化事业公司2000年版

《日本研究经学论著目录》(1900—1992) 主编 林庆彰 "中央研究院中国文哲研究"所筹备处发行 1993年版

《历代诗话要目》 刘重德 张寅彭 载其著《诗话概说》 中华书局1990年版[附]

《研究中国古典诗的重要书目》 黄永武 台湾《幼狮杂志》第14卷第1期 1977年2月

《汉魏六朝乐府诗研究书目提要》 王运熙 载其著《乐府诗述论》 上海古籍出版社1996年版 中编

《历代赋学要籍叙录》 何新文 载其著《中国赋论史稿》 开明出版社1993年版 《附录一》

《赋学书目举要》 马积高 载其著《历代辞赋研究史料概述》 中华书局2001年版 《附录》

《台湾地区古典诗词研究学位论文目录》(1950—1994) 彭正雅 彭雅玲编 台湾《汉学研究通讯》第14卷第4期(1995年12月)第15卷第1、2期(1996年2月 5月)

《词学论著总目》(1901—1992) 林玫仪主编 台北"中央研究院"文哲研究所印行1995年版

《词学书目集录》(1—19) 施蛰存 《词学》第7—19辑华东师范大学出版社1989—1992年出版

《词学研究书目》(1912—1992) 黄文吉主编 台北文津出版社

1993年版

《日本国内词学文献目录初稿》　[日]松尾肇子　《东方》58号　1986年

《英文本词学书目》　王瑗玲　《词学》第9辑　华东师范大学出版社1992年版

《中国小说研究论著目录》　[美]Tien-YiLi　耶鲁大学出版社1968年版

《中国古典小说研究书目(六)——话本小说》　王国良编　《中国古典小说研究专集》五　1986年11月

《俄苏研究中国古代小说书籍论文辑目》　王薇生　王长友编　《文教资料》1988年第4期

《武侠小说研究专著、论文目录》　罗立群　载其著《中国武侠小说史》　辽宁人民出版社1990年版

《中国古代公案小说研究论著、论文目录》　苗怀明　载其著《中国古代公案小说史论》　南京大学出版社2005年版

《才子佳人小说研究文献目录》(1078年迄今)　苏建新　载其著《中国才子佳人小说演变史》　社会科学文献出版社2006年版

《古典小说戏曲研究资料目录》　朱传誉主编　台湾天一出版社1990年版

《曲学书目举要》　[日]青木正儿编　载其著《中国近世戏曲史》　作家出版社1958年版①

《中国戏曲研究论著书目》　中国艺术研究院戏曲研究所资料室编　中国戏剧出版社1992年版

《中国戏曲研究书目提要》　中国艺术研究院戏曲研究所资料室编　中国戏剧出版社1992年版

《20世纪曲学研究书目》　载齐森华　陈多等主编《中国曲学大辞典》　浙江教育出版社1997年版　《附录》

《20世纪曲学研究书目》　吴新雷主编《中国昆曲学大辞典》　南

---

①　王古鲁《曲学书目举要补正》,载[日]青木正儿《中国近世戏曲史》,作家出版社1958年版。

京大学出版社2002年版 《附录》

《1990—2004年中国古典戏曲研究论著简目》 苗怀明 载其著《二十世纪戏曲文献学述略》 中华书局2005年版 《附录一》

《1950—2003年港台地区中国古典戏曲研究论著简目》 苗怀明 载其著《二十世纪戏曲文献学述略》 中华书局2005年版 《附录二》

《中国古代文艺理论资料目录汇编》 山东大学中文系古代文艺理论史编写组 齐鲁书社1981年版

《中国古代文学理论名著题解》 吴文治主编 黄山书社1987年版

《新中国40年文艺理论研究资料目录大全:1949—1989》 高长印主编 和平出版社1992年版

《中国历代诗词曲论提要》 霍松林主编 北京师范学院出版社1991年版

《中国历代诗话总目汇编》 宋隆发编 台湾《中国书目季刊》1982年

《宋辽金元明原已成书诗话要目》 吴文治编 载其著《五朝诗话概说》 黄山书社2002年版 《附录》

《历代词话叙录》 王熙元编 《台湾省立师范大学国文研究所集刊》1964年第8期 台湾中华书局1973年版

《小说评点编年叙录》 谭帆著 载其著《中国小说评点研究》 华东师范大学出版社2001年版

《20世纪中国小说评点研究总目》 谭帆 载其著《中国小说评点研究》 华东师范大学出版社2001年版 《附录三》

《曲话叙录》 颜秉直 台湾《师大国文研究所季刊》第21期 1977年6月

《三订中国文学史书目》 梁容若 黄得时编 台湾《文坛》第87期 1967年9月

《中国文学史书目新编》 青霜编 台湾《书评书目》第40、41、43、44期 1976年8月至1976年12月

《中国文学史书目提要》 陈玉堂 黄山书社1986年版

《中国文学史著版本概览》 吉平平　黄晓静编著　辽宁大学出版社 1992 年版

《台湾出版中国文学史书目提要》 黄文吉等编撰　台北万卷楼图书有限公司 1996 年版

《中国文学史书目》(1995—1999) 董乃斌等主编　载董乃斌等主编《中国文学史学史》 河北人民出版社 2003 年版　第 3 卷《本书参考文献书目》

《中国文学史专题史书目提要》 陈飞主编　大象出版社 2004 年版

《女性文学研究与批评论著目录汇编》(1978—2004) 谢玉娥编　河南大学出版社 2007 年版

《中国版本目录学书籍解题》 [日]长泽规矩也编著　梅宪华　郭宝林译　书目文献出版社 1990 年版

民间文学

《中国民间文学书目》 王国良　朱凤玉编　台湾《国文天地》第 3 卷第 5 期　1987 年 10 月

《民间文学书目汇要》 老彭编纂　张胜泽校订　重庆出版社 1988 年版

《中国少数民族民间文学参考书目》 中国民间文艺研究会资料室编印　1964 年版

《中国谚语书目提要》 主介凡　台湾《图书馆学报》6　1964 年 7 月

《民间故事书目》 叶德均编　《青年界》1933 年第 2 期

《民间文学研究书目》 窦昌荣编　《图书馆杂志》1983 年第 2 期

敦煌学要目

《敦煌古籍叙录》 王重民撰　中华书局 1979 年版

《敦煌古籍叙录新编》 黄永武著　台北新文丰出版公司 1986 年版

《敦煌莫高窟内容总录》 敦煌文物研究所编　文物出版社 1982 年版

《敦煌出土文学文献分类目录》 [日]金冈照光编 东京东洋文库敦煌文献研究委员会1971年版

《敦煌文物研究所所藏敦煌遗书目录》 敦煌文物研究所资料室编《文物资料丛刊》1977年第3期

《敦煌俗赋写卷叙录》 伏俊琏 载其著《俗赋研究》 中华书局2008年版

《敦煌故事赋考术》 伏俊琏 载其著《俗赋研究》 中华书局2008年版

《敦煌论辩赋考述》 伏俊琏 载其著《俗赋研究》 中华书局2008年版

《敦煌咏物赋考述》 伏俊琏 载其著《俗赋研究》 中华书局2008年版

《敦煌曲子词残卷目录》 商务印书馆编 载《敦煌遗书总目索引》 商务印书馆1962年版

《变文目》 关德栋编 载其著《曲艺论集》 上海古籍出版社1983年版

《敦煌所出变文现存目录》 邱镇京编 载其著《敦煌变文述论》 台北商务印书馆1974年版

《敦煌俗讲、变文等资料一百九十六篇目录和"敦煌俗讲文学及通俗小说总目提要"摘录》 王庆菽 载其著《敦煌文学论文集》 吉林大学出版社1987年版

《敦煌通俗小说叙录》 王昊 载其著《敦煌小说及其叙事艺术》安徽人民出版社2005年版 第三章

《敦煌本尚书述略》 陈铁凡 载《中国敦煌学百年文库》 甘肃文化出版社1999年版 《文献卷》(一)

《敦煌本〈尚书〉叙录》 许建平编撰 载《纪念敦煌藏经洞发现一百周年国际学术研讨会论文集》初编 首都师范大学历史系 2000年版

《俄藏敦煌汉文写卷叙录》 [俄]孟列夫主编 上海古籍出版社1999年版

《法藏敦煌藏文文献解题目录》 王尧主编 民族出版社1999年版

《英国图书馆馆藏敦煌遗书目录》 方广锠编著　宗教文化出版社2000年版

《敦煌古体小说叙录与研究》《敦煌通俗小说叙录》 王昊　载其著《敦煌小说及其叙事艺术》 安徽人民出版社2005年版

《敦煌学论著目录》 刘进宝编　甘肃人民出版社1985年版

《敦煌学研究论著目录》 邝士元编　台北新文丰出版公司印行1987年版

《敦煌学研究论著目录1908—1997》 郑阿财　朱凤玉主编　台湾汉学研究中心印行2000年版

《2003年敦煌学研究论著目录》 陈丽萍编　《敦煌学国际联络委员会通讯》2004年第1期

《台湾敦煌文学研究论著目录》(初稿) 郑阿财　朱凤玉辑　台湾《古典文学通讯》第30期　1997年9月

《敦煌变文论文目录》 曾毅公辑录　载王重民编《敦煌变文集》人民文学出版社1957年版

《敦煌乐舞著述论文简目》 林海飘编　《中国敦煌吐鲁番学会研究通讯》1986年第4期

《敦煌吐鲁番文书类》 黄永年著　载其著《唐史史料学》上海书店出版社2002年版

《海外敦煌吐鲁番文献知见录》 荣新江著　江西人民出版社1996年版

断　　代

先秦

《我国神话研究书目提要》 古添洪　台湾《书评书目》第19期1974年11月

《中国古代神话研究论文目录》(1882—1946) 王孝廉编　《中国古典小说研究专集》6　1983年7月

《中国古代神话研究论文目录之二》(1946—1970) 王孝廉　杨得月编　台湾《文讯》第20、21期1985年10月、11月

《中国古代神话研究论文目录》(1892—1970)　王孝廉　杨得月编　见《黄帝的传说》(台北时报文化公司)1988年2月

《中国古代神话研究论文目录》(1970—1990)　钟宗宪编　台湾《辅大中研所学刊》1　1991年10月

《中国古典小说研究书目(一)——神话、传说》　李丰楙编　《中国古典小说研究专集》1　1979年8月

《中国古典小说研究书目(五)——神话、传说续编》　王国良　李丰楙编　《中国古典小说研究专集》4　1982年4月

《中日学者中国神话研究论著目录总汇》　[日]贺学君　樱井龙彦编　名古屋大学国际开发研究科1999年版

《尚书著述考》　许锬辉编撰　台北"国立编译馆"2003年版

《诗经要籍提要》　夏传才　董治安主编　学苑出版社2003年版

《诗经学书目》　裴溥言撰　台湾《中国书目季刊》第10卷第3期　1976年

《诗经论著目录》　朱守亮撰　载《十三经论著目录》　"台湾国立编译馆"主编　台北洪叶文化事业公司2000年版

《二十世纪诗经研究文献目录》(1901—2000)　寇淑慧编　学苑出版社2001年版

《老学典籍考:二千五百年来世界老学文献总目》　河南省社科院图书馆丁巍编①

《历代〈论语〉著述综录》　王鹏凯著　载潘美月　杜洁祥主编《古典文献研究辑刊》(初编)第18册　台北县花木兰文化工作坊2005年版

《论语论著目录》　傅武光撰　载《十三经论著目录》　台湾"国立编译馆"主编　台北洪叶文化事业公司2000年版

《论语的文献、注释书》　[日]高田真治著　东京阳春堂书店1937年版

《墨子论序跋知见目录》(初稿)　严灵峰编　台湾《中国书目季刊》1956年第2期

《墨子知见书目》　严灵峰编　台湾学生书局1969年版

---

① 参阅徐有富主编《中国古典文学史料学》,北京大学出版社2008年版,第542页。

《中国历代墨学书目及版本》《中国墨学论文目录》《日本墨学著作目录》《日本墨学论文目录》　郑杰文　载其著《中国墨学通史》　人民出版社 2006 年版　《附录》一　二　三　四

《孟子论著目录》　傅武光撰　载《十三经论著目录》　台湾“国立编译馆”主编　台北洪叶文化事业公司 2000 年版

《孟子著述考》　郑卜五编著　台北“国立编译馆”2003 年版

《韩国〈孟子〉学著作提要》　李康齐译　台湾“中央研究院”中国文哲研究所《中国文哲研究通讯》第 14 卷第 3 期　2004 年 9 月

《庄子书录》　马森编　台湾《师大国文研究所集刊》1948 年第 3 期

《庄子注解书目》　关锋编　载其著《庄子内篇译解和批判》　中华书局 1961 年版《附录》

《一百年来庄子研究论著辑目》　方勇编　载其著《庄子学史》　人民出版社 2008 年版　《附录》一

《荀子书录》　阮廷卓编　台湾《师大国文研究所集刊》1950 年第 5 期

《韩非子参考书辑要》　陈启天编　上海中华书局 1945 年版

《左传论著目录》　简宗梧撰　载《十三经论著目录》　台湾“国立编译馆”主编　台北洪叶文化事业公司 2000 年版

《楚辞书录》　饶宗颐　香港苏记书庄 1956 年版

《楚辞书目五种》　姜亮夫编　上海中华书局 1961 年版①

《楚辞注本十种提要》　游国恩撰　载其著《屈原》　中华书局 1980 年版

《楚辞要籍解题》　洪湛侯主编　湖北人民出版社 1984 年版

《百年楚辞要籍及其主要论文目录》　黄灵庚　载其论文《〈楚辞〉文献学百年巡视·附录》《文献》1998 年第 1 期

《二十世纪中国楚辞研究著作总目》　周建忠　《云梦学刊》2001 年 6 月

《楚辞著作提要》　潘啸龙　毛庆主编　湖北教育出版社 2003 年版

① 崔富章《楚辞书目五种续编》，上海古籍出版社 1993 年版。

《香港楚辞学著作举隅》 陈炜舜 《云梦学刊》2004年第4期

《日本楚辞研究著作述略》 徐志啸 载其著《日本楚辞研究论纲》 学苑出版社2004年版 《附录》一

《日本楚辞研究论文目录》 徐志啸 载其著《日本楚辞研究论纲》 学苑出版社2004年版 《附录》二

《穆天子传知见书目提要》 顾实编 上海商务印书馆1934年版

《先秦两汉文学论著集目》(正、续编) 韩复智编 台北五南出版公司 1996—1997年出版

两汉

《汉志辞赋存目考》 朱保雄 《清华中国文学会周刊》1936年6月

《两汉辞赋总目》 曹淑娟 载其著《汉赋之写物言志传统》 台湾文津出版社1987年版

《两汉辞赋总目提要考识》 张寿平撰 《台北"中央图书馆"馆刊》第5卷第1期 2001年

《汉赋今存篇目叙录》 万光治 载其著《汉赋通论》(增订本) 中国社会科学出版社 华龄出版社2004年版 《附录》

《现存汉魏六朝赋作者及篇目》 何沛雄编 载其著《汉魏六朝赋家论略》 台北学生书局1986年版 《附录》

《汉魏六朝赋书目》 徐志啸编 载其著《历代赋论辑要》 复旦大学出版社1991年版 《附录》

《两汉诸子研究论著目录1997—2001》 陈丽桂主编 台湾汉学研究中心 2003年版

《史记书录》 贺次君著 商务印书馆1958年版

《今存〈史记〉版本简明目录》 张兴吉 载袁行霈主编《国学研究》第16卷 北京大学出版社2005年版

《史记研究之资料与论文目录》 王民信编 台北学海出版社1976年版

《史记研究资料索引和论文专著提要》 杨燕起 俞樟华编 兰州大学出版社1989年版

《建国以来〈史记〉研究书目总略》　奚可桢编　《东南文化》1999年第3期

《〈史记〉部分研究书目提要》　李贤民著　载其著《史记管窥》　当代中国出版社2005年版

《史记研究书目解题》　[日]池田四郎著　池田英雄校订增补　1978年版

郑康成《著述》　王利器　载其著《郑康成年谱》　齐鲁书社1983年版

魏晋南北朝

《魏晋玄言诗简目》　张廷银著　载其著《魏晋玄言诗研究》　商务印书馆2008年版　《附录》二

《魏晋咏物赋总目》　廖国栋撰　载其著《魏晋咏物赋研究》　台北文史哲出版社1990年版

《魏晋南北朝志怪小说书录》　严薇青编　《文学年报》第6期　1940年　后收入《严薇青文稿》　齐鲁书社1993年版

《魏晋南北朝志怪小说叙录》　王国良　台湾《中华学苑》第29期　1984年6月

《魏晋南北朝文学论著集目》(正、续编)　王国良编　台北五南图书公司1996、1997年出版

《中外六朝文学研究文献目录》(增订本)　洪顺隆主编　台北汉学研究中心编印　1992年版

《中外六朝文学研究文献目录:1992年7月—1997年6月》　洪顺隆主编　台湾《汉学研究通讯》第68期(1998年1月)、69期(1999年2月)、70期(1999年5月)

《二十世纪宫体诗研究论著书目》　归青编　载其著《南朝宫体诗研究》　上海古籍出版社2006年版　《附录》六

《中国古典小说研究书目(二)——六朝小说》　王国良编　《中国古典小说研究专集》2　1980年6月

《日本三曹研究文献概观》　钱振民　载章培恒主编《中国中世文学研究论集》　上海古籍出版社2006年版

《如何评价曹操的讨论·报刊资料目录》 上海图书馆编印 1959年版

《曹植研究论著目录》 朴现圭编 台湾《中国书目季刊》第21卷第4期 1988年3月

《〈人物志〉研究论著目录》 伏俊琏 载其著《人物志研究》 甘肃人民出版社1999年版 《附录》六

《20世纪以来葛洪研究主要论著目录》 刘玲娣 载刘国盛 刘玲娣编《葛洪研究论集》 华中师范师范大学出版社2006年版

《世说新语注引用书目》 叶德辉编 载《世说新语》 [近代]王先谦校订 上海古籍出版社1982年影印本

《文选注引用书目》 马念祖编 载其编《水经注等八种古籍引用书目汇编》 中华书局1959年版

《文心雕龙研究书目》 宋隆发编 台湾《中国书目季刊》第13卷第1期 1979年6月

《刘勰文心雕龙研究论著目录》 王国良编 台湾《中国书目季刊》第21卷第3期 1987年12月

《文心雕龙》研究《专著专书简介》 王更生等 载《文心雕龙学综览》编委会编《文心雕龙学综览》 上海书店出版社1995年版

《〈文心雕龙〉阅读与研究书目》 羊列荣撰 载湖北大学中文系编著《中国古代语言文学名著导读·〈文心雕龙〉导读》 华中理工大学出版社1997年版

《二十世纪〈文心雕龙〉研究论著目录》 陈允锋编 载张少康 汪春泓等著《文心雕龙研究史》 北京大学出版社2001年版

《台湾近五十文心雕龙研究论著摘要》 王更生 台湾文史哲出版社1999年版

《台湾近五十年来〈文心雕龙〉研究论著一览表》 刘渼编 载其著《台湾近五十年来〈《文心雕龙》学〉研究》附录表四 台湾万卷楼图书有限公司2001年版

《钟嵘〈诗品〉研究论文目录》 何广棪编 台湾《中国书目季刊》第14卷第3期 1980年1月

《钟嵘〈诗品〉研究论著目录》 王国良 台湾《中国书目季刊》第

21卷第1期　1987年6月

《20世纪中日韩〈诗品〉研究论文目录》　曹旭　载其选评《中日韩〈诗品〉论文选评》　上海古籍出版社2003年版　《附录》三

唐五代

《唐集叙录》　万曼著　河南大学出版社2008年版

《唐人别集目录》　陈高华　陈智超等编　载其著《中国古代史史料学》　北京出版社1983年版

《唐诗书录》　陈伯海　朱易安编撰　齐鲁书社1988年版

《唐人编选诗歌总集叙录》　陈尚君　载蒋寅　张伯伟主编《中国诗学》第2辑　南京大学出版社1992年版　收入陈尚君《唐代文学丛稿》　中国社会科学出版社1997年版

《唐诗选本提要》　孙琴安著　上海书店出版社2005年版

《清代唐诗选本经眼录》　贺严　载其著《清代唐诗选本研究》　人民出版社2007年版　《附录》

《佚存日本的唐人诗集〈杂抄〉考释》　王勇　《文学遗产》2003年第1期

《唐代小说文献目录》　东洋大学中哲文研究室编印　1973年版

《唐代小说叙录》　王国良著　台北嘉新水泥公司文化基金会1979年版

《唐五代志怪传奇叙录》　李剑国著　南开大学出版社1993年版

《唐代笔记小说叙录》　周勋初著　凤凰出版社2008年版

《唐代文学论著集目》　罗联添编　台北学生书局1979年版

《唐代文学论著集目补编》　王国良编　台湾《中国书目季刊》第16卷第2期1982年

《增订再版唐代文学论著集目》　罗联添　王国良编　台北学生书局1984年版

《隋唐五代文学研究论著集目》(正、续编)(1912—1990)　罗联添编　台北五南图书公司1996、1997年出版

《近六十年来日韩欧美唐代文学论著集目》　罗联添编　台湾《中国书目季刊》第3卷第3期　1969年

《台湾地区唐代散文研究目录》 王基伦辑 台湾《古典文学通讯》第28期 1986年12月

《二十世纪隋唐五代小说研究专著、论文目录》 程国赋编 载其编著《隋唐五代小说研究资料》 上海古籍出版社2005年版

《中国古典小说研究书目》(三)(唐代小说、变文) 王国良编 《中国古典小说研究专集》3 1981年6月

《唐人小说研究论著简目》 蒋芳宜 台湾《中国文哲研究所通讯》第6卷第1期 1996年3月

《近五十年台湾地区唐代小说论著目录》 王国良辑 台湾《古典文学通讯》第31期 1998年3月

《近四十年来台湾地区唐代小说论著选介》 王国良 台湾《汉学研究通讯》第9卷第4期 1999年12月

《李集书录》 申凤编 《李白学刊》第一辑 上海三联书店1989年版

《李太白编年诗集目录》 [清]黄锡圭编 载其《李太白年谱》 作家出版社1958年版

《李白研究报刊论文目录》(1923—1962) 载中华书局编印《李白研究论文集》 1964年版 《附录》

《杜工部关系书目》 梁一成编 台湾《图书馆学报》第8期 1967年5月

《杜工部诗集与年谱书目》 梁一成 台湾《书和人》第341期 1978年7月

《杜诗引得序》 洪业 载1940年哈佛燕京学社引得编纂处出版《引得》特刊

《杜集书录》 周采泉著 上海古籍出版社1986年版

《杜集叙录》 张忠纲 赵睿才等 齐鲁书社2008年版

《杜甫研究资料目录》 成都杜甫草堂编印 1963年版

《杜甫研究报刊论文目录》(1909—1984) 载郑庆笃 焦裕银等编著《杜集书目提要》 齐鲁书社1986年版 《附录》

《〈岑嘉州集〉传本叙录》 阮廷瑜 台湾《中国书目季刊》第10卷第3期 1976年12月

《白居易诗文集版本目录》 苏仲翔　载其著《白居易研究》 上海古典文学出版社 1957 年版

《白乐天研究文献目录》 [日]小松茂美编　载《安平朝傅来白氏文集三践研究》 东京墨水书房 1965 年版

《韩愈论汇录写目》 钱基博编　载其著《韩愈志》 上海商务印书馆 1958 年版

《韩愈研究论著目录》 罗联添编　载《韩愈研究》(增订本)台北学生书局 1981 年版

《港台出版有关韩愈书籍及论文目录》 何沛雄编　载汕头大学中文系编印《韩愈研究资料汇编》 1986 年

《柳宗元研究论著目录》 罗联添编　载《柳宗元事迹系年暨资料类编》 台北编译馆　1981 年

《建国以来柳宗元研究重要论文目录》 孙昌武编　载其著《柳宗元传论》 人民文学出版社 1982 年版

《温庭筠研究论著目录》 王淑梅　黄坤尧撰　《文教资料》1996 年第 3 期

《南唐十家诗文别集提要》 赵荣蔚　《图书馆杂志》2006 年第 9 期

《唐宋词书录》 蒋哲伦　杨万里编撰　岳麓书社 2007 年版

《台港唐宋词研究论著选目》 王立柱编　载王洪等主编《唐宋词百科大辞典》 学苑出版社 1990 年版

《国外唐宋词研究论著选目》 王丽娜编　载王洪等主编《唐宋词百科大辞典》 学苑出版社 1990 年版

宋代

《宋人年谱集目》 吴洪泽编　巴蜀书社 1995 年版

《现存宋人著述总录》 刘琳　沈治宏编著　巴蜀书社 1995 年版

《宋人总集叙录》 祝尚书著　中华书局 2004 年版

《总集类宋四六文叙录》 施懿超　《中国典籍与文化》2006 年第 3 期

《现存宋人别集版本目录》 四川大学古籍所编　巴蜀书社 1990

年版①

《宋人别集叙录》 祝尚书著 中华书局1999年版

《宋人文集编刻流传丛考》 王岚著 江苏古籍出版社2003年版

《日本现存宋人文集目录》 [日]吉田寅 棚田直彦编 东京汲古书院1972年版

《日本藏宋人文集善本钩沉》 严绍璗撰 杭州大学出版社1996年版

《宋诗书目》 郭笃士编 《中山大学图书馆周刊》1928年第4期

《全宋词草目》 唐圭璋编 前国立编译馆1949年版

《全宋词引用书目》 唐圭璋辑 载《全宋词》 中华书局1965年版

《现存的宋人话本》 胡士莹著 载其著《话本小说概论》 中华书局1980年版

《醉翁谈录所录宋人话本名目考》 谭正璧编 载其著《话本与古剧》(修订本)上海古籍出版社1985年

《宋代志怪传奇叙录》 李剑国著 南开大学出版社1997年版

《宋代研究文献提要》 [日]东洋文库宋史提要编纂协力委员会编 东京东洋文库1961年版

《两宋文学论著集目》(正、续编) 刘德汉编 台北五南图书公司1996、1997年出版

《台湾地区宋代散文研究目录》 陈致宏 林湘辑 张高评校读 台湾《古典文学通讯》第29期 1997年5月

《宋诗话叙录》 陈幼睿 台湾《师大国文研究所集刊》第5期 1961年6月

《宋词研究资料要目》 鲍河 申启武编 载程自信 许宗元主编《宋词百科辞典》 安徽教育出版社1994年版

《20世纪宋词研究主要书目》 刘尊明编 载王兆鹏 刘尊明主

① 1. 何忠礼《〈现存宋人别集版本目录〉朱熹部分补正》,《文献》1996年第3期。2. 王岚《〈现存宋人别集版本目录〉纠谬举要》,《中国古典文献学》第1卷,澳门国际炎黄文化出版社2003年3月。

编《宋词大词典》 凤凰出版社2003年版

《欧阳修研究资料编目》 王亚菲编 载《江西古代十大文化名人资料索引》 江西省文学艺术研究所情报资料室1987年版

《苏轼研究书目初编》 中国社会科学院文学研究所"中国文学网"

《苏东坡研究资料目录》(1923—1998) 贾禅林编 中央文献出版社2000年版

《苏轼研究资料目录》(2002) 贾禅林 朱靖华 刘尚荣主编《中国苏轼研究》第一辑 学苑出版社2004年

《苏轼研究资料目录》(2003) 贾禅林编 中国人民大学中文系主办《中国苏轼研究》第二辑 学苑出版社2005年版

《东坡词学研究书目》(1912—1992) 黄文吉编 台北文津出版社1999年版

《曾巩研究资料索引编目》 王亚菲编 载《江西古代十大文化名人资料索引》 江西省文学艺术研究所情报资料室1987年版

《李清照研究资料目录》(初稿) 武汉师范学院中文系古典文学教研室 中文系资料室编印 1964年版

《朱子学研究书目》(1900—1991) 林庆彰主编 台北文津出版社1992年版

《馆藏陆放翁著述及有关传记资料目录》 北京图书馆参考组编印 1954年版

《陆放翁佚稿辑存考目》 孔凡礼编 《文史》1963年第3辑

《陈亮著作目录》《文教资料简报》编辑部编 《文教资料简报》总第35辑 1975年版

《叶梦得著述叙录》 潘殊闲编 载其著《叶梦得研究》 巴蜀书社2007年版 《附录一》

《宋元话本提要目录》 傅惜华编 载其著《宋元话本集》 上海三联书店1955年版

《宋元话本存佚综录》 谭正璧编 载其著《话本与古剧》(修订本) 上海古籍出版社1985年版

《宋元以来官私著述中所载的宋人话本名目》 胡士莹著 载其著《话本小说概论》 中华书局1980年版

《宋元词论要籍叙录》 刘少雄 台湾《中国文哲研究院通讯》第2卷第4期 1992年

《宋元明南戏总目》(征求意见稿) 吴敢 载温州市文化局编《南戏国际学术研讨会论文集》 中华书局2001年版

辽金元

《辽金元文集目录》 陈高华 陈智超等编 载其著《中国古代史史料学》 北京出版社1983年版

《元人文集版本目录》 周清澍编 《南京大学学报丛刊》 1983年版

《元史艺文志辑本》 雒竹筠等编 北京燕山出版社1999年版

《元代文学书目》 查洪德 李军著 载其著《元代文学文献学》 中国社会科学出版社2002年版 第11章

《四十七部元刻元人别集书录》 罗鹭 《国学研究》第22卷 北京大学出版社2008年

《台湾现存元人别集小录》 孙克宽 台湾《图书馆学报》第1—6期 1959—1964年

《日本现存元人文集目录》 [日]山根幸夫等编 东京汲古书院1970年版

《金赋存目及系年考》 谷春侠 载陈飞主编《中国古典文学与文献学研究》第3辑 学苑出版社2004年版

《全金元词引用书目》 唐圭璋编 载《全金元词》 中华书局1979年版

《金元散曲引用书目》 隋树森编 载《全元散曲》 中华书局1981年版

《现存全部元人杂剧目录》 隋树森编 载其著《元曲选外编》 中华书局1980年版 《附录》

《述〈永乐大典〉著录元剧六大家二十三种杂剧》 陈万鼎 《大陆杂志》第31卷第11期 1965年

《关汉卿杂剧全目》 吴晓铃编 载王学奇 吴振清等校注《关汉卿全集校注》 河北教育出版社1988年版 《附录》

《〈西厢记〉及其有关论著目录》 北京图书馆参考组编印 1954年版

《“国立中央图书馆”善本书志——馆藏〈西厢记〉善本十五种，附〈董西厢〉一种》 张棣华著　台湾《“国立中央图书馆”馆刊》1974年第2期

《明刊元杂剧〈西厢记〉目录》 [日]傅田章编　东京大学东洋文化研究所附属东洋学文献　1970版《东洋文献学丛刊》第11辑

《元代史研究文献目录》 [日]山根幸夫　大嶋立子编　东京汲古书院1971年版

《元曲语释研究参考书目》 许政杨著　载其著《许政杨文存》 中华书局1983年版

《元杂剧研究论著题解》 宁宗一　陆林等著　载其著《元杂剧研究概述》 天津教育出版社1987年版

《五十年来元曲整体研究著作叙录》 刘达科　《津图学刊》2001年第4期

《元代散曲研究论著目录》 何贵初编　《中国书目季刊》1989年第3期

《20世纪元散曲研究书目》 赵义山编　载其著《20世纪元散曲研究综论》 上海古籍出版社2002年版

《20世纪元代文学史著提要》 查洪德　李军著　载其著《元代文学文献学》 中国社会科学出版社2002年版　第八章

《元明清词书目》 钱仲联等撰　载《元明清词鉴赏辞典》 上海辞书出版社2002年版　《附录三》

《元明北杂剧总目考略》 邵曾祺编著　中州古籍出版社1985年版

《辽金元明文学论著集目》(正续编) 王民信编　台北五南图书公司1996、1997年出版

《日本现藏稀见元明文集考证与提要》 黄仁生编　岳麓书社2004年版

明代

《明人文集目录》 陈高华 陈智超等编 载其著《中国古代史史料学》 北京出版社 1983 年版

《明别集版本志》 崔建英辑订 贾卫民 李晓亚参订 中华书局 2006 年版

《增订日本现存明人文集目录》 [日]山根幸夫等编 东京汲古书院 1978 年版

《韩国所藏明清别集目录》 [韩]金学主编 学古房 1991 年版

《盛明百家诗目录》 蔡金重编 北平燕京大学图书馆 1934 年版

《明词要籍简目》 张璋 载《金元明清词鉴赏辞典》 南京大学出版社 1989 年版 《附录》

《明代话本的著录和叙录》 胡士莹著 载其著《话本小说概论》 中华书局 1980 年版

《明代文言小说提要》 陈益源编著 载其著《古代小说述论》 北京线装书局 1999 年版

《记明版善本戏曲》 赵景深原载 1944 年《新民晚报》 后收入其著《中国戏曲丛谈》 齐鲁书社 1986 年版

《全明散曲引用书目举要》 谢伯阳编 载其编《全明散曲》卷首 齐鲁书社 1994 年版

《永乐大典戏文、杂剧目录》 马廉 载马廉著 刘倩编《马隅卿小说戏曲论集》 中华书局 2006 年版

《明代传奇全目》 傅惜华编 人民文学出版社 1959 年版

《明传奇钩沉集目》 王安祈 台湾大安出版社 1990 年版

《明传奇佚曲目钩沉》 吴书荫 《戏曲研究》第 40 辑 1992 年 又载李修生主编《古本戏曲剧目》 文化艺术出版社 1997 年版 《附录》一

《明代杂剧全目》 傅惜华编 作家出版社 1958 年版

《明杂剧一百五十四种叙录》 陈万鼎 台湾《中华学术文化集刊》 第 9 卷第 10 期 1972 年

《明代史研究文献目录》 [日]山根幸夫编 东京东洋文化明代史研究室 1960 年誊写版

《明代戏剧研究论著题解》　宁宗一　陆林等著　载其著《明代戏剧研究概述》　天津教育出版社 1987 年版

《近五十年来台湾地区明代戏曲研究论著目录》　陈美雪编　台湾《古典文学通讯》第 34 期　1999 年 5 月

《明代戏曲评点本存本目录(初编)》　朱万曙　载其著《明代戏曲评点研究》　安徽教育出版社 2002 年版

《杨升庵著述目录》(草稿)　四川省图书馆编印 1961 年版

《汤显祖研究文献目录》　陈美雪编　台湾学生书局 1996 年版

《李贽著作知见目录》　福建省李贽著作注释组福州小组编印 1975 年

《〈三国演义〉研究文献目录稿补遗》　[俄]李福清　东京《中国古典小说研究动态》1994 年 6 月号(中日本)

《〈三国演义〉研究重要论著》　载沈伯俊　谭良啸编著《三国演义大词典》　中华书局 2007 年版　《研究情况》

《国外〈三国演义〉研究部分论著目录》　王丽娜编译　《〈三国演义〉研究集》　四川省社会科学院出版社 1983 年版

《日本研究〈三国演义〉图书论文辑目》　包振南辑　《文教资料》1988 年第 2 期

《关羽目录》　萧为　乐闻辑录　载卢晓衡主编《关羽、关公和关圣》　社会科学文献出版社 2002 年版

《日本研究〈水浒传〉图书论文辑目》　刘远编　《文教资料》1989 年第 2 期

《中国古典小说研究书目(七)——西游记论著目录》　郑明娳编　《中国古典小说研究专集》(6)　静宜文理学院中国古典小说研究中心编　联经出版事业公司 1983 年版

《〈西游记〉研究论著目录》　刘耿大　王丽娜编　载江苏省社会科学院文学研究所编《西游记研究》　江苏古籍出版社 1984 年版

《西游记研究专著论文目录》　[日]矶部彰编　日本《福山大学文人学部纪要》第 16 号　1990 年 2 月

《〈金瓶梅〉书录》　胡文彬编　辽宁人民出版社 1986 年版

《增修金瓶梅研究资料要览书目稿》　[日]泽田瑞穗著　日本早稻

田大学1981年版

《〈金瓶梅〉研究文章篇目》(1930—1979)《复旦学报》编辑组编　载《〈金瓶梅〉资料汇编》　复旦大学出版社1984年版

《20世纪〈金瓶梅〉研究专著叙录》　赵天为编　载吴敢《20世纪金瓶梅研究史长编》　文汇出版社2003年版

《明末清初小说述录》　林辰著　春风文艺出版社1988年版

《明清善本小说丛刊正续编目录》　朱传誉编　台北天一图书公司1990年版

《明清话本小说及其他短篇白话小说编年叙录》　王庆华编　载其著《话本小说文体研究》　华东师范大学出版社2006年版

《大谷本明清小说叙录》　刘镇伟　王若等编著　大连出版社1995年版

《明清艳情小说书目提要》　王汝梅　载其著《金瓶梅与艳情小说研究》　时代文艺出版社2003年版

《五百种明清小说博览》　张兵主编　上海辞书出版社2005年版

《新加坡国立大学中文图书馆藏中国明清通俗小说书目提要》　辜美高、李金生主编　新加坡国立大学中文系汉学研究中心1998年版

《明清二代的平话集》　载《郑振铎文集》　人民文学出版社1988年版　第五卷

《明清罕见戏曲序目二十种》　张增元　《文献》第14辑　1982年

《方志著录明清罕见戏曲存目七十七种》　张增元　《文史》第24辑　中华书局1985年

《方志著录明清罕见戏曲存目二十二种》　张增元　《文献》1986年第4期

《明清曲目拾遗》　周巩平　《戏曲研究》第38辑　1991年

《明清传奇综录》　郭英德编著　河北教育出版社1997年版

《明清剧目考遗》　王汉民　《文献》2002年第3期

《明清文话叙录》　李四珍　台湾中国大学中文研究所硕士论文1983年5月

《明清戏曲研究书目举要》　郭英德　载其著《明清传奇史》　江苏古籍出版社1999年版

清代

《清人诗文集总目提要》　何愈春著　北京古籍出版社 2002 年版①

《清人诗文集未刊稿本抄本知见目》　苏州大学中文系明清诗文研究室编　载《明清诗文研究丛刊》第 2 辑　《明清诗文研究资料集》第 1 集

《清人文集别录》　张舜徽著　《张舜徽集·清人文集别录》　华中师范大学出版社 2004 年版

《清人别集总目》　李灵年　杨忠主编　安徽教育出版社 2000 年版②

《日本现存清代别集目录》　[日]西村元照编　1979 年油印本

《清人诗集叙录》　袁行云著　文化艺术出版社 1994 年版③

《清诗总集 131 种解题》　[日]宋村昂　大阪经济大学中国文艺研究会 1989 年版

《清代台湾诗集汇目》　陈汉光　陈陛章编　台湾《台湾文献》第 10 卷第 3 期　1959 年 9 月

《现存清词别集汇目》　王国昭撰　台湾《中国书目季刊》第 13 卷第 3 期　1979 年 12 月

《清词别集知见目录汇编—见存书目》　吴熊和　严迪昌等合编　台北"中央研究院"中国文史哲筹备处 1997 年版

《清人编刊的拟话本集叙录》　胡士莹著　载其著《话本小说概论》　中华书局 1980 年版

《十七世纪白话小说编年叙录》　许振东著　中国文联出版社 2003 年版

---

①　1. 江庆柏《〈清人诗文集总目提要〉近代部分作者生卒年补考》,《古籍整理出版情况简报》总 385 期 2003 年第 3 期。2. 朱则杰《〈清人诗文集总目提要〉订补——以四位甘肃籍作家为中心》,《西北师大学报》2004 年第 1 期。3. 朱则杰《〈清人诗文集总目提要〉订补——以〈陇右近代诗钞〉作家为中心》,《西北师大学报》2005 年第 5 期。

②　1. 朱德慈《〈清人别集总目〉订补》,《西北大学学报》2005 年第 1 期。2. 朱德慈《〈清人别集总目〉订补(续)》,《南阳师范学院学报》2004 年第 6 期。

③　朱则杰《〈清人诗集叙录〉考论》,《浙江大学学报》1999 年第 4 期。

《清人戏曲提要》 严敦易 载其著《元明清戏曲论集》 中州书画社 1982 年版

《清代戏曲抄本叙录》 朱恒夫 《文献》1997 年第 4 期

《清代杂剧全目》 中国戏曲研究院编 傅惜华著 人民文学出版社 1981 年版

《清代杂剧体制提要及存目》 曾永义编著 载其著《中国古典戏曲论集》 台湾联经出版事业公司 1975 年版

《近三百年散曲家传略及书目》 谢伯阳编 《南京大学学报》编辑部排印本

《秦腔史料新得:清代秦腔刻本三十种简介》 刘文峰 《当代戏剧》1985 年第 3 期

《清代说唱文学文献的整理编目》 载刘水云 车锡伦《清代说唱文学文献》三 《文献》2003 年第 3 期

《子弟书目录综述》 崔蕴华 载其著《书斋与书坊之间——清代子弟书研究》 北京大学出版社 2005 年版 第五章第一节

《清人笔记条辨》 张舜徽著 《张舜徽集·清人笔记条辨》 华中师范大学出版社 2004 年版

《清人学术笔记提要》 徐德明著 学苑出版社 2006 年版

《清代文学研究论著》(正、续编) 宋隆发编 台北五南图书公司 1996 年 1997 年

《清代禁书知见录》 孙殿起编 商务印书馆 1957 年版

《清代各省禁书汇考》 雷梦辰编著 书目文献出版社 1989 年版

《清代诗话叙录》 郑静若 台北学生书局 1975 年版

《清代郡邑诗话叙录》 蒋寅 南京大学古籍所《古典文学研究》1993、1994 年合刊本

《新订清人诗学书目》 张寅彭辑著 上海古籍出版社 2003 年版

《清诗话见存书目》《清诗话待访书目》《清诗话经眼录》 蒋寅 载其著《清诗话考》 中华书局 2005 年版

《稿钞本清诗话经眼录》 蒋寅 《国学研究》第 15 卷 北京大学出版社 2005 年

《清道光朝诗话偶录》(上、下) 蒋寅 南京大学中国古典文献

研究所编《古典文献研究》(总第7、8辑)　凤凰出版社2004、2006年出版

《清代词话简目》　孙克强　载其著《清代词学》　中国社会科学出版社2004年版　《附录》

《黄宗羲著作目录》　[清]全祖望撰　载其著《鲒琦亭集·梨洲先生神道碑》

《王船山著作丛考》　刘志盛　刘萍著　湖南人民出版社1999年版

《顾亭林著述考》　王蘧常撰　载《纪念顾颉刚学术论文集》　巴蜀书社1990年版

《王念孙的著述》　张舜徽编　载其著《清代扬州学记》　上海人民出版社1962年版

《聊斋研究文献要览》　[日]藤田祐贤　八木章好编　日本东方书店1985年版

(日本)《庆应义塾大学所藏聊斋关系资料目录》　[日]藤田祐贤等编　庆应义塾大学《艺文研究》1988年

《三订儒林外史论著目录》　郑明娳编　台湾《幼狮学志》第15卷第4期　1980年

《〈儒林外史〉外文论著目录》　王丽娜撰　《艺谭》1987年第3期

《〈歧路灯〉研究论著、论文目录索引摘要》　李延年　载其著《〈歧路灯〉研究》　中州古籍出版社2002年版

《忏玉楼丛书提要》　吴克歧辑　北京图书馆出版社2002年影印①

《红楼梦叙录》　胡文彬编　吉林人民出版社1980年版

《评本〈红楼梦〉知见书目》　胡文彬编　《文献》1980年总第3辑

《红楼梦书录》(增订本)　一粟编　上海古籍出版社1981年版②

《红楼梦研究要目》(1975—1979)　中国文艺年鉴社编　《1981年中国文艺年鉴》　文化艺术出版社1982年版

《红楼梦要籍解题》　冯其庸　载其著《漱石集》　岳麓书社1993

① 此书是最早的一部《红楼梦》书目提要。

② 寄石《〈红楼梦书录〉补遗》,《红楼梦学刊》1997年第3期。

年版

《红楼梦研究文献目录》 宋隆发 台北学生书局1982年版

《台湾所见红楼梦研究书目》 那宗训编 台北新文丰出版公司1982年版

《台湾红学论著叙录》 清芳编 《红楼梦研究集刊》1983年第9期

《〈红楼梦〉最新研究研究论著目录》(1982—1987) 北京师范大学图书馆情报服务部编 北京师范大学出版社1988年版

《1990—1998年〈红楼梦〉研究论著目录》 苗怀明 《红楼梦学刊》1994年第4期

《1990—2000年〈红楼梦〉研究论著目录联想与补遗》 苗怀明 《红楼梦学刊》2001年第3期

《台湾地区近三十年红楼梦研究论著目录》 朱嘉雯编 台湾《古典文学通讯》第32期 1998年9月

《书海寻〈梦〉录——非"红学"专书中的曹雪芹与〈红楼梦〉研究目录》 余力编 《红楼梦学刊》2004年第1、2、3期 2005年第1期

《近二十年红学论著提要》(1987—2006) 郭皓政 王晓晖等编 载郭皓政主编《红学档案》 武汉大学出版社2007年版

《新加坡的〈红楼梦〉研究论文目录》 凌彰编 《文学研究动态》1981年第16期

《红楼梦日本语文献资料目录》 [日]伊藤漱平编 《明清文学研究会会报》第6期 1964年

《日本〈红楼梦〉研究论著目录》 孙玉明编 《红楼梦学刊》2002年第1期

《袁梅研究资料目录初编》 连文萍编 《"国立中央图书馆"馆刊》新26卷第2期

近代

《近代66种文艺报纸和132种文艺杂志编目》 祝均宙编 载《中国近代文学争鸣》 上海书店1989年版

《上海图书馆藏中文报纸副刊目录(1898—1949)》 上海图书馆编

印　1986 年

《近三百年人物年谱见知录》 来新夏著　上海人民出版社 1983 年版

《中华民国作家作品目录》 封德屏主编　台北文讯杂志社 1999 年版

《晚清词集简目四十四种》 萧新祺　《文献》1989 年第 2 期

《二十世纪前期词籍汇刊叙录》 刘石　载清华大学中文系编《清华大学古代文学论集》 中华书局 2005 年版

《中国近代小说目录》 王继权　夏生元编　百花洲文艺出版社 1998 年版

《新编增补清末民初小说目录》 [日]樽本照雄编　齐鲁书社 2002 年版①

《中国近代小报小说目录初编》 孟兆臣　载其著《中国近代小报史·下篇》 社会科学文献出版社 2005 年版

《晚清小说目录》 刘永文编　上海古籍出版社 2008 年版

《清末民初小说研究目录——日本及其他国家篇目》 [日]樽本照雄编　载魏绍昌主编《中国近代文学大系·史料索引集二》 上海书店出版社 1996 年版

《中国近代小说研究论文目录》(1978—1998) 高建华　载王喜绒著《比较文化视野的形成与近代小说的勃兴》 甘肃人民出版社 2000 年版

《日本清末小说研究文献目录》 [日]樽本照雄编　日本清末小说研究会 2002 年刊行

《民国章回小说大观》② 秦和鸣主编　中国文联出版公司 1995 年版

《晚清戏曲小说目》 阿英编　古典文学出版社 1957 年版③

《清末石印精图小说戏曲目》 阿英　载其著《小说三谈》 上海古

---

① 左鹏军《〈新编增补清末民初小说目录〉所录传奇杂剧订补》，载其著《晚清民国传奇杂剧考索》，人民文学出版社 2005 年版。

② 此书收录的主要是 1912—1949 年代撰写的章回体白话、文言小说。

③ 谷苇《阿英〈晚清小说目〉补遗》，《新民报晚刊》1957 年 11 月 21 日。

籍出版社 1979 年版

《1840—1919 年戏曲剧目辑录》 周启付 《中华戏曲》总第 20 辑 山西古籍出版社 1997 年版

《中国近代传奇杂剧经眼录》 梁淑安 姚柯夫编著 书目文献出版社 1996 年版

《近代传奇杂剧目录》 左鹏军 载其著《近代传奇杂剧研究》 广东高等教育出版社 2001 年版

《晚清民国传奇杂剧目录》 左鹏军 载其著《晚清民国传奇杂剧考索》 人民文学出版社 2005 年版 《附录》

《清末至建国前杂剧简目》 傅惜华编 载其编《清代杂剧全目》 人民文学出版社 1981 年版

《中国近代文话叙录》 林妙芬 台湾东吴大学中文研究所硕士论文 1986 年 4 月

《中国近代戏曲论著总目》 傅晓航 张秀莲主编 文化艺术出版社 1994 年版

《近百年来中国妇女论著总目提要》(1900—1992) 臧健 董乃强主编 北方妇女儿童出版社 1996 年版

《西学书目表》 梁启超撰 光绪二十三年(1897)刻本

《近代译书目》 王韬 顾燮光等编 北京图书馆出版社 2003 年版

《晚清新书目提要》 熊月支主编 上海书店出版社 2007 年版①

《林则徐资料目录》 福建省图书馆编印 1961 年版

《黄世仲研究论著资料选目》 颜廷亮 载其著《黄世仲与近代中国文学》 甘肃人民出版社 2000 年版

第五节 利 用 索 引

索引一词,原出英语 index,所以索引亦称“引得”,旨在突出索引的检索

① 此书包括:徐维则《增版东西学书录》、顾燮光《译书经眼录》、沈兆祎《新学书目提要》、赵惟熙《西学书目问答》。

功能。索引是把各种载体资料中的题名、字词语、人名、地名、事件、主题以及其他事物的名称，根据需要，分别摘录，按照一定的编辑方法加以编排，并注明出处，以供检索的一种工具。研究编纂索引和使用索引的学问，称之为索引学。

中国古代的类书，主要是为写作查寻材料而编纂的，从其条目编纂形式来看，已经带有索引的性质。但类书辑录的具体内容很多，不像索引那样简明，分类也不像索引那样细致。为古籍编纂索引性质的专文专书，起源很早。东汉班固在《汉书》中编有《古今人表》，以备检索从远古到楚汉间的人名。南朝梁元帝编的《古今同姓名录》是人名索引或人名辞典的肇始。明代张士佩编有《洪武正韵玉健》，明清之际的傅山编有《两汉书姓名韵》。清代中叶以后章学诚重视编辑索引。他在《遗书》卷 10 中建议：

> 校雠之先，宜尽取四库之藏，中外之籍，择其中之人名、他号、官阶、书目，凡一切有名可治、有数可稽者，略仿《佩文韵府》之例，悉编为韵，乃于本韵之下，注明原书出处及先后篇第，自一见再见，以至数千百，皆详注之。

章学诚强调，在校雠之前应当编辑相关的索引，并指出了编辑索引应当包括的内容、做法，讲得都相当具体。他虽然没有使用索引这一概念，但他在中国索引编纂史上，率先对索引进行了总结，开始探讨编纂索引的理论和方法，并编有《历代纪元韵览》和《明史列传人名韵编》。同时，汪辉祖编有《九史同姓名录》、《三史同名录》、《史姓韵编》，李兆洛编有《历代舆地韵编》等。《史姓韵编》摘《二十四史》所记之人，分姓汇录，以韵分编，以备寻觅。用部首笔划来编制索引，当始于嘉庆时毛谟所编的《说文解字》。近代同治时黎永椿编了一种查阅《说文》的《说文通检》，编的办法和《检字》相近。光绪时蔡启盛编了一部《皇清经解检目》，是供检查阮元所刻《皇清经解》（即《学海堂经解》）篇目的索引书。中国虽然很早就开始编纂索引性质的工具书，并且出现了“通检”、“检目”、“备检”之类的称名，但索引性质的专文和书籍数量不多，也有待规范，发展相当迟缓。这当与传统的治学宗旨和治学方法有关。传统的治学宗旨和治学方法，重视的是少数经典，靠的是传授和记诵，不太需要索引，自然不会重视索引，也没有把编纂索引看成是一种学问。

到 20 世纪初，随着教育的变革，各种知识的迅速增加和西方编纂索引的激发，开始出现了现代规范化的索引编纂。新中国成立之前，经由国内外许多学者的努力，编纂了许多重要的中国古籍索引。1922年蔡廷幹自刊自编的《道德经》索引——《老解老》。1926年陈乃乾编有《四库全书总目索引》。规模较大的是哈佛燕京学社和中法汉学研究所编纂的索引。哈佛燕京学社1928年在美国创立，1930年在我国燕京大学设北平办事处，办事处设引得编纂处。编纂处从1931年到1950年共出版引得64种，81册。中法汉学研究所通检组1942年在北京成立，从1943年到1952年共出版通检15种①。此外，重要的还有叶绍钧编的《十三经索引》，施廷镛编的《丛书子目书名索引》，顾颉刚的《尚书通检》，商务印书馆编印的《十通索引》，开明书店编印的《二十五史人名索引》，王重民编的《国学论文索引》等。

建国以后编制的索引，一般都称索引。建国以后，特别是20世纪80年代以来，随着对古籍的整理和古代文学史料的拓展，有不少学者和出版单位先后编印了一些有关古籍和古代文学史料的索引。如中华书局相继出版的《二十四史》人名索引。有些规范性的学术著作，书后特别附有人名或书名等索引。但遗憾的是，至今仍有一些学者和出版单位轻忽索引，怕麻烦，怕增加版面，不愿意编印索引。据有人粗略统计，我国目前出版的学术著作，有索引的不到40%。另外，在古代文学史料方面，用于检索术语、概念和命题的之类的专题索引，至今除了很少的一部分可以通过电脑和网络检索外，其他大部分尚属空白。还有，现在不少索引比较零碎，有待系统整理。著作没有索引，索引种类不全，索引不系统，给阅读和研究带来了诸多不便，浪费了很多时间和精力，也不符合国际学术惯例，影响了著作向国外传播。在这方面，我们应当重视国内外许多学者的呼吁和做法，并且付之于实践。胡适曾经说过：编制索引是整理国学的首步。郑振铎1932年在《插图本中国文学史·例言》中特别指出：

> "索引"为用至大，可以帮助读者省了不少无谓的时力。古书的难读，大都因没有"索引"一类的东西之故。新近出版的著作，有索引者还是不多，本书特费一部分时力，编制"索引"，附于全书之后，以便读者的检阅。

---

① 参阅潘树广《二十世纪的索引编纂与研究（代序）》，载卢正言主编《中国索引综录》，上海辞书出版社2000年版。

1937年郑振铎又写了《索引的利用与编纂》一文，说：

> 在今日而不知道利用"索引"的人，恐怕是不会走上研究的正轨的。"索引"和专门的参考书目乃是学问的两盏引路的明灯。

法国著名汉学家伯希和说："你们中国治理国学，第一要做各种索引。"另一位法国学者马伯乐特别强调了索引的重要："最耐烦最细心的研究，有时还不及一个好的索引。"[①]英国史学家卡莱尔曾激愤地说："应该将没有索引的书籍出版商，罚往地球以外十英里的地方。"[②]在日本，十分重视编纂索引。日本从事汉学的学者，自19世纪末开始，相继编制了大量的中国古籍索引。据不完全统计，日本编印的中国古籍索引，单就原文索引而言，即约占世界各地出版的全部中国古籍原文索引的80%，仅唐代的古籍原文索引就达38种。其中数量最多的是古籍集部原文索引[③]。

谈到索引，我们不应当忘记洪业。洪业是当代国际上著名的史学家之一，是引得的创始人和引得编纂处的总纂。他从自己的治学生涯中，深切地体会到少时读书不知道利用索引之苦，后来教书，决不令青年蹈自己少时的覆辙，处处留心索引之类工具书的使用。他指出：编索引书的人，"虽算不得有什么阐扬圣道、方轨文章的大功，但只就其曾为学者省了一分心血，已可谓是一种功德。所可惜者，这类书实在太少"[④]。洪业上面的言论，虽然见载于1932年，但他十分重视索引，把编索引视为"一种功德"。这很值得我们重视。他说的"这类书实在太少"，也大体符合现在的情况。我们应当继承前辈的优良传统，参照国外的做法，改变目前不注意使用和轻视编纂索引的状况。

索引的种类很多，就中国古代文学史料而言，根据检索的项目，大体可分为四种：

一，篇目索引，主要用于检索书名、文章题目和作者。如《中国古典文学论文索引》、《中国少数民族文学论文、作品索引》。

---

① [法]马伯乐著，陆侃如译《评郭沫若近著两种》，《文学年报》第2期，1936年5月。

② 转引自《文学遗产》编辑部编《世纪之交的对话：古典文学研究的回顾与展望》，上海古籍出版社2000年版，第141页。

③ 参阅陈东辉《试论日本所编的中国古籍索引》，《文献》2005年第2期。

④ 参阅洪业《引得说》，载1932年哈佛燕京学社引得编纂处出版《引得》增刊。

二，专名索引，主要用于检索人名、地名、书名等。如《春秋左传人名索引》、《史记地名索引》。

三，字、词语、句索引，主要用于检索单字、词语和句子。如《建安七子集逐字索引》、《陶渊明诗文句索引》、《搜神记语汇索引》。

四，类目索引，主要用于检索有关事类。如《论衡事类索引》、《六朝志怪小说情节单元分类索引》。

索引有多种刊印形态，归纳起来，大致有索引专书、杂志式索引、附加索引和索引丛刊等。

索引专书，指的是索引以专书的形式刊印的。如中华书局出版的《先秦汉魏晋南北诗作者篇目索引》、《文选索引》。索引专书，有些收录的内容年代较长，使用方便，但不够及时。

杂志式索引，如《全国报刊索引》，收录的内容一般是短时期的，按期出版，比较及时。

附加索引指的是索引没有单独印行，而是附加在一些书刊之后。这种形态的索引数量很大。如中华书局出版的宋代郭茂倩的《乐府诗集》后附有《作者姓名篇名索引》，台湾嘉新水泥公司文化基金会出版的《清代禁毁书目研究》书后附有 390 页的《清代禁毁书目索引》。

索引丛刊的特点是把多种索引编辑在一起加以刊印。常见的索引丛刊有两种形式。一是单行的索引丛刊，如 1966 年台湾成文出版社翻印的《哈佛燕京学社引得丛刊》，中法汉学研究所的《通检丛刊》。一是作为丛书的一部分。如周骏富编印《明人传记丛刊》和《清人传记丛刊》两套传记丛书，分别为两套丛书各编索引三大册。中国社会科学院文学研究所等主编《中国近代文学研究资料丛书》分三部分，其中有一部分即“目录索引资料”。上海书店出版社出版的《中国近代文学大系》共 12 集，其中有一集为“史料索引”。

我们在搜集和检索史料时，应当像重视目录一样的重视索引。索引把各种资料做了“索引式的整理”，具有导引、示址的作用。使用索引，就会容易搜集检索到我们所需要的史料，能节省许多时间和精力。

索引是基于一定的内容、依据一定的规则编纂的。我们在使用索引时，要注意以下三点：

一、知范围、明方法。每种索引都有一定的、明确的范围，或是一部书，或是一套书，或是其他。同时每种索引都是按照一定的编辑规则编辑的，如按笔画、拼音、四角号码、内容和时间的先后等来编排。我们在使用索引时，首先应当知范围、明方法。要做到这一点，最简便的方法是先阅读每种索引正文前面的“凡例”（如余嘉锡的《世说新语笺疏》书后所附的《〈世说新语〉人名索引》、《〈世说新语〉引书索引》正文前均有“凡例”），或“例言”（如中华书局出版的《史记》、《汉书》等正史的“人名索引”之前，均有“例言”）和“编辑说明”（如中国社会科学院文学研究所图书资料室编的《中国古典文学研究论文索引》正文前有“编辑说明”）。

二、要选择。索引同其他工具书一样，具有时代性。就现有索引来看，有些同一史料的索引，先后出现了多种。其中有的依据的版本不同。一般的情况是后出的、经过增补的、校勘的版本较好。因此，后出的依据新的版本编的索引要好一些。我们在使用时，一般应注意选用新编的、质量好的、容易检索和容易找到的索引。如“正史”人物传记索引，先后至少有清人汪辉祖编的《史性韵编》，梁启雄编的《廿四史传目引得》，张忱石、吴树平编的《二十四史传记人名索引》①，上海古籍出版社、上海书店编印的《二十五史传记人名索引》②。在上述四种索引中，应当选用后两种。因为后两种用的版本是统一影印的《二十五史》，并兼注通行的中华书局校点本的册数、卷数和页码。查找和检索都很方便。再如关于《文心雕龙》的语句索引和研究论著索引，都有多种。语句索引至少有四种，研究论著索引至少有八种。在诸多索引中，语句索引可选用朱迎平编的《〈文心雕龙〉索引》，研究论著索引可选用戚良德编的《文心雕龙学分类索引》。上述两种索引，编印的时间较晚，相当全面，也容易找到。此外，一般的索引都力求全面，但也有少数索引属于“摘要”。我们在使用索引时，应当尽量采用比较全面的。

三、同目录相结合。索引和目录，本来是兄弟和姊妹，关系密切。另外，有些索引和目录并没有做明确的区分。就现存的索引和目录来看，有些目录与索引并用连用，《全上古三代秦汉三国六朝文篇名目录及作者索引》就属于这种情况。有的同类性质的内容，或编为索引，或编为目录。一个明显的例证是，对同一类的古代文学研究论著篇目，有的编为“索引”，如北京

---

① 中华书局 1980 年版。

② 上海古籍出版社 1990 年版。

师范学院中文系资料室、中国社会科学院文学研究所图书资料室编的《中国古典文学研究论文索引》(增订本),有的则编为"目录",如台湾洪顺隆主编的《中外六朝文学研究文献目录》(增订版)。鉴于上述情况,我们在使用索引时,要留心参用相关的目录。

四、要全面检索。有的索引所含的内容并不单一,如《中国少数民族文学论文、作品索引》,就含有研究史料和作品史料两方面的内容。如果单一检索,就会有所遗漏。

附:现当代新编古代文学史料索引要目

通　代

综合

《艺文志二十种综合引得》　田继综编　哈佛燕京学社 1933 年版　中华书局 1960 年影印

《资治通鉴索引》　[日]佐伯富编　京都大学人文科学研究所 1961 年版

《续资治通鉴长编语汇索引》　[日]梅原郁编　京都同朋舍 1989 年版

《古书同名异称举要》　张雪庵编　山东人民出版社 1980 年版

《同书异名通检》[增订本]　杜信孚等编　江苏人民出版社 1982 年版

《同名异书通检》　杜信孚等编　江苏人民出版社 1982 年版

《四库全书总目及未收书目引得》　哈佛燕京学社引得编纂处编　哈佛燕京学社 1932 年版

《四库全书目录索引》　上海古籍出版社编　上海古籍出版社 2003 年版

《四库全书存目丛书·目录索引》　齐鲁书社 1997 年版

《四库存目标注索引》　程远芬编　载杜泽逊撰《四库存目标注》附　上海古籍出版社 2007 年版

《续修四库全书目录索引》 续修四库全书编辑委员会　复旦大学图书馆古籍部编　上海古籍出版社 2003 年版

《四库禁毁书丛刊索引》 四库禁毁丛刊编纂委员会编　北京出版社 2001 年版

《四库未收书辑刊·卷首·目录索引》 北京出版社 2000 年版

《中国丛书目录及子目索引汇编》 施廷镛主编　南京大学 1982 年印行

《中国丛书综录》3《索引》 上海图书馆编　上海古籍出版社 1986 年版

《最近杂志要目索引》(1930 年 2 月至 1937 年年底　1947 年春至 1949 年 5 月) 上海《人文》编辑部编印

《全国报刊索引》 上海图书馆编印①

《中国文学史参考资料索引》 武汉大学中文系编印　1958 年版

《中国文学史参考资料索引》 天津师范学院中文系编印　1980 年版

传记史料

《二十五史人名索引》 二十五史刊行委员会编　开明书店 1935 年版　中华书局 1956 年重印

《二十五史纪传人名索引》 上海古籍出版社　上海书店编　上海古籍出版社 1990 年版

《二十四史纪传人名索引》 张忱石　吴树平编　中华书局 1980 年版

《二十四史人名索引》 中华书局编　中华书局 1998 年版

《历代同姓名引得》 哈佛燕京学社引得编纂处编　哈佛燕京学社

---

① 此索引前身名为《全国主要报刊资料索引》。1955 年 3 月,上海报刊图书馆创办了《全国主要期刊资料索引》,双月刊。1956 年 7 月改为月刊,由上海市图书馆编印。1966 年 10 月停刊。1973 年 10 月复刊,改名《全国报刊资料索引》,1980 年更名为《全国报刊索引》,按哲社版、科技版分册,每月各出一本。此索引从 1993 开始实施计算机化工程,哲社版的电子版中文社科报刊篇名数据库已可应用,可检索 1993 年以后的报刊论文资料。从此索引的"文学·古典文学"类目和其他有关的类目中可以检索到古典文学论文。

1931年版

《古今人物别名索引》 陈德芸编 上海书店出版社1982年影印本

《室名别号索引》(增订本) 陈乃乾编 丁宁等补编 中华书局1982年版

《历代人物谥号封爵索引》 杨震方 水赉佑编著 上海古籍出版社1996年版

《四库全书文集篇目分类索引:传记文之部》“中华文化复兴运动推行委员会”四库全书索引编纂小组主编 台湾商务印书馆1989年版

《四库全书传记资料索引》“中华文化复兴运动推行委员会”四库全书索引编纂小组主编 台湾商务印书馆1990年版

《历代诗史长编人名索引》 王德毅编 台北鼎文书局1972年版

《中国古今题画诗词全璧作者索引》 石理俊主编 载其主编《中国古今题画诗词全璧》 河北教育出版社1994年版

《曲家碑传资料索引》 王永宽 王钢编 载其著《中国戏曲史编年》(元明卷附录) 中州古籍出版社1994年版

作品史料

《中国少数民族作家作者文学作品目录索引》(1949—1977) 中央民族学院图书馆编印 1979年版

《中国少数民族文学论文、作品索引》 中国社会科学院少数民族文学研究所图书资料室编印 1984年版

《古代诗词名曲名句选索引》 刘利等编 载其编《古代诗词名曲句选》 广西人民出版社1982年版

《历代名诗索引》 孙寿玮编 上海辞书出版社1999年版

《汉诗大观索引》 [日]佐久节编 东京井田书店1943年版 岳麓书社1991年版①

---

① 此索引包括:[清]沈德潜《古诗源》、[清]张玉穀《古诗赏析》、[明]李攀龙《唐诗选》、[宋]周弼《三体诗》、张景新等《宋诗别裁》以及《陶渊明集》、《李白诗集》、《杜少陵诗集》、《王右丞诗集》、《韩昌黎诗集》、《白乐天诗集》、《苏东坡诗集》、《黄山谷诗集》、《陆放翁诗集》。索引为诗句首句索引。

《中国诗人选集总索引》［日］吉川幸次郎　小川环树编　岩波书店1959年版

《中国旧诗佳句韵编》　王芸孙编　岳麓书社1984年版

《中国名诗句通检》　刘占锋主编　河南大学出版社2002年版

《先秦汉魏晋南北朝诗作者篇目索引》　常振国　绛云编　中华书局1988年版

《诗渊索引》　刘卓英主编　书目文献出版社1993年版

《中诗英译索引》　黄凯琪等编　夏威夷大学出版社1977年版

《四库全书文集篇目分类索引:杂文之部》　"中华文化复兴运动推行委员会"四库全书索引编纂小组主编　台湾商务印书馆1989年版

《全上古三代秦汉三国六朝文篇名目录及作者索引》　中华书局1965年编辑出版

《历代名赋索引》　载迟文浚　许志刚等主编《历代赋辞典》　辽宁人民出版社1992年版

《词名索引》(增补本)　吴藕汀编著　中华书局2006年版

《唐宋金元词文库及赏析系统索引》　http://www.202.119.104.80/ci_ku/　南京师范大学课题组研制　负责人张成

《词综作品索引》　载［清］朱彝尊　汪森编《词综》　上海古籍出版社2005年版

《中国通俗小说同书异名书目通检》　萧相恺等编　载《中国通俗小说总目提要》　中国文联出版公司1990年版

《中国历史演义全集索引》　台湾远流出版社编印　1980年版

《日本稀见小说索引》　谭正璧编撰　浙江文艺出版社1984年版

《笔记小说大观丛刊索引》　台北新兴书局有限公司编印　1981年版

《中国随笔索引》［日］京都大学东洋史研究会编　日本学术振兴会1954年版

《中国随笔杂著索引》［日］佐伯富编　京都大学东洋史研究会1960年版

《中国随笔杂著四十一种索引》［日］矢岛玄亮编　仙台东北大学附属图书馆1965年版

《古典小说戏曲地方戏曲艺书名笔画综合索引》 朱一玄 董泽云等编 载其编《古典小说戏曲书目》 吉林文史出版社 1991 年版 附录

《台湾古典小说戏曲书名笔画综合索引》 朱一玄 董泽云等编 载其编《古典小说戏曲书目》 吉林文史出版社 1991 年版 附录

《古典戏曲存目汇考戏曲名目索引》 庄一拂编 载其著《古典戏曲存目汇考》 上海古籍出版社 1982 年版

《我国歌曲源流索引》 无为居士 曹文锡编 台湾《春秋》第 821 期

研究史料

《复印报刊资料索引》 中国人民大学书报资料中心编印①

《中文期刊论文分类索引》 台湾大学图书馆编印②

《中国古籍整理研究论文索引》(清末—1983 年) 东北师大古籍整理研究所辞书编辑室编著 江苏古籍出版社 1990 年版

《中国古典文学评论资料索引》(初编:1949—1959 续编:1960.1—1960.12) 福建师范学院中文系中国古典文学教研室编 福建人民教育出版社出版 1960 年、1962 年分别出版

《中国古典文学研究论文索引》(增订本)(1949—1966.6) 北京师范学院中文系资料室 中国社会科学院文学研究所图书资料室编 中华书局 1979 年版

《中国古典文学研究论文索引》(1949—1980) 中山大学中文系资料室编 广西人民出版社 1984 年版

---

① 《复印报刊资料》按类分专题,以分册形式公开发行。各册每期后附此社已经复印的资料目录。1983 年开始,又增加了未复印的专题资料索引。各册所附条目按年度汇编成册。文学艺术类包括八种期刊,覆盖文学研究各分支学科及戏剧、音乐、舞蹈、绘画、书法、雕塑等艺术领域。其中集中汇编国内七八百种报刊上发表的中国古代文学论文的是《中国古代、近代文学研究》分册及其所附的索引。此索引包括中国古代、近代文学论文索引,中国古代、近代文学理论研究索引。成册索引有电子版。

② 此书是检索台湾光复后期刊论文的重要索引。1970 年 1 月以后可参台湾"中央图书馆"编的《"中华民国"期刊论文索引》,有月刊、季刊,每年有汇编本。已全部录制《"中华民国"期刊论文索引光碟系统》(1992),收录发表于国内所出版的 1800 多种中西文期刊、学报上的各类论文篇目。资料每 6 个月更新 1 次。

《中国古典文学研究论文索引》(1966.7—1979.12)　中国社会科学院文学研究所图书资料室编　中华书局1982年版

《中国古典文学研究论文索引》(1980.1—1981.12)　中国社会科学院文学研究所图书资料室编　中华书局1985年版

《中国古典文学研究论文索引》(1982.1—1983.12)　中国社会科学院文学研究所图书资料室编　中华书局1988年版

《中国古典文学研究论文索引》　中国社会科学院文学研究所编　中华书局1993年版

《文学遗产索引》(1954.3—1966.6)　高宇蛮编　中华书局1981年版

《一五二二种学术论文集史学论文分类索引》　周迅　李凡等编　书目文献出版社1990年版

《〈管锥编〉〈谈艺录〉索引》　陆文虎编　中华书局1994年版

《新时期先秦两汉魏晋南北朝文学研究论著要目索引》　刘运好编　载其编著《新时期中国古典文学研究述论》第1卷《先秦—六朝》　商务印书馆2006年版

《甘肃古代作家研究论著索引》　甘肃省社会科学院文学研究室、图书资料室编　《关陇文学论丛》第1集　甘肃人民出版社1982年版

《古代散文研究论文索引:1905—1989》　效韩编　载王洪主编《古代散文百科大辞典》　学苑出版社1991年版

《国外古文研究论著目录索引》　王丽娜编　载王洪主编《古代散文百科大辞典》　学苑出版社1991年版

《台港古文研究论著目录索引》　王立柱编　载王洪主编《古代散文百科大辞典》　学苑出版社1991年版

《辞赋研究论著索引》(至1993年)　王琳　孙志梅编　载霍松林主编《辞赋大辞典》　江苏古籍出版社1996年版　《附录》

《词学研究论文目录索引》(1911—1979)　华东师范大学中文系古典文学教研室编　载《词学研究论文集》2册　上海古籍出版社1982、1988年出版

《五十年代前词学研究论文索引:总论部分》　赵为民　程郁缀编　台北五南图书出版公司1989年版

《词学索引》　载《词学论著总目》贰《词籍·六索引》　主编林玫仪

"中央研究院"文哲研究所筹备处 1995 年版

《韩国学者词学研究著作、论文索引》(1958—2004) 薛玉坤编 《中国韵文学刊》2005 年第 3 期

《部分文言小说论文索引》 侯忠义编 载其著《中国文言小说参考资料》 北京大学出版社 1985 年版

《中国古代小说研究论文要目索引》 淮茗编 《明清小说研究》 2000—2004 年①

《中国白话小说语释索引》 [日]大阪市立大学文学部中国语学中国文学研究室编 1958 年出版第 1 册 1962 年出版第 2 册

《中国古典戏曲小说研究索引》 于曼玲编 广东高等教育出版社 1992 年版

《中国小说戏曲词汇研究辞典:综合索引篇》(1—6) [日]波多野太郎编 横滨市立大学 1956—1961 年出版

《中国古典戏曲语释索引》 [日]大阪市立大学文学部中国语学中国文学研究室编 名古屋采华书林 1970 年印

《古代戏曲研究论文索引》(1977—1981) 《曲苑》第 1 辑 江苏古籍出版社 1984 年

《中国古代戏曲研究论文索引》(1993—2001) 吴晓惠 徐丽蓉等编 《戏曲研究》第 57—61 辑 中国戏剧出版社 2001—2003 年出版

《散曲研究论文索引》(1912—1981.10) 何贵初编印 香港 1981 年版

《昆曲研究资料索引》 洪惟助主编 台湾传统艺术中心 2002 年

《中国古典戏曲研究资料索引》 香港大学中文学会编 香港广角镜出版社 1989 年版

《戏剧论著索引》 台湾"中国文化学院"戏剧电影研究所编印 1969 年版

《戏曲理论文章索引:1949—1981》 中国艺术研究院资料馆报刊组编印 1983 年版

《戏曲文物研究论著索引》 车文明编 载其著《20 世纪戏曲文物的发现与曲学研究》 文化艺术出版社 2001 年版 《附录》

---

① 此索引选录 1999—2004 年论文。

《报刊傩戏论文索引》(1990—1994)　乔淑萍辑　《中华戏曲》总第14、19辑　山西古籍出版社1993、1996年出版

《目连戏论文索引》(1991—1998)　乔淑萍辑　《中华戏曲》总第16、20辑　山西古籍出版社1995、1997年出版　24辑　文化艺术出版社2000年出版

《巫傩文化与仪式剧论文索引》(1995—2000)　乔淑萍辑　《中华戏曲》总第22辑　山西古籍出版社1999年出版　27辑　文化艺术出版社2002年出版

《南戏研究论著索引》　金宁芬编著　载其《南戏研究变迁》　天津教育出版社1992年版

《国外研究中国戏曲的英语文献索引》　孙玫辑译　《戏曲研究》第20辑　文化艺术出版社1986年版

《中国历代文学理论重要专著篇目索引》　南京大学中文系编印　1964年版

《中国古代文学理论批评名篇名著篇目索引》　张连第等编　吉林人民出版社1985年版

《历代诗话人名和分类索引》　中华书局文学编辑室编　中华书局1981年版

《词话丛编索引》　李复波编　中华书局1991年版

《中国古典文学理论批评史专题目录索引》　复旦大学文学研究室编印　1980年版

《中国古代文艺理论研究论文索引》　武汉大学中文系中国古代文学理论研究室编印　1980年版

《中国古代文论研究论文索引》(解放前部分)　中国人民大学古代文论资料编选组编　载其编《中国古代文论研究论文集》　上海古籍出版社1987年版

《二十世纪中国古典文艺理论研究论文索引》　叶农编　广州花城出版社2005年版

民间文学史料

《二十五史谣谚通检》(增订本)　尚恒元　彭善俊编　山西古籍出

版社 2005 年版

《中国民间故事类型索引》［美］丁乃通编著　郑建威　段宝林等译　中国民间文艺出版社 1986 年版

《民间文学作品与理论资料索引》　中国民间文艺研究会编印 1964 年版

《民间文学研究资料目录索引》　老彭编　西南师范学院中文系 1980 年版

《中国民间文学论文索引：1949—1980》　中国社会科学院文学研究所民间文学室等编　1981 年版

《民间文学论文目录索引：1980—1983》　李建中编　西南师范学院中文系 1984 年版

敦煌学

《敦煌遗书总目索引新编》　敦煌研究院编　中华书局 2000 年版

《敦煌宝藏总目分类索引》　黄永武主编　台北新文丰出版公司 1985 年版

《国家图书馆藏敦煌遗书研究论著目录索引》　申国美编　北京图书馆出版社 2001 年版

《2002 年敦煌学研究论著目录索引》　陈丽萍　江海云编　《敦煌学辑刊》2003 年第 2 期

《〈敦煌变文集〉口语语汇索引》［日］入矢义高编印　京都 1961 年版

《敦煌变文论著索引：1920—1977》《古籍整理出版情况简报》1980 年第 1 期增刊

《中国敦煌吐鲁番学著述资料目录索引：1909—1984》　卢善焕等编　陕西省社会科学院 1985 年版

《中国敦煌吐鲁番学著述资料目录索引：1985—1989》　师勤编　中国敦煌吐鲁番学会 1990 年版

断　代

先秦

《十三经索引》（重订本）　叶绍钧编　中华书局 1983 年版

《十三经新索引》(修订本)　李波等主编　中国广播电视出版社 2003 年版

《十三经新索引》　栾贵明　田奕主编　北京文信传文史研究院编制　中国社会科学出版社 2004 年版

《十三经注疏经文索引》　李乃扬　[日]中津滨涉编　台北大化书局股份有限公司 1995 年版

《诗经索引》　陈宏天　李岚编　书目文献出版社 1984 年版

《毛诗引得·附标校经文》　哈佛燕京学社引得编纂处编　哈佛燕京学社 1934 年版　上海古籍出版社 1986 年影印本

《毛诗逐字索引》　刘殿爵　陈方正主编　香港商务印书馆 1995 年版

《毛诗注疏引书引得》　哈佛燕京学社引得编纂处编　哈佛燕京学社 1937 年版　上海古籍出版社 1986 年影印本

《韩诗外传逐字索引》　刘殿爵　陈方正主编　台湾商务印书馆 1992 年版

《诗经名句索引》　任自斌编　载任自斌　和近健主编《诗经鉴赏辞典》　河海大学出版社 1989 年版

《〈诗集传〉事类索引》　[日]后藤俊瑞编　西宫市武库川女子大学文学部　中国文学研究室 1960 年版

《尚书通检》　顾颉刚主编　哈佛燕京学社 1935 年版　书目文献出版社 1982 年影印

《尚书逐字索引》　何志华等编辑　香港商务印书馆 1995 年版

《尚书大传逐字索引》　刘殿爵　陈方正主编　香港商务印书馆 1994 年版

《逸周书逐字索引》　刘殿爵　陈方正主编　台北商务印书馆 1992 年版

《周礼引得附注疏引书引得》　哈佛燕京学社引得编纂处编　哈佛燕京学社 1940 年版

《礼记引得》　哈佛燕京学社引得编纂处编　哈佛燕京学社 1937 年版

《仪礼引得附郑注引书及贾疏引书引得》　哈佛燕京学社引得编纂

处编　哈佛燕京学社1932年版

《周易引得》　哈佛燕京学社引得编纂处编　哈佛燕京学社1935年版　上海古籍出版社1986年影印

《周易逐字索引》　刘殿爵　陈方正主编　台北商务印书馆1995年版

《周易逐字索引》　何志华等编辑　香港商务印书馆1995年版

《易学论文索引》　吕美泉编　载吕绍纲主编《周易辞典》　吉林大学出版社1992年版

《春秋经传引得》　洪业等编　哈佛燕京学社1937年版　上海古籍出版社1983年影印

《春秋经传注疏引书引得》　哈佛燕京学社引得编纂处编印　1937年版　上海古籍出版社1983年影印

《综合春秋左氏传索引》　[日]大东文化学院志道会研究部编　东京汲古书院1981年版

《春秋左传人名索引》　上海人民出版社编　载[晋]杜预集解《春秋左传集解》　上海人民出版社1977年版

《春秋左传逐字索引》　刘殿爵　陈方正编　台湾商务印书馆1995年版

《春秋左传逐字索引》　何志华等编　香港商务印书馆1995年版

《〈左传〉人名地名索引》　[日]重泽俊郎　佐藤匡玄编　东京弘文堂1935年版

《〈左传〉人物研究论著索引》(1949—2003)　何新文编　载其著《〈左传〉人物论稿》　中国社会科学出版社2004年版

《公羊传逐字索引》　刘殿爵编　台湾商务印书馆1995年版

《春秋穀梁传人名地名索引》　[日]中村俊也等编　东京龙溪书舍1980年版

《春秋穀梁传逐字索引》　刘殿爵编　台湾商务印书馆1995年版

《国语引得》　鲍吾刚编　台北成文出版社1973年版

《国语引得》　张以仁编　台北"中央研究院"历史语言研究所1976年版

《国语人名索引》　上海师范大学古籍整理研究所等编　载[春秋]

左丘明撰《国语》　上海古籍出版社 1978 年版

《国语索引》　[日]铃木隆一编　京都东方文化学院京都研究所 1934 年版

《战国策通检》　巴黎大学北平汉学研究所 1948 年编辑出版　台北成文出版社 1968 年版

《战国策固有名词索引》　[日]重泽俊郎编　东京《中国的文化与社会》1960 年第 8 期

《战国策逐字索引》　刘殿爵　陈方正主编　台北商务印书馆 1992 年版

《山海经通检》　巴黎大学北平汉学研究所编　台北成文出版社 1968 年版

《山海经名物索引》　张明华编　载袁珂校注《山海经校注》　上海古籍出版社 1980 年版

《山海经、穆天子传、燕丹子逐字索引》　刘殿爵　陈方正主编　台湾商务印书馆 1994 年版

《四书索引》　[日]森本角藏编　东京不昧堂 1952 年版

《朱子四书集注索引》　[日]后藤俊瑞编　广岛大学文学部中国哲学研究室 1954 年版

《朱子四书或问索引》　[日]后藤俊瑞编　广岛大学文学部中国哲学研究室 1955 年版

《诸子百家研究论文索引：1900—1992》　岳仁堂等编　载刘冠才等主编《诸子百家辞典》　北京华龄出版社 1994 年版

《老子索引》　叶廷干编　台北文史哲出版社 1979 年版

《老子逐字索引》　刘殿爵主编　香港商务印书馆 1996 年版　台北商务印书馆 1996 年版

《论语引得》　哈佛燕京学社引得编纂处编　哈佛燕京学社 1940 年版

《论语索引》　北京大学图书馆索引编纂研究部编　北京大学出版社 1992 年版

《论语索引》　幺峻洲编　齐鲁书社 2005 年版

《论语逐字索引》　刘殿爵　陈方正主编　香港商务印书馆 1995

年版

《〈孔子诗论〉研究论著目录索引》 陈桐生编 载其著《孔子诗论研究》 中华书局2005年版 《附录》三

《墨子引得》 哈佛燕京学社引得编纂处编 哈佛燕京学社1941年版

《诸子引得:墨子》 蒋致远主编 台北宗青图书出版公司 1986年版

《墨子逐字索引》 刘殿爵主编 香港商务印书馆2001年版

《墨子研究论文分类索引:1904—1995》 谭家健编 载其著《墨子研究》 贵州教育出版社1995年版

《孟子引得》 哈佛燕京学社引得编纂处编 哈佛燕京学社1941年版 上海古籍出版社1986年影印

《孟子索引》 北京大学图书馆索引编纂研究部编 北京大学出版社1992年版

《孟子研究资料索引》 曲阜师范学院图书馆编印 1983年版

《庄子引得》 哈佛燕京学社引得编纂处编 哈佛燕京学社1941年版

《诸子引得:庄子》 蒋致远主编 台北宗青图书出版公司 1986年版

《荀子引得》 哈佛燕京学社引得编纂处编印 1950年版 上海古籍出版社1986年影印

《诸子引得:荀子》 蒋致远主编 台北宗青图书出版公司 1986年版

《荀子逐字索引》 刘殿爵 陈方正主编 香港商务印书馆1996年版

《韩非子引得》 庄为斯编 台北中文研究资料中心1975年版

《韩非子索引》 周钟灵 施孝适等主编 中华书局1982年版

《诸子引得:韩非子》 蒋致远主编 台北宗青图书出版公司1985年版

《吕氏春秋通检》(与《论衡通检》合刊) 中法汉学研究所通检组编印 1943年版 上海古籍出版社1986年影印

《吕氏春秋逐字索引》 刘殿爵 陈方正主编 香港商务印书馆 1994 年版

《吕氏春秋索引》 张双棣等编 山东教育出版社 1999 年版

《尔雅引得》 哈佛燕京学社引得编纂处编 哈佛燕京学社 1941 年版

《楚辞研究论文目录索引》 王从仁等编 载《楚辞研究论文选》 湖北人民出版社 1985 年版

《20 世纪 90 年代楚辞研究论著索引》(一、二、三) 王媛编 分别载于中国屈原学会编《中国楚辞学》第 1、2、3、4 辑 学苑出版社出版 第 1 辑出版于 2002 年 第 2、3 辑出版于 2003 年 第 4 辑出版于 2004 年

《〈九章〉及其具体作品研究索引》(1990—1999) 首都师范大学中国诗歌研究中心主办《中国诗歌研究通讯》2003 年春季卷

《宋玉研究论著索引》(1900—2004.6) 吴广平编 载其著《宋玉研究》 岳麓书社 2004 年版 《附录》一

《先秦两汉古籍逐字索引丛刊》 刘殿爵 陈方正主编 台湾商务印书馆 1992 年陆续出版①

两汉

《两汉列传人名索引》 庄鼎彝编 商务印书馆 1935 年版

《全汉诗索引》 [日]松浦崇编 棹歌书房 1984 年版

《汉赋研究论文索引》 赵元芳编 载阮忠著《汉赋艺术论》 华中师范大学出版社 1993 年版

《贾谊新书索引》 刘殿爵 陈方正主编 香港商务印书馆 1994 年版

《淮南子通检》 中法汉学研究所编印 1944 年版 台北成文出版社 1968 年版

---

① 已出版:《兵书四种(孙子、尉缭子、吴子、司马法)逐字索引》、《列女传逐字索引》、《商君书逐字索引》、《孔子家语逐字索引》、《尚书大传逐字索引》、《战国策逐字索引》、《东观汉记逐字索引》、《淮南子逐字索引》、《韩诗外传逐字索引》、《盐铁论逐字索引》、《礼记逐字索引》、《山海经逐字索引》、《穆天子传逐字索引》、《燕丹子逐字索引》、《春秋繁露逐字索引》、《吴越春秋逐字索引》、《周礼逐字索引》、《晏子春秋逐字索引》,何志华编《汉官六种逐字索引》等数十种。

《淮南子逐字索引》 刘殿爵 陈方正主编 台北商务印书馆 1992年版

《史记及注释综合引得》 哈佛燕京学社引得编纂处编 哈佛燕京学社1947年版 上海古籍出版社1986年影印

《史记索引》(修订版) 李晓光 李波主编 中国广播电视出版社 2001年版

《史记三家注引书索引》 段书安编 中华书局1982年版

《史记人名索引》 钟华编 中华书局1977年版

《史记地名索引》 嵇超 郑宝恒等编 中华书局1990年版

《史记研究资料和论文索引》 中国科学院历史研究所编 北京科学出版社1957年版

《评介史记研究之资料与论文索引》 陈飞龙编 台北《出版与研究》1978年第30期

《〈史记〉研究论著索引》 郑之洪编 载其主编《史记文献研究》 巴蜀书社1997年版 《附录》一

《〈史记〉研究论文索引》 俞樟华编 载郑之洪主编《史记文献研究》 巴蜀书社1997年版 《附录》二

《史记论著提要与论文索引》 俞樟华 邓瑞全主编 载张大可 安平秋主编《史记研究集成》 北京华文出版社2005年版

《新序通检》 中法汉学研究所通检组编印1946年版

《新序逐字索引》 刘殿爵 陈方正主编 台北商务印书馆1992年版

《说苑引得》 哈佛燕京学社引得编纂处编印 1931年版

《说苑逐字索引》 刘殿爵 陈方正主编 台北商务印书馆1992年版

《汉书及补注综合引得》 哈佛燕京学社引得编纂处编 哈佛燕京学社1934年版 上海古籍出版社1986年影印本

《汉书人名索引》 魏连科编 中华书局1979年版

《汉书地理志郡县名索引》 [日]胜村哲也编 京都《鹰陵史学》1976年第2期

《汉书地名索引》 陈家麟 王仁康编 中华书局1990年版

《汉书索引》　李波等主编　中国广播电视出版社 2001 年版

《后汉书及补注综合引得》　哈佛燕京学社引得编纂处编　哈佛燕京学社 1949 年版　上海古籍出版社 1986 年影印本

《后汉书人名索引》　李裕民编　　中华书局 1979 年版

《后汉书地名索引》　王天良编　　中华书局 1988 年版

《后汉书索引》　李波等主编　中国广播电视出版社 2002 年版

《后汉书语汇集成》　[日]藤田至善编　京都大学人文科学研究所 1960—1962 年分 3 册出版

《论衡通检》(与《吕氏春秋通检》合刊)　中法汉学研究所通检组编印　1943 年版　上海古籍出版社 1986 年影印

《论衡事类索引》　[日]山田胜美编　东京大东文化研究所 1960 年版

《论衡固有名词索引》　[日]山田胜美编　东京大东文化研究所 1961 年版

《论衡索引》　程湘清等编　中华书局 1994 年版

《论衡逐字索引》　刘殿爵　陈方正主编　台北商务印书馆 1996 年版

《列女传索引》　[日]宫本胜　三桥正信编　东京东丰书店 1982 年版

《吴越春秋逐字索引》　刘殿爵　陈方正主编　台湾商务印书馆 1993 年版

《越绝书逐字索引》　刘殿爵　陈方正主编　台湾商务印书馆 1993 年版

《风俗通义人名索引》《风俗通义引书索引》　吴树平编　载[东汉]应劭撰　吴树平校释《风俗通义校释・附录》　天津人民出版社 1980 年版

《风俗通义逐字索引》　刘殿爵　陈方正主编　台湾商务印书馆 1996 年版

《汉魏丛书人名索引》　[日]藤田忠编　京都中文出版社 1978 年版

《汉魏碑文金文镜铭索引》　[日]内野熊一郎编　东京极东书店

1966—1969 年出版

魏晋南北朝

《六朝墓志检要》 王壮弘 马成名编 上海书画出版社 1985 年版

《三国志及裴注综合引得》 哈佛燕京学社引得编纂处编印 1938 年版 上海古籍出版社 1986 影印

《三国志人名索引》 高秀芳 杨济安编 中华书局 1980 年版

《三国志地名索引》 王天良编 中华书局 1980 年版

《三国志索引》 李波等主编 中国广播电视出版社 2002 年版

《晋书人名索引》 张忱石编 中华书局 1977 年版

《南朝五史人名索引》 张忱石编 中华书局 1985 年版

《北朝四史人名索引》 陈仲安 谭两宣等编 中华书局 1988 年版

《全晋诗索引》 [日]松浦崇编 福冈棹歌书房 1987 年版

《北齐诗索引》 [日]松浦崇编 福冈棹歌书房 1987 年版

《六朝志怪小说情节单元分类索引》 金荣华编 台北中国文化大学中文研究所 1984 年版

《建安七子集逐字索引》 刘殿爵 陈方正等主编 香港中文大学出版社 2001 年版

《建安文学研究论著索引》(1905—1991) 王巍 李文禄主编 载其主编《建安诗文鉴赏辞典》 东北师范大学出版社 1994 年版《附录》

《五胡十六国论著索引》 刘建中编 黄山书社 2008 年版

《文选注引书引得》 哈佛燕京学社引得编纂处编印 1935 年版 上海古籍出版社 1990 年影印

《文选索引》 [日]斯波六郎编 李庆译 上海古籍出版社 1997 年版

《古今文选目录索引》 盖美凤 刘惠华编 台北国语日报出版社 1994 年版

《中外学者文选学论著索引》(1911.1—1993.6) 俞绍初 许逸民主编 中华书局 1998 年版

《玉台新咏索引》[日]小尾郊一 高志真夫编 东京山本书店1976年版

《曹操集逐字索引》刘殿爵 陈方正等主编 香港中文大学出版社2000年版

《曹丕集逐字索引》刘殿爵 陈方正等主编 香港中文大学出版社2000年版

《曹植集逐字索引》刘殿爵 陈方正等主编 香港中文大学出版社2001年版

《诸葛亮研究资料目录索引》(1926—1983) 陈绍乾 谭良啸编 载其著《诸葛亮研究》巴蜀书社1985年版

《阮籍咏怀诗索引》[日]松本幸男编 载其著《阮籍的生涯与咏怀诗》东京本耳社1977年版

《嵇康集"诗"索引》[日]松浦崇编 福冈中国书店1981年版

《人物志引得》鲍吾刚编 台北成文出版社1974年版

《〈人物志〉研究资料索引》王玫编 载其评著《人物志》红旗出版社1996年版《附录》

《张华集逐字索引 张载集逐字索引 张协集逐字索引》刘殿爵 陈方正等主编 香港中文大学出版社2003年版

《陆机诗索引》[日]后藤秋正编 东京松云堂书店1976年版

《刘琨研究论文索引》(1960—1994) 赵天瑞编 载其编著《刘琨集》天津古籍出版社1996年版

《搜神记语汇索引》[日]原田种成编 东京《大东文化纪要:人文科学》1981年第3期 1982年第3期 1983年第3期

《陶渊明诗文综合索引》[日]堀江忠道编 京都汇文堂书店1976年版

《陶渊明诗文句索引》顾青编 载袁行霈撰《陶渊明集笺注》中华书局2003年版

《二十世纪中日韩陶渊明研究资料索引》(初稿) 陈忠主编 陶渊明研究中心 中国九江 2000年

《谢灵运诗索引:附山居赋语汇索引 谢灵运集外诗》[日]兴膳宏编 京都大学中国文学学会1981年版

《谢灵运集逐字索引》 刘殿爵 陈方正等主编 香港中文大学出版社 1999 年版

《〈世说新语〉人名索引》《〈世说新语〉引书索引》 张忱石编 载[南朝宋]刘义庆著 [南朝梁]刘孝标注 余嘉锡笺疏《世说新语笺疏》(修订本) 上海古籍出版社 1993 年版

《谢宣城诗一字索引》 [日]盐见邦彦编 名古屋采华书林 1970 年版

《谢朓集逐字索引》 刘殿爵 陈方正等主编 香港中文大学出版社 1999 年版

《齐竟陵王萧子良集逐字索引》 刘殿爵 陈方正等主编 香港中文大学出版社 1999 年版

《沈约集逐字索引》 刘殿爵 陈方正等主编 香港中文大学出版社 2000 年版

《梁昭明太子萧统集逐字索引》 刘殿爵 陈方正等主编 香港中文大学出版社 2001 年版

《徐陵集逐字索引》 刘殿爵 陈方正等主编 香港中文大学出版社 2000 年版

《文心雕龙索引》 朱迎平编 上海古籍出版社 1987 年版

《文心雕龙逐字索引》 刘殿爵 陈方正等主编 香港中文大学出版社 2001 年版

《文心雕龙学分类索引》 戚良德编 上海古籍出版社 2005 年版

《钟嵘〈诗品〉研究论著索引》(1926—1996) 张爱萍编 《许昌师专学报》2000 年第 6 期

《庾信集逐字索引》 刘殿爵 陈方正等主编 香港中文大学出版社 2000 年版

《庾信研究百年论著目录索引》 吉定编 载其著《庾信研究》 上海古籍出版社 2008 年版 《附录二》

《〈洛阳伽蓝记〉人名索引》 周祖谟编 载其著《洛阳伽记校释》 上海书店出版社 2000 年版 《附录一》

《水经注引得》 洪业 聂崇岐等编纂 上海古籍出版社 1987 年版

隋唐五代

《唐五代人物传记资料综合索引》　傅璇琮　张忱石等编　中华书局1982年版

《唐代传记资料七种综合索引》　[日]平冈武夫编　载其著《唐代的诗人》　京都大学人文科学研究所1960年版　《附录》①

《唐会要人名索引》　张忱石编　中华书局1991年版

《唐代散文作家的别名索引》　[日]平冈武夫　今井清编　载其著《唐代的散文作家》　京都大学人文科学研究所1954年版

《隋诗索引》　[日]松浦崇编　福冈大学中国文学会1993年版

《全唐诗作者索引》　张忱石编　中华书局1983年版

《全唐诗作者索引》(增订简体横排本)　杨玉芬　柳过云编　中华书局2000年版

《全唐诗索引》　史成编　上海古籍出版社1990年版

《全唐诗索引》　栾贵明　田奕等编　分别由中华书局　现代出版社　作家出版社于1991、1994、1997年出版②

《增订注释全唐诗索引》　文化艺术出版社2001年版③

《全唐诗重篇索引》　河南大学唐诗研究室编著　河南大学出版社1985年版

《全唐诗名篇精注佳句索引》　胡昭著　罗淑珍主编　当代中国出版社2001年版

《万首唐诗绝句索引》　武修珍　阎莉编　书目文献出版社1984年版

《唐五代人交往诗索引》　吴汝煜编　上海古籍出版社1993年版

《唐诗三百首索引》　东海大学图书馆编　台北成文出版社1977年版

《唐诗纪事著者引得》　李书春编　哈佛燕京学社1934年版

---

①　此为《河岳英灵集》、《中兴间气集》、《极玄集》、《全唐诗话》、《全唐诗话续编》、《唐才子传》、《唐诗纪事》七书的综合索引。

②　此索引据中国社会科学院计算机研制的《全唐诗数据库》编成。

③　此索引是文化艺术出版社出版的简体横排本《增订注释全唐诗》的书后索引，分作者索引、篇名索引两部分。

《全唐文篇名目录及作者索引》 马绪传编 中华书局1985年版

《全唐文篇目分类索引》 冯秉文主编 中华书局2001年版

《取材于唐代的散文作品篇目的人名索引》 [日]平冈武夫等编 载其编《唐代的散文作品》 京都大学人文科学研究所1960年版 上海古籍出版社1989年版

《全唐五代词索引》 张璋 黄畬编 载其编《全唐五代词》 上海古籍出版社1986年版

《唐五代词索引》 胡昭著 当代中国出版社1996年版

《全唐五代词索引》 曾昭岷 曹济平等编 载其编《全唐五代词》 中华书局1999年版

《唐代词选五种综合引得初稿》 [日]白井乐山编印 京都1967年版

《花间词索引》 [日]青山宏编 东京大学东洋文化研究所东洋文化中心1974年版

《唐五代五十二种笔记小说人名索引》 方积六 吴冬秀编中华书局1992年版

《法苑珠林志怪小说引得》 台北美国亚洲学会中文研究资料中心编 台北成文出版社1973年印行

《隋唐五代研究论著索引:著作部分(1978—2004)、论文部分(要目,1978—2004)》 陈友冰编 载其编著《新时期中国古典文学研究述论》第二卷《隋唐五代》 商务印书馆2008年版

《全唐诗索引:沈佺期、宋之问卷》 栾贵明编 现代出版社1997年版

《全唐诗索引:王勃、杨炯、卢照邻、骆宾王卷》 栾贵明编 中华书局1992年版

《游仙窟注引用书目索引》 [日]吉田幸一编 东京《书志学》第15卷第1期 1940年

《游仙窟索引》 [日]西冈弘编 东京日本国学院汉文学研究室1978年版

《全唐诗索引:陈子昂、张说卷》 栾贵明等编 现代出版社1997年版

《陈子昂研究论文资料索引》　黄淑珍编　载四川省射洪县陈子昂研究联络组等编《陈子昂研究论集》　中国文联出版公司1989年版

《全唐诗索引：王昌龄卷》　栾贵明编　作家出版社1997年版

《全唐诗索引：张九龄卷》　栾贵明等编　现代出版社1997年版

《张九龄研究资料索引》　陈宝珍编　《广东省高等学校古籍整理研究通讯》1988年第3期

《全唐诗索引：钱起卷》　栾贵明编　作家出版社1997年版

《全唐诗索引：王维卷》　陈抗等编　中华书局1992年版

《全唐诗索引：孟浩然卷》　陈抗等编　中华书局1992年版

《孟浩然研究资料索引》(1930—2000)　王辉斌编　载其著《孟浩然研究》　甘肃人民出版社2002年版　《附录》一

《全唐诗索引：高适卷》　陈抗等编　中华书局1994年版

《全唐诗索引：岑参卷》　陈抗等编　中华书局1992年版

《全唐诗索引：李白卷》　栾贵明等编　现代出版社1997年版

《李白诗文系年编目索引》　詹锳编　载其著《李白诗文系年》　人民文学出版社1984年版

《20世纪李白研究论著目录索引》　周勋初编　载其编《李白研究》　湖北教育出版社2003年版

《杜诗引得》　哈佛燕京学社引得编纂处编　哈佛燕京学社1940年版　上海古籍出版社1986年影印

《全唐诗索引：杜甫卷》　栾贵明等编　作家出版社1997年版

《杜甫诗集四十种索引》　黄永武主编　台北大通书局1976年版

《杜诗五种索引》　钟夫　陶钧编　上海古籍出版社1992年版

《全唐诗索引：韩偓卷》　栾贵明等编　现代出版社1997年版

《全唐诗索引：韦应物卷》　栾贵明编　作家出版社1997年版

《全唐诗索引：王建卷》　栾贵明等编　现代出版社1997年版

《全唐诗索引：张籍卷》　栾贵明等编　现代出版社1997年版

《全唐诗索引：贾岛卷》　栾贵明等编　现代出版社1997年版

《全唐诗索引：孟郊卷》　栾贵明等编　现代出版社1997年版

《韦应物诗注引得》　[美]汤姆斯编　台北成文出版社1976年版

《全唐诗索引：李益、卢纶卷》　栾贵明编　作家出版社1997年版

《全唐诗索引:刘禹锡卷》 栾贵明等编 中华书局1992年版

《全唐诗索引:刘长卿卷》 栾贵明等编 现代出版社1997年版

《全唐诗索引:元稹卷》 栾贵明编 作家出版社1997

《全唐诗索引:白居易卷》 栾贵明等编 现代出版社1997

《全唐诗索引:韩愈卷》 陈抗等编 中华书局1995年版

《韩愈研究论著目录索引》 西北大学中文系资料室 广西民族学院中文系资料室编 载汕头大学中文系编印《韩愈研究资料汇编》1986年版

《韩愈研究论著索引》(1977—1997) 赵永建编 《周口师范高等专科学校学报》1998年第6期

《全唐诗索引:柳宗元卷》 栾贵明等编 现代出版社1997年版

《李贺诗索引》 唐文等编 齐鲁书社1984年版

《全唐诗索引:李贺卷》 栾贵明等编 中华书局1992年版

《全唐诗索引:杜牧卷》 栾贵明等编 中华书局1992年版

《全唐诗索引:李商隐卷》 栾贵明等编 中华书局1991年版

《全唐诗索引:温庭筠卷》 栾贵明编 现代出版社1997年版

《全唐诗索引:韦庄卷》 栾贵明编 作家出版社1997年版

《研究韦庄及其诗词的主要论文索引》(解放前—1983年) 李谊编 载其校注《韦庄集校注》 四川省社会科学院出版社1986年版

《唐宋名诗索引》 孙公望编 湖南人民出版社1985年版

《唐宋名家词检索大全》 孙公望编 华中师范大学出版社1992年版

《唐宋词集序跋索引》 王洪编 载其主编《唐宋词百科大辞典》学苑出版社1990年版

《唐宋词学研究论文索引》(1915—1989) 王兆鹏编 载王洪主编《唐宋词百科大辞典》 学苑出版社1990年版

《唐宋词研究论文集及鉴赏工具书索引》 王洪编 载其主编《唐宋词百科大辞典》 学苑出版社1990年版

宋代

《四十七种宋代传记综合引得》 哈佛燕京学社引得编纂处编印

1939年版 中华书局1987年修订版

《宋人传记索引》［日］东洋文库宋史提要编纂协力委员会编 东京东洋文库1968年版

《宋人传记资料索引》昌彼得 王德毅等编 王德毅增订 中华书局1988年版

《宋人传记资料索引补编》李国玲编 四川大学出版社1994年版

《宋会要辑稿人名索引》王德毅编 台北新文丰出版公司1978年版

《中国地方志宋代人物资料索引》沈治宏 王蓉贵编 四川辞书出版社1997年版

《宋诗纪事著者引得》哈佛燕京学社引得编纂处编 燕京学社1934年版

《宋诗纪事人名索引》上海古籍出版社编 载其出版《宋诗纪事》1983年版

《宋会要辑稿篇目索引》王云海编 上海古籍出版社1986年版

《宋会要辑稿编年索引》［日］梅原郁编 京都大学人文科学研究所附属东洋学文献1959年版

《全宋诗1—72册作者索引》北京大学古文献研究所编 北京大学出版社1999年版

《宋词人别称索引》程月仙编 载贺新辉主编《宋词鉴赏辞典》燕山出版社1987年版

《全宋词作者词调索引》高喜田 寇琪编 中华书局1992年版

《宋元方志传记索引》朱士嘉编 上海古籍出版社1986年版

《宋元学案人名索引》(附异名索引) 邓元鼎 王默君编 商务印书馆1936年版

《古籍宋元刊工姓名索引》王肇文 上海古籍出版社1990年版

《文苑英华：附作者姓名索引》中华书局影印组编 载［宋］李昉等编《文苑英华》中华书局1966年版

《文苑英华索引》台湾华文书局编辑部编 华文书局1967年版

《宋代文集索引》［日］佐伯富编 《日本京都东洋史研究会刊》1970年

《全宋诗分析系统》 北京大学数据分析研究中心 2001年

《宋诗名句索引》 载《宋诗鉴赏辞典》 上海辞书出版社1987年版

《宋词名句索引》 龙瀚编 载贺新辉主编《宋词鉴赏辞典》 燕山出版社1987年版

《全宋词名篇精注佳句索引》 胡昭著 罗淑珍主编 当代中国出版社2001年版

《1919—1949年宋词研究重要论文索引》 刘扬忠编 载其著《宋词研究之路》 天津教育出版社1989年版

《建国以来宋词研究重要论文索引》(1949—1987) 刘扬忠编 载其著《宋词研究之路》 天津教育出版社1989年版

《台湾省宋词研究部分论文索引》 刘扬忠编 载其著《宋词研究之路》 天津教育出版社1989年版

《日本及欧美宋词研究主要文献索引》 刘扬忠编 载其著《宋词研究之路》 天津教育出版社1989年版

《20世纪宋词研究主要论文索引》 刘尊明 杭高灵编 载王兆鹏 刘尊明主编《宋词大辞典》 凤凰出版社2003年版

《太平广记索引》 王秀梅 王泓冰编 中华书局1996版

《电脑化宋人笔记检索系统》 河南大学①

《柳(永)词索引》 薛瑞生编 载其著《乐章集校注》 人民文学出版社1994年版《附录》六

《王安石诗文系年编目索引》 李德身编 载其编著《王安石诗文系年》 陕西人民教育出版社1987年版

《苏东坡全集索引》 [日]佐伯富编 京都汇文堂书店1958年版

《东坡词索引》 仇永明等编 华东师范大学出版社1993年版

《东坡词索引》 薛瑞生编 载其著《东坡词编年笺证》 三秦出版社1998年版 《附录》三

《解放后苏轼词研究论文索引》 四川大学中文系资料室编 苏轼研究会编《东坡词论丛》 四川人民出版社1982年版

① 此检索系统包括50种笔记。参阅刘坤太《电脑化宋人笔记检索系统答客问》,《新史学》第2卷第2期,1991年。

《黄庭坚著作版本及其诗文研究资料索引》　黄菊花编　江西大学图书馆期刊部 1985 年版

《黄庭坚研究资料索引编目》　王亚菲编　载《江西古代十大文化名人资料索引》　江西省文学艺术研究所情报资料室 1987 年版

《宋词别集索引三种》　吴道勤等编　湘潭大学学报编辑部 1987 年①

《辛弃疾全词索引及校勘》　林淑华编　北京图书馆出版社 1998 年版

《李清照研究论文目录索引》　济南市社会科学研究所文史哲研究室编　载其编《李清照研究论文选》　上海古籍出版社 1986 年版

《陆游剑南诗稿诗题索引》　[日]村上哲见编　奈良女子大学中国文学会 1984 年版

《晦庵先生朱文公集人名索引》　[日]佐藤仁编　京都中文出版社 1977 年版

《朱子文集固有名词索引》　[日]大岛晃等编　东京东风书店 1980 年版

《台湾宋人传记资料索引中有关朱熹的资料索引》　吴以宁编　载其编《朱熹及宋元明理学(附:古代书院)研究资料》　上海宋史研究会 1989 年

《容斋随笔五集综合引得》　哈佛燕京学社引得编纂处编印　1933 年版　台北成文出版社 1966 年版

《严羽研究论文索引》　陈节编　载中共福建省邵武市宣传部　福建师范大学中文系编《严羽学术研究论文选》　鹭江出版社 1987 年版

《陈亮研究论文索引》《文教资料简报》1975 年第 5 期

《文天祥研究书目论文索引》　江西省历史学会编　载其编《浩然正气》　江西省教育出版社 1986 年版

辽金元

《辽金元传记三十种综合引得》　哈佛燕京学社引得编纂处编印

① 三种索引是:《李清照漱玉词索引》、《秦观淮海词索引》、《朱淑贞断肠词索引》。

1940年版　中华书局1987年修订版

《辽金元人传记索引》［日］梅原郁　衣川强编　京都大学人文科学研究所1972年版

《金元人文集传记资料索引》　王梅等编　澳大利亚国立堪培拉大学出版社1970—1972年出版

《元人传记资料索引》　王德毅　李荣材等编　中华书局1987年版

《全元作家姓名别号索引》《全元散曲作品曲牌索引》　隋树森编　载其编《全元散曲》　中华书局1964年版

《元诗纪事著者引得》　哈佛燕京学社引得编纂处编　燕京学社1934年版

《全金元词作者索引》　唐圭璋编　载其编《全金元词》　中华书局1979年版

《录鬼簿等五种人名剧名曲牌综合索引》　古典文学出版社编　载钟嗣成等著《录鬼簿》　古典文学出版社1957年版

《元曲作家别名索引》　贺新辉编　载其编《元曲鉴赏辞典》　中国妇女出版社1988年版

《元人文集史料索引》［日］安部健夫编　京都大学人文科学研究所元典研究班1960年版

《元人文集篇目分类索引》　陆峻岭编　中华书局1979年版

《元杂剧剧本目录索引》　宁宗一　陆林等编　载其著《元杂剧研究概述》　天津教育出版社1987年版　第四编

《元曲名句索引》　贺梅龙编　载贺新辉编《元曲鉴赏辞典》　中国妇女出版社1988年版

《元曲选中的诗句索引》［日］林雪光编　《神户外大论丛》1960年第3期第4期

《现存元曲作品所用曲牌索引》　孙玄龄编　载其著《元散曲的音乐》　文化艺术出版社1988年版　上册《附录》

《元曲常用语汇索引》［日］饭田吉郎编　东京文理大学中文研究室1950年版

《类聚名贤乐府群玉曲牌索引》　隋树森编　载其无名氏辑隋树森校《类聚名贤乐府群玉》　上海古籍出版社1982年版

《元曲研究资料索引》　张月中主编　河北大学出版社1992年版

《元代戏曲论著索引》　何贵初编印　香港1983年版

《九十年来元曲研究论著索引》(1912—2001)　李修生编　载其主编《元曲大辞典》(修订本)　凤凰出版社2003年版

《四十五种论文集古代戏曲研究论文索引》　陈企孟编　《曲苑》第2辑　江苏古籍出版社1986年版

《元杂剧研究论文索引》(1913—1985)　宁宗一　陆林等编　载其著《元杂剧研究概述》　天津教育出版社1987年版　第四编

《20世纪元散曲研究索引》　赵义山编　载其著《20世纪元散曲研究综论》　上海古籍出版社2002年版

《1986—2001元杂剧研究主要论文索引》　杨秋红　钟涛编　载钟涛著《元杂剧艺术生产论》　北京广播学院出版社2003年版

《南戏研究论著索引》　金宁芬编　载其著《南戏研究变迁》　天津教育出版社1992年版

《元好问著作目录及论文索引》　山西省图书馆编印　1985年

《元好问研究论文及考辨目录索引》　新撰古辑　载山西省古典文学学会、元好问研究会编《元好问研究文集》　山西人民出版社1987年版

《董西厢语汇引得》　[日]饭田吉郎编印　东京1951年版

《西厢记名句佳语索引》　贺新辉　朱捷编　载其著《西厢记鉴赏辞典》　中国妇女出版社1990年版

《西厢记王季思注释索引》　[日]陶山信男编　名古屋采华书林1971年版

《西厢记研究资料索引》　贺新辉　朱捷编　载其著《西厢记鉴赏辞典》　中国妇女出版社1990年版

《西厢记外文论著要目索引》　贺新辉　朱捷编　载其著《西厢记鉴赏辞典》　中国妇女出版社1990年版

《琵琶记研究论文索引》　侯百朋编　载其编《琵琶记资料汇编》　书目文献出版社1989年版　《附录》

《关汉卿研究论著索引》《台港论著索引》《关汉卿杂剧外文译本》《有关外文论著索引》　载李汉秋　袁有芬编《关汉卿研究资料》

上海古籍出版社 1988 年版 《附录》

《近七十年关汉卿研究论文索引》 何贵初编印 香港 1982 年版

《说郛索引》 载《说郛》 台北商务印书馆 1972 年版

《京本通俗小说·清平山堂话本语汇索引》 [日]太田辰夫编 大阪明清文学言语研究会 1964 年版

《武王伐纣平话·七国春秋平话语汇索引》 [日]古屋二夫编 名古屋采华书林 1967 年版

《元明北杂剧剧名索引》 邵曾祺编 载其著《元明北杂剧目录考略》 中州古籍出版社 1985 年版

《元明清散曲论著索引》 何贵初编 香港玉京书会 1995 年版

明代

《明人传记资料索引》 台湾"中央图书馆"编 台北文史哲出版社 1978 年版 中华书局 1987 年版

《八十九种明代传记综合引得》 哈佛燕京学社引得编纂处编 中华书局 1987 年修订版

《明代地方志传记索引》 大化书局 1989 年版

《日本现存明代地方志传记索引稿》 [日]山根幸夫主编 小川尚 松山唐子协编 东京东洋文库明代史研究室 1964 版

《皇明文海撰文者索引》 [日]京都大学人文科学研究所历史研究室编印 1962 年版

《皇明文海索引稿》 [日]京都大学人文科学研究所历史研究室编印 1961 年版

《全明词补编作者索引》 周明初 叶晔编 载其编《全明词补编》 浙江大学出版社 2007 年版

《明代传奇作家名号索引》 傅惜华编 载其编《明代传奇全目》 人民文学出版社 1959 年版

《明代刊工姓名索引》 李国庆编 上海古籍出版社 1998 年版

《明清进士题名碑录索引》 朱保炯等编 上海古籍出版社 1980 年版

《永乐大典索引》 栾贵明编 作家出版社 1997 年版

《20世纪明代诗词研究索引》(一)、(二) 吴倩编 赵敏俐主编《中国诗歌研究动态》 学苑出版社 2004、2005年版

《传奇名目索引》 傅惜华编 载其编《明代传奇全目》 人民文学出版社 1959年版

《明代杂剧全目杂剧名目索引》 傅惜华编 载其编《明代杂剧全目》 作家出版社 1958年版

《明杂剧研究论著目录索引》 戚世隽 载其《明代杂剧研究》 广东高等教育出版社 2001年版

《明代戏剧究论文索引》 宁宗一 陆林等著 载其著《明代戏剧研究概述》 天津教育出版社 1992年版 《附录》

《〈还魂记〉语汇索引》 [日]东京文理大学汉文学第二研究室编印 1951年版

《纪念汤显祖逝世366周年活动资料索引》 余悦编 载江西省文学艺术研究所编印《汤显祖纪念集》 1983年版

《汤显祖研究资料索引》 余悦编 载江西省文学艺术研究所编《汤显祖研究论文集》 中国戏剧出版社 1984年版

《汤显祖研究索引编目》 王亚菲编 载《江西古代十大文化名人资料索引》 江西省文学艺术研究所情报室 1987年版

《三国志演义人名索引》 [日]中川谕编 京都朋友书店 1987年版

《〈三国演义〉研究论著索引》 沈伯俊 谭良啸编 载其著《三国演义大辞典》 中华书局 2007年版 《附录》

《西游记研究论文索引》 刘荫柏编 载其编《西游记研究资料》 上海古籍出版社 1990年版

《中国十六世纪小说西游记及前期作品研究资料索引》 [英]格伦·达布里奇编 剑桥大学出版社 1979年版

《〈水浒传〉语汇索引》 [日]入矢义高编 名古屋采华书林 1966年版

《〈水浒全传〉语汇索引》 [日]香阪顺一编 名古屋采华书林 1973年版

《〈水浒〉研究论著目录索引》(1903—1981) 湖北省文学会《水浒》

研究会　武汉师范学院中文系资料室编印　1981年版

《〈水浒〉研究论著索引:1949.10—1984.12》　沈伯俊编　载其编《水浒研究论文集》　中华书局1994年版

《〈金瓶梅词话〉语汇索引》　[日]明清文学语言研究会编　名古屋采华书林1968、1972年版

《金瓶梅资料索引》　方铭编　载其编《金瓶梅资料汇录》　黄山书社1986年版

《金瓶梅研究论著篇目索引》　侯忠义　王汝梅编　北京大学出版社1985年版

《1979—1989年〈金瓶梅〉研究论文索引》　马衍编　《文教资料》2000年第5期

《二十世纪以来三言二拍研究资料索引》　程国赋　载其著《三言二拍传播研究》　中国社会科学出版社2006年版

《凌濛初研究论文索引摘要》　徐定宝编　载其著《凌濛初研究》　黄山书社1999年版

《明清进士题名碑录索引》　朱保炯　谢沛霖辑　上海古籍出版社1980年版

《近四十年(1949—1989)明清小说刊本索引》　俞如云编　载何满子　李时人主编《明清小说鉴赏辞典》　浙江古籍出版社1992年版

《明清小说研究论文索引》　于曼玲编　《明清小说研究》1993—1999年①

清代

《三十三种清代传记综合引得》　杜联喆　房兆楹编　哈佛燕京学社引得编纂处校订　哈佛燕京学社1932年版　中华书局1987年修订版

《清代传记丛刊索引》　周骏富编　台北明文书局股份有限公司1986年版

《清代碑传文通检》　陈乃乾编纂　北京图书馆出版社2003年重

① 此索引辑录1993、1994、1995、1997年论文。

印本

《清人室名别称字号索引》(增补本)　杨同甫编　上海古籍出版社2001年版

《清朝进士题名录》　江庆柏编　中华书局2007年版

《清人别集千种碑传文引得及碑传主年里谱》　杨家骆编　台北"中国文化院"1965年版

《清诗纪事作者索引》　钱仲联主编　载其主编《清诗纪事》(影印本)　凤凰出版社2004年版

《清代文集篇目分类索引》　王重民　杨殿珣编　北平图书馆1935年版　中华书局1965年影印

《清代女诗人书目总索引》　陈香编　台北《书评书目》1976第36期

《清诗铎作者索引》　中华书局编辑部编　载[清]张应昌编《清诗铎》　中华书局1960年版

《全清词钞作者索引》　叶恭绰编　载其编《全清词钞》　中华书局1982年版

《清代文史笔记子目分类索引》(第1辑)　北平图书馆索引组编《禹贡》1936年第1、2期

《清朝随笔三十二种索引》　[日]矢岛玄亮编印　仙台　1960年

《清代杂剧全目杂剧名目索引》　傅惜华编　载其编《清代杂剧全目》　人民文学出版社1981年版

《全清散曲索引》　谢伯阳　凌景埏编　载其编《全清散曲》　齐鲁书社2006年版

《黄宗羲研究论文及介绍文章索引》　斯迈辑　劳力增补　《宁波师范学报》1985年第2期　1986年增刊

《王船山研究资料索引》　朱迪光编　中国文史出版社2002年版

《李渔研究论著索引》　单锦衍编　载《李渔全集》　浙江古籍出版社1991年版　第20卷

《蒲松龄和〈聊斋志异〉研究论文索引》　汪少华编　江西大学出版社1982年版

《红楼梦人物索引》　潘名燊编　香港龙门书店1983年版

《百二十回〈红楼梦〉人名索引:附脂批庚辰本批语人名索引》 何锦阶 邢颂恩编 中国友谊出版公司1987年版

《〈红楼梦〉语汇索引》 [日]宫田一郎编 名古屋采华书林1973年版

《〈红楼梦〉研究稀见资料汇编未收篇目索引》 吕启祥编 《红楼梦学刊》2002年第3期

《〈红楼梦〉研究论文索引》 人民文学出版社古典文学部编印 载其编《〈红楼梦〉研究参考资料选》 1974年版

《〈红楼梦〉研究论文资料索引》(1874—1982) 顾平旦主编 刘伯渊 殷小冀整理 书目文献出版社1983年版

《台湾省〈红楼梦〉研究资料索引》《台湾省红学研究论文索引》(1951.9—1976.12) 胡文彬 周雷编 载其编《台湾红学论文选》 百花文艺出版社1981年版

《台湾报刊〈红楼梦〉论文篇目索引》《红楼梦研究集刊》编委会编 《红楼梦研究集刊》1981年第6辑

《香港刊行红楼梦研究资料索引》 胡文彬 周雷编 载其编《香港红学论文选》 百花文艺出版社1982年版

《日本〈红楼梦〉论文篇目索引》 苏宇编 《红楼梦研究集刊》第1、11辑 上海古籍出版社1979、1983年出版

《海外〈红楼梦〉论文篇目索引》(英、法、德部分) 尹慧珉编 《红楼梦研究集刊》第4辑 上海古籍出版社1980年版

《新加坡红楼梦研究论文索引》 凌彰编 《红楼梦研究集刊》第10辑 上海古籍出版社1983年版

《〈红楼梦〉作者问题论文索引》(1914—1980) 《北方论丛》编辑部编 载其编《红楼梦著作权论争集》 山西人民出版社1982年版

《曹雪芹祖籍及家世研究资料目录索引》 吴秋菊编 载河北省曹雪芹研究会编《曹雪芹研究》 河北教育出版社1995年版

《曹雪芹祖籍问题研究资料目录索引》 王畅编 载其著《曹雪芹祖籍考论》 河北教育出版社1996年版

《曹雪芹墓葬刻石报章索引》 刘祥编 载其选编《曹雪芹与通州》 文化艺术出版社2004年版

《大观园研究论文索引》 阿蒙编 载顾平旦编《大观园》 文化艺术出版社 1981 年版

《〈红楼梦〉语言学论著索引》(1987—2005) 张玉萍编 《红楼梦学刊》2005 年第 4 辑

《〈歧路灯〉研究论著、论文目录索引摘要》 李延年编 载其著《〈歧路灯〉研究》 中州古籍出版社 2002 年版

《〈儒林外史〉称呼索引》 [日]堀本照和编 《日本天理大学学报》1973 年总第 85 期

《〈儒林外史〉语汇索引》 [日]香阪顺一编 日本大阪明清文学语言研究会 1971 年版

《儒林外史研究论著索引:附港台论著索引》 李汉秋编 载其编《儒林外史研究资料》 上海古籍出版社 1984 年版

《儒林外史研究论文索引》 陈昕 顾晓宁编 载陈美林编《儒林外史辞典》 南京大学出版社 1994 年版

《1990 年以来〈儒林外史〉研究目录索引》 胡金望编 《明清小说研究》1997 年第 1 期

《〈醒世姻缘传〉研究论文索引》(1933—2001) 段江丽编 载其著《〈醒世姻缘传〉研究》 岳麓书社 2003 年版

近代

《中国近代人物传记资料索引》 台湾"中华丛书"编审委员会编印 1973 年版

《二十世纪中国作家笔名录》 台湾汉学研究中心刊行 1989 年版

《近代词人姓名索引》 朱德慈编 载其著《近代词人考录》 中国社会科学出版社 2004 年版《附录》一

《报纸副刊分类索引》 上海图书馆编印 见上海图书馆编印《上海图书馆馆藏中文报纸副刊目录》(1898—1949)附 1986 年

《报纸副刊隶属索引》 上海图书馆编印 见上海图书馆编印《上海图书馆馆藏中文报纸副刊目录》(1898—1949)附 1986 年

《小说月报索引》 书目文献出版社编印 1984 年版

《中国近代文学作品及论著索引》 郑方泽编 载其编《中国近代文学史事编年》 广东高教出版社 1986 年版

《中国近代文学研究论文索引》 载中国社会科学院文学研究所近代文学研究组编《中国近代文学论文集：1949—1979：戏剧、民间文学卷》 中国社会科学出版社 1982 年版

《中国近代文学研究论文索引：1980—1984 年》《中国近代文学评林》1986 年第 2 期

《中国近代文学(概论、诗文)研究论文资料索引》(1919—1949) 牛仰山编 载其编《中国近代文学论文集：概论、诗文卷：1919—1949》 中国社会科学出版社 1988 年版

《中国近代文学大系·史料索引集》第 1 册 魏绍昌主编 上海书店出版社 1996 年版①

《中国近代文学研究资料编目索引》 裴效维 张颐青编 载魏绍昌主编《中国近代文学大系·史料索引集》第 2 册 上海书店出版社 1996 年版

《中国近代小说论著索引：1919—1949》 王俊年编 载其编《中国近代文学论文集》 中国社会科学出版社 1988 年版

《晚清小说重要论文索引》 袁健 郑荣编 载其著《晚清小说研究概说》 天津教育出版社 1989 年版

《中国近代小说研究论著索引：1840—2005》 韩伟表编 载其著《中国近代小说研究史论》 齐鲁书社 2006 年版 《附录》三

《中国近代戏剧研究论文资料索引：1919—1949》 梁淑安编 载其编《中国近代文学论文集：戏剧卷》 中国社会科学出版社 1988 年版

《中国近代戏曲报刊文章分类索引》 傅晓航 张秀莲编 载其编《中国近代戏曲论著总目》 文化艺术出版社 1994 年版

《龚自珍的著作及有关研究论著索引》 靳雯编 《中国近代文学评林》1984 年第 1 期

《龚自珍研究论著索引》 郭延礼编 载其编《龚自珍年谱》 齐鲁

① 此索引包括：晚清文学大事记，思潮、流派、社团简介，文艺报刊概览，研究资料篇目索引，日本及其他国家清末民初小说研究目录。

书社 1987 年版

《黄遵宪的著作及有关研究论著索引》　管林编　《中国近代文学评林》1984 年第 1 期

《〈官场现形记〉的版本、〈官场现形记〉语汇注释索引》　[日]宫田一郎编　大阪明清文学语言研究所 1965 年版

《李伯元的著作及有关研究论著索引》　谢飘云编　《中国近代文学评林》1984 年第 1 期

《李伯元研究资料篇目索引》　王学钧编　载《李伯元全集》　江苏古籍出版社 1997 年版　第五册

《刘鹗名字笔名室名索引》　刘德隆等编　载其编《刘鹗及老残游记资料资料》　四川人民出版社 1985 年版

《〈老残游记〉词语人物索引》　曹乃木　黄宗宝编　北京　商务印书馆 1998 年版

《〈老残游记〉语汇注释索引》　[日]铃木直治编　大阪日本清末文学言语研究会 1963 年版

《〈二十年目睹之怪现状〉语汇索引》　[日]宫田一郎编　名古屋采华书林 1978 年版

《孽海花人名索引表》　[日]冒鹤亭　《古今》第 54 期　1944 年

《唐才常著作目录索引》　陈善伟编　载其编《唐才常年谱长编》　香港中文大学出版社 1990 年版

《魏源研究资料：论著索引，论文索引》　黄丽镛编　载其编《魏源年谱》　湖南人民出版社 1985 年版

《秋瑾研究文章目录索引》　陈象恭编　载其著《秋瑾年谱及传记资料》　中华书局 1983 年版

《秋瑾研究资料目录索引》　郭延礼　朱云雀编　载郭延礼编《秋瑾研究资料》　山东教育出版社 1987 年版

《康有为著作与研究资料索引》　陈团初等编　广东高等教育出版社 1989 年版

《重订苏曼殊作品索引》　柳亚子编　载柳无忌编《苏曼殊研究》　上海人民出版社 1987 年版

《曼殊现存书目索引》　柳亚子编　载柳无忌编《苏曼殊研究》　上

海人民出版社 1987 年版

《中国近现代人物传记资料索引》 主编王继祥 东北师范大学图书馆 1988 年印

第六节 使用现代化手段

以前，我们搜集贮存史料的手段，基本上沿用的是传统的、分散的手工方式，阅读查找，手抄笔录，费时多而效率低。从 20 世纪初期开始，随着科学技术的迅速发展，搜集贮存史料的手段已经不断向现代化迈进。拍照、录音、录像、复印、复制、计算机、数据库和网络等，已被用于搜集和贮存史料。现在从事学术研究，已经不能像过去学人们专靠其过人的记忆或博览的工夫，也不能单靠纸型的目录和索引了。利用电脑和网络，一点鼠标，瞬间检索的史料，可以取代“十年窗下”的搜索了。

利用拍照、录音和录像，搜集贮存口传史料和考古文物史料，迅速方便，真实可靠，具有直观性和感性。利用拍照把史料制成显微胶卷，便于携带和保存。搜集珍本、孤本文献史料，利用复印，能保持原貌，极大地扩大了史料的传播使用范围。复制能把某些珍贵的历史文物或历史遗存加以复制或制成模型，形象具体，便于观察和普及。

随着计算机、数据库和网络的发展和应用，中国的许多古籍已经数字化了，有些已经联网了。中国古籍的数字化，自 20 世纪 70 年代末开始以来，发展迅速。20 多年以来，中国古籍的数字化，主要体现在两方面：一是利用计算机储存揭示古籍，建立古籍的书目数据库，以供读者检索使用；二是利用计算机对古籍的内容数字化，上网，提供一些相关的知识工具，使读者不但能够通过计算机来阅读古籍，还能通过磁盘、光盘和网络进行传播。从目前来看，中国古籍书目数字化的建设，已经由各图书馆和藏书单位自主开发，发展到逐渐统一标准、统一规范并进而实行联合编目的地步。经过 20 多年的研究，古籍数字化，从技术水平到开发的数量和质量，都已经相当可观。有关独立的古代文学史料的数字化成果，本书在相关部分的要目中已经列出。下面简介几种大型的、综合的数据库和网络。

中国国家图书馆在 2003 年，就完成了全部 27 万册善本古籍和 160 多万册普通古籍的计算机编目，所有的 30 多万条书目数据已经上网供读者使用，还可以通过该馆联合编目中心为中外图书馆提供书目数据库联机编目和下载服务①。

由钱钟书建议设立，经 20 多年研制的中国古典文献资料库于 2007 年 7 月在北京面世。“该库涵盖了先秦至民国近 3000 年的全部重要文献，由人物、时间、地点、作品 4 个方面构成。目前已完成了总数 35 万人的小传及出处的撰写和采集；总计 519 万天的近 4000 年日历表；24 史的全部地名；以及 3 亿字的包含先秦、汉、唐、宋、百衲本二十四史、佛经及部分元、明、清等文献。使用者通过任何一个检索源进入，都可以得到该人全部正史资料及作品。对人、时、地、作品均提供单项和复杂的连接检索，同时有多种工具书可随机参考”②。

已通过新闻出版署组织的专家鉴定验收，由清华大学学术期刊电子杂志和清华同方知网技术有限公司承担研制的《中国学术期刊网络出版总库》，“截止 2006 年 9 月 30 日，已收录期刊总数 7556 种，其中学术类期刊 6624 种，核心期刊、重要评价性数据库来源期刊收全率为 99%，文献收全率为 99.9%，总文献量达 2100 多万篇”，“这一数据库已经超越了传统简单的文献搜索模式，开始向集成化增值性整合传播媒体方向发展”③。

《国学网》：http://www.guoxue.com。北京国学时代文化传播公司、首都师范大学中国诗歌研究中心合办。这是一个关于中国传统文化的网站，内容丰富，不断更新。2002 年的主要栏目有：国学宝典检索系统、国学新闻、佛学研究、唐代研究、敦煌百年、戏曲研究、每日论文更新、新书介绍、近代学人、当代学人等。

《中国高校人文社会科学文献中心》(英文简称 CASHL)。2004 年 3 月 15 日，教育部经过协调成立了该中心，陆续推出了外文期刊、外文图书、电子资源、二次文献库、大型特藏文献资源。其中的外文文献涵盖了国外历史、哲学、法学、社会学、经济学等多个一级重点学科的第一手档案文献。外

---

① 参阅陈力《中国古籍数字化的现状与展望》(上)，《古籍整理出版情况简报》2004 年第 4 期。

② 引自《全部数字化管理　中国古典文献资料库 20 年成正果》，《光明日报》2007 年 7 月 18 日第 2 版。

③ 引自《鼠标轻点：百年中国学术期刊尽在掌握》，《光明日报》2006 年 10 月 11 日第 2 版。

文期刊目前藏量达万种以上。

《中国电子图书网》：http://www.cnbook.com.cn，辽宁出版集团主办，2001 年 6 月开通。该网是我国目前规模较大的电子图书和电子杂志出版和销售平台。可将已经出版的纸质书籍或尚未出版的原创著述制作成电子书，在中国电子图书网上出版。该网站有大量新书，读者可以按类浏览，还能根据书名、作者等途径进行专指性检索①。

楚辞研究专题网站：http://chuci.ntu.edu.cn。此网站是南通大学楚辞研究所周建中等首创，主要是尝试进行"楚辞知识库"跨学科研究与开发工作。

大量的电子版书刊和网络的出现，同传统的出版形式和史料检索相比，有许多优点：古籍和其他图书资料数字化制成光盘，体积小，容量大，易于购买，便于携带，也便于收藏。

古代文学史料的海量性、分散性和不断地增加，使史料的检索越来越艰巨繁重。电子文献一般能提供全文检索，有人称之为"信息提供模式"。通过计算机和网络进行检索，速度快，打破了空间的局限，极大地提高了搜集、检索和贮存史料的水平和效益。同时，许多电子文献逐渐和网络相连，研究者可以随时从网上下载所需的史料。全文检索不仅能够解决某类某种典籍的检索，同时还可以不受空间和专业的限制，解决跨资料库的联合检索。可以预计，随着电子资源和网络技术的发展，随着越来越多的史料文献被整理制作成数字化文本，在文学史研究领域，通过计算机和网络迅速检索的史料会不断增加。

随着电子检索和电脑贮存史料的不断进展，还会拓展古代文学的研究领域和研究方向。如定量分析已经成为古代文学研究的一种方法，文学史料的数字化，为定量分析的发展提供了很大的空间。通过计算机检索可以比较方便地发现史料中以前未被注意的词语新义，可以通过一些总集、别集的全面检索，了解某些意象在不同时期、不同作家作品中出现的频率，进而描写出某些意象的发展变化轨迹。迅速地跨资料库的联合检索有助于改变单一的、封闭式的、唯学科化的研究，而迈向开放式的、复杂的多领域的交叉

① 现在国内外的网站难以计数，想了解具体的网站，可查有关的工具书，如电子工业出版社 2000 年出版的《全球中文互联网网址》等。

和综合研究。

值得特别关注的是，有些电子文献，已由全文检索的“信息提供模式”“开始转向智能分析模式”。如李铎博士完成的“《全宋诗》分析系统”，除一般的全文检索外，还有“重出诗提取、格律诗标注、字及字组的频率统计、用户自作诗的格律分析等带有智能化的特点”①。

我国古代文学史料数字化虽然已经取得了很大的成就，但由于起步的时间不长，总体水平极需提高。现在已经出版的古籍数字化，多是选择丛书或者是容易找到的文献。由于多方面条件的限制，应用有限，共享程度不高，还有大量的资源有待开发。利用现代化手段搜集和贮存史料，虽然许多问题可以解决，还可以发现新的研究课题，但不是所有的问题都能尽如人意。就目前的情况来看，电子文献还远远不能取代纸型文本和其他文本。举例来说，古代文学史料中，不少有许多不同的版本，利用纸型版本，可以方便地随时比较，而数字化即使采用扫描的数字化，影像了各种版本，使用时相当困难。古代文学研究应充分借鉴前人的研究成果，而数字化很难利用前人的成果，尤其是古籍整理方面的成果。现在从网上能够检索到书目。但网上检索，并非全能。国家图书馆善本室有几大排纸型卡片目录，这些书目有许多是按时代编排的。如明清文集，善本室的目录，就是按时期来分的。每一时期的文集，基本上是按作者的年龄的顺序排列的。这样的编排，把每个时期的文学家的作品集中在一起，便于集中查找、阅读一个时期的作品。像这样有特点的书目，目前从网上是无法检索到的。古籍中不少字、词在特定的语境中有不同的含义，古籍中的同书异名，同名异书，同一作者的不同称谓，职官、地名、事件名的不同，很难利用计算机作出准确的检索。即使有些能够检索出来，还要拿纸型文本来核对和补充。还值得注意的是，计算机搜集的信息并不完全可靠，有时有虚假性。科学、准确、规范地检索史料是科学研究的内在理念。就目前而言，计算机检索还不能完全取代传统的检索方法。另外，使用计算机，因为搜集、复制和粘贴便捷、简单，很容易使人们，特别是青年，过分地依赖计算机，不看书，不翻书，不知文本是什么样式，往往凭借着用计算机搜集到的一些史料，加以拼凑。这很容易诱发

---

① 引自张剑《“〈全宋诗〉分析系统”通过教育部技术鉴定》，《古籍整理出版情况简报》2005年第2期。

“剪贴学术”的出现和蔓延，很容易助长“学术速成”的不良风气。获得史料和下载的便捷，加上知识产权意识的淡薄，还容易导致剽窃的泛滥。使用计算机来搜集史料，尽管有其弊端，但我们应当看到，电子文献和网络的发展，极大地提高了古代文学研究的信息化，改变了传统的检索史料的方法，开拓了古代文学研究的领域。随着科技的发展和国家的科研资助，在网络环境中，大量的国内外史料信息会不断地开放，会廉价或免费供公众自由获取。电子化检索对古代文学的研究，将会产生难以估量的影响。至于出现的一些问题和弊端，会逐渐得到解决和克服的。

第二十一章　古代文学史料的鉴别与考证

我们全面地搜集了史料以后，在使用以前，必须对史料加以鉴别。通过鉴别，确定史料的真伪，以保证所用的史料的可靠性。鉴别史料的目的是去伪求真。为了达到这一目的，必须对史料进行辨伪与考证。综观古今考证的成果和经验，可以发现，辨伪与考证是一种综合性的学问，离不开辨伪学、考据学和版本学等。因此，我们在鉴别史料时，应当熟悉相关学科的知识和方法，借鉴相关学科的重要成果。

第一节　伪书与辨伪

从总体上来看，我国古代文学史料是真实的，但有真必有伪，真伪往往是相因相依，在丰富复杂的书籍中，也有一些伪书。治史所凭借的基础是史料，史料的真实是史学的生命所在。因此，鉴别史料，去伪存真，是史料工作的一个关键。

郭沫若在《古代研究的自我批判》中指出：

> 无论作任何研究，材料的鉴别是最必要的基础阶段。材料不够固然大成问题，而材料的真伪或时代性如未规定清楚，那比缺乏材料还要更加危险。因为材料缺乏，顶多得不出结论而已，而材料不正确便会得出错误的结论。这样的结论比没有更为有害。①

郭沫若的论述，警示我们对待史料，必须注意鉴别辨伪，以免因为用伪史料而得出更为有害的错误结论。

所谓辨伪就是辨别真伪。广义的辨伪，指的是对所有的史料进行鉴别。但我国传统的辨伪学关涉的主要是对古籍的鉴别，重点是对伪书的考辨。

---

① 《郭沫若全集·历史编第二卷·十批判书》，郭沫若著作编辑出版委员会编，人民出版社 1982 年版，第 3—4 页。

我国的古籍中的伪书,情况相当复杂,或时代伪,或作者伪,或内容伪。就程度来说,有全部内容是伪作的,有部分内容是伪作的。关于经、史、子、集四部书中伪书的情况,明代胡应麟在《四部正讹》中概括说:

> 凡四部书之伪者,子为盛,经次之,史又次之,集差寡。凡经之伪,《易》为盛,纬候次之;凡史之伪,杂传记为盛,琐说次之;凡子之伪,道为盛,兵及诸家次之;凡集,全伪者寡,而单篇别什借名窜匿甚重。

胡应麟的概括,大体上是符合实际的。

关于伪书的数量,以前有的学者有大致的统计。张心澂《伪书通考》收录1100种;邓瑞全、王冠英主编《中国古书综考》收录1200种。这些伪书,有些已经散佚;有些严格来说,不能算作伪书;有些经过考古资料或研究者证实,并非伪书;有些尚有争议。所以邓瑞全等主编《中国伪书综考》认为:"真正严格意义上的伪书只占几百种。"随着考古文物等史料的继续发现、史料的不断搜集和鉴别,伪书的数量可能还会减少。

余嘉锡曾经指出:

> 传讹之本,必知其起因;伪造之书,必明其用意。①

我国古代伪书的产生有多方面的原因。

首先是与古籍的写作和流传有关。古代写字,开始用甲骨刀椎,进而用简牍、帛、漆和毛笔。上述书写用的材料和工具决定了当时的书籍较少,流传不广。古人的言辞议论简短,著述很少。而且这些著述的写作是"为公",不署作者姓名。清人章学诚在《遗书·外编》卷17中说:

> 古之所言,所以为公也,未尝于文辞而私据为己有也。志期于道,言以明志,文以足言,其道各明之天下,而所志无不甲,不必其言之果为我有也。

就传播而言,知识思想的传授主要依靠口传,大多限于同一门派的老师和弟子之间,人们普遍重视的是"师说"和"家法"。有不少著述是由其门人弟子记录整理的,如《管子》、《论语》、《庄子》。诸子之书,哪些是诸子自己所作,哪些是诸子的弟子所作,都没有注明。到战国时,开始用简册自书其言,

---

① 《余嘉锡说文献学》,上海古籍出版社2001年版,第166页。

目的主要是备忘和尚用，常无书名、著者名，没有“著作权”之类的观念。著述署明自己的名字是后来才出现的。这就使后人对以前的著述，常常臆测、附会和假托作者。古代的简册多藏在官府，由巫和史来掌管，而他们又往往把简册传给后代，有些保存在弟子手里。这就使古籍的传播受到很大的局限。现存的许多史料，特别是一些古籍，是长期流传、积淀的结果。这些古籍在长期的流传过程中，内容常有不同程度的改变，而这些改变又无明确的记载。也有些古籍在流传中常遭毁损。上面列举的一些情况，常常使一些古籍不同程度地失去了原貌，也为伪书和造伪的产生留下了空间，制造了机会。由此看来，伪书和造伪的产生，有其客观的、历史的原因。

其次是人的主观方面的种种原因。

中国古代有不少人贵古贱今和好借名人以售思想，有些人想借古代的圣贤先王和名人之名来抬高其著述的地位，所以常常冒用他们的姓名。《淮南子·修务训》说：

> 世俗人多尊古而贱今，故为道者必托之神农、黄帝而后能入说。

《汉书·艺文志》揭示，托古伪作的著述有数十种。

《西京杂记》卷三载：

> 长安有庆虬之，亦善为赋，尝为《清思赋》，时人不之贵也。乃托以相如所作，遂大见重于世。

西晋，曹冏作《六代论》，托名曹植①。葛洪作《西京杂记》托名刘歆。类似上面的例证，时见于记载。

有些人为了牟取金钱和维护自己的名誉，有意造伪。《北史》卷82《刘炫传》载：

> 时牛弘奏购求天下遗逸之书，炫遂伪造书百余卷，题为《连山易》、《鲁史记》等，录上送官，取赏而去。

唐代白居易的诗歌在当时流传很广，常“炫卖于市井”，有人为牟利，盗用白居易之名，作诗自售，出现了不少伪作②。明代的出版商为了推销名家

① 据[唐]房玄龄等撰《晋书》，中华书局点校本，卷50《曹志传》。
② 参阅《旧唐书》卷166《白居易传》载元稹《白氏长庆集序》。

评点的小说，常假托名人作评点。李卓吾、汤显祖、钟惺等人的名字多次被盗用。李卓吾评点《水浒》影响很大，有些书商为了获利，借李卓吾之名，刊印了不少评点小说[①]。清代有署名彭孙遹的《词统源流》、《词藻》和署名李良年的《词坛纪事》、《词家辨正》四部词话。这四部词话都是书商为了牟利，从徐轨的《词苑丛谈》中割裂而成的伪书[②]。五代和凝年轻时作《香奁集》，多情语，后来作了宰相，怕《香奁集》影响自己的名位，因而嫁名韩偓。

有些人出于学术、政治或宗教派别斗争的需要而造伪。三国时王肃为了在经学方面与郑玄争胜，伪造了《尚书传》、《论语注》、《孝经注》等，以助其说。唐代李德裕弟子曾以其政敌牛僧孺的名字伪造《周秦行记》陷害对方。近代南社诗人高旭为借名人"激发民气"，以"一夕之力"写成托名石达开诗20首，"并及序跋诸文"[③]。隋代僧法经编纂《众经目录》，别立"疑伪"一门，说明至晚从隋代开始，在佛教领域里也有人伪造佛经。

有些人玩世不恭，托名人造伪书。如宋代伪书《东坡杜诗事实》的出现。宋人郭知达《九家集注杜诗自序》说：

> 杜少陵诗，世号诗史。自笺注杂出，是非异同，多所抵牾，至有好事者掇其章句，穿凿傅会，设为事实，托名东坡，刊镂以行，欺世售伪。

又如明末丰坊"博学工文，兼通书法而性狂诞"，他教授生徒，为了解烦自娱，伪造了所谓子贡的《诗传》和申培的《诗说》[④]。

伪书出现以后，很早就引起了有识之士的重视。他们相继作了大量的辨伪工作，逐渐形成了一门辨伪学。早在春秋战国时期，就有人怀疑某些有关记载古人事迹的失实。《论语·子张篇》记子贡云："纣之不善，不如是之甚也。是以君子恶居下流，天下恶皆归焉。"汉代司马迁《史记·儒林传》、班固《汉书·艺文志》等篇，都涉及了辨伪问题。王充《论衡》中的《书虚篇》、《儒增篇》等，也指出了古书所记多有作伪不实之处。如前所述，隋代僧法经编纂《众经目录》，别立"疑伪"一门，开佛经辨伪之先河。到了唐代，一些学

---

① 参阅钱希言《戏瑕》，《四库全书存目丛书》子部第97册。

② 参阅：唐圭璋《〈词苑丛谈〉跋》，《词苑论丛》，上海古籍出版社1986年版，第1044页；孙克强、张东艳《〈词统源流〉等四部词话伪书考》，《文学遗产》2004年第6期。

③ 参阅裴效维主编《近代文学研究》，北京出版社2001年版，第223页。

④ 参阅潘树广主编《中国文学史料学》(上)，黄山书社1992年版，第556—557页。

者进一步注意辨伪。刘知几在《史通·外篇》的《疑古》、《惑经》中，指出《五经》和一些上古之书真伪相混，诳惑后世。柳宗元著文对《鬼谷子》、《亢仓子》和《晏子春秋》等提出了怀疑。宋代的辨伪，以欧阳修、郑樵和朱熹等为代表。欧阳修疑《易经》的《十翼》，作《易童子问》。王安石疑《春秋》，斥之谓“断烂朝报”。朱熹疑《诗经》，著《诗集传》，还撰有《朱子辨伪语录》。其他如司马光之疑《孟子》、郑樵之疑《诗序》、叶适之疑《管子》、《晏子》等。明清时期，以胡应麟、方以智、顾炎武、阎若璩、胡渭等为代表。他们在总结前人辨伪成果的基础上，多有著述。如前所述，胡应麟撰写了我国古代第一部辨伪专著《四部正讹》，使辨伪成为一种专门学问。其他重要的专著，明代的有宋濂的《诸子辨》、方以智的《通雅》，清代的有顾炎武的《日知录》、阎若璩的《古文尚书疏证》、胡渭的《易图明辨》、万斯同的《群经疑辨》、姚际恒的《古今伪书考》等。

在“五四”之前，胡适、傅斯年等倡疑古，开现代疑古之前奏①。后来梁启超在清华大学讲授辨伪课程，讲授内容被整理成《古书真伪及其年代》一书，黄云眉撰《古今伪书补正》，张心澂撰《伪书通考》。同时，胡适、钱玄同、王国维和顾颉刚等在继承乾嘉考据方法的基础上，又吸收了近代西方的一些科学方法，研究辨伪，分别作出了自己的贡献。其中特别值得重视的是以顾颉刚为代表的“古史辨”派。顾颉刚辑有辨伪丛书《古籍考辨丛刊》第一辑，在当时和后来都产生了相当大的影响。

我国在长期的辨伪过程中，逐渐总结形成了一些方法。明代胡应麟在《四部正讹》中归纳了辨伪八法②，方以智在《通雅》中强调不要轻易疑古，同时在卷 3 中提出了要从“明其理、事、文、气、时、变”六方面进行辨伪。梁启超在其《中国历史研究法》第五章中提出辨伪的 12 条“公例”。他在总结清代乾嘉学者的经验时，归纳出辨伪的六条线索：一，从著录传授上检查；二，从本书所载事迹制度或所引书上检查；三，从文体及文句上检查；四，从思想渊源上检查；五，从作伪者所凭借的材料上检查；六，从原书的佚文、佚说的反正上检查③。胡适对辨伪方法也作了总结，他说：“西洋近百年史学

① 参阅：胡适《中国哲学史大纲》，上海古籍出版社 1997 年版，第 9 页；王子今《20 世纪中国历史文献研究》，清华大学出版社 2002 年版，第 54—62 页。

② 参阅本书第十二章第六节。

③ 参阅梁启超《中国近三百年学术史》，北京中国书店 1985 年版，第 249—252 页。

大进步，大半都由于审定史料的方法更严密了。凡审定史料的真伪，须要有证据，方能使人心服。这种证据大概可分为五种。"这五种是：史事、文字、文体、思想、旁证①。瑞典汉学家高本汉著有《左传真伪考》。他在此书的第1章("中国古书的真伪")中，在评述中国学者所使用的辨伪标准之后，又特别强调了从"文法系统"方面来辨伪。他说：

> 一部书(所用语言)的文法系统有某种特点，这特点赋予它以独有的性质，而决非后代伪造者所能想像或模仿的，那么这部书是可信的。②

现当代有不少学者在总结以前辨伪方法的基础上，进一步归纳为内证和外证相结合的方法。所谓内证，又称本证，就是从所辨之书内找证据，包括书名、作者、史实、思想、文体、语言文字、称谓、人名、地名、朝代名等。所谓外证，又称旁证，就是从其他书中找证据，包括从所辨之书的源流上来考察。外证重要，但同内证相比，它是第二位的。高本汉在20世纪20年代考辨《左传》的真伪，首先利用了司马迁、刘向、刘歆、班固、王充和许慎所引用的有关《左传》的言论，并加以辨析。但他认为，这毕竟是他人的言论，是"第二等的证据"。要进一步考证《左传》的真伪，其原则是"应注重《左传》的本身"。为此，他详细地比较了《史记》所引的《左传》的文句，证明《左传》是在秦焚书之前已经存在，接着他分析了《左传》的"很特殊的文法系统"③。对于高本汉的结论可以讨论，但他所用的考辨方法，值得我们借鉴。

综观我国长期的辨伪学史，取得的成绩是很大的。它促进了人们思想的解放，不断地冲击了长期占据史学领域里的信古观念，逐步提高了辨伪的理论和方法，对许多古籍的真伪进行了辨证。但是，我们在充分肯定成绩的前提下，还应当看到，以前的辨伪，有许多程度不同地存在着怀疑过头的倾向。所提出的辨伪原则和方法，常现主观、片面。更有甚者，感情用事，抱有成见，先入为主，以"每辨必伪"、"逢书必假"为一逞快之事，缺乏客观平实的

① 参阅胡适《中国哲学史大纲》，上海古籍出版社1997年版，第14—15页。

② 参阅高本汉著，陆侃如译《左传真伪考》，商务印书馆1937年版，第16页。以上述引，除参阅原著外，张心澂《伪书通考·总论·辨伪方法》中有摘录。

③ 参阅高本汉著，陆侃如译《左传真伪考》，商务印书馆1937年版。

科学态度①，结果把本来不是伪书的《尉缭子》、贾谊《贾子新书》等，也武断地判为伪书。接受以前辨伪的经验和教训，我们在辨伪时，要有科学的、客观的态度，不能盲目地“信古”，也不能立足于“疑古”，以疑古自诩，而应当是“析古”。“析古”应立足于真凭实据，确有真凭实据的应肯定。如果目前证据还不充分，则应持阙疑态度，不能轻易地下结论。以上引述的各种辨伪方法，许多是从不同角度对辨伪的总结，有其合理的内容，值得重视。但对任何的一种辨伪方法，不能绝对化。应汴重综合辨证。随着科学的发展，辨伪的方法也在不断地发展。20世纪以来，人们在使用传统的辨伪方法的同时，开始注重借鉴自然科学等现代科学知识和方法，注意从文献到文献扩大到实物与文献相结合，扩大到流传的文献同新发现的文献相结合。我们应当态度严谨，在坚持唯物辩证法的前提下，从辨伪的实际对象出发，把传统的方法与新的方法结合起来，作综合考察，力求得出切实的、能经得起验证的结论。

辨伪的目的，主要是分清真伪，以免真伪混淆。同时，我们也应当认识和重视伪书的史料价值。如果从史料的角度看，伪书是一定时期社会上的某种存在的折射，是一种比较特殊的文化遗存。只要确定了它的确切的时代和作者，它就成了研究那个时代和作者的真史料，不要因属伪造而弃置之。陈寅恪指出：

> 盖伪材料亦有时与真材料同一可贵。如某种伪材料，若迳认为其所依托之时代及作者之真产物，固不可也。但能考出其作伪时代及作者，即据以说明此时代及作者之思想，则变为一真材料矣。②

张岱年曾举《列子》为例说：

> 今本《列子》这部书，它并不是列御寇的著作，而是魏晋时期人所编著的，就这一点来说，我们说《列子》是伪书；但就其《列子》书的内容说，它反映了魏晋时期一些人的思想，我们可以把这部书作为魏晋时代的史料。③

顾颉刚则进一步从治史方法的角度提出了“伪史移置利用法”：

> 许多伪材料，置之于作伪的时代固不合，但置之于伪作的时代则仍

① 参阅郑良树《古籍真伪考辨的过去与未来》，《文献》1992年第2期。
② 陈寅恪《陈寅恪史学论文集》，上海古籍出版社1992年版，第508页。
③ 张岱年《中国哲学史史料学》，三联书店1982年版，第4页。

是绝好的史料；我们得了这些史料，便可了解那个时代的思想和学术。例如《易传》，放在孔子时代自然错误，我们自然称它为伪材料；但放在汉初就可以见出那时人对于《周易》的见解及其对于古史的观念了……所以伪史的出现即是真史的反映。我们破坏它，并不是要把它销毁，只是把它的时代移后，使它脱离了所托的时代而与出现的时代相应而已。实在，这如其说破坏，不如称为“移置”的适宜。一般人以为伪的材料便可不要，这未免缺乏了历史的观念。①

另外，由于作伪者为了使人信以为真，作伪时往往要引用一些真实的史料。今本《列子》中就保存了先秦佚书的一些片段。这些片段，为后人所珍重。单从文学方面来看，有些伪书常常含有重要的史料，有相当大的价值。如托名大禹、伯益所作的《山海经》，实际上是战国时期的书，经秦、汉人增删而成。书虽伪，但它却是我国最早的一部神话集，有助于我们考察古代志怪小说的源头。黄云眉说：

真其所真，伪其所伪，使真伪各得其用，此吾辈读书应有之态度，亦所以为来者辟一读书之坦途也。②

综观上面所引著名学者的论述，有理论、有方法、有例证。我们应当参照他们的论述，进一步去认识伪书的价值，恰当地去使用伪书。

附：现当代辨伪论著要目③

《古今伪书及其年代》　梁启超著　中华书局1955年版　江苏广

① 顾颉刚《古史辨》第3册，上海古籍出版社1982年版，《自序》。

② 黄云眉《古今伪书考补正》，山东人民出版社1957年版，《序》。

③ 我国从古迄今，在辨伪方面取得了大量的成果。这些成果有不少已经整理成专著。这些专著大多具有综合的性质，涉及了经史子集，有些论述了相关的理论和方法。另外，还有不少成果分散在一些书籍和报刊中，有许多至今还没有加以系统整理，未成专著。下面列举的主要是综合性的辨伪专著和少数有关文学作品真伪的综合性论著。想查知关于中国古代文献辨伪的详细目录，请参阅：黄镇伟《辨伪学研究书录》，《贵图学刊》1991年第4期；司马朝军著《文献辨伪学研究》，武汉大学出版社2008年版，《外编·书目编》。

陵古籍刻印社 1989 年版

《古籍考辨丛刊》第 1 辑　顾颉刚辑　中华书局 1955 年版

《古今伪书考补正》　黄云眉著　初印于 1932 年　齐鲁书社 1980 年版

《伪书通考》　张心澂编著　商务印书馆 1939 年初版　1954 年新版　1957 年修订本　上海书店出版社据商务印书馆 1939 年版影印

《续伪书通考》　郑良树撰　台湾学生书局 1984 年版

《古书考辨集》　吴光著　台北允晨文化实业有限股份公司 1989 年版

《中国伪书综考》　邓瑞全　王冠英主编　黄山书社 1998 年版

《中国伪书大观》　俞兆鹏主编　江西教育出版社 1998 年版

《古书通例》(与《目录学发微》合本)　余嘉锡著　中华书局 2007 年版

《古书作伪举例及如何鉴别》　昌彼得　载《古籍鉴定与维护研习会专集》　台湾中国图书馆学会 1985 年版

《中国辨伪史略》　顾颉刚　载其著《秦汉的方士与儒生》　上海古籍出版社 1998 年版　《附录》

《中国辨伪学史》　杨绪敏著　天津人民出版社 1999 年版

《中国二十世纪文献辨伪学述略》　刘重来　《历史研究》1999 年第 6 期

《古籍辨伪学》　郑良树撰　台湾学生书局 1986 年版

《文献辨伪学研究》　司马朝军著　武汉大学出版社 2008 年版

《清初的辨伪学》　林庆彰著　台北　文津出版社 1990 年版

《走出疑古时代》(修订本)　李学勤著　辽宁教育出版社 1997 年版

《新出土资料的发现与疑古主义的走向》　[日]谷中信一　张青松　《中国历史博物馆馆刊》2000 年第 1 期

《考古发现对辨伪学的冲击》　冯广宏　《文史杂志》2001 年第 1 期

《古史辨学说评价讨论集》　陈其泰　张宗华主编　京华出版社 2001 年版

《二十世纪疑古思潮》　吴少珉　赵金昭主编　学苑出版社 2003

年版

《古籍整理与辨伪求真》 王树民 《河北师范大学学报》2004年第2期

《诗歌辨伪法》 黄永武 载《中国诗学考据篇》 台北巨流图书公司1977年版

《井中奇书考》 陈福康著 上海文艺出版社2001年版

《中国文学史上的伪作拟作与其影响》 梁容若 《中国文学研究》 台北三民书局1967年版

《伪书四种》 张林川主编 湖北辞书出版社1998年版

《20世纪〈山海经〉作者和成书经过的讨论》 张步天 《益阳师范高等专科学校学报》2001年第1期

《宋玉作品的真伪问题》 胡念贻 《文学遗产增刊》第1辑 作家出版社1955年版

《苏李诗辨伪》 刘跃进 载其著《中古文学文献学》 江苏古籍出版社1997年版 中编第五章第一节

《柏粱诗辨伪》 刘跃进 载其著《中古文学文献学》 江苏古籍出版社1997年版 中编第五章第四节

《蔡琰和〈胡笳十八拍〉的作者》 卢兴基 载其主编《建国以来古代文学问题讨论举要》 齐鲁书社1987年版

《列子考辨》 马达著 北京出版社2000年版

《岳飞〈满江红〉(怒发冲冠)的真伪问题》 王学太 载卢兴基主编《建国以来古代文学问题讨论举要》 齐鲁书社1987年版

《元剧斟疑》 严敦易著 中华书局上海编辑所1960年版

《元剧斟疑补》 严敦易著 载其著《元明清戏曲论集》 中州书画社1982年版 上编

《中国古代文言小说辨伪研究概论》 张侃 《西北师范大学学报》1995年第6期

《红学辨伪论》 欧阳健著 贵州人民出版社1996年版

《〈文心雕龙·隐秀〉篇补文的辨伪》 刘跃进 载其著《中古文学文献学》 江苏古籍出版社1997年版 下编第三章第六节

《司空图〈二十四诗品〉真伪问题讨论述要》 独孤棠 载钱中文

龚翰熊等主编《中外文化与文论》(1)　四川大学出版社 1995 年版

《近年〈二十四诗品〉真伪讨论综述》　姚大勇　《云梦学刊》2000 年第 4 期

《司空图〈二十四诗品〉研究及其作者辨伪综析》　赵福坛　《广州师范学院学报》2000 年第 12 期

《元代诗学伪书考》　张伯伟　《文学遗产》1997 年第 3 期

第二节　史料考证

史料考证指的是在史料工作中通过考察求得证明，以证明史料是否真实。考证要有根据，为突出根据，所以有时也称为考据。广义的考证，包括古籍辨伪、版本、校勘、文字训诂和音韵标注等。狭义的考证仅指考证史实。这里讲的是狭义的考证。辨伪解决的主要是古籍的真伪问题。从史实来看，真书中记载的不可能全是真实的，还有些记载隐晦、疏简，而伪书中有时也有真史料。对于诸如此类的问题，只有通过考证，才能得出可靠的或比较可靠的结论。因此考证是一种重要的鉴别史料的方法。轻忽考证，许多史料的真伪问题难以解决。对一般史料是这样，对古代文学史料也是这样。

古代存传的许多史料之所以必须考证，有多方面的原因。

现存的不少史料是靠传闻或者是靠记忆记载的。史料经过传闻和记忆，即使传闻者和记忆者不想造伪，也难免有增有减，难免搀进口传者的好恶和记忆者的局限。这样的史料，不可能是完全真实的。清人崔述在其《考信录·提要》卷上说：

> 传纪之文，有传闻异词而致误者，有记忆失真而致误者。一人之事，两人分言之，而不能悉符者矣；一人之言，数人递传之，有失其本意者矣。是以三《传》皆传《春秋》，而其事或互异，此传闻异词之故也。古者书皆竹简，人不能尽有也，而亦难于携带，纂书之时，无以寻觅而翻阅也，是以《史记》录《左传》文，往往与本文异，此记忆失真之故也。

以文字记载为主的史料是通过人的记载而传存的。既是经过人的记载，总会不同程度地受到记载者动机、情感、视阈、记忆、取舍、叙写等多方面的制约。梁启超说：

> 庄子云:“两善必多溢美之言,两恶必多溢恶之言。”王充云:“俗人好奇,不奇,言不用也。故誉人不增其美,则闻者不快其意;毁人不益其恶,则听者不惬于心。”是故无论何部分之史,恐“真迹放大”之弊皆所不免。《论衡》中《语增》、《儒增》、《艺增》诸篇所举诸事,皆其例也。况著书者无论若何纯洁,终不免有主观的感情夹杂其间。……
>
> 吾二十年前所著《戊戌政变记》,后之作清史者记戊戌事,谁不认为可贵之史料?然谓所记悉为信史,吾不敢自承。何则?感情作用所支配,不免将真迹放大也。①

看来,不少存传的史料在记载时,是经过了加工润色。由于加工润色者的好恶情感的作用和为了迎合接受者的好奇心理,加工润色往往使史料有不同程度的失实。现存的史料,即使是亲身经历过的作者记录的,也不可能完全是真实的。

有不少史料是胜利者或是受胜利者指使的人所记载的,他们控有话语权。而失败者的话语权,随着他们的失败而常常被剥夺。讳饰近福,直言多祸。因此为胜利者歌颂讳饰,为失败者抹黑加恶,常见于中国古代。这就使古代的不少史料失实。这一点,古人常有揭示,晋代葛洪指出:

> 见废之君,未必悉非也。……见废之主,神器去矣,下流之罪,莫不归焉。虽知其然,孰敢形言?……独见者乃能追觉桀、纣之恶不若是其恶,汤、武之事不若是其美也。②

中国古代的史书主要有官方纂修的和私家著述的两种。这两种,不论是官方修纂的,还是私家著述的,常见的记载有不少疏略和失实。

就传记史料而言,由于传记都是一定时代的产物,难免受时代的局限。当代人写,有多种限制,尤其是政治上的限制。后来人写,有另外的一些限制,有另一种政治限制。即使在政治上比较宽松、各种限制较少的时期,这种限制还是存在的。中国古代的许多传记的作者,有的囿于陈旧的观念,有的由于私心狭嫌,有的由于个人的好恶和偏见,对传主的记载,难得真相,也使许多传记十分简略。如南朝宋代重要的诗人鲍照,可能由于他出身于寒

---

① 梁启超《中国历史研究法》,东方出版社 1996 年版,第 110 页。

② 杨明照《抱朴子外篇校笺》,中华书局 1991 年版,第 288 页。

门素族，官位低下，沈约在《宋书》中没有单独为他立传，而仅在卷51《临川烈武王道规传》后，附有109字的生平记载。后来《南史》卷13的《鲍照传》仍附在《宋临川烈武王道规传》后，字数略有增加，但许多重要事迹没有记载。

中国古代的人物传记，记人也记事，但以人为主，事为附。中国自古以来重人品，记人重在彰善惩恶。受此影响，文学传记史料多以写传主品行、性情为主，不太注意具体事实的叙写。这样的叙写，有助于我们从大的方面了解文学家的精神风貌，但对一些具体问题的确认，也留下了许多困难。

中国古代多忌讳。对政治有忌讳，对时人有忌讳，对死者有忌讳。撰写历史，常常要为尊者讳，为亲者讳，为贤者讳。诸多的忌讳，结果是“虚美隐恶”，常用曲笔，掩盖真相，把他们理想化。这在中国古代屡见不鲜。东汉马援在《诫其兄子书》中说：

吾欲汝曹闻人之过如闻父母之名。耳可得闻，口不得言。

后来朱穆在《崇厚论》中，在赞赏马援上面的话之外，又说：“故覆人之过者，敦之道也。”马援和朱穆强调不得言人之过、隐人之过，甚至把这种做法提高到道德的层面。在这种思想的主使下所记载的史料，怎么会真实可靠？

古代的文学作品史料，虽然不真实的极少，但常见“单篇别什借名窜匿”，有些作品没有署名，如《古诗十九首》。更多的是大量的作品，特别是一些著名的作品没有注明写作的时间。有些作品虽然署名，但不是真名，如《金瓶梅》署名“兰陵笑笑生”。许多文学作品史料记述的欠缺或有意藏真，给研究者留下了许多悬案和疑窦。

古代史料，由文字记载下来以后，大多依靠用简牍抄写而流传。简牍容易错乱，在抄传中，难免张冠李戴，史实讹误，出现所谓“书三写，鲁成鱼”之类的错误。后来用纸抄写和刻印，也难免出现这样那样的错误。

上面列举的一些现象说明，由于多方面的原因，造成了古代不少史料记载失实，或者记载疏简，或者有疑窦，或者隐晦不明，或者在流传中出现了错误。对这些史料，如果不进行考证，会直接影响研究的深入，如果轻率地使用，得出的结论不可靠，甚至是错误的。

我国的考证源远流长。大体说来，孕育于先秦时期，萌芽于两汉，形成于魏晋南北朝，隋唐五代不断发展，到宋代已初具规模，清代达到了高峰，成绩最大。近代以来，继承清代的考据风气和成果，又受到了西方史学方法的影响，王国维、胡适、郭沫若、陈垣、陈寅恪、顾颉刚等一批学者在考证方面都有新的创获。经过长期的考证实践和思考，不仅取得了许多重要成果，而且逐渐总结了一些原则和方法。这些原则和方法，值得我们借鉴。

考证是一种严肃的学术研究，必须具备正确的指导思想和正确的态度。考证应以学术为务，应当出于公心，要具有“克己的美德”。应当客观唯一，“搁起感情”，不能先入为主和抱有成见，切忌主观臆断。也不能迷信权威，宥于门派。考证是一种带有定案性质的工作，需要缜密慎重，来不得半点轻率粗疏，更不能急功近利。

考证的关键是要有充足的证据。文学史上产生的任何文学现象只有一种，不会重复，但相关的记载可能不只一种：有的直接，有的间接；有的明显，有的隐晦；有的简单，有的繁复；有的旧，有的新。多种相关的记载，是我们考证的依据。这就决定了我们考证时，必须首先全面地搜集证据，多方面地占有史料。

对于已经搜集到的证据，要注意分析其是否可靠。胡适在《古史讨论的读后感》中说：

> 我们对于“证据”的态度是一切史料都是证据。但史家要问：1. 这种证据是在什么地方寻出的？2. 什么时候寻出的？3. 什么人寻出的？4. 从地方和时候上看起来，这个人有做证人的资格吗？5. 这个人虽有证人资格，而他说这句话时有作伪（无心的或有意的）的可能吗？①

对于搜集到的证据，胡适强调要从其来源和提供证据者这两方面来分析其是否可信。应当说，这是十分重要的。

我们在搜集证据时，有时得到的可靠的证据很多。面对许多可靠的证据，我们要注意从中选择典型的史料，然后把这些史料加以排比、综合，作为确认史实的证据。

有时我们在搜集证据时，会遇到记载同一事实的史料中，存在着矛盾。对于矛盾的史料应更加注意分析辨证。经过分析辨证，确定哪些是正确的，并且要说明自己取舍的根据。考证时，还不能忽视反面的证据。即使反面

① 引自《古史辨》第1册，上海古籍出版社1982年版。

的证据不能动摇正面证据，也要对反面证据作出论证。

考证必须做到无征不信，证据充足。仅有孤证，不应轻易作出结论。要作出结论，必须依据大量的证据。对于古籍的某些记载，在没有充分的证据时，不要轻易否定。在这方面，有些教训值得我们汲取。举一个例子：关于曹植《洛神赋》的写作时间，曹植在《洛神赋序》中，明言作于黄初三年。这属于内证。到唐代李善注此赋，否定《洛神赋序》的记载，说：

> 《魏志》曰：黄初三年，立植为鄄城王，四年徙封雍丘，其年朝京师。又《文帝纪》曰：黄初三年，行幸许。又曰：四年三月还雒阳宫。然京域谓雒阳，东蕃即鄄城。《魏志》及诸诗序并云：四年朝，此云三年，误。①

李善认为《洛神赋》作于黄初四年一说，常为后来的一些学者所沿用。李善之所以否定三年之说，主要是有黄初四年曹植朝京师的记载。曹植黄初四年朝京师，是一孤证，并且属于外证，不能据此证明曹植三年未朝京师。事实上，有一些史料可以推断曹植于三年有朝京师之事②。又如，关于苏洵的《辨奸论》，清人李绂提出是邵伯温的赝作，而非苏洵所作。其主要证据是苏洵文集“原本不可见”，“其文始见于《邵氏闻见录》中，《闻见录》编于（南宋）绍兴二年”③。其实，宋代约刊于北宋末年的《类编增广老苏先生大全文集》（今存国家图书馆）卷三“杂论”中，就收有《辨奸论》。因此，《辨奸论》为邵伯温的赝作一说，不能成立。上举两个例证启示我们，考证时，依据孤证就下结论往往是靠不住的，也不能用孤证轻易地否定前人的记载。当然，如果只有孤证，而又没有其他证据可以驳倒它，也可以下结论。

由于考证的史实和问题各不相同，即使同一史实和问题，涉及的方面也很多，所以考证涉及辨伪学、目录学、版本学、校勘学、训诂学等，具有明显综合性的特点，往往不能仅仅依靠某种单一的方法，更没有什么现成的公式，而是要综合运用多种方法。

还要重视使用有关学科的知识和成果，如考古学、金石学、地理学、文字

---

① 李善注《文选》，中华书局 1977 年版，第 19 卷。

② 参阅：顾农《建安文学史》，湖南教育出版社 2000 年版，第 96—97 页；颜廷亮《由地理文化看〈洛神赋〉创作时间》，《菏泽学院学报》2007 年第 4 期。

③ [清]李绂《书〈辨奸论〉后二则》，载《穆堂初稿》卷 45，《续修四库全书应》影印本，上海古籍出版社 2003 年版。

学和逻辑学等。古代有许多文献史料，如朝廷律令、官方榜文等，所说的同实际所做的并不一致，有时有很大的差距。如果仅仅依据文献史料，信以为真，得出的结论并不可靠。为了求得可靠的证据，应当把各种文献记载、古迹、文物和口传史料等结合起来，加以比较分析。要做到这一点，需要博闻多识，要有深厚的学养和积累。

史料是非常复杂的。我们面对的许多史料，特别是文字记载的史料和口传史料，即使是真实的，也不可能完全是真实的。要证明所记载的和口传史料的内容是完全真实的，难以做到。我们在考证求真时，应尽量避免用简单的真假二分对立的标准来对待证据。我们所关注的主要是证据真实的程度。我们平时讲，某一种史料是真实的，是可信的，指的主要是其中的主要内容是真实的。

附：现当代新整理新著考证著述要目①

《日知录集释》 [清]顾炎武著 [清]黄汝成集释 栾保群 吕宗力校点 花山文艺出版社 1990 年版

《考信录》 [清]崔述著 上海古籍出版社 1983 年版

《十七史商榷》 [清]王鸣盛著 北京市中国书店 1987 年影印本

《廿二史劄记校证》(订补本) [清]赵翼著 王树民校证 中华书局 1984 年版

《廿二史考异》 [清]钱大昕著 方诗铭 周殿杰校点 上海古籍出版社 2004 年版

---

① 由于历代许多学者的辛勤耕耘，在史料考证方面取得了相当丰硕的成果。这些成果，涉及了传统的经、史、子、集四部。从已经整理刊印的专著看，多带有综合的性质，其中涉及较多的是经、史、子三部。与文学关系密切的集部，也有一些成果。特别是近代以来，对许多文学家、作品，包括古代轻忽的词、戏曲和小说等通俗文学的考证，成果斐然。但遗憾的是，有关这一领域里的成果多散见于各种著述中，有些附帖在原著中，有些体现在叙录题跋中，有些刊载在报刊上，有待整理集中成专著。下面列举的是重要的综合性的以及子部、史部考证专著。文学史料的考证和史料的辨伪关系密切，有许多难以划分。有关文学史料具体的辨伪、考证论著目录，请参阅司马朝军著《文献辨伪学研究》，武汉大学出版社 2008 年版，《外编·书目编》。

《十驾斋养新录》［清］钱大昕著　陈文和　孙显军校点　江苏古籍出版社 2000 年版

《周秦诸子考》　刘汝林著　文化学社 1929 年版

《先秦经籍考》［日］内藤虎次郎著　江侠庵译　上海商务印书馆 1933 年版

《诸子著作年代考》　郑良树著　北京图书馆出版社 2001 年版

《诸子评议》［清］俞樾著　上海商务印书馆 1935 年版

《诸子考索》　罗根泽著　人民出版社 1958 年版

《中国诗学考据篇》　黄永武著　台北巨流图书公司 1977 年版

《小说考信编》　徐朔方著　上海古籍出版社 1997 年版

《古代小说文献丛考》　潘建国著　中华书局 2006 年版

《唐人笔记小说考索》　周勋初著　江苏古籍出版社 1996 年版

《中国章回小说新考》　张颖　陈速著　中州古籍出版社 1991 年版

《明清小说新考》　欧阳健著　中国文联出版公司 1992 年版

《明清稀见小说汇考》　薛亮著　社会科学文献出版社 1999 年版

第三节　鉴别版本

古籍版本的含义，有狭义的和广义的两种。狭义的专指雕版印本。现在通常使用的是广义的，泛指经过传抄或刻印形成的本子。20 世纪 80 年代以来，把一些古籍制成光盘，称“电子版”，也是一种版本。同一古籍有不同的光盘，形成了不同的电子版，也称不同的版本。研究版本的学问，被称为版本学。

古籍版本源远流长。不同时期的版本有不同的印记，不同地区的也有不同的特点。有许多古籍，流传下来的版本很多。据不完全统计，现在传存的《史记》版本约百种，《红楼梦》版本百种左右。有些古籍在流传的过程中，尤其是在宋代以后，在抄刻的过程中，常被删减改窜。顾炎武《日知录》卷 18“改书”条说：

东坡《志林》曰：近世人轻以意改书。鄙浅之人，好恶多同，故从而和之者众。遂使古书日就讹舛，深可忿疾！……

万历间人，多好改窜古书……不知其人，不论其世，而辄改其文，谬种流传，至今未已。

顾炎武所说的，确有根据。宋代王楙著《野客丛谈》30卷，明代陈继儒刻入其自编的丛书《宝颜堂秘笈》，只保留了12卷。如此之类的删减改窜，使一些古籍不同程度地失去了原貌。我们的研究如果使用这样失实的版本，不可能得出正确的结论。为了避免使用经过删削改窜的版本，我们对版本必须加以鉴别。鉴别版本是鉴别史料的一个重要环节。张元济在《涉园序跋集·印行四部丛刊启例》中甚至强调说：

版本之学为考据之先河，一字千金，于经史由关紧要。

古籍有无被删改？如有删改，删改的具体情形如何？要解决这类问题，有效的方法，是考查版本的源流、演变，到版本产生的时间和地点去探究。这有很大的难度，但好在存传的版本留下了一些迹象和线索，使鉴别版本有立足的根基。

版本是由形态和内容两方面构成的，各由一定的要素构成，这就是版本的结构。

形态结构，包括版式结构和整书结构。版式指的是每一单页的格式，通常由以下部分构成：

1. 版框，即印页四周用直线构成的方框，又称边栏、栏线。四周用单线印的叫四周单边，用双线印的叫四周双边。也有左右双边的，上下单边的。

2. 天头、地脚、边：版框以外的部分，上边的叫天头，下边的叫地脚，左右空白部分各称边。

3. 行格，又称界行、界格、边准，即版框内用直线分成直行。

4. 版口，又称版心、书口、中折行。位于每页版面正中，又叫中缝，用来折叠书页、记录书名、卷数、页数、标记鱼尾图形等。

5. 鱼尾，即版口中心像鱼尾的图形，是折叠书页的准线。鱼尾有单有双。双者有顺鱼尾、对鱼尾。

6. 象鼻，指的是版口从上下鱼尾到版框之间各有的空格，有白口、黑口、大黑口、粗黑口几种。

7. 书耳，或称耳子、耳格，即印页版框左右上角的小长方框，里面多用来题写篇名、书名简称等。

8. 行款，指版面中的行数与字数。通常按半个版面计数，称半页几行，行多少字。

整书结构指的是装订成书的书籍形态，其关键是装帧形式。装帧形式大致有卷轴装、旋风装、龙鳞装、经折装、蝴蝶装、包背装、袍套装和线装、平装等。平装本是19世纪中叶以来，受西方印刷技术的影响而出现的。在以上装帧形式中，流传下来的古籍最多的是线装本。线装本一般由下面几部分构成：

1. 书衣，又称书皮、封皮，现在称之封面，上有书名题签。

2. 书名页，即书衣内的首页，现在称之扉页，题本书名。

3. 护页，亦称副页、扇页，即书皮与书名页之间的空白页。

4. 书脑，指书册靠装订线右侧的空白部分。

5. 书脊，指书册靠装订线的侧面部分。

6. 书口，指书册靠折页版心中缝一边的侧面部分、掀开书的地方。

7. 书首，指书册上方的侧面部分，又称书头。

8. 书根，指书册下方侧面部分。

版本的内容结构，指的是版本内容的构成部分，一般的线装古籍包括：

1. 正文，这是版本内容的主体。正文一般根据篇幅的长短分成若干卷。各卷首页的首行称为卷端，常题写书名、篇名、卷数、作者及籍贯、校刻者、注释等。

2. 序跋识语。序，由作者自己写的叫自序，由他人写的叫他序。先秦两汉时期，自序多在书后。后来序多置于正文之前。跋，也称后序、后记，放在全书之后。跋，有著者自己写的，也有他人写的。识语，有的也称题识，通常是在书的卷首、卷尾、扉页或其他地方，是藏书者读书时所写的。序跋识语的内容不一，常常涉及有关作者或编者的生平思想、写作编纂的原委、书的内容、刊刻收藏、文字、装帧、评论得失等。

3. 目录，是正文前的篇章名目，体现了一书的章节次第。

4. 凡例，是一书的编纂体例，多放在序之后、目录之前。

5. 牌记，又称碑牌，俗名书牌子，也叫木记。宋刻本开始有牌记，如《新刊校定集注杜诗》36卷，台湾“故宫博物院”藏宋刻本，每卷末有“宝庆乙酉广东漕司锓版”大字一行。宋代以后书坊刻书多沿用牌记，一般在书的序目后边或卷末。牌记的内容多少不一，主要写书籍刻印的年月、地点、刻家姓名、堂号或书铺字号、版本特点及刊刻经过等，以表示版权所有。

6. 藏书印章，藏书印章是藏书家或藏书单位在自己所收藏的书的卷端、卷末或卷内钤上印章。印章的内容，除藏家的姓名、字号及斋堂名外，有时还有校读、鉴定的记录、版本、藏书铭语等。铭语如吴中有藏书印记云："寒可无衣，饥可无食，至于书不可一日失。"

需要注意的是，上述诸多的构成因素，并不是所有的书都具备的。

古籍版本由于所用的物质材料在不断进步，由于编辑、抄写、刻印、装帧等方面的原因，不仅在字体、款式、刻工、墨色等形式上有差别，而且在篇目、编次、字句等内容上也不同。由于版本的繁多和复杂，为了使人们较快地了解和认识版本，大体上了解不同版本的价值，人们很早就注意从不同的角度对版本加以分类。下面介绍的是几种常见的分类：

按出版时间分类：用朝代来分类，如南北朝写本、唐写本、五代写本、宋本、辽本、金本、元本、明本、清本等；用皇帝年号来区分，如南宋绍兴本，元大德本、至正本，明洪武本、嘉靖本、崇祯本，清康熙本、乾隆本等；有些具体时间不明确，即按模糊时间来分类，如古写本、旧抄本、旧刻本、宋元间刻本、近本、今本等。

按出版地来分类，国内的如江南本、浙本、蜀本、闽本、临安本、成都本、建阳本、杭本、衡州本、婺州本、歙刻本、金凌刻本、苏州刻本等；国外的如朝鲜本（高丽本）、和刻本、越南本等。

按抄写和刻印者来分类，有官刻本（如：国子监本，简称监本；清代武英殿本，简称殿本）、官抄本；私刻本（又称家刻本，如：明末毛晋汲古阁刻本、清代阮元本、胡克家本）、私抄本（如明代吴宽丛书堂抄本、清代钱谦益绛云楼抄本等）；坊刻本（如明代杨氏清江堂刻本、清代扫叶山房本）等。

按形式特征分类：按版式特点分类，如大字本、小字本、十行本、黑口本等；按制版方法分类，如刻印本、排印本等；按抄刻印抄写特点分类，有初刻本、重刻本、修补刻本、影刻本、写刻本、套色印本、影抄本、传抄本等；按装帧特点分类，有卷子本、线装本、袖珍本等。

按所使用的物质材料和技术分类：有竹简本、帛书本、纸质本、抄本、石刻本、铅印本、胶印本、影印本、复印本、电子本等。

按内容来分类：有白文本、校点本、批校本、题跋本、注释本、增补本、选本、节本、百衲本、辑佚本、绣像本、插图本、足本、残本、稿本、单刻本、少数民族古籍本、丛书本等。

按版本价值分类：有善本、珍本、孤本、秘本、俗本、通行本、真本、伪本等。

由于版本的繁多和复杂，因此我们在鉴别史料时，应当特别注意选择善本。

从古迄今人们在使用“善本”这一概念时，常常赋予不同的含义。宋人认为加以精校、无讹舛者为善本。欧阳修《集古录跋尾·唐田弘正家庙碑》说：

> 自天圣以来，古学渐盛，学者多读韩文，而患集本讹舛，惟余家本屡更校正，时人共传，号为善本。

清人张之洞在《輶轩语》中又作了补充：

> 善本非纸白版新之谓，谓其为前辈通人用古刻数本，精校细勘付刊，不讹不阙之本也。……善本之义有三：一、足本（无阙卷，未删削）；二、精本（精校、精注）；三、旧本（旧刻、旧抄）。

对于善本的理解，应当区分文物价值和学术研究价值。从学术研究的角度看，所谓善本，主要指的是精本和足本。精本足本，少讹误，收集较全，不受时间先后的限制，而且往往是后出转精。如二十四史，有多种刻本，但比较而言，上一世纪60年代开始，由中华书局先后出版的排印点校本已远胜于以前的各种本子。这同样体现在许多文学家的作品集子上。以《嵇康集》为例。嵇康集，自明代以来，至少有八种版本，后来有鲁迅的校本和戴明扬的《嵇康集校注》本。鲁迅和戴明扬的本子，在许多方面超越了以前的版本。关于旧本，有的由于比较接近原书，从学术研究的角度来审视，也堪称善本。《四库全书总目》卷186《六臣注文选》条说：“不改旧文，即是善本。”如传为隋侯白写的《启颜录》，后世有多种辑本。这些辑本与原书差别较大。后来发现了敦煌唐写本《启颜录》残卷，就体例分析，接近原本面貌。可以说，最早的旧本《启颜录》优于后来的辑本①。但上述情况比较少见。从文物价值来看旧本，更多的是时代越早的越有价值，前一时代的刻本大于后一时代的。我们在从事学术研究时，对旧本要留心分析，更多的是要用后出的

---

① 参阅潘树广主编《中国文学史料学》，黄山书社1989年版，(上)，第464页。

精本和全本。

鉴别古籍版本的目的是确定一个本子抄写或刻印的时间、地点、抄刻者、完整程度、源流、演变等。鉴别的方法，大体可以从形式特征和内容构成两方面来进行。

我国现存的古籍版本主要有抄本和刻印本两大类，而刻印本是主体。刻印本所用物质材料、版式结构和整书结构等外在表征，既有相对的稳定性，又有时代性。我们可以从这些外在表征来加以鉴别。重要的有以下几点：

一，看纸墨。抄印书籍所用的纸墨常常表现出时代和地域的特点。在用纸方面，宋浙本和蜀本多用皮纸。皮纸柔韧细密，颜色洁白。宋刻流传到现在的，建本最多。建本多用竹纸。竹纸坚实而脆，色泽淡黄。明代早期好的印本仍是用皮纸，一般书用竹纸。中期多用白棉纸，洁白柔韧，不易变坏。清代《四库全书》用开化纸抄写，白而匀洁，但日久会出现黄斑。清代大部分书籍，仍用竹纸。在用墨方面，宋代用墨精良，色黑，味香，水湿而不显浸染之迹。明代万历时期，徽版书用墨精。其他的则不太讲究，墨多用煤、面调和而成，容易脱落。清代制墨重视质量，刻书注意用好墨，书籍的墨色胜过明刻本。看纸墨，除了用直观的方法之外，还应注意利用科技成果。如利用现代科技的成果，对不同时期和地域刻书所用纸的纤维合成、上胶与涂料的成分，以及属于物理性能的厚度、强度、洁白度、吸水性和水印等作出鉴定。

二，看版式行款。如宋浙本版框多左右双边，上下单边，版心多白口。元刻版式初期仿宋，单边，多为黑口。明代版式前后有变化。早期，大黑口，四周双边，双黑鱼尾。中期仿宋浙本，变为白口，单鱼尾，左右双边。晚期多用白口，左右双边，单鱼尾。清代版式白口较多，黑口较少，大多左右双栏。

三，看字体。如宋刻本，大体上是浙刻本用欧阳询体字、蜀刻本用颜真卿体字，闽刻本也出于颜体而刀法更峭削，更有锋棱。建本字近似柳公权体。元代山西平阳是一刻书中心，平阳有平水，所以平阳刻本称为平水本。平水本用欧体，有的在欧体的基础上加上颜体的特点。元浙本袭用宋浙本风格，但字体带有赵孟頫字的影响，流利娟秀。明代刻本，早期多用赵体，中期则多仿宋浙本用欧体。晚期逐步形成长方形的横细竖粗的宋体字，刻印多用宋体。清代通行的是仿宋字，又称硬体字，但在康熙、乾隆间，又同时盛行一种软体字，又称写体字，以康熙扬州刻《全唐诗》为代表。字较小，笔画秀丽圆熟，近于手写。

四，看装帧形式。从六朝到隋唐，古籍的装帧形式主要是卷轴装、旋风装和经折装。现在能看到的是唐代敦煌卷子本。五代至宋开始用蝴蝶装。20世纪考古曾发现五代刻印的佛经，为卷子本。宋代有部分旋风装，但主要是蝴蝶装。都属于卷轴的范围。南宋出现了包背装。元代以包背装为主，少数是蝴蝶装。明代嘉靖前，多为包背装，万历以后多为线装。清代大多是线装。

版本的形式，后一时代的常常沿用前一时代的，彼此往往有不少相近或相似之处。因此鉴别版本，决不能止于考察外部的表征，还要注意从版本的内容来考察。这一点尤其重要。考察版本的内容，涉及的方面很多，版本学家大多认为以下几点比较重要：

一，考查序跋识语。细读序跋识语，有时可以知道书的撰写、最初抄刻和后来的抄刻传播等事实。

二，考查牌记。细阅牌记，有时可以了解刻书的年月、地点、刻书铺号、版本特点等。

三，考查避讳。避讳是在古书中，为了避免直接称述帝王、圣贤、祖先、父母或其他尊者而使用的一种方法。避讳肇于周朝，隋唐盛行，宋代严格。宋代刻书注重避讳，官刻本、浙本最严格，蜀本、闽本、家刻本、坊刻本则不太严格。元代刻书，除覆刻宋本有时沿旧本避讳外，其他的一般不避讳。明代刻书基本不避讳，只有最后朱常洛、朱由校、朱由检三个皇帝避讳。清代从康熙开始都避讳。避讳常用的方式是改字、缺笔、空字。改字多用同音字代替。明光宗名朱常洛，为避讳，改“常”作“尝”。缺笔，多是缺末笔，清代版本为避讳圣祖玄烨之名，“玄烨”二字均缺末笔。也有缺中间笔画的。明代熹宗名朱由校，为避讳，“校”缺笔写作“挍”。空字，是将应避讳的字空而缺不写，或圈作墨围。查看避讳，常常可以知道版刻的源流。查看避讳，可参用下面所列的工具书：《历代讳名考》，刘桐村（锡信）著，乾隆本；《史讳举例》，陈垣著，中华书局1962年版；《历朝帝王避讳举要》（插图增订本），毛春翔著《古书版本常谈·附录》，上海古籍出版社2002年版。

四，考查刻工。古籍刻本在版心下方常常附刻刻书工匠名，个别的也有刻在卷尾或书名页背面等处的。宋版浙本系统多附刻工姓名，为后来所沿用，但沿用的程度不同。元刻较少。明初刻本更少，明嘉靖、万历年间逐渐增多。万历后，刻板不是出自良工之手，多不标刻工。清刻本标刻工姓名者更少。宋元明时期名刻工的姓名有案可查，并且有这方面的工具书可参考，如上海古籍出版社1983年出版王重民《中国善本书提要》附有《刻工人名索引》。李国庆编《宋版刻工表》，刊于《四川图书馆学报》1990年第6期。日本长泽规矩也编、邓衍林译《宋元刊本刻工表初稿》，刊于1934年9月出版的《图书馆学季刊》第8卷第3期。冀淑英《谈谈版刻中的刻工问题》，刊于《文物》1959年第3期。王肇文编《古籍宋元刻工姓名索引》，上海古籍出版社1990年版。何槐昌编《宋元明刻工表说明及元刊本刻工名表》，刊于《图书馆学研究》1983年第3期。冀淑英《谈谈明刻本及刻工》，刊于1981年3月出版的《文献》第7辑。李国庆编《明代刊工姓名索引》，上海古籍出版社1998年版。程章灿著《石刻刻工研究》，上海古籍出版社2008年版。重视搜集、使用、考证刻工的姓名，往往能发现刻本的源流，是考证版本不可忽视的。

五，考查批校者。古书往往在序末、卷首、卷末、书名页等处列有批校人姓名，如：《文选》六臣注南宋赣州州学刊本卷31卷末列有"州学斋谕李孝开校对"等四行字。明清时期的刻本常常在第一页书名之次行题著者，第三、四行题校勘者或评阅者姓名。从这些批校者的姓名，有时可以知道刻本的源流、刊刻过程、真伪以及特点等。

六，考查藏书印章。藏书印章可以帮助我们了解古书抄、刻本的藏弆源流，进而确定相关图书版本的下限。

七，考查正文内容。古书正文的内容一般都具有明显的时代特点，我们应当注意借此来鉴别版本。如考查书中述及的事实，引用的文献史料、使用的语言文字的时代特征等。通过对正文内容的鉴别，可以帮助我们确定版本的时代。

以上我们从形式特征和内容构成两方面，简单介绍了由表及里鉴别版本的主要方法。所介绍的方法，并不全面。由于多种原因，今存古代流传下来的版本相当复杂，又一直没有统一的规范记录版本的制度和规定。对版本的重视和鉴别，只限于少数文人学者，版本鉴定的成果比较单薄。直到今天仍有大量的版本，有待鉴别。历代和当代鉴别版本的经验和教训启示我们：版本的鉴别，应有良好的学风和科学的方法。版本鉴别是一门学问，需要深厚的多方面的学养，需要客观严谨细致的态度。在方法上，如果仅仅局限于某一种方法，难以得出正确的结论。如依据用纸，造伪者有时染纸造蛀；依据序跋和牌记，有时序跋和牌记被篡改或者被挖掉；依据装帧形式，装帧形式也有时被改装；刻工姓名，也有照样翻刻的。鉴别版本要用科学的方法，同时要靠实践。不少著名的版本学家特别强调实践，强调"经眼"。看的古籍多了，积累的经验多了，自然就比较容易辨认了。同时要注意利用文献记载和考古史料，利用科技测试的成果，多方求证，运用多种方法，认真细密思考，综合辩正分析，最后才能得出正确的或接近正确的鉴别结论。有些版本暂时难以鉴别，不必匆忙作出结论，留待以后探寻充分的证据。

附：现当代新著古籍版本学要目

《版本通义》　钱基博著　北京古籍出版社1957年版

《图书版本学要略》　屈万里　昌彼得著　潘美月增订　台北"中国文化大学"出版部1986年版

《中国古籍版本概要》　施廷镛著　天津古籍出版社1987年版

《版本学概论》　戴南海著　巴蜀书社1989年版

《古籍版本学概论》　严佐之著　华东师范大学出版社1989年版

《古籍版本学概论》　李致忠著　书目文献出版社1990年版

《校雠广义·版本编》　程千帆　徐有富著　齐鲁书社1991年版

《中国古籍版本学》　曹之著　武汉大学出版社1992年版

《古书版本常谈》(插图增订本)　毛春翔　上海古籍出版社2002年版

《中国版本文化丛书》　主编任继愈　江苏古籍出版社2002—2003年出版①

《中国图书版本学》(修订版)　姚伯岳著　北京大学出版社2004年版

① 此丛书包括：《中国书源流》、《宋本》、《元本》、《明本》、《清刻本》、《少数民族古籍版本》、《稿本》、《佛经版本》、《家刻本》、《坊刻本》、《活字本》、《批校本》、《插图本》、《新文学版本》，共14本。

《中国版刻综录》 杨绳信编著 陕西人民出版社 1987 年版

《版刻质疑》 瞿冕良著 齐鲁书社 1987 年版

《历代刻书考述》 李致忠著 巴蜀书社 1990 年版

《中国古籍版刻辞典》 瞿冕良著 齐鲁书社 1999 年版

《唐宋时期的版刻印刷》 宿白著 文物出版社 1999 年版

《福建古代刻书》 谢永顺 李珽著 福建人民出版社 1997 年版

《苏州书坊刻书考》 叶瑞宝著 《江苏出版史》1992 年第 3 期

《徽州刻书与藏书》 刘尚恒著 广陵书社 2003 年版

《荛圃藏书题识》 [清]黄丕烈著 江阴缪氏民国己未年(1919)刊本

《书林清话》 [近代]叶德辉著 李庆西标校《叶德辉书话》(含《藏书十约》、《书林清话》) 浙江人民出版社 1998 年版

《古籍版本鉴定丛谈》 魏隐儒著 印刷工业出版社 1984 年版

《古书版本鉴定研究》 李清志 台湾文史哲出版社 1986 年版

《古书版本鉴定》 李致忠著 文物出版社 1997 年版

《唐宋蜀刻本简述》 顾廷龙 《四川图书馆学报》1979 年第 3 期

《宋版书叙录》 李致忠著 书目文献出版社 1994 年版

《明代版本图录初编》 潘承弼 顾廷龙编著 上海开明书店 20 世纪 40 年代出版①

《明代版刻综录》 杜信孚著 江苏广陵古籍刊行社 1983 年版

《古代小说版本漫话》 欧阳健著 辽宁教育出版社 1992 年版

《关于古代小说版本学》 刘世德 载《文学遗产》编辑部编《〈文学遗产〉纪念文集》 文化艺术出版社 1998 年版

---

① 顾廷龙 1941 年作序。

第二十二章　古代文学史料的整理与著录

古代的文学史料，有些在篇目和文字上有错误，需要校勘，有许多需要标点和注释，还有大量的史料是零星的、杂乱的。因此，我们对搜集和鉴别的史料，在使用之前，需要从不同的方面，用不同的科学的方法加以整理和著录。史料整理涉及的方面很多，其中特别重要的一是校勘，二是句读和标点，三是注释。另外，自古迄今，在史料的著录方面，也积累了一些方法。

第一节　校　　勘

校勘指的是校订和勘正古籍中篇目和文字中的错误。校勘又称“校雠”。“校雠”一词出自刘向《别录》：“一人读书，校其上下，得谬误，为校；一人持书，一人读书，若冤家相对，故曰雠也。”①

中国的古籍，在很长的时间内，是通过抄写得以流传的。抄写难免出现错误和任意妄改。古籍最早的形态是简编卷册，简绳容易损断，难免出现错乱。晚唐开始有了印刷技术以后，刻字和排版也会出现字误、脱文、衍文、倒文、重文、错乱等现象。有些本子，经过多次传抄和刻印，出现的错误会更多。清人王念孙在《读淮南子杂志序》中说，他校出《淮南子》讹误900多条，“推其致误之由，则传写讹脱者半，凭意妄改者亦半也”。我们在使用某些史料时，如果对史料中存在的上述错误，不予考查和改正，不仅会影响结论，而且还会以讹传讹。因此对史料进行校勘是不可忽视的。清代王鸣盛在其《十七史商榷》自序中论及校勘在读书中的重要意义时说：

> 尝谓好著书不如多读书，欲读书必先精校书，校之未精而遽读，恐读亦多误矣。

① 引自[宋]李昉等编《太平御览》，中华书局1960年版，卷618。

现代著名学者陈垣在《通鉴胡注表微·校勘篇》中也指出：

校勘为读史先务，日读误书而不知，未为善学也。

读书应当重视校勘，而研究也离不开校勘。研究应当力求依据史料的原貌。要得知史料的原貌，一个有效的方法，就是校勘。

顾颉刚曾结合自己考证作出了总结：

校勘、训诂是第一级，我们的考证事实是第二级。①

我国有重视校勘的优良传统。据《国语·鲁语下》记载，孔子的先祖正考父曾考核过《商颂》。西汉刘向在整理图书的同时，对许多图书作了校勘。东汉以后，历代官制中都有"校书郎"或"校理"。魏晋南北朝时期，杜预注《左传》、裴松之注《三国志》、刘孝标注《世说新语》等，都以多本参校，注明一些误字、异文、脱文和讳字等。颜之推《颜氏家训·书证》汇集有关文献及诗歌俗文的校勘训诂，指出了许多书中的错讹。唐代陆德明著《经典释文》，广搜异本，列举各家异读，严谨校勘，成就卓著。宋代周必大校刻《文苑英华》。彭叔夏校勘《文苑英华》，著《文苑英华辨证》，详举校雠方法，被清代校勘学者顾广圻称为"校雠之楷模"。清代许多学者十分重视校勘，出现了一大批著名的校勘专家，如顾炎武、惠栋、黄丕烈、戴震、卢文弨、顾广圻、王念孙、王引之、段玉裁、孙星衍、俞樾、孙诒让等。段玉裁的《说文解字注》、王念孙的《读书杂志》、王引之的《经义述闻》、阮元的《十三经校勘记》都是在校勘方面，名满学林的传世著作。近现代的王国维、陈垣、胡朴安等一批学者在校勘方面，也取得了许多重要的成果。从文学作品来看，许多古代重要的文学家的文集，都作了校勘，为我们的阅读和研究提供了很大的方便。

研究古代文学，应当善于利用前人校勘的成果，但前人的校勘也有校勘不当或疏漏之处，另外还有大量的古籍有待校勘。因此，校勘仍是我们要做的一项重要工作。前人经过长期的校勘实践，积累了许多经验，有的学者还把这些经验加以理论化、系统化，总结出一些原则和方法。在这方面，特别值得我们重视的是陈垣。他在《元典章校补释例》中，以沈刻《元典章》为史料，通过归纳和解释各类通例，阐述了校勘学的原则和方法。前人总结的一些原则和方法，值得我们珍重。就原则来说，主要有以下两方面：

① 《古史辨》第四册《顾颉刚先生序》。

一，正本清源，弄清古籍的原貌。这是校勘的目的，也是校勘的根本原则。为此，我们在校勘时，有两点必须坚持：一是应当尽力分清哪些是原稿原文，哪些是后来改动的；二是保持原貌，避免对古籍进行任何的修改。校勘的最大忌讳是修改原书。保持史料的原貌，不仅给今人提供了真实的史料，同时也是为了后人继续研究和使用。

二，“实事是正，多闻阙疑”。这是宋代彭叔夏在《文苑英华辨证》自序中引“太师益公”所言，意思是在校勘中发现古籍在流传的本子中有讹误，如有确凿证据，可以据以改正，如果没有，应当阙疑，不能主观臆断，轻易改字。清代戴震在《戴东原集》卷9《与姚姬传书》中，主张校勘定论应有“十分之见”。他解释说：

所谓十分之见，必征之古而靡不条贯，合诸道而不留余议，巨细必究，本末兼察。若夫依于传闻以拟其是，择以众说以裁其忧，出于空言以定其论，据以孤证以信其通……皆未至十分之见也。以此治经，失不知为知之意，而徒增一惑，以滋识者之辨也。

戴震讲的虽然是治经，但他强调校勘应有多方面的见证，不能依据“传闻”、“众说”、“空言”和“孤证”。如果没有充足的证据而妄予改动，只能制造疑惑，增加讹误。这一点，已成为校勘学上的共识。《四库全书总目》卷135《太平御览》条云：“古书义奥，文句与后世多殊，阙疑犹愈于妄改也。”又卷186《六臣注文选》条云：“不改旧文，即是善本。”言“不改旧文，即是善本”，有些偏颇，但其用意是警示我们校勘应当谨慎，切忌妄改。陈寅恪为刘文典《庄子补正》所作序说：

先生之作，可谓天下之至慎矣。其著书之例，虽能确证其有所脱，然无书本可依者，则不之补；虽能确证有所误，然不详其所以致误之由也，亦不之正；……先生此书之刊布，盖将一匡当世之学风，而示人以准则，岂仅供治《庄子》者之所必读而已哉！①

陈寅恪之所以称颂刘文典的《庄子补正》“为天下之至慎”之作，是因其校勘不轻易改动旧文，同时把这种做法提高到“学风”的高度，并把它作为一种“准则”。他的话，我们应当铭记，并努力践行之。

① 载《刘文典全集》第二册，安徽大学出版社、云南大学出版社1999年版。

我们在校勘时，往往会遇到一些能够讲得通的异文。曹植《与杨德祖书》中“刘生之辩，未若田氏。今之仲连，求之不难”下面的一句，李善注《文选》卷42作“可无息乎”。注：“息，止也。”意为刘生（修）应当停止诋诃之辩。而六臣注《文选》卷42作“可无叹息乎”。李周翰注：“刘季绪（刘修）诋诃之辩且不如田巴，今之谈如仲连才过季绪者，求之不难，岂可不叹息此辩哉！”对这类可以讲得通的异文，在没有确切的根据时，应当并存。

关于校勘的方法，许多学者倡导的是下面的四种：

一，对校法，也称“互校法”。指的是同一书，用其各种版本互校。对校应当尽量寻找和使用原本、古本，搞清楚版本的源流。如《老子》通行本是王弼著本和河上公注本，20世纪70年代汉墓出土帛书《老子》甲、乙本，比通行本早，可以用来互校。如通行本第31章“夫佳兵者，不祥之器”。王念孙考证“佳”应是“隹”。帛书本无“佳”字。据此可以证明通行本中的“佳”字是衍文。又如《旧唐书》卷190下《李白传》中有一段文字，明代嘉靖年间闻人诠刻本作：

> 天宝初，客游会稽，与道士吴筠隐于剡中。既嗜酒，日与饮徒醉于酒肆。

南宋绍兴两浙东路茶盐司刻本作：

> 天宝初，客游会稽，与道士吴筠隐于剡中。既而玄宗召筠赴京师，筠荐之于朝。遣使召之，与筠俱待诏翰林。白既嗜酒，日与饮徒醉于酒肆。

张元济用宋本校明闻人诠本，发现闻人诠本脱26字。这26字涉及李白生平中的重要事实。如不互校，就难以发现有脱文①。

二，内校法，又称本校法，主要是根据同一书中的前后文字互相参证，比较异同，纠误求正。如《离骚》下面两句：“乃年岁之为晏兮，时亦犹其未央。”闻一多《离骚校补》：“按：‘犹其’二字当互乙。上文‘虽九死其犹未悔’、‘唯昭质其犹未亏’、‘览余初其犹未悔’、‘览察草木兮其犹未得兮’，并作‘其犹

① 引自杜泽逊《文献学概要》，中华书局2001年版，第179页。关于李白的上面一段文字，中华书局校点本《旧唐书》卷190下《李白传》同宋本。

未'可证。王注曰:'然年时亦尚未尽。'正以'尚未'释'犹未',是王本未倒。"[①]闻一多详举《离骚》中四个语法一致的句子,又举王逸注,证明"犹其未"应为"其犹未",内证充分,令人信服。

三,他校法,又称参校法。陈垣《元典章校补释例·校法四例》说:

> 他校法者,以他书校本书。凡其书有采自前人者,可以前人书校之。有为后人所引用者,可以后人之书校之。其史料有为同时之书所并载者,可以同时之书校之。此等校法范围较广,用力较劳,而有时非此不能证明其讹误。

他校也是一种对校。不过通常不是全书对校,而是片段对校。在实践上,经常依据的是有关传注节录的篇章和类书所摘引的词句。如《战国策·赵策四·赵太后新用事章》有"左师触詟愿见太后"一句。王念孙《读书杂志》指出:"触詟"二字应为"触龙言"三字。证据是:1.《史记·赵世家》作"左师触龙言"。2.《太平御览·人事部》引此策作"左师触龙言"。3.《汉书·古今人表》有"左师触龙"。姚宏注云:"一本无言字。"说明姚宏所用本原有言字。4.《荀子·议兵篇》注曰:"《战国策》,赵有左师触龙。"王念孙所引证据充分,可以认定"触詟"二字应为"触龙言"三字。1973年长沙马王堆出土的帛书《战国纵横家书》中有此篇,作"触龙言",不作"触詟",证明了王念孙之说是正确的[②]。

四,理校法。所谓理校法,是依据著述的思想、思路、理论逻辑、所用的语言文字等来进行校勘,定其是非。陈垣在《校勘学释例》中说:

> 段玉裁曰:"校书之难,非照本改字不讹不漏之难,定其是非之难。"所谓理校法也。遇无古本可据,或数本互异,而无所适从之时,则须用此法。此法须通识为之,否则卤莽灭裂,以不误为误,而纠纷愈甚矣,故最高妙者此法,最危险者亦此法。

就某些文学作品来说,校勘古文还可参用文理,校勘诗词还可参用格律、用典等。

上面我们分别简介了四种一般的校勘方法。实际上,校勘并不限于上

① 《闻一多全集》,北京三联书店1982年版,第二册,第371页。

② 参阅杜泽逊《文献学概要》,中华书局2001年版,第182页。

述四种方法。在校勘实践中，我们应从校勘的对象出发，注意综合使用多学科的知识，用多种方法，注意多找证据，多比较，多分析。这是校勘的关键。沈文倬倡导"广校勘学"，"提出综合运用考据学、考古学、古器物学、训诂学、文字音韵学、辨伪学等学科知识，'勘同辨异'，辨别伪真，订正古籍内容"。"广校勘学""弥补了近代仅以校勘文字谬误为目的的不足"①。沈氏倡导的"广校勘学"值得我们重视。举一个例子，如果我们要校勘李白的诗歌，首先要搜集可靠的最早的敦煌唐抄本、唐人选唐诗本，再搜集宋、元、明、清大量的各种版本以及日本保存的古抄本等。但这还不够，还要注意利用唐人史书、小说、笔记等著述以及有关文物等史料，还要参用李白诗歌的艺术特点。只要我们不囿于单一的史料和单一的方法，注意综合地运用多种史料和多种方法，就能逐渐探寻出李白诗的原貌。

校勘是一种学术工作。它不仅需要审慎的态度、严谨的学风，同时还要有广博深厚的学识。我们校勘古籍，应当在借鉴前人成果的基础上，多方求证，综合辩证分析，力争得出正确的结论，避免误校，以误读者。

附：校勘学著作要目

《颜氏家训·书证》［北齐］颜之推著　王利器集解(增订本)　中华书局1993年版

《通志·校雠略》［宋］郑樵撰　中华书局1995年版

《读书杂志》［清］王念孙著　清刻本

《古书疑义举例》［清］俞樾著　清刻本

《中国古代史籍校读法》　张舜徽著　中华书局上海编辑所1962年版

《广校雠略》(增订本)　张舜徽著　中华书局1963年版

《古书校读法》　胡朴安著　江苏古籍出版社1985年版

《校雠学史》　蒋元卿著　黄山书社1985年版

《校勘述略》　王云海　裴汝诚著　河南大学出版社1988年版

① 叶抒、叶苗《沈文倬：为往圣继绝学》，《光明日报》2008年4月9日第12版。

《校勘学》　管锡华著　安徽教育出版社 1991 年版

《校勘学释例》　陈垣著　上海书店出版社 1997 年版

《校雠广义·校勘编》　程千帆　徐有富著　齐鲁书社 1998 年版

《校勘学大纲》(第二版)　倪其心著　北京大学出版社 2004 年版①

《校勘学概论》　张涌泉　傅杰著　江苏教育出版社 2007 年版

《应用校勘学》　林艾园著　华东师范大学出版社 2008 年版

《古代小说校雠释例》　程毅中　载其著《古籍整理浅谈》　北京燕山出版社 2001 年版

《唐代笔记小说的校雠问题》　周勋初　载其著《唐人笔记小说考索》　江苏古籍出版社 1996 年版

第二节　句读和标点

宋代欧阳修在《读书诗》中,第一句就是"篇章异句读"。对古籍进行句读和标点,对史料进行句读和标点,是整理史料的重要组成部分。有些学者甚至强调说:"标点是整理古籍的第一关。"②

句读一词最早见于东汉何休的《春秋公羊经传解诂序》,后来有时又称作句投、句逗、句豆、句度、句断、断句、点句。句读是我国古代读书用来断句的方法。古人读书时,在一句话语气完了的地方,在字的旁边加一"○",称作句;在语气未绝而需要停顿的地方,在字的下边加一"、",称作读。合起来,叫作句读,有时又称圈点。

根据考古发掘的史料证实,我国先秦以来留下的甲骨文、金文、简帛文字和抄刻的纸质文字中,从少到多,已经发明和使用了不少句读符号。据管锡华的研究,我国"在三千多年的漫长历史过程中,汉语的标点符号已发展成了一个种类多、用法全的体系。从形体而言有线、框、圈、点、复合及不规则六大类"。据其具体列举的六类加以统计,共有 49 种。"以上所举皆为规

① 关于校勘学的其他论著,可参阅《七十年代末以来大陆校勘学研究综述》,管锡华,载吴明显主编《文学文献学研究》,北京商务印书馆 2005 年版。

② 参阅吕叔湘《整理古籍的第一关》,《出版工作》1983 年第 4 期。

范化或比较规范的形体，若再加上各种号的变体、花饰体在内，就比所列要多好几倍”①。在古代的诸多标点符号中，使用最广、延续时间最长的是句和读。早期使用句读，不太规范，句和读的区别并不太明显。自唐代开始，二者的功用逐渐有了区别。

“标点”一词，始见于南宋。《宋史》卷438《何基传》说何基：“凡所读无不加标点，义显意明，有不待论说而自见者。”《宋史》所说的“标点”，其含义同于句读。宋代比较重视句读。馆阁校书刻书，有句读，符号相当统一。据《九经三传沿革例》记载，受馆阁校书刻书的影响，宋代的建本，“从旁加圈点，开卷了然，于学者称便”。另外，“蜀中字本、兴国本并点注文。”明代嘉靖以后，刻书有时加圈点，有的还在人名右边加“____”号，在地名右边加“□”号。明代的圈点，除起句读的作用外，有些具有评点的意义②。约在清代，著述和刻书开始用句读。如高邮王念孙父子的家印本《广雅疏证》、《经传释词》都加以句读。

现在我们通常所说的标点，指的是新式标点。它是在“五四”运动以后，在我国古代长期发明和使用的丰富的标点的基础上，吸纳了部分西方的标点，加以变通、规范，逐渐完善的。新式标点与古代的句读相比，规范，细致，精确，清楚，并且能表达出语气和感情色彩。因此，“五四”运动以后，人们对古书的标点，很少沿袭使用古代的句读，而是使用新式的标点。

用新式标点来标点古籍之所以重要，是由现存古籍的实际情况所决定的。我国古代虽然很早就发明了并使用句读，但由于著述者不太考虑当时文化水平较低的读者，也没有顾及为时过境迁的读者提供方便，或者为了简省，对句读并不重视，写作时几乎不加句读，对古籍加以句读的也很少，而且多限于经书。这从元代黄公绍《韵会举要》中的下面的一段言论可以证实：“凡经书成文语绝处，谓之句。语未绝而点分之，以便诵咏谓之读。”经书之外，大量的是没有句读。从已经句读的古籍看，有些并不准确。没有句读的或者句读有误的古籍，都直接地阻碍了人们对古籍的阅读和使用。标点正确的古籍，可以使其义显意明，含混之处可以分清，纠缠之处可以决断，便于读者阅读，能避免耗去许多时间和精力。这一点，中国古代时有述及。《礼

① 管锡华《中国古代标点符号发展史》，巴蜀书社2002年版，第336页。

② 参阅黄永年《古籍整理概论》，上海古籍出版社2001年版，第108—109页。

记·学记》载：

比年入学，中年考校，一年视离经辨志。

郑玄注："离经，断句绝也；辨志，谓别其心意所趋向也。"孔颖达疏："学者初入学一年，乡遂大夫于年终之时考视其业。离经，谓离析经理，使章句断绝也。"从郑玄和孔颖达对"离经"的注疏来推断，早在先秦时期，就开始重视句读了。到了唐代，韩愈在《师说》中说：

句读之不知，惑之不解，或师焉，或否焉，小学而大遗，吾未见其明也。

韩愈特别强调了句读在读书中的重要。一般的阅读古籍，需要知句读，至于想研究古籍，更是离不开句读。顾炎武《日知录》卷引"大明一统志"条说：

句读之不通，而欲从事于《九丘》之书，真可谓千载笑端矣。

顾炎武讲的虽然是读古代《九丘》之类的地理书，其实读其他的古书何尝不是如此！

我国的各种古籍，都是古代的产物，即使近代的书籍，到现在也约有一个世纪了。当时的社会状况、典章制度、名物、语言、风俗以及文体等，同今天相比，都有不同程度的差别，其中有许多不易为今人所认知。就文学史料而言，种类既多，各有不同。涉及社会、经济、政治、文化、天文、地理等方方面面，包罗万象，无所不及。由于上述原因，所以从古至今，一些文人和学者在强调句读和标点的重要时，还经常提醒我们：标点古籍诚非易事。何休《春秋公羊经传解诂序》说：

讲诵师言，至于百万，犹有不解，时加让嘲辞，援引他经，失其句读，以无为有，甚可闵笑者，不可胜记也。

鲁迅在《花边文学·点句的难》一文中指出：

标点古文真是一种试金石，只消几点几圈，就把真颜色显出来了。

鲁迅在《且介亭杂文二集·"题未定"草（六）》中又指出：

标点古文，不但使应试的学生为难，也往往害得有名的学者出丑。

上引何休和鲁迅的言论，并不是泛泛而谈，都是有一定的事实为依据的。句读之不易，由此可以推知。

“知难而不难”，为了克服标点古籍的种种困难，做到能正确的标点，许多学者基于古今句读和标点的实践，总结了一些经验和教训，特别强调从事古籍的标点者，至少应当注意以下三点：

一是积累提高自己的学识水平。前面曾经提到，古代的典籍涉及方方面面，与此相关的是，标点古籍自然需要相当广博的学识。这就要求标点者应具备广博深厚的学识。唐代李匡乂《资暇录》卷上说：“学识何如观点书。”可见，自古以来，人们就认为标点古籍需要相当的学识。概括起来，主要是古汉语方面的学识、历史方面的学识和相关的专业学识。

古籍使用的语言主要是古汉语。古汉语包括字的形、音、义，词性、词义，句型、句义，语法，语气，篇章结构等多方面的内容。要想正确地标点古籍，应当具有相当高的古汉语学识。实践证明，许多正确的标点，都是由于具有和正确地运用了古汉语方面的知识。与此相反，由于缺乏这方面深厚的学识，结果导致了许多错误，如：

《世说新语·德行》“吴道助”一条，1983 年中华书局出版的余嘉锡《世说新语校笺》和 1993 年上海古籍出版社出版的修订本的标点，均是：

> 吴道助、附子兄弟，居在丹阳郡。后遭母童夫人艰，朝夕哭临。及思至，宾客吊省，号踊哀绝，路人为之落泪。韩康伯时为丹阳尹，母殷在郡，每闻二吴之哭，辄为悽恻。语康伯曰：“汝若为选官，当好料理此人。”康伯亦甚相知。韩后果为吏部尚书。大吴不免哀制，小吴遂大贵达。

据许征的审读，上述的标点，两处有误。一是联系上下文义，“后”字应属上。二是“及思至”的标点。《笺疏》引李慈铭云：“按‘思至’二字有误，各本皆同。……疑此‘思至’二字，当做‘周忌’，思、周，形近；至、忌，声近。”其实，“思至”并不误。其所以认为二字误，是因为不知“思”在古代有“悲伤”的意思，“至”字的意思是“(甚至)到了……的程度。”因此“及思至”前后几句应标点为：“朝夕哭临，及思，至宾客吊省……”这样标点，“朝夕哭临”以下的意思是：“早晚都要哭着举行哀悼仪式，至于说到悲伤，甚至到了宾客吊省之时，号哭顿足……”

上面举的例子，之所以出现错误，主要是没有全面弄清文义，对“思”、“至”有多种义项，未及全面掌握。余嘉锡是我国现代的著名学者，在语言文字等方面，都有很高的造诣。像他这样的著名学者在标点时，还难以避免出现错误。至于一般的标点者的标点，往往会出现更多的错误。由此可知，有相当高的古汉语学识，不断地提高古汉语方面的学识水平，是标点古籍应当具备的一个重要前提。

前面曾经提到，包括文学史料在内的各种古籍，内容和形态十分繁复。涉及了历史的方方面面。因此，要想正确地标点古籍，必须有丰厚的历史知识。标点的实践说明，如果在这方面没有厚实的积累，在标点时就会产生一些错误。这方面的例证很多。中华书局点校本《汉书》卷54《苏武传》有下面一段：

> 后陵复至北海上，语武：“区脱捕得云中生口，言太守以下吏民皆白服，曰上崩。”武闻之，南向号哭，呕血，旦夕临。数月，昭帝即位。数年，匈奴与汉和亲。

据《汉书》，武帝死后的第二天，昭帝即位。上面的引文，点作“数月，昭帝即位”，误。当点作：“……旦夕临数月。昭帝即位数年，匈奴与汉和亲。”上引标点之所以出现错误，是因为不谙史实①。

中华书局1973年点校本《梁书》卷33《王筠传》下面一段：

> 筠自撰其文章，以一官为一集，自洗马、中书、中庶子、吏部、左佐、临海、太府各十卷，《尚书》三十卷，凡一百卷，行于世。

“《尚书》三十卷”一句之所以作上引这样的标点，是因为点校者把“尚书”作为书名。其实，这里的“尚书”是官名“度支尚书”的简称，不应当加书名号。据《梁书·王筠传》，王筠曾任度支尚书。所谓“尚书三十卷”，本意是他把自己任度支尚书时所写的文章编为一集三十卷。很清楚，上面引的例子，如果点校者知道王筠曾任度支尚书，同时细读上下文，就不会把官名误为书名了。

在我国的古籍中，有许多具有专科的性质。标点这一类古籍，还需要具有相当厚实的专科知识。标点佛教古籍，需要具有佛教方面的知识；古代文

① 此例引自刘琳、吴洪泽《古籍整理学》，四川大学出版社2003年版，第79页。

学史料中的诗、赋、词、曲等韵文,有韵脚,有些有格律。其中有的比较复杂。要标点这一类史料,需要掌握有关音韵和格律方面的知识。如果不具备相关的专科知识,就容易出现错误。下面举两个例子:

上海古籍出版社 1987 年出版的《梦溪笔谈校证》卷 24 有下面一段:

> 天竺以刹利、婆罗门二姓为贵种;自余皆为庶姓,如毗舍、首陀是也;其下又有贫四姓,如工、巧、纯、陀是也。

对于上面的标点,季羡林纠正说:古代印度没有工、巧、纯、陀这四个贫四姓。所谓“工巧”,又称“工师”,是古代印度的手工业工人。至于纯陀,则是一个人名。《大般涅槃经》卷中:“彼城之中,有工巧子,名曰淳陀。”淳陀就是纯陀。标点应作:“其下又有贫四姓,如工巧纯陀是也。”这是由于缺乏佛教知识而导致误标的例子①。

上海文艺出版社 1982 年出版的《中国十大古典悲剧集》中的第七种《清忠谱》的第五折〔一江风〕,标作:

> 滔滔怒浪,生生是英英伍相灵。

上面引文在“浪”字断句,是错误的。原刻本“生”字下有一个重文符号,表示叠句,不是表示叠一个字。按律,“滔滔怒浪生”,例用叠句,“生”字协韵。所以上面的一段,应标作:“滔滔怒浪生,滔滔怒浪生,是英英伍相灵。”②看来,要正确地标点各种韵文,一个重要的条件是,必须在音韵格律方面有广博的知识。

以上主要从三个方面论述了提高学识水平对于标点古籍的重要意义。实际上,要正确地标点古籍所需要的学识,远远不止这些。单就这三方面而言,彼此也是相互交叉的,古汉语、历史知识和专科知识,常常是你中有我,我中有你。选择这三方面,分别予以论列,只是为了便于说明。根本的问题,在于多读书,努力掌握广博的知识,多思考。否则,很难作好标点古籍这一工作。

二是要具有严谨的学风。从古今标点古籍的实践来看,学识水平固然

---

① 季羡林《对于〈梦溪笔谈校证〉的一点补正》,原载《古籍整理出版情况简报》第 145 期。转引自刘琳、吴洪泽《古籍整理学》,四川大学出版社 2003 年版,第 83 页。

② 此据徐沁君《〈清忠谱〉整理本校点的失误》,原载《古籍整理出版情况简报》第 154 期,收入《古籍点校疑误汇录》四,国务院古籍整理出版规划小组编,中华书局 1990 年版。

是前提，但对标点古籍的认识和严谨的学风也是十分重要的。谈到标点古籍，有的人对它并没有深切的了解，没有把它看成是学问，认为只是对古籍的一般的断句，属于普通的的技术工作，够不上学术研究。因此常常轻视古籍标点工作。这突出地反映在轻视标点古籍的成果上。轻视古籍的标点，不能公正地评价标点古籍的成果，又进一步促使一些人越发小看它，草率行事，滥点、乱标。有的急功近利，为了多出成果，赶时间，抢出版，致使出版的标点本，出现了不应有的错误。有的缺乏严谨的学风，不想付出艰苦的劳动。如果我们仔细分析一下一些失误的标点，不难发现，本来有些问题，只要谨慎对待，勤于思考，或者查阅相关的工具书①，可以标得正确，但由于不认真，图省事，结果出现了一些常识性的错误。古籍中有些难点，暂时解决不了，应当搁置，不必勉强标点，让后人来解决。可是有些标点者，遇到这种情况，随意标点，甚至改动原文，结果标错了。错误的标点，会给读者带来很大的害处。在一般读者的心目中，都比较相信经过标点的古籍，往往不太注意推敲，结果使错误的标点常常会流传很久。因此，正确地认识标点古籍，端正学风，是作好标点古籍的重要保证。

重视标点古籍，以严谨的学风作好这项工作，是一个能不能正确地对待古代的文化遗产的大问题。这一工作做好了，不止有助于当代国内外的人们能够方便地、正确地阅读、理解和使用古籍，而且也是一项嘉惠后代的工作。正确地标点古籍，有助于我们的后代能够方便地持续继承古代的优秀的文化遗产。

三是应正确地使用标点。我们标点古籍，不能满足于一般的句读，还应当注意正确、规范地使用新式的标点。这是标点古籍的一个不容忽视的重要环节。1951 年 9 月，国家出版总署公布了《标点符号用法》。同年 10 月，政务院下达指示，要全国遵照执行。依据《标点符号用法》，结合古籍的点校实际，中华书局曾拟定了《古籍点校通例》(初稿)，1983 年 10 月发表在《古籍整理出版情况简报》第 112 期上。1990 年 3 月，国家语言文字工作委员会、中华人民共和国新闻出版署修订发布《标点符号用法》，4 月 19 日《光明日报》全文发表。经过国家的几次修订，现在的标点符号，能够满足标点古

① 关于工具书，除《汉语大字典》、《汉语大词典》、《辞海》等通用性的外，还有许多专科的，如有关诗、词、曲、小说、变文的，即有：张相的《诗词曲语辞汇释》，陆澹安的《戏曲词语汇释》、《小说词语汇释》，田宗尧的《中国古典小说用语辞典》，蒋礼鸿的《敦煌变文字义通释》，张忠纲主编的《唐诗大辞典》等。

籍的需要。关键在于我们要熟悉它们,正确地使用它们。

现在国家公布的标点符号,每一个都有特殊的意义和作用,具有科学的法则的性质。如:句号(。)是表示一个陈述句子的语意已断,应当停顿。逗号(,)是表示句子中较小的停顿,表示句意未完,前后紧密相连。如果使用这两个标点不细心,很容易出现错误。具体表现是:该用句号的地方,用了逗号;该用逗号的地方又用了句号。其结果是搅乱了原文所表达的意思,或者使整个句子不可理解,或者误解了原文,贻误读者。下面举的例子,就属于这种情况:

中华书局1965年出版的《后汉书》卷83《逸民列传·高凤传》,李贤注引沈约《宋书》曰:

> 范泰字伯伦。祖汪。父宁,宋高祖受命,拜金紫光禄大夫,加散骑长侍,领国子祭酒,多所陈谏。泰博览篇籍,好为文章,……

标点者在"范泰字伯伦"、"祖汪"后分别用句号绝句,而在"父宁"后用逗号,下接"宋高祖受命,拜金紫光禄大夫"等句。这样标点,读者会以为"宋高祖受命"等宦历是范泰之父范宁。史实是范宁一生只出任过几处的太守,并没有"拜金紫光禄大夫"等官职。而据《宋书》卷60《范泰传》,"拜金紫光禄大夫,加散骑长侍,领国子祭酒"等,是范泰本人。因此,"父宁"后面的逗号,应改作句号①。上面所举是当用句号而误用逗号的例子。

中华书局出版的杨伯峻编著的《论语译注·学而》中的第12则,标点作:

> 有子曰:"礼之用,和为贵。先王之道,斯为美;小大由之。有所不行,知和而和,不以礼节之,亦不可行也。"

"小大由之"后的句号应改作逗号,"有所不行"后的逗号,应改作句号。"小大由之,有所不行"中的"之",指代的是"和",是说小事大事都以和睦为目的,有时就行不通②。上引"小大由之"后面用句号,属于当用逗号而误用

---

① 此据金小春《〈后汉书〉校点补正》,原载《浙江师范大学学报》1986年第4期。收入国务院古籍整理出版规划小组编《古籍点校疑误汇录》四,中华书局1990年版。

② 此据张松辉《读〈论语译注〉札记》,原载《齐鲁学刊》1986年第2期,收入国务院古籍整理出版规划小组编《古籍点校疑误汇录》四,中华书局1990年版。

句号的例子。

我们强调，标点古籍应当用规定的新式标点符号。这是就大的方面而言。在具体使用时，由于古文往往具有一些特殊性，新式标点符号现在的某些具体用法，并不完全适用于古籍。张仓礼、陈光前在《古文断句与标点》一书中指出，标点古籍时，“不能简单搬用在现代汉语中使用标点符号的经验，应该参阅已经出版的一些古文献的标点本，研究些通行的标点古籍的方法。对于一些不适用于古籍之中的标点，和在标点古籍的时候用法特殊的符号，一定要格外注意”。书中还“列出了不宜用于标点古书的标点符号有：省略号(……)、着重号(·)、曳引号(＿)、隐讳号(×)、连接号(—)、音界号(·)，共六种；标点古书不采用的一些在现代汉语里常常见到的标点符号有：1. 在括号中夹问号或感叹号(?)(!)，2. (?)和(!)常常用于文章的标题中，或者书名中，标点古书则不可用。3. 现代作品中常见的‘!?’、‘!!’、‘!!!’的用法，标点古书不能采用，共三种”①。

另外，标点的形体比文字小，应当特别注意书写清楚。

标点古籍，依靠的是学问，有很强的学术性。同时它又具有实践性。人们在长期的标点实践中，逐渐总结了一些方法。重要的有下面三点：

一、校勘、标点、注释相结合。校勘、标点和注释是整理史料的三个重要方面。彼此之间，虽有区别，但关联密切。整理史料，一般都离不开校勘。不过校勘有时不一定要标点。但标点时必须先校勘。现存的各种史料中，常常有这样那样的错误，如果不先校勘，往往难以标点。如果勉强标点，会以讹传讹。如广西人民出版社1980年出版近代文康的《儿女英雄传》(《侠女奇缘》本)中下面的一段，标作：

> 那和尚生得浓眉大眼，赤红脸，糟鼻子，一嘴巴硬楚楚胡子，腿儿脖子上带着两三道血口子，看那样子像是抓伤的一般。

据隋文昭的辨析：依“聚珍”本，“腿”系“查”之误。“查”乃“茬”之借字。“胡子茬儿”是胡子剃去后新长出的短髭。应当在“茬儿”下逗②。而像上面

① 《古文断句与标点》，吉林文史出版社1986年版。转引自管锡华《中国古代标点符号发展史》，巴蜀书社2002年版，第372—374页。

② 隋文昭《〈儿女英雄传〉标点辨误》，原载《天津师大学报》1986年第5期，收入国务院古籍整理出版规划小组编《古籍点校疑误汇录》四，中华书局1990年版。

的引文那样的标点，显然不合乎情理。

由于古籍中的讹误造成标点错误的例证很多，因此我们在标点之前，应当努力搜集各种版本，先校后点。

上面曾经论及，正确地读通原文是准确标点的前提，而要正确地读通原文，离不开注释。不注释，弄不通文意，难以标点。如果勉强标点，也难免出现错误。

清代以来的古籍整理，有的重在校勘，有的重在标点，有的重在注释。更多是取校勘、标点和注释相结合的做法。我们应当继承这一做法。即使单做某一方面的工作，也离不开三者的结合。

二、先易后难。标点古籍，先把能断开的地方断开。对于一些难点，可以暂时搁置起来，待以后继续读书、思考或采用其他方法，逐渐加以解决。如果确实解决不了，不必勉强标点，可以用“不详”、“待考”之类的词语加以注明。

三、先通读全书。一种古书，篇与篇之间，篇与章之间，章与章之间，章与句之间，句与句之间，彼此前后常常有紧密的联系。开始时，如果孤立地去标点某一句，或某一部分，会遇到很多困难。为了解决这方面的困难，一些学者认为，最好先通读全书，对全书有一个大体的了解。刘叶秋在《略谈古籍的标点》一文中指出，标点古籍，“除去大部头的总集、类书等等而外，最好都先通读全书，初步了解其思想内容和文字风格，然后逐段细看，谨慎动笔。一上来，就连看带点，最易出错。因为未见下文，即点上句，不知此节所说何事，往往发生误解”①。

我国的句读和标点有悠久的历史，世世代代积累了丰厚的学识，加上标点符号比较完备，有了这两条，只要我们坚守严谨的学风，基本上可以正确地标点各种古籍。不过这是就总体而言。实际上，标点古籍，特别是标点文学史料，还有一些比较复杂的问题，值得我们特别注意。

一般都认为，标点古籍应依据文意。其实，这一点只是大体上适宜于散文。说大体上适宜于散文，是因为有时散文的标点，除了基于文义外，也关乎音节。陈望道曾举《孟子·梁惠王章》中下面的一段，并加以分析说：

---

① 原载《许昌师专学报》1986年第1期，收入国务院古籍整理出版规划小组编《古籍点校疑误汇录》四，中华书局1990年版。

未有仁，而遗其亲者也；未有义，而后其君者也。

照意义，“仁”字下和“义”字下都不应有标点；而实际上教书的人，差不多都如上文，在“仁”字下和“义”字下都加上标点。这就为了便于读时的呼吸，读起来较为顺溜又较为有力的缘故。①

至于对诗、词、曲之类的韵文的标点，不能完全依据文意的情况更多。诗、词、曲等韵文讲格律，同散文相比，有不同的标点方法。关于诗歌的标点的特殊，黄侃和陆宗达都有确当的阐释。黄侃在《文心雕龙札记·章句》中有一段“论句读有系于音节与系于文义之异”：

文章与语言本同一物，语言而以吟咏出之，则为诗歌。凡人语言声度不得过长，过长则不便于喉吻，虽词义未完，而辞气不妨稽止，验之恒习，固有然矣。文以载言，故文中句读，亦有时据辞气之便而为节奏，不尽关于文义。至于诗歌，则句度齐同，又本无甚长之句……世人或拘执文法，强作分析，以为意具而后成句，意不具则为读，不悟诗之分句，则取声气可稽，不问义完与否，如《关雎》首章四句，以文法格之，但两句耳，关关雎鸠、窈窕淑女，但当为读，盖必合下句而义始完也。今则专家并称为句，故知诗之句徒以声气分析之也。②

这里，黄侃以诗歌为例分析了句读有依据音节与依据文义的不同。陆宗达从文意的句读和音律的句读有区别的角度，指出了标点诗歌不同于标点散文：

诗歌本是一种歌唱的语言，必须“声依咏，律合声”才便于歌唱，因而《诗经》多以四字为句，节奏整齐，这样一来，歌唱中的节奏就不尽合于文意。有时意义未完，音节不妨暂时停止。因此，分析句读，诗歌和散文是有所不同的。研究诗歌的句读，必须认识音律和意义两种不同性质的句读。既不能迁就声律去解释诗意，也不能专靠诗意去分析句读，否则就会产生错误。③

---

① 陈望道《修辞学发凡》，新文艺出版社 1954 年版，第 230—231 页。

② 黄侃《文心雕龙札记》，中华书局上海编辑所编辑，中华书局 1962 年版，第 130—131 页。

③ 陆宗达《训诂简论》，北京出版社 1983 年版，《二、训诂的内容》。

黄氏和陆氏有关标点诗歌的论述，基本上也适用于词和曲的标点。

我国古籍的标点，经由世世代代许多学者的辛勤劳动，取得了丰硕的成果。但仍有大量的还未及标点。就已经标点的古籍来看，有些即使出自著名的文人学者之手，也存有某些疑误，有待纠正和讨论。因此，标点古籍的任务，相当繁重，有些也相当困难。我们应当克服轻视标点古籍的错误倾向，端正学风，提高学识，沉潜工作，适应时代的要求，继续做好这一工作。

附：当代句读标点著述要目

《中国古代标点符号发展史》 管锡华著 巴蜀书社 2002 年版

《怎样标点古书》 管敏义著 书目文献出版社 1985 年版

《古文断句与标点》 张仓礼 陈光前著 吉林文史出版社 1986 年版

《标点古书评议》 吕叔湘著 北京商务印书馆 1988 年版

《古书句读释例》 杨树达著 中华书局 2003 年版

《〈资治通鉴〉标点斠例》 吕叔湘 收入《吕叔湘语文论集》 北京商务印书馆 1983 年版

《古文标点例说》 阙勋吾著 河南人民出版社 1985 年版

《古籍点校疑误汇录》(一) 国务院古籍整理出版规划小组编印 1984 年

《古籍点校疑误汇录》(二、三、四、五) 国务院古籍整理出版规划小组编 中华书局于 1985、1989、1990、1990 年分别出版

《古文标点例析》 王迈著 语文出版社 1992 年版

第三节 注 释

这里所说的注释，指的是对文学史料从多方面加以解释，以便阅读和研究。

文学史料是一定时代的产物。由于时代的推延和变革，后代对前代的文学史料中的字词语义、史实，蕴涵的思想、情趣等，有许多地方不了解。时

间越长，不了解的地方越多。拿字词语义来说，前代和后代，自然有继承的一面，但也有许多不同。同样一个词语，因为长期的历史积淀，往往具有多重含义，有不少词语的含义常常处在不断地变化当中。这些变化在一定程度上反映了社会的变革和文化的差异。为了解决这类问题，我国自先秦开始就重视史料的注释，做了一些注释工作。不过从现存史料的总体来看，有注释的只是一小部分，大量的还没有来得及注释。即使注释过的，其中有一些今人不一定能理解，其中还有不少存有这样或那样的错误和欠缺，加上时代的发展，人们需求的变化，旧有的注释并不能完全满足今天的需要。因此，注释文学史料是整理史料的一个重要方面。

从现有的文字记载来看，我国至晚在春秋战国时期，就注意了史料的注释。春秋末，孔子以《诗》、《书》等教授学生，就有训释。当时主要是“口耳相传”，后来逐渐有人“著之竹帛”。春秋战国之后，人们对注释由自发日趋自觉，更加重视，前后承续，代有创新，一直发展到今天。自古迄今，在漫长的注释历程中，渐渐出现和形成了多种有关注释的名称和体式，如：故、传、说、解、记、义、注、笺、释、疏、证、学、章句、解诂、训诂、音义、音注、正义、广义、广传、校注、集注、集解、集说、集传、集释、纂传、通注、补注、疏证、选注、译注等①。从体式的角度来审视，上面所列的有关注释的名称，有些名实相符，有些虽名称有别，但体式大体是一致的。另外，有些著述，虽然没有标明注释之类的名称，但却是注释本，如清代沈德潜的《古诗源》。还有许多冠以辨、辨证、考、识误、存疑、析疑等名称的书籍，也属于注释类的著述。上述事实说明，古代对注释的命名，并不严格。注释发展到现在，其名称减少了许多，名称和体式渐趋一致，渐趋规范。下面简介 11 种重要的注释名称和体式：

传：传述解说的意思，是古代解释儒家经义的一种体式②，所谓“圣人所作曰经，贤人所述以释经旨曰传”。传这种注释体式，“其流已久，盖与六艺先后杂出”。多是“依经起义”，“附经而行”③。就解释的重点和方式而言，

① 参阅冯浩菲《中国古籍整理体式研究》，北京图书馆出版社 1997 年版，第 193—254 页。

② 个别的涉及了道家。道家尊《老子》为经，《汉书・艺文志》有《老子邻氏经传》四篇。注：“姓李，名耳，邻氏传其学。”有时也指一般的解释文字，如《离骚传》。

③ ［清］章学诚著，仓修良编著《文史通义新编新注》，浙江古籍出版社 2001 年版，《内篇五・传记》。

有逐句释经的，如《毛诗故训传》，有“采杂说，非本义”的，如《韩诗外传》、《韩诗内传》，有不依经文别立新说的，如《尚书大传》，有“事详而博”证经义的，如《春秋左氏传》；有阐发经文微言大义的，如《春秋公羊传》、《春秋穀梁传》等。后来注经出现了集各家之说的体式，则称集传，如今存朱熹的《诗集传》、蔡沈的《书集传》等。近代以来，不再像古代那样特别崇尚所谓的“经”及其传，所以注释时一般也不再用传这一名称了。

解：即解释。较早使用解这种体式的，见于先秦的《管子》和《韩非子》。《管子》中有《形势解》、《立政九败解》、《明法解》等七解，是对本书《形势》等篇的解释。《韩非子》中有《解老》一篇，是对《老子》意旨的解释。秦代以后，独立的以解释词义为主的解体著述日渐增多。汉代有沿用解的，如高诱的《淮南解》，也有少数用解谊、解故的。前者如服虔的《春秋左传解谊》，后者如《汉书·艺文志》尚书类著录有《小大夏侯解故》各29卷。汉代以后，一般多用解，如宋代张栻的《癸巳论语解》、元代朱祖义的《尚书句解》、明代唐汝询的《唐诗解》等。现代注释文学史料，有时注解联用，很少单独使用解这一名称了。

章句：是在注释词语、句义的基础上，进而综括每章意旨的一种注释体式。这种体式在汉初已经出现，多用于经书的注释。《新唐书》卷57《艺文志》说：

> 自《六经》焚于秦而复出于汉，其师传之道中绝，而简编脱乱讹缺，学者莫得本其真，于是诸儒章句之学兴焉。

清代学者沈钦韩《汉书疏证》说：

> 章句者，经师指括其文，敷畅其义，以相教授。

章句在传播儒家经学方面，曾起过积极的作用，但后来由于许多章句注释之作极为烦琐，大多早已失传。东汉赵岐的《孟子章句》、王逸的《楚辞章句》，简洁明了，流传至今。其他传下来的有宋代朱熹的《大学章句》、《中庸章句》等。近代以来，一般不再使用章句这一名称。

笺：笺的本意是指小竹木片，记录读书时随时所作的注释，系在相应的简上以资参考。笺，作为一种注释术语来使用，当始于东汉的郑玄。郑玄著有《毛诗笺》。郑玄《六艺论》说：

> 注《诗》宗毛为主，其义若隐略，则更表明。如有不同，即下己意，使

可识别也。

可知笺这一体式，开始兼有注解、考辨和订补等意义。汉代以后直到明代，也有使用笺这一名称的，如宋代蔡梦弼的《草堂诗笺》，但比较少。到清代，开始增多，如郝懿行的《礼记笺》，龚景翰的《离骚笺》，钱谦益的《读杜小笺》、《读杜二笺》，闻人倓的《古诗笺》等。现代，有单独用笺这一名称的，如古直的《陶渊明诗笺》，更多的是将笺与其他注释名称联用，如笺证、笺疏、笺注、笺释、校笺等。主要内容是注解，与郑玄使用这一名称的含义有所不同。

注：注的本意是灌注。许多古籍文义幽深，经过注解才能明白，如同水道阻塞，需经灌注才能畅通一样。注释体式中所用的注的意思，是注的本意的引申。开始用注作注释名称当始于汉代，如马融的《毛诗注》，郑玄的《易注》、《仪礼注》、《周礼注》、《礼记注》，高诱的《战国策注》等。因为"注"字之义可以涵盖注释的多种体式，又简明通俗，所以汉代以后，各代通行，注释之书多用它来称名。如魏晋南北朝时期王弼的《老子注》、郭象的《庄子注》、刘孝标的《世说新语注》、郦道元的《水经注》，唐代杨倞的《荀子注》，李善的《文选注》，宋代洪兴祖的《楚辞补注》，清代戴震的《屈原赋注》。顾炎武说：

其先儒释经之书，或曰传，或曰笺，或曰解，或曰学，今通谓之注。①

据顾炎武之说，在明末清初，已把解经所用的"传"、"笺"、"解"、"学"等，通称为"注"。注开始使用得较多。现代也有不少单用注来命名的，如黄节的《魏武帝魏文帝诗注》、《陆士衡诗注》。《论语》邢昺疏云："註与注音义同。"所以现代也有用註代注的，如范文澜的《文心雕龙註》。

疏：意思是疏通文义。较早用疏这一名称的当是三国吴陆玑的《毛诗草木鸟兽虫鱼疏》。此书主要是注释《诗经》中的动植物名称，属于一般的注释体式。南北朝时期出现了义疏。此名源于当时佛家解释佛典，后来用它泛指讲解疏通古书的义理。如今存南朝梁代皇侃的《论语义疏》。义疏本来多是讲义，因此义疏又称讲疏，如《隋书·经籍志》有《周易讲疏》。唐代孔颖达等用义疏之体编注《五经正义》。此后，有人常用正义之名，如唐代张守节有《史记正义》，清代刘宝楠有《论语正义》，焦循有《孟子正义》。宋代以来，又

① [清]顾炎武著，黄汝成集释，栾保群、吕宗力校点：《日知录集释》卷18"十三经注疏"条。

出现了注疏、疏证，如宋代编写的《十三经注疏》、清代陈士珂的《韩诗外传疏证》。现当代，也有用疏命名的，但较少单独用疏，而多是附加一字，如赵善诒的《说苑疏证》、吴林伯的《〈文心雕龙〉字义疏证》、王元化的《文心雕龙讲疏》，但数量不多。

集解：也称集注、集释、集说、汇注、训纂、集疏、集证，有时也称详注、详解等，是汇萃前人注释的成果并参以己意的一种注释。三国魏何晏的《论语集解》首创此体。此后代代赓续，逐渐增多。晋代有晋灼的《汉书集注》，南朝有宋代裴骃的《史记集解》。唐代有《文选集注》（残缺），宋代有朱熹的《楚辞集注》、郭知达的《九家集注杜诗》，清代有冯浩的《玉溪生诗详注》、冯集梧的《樊川诗集注》、惠栋的《渔阳山人精华录训纂》等，都是重要的佳作。集注由于博采诸家之说，为后人提供了许多不同的见解和多方面的史料，所以近代以来一直到今天，成为一种重要的注释体式。今后仍需要这种注释体式。

校注：也称校释、校义、校诠、校诂等。注释古籍，一般都是先校后注，校注结合，因此校注也是一种重要的注释体式。正式用这种体式命名当始于清代，如周廷寀的《韩诗外传校注》、周寿昌的《汉书注校补》、马通伯的《韩昌黎集校注》。现当代继续使用这种体式，也有用校诠、校诂和校释称名的，如高亨的《墨子校诠》、《老子校诂》，刘永济的《文心雕龙校释》、吴树平的《风俗通义校释》，但绝大多数是用校注这一比较通俗的名称。这一体式，有些标明"校注"，有些虽然没有标明有"校"，但实际上含有校的内容。由于校是注释的前提，校注结合比较方便，可以预见，校注这一体式将是是今后的一种重要体式。

会校会注会评：这种体式是用校、注、评等体式注释一书，或集评语于一书。一般是校取集校，注取汇注，评是汇集诸家评语。这种体式常见于一些古代的著名小说，有"三会本"、"会评本"之称。1962 年中华书局上海编辑所出版的《聊斋志异》会校、汇注、会评本，1986 年、1987 年北京大学出版社先后出版的陈曦钟等人辑校《三国演义会评本》和《水浒传会评本》（第二版），分别会辑了六种评本的评语。此外，有些诗文集，虽然没有标明会校会注会评，但实际上也属于这种体式，如袁行霈的《陶渊明集笺注》。

选注：是一种重要的注释体式，主要着眼于普及。所选是多是名著中的精粹，注释简明易懂，融学术性与可读性于一体。这种体式的注本，从古至今，有大量的读者。清代人选注的《古文观止》和《唐诗三百首》等一直广为流传。今人余冠英的《诗经选》、马茂元的《楚辞选》，萧涤非的《杜甫诗选注》、钱钟书的《宋诗选注》等，不断再版，印数很多。随着"知识的爆炸"，许多人难以拿出较多的时间来阅读古代的作品，运用选注这一体式向中外广大读者传播中国古代优秀的作品，是今后古代文学研究的一项重要工作，我们应当继往开来，更上层楼，用好这一体式。

译注：由于时代的推移，语言文字的不同，为了能使读者读懂前代的著述，除了注释，有时还需要翻译。另外，由于有些古籍比较深奥，一般的读者不易通晓奥义，为了普及，也需要翻译。翻译古文和外文，早在古代就出现了。司马迁撰写《史记》，使用以前《尚书》之类的先秦史料，没有照抄原文，而是做了翻译。南北朝以来对从印度传入的佛经，也多有译文。自明代开始，许多文人学者译介了国外的大量的历史著述、科学书籍和文学史料。清末民初一些书商出版过《四书》和《古文观止》等白话文，但质量不高。新中国成立以后，为了普及古代优秀的诗文，满足一般读者的需求，相继出版了许多注译结合的书籍，主要有全译本、选译本和节译本三种。这些译本，通常有原文、注释和译文三部分组成。注释部分多用简注，一般不做考证。译文遵循20世纪初严复提出英文译汉文应当做到"信、达、雅"原则，取直译、意译、直译与意译相结合三种方法。文多取直译方法，如杨伯峻的《论语译注》、《孟子译注》，阴法鲁主编的《古文观止译注》，陆侃如、牟世金的《文心雕龙选译》。诗词多取意译方法，如余冠英的《诗经选译》、郭沫若的《屈原赋今译》。注译这种体式从20世纪50年代以来发展得很快，新时期以来，尤其受到重视，国务院古籍整理出版规划小组编制的《古籍整理出版规划》(1982—1900)列有规划今译的书目。有的出版社，如上海古籍出版社推出了"中华古籍译注丛书"，贵州人民出版社推出了"中国历代名著全译丛书"。今后随着社会对古代优秀文化的需要，随着中国在国际上地位的提高，用注译这一体式传播我国古代优秀的诗文，是摆在我们面前的一项重要任务。注译主要是为了普及，让更多的读者能方便地阅读古代优秀的文学作品和文学理论批评等著述。总结过去注译的经验，今后的注译，应当以选本为主。至于许多大型的、长篇的著述，不必译成白话文。因为对于普通的读者，一般不太可能阅读这类著述，而对少数研究者来说，他们依据的是原文，而不是译文。由于翻译主要是为了满足中外特定读者的需求，可以在保持原作原意的基础上采取变通的做法，如摘、缩、编、译评等。同校勘和注释相

比,今译是最难的。校勘和注释,不懂得的地方可以放过去,今译是不能回避的。今译还要具备相当高的语言功底,涉及到对原文的忠实、表述的畅达、审美把握的恰当等问题。水平差的译文,不仅达不到今译的目的,还会造成读者对原文的错误认识。因此,对今译尤其需要广博的学识、严谨的学风和对原文的反复解读。如果达不到上述的要求而草率今译,倒不如不译。

从上面列举的注释的体式来看,尽管多种多样,但都属于形式层面。我们在知道了诸多体式之后,应当进一步探讨注释的任务及其方法。在这方面,古今学者在实践和理论探讨中,取得了许多成果,积累了丰富的经验。这些成果和经验说明,由于文学史料的不同,读者对象的差别,以及注释者个人的条件和志趣的不同,注释的任务和方法,也是多种多样的。有些要求简明,注释的内容主要在几个方面;有些则涵盖的方面很多,比较复杂。不管简明的,还是比较复杂的,归纳起来,主要是"释义和释事"两大类①。下面分别予以论述。

所谓释义主要包括:

注音。古代文字多以声寄义,古籍中有许多难识之字、一字多音多义、同字异读、专业用字、冷僻字、俗字等,需要注音。所以注音是注释中首先要做的一项重要工作。注音,多是把注音和注义结合在一起。明代方以智在《通雅》中指出:"欲通古义,先通古音。""因声求义,知义而得声。"古代重视注音。有些注本特别标明"音注"、"音训"、"音证"等。有些虽未特别标明,但音注的特点和成就十分突出,如唐代陆德明的《经典释文》。古代注音,一般用直音,如《诗经·邶风·北风》中"其虚其邪"一句中的"邪"字,郑玄《笺》:"邪读如徐。"三国时魏国孙炎始用反切,后来多用此法。如《诗经·邶风·北门》中的"终窭且贫"一句中的"窭"字,朱熹《诗集传》:"其矩反。"现在注音,以《汉语拼音方案》为准,参用其他正规的辞书。注释时,是否需要注音,选择注音的多少,应依据读者对象酌情而定。供一般读者阅读的,注音应适当地多一些,有时可在拼音后,再附上易认的同音汉字。

释词义。这里所说的释词义,包括释字义。在汉语中,词和字有时一致,有时不一致,因此有许多字,如通假字、古今字、正俗字、合音字、避讳字

① 参阅程毅中《古籍整理浅谈》,原载《编辑理论与实践》(黑龙江教育出版社 1988 年版),后收入著者《古籍整理浅谈》一书,北京燕山出版社 2001 年版,略有修订。

等，都应当注释。其中尤其需要注意的是通假字。所谓通假字，指的是写作不用本字，而借其他的同音字或音近字来代替。古代的典籍，特别是在先秦两汉的书籍和出土文献中常常使用通假字。通假字的情况比较复杂。清代王引之说：

> 经典古字声近而通，则不限于无字之假借者。往往本字见存，而古本则不用本字，而用同声之字。①

通假字的使用，给阅读带来了很大的困难。因此对通假字，要注意注释。注释通假字，应撇开通假字的字形和字义，而注明其本字的意义。《诗经·魏风·伐檀》："坎坎伐檀兮，寘之河之干兮。"后一句中的"干"字，原是兵器名"干戈"之"干"。在这里，是作为"岸"的通假。《毛传》："干，厓也。"厓同"涯"，即岸边，正是读"干"为"岸"。"干"与"岸"同声系，可以通用。注释通假字，有关先秦两汉的，可以参考齐鲁书社1989年出版的高亨的《古字通假汇典》。不过，通假是古籍文字中的一种相当复杂的现象，仅仅依靠相关的工具书，难以完全注明。关键是需要广博的学术积累和不断地探索。

释词义与一字常常有多义一样，同一词也常常有多义，有本义，有引申义。注释古籍，应注明本义，有时还要注明引申义。词有多种，大体可分为虚词和实词两大类②，下面分别予以论述。

释虚词。粗略地看，古籍中的虚词普通易解，实际上有不少往往是相当复杂的。这主要有两种情况：一是对有些虚词不易作出准确的注释；二是有些词是实词还是虚词，难以分辨。如果不细加研究很容易注错。如贾谊《旱云赋》："终风解而雾散兮，凌迟而堵溃。"吴云、李春台注："终风，大风。《诗经·邶风·北风》：'终风且暴，顾我则笑。'《毛诗》以为终日风为终风，《韩诗》以终风为西风，后多以指大风、暴风。"③注"终风"为"大风"属于误注。错误的原因是，本来"终风"的"终"是虚词而却把它视为实词。"终风之终，应作既解，见王引之《经义述闻》卷五'终风且暴'条"④。注释普及性的

---

① ［清］王引之《经义述闻》，江苏古籍出版社1985年版，卷32。

② 清代刘淇云："构文之道，不过实字虚字两端。实字其体骨，而虚字其性情也。"见其著《助字辨略》，章锡琛校注，中华书局2004第2版。

③ 吴云、李春台《贾谊集校注》，中州古籍出版社1989，第327页。

④ 见郭在贻《训诂学》（修订本），中华书局2005年版，第31页。

诗文中的虚词，除注明一般意义外，有时还应尽量揭示其表现的语气和感情色彩。有些注本在这方面，取得了明显的成绩，值得我们借鉴。程俊英、蒋见元注《诗经·王风·君子于役》中最后的一句“苟无饥渴”：“苟，且，或许，带有疑问口气的希望之词，希望丈夫或许不至于忍饥受渴。”注《诗经·周颂·清庙》开头“於穆清庙”一句：“於（wū 乌），赞叹词。……於即呜呼，此处含有赞美感叹之意。”①对于虚词的研究，前人有不少成果，如元代卢以纬著、王克仲校注的《助语辞集注》②，清代刘淇著、章锡琛校注的《助字辨略》③，王引之的《经传释词》等，应注意参用。

释实词。古籍中的实词，有三种情况要特别注意加以注释：

一是专有名词，如人名、地名、物名。这里，仅就地名和物名的注释，举例做简单说明。关于地名，由于时代的变化、地名的冷僻等原因，古籍中的许多政区、城市、山河、建筑、小的地名以及重名等，需要注释。唐末韦庄有一首诗题为《西塞山下作》。“西塞山”在何处？查阅《方舆胜览》等古地志和其他有关辞书，可知西塞山有二：一在浙江吴兴（今湖州市）西南；一在湖北大冶东。因诗中有“孤峰渐映湓城北”一句，“湓城”即今江西九江市，所以诗中的西塞山指的是大冶西的西塞山④。古籍中涉及的物品，有些没有流传下来，有些古今名称不同，如果不注释，读者难以理解。如《元曲选·杨氏女杀狗劝夫》第二折[耍孩儿]曲三煞：“你怀揣着鸦青料钞寻相识，并没半升粗米施饘粥。”“鸦青料钞”是元代的纸币，是用一种叫“鸦青纸”的青黑色纸张印的，现在已经看不到了⑤。象“鸦青料钞”这样的物名，不加注释，一般读者是不了解的。

二是词普通，而义有特指。北朝乐府诗《企喻歌》：“男儿欲作健，结伴不须多。”“作健”，余冠英《乐府诗选》根据“作健”的普通意义，注曰：“作健，作健儿。”郭在贻指出：注为“作健儿”是错误的，“作健”是振作发奋的意思。《三国志·魏书·仓慈传》裴松之注引《魏略》：“斐素心恋京兆，其家人从者见斐病甚，劝之，言：‘平原当自勉励作健。’”“‘作’有兴起之义，《易·乾》‘圣

① 引自程俊英、蒋见元《诗经注析》，中华书局 1991 年版，第 199 页、第 934 页。

② 中华书局 1988 第 1 版，1898 第 2 次印刷。

③ 中华书局 1954 第 1 版，2004 第 2 版。

④ 此条注释据刘琳、吴洪泽《古籍整理学》，四川大学出版社 2003 年版，第 190 页。

⑤ 此条引自徐有富主编《中国古典文学史料学》（修订本），北京大学出版社 2008 年版，第 325 页。

人作而万物睹'，《释文》：'马融作起。''健'有刚猛之义。"①干宝《搜神记·李寄》中有"然气厉不息"一句，陈建根主编《中国文言小说精典》注："犹言时疫不止。'气厉'即'厉气'。多指传染病。"黄涤明《搜神记全译》注："气厉，指疾疠灾异。'厉'通'疠'。"上引两种注释，有两个问题：一是改变了原文词句的顺序；二是改变了"厉"的词性。另外，《李寄》从全文来看，是写蛇对人的直接残害和李寄斩蛇除害，完全未及疾疠之事。因此释"厉"为"疠"，属于臆测。其实，注释此句，不必颠倒词语顺序和改变词性。此句的主语是蛇。厉：振奋、猛烈的意思。《管子·七法》："兵弱而士不厉，则战不胜而守不固。"《左传·定公十二年》："与其素厉，宁为无勇。"杜预注："厉，猛也。"上举两例说明，词虽普通，但如不注意细加研究，而往往会注错。

三是词"生涩而义晦"。宋玉《风赋》："枳句来巢，空穴来风。"关于"枳句"，清代段玉裁《说文》六篇下禾部穦字注："按穦椒字或作枳椇，或作枳枸，或作枳句，或作枝拘……皆诘诎不得伸之意。"这是用"即声求义"之法，对枳句作出的正确注释。李善注《文选》，不懂得这一点，注"枳句"："枳，木名也，枳句，言枳树多句也。《说文》曰：'句，曲也。'"今人朱东润主编《中国历代文学作品选》沿袭李善注，实属误注②。这是词"生涩而义晦"，必须作出准确注释的例子。

上面例举的三种释实词情况，适用于注释一般的古籍。我们在注释诗文作品的词义时，有时还要在释义的基础上，进一步注释词义的使用以及所蕴涵的思想感情。这常常用在一些通俗的注本中。如萧涤非注杜甫《望岳》"岱宗夫如何"一句："岱宗，即泰山。夫如何，是自己问自己。初见泰山，有点瞠目结舌，一时感到难以形容，不免心口商度沉吟起来。有人认为'夫'当作'大'，便索然无味了。"③

释句义。有些古籍，虽然对句中的字词作了注释，但理解全句仍有困难。还有一些句子，从字词看，并不生涩难懂，但要准确地理解全句的意义，却相当困难。这牵涉到古代语言的语法、修辞等特点，也与古代一些诗文的特殊表现形式密切关联。因此注释句义，特别是注释诗文的句义，是注释的

① 引自郭在贻《训诂学》（修订本），中华书局 2005 年版，第 31 页。

② 此条注释引自郭在贻《训诂学》（修订本），中华书局 2005 年版，第 9 页。

③ 萧涤非《杜甫诗选注》，人民文学出版社 1979，第 3 页。

一个不可忽视的任务。下面略举二例：

《左传·隐公元年》载《郑伯克段于鄢》中有句云："姜氏何厌之有?"表面看，这句话中的字词都很普通，但由于其语法结构和现代汉语不同，其句义却不易准确理解。句中的"有"是谓语，"何厌"是"有"的宾语，提到谓语"有"之前。"之"是代词，用来複指提前的"何厌"。全句的意思是："姜氏有什么满足的?"①这是古代汉语与现代汉语语法不同的例证。

李贺《上云乐》诗有"飞香走红满天春"一句。这句诗用的词都很普通，但却用了多种修辞手法。其中用香和红代指春天的景色，这是借代；飞、走两个动词与香、红两个形容词进行拼合，这是拼字；红代指花，而谓之走，这是比拟。在炼字方面，"飞和走都是表动态的词，香和红都是表性状的词，作者错落有致地将它们集中使用在同一句诗里，不但写出了春天的瑰丽和浓艳，而且写出了春天的热烈和活跃"②。这是诗文中使用修辞手法的例证。类似这样的文句，如果不加以注释，一般的读者很难体会到其中蕴涵的艺术韵味。

释术语。这里所谓的术语，指的是文学史料中的专门用语，这主要集中在中国古代文论里面。中国古代文论在长期的发展历程中，逐渐形成了许多术语，如文章、文气、神思、体性、风骨、神韵、隐秀、情采、文质、通变、自然、道、体、韵、清、浊、雅、俗等。古人对这些术语的内涵，很少有严格的界定。有许多术语有多义性和模糊性。有时用同一个术语，其内涵，往往因人、因时而不同。诸多术语内涵的复杂性，需要对这些术语加以注释。在这方面，前人多有建树。有些虽有注释，但仁智各见，尚待统一。有些还未及注释。因此，进一步注释许多术语，是注释工作的任务之一。如何注释术语，前人在方法上也作出了有益的探索。陆侃如在《〈文心雕龙〉术语用法举例——书〈释"风骨"后〉》一文中指出：

> 《文心雕龙》中有些常见的字，如"道"、"性"、"气"、"风"、"骨"之类。大都带有专门术语的性质。……刘勰使用这些字的时候，并不永远完全当作术语，有时只当作普通的字。即使当作术语用的时候，还有基本的意义和引申意义的区别。如果我们混淆了一个字的普通意义和专门意义，就会发生误会；而专门意义中的本义和引申义的异点如被忽视，

① 此条注释引自郭在贻《训诂学》(修订本)第5—6页。

② 此条引自郭在贻《训诂学》(修订本)第7页。

也难以获得确切的理解。①

上引陆先生的论述，指出：理解术语应当注意区别其普通意义、专门意义，而对专门意义，又应注意其本义和引申义的不同。先生所论，虽然是就注释和理解《文心雕龙》中的术语而言，但却具有普遍的方法论意义。

题解。有些文学史料，尤其是诗文作品，为了有利于读者的阅读和理解，除了注释字、词、句之外，往往再加设题解。这种作法，至晚在汉代就出现了。《毛诗》每一首前面的小序，朱熹的《楚辞集注》每首诗和每组诗前，都有解说。这些解说，就属于题解。现代注释古代的诗文，特别是一些选注本，一般都有题解。有的作为第一条注释，如余冠英的《汉魏六朝诗选》。有的置于每篇诗文（或组诗）的题目之后，如陈伯君的《阮籍集校注》。有的在每篇诗文的原文后，专设"题解"一项，如袁行霈的《陶渊明集笺注》。题解的内容和文字的长短，应根据作品的特点和读者对象酌情而定。内容主旨在于对作品作总体说明，通常包括写作的缘起、作品的背景、内容、艺术特点以及需要特别说明的问题。文字应力求简短。

释典故。所谓典故，指的是诗文中引用以前有出处的词语或有记载的史实（包括一些传说故事之类）。不同时代的人们，在思想情感及其表现形式等方面，常有相通和相近之处，这是后人写作时用典的自然的基础。魏晋之前，作者为了叙事明理和抒发情感，常常自然地使用典故。自魏晋开始，一些诗文，特别是骈文，以及某些诗文流派，尤其重视和强调使用典故。典故的使用，既丰富了诗文的内涵，提高了诗文的表现力，同时也给读者阅读带来了困难。因此，注释典故是注释的一个不容忽视的任务。

古代诗文中使用的典故，范围相当宽泛，情况也比较复杂。归纳起来，如前所述，大体有两种：一是引用以前的词语，现在常称谓"今典"；二是引用史实，现在常称谓"古典"。这里先论述"今典"。"古典"属于释事，放在后面的释事中予以论述。

诗文中引用以前的语言，多种多样，大致可分为直接引用和变通活用两种。所谓直接引用是直接引用或略加改变过去的词语。汉代贾谊的《鹏鸟赋》中有"祸兮福所倚，福兮祸所伏"两句。这两句是直接引用《老子》中的句

---

① 原载《文学评论》1962 年第 2 期。收入《陆侃如古典文学论文集》，上海古籍出版社 1987 年版。

子。唐代王勃《滕王阁序》中有“老当益壮，宁知白首之心；穷且益坚，不坠青云之志”四句。《后汉书》卷24《马援传》载，马援曾对宾客说：“丈夫为志，穷当益坚，老当益壮。”《滕王阁序》中的“老当益壮”直接引用了马援语，而引用“穷当益坚”时，为了避免“当”字与上一句重复，把“当”改成“且”。以上所举，属于直接引用或略加改变过去词语的例证。

所谓变通活用，指的是虽然使用的是以前有出处的词语，但变化较大。如《滕王阁序》：“请洒潘江，各倾陆海。”“潘江”、“陆海”是变通活用钟嵘《诗品》中“陆才如海，潘才如江”两句。

注释一般古籍中的典故，只要准确地注明其最早的出处就可以了，而注释诗文作品中的典故，除了达到上述要求外，还要进一步揭示其蕴涵的情思。如辛弃疾《破阵子·为陈同父赋壮语以寄》：“八百里分麾下炙，五十弦翻塞外声。”有的注本说：“八百里指的是军队驻扎的范围。”其实，“八百里”是一个典故。《世说新语·汰侈》载：“王君夫有牛名八百里驳，常莹其蹄角。王武子语君夫：‘我射不如卿，今指赌卿牛，以千万对之。’君夫既恃手快，且谓骏物无有杀理，便相然可。令武子先射。武子一起便破的，却据胡床，叱左右：‘速探牛心来！’须臾，炙至，一脔便去。”辛词中的“八百里”，是“八百里驳”的省称。“八百里驳”是一骏牛名。“八百里分麾下炙”的意思是说，不惜杀了骏牛，把煮熟的牛肉分给部下。作者用这一典故，表现了自己当年在军中的豪壮情怀①。

古代诗文的作者，多为博学之士，写作时，驰骋纵横，对以前的词语，信手拈来，或灵活变通，又很少交代出处。因此后人常常难以发现诗文中的用典，或虽知用典而不知出处。可见注释典故，并非容易。注释典故，可以借助相关的工具书，如清人编的《佩文韵府》②、《骈字类编》。

我们在注释词语典故时，应当慎重。后人诗文中有时用的类似前人的词语，实际上不一定是本于前人，注释时，不必滥寻出处。唐代诗人杜牧七绝《泊秦淮》中有“烟笼寒水月笼沙”一句。清代冯集梧在《樊川诗集注》中注“寒水”说：“《淮南子》：‘天之所闭也，寒水之所积也。’庾信《小园赋》：‘荆轲

---

① 此条注释引自刘琳、吴洪泽《古籍整理学》，四川大学出版社2003年版，第178页。

② 万有文库本附有四角号码索引和笔画索引，上海书店出版社据此本影印。

有寒水之悲。'"上面注释指出的出处同杜牧诗中的"寒水"没有什么内在的联系。这样的注释,节外生枝,出力而无益。这方面的教训,值得我们汲取。

以上论述的属于释义,下面再论述释事。所谓释事,就是注释诗文中引用的史实。古代诗文引用的史实,有些比较简略、隐曲,有些不一定准确。因此释事是注释的一个重要任务。释事涉及方方面面,其中有两点尤其重要:

一是对史实作补充、辨正。南朝梁代刘孝标注《世说新语》、北魏郦道元的《水经注》,今人余嘉锡的《世说新语笺疏》,都属于这种类型。《世说新语笺疏》"内容极其广泛,但重点不在训释文字,而主要注重考案史实。对《世说》原作和刘孝标《注》所说的人物事迹,一一寻检史籍,考核异同;对原书不备的,略为增补,以广异闻;对事乖情理的,则有所评论,以明是非"①。

二是释"古典",即注释诗文中引用的史实。庾信《哀江南赋序》:"三日哭于都亭,三年囚于别馆。"这两句使用了两个典故。前一句见于《晋书》卷57《罗宪传》:三国魏国灭蜀国时,蜀国将领罗宪听到蜀国后主刘禅投降魏国的消息,率领部下在都亭哭了三天。后一句见于《左传·昭公二十三年》:春秋时鲁国叔孙婼出使晋国,曾被囚于客馆。庾信使用这两个典故,暗示自己难以抑止的亡国悲痛和长期羁留北朝的忧伤情怀。注释典故,不能满足于注明出处,还应进一步注明作者使用的含义。作者使用的典故不是简单地引用,而是结合自己写作时的心态,使用经过自己阅读和体味过的,因此往往具有特殊的内涵。

古今许多著名的文学史料的注释者,重实践,也重理论,不仅取得了许多传世的成果,积累了不少宝贵的方法,同时也从不同的角度提出了一些值得我们注意的问题。重要的有以下七点:

一、坚持多层次、多样化,不断努力创新。我国古代的文学史料丰富,形式多样。随着社会的进步,国内外不同文化或同一文化不同层次的读者,对我国古代文学的需求也是多种多样的。还有,诸多古代诗文的注释者的学术根底以及审美情趣也有差异。上面列举的三种情况,在很大程度上决定了今后注释古代文学史料应当继续坚持多层次、多样化。所谓多层次、多

① 引自周祖谟《世说新语笺疏·前言》,载《世说新语笺疏》(修订本),上海古籍出版社1993年版。

样化，至少应当体现在注本的选择、注释体式的选择、注释的内容等方面。同时，我们应当注意不断创新。过去为了把我国优秀的古代诗文推向世界，曾经出版过外文译注本。20世纪90年代以来，有些出版社重视编辑出版外文译注本。这些译注本，精选优秀的诗文，包括原文、现代汉语译文和外文译文。现在我们面临的是全球化的时代，随着我国国际地位的提高，这种译注本有助于把我国优秀的古代诗文“送出去”。现在的问题是，我们不能满足于已有的各种注释样式，为了适应日新月异的社会各方面的需求，我们应当继续创新。黄忠廉2002年出版了《变译理论》，提出了“古文的阐释性今译，古文的阐释性外译”，“加例式译写”等观点①。我们应当倡导这种勇于创新的精神和做法。

二、正确地对待旧注和其他相关著述。有不少重要的文学史料，特别是一些有影响的诗文，前人已经作过注释，有的多达数十种。对那些需要注释的史料，前人较今人的时空差小，解释的多为正确。另外，前人在学术杂记、文献学、训诂学等著述中，有大量的关于注释方面的成果。我们应当重视前人的成果，使用各种检索方法，尽量查找、阅读这些成果，守住和使用其中正确的注释。细查今人的某些注释，本来前人早有正确的注释，但由于没有广泛的检阅，没有引用，结果注释错了。当然，由于种种条件的限制，前人对文学史料的注释，也存有这样、那样的问题，如失注、过简、误注等②。因此，我们使用旧注时，也应当用另一只眼睛，注意分析辨正。需要补充的要补充，注错的要纠正。现在有些注释，沿袭了以前的错误。这一点，我们应当引以为戒。

三、要善于使用工具书。我国自古迄今，十分重视编纂各种工具书，积累了丰厚的成果，如各种字典、词典、类书等。我们注释文学史料时，应当重视利用这些工具书。有不少词语，靠工具书是能够得到正确解释的。不过，使用工具书时，不能简单地照搬，应根据工具书提供的线索，进一步查找原文。注明出处时，不能转引工具书中的第二手史料，应当注明最早的出处。

四、注意探明语源。树必有根，语必有源，因此从古到今，许多学者对

---

① 据黄忠廉《经典能守住母语的根》，《光明日报》2007年2月5日第5版。

② 参阅徐有富主编《中国古典文学史料学》（修订本），北京大学出版社2008年版，第342—348页。

于注释，在理论上和在实践上，都强调和重视溯源，主张从语源上解决疑难问题。有的学者特别指出，注释“倘得其源，孤例亦可得解”①。郭在贻把探源称之谓“探求语源法”，并举《楚辞·招魂》下面几句的注释为例：“魂兮归来，西方之害，流沙千里些。旋入雷渊，爢散而不可止些。”其中“雷渊”一词，王逸注为“雷公之室”，洪兴祖引《山海经》谓“雷泽中有雷神，龙头而人身”。然而雷公、雷神云云与上文的“旋入”及下文的“爢散而不可止”完全连不起来，王、洪之说殆未得其确义。今从语源上考察，雷渊盖即回渊。古雷、回通用，如《楚公逆镈铭》之吴雷，《史记·楚世家》作吴回，即其证。又《说文》雨部：“靁，阴阳薄动靁雨生物者也。从雨；畾象回转形。”段注：“凡古器多以回为靁。”章太炎《文始》：“畾声之字，音义皆取诸回。”回、渊义象比类，《说文》：“渊，回水也。从水，象形，左右岸也，中象水貌。”段注：“颜回字子渊。”《说文》囗部：“回，转也。从囗，中象回转之形。”要之，雷渊即回渊，回渊也者，即一潭旋转之水也，此种水最易溺人，即使最善游泳者，倘一旦没入回水之中，亦将回旋而下不复得救。旋入雷渊之旋，正与回水相呼应，弥足证明雷渊即回渊矣。至于《山海经》所谓“雷泽中有雷神”云云，乃根据雷字之常训附会为说，以之解《楚辞》未为探本溯源之论②。

五、注意准确。准确是注释应当遵循的最基本的原则。注释准确，才能达到注释的目的。应当注释而没有注释，最多只能给读者阅读带来一些困难。如果注释错误，就会歪曲原文，贻误读者。检阅以前的许多注释，常常会发现一些错误，有些甚至出现在某些著名学者的注本中。出现错误的原因是多方面的。其中有一点值得特别注意，就是视不知为已知。古代的许多诗文中的词句，不易注释。对这类词句，经过努力仍得不到解释，或者虽然可以解释，但无把握。这时，就不要牵强附会，应当如清代王念孙在《广雅疏证序》中所指出的那样：“于所不知，盖阙如也。”或者用“不详”、“待考”等词语以示之。值得敬佩的是，以前有些学者就是取这种谨慎态度的。上海古籍出版社 1981 年出版的蒋礼鸿著《敦煌变文字义通释》（增订本），其中特附“变文字义待质录”。中华书局 2005 年出版的王锳著《诗词曲语辞例

---

①　引自徐复《训诂问学丛稿·序》。载王继如《训诂问学丛稿》，江苏古籍出版社 2001 年版。

②　以上引自郭在贻《训诂学》（修订本），中华书局 2005 年版，第 71 页。

释》(第二次增订本)附录二为“诗词曲语辞存疑录”。他们的做法,值得我们效法。

六、注意简明。综括古今的许多注释,可以发现,恰当地处理繁简是一个不可忽视的重要问题。这里所说的繁简,包括注目的选择,也包括注释文字的长短。对于宜繁或宜简,应具体分析,区别对待。就繁而言,诗文中有些词句或使用的本事,为了把它们注释清楚,需要征引许多史料,注释用的文字自然会长一些。另外,对一些普及性的注本,注目也应多一些。可见,有些注释的繁是必要的。关键在于注意节制,力争作到繁而不芜,否则就会流于烦琐冗长。有些汉儒解经,原文简短的词句,注释动辄千万言,流入烦琐,结果受到了批判,被历史所遗弃,而那些注释比较简明的倒是流传下来了。就简而言,古代有些注本,该注的未注,有些虽然有注,但过于简单,结果使后人难以理解。《诗经·小雅·六月》:“比物四骊,闲之维则。”《毛传》:“物,毛物也。”“毛物”仍不易理解。今人陆宗达注称“毛物”是马的颜色。“比物四骊”就是按照马的毛色选出四匹青黑色的马来驾车①。今注,特别是普及性的注本,如果过于简单,也不便于读者阅读。由此看来,我们在注释时,应根据注释的文本的特点和不同的读者,考虑或繁或简。不过,理想的注释,应当在既能解释清楚,又能满足读者需要的前提下,力求简明扼要。还应当力避当注而不注、不当注而注的问题。

七、知难而进,博学多思。对于注释古籍缺乏深切体察者,往往误以为:此项工作比较容易。一个重要的表现是,20 世纪 80 年代以来,对许多古籍的注释成果,没有给予公允的评价,甚至有人认为,注释算不上学术研究。结果导致了轻视注释,甚至粗制滥作。其实,注释古籍是一种严肃的学术研究,难度很大。对此,古人早有明示。明代胡应麟说:

> 著书诚难,而注书尤难。②

注释之所以“尤难”,一是由于许多事物和文字语言,古今不同。宋代郑樵《通志·艺文略》说:

> 古人之言所以难明者,非为书之理意难明也,实为书之事物难明

---

① 陆宗达《训诂简论》,北京出版社 1980 年版,第 19 页。

② 胡应麟《少室山房类稿》,台湾商务印书馆 1983—1986 影印文渊阁四库全书本,卷 101《读三国志裴注》。

也;非为古人之文言难明也,实为古人之文言有不通于今者之难明也。

二是由于古籍的作者,多才高学博,写作时,思绪驰骋纵横,所及十分广博。而注释者不能凭空想象,必须有确凿的根据。这一点,清代杭世骏在《道古堂集》卷8《李太白集辑注序》中有精辟的概括:

> 作者不易,笺疏家尤难。何也?作者以才为主,而辅之以学,兴到笔随,第抽其平日之腹笥,而纵横曼衍,以极其所至,不必沾沾獭祭也。为之笺与疏者,必语语核其指归,而意象乃明;必字字还其根据,而佐证乃确。才不必言,夫必有十倍于作者之卷轴,而后可以从事焉。

三是由于有些古籍已经失传,我们注释时,有时即使找到语源和史实的出处,但由于记载有关语源和史实的古籍已经失传了,这时,我们只好阙如有待了。

上面列举的主要是注释一般古籍之难,至于注释文学史料特别是诗文作品,除了按通常的要求要释词语、释事外,还应当重视注释作品的时代性和表现的个性,把传统的释词语、释事同阐释结合起来。古代的诗文,是古代文学家的生活、生命、思想、情感、理想等多方面的体现,我们的阐释,除了从历史、社会、文化、艺术表现等多角度来思考之外,还应当注入自己的生活、生命、思想、情感和理想等。从这方面来看,注释就不仅仅是知识的问题、技术的问题,而是活泼的、富有生命的。综合而言,注释的难度是很大的。

面对注释之难,一方面我们要克服轻视注释的偏见,另一方面我们应当知难而进,去克服困难。克服困难,固然我们应当参用前人的相关成果,但更重要的是勤学多思和生命的注入。生命的注入,使我们容易设身处地、走进和深入作品。勤学多思,不断积累,使我们具有开阔的视野和广博的学识。陈寅恪在1936年《致沈兼士》的信中,评论沈氏的“大著”《鬼字原始意义之试探》说:

> 大著读讫,欢喜敬佩之至。依照今日训诂学之标准,凡解释一字即是作一部文化史。中国近日著作能适合此定义者,以寅恪所见,惟公此文足以当之无愧也。①

① 陈美延编《陈寅恪集·书信集》,三联书店2001年版,第172—173页。

从陈氏的信中，我们知道在20世纪30年代，学术界把注释一字看成是“作一部文化史”。“作一部文化史”，必须具有广博的学识和生命的投入。就学识而言，不仅要广泛阅读各种文献，还要注意学习和使用考古发现的新史料，把文献史料和考古史料结合起来。过去局限于文献，有些注释众说纷纭，没有一种确切的注释。以对《楚辞》的注释为例。屈原《离骚》“余既滋兰之九畹兮，又树蕙之百亩”中的“畹”字，过去有多种注释，莫衷一是。何剑熏利用山东临沂银雀山汉墓《孙子兵法》残简“八十步为畹，以百六十步为亩”等出土文物，确证“半亩为畹”①，作出了使人信服的解释。黄灵庚根据楚汉简帛，撰有《楚辞简帛释证》②，使《楚辞》的注释，有了进展。我们的注释，还要通过勤学多思，融会贯通，进行理论探讨，探讨注释的一般规律和特殊性。比如，王力论及注释时，就强调：

> 解释古书要注意语言的社会性。如果某字只在《诗经》这一句有这个意义，在《诗经》别的地方没有这个意义，在春秋时代（乃至战国时代）各书中也没有这个意义，那么这个意义就是不可靠的。③

王力上面所论，虽是就注释《诗经》而言，但他提出注释古书要注意语言的社会性，则是从一个方面总结指出了注释带有规律性的一个问题。

附：当代新刊新著注释论著要目

《史通新校注·内篇·补注》　[唐]刘知几撰　赵吕甫校注　重庆出版社1990年版

《古书疑义举例五种》　[清]俞樾等著　中华书局1956年版

《训诂方法论》　陆宗达　王宁著　中国社会科学出版社1983年版

《中国古籍整理体式研究》第二编第二章《注释体》、第三章《其他校释类体式》　冯浩菲著　北京图书馆出版社1997年版

---

① 何剑熏《楚辞拾渖》，四川人民出版社1984年版。

② 黄灵庚《楚辞简帛释证》，褚斌杰《屈原研究》，湖北教育出版社2003年版第512—522页。

③ 王力《诗经词典·序》。载向熹著《诗经词典》，四川人民出版社1986年版。

《古籍整理学》第五章《古籍注释》　刘琳　吴洪泽著　四川大学出版社2003年版

《训诂学》(修订本)　郭在贻著　中华书局2005年版

《中国古典文学史料学》(修订本)第三编第一章《注释》　徐有富主编　北京大学出版社2008年版

第四节　史料的著录和系统整理

对于搜集到的史料，或者对于经过鉴别、校勘、标点和注释的史料，为了保存和便于使用，就要采用一定的方法，把它们著录下来，加以系统的整理。著录和系统整理往往是同步进行的，为了叙述的方便，下面分别作一简单的论述。

著录史料有多种方法，常用的主要有卡片著录法、笔记著录法和电脑著录法三种。这三种方法，各有其优长和局限。不过，不管使用哪一种方法，都要内容准确，并准确地注明史料的出处、版本、作者、卷数(或页码)。下面分别做一简单介绍。

卡片著录法，是把搜集到的史料随时抄录在卡片上。这种方法具有灵活、方便的优点。可以随身携带、使用卡片，也便于抄录后进行分类整理。局限是一张卡片的容量小，难以适用于著录篇幅较长的史料。使用这种方法，可根据具体情况，采用题录、提要和摘录等不同的做法。

题录只是抄录相关史料的图书、论文、实物的题目，著作者和出处等。以著录王国维的《宋元戏曲史》为例：

宋元戏曲史　王国维　商务印书馆印行　1915年9月初版　约七万余字

提要是在题录的基础上，再进一步用简明的语言概述史料的主要内容。以著录清代仇兆鳌的《杜诗详注》的提要为例：

杜诗详注25卷　清仇兆鳌撰　康熙四十二年刻本　130余万字

此书带有集注、集评性质，卷1—23为诗，末2卷为文赋。以编年为次。体例是：诗题下，先注明作诗时地，后释词语及有关全诗的问题。对诗文词句的注释，尤为详尽，广征博引。注释之后，又辑录各家评论。

最后之附录,资料丰富。此书为集前人大成的杜集著作。有些注释过于烦琐,引文讹误是其不足之处。此书版本有十多种,而以1979年中华书局重排铅印本最为完备。

摘录是以题录为基础,把原文的重要部分摘录下来。举摘录梁启超评陶渊明的史料为例:

《陶渊明之文艺及其品格》 梁启超 商务印书馆1923年排印本

"所以我觉得唐以前的诗人,真能把他的个性整个端出来和我们相接触的,只有阮步兵和陶彭泽,而陶尤为甘脆鲜明"。

笔记著录法,是把搜集到的史料,随时记在笔记本上。具体著录的类型和卡片著录法相同。笔记著录法的优长是适宜著录内容较多的史料,著录的成果能够集中在一起,不像卡片那样分散。局限是不能灵活的分类编排,需要另外编撰分类目录或关键词索引。

电脑著录法,是计算机产生以后出现的新的著录方法。这种方法,是把搜集到的史料,用手工录入、扫描、电子文本、拍照等手段,输入电脑。手工录入是逐字经由打字录入。只要录入者识字水平高和态度认真,手工录入的准确率比较高。缺点是费时费力。扫描录入是目前大规模录入的最好方式,使用方便,效率高。扫描还可以将史料按原版式扫描到电脑中进行放大或缩小、添加页码或检索标志等。扫描需要的硬件配置是扫描仪,再使用软件,制成文本。现在有许多重要的古籍已经运用各种方式制成了电子文本,只要征得制作者的同意,我们可以利用它们,直接摘录相关的史料。电脑著录具体的类别,大体上也有题录、提要和摘录三种。它的优长是容量大,录入费时费力较少。用笔记本电脑,还可以携带,随时随地著录。在使用电脑录入史料时,可以通过粘贴的方式直接移用,不必再另行抄写,自然也不会出现因抄写而产生的一些错误。

我们用不同的方法著录下来的史料,或者在著录史料的同时,一个重要工作就是整理,使之系统化。搜集史料而不作系统整理,那些史料只是一盘散沙,难以使用,也容易散失。

许多学者在系统整理史料的实践中,都十分重视方法。梁启超指出:

我国史界浩如烟海之资料,苟无法以整理之耶,则诚如一堆瓦砾,只觉得可厌。苟有法以整理之耶,则如在矿之金,采之不竭;学者任研治其一部分，皆可以名家；而其所贡献于世界者皆可以极大。①

梁启超特别强调了用方法整理史料在研治历史中的重要。面对浩瀚的史料，如何整理，古代一些学者也有所探索。宋代郑樵说："善为学者，如持军治狱。若无部伍之法，何以得书之纪？"讲究部伍之法，就应当在"明类例"上多用心。有了类例，多种史料，就可以"釐然就范"，易于整理了。"明类例"，易积聚。② 近代以来，许多学者在继承前人成果的基础上，逐渐形成了一些整理史料的方法。归纳起来，值得特别重视的是下面三种：

一是史源法。这种方法主要是着眼于史源，完全是依据史料的出处来整理。如从先秦典籍中搜集到的文学史料，可以以著述为单位，分别整理为《易经》中的文学史料、《论语》中的文学史料、《墨子》中的文学史料、《庄子》中的文学史料、《韩非子》中的文学史料等，而对考古发掘的文物中的文学史料，则可以整理为郭店竹简中的文学史料、上海博物馆藏战国竹简中的文学史料等。用这种方法整理的史料，能使我们分别从整体上认知某些著述和文物考古中所含有的史料。

二是历史法。就是把有关的史料依照历史的顺序系统地排列起来。有不少史料汇编采用的就是这种方法。如河北师范学院中文系古典文学教研组编的《三曹资料汇编》，所著录的有关对曹操、曹丕和曹植的评论以及附录的建安文学总论等，就是按照魏晋南北朝、隋唐五代、宋金元代、明代、清代的历史顺序编排的。按历史顺序来编排，有助于从历史的角度，探讨史料的历史联系，从历史联系中溯源看流，探求某些规律。

三是逻辑法。是把相关的史料按逻辑层次，也就是从史料的性质上加以分类整理。从大的方面看，如前所述，可以把文学史料分为背景史料、传记史料、作品史料和研究史料四类。再细分，每类中还可分为若干种。如背景史料的社会方面的史料，又可分为经济、政治和文化三种，然后把从各种来源搜集到的史料，分别归于三种里面。从逻辑的角度整理史料时，分类应力求细一些。大的分类，看到的往往是一般性的问题，而小的分类，则容易发现特殊性的问题。细小的分类，还有助于比较。如关于曹植的传记史料，至少可以分为史传史料和碑传史料两种。前者源于《三国志》等史书，后者

① 梁启超《历史研究法・自序》，东方出版社 1996 年版，第 2 页。

② [宋]郑樵撰，王树民点校《通志二十略》中华书局 1995 年版，第 1828 页。

见于山东东阿鱼山的曹植墓的神道碑。分成这两种，就可以促使我们自觉地对这两种史料加以比较和互补。

系统地整理史料的各种方法各有所长，也各有所短。在实践中，我们完全可以从实际出发，采用适合客观的史料和自己运用熟练的方法，并在实践中不断地探索，创造新的方法。还有一点非常重要，就是不管使用哪一种方法，都要客观，保持原貌，不能改动，不能傅会。

第二十三章　古代文学史料的使用

史料学是一门实践性很强的学科,怎样正确地使用史料是这一学科应探讨的重要内容。就文学研究而言,对于任何一种文学现象的确定、体悟分析、评价和表述,都必须以史料为基础。但从文学研究的整体来说,史料工作本身并不是目的。只有通过使用来研究史料,提出观点,得出理论,探讨某些规律,史料才能活起来,史料的价值才能体现出来。

第一节　史料应当公用

我们搜集、鉴别、著录和整理史料,最终的目的不是自己保存,更不是为了玩赏,而是为自己或其他研究者所使用,为后人所使用。有了史料,不能垄断,不能秘藏,应当公之于众,让大家来使用,或者赠予需要者。这在中国古代有优良的传统。中国古代有赠予史料的记载。南朝梁代刘杳就曾把自己掌握的史料赠给《七录》的编纂者阮孝绪。阮孝绪《七录序》说:

> 通人平原刘杳从余游,因说其事。杳有志积久,未获操笔。闻余已先著鞭,欣然会意。凡所抄集,尽以相与。广其闻见,实有力焉。斯亦康成之于传释,尽归子慎之书也。

《梁书》卷50《刘杳传》说刘杳"少好学,博综群书,沈约、任昉以下,每有遗忘,皆访问焉","自少至长,多所著述"。博学、多著述的刘杳,没有把自己长期抄集的史料,据为己有,而是为了帮助阮孝绪早日完成《七录》的编纂,完全赠给了阮孝绪。像刘杳这样能把自己搜集的史料主动赠予他人的高贵品行,为现代的一些著名的文人学者所继承和发扬。

1940年,詹锳在昆明西南联合大学任教,写作关于李白的论文和诗文系年。当时昆明的书籍不多,史料难得。闻一多得知后,很慷慨地把自己手抄的许多史料和底稿借给詹锳使用。詹锳后来说:如果没有闻先生的协助,我有关李白的一些论文和诗文系年是写不出来的①。

20世纪50年代末、60年代初,中华书局在整理《大唐西域记》时,北京大学教授向达表示:愿意把自己所藏的史料奉借给有关的同志。1963年,他在北京大学历史系与中文系的讲座中,主讲《玄奘和大唐西域记》,又把他收集的有关玄奘和《西域记》的史料,在教室内举办了一个小型展览会,共展出文物图片40多件②。

研究中国古代小说、戏曲、通俗文学的著名学者胡士莹,曾把自己收藏的大量弹词史料供他人使用。谭正璧在撰写《弹词叙录》时,就利用了胡士莹收藏的大量弹词。谭正璧每次谈及此事,总是感慨万端地说:"我的《弹词叙录》,没有胡先生的大力支持是写不出的啊!"③

1993年,原上海市图书馆馆长顾廷龙得知山东大学古籍所教授杜泽逊正在编纂《四库存目标注》,不久就把自己早年批注的一部《四库全书附存目录》寄给了杜泽逊,并写信说:

> 欣悉先生从事《存目》版本甚勤,无任钦佩!鄙人昔尝从事于此,所见《存目》书即注于目下。当时燕京购书费拮据,有收有未收。收者均在今北大,未注版本者,因已收入丛书,容易找。后来芦沟之变,百事俱废。兹半批注本寄奉参考;想河海不捐细流,或愿一顾。④

上举刘杳、闻一多、向达、胡士莹和顾廷龙诸位,都是博综群书、多有著述的著名学者,但他们都能自愿地、无偿地把自己所掌握的史料赠予需要者,或公之于众。这体现了他们视史料为公有的博大胸襟和传承中华文明的高尚品格。这同那些把史料据为己有,甚至秘而不宣、待价而沽者,形成了鲜明的对比。

---

① 据詹锳《李白诗论丛》,人民文学出版社1984年版,《序言》第1页。

② 参阅谢方《二十六年间——记〈大唐西域记校注〉的出版兼怀向达先生》,载中华书局编辑部编《守正出新:中华书局》,中华书局2008年版。

③ 参阅陈翔华、陆坚等《胡士莹先生传略》,载北京图书馆《文献》丛刊编辑部、吉林省图书馆学会会刊编辑部编《中国当代社会科学家》(传记丛书)第五辑,书目文献出版社1983年版。

④ 引自杜泽逊《四库存目标注》,上海古籍出版社2007年版,一,《序论》第53页。

第二节　使用真实的、原始的和新发现的史料

史料有真伪，使用真实的史料是史学的生命，我们使用的史料必须是经过鉴别、考证，是真实可靠的。顾颉刚指出：

治史学的人对于史料的真伪应该是最先着手审查的，要是不经过这番工作，对于史料毫不加以审查而即应用，则其所著虽下笔万言，而一究内容，全属凭虚御空，那就失掉了存在的资格。①

胡适在《中国哲学史大纲·导言》中说：

史料若不可靠，所作的历史便无信史的价值。

司马迁撰写《史记》，对于史料，注重考辨，力求使用真实可靠的史料，摒弃那些"过其实"、"损其真"的史料。他写《刺客列传·豫让传》，基本上采用了《战国策·赵策》的成文，但删去了"衣尽出血；襄子回车，车轮未周而亡"三句荒诞夸饰的描写。

胡适写《白话文学史》，在史料的使用上十分谨慎。从《白话文学史》的《自序》可以看到，他对文学史的叙述，总是以史料的准确为基础。他的文学史之所以从汉代开始，是因为他对上古文学史料存有疑问，连《诗经》也留待以后叙写。

有些史料，经过前人的考证，确实属于伪作，一定不能使用。如伪古文《尚书》，已被清代阎若璩等考定是伪书，我们就不能把它作为研究商周史的史料来使用。

有些史料本身存有疑问，而又难以断定其真伪。我们使用这类史料时，可以参考司马迁的做法，用"或然性"的词语或语气予以表示。如《史记》卷二《夏本纪》："或言禹会诸侯江南，计功而崩，因葬焉，命曰会稽。会稽者，会计也。"卷七《项羽本纪》："吾闻之周生曰：舜目盖重瞳子，又闻项羽亦重瞳子。羽岂其苗裔耶？"司马迁的这种做法，既没有违背使用真史料的原则，又没有轻易地遗弃相关的有疑问的史料，保存了史料，以备后人参考。

有许多史料是层层积累的。这些史料具有历史性。历史性主要体现在

① 顾颉刚《当代中国史学》，上海古籍出版社 2002 年版，第 36 页。

源流上。同一史料往往见于不同时期的不同著述中。我们应当客观地梳理其源流，分析其差异，努力还原其真貌，尽可能举先以明后，以示后者必有祖述，使用最早的、原始的史料，或接近原始的史料，一般称之为第一手史料，如最早的记载、原作、档案等，这些都属于史料的源头。少用后期的史料，把后期的史料作为参考。一般来说，最早的、原始的史料，离历史事件发生的时空近一些，错误少些，较为可靠。后来的史料往往经过改编。由于改编者受到某些条件的制约，原来的内容会有所变化，而且还会出现差错。如关于阮籍醉眠邻家酒店一事，南朝宋代刘义庆《世说新语·任诞》载：

阮公邻家妇有美色，当垆酤酒。阮与王安丰常从妇饮酒。阮醉，便眠其妇侧。夫始殊疑之，伺察，终无他意。

后来唐代房玄龄等撰《晋书》，于卷49《阮籍传》亦载此事：

邻家少妇有美色，当垆酤酒。籍尝诣饮，醉，便卧其侧。籍既不自嫌。其夫察之，亦不疑也。

仔细比较上引《世说新语》和《晋书》的记载，能够发现有所不同。如果我们要使用上述史料，应当使用《世说新语》的记载。一是因其早；二是因其记载的比较全面。再如新、旧《唐书》。《旧唐书》是五代后晋时刘昫等撰写的，多依据唐代实录，所记史实比较可信。《新唐书》是北宋欧阳修撰写的，时代较晚，撰写者很少见到唐代实录，又力求文笔简洁，所记史实的翔实程度不如《旧唐书》。

使用原始的、早期的史料，既是一个认识问题，更是一个实践问题。许多研究者都懂得使用原始的早期的史料，但常常难以做到。究其原因，或是原始的、早期的史料不容易找到，或是图省事，不想耐心去查找。需要说明的是，我们强调使用原始的、早期的史料，但不能绝对化和简单化。原始的、早期的史料，有时也并不真实可靠，有时记载过于简略。史料有不足于前时而足于后来，后来的史料有时反倒比早期的史料正确、全面。如王国维的《优语录》。《优语录》是王国维辑录的研究宋元戏曲史的资料汇编，编于1909年，刊于上海《国粹学报》第63—66期。后来收入罗振玉主编的《海宁王忠悫公遗书》、赵万里主编的《海宁王静安先生遗书》及今人所编的《王国维戏曲论文集》。《优语录》在《国粹学报》上刊载以后，又在日本人在奉天（沈阳）编辑发行的《盛京时报》1914年6、7月间连载。和在《国粹学报》上刊载的相比,《盛京时报》上连载的多出 43 则①。我们如果使用《优语录》,应当使用后出的。由此可见,我们不能完全排除使用后来的史料。

我国古代丰富的史料,由于种种原因,有许多被掩埋和隐藏。这些史料,不断地被发现和整理。我们在使用史料时,要注意使用新发现的史料。使用新史料,不仅能使著述给人以耳目一新之感、纠正或补充旧史料,更重要的是能从中得出新的认识。胡适在撰写《白话文学史》的过程中,特别重视使用新史料。胡适的《白话文学史》,开始是 1921 年编写的 15 篇讲义。六年以后,当他看到国内外不断发现了“绝大一批极重要的”俗文学和敦煌文献等史料时,就重新彻底改写《白话文学史》。他说:“有了这些新史料作根据,我的文学史自然不能不彻底修改一遍了。新出的证据不但使我格外明白唐代及唐以后的文学变迁大势,并且逼我重新研究唐以前的文学逐渐演变的线索。六年前的许多假设,有些现在已得着新证据了,有些现在须大大地改动了。”他重视新史料,有时往往一章书刚排印好,又发见新证据,或新材料了。有些地方,他在每章之后,加个后记,“有时候,发现太迟了,书已印好,只有在正误表里加上改正”②。看来,胡适在研究文学时,一直关注新史料,依据新史料修改原著,守正出新,明白了“文学变迁大势”和重新研究“文学逐渐演变的线索”。胡适的认识和实践,为我们提供了重视和使用新史料的范例。

新史料尽管重要,但新史料毕竟很少。我们使用新史料时,一定不能轻忽过去常见的史料,应注意同过去已有的史料结合起来。早在二十世纪二三十年代,傅斯年就强调,要把“新发见的直接史料与自古相传的间接史料相互勘补”,他说:

> 必于旧史史料有工夫,然后可以运用新史料;必于新史料能了解,然后可以纠正旧史料。新史料之发见与应用,实是史学进步的最要条件;然而但持新材料,而与遗传者接不上气,亦每每是枉然。从此可知抱残守缺,深固闭拒,不知扩充史料者,固是不可救药之妄人;而一味平地造起,不知积薪之势相因,然后可以居上者,亦难免于狂狷者之徒

① 上引史料据陈艳军《新发现的王国维〈优语录〉增订本》,《文献》2003 年第 4 期。
② 胡适《白话文学史·自序》,东方出版社 1996 年版,第 6、9 页。

劳也。①

新史料与旧史料常常是相因相依,可以相互勘补。

我们在使用新史料时,还应当注意考辨。从古到今,常常有人伪造"新史料",也有一些新史料在记载或流传的过程中,不同程度地失去了真面目。这就提醒我们,对于新史料,应当辨析之,慎用之。

第三节 避免断章取义、"抽样作证",注意取舍选择、分析比较

我们研究一个问题时,面对的史料,即使真实的史料,有时常常相当繁多。在这种情况下,有两点特别值得注意:

一是要客观、全面地分析使用史料,避免断章取义和使用"抽样作证"的做法。有时面对丰富多样的史料,如果只注意使用有利于自己观点的史料,而摒弃不利于自己观点的史料,其结果是许多问题可以按照自己预设的观点方向去证明,这是应当否定的断章取义和"抽样作证"的做法。过去有人利用史料作为政治工具,或者用来维护自己的错误观点,他们使用的方法,往往就是断章取义和"抽样作证"②。有些史料,同说一事,但词语乖杂,或者所说事实出入较大。对待这类史料,首先应当把相关的史料,都抄列出来,以备异闻,同时加以分析选择,使用证据比较充分、情理近于事实的史料。

二是要注意精选史料,不要堆砌。我们研究文学史,有时不患史料不多,而患如何处理众多的史料。面对大量的史料,使用时,要避免不分轻重、兼引并用、以多为功,更不能玩赏孤本秘笈、猎奇采异。我们搜集史料要全,但使用史料则要重视取舍,严格选择。陈垣治史,注意"竭泽而渔"地全面搜集史料,但使用时却十分严格。他的"《元典章校补释例》,只用了原来搜集的材料中的一千多条,而不用者竟有一万多条。"③如何做到从大量的史料中,精选史料?许多前辈为我们提供了正确的做法,其中特别重要的一点是

① 傅斯年《史料论略及其他》,辽宁教育出版社 1997 年版,第 25 页。

② 参阅严耕望《治史三书》,辽宁教育出版社 1998 年版,第 31 页。

③ 引自白寿彝《要继承这份遗产——纪念陈援庵先生诞辰一百周年》。引文载陈智超编《励耘书屋问学记》(增订本),北京三联书店 2006 年版,第 109 页。

注意分析比较。任何史料都不是孤立的，其价值也有差别。想揭示其价值的大小，只有把它们置于整体中加以比较，才能被认知。所谓比较，就是把相关的史料放在纵横两个坐标上进行比较，从纵横两个视角，看其价值和意义。经过比较之后，舍得割爱，选用那些能集中反映人物或事件本质的典型史料，把它们放在具体的时间、地点和情景下，作具体分析。所谓典型史料，不一定是重大史料，而是分析史料与其他有无关系和产生影响的大小。研究文学史上任何一个重要问题，若不能严格选用和抓住那些典型的史料，就难以抓住研究对象的本质特征。研究古代文学的某一问题，不是“史料搬家”。论证需要充分的证据，但不等于把所有的证据都罗列出来。不加区别地大量罗列史料，增加了篇幅，使论著显得臃肿拖沓，读者读起来容易感到繁琐芜杂，感到沉闷寡味。

第四节　正确阐释史料

表现一种文学现象的史料是复杂的。史料往往有丰富的内涵，能够正确地解读一种文学现象是相当困难的。我们使用史料时，应当注意史料的复杂性，应当深入地挖掘分析史料的内涵，但要避免混淆古今的界限。每一时期的文学现象，都有自己时代的特点。我们使用史料时，要有历史的观点，了解史料的时代特点。不能把今天所特有的思想观点主观地贯注到史料中去，要严格遵守史料所能证明的限度，不能夸大和过分阐释，也不能附会。说到过分阐释，傅斯年早在《中国考古学报告集》之一《城子崖》序一中就指出：

> “过犹不及”的教训，在就实物作推论时，尤当记着。把设定当作证明，把涉想当作假定，把远若无关的事辩成近若有关，把事实未允许决定的事付之聚讼，都不足以增进新知识，即不促成所关学科的发展。①

傅斯年论述的虽然是不能过分阐释考古史料，但其精神却具有普遍的意义，完全适用于对文学史料的阐释。关于傅会方面的问题，这里借用美国历史家黄仁宇所举的一个例子：

---

①　引自李济《傅孟真先生领导的历史语言研究所——几个基本观念及几个重要工作的回顾》，引文见王为松编《傅斯年印象》，学林出版社 1997 年版，第 106 页。

明代张翰所著的《松窗梦语》中，记载了他的家庭以机杼起家的经过。中外治明史的学者，对这段文字多加引用，以说明当时工商业的进步及资本主义的萌芽。其实细读全文，即知张翰所叙其祖先夜梦神人授银一锭、因以购机织布云云，乃在于宣扬因果报应及富贵由命的思想。姑不论神人授银的荒诞不经，即以一锭银而论，也不足以购买织机，所以此史显然不能作为信史。①

在古代文学研究中，有一些问题之所以分歧很大，其中与不能恰与其分地、正确地分析史料的内涵有直接关系。许多文学史料的内涵既有开放性，又有给定性。开放性使人们对史料能从不同的角度、用不同的价值标准来体悟分析和评价，使人们对史料的解读一直是“在路上”，呈过程状态，没有终极，也没有绝对的权威。开放性体现了历史性。对史料的理解，离不开理解者所处的时代。每个时代，都是按照自己的需求和思维方式来理解史料的。理解是产生在一定的历史背景中，体现了一定时代的认识。而给定性使人们解读史料，只能是史料提供的或明显、或隐藏的东西，不能无中生有、任意生发。注意史料的给定性，有利于避免解读史料的随意性和过度阐释。就当前来看，尤其应当注意避免过度阐释、夸大史料内涵的倾向。

第五节　引用史料的两个重要规范：严格核对、注明出处

经过历代许多文人学者长期的辛勤耕耘，有不少文学史料得到了编辑、出版，有许多史料上了网络，还有许多史料经常被一些论著引用。这些史料为我们的研究提供了方便，可以借用，但不能完全照搬。原因是不论是史料的汇编、网络上的史料，还是一些著述引用的史料，同原始的史料相比，常常不同程度地存在一些问题，归纳起来，主要有以下三点：

一是由于抄印粗心，或单凭记忆等原因造成的错误。有作者被弄错误的。明代于谦《石灰吟》中有“粉身碎骨全不怕，要留清白在人间”两句，这是写进了教科书的名篇名句。许多引用这首诗的著述，都说此诗出自《于谦集》。阎崇年在引用此诗时，用了很长时间遍寻各种《于谦集》，都没有找到

① [美]黄仁宇《万历十五年》(增订纪念本)，中华书局2006年版，《自序》，第3页。

这首诗。最后得出结论：此诗不是于谦写的①。有把书名弄错的。曹植《代当日大难》一诗中有“游马后来，辕车解轮”两句。“辕车解轮”一事本来出自《汉书》卷62《陈遵传》，而赵幼文《曹植集校注》卷3引作《后汉书·陈遵传》。此后有关的著述，如俞绍初、王晓东的《曹植选集》，陈庆元的《三曹诗选》，孙明君的《三曹诗选》，均未检核原书，沿用了赵幼文之引，都误作《后汉书》。有内容被弄错的。曹植《桂之树行》一诗中有两句：“淡薄无为自然，乘跻万里之外。”清代人宋长白在《柳亭诗话》卷一引用这两句诗则误为：“淡薄无为，自然乘跻。”类似上面所列举的引文之误，可以说屡见不鲜。

二是古今有些著述引用史料时，往往是节引，而又不注明。如：《艺文类聚》卷89“桂”类引《山海经》曰：“招摇之山，其上多桂。”赵福坛选注《曹氏父子诗选》②，注曹植《弃妇诗》中的“招摇”，照引《艺文类聚》。查阅《山海经》，《艺文类聚》所引见《山海经·南山经》，原文是：“南山之首曰䧿山。其首曰招摇之山，临于西海之上，多桂，多金玉。”同原文比较，可以确知，《艺文类聚》所引是节文。

李善注《文选》卷37注曹子建《求自试表》中的“诚与国分形同气，忧患共之者也”两句，引《吕氏春秋》：“父母之于子也，子之于父母也，一体而分形，同血气而异息，痛疾相救，忧思相感，生则相欢，死则相哀。此之谓骨肉之亲也。”李善的引文见《吕氏春秋》卷九《精通篇》。李善的引文，除个别字与《吕氏春秋》原文不同外，原文在“同气而异息”一句下，还有“若草莽之有华实也，若树木之有根心也。虽异处而相通，隐志相及”四句，李善未引。显然，李善的引文属于节引，但又没有注明。后来唐五臣注《文选》，今人俞绍初、王晓东《曹植选集》均照引李善注，却没有标明是节引。

张岱年在《中国古典哲学的几个特点》一文中，引徐幹所著《中论》记述荀爽的言论：

> 古人有言，死而不朽。其身殁矣，其道犹存，故谓之不朽。夫形体固自朽弊消亡之物，寿与不寿，不过数十岁。德义立与不立，差数千岁，岂可同日言也哉！

① 引自邢宇皓《阎崇年：通俗讲史，是“炼狱”，更是责任》，《光明日报》2008年2月19日第12版。

② 广东人民出版社1984年版。

而《中论》所引的原文是：

> 古人有言，死而不朽。谓太上有立德，其次有立功，其次有立言。其身殁矣，其道犹存，故谓之不朽。夫形体者，人之精魄也；德义令闻者，精魄之荣华也。君子爱其形体，故以成其德义也。夫形体固自朽弊消亡之物，寿与不寿，不过数十岁。德义立与不立，差数千岁，岂可同日言也哉！

两相对照，张岱年所引为节文，但所节文，又没有用“……”号表示，也没有其他说明。

三是把原文融化，用自己的语言转述出来。如赵幼文注曹植《当来日大难》诗中“辕车解轮”一句引《后汉书》(笔者按：当作《汉书》)《陈遵传》：“遵好客，每宴会，辄取客车辖投井中。”①查阅《汉书》卷92《陈遵传》，原文是：“遵耆酒，每大饮，宾客满堂，辄关门，取客车辖投井中，虽有急，终不得去。”两相对照，赵幼文所引不仅把《汉书》误作《后汉书》，同时引文属于自己的转述，而又未加说明。

上面列举的例证启示我们，不少著述中所引用的史料(第二手史料)同原始史料相比，有时有误，有时不是原史料的面貌。我们使用时，不能径直引用，应当尽力查找史料最早的出处，严格核对。不然的话，会以误传误，或者造成误会。

撰写学术论著引用史料，尽量引用原始史料，这是一个重要的学术规范。至于引用的方法可以灵活。现在常见的主要有直接引用和融化引用两种，也有会通这两种方法、结合使用的。

所谓直接引用，也可以称作“明引”，就是照引原文。这种方法，常被许多研究性的论著所采用。引用原文这种方法的优点是，比较省事，容易操作，读者能够看到原本史料。其难处是有时不易剪裁。过简，说明不了问题。过繁，容易增加篇幅，使读者感到枝蔓芜累。同时，直录的史料原文，夹在论述中间，很难做到论著全文文理贯通、行文流畅。

所谓融化引用史料，也可以称作“暗引”，就是把史料加以融化，在表述上有所变通，用自己的话转述出来。这种方法，可以使史料和自己的论述融

---

① 赵幼文《曹植集校注》，人民文学出版社1984年版，第467页。

合在一起，避免了引用的用不同语言风格撰写的原史料和自己论述之间的阻隔，使论著的行文通篇顺畅，读者容易阅读。因此，写普及的通论性的论著，应当尽量多使用这种方法。这种方法的欠缺是，读者看不到原始史料，自然无法鉴别转述的是否正确。使用这种方法，必须对史料有正确的、透彻的理解，还要有相当高的驾驭语言的能力①。

我们在引用史料时，一定要注明史料的出处。注明史料的出处是中国古代史料学的一个优良传统和规范。司马迁撰写《史记》就注意了这一点。如卷28《封禅书》载：

> 余从巡祭天地诸神名山川而封禅焉。入寿宫侍祠神语，究官方士祠官之言，于是退而论次。

这里注明了《封禅书》中所用的上述的史料，是出自自己从巡和究观。又如卷67《仲尼弟子列传》载：

> 余以弟子姓名，文字悉取《论语》弟子问。

这里注明了《仲尼弟子列传》中孔子弟子的姓名，完全出自《论语》。我们应当遵循这一传统，守住这一规范。如论述文学家的生平经历，引用他们的作品，都应当注明传记史料的出处和作品的版本。对于有关史料的差异和不同的阐释，都要说清楚，并注明出处。有时由于难以寻觅到原始史料，不得已要转引他人已经引用的史料，在根据引者所引注明原始史料的出处的同时，还应注明转引自何处。这样做，为读者提供了查阅的线索，有利于保持言必有据的严谨学风。

注明出处的具体内容，如果是自己观察和访问的，应当具体注明，如果是引自相关的论著，应当注明论著名、作者、出版单位、出版时间、版次。分卷的论著，应当注明卷数和篇名；不分卷的应注明页数。这样做，为读者核实史料提供了方便。

注明出处的形式，通常的有脚注、尾注和夹注。脚注是把注文按顺序统一编号，置于引文所在页的正文之下。这种方式不会间隔正文，便于核查，避免了阅读时前后翻检的麻烦。尾注是把注文按顺序统一编号，置于引文

---

① 以上关于引用史料部分，主要内容参考了严耕望《治史三书》，辽宁教育出版社1998年版，第75—78页。

所在正文的一节、一章、一篇文章、一本书之后①。尾注有传统的和标准化的两种。标准化这种方式，不易操作，前几年有些著述使用过，最近用得较少。使用尾注，对撰写者来说，比较简便，也不会妨碍正文的连贯。但有时注文条数较多，注号容易出错，同时给读者带来了翻检之劳。夹注是紧跟引文本句之后，古代多用双行小字，所以通称为"双行夹注"。"双行夹注"不便于排版，后来用得比较少。后来也有用夹注的，多改用单行，注文用"( )"号括起来。夹注的优点是便于读者紧跟原文阅读注文，也不会出现正文与注文配合不当的错误。但夹注注文不能太长，如果太长，就影响了正文的连贯性。

我国自古以来就有重视正确使用史料的优良传统，逐步形成了诸如上述的一些规范。我们应当遵循这些规范。同时也要注意，随着史料不断地被发现，随着学术研究的变革和新科技对史料的影响，会出现许多新问题、新特点，如电子文献的大量出现，网上史料的使用等。面对不断出现的新问题、新特点，我们使用史料时，除了继承优良的传统和规范外，还要与时俱进，不断地探索正确使用史料的新规范和新方法。

① 置于一本书之后的，一般是把注释按章节依次编排。

人名索引

凡　例

一、本索引收录正文及注释中之人名。

二、本索引以姓名和常用的称谓为主目。其他称谓如字、号、小名、绰号、官名、爵号等用（　）号附注于后。帝王以庙号、谥号为主目，本名和其他称谓用（　）号附注于后。

三、同姓名人物，分别立目，并在姓名后用（　）号注明时代或籍贯、字号等。

四、同一人名在同一页重出者，只标明一次。

五、为避免庞杂，不收表示时间概念的人名（如“汉武帝”时），不收用作比喻、典故或属于虚文的人名（如“子虚”、“乌有先生”）。

六、本索引以现代汉语拼音音节表为序编排。

A

B

C

D

E

F

G

H

J

K

L

M

P

Q

R

S

T

W

X

Y

Z

主要征引参考书目

B

《八代传序文学述论》 朱东润 复旦大学出版社 2006 年版

《白话文学史》 胡适 东方出版社 1996 年版

《白居易综论》 谢思炜 中国社会科学出版社 1997 年版

《北堂书钞》 [唐]虞世南编撰 中国书店 1989 年影印

《卜辞通纂》 郭沫若 科学出版社 1983 年版

《布衣与学术:胡应麟与中国学术史研究》 王嘉川 商务印书馆 2005 年版

C

《藏书纪事诗》(附补正) 叶昌炽 《辛亥以来藏书纪事诗》(附校补) 伦明 上海古籍出版社 1999 年版

《插图本中国文学史》 郑振铎 北京出版社 1999 年版

《陈寅恪集·书信集》 陈美延编 三联书店 2001 年版

《陈寅恪史学论文选集》 陈寅恪 上海古籍出版社 1992 年版

《陈代诗歌研究》 马海英 学林出版社 2004 年版

《程毅中文存》 程毅中 中华书局 2006 年版

《初学记》 [唐]徐坚等 中华书局 1962 年版

《楚辞类稿》 汤炳正 巴蜀书社 1988 年版

《楚辞学史》 李中华、朱炳祥 武汉出版社 1996 年版

《出土文献与中国文学研究》 姚小鸥主编 北京广播学院出版社 2000 年版

《词学史料学》 王兆鹏 中华书局 2004 年版

《词话史》 朱崇才 中华书局 2006 年版

《崔东壁遗书》 [清]崔述　上海古籍出版社 1983 年版

D

《澹生堂藏书约》 祁承㸁　上海古籍出版社 2005 年版

《当代中国史学》 顾颉刚　上海古籍出版社 2002 年版

《岛夷志略校释》 [元]汪大渊撰　苏继庼校释　中华书局 1981 年版

《东塾读书记》 [清]陈澧　三联书店 1998 年版

《东晋文艺综合研究》 张可礼　山东大学出版社 2001 年版

《杜诗学引论》 胡可先　安徽大学出版社 2003 年版

F

《凡将斋金石丛稿》 马衡　中华书局 2001 年版

《范宁古典文学研究文集》 范宁　重庆出版社 2006 年版

《方回的唐宋律诗学》 詹杭伦　中华书局 2002 年版

《方志学》 黄苇等　复旦大学出版社 1993 年版

《焚书》 [明]李贽著　管玉林整理校点　中华书局 1961 年版

《傅斯年印象》 王为松编　学林出版社 1997 年版

《傅振伦学术》 傅振伦　浙江人民出版社 1999 年版

G

《陔余丛考》 [清]赵翼著　栾保群、吕宗力校点　河北人民出版社 1990 年版

《古代墓志通论》 赵超　上海古籍出版社 2006 年版

《古代石刻》 赵超　文物出版社 2001 年版

《古代诗文总集选介》 张涤华　上海古籍出版社 1985 年版

《古代文献的考证与诠释——海峡两岸古典文献学国际学术会议论文集》 李浩、贾三强主编　上海古籍出版社 2006 年版

《古代研究的史料问题》 胡厚宣　云南人民出版社 2005 年版

《古典目录学浅说》 来新夏　中华书局 2003 年版

《古典文学与文献论集》 朱迎平　上海财经大学出版社 1998 年版

《古籍版本学概论》 严佐之　华东师范大学出版社 1989 年版

《古籍丛书叙论》 李春光 辽沈书社1991年版

《古籍点校疑误汇录》二、四、五辑 国务院古籍整理出版规划小组编 中华书局1990年版

《古籍整理概论》 黄永年 上海古籍出版社2001年版

《古籍整理浅谈》 程毅中 北京燕山出版社2001年版

《古籍整理学》 刘琳、吴洪泽 四川大学出版社2003年版

《古诗文要籍叙录》 金开诚、葛兆光 中华书局2005年版

《瓜蒂庵小品》 谢国桢著 姜纬堂选编 北京出版社1998年版

《观堂集林》 王国维 河北教育出版社2001年版

《光宣以来诗坛旁记》 汪辟疆 辽宁教育出版社1998年版

《广弘明集》 [唐]道宣 上海古籍出版社1991年版

《归潜志》 [元]刘祁著 中华书局1983年版

《癸巳存稿》 [清]俞正燮 辽宁教育出版社2003年版

《十批判书》 郭沫若 郭沫若著作编辑出版委员会编 人民出版社1982年版 《郭沫若全集·历史编第二卷》

H

《汉唐〈史记〉研究论稿》 杨海峥 齐鲁书社2003年版

《汉唐文学与文献论考》 陈尚君 上海古籍出版社2008年版

《贺昌群文集》 贺昌群 商务印书馆2003年版

《胡适全集》 季羡林主编 安徽教育出版社2003年版

《胡应麟诗学研究》王明辉 学苑出版社2006年版

《话本小说概论》 胡士莹 中华书局1980年版

《花间集论稿》 闵定庆 南方出版社1999年版

《黄人评传·作品选》 汤哲声、涂小马 中国文史出版社1998年版

《黄遵宪与岭南近代文学论丛》 左鹏军 中山大学出版社2007年版

J

《积微翁回忆录》 杨树达 上海古籍出版社1986年版

《集部要籍概述》 曾枣庄 江苏教育出版社2007年版

《建安文学史》 顾农 湖南教育出版社2000年版

《建国以来古代文学问题讨论举要》 卢兴基主编 齐鲁书社 1987 年版

《简帛古书与学术源流》 李零 三联书店 2004 年版

《简帛文献学通论》 张显成 中华书局 2004 年版

《校雠广义·目录编》 程千帆、徐有富 齐鲁书社 1988 年版

《校雠通义通解》 [清]章学诚著 王重民通解 上海古籍出版社 1987 年版

《校勘学大纲》(第二版) 倪其心 北京大学出版社 2004 年版

《结网漫录——中国古代经典文学作品探幽》 刘跃进 学苑出版社 1997 年版

《今存十种唐人选唐诗考》 吕光华 载潘美月、杜洁祥主编《古典文献研究辑刊》(初编)第 34 册 台北县花木兰文化工作坊 2005 年版

《金明馆丛稿》二编 陈寅恪 上海古籍出版社 1980 年版

《金代文学研究》 胡传志 安徽大学出版社 2000 年版

《金元词通论》 陶然 上海古籍出版社 2001 年版

《近代中国史学十论》 罗志田 复旦大学出版社 2003 年版

《近代小说理论批评流派研究》 刘良明等 武汉大学出版社 2003 年版

《近代三十年国外"中国学"工具书简介》 冯蒸 中华书局 1981 年版

《金瓶梅论集》 刘辉 人民文学出版社 1986 年版

《金文编》 容庚编著 张振林、马国权摩补 中华书局 1985 年版

《经部要籍概述》 董治安主编 江苏教育出版社 2008 年版

《经学历史》 [清]皮锡瑞著 周予同注释 中华书局 1959 年版

《经义述闻》 [清]王引之 江苏古籍出版社 1985 年版

L

《李大钊选集》 李大钊 人民出版社 1959 年版

《李焘著述考辨》 王承略、杨锦先 上海古籍出版社 2004 年版

《李审言文集》 李审言 江苏古籍出版社 1989 年版

《历代辞赋研究史料概述》 马积高 中华书局 2001 年版

《郦道元评传》 陈桥驿 南京大学出版社 1994 年版

《励耘书屋丛刊》 陈垣 北京师范大学出版社 1982 年版
《励耘书屋问学记》(增订本) 陈超智编 三联书店 2006 年版
《刘师培辛亥前文选》 刘师培 三联书店 1998 年版
《历史学家的修养和技艺》 李剑鸣 上海三联书店 2007 年版
《历史的观念》 [英]R. G. 柯林武德著 何兆武等译 中国社会科学出版社 1986 年版
《历史学家的技艺》 [法]马克·布洛赫著 张和声等译 上海社会科学院出版社 1992 年版
《历史理论和史学理论》 何兆武 商务印书馆 1999 年版
《辽金元诗文史料述要》 刘达科 中华书局 2007 年版
《刘文典全集》 安徽大学出版社、云南大学出版社 1999 年版
《龙坡论学集》 台静农 辽宁教育出版社 2000 年版
《陆侃如古典文学论文集》 陆侃如 上海古籍出版社 1987 年版
《鲁迅全集》 鲁迅 人民文学出版社 2005 年版
《鲁迅辑录古籍丛编》 林辰、王永昌编校 人民文学出版社 1999 年版

M

《马克思恩格斯选集》第 2 卷 人民出版社 1972 年版
《马可·波罗介绍与研究》 余士雄 书目文献出版社 1983 年版
《马可·波罗游记》 冯承钧译 中华书局 1957 年版
《马隅卿小说戏曲论集》 马廉著、刘倩编 中华书局 2006 年版
《缪钺全集》 缪钺 河北教育出版社 2004 年版
《民国文坛探隐》 陈福康 上海书店出版社 1999 年版
《明代史学的历程》 钱茂伟 社会科学文献出版社 2003 年版
《明代出版史稿》 缪咏禾 江苏人民出版社 2000 年版
《明代文学研究国际学术研讨会论文集》 罗宗强、陈洪主编 南开大学出版社 2006 年版
《明代文学批评史》 袁震宇、刘明今 1991 年版
《明清笔记丛谈》 谢国桢 上海古籍出版社 1981 年版
《明清时期的小说传播》 宋莉华 中国社会科学出版社 2004 年版
《明清稀见史籍叙录》 武新立 江苏古籍出版社 2000 年版

《摹庐丛书七种》 陈直 齐鲁书社1981年版

《目录学发微》 余嘉锡 中国人民大学出版社2004年版

《目录学研究》 汪辟疆 华东师范大学出版社2000年版

N

《廿二史考异》 [清]钱大昕著 载陈文和主编《嘉定钱大昕全集》 江苏古籍出版社1997年版

O

《欧阳予倩戏剧论文集》 欧阳予倩 上海文艺出版社1984年版

P

《蒲松龄事迹著述新考》 袁世硕 齐鲁书社1988年版

Q

《七缀集》(修订本) 钱钟书 上海古籍出版社1994年版

《蕲弛斋小品》 顾颉刚著 顾潮整理 北京出版社1998年版

《契丹国志》 [南宋]叶隆礼撰 上海古籍出版社1985年版

《清代人物传记史料研究》 冯尔康 商务印书馆2000年版

《清代朴学大师列传》 支伟成 岳麓书社1986年版

《清代文献学简论》 叶树声、许有才 安徽大学出版社2004年版

《清代学术概论》 梁启超著 夏晓虹点校 中国人民大学出版社2004年版

《清人文集别录》 张舜徽 华中师范大学出版社2004年版

《清史史料学初稿》 冯尔康 南开大学出版社1986年版

《屈赋新探》 汤炳正 齐鲁书社1984年版

《曲洧旧闻》 [宋]朱弁撰 孔凡礼点校 中华书局2002年版

R

《二十五史补编》 二十五史刊行委员会编 中华书局1955年版

《日本藏汉籍珍本追踪纪实——严绍璗海外访书志》 严绍璗 上海古

籍出版社 2005 年版

《日本汉学史》 李庆 上海外语教育出版社 2002 年版

《日知录集释》 [清]顾炎武著 [清]黄汝诚集释 栾宝群、吕宗力校点 花山文艺出版社 1990 年版

S

《三目类序释评》 李致忠 北京图书馆出版社 2002 年版

《三学集》 来新夏 中华书局 2002 年版

《山西戏曲碑刻辑考》 冯俊杰 中华书局 2002 年版

《诗括概说》 刘德重、张寅彭 中华书局 1990 年版

《诗经学史》 洪湛侯 中华书局 2002 年版

《诗史之际——唐代文学发微》 李浩 商务印书馆 2000 年版

《诗史释证》 邓小军 中华书局 2004 年版

《史部要籍概述》 黄永年 江苏教育出版社 2008 年版

《史记索隐引书考实》 程金造 中华书局 1993 年版

《〈史记〉文献丛稿》 赵生群 江苏古籍出版社 2000 年版

《史记学概论》 张新科 商务印书馆 2003 年版

《史料与史学》(增订本) 翦伯赞 北京大学出版社 1985 年版

《史料学概要》 谢国桢 福建人民出版社 1985 年版

《史料与历史科学》 荣孟源 人民出版社 1987 年版

《史料论略及其他》 傅斯年 辽宁教育出版社 1997 年版

《史通新校注》 [唐]刘知几撰 赵吕甫校注 重庆出版社 1990 年版

《史学概论》 白寿彝主编 宁夏人民出版社 1983 年版

《史学方法》 王尔敏 广西师范大学出版社 2005 年版

《史学方法论》 杜维运 北京大学出版社 2006 年版

《史学九章》 汪荣祖 三联书店 2006 年版

《士与中国文化》 余英时 上海人民出版社 1987 年版

《十驾斋养新录》 [清]钱大昕著 陈文和等校点 江苏古籍出版社 2000 年版

《十七史商榷》 [清]王鸣盛 北京中国书店 1987 年版

《十九世纪文学主流》第 1 分册 [丹麦]勃兰兑斯 人民文学出版社

1988年版

《世说新语研究》 王能宪 江苏古籍出版社1992年版

《书目答问补正》 张之洞撰 范希曾补正 上海古籍出版社2001年版

《四海寻珍》 李学勤 清华大学出版社1998年版

《宋朝事实》 [宋]李攸 《四库全书》本

《宋稗类钞》 [清]潘永因 《四库全书》本

《宋代文献学研究》 张富祥 上海古籍出版社2006年版

《宋金杂剧考》(订补本) 胡忌 中华书局2008年版

《宋人文集编刻流传丛考》 王岚 江苏古籍出版社2003年版

《宋元明讲唱文学》 叶德均 古典文学出版社1957年版

《宋元戏曲史》 王国维著 杨扬校订 华东师范大学出版社1995年版

《隋唐五代文学史料学》 陶敏、李一飞 中华书局2001年版

T

《太平御览》 [宋]李昉等 中华书局1960年版

《唐代长安与西域文明》 向达 三联书店1957年版

《唐代诗与画的相关性研究》 陈华昌 陕西人民美术出版社1993年版

《唐人选唐诗述论》 吕玉华 台湾文津出版有限公司2004年版

《唐诗演进论》 罗时进 江苏古籍出版社2001年版

《唐史史料学》 黄永年 上海书店出版社2002年版

《唐宋词通论》 吴熊和 浙江古籍出版社1989年版

《通史新义》 何炳松 广西师范大学出版社2005年版

《通志二十略》 [宋]郑樵撰 王树民点校 中华书局1995年版

《推十书》 刘咸炘 成都古籍书店1996年版

W

《万历十五年》(增订纪念本) [美]黄仁宇 中华书局2006年版

《晚清一个外交官的文化历程》 李华川 北京大学出版社2004年版

《汪辟疆文集》 汪辟疆 上海古籍出版社1988年版

《王国维文集》 姚淦铭、王燕编 中国文史出版社1997年版

《王力先生纪念文集》 三联书店(香港)有限公司1987年版

《魏晋南北朝史札记》 周一良 中华书局1985年版

《魏晋南北朝文学史料述略》 穆克宏 中华书局1997年版

《魏晋史学的思想与社会基础》 逯耀东 中华书局2006年版

《文史通义新编新注》 [清]章学诚著 仓修良编注 浙江古籍出版社2005年版

《文史传统与文化重建》 [美]余英时 三联书店2004年版

《文献学大辞典》 赵国璋、潘树广主编 广陵书社2005年版

《文献学概要》 杜泽逊 中华书局2001年版

《文献学研究》 徐有富、徐昕 江苏古籍出版社2002年版

《文献学专题史略》 高尚榘主编 齐鲁书社2007年版

《文学史的权力》 戴燕 北京大学出版社2002年版

《文学史书写形态与文化政治》 陈国球 北京大学出版社2004年版

《闻一多全集》 闻一多 湖北人民出版社1993年版

《五朝诗话概说》 吴文治 黄山书社2002年版

《五十年来的中国文学研究》(1950—2000) 龚鹏程主编 台湾学生书局2001年版

《五十年来的经学研究》(1950—2000) 林庆彰主编 台湾学生书局2003年版

《五十年来的图书文献学研究》(1950—2000) 邱炯友、周彦文主编 台湾学生书局2004年版

X

《西谛书话》 郑振铎 三联书店1983年版

《西方二十世纪文论选》 胡经之等 中国社会科学出版社1989年版

《现代中国学术论衡》 钱穆 三联书店2002年版

《先秦两汉文学史料学》 曹道衡、刘跃进 中华书局2005年版

《先秦文献与先秦文学》 董治安 齐鲁书社1994年版

《献疑集》 章培恒 岳麓书社1993年版

《萧子显及其文学批评》 詹秀惠 台湾文史哲出版社 1994 年版

《修辞学发凡》 陈望道 新文艺出版社 1954 年版

《学林漫步》 汪荣祖 江苏教育出版社 2005 年版

《学术集林》 王元化主编 上海远东出版社 1994 年 8 月开始陆续出版

《学术资料的检索与利用》 林庆彰主编 台湾万卷楼图书有限公司 2003 年版

《训诂简论》 陆宗达 北京出版社 1983 年版

《训诂学》(修订本) 郭在贻 中华书局 2005 年版

《训诂问学丛稿》 王继如 江苏古籍出版社 2001 年版

Y

《燕园问学记》 陈来 北京大学出版社 2008 年版

《叶德辉书话》 李庆西标校 浙江人民出版社 1998 年版

《艺文类聚》 [唐]欧阳询撰 汪绍楹校 上海古籍出版社 1982 年版

《抑郁与超越:司马迁与汉武帝时代》 逯耀东 三联书店 2008 年版

《音乐学文集》 中国艺术研究院音乐研究所编 山东友谊出版社 1994 年版

《饮冰室合集》 梁启超 上海中华书局 1942 年版

《瀛奎律髓汇评》 李庆甲集评校点 上海古籍出版社 2005 年版

《有高楼杂稿》 刘石 商务印书馆 2003 年版

《余嘉锡论学杂著》 余嘉锡 中华书局 1963 年版

《余嘉锡说文献学》 余嘉锡 上海古籍出版社 2001 年版

《余嘉锡文史论集》 余嘉锡 岳麓书社 1997 年版

《语石》 叶昌炽撰 柯昌泗评 陈公柔、张明善点校 中华书局 1994 年版

《语言文学心理学论集》 詹锳 齐鲁书社 1988 年版

《玉海》 [宋]王应麟 江苏古籍出版社 上海书店 1988 年版

《元白诗笺证稿》 陈寅恪 上海古籍出版社 1978 年版

《元代诗法校考》 张健 北京大学出版社 2001 年版

《元代文学编年史》 杨镰 山西教育出版社 2005 年版

《元代文学文献学》 查洪德、李军 中国社会科学出版社 2002 年版

Z

《照隅室古典文学论集》 郭绍虞 上海古籍出版社 1983 年版

《郑振铎全集》 花山文艺出版社 1998 年版

《治史三书》 严耕望 辽宁教育出版社 1998 年版

《挚虞研究》 邓国光 香港学衡出版社 1990 年版

《子部要籍概述》 黄永年 江苏教育出版社 2008 年版

《中古文学文献学》 刘跃进 江苏古籍出版社 1997 年版

《中华文化海外传播史》 武斌 陕西人民出版社 1998 年版

《中国出版史料》(古代部分) 宋原放 湖北教育出版社 2004 年版

《中国出土古文献十讲》 裘锡圭 复旦大学出版社 2004 年版

《中国楚辞学史》 易重廉 湖南出版社 1991 年版

《中国丛书综录》 上海图书馆编 上海古籍出版社 1986 年版

《中国古代报纸探源》 黄卓明 人民日报出版社 1983 年版

《中国古代标点符号发展史》 管锡华 巴蜀书社 2002 年版

《中国古代史史料学》 何忠礼 上海古籍出版社 2004 年版

《中国古代史史料学》(修订本) 陈高华、陈智超等 天津人民出版社 2006 年版

《中国古代史史料学》 安作璋主编 福建人民出版社 1998 年版

《中国古代典籍十讲》 胡道静 复旦大学出版社 2004 年版

《中国古代社会研究》 郭沫若 人民出版社 1982 年版

《中国古代文化传播史》 周月亮 北京广播学院出版社 2000 年版

《中国古代文明十讲》 李学勤 复旦大学出版社 2003 年版

《中国古代文学论丛——湖南科技大学中国古代文学学科论文选》 王友胜主编 上海古籍出版社 2004 年版

《中国古代文学论集》 陶新民、孙以昭 人民文学出版社 2001 年版

《中国古代文学要籍导读》 费振刚、常森等 北京大学出版社 2003 年版

《中国古典文学史料学》(修订本) 徐有富主编 北京大学出版社 2008 年版

《中国古典小说论集》 徐朔方、刘辉 上海古籍出版社 1981 年版
《中国古籍辑佚学论稿》 曹书杰 东北师范大学出版社 1998 年版
《中国古籍整理体式研究》 冯浩菲 北京图书馆出版社 1997 年版
《中国古今戏剧史》 李万钧主编 广东高等教育出版社 1997 年版
《中国古文献学史》 孙钦善 中华书局 1994 年版
《中国方志学史》 陈光贻 福建人民出版社 1998 年版
《中国佛教研究史》 梁启超 三联书店 1988 年版
《中国纪传体文献研究》 王锦贵 北京大学出版社 1996 年版
《中国近代图书事业史》 来新夏等 上海人民出版社 2000 年版
《中国近代文学翻译概论》 郭延礼 湖北教育出版社 1998 年版
《中国近代四大小说杂志研究》 郭浩帆 当代中国出版社 2003 年版
《中国近代史学学术史》 张岂之主编 中国社会科学出版社 1996 年版
《中国近代小报史》 孟兆臣 社会科学文献出版社 2005 年版
《中国近三百年学术史》 梁启超 东方出版社 1996 年版
《中国近世戏曲史》 [日]青木正儿 作家出版社 1958 年版
《中国考古学史》 卫聚贤 上海书店 1984 年版
《中国科学技术史》 [英]李约瑟 科学出版社 1975 年版
《中国历史研究法》、《中国历史研究法补编》 梁启超 东方出版社 1996 年版
《中国历史文献学史述要》 曾贻芬 崔文印 商务印书馆 2000 年版
《中国墨学通史》 郑杰文 人民出版社 2006 年版
《中国目录学史》 姚明达 上海古籍出版社 2002 年版
《中国神话研究初探》 茅盾 上海古籍出版社 2005 年版
《中国诗史》 陆侃如、冯沅君 大江书铺 1931 年版
《中国诗话史》(修订本) 蔡镇楚 湖南文艺出版社 2001 年版
《中国史学名著》 钱穆 三联书店 2000 年版
《中国史学史》第一册 白寿彝著 上海人民出版社 1986 年版
《中国史学史》 金毓黻 河北教育出版社 2000 年版
《中国史学史纲》 瞿林东 北京出版社 2005 年版
《中国书法全集》 刘涛主编 荣宝斋 1991 年版

《中国思想研究法》 蔡尚思 复旦大学出版社2001年版

《中国私家藏书史》 范凤书 大象出版社2001年版

《中国通史》 范文澜 人民出版社1987年版

《中国通史》(上册) 周谷城 上海人民出版社1957年版

《中国图书版本学》 姚伯岳 北京大学出版社2004年版

《中国文学概论》 袁行霈 高等教育出版社1990年版

《中国文学史料学》 潘树广主编 黄山书社1989年版

《中国文学史学史》 董乃斌等主编 河北人民出版社2003年版

《中国文学的近代变革》 袁进 广西师范大学出版社2006年版

《中国文学批评》 方孝岳 三联书店1986年版

《中国文学批评史》 郭绍虞 中华书局1961年版

《中国文学批评文献学》 孙立 广东人民出版社2000年版

《中国文学史概要》 胡怀琛 商务印书馆1931年版

《中国文献学》 张舜徽 中州书画出版社1982年版

《中国文献学概要》 郑鹤声、郑鹤春 上海古籍出版社2001年版

《中国文献学新编》 洪湛侯 杭州大学出版社1994年版

《中国戏班史》(增订本) 张发颖 学苑出版社2004年版

《中国小说丛考》 赵景深 齐鲁书社1980年版

《中国选本批评》 邹云湖 上海三联书店2002年版

《中国印刷史》(插图珍藏增订版) 张秀民著 韩琦增订 浙江古籍出版社2006年版

《中国哲学史料学初稿》 冯友兰 上海人民出版社1962年版

《中国哲学史料学》 张岱年 三联书店1982年版

《中国哲学史史料源流举要》 萧萐父 武汉大学出版社1998年版

《中国哲学史史料学》 刘文英主编 高等教育出版社2002年版

《中国哲学史大纲》 胡适 上海古籍出版社1997年版

《中国纸和印刷文化史》 钱存训著 郑如斯编订 广西师范大学出版社2004年版

《中国中世文学研究论集》 章培恒主编 上海古籍出版社2006年版

《中韩文学关系史论》 李岩 社会科学文献出版社2003年版

《中日关系史资料汇编》 汪向荣、夏应元编 中华书局1984年版

《中英文学关系编年史》 葛桂录 上海三联书店 2004 年版
《周勋初文集》 周勋初 江苏古籍出版社 2000 年版
《周勋初先生八十寿辰纪念文集》 莫砺锋编 中华书局 2008 年版
《周贻白小说戏曲论集》 周贻白著 沈燮元编 齐鲁书社 1986 年版
《朱子语类》 [宋]黎靖德编 王星贤点校 中华书局 1986 年版
《助字辨略》 [清]刘淇著 章锡琛校注 中华书局 2004 年版
《追忆王国维》 陈平原、王枫编 中国广播电视出版社 1997 年版
《资本论》 [德]马克思 人民出版社 1976 年版
《滋溪文稿》 [元]苏天爵著 陈高华、孟繁清点校 中华书局 1997 年版
《走出疑古时代》 李学勤 辽宁大学出版社 1994 年版
《左传真伪考》 [法]高本汉著 陆侃如译 商务印书馆 1937 年版

后　记

古代文学史料和古代文学史料学是学习和研究古代文学的基础。我早在读大学和在导师陆侃如先生指导卜做研究生期间,在各位老师的教导下,即开始接触文学史料。1964 年研究生毕业留校任教以后,在长期从事古代文学的教学和研究时,也没有离开古代文学史料和古代文学史料学,但现在回想起来,那时对古代文学史料和文学史料学缺乏一种自觉意识,更没有考虑做系统全面的探讨。后来在总结自己长期教学、研究、培养硕士研究生和博士研究生的工作时,深感有必要对古代文学史料和史料学做比较全面、系统的探讨。1992 年黄山书社出版了潘树广主编的《中国文学史料学》,南京大学出版社出版了徐有富主编的《中国古典文学史料学》。前者打通了古今,后者集中于古代。我较早地拜读了这两部著作,获益良多,深受启发。同时又感到随着史料、史料学和其他相关学科的发展,随着学习和研究古代文学的新的需求,有必要和可能重新建构古代文学史料学的体系,对已经提出的许多问题,有不少有待拓展和深化。于是想在两部著述的基础上,"接着讲",进一步探讨中国古代文学史料学,并于 1999 年开始一直给硕士研究生和博士研究生讲授中国古代文学史料学课程。2003 年,又以"中国古代文学史料学"为课题申报国家社会科学基金项目,不久被批准立项,计划三年完成。被批准立项,这对我是一种鼓励,同时也是一种鞭策。从此以后,我不敢懈怠,除了完成自己担负的教学任务和其他义不容辞的工作之外,把时间和精力基本上都用在这一课题上。说心里话,由于自己长期对古代文学史料和史料学有一定的积累和思考,经过三年的努力,本来可以结题。但我不想这样做。我想把这一课题做得好一些,做得自己比较满意一些。希望能在以前有关成果的基础上,在多方面有所拓展和深化。经过多年的学习和思考,我认为,古代文学史料学,既应当是解释性的,又应当是实践性的。我想本着解释性和实践性相结合的原则,尝试建构一种新的中国古代文学史料学体系,努力反映国内外关于古代文学史料、文学史料学以及其他相关学科的新成果。这就需要广泛地检阅史料，不断地探索。为了使这一课题做得好一些，我曾分别于2006年和2008年两次申请延期。让我宽慰的是，两次都被批准。屈指算来，现在呈上的这部拙稿，仅从立项开始到现在已有八年了。如果再加上立项之前在这方面所做的工作，也可以说是"十年磨一剑"了。

十年来，在吸收前彦时贤大量研究成果的基础上，结合我自己的教学和研究的实践完成的这部拙稿，依照自己的陋见，尝试建构了中国古代文学史料学的体系，同时把我所知见的古今有关古代文学史料、文学史料学以及相关学科的主要成果，作了较为系统的归纳和条理表述，提供了大量的信息。自觉经历多年，千虑有得。经由最近几年的教学实践的检验，我自信拙稿对中国古代文学的爱好者和研究者是有助益的。但现在完成的这部拙稿，同我自己原来的设想和要求相比，还有相当大的差距。这有主观上的原因，也有客观上的困难。从主观上来说，我虽然勤奋，相信"天道酬勤"，能够掬尽心力，未尝偷苟，但由于生性愚钝，少年荒学，中更减学，国内文史之业未遑多读深究，海外殊族之学又知之甚少，理论素养贫乏，文史根底浅薄。这不是谦虚，而是实际情况。从客观上来说，中国古代文学史料、文学史料学以及相关的学科涉及的范围浩瀚无涯，国内外从古至今积累的成果极其丰厚，大多又零星散漫，而且不断地有新成果问世，个人难以普搜遍窥。还有，此课题已不允许再延期了。上述主客观两方面的综合原因，决定了我只能忝附诸位前彦时贤之骥尾，写成现在这样的拙稿了。

曹植在《与杨德祖书》中说："世人著述，不能无病。"又说："文之佳恶，吾自得之。"我有自知之明，知道我这部拙稿存有不少缺陷和疏误。举例来说：

中华民族是多民族长期交融形成的伟大民族，中国是一个由多民族形成的血脉相通的共同体。各民族各有所长，互相学习，取长补短，共同创造、发展、丰富了中华民族文化。作为中华文化一部分的中国古代文学史料学，是中华各民族共同创造、发展和丰富的。这是研究中国古代文学史料学必须重视的一个重要的问题。我重视了这一问题，在拙稿的部分章节中，有所述评。但限于腹俭和水平，心有余而力不胜。在这方面，还留下了许多空白。

中国古代文学史料学虽然是一种知识体系，但其中蕴涵着丰厚的人文精神。这主要体现在诸多重要的文人学者的思想情感及其著述当中。孔子、孟子、司马迁、刘向、班固、郑玄、刘知几、柳宗元、苏轼、朱熹、郑樵、马端临、胡应麟、顾炎武、章学诚、梁启超、王国维、陈寅恪、胡适、陈垣、郑振铎……他们胸怀科研伦理，把史料工作同伦理道德融合在一起。他们在给我们留下了珍贵的史料著述的同时，还给我们留下了宝贵的人文精神。他们热爱祖国和优秀的传统文化，具有坚定的文化责任感，有存传文化的责任心。他们把史料工作视为身心性命之事，心血灌注，精神弘毅，珍爱史料，胸襟开放，勤奋搜集，求真务实，严谨尚用。这些都溢出了一般的知识体系，实际上是人文精神在古代文学史料学上的体现。古代文学史料学作为一种知识体系尽管相当浩瀚，但毕竟是有限的，但其中蕴涵的人文精神却是无限的。这些人文精神已经哺育了历代无数的文人学者，并将继续对现代、对未来产生深远的积极的影响。古代文学史料学应当述评其知识体系，但又要注意避免唯学科化的思维方式，防止完全囿于对知识体系的述评，要满怀感情地去揭示其人文精神。这一点，我常常萦绕在心，在拙稿的一些章节也有所体现。但就拙稿的总体而言，基本上还是一种尝试。

中外的中国古代文学史料和文学史料学已成为一个有机的整体。中国古代文学史料，有一些存于国外。长期以来，国外有许多学者重视中国古代文学，研究中国古代文学，取得了许多有影响的成果。存于国外的文学史料和研究成果是中国古代文学史料的重要组成部分。新时期以前，中国同世界许多国家基本上处于隔绝状态。新时期以来，随着隔绝状态的逐渐消除，中国古代文学史料和史料学的成果，或“送出”，或“拿来”，互通有无，互相影响。研究中国古代文学史料和文学史料学，要有开放的视野，应当特别关注各国所取得的成果和研究状况。这方面，在我的拙稿中涉及了一些，但多有遗珠之憾。

我在拙稿中，提出使用史料应尽量使用第一手的。实际上我没有完全落实。拙稿中所引用的史料，有些为我所“见”，还有不少属于所“知”。引用所“知”的，难免存在疏误。

在古代文学史料中，特别是作品史料和研究史料，同一史料，有许多经过了后人的整理。经过整理的史料，就主流而言，应当说是“后出转精”。引用这方面的史料，应当博观约取，选摭精粹，取“后出转精”的，以便使读者得此一编，可见史料之要。但在拙稿中，没有完全做到尽录其要。这种缺误，在拙稿中所附的相关的要目中，当有不少。

拙稿中存有不少问题，上面所列举的只是初步觉察到的。我把它们列举出来，一是敬示各位在阅读时，要注意进一步检核；二是希望各位发现更多的疏误和缺陷，严加批评指正。清代人焦循说："友朋之益，不在揄扬而在勘核。"我衷心地感恩各位的批评和指正。我一定珍重各位的批评指正意见，不断地修改拙稿。

俗语说：一个篱笆三个桩，一个好汉三个帮。我不是"好汉"，所以在本课题的立项和在拙稿的写作过程中，得到的远不只是"三个"，而是多方面的、许多同志和亲友的热情帮助。在申报国家社会科学基金项目立项前后，得到了多位专家和全国社会科学规划办公室、山东省社会科学规划办公室的各位同志的帮助。山东大学研究生院、社科处、文学与新闻传播学院的各位领导，对此课题给予了多方面的支持。每年我在给研究生讲授古代文学史料学时，研究生给了我很多鼓励，不少研究生提出的问题对我有所启发。山东大学图书馆副馆长李剑锋教授、文史哲研究院张雷副研究员、文学与新闻传播学院刘晓多副研究员，研究生郑伟等，他们在繁忙中，挤时间为我借阅和查找史料。李剑锋和他指导的研究生萧海川、滕延秋、张少博校阅了本书的校样，并为本书编了人名索引。我用电脑写作，常出故障。我的女婿朱思荣研究员、女儿张晓阳副教授随时帮我修复。我的儿子张晓林编辑帮我查寻资料，儿媳宿美丽讲师，帮我搜集史料、校对了部分拙稿。我的老伴张培媛在体弱多病的情况下，承担了家务。没有以上所列举的来自多方面的许多同志和亲友的热情帮助和支持，我的这一课题是难以完成的。

我在完成这一课题的过程中，曾在一些刊物上发表了几篇相关的论文，主要有：

《刘勰关于文学史料学的见识》，《文史哲》2004 年第 6 期。

《别集述论》，《山东大学学报》2004 年第 6 期。

《曹道衡先生在中国文学史料学上的重要建树》，《文史知识》2007 年第 5 期。

《试论古代文学史料学的对象与任务》，《文学遗产》2010 年第 1 期。

《一种新形态的文学研究史料：研究综述》，《文史哲》2010 年第 4 期。

《古代文学史料的使用》，《临沂大学学报》2001 年第二期。

拙稿完成后，我把它寄给了凤凰出版传媒集团凤凰出版社。出版社收到不久，姜小青社长即电告：决定接受出版，并请李相东博士负责编辑。相东博士非常热情，他在审订的过程中，改正了不少讹误，提出了一些很好的建议。

对于本课题的立项和拙稿在撰写出版过程中，诸多同志和亲友的真诚帮助和热心支持，我永志不忘！我向他们表示由衷的敬意和谢忱！

2011 年 5 月 16 日